음악의 **세계사**

음악의 **세계사**

전방위예술가 김정환의 세계사 오디세이

문학동네

차례

서—문화의 맥락, 몇 개의 생각들

본—처음

본—가운데

BORNEO
INSULÆ
PARS

본—오늘

'도돌이표=결'

부록—'하이퍼미디어=도(圖)=차례 색인'

■ 일러두기

이 책의 외래어 및 외국 인명과 지명은 국립국어원 외래어 표기법에 준해 표기하되, 일부 단어들은 저자의 뜻에 따라 발음과 관습적 용례 등을 고려하여 표기했다.

서— 문화의 맥락, 몇 개의 생각들

들어가며

'이야기에 대한 이야기' '소설에 대한 소설' '연극에 대한 연극' '무용에 대한 무용' '미술에 대한 미술' 등이 현대예술의 끈질긴 특징을 이루는 현상은 예술의 생애가 매우 거대한 규모의 주기를 한 차례 끝내면서 암중모색중이라는 점을 적나라하게 보여준다. 언뜻, 현대예술은 벽에 부딪힌 듯, 막다른 골목에 다다른 듯하다. 이제까지 역사-인문-사회과학적 연구와 분석은 예술의 본질과 탄생-발전과정을 이해하는 데 많은 도움을 주었다. 연극은, 문학은, 미술은, 무용은, 음악은 언제, 어떻게 태어났는가? 그런 질문과, 그 해답은 중요하다. 그러나 본질적으로 더 중요한 것은 예술 각 장르가 왜 태어났으며 왜 아직도 우리 주변에 있으며, 왜 앞으로도 존재할 것인가, 존재해야 하는가, 하는 질문과 그 해답이다. 역사가 예술을 이해하지 않고 예술이 오히려 역사를 이해할 수도 있다는, 이해해야 하는 면도 있다는 점이다. 역사야말로 가장 위대한 예술이라는 것을, 예술이 예술로써 밝힐 수도 있다는, 밝혀야 하는 면도 있다는 점이다. 이제 예술-장르론은 무엇보다, 예술이 스스로, 예술적으로 설명하게끔 하는 방식을 요한다. 그렇게, 예술을 알면서 우리 스스로를 더 잘 이해하게 될 때, 그렇게 예술의 생애에 우리의 생애가 동참할 때, 그렇게 우리의 예술적 생애와 예술의 현실적 생애가 살을 섞을 때, 현대예술이 부딪힌 벽은 공(空)의 통로로, 질적 도약의 계기로 전화한다. 새로운 인간과 예술의 밀레니엄을 여는 단초 중 하나다.

까마득한 날에 세상은 어떻게 생겨났을까. 그 전에는 무엇이 있었을까. 옛날이야기는 그것을 설명한다. 물론 상상의 나래를 펼치며. 이야기는 세상보다 훨씬 더 늦게 태어났으므로. 그러나 옛날이야기의 상상력은 우리의 상상력보다 그때에 더 가깝다. 그때라. 시간은 언제 태어났을까? 그리고 만물은 어떻게 생겨났을까? 태양은, 달과 별은, 나무는, 동-식물은 어떻게 태어났을까? 신화는 세상과 사물의 탄생에서 인간 감정의 발생까지 스스로 이해하기 힘든 것을 포괄하기 위해 인간이 창조한 '신들의 이야기' 지만, 신화의 줄거리는 온갖 '왜?' 에 대한 설명이지만, 줄거리가 그 자체로 문화예술이 되는 것은 아니다. 벼락을 내리는 제우스가 스스로 벼락에 대해 노래하지 않고, 아름다움의 여신 아프로디테가 스스로 아름다움을 노래하지 않고, 사랑 감정을 불러일으키는 에로스가 사랑에 대해 노래하지 않고, 심지어 예술 영감의 여신들조차 스스로 예술하지 않는다. 예술장르 자체의 탄생신화는 원시신화 말고는 희귀하다. 더 중요한 것은 줄거리의, '형식이 역사-사회적 차원을 입'으면서 신화성을 극복하는 순간. 이 순간은 예술 탄생(순간)사에 다름아니며, 거꾸로, 신화는 예술 탄생사로 읽힐 때 최종적으로 온전하게 이해된다. 줄여 말하면, 모든 예술은 자신의 탄생 과정을 스스로 설명하며, 그 원형은 '신화=형식'이다. 그리고, 각 예술장르 고전은 장르가 태어나는 이야기 자체의 전범적인 형상화에 다름아니다. 자신의 탄생을 자각한 이야기가, 그 이야기들이 이제 자문한다. 내가 계속 존재하는 이유는 무엇인가…… 그것은 인간이 자신의 존재에 대해 자문하는 것과 같은 겹을 이룬다. 그 겹이 서로 약간씩 어긋나며 서로를 풍부하게 만들면서 문학-예술은 발전한다. 그것이 인간-사회의 역사적 발전과 약간씩 어긋나면서 서로를 풍부하게 한다.

역사를 반영하면서 예술은 어디까지 왔는가? 예술로 집약되고 열리면서 현실은 어디까지 왔는가? '음악의 세계'사를 살피면 인간 역사와 우리 마음에 '아름다운 시간의 형식'을 부여할 수 있을까? 다른 예술장르는? 이 책은 그 무엇의 과거에서 현재까지 경위를 주제 삼은 '교과서풍' 역사책은 아니다. 무엇보다 예술, 특히 음악이 흐르듯 오늘날 역사가 흐르고, 오늘날 흐르는 역사가 가장 위대한 예술이기를 바라는 모종의, 음미다. 나는 역사로써 오페라에 달하려는 것인가. '길=영토=역사'의, '신화=우주=가계=세계관'의, '프로젝트=예술'의 지도야말로 음악이기를 나는 바란다.

정치와 경제, 그리고 사회는 '중심의 악몽'에서 자유롭지 못하지만, 문화는 중심을 또한 문화화한다. 문화 중심은 열린 중심, 더 나아가 열림의 중심, 더 나아가 '열림=중심'이다. 도시는 문명의 거점으로서 '자연의 악몽'에서 끝내 자유롭지 못하지만, 문화는 자연을 자신의 어머니로, 보호자로 느끼며, 끝내 보호한다. 교육은 인간의 지식과 경험을 다음 세대로 물려주는 문명의 이기지만 '제도의 악몽'에서 자유롭지 못하다. 문화는 교육을 인문화하고 예술화, 더 나은 민주주의를 향한 세대와 세대 사이 띠 잇기로 만들며, 학교를 미래현실 예감의 아름다운 몸으로 만든다. 예술현실 일상은 정치와 문화, 자연과 과학은 물론, 교육과 학습, 개인과 국가, 국제와 지역의, 더 나아가 건강과 전망의, 더 나아가 시간과 공간의, 그리고 삶과 죽음의, 이분법을 미래지향적으로 극복한다.

예술현실로써 역사는 아름다움을 능가하며, 문명은 파괴를 능가한다. 미디어가 언어를 능가하며 제3세계 해방운동이 육체를 능가한다. 인터넷 '정보=사회'가 '우주=방'을 이루며, 소비에트 멸망이, 희망을 변혁한다.

전망을 그린다는 것은 자칫 제도화하는 일이고, 그러므로 함부로 전망을 그릴 수는 없지만, 문화는 그릴 수 없는 전망을 이미 아름답게 한다. 마르크스가 '나는 마르크스주의자가 아니다'라고 선언한 것은 당시 '마르크스주의자'들의 마르크스주의 전망 제도화 행위에 대한 비판이지만, 정치와 학문 행위만으로는 '그림'이 불가능하므로, 마르크스가 자신의 말뜻을 온전히 이해한 것은 아니다. 그리고, 그러나, 미래에 '대해' 창조적인 프로젝트형 문화예술은, 다르다. 언제나 '정치적'은 '역사적'과 '문화예술적' 사이에 있으며, '예술적'은 언제나 '논리적'보다 더 '역사적'이다.

손목을 풀고 스스로 문화화, 예술이성을 활성화해야 한다. 우리는 자본주의와 사회주의 너머, 노동의 자본화와 자본의 노동화 너머, 생산이 창조적인 문화예술로 되는 세계로 나아간다. 자유는 목적지에 이르는 가장 아름다운 길이며, 평등은 최소한의 육체적 인간 선언이며, 인권은 인간 존엄의 마지막 보루며, 국제 평화는 가장 인간적인 목적지며, 인구는 사람이 세상을 이룬, 가장 뿌듯한 사회의 이름이다. 진리는 이성의 빛이며, 논리는 자연과 이성의 교차로며, 과학은 이성의 자부심이고, 지리와 수리는 인간의 역사와 마음을 닮아간다. 환경은 생명의 보금자리며, 자연은 사회의 어머니, 사회는 자연의 보호자, 태양계는 지구보다 큰 우주의 방이고 은하수와 별은 꿈과 희망의 보금자리며, 자리는 이야기고, 희망은 존재의 마지막 보루, 전망은 미래예감의 육체, 미래는 가장 소중한 일상의 안식처, 놀이는 창조적인 생산의 배꼽이자 대화의 몸, 취미는 인간적인 몸의 표정, 형식은 내용을 능가하는 내용의 결과, 내용은 형식을 능가하는 형식의 결과, 아름다움은 내용을 극복하는 '질서=조화'의 형식, 문화예술은 삶에 열린 '영원=이해'의 창이자 미래의 몸이다. 힌두교는 환영을, 불교는 공즉시색 색즉시공을 가르친다. 도교는 자연이 집이라고 가르치며, 천주교는 피의 신비를 가르치고, 기독교는 그것의 대중화를 가르치며, 이슬람교는 나이의 지혜를 가르친다. 통신은 '언어=마음'의 정보망, 원거리통신은 생각의 정보망이다. 매스컴과 언론은 민주주의의 '정보망이자 놀이', 선거는 총체를 겪는 정치 일원의 순간, 공약은 미래의 약속, 광고는 총체를 겪는 사회 일원의 순간, 사회운동은 역사와 희망의 무지개, 의무가 권리보다 자유롭고, 권리가 의무보다 무거우며, 다원성은 가장 풍요로운 생각의 내면이자 방식, 통일성은 세상보다 넓고 깊은 핵심이다.

육체가 육체인 채로 정신에 달하려 한다. 잠은 어머니 배 속처럼 편안하고 꿈의 상상력은 아름답다. 잠도 꿈도, 누운 채로, 떠다니지 않고, 걷는다. 아름다운 상상력의, 몸의 걸음으로 걷는다. 그것이 그리 편안할 수가 없다. 문득, 우리는 느낀다, 첫 인간의 두뇌가 근육과 오감, 생명과 배꼽, 심장의 5각으로 '우주의 자연'과 교감하고, 음악과 무용, 미술과 문학, 그리고 연극의 5방으로 '자연의 우주'를 끌어안는 첫 경험의 가상현실을. 그리고 상상한다, 그 위로 중첩되는 온갖 문명사의 응축인 문화의 예술현실을. 그리고 마침내 온몸으로 겪는다, 전망의 구현 너머 구현의 전망을.

정치는 인간 삶의 질을 높이는 매우 효과적인 장치지만, '지배의 악몽'에서 자유롭지 못하며 정치의 과학 전망은 죽음에 대한 의식에서 비롯되는 '인간의 악몽'을 씻어내는 데 미흡하다. 문화는 문명의 자연화로서 그 악몽을 다스리며 예술은 '영원의 예술현실'을 창조한다. 올바른 정치는 스스로 문화화하고, 그 결과가 좀더 질 높은 자유와 평화, 그리고 민주주의다. 경제는 인간 삶을 풍요롭게 하지만 '빈부의 악몽'에서 자유롭지 못하며, 경제의 생산 '전망'은 '무의미의 악몽'을 씻어내는 데 미흡하다. 문화는 자연의 인간화로서 그 악몽을 다스리며, 예술은 창의를 물화, 의미의 꽃으로 만든다. 올바른 경제는 스스로 문화화하고, 그 결과가 좀더 질 높은 평등과 문화산업이다.

신화 이전 1, 성스러운 말씀

원주민 신화들은 오늘날도 원주민 정신세계의 핵심을 이루지만, 성스러운 말의 탄생에 가깝다.

신화는 시간적으로 풀어진, 제의는 공간적으로 응축한 '종교=이야기'고, 정치의 후광이다. 신화는 종교 이야기고 정치는 '신화=종교' 제의의 제도화다. 신화가, 성스러운 말이 인간 사회를 닮으며 세속-승화, 문법과 사회구조 및 관계가 서로를 닮는다.

여러 나라들의 신화는, 만 년 전 신대륙과 구대륙이 이어지던 후기 구석기에 발생한 '원형들'이 세계 각지로 전파되어 각각 발전한 것이므로, 그 바탕은 비슷한 점이 많다. 그것 아니라도, 인간 정신 메커니즘은, 꿈에서 보듯, 공통점이 많고, 맨 처음 신화는 인간의 보편적 무의식이 작용한 결과다. 그리고, 신화가 지배하던 아주 옛날에도 신화의 줄거리와 숨은 뜻을 모두 아는 것은 사제들만의 특권이고, 대다수 사람들한테는 신화가, 어렴풋한 윤리와 질서의 '이야기=틀'이었다. 대개 '하늘=아버지'와 '대지=어머니'가 있고, 태양신과 달신이 있다. 만물에 (태양 혹은 달의) 마법이 들어 있다. 신(들)이 최초의 인간, 남자와 여자를 만든다. 재배와 추수를 주관하는 삶과 죽음과 부활의 신, 온갖 제도와 문명을 발명하는 문화 신(혹은 영웅), 그리고 삶의 숨통을 틔우듯, 사기꾼신이 있다.

뉴질랜드 마오리족 신화 영웅신 마우이는 할머니 턱뼈로 만든 낚싯바늘로 자기 코를 때려 피를 흘리고 그것을 미끼로 큰 고기를 낚아올리는데 그것이 뉴질랜드 섬이다. 마우이 형들이 괜히 물고기한테 상처를 입혀 대지에 산과 골짜기 등이 생겼고 형들은 물고기가 몸부림치는 바람에 카누가 뒤집혀 익사한다. 하와이키 섬은 원래 이름이 테-이카-아-마우이('마우이의 물고기')며, 가오리 모양이고 마우이의 낚싯바늘이 바로 호크스베이며, 낚시 때 쓰던 카누는 섬에서 가장 높은 히쿠랑기 산꼭대기에 얹혀 있다. 조산아였던 마우이는 어머니가 머리칼로 몸을 싸서 파도에 내다 버렸는데, 태양 혹은 하늘의 타마가 구해주고 훗날 어머니와 재결합한다. 마우이는 죽은 할머니의 마법턱으로 태양을 두들겨서 갈 길을 늦추어 어머니가 타파(나무껍질)천 말릴 시간을 벌어준다. 마우이는 꾀돌이신, 즉 문화영웅이기도 하다. 강자를 이기는 약자, 특권층에 맞서는 서민 혹은 버림받은 자를 비호하는 그의 반역, 꼬드김 및 질서파괴 행위가 우연히 혹은 의도대로 현 상태를 만들었다고 폴리네시아인들은 믿는다. 마우이는 인간에게 불을 가르치기도 했으며, 마우이 때문에 인간의 삶에 죽음이 끼어들기도 했다. 대지와 전쟁의 신 쿠카일리모쿠 혹은 쿠는 늘 격노한 표정이다.

뉴질랜드, '긴 구름 송곳'

뉴질랜드 원주민 마오리어로 뉴질랜드는 '아오테아로아', 즉 '긴 구름 송곳' 인데, 보통 '긴 흰 구름 땅' 이라 번역한다. 폴리네시아 문화권에 속하지만, 19세기 중엽 이후 많은 백인이 들어와 현재 인구의 90퍼센트를 이루며 오스트레일리아와 더불어 생활수준이 높은 완전복지국가로 성장했다. 인구 4백만 명 중 약 3백만 명이 북섬에 살고, 나머지는 남섬에 산다. 그 밖에 여러 섬이 있지만 크기가 매우 작고 사람이 별로 살지 않는다. 500~1300년 폴리네시아 쿡제도나 소시에테제도, 혹은 마르키즈제도 주민들이 이곳으로 옮겨와 토착 마오리 문화를 일구었다. 11~14세기 중엽에는 수렵과 채집 위주였으나 그후 북섬에서 농업이 생업으로 떠오르고 마오리족 특유의 나선무늬 미술양식도 생겨나 오늘날까지 이어진다. 여러 척의 카누를 동원한 대이주가 있었다는 전설이 오늘날도 중요시되지만, 이 시기 이전과 이후 문화 사이 뚜렷한 단절은 보이지 않는다. 열대 폴리네시아에서 들여온 네 가지 작물(얌감자, 타로감자, 고구마, 호리병박) 중 온대에 가장 적합한 고구마를 주요 작물로 하고 인구 대부분이 북섬 화전 경작에 종사했으며 주변에 울타리를 두른 촌락(파)에 살았다. 부족 통합이 이뤄진 적 없으므로 전쟁이 일상사였다. 뉴질랜드 마오리족은 아메리칸인디언보다 촘촘하게 모여 살았으며, 1857년 더이상의 땅을 영국에 빼앗기지 않으려 북섬 마오리족이 연합하였는데, 1859년 한 마오리인이 비밀리에 땅을 식민정부한테 판 것이 빌미가 되어

1860~1861년 1차 차라나키전쟁이 일어나고, 휴전협정으로 끝나지만, 1863년 영국 식민정부가 마오리땅 안으로 이동하자 다시 제2차 차라나키전쟁, 그리고 와이카토강 유역 전쟁이 벌어진다. 이 전쟁은 영국 정부가 승리했으나 1864년 이후에도 영국이 계속 마오리땅 몰수를 강행, 북섬 전역에서 전투가 끊이지 않았다. 모든 전투가 끝난 1872년이면, 마오리땅 대부분이 몰수되고, 부족 생활양식 전체가 무너지게 된다. 18세기 말 10~15만이던 마오리족은 4만 명 정도로 줄지만, 1997년 현재 5만 2천 명으로 늘었다. 마오리족은 목수공예술이 뛰어나고 돌산호를 가공하여 만든 돌도끼 등 무기와 장신구, 아마포를 짠 의류 등이 폴리네시아 문화에서도 이색적이다.

미크로네시아 길버트제도, 나우루족 신화는 말한다.

태초에는 바다밖에 없었고 늙은 거미 아레오프-에나프가 그 위로 솟았다. 어느 날 늙은 거미는 크기가 엄청난 대합조개를 발견, 그것을 집어들고 입구가 어딘지 살펴보았으나 찾을 수가 없었다. 손으로 톡톡 두들겨보니 속이 텅 빈 것 같았다. 늙은 거미가 주문을 계속 외워 조개껍데기가 열리게 하고 그 안으로 들어갔는데, 태양도 달도 없으므로, 아무것도 보이지 않았다. 그리고, 대합조개 속 공간이 충분치 않아 서 있을 수가 없었다. 늙은 거미는 주변을 두리번대다 마침내 달팽이를 찾아내고, 그것에 힘을 주려고 겨드랑이에 끼고는 누워 사흘 동안 잠을 자고 난 후 놓아주었다. 다시 두리번거리다가 늙은 거미는 전보다 더 큰 달팽이(혹은 쐐기벌레)를 찾아 똑같이 해주고 난 후 첫번째 달팽이한테 말했다. 이 공간을 좀더 열어보렴. 그래야 우리가 앉을 수 있지 않겠니? 달팽이가 그럴 수 있다 대답하고 공간을 조금 열자 늙은 거미는 그 달팽이를 조가비 서쪽에 놓고 달이 되게 하였다. 빛이 조금 비치고, 두번째 달팽이가 보였다. 늙은 거미의 부탁을 받고 두번째 달팽이는 조가비를 좀더 넓게 열었고, 두번째 달팽이 몸에서 소금땀이 흘러 아래 조가비에 고이니 바다가 되고, 두번째 달팽이가 위쪽 조가비를 높이 추켜올리니 하늘이 되고, 늙은 거미는 두번째 달팽이가 너무 지쳐 죽어버리자 그를 태양으로 만들었다. 아래쪽 조가비는 땅이 되었다.

멜라네시아는, 폴리네시아와 달리, '신들의 계보' 라 할 만한 것이 없다. 뉴기니 남부를 여행하며 도덕과 성, 추모와 전쟁 관습을 가르쳤다는 이들은 '신' 이라기보다는 문화 '영웅' 이다. 폴리네시아는 신화와 제의 관계가 매우 가깝고, 미크로네시아는 신화를 제의와 무관하게, 재미로 즐긴다. 그리고 멜라네시아는 해변 지역이 제의와 연결되고, 내륙에서는 덜 진지하다. 오세아니아 전역에서 드럼 소리는 종종 우주창조신이나 문명창조자의 목소리다. 오세아니아 신화에서는 대개 태양이 여성이고 달이 남성이다. 달은 사내들이 개를 데리고 사냥을 할 수 있게 해주는 반면, 여성의 일은 대개 낮에 이뤄지기 때문이다. 폴리네시아 여러 지역에서 발견되는 창세기신화는 진화론에 보다 더 가깝다. 태초의, 빛도, 열도, 소리도, 모양도, 운동도 없는 공허에서, 즉 분화하지 않고 감각으로 느낄 수 없는 혼돈으로부터 운동과 소리, 차오르는 빛, 열과 습기, 질료와 형식, 그리고 마지막으로 아버지 하늘과 어머니 대지가 나왔으며, 이 둘이 신들과 인간 그리고 자연의 부모다. 뉴질랜드 남섬 응가이타후족 신화는 보다 철학적이지만, 역시 진화론에 가깝다. 포가 빛을 낳고, 빛이 일광을 낳고 일광이 지속되는 빛을 낳고, 지속되는 빛이 '무소유' 를 낳고 무소유가 불쾌를 낳고, 불쾌가 동요를 낳고, 동요가 부모 없음을 낳고, 부모 없음이 습기를 낳고, 습기가 거대한 빛과 결혼, 라키(하늘)를 낳았다. 라키가 아내 파파(대지)에게 말한다. 여보, 당신은 여기 그냥 계시오. 내가 사랑의 표시를 보내겠소. 여덟번째 달에 내가 당신한테 눈물을 뿌릴 것이오…… 라키가 땅한테 흘리는 눈물이 바로 이슬이다. 라키가 다시 말한다. 여보, 당신은 여기 그냥 계시오. 겨울에 내가 당신을 위해 한숨지으리라…… 라키가 짓는 한숨이 바로 얼음이다.

마오리족 및 바깥의 다른 폴리네시아 주민 신화는 가계가 뚜렷하다.

아버지 하늘신 랑기와 어머니 대지신 파파 사이 자식이 타네(수풀신), 탕가로아(바다신), 투(전쟁신), 롱고(재배식물신), 하우미아(야생식물신), 타우히리(원소들의 신), 그렇게 여섯인데, 처음에는 부모 사이에 끼여 꼼짝 못하는 상태였다. 부모를 죽여야 이 상태를 벗어나지…… 그런 의논이 오갈 즈음 타네가 말한다. 그것보다는 아버지 하늘과 어머니 대지를 따로 떼어놓는 게 더 낫지…… 자식들은 타네의 말을 따르기로 하고 각각 안간힘을 썼지만 모두 실패하고 타네 차례만 남았다. 타네는 머리를 어머니 대지 쪽에, 다리를 아버지 하늘 쪽에 댄 후 힘껏 밀쳤고, 둘 사이 거리가 점차 벌어져 오늘날의 위치에 있게 되었다. 타네의 성공은 타우히리의 질투심에 불을 붙였다. 타우히리가 바람을 불러 일으킨 폭풍이 타네의 수풀과 나무를 마구 덮치고 수풀 물고기들이 우왕좌왕 탕가로아의 바다로 빠져든다. 자기 물고기가 그런 식으로 사라지는 것이 싫었으므로 타네는 탕가로아에게 화를 내고 둘 사이 싸움이 오늘날까지 이어져 바다의 탕가로아는 대지의 수풀을 덮치려 하는 반면 타네의 나무로 만든 카누가 바다를 항해하며 길들이는 것이다. 훗날, 짝짓기 상대를 찾아 나선 타네는 우선 어머니 파파에게 접근했으나 거절당한 후 여러 존재와 짝을 짓고 짐승과 돌, 풀과 내 등 여러 가지를 낳지만, 여전히 자기 비슷한 존재와 짝을 짓고 싶어, 어머니 파파의 충고를 따라 하와이키섬 모래로 첫 인간, 여자를 만든다. 그가 생명의 숨을 불어넣은 그녀 이름은 히네-하우-오네('흙으로 창조한 처녀'), 그녀가 타네와 짝을 짓고 낳은 딸 히네-티타마('새벽 처녀')도 타네는 아내로 삼았는데, 히네-티타마는 타네가 자기 아버지인 줄 모르다가 마침내 알게 되자 어두운 지하세계로 달아났다. 타네가 그녀를 뒤쫓았으나 그녀는 지하세계에 머물며 그녀 자식들을 죽음 쪽으로 끌어내리겠다고 선언, 그후 인간은 모두 죽음을 맞게 된다. 히네-하우-오네는 그렇게 첫 인간 탄생과 첫 인간 죽음 양쪽의 어머니다. 투는 원래 하늘과 대지를 떼어놓을 게 아니라 아예 죽여버리자는 쪽이었는데, 타우히리가 이번에는 투에게 분노의 화살을 돌리고, 투는 잘 방어하지만, 타우히리와 싸울 때 도와주지 않았다는 이유로 모든 형제들한테 복수할 것을 결심, 탕가로아와 타네의 자손들을 잡게끔 그물과 덫을 만들고, 하우미아와 롱고의 자손들인 식물을 뿌리째 뽑아 먹어 치우고, 형제들의 다른 자손들인 날씨, 식물, 동물, 재산 및 다른 소유물 등을 통제하는 마법의 주문을 숱하게 배운다.

오세아니아, '섬=배'가 된 바다의 언어들

오세아니아(그리스어, '태평양 섬들')는, 좁은 뜻으로는 폴리네시아('많은 섬들', 뉴질랜드 포함), 멜라네시아('검은 섬들', 뉴기니 포함), 그리고 미크로네시아('작은 섬들')를 가리키고 넓은 뜻으로는 오스트레일리아와 말레이제도까지 포함하며, 말 그대로는 일본과 알류샨 열도도 오세아니아에 속한다. 세 '네시아' 중 멜라네시아 인종과 언어, 그리고 문화가 제일 복잡하며, 폴리네시아가 가장 단일하고 미크로네시아는 그 중간인데, 이 차이는 섬 주민들의 기원, 거주 역사, 섬들의 지리-문화적인 고립도, 생태 환경에 대한 적응 방식의 차이를 반영한다.

멜라네시아 주민은 피부가 검으며, 멜라네시아인과 파푸아인, 그리고 니그리토로 나뉜다. '파푸안'의 어원은 말레이시아어 '곱슬머리'. 파푸아인은 다른 오세아니아인들에 비해 머리카락이 곱슬곱슬하고, 아프리카 니그로이드를 많이 닮았으므로 오랫동안 '오세아니아 니그로이드'라 불렸으나, 같은 인종은 아니다. 파푸아인들은 4만 년 전 사훌 대륙을 차지했는데, 이 대륙이 훗날 부분적으로 물에 잠긴 것이 뉴기니섬이다. 3만 년 전이면 파푸아인들이 뉴기니 동쪽 비스마르크군도로 이주하고, 9천 년 전이면 동남아시아 발전에 힘입어 근채작물과 사탕수수 재배 농업단지를 발전시킨다. 그리고 약 4천 년 전 동남아시아 계통 해양민족이 뉴기니 북쪽 여러 지역으로 이동하면서 새로운 문화가 나타난다. 필리핀과 인도네시아 계통의 오스트로네시아어를 사용하는 이들은 근채작물과 유실수 재배 및 해양기술을 기반으로 솔로몬제도 남동부, 바누아투, 누벨칼레도니, 피지 해안 부락들과 공동교역망을 형성, 라파타 흑요석, 조개 장식물 등을 사고팔았다. 피지는 라파타 문화민족들의 식민지로 시작, 서부 폴리네시아로 건너가는 교량 역할을 하게 된 후 멜라네시아 문화 계통 검은 피부 민족들이 정착하였다. 파푸아어를 사용하는 뉴기니와 오스트로네시아어를 사용하는 멜라네시아군도 지역집단 지도자를 흔히 '큰 사람'이라 부른 것은 모험에 성공함으로써 지도자 지위에 도달했기 때문이지만, 유럽인들이 들어갔을 때는 대부분 추장직을 세습하는 상태였다. 석기로, 혹은 불을 놓아 우림지대 풀밭을 개간, 식물을 재배-수확한 후 한 세대 정도 묵혀두는 화전농업이 기본이었다. 남는 돼지와 근채식물을 화폐로 하여 조개껍데기, 고래 이빨, 개 이빨 등으로 만든 제례용 귀중품들과 맞바꾸는 축제 등 물물교환제도가 발전했다. 자유경쟁의 물물교환은 전쟁을 막기도 했고, 물물교환이 살인행위에 대한 보상에서 이루어진 경우도 있었다. 마심에서는 앰플렛제도 도자기와 무라아 카누용 목재 및 뱃머리판, 녹암 칼날과 조각접시 등 특산품들이 다른 지역 마 혹은 돼지와 교환되었다. 뉴기니 고원지대 미술은 얼굴과 몸에 그리는 그림, 가발과 머리 장식물, 정교한 의상 등 육체가 중심이고, 저지대 세피크와 마심의 '열광적인' 전통예술은 세계적으로 유명하다. 멜라네시아 음악은 제사용 추도가와 일상적인 사랑노래, 그리고 솔로몬제도 말라이타에서 보듯 교향악단 연주에 맞추어 여덟 가지 화음으로 합창되는 팬파이프음악 등 다양하다. 파푸아뉴기니 산지 주민들은 우주의 신비를 단계적으로 알려주는 매우 복잡한 남성 성년식을 치른다. 식민지 초기 뉴기니 해안지대와 멜라네시아군도에 유럽에서 온 상품('화물')이 새로운 시대를 앞당길 것이라는 믿음이 번지기도 했다.

태평양 중동부 넓은 삼각형 지대에 흩어진 폴리네시아의 정점은 하와이제도, 기저부는 뉴질랜드와 이스터섬이다. 폴리네시아의 조상은 BC 4000~3000년 필리핀과 인도네시아 쪽에서 뉴기니 비스마르크제도 근처까지 건너왔던 사람들로, BC 1300년이면 이들이 피지제도에 도달하고, 곧 폴리네시아 서쪽 끝 통가사모아제도까지 오게 된다. 그리고 그후 천 년 이상 머물면서 새로운 환경에 적응, 폴리네시아 문화 원형을 만들어내고, 동쪽 넓은 바다를 이동한다. 항해술은 뛰어나지만 대체로 신석기 농경민인 이들이 AD 300년 처음 도착한 곳은 마르키즈제도. 그리고 이 제도를 거점 삼아 400년 이스터섬, 500년 하와이, 600년 소시에테제도, 800년 뉴질랜드, 1100년 쿡제도, 1200년 투아모투제도로 계속 이동했다. 유럽인이 오기 전 정착촌은 '작은 마을'(화산섬, 집 4~5채)과 보통 '마을'(사모아와 뉴질랜드 해안, 집 30채 이상) 두 가지였다. '작은 마을'은 근처에 정원과 밭을 일구어 코코스야자와 뽕나무를 심었다. 돌이나 나무로 담을 쌓기도 한 '마을'은, 친족 혹은 가족이 토대였으며, 하와이와 타히티 말고는 대개 부계였고, 맏아들에서 맏아들로 이어졌다. 양자를 들이기도 했다. 하와이, 타히티, 통가 등에서는 족장 가문 '계급'이 세습되었다. 고대 폴리네시아인들은 모든 생물과 무생물에 초자연적인 힘(마나)이 있다고 믿었다. 잘못된 행동으로 마나가 없어지거나 손상될 수 있으므로, 마나를 지키기 위해 복잡한 사회규칙이 생겨나고, 특히 여자는 마나를 더럽힐 수 있는 존재로 여겨졌다. 토지는 공동으로 소유하고 가족 단위로 분배되지만, 계급별 분배 방식이 발전하기도 했다. 주술이 넓게 퍼졌고 사랑, 전쟁, 복수, 농업, 어업 등을 주제로 한 종교의식이 행해졌다. 고얌감자, 타로감자, 빵나무 열매, 바나나, 사탕수수, 코코넛 등을 재배했지만 주업은 역시 고기잡이였는데, 만과 초호는 물론 섬 주변 대양을 거대한 어장으로 개척했고, 돌고래와 고래까지 잡았다. 어른들이 즐겨 마시고 의식이나 모임 때 쓰는 카바는 후추나무 뿌리로 만든, 알코올 없는 음료다. 빵나무로 카누를 만들고 그 수액으로 틈새를 막으며, 안쪽 껍질은 물에 적셔 두들겨서 타파천을 만든다. 나뭇잎으로 돗자리, 옷감, 돛 등을 짜기도 했다. 소시에테제도, 이스터섬, 마르키즈제도에 남아 있는 석조사원은 폴리네시아인들의 뛰어난 석공-건축술을 보여주며 카누, 몽둥이, 낚싯바늘 디자인도 훌륭하다. 하와이 족장은 고래 이빨 팬던트로 몸을 장식했다.

BC 1500년 무렵 인도네시아 혹은 필리핀 출신 사람들이 토기를 갖고 건너와 미크로네시아 서부 팔라우 및 마리아나제도 등에 정착, 벼를 재배했고, 거의 같은 무렵 동부에 멜라네시아 출신들이 정착했다. 흩어진 대가족 자작농이 전형적이며 20~50명 혹은 수백 명이 모여 사는 마을공동체에 공회당과 카누창고가 있었다. 카누 제작 솜씨가 상당했고 일부다처제는 드물고, 어떤 지역은 결혼 격식을 차리지 않지만 신부가 결혼 지참금을 가져가는 곳도 있다. 미크로네시아 또한 혈연 및 결혼 관계를 맺은 집단들끼리 서로 도우며 사회, 경제, 정치 활동을 꾸려 나갔다. 여러 친족집단 남성 우두머리들이 공동체를 이끌었는데, 일부 지역은 민주적 의회를 꾸렸으나 대부분의 고산섬과 마셜환초에서는 사회계층화가 진행, 주민들한테서 재화나 용역 등을 받는 막강한 추장들이 나타난다. 고산섬 주민들은 원예에, 환초 주민들은 어업, 특히 심해낚시에 더 치중했지만, 물고기, 빵나무, 바나나, 판다누스나무, 타로감자, 마, 코코넛 등이 널리 퍼졌고, 가장 중요한 재산은 땅으로, 고산섬 주민은 내륙지대 일부를 공동소유한 반면, 환초지대는 가족 단위로 소유했다. 노래와 무용, 이야기, 문신 등으로 이루어졌던 미크로네시아 예술은 현재 거의 전하지 않지만, 팔라우 남성회관 박공과 목재 위 채색 얕은 돋을새김은 유명하다.

미크로네시아는 풍향 변화에 따라 위치를 바꾸는 삼각돛을 쓰는 반면, 폴리네시아는 물건을 싣기는 해도 배 속도가 느린 (더블)카누밖에 없었다. 멜라네시아 및 미크로네시아 서쪽 주변 여러 섬에는 빈랑나무 열매를 씹는 풍습이 있지만 폴리네시아는 없다. 미크로네시아 캐롤라인제도, 그리고 멜라네시아 일부는 바나나와 하이비스커스 섬유를 짜는 직기가 있지만 폴리네시아에는 없다. 사회조직과 종교도 미크로네시아와 폴리네시아는 뚜렷하게 다르다. 유럽인들이 밝은 낮에 해안선을 보고 항해를 하던 수준일 때 폴리네시아인과 미크로네시아인 들은 남극과 북극 지역을 뺀 태평양 대부분을 별 위치, 해류 흐름과 파도무늬, 섬과 환초로 인한 공기-바다 간섭무늬, 새들이 나는 모습, 바람과 날씨 등을 살피는 방법으로 항해하였다. 하지만 몇백 년 후 오세아니아는 근대 항해술과 무기를 갖춘 유럽인들에게 무릎을 꿇게 된다. 폴리네시아를 최초로 탐험한 것은 부를 좇던 스페인 탐험가들이며, 그후 국가가 그리스도교를 앞세워 식민지 확보에 나서 1595년 마르키즈제도, 1606년 투마모투제도 및 북부 쿡제도를 발견했다. 1642년 네덜란드인이 뉴질랜드를 발견했고, 훗날 통가를 탐험했다. 1766년 영국 항해가가 타히티를, 같은 해 프랑스 탐험가가 타히티 및 사모아 제도를 방문한다. 그리고 1769년과 1770년 영국 해군장교 쿡이 배로 세계를 일주한 후 뉴질랜드 주요 섬 두 개의 해도를 만들고 훗날 타히티를 탐험했다. 1778년 하와이제도가 발견된다. 유럽인들에 반대하는 운동이 폴리네시아 모든 섬에서 일어났으나 단기간에 끝났다. 1840년 영국이 뉴질랜드를, 1880년 프랑스가 마르키즈제도와 소시에테제도를, 1888년 칠레가 이스터섬을, 1898년 미국이 하와이를, 1901년 다시 영국이 쿡제도를 합병한다. 독립왕국 통가는 영국의 보호령으로 된다. 1929년 아메리칸사모아가 미국 영토로 되며, 1959년 하와이가 미국의 50번째 주로 편입된다. 1947년 뉴질랜드가 영국연방 내 독립국으로, 쿡제도가 뉴질랜드 자치령으로 되지만, 특히 그리스도교 선교사들이 서방 교회신앙과 문화를 강요, 사모아와 통가를 제외한 거의 모든 지역의 전통과 관습을 파괴하였다. 서방의 많은 예술가, 특히 프랑스 화가 고갱이 타히티섬과 마르키즈제도에서 말년 일부를 보내며 숱한 걸작을 남겼을 만큼, 폴리네시아는 경관이 뛰어나고 생활 방식에 문명의 굴레가 없다. 1668년 미크로네시아에 최초 유럽 식민지를 세운 스페인은 1885~1899년 이곳 섬들을 독일에 팔아넘겼고, 1914년 일본이 다시 이곳을 점령했으며, 1920년 국제연맹이 일본에 위임통치를 맡겼다. 일본은 이 지역을 요새화, 제2차 세계대전에 임했지만, 1944년 미군에 패하여 내주고, 1947년 국제연합이 미크로네시아에 대한 미국의 신탁통치를 인정했고, 미국은 7년 후 원주민 지방정부 구성권을 인정한다. 1946~1958년 비키니와 에니위탁 환초가 핵무기실험장으로 쓰이면서 이곳 주민들은 다른 곳으로 옮겼다. 1978년 미크로네시아는 네 개 선거구로 나뉘어 독립헌법 투표를 시작했는데, 세 개 지구는 헌법을 채택하고 미크로네시아연방을 구성했지만, 헌법을 거부한 한 개 지구 중 북마리아나제도는 1978년 미국연방체로 되고, 마셜제도는 1979년 독자적인 헌법을 제정했으며, 팔라우는 1980년 팔라우공화국 헌법을 채택하였다. 미군 군사시설 및 관광사업과 연관된 건설, 항공, 운송 산업의 발전을 제외하면 미크로네시아 섬들 대부분은 아직도 자급 농업과 어업이 경제의 기반이다. 멜라네시아는 1930년대 혹은 그 이후까지도 서구문명을 접하지 않은 곳이 많았으나 지금은 어떤 오지에도 그리스도교와 서구문명이 들어갈 수 있으며, 무계급 사회가 서구문명을 접하면서 계급사회로 바뀌고 있다. 커피 등 비싼 작물들을 대규모로 재배하는 자본주의 기업도 나타났다.

오스트레일리아 신화 창세기에 해당되는 꿈시간(혹은 꿈꾸기)은 무에서 유가 창조되는 시간이 아니라, 조상들이 대륙을 떠돌아다니며 경치를 '모양' 짓고, 사회 형태와 제도를 '모양' 짓고, 아직 태어나지 않은 아이들의 영혼을 묻어두던 '시간' 이다. 꿈시간은 또한 의식에 참가한 자들이 잠시 그 조상처럼 될 수 있는

'상태' 기도 하다. 원주민들은 현재, 살아 있는 기억 속 과거, 그리고 조상들이 세상을 창조하던 먼 과거로 시간을 나누지만 그 경계는 자꾸 허물어진다. 문자가 없으므로 신화를 전하는 주요 매개는 말, 그리고 바위와 몸, 땅, 혹은 나무껍질에 그린 신화 주제 미술이다. 대륙 북쪽은 사람과 짐승 및 다른 존재들의 실루엣이나 윤곽을 그리는, 최소 1만 5천 년 이어져 내려온 전통이, 대륙 중앙부는 모래에 남은 짐승 발자국이나 사람 책상다리 자국 등을 그리는, 1~3만 년 된 전통이 있다.

경치를 모양짓는 꿈시간 혹은 조상 방황신화 중 가장 유명한 것이 바로 일곱 자매 이야기다. 오스트레일리아 원주민은 혈족으로 나뉘어 자기 땅을 철저히 지키지만, 이웃 혈족끼리 계절에 따라 남는 것을 서로 가져다 먹고 결혼을 하고 힘을 합쳐 더 넓은 땅을 사냥-채집 다니기도 했다. 하지만, 대륙 전체에 퍼진 신화는 하나도 없다. 각 혈연들에 공통된 신화 '요소'가 그 모종의 정황을 짐작하게는 하지만, 대륙 전체에 통하는 개별 신화는 하나도 없으며, 한 영웅의 모험로가 어디에서 시작되어 어디에서 끝나는지를 한 혈족으로서는 알 수가 없고, 이따금씩 혈족신화들이 영웅 모험로를 교체 연결하는 식이다. 이를테면 중앙오스트레일리아 사람들은 소몰이꾼으로 아우구스타항까지 가서야 비로소 자기들 신화에 나오는 '일곱 자매' 이야기가 거기서 끝난다는 것을 알았다. 오스트레일리아 중앙부와 남부 신화들을 릴레이시켜보면 이렇다.

음탕한 사내 니이루가 가장 나이 많은 언니를 강제로 품으려 하자 일곱 자매는 남쪽으로 달아난다. 울루루(에어즈산) 동쪽 점토 및 바위 웅덩이들이 그들의 발자국이다. 아틸라(코너산) 서쪽 위타풀라의 낮은 낭떠러지는 그들이 밤을 보내려고 만든 바람막이다. 일곱 자매는 땅속으로 잠겼다가 트준탈리차(우물)에서 다시 솟았다. 가까운 데 모래언덕은 니이루가 그들을 살피던 곳이다. 일곱 자매가 와누쿨라(바위 웅덩이)로 갔다가, 다시 왈리냐(언덕)로 이동하여 잠을 자려고 지은 오두막이 야생 개암나무 덤불 속 동굴이고, 따로 떨어져 있는 개암나무 한 그루가 가장 나이 많은 언니고 바위에 새겨진 소용돌이무늬가 그들이 앉았던 자리다. 니이루는 표석 더미에서 그들을 살피다가 그들이 잠들었다 싶을 때 오두막을 덮쳤고, 그래서 돌에 홈이 났다. 일곱 자매가 다시 달아난 통로가 동굴 뒤 낮은 입구다. 마침내 일곱 자매는 해변(아우구스타항 근처)에 도착, 바다로 뛰어들었는데, 바닷물이 너무 차서 깜짝 놀라는 바람에 하늘로 뛰어올라 일곱 개 묘성이 되었다. 니이루가 계속 그들을 쫓고, 하늘에 그의 발자국이 보이는데, 발가락은 오리온성좌 '띠' 고, 발뒤꿈치는 '칼' 끝이다.

오스트레일리아('미지의 남쪽 땅') 원주민은 가장 오래된 문화를 지니고 있다. 오늘날 오스트레일리아 원주민의 조상은 적어도 5만 년 전 마지막 빙하기 동남아시아에서 건너왔을 것이다. 유럽인들이 도착하기 전 원주민들은 거의 모두 농경과 가축과 금속과 계급을 알지 못하고 채집과 사냥, 그리고 고기잡이가 생업으로, 해안지대와 일부 내륙 하천지대에 50~500명 단위 혈족으로 나뉘어 살았으며, 유럽인들이 도착했을 때 호주 대륙 원주민 수는 약 30만 명이었다. 인도네시아에서 북쪽 해안에 이르는 해상어로는 일찍 알려졌지만 오스트레일리아는 19세기로 접어들 때까지 유럽인에게 미지의, 그리고 불모의 땅이었고, 1770년 쿡 선장이 대륙 동쪽 해안을 조사한 결과 식민 가능한 땅으로 알려지게 되었다. 쿡은 원주민과 조약을 우선 맺으라는 영국왕 조지 3세의 명에도 불구하고 원주민은 없다며 오스트레일리아 대륙 동쪽 3분의 2가량을 영국령으로 선포했지만, 정작 영국정부는 그후 10년이 지나서, 식민지 미국을 잃은 이후 대체 유형지로, 죄수들이 스스로 가꾸고 정착할 땅으로 이 대륙을 택했을 뿐이다. 1788년 1월 26일 '최초 선단' 으로 도착한 죄수(남자 570명, 여자 180명)와 군인 들이 오늘날 시드니항에 도착한 것이 유형 식민지의 시작이다. 이들은 8일 전 보타니베이에 도착했으나, 그곳은 정착하기에 마땅치 않았다.

첫 식민지 행정관은 '최초 선단' 함장 필립이었다. 오스트레일리아는 볼수록 복받은 대륙이었다. 1820년대 군정이 끝나고 자유이민이 두드러지게 증가하고 죄수 유입은 1840~1853년 꾸준히 줄다가 결국 중단된다. 19세기 초 수출이 시작된 양모산업은 1830년대 이르면 고래잡이 등 수산업을 제치고 식민지 주요 수출산업에 오르게 된다. 1850년대 골드러시로 인구와 농업 목축용 개척이 빠르게 늘고 교통이 발달하고 도시화가 진전되고 영국 자본이 들어왔다. 1855~1890년 모든 영국 식민지들(5개 동부 식민지와 나머지 서부 식민지)이 차례로 선거를 통해 의회 및 내각책임제 정부를 갖춘 자치 식민지로 되고, 1870~1890년 내륙 쪽으로 조방양목(양을 대충 놓아 먹임)이 크게 확대되고, 냉동선 취항 등으로 양모산업 외에 밀 재배, 낙농, 육우 사육 또한 크게 늘어난다. 멜버른과 시드니를 중심으로 고도의 도시화가 진행, 1880년대면 멜버른이 벌써 대영제국의 제2도시로 성장하고, 백인 인구는 1851년 44만에서 1861년 117만, 1891년 324만으로 늘었고, 경제성장률은 인구증가율을 웃돌았다. 하지만, 영국의 투자와 양모 수출에 의존하는 식민지 경제의 약점이 드러나고 대불황과 가뭄이 대륙을 덮치자 노동운동이 일고 노동당이 창설되고, 1901년 1월 1일, 자치 정부들이 모여 오스트레일리아연방을 결성하고, 오스트레일리아연방은 세계 최초 비밀투표를 도입하고 세계 최초 노동당 정부를 탄생시키고 '죄수 평등주의'를 바탕으로 한 각종 사회개혁을 추진하면서 '노동자의 천국'이라 불리게 된다. 그러나 원주민한테는 1967년까지 투표권이 주어지지 않았다. 영국 정부는 1931년까지 어느 정도 영향력을 행사했고, 영국 의회의 권위는 1986년까지 유지되었으며, 오스트레일리아는 아직도 영국연방의 일원이고, 영국(여)왕을 군주로 하는 입헌군주제 국가다. 1999년, 오스트레일리아를 대통령 중심의 공화국으로 만들려는 헌법안이 국민투표에서 부결되었다.

쿡 선장의 3차 항해에 동행했던 화가 존 웨버가 그린 소묘 중에는 중앙폴리네시아 무용수의 머리, 그리고 통가제도에서 행해진, 사내들만 추는 '밤의 춤' 장면이 그려져 있다. 무용수의 일그러진 표정을 쿡 선장은 몹시 못마땅해했다고 한다. 조상신령 완드지나는 태초 꿈시간에 생겨나며, 각 종족마다 하나씩 완드지나가 있고 특정한 동물과 연관된다.

1891년 4월 4일 타히티로 향한 고갱은 폴리네시아를 보는 서양의 관점을 극적으로 변화시켰다. 고갱은 선교사가 교화시켜야 할 타락한 곳이 아니라 지상낙원으로 그곳을 그렸다. 고갱의 타히티 연작 중 핵심 작품인 〈이아 오라나 마리아〉(1891)는 기독교와 폴리네시아 색채를 혼합한 '성 토착여인 경배'라 할 만하다.

동양과 서양을 아우르는 뜻으로 1889년 파리 만국박람회 때 구입한 사진 속 인도네시아 보로부두르 사원 부조 천상 무용수들의 무용 자세를 입혔는데, 황혼 무렵 해변의 아름다움을 무대 삼아 자유와 환희의 전망을 육화하는 타히티 무용수들은 고갱에게 계시나 다름없었다.

소라껍데기 나팔은 특히 태평양제도와 연관이 있지만 유럽에서도 비슷한 유형이 고대부터 사용되었다. 태평양제도 나팔은 대개 어민들 사이 회의 소집이나 폭풍우 대피 신호로, 그리고 전쟁 나팔로도 쓰였다. 인도에서는 힌두 사원 제의 및 군대 막사 나팔로 쓰였다. 코피리 또한 오세아니아 음악의 주요 악기 중 하나다.

오스트레일리아 원주민 그림은 자연과 인간을 상징적으로 연계하며 뱀과 에뮤 등 동물도 등장한다. 아안험랜드 나무껍질에 꿈시간 신화를 노래와 춤으로 재연하는 사람들이 그려져 있다. 빅토리아강 지역 바위그림에는 (대홍수)뱀, 캥거루, 들개, 그리고 다른 여러 무늬들이 보인다. 나무껍질 그림에서 호(弧)는 웅크린 조상들을, 원(圓)은 그들 힘이 밴 장소를 나타낸다. 아안험랜드 북동부의 한 나무껍질 그림은 무덤에 누운 세 사람의 장례식을 기록했는데, 동그라미는 아이들의 혼령이 솟아나고 사자들의 혼령이 무덤 모습의 배에 실려 돌아가는 물(水)구멍이다. 오른쪽 사람이 장례음악에 맞추어 작대기를 부딪치고 나머지 유족들은 나무종이 바구니를 머리에 얹었다. 배경 무늬는 죽은 자들의 종족 표시다.

오세아니아 북아일랜드, 로토루아 집회소에 비치된 상은 입을 크게 벌려 그곳이 토론장이라는 것을 공시하고 있다. 미크로네시아 키리바티, 루오이아 춤 연행자들은 오랜 종교적 상징인 군함새의 비상을 표현한다. 뉴기니 미술은 목조 전통이 가장 풍부하게 발현되는 멜라네시아의 경우 대규모 집강소 건물은 물론 사소한 개인 장식물에까지 예술가의 손길이 가닿고 있다. 남태평양 폴리네시아 이스터 아일랜드의 한 바위그림은 '태초 우주란을 품은 새인간' 을 보여준다.

영국인들이 오스트레일리아에 도착하면서 빼앗긴 성지 및 다른 땅을 되찾기 위한 원주민들의 운동이 원주민 변호사들의 도움을 받아 시작되고, 1976년 오스트레일리아 정부는 원주민들이 그들 부족의 땅에 대해 권리를 갖고 있다는 것을 인정했다. 그리고 그들에게 약간의 땅을 되돌려주었다.

시드니 놀란 경은 오스트레일리아의 가장 뛰어난 화가 중 하나인데, 총림지대 주민 네드 켈리의 생애를 다룬 그림으로 특히 유명하다. 양식이 독창적이며, 늘 새로운 자료와 매체로 자신의 예술 세계를 표현한다.

아프리카, 검은 대륙의 '뱀=무지개'

검은 대륙 아프리카의 신화는 무지개 춤 추는 '신=이름' 들의 잔치와 같다. 가나 아칸족 신화는 은야메(달의 여신)가 세상을 창조하지만, 아프리카 신화에서 보다 더 폭넓은 창조자는 거대한 뱀(무지개)이다. 남아프리카 신화 치나웨지가 거대한 원초 뱀이고, 남알제리아에서 팀부크투까지의 신화는 맨 처음 창조된 거대한 뱀 미니아의 몸으로 세상과 온갖 생명을 만들었다고 한다. 말리의 도곤족과 잠비아 룽구족은 '우주 알' 의 떨림에서 세상이 창조되었다는 신화를 갖고 있다. 도곤 신화에서 세상의 기원은 우주의 씨앗, 그들이 재배하던 가장 작은 씨앗, 즉 '바랭이 씨앗' 이라 명명한 별이다. 이 별은 시리우스성의 '쌍둥이별' 로, 온갖 별 중 가장 작고 가장 무거워, 이 세상 사람 모두 힘을 합친들 그 조각조차 들 수 없다. 이 별이 시리우스 주위를 한 바퀴 도는, 50년에 걸친 운동이 우주의 온갖 창조물을 유지해준다. 현대천문학의 발달로 정말 시리우스 B성이 있으며, 주기가 정말 50년이고, 정말 밀도가 아주 높다는 것이 밝혀졌는데, 먼 옛날 시리우스성 외계인이 가르쳐준 것이라는 주장도 있고, 도곤 신화를 기록하던 1930년대 인류학자가 당시 천문학 발견을 슬쩍 덧붙인 것이라는 주장도 있다. 도곤족과 이웃인 밤바라족 창조신화는 꽤 복잡하다.

> 맨 처음 공허(푸)가, 앎(글라글라조)을 낳았다. 이 앎, 자신의 공허로 가득 차고 자신의 공허는 자신으로 가득 찬 앎이, 에너지를 계속 방출했다 빨아들였다 하는 식으로 인간의식을 창조한다. 인간의식이 우주의 '씨앗' 혹은 '원칙' 이다. 모든 피조물은 짝을 이뤄야 하므로, 인간도 남자가 있고 여자가 있다. 몸

도 그렇고 영혼도 그렇다. '펨바' 라는 정신이 땅을, '파로' 라는 정신이 하늘을 만들고 각각 동서남북을 세우자, 땅에 생명이 나타나고, 파로가 사막에 '쌍' 을 내니 첫 풀이 자라고, 그런 다음 첫 물과 물고기가 나타나 파로와 그의 아이들을 바다로 데려가고, 파로는 그곳에다 온갖 물짐승을 창조했다. 파로는 대지 위 모든 짐승과 사물에 이름을 짓고, 계절을 정하고, 원초의 어둠 대신 밤낮을 번갈으게 했다. 그런 후 그는 모든 생명의 질서를 잡았다. 인간 또한 명명하고 분류, 운명을 새긴 피의 질에 따라 종족과 부족을 나누었다. 그리고 파로는 하늘로 올라갔다.

가장 흥미로운 아프리카 창조신화는 BC 300년 무렵 니제르강 북쪽에 살던 요루바족 작품이다. 오늘날은 천만이 넘는 요루바족이 남서 니제리아, 다호미 경계선에서 북쪽 니제르강에 걸쳐 살고 있다. 이페는 요루바의 정치와 경제, 그리고 종교의 중심지였고 이곳에서 발전한 종교 사상이 다른 요루바 도시로 전해졌다. 요루바 창조신화 중 대지 창조는 일본 신화를, 인간 창조는 중국 신화를 닮았고, 역시 홍수 이야기가 들어 있다. 그리고, 여느 신화와 다르게, '신=이름' 들이 흡사 무지개 춤을 추는 듯, 그 무용이 바로 세상 창조과정인 듯하다. 올로룬, 하늘의 지배자, 태양의 창조자, 가장 강력하고 현명한 신. 오룬밀라, 그 맏아들, 예언의 신, 오바탈라의 조언자. 오바탈라, 올로룬의 총애를 받는 자, 대지와 인간의 창조자. 올로쿤, 바다의 여신, 그리고 에슈, 훼방 놓기 좋아하는 꾀돌이신……

처음에는 위로 하늘과 아래로 물과, 거친 늪뿐이었다. 올로쿤은 그게 좋았지만, 오바탈라는 못마땅하고, 하늘에서 내려다보자니 지겨웠다. 온통 질퍽할 뿐 생물이라고는 하나도 없으니. 오바탈라가 올로룬에게 말한다. 올로쿤이 불쌍해요. 산과 계곡, 수풀과 평야가 있어야, 온갖 동물과 식물이 살 수 있게끔 단단한 땅이 있어야 다스릴 재미가 나지요…… 물론이지. 굳은 땅이 물보다 낫겠지. 근데 그걸 누가 어떻게 만든단 말이냐? 올로룬이 묻자 오바탈라가 대답한다. 허락하신다면, 제가 굳은 땅을 만들지요…… 원한다면 그러렴. 너는 내

아들과 같으니, 네가 원한다면 나야 기꺼이. 하여 오바탈라가 오룬밀라를 찾아가 말한다. 당신 아버지 허락을 받고 저 끝없는 물과 늪 위에 굳은 땅을 만들려는데 어떻게 시작해야 할지 가르쳐주십시오. 오룬밀라가 답한다. 우선, 오바탈라, 하늘 꼭대기에서 저 아래 물까지 가닿는 황금줄을 얻어야 해. 그런 다음 달팽이 조가비에 모래를 채우고 그 조가비와, 흰색 암탉 한 마리와 검은 고양이 한 마리, 그리고 야자열매를 자루에 담고 금줄을 타고 늪까지 내려가는 거지. 그게 우선이다…… 고마워요, 오룬밀라. 오바탈라가 답했다. 빨리 가서 금세공장이를 만나봐야겠네요. 금세공장이가 말한다. 금을 가져오면야 만들어줄 수 있지. 그런데 하늘에 그만한 금이 있을까 모르겠네. 신들한테 매달려봐, 어쨌든 가지고 있는 금은 다 달라고 말야. 잘될지도 모르지. 잘해봐!

오바탈라는 신들이 보이는 족족, 남자든 여자든 가리지 않고, 붙잡고 늘어졌다. 늪에다 굳은 땅을 만들려면 우선 금줄을 타고 그리로 내려가야 하거든요. 온갖 동식물이 살 수 있게끔 제가 만들 거거든요. 하늘에서 늪으로 내려가려면 금줄이 필요해요. 제발 도와주시지 않을래요? 신들은 오바탈라가 가여워 가진 금들을 모두 내놓았다. 금목걸이, 금팔찌, 반지, 심지어 금가루까지 내놓았다. 금세공장이는 금이 모자라다 했으나 오바탈라는 더이상 나올 금이 없으니 그것으로 가능한 한 금줄을 길게 만들고 끝에 갈고리를 달아달라 했다. 금줄 끝 갈고리를 하늘 가장자리에 걸고 아래로 길게 늘어뜨리는 오바탈라를 거들어준 후 오룬밀라는 오바탈라에게 모래를 채운 달팽이 조가비와 흰 암탉과 검은 고양이와 야자열매를 주고 오바탈라는 그것을 자루에 집어넣어 등에 졌다. 안녕 오룬밀라.

오바탈라가 금줄을 타고 내려간다. 중간쯤에서 겨우 빛의 세계가 끝나고 황혼의 세계가 시작되었다. 오바탈라는 계속 아래로 아래로 내려가 금줄 끝에 도달했는데, 차가운 안개가 몸에 축축하게 엉겨붙고, 철썩대는 파도 소리가 귀에 들렸으나 물에 닿으려면 아직 멀었다. 여기서 뛰어내리면 너무 멀어서 물에 빠져 죽을 텐데. 오바탈라가 그렇게 생각하는데, 위에서 오룬밀라가 소리쳤다. 오바탈라! 달팽이 조가비에 채운 모래를 써야지! 오바탈라가 모래를 저 아래

물에 뿌리자마자 다시 오룬밀라가 소리친다. 오바탈라, 흰 암탉을 풀어줘! 오바탈라가 흰 암탉을 모래 뿌린 곳에 풀어주자 흰 암탉은 날개를 파닥거리며 그곳에 내려앉더니 모래를 발톱으로 할퀴어 흩뿌리고, 모래가 떨어진 곳마다 땅이 마르고 커다란 모래더미는 언덕이, 작은 모래더미는 골짜기가 되므로, 오바탈라는 금줄을 놓고 땅 위로 뛰어내리고, 착륙한 곳을 이페라 명명했다. 오바탈라는 자신이 만든 대지가 기분 좋아 한참을 밟다가 땅을 파고 야자열매를 심었다. 곧바로 야자나무가 자라났다. 오바탈라는 나무껍질로 집을 짓고 종려 잎사귀로 이엉을 엮고는 검은 고양이를 벗삼아 그곳에 정착했다.

올로룬은 오바탈라 일이 잘되는지 궁금하여 카멜레온에게 가보라고 심부름을 시킨다. 오바탈라가 말한다. 가서 말씀드려다오. 내가 창조한 땅과 내가 심은 식물은 맘에 들지만, 여기는 늘 황혼이라 하늘의 찬란함이 그립다고! 오바탈라의 말을 전해 들은 올로룬이 빙긋 웃으며 말한다. 오냐, 오바탈라, 너를 위해 내가 태양을 만들어주마. 올로룬이 태양을 하늘 위로 던져올리자 태양은 하늘을 매일 가로지르며 이페에 빛과 따스함을 흘려준다. 며칠, 몇 달이 지나고, 오바탈라는 자신이 창조한 땅에서 오로지 검은 고양이만 데리고 계속 살다가, 좀 외롭다는 생각이 들었다. 고양이를 사랑하지만, 그것만으로는 모자라. 좀더 나와 비슷한 짐승이 이페에서 나와 함께 살면 좋을 텐데. 어디 보자.

오바탈라가 땅을 파는데 흙이 손에 달라붙는다. 찰흙이었다. 그는 싱긋싱긋 웃으며 자신을 닮은 모양으로 찰흙을 빚어갔다. 너무 열심히 빚느라 지치는 것도 목이 마른 것도 몰랐지만 영영 그럴 수는 없었다. 너무 지치고 목이 말라. 술을 좀 마셔야겠어. 오바탈라는 야자열매 주스로 야자술을 담가 여러 항아리를 다 비웠다. 그만큼 목이 말랐다. 그는 매우 취했지만, 스스로 깨닫지 못했고, 진흙 빚는 일을 계속했지만, 술 취한 손으로 만드는 상은 엉망이고, 그 사실을 오바탈라는 모르고, 충분하다 싶게 상들을 빚은 후 올로룬을 부른다. 제게 아버지와 같으신 분, 들으소서. 제가 진흙을 빚었으나 오로지 당신만이 그것에 숨을 불어넣어 생명 있는 인간으로 만드실 수 있나이다. 올로룬이 숨을 불어넣자 상들이 살아 움직이고, 스스로 생각을 했다. 술이 깬 오바탈라는 자신이 한 짓을 깨닫고 크게 뉘우쳤다. 다시는 술을 마시지 않으리라! 그리고 내가 술에 취해 고통을 준 모든 사람들을 보호하는 데 나를 바치리라. 그래서 오바탈라는 모든 장애인들의 보호자가 되었다.

사람들이 자식을 많이 낳고 이페는 마을에서 도시로 성장했다. 철이 아직 없었으므로, 오바탈라는 청동칼과 나무괭이를 만들어주었다. 요루바족은 땅을 개간하고 곡식과 참마를 재배하기 시작한다. 오바탈라는 이페시를 다스리는 게 지겨워지자 하늘과 이페에서 반반씩 시간을 보냈다. 신들이 오바탈라한테 도시 이야기를 듣고 너무도 황홀하여 너도나도 하늘을 떠나 이페에서 사람들과 살겠다고 짐을 꾸리자 올로룬이 말한다. 명심하라. 사람들의 기도를 듣고 그들을 보호해주어야 한다. 그곳에서 살면서 너희들 각각이 할 일을 내가 주겠노라.

하지만 바다 여신 올로쿤은 오바탈라가 굳은 땅과 이페시를 건설하면서 정작 자기한테 아무 의논도 없는 것에 처음에는 뾰로통하다가, 오바탈라가 자기 왕국을 점점 더 갉아먹는 듯하니 갈수록 화가 나서, 복수할 기회만 노리고 있었다. 오바탈라가 하늘로 돌아오자 올로쿤은 방대한 대양의 엄청난 파도를 불러모아 오바탈라의 땅을 휩쓸게 하고, 파도가 몇 번을 덮치자 땅에 홍수가 져서 눈에 보이는 것은 물뿐이라, 오바탈라가 굳은 땅을 만들기 전으로 되돌아간 것처럼 보였다. 야자수들은 뿌리째 뽑혀 물에 떠가고 감자는 썩어 죽은 물고기처럼 물 표면에 뜨고 사람들은 밭에서 숲에서, 그리고 집에서 물에 빠져 죽고, 살아남은 자들은 언덕 위로 도망쳐 오바탈라를 애타게 부르지만, 엄청난 파도 소리 때문에 오바탈라는 들을 수가 없다. 사람들이, 그들과 함께 살던 신 에슈에게 부탁한다. 하늘왕국으로 돌아가서 홍수 때문에 우리가 다 죽게 되었다고 전해주시오. 에슈는 하늘의 신과 자신에게 희생을 바치게 한 다음 하늘로 올라가 사실을 알렸다. 오바탈라가 어쩔 줄 몰라하자, 오룬밀라가 말한다. 너는 하늘에 그냥 있거라. 내가 내려가 물이 물러나고 땅이 다시 솟게 할 수가 있다. 오룬밀라는 자신이 말한 대로 했고 살아남은 사람들이 영웅으로 떠받들며 함께 살기를 청하므로 오룬밀라는 오바탈라처럼 가끔 황금줄을 타고 내려가 이

페가 어떻게 돌아가는지 살폈다.

그렇게 되자, 올로쿤은 올로룬에게 누가 더 옷감을 잘 짜는지 내기를 하자 했다. 옷감 짜는 솜씨가 아주 좋았던 올로쿤은 그 솜씨를 겨뤄 자기도 하늘의 신 못지않다는 것을 마지막으로 보여줄 속셈이었다. 올로룬이 혼자 생각한다. 옷감 짜는 솜씨야 올로쿤이 나보다 훨씬 낫지. 그런데, 그가 그 사실을 알게 되면 다른 것도 한번 해보자 마구 달려들 테고, 그러면 우주 질서가 엉망으로 될 텐데. 내기를 받아주는 척하면서 정작 내기에 말려들지 않는 게 순데, 어떻게 한다? 곰곰 생각에 생각을 거듭하던 올로룬의 눈이 빛나고 얼굴에 미소가 떠올랐다. 올로룬이 카멜레온을 불러 말한다. 올로쿤, 바다의 지배자에게 내 말을 전하라. 짜놓은 옷감을 카멜레온에게 보여주고 그 솜씨를 판단케 하라. 정말로 그 옷감이 아름답다면, 그때 하늘의 지배자는 내기에 응하겠노라. 올로쿤은 그 제안을 선뜻 받아들이고 찬란한 녹색 치마를 입었다. 그랬는데, 놀랍게도, 카멜레온의 몸이 찬란한 녹색을 띠었다. 올로쿤이 여러 가지 색깔의 스커트로 바꿔 입을 때마다 카멜레온의 몸은 바로 그 색을 띠었다. 올로쿤이 탄식한다. 심부름꾼 실력이 이 정도니, 주인 실력은 안 보아도 알겠구나. 내가 어찌 신들 중 가장 위대한 분과 내기하자 할 수 있겠는가!

에슈는 집 없는 떠돌이로 장터나 교차로, 혹은 집 현관에 살며 신과 인간 사이, 그리고 인간과 인간 사이 온갖 싸움과 변화와 변환을 만들어낸다. 태양과 달이 서로 집을 바꾸게 만들어 자연 질서를 뒤집기도 한다. 에슈를 주인공으로 하는 이야기 중 대표적인 것은 다음 세 가지다.

잇닿은 밭을 가는 두 사내는 어찌나 친한지 늘 함께였고 심지어 옷도 똑같은 것을 입었다. 에슈가 한쪽이 검고 다른 쪽이 하얀 모자를 쓰고, 담뱃대와 장갑을 등 뒤로 늘어뜨리고 두 밭 사이를 걸어가니 두 사람은 그 이상한 사람의 모자 색깔과, 길 가는 방향을 놓고 싸우기 시작하는데, 싸움이 아주 격해진다. 왕이 직접 두 사람을 불러 어찌 된 일인지 묻고, 두 사람은 서로 상대방이 거짓말을 하고 있다 우기는데, 에슈가 나타나 말한다. 둘 다 거짓말이 아냐, 둘 다 멍청한 거지. 에슈가 부린 술수를 들은 왕은 크게 노하여 그를 붙잡으라 했으나 에슈는 누구보다 빠르게 달아나면서 숱한 집에 불을 지르고, 가재도구를 챙겨 허겁지겁 집 밖으로 튀어나오는 사람들을 거드는 척하면서, 지나가는 사람들마다 그 가재도구들을 나눠주니, 가재도구들이 천지사방으로 흩어진다.

도적들이 당신의 감자밭을 노리고 있는데요. 최고신에게 그렇게 말한 후 에슈는 밤에 몰래 최고신 집으로 들어가 그의 신발을 훔쳐 신고는 감자밭을 온통 서리하고, 전날 비가 와서 발자국이 뚜렷하다. 다음 날 에슈는 자기 말대로 감자밭에 도적이 들었다며 발자국이 나 있으니 도적을 쉽게 찾을 수 있을 것이라 하였다. 모든 사람들을 불러모았지만 최고신만큼 발이 큰 사람은 없었다. 혹시 최고신께서 잠결에, 무의식적으로 그러신 게 아닐까. 에슈가 넌지시 그런 뜻을 비치고 최고신은 부인했으나 발이 딱 맞았다. 최고신은 에슈의 '술수'를 야단치면서 그에 대한 벌로 명한다. 즉시 이곳을 떠나라. 그리고 매일 밤 하늘로 와서 낮 동안의 일을 내게 고하라. 에슈는 그렇게 최고신과 인간 사이를 오가는 전령이 된 것이다.

에슈와 이파(의약, 예언, 그리고 질서의 신)가 함께 세계를 여행하는데 에슈가 허풍을 떤다. 언젠가는 내가 너를 묵사발로 만들어버릴 거야…… 이파가 받는다. 네가 변신술을 쓰면 나도 변신술을 쓰고, 내가 죽으면 너도 죽지. 그렇게 되어 있느니라. 에슈가 이웃집 닭을 훔치므로 이웃 사람들이 도끼와 몽둥이를 앞세워 쫓아오고, 에슈는 닭피를 뿌려 오히려 추적을 돕다가 이파를 내팽개친 후 키 큰 목화나무 위로 올라가 말한다. 내가 뭐랬어? 너 이제 꼼짝없이 죽었다. 하지만 이파는 새로 변하여 에슈 어깻죽지 위에 내려앉고, 말한다. 내가 뭐랬지, 내게 일어나는 일은 네게도 일어난다니까? 사람들이 나무를 찍어내리지만 에슈와 이파는 사라지고 커다란 돌과 맑은 연못이 생겨났는데, 돌을 쳐다보면 골치가 지끈지끈 쑤시고, 연못을 보면 있던 두통도 말끔히 사라진다. 기적이로다. 마을 대표가 몸을 엎드려 경배한다. 그후 이런 말이 생겼다. 이파에게 제물을 바치려면, 먼저 에슈가 맛보게 하라. 그래야 만사형통이다.

남마다가스카르 신화에서 문명은, '구약 창세기'와 정반대로, 신이 내린 운명이며 축복이다.

한 사람은 가느다란 창을 들고 다니며 온갖 짐승들을 잡는 것이 일이고, 한 사람은 덫으로 새와 짐승을 잡은 후 일부는 내장을 꺼내 점을 치고 일부는 밤 사냥용으로 쓰는 것이 일이고, 또 한 사람은 돌비늘, 은, 과일 등 반짝이는 것만 보면 환장하여 하루 종일 그곳에 죽치는 것이 일이고, 나머지 한 사람은 늘 쇳조각을 들고 다니며 땅을 개간하는 것이 일인 네 사람이 늘 의견이 맞지 않고 싸우게 되므로 신에게 어떻게 좀 해달라고 부탁하였더니, 금요일이라 쌀 알갱이를 빻고 있던 신은 시간이 없다면서 곡식 한 줌씩을 각자에게 나눠주고 '이것을 월요일까지 소중히 간직하거라. 월요일 너희들을 만나리라' 하고, 네 사람이 쌀 한 줌씩을 들고 각자 헤어졌는데, 가느다란 창을 든 자는 들개를 보고 쫓아가다 쌀 한 줌을 떨어뜨리고, 반짝이는 것에 환장한 자는 급류가 깎아내린 골짜기에서 뭔가 하얀 게 반짝거리는지라 쌀을 내려놓고 내려가던 중 급류가 쌀을 휩쓸어가고, 내장으로 점을 치는 자는 밤에 부엉이 울음소리를 듣고는 쌀을 오두막 바깥에 두고 나섰다가, 안전한 곳에 두려고 다시 가보았으나 이미 바람에 쓸려 쌀 알갱이들이 없어진 후고, 마지막, 쟁기꾼은 늪지대로 가서 땅을 파며 쌀은 따로 챙겨두었으나 땅을 다 파고 난 후 보니 바람에 흩어졌고, 깜짝 놀라 한 톨 한 톨 쌀을 모았으나, 일부나마 찾은 것이 다행이고 다 못 찾은 것이 불행이었는데, 월요일 신이 와서 그들을 불러모으고, 그들의 사정 얘기를 다 듣고 나서는, 이렇게 말한다. 이제 알겠느냐 신이 내린 운명은 바꿀 수 없다는 것을? 전사는 전사라 전사 종족이 있고, 마법사는 마법사라 마법사 종족이 있고, 상인은 상인이라 상인 종족이 있는 것이다. 그리고 너, 대지의 노동자여, 너는 다른 모든 종족에게 음식을 공급한다. 신은 악을 행하는 인간을 쫓아 선으로 이끄나니. 너희들이 서로 싸운 것은 각자 환경의 이유를 모른 까닭이다. 앞으로는 운명을 따를지니. 그후 네 사람은 각각 자기 운명을 사랑하여, 서로 싸우는 일이 없었다.

남서마다가스카르에 사는 말라가시족 신화는 죽음과 비, 그리고 인간 출현을 한꺼번에 다룬다.

옛날에 신이 아들 아타오콜로이노나('물-이상한 것')를 대지로 내려보내어 이것저것을 살피고 그곳에 생명을 창조할 수 있을지 알아보라 하였다. 하지만 공 모양 땅덩어리는 너무 뜨거워 아타오콜로이노나가 견디지 못하고 땅속 깊숙이 파고들어 몸을 식히고, 다시 나타나지 않으므로 신이 하인들을 보내어 아들을 찾게 하는데, 그들이 바로 사람이다. 사람들은 각각 흩어져 신의 아들을 찾았으나 소용이 없고, 대지는 너무 메마르고 더워 어떤 식물도 자라지 않으니 이만저만한 고생이 아니었지만, 때때로 전령을 보내 신에게 그간의 경과를 알렸다. 그렇게 여러 사람이 하늘로 올라갔지만, 그중 누구도 돌아오지 못했다. 이들이 바로 죽은 자들이다. 오늘날도 사람들이 전령을 보내지만, 그들은 돌아오지 않고, 계속 찾아야 할지, 그만두어야 할지 신은 대답이 없다. 다만, 인류가 계속 자기 아들을 찾아다니는 것에 대한 보답으로 신은 비를 내려 대지를 식히고, 식량용 식물을 재배할 수 있게 해주었다.

콩고 지역 파우인족 신화는 사회 분석적이다. 원래 신은 세 아들(백인, 흑인, 고릴라)을 데리고 아프리카 한가운데 살고 사람들이 근처에서 행복한 삶을 누렸으나, 흑인과 고릴라 들이 명령을 따르지 않자 신은 백인 아들만 데리고 온갖 재산을 서쪽 해변으로 옮기고, 고릴라들은 수풀 속으로 물러나고, 흑인들은 가난하고 무지한 처지가 되었다. 흑인들은 신과, 그의 백인 아들과, 온갖 재산이 있는 서쪽을 그리워할 수밖에 없다. 키부호 해변 니그로들의 죽음 탄생신화는 매우 끔찍하지만, 바로 그렇게, 흡사 인간 스스로 이해할 수 없었던 '첫 죽음의 광경'

을 그대로 담아낸 듯하다.

첫 인간을 창조한 후 신은 인간이 죽는 일은 없을 것이라 하였다. 사실 그랬고, 얼마 후 사람 수가 크게 늘어났다. 그런데 죽음이, 인간에게 시비를 걸려다가 신의 감시가 심하므로 땅 밑으로 기어들었다가, 신이 자리를 비운 틈을 타서 한 사람, 늙은 여자를 사로잡았다. 즉 죽였다. 여러 아들과 며느리 들을 남기고 늙은 여자는 죽었다. 사람들이 무덤을 파고 그녀를 묻었는데, 며칠 후 무덤 흙이 솟아오르기 시작하는 게, 마치 죽은 자가 다시 살아나는 듯했다. 며느리 한 명이 그것을 보고는 끓는 물을 가져다 시어머니 무덤에 붓고는, 절굿공이로 무덤을 다지며 외친다. 죽어라! 죽은 것은 계속 죽은 상태로 있어야지! 다음 날 무덤 흙이 다시 솟기 시작하자, 며느리는 전날 동작을 되풀이했다. 죽은 것은 계속 죽은 상태로 있어야지! 되살아나려던 시어머니는 그제야 움직임을 멈춘다. 대지로 돌아와 전후 이야기를 다 들은 신은, 죽음의 짓인 것을 알고 이렇게 말한다. 가만히 집에 머물고 있으라. 내가 죽음을 잡아 다시는 그런 짓 못하게 만들어줄 것이다. 신과 마주친 죽음이 있는 힘껏 달아나는데 바로 그때 웬 늙은 여자가 오두막을 나와 수풀 속으로 몸을 숨기려다 죽음과 마주쳤다. 죽음이 말한다. 나를 숨겨다오, 반드시 보답을 해주마. 정신이 그리 맑지 못했던 늙은 여자는 몸을 덮은 살갗을 겨드랑이까지 끌어올리고, 죽음은 그 밑으로 스며들어 그녀 배 속으로 들어갔다. 그때 나타난 신이 늙은 여자에게 '죽음이 지나가는 것을 보지 못했느냐?' 묻더니 늙은 여자가 대답할 틈도 주지 않고 그녀를 덮치며 다시 외쳤다. 더이상 아이도 못 낳을 텐데 늙은 여자가 무슨 소용인가? 이 여자를 죽이고, 죽음을 꺼내어, 죽이는 게 상책이다! 하지만 신이 늙은 여자를 해치우기도 전에 젊은 여자가 오두막에서 나오더니, 놀랍게도, 늙은 여자의 목을 잘라버리고, 그 순간 죽음이 늙은 여자 몸을 빠져나와 젊은 여자 몸속으로 숨어버리고, 신은 포기하며 말한다. 될 대로 되라지! 이렇게 내가 하고자 하는 일을 꺾으려 나서니, 할 수 없지 지 뜻대로 죽는 수밖에!

아프리카는 첫 인간을 탄생시킨 대륙이고, 인류는 아프리카 대륙에서 가장 오래전부터 살았다. 그러나, 이집트가 아마도 세계 최초 민족국가를 이루었음에도, 사하라사막 아래 아프리카 대륙은 최근까지 민족국가가 성립하지 않고, 부족집단, 왕국, 그리고 가문 들이 흩어져 살았을 뿐이다. '아프리카'란 말은 오늘날 대륙 북부 튀니지를 가리키는 고대 로마어 '아프리의 땅'에서 나왔고, '아프리'는 아마도 페니키아어 '아파르(먼지)'의 복수였을 것이다. 아프리디 부족이 카르타고 주변 아프리카 지역에 살았고, 고대 그리스어 '아프리케'는 '춥지 않다'는 뜻, 라틴어 '아프리카'는 '햇볕 쨍쨍한'이란 뜻이다. 즉, '아프리카'에 사하라 아래쪽 아프리카는 들어 있지 않았다. 아프리카인 대부분은 문자 없이 살았다. 인류 조상이 아프리카에서 긴 세월 동안 서로 피를 섞고 환경에 적응하면서 다섯 종족이 나타난다. 1)네그랄(콩고 삼림지대 수렵인 피그미족), 2)보스코포이드(남아프리카 칼라하리사막 수렵인 코이산, 흔히 부시먼), 3)니그로이드(사하라 이남 농경민 대부분), 4)코카소이드(사하라 이북 및 에티오피아 목축민), 5)몽골로이드(아시아에서 마다가스카르로 이주한 후 니그로이드와 혼혈).

아프리카 고대왕국 대부분의 경제적 기반은 원거리무역이었다. BC 10세기 무렵 이집트 남쪽에서 쿠시왕국(니그로이드)이 일어나 나일강 중류 나파를 수도로 삼다가 고대 이집트왕조(코카소이드) 쇠퇴를 틈타 이집트를 정복한다. 그들이 세운 것이 바로 제25왕조다. 쿠시왕국은 BC 667년 아시리아군 침략을 받고 수도를 남쪽 메로웨로 옮기고 다시 메로웨왕조를 연다. 메로웨왕조는 인도양 교역로를 발견하고 제철 기술을 터득하고 독자적인 메로웨문자를 발명하고 그리스-로마 문화를 받아들이고 큰 구조물을 숱하게 건설하는 등 번영을 누렸으나, 기원 전후 로마 침략, 그리고 AD 350년 교역로를 장악한 악숨왕국에 의해 멸망한다. 오늘날 에티오피아의 전신인 악숨왕국은 아라비아와 강한 동맹을 맺고 인도양 교역으로 번창했으나 6세기 비잔틴제국과 손을 잡고 페르시아에 맞서다가 페르시아한테 멸망했다. 동아프리카 해안은 7세기 아라비아반도 이슬람교도 후계자 싸움에서 패한 시아파들이 오만에서 이주, 이 지역을 '잔리'라 명명하고, 라무, 말린디, 몸바사, 펨바, 잔지바르, 킬와, 모잠비크, 소팔라 등에 도시를 건설하는 인도

양 교역으로 번영을 누린다. 잔지의 금, 철, 상아, 노예 등을 중국 혹은 동남아시아, 인도로 실어나르고 인도 직물과 장식 구슬, 중국 도자기 들을 들여왔다. 10세기 아랍 지리학자 마수디, 그리고 12세기 모로코 지리학자 이드리시가 번영상을 상세히 기록한 이들 '동해안 도시들'은 이슬람문화와 스와힐리어를 공유했다. 8세기 서수단 지역에서 수도 쿰비살레를 중심으로 번성한 가나제국(오늘날 가나와 관계가 없다)은 왕가라족의 금과 아랍인의 소금 교역 중개가 주요 수입원이었다. 에티오피아 지역 '카파'에서 처음 선을 보인 '커피'가 850년 무렵 중동에서 재배되기 시작한다. 아프리카의, 검은 눈물의 음악을 닮은 커피는 오늘날 사람들이 가장 즐겨 마시는 음료 중 하나다. 커피나무 종류는 60가지에 이르고 초기 '아랍 커피'에서 '라틴아메리카 커피'로 발전하였다. 968년 이슬람 파티마왕조가 이집트에 카이로('승리한')를 건설, 973년 수도로 삼으면서 본격적인 아프리카-이슬람 시대가 열린다. 11세기 후반 개종을 노리고 쳐들어온 북쪽 이슬람 무바라트왕조에 의해 가나제국은 멸망하고(1076년), 1240년 같은 지역에 만딩고족이 말리제국을 세우고 세력을 서쪽으로 확장, 왕가라와 밤부크, 그리고 감비아강에 이르는 영토를 장악하는데, 이 제국의 경제적 토대는 사하라 통과 교역에 부과한 세금이었고, 14세기면 니제르강 유역 통부크투가 상업과 학문 중심지로 떠오르고, 3대 왕 만사무사가 1324년 여러 시종들에게 황금을 들리고 메카 순례를 하는 도중 카이로에서 황금을 물 쓰듯 하는 바람에 카이로 금값이 10년 동안 폭락 상태였다고 한다. 그러나 만사무사가 죽은 후 말리제국은 계속 쇠퇴한다. 아들 마가왕은 통부크투를 모시족에게 빼앗기고, 5대 술래이만왕이 세력 회복에 힘쓰지만 15세기 초 북방 유목민 투아레그족과 남방 모시족의 침략을 받은 후 1473년 송가이제국에 젠네를 점령당하면서 말리제국은 멸망한다. 어쨌거나, 아랍 여행가 바투타가 『3대륙 여행기』에 기록한 술래이만왕 대 말리제국은 매우 번창하고 또 질서정연한 모습이었다. 송가이제국 왕 손니 알리는 투아레그족과 모시족을 쫓아내고 아주 넓은 제국을 니제르강 상, 중류 지역에 세웠다. 1493년 왕위에 오른 무하마드는 광대한 통치조직을 확립하고 조세제도를 정비, 국가 재정을 안정시킨다. 이슬람교를 보호했으므로 사하라 통과 교역이 활발해지고, 젠네, 통부크투, 우알라타 등은 교역과 종교, 그리고 학문의 중심지로 떠오른다. 16세기 초 남쪽의 카치나, 자리아, 카노의 하우사족 등 여러 부족국가를 정복, 송가이제국 영토는 대서양 연안까지 이르고 북쪽으로 투아레그족의 근거지 에일과 아가데스를 점령했다. 하지만, 무하마드 사후 계속된 왕위계승 싸움, 그리고 1590년 북쪽에서 화기를 앞세우고 내려온 모로코군에 송가이제국은 멸망한다. 1417~1419년 중국 명나라 환관 정화가 이끄는 대함대가 동아프리카 해변을 탐사했고, 1498년 바스코다가마 이후 포르투갈인이 해안도시를 습격, 해안부 및 인도양 교역을 완전 장악하면서 고대 아프리카 왕국 시대는 막을 내리고, 유럽인에 의한 대대적인 노예무역과 식민지배 시대가 시작된다.

8세기 사하라 이남 아프리카 쇼나 부족 조상들이 세운 '거대한 석조 주거지' '대(大)짐바브웨' 는 아프리카 우주란신화를 형상화한다. 아프리카 도곤족 종교지도자 의자에 앉은 이는 창조주 신령 놈모고 의자 바닥은 땅이며 앉는 자리는 하늘이다. 태초에는 사람과 짐승 사이 차이가 없고 마음대로 모습을 바꿀 수 있었다고 아프리카 하이다족은 믿고 있다. 하이다족 천둥새 가면의 아가리를 벌리면 그 안에 사람의 얼굴이 나타난다. 아프리카에 널리 퍼진 '바벨탑 이야기' 와 연관된 대표적 건축물인 대짐바브웨 원추형 탑은 높이가 9미터 이상이다. '1817년 아프리카 가나, 쿠마세에서 아샨티족이 영국 대표단을 맞았다. 우리가 도착하자마자 100개가 넘는 악단이 일제히 풍악을 울리고 각 추장들을 대표하는 서로 다른 선율들이 한꺼번에 쏟아졌다……' 자신의 저서『선교—케이프 코스트 캐슬에서 아샨티까지』(1819)에서 보디치는 그렇게 썼다. 나이제리아 그봉간 장터 에궁군('조상') 춤꾼은 아주 빠르게 회전하면 겉 헝겊 조각이 들리고 그 사이로 색깔이 대비되며 여러 무늬가 드러난다. 어떤 가면은 춤이 끝날 무렵 의상이 완전히 뒤집혀 전혀 다른 모습을 나타내기도 한다. 동물 가장행렬도 있다. 사자는 아프리카 신화에서도 왕의 권위를 상징한다. 요루바족 신화의 동물 트릭스터는 산토끼다. 아프리카 쿠바 왕족 성인식 때 쓰는 가면은 구슬과 조가비로 창조주 우트를 표현한다. 중앙아프리카 신화에서는 최초 남자 무릎에서 최초 여자가 태어난다. 셀크남 가면극 울렌 연행자는 초인적인 속도로 움직이는 듯한 착각을 자아낸 후 꼼짝 않고 서서 몇 분 동안 관객들을 빤히 응시한다. 검붉은 바탕에 하얀 줄무늬를 낸 추상적인 의상 디자인 때문에 속도/꼼짝 않음의 대비가 더욱 고조된다. 요루바족 조상 영혼가면을 행렬중 착용하면, 불려온 영혼이 가면과 착용자 모두에게 씐다. 땅으로 떨어지는 놈모(창조주 신령)를 그린 말리 도곤족 동굴화가 있다. 놈모 옆은 도곤족 영적 지도자가 사용하는 의자. 팔을 추켜올린 것이 두 놈모고, 의자 바닥은 땅, 앉는 면은 하늘을 표현한다. BC 10세기경 사하라 동굴벽화에 벌써 마차가 보인다. 가나 아샨티족 금가루 저장함에 새겨진 소용돌이 또한 우주 창조 때 우주란의 떨림이다.

북아메리카 인디언, 성스러운 말씀의 육체들이 흩어지다

샤이안족은 말한다.

> 마헤오('온갖 신령')가 거대한 물과 물짐승, 그리고 새 들을 창조했는데, 땅이 없었다. 새들은 날다가 지쳐 땅을 찾으러 잠수하지만 모두 실패하고 마지막으로 검둥오리가 자그마한 진흙 한 덩이를 물 밑에서 물고 나와 마헤오 손에 떨어뜨렸다. 이거면 충분하지. 마헤오가 그 진흙을 손바닥 위에서 굴리자 진흙은 어머어마하게 커졌다. 그런데, 누가 그 거대한 땅덩어리를 떠받칠 것인가? 할미거북만이 가능하다. 그녀 등 위에서 땅은 계속 커져갔다.

휴런족 신화는 아래 세상이 온통 바다였던 태초 하늘에서 떨어진 한 여자를 물새 두 마리가 받아 거대한 거북 등에 얹고, 각종 동물이 바다 밑에서 흙을 떠오려 했으나 모두 실패하고, 마지막으로 두꺼비가 가져온 흙 한 줌을 여자가 거북 등에 흩뿌려 거대한 육지를 만들었다고 한다. 여자가 쌍둥이를 낳는데 그중 하나가 그녀 옆구리를 찢고 태어나는 바람에 여자는 죽고, 여자를 땅에 묻자 머리에서 호박이, 젖가슴에서 옥수수가, 손과 발에서 여러 가지 콩이 돋아났다…… 노년의 일상 혹은 일상의 노년이 최초의 대지를 등에 진다. 그리고 그 정황은 웃음에 심오한, 죽음을 닮은 깊이를 부여한다.

인디언들은 약 2만 5천~3만 년 전 아시아에서 빙하기 베링해를 통해 건너왔다. 알래스카로 들어온 경우 위스콘신 빙하와 로키산맥 얼음 덩어리에 길이 막혔다가 기후가 따듯해지면서 길이 나자 남쪽으로 내려갔다. 빙하기 베링해는 지구 온난화(빙하 후퇴)와 한냉화(빙하 전진)에 따라 물이 차오르거나 육지가 드러나기를 여러 번 거듭했으나, 빙하기가 끝나면서 바다가 유라시아 대륙과 아메리카 대륙을 완전히 가르고 그 전에 남하한 사람들은 북아메리카와 중앙아메리카, 그리고 남아메리카로 흩어져 살며 다양한 사회와 문화를 발전시키게 된다. 콜럼버스가 도착했을 때 아메리카 대륙에 살던 인디언 수는 약 1,500만~1,600만 명. 언어는 계통 분류가 힘들 정도로 종류가 많다. 북극의 에스키모('날고기 먹는 인간') 혹은 이누이트('인간')는 툰드라지대 순록 및 바다 포유류 사냥이 생업이다. 수렵 무리로 나뉠 뿐 통합조직은 없다. 같은 무리끼리 아내를 빌려주는 풍습이 있다. 아한대 지역 인디언들도 수렵민이다. 툰드라 순록 외에 삼림지대 사슴 등을 사냥하며 무리가 기본이지만 씨족으로 구성된 조직도 있다. 옐로나이프족 등 애서베스컨계 여러 부족이 사는 서부 아한대, 몬타냐스카피족 등 알곤킨계 여러 부족이 사는 동부 아한대로 나눌 수 있다. 북아메리카 서해안 인디언은 수렵과 채집이 생업이고 해산물이 많아 생활이 풍족하며 복잡한 계층사회를 이루고 족외혼 씨족으로 나뉜다. 마을 수장을 위한 잔치, 그리고 토템폴(토템을 새긴 막대기)이 유명하다. 콰키우틀족, 틀링기트족이 대표적이다. 서부 인디언들은 수렵보다 채집이 훨씬 중요한 생업이며, 주변 인디언 문화의 영향을 많이 받았고, 바구니나 가죽제품 제작 솜씨가 뛰어나다. 대평원 인디언은 정착농경 부족(만단족, 히다치족)과 이동수렵 부족(블랙푸트족, 다코타족)으로 나뉜다. 여러 언어 집단이 뒤섞인 이동 부족은 손과 손가락의 몸짓언어로 대화를 하였다. 백인 침입에 강력히 저항했고, 천년왕국을 열망하는 '유령 무용(Ghost Dance)' 종교가 유명하다. 남서부 인디언은 사막문화 전통을 이으면서 중앙아메리카 농경문화 영향을 많이 받았다. 호피족과 주니족이 대표적이고 나바호족은 이들보다 늦게 들어왔다. 훌륭한 직물과 채색도기를 제작한다. 씨족과 부락조직이 발달했으며 어떤 부족은 대규모 집단주택을 짓고 산다. 남동부 인디언 문화는 북동부와 비슷한 점이 많다. 크리크족, 내치즈족이 대표적이며 농경과 수렵이 조화를 이루고 백인에 대한 대책으로 큰 부락연합을 만들었다. 대표적인 북동부 인디언은 이러쿼이족. 이들은 부족연합(이러쿼이동맹)을 결성했고, 이 동맹에 들지 않은 휴런족 등도 씨족동맹을 이룬 상태였다. 1556년 신대륙 인디언들의 담배를 유럽에 처음 전한 것은 리스본 주재 프랑스대사 니코('니코틴'은 그의 이름을 딴 것이다), 유럽에 크게 유행시킨 것은 영국 탐험가 롤리다.

에스키모, 잔혹하고 비정한 풍요

엄혹한 문명은 엄혹한 신화를 낳는다. 이누이트(에스키모) 신화는 풍요신화, 수렵물이 생겨나는 신화조차 깊은 바닷속처럼 잔학하고 비정하다.

> 외모가 아주 추한 처녀가 있었는데, 아버지가 강제로 개(혹은 신천옹)와 결혼시켰다. 처음엔 그럭저럭 살았지만 아이를 몇 낳고 나니 고약하다는 생각이 들어 아버지는 개를 물에 빠뜨려 죽였다. 아이들이 아버지의 죽음을 복수하려다가 실패하고 먼 데로 쫓겨난다. 얼마 후 쇠바다제비가 추악한 사람 모습으로 변해 나타나니 여자는 그의 아내가 되어 따라갔다. 둘은 카약에 올라탔다. 아버지가 뒤따라와 간신히 딸을 구해내지만 새가 둘을 쫓으며 폭풍우로 내리치니 배가 뒤집힐 것 같고, 공포에 질린 아버지가 딸을 바다에 던지려 하는데 딸은 뱃전을 꽉 붙잡고 놓지를 않았다. 아버지는 딸의 손가락을 마디마디 잘라낸다. 손가락 첫 마디는 작은 물개로, 중간 마디는 수염 난 물개로, 마지막 마디는 해마로 되고 그렇게 바다짐승들이 차례로 생겨났다. 그녀 자신은 바닷속으로 가라앉아 바다 신령 세드나(sedna)로 되었고 바다짐승들이 모두 그녀 곁에 앉았으며, 슬픔에 떨다 파도에 휩쓸린 아버지도, 첫 남편 개도 합류했다. 개는

그녀의 보호자, 아버지는 법도를 어기는 자들을 엄혹하게 꾸짖는 자로 되었다.

아버지는 왜 딸을 개한테 시집보냈을까, 딸은 왜 쇠바다제비를 따라갔을까? 그런 의문이 끼어들 틈도 없이, 앞뒤 끼워맞출 겨를 없이, 그리고 교훈-정리를 한낱 사족으로 만들면서, 이야기는 바닷속의, 바다짐승의, '바닷속=존재'의 끔찍함을, 직격하듯 반영한다. 공포의 명징성이 이야기-형식과 이야기-내용을 파괴하면서, '끔찍한 현대'로 직결된다.

신화 이전 2, '성=죽음=웃음'의 탄생

신화는 신들의 이야기고, 신들이 동물 인간을 문명 인간으로 만드는 이야기고, 동물 인간 시절을 반영하는 이야기다. 신이 세계와 인간의 모든 것을 창조했다는 '그럴 법하지 않은' 이야기지만, 무엇보다 근친이 상간하고 사람이 사람고기를 먹는, 동물 인간이 '그랬을 법한' 이야기가 묻어나는 이야기다. 그렇게 신화 속에서 신들은 그럴 법하지 않고 오히려 동물 인간이 그럴 법하다. 그리고, 인간이 동물을 벗으므로, 신화는 갈수록, 인간 사회, 혹은 문명사를 닮아간다. 하지만 그 전에, 와중에, 그 후에, 동물과 인간 사이를 오가는 늑대 혹은 이리 인간이 있다. 그리고 죽음이 있고 죽음의 신이 있고, 죽은 혼을 인도하는 저승사자, 죽은 자들이 사는 지하세계가 있다. 죽음 탄생신화가 있다. 성의 탄생신화가 있다. 웃음 탄생신화가 있다. '성=죽음=웃음' 탄생신화가 있다.

웃음의 본질은 불교와 마찬가지로 공(空)이다. 불교의 공이 색(色)을 부른다면 웃음의 그것은 색탐과 식탐을 부른다. 불교가 그 공으로써 예술적이라면 웃음은 그 공으로써 우선 파괴적이지만 예술을 향할 때 에로스의 비극적 파괴 본능을 치유하면서 웃음의 본능을 위대한 공의 형식으로 세운다. 웃음이 성적(性的)인 표현을 동원하는 사회적 풍자 수단을 넘어 비극을 포괄하는 공의 예술로 되는 지점이다. 위대한 웃음은 일찍부터 사회적 풍자에 그치지 않고 인간존재의 비극성에 대한 연민의 정을 형상화했다. 현대예술의 특징은 비극을 포괄한 희극의 승리다. 현대에 이르러 예술적인 웃음은 마침내, 영원한 죽음이 짧은 삶에 보내는 위로의 표정에 다름아닌 것으로 된다. 웃음은 가장 대중적인 매체로 된다. 신화의 웃음은 에로티시즘과 동전의 양면을 이룬다. 신화의 에로티시즘을 통해 웃음은 눈물과 또한 동전의 양면을 이룬다. 아니 이 셋이야말로 영혼 삼위일체의 '신화-육체판' 일지 모른다.

웃음은 결코 꿈꾸지 않고, 그 한 발은 죽음을 딛고 있다. 웃음은 문명의 매개고, 문명이고, (정치)풍자를 제 안에 품고 있다. 말레이시아 태초에는 사람들이 살인과 간음을 일삼고 사람고기를 먹었다. 달-신령이 행동의 법도를 몰래 감추고 내놓지 않았다. 어느 날 그가 그렇게 개판인 세상을 넋 놓고 구경하다가 몸이 달 밖으로 너무 나와서 지상으로 떨어졌다. 사냥꾼이 밧줄을 가져와 달에 걸치고 둘은 달로 다시 올라갔다. 달신령은 사냥꾼을 죽여 자신의 추락을 은폐코자 하였다. 사냥꾼은 침대 밑에 숨겨놓은 법도를 찾아내어 비밀가방에 담고 내려왔다. 그리하여…… 웃음은 리얼리즘의 극치. 신화의 주인공들은 웃지 않는다. 그러나 신화, 특히 원초신화는 폭발하는 웃음이 미학의 뼈대로 들어서 있다. 죽음과, 죽음의 경위 사이를 넘쳐나는 '웃음=현실주의' 의 기적. '문명' 그리스-로마 신화와 '종교' 기독교 성경의, 엄혹한 경위에는 없는 경위다. 그러니 무엇이 '고급 문명' 이고 무엇이 '고급 종교' 인가. 21세기 문학-예술의 전망 중 하나는 '문명과 종교' 의 억압을 극복하는, '죽음이 흘리는 웃음' 일 것이다.

성적인 자연-질서를 거스르는 일은 비극-울음뿐 아니라 희극-웃음도 낳는다. 이 희극-웃음과 비극-울음, 희극 울음과 비극 웃음은 연원이 같으며, 고대 비극이 정립된 후 희극에는 등장치 않다가 현대희극에 오히려 더 걸맞게 된다. 가장 악명 높은 성적 질서 파괴자는 테살리아 라피트 왕 익시온이다. 그가 범하려 했던 여자는 물경 제우스의 아내 헤라. 제우스가 구름을 헤라 형용으로 만들고 숨을 불어넣은 네펠레를 침대 속으로 들이고, 술에 취한 익시온이 그녀와 살을 섞고, 그렇게 태어난 자식이 켄타우로스다. 제우스는 영원히 불타며 돌고도는 지하세계 바퀴에 익시온을 묶었는데, 켄타우로스가 다시 성적 질서를 파괴, 암말과 살을 섞었고, 그렇게 태어난 것이 반인반마 괴물 켄타우르들이다. 켄타우르들은 무엇을 어떻게 범했을까? '에로틱-비극적' 을 포괄하는 현대적 웃음의 장이 벌써 열린다.

오스트레일리아에는, 특이하게, 죽음의 방법을 선택하는 신화가 있다. 빅토리아강 북동부의 무린바타족은 말한다.

까마귀와 게가 가장 좋은 죽음 방법을 놓고 다툰다. 내가 좋은 방법을 알지. 조금 기다려봐. 게가 그렇게 말하고는 늙고 쭈글쭈글한 껍질을 벗어던지고 땅구멍 속으로 들어가 새 껍데기가 날 때까지 기다렸다. 시간이 얼마 흐르자 답답해진 까마귀가 그 구멍 속을 들여다보자 게가 다시 말한다. 조금만 더 기다려보라니까. 얼마 후 게는 정말 새 껍데기를 입고 나타나지만, 까마귀는 '뭐가 그렇게 오래 걸려. 난 더 빠르게 죽을 수 있다구!' 그러더니 눈동자를 말아올리고 뒤로 쿵, 나자빠졌다. 불쌍하구나 까마귀! 게는 그렇게 말하고는 물을 조금 가져다 까마귀한테 뿌렸다. 그러나 까마귀는 다시 살아나지 않았다. 죽은 것이다.

아프리카 사람들이 말한다

사람들이 원래 생식기가 없는 채로 얼마 동안 아무 문제 없이 한데 어울려 살다가 아무래도 재미가 없어 최고신에게 부탁한다. 뭐, 좀 다른 거 없겠습니까, 하느님? 이것을 받으라…… 하느님이 보낸 것은 속이 팬 음부와 거기에 맞춤한 양기였다. 처음에 이 생식기들은 사람처럼 저 혼자 걸어다니고 따로따로 혹은 저희끼리 놀았다. 하느님이 말한다. 그래서는 의미가 없다. 그래서는 이야기가 없지. 하여 어느 날 사람들이 그룹을 둘로 나누기로 결정하고 생식기들을 초청, 원하는 쪽을 택하게 하니 남자 생식기들이 한쪽을, 여자 생식기들은 다른 쪽을 택하여 한쪽은 남자가 되고 다른 쪽은 여자가 되었다. 남자와 여자가 마주 보니 서로 다르고 그래서 그후 내내 남자와 여자 사이 싸움이 그치지 않게 되었다.

많은 아프리카인들이 원래 죽음은 없었으며, 죽음이 생겨난 것은 인간 혹은 어떤 짐승의 잘못 때문이라고 믿는다. 남부수단 평원에 사는 누어족은 말한다.

옛날에는 하늘과 땅을 연결하는 줄이 있어 사람이 늙으면 누구나 그 줄을 타고 올라가 다시 젊어진 다음 다시 땅으로 내려왔다. 그러던 어느 날 하이에나와 산까치가 줄을 타고 올라 하늘로 들어갔고, 최고신은 두 놈이 땅으로 내려가면 분명 말썽을 일으킬 것이니 돌아가지 못하도록 잘 감시하라 하였는데, 어느 날 밤 두 놈이 도망을 쳐서 줄을 타고 내려오다가, 땅에 발이 닿을 즈음 하이에나가 줄을 끊자 하늘 쪽 줄이 위로 잡아당겨졌다. 그후 다시는 하늘로 올라갈 길이 없고, 사람이 늙으면 그냥 죽을 수밖에 없다.

빅토리아호 북쪽 해변에 사는 간다족의 죽음 탄생신화는, '오르페우스와 에우리디케' 이야기를 닮았다.

맨 처음 땅에는 킨투 한 사람만 살았다(혹은, 킨투는 부간디 왕조를 세운 이주민이다). 하늘의 딸 남비가 그를 보고 사랑에 빠져 아버지 하늘신에게 킨투를 신랑으로 삼게 해달라고 졸랐다. 하늘로 초대받은 킨투는 위대한 신이 내린 어려운 시험을 남비 마법으로 통과, 남비와 함께 신부 지참물로 가축과 재배식물을 받아 들고 땅으로 떠나려는데, 하늘신이 재촉한다. 아내를 데리고 빨리 땅으로 돌아가거라. 절대 되돌아오지 말라. 남비 오빠 왈룸베('죽음')가 마침 집에 없어 결혼식에 불참했으니 망정이지, 저도 가겠다고 따라나서면 큰일이다. 킨투 부부는 곧바로 길을 떠났으나 오던 중 남비(혹은 킨투)가 병아리 모이를 가져오는 걸 깜빡했다며, 킨투(혹은 남비)가 말리는데도 불구하고 혼자 하늘로 돌아갔다. 그때 하늘에는 왈룸베가 와 있었고, 모이를 얻은 남비가 걸음을 빨리하여 킨투를 따라잡았을 때 그녀 곁에 왈룸베가 따라붙었다. 킨투 부부와 함께 살며 왈룸베는 킨투의 모든 자식과 남비를 죽였다. 하늘신에게 간청했지만, 소용없다가, 하늘신이 아들 한 명을 보내어 왈룸베를 쫓아내려 했지만, 역시 소용이 없었고, 그후 지상의 모든 인간은 죽음을 맞게 되었다.

남미 인디언 카도베오족 신화 또한 비슷한 영생 실패담이다. 옛날에 한 무당이 창조신을 찾아가 죽은 자를 살려내는 빗과 죽은 나무를 되살리는 수지를 얻었다. 그를 지키는 수호정령이 주의를 준다, 무슨 일이 있어도 뒤를 돌아보지 마라. 하지만 그는 창조신이 사는 곳에 담배를 두고 왔고, 그것을 돌려주려 따라온 창조신의 딸이 그를 부르자 뒤를 돌아보고, 그녀의 발가락을 본 것만으로 그만 그녀를 임신시키니, 그는 창조신한테 끌려가 그 딸과 결혼, 그곳에 머물밖에 없었고, 인간은 죽음을 면할 수 없게 되었다…… 남수단 목축민 딩카족의 죽음 탄생신화는, '구약 창세기+웃음'이다. 원래 최고신이 가랑과 아부크 부부에게 매일 조를 한 움큼씩 주었고, 그걸로 먹을거리는 충분했는데, 아부크가 욕심을 내어 더 많은 곡식을 심으려 하다가 아차 실수, 괭이 끝으로 최고신을 때리자 화가 머리끝까지 치솟은 최고신은 하늘나라 먼 곳으로 물러나면서 파랑새를 시켜 하늘과 땅을 잇던 줄을 끊게 하였고, 그후 인간은 힘든 일을 해야 양식을 얻을 수 있고, 또 질병과 죽음을 겪게 되었다. 남아프리카 줄루족의 죽음 탄생신화는 죽음을 카멜레온의 게으름 탓으로 돌린다.

어느 날 최고신 웅쿨룽쿨루('매우 늙은 자')가 카멜레온에게 말한다. 가서 말하라, '인간은 죽지 않는다!' 고. 카멜레온은 길을 떠났지만 발걸음이 매우 느린데다 오디 열매를 먹느라 멈추기도 했다. (심지어 나무 위에서 햇볕을 쬐다가 잠이 들었다.) 그러는 동안 마음이 바뀐 최고신은 도마뱀 한 마리를 다시 보내면서, 처음 것과 정반대의 메시지를 전하라 했다. 도마뱀은 빠른 걸음으로 출발, 게으른 카멜레온을 따돌리고 먼저 도착했다. 그리고 인간에게 신의 메시지를 전했다. 인간은 죽을 것이다! 도마뱀이 최고신한테 돌아간 후 카멜레온이 그제야 도착, '불멸의 메시지' 를 전하지만, 인간들이 말한다. 거짓말하지 마라. 방금 도마뱀이 와서 '인간은 죽을 것이다' 하고 갔단 말이다……

나일강 유역 갈라스족의 죽음 탄생신화 짐승은 새와 뱀이다.

> 어느 날 신이 새를 사람들한테 보내며 메시지를 전하게 했다. 너희들은 영원히 죽지 않을 것이다. 늙어 약해졌을 때 살갗을 벗겨내기만 하면 다시 젊어지리라. 자신의 메시지가 진담이라는 것을 보여주기 위해 신이 새에게 벼슬까지 달아주지만, 자신의 임무를 시답잖게 생각했던 새는 길을 가던 중 썩은 고기를 먹고 있는 뱀을 보고는, 그 고기가 너무도 먹고 싶어 이렇게 말했다. 신의 메시지를 네게 줄 테니 고기를 조금만 다오…… 그까짓 게 무언데. 뱀은 새의 말을 거들떠 듣지 않고 계속 고기를 먹다가 새가 하도 자기 말을 들어보라고 조르므로 귀를 빌려주었다. 새가 말한다. 인간은 늙으면 죽을 것이지만, 너는 늙으면 껍질을 바꾸고 다시 젊어질 것이다. 메시지를 제멋대로 전한 새가 괘씸하여 신은 너무도 고통스러운 병을 새에게 벌로 내렸고 그래서 새가 나무 끝에 앉아 그리 울어대는 것이다.

죽음 탄생신화에 주로 '게으른' 동물들이 등장하는 것은, 동물들이 죽음을 의식하지 않으므로, 동물에게는 죽음이 없다는 것을 인간이 알았다는 뜻이다. 북아메리카 평원 인디언 쇼쇼니족은 말한다. 옛날에 늑대와 코요테가 살았다. 나는 죽은 사람을 다시 살릴 수 있어, 내 발밑 땅속으로 화살을 쏘면 되거든. 늑대가 그렇게 말하니 사사건건 대립하던 코요테가 이번에도 나선다. 그건 나빠. 너무 많다, 사람이…… 그렇겠군. 늑대는 겉으로 동의했지만 속은 달랐다. 그래. 네 아들을 맨 먼저 죽게 해주마. 과연 아들이 죽자 코요테가 애원한다. 네가 그랬잖아, 죽은 사람을 다시 살릴 수 있다고. 늑대가 답했다. 네가 그랬잖아. 사람이 너무 많다고……

죽음과 자식(번식) 그 중간에 성행위가 있을 것은 당연하다. 인간은 어떻게 성행위를 '알게', 혹은 '하게' 되었을까? 타이완 아미족 신화는 하늘에서 내려온 남녀 두 신이 감자를 먹으려 쭈그리고 앉았다가 서로의 성기를 보고 서로 다른 것에 깜짝 놀랐으나, 두 마리 할미새가 와서 꼬리를 위아래로 흔드는 것을 보고 성교 방법을 알았다 하고, 메뚜기 암컷 수컷이 포개지는 흉내를 냈다는 신화도 있다. 남미 인디언 셰렌테족 신화에 따르면 원래 인간은 남자뿐으로, 동성연애를 하며 살았는데, 그러던 어느 날 남자 몇이 수면에 비친 그림자를 잡으려던 중 나무 위에 여자 하나가 숨어 있는 것을 보고 내려오라 했고, 그녀를 여러 조각으로 쪼개어 한 조각씩 나눠 가졌다. 각자 조각을 자기 오두막에 고이 간직한 후 사냥을 나갔다가 돌아와보니 각 조각이 모두 온전한 여성으로 변해 있었다. 성행위는 풍요와 직결된다. 남미 인디언 문드르크족 신화는 말한다. 음식을 얻으러 온 창조신 카르사카이베의 아들한테 인간 여자들이 음식을 주기는커녕 욕을 하고 내쫓으니 화가 난 카르사카이베는 깃털 벽과 둥근 지붕으로 인간 여자들의 마을을 완전히 둘러친 후 마을 사람들에게 '음식을 먹으라!' 고 외치니, 마을 사람들은 그것을 '성행위를 하라!' 는 소리로 잘못 알아듣고 성행위를 시작하는데, 성교의 신음소리가 점차 멧돼지 울음소리로 변하고 사람들 모습도 멧돼지로 변해갔다. 그렇게 사냥물 멧돼지가 생겨났다…… 인도 신화 시바는 불타는 기둥 링가, 즉 남근이다. 비슈누가 들거위로 날고 브라흐마는 멧돼지로 파고들지만 닿지 못했다. 우리가 졌다. 둘은 그렇게 무릎을 꿇는다. 금욕의 숲 현자들이 아내 때문에 링가를 저주한다. 빌어먹을 놈의 그것 때문에. 시바는 스스로 거세하지만, 정작 거세된 것은 현자들이고, 현자뿐 아니라, 천지 만물이 노쇠하고 시든다. 아니 그 전에, 인도 신화는 거대한 우주 섹스를 이야기한다.

신들이 메루산에 모여 영생불멸의 영약 암리타를 얻으려 궁리하는데 비슈누가 제안한다. 천신들과 악귀들을 각각 한편으로 하여 대양-물통을 휘저으면 바다의 온갖 약초와 보물 들에서 영약을 짜낼 수 있지 않을까. 그렇게 뿌리째 뽑은 만다라산을 거북이 등 위에 놓아 주걱 삼고 뱀 바수키를 밧줄 삼아 휘젓기 시작하니, 만다라산에서 나무들이 떨어지고 마찰 때문에 불이 나자 인드라가 구름에서 물을 내어 끄고 식물 수액은 모두 대양으로 흘러들고 대양은 우유로, 다시 버터로 변하고 천신-악귀들이 마지막 안간힘을 다하자 마침내 태양과 달이 솟고 행운의 여신과 다른 보물들이 솟고 비슈누의 착하고 순종적인 아내 쉬리도 솟고, 마지막으로 신성한 약제사 단반타리가 영약을 들고 솟아났다. 비슈누는 악귀들을 따돌리고 천신들에만 영약을 마시게 하고 영약 한 방울을 채간 라후의 목을 쳤다. 그후 라후와 달(=영약) 사이 불화가 끊임없어 달이 기울었다 차고 찼다 기울고 라후의 잘린 목에서 나타났다 사라지고 다시 나타나게 되고, 격분한 악귀들이 천신에게 싸움을 걸지만 패퇴하고, 승리한 천신들은 만다라산을 원위치로 돌려놓고, 칼리('어두운 자', 혹은 '시간')는 우주 질서를 위협하는 악마들을 쳐부수지만 종종, 전쟁터에서 마신 피에 너무 취해 세상을 파괴시키기도 한다.

잉카 신화 최고신은 비라로차로 전능하지만 인간이 이해할 수 없고, 인간 일상에 더 많은 영향을 끼치는 것은 태양신 인티, 달의 여신 킬리아, 그리고 천둥과 날씨의 신 일리아파다. 마야 신화 최고-우주창조신은 이참나('도마뱀 집')로, 글쓰기와 학문을 지켜주며, 코가 로마인처럼 우뚝 솟은 노인 모습이고, 그의 아내 익스첼('무지개 부인')은 의약과 직물, 그리고 출산을 보호한다. 달의 여신이기도 하다. 태양신 아아우킨은 청년 혹은 노인 모습이며, 밤에는 재규어신으로 지하세계를 여행한다. 도대체 무엇으로 사람을 만들 것인지 신들끼리 말도 많고 탈도 많았다. 처음에 흙으로 사람을 만들었으나 어리석은지라 부숴버렸고, 나무로 만들었으나 영혼이 없고 만들어준 것에 대해 고마워하지 않으므로 다시 부숴버렸다. 마지막으로 흰 옥수수와 노란 옥수수를 섞어 사람을 만들었는데, 이들이 마야 조상이다. 옥수수 사람들의 생각이 신과 비슷했기 때문에 신들은 그들의 눈을 가늘게 찢어 생식 욕망에 불타게 하였다. 태양과 달이 서로 사랑한 얘기가 있다.

태양이 직녀에게 홀딱 반하여 매일 사슴 한 마리를 그녀 오두막에 가져다놓으며 그녀의 마음을 얻지만, 그녀 할아버지가 둘 사이를 못마땅해하자 벌새로 변해 직녀네 정원의 담배꽃 사이를 휙휙 날아다니고, 직녀는 할아버지한테 벌새를 잡아달라 하여 벌새를 보살펴 다시 사람 모양으로 돌아오게 한 후 자신은 달이 되어 그와 함께 카누를 타고 달아났다. 비의 신이 그들을 질투, 벼락으로 친다. 태양은 거북이로, 직녀는 게로 변하지만, 변했음에도 불구하고 직녀는 죽는다. 태양은 잠자리의 도움으로 그녀의 시신을 모아 속이 빈 통나무 열세 개에 담고, 12일 후 통나무 열두 개를 여니 독뱀과 곤충 들이 나와 온 세상이 깔린다. 열세번째 통나무 속에 달이 들었는데, 사슴이 그 통나무를 밟아 여자 생식기를 만들고 태양이 그 속으로 자기 살을 섞었다. 이것이 최초의 섹스다.

마야문명, 품으며 사라져 신비에 달하다

아주 오래전부터 16세기 초까지 오늘날 멕시코 남부 및 중앙아메리카에 마야, 올메크, 테오티와칸, 톨테크, 그리고 아스텍 문명이 존재하였다. 북아메리카 인디언 한 부족이 남진, BC 3000년대 중반 서부 과테말라 고지에 정착한 것이 마야어족의 조상이다. 마야문명은 멕시코 남부와 과테말라를 중심으로 온두라스와 엘살바도르를 일부 포함한 지역에서 일어났으며, 수렵사회에서 농경사회로 넘어가는 고기(BC 8000~2000년), 토기문화가 확립되고 올메크문명과 양립하는 형성기 전기(BC 2000~900년), 농경사회가 확립되고 분업과 교역이 발달하고 쿠에요 지역에서 제사용 공공건물이 건축되는, 반면 올메크문명은 쇠퇴하는 형성기 중기(BC 900~300년), 남부 해안 비탈면과 고지대, 그리고 중앙부 저지대 곳곳에 높은 기단 신전(훗날 계단피라미드)과 돌비석을 갖춘 제사센터가 세워지는 등 마야문명의 특징이 뚜렷이 나타나는 형성기 후기(BC 300~AD 200년), 그리고 그후의 고전기로 나눌 수 있다. 마야문명 고전기에는 제사센터 중심의 도시 형태, 까치발 벽을 이용한 아치, 한층 더 복잡한 토기, 그리고 상형문자가 특히 중앙부 저지대 와샤크툰과 티칼을 중심으로 발전하면서 남부 저지대까지 퍼져, 350년이면 팔렝케, 토니나, 코판 등에 독립된 왕조가 성립한다. 올메크문명이 마야문명에 끼친 영향은 자세히 밝혀지지 않았으나 마야 고전기에 사용된 달력이 올메크문명 작품인 것은 확실하다. 올메크와 마야, 그리고 아스텍문명 모두 세계를 각기 다른 색의 전후좌우 4방과 위(천상) 13층 아래(지하) 9층으로 나누어 천체 운행을 그것에 맞추며 천체 위치를 짧은 달력과 긴 달력 두 가지로 문자를 써서 표시한다. 마야 달력은 260일짜리 신성한 해(각각 이름이 다른 20일의 13번 반복)와 365일짜리 보통 해(20일×18개월+ '불행한 날' 5일)가 결합, 두 달력이 일치하는 52년 주기를 중요시하며, 우주 시간이 순환하고 지금까지 세계는 세 번의 창조-멸망을 이미 거쳤고, 네번째 세계가 BC 3114년 8월 13일 시작되었다고 생각, 그날부터 흐른 시간을 점(1)과 막대(5)로 표시하는 장력('긴 달력')도 썼다. 마야 천문학자들은 달과 금성 위치를 정확한 도표로 표시했고, 일식을 예측했다. 400년 무렵부터 시작된 멕시코 중앙고원 테오티와칸문명은 남쪽으로 통상권을 개척하면서 약 백 년 후 최고조에 이르러 중앙부 저지대 티칼, 아슈하는 물론 북부 저지대 유카탄 지방까지 영향권을 넓혀가는데, 마야문명은 이것을 적극적으로 받아들이며 자기 통상망을 확대한다. 그리고 6세기 후반 통상활동 저조로 테오티와칸문명은 쇠퇴하지만, 600년부터 마야문명은 다시 눈부신 발전을 거듭, 중앙과 남부 저지대 여러 도시들이 더 커지고 더 화려해졌으며, 북부 저지대에도 여러 건축 스타일의 도시 욱스말, 카바사일, 라브나, 호초보, 치첸이트사 등이 건설된다. 마야문명 최고 전성기에는 인구 5천~5만의 도시가 40여 개나 되었다. 9세기 들어 중앙-남부 저지대 도시들이 차례로 쇠퇴하고 토니나의 작은 기념비에 새겨진 909년도를 끝으로 마야문명 기록은 사라진다. 과학자들은 내란, 외부민족 침입, 토양 황폐화, 기후변동 등 갖은 원인을 들이대지만, 아직 결정적인 내용은 없다. 화전농법에 의한 옥수수 생산이 마야 문화의 기초였다는 주장이 일찍부터 있었으나, 1970년 이후 습지대에 흙을 쌓은 인공 경작지, 관개수로와 계단식 밭의 흔적이 발견되고 옥수수, 콩, 호박, 고추 외에 각종 근채식물과 라몬나무 열매도 중요한 식량이었음이 밝혀졌다. 각 도시는 군사적 성격이 짙은 계층이 지배하는 수장제 사회였고, 살아 있는 노예와 포로 등을 희생으로 바쳤다. 마야인들은 소리글자와 뜻글자를 합한 문자를 사용했고, 독자적으로 0의 개념을 발전시켰으며 20진법을 썼다. 야생 무화과나무 껍질 안쪽으로 만든 '종이'에 문자를 써서 책으로 엮었는데, 이것을 코덱스(복수 코디시스)라고 한다. 멕시코 캄

페체만 섬묘지 자이나에서 출토된 700~900년 무렵 마야 부장품 테라코타(붉은 진흙 설구이)상들은 당시 제의 의상을 생생하게 보여준다.

마야문명과 달리 마야인과 마야 문화는 사라지지 않았다. 스페인의 마야 지역 정복은 1523년 과테말라 및 멕시코 동남부 치아파스부터 시작, 중앙 저지대 타야살의 이차가문이 스페인군에 항복한 1679년까지 150년 넘게 걸렸고, 그후로도 마야인의 반란과 불복종이 이어졌다. 유카탄 지역은 20세기에 이르기까지 스페인 식민정부와 멕시코 정부가 완전 장악지 못했다. 스페인인들이 찾던 귀금속 산지가 거의 없었으므로 마야 지역이 멕시코고원과 달리 급격한 수탈 및 사회 붕괴를 당하지 않은 면도 있다. 스페인 선교사들은 토착종교를 없애려 했으나 마야인들은 기독교를 토착종교 속으로 받아들이는 쪽이었다. 1910~1917년 멕시코 혁명과 농지개혁 이후 마야인들은 국내시장, 그리고 세계 자본주의시장과 관계를 맺게 되고 상업주의와 근대화 물결이 고유한 마야 문화를 다시 위협한다. 1970년대 말~80년대 초 과테말라내전으로 많은 마야인들이 멕시코로 피난했다. 오늘날 200만 이상의 마야족 후손이 멕시코와 중앙아메리카에 살며 마야어 방언은 30가지가 넘는다.

마추픽추('나이 든 봉우리') 사제들은 신비한 끈으로 태양을 기둥에 묶어 사라지는 것을 막으려 했다. 이전의 태양을 차례대로 네 번 집어삼킨 재앙 때문에 우주는 공허로 되었다. 신들은 다섯번째 태양(우리들의 시대)을 창조하고 유지함으로써 인류에게 마지막 생명의 기회를 주었다…… 그렇게 메소아메리카인들은 믿었다. 달력돌은 통상적인 달력이라기보다는 아스텍 우주론, 특히 다섯번째 태양 시기를 표현한다. 쉬페 토테크('껍질이 벗겨진 신')는 아스텍 신화의 봄, 씨앗, 그리고 씨 뿌리기의 신으로 제물의 껍질을 뒤집어쓰고, 옛 생명에서 새 생명이 나타나는 것을 상징한다. 아스텍 신화 속 비의 신 틀라로크는 마야 신화 속 비의 신 챠크와 비슷하게, 거대한 이빨 네 개를 갖고 있다. 꼭대기가 평평한 피라미드는 메소아메리카 종교 건축물의 일반적인 형태다. 어떤 문명에서는 그것이 하늘을 상징하고 각 단마다 하나씩 신이 산다. 올메크문명은 표범 형용을 즐겨 다룬다.

잉카 이전의 위대한 도시 티와나쿠에 거대한 바위 하나를 깎아 세운 '태양의 대문'에 정교한, 인간 형상의 한 '우는 눈' 얼굴이 새겨졌는데, 아마 잉카 창조신일 것이다. 아스텍신 테츠카틀리포카는 원존재인 표범처럼 어둠을 꿰뚫어볼 수 있고, 윤기나는 두 눈은 모든 것을 꿰뚫어보는 신의 거울과 동일시된다. 멕시코시티 국민궁전을 위해 디에고 리베라가 그린 프레스코화 〈자포텍문명〉(1942)은 콜럼버스 이전의 멕시코를 다룬 역사 연작 중 일부다. 자포텍 장인들이 각각 자포텍문명을 빛낸 예술 분야에 종사하고 있다. 리베라는 현대 화가로서는 드물게 프레스코 기법을 대표한다.

성교는 갈수록 가정으로, 음식은 갈수록 (불의) 요리로 발전한다. 남미 인디언 가라니족 신화는 원래 독수리가 썩은 고기를 요리하느라 불을 독차지했으나 신의 아들 니안데르가 죽은 척 신체 일부를 썩게 하여 독수리를 꼬드긴 후 독수리가 불로 요리를 하려는 순간 깨어나 독수리를 쫓아버리고, 빼앗은 불을 나무 속에 넣었기 때문에 나무와 나무를 비벼대면 언제나 불이 붙는다고 하였다. 뉴기니 와가와가족 신화는 이렇다.

> 옛날 고가라는 노파가 몸 안에 불을 몰래 지니고, 인간은 아직 불을 알지 못했다. 고가는 젊은이들과 같이 살았으나 그들에게는 햇볕에 말린 감자를 먹이고 젊은이들이 없는 틈을 타 자기 혼자만 감자를 불에 구워 먹다가 어느 날 무심코 구운 감자 한 조각을 주니, 그것을 나눠 먹은 젊은이들이 구운 감자 맛에 놀라 불을 훔치기로 작정, 고가가 요리를 할 때 한 사람이 슬그머니 뒤로 다가가 불붙은 나뭇가지 하나를 훔쳐 달아나다가 땅에 떨어뜨려 불이 수풀을 마구 태우고, 고가가 큰비를 불러 불을 끄지만, 나무 구멍 속 뱀 똬리에 붙은 불은 꺼지지 않았다. 젊은이들은 그 불을 붙여 집으로 가져올 수 있었다.

음식도 웃음을 유발한다. 이런 몽고 신화가 있다.

> 하늘의 왕 독수리가 노래하는 제비, 그리고 붕붕대는 말벌에게 명했다. 세상

의 모든 생고기를 맛보고 무엇이 제일 맛있는지 아뢰라. 날씨는 청명하고 하늘은 푸르고 제비는 노래와 비상이 시간과 공간이고 전부였다. 괜찮았다. 자유는 아직 개념조차 없었다. 문제는 말벌. 천성이 미련하고 운명이 고단한 그는 하루 종일 붕붕대며 온갖 동물의 피를 빨았다. 뜨거운 피가 말벌의 혈기를 돋우기도 했다. 날이 저물자 제비가 석양을 보며 걱정에 물들었다. 말벌은 단호했다. 분명해. 제일 맛있는 것은 인간의 살이야…… 큰일났구나. 제비는 말벌의 입을 마구 쪼았다. 어떻게 되었느냐? 독수리가 물었지만, 말벌은 버벅대고 제비가 대답한다. 뱀 살입니다.

끔찍함과 웃음의 깊이를 공히, 절묘한 균형으로 심화시키는 것은 '일상=음식'이다. 오세아니아 지역 공통의 주식 고구마는 기원신화를 반영, 남근과 자궁을 닮았다.

'지하세계=죽음'과의 에로티시즘 또한 웃음을 낳는다. 북구 신화 풍요의 신 프레이르가 어느 날 감히 오딘의 자리에 앉아보니 저 아래 세계가 한눈에 들어오는데, 지하세계의 아름다운 게르트를 보고 욕정에 사로잡혔다. 하지만 그곳은 험악한 거인들의 땅. 그냥 게르트를 얻어오기란 불가능했다. 하여, 그의 어머니 스카디가 하인 스키르니르에게 간청한다. 내 아들 대신 구혼을 해주시게. 프레이르에게서 마법의 말과 칼을 받고 천신만고 끝에 스키르니르가 당도한 게르트 아버지 기미르의 집은 불에 휩싸여 있었으나, 마법의 말이 불길을 훌쩍 뛰어넘어 집안으로 들어섰다. 그는 게르트에게 황금사과, 그리고 부(富)를 가져오는 오딘의 반지를 주지만 게르트는 신부 되기를 거절한다. 칼로 위협을 해도 소용이 없다. 계속 거절하면 아무와도 결혼을 못 하게 만들겠다. 그런 협박을 받고 나서야 그녀는 결혼에 응했다…… 이 지루하고 재미없는 이야기는, 웃음에 가닿기 위해 지루하고 재미없다. 일본 아이누족 신화 악마신은 태양의 여신을 늘 뒤쫓으며 매일 동쪽에서 나오거나 서쪽으로 질 즈음 그녀를 집어삼키려 하고, 태양은 아침에 여우 두 마리, 저녁에 까마귀 두 마리를 악마신의 큰 입에 던져줌으로써 어려움을 피하는데, 이 마신이 일식을 일으킨다.

20세기 잔혹과 처참, 그리고 불안한 실존의 웃음은 비극/희극 이분법의 신화 자체를 무너뜨린다. 하지만, 신화시대에 이미 비극의 처참함 끝에 남는 것은 또한 기괴한('그로테스크') 웃음이다. 그리스 신화의 오르페우스가 아내 에우리디케를 두 번이나 잃은 슬픔에 젖어 다른 어떤 여인의 접근도 허락하지 않자 일군의 트라키아 여성들이 격분, 그의 몸을 갈가리 찢어버리지만 토막난 그의 머리와 수금이 노래와 연주를 계속한다. 그의 머리 위에 사원이 세워지고 그곳에서 예언이 나오고, 비의종교(오르피즘)가 창시된다. 이 장면은 벌써, 아들 크로노스에 의해 거세된 아버지 우라노스의 생식기보다, 현대(음악)의, 불길한 웃음의 찢김, 아니 불길한 찢김의 웃음에 더 가깝다.

에티오피아 왕 케페우스의 아내 카시오페이아는 허풍쟁이였다. 나는 50명의 네레이드들보다 더 아름답다구. 네레이드들은 대양에 살면서 뱃사람들의 고충을 덜어주는 '바다의 노인' 신 네레우스의 딸들이다. 오만하기 짝이 없구나. 바다의 신 포세이돈이 진노, 에티오피아 왕국을 범람하고 바다괴물을 보내어 쑥대밭을 만들었다. 네 딸 안드로메다를 바위에 묶어 괴물에게 바쳐라. 신탁은 케페우스에게 그렇게 명했고, 케페우스는 신탁이 시킨 대로 했다. 이때 페르세우스가 나타난다. 바위에 묶인 안드로메다를 보고 첫눈에 반한 그는 딸을 구해줄 테니 자신과 결혼시켜달라고 부탁했다. 케페우스는 그 청도 받아들였다. 페르세우스는 날개 달린 신발을 신고 투명 인간 모자를 쓰고 괴물에 접근한다. 그리고 날이 휜 칼로 괴물을 죽였다. 안드로메다와 페르세우스 사이에 난 여섯 아들 중 첫 아들 페레스가 케페우스의 뒤를 이었다. 탄탈로스 후손은 아들 펠롭스 쪽 못지않게 딸 니오베 쪽도 저주를 받았다. 그녀는 자기가 아들 일곱과 딸 일곱을 두었으니 아들 하나(아폴론)와 딸 하나(아르테미스)를 둔 레토보다 운이 좋다고 떠벌리고 다녔다. 레토가 그것에 격분, 두 자녀에게 복수를 명하니 아폴론은 니오베의 아들 일곱을, 아르테미스는 딸 일곱을 모조리 죽인다. 야만적인 본능은 거꾸로 뒤집으면 신에 대한 오만인가, 그렇게 신은 이성(아폴론)인가, 아니면 거꾸로인가, 둘 다인가, 그 어드메쯤에서 웃음이 '가장 실존주의적으로' 대폭발하는가? 여기서 배어난다면 웃음은, 공포-명징의 응축 아니겠는가. 그것을 어떻게, 어떤 아름다움으로 전화시킬 것인가.

아스텍 신화는 세상의 배꼽에 대해 이렇게 말한다.

> 맨 처음 스스로 창조된 남녀 이중의 신 오메테쿠틀리가 있었다. 그는 '대지의 배꼽'에서 만물의 생명을 지탱해준다. 그의 남성 측면은 오메테오틀, 여성 측면은 오메키우아틀이었고, 이 둘 사이 네 명의 테츠카틀리포카('연기나는 거울의 주인')가 났는데, 붉은 테츠카틀리포카(크시페토테크, '가죽이 벗겨진 신')는 동쪽과, 푸른 테츠카틀리포카(위칠로포치틀리, '남쪽의 벌새')는 남쪽과, 하얀 테츠카틀리포카(케찰코아틀, '깃털 달린 뱀')는 서쪽과, 검은 테츠카틀리포카('밤하늘의 주인')는 북쪽과 연관이 있었다. 그 밖에 비의 신 틀라로크와 그의 아내 물의 여신 찰치우틀리케도 있었다. 이 신들이 우주의 주인이 되려고 서로 싸우므로 다섯 세계('해')가 차례로 섰다가 대재앙으로 멸망한다. '4-재규어'로 불린 첫번째 해는 테츠카틀리포카가 다스렸는데, 676년 후 케찰코아틀이 테츠카틀리포카를 쓰러뜨리고 두번째 해('4-바람')를 다스렸다. 복수에 나선 테츠카틀리포카가 케찰코아틀을 쫓아내자, 엄청난 태풍이 케찰코아틀을 실어가고, 세번째 해('4-비')는 불이 지배하고 비의 신 틀라로크가 다스렸다. 케찰코아틀이 불의 비를 보내 대지를 태워버리면서 세번째 해는 끝나고 찰치우틀리케의 네번째 해('4-물')가 시작되고, 대홍수가 덮쳐 사람이 물고기로 변하면서 끝난다. 가장 불길한 다섯번째 해는, 테오티와칸에서 나나와친 신이 타오르는 불 속에 제 몸을 던져 태양으로 변함으로써 창조되었는데, 태양이 움직이지 않으므로 다른 신들이 자기 피를 희생, 하늘로 올라갈 에너지를 주었다. 다섯번째 태양을 '4-운동'이라 부르는 까닭이다.

케찰코아틀은 동명의 역사 인물, 즉 톨테크 사제왕 토필친-케찰코아틀과 구분하기 힘들다. 그는 백성들에게 살아 있는 인간 말고 비취, 새, 뱀, 나비 등 문화적인 제물을 바치라고 명했으나 테츠카틀리포카는 보다 피비린 제의를 요구했고 둘 사이 싸움이 벌어진 끝에 케찰코아틀은 987년 툴라에서 추방되었다. 그는 신하들을 이끌고 멕시코만으로 가서 자신을 장작불에 태우고, 금성으로 거듭났다. 그가 뱀뗏목을 타고 동쪽 지평선 너머로 사라졌으며 언젠가는 돌아올 것이라는 얘기도 있는데, 1519년 아스텍인들이 스페인군 지휘관 코르테즈를 환영한 것은 그가 돌아온 케찰코아틀이라고 믿었기 때문이다. 전쟁의 신으로 수도 테노치티틀란의 주신이었던 위칠로포치틀리 또한 아스틀란의 아스텍인들을 이끌고 방황을 시작한 영웅인지 모른다.

아스텍문명, 죽음의 가상현실을 실천하다

16세기 초 중앙아메리카 지역에서 스페인 군대를 맞은 것은 아스텍문명이다. 아스텍족(혹은 멕시카족)은 멕시코 북부 '아스틀란(하얀 땅)' 출신의, 나와틀어를 사용하는, 문화 수준이 낮은 수렵 채집인이었으나 각지를 방랑하다 멕시코 분지로 들어가 아스카포찰코 테파넥족의 용병으로 활동하던 중 1345년 텍스코코호(신화에서는 메츨리아판, '달의 호수'. 그래서 아스텍족을 '멕시카족'이라고도 부른다)에 인공의 섬을 만들고 그 위에 테노치티틀란(아스텍인 시조는 테노츠고, 그래서 아스텍족을 테노치카족이라고도 한다)을, 1358년 또 한 무리 아스텍족이 그 북쪽에 틀라텔롤코를 건설, 두 도시를 거점 삼아 세력을 키우고, 테노치티틀란왕 이츠코아틀(1428~1440년)은 이웃 도시국가 텍스코판 및 틀라코판과 3자동맹으로 멕시코 중앙고원 각지를 정복했으며, 1473년 악사야카틀왕이 테노치티틀란과 틀라텔롤코를 통일하고, 1500년에 이르면 아스텍문명이 텍스코판 및 틀라코판을 압도하고, 1502년 몬테수마 2세가 전성기를 누리지만, 1519년 코르테즈가 이끄는 스페인군이 몬테수마를 사로잡고, 1522년 마지막 왕 쿠아우태목이 지키는 수도를 점령함으로써 멸망을 맞게 된다. 테노치티틀란 중심의 아스텍문명이 국가로 물화, '아스텍제국'을 이루기 직전이었다. 아스텍인들은 스스로 톨테크문명을 물려받았다고 믿었다. 나와틀어로 '톨테크'는 '문화'다. 전성기 아스텍문명권을 이루던 소국들의 수는 400~500개였으며 총인구 500~600만, 총면적 20만 7,200평방킬로미터에 달했고, 테노치티틀란은 13평방킬로미터가 넘는 영토에 14만 명 이상의 인구가 살았다. 아스텍문명의 가장 큰 장점은 농업제도. 정교한 관개시설과 저습지 간척, 가능한 한 모든 토지를 사용하는 집약농법으로 생산성을 크게 높였던 것. 아스텍 사회는 원래 혈연공동체(칼풀리)를 기초로 군사지도자 혹은 수장을 뽑는 군사민주제였으나 갈수록 귀족 군사계층의 세력이 커지면서 최고회의를 구성하는 네 명의 대귀족이 왕을 뽑게 되고 갈수록 왕의 세력이 커져, 몬테수마 2세는 전제왕정을 거느리게 된다. 정복지를 농노나 노예에게 경작시키는 귀족의 대토지 소유 및 계층 분화가 진행된다. 대도시에는 직업별 거주구역과 행정조직, 그리고 자치 경찰 및 사법조직도 발전했다. 포추테카(상인집단) 중에는 광범위한 통상을 벌여 귀족들을 압도할 만큼 부를 쌓는 경우도 종종 있었다. 테노치티틀란에는 귀족과 평민을 위한 교육기관이 있었다. 농노와 하인, 그리고 노예 등 하층민이라도 전쟁에서 용맹을 떨치면 수직적인 신분 상승이 가능했다. 우주관과 달력은 마야 것을 그대로 받아들였다. 살아 있는 인간의, 특히 심장을 거의 매일, '아스텍을 멸망시키려는 암흑과 싸우는' 태양신에게 바쳤는데, 원래 죽음을 가상체험하는 제의였다는 주장도 있다. 시는 평화 시 전사들이 즐길 만한 유일한 취미였는데 텍소코의 군주 네차왈코욜트는 이런 시를 남겼다.

당신이십니까? 당신은 실제로 계시는 것이지요?
누구는 헛소리를 지껄이던데
오 당신, 만물에 생명을 주시는 분,
당신은 실제로 계시지요? 아니면 헛것이라고?
사람들은 그리 말하지요
괴로워 마십시오
우리들의 가정에서는!

제가 모욕하리까
오, 만물에 생명을 주시는 분
괴로워 마십시오
우리의 가정에서는!

점령 스페인군과 함께 들어온 천연두와 발진티푸스가 번져 아스텍인 75퍼센트의 목숨을 앗아갔고, 점령 당시 1,500만 명이던 아스텍 인구는 70년 후 3백만으로 줄었다. 멕시코시티는 테노치티틀란 폐허 위에 세워졌으며, 독수리가 뱀을 잡아먹는 것을 본 자리에 테노치티틀란을 세웠다는 전설에 따라 멕시코 국기에 독수리가 그려져 있다. 전설에 의하면 몬테수마 2세가 코르테즈를 처음 만났을 때 대접한 카카오콩 추출액이 초콜릿의 효시라고 한다. 코르테즈가 카카오콩을 스페인으로 가져왔으나, 거의 백 년 동안 비밀에 부쳐졌다가, 1657년 프랑스인이 런던 가게에서 맨 처음 팔았는데, 부자가 아니면 살 수 없는 가격이었다. 1700년 무렵 영국인이 카카오액에 우유를 첨가, 가격을 낮추었고, 오늘날과 같은 고체 초콜릿은 1800년대에 비로소 나타났다.

잉카 조상 세 형제와 세 자매는 쿠스코 근처 '기원의 땅'에 있는 세 동굴에서 나왔다.

아야르카치가 바위를 던져 경치를 만들자, 그의 힘에 질투를 느낀 동기들이 그를 꼬여들인다. 기원의 땅으로 돌아와 황금잔과 거룩한 라마를 꺼내어다오. 동기들은 아야르카치가 들어간 동굴 입구를 막아버리지만 아야르카치가 동굴을 빠져나와 동기들에게 명했다. 이제부터는 황금 귀고리를 달고 왕족임을 표시하라. 그리고 와나카우리산 꼭대기에 내 집을 지어라. 동기들이 산으로 올라가자 아야르카치는 다시 나타나 돌로 변했다. 또 한 형제도 돌로 변하고 세번째 형제가, 쿠스코시를 건설했다.

남미 인디언 케라자족 신화에 의하면 인간이 땅 밑 조상 카보이와 함께 대지의 배 속에 살다가 땅에서 들려오는 새소리에 이끌려 카보이와 함께 대지 출구(세상의 배꼽)에 도달했으나, 카보이는 너무 살이 쪄서 출구를 빠져나오지 못하고, 자손들 일부만 지상으로 나와 인간의 시조가 되었다.

인도네시아 케이제도에 떠도는 신화에 따르면 인간은 하늘에서 내려온다.

천상에 살던 삼 형제 중 하나가 어느 날 하늘 바닥을 파다 하늘에 구멍을 뚫고 말았다. 개에게 밧줄을 매어 그 구멍으로 내려보냈다가 다시 끌어올려보니 개 발에 모래가 묻어 있어 하늘 아래에도 땅이 있다는 것을 알고는 자매 중 하나를 데리고 하계로 내려와 인류의 조상이 되었다.

세람섬 웨말레족 신화는 이렇다.

창조신 두니아이가 만든 최초 부부 사이 태어난 아들 투와레가 태양이다. 투와레는 하늘에 살며 이따금씩 땅으로 내려오다가 어느 날 인간의 딸 라비에라에게 반했으나 투와레는 얼굴에 흉측한 뾰루지가 난 추남이었으므로 라비에라 부모는 딸을 숨기고 돼지 시체에 딸의 옷과 장식을 걸쳐 투와레에게 시집보내는데, 며칠 후 라비에라가 용변을 보려 나무뿌리 위에 서자 갑자기 뿌리가 그녀를 얹고 땅속으로 가라앉기 시작한다. 마을 사람들이 땅을 계속 파들어갔으나 그녀를 구하지 못하고, 라비에라는 사흘 후 밤에 만삭이 되어 나타났다. 이후 낮하늘에는 태양이, 밤하늘에는 달이 뜨고 태양과 달 사이 태어난 다섯 명의 아이들은 최초 별이 되었다. 태초 바나나와 돌이 '인간은 어떤 존재여야 하는가'를 놓고 싸운다. 돌이 주장한다. 인간은 돌처럼 단단한 오른쪽 반몸 모양으로 손과 발, 눈과 귀가 하나씩 있는 불사신이어야 마땅하다. 바나나가 반대한다. 인간은 손과 발, 눈과 귀 모두 두 개씩이고, 바나나처럼 자식을 낳아야 한다. 화가 난 돌이 날아가 바나나를 으깨버렸으나 이튿날 다시 새끼 바나나가 나서 돌과 논쟁을 계속하고, 그렇게 여러 차례 논쟁이 계속되다가 결국 돌이 두 손을 든다. 그래서 인간은 바나나처럼 자식을 낳지만, 바나나처럼 죽지 않으면 안 되는 존재가 되었다.

잉카문명, 하늘과 겨루다

잉카는 하늘과 겨루던 문명이었다. BC 10세기부터 AD 16세기 초까지 오늘날 남아메리카 안데스산맥 지역(태평양 연안, 페루, 에콰도르, 서부 볼리비아, 칠레 극서부)에 차빈, 치무, 그리고 잉카문명이 존재하였다. 안데스 산지에 처음 사람이 살기 시작한 것은 BC 15000년 무렵이다. 정착 직후 옥수수를 재배하지만, 가장 오래된 주식은 리마콩과 감자며, BC 3500년 저지대에 사람이 살면서 콩, 호박, 칠리후추, 목화 등을 재배하기 시작한다. 어업 또한 중요한 생업이므로 BC 2500년 무렵 태평양 연안을 따라 영구 주거지가 형성되고 이 무렵 정교한 직물이 제작된다. '차빈'은 BC 1000년 무렵 페루 중부 고지대에서 발생, 각 지역으로 퍼져나간 신전 양식을 가리키는 말이다. 돌신전에 고양이, 인간, 뱀 부조가 복잡하고 환상적인 형태로 조각된 '차빈양식'은 페루 해안지대와 고지대가 하나의 정치적 통일체로 묶였음을 뜻한다. 차빈양식은 BC 200년 영향력을 잃고 여러 중심지에서 새로운 양식이 발전하여 푸카라 및 티아와나코 같은 대규모 '도시=제사센터'가 고원지대 남부, 인디언들이 '세상의 배꼽'이라 불렀던 티티카카호에서 나타났다. 그리고 600년 무렵 산악지대 남부와 페루 중앙고원 우아리를 중심으로 정치적 지배가 강화되면서 문화 통일이, 그리고 몇몇 대도시가 이뤄진다. 우아리제국은 800년 절정을 맛본 후 중심부부터 무너지기 시작했다. 치무족은 잉카 이전 페루에서 가장 거대하고 중요한 왕국을 이룬 남아메리카 인디언으로 피우리에서 남쪽 파라몽가와 카스마까지 세력을 확대하고, 인구가 급격히 늘어나는 14세기 초반 국가 형태를 갖추기 시작, 도시를 건설하고 대규모 관개시설을 발전시키고 도로를 건설하고 거푸집으로 독특한 도자기를 만드는 등 번영을 누렸는데, 이들을 멸망시킨 것이 바로 잉카('왕')족이고, 잉카문명은 치무문명의 상당 부분을 그대로 흡수한다.

잉카족(케추아족)은 13세기 무렵 쿠스코 분지에 침입, 원주민을 정복하고 정착했으며, 열세 명의 황제가 있었다고 하지만 7대까지는 전설에 속하고 8대 황제 시대에 막강한 창카족의 침략을 물리친 황태자이자 9대 황제 파차크티가 숱한 개혁을 단행하고 주변 여러 민족을 정복하면서 제국의 기초를 닦았다. 치무왕국을 멸망시킨 것은 그의 아들 투파 유팡키다. 황제에 오른 후 투파 유팡키는 오늘날의 에콰도르와 칠레, 그리고 아르헨티나 북부까지 정복한다. 하지만 그가 죽은 후 왕위에 오른 우아이나 카파크가 에콰도르 개척에 힘을 쏟으면서 쿠스코의 잉카지배층과 에콰도르 키토의 개척장군들 사이 대립이 시작되고, 왕이 죽자 쿠스코에서 우아스카르가, 키토에서 아타우알파가 일어나더니, 1531~1532년 내란이 일어나고, 아타우알파군이 우아스카르군을 누르지만, 내란이 완전히 끝나기도 전에 피사로가 이끄는 스페인군의 침략을 맞는다. 잉카인들은 스페인 군대를 환영했고, 1532년 11월 16일 고원도시 카하마르카에서 아타우알파를 사로잡은 피사로는 기독교로 개종하고 스페인왕의 신하가 될 것을 요구했다. 아타우알파는 많은 양의 금과 은을 주고 풀려났으나, 피사로는 결국 그를 죽이고, 잉카제국이 쌓아놓은 엄청난 양의 금을 싣고 스페인으로 돌아갔다. 망코왕과 그 아들들이 쿠스코 북쪽 산에서 1571년까지 저항을 계속했다.

잉카제국은 각 지방 토지를 1)왕과 2)태양신, 그리고 3)일반 백성의 것으로 삼분하고, 왕과 태양신을 위한 수확물 일부를 창고에 보관하고 일부는 쿠스코에 보내게 했다. 그리고 쿠스코에 모여드는 방대한 물자를 토대로, 국민을 대토목공사나 군대에 징발, 십진법에 따라 10명, 100명, 1000명 단위로 조직하고, 만 명 당 행정책임자 한 명을 임명했다. 전국을 네 개 지방으로 나눠 왕족 출신 지사를 한 명씩 뽑아 보냈으며, 중요한 곳은 행정관을 파견하고, 순찰사가 각 지방을 돌며 인구조사와 재판을 담당했다. 엄청난 길이의 전국 도로망과 도처의 숙소와 창고가 물자 수송이나 군대 이동 등을 편하게 했다. 파발꾼이 수도와 지방 사이 연락을, 각 지방 '처녀관'의 여성들이 군사용 및 제사용 물자 생산을 맡았다. 수도 여성 중 '선택된 자'들이 왕과 태양신 시중을, 각 지방에서 뽑힌 남성 야나코나('사용자')들이 귀족 소유 사유지 경작이나 가축지기 일을 맡았다. 잉카 사회의 기초는 친족공동체고, 잉카 이전 지방세력의 정치조직과 고도차를 이용한 생산 방식 등을 대부분 그대로 받아들였지만, 강제로 인구를 이동시키고 강제로 태양신을 숭배케 하고 강제로 공용어(케추아어)를 사용케 하는 등 '국가 통치행위'도 있었다. 수레와 문자는 없었다. 결승문자(키푸)는 문자라기보다 기억 보조장치다. 정교한 석공술로 웅장한 신전과 궁전을 지었으며, 철은 몰랐지만 청동으로 장식품은 물론 생산도구까지 만들었고, 금은세공술도 뛰어났다. 직물은 귀족용과 서민용을 구분하여 전통적인 베틀로 짰다. 남자는 웃옷 허리 부분에 띠를 맸고 추울 때는 머리 구멍이 뚫린 모포(판초)를 둘렀으며 여자는 긴 옷 허리에 넓은 장식 허리띠를 매고, 털목도리나 망토를 금속장식핀으로 고정시켰다. 가죽샌들을 신고 머리장식 천을 썼는데, 그 모양과 색이 부족마다 달랐다. 잉카인은 농업과 어업 외에 해발고도 4천 미터 이상 고지에 적응하는 가축 라마와 알파카 사육도 중요한 생업이었다. 라마와 알파카는, 털과 고기는 물론 배설물도 비료로 쓰고, 수확기 농작물 수송에 없어서는 안 될 가축이었다. 소나 돼지, 양, 말, 염소 등은 기를 수 없었다. 라마 목축민들은 대상을 이루어 안데스 동쪽 경사면 코카 산지나 해안지방까지 여행, 고지 농민 산물과 그 지방 산물, 코카와 소금, 구마노(비료용 해조 배설물), 말린 생선, 조개류, 해초류, 말린 과실, 바다새우 등과 교환하는 교역상인 역할도 했다. 어부 외에 돛 단 뗏목으로 태평양 연안을 항해하는 상인도 있었다.

남아메리카 크와키우틀족 가면극 누흘림킬라카는 관객의 동참이 핵심적이다. 사람을 혼란시켜 길을 잃게 만드는 수풀 정령의 가면이, 공연 중 누구든 손가락으로 가리키기만 하면 즉시 벗겨진다. 푸에블로 보니토, 챠코 협곡에 유적이 있는 키바는 공연을 위해 땅을 파내고 구축한 반(半)지하 공간이다. 멕시코 중앙 툴라시 전사-사냥꾼 형용의 높이 약 4.5미터 조각기둥들(900~1200년)은 원래 케찰코아틀 신전 지붕을 떠받치던 것이지만 톨텍미술의 대표작이라 할 만하다. 페루 안데스 지방 쿠에추아인디언 밴드는 대금과 판피리, 그리고 단소 비슷한 쿠에나-쿠에나스를 부는데, 이 악기들은 BC 100년 무렵부터 이 지역에서 사용되어온 것이다. 마야 신화 옥수수의 신 아문은 머리에서 옥수수 속이 뻗어나온다.

마야 신화 최고신(하늘신) 이참마는 코가 구부러지고 이빨이 없는 노인 형용이다. 하늘의 거대한 뱀으로 묘사되기도 한다. 아스텍 신화 불의 신 후에후에테오틀 또한 이빨이 빠지고 등이 굽었고 머리에 가리개를 쓴 노인신이며, 인류의 첫 친구다. 미국 북서부 벨라쿨라족 창조주는 독수리 모습으로 지상에 왔다. 캐나다 이누이트족 달-신령 마스크는 얼굴을 두른 하얀 면이 공기, 테두리는 우주의 단계, 깃털은 별들이다. 「바캅들의 제의」라는 18세기 문서는 166명에 이르는 마야 신들을 소개하고 있다. 크와키우틀족 춤제의 때 쓰이는 독수리 형용 가면은 태양을 나타낸다. 아스텍 신화 전쟁신 테츠카틀리포카('연기나는 거울')는 해골과 뼈로 둘러싸여 있다. 안데스산맥 잉카도시 마추픽추는 콜럼버스 이전 남아메리카 건축물 중 가장 인상적이고 보존 상태가 양호하다. 스페인의 침략군은 이 도시를 발견하지 못했다. 아스텍 신화 깃털 달린 뱀 케찰코아틀은 '신성한 물(멕시코만)'로 내려가 나흘 동안 밥을 굶고 가장 세련된 옷을 차려입고 불타는 장작더미 위에 몸을 눕히면 화염에서 새들이 날아오르는 한중간에 그의 심장이 보이고 심장은 하늘로 올라가 샛별이 되고, 죽음과 부활을 상징한다. 북아메리카 평원인디언 다코타 수족은 물의 신, 숲의 신, 천둥의 신, 풀의 신, 전쟁의 신, 그리고 '커다란 입' 등등 온갖 자연현상의 거룩함을 심오하게 감지한다. 알래스카 남서부 에스키모 장신구함 뚜껑 내부에는 노골적인 섹스 장면과 동물, 그리고 초자연적인 존재와 사냥 장면이 한데 어우러져 있다. 에스키모 신화에서는 섹스가 주된 소재다. 페루 하프는 정복자들이 들여온 스페인 르네상스기 하프의 변종으로 스페인계 음악과 토착 아메리칸인디언 전통을 절묘하게 뒤섞으며 독특하고 생기발랄한 라틴아메리카풍 음악을 만들어냈다. 볼리비아 포도시 은광에서는 1545년부터 스페인 군대가 인디언들을 동원하여 은을 캤다.

자연과 문화, 그리고 문화의 과학

자연을 '자연'이라 명명하면서 정복을 시도한 것은 문명의 인간이지만, 문화는 문명의 자연화로서, 인간의 과학과 예술이 달한 가장 '자연스러운, 그러므로 아름다운' 몸이다. 문명은 화려한 '양'의 건물을, 문화는 눈과 입과 귀, 무엇보다 따스한 심장을 지닌 '질'의 생명을 닮았다. 문명은 번영에, 문화는 삶의 의미에 달한다. 문화는 '과학=아름다움'의 몸이고, 문화구조는 몸을 닮으며 몸을 뛰어 넘는다. 문화로써 인간은 육체의 응집인 정신을, 정신의 해방인 육체를 느낀다. 육체 없는 정신이 있을 수 없지만, 건강한 육체가 아름답고 의미 있는, '아름다움=의미'의 정신을 반드시 낳는 것은 아니다. 문명과 문화를 매개하는 것은 육체노동과 정신노동, 그리고 '육체=정신' 노동이다. '육체=정신' 노동이 말을 낳고, 상상력을 낳고, 아름다움을 낳고, 삶의 의미를 낳는 것이 문명의 문화화 과정이다. 문화로써 호흡은 맨 처음의 가장 깨끗한 말이며, 심장은 동력이자 운동이며, 위장은 생산이자 소비고, 번식은 생명이 늘어나는 길과 땅이며 호르몬은 맨 처음의 가장 말귀 또렷한 통신이다. 문화는 생명을 끝없이 전통으로 역사화하면서 낡은 인습을 타파하고 제도와 규범, 그리고 가치의식을 발전시킨다. 습관은 동물성의 인간화, 관습은 사회화, 그리고 도덕은 스스로를 의식하는 인간 최초의, 최소한도 명에 선언이지만, '자연으로서의 인간'이 '인간으로서의 자연'으로 넘어가는 문화 과정의 꽃은 예술이다. 아름다움은 수명의 배꼽에서 태어난 영원의 의상이며 이야기는 가장 난해한 죽음을 이해하려는 노력의 시작이다. 춤은 지상을 떠나 인간의 고뇌 속으로, 육체적으로 비상한다. 그림은 평면의 끝없는 깊이의 표정을 들여다보고 조각은 부단한 세계의 주인공을 세우며, 건축은 아름다운 성(性)의 집으로 시작, 미래를 향해 선다. 사진은 기묘한 가상현실을 재현하며, 영화는, 마침내, 죽음이 없으므로 색이 화려하다. 생명은 음악의 무용이며, 배꼽은 우주의 문이다. 시는 아찔한 영원의 찰나를 다시 영원화한다. 사랑으로 되는 성의 웃음과 정치를 희극이 아우르고, 비극이 내 안의 짐승을 극복하는 '마음=몸'의 길을 걷는 동안 본능의 응축인 가면은 극장으로 성장한다.

문화는 과학 또한 '인간으로서 자연'화하여, 중력은 슬픔의 표정을, 바위는 얼굴 표정을, 산은 수명의 표정을, 강은 시간의 표정을, 호수는 눈물의 표정을, 파도는 애원의 표정을 닮으며, 더하기보다 더 나은 곱하기가 '우리'를, 빼기보다 더 나은 나누기가 분업을 닮고, 산술은 식량을, 기하는 지형을, 대수는 연극을 닮으며, 손가락이 손가락을 이용하는 수판과, 숫자가 숫자를 이용하는 계산기를 거쳐, 전체와 미래를 닮은 숫자 통계학과 기억을 닮은 숫자 0과 1의 컴퓨터 가상현실에 이른다. 무늬의 추상화에서 시작된 수학이 과학의 방법이자 언어로 발전한다. 금은 '귀하고 아름답다'는 말, 은은 대낮보다 깊은 세월의 빛, 화석연료와 천연가스는 미래로부터 빌려온 수백만 년 전 과거의 선물이며 석유화학과 신소재는 일상을 돕는 미궁과 변형의 상상력이고 고무는 상상력이 말랑말랑해지면서 탄력을 받는 이야기다. 햇살은 가장 가벼운 옷이고 바람은 속도와 힘만 보이는, '내가 나를 능가하는' 자유며, 식물은 내 안에 잠든 전혀 다른 생명 방식이고, 꽃과 나무 그리고 풀은 인간을 능가하는 생명의 상상력이고 엽록소는 잎이 영원히 푸르른 생명이며 동물은 내 안에 웅크린 알레고리고, 철새 이동은 천지를 수놓는 머나먼 본능의 지도며 동물 언어는 모든 것이 무용이자 음악인 소리다.

소리는 떨림의 배꼽과 몸이고, 광경은 자연에 묻어나는 '빛=색'의 몸이고, 오디오는 고막에, 비디오는 망막에 묻어난다. 이성은 생명의 빛, 진리는 논리의 배꼽, 철학은 진리의 사랑, 선은 의미의 배꼽, 윤리는 선의 몸, 그리고 문화가 상상력과 형상화 능력과 창의성을 발휘, '자연으로서 인간'을 '미래 창조의 인간'으로 전화한다. 근육의 창의력이 노동을 낳고, 다리의 창의력이 바퀴를, 직립한 무릎의 창의력이 엘리베이터를, 그리고 팔의 창의력이 비행기를 만든다. 길은 다리의 전망이며, 움직이지 않는 다리(橋)가 움직이는 다리(足)보다 역사적이며, 지도는 눈에 보이는 두뇌의 전망을, 철길은 희망을 형상화한다. 미래는 창의로 만들어가는, 언제나 다가오는 지금이다. 동시에 문화는, 생명의 생명이므로, 문명과 달리 평화적이고 친환경적이며, '저지른 손'의 신화 또한 알고 있다. 침대 크기에 맞추어 사람의 키를 늘이거나 남는 팔다리를 잘라버렸다는 그리스 영웅신화 프로크루테스 이야기는, 그릇과 도구를 만들고 사용하는 아름다운 소꿉장난이 결국 전쟁을 일으키는 끔찍한 소꿉장난이기도 하다는, '저지른 손'의 경고와 반성을 아주 일찍부터 담고 있다.

촘스키 변형생성문법, 무한을 가능케 하는 유한

형식문법은 컴퓨터 프로그래밍 언어에서 흔히 볼 수 있는, 정확하게 규정된 문법이다. 컴퓨터 언어문법은 인간 언어와 많이 다르다. 가장 새롭게 기억된 정보가 가장 먼저 검색되도록 한 '푸시다운' 자동기계로 구사하는 그 문법은 상당히 복잡한 마구잡이 명령에 응하지만, 질문, 감탄, 비유, 직유 등 인간적 문법 요소가 없다. 형식문법을 발전시켜 어느 정도 인간의 자연어 표현을 '생성' 할 수 있게 만든 것이 생성문법이고 생성문법을 이용하여 특히 구문을 연구하는 것이 생성문법론이다. 생성문법론은 사실 언어학 전 분야의 바탕을 이루는데, 미국 언어학자 촘스키에 의해 대중화되었다. 생성문법은 (올바른 언어생활을 위해) 규칙을 설정하고 그것을 지키게 하는 규범문법도, (과학적 언어 연구를 위해) 현상을 그대로 기술하고 설명하는 기술문법도 아니며, 한정된 수의 법칙 모음만 갖고도 무한한 '단어열' 들을 생성해낼 수 있다. 두뇌 능력의 '한정성' 에도 불구하고 인간이 매우 많은, 아니 '무한수' 의 뚜렷한 문장을 '생성' 하고 이해하는 것이므로, 생성문법론은 자연어 연구에 매우 효과적이다. 1955년 발표한 「촘스키 언어계층론」에서 촘스키는 표현력이 갈수록 늘어나는 순으로 여러 유형의 형식문법을 제시했다. 가장 표현력이 떨어지는 형식문법은 규칙문법(제3유형)이다. 규칙문법은 인간 언어를 연구하는 모델로 적당하지 않다. 한 단계 더 복잡한 것(제2유형)이 '문맥에서 자유로운 문법' 으로, 이 문법에서 문장이 가지쳐 나온다. 생성문법론자들은 이렇게 문장이 가지쳐 나오는 나무를 제1의 연구 대상으로 삼는다. 이때 문장은 단순한 단어 연결이 아니라, 상급가지(상급어)와 하급가지(하급어)로 이뤄진 나무로, 이를테면 'The man loved his wife(그 사내는 자기 아내를 사랑했다)' 라는 문장의 나무는 다음과 같다.(S:문장, NP:명사절, DP:동사절, D:한정사, N:명사, V:동사)

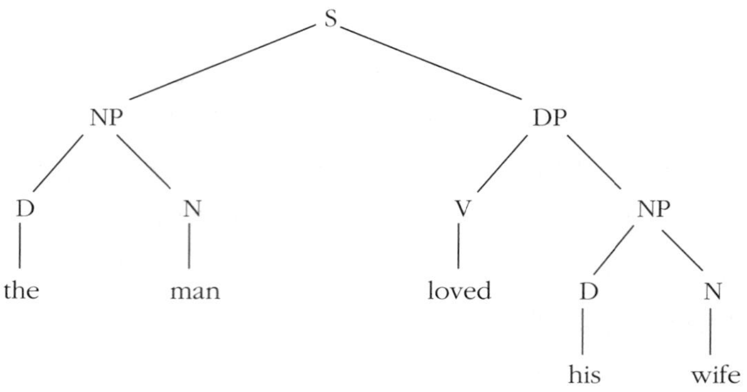

생성문법론은 우리가 모국어를 알고 문법적 발언을 한다면 이미 은연중 알고 있을 어떤 법칙 모음을 정식화하는 절묘한 방법으로서 대대적인 환영을 받았으나 그는 그런 해석을 거듭거듭 물리쳤다. 생성문법은 언어를 이해하거나 생산하는 과정에 대한 가정이 아니다. 하긴, 모국어 사용자는 절구조문법이 만들어낸 숱한 문장들을 받아들이지 않을 거였다. 생성문법론은 음악 이론과 분석에 유용하게 쓰인 후 영향력을 빠르게 상실했고, 1960년대 초반과 중반, 촘스키는 절구조문법 또한 자연어를 표현하는 데 불충분하다면서 더 복합적인 문법을 내놓는데, 그것이 변형(생성)문법이다. 각 문장이 두 개의 층위, '깊은 구조'와 '표면구조'를 갖고 있다는 생각을 촘스키는 더욱 발전시킨다. 깊은 구조는 기본적인 의미관계를 다소 직접적으로 표현하며, 이것이 변형을 거쳐 표면구조(문장의 음운 형태에 매우 가까운)로 작성된다. 서로 다른 언어라도 깊은 구조는 상당히 유사하며, 표면구조가 숨기는 모든 언어 공통의 어떤 특성을 깊은 구조가 드러내줄 것이라고 촘스키는 믿었다. 하지만, 이것이 그가 깊은 구조를 소개한 주된 이유는 아니다. 깊은 구조보다는 '문맥에서 자유로운 문법'의 수학적이고 기술(문법)적인 힘을 증가시키는 수단으로서의 변형이 그에게 우선 관심사였다. 깊은 구조는 대체로 초기 의미론을 해결하는 한 장치로서 의미가 더 컸다. 현대적인 형식-

수학문법을 개발해야 문법론을 발전시킬 수 있다는 게 그의 생각이었다. 변형문법은 '문맥에서 자유로운 문법' 보다 더 강력한 문법이다. 발언(일련의 단어들)은 대개 형식문법, 특히 '문맥에서 자유로운 문법' 을 변형법칙으로 확장한 형식문법의 구문을 갖고 있다…… 변형문법론은 그렇게 시작한다. 아이들은 모든 인간 언어의 바탕을 이루는 문법구조에 대한 지식('보편문법')을 갖고 태어난다. 다시 말해서, 아이들은 자기들이 어느 언어와 맞닥뜨리든, 그 언어가 어떤 식으로든 제약된 언어라는 점을 당연시한다. 단어, 문법적 형태소, 숙어 등 사전적 항목만 알면 아이들은 문법을 배우지 않고도 말을 배운다. 촘스키의 변형생성문법은 구문을 해석하고 아이들이 언어를 알아가는 과정을 연구하는 데 쓸모가 있다.

감각 총체와 감동 창의, 그리고 영재교육

감각은 세상과 만나는 온몸의 온 세계다. 봄의 만남, 들음의 만남, 냄새 맡음의 만남, 맛봄의 만남, 만짐의 만남, 이 '만남들' 은 한꺼번에 겹쳐 있고 하나로 섞여 있고 한없이 겹쳐진다. 눈은 보고 봄을 듣고 봄을 냄새 맡고 봄에 눈길이 가닿고, 만짐은 만짐의 눈과 귀가 있으며, 그 겹쳐짐들이 바로 세상이고, 이 모든 것이 두뇌에 가닿으면 두뇌가 감각을 지각한다. 감각은 나의 세상이다. 눈은 총천연색 광경의 렌즈통. 바람을 펼친다, 즉 전망한다. 귀는 맑은 청각의 동굴. 즐거워한다. 코는 향긋한 후각의 입구. 미리 느낀다, 즉 예감한다. 혀는 달콤한 미각의 현장. 즐김 그 자체다. 살갗은 부드럽고 따스한 촉각의 우주. 껴안는다. 만지는 것은 언제나 배꼽을 만지는 일이고, 만져진다는 것은 언제나 배꼽을 들키는 일이다.

무한과 영원을 향해 치닫는 천문학의 '천문학적 숫자' 들은 그 자체로 놀라움과 두려움을 불러일으키지만, 신비는 숫자보다 크고 깊으며, 숫자보다 섬세하고 강하다. 셈할 수 없는 것 앞에서 숫자는 아무리 많아도 힘을 잃는다. 마음의 우주, 우주의 마음은 언제나 우리가 알 수 없는 신비를 품고 있다. 셈할 수 있는 우주가 늘어날수록 신비 또한 늘어나고, 신비 앞에서는, 무한과 영원도 계산된 것이다. 신비는 가장 거대한 우주의 무한과 영원 너머, 가장 작은 물질 속 무한과 영원 너머에 있다. 신비는 감각의 영역에 있으며, 두뇌가 어렴풋 느끼되 통제할 수 없는, 마지막 보루다. 가장 신비로운 것은 놀라고 두려워하는 우리의 마음속이고, 중요한 것은 우주의 음악과 무용을 '귀=배꼽'의 '몸=약동'으로 느끼는 일이다.

굶주리고 버벅대던 '첫 인간'이 이룩한 역사와 문명은, 한마디로 눈물겹고 찬란하다. 하지만 두뇌는 그 모든 것을 단 하루로, 과거 한순간으로 기억한다. 두뇌는 전광석화의 장이고, 생각은 빛보다 빠르고 어둠보다 깊다. 그리고 '두뇌=이야기'는, 모든 것의 배꼽이다. '과거의 하루'가 아무리 공들여 얻은 것이라 한들, 앞으로의 하루보다 소중한 것은 아니다. 두뇌의 생각은 그 정도로 놀랍다. 그러나, '문명=자연 파괴'의 절정에서, 이제 우리의 자부심을 자연과 우주원리에 대한 겸허한 태도로 심화·문화화할 때다. 문명의 자연 파괴를 극복하기 위해 되돌아가자는 게 아니라, 이성 총체 너머 더 총체적인 감각 총체를 향해 나아가야 한다는 점이다. 광대무변한 대우주와 쿼크의 소우주를 중첩한 과학 발전의 시대, 현대사회와 양자 장이, 현실과 가상현실이, 현실과 신화가 겹치는 불확정성이 만연하고, 블랙홀 속에서 시간과 공간이 무너져내리고, 광년이 150억 년 전 우주 탄생을 150억 년 동안 전송, 오늘날 하늘에 펼칠 수 있다는 것을 깨달은 시기, 수명이 생명에 대해 겸손해하고 생명이 우주 탄생에 대해 겸손해하는 감각 총체를 향해. 소설은 이야기의 배꼽이 이룬 가장 독창적인 사회며 시는 생애보다 깊은 순간 통찰과 직관의 '몸=언어'이므로 민주주의의 두뇌인 언론이, 그리고 광고와 여론조사조차 말이 말을 낳으며 정치와 경제를 살찌우는, 혹은 유통이 생산을 두 번 뛰어넘는 이야기다. 전래동화를 육화, 양차 세계대전 전과 후 현대 일상의, 끔찍함을 다스렸던 현대음악과 현대무용에서, 마침내 죽음의 모뉴멘털리티가 사라진다. 놀이와 게임은 전쟁이 아닌 평화의 배꼽이며 스포츠와 취미는 성스러운 육체의 대중화다. 축제는 옛날과 오늘이 만나, 미래를 향해 요란하게 흔들리는 배꼽이다.

바퀴는 분명 인간의 '발명품'이라 할 수 있지만, 돌이 구르는 것에 착안한, 자연 중력 '발견' 을 응용한 결과다. 과학이 발전할수록, '발명' 은 갈수록 발견과 문화예술 창의성의 종합으로 된다. 수학에는 발명이 없고 발견만 있으며, $E=mc^2$의 '발견' 에서 원자폭탄 '발명' 에 이르는 거리는 자연 중력 발견에서 바퀴 발명에 이르는 거리보다 훨씬 짧고 그것은 갈수록 더욱 그럴 것이다. 인터넷·디지털문화가 21세기형 유목민문화를 가능케 하며 문화의 '방' 을 우주의 '방' 으로, 우주를 생명의 '방' 으로 만든다. 자연의 바퀴벌레는 날며, 크고 건장하다. 이들은 인간보다 훨씬 먼저 살았고, 인간보다 훨씬 뒤에도 살아 있을 생명체다. 이들은 자연 생명의, 거의 모든 역사와 미래를 감각으로 기억하고 예감한다. 감각은 세상을 한꺼번에, 동시에 '느껴 깨달' 으며, 이성은 종합하고 분석하는 인간 능력이다. 바퀴벌레 눈으로 우리 몸 안을 들여다보면, 인체는, 감각은 두뇌보다 더 많은 것을 기억하고 있다. '느껴 깨달' 는다면 인간사회는 미래 자연을 정말 훨씬 더 총체적으로 이해하고, 모든 생명과 비생명의 보금자리로 간직할 수 있다. 다르게 들여다보면 바퀴벌레는 검은 황금이 아름다운 디자인이다. 그리고 디자인은 세계 창조의 시작과 끝이다. '도' 는 '도' 라고 말하는 순간 '도' 가 아니다…… 노자의 인위 배격, 무위자연 예찬 이래 동양적 사고와 미학은 거기까지 발전한다.

〈매트릭스〉〈토탈리콜〉〈쥬만지〉 등 서양 포스트모던 영화들은 로마 작가 오비디우스 소설 『변신』의 '육체=가상현실' , 동양신화의 가상현실, 아일랜드 관념론(조지 버클리)의 '하느님=가상현실' , 중국 고전소설 『서유기』 등의 '세계=가상현실' 발상에 서양과학의 비관적인 미래 전망을 결합시킨 것이지만, '서양 너머 아시아' 는 '가상현실=죽음' 을 극복하는 문화예술 현실을 지향한다. 서양 민주주의는 역사상 최고의 사회생활 가치가 펼쳐지게 했지만, 동시에 식민지 근대의 참혹한 정치경제학을 구사했고, 시민사회와 대중문화의 여러 장치를 '위험한 장난감' 으로 만들었다. 신대륙 발견 이래 활짝 핀 '과학=테크놀로지' 장은, 천지-인간-사회의 소우주와 대우주를 두루 규명했지만, '깨달음과 마음의 우주' 를 오히려 좁혔으며, 양차 세계대전은 '파괴하는 문명' 그 자체였다. 사회주의 진영 붕괴 이후 서양은 사실, 사회주의 세계관의 파경은 물론, 세계관 자체의 파경을 겪고 있으며, 질문이 쌓여 세계관의 무덤을 이룰 뿐이고, 서양 현대예술도 결국은 난해를 통과하는 그물망에 지나지 않는다.

창의는 궁극적으로 더 질 높은 총체성을 구현하는 창의다. 각 분야 천재가 보통 사람과 다른 점은 다른 분야 능력은 보통 사람과 비슷하거나 오히려 부족함에도 불구하고 보통 사람의 평균적 이성 혹은 상식 총체들의 합보다 더 질 높은 총체를 한 분야로 응축–심화–확대한다는 것이다. 감동은 질 낮은 총체가 질 높은 총체를 만날 때 받는 '충격적으로 유쾌한 느낌' 이다. 천재 종교가가 신성경험 총체만으로, 천재 정치가가 현실운영 총체만으로, 천재 사상가가 사유 총체만으로, 천재 사업가가 수익수완 총체만으로, 천재 혁명가가 변혁 전망 총체만으로, 각 학문 천재 학자와 과학자 들이 전공지식체계 총체만으로 보통 사람의 상식 총체보다 질 높은 총체를 이룰 수 있듯, 인간 행위의 거의 모든 분야에서 천재는 가능하다. 그러나 문화의 세기에 가장 본질적이고 중요한 것은 감각 총체를 통해 이성과 상식, 그리고 교양의 총체를 근본적으로 혁신하고 드높이는 문화예술 총체며, 사실 종교가와 정치가, 사상가와 사업가와 혁명가, 그리고 학자 과학자 들을 '천재' 로 만드는 것은 지식자체가 아니라 지식체계에 대한 '창의적' 접근이고, 창의의 핵심은 순수한 존재적 감동을 자아내는 문화예술 총체다.

문자는 탄생 이래 인간의 온갖 추상 능력을 획기적으로 발전시켜왔지만, 인간의 감각 총체를 제한해오기도 하였다. 어린이의 감각 총체는 대개 어른이 되면서 모종의, 아름다움과 순수의 체험 기억 혹은 추억으로 변용되면서, 사라진다. 추상적 사고 능력이 발전하면서 몸이 스스로 몸을 잊고 세계 만남의 몸을 스스로 느끼지 못하고, 글은 추상 이성의 독재를 낳는다. 상식이 이성 총체인 교양까지 밀어내는 순간이다. 문화예술 언어는, 그와 달리, 오히려 예술언어의 한계 그 자체를 더 질 높은 표현의 계기로 전화한다. 미술은 시각언어로, 시각언어이므로 더 질 높은 시각 총체를 이루며, 음악 작곡과 연주는 음향언어로, 음향언어이므로 더 질 높은 청각 총체를 이루고, 무용과 연기는, 고전적인 연기는 물론 한류 스타들의 '몸=표정' 까지도, 육체언어로, 육체언어이므로 더 질 높은 몸 총체를 이룬다. 이것들은 모두 '이성 너머 감각 총체' 이므로, 역사 사회성 혹은 시사성을 머금되, 종국은 그것조차 오래될수록 아름다운 문명의 문화언어로 바꾸어내고, 이것이 쌓여 고전 혹은 예술 전통을 이루며, 감각 총체화했으므로, 어린이도 감응할 수 있다. 미술과 음악의, 작곡과 연주의, 무용과 연기 분야 영재(어린이 천재)가 가능하고 영재교육 가능성이 더욱 명확한 까닭이다. 문학은 글쓰기 예술이고 글쓰기는 역사-사회성 혹은 시사성을 감각 총체 언어로 만들기는커녕, 오히려 그것에 따라 어휘와 통사가 변하므로, 문학 영재교육 개념이 불명확하고, '글쓰기 영재' 란 어불성설이다. 글쓰기 수준은 언제나 역사-사회적이고 시사적인 수준이며, 어린이들의 글쓰기는 언제나 자기 생각을 일목요연하게 하는 면이 있지만, 정말 '글쓰기 영재' 일 경우, 일목요연한 정리가 이성 너머 감각 총체를 지향하기보다 제한할 가능성이 더 많다. '글' 예술이 아니라 글 '예술' 의 관점에서 문학 영재를 찾는다면, 시 영재는 우선 문법으로 세계를 포괄하는 능력 혹은 촘스키 변형생성문법 능력, 문법이 세계관이라는 것을 감각 총체로 깨닫는 능력, 언어 자체를 소리와 의미의 상호 열림으로 이루어지는 독특한 감각 총체로 파악하는 능력, 그리고 소설 영재는 무엇보다 신화 혹은 이야기 원형으로 세계를 전유하는 능력, 수필 영재는, 곧장 가지 않고 장님 코끼리 더듬듯 돌아가며, 그 돌아감의 넉넉한 포용으로 세계를 전유하는 능력이 무엇보다 중요하다. 세계관이 세계를 내 것으로 만드는 지도라는 것, 문체가 세계관의 미학이라는 것, 용기가 이야기의 심리학이며 심리는 영혼의 손과 발이라는 것, '내 안의 너' 와 '네 안의 나' 의 만남이 소통이고 대화는 서로의 장점을 모으는 일이라는 것, 언어는 생각이 말로 되는 찰나의 생각이라는 것, 소설은 이야기의 몸으로 만드는 노동의 상상력이라는 것, 여행은 낯선 내가 낯익은 나를 찾아나서는 행위라는 것을 '감각하는' 아이는 특히 문학 영재 가능성이 있다. (연극) 희곡과 (오페라) 대본, (영화) 시나리오는 총체 예술과 밀접하게 연관된 글쓰기 예술이므로 겉보기와 달리 문학보다 영재 가능성이 더욱 명확할 수 있으며 무용음악과 영화음악, 그리고 극음악은 더욱 그렇다. 영재교육은 신화와 역사 사이 양자역학을 파고드는 것과 같다.

영재교육은 바람직한 교육의 총합-총체로서 수준 높은 교육일 뿐 특별한 교육은 아니다. 영재교육은 감각 총체 능력을 장르 총체 능력으로 응축, 감각 총체 혹은 예술이성의 감동 창의 수준을 한 단계 더 높이는 과정이다. 장르 총체 능력은 마치 음악의 '음들' 조성처럼, '감각들' 혹은 '감각 체계들'을 예술장르 특성에 따라 주요와 부차로 구분과 결합 및 감각-응축하는 동시에 구체성과 총체성의, 그리고 '구체=총체'의 수준을 드높이는 능력이다. 예술가들은 문화민주주의를 예술민주주의로, '고유명사들의 공동체'를 '예술작품들의 공동체'로 승화시킨다. 가장 총체적으로 세계를 전유하는 귀(음악), 가장 총체적으로 세계를 전유하는 눈(회화), 가장 총체적으로 세계를 전유하는 '손=눈'(조각), 가장 총체적으로 세계를 전유하는 '몸=눈'의 몸(건축), 가장 총체적으로 세계를 전유하는 '몸=총체'(무용), 가장 총체적으로 세계를 전유하는 '이야기=몸'(연극), 가장 총체적으로 세계를 전유하는 '사회=몸'(문학)이 세속을 파고들며 세속의 몸을 이루고, 세계를 능가하는 인체를 이룬다. 음악 영재는 작곡과 연주 전통에 담긴 예술장르 총체 언어를 배우고, 발전한 세속 세계의 전유를 대비한다. 미술 영재는 회화, 조각 및 건축 전통에 담긴 예술장르 총체 언어를 배우고, 발전한 세속세계의 전유를 대비한다. 무용 영재는 안무와 무용 연행 전통에 담긴 예술장르 총체 언어를 배우고 발전한 세속세계의 전유를 대비한다. 문자언어의 세속-시사성을 무용과 음악의 종합 및 관객과의 '감각=접촉'을 통해 어느 정도 장르 총체 언어화한 것이 희곡이며, 그 거꾸로가 연기며, 오페라 또한 더욱 음악적인 수준에서 그렇다.

도시와 문명, 그리고 문화의 평화민주주의

도시는 문화보다 늦게, 문자와 더불어 문명과 국가의 시작을 알린다. 모든 문명은 문자문명이며 도시문명이며 정치문명이고 국가문명이다. 자신의 공간을 스스로 만들어가면서 인간의 추상 능력과 생산력은 거의 무한대로 발전, 정치와 종교, 그리고 시장이 합쳐진 세속을 이룬다. 최초의 도시들은 왕국이었으며, 고대 그리스-로마 도시는 토지를 소유한 전사들의 소비자 도시였고, 중국 도시는 아주 오랫동안 중화의 그물 매듭이었고, 서양 중세도시는 상인과 수공업자 들의 생산자 도시였다. 서양 근대도시는 자본주의 경제의 모든 것을 구현한다.

고대 그리스인은 그리스 반도 동부와 남부, 그리고 에게해 섬들과 소아시아에 도시국가를 세우고 '폴리스'라 불렀는데, 한때 그 수가 천 개를 넘었고 그리스 본토의 아테네, 스파르타, 코린토스, 테베가 강했다. 그리스 본토 폴리스는 여러 촌락 토지 소유자가 한데 모여 중심시를 건설하고 시민단체를 구성하는 식으로 이루어졌다. 중심시는 (스파르타 말고는) 대개 성벽을 두르고 높은 언덕에 아크로폴리스를 최초 거점으로 세우고, 시 수호신 신전을 그곳에 지었으며, 아크로폴리스 기슭에 아고라를 설치, 시민광장 겸 시장으로 썼다. 시민이 아고라 총회에 출석하여 직접 정치에 참여하고, 시민권은 원래 대토지 소유자만 갖는 권리였으나, 폴리스 시민은 토지 소유자일 뿐 아니라 전사여야 했으므로, 중소 토지 소유자들도 시민으로 인정받게 된다. 공공건물을 이용하여 스포츠나 예술 재능을 발휘하는 것이 시민생활의 이상이었다. 시민은 개별적으로 혹은 시민단체 일원으로서 소유하는 노예에게 중심시 및 주변 농촌 땅을 경작시키고 상공업은 폴리스에 사는 외국인들에게 맡겼다. 같은 시기 이탈리아반도에도 폴리스 비슷한 도시국가(키비타스)들이 생겨나지만, 그리스 폴리스들과 달리 각각 나뉘어 선 것이 아니라, 중부이탈리아 라티움에 세워진 키비타스 로마 공화정의 동맹시가 되는 식으로 통일을 이룬다. 로마는 동맹시에 자치권을, 동맹시민에게 로마 시민권을 주었고, 새로운 로마 시민권시들을 많이 건설, 동맹시의 반란에 대비하다가, 제1차 포에니전쟁 이후 새 영토를 속주로 다스리고, 아우구스트 제정 이후에는 숱한 도시가 생겨났다. 특히 라인-다뉴브강 방위선에 몰린 로마 도시 대부분은 군 주둔지 혹은 성체 가까이 상공업자 취락이 생긴 것을 자치시로 승격한 것이지만, 새로 건설한 식민도시도 적지 않다.

서양 중세도시, 특히 알프스 이북 북서부유럽 도시는 상공업 생산자(시민) 전원의 서약단체이자 자치단체로, 시민은 도시 바깥 주민과 경제-사회적으로 다를 뿐 아니라 법률적인 특권도 지녔다. 알프스 이남 및 이탈리아 여러 도시는 그리스-로마 도시 전통을 상당 부분 유지했으며, 남유럽 중세도시는 중간형이었다.

게르만족이 이동하고 이슬람 세력이 지중해로 진출한 후에도 중세 이탈리아 도시들은 상업중심지로 떠오르게 된다. 베네치아와 아말피는 모두 6세기 무렵 성립되어 9~11세기 동지중해 상업을 주도한다. 가톨릭교회 주교는 의무적으로 도시에 살아야 했고 이탈리아는 주교 수가 특히 많았으므로 주교구가 도시 번영에 크게 기여했다. 이탈리아 중세도시는 도시국가로, 자치도시(코무네) 성립과 함께, 아테네처럼, 주변 농촌(콘타드)을 지배하게 된다. 알프스 이북에서 중세도시가 가장 일찍이 가장 강력하게 이루어진 곳은 라인강과 센강 사이 지역이다. 이 지역에서는 로마 도시 주교구가 게르만족 이동 등 혼란기에 겨우 '마을 형태'를 유지했을 뿐, 시 영역과 인구의 감소 및 상공업 침체, 그리고 자치 상실을 막을 수 없다가, 노르만 침략 때 주교구 석조방벽이 군사용으로 적합하다는 것이 확인되면서 주교구가 성채 기능을 갖게 된다. 노르만족과 마자르족, 그리고 이슬람 등 이민족 이동이 끝나 평화가 찾아오고, 공동경작지를 셋으로 나누어 해마다 보리, 귀리 등 여름 곡물 경지, 밀, 호밀 등 겨울 곡물 경지, 그리고 가축 방목지로 번갈아 쓰는 삼포농법으로 농업 생산과 인구, 그리고 개간지가 늘고, 플랑드르의 양모공업이 번창, 북서유럽 지방도 상업 부활기를 맞자, 성채 가까이 상인들의 독자적인 마을이 이뤄지고 온갖 상인을 통합하는 상인길드가 결성된다. 상인길드에서 자치도시에 이르는 과정이 가장 격렬했던 곳은 10세기 무렵 주교도시 군주제가 확립된 로마 도시들이었다. 길드 상인들은 도시 군주와 충돌도 마다하지 않으며 자신의 권익을 유지하고 늘리려 했으며, 수공업자와 성채 주민 전체를 구성원으로 하는 서약단체를 결성, 도시 군주의 승인을 얻어냈다. 플랑드르 여러 도시처럼 세속인이 도시 군주인 경우, 과정은 비슷하지만 대립이 덜 격렬했다. 원칙적으로 봉건귀족을 배제하므로 북서유럽 중세도시의 방벽은 도시와 농촌을 구별하는 단순한 경관이 아니라 상인의 관습법을 발전시킨, 농촌 주민한테는 없는 도시 주민의 자유로운 법적 지위를 보장하는 영역과 원칙의 표시였다. 도시는 독자적인 재판소를, 그리고 정치를 맡은 대상인들의 도시참사회를 두었다. 시민군이 도시를 방어했고 '시장=광장'과 시청사는 시민의 자랑이었다. 도시는 경제정책의 주체며 중세 도시경제는 길드에 의한 온갖 규제 등 닫힌 면과, 가능한 넓은 세계와 통상하려는 열린 면을 동시에 지녔다. '닫힌' 길드의 봉건적인 계급(우두머리-직인-도제)제도는 근세 초기 새로운 기업의 출현을 막지만 '열린' 도시의 여러 사회 경제 생활 규범과 제도는 근대국가 정책의 토대를 이루며, 국민국가 경제 이전 유럽 '세계' 경제를 떠맡고, 유럽 전체를 하나의 경제권으로 묶는 데 크게 기여했다.

중세도시가 '도시'라기보다 상공업자들의 '마을' 혹은 성채나 교회, 수도원에 딸린, 먼 나라 상인들의 '장터'였던 8~10세기 말을 중세도시 발전 초기, 상업 부활로 경제력을 축적한 시민단체가 자치 특권을 얻고, 봉건 영주조차 시민의 경제력에 주목하며 영토 내 도시 건설에 주력해 오늘날 남아 있는 유럽 도시의 70퍼센트가 건설되는 11~13세기를 중기로 본다. 후기는 페스트와 잇단 기근 및 백년전쟁으로 유럽 인구가 크게 줄고 토지와 자본과 노동력 3자가 극단적인 불균형을 이룬 14~15세기다. 도시의 빈부 차이가 커지고 대상들의 시 정책 독점에 대한 수공업자와 하층민의 반란이 자주 일어난 결과, 일부 도시는 민주적 운영으로 발전하지만 대체로는 도시공동체 정신이 무너지고 16세기 발흥하기 시작한 여러 형태 국가권력의 군사력에 굴복, 자치 특권을 잃고 만다.

근세도시는 16~17세기 유럽 경제가 신대륙 발견을 둘러싼 '정치, 경제적 이변'을 겪은 결과다. 14세기 초 서유럽 중세도시 대부분은 인구 4~5천의 소도시였고, 베네치아, 파리, 칼레르모가 10만 이상, 피렌체, 제노바, 밀라노, 바르셀로나, 쾰른, 런던이 5~10만, 볼로냐, 파도바, 뉘른베르크, 스트라스부르, 뤼베크, 루망, 브뤼셀이 2~5만, 엔트워프, 랑스, 취리히, 프랑크푸르트, 바젤 등이 6천~2만의 인구를 거느렸다. 그러나 16~17세기 포르투갈의 동인도 진출 및 스페인의 신대륙 식민지 건설은 이탈리아와 남부독일 여러 도시의 '상공업 중심지' 역할을 필요 없는 것으로 만들어버렸다. '땅이 낮은 지대(네덜란드)'에서는 잉글랜드 양모 수입이 어려워진 플랑드르 지방 여러 도시가 힘을 잃고, 중세 북유럽 상권을 지배하던 북독일 중심 한자('집단')동맹 도시들(쾰른, 함부르크, 뤼베크, 브레멘, 브라운슈바이크 등) 또한 발트해와 카데가트해협을 잇는 가장 가까운(28킬로미터) 항로가 개발되면서 번영의 터전을 빼앗겨, 유럽 '세계시장'의 중심은 브루게에서 앤트워프로, 다시 암스테르담으로 옮겨갔다. 그리고 근세도시 중 국가권력을 배경으로 지닌 도시, 특히 파리, 런던, 빈 등 수도는 근대도시로의 눈부신 발전을 겪게 된다. 중세 유럽의 도시인구 비율은 대개 10퍼센트가량이었고, '땅이 낮은 지대' 와 북이탈리아 지방이 유독 높아 30퍼센트 정도였다. 17세기 말 잉글랜드와 웨일스 인구 550만 중 약 25퍼센트가 도시인구지만, 18세기 말 영국에서 시작된 산업혁명으로 인한 도시화의 결과 1851년 인구 천만 명 중 도시인구가 50퍼센트에 이르게 된다. 잉글랜드 면화공업 중심지 맨체스터 인구는 1750년 2만 이하였으나, 1801년 7만 5천, 그 40년 후 25만에 이르고 다시 40년 후에는 50만을 돌파한다. 그렇게, 대표적인 근대도시는 산업도시 혹은 공업도시다. 근대도시를 발전시키는 자본주의경제가 국내시장과 세계시장 양쪽을 모두 겨냥하므로, 중앙관청과 은행, 각종 거래소, 상사 등 국내-국제 경제의 중추기관이 모여 있는 수도와 나머지 항만도시들로 나뉘는 것 또한 근대도시의 특성이다. 제1차 세계대전 이전 '대도시' 들은 대개 인구가 10만 명 정도였지만 제2차 세계대전 이후 여러 도시들이 개발 및 정보화를 추진하면서 인구 천만 명이 넘는 메가폴리스('초대형도시')로 빠르게 성장한다. 뉴욕, 멕시코시티, 도쿄, 상하이, 그리고 서울이 그렇다. 시카고와 로스앤젤레스, 오사카, 베이징, 콜카타, 모스크바, 파리, 런던, 리우데자네이루 등은 인구 5백만 이상의 도시다. 오늘날 런던은 고대 로마 도시에 중세도시(성바오로성당과 런던탑 시가지)를, 그후 근세도시(국회-웨스트민스터 시가지)와 근대도시(템스강 하류 이스트엔드 공장지구 및 서쪽 켄싱턴 녹지)를 붙인 것이다. 잉글랜드 도시경관에 기와와 모르타르가 두드러지는 것은 것은 런던대화재(1666) 이후 런던의 도시계획을 유서 깊은 도시 대부분이 따랐기 때문이다. 현대 도시가 낮에는 인구를 빨아들이고 밤이면 교외 주거 도시들로 분산하는 특성을 지니므로, 메가폴리스는 낮의 특성에 맞게끔 계속 재개발되며, 주거용 위성도시들로 이루어진 메가폴리스 '권' 을 거느리게 된다. 1980년 세계 도시인구는 총인구 40억의 35퍼센트를 넘었는데, 20년 전의 25퍼센트에 비하면 엄청 빠르게 증가한 것이다. 오늘날 서구의 도시들은 자연 친화 환경 조성에 좀더 치중하는 편이지만 제3세계에서의 도시화 개발 속도는 훨씬 더 빨라졌다.

독일 사회학자 베버는 '인도가 농촌의 나라라면 중국은 도시의 나라' 라고 했다. 중국은 황허문명 초기부터 도시를 계획, 건설했고 은과 주 시대 약 천 년 동안 발달한 도시(국가) 문화와 전통이, 진나라와 한나라를 거쳐 청나라에 이르기까지 약 2천 년 동안 유지된 군과 현 혹은 주와 현 단위 도시제도의 바탕을 이루었다. 도시는 중국화(황허문명 확산 및 중국의 정치-경제-문화적 통일)의 거점이었다. 청동기인 은나라와 주나라 때에는 교통 요충지마다 배치된 크고 작은 씨족 바탕 '읍' 들이 성벽과 시가지, 제단과 대건축물, 청동장, 양조장 등을 갖추고 공업품과 무역품을 집산, 왕후와 귀족의 '수입경제' 를 지탱해주고, 집회 및 제례, 그리고 교환과 사교의 장으로 저자('시리' '시장')가 섰다. 왕은 읍 연맹의 우두머리였다. 춘추전국시대 철기 보급으로 씨족제도는 해체되고, 중국 영토를 통일한 진과 한은 무수한 읍들을 인구 약 4만 단위의 현으로 정리한다. AD 2년 중국 인구는 6천만 명, 현은 1,587개였다. 중앙정부는 현에 관청, 군대 및 경찰을 두고 공자묘와 천지제단, 그리고 도서관을 세우고 시장을 설립했으며, 시청으로 하여금 업종별 영업시간을 정하고 상인을 등록시키고 시장세를 받고, 가격을 보고케 하였다. 현과 현, 그리고 근교 농촌 일대 사이 상업경제망이 넓어진다. 하지만 현은 수나라와 당나라 초기까지도 정치, 경제, 군사 공동체의 '닫힌' 거점이었다. 당 전성기 장안, 낙양, 양주, 광주 등 대도시가 국내-해외무역으로 번창, 귀족 취향과 국제색을 자랑하더니 당 중기부터 상업혁명이 발생, 중국형 중세도시를 낳는다. 정부가 현에만 시장을 공인하여 도시 상공업의 시간과 장소를 통제한다는 원칙이 무너졌다. 농촌 경제활동의 성장을 반영, 도시 근교가 시장거리로 되고, 상공업조합도 생겨난다. 송나라는 숱하게 생긴 진과 촌 시장을 일정 부분 수로 정리, 전매와 토지세 징수 단위로 하면서 어느 정도 치안과 사법을 보장해주는 정책을 썼으므로, 촌민의 경제활동이 촌 시장을 통해 진으로 종합되고, 진은 농촌의 경제활동과 현 수준 이상의 국내 상업 및 도시문화를 상하로 연락하고, 진과 촌 시장 발달이 사회 도시화의 밑바닥 혹은 주변부를 충실하게 만들고,

현 수준 이상 상공활동과 도시문화도 폭이 깊어지고 규모가 커지게 된다. 송 이후 현에 학교가 설치되고 서원과 사숙이 도시 중심으로 퍼지고, 소설-연극 등 새로운 도시문화가 진과 촌 시장으로 전달되며, 신흥 지주와 상인 들이 진을 거점으로 활동하고 명나라 이후 농촌에 수공업과 상업작물이 보급되면서 현-진-촌 시장 연결이 강화되고, 명과 청 지방 현과 진을 거점으로 지방 신사, 금융업자, 그리고 대상인 등이 사회 중간층을 형성, 발언권을 높이게 되었다.

모든 문명의 역사는 화려할수록 피비리지만, 문화는 그런 문명 역사의 운명을, 농촌과 도시의 상호작용, 생명과 예술, 과학의 상호작용을 통해 중력에서 민주주의에 달하는 과정으로 승화하며, 그렇게 발전하고, 최상의 민주주의는 개인과 사회생활 최고의 가치로서 문화가 펼쳐지는 장이기도 하다. 아니, 이미, 히에로글리프는 그림과 뜻과 소리가 어우러진 거룩한 예술세계며, 소리글자는 음악과 미술의 상상력이 결합한 결과다. 문화로써, 농업은 눈에 보이는 시간과 중력의 음식을, 낙농은 풀과 젖의 생애를, 임업은 나무꾼과 나무 이야기를, 원예는 수풀이 집으로 되는 이야기를, 어업은 물고기를 제 집 밖으로 꼬드겨내는 이야기를 들려주고 일러주며, 비단은 무지개를 응축하고, 산업은 세상을 낳으며, 공업은 세상을 만들어간다. 기술은 의식의 수단화이자 수단의 의식화고, 직업은 노동의 성스러운 세속화며 소득은 생명의 숫자로 된다. 상식은 생활의 배꼽으로, 지식은 민주주의의 미학으로 된다. 상업은 '유통을 능가하는 유통'의 기적을 낳고 시장은 그 기적의 현장을 일구고 금융은 '생산을 능가하는 생산'의 배꼽으로 된다. 주권은 국민을 국가보다 원대한 건설의 전망에 참여케 한다. 외교는 국민을 세계보다 원대한 평화의 전망에 참여케 한다.

고대 그리스 '고전기'는 오히려 그리스 식민지 이오니아에서 발생, 아테네로 집중하면서 거의 모든 분야에서 주변과 이전 문명을 종합하고 승화한 결과, 즉 문화화한 결과다. 그리스 신화에서 인류에게 불을 가져다준 거인신 프로메테우스는 타락하는 신의 문명과 진보하는 인간의 문명 사이 성스러운 육체와 저항의 정신을 상징하며, 고전기 미술은 '육체와 종교의 황금율'을 찾고, 페리클레스의 민주정치야말로 문명의 황금율이며, 조각과 건축이 서로 스며들고, 수가 우주와 음악의 본질이자 언어를 이루고, 그리스의 자유를 위한 투쟁(페르시아전쟁)이 상승의 고전비극을, 패권을 위한 전쟁(펠로폰네소스전쟁)이 몰락의 고전희극을 낳고, 소크라테스는 '인간=우주'를 닮은 철학을, 그의 제자 플라톤은 수를 닮은 '우주=이데아'론을, 소피스트들은 언론을, 아리스토텔레스는 과학('과목 학문')을 발전시킨다. 그리고 그 전에, 호메로스 서사시 『일리아드』는 신화와 인간 사이 거룩하고 아름다운 육체의 전쟁을 입은 문화의 언어를, 『오디세이』는 '고통=의미'의 육체를 입은 언어를 창조한다. 장르들이 탄생하면서 고전에 달한다. 아니 탄생으로서(써), 탄생하는 이야기로서(써) 고전에 달한다. 역사가들이 인간의 시간과 공간을 열며, 올림피아제는 거룩한 '육체=종교'의 축제였다. 문명과 문화, 그리고 민주주의가 이토록 한 몸이었던 적은 없었다. 게르만 민족대이동 이후 서양이 이룩한 민주주의는 '고전'이 다시 '몸(이민족, 야만인)'의 충격을 받은 결과지만, 영국은 문학과 경제의 언어에, 프랑스는 미술과 정치의 언어에, 독일은 철학과 음악의 언어에 치우치고, 문명 위주 근대화는 민주주의의 쌍생아로 식민·제국주의를 낳았다.

로마 식민지였던 영국 및 서구의 번영은 로마보다 더 많은 식민지경제 희생에, 영국 식민지였던 미국의 번영은 영국보다 더 많은 세계경제 희생에 덕보고 있으며, 모두 전쟁을 동반했다. 계획화 제국도시는 문명에 상업주의를 '대중문화'로 강요하는 군중 속에서 고독한 장으로 변했으며, 풍수를 빼앗긴 식민지도시는 개발과 상처를, 인습과 문화를 혼동한 채 제국도시의 하부구조를 이룬다. 제국주의와 전쟁은 정치의 야만화며, 개혁은 야만의 정치화다. 개혁은 상식의 응축이고, 혁명은 응축의 응축이다.

'에로티시즘=문화=역사'

라우셀의 비너스는 구석기 오리냐크 문화기(BC 32000~26000년) 풍요의 신상 중 가장 오래된 것이며 오스트리아에서 발굴된 '빌렌도르프의 비너스'는 오리냐크 문화기 후기 것이다. '폴리치넬라' 또한 오리냐크 문화기 후기 것으로, '빌렌도르프의 비너스'보다 더 길어졌지만, 자연주의적이라기보다는 성적 요소를 더 분명하게 강조한다. 마들렌 문화기 아리에주 '세 형제' 동굴 마법사는 짐승 머리(혹은 가면) 생식기 능력이 두드러져 보인다.

'소크라테스는 에로스를 궤변가라 했지만, 사포는 이야기꾼이라고 했다'는 1세기 그리스 격언이 있다. 그렇게 에로스에 대한 철학자와 시인의 견해는 다르다. 그 다름을 어떻게 풍부한 총체로 만들 것인가?

에로티시즘은 분명 열림과 닫힘의 변증법이 주는 기쁨과 관계가 있다. 그리고 이 변증법의 방향은 감각적인 세상으로의 정신적인 열림이다. 그것은 우선 육체적으로는 물론, 정신적으로도, 정신과 육체의 관계로서도 그렇다. 포르노그래피는 단순히 아름답지 않아서뿐 아니라 근본적으로 닫혀 있으므로 더 문제다. 쾌락에의 탐닉이든 고통에 찬 소유욕이든 마찬가지다. 열린 육체는 정신에 포지티브한 감성을 부여한다. 열린 정신은 육체로 하여금 육체 이상의 것을 지향하게 만든다. 에로티시즘은 정신과 육체의 일체성을 전제로 하지만, 그 일체성의 질을 높여가는 변증법을 제 역사로 삼기도 한다. 그리고, 그렇게 에로티시즘은 안으로의 열림을 매개 삼아 밖으로 열려간다. 그렇게 역사가 인간의 육(肉)을 입는다.

그러나 그때, 놀랍게도 그것은, 에로티시즘이 포르노그래피는 물론 필경은 스스로를 극복하려는 노력의 결과에 다름아니다. 그리고 그때 에로티시즘은 예술적 지향의 핵심이다. 아니, 에로티시즘은 성(性)을 매개로 성을 극복하면서 죽음까지 육체화하는 예술의 원동력이다.

그리스어로 'eros'는 '성적인 사랑'을 뜻한다. 사랑의 신 에로스는 원래 태초에 대지와 함께 혼돈에서 태어났다. 그렇게, 무의식적으로 살을 섞던 사람들이 살을 섞는 이유, 성욕(性慾)의 이유에 대해 생각하기 시작한다. 그때 에로스는 세상을 창조하는 힘이었다. 에로스는 또한 밤의 여신의 알(卵)에서 태어난다. 그렇게 사람들은 사랑의 시간을 밤으로 한정지을 만큼 문명적으로 되었고 그때 에로스는 낮을 창조하는 밤의 아들이었다. 그리고 에로스는 아름다움의 여신 아프로디테의 아들이다. 그렇게 아름다움의 원초적 동력이던 에로스가 아름다움의 결과물로 된다. 이것은 인간이 성행위를 에로티시즘의 예술혼으로 '발전' 시켜온 눈물겨운 과정에 다름아니다. 그 과정을 거치며 에로스는 무형(無形)의 거대하고 난해한 욕망 덩어리에서 변덕스러운 미소년을 거쳐 점점 나이가 어려지다가 헬레니즘 시대에 이르면 사랑의 화살을 쏘는 '영원한 어린애', 즉 피터팬으로 굳어진다. 그 과정에 음습한 다산성(多産性)의 성욕은, 맞으면 사랑에 빠지지 않을 수 없는 화살로 미화(美化)-놀이화한다.

이 '화살' 은 에로스에 대한 최초의 은유 중 하나이기도 하다. 고대 그리스인들보다 훨씬 먼저 고대 수메르인들은 이런 사랑노래를 남겼다. '내가 그것을 발설했으므로, 내가 그것을 발설했으므로, 주께서 내게 선물을 주셨네.' 이때 선물은 성적인 욕망. 그렇게 곧바로 여신 이난나와 연인의 구애가 시작된다. 즉, 말은 곧 욕망이고 에로티시즘이다. 사랑노래는 이렇게 이어진다. '그들이 내뱉은 말은/욕망의 말.' 고대 그리스어 므나오마이(mnaomai)는 '주의를 기울이다' 혹은 '언급하다' 라는 의미와 '구애하다' 라는 의미를 함께 갖고 있었다. 페이토 여신은 '설득력' 과 '유혹력' 을 모두 갖고 있었다. '에로스' 라는 말의 어감과 색깔 자체가 연인들의 '꿀말(蜜語)' 을 닮았다. 아니 설득력과 유혹력이 하나이듯 에로스와 꿀말은 하나다. 말하는 이에게서 듣는 이에게 말을 옮기는 것. 그것이 무엇일까? 최초의 비유는 '숨결' '바람' 혹은 '날개'. 그것이 더 발전하여 화살로 은유되는 것이다. 여기서 성경 창세기 '태초에 말이 있었다' 까지는 얼마나 가까운가. 그리고, 우리가 시간을 양적으로 생각하지 않는다면 말씀의 육화인 예수그리스도는 그 자체로 얼마나 에로틱한가. 어쨌거나, 이쯤 되면 우리는 에로스의 역사적 생애로써, 예술 이야기를 반 넘어 말해버린 것이 된다.

아니 에로스의 탄생과정을 자세히 살피면 그 안에 이미 진화가 이루어지고 있다. 제우스조차 두려워하는 밤의 여신을 바람이 구애, 어둠의 자궁 속에 은빛 알을 놓는다. 에로스는 이 알에서 부화하여 우주를 작동시켰다. 에로스는 날개가 황금빛이었다. 금의 시대에서 은의 시대로, 다시 청동의 시대와 철의 시대로, 그렇게 전락해가는 고대 그리스 세계관을 거스르며 에로스는 어둠에서 은빛으로,

다시 황금빛으로 세상을 변화시킨다. 즉 그리스문명 발전 자체를 떠맡는 것이다.

에로티시즘이 시작되면서, 포르노그래피도 시작된다. 원초에는 에로티시즘도 포르노그래피도 없었다. 그냥 '무용' = '성'이 있었다. 태고 시절 그리스-소아시아 부근에서 살던 펠라스기족 세상 창조신화는 이렇다.

> 태초에 만물(萬物)의 여신 에우리노메가 벌거벗은 몸으로 혼돈에서 나왔다. 발을 디딜 곳이 없었으므로 그녀는 하늘로부터 바다를 갈라내어 파도 위에서 홀로 춤을 추었다. 그녀는 남쪽을 향해 춤추며 갔고 그녀 뒤에서 북풍이 뭔가 새로운 것을 움직이게 하여 여신의 창조 작업을 도왔다. 여신은 몸을 돌리더니 이 북풍을 붙잡아 두 손 사이에 넣고 손을 비볐다. 놀랍게도 북풍이 거대한 뱀 오피온으로 변했다. 에우리노메는 춤을 추며 몸을 덥혔고 무용이 점점 더 격렬해졌다. 급기야 오피온은, 욕정이 생겨 여신의 팔다리를 제 몸으로 휘감으며 그녀와 살을 섞으려 했다. 이제 북풍이 씨를 뿌린다. 암말이 엉덩이를 바람 쪽으로 향하면 수말 없이도 새끼를 배는 까닭이다. 그렇게 에우리노메도 아기를 배게 되었다.

그리고, 그런데, 인간은, 특히 성(性)에 관한 한, 자신의 문명 능력을 통해 동물 이하로 전락해버릴 능력을 갖춘 유일한 동물이기도 하다. 포르노그래피는 우선 매우 분변주의(糞便主義)적이고, 대중문화적이므로, 발전이 없다. 포르노그래피는 아름다움을 추구하지 않고 그냥 성욕을 자극하는 것이 목적. 이를테면 이런 이야기로 시작된다.

> 옛날에 남자와 여자는 한 몸이었다. 머리가 둘이고 팔다리가 여덟 개인 그 괴물은 힘이 너무도 엄청나서 신들을 위협할 정도였다. 마침내 신들이 그 괴물을 둘로, 남자와 여자로 갈랐다. 남자와 여자가 서로 몸을 합하려 기를 쓰는 것은 그 때문이다.

플라톤의 『향연』 「아리스토파네스 신화」 편에 소개된 이 이야기는 줄거리 외에도 많은 성적(性的) 암시를 구사하고 있다. 그리고 이야기가 발전하지 않고 순환하면서 그 성적 암시를 증폭시켜간다.

그리고, 그런데, 이 이야기는 사랑의 변증법(충만을 요하는 결핍의)을 소개하기 위한 용도로 쓰이고 있다. 그렇다. 이성은 에로스를 한편으로 종종 거세하고, 그러므로 다른 한편으로 종종 포르노그래피화한다. 포르노그래피는 예술보다 이성에 더 가까운 것인지 모른다. 포르노그래피 어원은 그리스어 포르노그라포스(pornographos). '창녀(porno)에 대해 쓰는(graphein) 일' 이란 뜻이다. 뚜렷한 포르노그래피가 나타나는 것은 그리스 초기 연극에서다. 에로스의 연인 프시케는 영혼 혹은 정신이라는 뜻의 고대 그리스어. 정신은 현현을 육체는 숨음을 지향한다. 마치 그것이 영원에 달하는 유일한 방법인 것처럼. 에로스와 프시케의 사랑과 이별, 그리고 재회의 전말은 이렇다.

공주 프시케는 너무도 빼어나게 아름다웠다. 아름다움의 여신 아프로디테가 질투를 못 이기고는 가장 못생긴 사내와 사랑에 빠지게 만들라고 아들 에로스에게 명한다. 그러나 에로스가 오히려 그녀를 보고 사랑에 빠졌다. 그는 그녀를 외딴곳에 피신시키고 밤에만 은밀히 그녀를 찾았다. 그리고 자신의 모습을 보면 안 된다고 단단히 일렀다. 프시케의 여동생이 질투심에 불타 그녀를 꼬드긴다. 괴물일지도 모르잖아. 언니를 집어삼키면 어떡해. 프시케는 밤에 몰래 램프를 비추어 잠든 에로스를 살폈다. 매우 아름다운 모습이었다. 그런데 아뿔싸. 찬탄으로 균형을 잃는 바람에 그녀 손에 들린 램프에서 기름 한 방울이 에로스 얼굴 위로 떨어졌고 에로스가 잠에서 깼다. 그는 크게 화를 내고 그녀를 떠나간다. 프시케는 깊이 뉘우치고 에로스를 찾아 세계 방방곡곡을 다녔다. 아프로디테는 그런 그녀를 사로잡아 힘든 일, 아니 인간의 능력으로는 도저히 불가능한 일을 그녀에게 시킨다. 첫번째 과제는 온갖 잡곡들이 뒤섞인 거대한 더미를 밤이 되기 전까지 곡식 종류별로 가려내는 일. 프시케를 동정한 개미들이 떼로 몰려와 그 일을 대신 해준다. 그런 식으로 프시케는 불가능한 과제들을 해결하고 마지막 과제에 이르렀다. 하데스(지하세계, '안 보이는 것' 이라는 뜻)로 내려가 그 세계의 여왕 페르세포네의 아름다움 상자를 가져오라. 프시케는 이 과제를 거의 완수했지만, 다시 호기심 때문에 일을 그르친다. 너무도 궁금해서 상자를 열어보는 것이다. 그 안에 든 것은 아름다움이 아니고 치명적인 잠이었다. 그 잠이 그녀를 덮친다. 그러나 주신(主神) 제우스는 에로스의 간청을 받아들여 둘의 결혼을 허락하고 프시케를 신의 자리로 올린다.

그렇게 육체의 '보이는' 아름다움이 영혼의 '보이지 않는' 아름다움을 질투한다. 그러나 아프로디테에서 에로스로 이어지는 아름다움의 가계와 '밤' 이 상징하는 성(性)의 문명화는 그 아름다움을 사랑한다. 이때 사랑은 아름다움의 육체적인 수준을 극복하게 하는 매개로 작용하면서 동시에 스스로 한 단계 거룩해진다. 그러나 그 매개는 또한 인간의 영혼이다. 영혼은 언제나 육체에 대한 의심을 버리지 못하고(왜냐면 육체는 정신보다 훨씬 불안정하다), 호기심 때문에 수난을 초래하지만 동시에 수난을 통해 아름다움의 불멸성에 달한다. 에로스와 프시케 이야기는 그런 전언을 담고 있다. 그 전언을 위해 여러 가지 신화 유형이 복합적으로 동원된다. 지하세계로 내려가 그 세계의 왕을 음악으로 감동시키고 아내를 다시 찾았지만 '지상에 닿기까지는 뒤를 돌아보지 않겠다' 는 왕과의 약속을, '왜 저를 보아주시지 않습니까' 그렇게 의심-애원하는 아내의 간청에 못 이겨 어기고 그렇게 다시 아내를 죽음의 세계로 돌려보낼 수밖에 없었던 오르페우스와 에우리디케 이야기, 계모에게 학대당하지만 요정 할미의 도움을 받아 화려한 복장으로 무도회에 출현, 왕자와 결혼하게 되는 신데렐라('그을음투성이 소녀') 이야기, 가장 아름다운 것은 죽음이라는 낭만주의 미학. 이 모든 것은 '보임과 안 보임' 을 주제로 한 이야기다. 그리고 프시케의 마지막 과제가 연상시키는 판도라의 상자 이야기는 호기심을 매개로 한 그 주제의 사회화(社會化)다. '선각자' 라는 뜻의 프로메테우스는 제우스의 신들 이전에 세상을 지배했던 거인족의 일원으로 제우스의 신들보다도 꾀가 더 많았다. 그는 점차 뛰어난 장인(匠人)으로 변해가면서 불과, 또 인간의 창조와 연관이 있는 존재로 자리잡혀간다. 어쨌거나 그는 제우스를 속여 번제물 중 고기가 아니라 뼈와 기름만을 선택하게끔 만들었다. 화가 난 제우스는 인간에게서 불을 빼앗았는데 프로메테우스가 다시 돌려준다. 제우스는 이번에는 매우 교활한 방법으로 인간에게 복수를 한다. 그는 아프로디테의 남편인 절름발이 대장장이 신 헤파이스토스를 시켜 진흙으로 여성 판도라('온갖 선물')를 만들게 한다. 그런데 그 과정이 (당연히) 에로틱하다. 기원전 8세기경 헤시오도스는 이렇게 쓰고 있다.

> 그는 황금의 아프로디테에게 일러 그녀 얼굴에 매력을 붓고 사지에 애간장 태우는 욕망과 근심을 심게 하였다. 지혜의 여신 아테나가 숨을 불어넣고 다른 신들이 그녀에게 온갖 매력을 부여했다. 그리고, 그러나 사자신(使者神) 헤르메스는 그녀에게 아첨과 기만술을 가르쳤다. 그 판도라를 주피터는 프로메테우스가 아니라 그의 동생 에피메테우스('때늦은 지혜'라는 뜻)에게 보낸다. 형은 아우에게 판도라가 몰고 올 혼란을 경고했지만 동생은 선뜻 그녀를 받아들였다. 그녀가 자신이 가져온 상자 뚜껑을 열자 온갖 종류의 사악함과 중노동, 그리고 질병 등등이 터져나와 삽시간에 세상으로 번지며 사람들을 괴롭혔다. 딱 하나, 희망이 상자 속에 남았다.

구약 '창세기'의 한 원전인 이 이야기는 희망이 생겨나게 된 경과를 묘사한다. 그런데 그 매개는 간계(奸計), 즉 문명의 산물인 여자, 즉 에로티시즘이다. 이 에로티시즘을 매개로 문명 발전이 단선성(單線性)을 벗어난다. 거인족 프로메테우스는 그 육체적 이전성(以前性) 때문에 인간의 창조에 관여한다. 이때 프로메테우스는 제우스보다 앞선 자이다. 이 사실 자체가 우선 매우 에로티시즘적이다. 그런 다음 제우스는 여자를 매개로 비로소 프로메테우스 퇴장 이후(以後) 더 발전된 존재로 부상한다. 그리고 제우스가 벌이는 애정행각은 점차 그 에로티시즘의 동물성을 예술성으로 발전시켜간다. 제우스는 자신과 사랑을 나누던 수풀 요정 칼리스토를 아내 헤라의 질투로부터 보호하기 위해 곰으로 변케 한다. 강(江)의 신의 딸인 안티오페와 사랑을 나눌 때는 사티로스, 즉 말귀와 말꼬리를 지닌 흉측한 반인반수(半人半獸)의, 술과 여자를 좋아하는 수풀의 신으로 변한다.

그러나 세멜레와는, 다르다. 그는 마치 프시케를 찾는 에로스처럼 모습을 보이지 않는다. 세멜레는 헤라의 부추김을 받고 진신(眞身)을 보게 해달라고 제우스에게 조른다. 제우스가 마침내 진신을 나타내자 세멜레는 그 광휘에 온몸이 불타버렸다. (미술 탄생의 장이다.) 세멜레는 아이를 조산하고 죽었는데 제우스가 태아를 자신의 넓적다리에 심어 생명을 유지시키니 그가 바로 디오니소스. (연극 탄생의 장이다.) 다나에와는 어땠는가. 그녀의 아들에게 죽게 되리라는 신탁이 두려워 아버지는 그녀를 놋쇠로 만든 탑에다 유폐시켜 사내의 접근을 막았다. 제우스는 황금 소나기로 변해 그녀 몸 위로 내렸다. 이때 태어난 아이가 영웅 테세우스다. 더 아름다운 것은 레다와의, 불륜의 사랑. 스파르타 왕 틴다레오스의 아내 레다에게 그는 백조 형용으로 다가가 사랑을 나눈다. 이때 태어난 아이는 아마도 세 명. 쌍둥이 용사 카스토르와 폴리데우케스, 그리고 미모 때문에 납치되어 결국 트로이전쟁을 야기하는 헬레네다. (서사시 탄생의 장이다.) 사랑은 그렇게 미추(美醜) 여러 모습을 띤다. 그러나 요는, 에로티시즘은 그렇게 예술 탄생의 동력으로 된다.

문명은, 아시아의 '해 뜨는 곳(오리엔트, 레반트, 아나톨리아)' 에서 발생하여 태양을 따라 발전, 지구를 한 바퀴 돌면서 결국 서양에 의한 동양 식민지화를 낳고, 지구 바깥 우주를 노리고 있다. 하지만, 문화의 경로도 그러했던 것은 아니다. 아시아는 아주 오래된, '자연으로서 인간' 에 걸맞은 아시아적 전통을 지니고, 그것을 다양하고 독특한 문화로 바꾸어왔으며, 오랜 세월에 걸친 식민지 민족해방 및 민주화운동의 정신으로 그것을 다시 승화, 바야흐로 서구 문화의 올바른 극복을 눈앞에 두고 있다. 중국과 일본이 스스로 강대국 패권주의 유혹을 극복한다면, 앞으로 아시아 문화는 아프리카 부족예술이 피카소 이래 현대미술에, 재즈 이래 현대음악과 대중음악 전반에 커다란 영향을 끼친 것보다 더 본질적으로 인류 문명을 한 단계 더 높은 수준으로 끌어올릴 아주 많은 가능성과, 제국주의적으로 변질될 아주 적은 가능성을 갖고 있다. 아시아의 오래된 가치와 기나긴 식민지 고난과 민주화운동 시련과 영광의 경험을 종합, 승화, 문화화하면, '역사를 능가하는 문화의 기적'이 가능하고, 서구보다 현대적이고 창조적이며 생산적인 문화산업이 가능하고, '문화산업=현실'이 컴퓨터 가상현실을 능가하는 것이 가능하다. 아시아의 찬란한 힌두교 및 불교문화 전통은 수천 년 전 생겨난 가상현실 신화에 바탕한 것이다. 현대 서양의 오리엔탈리즘은, 얼핏 동양에 우호적이지만, 문명 착취에 이은 문화 착취에 필경 머물고 만다. 문화는 토착적인 동시에 민주주의적인 지점에서 시작되기 때문이다. '아시아 문화'는 각 민족 전통문화의 나열이 아니라 응축이며, 정신과 육체의 해방을 염원한, 그리고 쟁취한 경험을 매개로 이루어지는 옛것과 새것의 변증법이며, 말 그대로, 미래를 표상하는 '아시아=문화'다. 민족은 민중에 대해 형식적인 것보다 더 본질적으로 그 문화에 대해 형식적이다. '민족'이 더 우월한 내용을 담아낼 수 있었던 시대는, 식민지 시대다. 그리고 뒤늦은 '민족=형식' 발상은, 자칫 중세로 내리닫는다. '아시아 문화' 혹은 '아시아=문화'에서 중요한 것은 건강한 현대성이며, '민족적'이 아닌 '현대적'은 얼마든지 있을 수 있지만, '현대적'이 아닌 '민족적'은 있을 수 없다.

자본주의혁명은 성공한 경제혁명이며 사회주의혁명은 실패한 정치혁명이다. 종교는 필멸의 육체로 거룩해지는 영혼의 안식처고 사원과 성당과 교회는 말씀의 집인 고요지만, 거룩함을 가시화하면서 종교는 제도화하고 제도화는 거룩함의 전망마저 가시화하려 들므로, 자칫 위험하다, 즉 광신과 밀교로 빠질 수 있다. 정치는 경제를 정치권력으로 가시화할 때 성공하기 쉽지만, 정치 사상을 가시화하면서 제도화하고 제도화는 철학의 전망마저 가시화하려 들므로, 자칫 위험하다, 즉 혁명적인 '동시에' 유토피아적일 수 있다. 유토피아는 희망의 감옥이다. 그러나 문화예술은, 다르다. 문화예술은 가시화 그 자체로 시작하며, 완벽한 형상화의 실패가 오히려 계속 창조를 추동한다. 그러므로 현실에 자극받아 떠오른 영감, 즉 더 완벽한 형상화 욕망을 따르는 것만으로도 벅찰 뿐, 전망 자체를 가시화할 겨를과 필요가 없으며, 탄생하는 순간 세계이자 권력이고, 전망의 가시화를 모르므로 제도화를 모른다. 창작이 고통이자 기쁨인 까닭이다. 사회주의혁명은 유토피아주의로 실패했다. 혁명을 이룬 자본주의의 경제적 상상력은 '금융 너며' 온갖 장치를 개발하며 생산을 능가하는 유통이 생산력을 급속도로 높이는 기적을 연출했지만, 도덕과 윤리 면에서 갖은 해악 또한 산출했음은 물론, 경제적인 면에서도 한계에 부딪혔으며, 경제공황은 일상의 블랙홀로 자리잡아가고 있다. '21세기는 문화의 시대' 라는 명제가 도출되는 지점이다. 그렇다. 이제 문화의 창의성의 생산력이, 자본주의적 상상력을 교정하고 압도한다. 문화는 최대 산업이다.

신석기가 청동기를 잉태-출산하고 낡아가면서 고대문명이 열린다. 메소포타미아 최초 수메르문명을 이룬 수메르인들은 아마 BC 4000년경 페르시아 지역에서 이주해왔을 것이다. 그들은 농업과 과학을 발전시키는 동시에 하늘, 태양, 지구, 바다, 폭풍우 등 자연의 사물과 현상을 신격화했다.

도시들 사이 다툼이 군대와 권력을 강화시킨다(그 거꾸로가 아니다). BC 2375년경이면 각 도시들이 하나의 왕 아래 통일된다. 수메르인들은 이웃 셈족에게 정복당했고, 그후 아카드-바빌로니아-아시리아-칼데아인들이 순서대로 이 지역을 차지, 문명을 계승-발전시켰다. 그런데, 이 많은 종족들이 갑자기 어디서? 역사 '기록' 이야말로 가장 망(忘)에로티시즘적인 것인지 모른다. 시간을 순식간에, 그리고 거대하게 공간화하면 지구상에 인간의 거대한 문명들이 태동하고 소멸하고 이어지다가 마침내 한데 살을 섞는 과정이 보이고, 세상 창조신화와 맞먹는 태(太)에로티시즘 과정인 동시에 그 과정의 위대한 극복인 것이 보인다, 우리 육안에.

종교와 역사는 성욕보다 어둡다. 팔은 또하나의 세계사를 품는다. 신정(神政), 뒤늦음과 때 이름, 동양과 서양, 이런 것들이 벌써 반복-발전한다. 서유럽문명이 아직 출현하지 않은 상황에서 역사가 전모를 드러낸다. 고대 그리스 신화와 역사의 시간은 BC 1100~323년, 메소-아메리카문명은 BC 1100~AD 1492년 이어졌다. BC 11세기 멕시코 베라크루즈 남부 지방에서 올메크문명이 발흥했다. 재규어, 그리고 머리가 땅딸막한 사람 모습이 보인다. 이 유형은 장구한 세월 동안 중앙아메리카와 멕시코 지방으로 넓게 번져갈 것이다. 그리고 페루 차빈, 칠레 초노, 아르헨티나 테후엘케, 브라질 투피안, 유카탄반도 마야, 그리고 페루 잉카 등 가장 신비한 문명들을 이루고, 16세기 스페인 침략자들에 의해 역사의 신비 속으로 사라질 것이다. 마치 신비는 '육체=사라짐' 의 에로티시즘이라는 듯, 신비가 그들 문명의 육체성을 더욱 생생하게 형상화한다는 듯이. 메소포타미아문명, 이집트문명, 인더스계곡문명, 그리고 중국문명 등 네 가지 고대문명만이 같은 장소에서 지속적인 발전의 토대로 작용했다. 크레타-미노스문명은 그리스 본토로 옮겨졌다.

미래 제국의 전모가 드러난다. BC 700년경 그리스 「신들의 계보」를 작성한 헤시오도스에게 신화는 역사였다. 그리스 '신화=역사=예술' 문명은 당대였다. 일본에 하늘의 시간이 열린다(BC 660년). 인도에 카스트제도가 성립된다(BC 575년), 화폐(BC 620년경)가 철보다 더 발전한 세계사를 품는다. 불교(BC 563년~), 그리고 유교(BC 551년~). 페르시아(BC 550년경). 화려함에 스스로 눈이 먼, 화려함을 극대화하다가 스스로 화려함으로 막힌 제국의 공간, 육체의 보석, 그리고 역사와, 예술의 빛(BC 525~509년). 역사는 한참 동안 상고(尙古)와 고전을 혼동하는 와중 로마 공화국이 태동한다(BC 509년), 그리스문명 황금기는 그 뒤에 온다(BC 509~430년). 중국은 전국시대(BC 453년~). 알렉산드로스대왕 이후 헬레니즘 문화(BC 323~202년)와 마우리아왕조(BC 321년~) 불교문화의 동서 양립 더 바깥에서 전쟁과 건국이 자연스레 동일시되고 중국 진(秦)나라(BC 280~206년), 동양제국이 먼저 태어나고 서양 로마제국은 한(漢)과 같은 해(BC 202년) 성립된다. 로마는 그리스의 타락이 아니라 위대한 대중화. 그 와중의 형상화로서 (예수)육체의, 시간을 입은 영원의 난해와 신비. 그리고 '시간=영원' 의 죽음과 부활. 그러나 문명도 야만도 심화한다. 그리고 문명의 야만이 심화한다.

장르의 탄생 1, 음악과 무용

인류 역사는 화려하고 피비리며 복잡하지만 인류 음악사는 아름답고 슬프고 투명하다. 음악은, 절규할 때조차, 보고하지 않고 반영한다. 문학보다, 미술보다,

무용보다, 그리고 연극보다 더 그렇고 처음부터 그랬다. 인류사의 깊이는 음악의 깊이를 투명화한다. 음악의 반영은, 당대 현실의 무한 응축이다. 음악은 당연히 시간적이지만, 소설은 물론 시보다, 무용보다, 심지어 공간을 응축한 미술보다 응축적이다. 반영하는 언어이기 때문이다. 노래는 간혹 불의의 시대를 규탄하고 풍자하고 조롱하지만, 노래의 음악은 끝내 시(가사)의 투덜거림조차 반영한다. 반영된 세계가 아니라, 반영 그 자체, '거울=세계' 가 아니라 '거울=면' 그 자체가 음악이다. 희로애락의 삶을 노래하는 음악이 종종 아름다운 죽음의 모습을 닮는 것은 그 때문이다. 우주 역사의 거대한 숫자는 인류 역사 전체를 하루살이 일생보다 더 하찮은 해프닝으로 만든다. 빅뱅('대폭발')이론은 150억 년 혹은 160억 년 전 거대한 '폭발=에너지' 로 우주(물질)가 태어났다고 설명한다. 이 숫자는 과학이 발전할수록 아마도 더 커질 것이다. 빅뱅 이후 온갖 물질과 에너지가 빛의 속도로 팽창하기 시작했으며, 그러는 중 에너지가 물질로 응축하고, 물질은 에너지로 승화한다. 물질과 에너지의 상대성은 지금도 계속된다. 시간과 공간의 상대성도 그렇다. 약 46억 년 전 태양계와 지구가 생겨났고, 약 38억 년 전 지구에 생명이 태어났다. 이 숫자 또한 과학이 발전할수록 더 커진다. 그리고 생물과 무생물의 상대성 또한 갈수록 커진다. 첫 생명이 첫 인간으로 진화하는 데는 그 38억 년이 거의 다 걸렸다. 첫 인간의 조상이 지구상에 모습을 나타낸 것은 기껏해야 수백만 년 전이다. 이 숫자는, 물론 늘겠지만, 아주 조금만 늘 것이다. '첫 인간' 에게 아직 시간은 보이지 않았다. 공간은 눈앞에 외길로 뻗을 뿐이었다. 그래서, 이야기와 신화의 영역을 그가 일찍부터 넓혔을지 모른다. 하지만 그 전에, 그는, 벌써, 소리를 지르고 몸을 건들거렸다. 그것이 최초의 음악이고 무용이었다. 첫 인간의 음악과 무용은, 단지 짐승을 흉내낸 것만은 아니었다. 심장박동은 우주진화법칙을 닮고 발걸음은 심장박동을 닮는다. 그러나 소리가 음악이 되는 순간, 음악은 반영한다. 음악은 우주와 생명 진화의 역사를, 그리고 빅뱅 '소리' 의 도레미파솔라시도까지 반영한다. 온갖 창세신화 '이야기' 보다 음악이 먼저인 까닭이고, 온갖 창세신화가 음악에서 비롯되고 끝내 음악적으로 흐르는 까닭이다. 무용 또한, 무용이 되는 순간, 반영한다. 다만, 무용은 '몸' 의 음악, 즉 발 구름, 손뼉 침, 손가락 튕김 등으로 시작되고, 몸은 소리보다 무겁다. 음악은 무용보다 응축적이고, 무용음악은 끝내 무용을 반영한다. 그리고 원시음악은 모두 무용음악이다. 음계와 화음, 그리고 조성은, 우리가 생각하는 것보다 훨씬 더 오래 전에 생겼을지, 아니 '있었을지' 모른다. 그것을 음악이 반영하는 데 그리 오랜 세월이 걸렸던 것인지 모른다. 그러나 중요한 것은 인간의 음악이며, 인류 음악의 역사다. 음악적 인간 이전 우주 160억 년은, 역사는 물론 시간조차 없는, 상상의 공간에 지나지 않는다. 반면 인류 음악의 '역사'는, 만 년이 채 되지 않지만, 우주 160억 년을 시간의 역사로 전화하는 동시에 인간의 역사를 아름다움과 의미의 시간과 공간으로 전화한다. 모든 음악은 우주의 배꼽을 품고 있으며, 참혹조차 명징하게 만들고, 인간의 마음속을 가장 아름다운 우주의 시간과 공간으로 펼쳐낸다. 그리고 마침내, 모든 음악은 죽음이 액화한 시간이고, 아름다움이야말로 죽음의 배꼽이다. 누구에게나, 태곳적부터, 육체의 흔들림은 있었다. 고통과 쾌락 사이 2분(二分)을 아우르는 동시에 극복하려는 충동으로서의 흔들림. 다만, 그 흔들림과 육체가, 자아가, 정신과 육체의 인격 총체가, 또한 구분되지 않는다. 그리고 스스로 그 흔들림 속으로 빨려들고 싶다. 그렇게 육체의, 육체 안의 흔들림 속으로. 마치 그것이 평정의 모태인 것처럼. 혹은 그것이 광란으로의 해방인 것처럼. 그 속으로 빨려들고, 그렇게 한 줌으로 응축되면서, 동시에 폭발하고 싶다. 그 무용의 충동 속에 사실 모든 것이, 있었다. 육체로서의 예술에서, 육체의 예술까지. 수천수만 년을 뻗어왔지만, 또한 인간의 키를, 육체의 그림자를 넘지 못한, 육체 운명의, 운명에 관한, 운명적인. 절정에 관한, 절정의. 그러나 마침내, 운명의 아름다움으로 운명을 극복하는 예술. 무용의 탄생을 상상하는 옛날이야기는 거의 없다. 왜냐면 태초에 세상이 생겨나게 된 이야기가 바로 무용 이야기다. 무용의 이야기, 무용에 관한 이야기, 그리고 무용=이야기. 우리는 존재하는 만물의 까마득한 날 탄생에 대하여 모태의 기억으로 상상한다. 모태의 기억과 상상 사이, 그 사이의 육화가 바로 태초의 무용이다. 무용은, 이야기와 달리 길거나 복잡하지 않지만, 그 모든 것을 태초의 한 동작으로 응축한다. 동작은 단순하지만 동작의 표정은 그렇게 수천 년 나이를 먹었다. 몸은 젊지만 몸의 기억은 수만

년 나이를 먹었다. 신화들은 어디까지가 '무용=이야기'고, 어디까지가 무용하는 이야기고, 어디까지가 무용의 이야기고, 어디까지가 무용의 상상인가. 어디까지가 무용으로 상상인가.

바빌로니아 사람들은 말한다. 태초에는 물과 그 위를 떠도는 안개뿐이었다. 아버지 압수가 민물 바다, 어머니 티아마트가 짠물 바다, 두 바다가 함께 한 바다로 흘렀다…… 중국 사람들은 말한다. 태초에 한 알(卵)이 우주 전체를 품고 있었다. 알 속은 한 덩어리 혼돈이었다. 영영 암흑이었다. 이 어둠 덩어리에서 최초의 존재 반고가 생겨나 알을 깨뜨렸다. 가벼운 부분(양, 陽)은 위로 솟아 하늘이 되고 무거운 부분(음, 陰)은 가라앉아 땅이 되었다…… 북아메리카인디언 크와키우틀족은 말한다. 까마귀 한 마리가 물 위를 날고 있었다. 아무리 찾아도 내릴 곳이 없었다. 까마귀는 자갈들을 떨어뜨려 섬을 만들었다. 그런 다음 거기다가 나무와 풀을 만들었다. 짐승들이 숲속에 살았고 새들이 그 위 하늘로 날아다녔다, 그리고 바다에 고기가 가득 찼다. 몇 번을 실패한 끝에 까마귀는 진흙과 나무로 사람들을 만들었다. 그렇게 그의 세상이 다 만들어졌다…… 인도 사람들에게는 우주 창조의 역사 전체가 거대하게 순환하는, 창조하고 파괴하고 재창조하는 무용이다. 세계는 한 마하유가('대시대')에서 다음 마하유가로 넘어간다. 각 마하 유가는 4단계로 점점 악화하는, 그리고 점점 짧아지는 소유가를 거친다. 172만 8천 년 동안 지속되는 크리타(德)유가는 황금시대다. 위대한 신 비슈누가 브라흐마(우주의 창조자) 모습으로 세계를 다스리고 다르마(이상, 정의로운 행동 혹은 도덕적 의무)가 네 발을 다 딛고 유유히 걷는다. 두번째 단계는 트레타(셋)유가. 다르마가 세 발로 걸으며, 세번째 단계 드와파라(둘)유가에서는 두 발만으로 비틀거리고 선과 악의 균형이 위태로워진다. 마지막 단계는 칼리유가, '다툼과 전쟁'의 시대다. 그렇게 풍요와 아름다움 그리고 명상의 시대에서 지식 추구와 사적 소유의 시대로, 그리고 불만과 절도의 시대를 거쳐, 재물로 사람을 평가하고 성적 소유욕만이 남편과 아내를 한데 묶는, 거짓과 질병, 고통, 그리고 죽음의 시대로 급전직하하면서 하나의 마하유가가 끝난다. 그렇다면, 인간의 무용은? 세계의 무용을 담아내며 세계의 무용을 극복한다. 그렇게, 인도 신화에서는 신들이 춤을 춘다. 창조와 파괴의 신 시바는 나타라야, 즉 '무용의 군주'로 묘사된다. 팔이 네 개인 그가 원형의 불 속에서 우주 무용을 춘다. 그가 한 손에 들고 있는 북은 창조를 지피는 소리를, 다른 손으로 감싸고 있는 불덩이는 파괴와 재생을 상징한다. 무릎을 굽힌 오른쪽 다리는 무지의 악마를 짓누르고, 들어올려 몸에 걸친 왼쪽 다리는 무용이 베푸는 혜택, 즉 세상 근심으로부터의 자유를 뜻한다. 시바뿐이 아니다. 비슈누는 세상을 구원하기 위해 이따금씩 인간의 모습을 입는다. 라마와 크리슈나가 그 경우인데, 독특한 형태의 피리를 들고 있는 크리슈나는 특히 무용과 연관이 있다. 그가 시골의 우유 짜는 처녀를 희롱한 전설은 육감적인 봉헌무 전통을 낳아 인도 대륙 너머까지 전파시켰다. 신이 스스로 무용을 추는 마당에, 무용 자체를 신에 대한 봉헌으로 생각할 것은 당연하다. 무용의 외국어인 'dance'(영미), 'tanz'(독일), 'danse'(프랑스)가 모두 산스크리트어 'tanha'에서 나왔다. '욕망'이란 뜻이다. 이 말이 힌두쿠시, 카프카즈 양 산맥을 넘어 이집트의 'tansa'로 또 튜튼계 언어 'tanza'로 되어간 정황 자체가 또한 무용이다. 아프리카에서 무용은 신들과 또 조상들과 의사소통하는 매개다. 목표는 '몸 안에 신을 세우는 것'. 춤꾼은 춤을 추며 특정한 신에게 산 자들의 세상을 방문해달라고 초청한다. 초대받은 신은 무용꾼의 몸을 거처로 삼고 그렇게 무용이 시작된다. 무용의 독특한 동작과 에너지가 그 신의 임재(臨在)를 나타내는 신호다. 무용을 추는 동안 무용꾼은 무의식 상태다.

북구 신화는 어둡고 음울하다. 파란만장하고 영웅적인 신들의 세계가 전개되고, 몰락 후 인간의 세계가 오지만 북구 신화는 끝내 염세적이다. 그러나 무용은 이 모든 이야기를 품고 인간의 미래로 뻗어나간다. 아니 그것이 무용의 출현과정이기도 하다. 그리고 언제, 러시아쯤에서 '봄의 제전'이 벌어졌던 것일까. 봄을 맞이하는 제의에서 한 처녀가 춤을 춘다. 처녀는 기진맥진하여 목숨이 다할 때까지 춤을 춘다. 그렇게 그녀가 죽음에 이르는 무용을 완성한 연후에야 봄은 온다. 언제쯤 무용의 총체의식, 혹은 환각 상태에서 인간은 삶의 절정인 무용을 죽음과 동일시하게 되었을까? 무용이 구현하는 정신과 육체의 총체성은 수천 년 전 이미 역사를 뛰어넘어 아연 현대예술의 한 화두로 자리잡는다. 그 전에, 무용=죽음의 깨달음이 없었다면, 예수의 '고통을 통한 구원' 개념은 가능하지 않았다. 아프로디테는 무슨 춤을 추며 성적 욕망의 여신에서 아름다움의 여신으로 발전하는가? 이제 무용이 둘로 갈라지는가, 아니면, '육체=욕망'을 다스리며 그 과정을 통해 더욱 육화되는 아름다움으로서 무용 '예술'이 탄생하는가? 어쨌거나, 어디까지가 무용 이야기? 어디까지, 아니 어느 정도가 육체의, 무용의, 무용으로의 상상력?

세계 최고(最古) 중 하나인 서부 사하라 구석기 바위그림에 이미 춤추는 모습이 그려져 있다. 그렇게 무용은 그림보다 더 먼저거나, 더 본능적이다. 회전하는 무용은 신과 한 몸이 되는 황홀을 맛보기 위해, 대지를 밟는 무용은 재앙의 근원인 악마를 쫓기 위해, 도약하는 무용은 하늘의 신에게 더 다가가기 위해 생겨났다.

무용은 음악의 형식이었던가, 음악은 무용의 내용이었던가, 아니면 거꾸로, 아니면, 둘 다 서로를 비추는 거울? 다른 예술장르는?

장르의 탄생 2, 미술과 문자

그려야 할 대상이 있고 그것을 표현할 평면이 있다. 대상은 평면 속에 있지 않다. 그러나 바로 그 '평면으로의 응축'이 보이는 것 너머를 열게 한다. 그것이 회화의 진경이다. 조각은 작품세계가, 다른 사물과 마찬가지로 시공(時空)의 4차원 속에 존재하지만 부단히 자신을 세계의 주인공으로 부각시키려 한다. 그러므로 조각은 그 주변을 이미 상정하며, 그렇게 마련된 세계 속으로 자신을 펼친다. 그때 조각의 시간과 공간이 탄생한다. 조각 속에, 그 주변에, 그리고 조각과 주변의 관계 속으로. 그리고 조각은 또다른 예술의 시간을 표현하기 위해 마모-부식되기 시작한다. 그것은 회화의 경우와 다르다. 회화는 자신의 마모-부식 속에 시간을 정지시키거나 영원화한다. 건축예술의 꿈은 미래로 서는 것이다. 그 꿈은 기능, 미관의 건축 이분법을 애당초 극복한다. 미래가 가장 안온한 주거지이며, 미래야말로 가장 예술적이기를 건축예술은 본능적으로 꿈꾼다. 그 꿈은 물질적으로 부질없지만 그 부질없음이 건축의 미래를 보장한다. 아니 건축예술의 존재 조건에 다름아니다. 건축예술가는 자신이 지은 건물을 넘어서는 그 무엇을 보고 그 염원을 거꾸로 건축물에 새겨놓는다. 우리는 과거의 건축물에서 단지 과거 영화(榮華)의 흔적과 쇠락만을 보는 것이 아니다. 위대한 건축예술에 담긴 '과거의 미래지향'이 우리들의 눈과 가슴을 관통하며 내처 미래로 향하는 그 광경에 감동하는 것이다.

미술이 대상물의 실물복제에 진력했던 적이 있다. 그리고 그점이 미술사를 추동해오기도 했다. 그러나 미술로 실제 대상을 정말 똑같이 그려내는 일은 전능한 신(神)에게조차 불가능한 일이다. 인간은 태초부터 그점을 알았다. 자신의 모습을 '본떠' 인간을 창조한 신이 몰랐을 뿐이다. 그렇게 인류의 역사가 시작된다. 그리고 풍경은 마음속에도 있다. 마음속 풍경은 바깥 풍경을 반영하지만, 거꾸로 기도 하다. 둘을 합하면, 우리는 소재를 매개로 생각을 그린다. 그 혼돈의 겹침 속으로 미술의 길이 난다.

헤라의 질투는 제우스의 광휘를 더욱 살인적으로 만들고, 세멜레는 정말 광휘에 불타 죽고, 여신의 간계가 인간의 어리석음을 비웃지만 '세멜레=인간'은, '진리에 불타는' 진정한 미술의 광경을 창조하는 것. 제우스의 머리에서 무장한 상태로 튀어나온 아테나가 지혜의 여신인 반면, 그의 넓적다리 속에서 자란 디오니소스는 광란-본능과 연극의 신이다. 그렇게, 지혜가 생기고 난 후 연극보다 더 먼저 신과 인간 사이 '광경'으로 태어난 것이 미술이다.

나미비아 바위화는 BC 25000년경에 그려졌다. 아마도 동물과 구분되는 인간의, 그러나 여전히 본능적인 장난의 결과였다. 그후 점차 인류는 깊숙한 동굴 벽에다, 불을 밝히고, 자신의 삶과 연결된 주요 사물과 환경을 그림으로 재현하기 시작한다. 자신의 세계를 관찰하고 의미부여하기 시작했다는 뜻이다. 플라톤은 우리가 보고 있는 세계를 동굴에 비친 허상으로 치부하고 철학은 동굴 밖으로 나가 참진리 혹은 최고선(最高善)에 접하는 것과 같다고 비유했다. 이때 철학은, 플라톤의 의도와 무관하게, 일단 반(反)미술적이고 반예술적이거니와, 동굴벽화에서부터 예술은 단순재현(리얼리즘)이라기에는 의미부여 성격이 강하고 상징이라기에는 관찰의 성격이 강하다. 의미부여를 일방적으로 강조하면 예술의 풍요 기원 마법제의 기능을 또한 일방적으로 강조하게 되고 거꾸로, 관찰-재현을 일방적으로 강조하면 예술은 자연이 아니라 인위(人爲)의 영역에 속한다는 기본 사실조차 망각게 된다. 에로티시즘의 시각이야말로 이 두 일방성을 아우르고 치유하는 가장 예술적인 시각이다. 그렇게 동굴과 불은 에로티시즘의 공(空)을, 섹스의 문명화를, 그리고 벌써(!) 성을 극복하는 예술을 향한 욕구를 의미한다. 그리고 그렇게 BC 12000년경 석기미술의 가장 뛰어난 사례인 라스코동굴의 묘사 정밀하고 색채 화려한 사냥감(사슴, 염소, 들소 등, 특히 주목할 만한 것이 수소들인데 몇몇은 실물보다 더 크다) 그림 벽화에 이르고, 그림은 많이 잡히게 해달라는 주술적 의미보다 더 '근본적이고 장식적인' 의미를 띠고 있다. 왜냐면 동굴은(설령 주거지가 아니었다 하더라도) 이미 집이다. 의식주(衣食住) 자체가 아니라, 의식주의 집. 혹은 '의식주=집'으로서의 성소, 외적의 침입을 막는 것보다 더 근본적으로, (특히) 성을 문명화하는, 아니 성의 문명화로서의 집. 그 집이, 다시 건축물로 된다. BC 4000년경 메소포타미아에 계단형 탑 사원이 세워졌다. BC 3000년경 이집트에 삶의 수수께끼를 품고 거대한 스핑크스가 세워지고 BC 2650년경이면 에로스와 동전의 양면으로 '육체=미이라'를 품고 더 거대한 '무덤=피라미드'가 세워진다.

후기 구석기문화는 오리냐크기, 솔뤼트레기(BC 19000년 무렵), 마들렌기(BC 18000~10000년) 등으로 구분되지만 솔뤼트레기는 미술 흔적이 별로 없다. 미술 대상은 크게 두 가지로 크기가 작은 '집안용' 장식품과 동굴 벽-천정의 조각-그림이다. '가내미술'은 서유럽과 중유럽에서 발견되는데 후자가 좀더 양식화했고, 가장 특징적인 오리냐크기 조각이 소위 '비너스상들'이다. 서부 프랑스에서 바이칼호수에 이르는 지역에서 발견된다. 오리냐크 후기 도르도뉴 라바투의 자갈 소묘는 원근법과 음영을 구사한다. 마들렌기에 가내미술은 절정에 달하는데, 어린애의 미술이 아니라 미술의 유년기라 할 만하다. 알타미라 혹은 라스코 동굴벽화가 유명하지만 최초의 동굴미술은, 참으로 엄정하게도, 바위에 검붉은색으로 그린 사람의 손들이다. 마술의식 이전에 자의식 혹은 도구의식의 한 형태로서 예술의식이 있었다는 뜻이다. 동굴미술 터는 크게 프랑스 두 군데(도르도뉴와 코레즈→로네, 중부 피레네)와 스페인 지역 한 군데(코르딜러라 칸타브리카 북쪽)지만 석회암 동굴만 상태가 보존되어 있다는 점 말고는 커다란 의미가 없다. 대부분 멸종되었거나 현재 서유럽에 서식하지 않는 동물과 알 수 없는 기하 도형이 동굴에 새겨지고 그려지고 부조되어 있다. 피레네 니오동굴은 길이가 반 마일이 넘고, 6마일에 이르는 루피냐동굴은 오리냐크기에서 마들렌 초기에 이르는 '미술사'를 거대하고 유장하게 웅변한다. 라스코 '화랑' 크기는 33×11야드다. 양식상 4단계로 구분할 수 있는데, 페리고드(BC 35000년) 단계의 흥미로운 점은 피카소풍 이중 시각. 뿔을 정면으로, 나머지 부분은 프로필로 처리했다. 오커(황토)와 망간 산화물, 숯과 철 탄소염 등 물감으로 검정은 물론 여러 농도의 빨강-노랑을 구사했다. 하양-초록-파랑색은 없고 보라색은 알타미라 동굴에서만 보인다. 가루로 만든 색깔자료들을 기름 등 접착체와 섞어 붓, 나무 토막, 손가락, 나뭇가지, 깃털, 잎사귀로 벽에 발랐고, 특히 '손들'의 경우 기름칠한 벽에 색가루를 입으로 불어 네거티브 효과를 내기도 했다. 기름을 굳지 않게 하고 색깔을 섞는 조수와, 훈련받은 미술가가 있었다는 얘기다.

벽화들은 대개 햇빛과 동떨어진 곳에 위치해 있다. 인공조명이 사용된 것이 분명하다. 다시, 마술적이라기에는, '작품' 대부분의 미적 탁월성, 양식상의 발전, 그리고 재현력이 점차 완벽에 달하는 과정이 너무나 예술적이다. 이때 예술 혹은 재현은 성(聖)의 매개 혹은 도구가 아니라, 인간이 스스로의 가능성(재현력)에 놀라는 성(聖) 그 자체였는지 모른다. '석기시대적' 풍습을 아직까지 유지하고 있는 아프리카 부시먼 혹은 오스트레일리아 원주민 사례에 비추어 종족 우주관 혹은 신화를 표현한 것이라는 설도 있으나 '마술적' 설명과 크게 다르지 않다. 아니, (이야기) 얼개가 완성되지 않은 상태의 신화 혹은 우주관이야말로 '마술적 세계관'에 다름아니다. 성(聖, 性)이 성(性, 聖)스러웠던 상태의 예술(본능)적 형상화라고 하면 족하다. 혹시 놀랍고, 두렵고, 깜깜한. 구석기 동물미술에 사람 모습이 드물고, 나타날 경우 상당 정도 도식화되는 것은, 두려움에 대한 최초의 미술적 표현이 추상이라는 뜻인지 모른다. 피레네 삼형제 동굴벽화에는 사슴뿔, 부엉이 얼굴 가면에 말꼬리를 단 인물이 그려지고 새겨졌는데 사제-마술사일 것이다. 다시, 미술이 마술이었던 것이 아니다. 미술은 마술을 포괄하면서 사상으로 추상화-승화했다. 사상으로 추상화했다는 얘기다. 개를 길들이고 커다란 짐승 외에 고기잡이와 새 사냥이 추가되고 돌도구들이 작아진 중석기(서양 BC 10000/8000~3000년)는 많은 '미술품'을 남기지 않았지만 '추상성(기하학적 도형)'이 강해졌다. 철사줄이, 점과 선이, 좀더 복잡한 도형들이 나타난다. 덴마크 키츤 미덴 터에서 발견된 뼈 그림들은 동물 모습 한두 개 말고는 기하학적 무늬 일색이고 그중 하나는 인간의 모습을 의도적으로 추상화하고 있다. 스칸디나비아 바위미술을 보더라도 자연주의적 묘사에서 기하학적 도형으로의 진전이 두드러진다. 수렵 및 채집 경제에서 유목 혹은 초보적 농업경제로 전환, 돼지, 양, 염소, 소 등을 길들이고 곡식을 경작하고 도기를 제작하고 옷감을 짜고 빵을 굽고 정교한 돌도구를 제작하는 신석기(중동 BC 5000년, 유럽 BC 3000~1800년)는 미술이 대낮화 및 응용화, 도기 제작 등에서 장식 무늬들이 두드러지고 오벨리스크, 멘히르, 돌멘, 크롬렉 등 거석 구조물들이 발전한다. 동굴은 미술이 태어나는 의미의 자궁이었다. 무덤이, 성당이 훗날, 더 높은 수준에서 그럴 것이듯. 그렇다면, 동굴미술은 미술의 유년일 뿐 아니라 미술사의 유년적 축약이다.

최초의 조각은 수렵인들의, 여자다. 석회암으로 만든, 빌렌도르프의 여자. 그리고, 맘모스 이빨로 만든, 브르노의 남자. 둘 다 BC 30000~25000년경. 그렇게 태초에 여자와 남자가, 있었다? 아무래도 여자가 먼저다. 그렇게 미술은 섹스의 풍요제? 아니다. 다시 마술 이전에, 사랑이었을 터. 왜냐면 사랑은, '마술 수준의' 지능이 생기기 전에, 감각-본능으로 왔다. 조각은 '시각의 촉각'과 보다 깊게 연관된다. '눈으로 만지는' 촉각 충동은 '미술의 이성'보다 훨씬 먼저다. 인간의 지각 80퍼센트를 소화하는 시각 '전체'와 연관되므로 그 '전체'를 평면화하고, 그러므로 평면의 심화를 도모해야 하는 회화, '육안 너머'의 것을 공간-형상화하고, 그러므로, 죽음의 음악을 담지해야 하는 건축, 그리고 '시각의 촉각'과 보다 깊게 연관되므로 '부피의 질'감을 심화-확장해야 하는 조각에서 모양과 색, 그리고 구도의 관계는 정말 각각 모양과 색과 구도가 다르다.

그리고, 그러므로, 회화의 평면이 조각보다 깊을 수 있고, 건축보다 '육안 이상(以上)' 일 수 있다. 조각의 3차원이 회화의 전체성보다 시각 해방적일 수 있고, 건축의 '죽음의 음악' 보다 육체-생애적일 수 있다. 건축은 물론 회화와 조각을 자신의 일부로 거느리지만, 그것 아니라도, 회화와 조각의 미래 전망일 수 있다. 미술 발전사는 이 모든 가능성이 역사 발전 속에서 역사 발전 '으로써' , 그리고 역사 발전 '으로서' 실현되는 장이다. 그렇게, 그리스 조각이, 건축이 고졸기를 거쳐 고전기 인간 육체상과 파르테논 신전에 이를 뿐만이 아니다. 피디아스, 폴리클레이토스가 신들의 육체를 만들고, 프락시텔레스, 스코파스, 리십포스가 인간의 상을 만들기 전에 아가멤논의 황금 데드마스크가 '황금=죽음' 의 미술 개념을 낳을 뿐만이 아니다. 그 와중 그 모든 과정의 응집으로, '그림 한 장' 이, 아프로디테 '탄생 이야기' 가 생겨나기도 한다. 그렇게 피라미드는 영원성의 육체이자 미술이다. 신전은 '종교=미술' 이다. 천문학은 영원불멸 사상이자 미술이다. '아트레우스 보물' 은 고고학이자 미술이다. 트로이 발굴은 가혹한 운명을 영원불멸화한 미술이다.

언어는 노동-생활적 상상력의 소산이다. 짐승과 다른 노동-생활의 필요가 짐승과 다른 언어구조를 발전시켰다. 그러나 탄생하는 순간 언어는 언어 스스로의 상상력을 발한다. 그 상상력은 자신의 길 어드메쯤에서 문자를 탄생시킨다. 문자는 언어의 상상력을 실용주의적으로 제한하지만 그 대신 문학예술-미학적으로 심화-증폭시킨다. 그러므로 문학은 단순히 문자 이전의 이야기를 문자로 기록하는 데서 시작하지 않는다. 언어 자체의 상상력이 작용하는 까닭이다. 언어 자체의 상상력은 실용주의를 포괄하면서 실용주의를 넘어서고 설명이면서 설명을 넘어선다.

문자는, 문학은, 무덤처럼, 이집트 『사자의 서』 훨씬 이전에, 죽음의 음악을 잉태한 미술이다. 상형문자도 설형문자도, 아라비아숫자도 미술이다. 그후의 과정은 더더욱 미술이다. 이집트에서 생긴 소리글자가 페니키아, 그리스, 이탈리아 및 지중해에 전해지면서 여러 문자로 되는 과정은, '영원한 형식' 의 조각에 다름아니다. 온갖 문명이 미술이다. '미술' 은 르네상스 이후 예술이 독립하면서 성립된 개념이지만, 테크네(tekne, 솜씨 혹은 기술)로 분류되던 고대 그리스보다 훨씬 더 이전에, 미술이 있었고 그 안에 '미술관' 이 있었다. 각 미술장르 작품들이, 정물화, 풍경화, 인물화, 풍속화 훨씬 이전에, 무늬만으로도 미술이, 그 안에 '미술관' 이, 있었다. 중국인들은 BC 14세기경 문자를 만들었다. BC 11세기경에는 2천 자 이상의 글자로 구성된 문학이 생겨난다.

장르의 탄생3, 연극, 사진, 영화

의식이 발전되고 그 의식이 자아 속을 들여다볼 때 인간의 본능적 총체성은 있는 자와 들여다보는 자로 이분(二分)된다. 그리고 들여다보는 자가 자아 속 낯선 자아를 발견할 때 다시 흔들림이 온다. 자아 속 낯선 자아는 보다 원초(原初)적인 자아…… 자기 자신이'었'던 본능적 총체성의 일부였던 자아. 그렇게 자아-총체성의 위기가 올 때 연극 정신은 탄생한다. 연기는 또다른 자아를 향해 흔들림으로써, 그렇게 또다른 자아 가능성을 실현함으로써 내부의 흔들림을 극복하는 과정이다. 즉, 실현의 흔들림으로써 위기의 흔들림을, 단지 자정(自靜, catharsis) 할 뿐만 아니라 포괄하면서 더 우월한 자아 총체성을 지향한다. 관객 앞에서 그 흔들림의 효과는 예술화하면서 질적으로 증대한다. 그렇게 사회 전체의 흔들림을 대신 담보하는 연극예술의 길이 열린다. 위기의 흔들림을 실현의 흔들림으로써 극복하는 과정은 시간적인 동시에 변증법적이다. 공연을 마친 후 연기자와 관객은 모두 흔들리는 세계를 품고 흔들림을 실현하기 위해 무대를 떠난다.

사진 속에는 실제 그 대상이 바로 그렇게, 사진 속에 기록된 대로 존재했었다는 느낌이 있지만, 그 느낌은 우리의 존재감을 기묘하게 뒤흔든다. 그 느낌은 전통적인 회화, 조각 혹은 소설의 박진감(迫眞感)과는 사뭇 다른 것이다. 아니 정반대의 것인지 모른다. 그런 예술의 박진감은, 이를테면, 가상현실에 대한 욕망과 무관하다. 아니 그것은, 크게 보아, 가상현실과 전혀 다른, 아름다움의 자아소멸을 통해 영원에 달하려는 예술적 욕망의 도구다. 영화는 사진보다 더 총체적인 현실-환상을 재현할 능력이 있지만 바로 그 때문에 탄생 초기부터 현실 못지않게 현실 너머 환상을 추구해왔다. 사진-영화 '예술'에서는 두 가지 지향이 중첩된다. 가상현실에의 지향과 예술현실에의 지향. 이 두 지향은 서로 상극이고 그 상극이 사진-영화예술을 추동하는 동력으로 된다.

사진과 영화의 가능성에 대한 상상은, 다른 예술과 마찬가지로, 에로티시즘의 가상현실에서 비롯되었다. 고대 헤브루-그리스인은 물론 세계의 거의 모든 종족들이 '며칠 동안의 천지창조'를 상상했을 때, 오스트레일리아인들은 아예 이 세상이 '꿈시간'에 창조되었다고 생각했을 때, 인도인들이 현실은 브라흐마가 장난삼아 불러일으킨 환영이라고 생각했을 때 씌어진 글은, 문자의 테크놀로지적 기능 때문에, 더욱 영화의 실현 가능성을 드러내는 동시에 제한했다. 이야기의 상상력의 막간쯤에 영화적 가능성의 편린이 묻어 있다. 장난은 은막이고 환영은 자막 아니겠는가.

제임스 조이스의 최후 소설 『피네건의 초상집 밤샘』은 식구들이 꾸는 꿈의 조각들을 꿰맞추어 만들어가는 종족전설의 영화다, 아니 '이미 있는' 영화의 (재)소설화다. 그리스 신화의 미남 청년 나르키소스가 요정 에코('메아리')의 구애를 거절한 죄로 아프로디테에게 '자아도취의 벌'을 받고 샘물에 비친 자신의 얼굴과 사랑에 빠졌을 때 사진의 가능성이 이미 존재했다. 그러나 그 가능성과 실현 사이에 놓인 수천 년의 역사가 사진-영화예술 속에 호메로스의, 실제 트로이전쟁과 『일리아드』-『오디세이』 사이 5백 년의 문명예술-상상력 공간보다 훨씬 더 복잡한 역사의 건물을 세운다. 보슈가 그린 에로티시즘의 지옥도(地獄圖) 〈세속정원의 즐거움〉은 이미, 아직은 존재하지도 않았던 영화가 치러야 할 영화-이야기의, '영화=이야기'로서 고행 자체의 회화화에 다름아니다. 아니, 그보다 훨씬 전에, 다음과 같은 이집트의, 정식 왕조 이전, 더군다나 드물게도 신과 사람이 함께 등장하는, 또한 한 몸-혼성(混性)으로 뒤섞인 '최초의 단편소설' 「두 형제 이야기」는, '죽음=에로티시즘(거세)=영원'을 일상화하는 '영화=시간 이야기=장면' 화(化)에 다름아니다.

자칼의 신 아누비스와 암소의 신 바타는 형제지간으로, 동생 바타는 힘이 매우 세고 동물의 말을 알아들었다. 아누비스 아내가 시동생 바타를 유혹하다 거절당하자 오히려 시동생이 자기를 욕보이려 했다며 남편에게 거짓을 고한다. 아누비스가 화를 참지 못하고 창으로 동생을 찔러 죽이려 하자 바타는 태양신 아텐에게 도움을 청하고, 아텐은 두 형제 사이에 악어가 우글거리는 강을 놓아주는데, 강 한쪽에서 동생 바타가 결백을 주장하며 자신의 남근을 잘라버리자 진실을 깨달은 아누비스가 아내를 죽인다. 바타는 아카시아 골짜기로 가서 나무 꼭대기에 심장을 감추고 집을 짓고 혼자 살았다. 어느 날 바타를 찾은 아홉 신들은 그가 홀몸인 것이 가여워 아내를 구해주는데, 거룩하게 느껴질 정도로 아름답지만, 정욕에 불타는 여인이었다. 신들이 예언한다. 그녀는 칼을 맞고 죽을 것이다. 바타는 아내가 너무 마음에 들어 애지중지했다. 내가 사냥 나간 동안에는 집 밖으로 나오지 마오. 바다가 당신을 잡아채갈지 모르니까. 바타가 그렇게 조심을 시켰지만 그녀는 듣지 않았고, 정말 바다가 그녀를 쫓아와 그녀는 간신히 도망쳤으나 바다 손아귀에 머리카락을 한 움큼 잡혔다. 바다는 그 머리카락을 이집트 해변에 내려놓고, 아름다운 머리카락이 향그러운 내음까지 풍기니 파라오의 세탁꾼들이 그것을 파라오에게 바쳤다. 파라오는 머리카락에 홀딱 반하여 나라 안팎으로 사람을 보내 머리카락 임자를 찾게 하고, 파라오가 보낸 사자가 바타의 골짜기로 밀어닥친다. 바타는 그들을 모두 죽였으나 한 사람이 빠져나가 파라오에게 장소를 알려주니 파라오는 군대를 보내는 한편 보석을 노파에게 들려보내어 바타 아내를 유혹했다. 바타 아내는 남편을 배반한다. 소나무 위에 바타 심장이 있어요. 그녀가 그렇게 일러바치자 파라오는 군인들에게 소나무를 찍어내리게 하고 바타는 숨이 끊겨 그 자리에서 쓰러지고, 바타 아내는 파라오의 정식 왕비 자리에 오른다. 바타를 찾아갔다 무슨 일이 벌어졌는지 알게 된 형 아누비스는 사 년 동안을 돌아다니며 물어물어 바타 심장을 찾아낸다. 볼품없이 쭈그러든 바타 심장을 더운 물에 담그자 바타가 다시 살아나 멋진 수소 모습으로 변했다. 바타가 형에게 부탁한다. 저를 파라오에게 선물로 가져가주세요. 왕궁에 도착한 수소 바타가 왕비가 된 아내에게 자신이 바타라고 밝히자 왕비가 다음 잔치 때 파라오에게 청을 올린다. 저 수소의 간을 먹고 싶어요. 파라오는 기분이 언짢았지만 할 수 없이 수소를 죽이고 간을 내오라 하고, 수소가 죽으면서 핏방울 두 개가 왕궁 대문 옆에 떨어지더니 각각 아름다운 나무로 자랐다. 파라오는 그 나무가 마음에 들었지만 왕비는 그것이 바타라는 것을 알아채고는 다시 파라오에게 청을 올린다. 저 나무를 베어 가구로 만들어주세요. 가구를 만들기 위해 나무를 쓰러뜨릴 때 왕비가 실수로 조각 하나를 삼키니 덜컥 임신이 되었다. 그리고 사내아이가 태어난다. 그리고 파라오가 죽자 그 사내아이가 말한다. 내가 바로 바타다. 바타는 왕비가 된 아내를 처형하고 30년 동안 이집트를 다스렸다. 그리고 아누비스가 그 뒤를 이어 다스렸다.

여기서 영화는, 각 환생의 매개 아니겠는가, 끝내는 세상-정치와의 '임신적 화해'에 이르는?

이집트 천지창조신화는 '형상화'를 유독 강조한다. 아니, 세상 창조원리 자체가 형상화다. 이것은, 벌써, 예술 탄생사에 대한 자의식에 다름아니다. 신들이 존재하기 전에는 어둡고 물 같은 심연, 눈밖에 없었다. 그러나 눈의 혼돈의 에너지는 모든 살아 있는 사물의 잠재적인 형태를 내포하고 있었다. 창조자 태양신 아툼 혹은 라 혹은 케피르의 영혼이 태초의 물 속에 존재했지만 형상을 취할 장소가 없었다. 영화의 화면은 바로 그 혼돈의 물과 같다. 눈의 바다에서 최초의 대지가 솟아오르며 시간이 시작되었다. 최초의 신이 최초의 신을 형상화한다. 베누새. 해오라기를 닮은 이 빛나는 새는 창조자 태양신의 현현이다. 아니면, 보다 에로틱하게, 태초의 물에서 태초의 연꽃이 솟아오르고 연꽃잎이 펼쳐지면서 아기신이 형상을 나타냈다. 최초의 신은 후(권능을 지닌 말), 시아(감수성), 그리고 헤카(마법) 등을 지녔고 이 능력을 구현, 혼돈으로부터 질서를 창조했다. 질서는 진리-정의-조화, 즉 진-선-미로 이루어진 형상화다. 질서는 성스럽지만 언제든 그 이전의 혼돈 상태로 해체될 위험을 안고 있다. 영화 화면은 이 질서와 혼돈의 교차점으로써 한 단계 더 심화한다. 최초의 신은 다른 신과 인간을 낳는다. 태양신의 땀에서 다른 신들이 나오고 태양신의 눈물에서 인간이 나왔다. 그렇게 신의 질서가 심화-확산된다. 혼돈의 세력도 마찬가지. 혼돈의 세력은 모두 네 쌍, 여덟 신. 눈과 나우네트는 태초의 바다를, 케와 케케트는 어둠을, 아몬과 아마우네트는 보이지 않는 세력을, 헤와 헤헤트는 광대무변을 상징한다. 혼돈은 질서의 반대가 아니고 저변이며 배경이고 후원자다. 혼돈의 세력들이 모여 다시 우주알을 형성하고 그 알에서 태양신이 태어나고. 그렇게 영화의 화면이 또 한 차례 심화한다. 영화의 시-공간은 혼돈의 질서와 질서의 혼돈을 일치시키는 '시=공간'이다.

힌두교와 불교의 인도 신화는 말 그대로 가상현실의 장이고, 종교 혹은 도는 그, 현실이라는 환영, 즉 가상현실을 깨고 참된 진리에 이르는 것이 목적이다. 그러나 영화의 목적은 그것을 예술현실로 전화하는 것. 이 환영은, 벌써, 오늘날 컴퓨터 멀티미디어 시스템이 창조해내는 것보다 더 상상력이 풍부한 가상현실이다. 컴퓨터 가상현실의 가상인물을 뜻하는 단어 '아바타'는 힌두교 용어로 '육화.' 힌두신화에서 최고신 비슈누는 도합 열 번, 열 가지 모습으로 육화한다. 최초의 인간 마누를 홍수로부터 구해준 물고기 마차. 우유-대양을 휘저어 영생불멸의 묘약을 짜낼 때 국자(=만다라 산)를 떠받친 거북이 쿠르마. 대양에 내던져진 대지(=아름다운 여인)를 다시 건져올린 멧돼지 바라하. 악마 히라냐카시푸를 죽인 인간-사자 나라심하, 또다른 악마 발리와 그 수하들로부터 세상을 구원한 난장이(후에 거인) 바마나. 팔이 백 개인 아르주나를 죽이고 모든 전사계급을 스물한 번 절멸시키며 아버지의 명에 따라 어머니까지 죽이는 파라슈라마. 일곱번째 라마, 여덟번째 크리슈나는 힌두신화의 주요 등장인물이고 부처는 아홉번째 육화다. 그는 죄진 자들을 오도(誤導), 필히 벌을 받게 한다. 열번째 칼킨은 장차 있을 육화. 새로운 밀레니엄에 백마를 탄 전사 모습으로 올 것이다. 인도 남부의 민간신앙에서는 그가 말 자체다. 비슈누의 육화 혹은 생애는 영화언어 그 자체 아니겠는가. 신화는 이어진다. 그리고 영화언어가 벌써 영화를 만든다. 크리슈나는 어릴 때 장난꾸러기였다가 곧 바람둥이로 성장한다. 목욕하는 여자들의 옷을 숨겨두고는 벌거벗은 여자들을 하나씩 불러 애원을 하게 만든 연후에야 돌려주었다. 장난은 계속되고 얼마 지나지 않아서 모든 처녀들이 그의 매력에 사로잡히게 된다. 처녀들은 그가 부르면 무슨 일이 있어도 그에게 왔다. 가을저녁에 그가 피리를 불면 여자들은 부모와 남편도 버리고 와서 그와 춤을 추었다. 중요한 것은 그 다음. 크리슈나는 여자들 각각에게 그녀만의 연인으로 나타나고 그렇게 여자들은 모두 황홀경에 빠진다. 이 대목은 '영화적' 을 넘어 '영화 관람적' 이기까지 하다. 여기서 끝나지 않는다. 크리슈나는 무용이 계속되는 동안 그들 중 한 여자인 라다(radha)와 슬그머니 사라진다. 환영이 깨지고 다른 여자들은 낙담한다. 그러나 그들이 둘의 발자국을 좇으니 그렇게 무용이 재개된다. 환영이 깨지면서 영화가 현실 속으로 길을 낸다. 그리고 가상현실이 아니라 예술현실(무용)이 이어진다. 그렇게 여자들은 모두 환영의 라다가 아니라 (예술)현실의 라다로 된다. 여기에, 이 결론에 담긴 예술-현실주의에, 영화가 스스로 총체주의의 비극을 극복할 희망이 있는 것 아닐까? 이 예술현실은 가상현실(환영)의 극복일 뿐만 아니라, 현실 자체의 우월화이기도 하다. 왜냐면 라다는 어렸을 적에 이미 크리슈나의 마음을 빼앗았었다. 크리슈나에 대한 그녀의 열정적인 사랑, 그리고 이별한 후 그녀가 드러내는 그리움의 깊이가 이 신화의 현실적 전사(前史)다. 둘의 사랑은 상호적이었다. 크리슈나는 '검다' 는 뜻. 라다는 황금빛 아름다움이다. 힌두신화의 가상현실과 컴퓨터 멀티미디어의 가상현실. 그 둘 사이에 다시 영화가 놓여 있다, 테크놀로지적으로. 아니, 테크놀로지 문제를 뺀다면 영화언어는 완연히 동양적이다. 다음과 같은 불교 고행 이야기가 예술영화 제작의 어려움을 비유 혹은 은유한단들 무리는커녕 오히려 이해가 더 풍부해질 것이다.

부처의 한 독실한 제자가 장거리 여행을 떠나기 전 일정액의 돈을 어머니에게 맡기고 탁발승들이 오면 나누어주라 일렀다. 어머니는 이른 대로 하지 않고 아들이 돌아오자 '네 소원대로 했다' 며 속였다. 그녀는 죽은 후 곧장 지옥에 떨어져 끔찍한 형벌을 받는다. 제자는 지혜와 법력이 늘자 물리안이라는 새 법명을 받고 어머니의 지옥행을 알게 된다. 어머니를 구해야 한다. 그렇게 결심한 그는 지옥의 왕 염라대왕을 만났다. 염라대왕은 단호했다. 태산에서 내린 선고를 쉽게 뒤집을 수 없다. 그 선고는 하늘이 기초를 잡고 지옥이 추인한 것. 죄인이 받는 벌은 그들의 과거 행적에서 정해지는바, 어느 누구도 구원할 수 없다. 물리안은 그러나 굽히지 않았다. 그는 선고, 기록, 그리고 죄인 처리를 담당하는 관리들을 모두 만나보고, 지옥의 숱한 구역을 방문했다. 결국 하계 아비치 지옥에 어머니가 갇혀 있다는 것을 알게 된 그는 수소 머리가 50개나 달리고 이빨이 창의 수풀을 이루고 입이 피의 사발 같으며 목소리는 천둥 같고 두 눈이 번개 같은 괴물을 부처에게서 받은 마법의 지팡이로 사라지게 한 후 아비치 지옥에 도착, 간수에게 어머니의 위치를 물었다. 간수가 높은 탑에 올라 검은 깃발을 휘저으며 쇠북을 치고 말한다. 이 동에 아무개가 있느냐. 간수는 각 동을 돌며 같은 질문을 했다. 물리안의 어머니는 제7동에 있었다. 49개의 기다란 못에 박혀 침대에 고정된 상태로. 물리안은 부처한테 어머니의 비참한 처지를 알렸다. 자비로운 부처는 아발람바나 축제 후 일곱번째 달 열다섯번째 날에 물리안의 어머니를 풀어주었다. 네가 사는 도시의 거리를 이리저리 탁발하러 돌아다니면 웬 부잣집이 나오고 그곳에서 검은 개 한 마리가 뛰쳐나와 네 승복을 입으로 잡아끌리라. 그 개가 네 어머니다. 부처는 그렇게 말했고, 물리안이 시킨 대로 하니 과연 그런 개가 있었다. 물리안이 부처 탑 앞에서 참회하고, 기도하고 금욕하고 불경 낭독하기를 칠 일 낮 칠 일 밤 동안 그치지 아니하니 비로소 어머니는 인간의 형상으로 돌아왔다.

제의가 예술로 승화되지 않으면 현실에 지옥을 구현한다는 것을 저 악명 높은 아스텍 인간 희생이 보여준다. 이, 파시즘의 우스꽝스러운 참극을 뒤집으면 오늘날 TV-가상현실의 비극으로 된다. 그리스-로마-기독교문명이 역사적으로 구현해낸 제국주의 그리고 기술문명은 영화장르를 가능케 했지만, 동시에 영화언어를 제한했다. 그리고 영화는 테크놀로지가 바탕이지만 그 바탕을 극복해야 진정한 영화언어를 최소한 복원할 수 있다. 힌두신화 혹은 여타 비(非)지배-기독교적인 신화 소재들을 테크놀로지의 위력으로 영화화하자는 얘기가 아니다. 영화는 테크놀로지를 해방시키면서 스스로 해방된다는 점, 그때 비로소 영화 총체주의의 비극이 극복된다는 점이다. 기독교신화, 특히 구약에서 신약으로 전화되는 광경은 연극적이지 영화적인 광경은 아니다. 아, 영화는, 영화가 연극의 모태였단 말인가. 그런데도 연극이 예술로 성장했단 말인가! 인간 현실 역사의 무게는 예술에서도 그만큼이나 감동이 무겁다.

고전, 새로움의 '내용=형식' 장

미술이 에로티시즘의 외화라면 음악은 내화지만 음악은 어떤 요란한, 포르노그래피적인 미술보다 에로틱하다. 그림과 눈이 가장 먼저 만나지만, 귀와 선율이 가장 구체적으로, 몸을 섞는다. 그림은 이해의 시간을 요하는 까닭이다. 춤이 에로티시즘의 동작화라면 시는 문자-의미를 공간화(空間化)한다. 춤은 육체를 통한 에로티시즘의 육화, 즉 에로티시즘의 에로티시즘으로 충만하지만 시가 형성하는 의미는 감각의 요철(凹凸)을, 감각은 의미의 요철(凹凸)을 품고 있다. 아니 그 품음의 겹침이 시의 세계를 이룬다. 그러나 예술은, 예술인 한, 자신의 본질을 극복함으로써 인간존재의 한계를 '대신' 돌파하는 속성을 갖고 있다. 보이는 예술은 보이는 것 너머를, 들리는 예술은 들리는 것 너머를 지향한다. 예술은 예술 너머를 지향한다. 그것이야말로 예술이 예술인 까닭이고, 진정하게 에로티시즘적인 근거다.

표현 매체와 표현 내용이 서로를 변증법적으로 발전시킨 결과로서의 고전, 새로움의 '내용=형식' 일상. 말은 성스러운 마법의 말씀이 되어('"빛이 있으라" 하니 빛이 생겨났다') 신화를 낳는다. 최초 문자들, 특히 중국 한자와 인도 산스크리트어, 그리고 그리스 알파벳이 모두 중국과 인도, 그리고 그리스 문명과 고전 문화예술을 낳았다. 아니 고전 문화예술이 없는 고대문명은 없다. 그후, 이탈리아의 일상과 그리고 장르예술의 고전기를 완전히 흡수하면서 마감시킨 것은 '멜팅 포트' 미국의 세계화 대중문화에 이르러서다.

동시에, 새로운 매체는 인간 능력이 달한 표현 내용의 수준을 표현하기 위해

'발명' 혹은 발견되는 미세한 형식이고 거대한 체계며, 매체의 표현 적합성이 거꾸로 인간 표현 내용의 수준 혹은 추상의 질을 크게 높여주기도 한다. 문자는 그림과 소리 육체의 집약이자 인간 육체의 정신 응축으로 된다. 음악과 미술은 글쓰기 표현 너머를 표현하는 매체로 된다. 이를테면 '책=매체'는, 알타미라 및 라스코 '동굴=회화' 장이었다가, 이집트 피라미드 히에로글리프 '무덤=죽음' 장이자 고대 달력 및 스톤헨지 '시간=공간=기억'의 장이었다가, '이야기=장', '문자=언어=종이' 장, 종교 경전과 사원의 '성스러운 말씀=건축' 장, 지도 '발견=장', 상정고금예문 및 구텐베르크 '활자=인쇄' 장, 백과사전 '박물관=도서관=장', 명저 '자연=과학' 장, 명작, 악보, 무보 '예술=극장=세계' 장으로 발전했으며, 오늘날 '우리=우주'가 무엇이며, 어디서 왔으며, 어디로 가는가에 대해 '우리=인류'가 역사와 현재, 그리고 미래와 의사소통하는 '그림=문자' 건축물로 되었고, 바야흐로 '책=유비쿼터스=장' 으로의 길을 걷고 있다.

예술은 늘 새로운, '미세=거대' 한 '매체=콘텐츠' 다. 예술이 창조하는 '고전, 새로움의 내용=형식' 일상이 이루는 문화예술민주주의 혹은 '민주주의=문화예술' 은 '인간=우주' 의사소통의 몸에 달하고, 그때 하루는 24시간이 아니다. 시간과 공간이 서로의 목적지에 달하며, 순간과 영원이 서로의 배꼽을 이룬다. 마침내, 잠에서 참혹의 악몽이 사라지고 휴식은 명상의 몸으로 되고, 마침내 소우주와 대우주가 중첩, 서로를 심화-확산한다. 속도는, 빠르거나 느리지 않고, 다만 기분 좋게 '내가 나를 능가' 하는 기분이다. 그리고 마침내, '환각'이 종교 이성 혹은 '성(聖) 총체'를 지배하는 묵시록 혹은 아메리칸인디언 태양무용의식 정황이, 예술 이성 혹은 감각 총체가 환각에 부여하는 창조성의 질서, 혹은 '카오스 너머 코스모스'에 의해 극복된다.

작품은 어떤 식으로든 현실을 반영하고 좋은 작품은 충격과 감동의 변증법으로, 혹은 '충격=감동' 적으로 현실을 반영하며, 그 방식으로 '현실 너머' 까지 현실화한다. 이 모든 것이 가상현실 혹은 환각현실을 극복하는 예술현실이다.

모든 '포스트모던' 들을 '서양 너머 아시아'를 향해 미분-적분해나가면서 역사와 미래 사이 아름다운 일상의 모뉴멘털리티, 혹은 '아름다움의 모뉴멘털리티'를 응축해낸다. 모든 것이 기념이자 경축이다. 유년 시절 교과서, 못 먹던 시절 생활용품과 대중문화, 8·15해방과 민주화운동의 기억은, 유구와 신기, 누추와 참혹, 그리고 감격의 과격이 현재의 아름다움을 '테러'하지 않고, 과거와 현재의 변혁운동이 일상의 진지한 속살을 이루며, 현재가 과거를 아름답게 위로하고, 격려하고 일상이 감격과 수난의 든든한 배경을 이루는 것이 놀라울 정도로 당연하다. 그리고 마침내, 전망은, 그릴 수 없지만, 그러나 이미 아름다운 그 무엇으로 되고, 전망 행위는 그렇게 아름다운, 아름다움의 모순으로 창조적이다.

이제, 본격적으로, 역사를 음악의 세계사로 전화해볼 때다. 정리가 아닌 포괄, 가능한 한 예술적인 포괄, 그것이 없다면 앞으로 역사는 이해되지 않는다. 과거조차 그렇다.

본—처음

선사, 방황하는 지상의 거처화

소리가 음악으로 동작이 무용으로 되는 것은 인간의 조상이 어렴풋이나마 인간화를, 의미를 지향하면서부터다. 지향은 방황과 사색을 낳는다. 첫 인간 조상의 이동은, 확실히, 동물의 이동과 달리, 고독을 동반했다. 그가 들은 자연의 소리는 분명, 동물이 듣는 소리와 의미가 달랐다. 의식주가 동물과 달라진다. 인간이 도구를 쓰기 시작한 것은 약 2백만 년 전, 두 개의 돌을 서로 부딪쳐 만든 자르개였고(구석기), 백만 년 이상이 더 지나서 돌도끼가 만들어졌다. 돌도끼를 들고 인간은 힘센 짐승과 싸우고, 짐승을 죽이고, 고기를 잘라낼 수 있었다. 도구는 인간끼리 싸우고 죽이는 데도 쓰였다. 인간이 인간의 고기를 먹던 시절은 확실히 있었다. 사냥도구는 인류의 가장 피비린, 끔찍한 소꿉장난 시절을 증거한다. 그러나 그릇은 벌써, 아름다운 소꿉장난이다. 약 50만 년 전 인간이 불을 발견하고, 그릇을 굽고, 음식을 끓이게 되면서부터는 더욱 그렇다. 도구-그릇과 불은 인간의 문명으로 가는 두 겹의 통로다. 불은 도구-그릇 제작을, 도구-그릇은 불의 용도를 발전시킨다. 도구는 인간 두뇌를, 그릇은 사유화를, 불은 사회화를 발전시킨다. 가장 자연스러운 집단언어로서 무용과 음악이 더욱 발전한다. 하지만, 발로 땅을 쿵쿵 밟으며 손뼉을 치면서, 혹은 도구와 그릇을 막대로 탁탁 치며 불 주변을 빙빙 돌았을 이때의 '음악'과 '무용'은, 불 때문에 더욱 야만적인 흥분을 향해 치닫고, 어느 정도 그 시절을 '보고' 한다. 사냥과 도구 제작이라는 노동에 각인된 바로 그만큼 아직은 '음악 이전(리듬)', 혹은 '무용 이전(동작)'이라는 뜻이다.

15만 년 전부터 유럽과 서아시아 전역에 흩어져 살던 네안데르탈인은 뚜렷한 이유와 후손 없이 BC 35000년 무렵 지구상에서 사라지고 호모 사피엔스한테 원시인류 자리를 내준다. 하지만, 네안데르탈인은 인류 최초로 죽은 자를 땅에 묻어주고 희미한 형태의 종교의식을 치르고, 서툰 수술도 행했다. 그렇다. 그들은 질병과 죽음, 그리고 죽음 이후를 의식했다. 이 의식, 그리고 슬픔이 삶 일체를 이제까지와 전혀 다른 각도에서 보게 만드는 질적 계기로 된다. 도구 제작과 사냥이라는, 먹이를 찾는 노동이 삶의 의미를 찾는 '예술=종교'를 낳는다. BC

40000년부터 시작된 마지막 빙하기는 인간과 동물의 대규모 이동을 초래하지만, 동시에 '동굴' 속 '인간'의 예술과 종교를 심화한다. BC 20000년 무렵부터 그려진 동굴벽화는 종교(마법)적이고 예술적이다. 그 유명한 알타미라 동굴벽화는 만 8,500년 전부터, 라스코 동굴벽화는 만 6천~만 4천 년 전 그려졌다. 활과 화살이 이미 발명된 후였다. 활과 화살의 사냥 마법이 동굴벽화의 그림 마법을 낳았는지 모른다. 동굴벽화는 당시 현실에 대해 보고적이다. 인간은 동물한테서 그림을 배운 것이 아니고 온전히 스스로 창조했다. 그러므로 그림은 동물적인 것도, 우주적인 것도 아닌, 묘사적인 것에서 시작되었다. 그러나 음악은, 죽음을 알게 되었으므로, 동물적이지만 또한 우주적이므로, 다르다. 활시위를 튕겨내는(현악기) 음악은 사냥을, 동물 뼈에 구멍을 내고 숨을 불어넣어 내는(관악기) 음악은 살 발라냄을, 가죽을 늘여당겨 두들기는(타악기) 음악은 껍질 벗김을 보고하지 않는다. 오히려 제 안에 품은 우주의 배꼽으로 자연의 신에 가닿는다. 상상력이 자연의 신을 낳지만, 그 상상력을 추동하는 것은 음악과 무용이다. 그리고 자연의 신에 대한, 사제-왕에 대한 종교와 정치의식이 다시 음악과 무용을, 미술을, 이야기를, 그리고 연극을 발전시킬 것이다. 집단노동요가 집단노동의, 전쟁요가 군대 행진의, 권주가가 광란의, 리듬을 닮게끔 끊임없이 음악을 강요하지만, 음악의 목적지는 언제나 개인의 합보다 우월한 집단의 전망, 거룩한 안식이자 평화다.

BC 8000년 빙하기가 끝날 무렵 농업, 특히 경작(식물 길들이기)과 축산(동물 길들이기)이 발전하면서 신석기가 시작된다. 수렵과 채집 사회에서 유목시대로, 다시 농업사회로 나아가면서 인간이 옛날 도구를 개량하거나 새 도구를 만들 것은 당연하다. 땅을 갈아엎는 쟁기나 곡식 줄기를 잘라내는 낫, 곡식을 가루로 빻을 맷돌 등등. BC 7500년이면 북극과 남극을 빼고는 얼음이 대개 녹고, BC 6000년이면 바닷물 높이가 오늘날 수준에 이른다. 얼음이 녹은 자리로 온갖 식물이 올라왔고, 적도 가까운 곳에서는 거대한 호수가 불모의 땅 혹은 사막으로 변했다. AD 1250~1850년은 가벼운 빙하기였다. 강 골짜기에 곡식을 심으면서 시작된 농업시대는 1850년, 산업시대가 시작될 때까지 이어졌고, 주요 작물은

밀, 쌀, 호밀, 귀리, 수수, 그리고 보리 등이다. 옥수수는 BC 5000년부터 아메리카 대륙에서 재배되다가 콜럼버스의 발견 이후 비로소 서방에 알려진다.

농업시대는 인간사의 거의 전 시기에 걸쳐 9,850년가량 이어졌고, 이 기간 동안 인류의 가장 중요한 일은 식량 생산이었다. 음식은, 물과 공기 못지않게 인간의 삶에, 생명에 중요하다. 수렵과 채집 혹은 유목사회에서 농업정착 사회로 바뀌며 인구는 늘어나고, 많은 인구를 먹여 살릴 식량을 마련하는 일이 대체로 문명의 진로를 결정짓는다. 식량이 없으면 도시가 복잡하게 분화-발전하는 것을 포함한 문명의 거의 모든 일이 불가능해진다. 토지를 소유하고 운영하는 일은 초기 문명에서 매우 중요했고 최근까지도 그랬다. 초기 정부가 강력해진 것은 곡식 재배와 추수 그리고 배급을 맡았기 때문이다. 홍수와 가뭄이 농사를 망치는 일은 흔했고 기아는 언제나 닥쳐올 수 있는 가능성이자 공포였다. 19세기 후반에 이르러서야 산업혁명이 농업 생산량을 크게 늘리면서 유럽 농업시대는 끝난다. 농업 외 산업이 갈수록 중요해진다. 인간은 농업시대 시작부터 포도주와 맥주를 만들었다, 즉 발효를 알았다. 꿀이나 과일 주스에, 혹은 보리 엿기름+홉+물에 누룩을 섞어 술을 담갔다. 세균의 존재를 몰랐으므로 알코올의 '살균' 효과 또한 몰랐지만, 방부 효과는 알았다. (세균을 '발견' 한 것은 19세기 중반 프랑스 화학자 파스퇴르다.) 찰흙을 불로 구워 도자기를 만들기 시작한 것은 BC 7000년부터, 아마포를 짜서 산 자와 죽은 자의 옷감 등으로 쓰기 시작한 것은 BC 6000년부터다. 이야기는 난해한 것을 포괄하려는 노력이고 신화는 그중 종교적인 노력이다. '신기하다' 는 말은, 이미 신화가 시작되었음을 뜻한다. 농업의 시작은 동물과 식물에 대한, 식물을 솟게 하는 땅과 천둥-번개비를 내리는 하늘과 계절에 대한, 그리고 인간의 노동에 대한 숱한 신화를 낳는다. 옷은 옷 신화를, 집은 집 신화를 낳는다. 술은 술 신화를 낳는다. 그리고, 풍요를 기원하는 제사 혹은 축제에서 집의 성(聖)과 들판의 성(聖)은, 밥과 술은 하나로 된다. 신화는 이 시대를 보고한다. 음악은, 반영한다. 기근과 죽음은 음악의 슬픔을, 죽음의 명징성으로 전화한다. 농업은 자연과 하는 이야기, 집은 성의 아름다운 몸이다. 이 시기 음악은 그렇게 '이야기' 한다. 신화가 탄생하는 바로 그 모양새를 이 시대 음악은 닮았을 것이다. 신화 속에는 시간이 없다. 이야기의 공간이 있을 뿐이다. 그것은, 시간 없이도 끊임없이 펼쳐지는 공간이다. 그것은 아직 이해할 수 없는 시간을 포괄하는, 원형 해설의 공간이다.

문명 시작, 역사를 품는 노동과 문자의 상상력

문명은 인간이 만든 인간의 환경이다. 문명 또한 생명과 마찬가지로 물의 자연에서 태어나지만, 생명과 달리 곧 그것을 잊는다. 자연에 대한 적응은 과학과 기술, 그리고 언어를 발전시킨다. 그리고 스스로 만든 인간 환경에 대한 적응은 인간의 상징-사고 능력과 상상력을 발전시킨다. 그렇게 문명을 통해 인간의 자아가 더 넓어진다. 10만~5천 년 전 인류 대이동이 아프리카에서 시작되어 아시아 및 다른 대륙으로 이어졌다. 이때는, 다른 동물과 마찬가지로, 사냥감과 먹이, 혹은 살기 좋은 곳을 찾아서였다. 유목민이 강을 따라 정착하면서 마을이 생겨난다. 그리고 BC 3500년 무렵, 강 마을이 도시로 발전하면서 첫 문명이 생겨났다. 도시는 문명의 시작이다. 문명의 영어 'civilization'은 라틴어 'civis(시민)'에서 나왔다. 티그리스와 유프라테스 강에서 메소포타미아문명이, 나일강에서 이집트문명이, 황허에서 중국문명이, 인더스강에서 인도문명이 태어난다. 강은 먹을 물을 줄 뿐 아니라 흘러넘쳐 땅을 기름지게 하고 교통과 운송을 가능케 한다. 도시는 사회규범과 제도, 기술과 언어 등을 발전시킨다. 문명사회는 농업을 발전시킨다. 농부는 마소의 힘을 빌리고, 작물을 돌려 심고, 물을 끌어대는 등 집약농업 기술로 많은 양의 양식을 생산, 자신이 먹고 남은 것을 도시에 판다. 도시는 농부가 아닌, 온갖 직업의 사람들이 모여 사는 곳으로 정치가 이곳으로 집중된다. 사회계급이 생겨난다. 한 귀족 가문 혹은 혈족의 우두머리가 사람들을 다스리거나, 국가가 생겨나 지배계급을 돕는다. 남는 음식을 지배계급이 독점하게 되고, 종교와 교육 같은 복잡한 공적 사회제도가 생겨난다. 경제 교환이 복잡해지고, 상업이 확대되며, 종종 화폐가 생겨난다. 농업을 하지 않아도 되는, 시간이 많은 사람들이 야금 등 새로운 기술과 글쓰기 등 예술을 발전시킨다. 세계 최초 문명은 메소포타미아 수메르에서 생겨났다. 수메르가 도시로 된 것이 바로 BC 3500년 무렵이다.

수메르 도시국가와 더불어 메소포타미아('기름진 초승달')문명이 시작된다. 쐐기 모양 상형문자를 발명했고, 문명의 요소들을 주변 정복국가 및 부족 아카드, 엘람, 미탄니, 아시리아, 바빌로니아 등에 전했다. 메소포타미아문명의 영향을 받으며 동지중해 우가리트와 시리아, 페니키아, 가나안, 이스라엘왕국, 셰바왕국(예멘) 등의 레반트문명 혹은 서부셈족문명이 발전, 알파벳(소리글자)을 발명하고, 이스라엘은 유일신교를 발전시켰다. 종교는 유일신을 지향하는 본능이 있다. 아니, 진정한 종교는 모두 유일신교다. 정치권력 또한 그런 속성이 있다. 국가와 종교가 원래부터 동전의 양면으로 출발한다는 뜻이다. BC 3000년에서 BC 600년까지 이어진 히타이트문명은, 메소포타미아문명(쐐기글자 등)과 인도-유럽, 그리고 토착(하티) 문화 요소를 한데 뒤섞은, 아나톨리아(소아시아) 동부 문명이다. 페르시아문명은 BC 1000년 이후 이란 고원에서 생겨나 메데스, 아케메네스, 파르티아, 박트리아, 소그디아나, 사산 등 왕국으로 이어진 문명으로 점성술사-사제(마기, 아기 예수 탄생을 축하하러 왔다는 동박박사 세 명이 바로 마기들이다)들이 이끄는 마기교, 불을 숭배하는 조로아스터교, 기독교와 불교를 혼합한 마니교, 북유럽 신화 속 빛의 신 미트라를 숭배하는 밀교 미트라교 등 독특한 종교를 발전시켰다. BC 6세기 이후 메소포타미아는 그리스-로마 및 페르시아 문명에 크게 눌리고 이란은 페르시아제국이 멸망된 후에도 636년 이슬람 세력에 정복당할 때까지 서아시아와 중앙아시아 대부분을 지배한다.

이집트문명은 메소포타미아문명과 별도로 BC 3300년 무렵 생겨났다. 수메르와 비슷한 시기 상형문자 히에로글리프를 발명했고, 구왕국, 중왕국, 신왕국으로 이어졌으며 이웃 누비아도 문명이 크게 발전했다. 고대 그리스문명에 크게 영향을 끼쳤으나 4세기 이후부터는 그리스-로마문명의 지배를 받게 된다.

인도문명은 두 가지다. 하나는 BC 2800년 무렵 인더스계곡 하라파에서 생겨난 문명이다. 세계 최초로 도시계획이 이루어졌다. 하라파문자는 아직 해독되지 못한 상태다. 다른 하나는 베다문명. BC 1500년 무렵 인더스와 갠지스 계곡에서 일어났으며 작은 왕국들이 한데 합쳐 훗날 마우리아 및 굽타 제국을 이루고, 오늘날 힌두교, 자이나교, 그리고 불교를 낳았다. 하라파문명을 이어 베다문명이 생겨난 것인지는 확실치 않다. 아마 서로 다른 문명일 것이다.

BC 2000년 무렵 에게해 주변과 섬들에서 생겨난 미노스문명, 그리고 미노스문명이 무너진 후 강해졌다가 BC 1100년 이후 힘을 잃기 시작하는 미케네문명은 그리스문명의 요람이다. 미노스문자는 아직 해독되지 않았다. 에게문명이 어디까지 옛 유럽문명을 바탕으로 생겨난 토착문명인지, 어느 만큼 이집트 및 레반트 등 아프리카-아시아문명의 영향을 받았는지는 논란거리다.

중국문명은 BC 2000년 무렵 중국 북부에서 따로 생겨나 나머지 중국과 한국, 그리고 일본으로 번져갔고 유교와 도교 등 토착적인 철학체계와 훗날 인도에서 들어온 불교를 한데 뒤섞었다. 아주 오래전 만들어진 상형문자를 지금도 쓰고 있다.

그렇게 지상의 거처가 생기고, 빠르게 번져간다. 때 이른 왕국들은 모두 때 이른 시간을 공간화하고 그 속으로 사라진다. 메소포타미아 바빌로니아왕국은 바벨탑 속으로, 이집트왕국은 피라미드 속으로, 중국 고대왕국은 상고주의('옛것을 떠받드는 사상') 속으로, 고대 인도왕국은 힌두교 가상현실 속으로 갇힌다. 갇힘은 사라짐이다.

구체와 추상 사이 최초 악보

수와 언어는 추상적 사고의 첫걸음이다. 숫자와 문자는 수와 언어를 상형한 것으로(이것은 문자가 상형문자로 시작된다는 말보다 더 근본적이다), 추상적 사고의 나래를 제한하는 동시에 심화한다. 수가 음악을 제한하고 심화하며, 숫자가 그 결과를 다시 제한하고 심화한다. 그러나, 모든 예술이 어느 정도 그렇지만, 그것이 어느 정도 예술의 본질이지만, 특히 음악은 제한으로 심화한다. 왜냐면, 음악은 눈에 보이지 않고 손에 잡히지 않을수록 더욱 생생한 몸이다. 수가 음악을 법칙화하고, 그리하여 문화-문명화하지만, '정신적이므로 육체적인' 음악의 상상력에, 오히려 계단으로 작용하는 까닭이다. 선율은 음악의 시간이며 박자는 시간의 발걸음이며, 율동은 몸이며 화음은 음악의 수직 공간이고 화성은 이어지는 시간의 공간 혹은 공간의 시간이다. 그리고, 그러나, 시간과 공간은 상대적이다. 따로 떨어져 있을 수 없고, 시간 없는 공간 없고, 공간 없는 시간 없다. 음들이 수평으로 이어져 선율이 되는 과정과 수직으로 딸려 화음이 되는 과정, 그리고 선율이 그럴듯해지는(추상적으로 구체화하는, 혹은 응축되는) 음계의 과정과 '선율+화음'의 '화성=조성' 과정이 따로따로, 엄격하게 순서적으로 진행되었다고 생각할 필요는 없다. 음악이 우주의 배꼽을 품고, 인간의 '귀=마음'이 그것을 느끼는 것이라면, 그렇게 생각할 수도 없다. 음계와 화성은, 인간의 능력만으로도, 우리가 알고 있는 것보다 훨씬 더 오래전부터, 귀의 상상력을 '제한=심화' 했을 것이다. 아니, 음악의 상상력이 '수'의 탄생을 자극했고, '수'가 다시 음악의 상상력을 심화한 것인지 모른다. 거꾸로가 아니라. 그리고 문자의 탄생을 자극하는 것은 우선 미술의 공이지만(모든 문자는 '상형적'으로 시작되지만), 상형문자를 표음문자로 발전시키는 것은 음악이고, 숫자야말로 최초의 표음문자고, 수가 숫자로 발전한 것 또한 음악의 공이 결정적이었는지 모른다. 수는, 코끼리나 강 혹은 바위와 달리 실물이 아니다. 가장 추상적인 동시에 가장 구체적인 음악, 아니 가장 추상적이므로 가장 구체적인, 거꾸로도 마찬가지인 음악. 모든 예술이 음악을 지향한다는 명제의 씨앗 뜻은 그것인지 모른다.

악보가 남아 있는 최초의 음악은 BC 12세기 우가리트 점토판에 쐐기문자로 새겨진 몇 개의 '신께 바치는 노래'들이다. 온전한 노래는 하나뿐이고 여러 학자들이 '해석'했으나 분명한 결론을 내지는 못했다. 하지만 모두 선법(튜닝)이 있으며, 주로 2화음과 일련의 번호들로 이루어졌는데, 2화음은 다른 자료들, 이를테면 당시 근동 지역 악보 기준 악기가 9현 수금이었다는 점 등을 감안하면, 상대적 음정을 가늠케 한다. 이 악보가 성악 파트를 뺀 반주용이라면, 초보 형태의 화성을 진행시키고 있다는 뜻이다. 2화음의 첫번째 음들을 이은 선율이 성악 파트 선율과 설령 일치한다 하더라도 그렇다. 두번째 선율은 첫번째 선율보다 더 크게 연주되었다. 일련의 숫자는 반복 수 혹은 박자 혹은 음가 표시일 수 있다.

강을 따라 들어선 농촌 중 일부에 사람이 몰리면서 도시로 발전한다. 최초로 강에서 물을 끌어대어 농사에 쓴 것은 BC 5000년경 메소포타미아와 이집트 사람들이다. 남미 페루 잉카 사람들, 그리고 현재 미국 애리조나주 지역에 살던 호호캄인디언들도 매우 일찍부터 관개를 했다. 메마른 땅에서도 곡식을 재배할 수 있게 해주므로 관개는 농업 생산을 크게 늘린다. 물소리는 가장 자연스러운 자연의 소리다. 아니, 자연을 소리로 입은 의상이다. 그러나 음악의 귀가 듣는 관개의 물소리는 인간적이고 노동적이다. 관개의 물소리는 노동을 소리로 입은 의상이다. 인간이 금속을 발견한 것은 분명 우연이었다. 어떤 바위에 불을 가하면 반짝이는 액체가 새나오고 식으면서 굳는다. 구리와 주석, 금과 은이 그렇게 석기에 발견되었다. BC 8000년부터 자연 상태로 쓰던 구리를 처음 야금한 것도 BC 5000년 무렵이다. 이집트인, 메소포타미아 수메르인, 그리고 아메리칸인디언 들이 최초로 구리를 사용한 사람들이다. BC 3500년 구리와 주석을 합금한 청동이 청동기를 열고, 그것이 문명의 시작이며, 그후 구리는 건축과 그릇, 화폐 등 여러 재료로 쓰였고 오늘날 가장 중요한 전도체며, 구리와 아연을 합금한 놋쇠도 많이 쓰인다. 미국과 칠레, 그리고 러시아가 가장 많은 구리를 생산한다. 영어 'copper'는 고대 로마인들이 구리를 캐던 '키프로스'에서 나왔다. 처음부터 귀는 쇳소리를 듣는다. 음악이 조화-화성을 향하는 것은 우주의 그것을 따르기 때문이지만, 물질 속 분자와 원자, 원자핵과 쿼크 들은 태양계를 닮았고 태양계는 우주를 구성하는 분자 혹은 원자와 같다. 금속을 발명한 이후 쇳소리는 사냥과 전쟁의 피비린 절규로 찢어진다. 그러나 음악의 반영은 이 절규를 깊고깊은, 그리고 명징한 슬픔의 깊이로 바꾸어낸다. 지금 들으면, 쇳소리는 세계사를 담고 있다. BC 4500년부터 사람들은 배를 만들어 타고 강과 바다를 교통과 운송로로 삼기 시작한다. 초기 배는 막대기들을 짐승 가죽으로 엮었고 훗날 이집트인들이 작은 돛단배로 해변을 따라 오가며 교역을 했다. 지중해의 위대한 항해자들이었던 페니키아인들은 북아프리카에 도시 카르타고를 세우고 전쟁과 교역을 통해 '식민지'를 넓혀갔다. 로마제국과의 '포에니전쟁'으로 멸망할 때까지 페니키아

제국은 지중해 지역을 지배했고 BC 18세기 무렵 최초의 알파벳(소리글자)의 자음을 만들었다(모음은 훗날 그리스인들이 덧붙인다). BC 12세기 우가리트 악보 또한 페니키아문명의 산물이다. AD 8~11세기면 바이킹들이 항해술과 전투력으로 유럽 전역을 공포에 떨게 하고, 콜럼버스보다 5백 년 먼저 북아메리카를 발견한다. 선박은 마침내 대항해시대와, 근대를 부르게 된다. 바다와 항해는 물소리를 또한 바꾸지만, 사람은 무엇보다 저 자신의 발소리를 듣는다. 음악도 자신의 발소리를 듣는다. 육로의 발자국은 해로의 그것보다 더 분명하게 발자국답지만, 운명도 구체적으로 분명해진다. 가도가도 끝없는 길을 간다. 탐험과 교통이 인간의 운명이라는 사실을 음악의 귀가 듣는다. 육로 교통을 질적으로 발전시키는 것은 BC 4000년부터 시작된 말 사육이다. 말의 조상은 6천만 년 전 태어났고 중앙아시아 원시인들이 먹이로 사냥을 하다가 길들여 짐을 끌게 하거나 타고 다녔다. 스키타이 사람들이 처음으로 안장과 박차를 사용했고, 히타이트, 아시리아, 그리고 바빌로니아 사람들이 맨 처음 말 타고 싸움에 나섰으며, 알렉산드로스대왕 시대에 이르면 기병은 군대에서 빼놓을 수 없는 구성요소로 된다. 말은, 개와 더불어 인간과 가장 친한 동물이다. 개는 사적이며, 말은 공적이다. 개는 사적으로 집을 지키며 말은 공적으로 영토를 지킨다. 개는 식구지만, 말은 동료다. 개와 말을 잡아먹는다 한들 이 사실은 변하지 않는다. 소도 그렇다. 모든 가축이 어느 정도는 그렇다. 굶주림이야말로 가장 끔찍하고 음식은 사냥과 도살, 그리고 육식 과정의 온갖 끔찍함을 가리지만, 완전히 지우지는 못한다. 식인은 야만적으로 끔찍하고, 인간은 인간화하는 순간 그것을 깨닫고 중단하지만, 정든 가축을 잡아먹는 일은 인간적으로 끔찍하고, 중단할 수 없다. 백정 직업을 따로 두고 끔찍하게 천한 직업으로 매도한단들 소용이 없다. 끔찍함은, 그러므로, 그리하여, 종교를 거룩하게 하고, 연극을 정화의 장으로 만들고, 음악을 끔찍함으로 아름답게 한다. 이것은 현대에 이를수록 더욱 그렇다. 반면, 쟁기가 뜻하는 땅과의 대화는 '산문=노동' 적이다. 쟁기는 아주 오랫동안 원형과 원리가 바뀌지 않았다. 땅을 파는 단순한 막대기에 끌거나 미는 손잡이를 붙이고, 쇠를 발견한 후 쇠쟁기를 만들고, 사람 대신 짐승이 끌게 하고, 바퀴와 보습을 첨가했을 뿐이다. 기계화

쟁기는 19세기 중반 비로소 모습을 나타냈고, 아프리카와 아시아 여러 지역에서는 오늘날도 옛 쟁기를 쓰고 있다. 끔찍한 시적 순간은 아름다움에 블랙홀의 깊이를 주지만, 지리한 '산문=노동'은 생의 의미를 쌓아간다.

경작을 운용했던 자(는 제사를 운영했던 자다)가 왕이 되어 정부와 군대를 거느리고 도시를 지배하며, 도시는 농촌을 지배한다. 도시와 도시 사이 전쟁이 벌어진다. 농촌은 도시에 먹을거리를 대고 도시는 농촌외 산업을 발전시킨다. 문자 등을 통한 추상적 사고의 발전은 복잡하고 다양한 사회를 만들어낸다. 크게는 정부와 백성, 지배하는 계급과 지배받는 계급이, 작게는 여러 직업 계층이 분화하고 거의 모든 기술이 도시에서 발전한다. 농기구 제작, 농산물 가공 등 농업 기술조차 그렇다. 왕정이 도시와 농촌의 노동과 생산, 그리고 분배를 거대하게 조직한다. 농업과 도구와 수공예 제작이 발전하고, 상업이 발전하며, 물건을 세고 땅을 재고 비용과 가격을 기록하기 위해 만들어진 수체계는 최초의 수학 및 천문학을 낳고 이집트 및 다른 인접 지역으로 빠르게 번진다. 오늘날 우리가 쓰는 아라비아숫자는 8세기 이후 인도 혹은 아라비아에서 서양으로 흘러든 것이다. 바퀴(는 BC 8000년 발명품이다) 달린 수레를 맨 처음 교통-운송, 혹은 전쟁 수단으로 쓴 것은 수메르인이다. 그리고 무엇보다, 수메르에서 최초 문자가 발명된다. 쐐기 모양을 한 상형문자였다. 문자는, 기록을 대대로 전하므로 문명의 연속성을 보장해준다. 비슷한 시기 이집트인들도 히에로글리프('신성한 문자')를 발명하는데, 역시 상형문자였다. 중국은 아주 오래전에 수체계와 문자를 독자적으로 만들었으나, 계속 상형문자체계를 유지했다. 수와 천문학이 합쳐지면 자연 달력이 나올 것이다. 수메르 사람들은 문자를 발명하던 시기 달과 해의 순환에 따라 한 해를 여러 달로 나누었다. 바빌로니아 달력은 계절이 겨울과 여름 둘뿐이고, 아시리아 달력은 3계절, 그리고 소아시에 달력에 이르러서야 일 년이 사계절로 나뉜다. 이따금 윤달을 두어 양력과 음력의 차이를 조정하기 시작한 것은 BC 21세기다. 시간에 대한 (자)의식이 생긴다. 바퀴를 따라 구르던 음악이 흐르는 세월을 닮고, 세월의 의미를 의미의 아름다움으로 전화하기 시작한다. 공간의 신화와 시간의 역사 사이에 서사시 「길가메시」가 있다. 「길가메시」는 불멸을 얻고자 했던 필멸 인간 영웅의 이야기다.

죽음이 이야기를 낳고, 죽음을 닮은 음악이 음악의 이야기를 머금기 시작한다. 그러나 음악의 이야기는, 음악이 죽음을 닮았으므로 더욱, 다르다. '음악=죽음'은 이야기기 때문이다.

수메르, 중력과 전쟁과 과학의 최초 문명땅

아주 먼 옛날 서남아시아에는 아카드인, 아모리인, 아시리아인, 칼데아인 등 셈족과, 히타이트인, 카사이트인, 메디아인, 페르시아인 등 인도-유럽어족, 그리고 수메르인과 엘람인이 살았다. 메소포타미아문명은 이중 '기름진 초승달' 땅을 정복하고 정착한 유목민들, 즉 수메르인, 아카드인, 아모리인(바빌로니아문명), 그리고 아시리아인 들이 이룬 문명들을 통틀어 가리키는 말이다. 히타이트인과 엘람('동방')인 그리고 페르시아인 또한 이 땅을 위협하거나 침략했다.

수메르인은 티그리스-유프라테스강 중-상류 지역, 혹은 엘람 지방에서 수메르로 옮겨왔을 것이다. 수메르 지역은 늪이 많고 홍수가 적으며, 페르시아만 조수가 높아 일찍부터 간척과 배수, 관개와 제방 쌓기 등 대규모 공사가 필요했고, 마을 사이 협동 작업이 잦았다. '수메르인'이란 이름은 그 뒤를 이은 아카드인이 붙인 것이다. 수메르인들은 스스로를 '검은 머리 사람들'이라 불렀고 자기들이 사는 땅을 '도시화한 분들이 사는 곳'이라 했는데, 아카드어 '슈메르'가 비슷한 뜻이다. 수메르인은 이웃 셈족과 언어와 문화, 그리고 아마도 생김새까지 달랐다. 아카드어는 아프리카-아시아어(햄-셈어)에 속하지만, 수메르어는 전 세계 어느 언어 그룹에도 속하지 않고 홀로 떨어져 있다. 교착성 언어, 즉 단어 단위들이 한데 뒤엉켜 단어를 만든다는 점이 터키어, 헝가리어, 그리고 한국어 및 일본어와 비슷할 뿐이다. 수메르 쐐기문자는 이집트 히에로글리프보다 최소 50년이 빨랐다. 수메르인들은 엄청나게 많은 문서를 주로 점토판에 새겨 후대에 전했는데, 법전, 왕명표, 개인적이거나 사업상의 편지 혹은 계약서, 영수증, 단어 목록, 법령, 찬송과 기도, 마법 주문, 그리고 최초의 수학(12진법을 썼다)과 문학, 신화, 종교, 천문학, 의학 문서 등 종류도 아주 다양하다. 석상이나 벽돌에 새겨진 글도 흔하고, 같은 글을 연습 삼아 여러 번 새긴 것도 있다. 오래된 글일수록 그 뜻을 알기가 쉽지 않은데, 문법적으로 완성된 문장이 아닌 탓이다.

톱, 무두질한 가죽, 물 담는 가죽부대, 가방, 끌(조각칼), 망치, 거멀못(꺾쇠), 대갈못, 핀, 반지, 괭이, 도끼, 창끝, 작살, 화살촉(과 화살통), 길고 짧은 칼(과 칼집), 그리고 아교, 말안장, 갑옷, 가죽끈 신발과 장화 등이 수메르 기술로 맨 처음 만들어졌다. 배는 세 가지. 1)갈대와 짐승 가죽으로 만든 가죽배와 2)역청(아스팔트)으로 방수 처리한 항해용 배, 그리고 3)물길을 거슬러 상류로 오를 때 쓰는, 노를 젓는 동시에 육지에서 사람과 짐승이 함께 끌어당기는 나무배.

수메르인들은 에리두, 키시, 라가시, 우룩, 우르, 그리고 니푸르 등 여러 도시에 나뉘어 살았고, 도시들은 기름진 땅을 놓고 서로 전쟁을 일삼았다. 전쟁은 경작과 종교의식을 이끌던 농업경영자-사제를 강력한 전쟁 영웅-왕으로 성장시키고, 각 도시 한가운데를 도시 수호신 신전이 차지했다. 티그리스-유프라테스강 유역에는 광물과 나무가 많지 않았고 수메르인들은 한 면이 볼록한 진흙벽돌을 쌓아 건물을 지었다. 회반죽이나 시멘트로 붙이지 않고, 둥근 벽돌이 뭔가 불안정했으므로, 벽돌 한 열을 나머지 열에 수직으로 깔고 빈틈을 역청이나 볏짚 혹은 갈대 줄기나 잡초로 채웠으며, 진흙벽돌 건물은 언젠가 무너지기 마련이므로 정기적으로 부순 후 평평하게 하고 그 위에 다시 집을 지었기 때문에 도시 기반이 점점 더 주변 평원보다 높아지게 된다. 도시는 언덕을 이루고 언덕 위에 있게 된다. 가장 인상적이고 유명한 건물은 신전을 떠받든, 경사진 곳을 계단 모양으로 깎은, 그리고 맨 위의 신전을 떠받는 지구라트다. 신전과 궁전은 보다 나은 재료와 기술로 벽을 버티고(부벽), 파내고(벽감), 반기둥과 찰흙대갈못을 썼다. 신전 중앙 회중석(여럿이 모여 앉는 곳) 양쪽으로 통로를 내고 통로 옆구리에 사제들 방을 마련했다. 한쪽 끝에는 짐승 고기와 야채를 신께 바치는 진흙벽돌 탁자와 칸막이벽을 세웠고, 대개 신전 근처에 곡물창고와 헛간을 지었다. 정치와 경제, 군사와 생활이 모두 신전 중심으로 이루어지므로, 수메르 사회는 신전공동체 혹은 신전국가라고 할 만하다.

수메르 농업은 방아두레박, 운하, 수로, 둑, 저수지를 이용한 관개에 크게 기대며 밀, 병아리콩과 렌즈콩, 수수, 보리, 순무, 양파, 대추야자, 마늘, 상추, 파, 겨자 등을 재배했다. 농부들은 운하 물이 넘쳐 땅을 적시게 한 후 물을 빼내고 수소가 땅을 다지며 잡초를 죽이게 한다. 그러고는 곡괭이를 끌게 한다. 땅이 마르면 세 번 쟁기질, 써레질, 갈퀴질하고, 다시 곡괭이 같은 걸로 흙을 빻는다. 정부는 백성을 시켜 운하를 보수하고 쌓인 진흙을 퍼냈는데, 부자는 그 일에서 빠질 수 있었다. 소와 양, 염소, 그리고 돼지를 쳤다. 수소는 주로 농사에, 당나귀는 주로 운송에 부렸다. 물고기를 잡고 매를 사냥했다. 가을추수 때는 거두는 이, 묶는 이, 다발 쌓는 이 삼인조로 작업한다. 도리깨(타작) 수레로 줄기에서 곡식을 떼어내고 도리깨 썰매로 곡식 껍질과 알갱이를 분리하고, 알갱이에 뒤섞여든 겨 따위를 까불러 날려보냈다.

수메르 시대 교역은 페르시아만을 중심으로 서쪽으로 소아시아(아나톨리아), 그리고 동쪽으로 아프가니스탄 및 인더스계곡까지 광범하게 이루어졌다. 서사시 「길가메시」를 보면 특히 레바논 삼목은 귀한 수입품이었다. 수메르 도공들은 도기 제작용 물레를 발명했고 삼목 기름 물감으로 도기에 장식을 새겼다. 활비비 송곳으로 불을 내어 도기를 구웠다. 수메르인들은 상아, 금, 은과 방연석, 청금석을 알고 사용했다. 수메르 여성들의 사회적 위치는 다른 몇몇 문명보다 높지만, 대체로 수메르는 사내들 천지였다. 수메르 사회에도 노예가 있지만 주요 생산계급은 아니다. 여성 노예는 옷감을 짜고 옷감 주름을 펴거나 곡식을 빻거나, 짐꾼 노릇을 했다.

물과 교역로, 그리고 유목민들이 바치는 물건을 놓고 벌어진 도시들의 전쟁은 천 년 동안 이어진다. 수메르 도시전쟁은 보병에 의한 포위 공격 위주였고, 진흙벽은 다가온 적에게 쉽게 무너졌다. 경보병은 전투도끼와 단검, 그리고 창을 들었으며, 정식 보병은 구리헬멧, 가죽망토, 그리고 털 스커트를 입었다. 수메르의 전투용 수레는 바퀴가 네 개 달렸고, 나귀 네 마리가 끌었으며 마부가 두 명이었다. 바구니를 엮어 수레 몸체로 했고 바퀴는 단단한 세조각 디자인이었다. 투석기와 단순한 활을 썼다. 뒤로 휘는 활은 좀더 뒤에 발명된다.

보통 수메르인의 생활은 비참했고, 본능을 벗은 의식의 생각은, 불만으로 가득 차고 우울했다. 이런 기록이 있다. 왜 나를 무식하다고 하는가? 음식은 널렸지만, 내가 먹는 것은 굶주림이다. 각자 몫을 나눌 때 내 몫은 고통이다. 이런 기록도 있다. 눈물, 슬픔, 괴로움, 그리고 우울이 내 안에 있다. 고통이 나를 짓누른다. 악한 운명이 나를 사로잡고 내 삶을 잡아끈다. 못된 병이 나를 적신다. 의학은 아직 마법(종교)적인 데가 있었다. 수메르인은 몸 안에 들어온 악마가 빠져나오려고 살을 갉아 먹기 때문에 병이 생긴다고 생각했다. 하지만, 과학적인 면도 있었다. 똥과 오줌이 잘 나오게 만드는 약이 있었고 초보적인 수술을 행하기도 했다. 오줌, 석회, 재와 소금으로 만든 초석을 우유, 뱀 껍질, 거북 등딱지, 계피, 도금양, 버들, 개암, 배, 전나무 열매 등과 섞고 다시 포도주를 부어 고약으로 쓰거나 맥주에 섞어 마셨다. 악마가 싫어할 맛이었다. 환자 곁에 양이나 염소를 놓아 악마를 짐승 몸 안으로 꼬여낸 후 짐승과 함께 죽이거나 석상 안으로 꼬여낸 후 역청을 발라 가두기도 했다.

수메르 종교 혹은 신화는 도시마다 연결된 신이 다르고(가장 중요한 신 엔릴은 원래 니푸르 신이다), 도시의 흥망과 운명을 같이하지만 하늘의 신 안, 어머니 여신 남무, 사랑과 전쟁의 여신 이난나(아카드 신화의 이슈타르 여신), 바람의 신 엔릴 등 여러 신을 섬겼다. 신이 사람을 만든 것은 자신을 섬기라는 뜻이고, 지진은 신들이 노여워하거나 실망했다는 표시다. 후에 신으로부터 해방되지만, 인간은 여전히 신 앞에 아무 힘도 없으며, 죽으면 끔찍한 지하세계로 가서 내내 비참하게 지낸다. 수메르 신화의 여러 이야기가 중동 여러 지역 신화에서 되풀이된다. 아카드 신화와 가나안 신화는 수메르 신화를 뚜렷하게 잇고 있다. 수메르와 아시리아, 그리고 바빌로니아 신화는 크게 볼 때 한 덩어리를 이루므로 한데 모아 칼데아 신화라고 하기도 한다. 구약 창세기 인간 창조 및 노아의 대홍수 이야기는 수메르 신화와 아주 비슷하다. 그리고 이난나가 지하세계로 내려가는 이야기는 그리스 신화 페르세포네 이야기와 틀이 같다. 수메르 신화 창세기는 이런 내용이다.

아무 형태도 없이 그냥 깊이만 있는 남무 여신이 제 몸을 제 몸에 휘감으며 혼자 생식, 하늘의 신 안과 대지의 여신 키를 낳았고 안과 키가 살을 섞어 바람의 신 엔릴을 낳았는데, 결국 엔릴이 신들의 왕이 되지만, 엔릴은 여동생 닌릴(훗날 공기의 여신)과 강제로 살을 섞은 죄로 신들의 집(딜문)에서 쫓겨나고, 닌릴이 낳은 엔릴의 아이가 훗날 달의 신 신(혹은 난나)이다. 신과 닌릴이 합쳐 이난나와 우투(혹은 시마시, 태양의 신)를 낳았다. 그리고 쫓겨나 있는 동안 엔릴은 닌릴과 다시 살을 섞어, 네르갈 등 지하세계 신 세 명을 낳게 했다. 남무는 바다 심연(압주)의 신 엔키도 낳았는데, 엔키는 물리 같은 기본적인 일과, 사회질서와 법 같은 복잡한 일을 지배하는 신성한 원리를 담당한다.

수메르문명은 지방 도시국가들이 강해지고, 내적으로 왕과 사제 계급 사이가 벌어지면서 몰락의 길을 밟는다. 라가시 왕 우르카기나의 사회개혁이 실패하고, 움마 왕 루갈자기시가 통합하지만, 움마도 BC 2300년 무렵 셈족 아카드의 사르곤왕에게 정복당하고, 수메르 도시국가 시대는 끝이 난다.

수메르 주요 도시 중 라가쉬(현재 이라크에 위치)의 지배자 구디아 석상(BC 2144~2124년) 몇 개는 그의 치세에 정점에 달한, 단단한 돌을 재료로 평정과 힘을 절묘하게 결합하는 수메르 미술의 진면목을 보여준다.

아카드, 셈족의 등장

아카드는 북서쪽 아시리아와 남쪽 수메르 사이 지역이고, 유목민 셈족의 한 갈래인 아카드인이 역사의 전면에 등장하는 것은 BC 2350년 사르곤대왕 때부터다. 전대 우룩왕이 처음으로 정복에 나서지만 수메르를 정복함으로써 메소포타미아 최초의 통일국가를 이룩한 것은 사르곤대왕이고 그후 남부메소포타미아(훗날 바빌로니아) 위쪽을 아카드, 아래쪽을 수메르라고 부르게 된다. 사르곤대왕은 56년 동안 다스리면서 궁병 중심의 강력한 군대로 왕국을 지중해와 아나톨리아까지 넓혔고, 중앙집권체제로 국가 기초를 다졌다. 사르곤대왕 이전 문서는 남아 있지 않고, 그 대왕 이후 아카드인은 수메르인한테 배운 쐐기문자로 아카드어를 점토판에 써서 남겼고, 이 아카드어가 바빌로니아어와 아시리아어로 쓰이며, 수메르어는 5백 년 동안 같이 쓰이다가 결국 사라지게 된다. 아카드어는 주격(은, 는, 이, 가), 목적격(을, 를), 그리고 소유격(의)이 있고, 세 개 인칭(나, 너, 그)에 따라 동사가 변했다. 문장 순서는 '주어+목적어+동사(혹은 '동사+주어+목적어')'로, 에티오피아어를 뺀 나머지 셈어와 다른데, 문장 순서가 같은 수메르어 탓일 것이다. 사르곤대왕 시기 미술은 수메르 미술보다 훨씬 더 자연스러워진다. '사르곤기 미술'이라는 용어가 있을 정도다. 사르곤대왕의 두 아들 대에서는 주변 반란이 끊이지 않았으나 4대 왕 나람신은 사르곤왕국을 재건, '아카드의 신, 4계의 왕'으로 떠받들렸다. 아카드가 멸망한 것은 BC 2150년 이란고원에서 밀려온 구타인에 의해서다. 그러나 아카드왕국 180년 동안 수메르문명은 완전히 셈화, 바빌로니아문명의 기초를 이루게 된다. 구타인 왕조는 백 년 남짓 계속되고 그후 수메르인이 다시 번영, 5대 109년 만에 다시 이란고원에서 밀어닥친 엘람인(페르시아문명 선조)한테 멸망했다. BC 3000년 무렵 왕국을 세운 엘람인은 역사상 가장 오랫동안 독립을 유지하면서, BC 1168년부터 바빌론을, BC 1000년부터 페르시아를 지배하다가 BC 693년 아시리아제국에 패망하고 나서야 역사에서 완전히 사라진다. 수메르와 아카드 지역을 정복하고 바빌로니아왕국을 세운 것은 역시 셈족 갈래인 아모리인이다.

바빌로니아, 바빌론의 왕국

수무아봄(BC 1831~1817년)이 일으킨 바빌론 제1왕조는 메소포타미아 남부를 놓고 도시국가 이신 및 라르사와 겨뤘고, 여섯번째 왕 함무라비(BC 1780~1750년)가 두 도시국가를 정복한 후 아모르인은 바빌로니아인으로 되었다. 엄격한 규율의 함무라비 군대는 엘람과 우룩, 그리고 강력한 마리 왕국도 정복, 엘람에서 시리아에 이르는 대제국 건설을 가능케 했다. 함무라비는 나라를 효율적으로, 중앙집권 형태로 다스렸다. 그는 함무라비법전을 지었고, 성벽을 쌓아 바빌론을 수도로 재건했고, 각지 신전을 다시 일으켜 마르두크 신 중심의 종교를 세웠고, 달력과 측량단위(도량형)를 통일하고 아카드어를 국어로 정했다. 하지만 메소포타미아 국경은 분명치 않았고, 인도-유럽어 민족 대이동으로 전쟁이 끊이지 않았으며, 이집트의 침입도 잦았다. 메소포타미아 북부를 차지한 것은 인도-유럽어족인 후르리인의 미탄니왕국이다. 약 150년 동안 교역과 문화가 번창하다가, BC 1530년 히타이트족(역시 인도-유럽어족이다)의 침략으로 바빌론 제1왕조는 멸망하고, 이후 바빌로니아 도시들은 백 년 동안 여러 외국 왕들의 지배를 받게 된다. 그리고 신바빌로니아(칼데아제국)는 백 년을 채 못 버티고 BC 538년 페르시아제국에 멸망한다. 바빌로니아문명은 60진법을 만들어 한 시간을 60분으로, 일 분을 60초로, 원의 각도를 360도로 나누었다. 세계 최초의 별자리 지도가 만들어졌다. 근대적인 천문학과 수학의 기초를 놓은 것이다.

바빌론('신의 문')은 오늘날 바그다드에서 남쪽으로 110킬로미터 떨어진 곳에 건설되었다. 바빌로니아 이야기는, 그러나, 무엇보다 바빌론 이야기다. 사르곤대왕이 자신의 제국 수도로 삼았으나 그후 버려졌다가 함무라비왕이 대대적으로 재건, 바빌론을 가로지르는 유프라테스강 양쪽 둑을 높여 홍수를 막고 같은 크기 구역들로 나눈 후, 바빌론은 갈수록 크기와 위용을 더해가다가 아시리아의 5백 년 지배를 겪게 된다. 바빌론은 끊임없이 반란했고, 그때마다 파괴되었으나 BC 689년, 아시리아 왕 센나체리브가 바빌론 사원과 궁정을 깡그리 부수고 건물 조각들을 아라크투 운하에 갖다 버리게 하는 사태가 벌어진다. 이 사건은 메소포타미아인들의 신앙심을 크게 건드리고, 센나체리브는 곧 암살당하고, 그 뒤를 이은 에사르하돈은 서둘러 바빌론을 재건하고 그곳에서 왕관을 받고, 해마다 일정 기간을 바빌론에서 보내는 정책을 취하게 된다. 그가 죽은 후 바빌론 왕위를 물려받은 장남이 동생인 아시리아 왕 아수르바니팔에게 반기를 들고, 바빌론이 다시 아시리아의 포위 공격을 받고 굶주림에 못 이겨 항복하고, 아수르바니팔이 도시를 정화하고 '화해의 제사'를 지냈으나, 그도 바빌론 신 벨의 손을 감히 잡지 못했으며, 얼마 안 되어 아시리아제국 자체가 무너지자 메소포타미아인들은 바빌론 신의 저주가 내린 것으로 여겼다. 제1왕조 시대 유적은 마리에서 발견된 노래하는 여인 좌상과 왕궁터, 2만 몇천 매에 이르는 점토판, 그리고 수사에서 발견된 함무라비법전비와 함무라비왕 두상 등이 꼽힌다. 아시리아제국 멸망 후 칼데아의 나보폴라사르가 다시 바빌론을 수도로 칼데아제국을 건설하고, 바빌론은 2대 왕 네부카드네자르 2세 때 위용과 아름다움을 몇 배 더하게 된다. 네부카드네자르 2세는 궁정터를 완전히 새로 깔고 마르두크 신에게 바치는 지구라트 에테메난키('하늘과 대지 창조의 신전')와 이슈타르 여신에게 바치는 이슈타르 대문을 재건했다. 고대문명 7대 불가사의 중 하나인 '바빌론의 공중에 매달린 정원'은 그가 고향을 그리워하는 왕비를 위해 지어준 것이라고 한다.

함무라비법전, 사회 발전을 반영하는 법

함무라비왕 이전에도, 법전은 있었다. BC 2050년 우르 왕 우르남무가 법전을 만들었고, 에수눈나법전(BC 1930년)과 이신의 리피트-이슈타르법전(BC 1870년)도 함무라비법전(BC 1686년)보다 크게 앞선다. 하지만 이 법전들은 내용이 뚜렷하지 않고, 당대 사회상을 잘 보여주지 않는다. 함무라비법전비는 높이 2.25미터짜리 돌기둥에 쐐기문자로 전문과 후문 외에 법조항 282개를 새겼는데, 13번째 조항만 사라졌다. 그 전처럼 지배하는 계급과 지배받는 계급이 분명히 갈리고, 도둑질과 재산 파손, 상해, 그리고 살인 등의 범죄를 다스리는 형벌에 '눈에는 눈 이에는 이' 원칙을 그대로 남겨두었지만, 농업 외에 운송업과 중개업 등 상업은 물론 결혼의 권리, 여성의 권리, 그리고 아이와 노예의 권리 등 개인 일상사까지 다루는 것은 커다란 발전이다. 무엇보다, 법을 돌에 새긴 것, 그리고 돌 위쪽에 돋을새김된, 샤마슈 신이 왕에게 법을 내리는 장면은, 법은 함부로 바꿀 수 없고, 신이 내린 것이므로 심지어 왕조차도 어겨서는 안 된다는 법치주의를 뜻한다. 법이 늘 게시된다는 이유로, '법을 몰랐다'는 변명은 일절 받아들여지지 않았는데, 정작 쐐기문자를 읽을 수 있는 사람이 극소수였다는 문제는 있다. 함무라비왕이

국어로 정한 아카드어는 오리엔트 세계의 공통어가 되었다. 그리고, 세계 공통어를 바탕으로 방언, 즉 민족어가 생겨날 것은 당연하다.

바벨탑, 사회 발전을 반영하는 방언과 세계언어

네부카드네자르 2세는 이집트 군대를 아시아에서 쫓아내고 시리아와 팔레스티나 지방까지 지배하였다. 그는 숱한 유대인들을 바빌론으로 끌고 와 노예로 부렸고, 그중 일부는 BC 538년 바빌론을 정복한 페르시아제국 건설자 키루스대왕의 명으로 귀향을 허락받지만 많은 유대인들이 세계 곳곳으로 흩어져 방황하게 된다. 유대인들에게 신바빌론은 말 그대로 악마의 제국이었다. 구약 창세기에 '바벨탑 이야기' 가 나온다. 바벨은 바빌론의 옛 지명.

> 방주 덕분에 대홍수에서 살아남은 노아의 후손들은 방주가 걸려 있던 동쪽 산에서 내려와 시나르에 도착, 바벨 평원에 아주 높다란 탑을 쌓아 그 끝이 하늘에 가닿게끔 하려 했다. 하느님은 일하는 사람들의 언어를 뒤죽박죽으로 만들었고, 서로 말이 통하지 않으므로 일꾼들은 결국 탑을 쌓지 못하고 흩어졌다.

바벨(바빌론)은 셈어로 '신의 문' 이고, 헤브루어로는 '뒤죽박죽' 의 뜻에 가깝다. 많은 학자들이 바벨탑은 실제로 지어졌으며 바빌론 사람들이 얘기하는 '하늘' 은 사실 그리 높지 않았다고 생각한다. 가장 그럴듯한 바벨탑 후보인 에테메난키는 모두 7층으로 맨 밑층이 각 변 91미터의 정사각형이고, 높이 또한 91미터였다. 바벨탑 이야기는 공통어가 된 아카드어를 바탕으로 방언-민족어들이 생겨나는 것을 암시한다. 중앙아메리카 신화에도 비슷한 이야기가 나온다. 홍수에서 구출된 일곱 거인 중 하나인 크셀후아가 거대한 콜룰라 피라미드를 지어 하늘을 뭉개버리려 하자 신들이 그것을 불태우고 일꾼들의 언어를 뒤죽박죽으로 만들었다. 에스토니아에는 '언어를 요리' 하는 신화가 있고, 오스트레일리아에도

'언어가 서로 달라지게 된' 전설이 있다.

키루스와 그 아들 다리우스 1세 때 바빌론은 학문과 과학 발전의 중심지로 떠오른다. BC 331년 바빌론을 정복한 알렉산드로스대왕도 바빌론을 학문과 상업의 중심지로 키웠다. 하지만 알렉산드로스대왕이 네부카드네자르 왕궁에서 의문의 죽음을 맞은 후 바빌론은 계속 몰락의 길을 걸었다. BC 141년 파르티아제국이 점령했을 때 바빌론은 완전히 버려지고 잊혀진 상태였다. 최근 이라크 독재자 후세인이 자신을 '네부카드네자르의 아들'이라 내세우며 바빌론을 '복원'했으나 매우 조잡하고, 특히 미국의 침략으로 후세인 정권이 무너진 이후 웃음거리로 전락했다.

아시리아와 히타이트, 철기문명의 충격과 두려움

아시리아왕국은 아슈르시를 중심으로 BC 2000년 무렵 생겨났다. 바빌로니아왕국의 식민지로 바빌로니아 관리들이 다스렸으나 곧 독립, 철제 무기를 지닌, '동양의 로마'라는 이름에 걸맞은 강력한 군사력을 키우고 정복에 나선다. 원주민은 셈족이 아니었으나 BC 3000년부터 셈족 아카드인이 다스렸고 BC 2500년 성립된 도시국가 아슈르가 북쪽으로 뻗어나가려는 수메르문명과 끊임없이 충돌하면서 용감한 셈계 아시리아인이 형성된다. 아시리아 중심부는 티그리스강과 대자브강이 만나는 곳에서 가까웠고, 아시리아인들은 바빌로니아에서 나지 않는 금속과 보석, 그리고 목재와 석재를 실어나르며 교역을 했다. BC 1920~1840년과 BC 1798~1740년 아나톨리아에 상업 식민지를 건설, 미래의 히타이인들에게 철기문명 기술을 가르쳐준 아시리아인들은 BC 15~14세기 이집트와 접한 지역까지 정복하고, BC 13세기 바빌로니아를 점령하고, BC 1120년 티글리트필레세르 1세는 유프라테스강을 넘어 히타이트 왕들을 무찌르고 지중해 해변까지 진출하는데, 이때부터 아시리아제국의 역사가 시작된다. 아시리아인들은 이 세기에 페르시아만에서 지중해 연안, 소아시아를 아우르는 지역을 차지하며, BC

8~7세기에는 티글리트필레세르 3세, 사르곤 2세, 센나케리브, 에사르하돈, 아수르바니팔 등 용맹한 왕들이 시리아, 팔레스타인, 그리고 이집트까지 정복, 일찍이 보지 못한 대제국을 건설했다. 강력한 군대, 특히 기병 및 전차병과 거대한 관료조직, 그리고 빠른 파발마 통신이 통일 오리엔트를 장악한다. 무거운 세금이 백성을 짓눌렀다. 아시리아인들은 도시계획이나 성을 쌓는 데 능했고 뛰어난 돌조각, 완전입체조각 및 돋을새김 작품을 남겼는데, 내용은 잔인하다. 역대 왕들은 승리한 전쟁이나 사적, 그리고 연대기를 기록으로 남겼다. 아수르바니팔이 지은 니네베 왕궁 도서관은 소중한 점토판 자료들을 오늘날까지 전한다. 아시리아인들은 충격과 두려움을 주어 다시는 대들지 못하게 하는 방식으로 이민족을 정복했고 그 결과 아시리아제국은 흔적도 없다…… 아수르바니팔이 죽은 후 신바빌로니아와 메디아 왕국의 연합군에 아시리아제국이 멸망한 후 아시리아인 스스로 남긴 기록은 그렇다. 아시리아 미술에는 종종 날개 달린 수호정령이 등장한다.

소아시아, 시리아 북부를 중심으로 히타이트 또한 (고)왕국에서 (신)제국으로 발전한다. BC 3000년 히타이트에 살던 하티인(히타이트 원주민)들은 문자가 없고, 언어는 다른 민족과 전혀 달랐지만 광범한 교역을 했고, 광석과 목재를 구하러 간 아시리아인이 식민시를 건설하고 철기문명을 가르치기도 했다. BC 2000년 벌어진 인도-유럽어족의 대이동으로 히타이트인이 옮겨와 후르리인이나 아시리아인 들한테서 쐐기문자와 말과 전차를 배우고 하티를 정복, 도시국가 몇 개를 이루지만 곧 영토 전쟁이 벌어진다. BC 19세기 쿠사라 왕 아니타시가 소아시아 중부를 지배하고 라바르나시도 영토를 넓혀가더니 BC 17세기 후반 하투실루스가 북부 시리아까지 군대를 진격시키고 통일왕국 수도를 하투스(터키 지역)로 정했다. 그 뒤를 이은 무르실루스 1세는 바빌론 원정까지 감행한다. 하지만 이 원정은 무리였고 너무 길었다. 국력은 바닥나고 수도는 무정부 상태에 빠진다. 무르실리스는 귀국한 지 얼마 안 되어 피살되고 왕위 계승을 둘러싼 내분이 벌어지고 이웃 미탄니왕국의 세력이 강해져 알레포와 그 주변을 점령함에 따라 히타이트 왕국은 지는 듯했다. 그러나 BC 15세기 중엽 투드할리야시 2세가 지방분권체제를 왕권-중앙집중체제로 바꾸고, 철제 무기와 말과 빠른 2륜전차를 이용한 새

전술을 펼치면서 히타이트는 특히 4대 왕 수필룰리우마스 때 강력한 제국으로 발전한다. 그는 미탄니왕국, 그리고 시리아의 여러 도시국가를 멸망시키고 수도에 튼튼한 성벽을 쌓았고, 그 아들 무르실루스 2세는 남서쪽 아르자와를 멸망시키고, 그 아들 무와탈리스는 시리아를 놓고 이집트 람세스 2세와 대결전을 치르게 된다. 이 전쟁의 승자는 이집트지만, 시리아는 여전히 히타이트 영토였다. 하루살리스 3세가 새로 일어나는 아시리아를 겁내어 BC 1269년 이집트와 우호조약(세계 최초의 문서조약이다)을 맺고 딸을 람세스 2세에게 시집보내면서 히타이트는 빠른 속도로 약해지다가 BC 1190년 서쪽에서 침입한 민족에 의해 갑자기 무너졌다. 이 멸망은, 아무 기록도 남기지 않았다. 아마도 해적민족들이 전쟁과 역병을 들여오고, BC 14~11세기 근동은 물론 브리튼섬까지 덮친 기아도 한몫했을 것이다. 히타이트인 일부는 시리아로 피했으나 그들도 BC 717년 아시리아 왕 사르곤 2세에 의해 전멸한다. 히타이트 사회는 왕족과 귀족, 선비족, 그리고 농민과 노예로 구성되고, 가부장제도가 지배했다. 텔리피누시왕이 편찬한 히타이트법전은 형법과 가족법, 민법과 상법으로 나뉘는데, 형벌이 엄하지 않고 함무라비법전과 달리 보복 혹은 복수보다 화해를 강조한다. 제국시대 미술, 특히 돋을새김 작품이 뛰어나며 특히 야지카라야 암벽 신들의 행렬 돋을새김은 히타이트 민족의 웅장한 기상을 거침없이 보여준다. 히타이트인들은 후르리인 신화의 주신 쿠마르비의 창세기를 후세에 남겼다.

쿠마르비는 아주의 생식기를 단 한 번 물어뜯고 입으로 새로운 신 세 명을 뱉어냈다. 태풍의 신 테슈브, 그의 부하 타스미수스, 그리고 하천의 신. 훗날 태풍의 신 테슈브가 쿠마르비의 왕위를 빼앗고 쿠마르비는 울리쿰미를 낳아 복수를 꾀한다.

이 미탄니(후르리인) 창조신화는 우라노스, 크로노스를 거쳐 제우스로 이어지는 그리스 창조신화의 원형이다. 하투실리시는 「제왕록」도 남겼는데, 문학성이 뛰어나다. 날씨의 신 테스후브가 아들과 함께 거대한 뱀을 빗발치듯 공격하는 히타이트 부조가 남아 있다.

히타이트와 아시리아 제국이 멸망하고, BC 538년 신바빌로니아제국까지 이란 고원의 페르시아제국에 무너지면서 2,500년 동안 이어진 메소포타미아문명의 영광은 끝이 난다. 그러나 이미 모든 첫 문명들이 시작되고, 발전을 거듭한 지 오래였다. 이집트문명이 수메르문명과 거의 동시에 시작되었고, '인도-유럽어족'은 인더스문명의, 유대인은 레반트(서셈족)문명의, '해적 민족들'은 유럽 고대문명의 오래전 출발을 뜻한다.

메소포타미아 신화, 문명의 거룩한 지도

수메르 신화와 아카드 신화가 합쳐져 바탕이자 뼈대를 이루는 메소포타미아 바빌로니아-아시리아 창조신화는 이렇다.

> 맨 처음 땅 위 하늘도 하늘 아래 땅도 '이름'이 없었다. 그냥 깊고깊은 민물 연못 압수와 어지러운 소금물 대양 티아마트만 있었다. 그 둘이 몸을 섞은 물에서 먼저 뭄무('물결 철썩임')가, 그다음에 괴물 뱀 라크무와 라카무가 나와 몸을 섞고 안샤르('하늘세계')와 키샤르('땅세상')를 낳았다. 안샤르와 키샤르가 몸을 섞어 위대한 신들을 낳는다. 힘이 센 아누('하늘'), 지능이 뛰어난 에아('물의 집') 및 하늘에 사는 다른 신들(이기기)과 땅 및 지하세계로 흩어진 다른 신들(아눈나케). 새로운 신들이 시끄럽게 소동을 피우자 늙은 압수가 티아마트에게 투덜댄다. 낮에는 쉴 수가 없고, 밤에는 잠을 잘 수가 없단 말이야. 압수가 자손들을 없애려 하자, 티아마트는 그런 압수를 나무란다. 왜 우리가 창조한 것을 모두 파괴한단 말이오, 아무리 귀찮기로서니? 그러나, 모든 것을 아는 에아가 압수의 계획을 알아차리고 마법 주문을 외어 압수와 뭄무를 잡아가두자 화가 난 티아마트는 그녀 주변에 여러 명의 신들을 불러모으고, 두번째 남편 킨쿠와 살을 섞어 날카로운 이빨로 마구 잡아먹는 엄청나게 큰 뱀과, 비

늘 번뜩이는 끔찍한 용과, 태풍괴물과 몰아치는 허리케인, 전갈 인간과 물고기 인간, 사나운 개와 숫양 들을 낳았다. 티아마트는 킨쿠에게 온갖 신들의 왕으로 그 군대를 이끌게 하고 그의 가슴에 운명의 서판을 못으로 박아주었다. 에아가 아버지 안샤르를 찾아가 티아마트의 계획을 알리니 안샤르는 크게 흥분, 넓적다리를 치고, 입술을 깨물어 뜯고, 위장을 부들부들 떨었다. 안샤르는 우선 아누를 보내 티아마트를 막게 했으나 아누는 감히 그녀와 맞서지 못했다. 에아도 용기가 없기는 마찬가지였으나 장남 벨-마르두크('그의 가슴을 부풀게 하는 아들')를 불러 티아마트와 싸울 것을 명하면서 승리를 약속해준다. 마르두크는 청을 받아들이지만, 그 전에 자신에게 최고의 권위를 줄 것을 요구하고, 안샤르는 그의 요구를 들어주며 곧장 전령 가가를 라크무와 라카무 및 다른 이기기들한테 보내니, 모두 욥슈키나로 몰려와 서로 입을 맞춘 후 빵과 포도주로 잔치를 벌이고 마르두크에게 왕궁과 홀과 왕좌, 그리고 어떤 적도 물리칠 수 있는 무기를 주면서 말했다. 이제 당신은 온 세상의 왕입니다. 가서, 티아마트를 죽여주시오. 바람이 그녀 피를 비밀장소로 실어나르기를. 마르두크는 오른손에 활을 들고, 활줄을 걸고 활통을 옆구리에 찼다. 번개를 앞세우고, 티아마트를 사로잡을 그물을 만들었다. 그는 옆에 세워두었던 바람을 풀어놓고 주요 무기인 허리케인을 들었다. 그리고, 빠르고 성질 사나운, 전투에 뛰어난 수말 네 마리가 끄는 무시무시한 태풍전차에 올라탔다. 마르두크는 그물을 펼쳐 티아마트를 사로잡은 후, 그를 뒤따르던 사악한 바람을 그녀 얼굴 쪽으로 밀어붙였다. 입을 벌려 마르두크를 집어삼키려던 티아마트는 사악한 바람 때문에 입을 다물지 못했고, 사악한 바람이 계속 그녀 배를 부풀렸고, 마르두크의 화살이 그녀 배를 꿰뚫고 지나갔다. 마르두크는 티아마트의 내장을 찢고 심장을 갈랐다. 티아마트가 죽자 마르두크는 킨쿠를 비롯한 나머지 티아마트 일파도 모조리 잡아들여 사슬로 묶은 후 지옥세계에 가두었다. 다시 티아마트의 해골을 가르고 동맥을 자르다가 마르두크는 형편없이 망가진 티아마트를 갖고 뭔가 아름다운 것을 만들어야겠다는 생각이 들어, 시체를 물고기처럼 둘로 쪼개어 한쪽으로 하늘의 둥근 지붕을 만들고 다른 한쪽으로 단단한 땅을 만든 후,

위대한 신들이 살 곳을 하늘에 마련하고 신들의 이미지인 별들을 설치하고 일 년의 길이와 천체들의 진로를 정하고, 신들의 마음을 즐겁게 해주기 위하여, 킨쿠의 피로 인간의 몸을 빚어낸다.

마르두크, 최고신이자 모든 신

압수는 바다가 아니라 대지를 에워싸는 깊고깊은 민물 연못이다. 동그란 대지가 그 위에 떠 있다. 압수의 물이 대지 껍질을 깨고 나와 샘물로 흐르고 둥근 하늘 천정은 산맥 위에 놓였다. 식물, 그리고 들짐승과 집짐승이 생겨난다. 마르두크는 원래 '식물과 곡식을 자라게 하는 풍요의 물', 즉 농업신이고, 그의 상징은 삽이었다. 그가 선택한 도시 바빌론이 위대해지면서 그의 지위도 높아지고 마침내 최고신 자리에 오르게 된다. 티아마트 '정복' 후 그가 신들에게 받은 칭호는 50개에 이른다. 그는 '곡식과 식물을 창조하고 푸른 것들을 자라게 하는 분' 일 뿐 아니라, '그를 낳은 아버지의 빛, 신들을 다시 살린 분, 죽은 자를 순수한 주문으로 다시 살리는 분, 신들의 마음을 아는 분, 정의와 법의 수호자, 만물의 창조자, 왕들의 주인, 신들의 양치기' 이기도 하다. 벨은 자신의 칭호 '땅의 주인' 을 마르두크에게 바쳤고, 아버지 에아도 '그를, 나처럼, 에아라고 부르라. 내가 내리는 명령을 그가 내리게 하라' 고 외쳤다. 한마디로, 마르두크는 최고신일 뿐 아니라, 모든 신으로 된다. 나머지 신들은? 메소포타미아 신들은 영원히 죽지 않지만, 인간처럼 겁이 많아 대홍수 때 물살이 오르면 놀라 하늘로 올라가 개처럼 웅크리고, 여럿이 모이기만 하면 잔치를 벌이고 술에 취해 떠들며, 궁정과 신하와 군사를, 그리고 가족을 거느린다. 신들의 위계질서를 어느 정도 못박은 것은 바빌로니아 신관들이다. '마르두크가 티아마트에 승리하고 신들의 세계에 다시 평화와 질서가 찾아오면서 신들이 각각 자신의 담당 영역을 정했다' 면서, 그들은 신들을 세 명씩 짝지었는데, 가장 중요한 것은, 위대한 세 신 아누, 엔릴(벨), 그리고 에아, 별 세 신 신, 샤마슈, 그리고 이슈타르다. 아누는 하늘을, 엔릴은 땅을, 에아는 물을 맡았다. 신은 달의 신, 샤마슈는 태양의 신, 그리고 이슈타르는 금성의 여신이다. 샤마슈와 이슈타르가 신의 아들딸이므로, 빛은 어둠에서 나온다. 아슈타르가 아누의 딸이라는 이야기도 있다.

아누와 엔릴 그리고 에아, 우주와 인간의 세 신

아누는 '아누의 하늘'에 살며 '아누의 길'을 따라 걸을 뿐 지상으로 내려오지 않는다. 우주의 운명을 주관하며, 인간사에는 좀처럼 끼어들지 않는다. 다른 신들이 그의 특권을 빼앗아가는 일이 그래서 종종 생기지만, 결국은 그 신의 이름이 오히려 아누로 바뀐다. 엔릴은 지상의 일과 연관이 훨씬 깊다. 수메르, 특히 니푸르에서 '공기의 주인' 엔릴을 일찍부터 숭배했다. 그는 허리케인의 신이고 그의 무기가 바로 대홍수다. 수메르를 점령한 바빌로니아인들은 엔릴을 무시하지 않고 위대한 세 신 중 둘째로 삼고, 그들이 '주인(벨)'이라 부르던 마르두크와 합쳤으며, 그후 벨은 '세계의 주인'이 되고 그의 지배가 온 땅에 걸치면서 '땅의 주인' 혹은 '온갖 지역의 주인'으로 된다. 엔릴도 하늘에 '엔릴의 길'이 있지만 대개는 동쪽의 커다란 산에 살았다. 세상의 왕은 모두 엔릴(혹은 벨)의 대리자였고 엔릴이 '이름'을 발음하면 그 사람이 왕에 올랐다. 에아는 압수에서 살았다. 수메르 땅에서 에아는 엔키('대지의 주인')로 불렸다. 압수 물은 풍요와 행복은 물론 온갖 지식 및 지혜의 원천이므로 '압수의 신' 에아는 최고 지혜신이기도 하다. 에아는 마법 주문과 예언을 맡고 신들의 잘못조차 고쳤으며, 니니기쿠('거룩한 눈의 주인'), '아무도 도망칠 수 없는 분'으로도 불렸다. 인간과 아주 가까워 목수와 석공과 금세공인 들이 그를 떠받들었다. 벨이 대홍수를 내려 인류를 파멸시키려 했을 때 우타-나피슈팀을 피하게 하여 인류 멸망을 막은 것도 그다. 에아가 진흙을 빚어 인간을 창조했다는 이야기도 있다.

아시리아인이 오면서 아시리아 국가신 아슈르도 오지만, 부드러운 '교체'를 위해, 아슈르가 안샤르와 동일시된다. 그렇게 아슈르는 '온갖 신들의 왕, 스스로 창조된 분, 신들의 아버지, 아누의 하늘과 지하세계를 만든 분, 찬란한 하늘에 살며 인류를 창조한 분, 인간의 운명을 정하는 분' 으로 된다. 하지만 아슈르는 무엇보다 전쟁의 신이다. 그 밖에, 아다는 천둥의 신, 아누의 아들 기빌은 불의 신, 니사바는 곡식의 여신, 게슈틴은 포도나무 여신, 탐무즈(혹은 두무치)는 추수의 신이다.

신과 샤마슈 그리고 이슈타르, 천문의 세 신

우르에서 '난나르' 라는 이름으로 숭배된 신은 수염이 긴 노인 모습이었다. 저녁마다 그는 돛배(초승달)를 타고 드넓은 밤하늘을 항해한다. 그러다가 어느 날 뜨는 보름달은 그의 왕관이고 그는 '왕관의 주인' 이다. 달이 계속하여 규칙적으로 모양을 바꾸므로 그는 '속이 너무 깊어 어떤 신도 꿰뚫어볼 수 없는' 신비한 분이다. 어둠을 밝혔으므로 어둠의 지배자들이 싫어했고 그들이 천둥의 신 아다드는 물론 샤마슈와 이슈타르까지 끌어들여 달의 빛을 사그라뜨리자, 마르두크가 직접 나서서 빛을 되찾아주었다. 그는 또한 지혜가 풍부하여 매달 말 신들이 찾아와 그의 의견을 물었고 신들은 그의 결정을 따랐다. 매일 아침 동쪽 산을 지키는 전갈 인간들이 산 옆구리의 거대한 주름문을 열면 태양의 신 샤마슈가 튀어나와 하루 여행을 시작한다. 빛이 그의 어깨에서 쏟아져나오고 그는 톱날 같은 것을 들고 있는데, 무기가 아니면 동쪽 문 열쇠다. 그가 빠른 걸음으로 산을 오르면 그곳에는 마부 부네네가 수레 말에 마구를 채우고 있다. 휘황찬란한 빛을 뿜으며 샤마슈는 천천히 하늘을 오르기 시작한다. 그리고 저녁이 내리면 수레는 서쪽의 거대한 문으로 향한다. 문이 열리고 그는 땅속으로 사라진다. 그리고 밤 동안 지하 길을 통해 다시 동쪽 산으로 돌아온다. 샤마슈는 무엇보다 어둠을 몰아내는 정의의 신이다. 아무도 그를 피할 수 없다. 햇빛은 부정을 저지르는 자들을 모조리 사로잡는 거대한 그물이기도 하다. 그의 두 아들 이름이 '정의' 와 '법' 이었다. 샤마슈는, 그리스 신화의 아폴로처럼, 예언 능력도 있었다. 신의 딸 이슈타르는 전쟁의 여신이고, 아시리아인들이 전쟁의 여신 이슈타르를 특히 숭배했다. 그녀의 여동생은 지하세계 여왕 에레슈키갈. 언니로 인한 숱한 죽음이 동생의 세계를 채우는 것. 아누의 딸 이슈타르는 무엇보다 사랑과 욕정의 여신이며, 성질이 부드럽기보다는 까탈스럽고 사나우며, 자신을 방해하면 참지 못하고, 사람과 온갖 동물의 연애감정을 불러일으킨다. 이슈타르는 추수의 신 탐무즈를 사랑했으나, 그녀의 사랑은 탐무즈의 죽음을 부른다. 황금빛을 뽐내는 곡식 이삭을 추수꾼의 낫이 잘라내듯, 젊음으로 넘치는 탐무즈를 죽음이 덮치고, 탐무즈가 지하세계로 끌려가고 이슈타르는 연인의 죽음에 크게 상심, 사람들 한가운데서 통곡의 합창을 이끈다. 매년 추수가 끝나면 사람들이 탐무즈 장송곡을 불렀다.

영웅 길가메시와 모험, 야만의 영생을 극복하는 '죽음=문명=이야기'

신들과 직접 만나고 신화적인 모험을 펼친 메소포타미아 영웅은 에타나와 아다파 그리고 무엇보다 길가메시다. 영웅의 모험은 야만을 스스로 극복하는 모험이며, 영생을 좇지만, 필경 죽음을 맞는다. 그러나, 영생의 신화야말로 야만의, 죽음이야말로 깨임과 문명의, 조짐이다. 그리고 영원한 것은 문명과 이야기, 영웅의 '죽음=문명=이야기' 다. 에타나는 신들이 맨 처음 선택한 왕이다.

> 에타나가 후계자 없음을 호소하자 샤마슈가 말한다. 길을 떠나 산으로 오라…… 그곳은 최근 독수리와 뱀이 한바탕 싸움을 벌인 곳이었다. 두 짐승은 각각 새끼들을 데리고 함께 살았는데 어느 날 독수리가 새끼 뱀들을 잡아먹었다. 뱀이 정의의 신 샤마슈에게 그 일을 하소연하니 샤마슈가 말한다. 길을 떠나 산으로 오라. 물소 한 마리를 마련해줄 테니 배를 가르고 그 속으로 들어가 기다리다가, 온갖 새들과 함께 독수리가 내려와 고기를 쪼아 먹으려 할 때 그 날개를 움켜쥐고, 날개와 발톱을 자르고 도랑에 던져 굶주림과 목마름으로 죽

게 하라. 그렇게 독수리는 힘을 잃고 갇히게 되었다. 에타나는 샤마슈가 시킨 대로 독수리에게 부탁한다. 자식을 얻을 수 있는 약초를 내게 다오. 독수리가 대답한다. 내 힘을 되찾게 되면 약초를 구해주겠다. 에타나가 팔 개월 동안 음식을 가져다 먹이자 마침내 독수리는 다시 날 수 있게 되었다. 아누의 하늘까지 너를 데려다주마. 자식을 얻을 욕심으로 에타나는 독수리의 제안을 받아들인다. 독수리에 올라타고 여섯 시간을 나니 저 아래 바다가 '정원 속 도랑' 만큼 작아 보인다. 둘은 무사히 아누의 하늘에 닿아 신들 앞에 머리를 조아렸다. 하지만 독수리는 더 높이 날아 이슈타르한테 가고 싶어했다. 처음 네 시간을 나니 저 아래 대지가 정원처럼, 거대한 바다는 바구니처럼 보인다. 그러나 두 시간을 더 날자 어지럼증이 덮쳤다. 둘은 땅으로 곤두박질치고 만다.

아다파는 신들이 거룩한 도시 에리두에서 인간을 다스리라고 에아가 창조한 인물이다. 에아는 그에게 엄청난 지혜와 특별한 분별력을 주었으나, 영생만은 주지 않았다. 아다파는 날마다 에리두 성벽을 빠져나와 번화한 항구로 가서 배를 타고 바다로 고기잡이를 나갔다. 어느 날 남풍이 불어 그의 배를 뒤집고 물고기 나라로 그를 보내자 불같이 화가 난 아다파는 바람의 날개를 꺾어버렸고, 그래서 칠 일 동안 바람이 불지 않았다. 그 일을 알게 된 아누는 괘씸한 생각이 들어 아다파를 불러들인 다음 죽음의 음식을 먹일 계획을 짰다. 하지만, 아다파를 창조한 에아가 그 계획을 알고 아다파에게 아누의 현관을 지키는 두 신 탐무즈와 닝기슈지다를 자기편으로 만드는 방법을 일러주고, 아누가 주는 음식은 절대로 먹지도 마시지도 말라 이른다. 아다파가 상복 차림으로 아누의 전령 일라브라트의 인도를 받아 하늘 문에 도착하니 탐무즈와 닝기슈지다가 묻는다. 왜 상복을 입었느냐. 아다파가 답한다. 지상에서 돌아가신 신 두 분을 애도하느라 입었습니다…… 어느 신을 말하는가? 두 신이 다시 묻고 아다파가 '탐무즈와 닝기슈지다 두 분' 이라고 하자 두 신은 으쓱해져 아다파를 아누에게 데려다주고 아다파를 위해 좋은 말을 아끼지 않았다. 아누 또한 화가 풀리고 기분이 좋아져 아다파에게 죽음의 음식이 아니라 영생의 음식을 주려 했다. 그러나 아다파는 에아의 경고가 생각나서 그 음식을 먹지도 마시지도 않았다. 그는 그렇게 영생의 기회를 놓치게 된다.

운이 나빴던 걸까, '아니면 모든 것을 아는' 에아가, 인간의 영생을 막으려고 미리 그런 경고를 했던 걸까? 어쨌든, 에아의 경고는 옳았다.

길가메시('원천을 본 자' 혹은 '모든 것을 본 자')는 영생보다 문명을 택한다. 그리고 길가메시 이야기는 방대한 시 작품으로 불멸에 달한다. 길가메시는 BC 3000년대 '두무치' 왕을 이어 도시국가 우룩 혹은 에레크를 실제로 다스렸던 왕으로, 용기와 모험이 다른 왕들보다 두드러졌으므로 그를 둘러싼 영웅신화가 생겨난 것이기도 하다.

길가메시는 아누가 지상의 거처로 삼은 에레크 시를 다스렸던 왕으로, 현명하지만 폭군이었고, 3분의 2는 신이고 3분의 1은 인간이었다. 그가 아버지의 딸과 영웅의 처녀와 남편의 아내를 빼앗아가기 일쑤므로 에레크 주민들이 신들에게 호소하고 신들은 자궁의 여신 아루루에게 말한다. 당신이 길가메시를 창조했으니 그와 똑같이 생긴 사내를 하나 더 만들어 서로 싸우게 하라. 아루루는 진흙을 빚어 아누 모습의 영웅 엔키두(혹은 에아바니)를 빚었다. 엔키두는 온몸이 털로 뒤덮였고 머리에는 여자 머리카락이 '추수 때처럼' 자라났다. 사막에서 들짐승과 함께 살았고 사냥꾼이 파놓은 구덩이를 메우고 사냥꾼이 설치한 그물을 걷어내며 짐승 친구들을 보호했다. 그의 힘이 아누의 군대와 맞먹을 정도였으므로 아무도 사막으로 들어오지 못했다. 길가메시는 여자를 미끼 삼아 엔키두를 잡으라 명하고, 여자와 살을 섞은 엔키두를 짐승들이 피하고, 무릎에 힘이 빠지고 몸이 마비된 듯한 느낌으로 돌아온 엔키두를 여자가 듣기 좋은 말로 꼬드기자 엔키두는 순순히 그녀를 따라 에레크로 들어온다. 그러는 동안 길가메시는 엄청난 힘을 지닌 사내와 싸우려 해도 어찌해볼 도리가 없는 꿈을 꾸고 불안하여, 어머니 닌순을 찾는다. 닌순은 모든 지식을 아는 여자였다. 닌순이 말한다. 너보다 더 힘이 센 엔키두가 네 친구가 될 꿈이로구나. 닌순의 예언은 맞았다. 궁정으로 들어온 엔키두는 격렬한 레슬링 시합을 치른 후 길가메시의 호의를 받아들이고 그와 아주 친한 친구가 되어 왕궁의 사치를 누린다. 그런데, 그러던 어느 날, 엔키두는 악몽을 꾼다. 얼굴 표정이 무섭고 독수리 발톱을 지닌 신비한 존재가 그를 구름 위로 들어올렸다가 그림자의 집으로 내팽개치는 꿈이었다. 그것은 네르갈이 사는, 한번 들어서면 다시 나올 수 없는 집이었다. 다음 날 아침 엔키두한테서 지하세계 정황을 전해 들은 길가메시가 꿀단지와 버터 단지를 샤마슈에게 바치니, 샤마슈가 이렇게 말한다. 가서 삼목산의 왕 강자 쿰바바와 싸우라. 닌순이 신성한 옷차림으로 나아가 신께 호소한다. 왜 내 아이의 마음을 자꾸 일깨우십니까? 왜 내 아이가 스스로 그 먼 길을 가서 스스로 이해하지도 못하는 싸움을 쿰바바와 벌여야 한단 말입니까? 쿰바바는 소름끼치는 괴물이었고, 쿰바바가 있는 곳까지 가려면 2만 시간을 걸어야 했다. 에레크 주민들이 위험하다고 말리고, 엔키두도 못마땅한 내색을 비쳤지만, 길가메시는 끝내 가겠다며 나섰고, 할 수 없이 엔키두도 그와 동행한다.

삼목산은 시리아 북서부와 소아시아를 가르는 아마누스산이고 길가메시의 모험로는 나무와 돌이 부족했던 첫 바빌로니아인들이 유프라테스 골짜기를 거슬러 오르다가 아마누스산에서 원하는 것을 마침내 발견하기까지의 첫 탐험로에 다름 아니다.

쿰바바는 삼목을 지키라고 엔릴이 배치한 엔릴의 부하. 그의 목소리는 태풍, 그의 입은 신의 입, 그의 숨은 바람이었다. 삼목을 찍어내리는 자는 누구나 질병에 걸린다는 소문이었다. 길가메시는 삼목수풀로 들어가기를 꺼리는 엔키두를 무시하고 숲을 지나 쿰바바의 영역에 이르고, 크게 이름을 부르며 나오라 해도 괴물이 나오지 않자 예언을 구한다. 죽은 자들에게 제물을 바치며 장송곡을 부르고, 구덩이를 파서 씨앗용 옥수수 알갱이를 뿌리고, 산꼭대기로 오르며, 그가 샤마슈를 부른다. 오 주님, 엔키두를 위한 꿈을 보내주소서. 그리고 한밤중 갑자기 길가메시가 잠에서 깨어, 엔키두에게 말한다. 자네 나를 부르지 않았나? 내가 왜 깼지? 신이 지나가시지 않았나? 왜 내 살이 이리 덜덜 떨리지? 하늘이 울부짖고 대지가 고함치는 것을 꿈에서 보았어. 어둠 속에 번개가 치고, 불이 폭발하고, 죽음이 비처럼 내리고 나서야 불이 꺼졌지. 엔키두는 그것을 승리의 징조로 해석하고, 과연 전투에 돌입하자 신들이 원소들을 풀어 훔바바를 공격게 하니 훔바바는 패배를 인정하고, 길가메시가 훔바바를 죽인다. 늠름하고 아름다운 왕의 모습으로 되돌아온 길가메시에게 이슈타르가 유혹의 말을 건네지만 길가메시는 매정하게 뿌리친다. 이슈타르가 변덕이 매우 심하며, 싫증이 나면 상대방을 아주 비참한 처지에 빠뜨린다는 것을 길가메시는 잘 알았고, 이슈타르를 심한 말로 꾸짖었다. 발끈한 이슈타르는 아버지 아누에게 달려가 길가메시가 자신을 모욕했으니 그 벌로 하늘의 수소를 보내어 길가메시를 죽여달라 청하고, 하늘의 수소가 길가메시를 집어던지려는 순간 엔키두가 달려와 수소 꼬리를 붙잡고 수소를 갈가리 찢어버린다. 그리고 오른쪽 옆구리 가죽을 벗겨내어 이슈타르의 얼굴에다 집어던지며 말한다. 너도 잡히기만 하면 이렇게 만들어버리리라. 길가메시는 수소 뿔을 뽑아 제사용 기름을 담는 그릇으로 쓴다. 유프라테스강에서 두 손을 씻고 길가메시와 엔키두는 주민들의 박수갈채를 받으며 에레크로 들어오지만 복수를 결심한 이슈타르는 엔키두에게 질병을 내린다. 엔키두는 12일 동안 질병과 싸우다가 13일째 숨을 거두고, 길가메시는 엔키두의 시체를 부여안고 슬피 울다가 갑자기 죽음에 대한 공포에 사로잡힌다. 궁정을 뛰쳐나가 산골로 산골로 도망치는 길가메시에게 사람들이 '당신의 힘은 어디로 갔는가?' 묻자 길가메시는 이렇게 대답한다. 왜 내가 도망치지 않겠는가? 사막의 표범을 뒤쫓던 내 친구 엔키두, 나와 함께 사자를 죽인 내 친구, 나와 함께 온갖 어려움을 뚫고 지나온 내 친구 엔키두를 운명이 덮쳤다. 육 일 낮 육 일 밤을 나는 울었다. 그러다가 죽음이 두려워 도망쳤다. 내가 사랑했던 나의 친구가 진흙으로 돌아갔다. 나 또한, 그처럼 누워 다시는 일어서지 못할 운명이란 말인가? 도망치고 또 도망치다가 길가메시는 우타-나피슈팀을 찾아가기로 결심한다. 대홍수에서 살아남고, 신들한테서 영생을 선물받은 운 좋은 사내 우타-나피슈팀. 그에게 죽음을 피할 수 있는 비밀을 물어보리라. 그에게로 가는 길은 멀고 위험했지만, 상관없었다. 처음 길가메시는 매일 저녁 태양이 휴식을 취하는 마슈산에 도착했다. 문을 지키는 전갈 인간들은 머리가 신들의 계단, 가슴이 지하세계에 가닿았다. 얼굴이 두려움으로 시커메졌지만 길가메시는 용기를 되찾아 그들에게 절을 했고, 길가메시 몸의 3분의 2를 이루는 신의 살을 알아본 전갈 인간 하나가 그를 산으로 들여보내주었다. 22시간 동안 그는 칠흑 어둠 속을 걸었고, 24시간이 되어서야 다시 빛이 보이고 바닷가에 여신 시두리 사비투('여관 주인')가 사는 아름다운 기쁨의 정원이 보였다. 길가메시가 여행의 목적을 말하자 시두리가 답한다. 영생을 찾다니 소용없는 짓이다. 살아 있는 동안 삶을 즐겨라. 그것이 최선이다. 이 바다를 건널 수 없다. 그리고 입구를 막고 있는 죽음의 바다는 깊고도 깊다. 그곳에 이르면 어떻게 할 것인가? 시두리가 그렇게 말리지만 길가메시는 고집을 꺾지 않고, 할 수 없이 시두리는 우타-나피슈팀의 뱃사공 우르샤나비를 찾으라 일러주고, 우르샤나비는 수풀 나무를 잘라 60큐비트짜리 막대기 120개를 만들게 한 후 길가메시를 배에 태웠다. 우타-나피슈팀의 낙원을 에워싼 죽음의 바다는 그 물이 몸에 닿기만 해도 치명적이었으나 길가메시는 막대기를 한 번만 쓰고 버리는 식으로 위험을 면하고, 마침내 우타-나피슈팀을 만나 불멸에 대한 자신의 욕망을 고하고, 우타-나피슈팀은 시두리와 마찬가지로, 쓸데없는 짓이라 말한다. 내가 불멸을 얻게 된 것은 오로지 신의 은총 때문이고, 불멸의 비밀이란 없다. 길가메시가 막무가내로 '비밀'을 청하자, 우타-나피슈팀은 실험을 제안한다. 잠이 죽음의 이미지므로 육 일 낮과 칠 일 밤 동안 잠을 자지 않는다면 죽음을 피할 수 있다는 이야기가 될지도 모르지. 하지만 오랜 여행에 지친 길가메시는 앉자마자 그대로 잠이 들고, 우타-나피슈팀이 아내에게 말한다. 보시오 영생을 원했던 저 강한 사내를. 잠이, 허리케인처럼, 그를 무너뜨리잖소. 아내는 그러나 길가메시가 너무 안됐다 하고, 우타-나피슈팀은 아내의 간청에 따라 놀라운 비밀을 길가메시에게 알려준다. 바다 밑바닥에 '노인이 젊어지는' 이라는 이름의 풀이 산다. 가시가 많지만, 이 풀을 먹으면 다시 젊어진다. 길가메시는 무거운 돌을 발에 매달고 바다 밑바닥으로 내려가 그 풀을 모

> 으고 돌을 떼어내어 몸을 뜨게 했다. 그리고 다시 우르샤나비의 배를 탔다. 하지만 돌아오는 길에 민물로 목욕을 하던 중, 뱀 한 마리가 향기에 취해 그 풀을 훔쳐가버린다. 길가메시는 두 배로 절망하고, 아직도 죽음에 대한 공포에 사로잡혀 엔키두의 그림자를 부른다. 그리고 '그 세계의 법'을 묻는다.

엔키두가 그리는 '저세상'의 모습은 우울하고 비참하다. 사람이 죽으면 영원히 그 비참한 신세를 견뎌야 한다. 참으로 삶은 필멸이고 비극적이다. 그러나, 그러므로, 삶은 한없이 소중하다!

길가메시는 에레크로 돌아와 통치와 문명 건설에 힘을 쏟는다.

'난해=죽음'을 포괄하는 이야기, 난해를 포괄하는 '이야기=죽음'은 심지어 문장보다 더 전에 있었다. 문장이 세상에 대한 의문부호를 체화하는 과정의 산물인 까닭이다. 다만, 문장이 문체로 되는 것은 생애의 집적을 요하고, 그렇게 문체는 세계관을 담으며, 그 문체들이 소설의 세계를 이루려면 또 한참의, 문체의 생애를 요할 뿐이다. 시 또한 그렇다. 시적 통찰은 심지어 비유보다 더 먼저 세계의 질서를 아찔한 찰나로 포착한다. 비유가 그 통찰을 체화하는 과정의 산물인 까닭이다. 다만, 비유가 시로 되려면 통찰의 생애를 요할 뿐이다. 시는 소설보다 더 먼저 삶을 아찔한 영원의 순간과, 그렇게 죽음과 동일시하지만, 그 동일시가 시 문학으로 되려면, 단 몇 줄을 위해 시의 생애 모든 것이 소요된다.

「길가메시」는 BC 2000~1500년, 혹은 그 전에 수메르어 등 메소포타미아 지역어로 씌어졌다. 그렇게 역사 쪽으로 길이 나고 역사의 길이 스스로 펼쳐진다. 구전(口傳)은 전달자와 기층민중의 빈번한 접촉 혹은 '전달자=기층민중'의 상상력에 힘입어 이야기의 살이 찌지만 입으로 전달된다는 성격 때문에 이야기의 뼈대는 갈수록 완강해진다. 어느 순간 그 구전이 문헌으로, '그림=글자'가 강요 혹은 허용하는 공간 속으로, 특히 예술적 재능의 소유자에 의해 정리될 때, 구전과는 다른 형태의, '응집-종합으로 폭발하는' 상상력이 첨가된다. 그리고 그 자체로 닫힌다. 그중 일부는 고전으로 후세 내내 읽힌다. 이때 닫힘은 후대 예술가들에게 단절이 아니라 변증법적인 상상력의 거리로 작용한다. 그리고 그것을 토대로 그것보다 우월한 역사-사회적 상상력이 발현한다. 그렇게 신화에서 문학이 탄생한다. 「길가메시」 구전은 고대 근동 지역에 광범위하게 퍼졌고 히타이트 등 여러 언어로 번역되었으며 이스라엘 부족 침략 전 팔레스타인 지방과 아나톨리아로 번져 훗날 이오니아 그리스인들한테 가닿았다. 구약 창세기는 길가메시 서사시에 많은 것을 빚지고 있다. 홍수 이야기가 그렇고 '진흙=인간'이 그렇고 '벌=죽음'이 그렇다. 아담은, 길가메시와 마찬가지로, 지식을 얻었으나 영생을 얻지 못했다. 주어진 것을 최대한 활용하라는 메시지는 구약 전도서 3장 22절과 5장 17~19절, 그리고 8장 15절에 반영된다.

가장 중요한 것은 이야기의 틀. 길가메시는 두 번의 여행을 떠난다. 한 번은 자기 밖으로 또 한 번은 자기 안으로. 이렇게 두 겹으로 전개되는 문학-예술 '내적' 변증법은 앞으로 내내 서양 문학-예술 발전의, (거리와 연관된) '외적' 변증법을 심화할 것이다. 이를테면 구약은, 형상화와 결합된 외적인 여행이다. 그것은 하느님 역사(役使)의 형상화를 통해 하느님을 형상화한다. 반면 신약은 내적인 여행의 형상화. 매우 뒤늦은, 그러므로 오랫동안 억눌렸던 것이 폭발하는 형상화. 그러므로 구약을 단순히 잇거나 감싸지 않고 전복하는 형태를 강하게 띠는. 호메로스 『일리아드』와 『오디세이』의 관계는 그 사이에 있다.

히타이트 신화, 꾀가 두드러지다

히타이트 신화는, 하티 신화, 히타이트인 신화, 그리고 미탄니 신화와 아시리아-바빌로니아신화가 뒤얽혀 있다. 미탄니 창조신화 외에 잘 알려진 두 가지 이야기는 모두 문제가 꾀로 해결된다. 인나르는 히타이트인들이 갖고 내려온 신이다.

> 거대한 뱀 일루양카가 감히 폭풍우신을 공격했다. 폭풍우신이 정의를 호소하자 인나르는 큰 잔치를 벌이고 뱀과 그 가족들을 초대했다. 뱀과 가족들은

> 술과 음식을 실컷 먹고 마셨다. 하지만 제 구멍으로 다시 들어가려니 몸이 불어 그럴 수가 없다. 신들은 뱀과 그 가족을 모두 죽인다.

이것은 구약 시편 74장의 레비아단 이야기와 비슷하다. 그리스 신화 속 태풍의 신 티폰도 비슷한 일을 겪는다. 히타이트인들의 신년 축제 푸룰리는 뱀을 죽인 것을 기념한다.

> 풍요의 신 텔레피누가 갑자기 모습을 감추니 대지에서 온갖 생명이 사그라든다. 불이 꺼지고 신전에서 신들이, 축사에서 짐승들이 굶어 죽는다. 말라비틀어진 나무에서 나뭇잎이 떨어지고 들판에서 푸르름이 지워진다. 태양의 신이 잔치를 벌여주지만 신들은 배고픔과 목마름을 끌 수가 없다. 폭풍우신이 나와 어찌 된 일인지를 설명한다. 내 아들 텔레피누가 화가 나서 어디론가 사라졌는데, 도무지 어디 있는지를 모르겠소. 그놈이 자기 것을 몽땅 갖고 가서 세상이 이 모양이오. 모두 나서 텔레파누를 찾아다녔으나 소용이 없었다. 독수리가 세상 곳곳을 뒤졌지만 텔레파누는 보이지 않았다. 그러자 신들의 어머니 한나한나가 벌 한 마리에게 이른다. 이 난리를 벌여도 나타나질 않으니 아마 자고 있는 모양이다. 네가 찾아내어 팔다리에 따끔한 침을 놓아 깨우거라. 벌은 목장에서 잠든 그를 찾아냈고 잠에서 깬 텔레파누가 나타나자 세상이 전처럼 돌아가기 시작했다.

레반트문명, 항해와 소리문자의 세계 그리고 유일신의 탄생

메소포타미아, 이집트, 인도, 그리고 중국에서 강을 끼고 도시를 이루며 생겨난 첫 문명들이 BC 3000년대 말 고원지대로, 바다로, 바다 너머로 번지면서 새로운 위기와 기회를 맞는다. '레반트'는 '해가 뜬다'는 뜻. 오리엔트와 마찬가지로, 동쪽을 가리킨다. 지중해 동쪽, 메소포타미아 서쪽, 아라비아사막 남쪽, 타우루스산맥 북쪽 서남아시아가 레반드고, 아나톨리아, 코카서스산맥, 그리고 아라비아반도는 아니다. 시나이반도를 레반트에 포함시키기도 하지만, 레반트와 북부 이집트를 잇는 다리로 보는 게 낫다. 유럽과 아시아, 그리고 이집트를 연결하는 교역로와 침략로가 레반트에서 뒤섞인다. 중세에는 지중해를 통과하는 동방무역을 레반트무역이라 했다. 영국이 모직물 수출을 위해 1600년 세운 회사 이름이 레반트였고, 이 회사는 근대 주식회사의 선구였다. '레반트' 라는 말은 선사와 고대 그리고 중세의 역사 용어로 주로 쓰이지만, 제1차 세계대전 이후 프랑스가 통치를 맡았던 시리아와 레바논을 '레반트국가' 라 부른 이후 이스라엘과 팔레스타인, 요르단, 레바논, 그리고 시리아를 레반트로 부르는 일이 잦아졌다. 레반트에 맨 처음 정착한 것은 구석기 수렵-채집인들이었다. 신석기는 도기 없는 시기와 도기 있는 시기로 나뉘고, 도기 없는 신석기에 이미 농업이 주된 삶의 방법으로 자리잡은 곳이 많지만, 남부 레반트와 시나이는 유목 사냥 부족의 비중이 더 컸다. 북부 메소포타미아 아시리아인들에게, 크레타섬 주민들에게 문명이 번져갈 무렵, 그리고 히타이트인과, 역시 인도-유럽어족인 그리스 아케아인들이 문명사에 등장할 무렵, 『일리아드』 혹은 인도 서사시 『라마야나』에 나오는 '영웅적 귀족' 사회가 생겨날 무렵, 문명은 레반트, 오늘날 시리아-팔레스타인 지역 가나안인들에게도 전해졌다(가나안은 오늘날 이스라엘, 웨스트뱅크, 서요르단, 남시리아 및 남레바논을 한데 묶는 옛 지명이다). 가나안에는 셈족의 갈래인 페니키아인, 헤브라이인, 그리고 아람인이 서로 피를 섞으며 살았다.

페니키아, 항구도시 상인의 바다제국

페니키아인들의 근거지는 가나안 북부, 특히 현재 레바논과 시리아의 해변지방이다. 우가리트(라스 샴라), 비블로스, 베리토스(베이루트), 시돈(사이다, 구약의 소돔), 티루스(티레) 등 항구도시들이 연맹을 이루고 뛰어난 항해술로 BC 3000년대 이미 이집트 및 크레타 문명과 활발한 해상교역을 벌였다. BC 2000년 인도-유럽어 민족 대이동은 페니키아 또한 혼란에 빠뜨린다. BC 17~16세기, 첫 문명들은 대개 밀려난 상태다. 카시트인들이 바빌로니아를 정복했고 인더스 계곡문명은 인도-아리아 민족에 의해 사라지고, 같은 인도-아리아족 갈래인 미탄니족은 아시리아를 무릎 꿇리고 히타이트까지 위협한다. (미탄니왕국은 BC 14세기에 이르러서야 두 왕국의 합동작전으로 멸망한다.) 힉소스('이방인 통치자들')라 불리는 가나안(혹은 페니키아인 혹은 미탄니인)들이, 말수레, 여러 재료를 섞어 만든 활 등 신기술로 이집트 일부를 백 년 가까이 지배하고 결국 이집트 구왕국과 신왕국을 가르는 것도 이때다. 페니키아에서 최초 소리글자(자음, 원가나안문자)가 생겨난 것은 BC 17세기 무렵. 페니키아에서 가나안계뿐 아니라 인도-아리아계, 미타니계 소도시 왕국들이 흥망을 거듭하고 이집트와 히타이트인들의 침입도 빈번하던 때다. 그리스에서 여러 아케아왕국, 특히 미케네가 발전, BC 15세기면 옛 미노스(크레타) 도시들을 지배한다. 페니키아의 BC 15~13세기는 우가리트 시대. 우가리트는 이집트에 세금을 바쳤지만 키프로스, 크레타, 미케네 등과 교역 및 외교 관계를 유지하면서 당대 최고의 문명을 이루고, BC 1400년 무렵, 원가나안문자를 발전시켜, 쐐기문자 30개로 소리글자(자음, 우가리트문자)를 만들었다. 소리글자는 문맹률을 크게 낮추었다. 같은 시기, 소리글자가 없던 미노스문명의 문맹률은 우가리트보다 훨씬 높으며, 우가리트문자는 에게해 전체로 전해졌다. 점토판에 새겨진 우가리트 문학은 거의 모두 시인데, 훗날 발전하는 헤브라이 문학, 특히 구약 작품과 대구와 운율, 그리고 리듬이 비슷하다. 신화도 구약과 연결되는 것이 많다. 주신 엘('인류의 아버지' '창조의 창조주')은 '이스라엘의 엘로힘'으로 되며, 「열왕기」에 묘사된 야훼의 하늘궁전은 우가리트 신화 그대로다. 구약에 자주 나오는 바알, 아셰라가 원래 우가리트 신이다. 우가리트 신화에서 폭풍우 바다의 신은 얌이고, 모트는 죽음(추수)의 신인데, 헤브라이어 '바다'가 바로 얌이고, '죽음'이 바로 모트다. 철기가 시작된 BC 1200년 무렵 우가리트는 힘을 잃고 사그라든다. 아니 이 시기 지중해의 거의 모든 문명과 '대도시'들이, 아직까지는 정체를 알 수 없는, 아마도 그리스 바다에서 왔을 '해적민족들'에 의해 급작스러운 멸망을 맞는다. 동지중해 지역 도시들 대부분이 10년 남짓한 기간에 무너지고, 히타이트제국은 북부 시리아에 피난처 몇 개만 남게 된다. 아케아왕국도 사라진다. 가까스로 '해적민족들'을 물리친 이집트는 국력을 너무 많이 써서 그후 옛 영광을 영영 되찾을 수 없었다. 아시리아만 커다란 타격을 피할 수 있었다.

이 공백을 재빨리 메운 것이 페니키아인들이다. 통치 기반으로 왕, 신전과 사제 말고도 원로회의가 또 있었으므로, 안정이 가능했을 것이다. 곧 비블로스가 융성하고, 이곳을 바탕으로 페니키아인들은 지중해와 아라비아만 교역로를 지배하러 나선다. 비블로스가 자주 침략을 받게 되자, BC 1000년 페니키아문명의 중심은 티루스와 시돈으로 옮겨지고, 여기서 페니키아문명이 황금기를 맞게 된다. 북아프리카 해변(우타키, 카르타고)과 스페인 해변, 그리고 키프로스, 시칠리, 코르시카, 사르디니아에 교역센터 혹은 식민지 도시 들이 건설되고, 지중해 전역을 지배하는 해군을 바탕으로 드넓고 수준 높은 해상교역문명이 이룩되는 것. 페니키아인들은 스스로를 가나안인이라 불렀고, 그래서 헤브라이어 '가나안인'은 '상인'이란 뜻도 갖게 되었다. 그리고 훗날 그리스인들이 티루스의 유명한 자줏빛 물감에 빗대어 그들을 페니키아인('자줏빛 사람')으로 명명한다. 뿔고둥껍데기에서 뽑아낸 티루스 물감이야말로 페니키아 무역의 꽃이었다. 찬란한 빛을 발하는 옷감과 금, 은, 보석, 상아, 유리로 만든 뛰어난 공예품 또한 주요한 수출품이었는데, 투명 유리는 페니키아인의 발명품일 것이다. 페니키아인들은 레바논 삼목을 이집트로 가져가 팔기도 했다. 식민지 도시를 통해 페니키아 본토로 들여온 것도 많다. 무엇보다 스페인 및 브리튼의 콘월에서 주석을, 키프로스에서 구리를 들여와 청동을 만들었다. '스페인'은 페니키아어 '사판'에서 나왔는데, '숨겨진 곳'이라는 뜻이다. 페니키아인들은 원료 생산지를 철저히 비밀에 부쳤고, 아시아에서 오는 교역로가 만나는 곳이 페니키아였으므로, 메소포타미아와 이집트 및 아라비아 사이 교역을 중개했다. 경작지가 거의 없어 농사를 짓지 않았고, 그래서 상업과 무역에 힘을 쏟은 것이지만, 페니키아인들은 그나마 가능한 땅에서 양을 기르고 양과 양모까지 팔았으며, 올리브와 포도, 그리고 말린 생선도 수출했다. 페니키아인들의 상선은 대서양을 건너 브리튼섬까지 갔고, 항해자 한노가 이끈 카르타고 탐험대는 아프리카 대서양 해변을 따라 기니만까지 식민지를 만들었으며, 그리스 역사가 헤로도토스에 따르면 이집트 파라오 네코 2세가 보낸 페니키아인 탐험대는 아프리카 대륙을 아예 한 바퀴 돌았다. 구약은 티루스 왕 히람 1세와 이스라엘 왕 솔로몬이 힘을 합쳐 홍해를 탐험하고, 신전을 지었다고 적고 있다. 솔로몬 신전은 페니키아 양식으로 지어졌고, 사라진 페니키아 신전의 모습을 가장 잘 보여준다. 페니키아문명은 지중해 주변 지역, 특히 그리스인들에게 커다란 영향을 끼쳤고, 그리스인들은 훗날 페니카아인들의 교역 라이벌로 부상한다. BC 1200년 무렵, 우가리트문자와 마찬가지로 원가나안문자를 발전시켜 만든 페니키아 소리문자(자음)는 주로 교역용으로 쓰였다. 모든 유럽 알파벳의 토대가 된 그리스 알파벳(자음+모음)이 페니키아문자에서 발전한다. 그리스 신화는 페니키아 왕자 카드무스가 제우스 신에게 납치당한 오이로파('유럽')를 찾아 헤매다가, 그리스에 도시 테베를 건설했으며, 그가 알파벳을 가져왔다고 전한다. 페니키아 상인들은 소리글자 원리를 에게해 교역로를 따라, 아나톨리아 해변에, 크레타섬에, 그리고 미케네문명의 그리스에 퍼뜨렸다. 페르시아 등 중동 지역과 인도 알파벳 또한, 간접적으로, 페니키아문자에서 발전했다. 소리문자를 발명했지만, 페니키아인들이 남긴 책들은 모두 사라지고, 라틴어로 번역된 마고의 『농업』 한 권만 남았다. 그 밖에는 청동주걱이나 도기, 혹은 석판에 새겨진 문자들뿐이다. 페니키아인들에 대해 우리가 아는 것은 대개 그들의 이웃, 헤브라이인과 그리스인이 남긴 기록을 통해서다. BC 9세기 이후 페니키아는 다시 강력한 제국으로 발전한 아시리아의 지배를 받게 된다. 아시리아제국이 신바빌로니아왕국과 이란의 메디아왕국의 연합군에 완전히 짓밟힌 후에도 페니키아는 신바빌로니아의, 그다음에는 이집트의, 그리고 그다음에는 페르시아의 지배를 받는다. 하지만 페니키아인은 여전히, 특히 지배제국의 해군력을 강화해주는 역할로, 중요한 위치를 점했다. 그리스인들이 전함으로 특히 애용했던 3단 노, 4단 노 갤리선이 페니키아인들의 발명품이었다. 그리고, 그러는 동안, 페니키아문명의 중심이 아주 서서히, 티루스의 식민도시 카르타고로 옮겨온다. BC 3세기에 이르러 카르타고는 단지 페르시아로부터 독립할 뿐 아니라 서지중해 전체를 지배하게 된다. 그리고 지중해 전체를 놓고 로마와 일전을 치르게 된다. 이것이 포에니전쟁이고, '포에니'는 '페니키아'의 로마어다. 로마는 포에니전쟁에서 승리하고도 '페니키아'가 무서워, 카르타고 및 페니키아문명을 완전히 말살해버렸다.

페니키아 신화, 교역으로 뒤섞여 살아남은 이야기

BC 3000년 무렵, 바다 항해용 선박과 신전 앞에 세울 깃발장식 기둥, 그리고 가구와 관을 만드는 데 쓸 목재를 찾아, 그리고 미라 처리에 없어서는 안 될 송진을 찾아 사람들이 작은 마을 비블로스로 왔을 때 그곳의 주신은 여자였다. 벌써 바알라트('여주인님')라는 이름이 있었을 것이다. 당시 비블로스는 이집트가 교역을 한 유일한 페니키아 마을이었고, 자연스레 비블로스 신화와 이집트 신화 사이 교역도 이뤄지게 된다. 바알라트는 이집트 신화 속 사랑과 무용과 술의 여신 하토르를 점점 닮아가고, 이집트 12왕조와 비블로스의 사이가 아주 가까워지면서 하토르와 동일시된다. 이집트 신화 속 태양의 신 라에 동화한 '이국땅의 라' 혹은 '파라오 호수 위 라'도 있었다. 역시 신인 그의 아들 이름은 루티. '사자를 닮은 분'이라는 뜻의, 이집트식 이름이다. 그는 몸통이 사람 모양이고 머리는 사자 모양이다. 나무신 하이타우('사랑받는')는, 바빌로니아 신화의 곡물신 탐무즈, 그리고 훗날 아도니스의 원형인데, 이집트 신화 속 죽은 자들의 신 오시리스와 동일시되고, 사제들이 송진나무 관을 좋아한 것은 오시리스 때문이다. 이집트 신화 「두 형제 이야기」 중 동생 바타 또한 하이타우를 받아들인 것이다.

BC 14세기 우가리트 점토판 문서는 훨씬 전 신화를 담고 있다. 물, 불, 공기 등 원소와 자연현상 숭배를 바탕으로 모든 신들은 인간의 모습을 띠며, 위계가 엄하다. 주신은 엘. 아주 오래전부터 서셈족이 숭배했던 그는 '왕'이며, 풍요의 신으로 강물이 대양의 심연 속으로 흘러들게 하고, '시간의 아버지'로 세월의 흐름을 정하며, 수소가 그의 상징이다. 엘 다음으로 높은 신은 바발. 그는 페니키아인들이 팔레스타인 남쪽 네게브에서 지중해 해변에 도착한 후에야 나타나며, 엘의 적이고, '북쪽의 주인' 이자 '레바논의 주인' 이며, 하다드, 즉 대기와 구름과 폭풍우의 신이다. 번개를 치고, 비를 내린다. 바알은 수테크 신으로 이집트 신화에 편입된다. 엘의 아들 모트('거룩한 아들')는 불타는 태양 아래 땅이 바싹 타들어가는 지역을 다스린다. 바알의 아들이자 모트의 적인 알레인('구름을 타는 자')은 샘물의 신으로, 물을 공급하여 식물들이 자라게 한다. 바알의 어머니 '바다의 아세라트' 는 '신들의 어머니' 라 불리고, 자식이 일흔 명이다. 바알의 딸 아나트는 대지에 이슬을 뿌려준다. 그녀는 추수 때 모트를 희생으로 바치지만, 모트는 곧 다시 살아난다. 이와 연관하여 알레인과 모트의 싸움 이야기가 전한다.

알레인이 죽자 할머니 아세라트와 아버지 바알은 깊은 슬픔에 빠지고, 엘의 아들 라트폰은 엘에게 알레인의 후계자를 정해달라 청한다. 아나트는 모트에게 자신의 오빠를 살려내라 요구하고 모트가 거절하자 개들을 풀어 그를 잡아들여 낫으로 몸을 가르고 도리깨로 내리치고, 불로 굽고 방아로 빻아 들판에 흩뿌린다. 모트가 죽자 알레인이 살아나고 비가 많이 내리고 강물이 넘쳐 홍수가 지니 엘이 어찌 된 일인지 알아보라 하고, '신들의 횃불' 로 불리는 엘의 딸 사파스가 알레인을 찾아 떠난다. 알레인과 모트의 싸움이 7년 동안이나 이어지므로 마침내 바알이 자신의 아들 모트의 패배를 명하고, 모트는 지하세계로 내려간다.

우가리트 영웅서사시도 있다. 주인공 케레트는 최고신 엘의 아들이며 사파스의 전사, 그리고 시돈의 왕 케레트다.

달의 신 에트라 혹은 자불론족(훗날 이스라엘 민족의 일부를 이룬다)이 코세리트족을 끌어들여 반란을 일으키자 엘은 케레트에게 그들을 물리치라고 명한다. 케레트는 방 안에 틀어박혀 울음을 터뜨리지만 자신이 한 아들의 아버지가 될 것이라는 꿈을 꾸고 용기를 되찾는다. 그는 신들에게 제물을 바친 후 도시로 돌아와 도시 사람들이 6개월 동안 먹을 수 있는 식량을 마련했다. 에테라군은 이미 여섯 개 도시를 정복하고 페니키아 땅을 둘로 나눈 상태였다. 전투는 네게브에서 벌어졌고 케레트는 반란군을 물리쳤지만, 승리를 거두지는 못했다. 시돈으로 돌아온 그는 금과 은을 주고 아내를 샀다. 그리고 아들을 낳았는데, 아이는 태어나자마자 '나는 적을 미워한다!' 고 외쳤고 과부에게 권리를 주고, 고아를 보호하고, 약탈자를 벌할 것을 요구했다.

BC 1000년 무렵, 그 유명한 아도니스 신화가 생겨난다. 아도니스는 우가리트 신화 알레인과 모트를 합친 것이다. 그리스 신화 속으로 고스란히 들어온 아도니스 신화는 이렇다.

나무로 변신한 어머니한테 태어난 아기 아도니스는 매우 아름다웠고, 홀딱 반한 아프로디테는 아기를 상자에 넣어 지하세계 여신 페르세포네에게 맡긴다. 훗날 아프로디테가 상자를 돌려달라 하지만 페르세포네는 거절한다. 그녀도 상자를 열어본 후 아기에게 반했던 것. 두 여신의 다툼이 계속되자 제우스는 아도니스가 1년의 반은 땅에서 반은 지하세계에서 살도록 하는 결정을 내린다.

또다른 '아도니스의 죽음' 도 있다.

아도니스는 아프로디테가 너무 위험하다고 말렸음에도 듣지 않고 사냥을 계속하다가 사나운 멧돼지로 변신한 아프로디테의 남편 헤파이토스 혹은 그녀의 연인 아레스에게 죽임을 당한다. 아도니스가 흘린 피에서 아도니스꽃이 피고, 아프로디테가 흘린 눈물에서 장미꽃이 피었다. 아프로디테가 너무 슬퍼하자 지하세계 신들은 아도니스가 해마다 1년의 3분의 1은 지상에서 아프로디테와 함께, 3분의 1은 지하세계에서 페르세포네와 함께, 그리고 나머지 3분의 1은 스스로 원하는 곳에서 살게 해주었다.

아도니스는 해마다 죽고 다시 살아나는 식물신으로, 아도니스 숭배 의식이 페니키아의 모든 곳에서, 특히 비블로스에서 크고 화려하게 치러졌고, 그후로도 오랫동안 이어졌다. AD 1세기 말 이집트, 알렉산드리아 출신 유대인 철학자 필로는 그리스 신화가 페니키아 신화에서 나왔다는 것을 보여주기 위해 페니키아 신화를 정리했는데, 다 믿기는 힘들다. 필로는 페니키아 신화를 '우주 발생' '원시 역사', 그리고 '우라누스족의 역사'로 나눈다.

> 거친 바다와 공기 혹은 바람의 숨결이 오랫동안 원소들을 지배하다가 숨 쉬는 공기가 자신의 원리에 반해 몸과 몸을 섞으니 이것이 만물이 창조되는 원리, 욕망이다. 숨결은 자신의 창조된 것을 모르고 숨결과 숨결의 결합으로 모트가 생겨났다……

필로는 이런 '저절로 창조'에 이집트 신화에서 빌려온 우주알 창조론까지 덧붙인다. 진흙 혹은 썩은 물인 모트로부터 모든 것이 진화를 통해 갈라져나오고 마침내 스스로를 의식할 만큼 지능을 갖추게 된다. 천둥소리에 지능 있는 동물들이 깨어나 두려움을 느끼고 땅과 바다 사방을, 암컷과 수컷으로 헤매고 다녔다…… 그리스인들도 페니키아인들의 여러 창조신화를 전한다. 처음에 시간이, 그리고 욕망과 어둠이 생겨났다. 욕망과 어둠이 살을 섞어 아에르(공기)와 아우라(숨)가 생겨났다. 아에르는 순수한 지성을, 아우라는 그것으로부터 움직여 나오는 최초 생물을 뜻한다. 아에르와 아우라가 몸을 섞어 우주알을 만든다…… 맨 처음 우주 시간 안에 모든 것이 들어 있었다…… 맨 처음 두 가지 원리 에테르와 공기가 있었다. 그런 다음 바람이, 그후 두 가지 바람 립스와 노토스가, 그후 오울로모스(세기들)가, 그후 코우소르, '여는 자', 그리고 알이 생겨났다…… 등등.

필로의 '원시 역사'는 문명과 종교의 탄생을 다루는 신화다. 에온은 먹을거리를 발견하고, 에온의 두 아들 게노스와 게네아는 페니키아 첫 정착민이며, 에온의 자손 '빛, 불, 불꽃'이 불을 발명한다. 그후 산을 다스리는 거인족(카시오스, 레바논, 안티레바논, 브라시)이 향을 발명한다. 그들이 다스리던 산들이 모두 향나무 산지였다. 인간 도덕이 무너지고 여인들이 맨 처음 자신을 찾는 사내에게 함부로 몸을 주고 아이들이 어미 성을 따르게 되지만, 티루스의 '아비 없는 자식' 하프소우라니오스가 골풀과 파피루스로 지은 집을, 그의 동생 오우수스는 짐승 가죽으로 만든 옷을 발명한다. 티루스에 비가 오고 강한 바람이 불고 나무들이 서로 몸을 비벼 큰불이 나자 오우수스는 나무 한 그루를 베어 껍질을 벗겨내고 인류 최초로 바다를 도모한다. 그는 불과 바람에게 석비와 짐승 피를 부은 잔을 바쳤다. 두 형제의 자손은 사냥과 고기잡이, 그리고 쇠 다루는 법을 발명한다. 특히 쿠소르는 마법 주문과 예언 능력을 보이고, 낚싯바늘과 미끼, 낚싯줄과 낚싯배, 그리고 항해법을 발명했다. 정원과 현관, 그리고 지하실을 붙여 집을 화려한 저택으로 만든 것도 그다. 비블로스 사람들은 쿠소르를 '가장 위대한 신'으로 모셨다. 개를 사냥에 쓴 것도 이 시기고 얼마 후 아미노스와 마고스가 마을을 이루고 가축 키우는 법을 가르친다. 소금을 발견한 것은 미소르와 시디크. 미소르의 자손 타아우토스가 마침내 문자를 발명하는데, 그는 이집트 신 토트로 된다. 시디크의 자손 카베이리족이 항해술을 완성하고, 이어 다른 사람들이 약초를 사용, 짐승 독이빨에 물린 상처를 치료한다.

'원시 역사'는 신들이 그때그때 발명자 역할을 맡을 뿐, 발명과 발명을 잇는 앞뒤 맥락은 없다. '우라노스족의 역사'는 신을 인간과 같은 존재로 다루며, 보다 더 논리적이고, 그들이 겪는 모험을 통해 충성심, 첫 도시, 쟁기의 발명과 밀경작, 봉헌 희생과 인간 희생, 신전 건축, 결혼제도 변화 등을 설명하지만, 그리스 신화 속 하늘의 신과 그 아들 제우스의 전쟁 이야기를 너무 닮은 바로 그만큼, 믿기 힘들다.

카르타고인 또한 페니키아 신들을 숭배했고, 그 밖에 하늘과 풍요의 신 바알-함몬은 수염 달린 위엄 있는 노인으로 머리에 양뿔장식을 했고, 로마인들은 그를 아프리카 신 주피터 암몬과 혼동했다. 베스는, 다리가 굽고 배가 볼록 튀어나온 흉측한 모습의 난쟁이로, 이집트와 서아시아에도 알려졌다. 대개 바알-함몬과 연결되는 위대한 여신 타니트는 '바알의 얼굴'로 불리는데, 그녀의 상징은 뜻이 분명하지 않다.

우리가 아는 가나안 신들의 이름은, 그러나, 모두 진짜 이름을 가리기 위한 가짜 이름이다. 신의 이름을 발음하면 그 신의 은혜가 내린다고 믿었으므로, 진짜 이름은 신도들만 아는 비밀이었다.

스페인 알리세다 발굴 작업에서 출토된 가장 중요한 페니키아 미술 발굴품 중 하나인 BC 7세기경 귀걸이 펜던트는 연꽃, 종려 잎새, 그리고 새무늬로 장식되어 있다. 페니키아인들은 탁월한 금속-세공 능력을 과시했는데, 특히 금과 동 세공술이 유명했다. BC 325~300년 페니키아에서 제작된 듯한 시돈 소재 알렉산드로스대왕 능 석관 패널 대리석 부조는 사냥 장면을 사실주의적으로 상세하게 그리고 있다.

헤브라이문명, 사막과 광야의 상상력이 낳은 하나님의 왕국

팔레스타인 남부에는 원래 필리스틴인들이 살았지만('팔레스타인'은 '필리스틴'의 로마어다), BC 11세기에 이르러 헤브라이인들 차지가 된다. 필리스틴인은 아마도 그리스 본토 미케네문명과 관계가 있는, '해적민족들'의 일부였을 것이다. 그들의 항해술은 페니키아인들에게 커다란 도움을 주었고, 기록을 남기지 못하고 가나안 문화 속으로 흡수되었지만, 필리스틴어는 인도-유럽어 갈래였다. 필리스틴인이 점한 가나안 남서부 해변 5개 도시 가자, 아슈, 켈론, 아슈도드, 가스는 BC 1185년 이집트 19대 왕조가 망할 때까지 이집트가 다스리던 곳이다. '헤브라이'는 '나라 없는 자들'이란 뜻이다. 가나안인, 아모르인, 히타이트인, 후르리인 등이 뒤섞여 있다가 가나안 신 하다드(바알) 대신 엘을 숭배하는 헤브라이 민족이 생겨난 것이다. 가나안과 메소포타미아 신화의 여러 부분을 헤브라이인들은 아모르 신화를 통해 흡수했다. 그들은 마을을 이루고 계절 따라 높은 산과 평지를 오르내리며 염소, 양, 그리고 소 떼를 키웠다. 수소와 당나귀를 부렸고, 청동기에서 철기로 넘어갈 즈음 중앙아시아에서 낙타가 들어왔다. 12세기 매우 강력한 헤브라이족이 등장한다. 가나안인들의 이집트 침략 후 세워진 이집트 힉소스왕조가 몰락하고 오랫동안 노예생활을 했으나 모세의 지도 아래 이집트 탈출을 감행했던 이스라엘 민족의 후예가 바로 그들이다. 필리스틴인과 헤브라이인들 사이의 전쟁이 끊이지 않았다. 아마도 아나톨리아 정복 때 배웠을 철 제조 기술을 오랫동안 독점하면서 필리스틴인들은 특히 남쪽 헤브라이인들을 노예로 삼기도 했다. 구약의 그 유명한 '삼손과 델릴라' 이야기가 바로 필리스틴인과 이스라엘인 사이의 전쟁을 무대로 하고 있다. 이스라엘 민족과의 전쟁에서 필리스틴인들은 결정적인 패배를 맛보는데, 구약의 '소년 다윗과 거인 골리앗' 이야기가 그 무대다.

이스라엘인들이 이집트를 떠난 것은 BC 1312년. BC 1021년 사울이 이스라엘 12개 부족을 통일, 첫 왕에 오르지만 그의 치세는 이 년으로 끝나고 2대 다윗왕이 예루살렘을 이스라엘 수도로 확정한 후, 이스라엘을 제국으로 키운다. 필리스틴인들을 정복하고 예루살렘에 중앙집권정부를 두고 정규군대와 재판관을 전국에 파견하고 중동 쪽으로 세력을 넓혔다. 3대 '지혜의 왕' 솔로몬 때 이스라엘은 평화와 번영을 누린다. 솔로몬은 예루살렘에 제1성전을 지었다. 그가 죽은 후 10개 부족이 합친 이스라엘 북부와 예루살렘 및 2개 부족이 지배하는 남부 사이 대립이 날카로워지더니, BC 920년 왕국이 북쪽 이스라엘과 남쪽 유다로 나뉘고 남북전쟁이 60년 동안 이어지다가 아시리아제국 군대의 침략을 받게 된다. 아시리아 황제 사르곤 2세가 당시 이스라엘 수도 사마리아에 살던 주민 27,280명을 아시리아로 끌고 가면서 북쪽 이스라엘왕국은 창건 253년 만에 무너지고, 나머지 백성들은 동쪽으로 흩어졌다. 이들을 '사라진 이스라엘 10부족' 이라 부른다. 남쪽 유다는 123년을 더 버텼다. 흩어진 온갖 부족민들이 유다로 몰려들고, 그래서 이스라엘 백성 전체를 유대인이라 부르게 된다. 그리고 유다가 신바빌로니아 황제 네부카드네자르의 침략을 받고 바빌로니아로 통째 옮겨지면서, 아시리아로 끌려갔던 이스라엘 백성들까지 그리로 몰려들었다. 바빌론은 유대인으로 넘치고, 제2의 유다로까지 불리게 된다.

헤브라이문명의 최대 무기이자 유산은 세계 최초의 유일신('하늘님' 이 아닌 '하나님') 종교인 유대교다. 창시자는 아브라함('숱한 이들의 아버지/지도자').

아브라함은 유대교뿐 아니라 기독교와 이슬람교의 아버지이기도 하며 이들 '아브라함교' 혹은 '사막 유일신교' 신자가 전 세계 종교인의 절반을 차지하고 이들 모두 아브라함을 아랍인의 조상으로 여긴다. 광야와 사막을 헤매다가 하늘에 펼쳐진 너무도 찬란한 별들의 세상을 보면서 아브라함은 생각한다. 이 아름다운 세상을 만든 창조주 한 분이 반드시 계실 것이다…… 유대교는 그렇게 태어나고, 헤브라이 신화가 유일신을 중심으로 재구성되어 창세와 역사를 이끌며, 역사와 더불어 발전해간다. 아브라함에 대한 역사 기록은 없지만, 구약 창세기가 맞다면, 그는 BC 2000~1500년 사람일 것이다. 메소포타미아를 떠나온 셈족 아모르인 추장이라는 주장이 힘을 얻고 있다.

간지스문명 태동기 이스라엘에서는 가부장제도가 계속 강화, 한편으로 자연-풍요신 숭배적 성애 예찬이 종교음악으로 전화하며 예술-에로티시즘이 증대하는 현상을, 다른 한편으로 여성조차 가부장제도의 전사(戰士)로 변신하는 현상을 빚어냈다. 솔로몬 아가(雅歌)가 전자에, 거의 동시대 씌어진 전쟁시 「데보라의 노래」(「사사기」 15장 수록)는 후자에 속한다. 데보라는 이스라엘 종족 연합의 첫 유명 여성 판관이고 예언자-시인-꿈 해석가기도 하지만 무엇보다 카리스마를 갖춘 지도자로 가나안 정복을 선동한다. 「데보라의 노래」는 구약에 실린 가장 오래된 문학 문헌 중 하나다. 유대교의 가부장화도 '아가 현상'도 계속되지만 '데보라 현상'은 곧 사라지고, (전쟁이 아니라) 예술-에로티시즘 속으로 은둔하지 않는 한 유대교 전통에서 모계사회 여성은 들어설 자리를 점차 상실한다. 그렇게 보면 '예수=육' 화뿐 아니라 '성모=교회' 화도 에로티시즘 혁명이다. 에로티시즘이 되지 못한, 아니 에로티시즘을 삭제해가는 문학 이야기와 '노래 중의 노래'가 혼재하던 시기 이스라엘에서 최초의 직업 음악인들이 생겨났다는 점이 그 모든 것을 가능케 했는지 모른다.

고대신화에 대홍수 주제가 만연한 것은 문명발상지 메소포타미아가 두 개의 강력한 강, 즉 티그리스와 유프라테스 강 사이 위치한 것에 일차적으로 기인한다. 짠물 바다 티아마트는 우주 질서 창조 전 극복해야 할 태초의 혼돈으로, 용

형용의 괴물이며, 마르두크의 무기는 철퇴와 번개, 그리고 그물이다. 티아마트를 죽이는 마르두크를 묘사한 원주형 인장이 남아 있다. 헤브라이 악마 여신 릴리트는 메소포타미아 신화에서 유래, 아담과 관계를 맺고 악마적인 자손들을 낳았다고 종종 전해진다. 프리기아의 구세주 신 아티스는 거듭 되살아나다가 거세를 통해 최후를 맞는다. 프리기아 복장은 종종 아랫도리가 열려 성기를 드러낸다. BC 2400~2200년 아카드 신년 창조제의 장면을 새긴 서기관 아다의 원주형 인장에는 활 든 니무르타, 날개 달린 이슈타르, 물의 신 에아, 그리고 태양의 신 샤마슈가 등장한다. 우가리트 신화 속 폭풍우의 신 바알은 한 손에 천둥-철퇴를, 다른 손에 번개-창을 쥐고 산맥 위에 서 있다. 우가리트 신화의 주신 엘은 왕, 소, 친절한 분, 자비로운 분, 성스러운 분이다. BC 750년 무렵 아시리아 석조 부조에서 길가메시가 안고 있는 사자는 '권력'을 상징한다. 함무라비법전 돌비문 상단 부분에는 태양과 정의의 신 샤마슈를 경배하는 함무라비왕이 새겨져 있다. 히타이트 신화 속 날씨와 전사의 신 테스후브는 칼을 차고 도끼와 삼지 번개창을 든 채, 뿔모자를 썼다. BC 8~9세기 메기도 상아조각은 이슈타르를 성스러운 창녀로 묘사한다. 미노스문명에서 수소는 생명력의 신성한 현현으로 여겨졌다. 아테네시의 가장 중요하고 화려한 종교행사 판아테나이아 축제에서도 유지와 시민 대표 들이 수호신 아테나에게 각각 소를 한 마리씩 바쳤다. 가장 잘 알려진 페르시아 신 미스라는 원래 미트라('계약')의 화신으로, 법과 질서의 수호자며, 네 마리 말이 끄는 황금마차를 타고 악마 및 그 추종자들과 싸우는, 태양과 밀접하게 연관된 전쟁신이긴 하지만, 고대 로마시대에 이르면 천지창조 재생을 위해 수소를 도살, 굶주림과 죽음이 없는 최초 인간 이마의 세상을 다시 불러내는 신비제의의 대상이 되고, 그렇게 신화가 연극으로 된다. 아케메니드왕조 수호신으로 채택된 페르시아 신화 최고-하늘신 아후라 마즈다('현명한 주님')는 바빌로니아와 이집트 전통을 좇아 날개로 왕을 보호해준다. 아후라 마즈다는 최초 인간 가요마르트와 은총의 우주를 창조하지만 악마의 지도자 앙그라 마이뉴 또한 어둠과 죽음의 세계를 만들어 그와 영원히 맞서고, 그렇게 페르시아인들에게 삶은 선과 악의 투쟁이다.

소리글자, 음악과 미술의 상상력이 결합하다

사물과 행동과 감정이 있고, 그것에 대한 명명이 있다. 명명은 발음이다. 그림이, 그리고 그림문자가 먼저 사물을 추상-상징화하지만, 그렇다고 발음이 불필요해질 리는 없다. 소리글자보다, 그림글자보다, 그리고 그림보다 먼저 생긴 발음은 그림이 그림글자로, 그림글자가 더욱 상징적이고 추상적인 부호로 바뀌는 즈음, 미술적 상상력과 음악적 상상력이 결합, 그림글자로부터 소리의 그림인 소리글자를 이끌어낸다. 하여, 그림문자 '알레프(수소)'가 소리글자 'a'를, '베트(집)'가 'b'를, '기멜(던짐 막대기)'이 'g'를 이끌어낸다. 한글로 말하자면, 가나다라마바사가 있기 전에 '수소' '집' '막대기'라는 발음이 있었고 이것이 각각 소리글자 'ㅅ' 'ㅈ' 'ㅁ'을 이끌어낸다. 역사적으로 또 자연적으로, 자음이 먼저 만들어졌고 한참 뒤 모음이, 덧붙여졌다. 한글은 그보다 한참 뒤인 15세기 일부러, 각국의 문자를 연구한 끝에 자음과 모음이 동시에 만들어졌다. 소리글자가 태어나는 음악적 상상력의 과정은 음악보다 더 음악적이고, 미술보다 더 미술적이다.

아나톨리아, 빛바랜 교통로

아나톨리아(소아시아)는 아시아와 유럽이 만나는 면적 78만 5,760평방킬로미터, 동서 길이 천 킬로미터, 남북 길이 4백~6백 킬로미터 땅으로, '레반트' 혹은 '오리엔트'와 마찬가지로 '해 뜨는 곳'이란 뜻이다. 특히 카탈 후유크에서 도시문명이 수메르보다 수천 년 먼저 발전할 수 있었으나, 그러지 못했고, 이 지역에서 생겨난 히타이트문명 말고는 '해 뜨는 곳'의 역할을 하지 못했다. 신석기에서 철기까지 이어진 트로이문명은 그리스 연합함대에 무참히 짓밟혔다. 프리지아왕국, 리디아왕국, 그리고 카리아왕국은 밖으로 뻗지 못했고 그후, 페르시아제국, 켈트족, 알렉산드로스대왕, 로마제국, 고트족, 비잔틴제국, 그리고 셀주크 터키와 오토만제국의 지배를 받았다. 트로이의 후예가 로마문명을 세웠다는 것은 아직 전설일 뿐 사실로 확인되지 않았다. 그리고, 로마문명의 바탕 노릇을 한 고대 이탈리아 에트루리아문명이 이곳에서 발생했다고 하지만 아직 주장일 뿐이다. 아나톨리아인들은 셈어와 인도-유럽어 및 다른 많은 언어를 사용했다. 어떤 학자들은 아나톨리아가 바로 인도-유럽어를 세계 곳곳에 퍼뜨린 중심이라고 주장한다. 오늘날 아나톨리아는 터키 면적의 대부분을 차지하며, 주민들은 대개 터키어를 사용하고 이라크 및 이란과 국경을 접하는 곳에 쿠르드족 등 소수민족들이 살고 있다.

고대 이집트, '과학=신비'와 '죽음=태양'의 문명

고대 이집트문명은 수메르문명과 거의 동시에 생겨났다. 수메르보다 더 오래되었다는 주장도 있다. 이집트문자는 메소포타미아문자와 별도로 발전했고 훨씬 더 체계적이었다. 한마디로 메소포타미아문자는 신화-선사시대 속에 여전히 머물고, 이집트문자는 문자로 역사시대를 연다. 그러나, 수메르문명이 열린 교차로 문명이었다면, 이집트문명은, 수메르문명보다 우수한 발명품이 많았음에도, 다소 닫힌 문명이었다. 그러나 이것은, 이집트가 일찍부터 제국의 위치에 올라 웅근 문명을 누리며 발전시켰다는 뜻이기도 하다. 고대 로마인들은 이집트와 서아시아를 합쳐 '오리엔트(태양이 뜨는 곳)'라 했다. 문명이 발전하고 문명 발전에 대한 시야가 넓어질수록 '해가 뜨는 동방'이 더욱 넓은 지역을 뜻하게 될 것은 당연하다. 고대 이집트문명은 관개를 독점하는 왕-사제가 절대권력을 행사하고 귀족의 힘은 별로 크지 않았던 전형적인 '물의 제국'이었다. 이집트에 사람이 정착하기 시작한 것은 BC 8000년. 남서쪽, 수단과 국경을 접한 지역은 오늘날 매우 건조하지만, 당시는 초원이었고 계절 따라 내린 비가 임시 호수를 이루었으므로, 유목민의 정착을 끌어낼 만했다. 아마도 이집트문명의 선조였을 이들은 동아프리카, 북동아프리카, 심지어, 유럽과 중동에서 흘러들어온 사람들이었다. BC

6000년에 이르러 이들은 가축떼를 몰고 다니며 풀을 먹이고 커다란 건물을 짓는다. 그리고 BC 4000년 무렵부터 나일강 삼각주 아래 지방(상이집트)과 위 지방(하이집트)의 생업과 정치, 종교, 그리고 문화적 정서가 달라지면서 상하 이집트 사이 싸움이 끊이지 않다가, BC 3100년 무렵 상이집트 왕 나르메르(혹은 메네스)가 상하 이집트를 통일하면서 이집트는 강력한 국가로 성장한다. 나일강변의 좁고 긴 지역인 상이집트는 사막화로 쓸모 있는 땅이 점점 줄어드는 상태였다. 하이집트는 오늘날 카이로 북부 부채꼴 모양의, 풍요로운, 인구가 많이 몰린 땅이다. '위' 가 '하' 고 '아래' 가 '상' 인 것은 '이집트를 선물한' 나일강이 '아래' 에서 '위' 로 흐르다가 지중해로 빠져나가기 때문이다. 나르메르는 나일 삼각주 곡창지대가 시작되는 멤피스에 수도를 건설했다. 고대 이집트인들은 꽉 짜인 행정부를 두고 해상무역을 벌였으며 거대한 석조물을 지었다. 이집트인들은 BC 27세기 기자에 엄청난 크기의 피라미드를 지었다. BC 2000년 무렵 이집트인들은 크레타섬으로 나아갔고, 셈족(힉소스)의 침략과 지배를 받은 후 더욱 강해져 에게해, 수단과 리비아, 그리고 남서아시아 유프라테스까지 세력을 넓혔다. 이집트문명은 BC 332년 알렉산드로스대왕이 정복할 때까지 3천 년 이상 이어지고, 그 후 이집트는 특히 알렉산드리아를 중심으로 그리스문명('헬레니즘')을 전파하는 통로 역할을 하다가 훗날 로마의, 그리고 다시 이슬람 세력의 지배를 받게 된다. 이집트문명은 나르메르를 마지막 왕으로 하는 원왕조와, 첫 왕으로 하는 초기 왕조(제1~2대 왕조, BC 27세기까지), 구왕국(제3~6왕조, BC 27~22세기), 첫번째 중간기 혹은 혼돈기(7왕조~테베 중심 11왕조), 중왕국(이집트 전체 11~14왕조, BC 20~17세기), 두번째 중간기(14~17왕조, 이중 힉소스왕조는 15~16왕조), 신왕국(제18~20왕조, BC 16~11세기), 세번째 중간기(제21~25왕조, BC 11~7세기), 말기 왕조(제26~31왕조, BC 7세기~332년, 페르시아왕조 포함)로 나눌 수 있다. 중간기는 상대적 침체기며, 알렉산드로스대왕 정복 이후 따로 프톨레마이오스왕조 시대라 부른다. 프톨레마이오스는 알렉산드로스대왕의 부하 장수다.

구왕국, 피라미드의 시대

전설에 의하면 이집트문자는 상하 이집트 통일 무렵 고안되었다. 통일이 문자를 낳기도 했고 문자가 통일을 낳기도 했다. 이집트인들이 남부 팔레스타인에 식민지 혹은 중개무역소를 세운다. 이집트를 통일한 나르메르는 이전의 자치 마을을 하나의 통치체계 아래 묶는 중앙집권체제를 세웠다. 행정조직은 물론 건축 토목 기술, 그리고 예술 등이 질적으로 발전한다. BC 2675년 구왕국 이집트가 페니키아로부터 나무를 수입했다는 문서가 남아 있지만, 실제로는 원왕조 때부터다. 히에로글리프도 새롭게 다듬어졌다. 일 년을 365일로 하는 역법이 마무리되었다. 중앙정부 건물은 나무 혹은 사석으로 지은, 지붕이 없는 신전이었다. 멤피스 근처 능터 외에 아비도스, 네카다와 사카라에 있는 파라오 무덤들은 주로 나무 혹은 진흙벽돌을 썼고, 돌은 벽이나 마루에 간간이 쓰였을 뿐이다. 하지만 석제 장식물과 그릇이 아주 많고, 석상도 종종 보인다. 사람들은 여전히 상하를 구분해 불렀고 파라오는 남쪽 흰 왕관과 북쪽 붉은 왕관을 합친 이중관을 썼다. 사제들은 역대 파라오 명단을 작성하고 그들 치세 중 중요한 사건들을 기록했다. 구(舊)왕국기를 여는 파라오는 조세르. 그가 2대 왕이라는 설도 있다. 수도는 나일강 서쪽 둑 '두 땅'이 만나는 지점 근처 멤피스에 위치했다. 재상이었던 건축가 임호텝이 파라오를 위해 도시를 바라보는 높은 지대 사카라에 공동묘지를 마련하고 무덤을 짓는데 그것이 '사카라의 계단피라미드', 이집트 최초의 석조 거대 건축물이고, 이것을 신호탄으로 이집트의 가장 창조적인 피라미드 시대가 열린다. 역대 파라오들이 자신의 무덤을 점점 더 거대하게, 계단을 쌓는 대신 더 거대하고 평평한 돌을 더 매끈하게 끼워맞추는 식으로 짓게 하면서 시작된 피라미드 시대는 기자에 위치한 쿠푸-카프레-멘큐레 세 파라오의 거대 피라미드에서 절정에 달한다. 그리고 그것들 옆 모래사막에 카프레왕의 얼굴을 한 거대한 스핑크스가 앉아 있다.

중앙집권체제가 더욱 강화되어 지방 왕들이 파라오의 지방행정관 혹은 세금징수관으로 된다. 이 시기 이집트인들은 파라오가 나일강 홍수를 해마다 조절하여 농사를 짓게 해준다고 믿었으며, 스스로 선택받은 민족, '대지의 유일한, 진정한 인간들' 이라 믿었다. 구왕국은 4왕조 때 왕권이 절정에 달한다. 첫 왕 스네페루는 다른 어떤 파라오보다 더 많은 돌을 쏟아부으며 (계단 없는) 피라미드 세 개를 짓게 했는데, 처음 두 번은 실패했다. 이중 '굽은 피라미드' 는 반쯤 지은 건축가들이 각도가 너무 가파르다고 판단, 그 위쪽 각도를 보다 느슨하게 만든 이상한 모양이다. 하지만 다슈르의 아담한 '붉은 피라미드' 는 성공작이다. 스네페루의 뒤를 이은 것이 그 유명한 파라오 쿠푸(케오프스)다. 그는 나일강 홍수 때마다 오갈 곳이 없게 되는 엄청난 숫자의 농사꾼들을 강제로 동원, 기자에 거대한 피라미드를 세웠다. 누비아로 군대를 보내 노예를 사냥했지만, 이들이 주요 피라미드 일꾼은 아니고, 이집트 농사꾼들은 피라미드를 짓는 동안 거처와 식량을 제공받으니, 아주 못 할 일은 아니었다. 구왕국이 피라미드 공사에도 불구하고 7백년 동안 안정적으로 유지될 수 있었던 경제적 이유다. 기자 쿠푸 피라미드는 바닥이 5헥타르에 원래 높이가 147미터였다. 10만 명이 20년 동안 돌 2백만 개를 쌓아야 만들 수 있는 건축물로, 고대문명 7대 불가사의 중 유일하게 살아남았다. 쿠푸가 죽은 후 두 아들 제데프라와 카프라 사이 싸움이 일었고, 카프라가 기자의 두번째 피라미드와 스핑크스를 세웠고 훗날 멘카우라가 가장 작은 기자 피라미드를 보탰다. (그리스 신화 스핑크스는 '동물=인간' 이라는 수수께끼를 던지는 괴물이지만, 이집트의 스핑크스는 파라오 얼굴을 한 사자 모양이다.) 작다고 했지만 기자의 세 피라미드는 거대하고 영원한 시간을 위한 기념물 그 자체다. 그후 80여 개의 피라미드가 더 세워졌는데, 피라미드는 파라오의 무덤이지만, 태양신 라를 위한 것이기도 하다. 즉 피라미드는 죽음 예찬이 아니고 찬란한 태양과, 그것을 닮은 사후세계 예찬이다. 이집트인들은 가장 낙관적인 고대문명인들이었다.

미라가 만들어지기 시작한 것도 4왕조 때다. 사후세계를 믿었으므로 이집트인들은 시체를 썩지 않는 상태로 영원히 보존코자 했다. 미라는 '역청' 의 아라비아어 '무미야' 에서 나왔다. 고대 로마인들이 역청에 시체를 담가 영구 보존하려 했던 것. 시체를 썩지 않게 하려면 무엇보다 물기를 없애야 한다. 처음 이집트인들은 뜨거운 모래로 시체를 말렸다. 하지만 도무지 '살아 있는' 느낌이 없었다. 모래밭에 시체를 묻어두는 것은 죽은 자에 대한, 특히 파라오에 대한 예의도 아니었다. 나일강이 해답을 주는 듯했다. 나일강 홍수는 침니로 땅을 기름지게 한다. 홍수가 물러나면 곳곳에 물웅덩이가 남고 그 물마저 증발하면 소다석이라는, 하얀 결정 물질이 남는데, 이 소다석이 매우 강하게 수분을 빨아들였다. 그러나 소다석 삼 퍼센트 용액에 담근 구왕국 왕비 헤테페레스의 내장이 그냥 물컹한 진흙덩어리로 엉켜 내장 미라가 실패하자, 이집트인들은 몸체 형태를 보존하는 미라를 생각하게 된다. 송진에 적신 붕대로 시체를 감싸는 미라법은 제5왕조에 이르면 매우 발전, 궁정음악가 와티의 미라는 얼굴에 난 사마귀, 굳은살, 주름살까지 보여줄 정도다. 제5대 왕조를 세운 헬리오폴리스('태양신의 도시') 제사장 아들 우세르카프는 오시리스 대신 태양신 라를 최고신으로 세우고, 파라오를 '라의 아들'로 부르게 하고, 태양신 신전을 세우는 등 개혁을 단행하지만, 이 개혁은, 그러잖아도 제4왕조의 대규모 피라미드 공사로 왕국의 재정과 인적 자원이 바닥난 판에, 왕권의 약화를 부채질하는 것이었다. 그가 죽자 더이상 왕권을 인정치 않는 지방행정관(혹은 지주)들이 내전을 일으키고 기근이 이집트 전체를 덮친다. 하지만, 5대 왕조 파라오들은 시리아, 누비아 등에 원정을 나갔다. 제6왕조 때 왕권은 돌이킬 수 없이 약해진다. 내전이 더욱 심해졌다. 6왕조 마지막 왕 페피 2세는 6세에 왕위에 올라 역사상 가장 오랜 94년 동안 다스렸지만, 왕국이 내내 불안했으므로, 역사상 가장 불행했던 왕으로 기억된다. 제7왕조와 제8왕조는 16년 동안 18명의 왕이 다스리던 시기로, 기후가 구왕국에 마지막 일격을 가한다. 이집트와 에티오피아, 그리고 동아프리카 지역 평균 기온이 뚝 떨어지면서 비가 덜 내리고 홍수가 제대로 제때에 지지 않으니 땅이 메마르고, 추수가 형편없으니 기아와 다툼이 끊이지 않는다. 이집트인들은 첫번째 중간기 지도자 안크피티 묘비에 이렇게 새겼다. 상이집트 전체가 굶주림으로 죽어가고 사람들이 자식을 잡아먹었다……

이집트 피라미드를 건축적으로 간략하게 정의하자면 정사각형을 바탕으로 하여 각 방향이 꼭짓점을 향해 경사져 오르면서 그 안에 통로와 묘실을 내장한 거대한 돌, 혹은 벽돌 구조물이다. 이 형태는 왕이 하늘로 오르는 것과 연관이 있고, 초기 무덤에 자갈이나 모래를 올려놓던 것에서 유래, 최초의 마스타바('직사각형 벤치')들과 3대 왕조의 계단피라미드 등 중간 단계를 거쳐 완성되었을 것이다. 고전적인 구왕국 피라미드들은 동쪽 경사면에 있는 장례사원에서 방죽길이 강에 보다 가까운 사원으로 이어지고 귀족의 마스타바('직사각형 벤치')들이 주변을 둘러싼다. 내부장식은 5대 왕조에 이르러서야 나타나는데 최초의 '피라미드 문서'가 그것. 피라미드들은 주로 나일강 서쪽 사막 가장자리 지역 아부 로아슈에서 하와라에 이르는 지역에 배치되어 있고, 기자(쿠푸, 카프레, 멘카우레, 아부시르, 사카라, 다흐슈르) 지구가 대표적이며 대략 70개의 피라미드가 이집트와 수단에 존재한다.

구왕국은 약 5백 년 동안 지속되었다. 생전에 거대한 무덤을 짓는 일은 어떤, 인생관에 비친 죽음의 음울한 그림자를 연상시키고 왕의 미라를 영구 보존한다는 사고방식 또한 기괴할 수 있지만, 구왕국기는 매우 활동적이고 낙관주의가 팽배한, 평화와 영화의 시대였다. 예술도 찬란하게 만개했다. 이 시기 조각예술이 발하는 광휘는 그 후대가 따를 수 없을 정도였다. 파라오는 장려한 궁정을 유지했다. 파라오 자체가 '거대한 집'이라는 뜻이다. 이집트인들은 파라오를 지상의 신으로, 위대한 태양신 라(혹은 레)의 아들로 숭배했다. 고대 이집트인들은 매우 종교적이었다. 동시에 그들은 매우 에로티시즘적이었다. 육신을 보관할 수만 있다면 죽은 후에도 영생(永生)을 산다고 믿었으므로 시신을 향료 처리하여 미라로 만들고 그것을 거대한 무덤 속에 안장했다. 무덤 벽에는 그림과 글씨를 새겼다. 그리고 무덤 속에 죽은 사람의 동상과, 영혼이 다시 육신에 깃들 경우 필요할 모든 것을 부장(副藏)했다. 즉, 피라미드는 그들의 낙천적인 에로티시즘이 죽음을 삶화한 결과지, 거꾸로가 결코 아니다. 이집트 사막의 뜨거운 모래와 건조한 바람은 고대 이집트인들의 소원을 상당 부분 이루어주었다. 많은 부장품들, 그리고 미라들이 지금도 썩지 않은 채 발견된다. 문제는 그리스-로마 중심적이며 서구 지향적인 사고다. 동양인에게 중국문명은 대체로 양기(陽氣)다. 서양인에게 고대 이집트문명은 태양처럼 찬란한 고대 그리스문명을 낳은 검고 음침한 음부

(陰部)다. 고대 그리스 이전의 모든 문명들이 그렇지만, 이집트문명에 대해서는 유독 그점이 부정적으로 강조된다. 사실 그리스 신화에서 벌써 이집트는 비이성적이고 성적인 '야만=신비'의 영역이지만, 최소한 그리스문명의 한 모태로서 이집트문명을 인정하고 그렇게 이집트문명이 '야만의 장=예술'의 모태임을 인식하는 반면, 고대 그리스-로마 이후 서양-제국주의의 세계중심론 혹은 단절론 혹은 이분법이 심화하면서 이집트는 생명의 음부가 아니라 반(反)문명적인, 그리고 (특히 구약 모세의 '출애급기'에 영향받아) 반(反)그리스도적인 괴기와 죽음의 음부로 전도(顚到)-인식된다.

고대 그리스 남동부 아티카의 첫 왕이자 아테네 창설자는 케크롭스('꼬리 달린 얼굴')다. 그래서 아테네를 케크로피아라 부르기도 한다. 케크롭스는 '땅에서 난 자'로 허리 아래가 뱀이었다. 동시에 그는 아티카로 이주해온 이집트인들의 우두머리로서 보다 우월한 문명을 대표했다. 그는 아티카를 12개 부족으로 편성-재편했고 최고재판소 아레오파고스를 세웠으며 농업과 글쓰기를 가르쳤다. 새로운 숭배의식을 도입, 인간을 산 채로 바치는 제의를 금하고, 재산법, 결혼법, 장례법 등 기초적인 사회법을 제정했다. 포세이돈과 아테나가 서로 아티카의 보호신이 되겠다고 다툴 때 그는 올리브 나뭇가지로 평화와 번영을 제시한 아테나를 택했다.

창립자 케크롭스에 비치는 신화-예술적 조명은 너무도 어둡다. 세계의 어느 건국신화도 시조를 이렇게 푸대접하지 않는다. 케크롭스의 '땅과 뱀'을 구약성서로 옮겨간다면 헤브라이문명은 시조(始祖)를 죄악시하는 참으로 희귀한 사례라 할 만하고, 그리스-헤브라이문명을 근원으로 발전한 서양 기독교-제국주의는 그렇게, 적어도 (케크롭스의) 이집트에 대해서만큼은 몰(沒)역사적이고 반(反)에로티시즘적 태도를 심화시켜왔다고 하겠다. 신화시대에 이미 엄존하는 '오이디푸스 콤플렉스'가 3천 년 이상을 왜곡 발전하다가 20세기 프로이트 정신분석학을 통해 그토록 저 혼자 지레 충격적인 모습을 드러내는 까닭 중 하나다.

20세기 말 뉴웨이브운동의 이집트풍 선호는 현대 서양문명의 질병을 정반대 측면으로 반영할 뿐 역사적인 극복이라고 보기 힘들다. 어쨌거나, 이집트 구왕국기는 귀족들이 독립을 선포하고 나라가 소규모 전국(戰國)들로 쪼개지면서 막을 내렸다. 이 시기 히에로글리프 기록은 이렇게 쓰고 있다. 사막이 나라 전체에 펼쳐졌다, 도둑들이 재부를 소유한다. 우리들은 숲속에 머물고 갈 길 저문 나그네가…… 눈에 닥치는 대로 도둑질한다…… 도둑들은 피라미드 속까지 침입, 값진 보물들을 훔쳐냈다.

중왕국, 테베의 시대

중왕국기는 BC 2050년경 시작된다. BC 2160년 무렵 아흐토이 후예들이 헤라클레오폴리스를 중심으로 하이집트를 통합, 새로운 파라오 가문을 이루지만, 그러는 동안 테베(오늘날 룩소르)를 중심으로 이뇨테프 가문이 상이집트를 한데 묶으니 상하 이집트 사이 전쟁이 다시 벌어져 BC 2055년이면 테베 왕자 멘투호테프가 이끄는 상이집트 세력이 하이집트 세력을 물리치고 이집트를 통일, 멘투호테프는 멘투호테프 2세에 오르고, 그렇게 첫번째 중간기가 끝나고 중왕국 시기가 온다. 멘투호테프 2세는 절대 다수 이집트인들의 환영을 받았고, 누비아, 리비아, 시리아, 시나이 원정에 나서 성공을 거두었다. 11왕조는 멘투호테프 3세와 4세로 끝나고, 부드럽게 12왕조로 이어진다. 12왕조 첫 왕 아메넴하트 1세는 멘투호테프 2세의 원정 시업을 총지휘한 재상이자 상이집트 총독이었다. 아메넴하트 1세는 이집트 내 온갖 불안을 무력으로 누르고 지방행정관들의 권력을 빼앗았다. 그는 BC 1908년 피살되지만, 리비아 침략군과 싸우던 아들 세누스레트가 돌아와 정권을 잡았다. 아메넴하트는 이미 9년 전 그를 공동통치자로 임명한 터였고, 세누스레트가 파라오 피살 정국을 추스르고 나라를 잘 다스렸으므로 공동통치는 매우 쓸모 있는 제도임이 드러났다. 그리고 12왕조 내내 이어지며 공동통치는 왕조를 안정시켰다. 세누스레트 1세는 아버지의 정책을 이어받아 누비아 정복을 계속했고 리비아를 무릎 꿇렸다. 그러나 그를 이은 아메넴하트 2세가 지방행정관 직위를 대대로 물려받게 만드니 중앙정부 세력은 약해진다. 그는 누비아와 교역관계를 맺고 레반트에서 전쟁을 치렀다. 그를 이은 세누스레트 2세는 누비아 및 팔레스타인 그리고 레반트와 교역을 더욱 늘렸다. 그를 이은 세누스레트 3세, 그리고 그를 이은 아메넴하트 3세 시기는 이집트 역사의 황금기라고 부를 만하다. 세누스레트 3세는 전사왕으로, 종종 직접 군대를 이끌고, 누비아 심장부를 공격, 누비아를 거의 식민지로 만들었다. 그는 중왕국 말기 신격화했고, 신왕국 파라오들이 그를 숭배했다. 아메넴하트 3세는 늘어난 이집트 인구에 비해 부족한 식량을 얻기 위해 파이윰 정복을 명했고 시나이 사막 채광 작업을 늘렸다. 지방행정관들의 직위 세습을 금지했다. 12왕조 초기부터 밀려들어오던 아시아 민족들의 정착을 유도, 기념비 공사에 동원했다. 하지만 황금기는 그와 더불어 끝난다. 그의 치세 말기 홍수 문제가 생기기 시작했다. 그리고 그를 이은 아메넴하트 4세는 10년 동안 이집트를 다스리다 때 이르게 죽었다. 그의 누이 수벤크네페루가 4년 동안 여왕 자리에 있었으나 그녀에게 후계자가 없어 12왕조는 끝나게 된다. 그리고 12왕조와 더불어 중왕국 황금기도 끝난다. 12왕조를 거치며 파라오는 인간 쪽으로 더 가까워진다. 크레타 미노스문명 등 여러 곳과의 교역 외교 확대로 이집트에 외래문화와 사상이 밀려든다. 제13왕조는 63년 동안 이어지면서 이집트에 대한 지배력을 갈수록 잃어갔고, 14왕조 파라오들은 사실 삼각주 지대의 지방행정관들이다. 중왕국식 능은 바위를 쌓는 피라미드에서 거대한 바위산을 깎아 만드는 방식으로 바뀐다. 보다 눈에 잘 띄는 지역에 장려한 신전을 지었다. 중왕국 시기 세워진 엘카르나크, 아몬 신전은 이제껏 알려진 가장 큰 신전이다. 중왕국 사람들은 나일강을 교역에 보다 광범하게 썼다. 이집트 교역선이 나일강을 거슬러 상류 누비아까지, 그리고 바다 건너 그리스 쪽 지중해 연안까지 오갔다. 누비아에서 금을, 시나이 반도 광산에서 구리를 수입했다. 관개체제를 복원하고 대규모 관개시설을 구축, 매년 범람하는 나일강 수위를 관찰하고 물을 효과적으로 쓸 계획을 짰다. 오래된 종교 문서들이 중왕국 시기 기록되어 BC 16세기 무렵, 기도와 주문 모음집 『사자의 서』로 종합된다. 『사자의 서』는 파라오 및 다른 시민들 무덤에 묻어 지하세계 신 오시리스의 심판과 사후세계에 사자들을 준비시키는 것이다. 테베는 BC 2000년 및 BC 1520~1450년 무렵 이집트 수도였고 천 년 이상 제일의 종교 중심지였다. 고대 최대 사원 및 왕들의 계곡 왕릉군이 이곳에 몰려 있다.

신왕국, 세계제국과 미라의 시대

중왕국기는 2백 년가량 지속되고, 다시 암흑이 왔다. 두번째 중간기는 13왕조 때부터 시작된다. BC 1800년경 중왕국이 최초로 이방인 침략자 수중에 떨어진다. 이집트가 분열되면서 힉소스라 불리는 아시아 민족 지배자들이 나일 삼각주 지역을 장악하고 점차 남쪽으로 세력을 뻗어나가더니 14왕조 두디모세 1세 때 살리티스가 이집트 전역을 제압하고 제15왕조를 세운다. 힉소스족은 하이집트를 점령, 거대한 흙벽 뒤에 요새 진지를 구축하고 살았다. 16왕조 또한 힉소스왕조로, 일단의 힉소스 군주 혹은 추장 들이 삼각주 동부 아바리스를 중심으로 남쪽 테베까지 세력을 뻗었다. 그러나 상이집트는 점령되지 않았고, 17왕조는 힉소스 지배에서 독립한 테베 토착 가문이 이룬 왕조다. 새로운 전쟁술을 습득한 지배자 카모세가 해방전쟁을 개시, 결국 힉소스 군대를 몰아내고 이집트 전체를 해방시킨다. 해방전쟁은 세계관 또한 육체 속으로, 육체적으로 해방시키는 단초다. 그러나 이집트에도, 진정한 해방 이전에 제국주의가 왔다. BC 1570년부터 시작되는 신왕국기는 이집트 '제국' 기에 다름아니다. 아시아 민족의 이집트 지배는 이집트에 새로운 문물을 유입시켰다. 새로운 곡물, 새로운 악기와 음악양식이 들어왔고, 청동 세공, 도자기 제작, 베 짜기 분야에서 여러 기술이 새롭게 선보였다. 이집트인들은 이 모든 것을 배우고 제 것으로 만들며 자신의 문명을 세계화했다. 힉소스한테서 물려받은 말과 전차 등 새로운 무기는 발로 뛰며 싸우던 신왕국을 강력한 세계제국으로 키우게 된다.

신왕국 첫 왕조(18왕조)를 연 것은 17왕조 왕가 출신 아흐모세다. 그는 이집트를 재통일하고 옛 영토를 회복했다. 최고의 정복자는 '이집트의 나폴레옹'으로 불리는 파라오 투트모세 3세. 그는 군대를 늘리고 여러 차례 원정을 직접 이끌며 아시아 유프라테스강 유역까지 정복, '나일 제4폭포'에서 시리아에 이르는 대제국을 건설한다. 정복당한 국가들로부터 노예와 공물이 이집트로 쏟아져들었다. 누비아, 바빌로니아, 시리아, 그리고 팔레스타인 사람들이 등에 공물을 지고 파라오에게 절을 올렸다. 새로운 재물과 노예는 옛 사원을 고치고 새 사원을 짓는 데 집중적으로 투여되었다. 이집트 최초의 위대한 여왕(5대) 핫셰프수트는 엘카르나크 아몬대사원을 증축하고 자신의 아름다운 사원도 지었다. 해외무역을 늘리는 데 정성을 쏟았고 '푼트 땅'에 상단을 보냈다. 아멘호테프 3세 때 이집트의 영향력은 절정에 달한다. '황금의 호루스' '진리의 통치자' '상이집트 왕' '라의 아들' 등이 그에게 바쳐진 칭호다. 이집트의 부와 재력도 절정에 달했다. 아멘호테프는 더이상의 정복을 멈추고 누비아 금을 입힌 왕좌에 앉아 쉬게 된다. 룩소르에 굉장한 사원을 짓고 두 쌍의 거대한 좌상(坐像, '멤논의 거상')을 세웠다. 중왕국기 테베의 파라오들은 자신의 무덤으로 아담한 크기의 벽돌피라미드를 쌓았지만 신왕국기에 그 전통이 깨지고 테베 서쪽 외딴 계곡 낭떠러지 깊숙이 무덤이 파이기 시작, 약 40명의 파라오가 이곳에 묻히게 되는데 그것이 바로 '왕들의 계곡'이다. 신왕국은 쇠락기에 접어들며 에로티시즘의 기적이라 할 만한 것을 보여주고 있다. 아멘호테프 4세는 전쟁보다 종교에 관심이 더 많았던, 이집트 파라오 중 가장 흥미로운 인물이다. 전통적인 신들을 모두 철폐하고 오로지 태양신 아톤(aton 혹은 aten)만을 섬기게 하는 유일신교 혁명을 단행하고 자신의 이름도 아흐나텐(akhnaten 혹은 akhnaton, '아톤이 좋다', 아멘호테프는 '아멘이 만족한다')으로 바꾼 그는 테베를 버리고 3백 킬로미터나 떨어진 엘 아마르나에 신성한 아텐의 수도 아헤타톤을 세웠다. 새로운 수도는 그지없이 장려했다. 전국의 무덤과 기념비에서 '신들'이라는 단어와 '아멘'이라는 이름, 그리고 관련 형상들 일체가 제거되는 동시에 문예가 광범하게 부흥된다.

아니, 이집트 미술이 '해방'된다. 묘사가 보다 자연스러워지고 무려 1,700년 동안 이집트 미술을 지배한 프리즈 양식화가 완전히 따돌림을 당한다. 아흐나텐 초상이 많은 파라오들과 달리, 양식화되지 않고 정확히 묘사된다. 그는 꽤나 여성적으로, 엉덩이가 특히 펑퍼짐하며 얼굴은 길쭉하고 섬세하다. 이것은 그가 왕족들한테 흔했던 선천성 기형을 앓고 있었다는 뜻인지 모른다. 그의 아텐교는 역사상 최초로 알려진 아브라함의 유대교보다 앞선 것이라는 주장도 있으며 정신분석학자 프로이트는 아브라함의 유일신교가 오히려 아흐나텐의 그것에 영향받았다고 주장하기도 했다. 그가 끔찍이 사랑했던 새로운 아내, 절세미인 노프레테테가 상징하는 '사랑=에로티시즘'은 제국주의 잔재와 유일신교 혁명(의 폐해)까지 극복하는 것이었다고 할 만하다. 이 시기 예술은 노프레테테의 미모를 지향하면서 종교적 완고와 정치적 강박을 벗는다. 현재 남아 있는 노프레테테의 채색 석회암 흉상은 고대 그리스 조각의 자연주의적 고전미를 얼핏 뛰어넘는 매우 현대적이고 고혹적인 매력을 발산하고 있다. 하지만, 바로 그렇게, 아흐나텐 시대 종교혁명과 문예부흥 모두 이어지지 못했다. 아내와 함께 유일신교를 세우는 일에 온 정신을 쏟느라 이집트 바깥 일은 신경쓰지 않았던 아흐나텐이 17년의 치세 끝에 죽자 수도는 다시 테베로 옮겨졌고 예전의 신들이, 글자와 형상이 신속하게 복원되었다. 옛날 신들 숭배가 되살아났다. 아니, 지하에 숨어들었다가 다시 지상으로 나왔다. 그리고 그는 이집트 역사에서 거의 지워지게 된다. 그의 종교개혁은 성급했고 많은 이집트인들의 불만을 낳았고, 실패했다. 아텐 숭배자들에 대한 박해는 없었다. 이집트문명이 태양과 근본적으로 같은 기질을 공유하는 까닭이다.

죽기 2년 전 아흐나텐은 (아마도) 동생 스멘흐카레를 공동통치자로 임명했다. 아흐나텐 사망 몇 달 후 그도 죽고, 아주 어린 나이의 투탄하텐이 왕위에 오르는데, '아문' 숭배가 부활하면서 그의 이름이 투탄카멘으로 바뀐다. 투탄카멘이 아흐나텐의 동생으로 아흐나텐의 세번째 딸과 결혼했다는 설도 있다. 어쨌거나, 이집트가 히타이트족과 전쟁을 치르던 중 열여덟 살 젊은 나이로, 후계자 없이 급서한 그는 역사에 이름을 남길 만한 업적이 없지만 자신의 무덤 때문에 이집트의 가장 유명한 파라오가 되었다. 그의 무덤은 도굴 한 번 당하지 않고 고스란히 원형을 유지하다가 1922년에야 발견된다. 정교하고 찬란한 황금가면을 비롯한 부장품들은 이집트문명의 '무덤=태양' 성격을 세계에 과시하기에 충분했다. 그렇게 투탄카멘 또한 기적적이고 짧았던, 그래서 더욱 눈부셨던 아흐나텐 시대를 증거하는 것일까? 그 이상이다. 투탄카멘 무덤의 '태양 찬가(aton hymn)'는 고대 이집트문명 전체의 심오하고 밝은 에로티시즘의 광휘를 증거한다. 그렇다. 그는 가장 유명할 뿐 아니라, 정말 가장 이집트적인 파라오다. 투탄카멘을 도왔던 장군 호렘헤브는 투탄카멘의 아내와 결혼한 아이를 다시 도와 왕좌에 올렸고, 아이가 죽은 후에는 직접 새로운 지배자가 되어 새로운 시대를 열었으며, 그의 치세 때 이집트는 아흐나텐 이전의 국내 안정을, 왕실은 권위를 되찾게 된다.

18왕조 때 관 형태가 이전의 직사각형에서 머리 달리고 어깨 둥근 미라 형으로 바뀐다. 처음에는 깃털을 조각하거나 물들여 장식했지만 훗날 죽은 이의 모습을 그렸다. 거의 몸체 거푸집만한 크기의 관을 더 큰 관으로 감싸고 그것을 다시 더 큰 관으로 감싸고 그랬는데, 작을수록 관장식이 정교하다. 내장, 허파, 간장, 그리고 위장은 따로 떼어내어 각각 호루스의 네 아들이 지키는 덮개단지 안에 보관하고, 몸체에 난 구멍은 깨끗이 씻은 후 소다석을 채운다. 그리고 몸체를 다시 소다석 더미에 파묻는다. 그 유명한, 금은보화로 둘러싸인 투탄카멘 미라는 물론, 우리가 아는 거의 모든 미라가 이 시기 것이다.

19왕조를 연 람세스 1세는 호렘헤브의 총애를 받은 군인이자 아문신의 최고 사제였다. 그의 치세는 짧았지만 그를 이은 아들 세티 1세는 이집트의 힘과 지배력과 권위를 되살리려던 호렘헤브의 사업을 계속했고, 무엇보다 훌륭한 군인으로서 당시 아시아를 지배했던 히타이트제국을 무력으로 누르고 나일 삼각주로 들어오려는 리비아인들도 막았다. 아비도스에 환상적인 신전을 지은 것이 그다. 하지만 더 유명한 것은 그를 이은 람세스 2세. 66년 동안 이집트를 다스리면서 화려한 신전을 숱하게 지었고, 18왕조 이집트가 거느렸던 (오늘날) 이스라엘, 레바논, 그리고 시리아 지역을 되찾으려는 그의 원정군이 카데슈에서 히타이트 왕 무와탈리 2세가 이끄는 군대와 충돌하여 격렬한 전투를 벌이던 중 매복 군사에게 사로잡히는 치욕을 겪지만, 람세스 2세는 평화조약과 혼인을 통해 히타이트와의 오랜 앙금을 씻어내는 데 성공한다. 그는 숱한 아내와 후궁을 두었고 자식들이 많았다. 자기보다 더 먼저 죽은 자식들을 위해 그가 지은 무덤들은 '왕의 계곡'에서 가장 거대한 무덤터를 이룬다.

람세스 2세와 그의 치세인 BC 1250년경 모세가 이스라엘 노예들의 이집트 탈출을 이끌게 된다. 구약 '출애굽기'는 모세의 유일신 여호와가 일으키는 온갖 음산하고 기괴-잔혹한 기적(피로 물든 강물, 모든 첫아들의 죽음 등등)으로 정작 람세스 2세를 음산-기괴-잔혹화하고, 마지막 홍해가 갈라지는 광활한 기적으로 다시 그를 왜소화하지만 그에 대한 역사적 증거는 전혀 없고, 람세스 2세는 사실 이집트제국 태양왕 계열의 마지막 주자였다. 이집트의 아시아제국 일부를 복구했고, 엘 카르나크의 거대한 공회당을 완성시켰고, 나일강 서쪽 둑 누비아 사암(砂岩) 낭떠러지에 거대한 아부심벨사원을 새겼다. 대(大)사원에는 거대한 레, 아몬, 그리고 람세스 자신의 좌상이 버텨 섰고 소(小)사원에 다시 람세스 자신과 왕비 네페르타리(Nefertari) 등의 동상이 조각되어 있다. 높이가 64미터에 이른다. 그는 옛 왕들이 세운 기념비에도 자신의 이름을 새기게 했고, 그럴 만한 자격이 있었다. '출애굽기'는 사실 유일신 종교를 향한 이스라엘 민족의 에로티시즘 탈출사, 매우 야만적인 탈출사에 다름아니다. 하지만 다시, 육체가 그것에 반란한다. 구약은 여호와라는 단 하나의 추상을 위해 온갖 '구체=육체'의 '언어=비유'를 동원하며, '출애굽기'는 구약 중에서도 '육체의 향연(노예생활의, 집단 탈출의, 그리고 처녀를 산 채로 바치는 우상숭배의)'이 가장 진한 장에 속한다. '유일신=남성 가부장제'를 향하여. 그렇다면, 예수의 '말씀의 육화'도, 육체 반란의 결과였던가…… 람세스 2세를 이은 것은 그의 아들 메르네프타, 그를 이은 것은 세티 2세다. 람세스 3세는 제20왕조 왕이고 20왕조 여러 '람세스'들의 짧은 통치를 이으며 이집트는 세번째 중간기로 접어든다. 한마디로, 람세스 2세 이후 이집트는 빠르게 또 이중으로 몰락의 길을 밟았다. 침략자를 막기 위한 군사비, 그리고 대규모 건축에 드는 건설비 때문에 국고가 탕진되고 곳곳에서 굶주린 노동자들이 곡식을 달라며 소동을 부렸다. 중앙정부가 약화되고 이집트는 다시 소국(小國)들로 갈라졌다. BC 1320년 무렵 테베 나흐트 무덤 중 '소택지에서 새잡기' 장면은 이 시기 무덤이 대개 그렇듯, 지배계급의 사치스러운 생활방식을 반영한다. 사냥과 향연 장면이 늘 나오고, 아름답고 젊은 여자가 많이 등장한다.

말기 왕조와 그후, 세계제국이 세계제국에 먹히다

세번째 중간기에 왕권이 균열된다. 20왕조 람세스 9세가 죽은 후 테베시 아문 사제들의 대표 헤리호르가 왕권을 빼앗고 람세스 9세의 후계자 스멘데스 1세는 타니스로 수도를 옮기니, 이집트는 다시 헤리호르의 상이집트와 스멘데스 1세의 하이집트로 나뉘고 스멘데스 1세가 21왕조를 세우지만 별 저항 없이 리비아 왕들의 22왕조에 자리를 내준다. 21왕조 마지막 왕 프수센네스 2세의 부하 장수로 왕의 딸과 결혼했던 22왕조 첫 왕 쇼셍 1세는 상하 이집트를 통일하고 자기 아들을 아문의 최고 사제에 임명한다. 22왕조는 1세기 넘게 이집트에 안정을 가져오지만, BC 818년 이번에는 레온토폴리스에서 반란이 발생, 페디바스테트가 스스로 파라오를 칭하니 이것이 23왕조다. 22왕조와 23왕조는 혼인동맹도 맺고 투닥거리기도 하면서 공존하는데, 헤르모폴리스와 헤라클레오폴리스 마그나에서도 반란이 터진다. 이집트는 BC 727년 누비아왕국의 침략에 무너지고, 에티오피아인들이 세운 왕조는 강하고 새로웠으나 북쪽에서 내려온 아시리아인들의 적수가 되지는 못했다. 테베와 멤피스가 아시리아군의 말발굽 아래 짓밟혔다. 이집트 말기 왕조는 BC 656년 아시리아인들을 결국 몰아낸 하이집트 삼각주 지역 사이스 왕자 프삼메티쿠스 1세의 제26왕조부터 시작된다.

26왕조는 이집트 영화를 부활시켰다. 2대 왕 네코 때 상업과 해군력이 크게 발전했다. 나일강과 홍해 사이 운하가 건설되고 특히 이집트와 그리스 사이 교역이 크게 늘었으며, 숱한 그리스인들이 상인으로, 용병으로 이집트에 정착했다. 그러나 이집트는 다시 페르시아제국의 침략을 받고, BC 525~404년 페르시아왕조를 겪게 된다. 페르시아 왕 캄비스 2세가 27왕조를 열고 첫 왕이 되었다. 이집트인들은 복종하지 않았고, 외세 강점에도 불구하고 건축과 조각, 그리고 문학이 흥했다. 페르시아 왕이 사망하거나 암살당할 때마다 델타 지역에서 반페르시아

봉기가 일고 무자비하게 진압되었다. 페르시아가 아테네와의 전쟁에서 패한 후 이집트는 겨우 해방되고(28왕조), 29왕조 때는 국제무대 일원으로 복귀하지만 30왕조 마지막 왕 넥타네보가 BC 341년 페르시아군의 침입을 막지 못하고 누비아로 도망침으로써 이집트인의 이집트왕조는 영영 막을 내린다. 31왕조는 다시 페르시아 군주들의 왕조고, BC 323년 알렉산드로스대왕이 이집트를 점령할 때까지만 이어졌다. 알렉산드로스대왕의 마케도니아-그리스 연합군은 해방군으로 환영받았다. 그렇게, 2천 년 만에 이집트와 그리스의 관계가 역전된다. 그러나, 이 모든 것을 거친, 노프레테보다 더 요염한 이집트 에로티시즘의 진수를 아직 남겨놓고 있으니, 프톨레마이오스왕조의 마지막 지배자 클레오파트라여왕, 바로 그녀다. 독사 이빨에 젖가슴을 맡겨 자살에 이르는 그녀 생애의 아름다움은, 노프레테테보다 더 짧지만, 그만큼 더 황홀하다. 알렉산드로스가 나일 삼각주 서쪽, 지중해와 면하여 건설한 항구도시 알렉산드리아는 프톨레마이오스왕조 시대 헬레니즘 세계의 중심으로, 당대 최고의 학문과 예술을 자랑하게 된다.

히에로글리프, 그림과 뜻과 소리가 어우러진 거룩한 예술세계

마야인과 아스텍인, 무엇보다 고대 이집트인들이 쓰던 히에로글리프('거룩한 새김' '신들의 말씀들')는 그림글자로 시작되지만 곧 뜻글자와 소리글자까지 품게 된다. 사과 그림이 사과를 뜻하기도 하지만(그림글자), 이를테면 공작 깃털 그림이 '진리'를 뜻하기도 하고(뜻글자), 매 그림이 모음을 나타내거나 여러 상징들이 모여 한 음절 혹은 여러 음절을 나타내기도 하는(소리글자) 식이다. 발음된 단어의 정확한 뜻은 아니라도 대충 어떤 종류에 드는 뜻인지 가리키는 한정사도 있다. 한마디로, 히에로글리프는 그림과 뜻과 소리가 어우러진 거룩한 세계다. 그것은 복잡한 세계며, 같은 텍스트, 같은 문장, 혹은 같은 단어에서 묘사적인 동시에 상징적인 동시에 음악적인 세계며, '신화=예술'을 곧장 낳는 세계다. 1987년 독일 고고학팀이 아비도스에서 발굴한 BC 3150년 무렵 원왕조 왕릉에서 나온 뼈 수백 개에 온전한 형태의 히에로글리프가 새겨져 있었다. 히에로글리프가 발전하고 이집트인들 사이 널리 퍼지면서 보다 쉬운 성직자용 문자(hieratic, '사제의')와 일반 백성용 문자(demotic, '인민의')도 생겨났다. 이 문자들은 파피루스 기록에 편하기도 했다. 히에로글리프는 그러나 사라지지 않고 다른 글씨체와 함께 쓰였다. BC 6~5세기 페르시아제국 지배 때도, 알렉산드로스대왕 정복 이후에도, 로마 지배 때도 히에로글리프는 쓰였다. 히에로글리프가 훗날 복잡해지는 것은 이민족의 지배로부터 '순수 이집트적'인 것을 지켜내려는 노력과도 연관이 있다. 이집트 사원 벽과 공공 기념물에 새겨진 것을 보고 고대 그리스인들이 그렇게 명명했으나 사실 히에로글리프는 무덤, 동상, 관, 용기 등에도 새겨지고 노래 가사, 법 문서, 그리고 무엇보다 '제대로 된' 역사 기록에도 쓰인 비(非)종교적 문자였다. 고대 그리스-로마 작가들은 복잡하지만 합리적인 히에로글리프 체제를 신비-신화화했고, 이것이 또한 관심 아닌 무지를 낳는다. AD 4세기에 이르면 히에로글리프를 읽을 줄 아는 이집트인들이 별로 없고 391년 로마 황제 데오도시우스 1세가 기독교 외 온갖 종교 기념물을 금한 후 기념물에 새기는 일도 없어졌다. 같은 4세기에 나온 히에로글리프 부호 2백 개에 대한 설명은 거의 모두 엉터리였고, 히에로글리프 해독에 크나큰 걸림돌이 되었을 뿐이다. 그러다가 1799년 7월 15일 이집트를 침략한 나폴레옹 군대가 로제타에서 웬 돌을 발견하면서 히에로글리프 해독에 결정적인 전기가 마련된다. 로제타스톤은 BC 196년, 즉 이집트 왕 프톨레마이오스 5세(에피파네스) 치세 9년, 길이 114센티미터 너비 72센티미터의 검은 화강암에 신전 사제들이 당시 일을 새겨놓은 것으로, 같은 내용을 이집트 히에로글리프(14행), 일반 백성용 문자(32행), 그리고 신약성서에 쓰인 코이니 그리스문자(54행)로 차례차례 새긴 것이었다. 그리스어 문장은 이렇게 시작된다. 새로운 왕께서, 부왕으로부터 왕위를 물려받으심에…… 이것은 프톨레마이오스 5세의 훈령이었다. 그가 명한다. 여러 세금을 폐하고 신전마다 상을 세우고 훈령을 '신들의 말씀(히에로글리프)'의 글씨로, 백성의 글씨로, 그리고 이오니아 언어로 널리 알리라…… 1801년 나폴레옹의 프랑스가 영국에 패하면서 로제타스톤은 영국으로 넘어가 대영박물관에 보관되고,

1822년 로제타스톤 히에로글리프가 영국 학자 영과 프랑스 학자 샹폴리옹에 의해 완전히 해독된다. 그리고 이 성과를 토대로 훗날 학자들은 온갖 이집트 문서들을 해독할 수 있었다. 히에로글리프는 알파벳처럼 한 음을 나타내는 단일문자가 대개 25개고, 두 음 결합을 나타내는 문자도 아주 많고, 흔하진 않지만 세 음 결합을 나타내는 문자도 있다. 그 전에는, '활화산'을 소리글자로 표시하려면 우선 '활'을 그리고, '화'내는 사람 표정을 그리고, '산'을 그렸지만, 그림이 점차 단순해지고, 자음(과 모음) 부호로 변한 것은 페니키아문자와 같은 이치다. 히에로글리프도 대개 모음은 표시하지 않았다. 자음 사이 'e'를 넣으면 발음하기 편하다. 이를테면 (히에로글리프) 'nfr'은 'nefer'로. '아름다운, 착한'이라는 뜻이다.

문서는 대개 표의-상형문자, 표음(表音)문자, 그리고 한정사(限定詞) 등 세 가지 히에로글리프로 작성되고 표의-상형문자는 그것이 대표하는 단어들로 '읽힌'다. 순수한 표음문자는 대상과 연관이 없는 부호로 자음 한두 개를 대표할 뿐이다. 한정사는 소리가치가 없고 독자로 하여금 문서의 정확한 뜻을 알게 하는 데 도움을 준다. 앞으로 세계문자는 표의문자와 표음문자로 대별되며 발전할 것이다. 그러나 표의문자 이전에 모양이 소리를 닮는다. 표음문자 이전에 소리가 모양을 닮는다. 그것이 문자가 생겨나는 핵심 과정이고, 에로티시즘이 온갖 예술 장르로 형상화하는 제 과정을 총체적으로 응축한 결과다. 물론 '응축'은 기나긴 세월을, 아마 확산보다 더 장구한 세월을 요했다. 그렇게 글씨는 동시에, 예술을 매개로 성(聖)에 도달하는 과정물(過程物)이었다. 히에로글리프는 초기 7백 개 정도의 문자와 절대 필요불가결한 상징들만 쓰이다가, 부호 수가 늘고 한정사가 사용되면서 해독이 갈수록 쉽고 분명해지며, 그렇게 1,500년이 흐르고, 그후에는 본질적인 체계가 변하지 않은 채 상징들의 가짓수만 수천으로 늘려가는 방식으로 이집트문자 노릇을 2천 년 더 하게 된다.

이집트 신화, 거룩한 형상화

이집트의 4대 창조신은 아몬-라와 아툼, 크눔, 그리고 프타다. 혼돈의 '여덟 신' 중 하나로 테베 풍요신이었던 아몬이 BC 2000년경 국가신으로 격상되면서 최고의 태양신 라와 합쳐져 아몬-라가 되었다. 아몬은 신들을 창조한 숨겨진 힘이다. 태초의 바다에 최초의 (뱀) '형용=형상화'로 나타나, '혼돈의 신들'이 몸을 합쳐 만든 우주란을 수정시킨다. 헬리오폴리스에서 숭배한 아툼 또한 처음에는 뱀 형용이었으나 그후 대체로 인간 모습을 띠게 되고, '아툼-라'로서, 밤마다 혼돈의 자궁 속으로 들어갔다가 갱생되는 석양이기도 하다. 크눔은 남쪽 엘레판틴 섬에서 숭배되던, 매년 나일강 수위를 조절하는 신으로 자신의 옹기 녹로를 사용, 진흙으로 신, 인간, 동물 들을 만들고 숨을 불어넣었다. 양이 그를 상징하는 동물이다. 멤피스에서 숭배한 장인들의 신 프타는 귀금속을 세공하여 신과 왕들의 형상을 깎아냈고, 또 창조의 배후인 '지능력'의 신으로, 마음으로 생각하고 이름을 크게 불러 다른 모든 신들을 창조했다.

이집트 신화에서 세상을 창조하는 것은 신의 형상화 능력이며, 신화가 펼쳐지는 동력도 형상화다. 그리고 이집트신들은 무수히 많다. 첫 신들은 BC 4000년대 중반, 그러니까 히에로글리프보다 오래전에 나타났다. 모든 문자가 그렇지만 특히 히에로글리프는 신화를 품으며 생겨났다. 선사시대 유목민들이 정착을 하면서 동물 혹은 주물 형태의 신들은 자취를 감추지만 여전히 드물지 않게 머리 모양이 동물인 채로 각 도시의 신으로 숭배되고 제2왕조 때 모습이 확실하게 정해진다. 신들은 처음에 권력을 나누기 싫어 혼자 살지만, 이집트인들에게 가족 없는 삶은 생각조차 하기 힘든 것이라서 곧 신들끼리 결혼을 하고 아이를 갖게 된다. 이집트 신화에서는 하늘이 여자고 대지가 남자다. 하늘의 여신 누트 혹은 하토르는 네 발을 딛고 선 암소 혹은 발끝과 손가락 끝만 땅에 댄 채 몸을 굽힌 여자 모습인데, 하늘에 보이는 별들은 여신의 배에 점점이 박힌 것이라 믿었다. 대지의 신 게브는 납작 엎드린 남자로, 그의 등에서 온갖 식물의 싹이 튼다. 태양신의 이름은 많다. 원반 모양이므로 아텐, 뜨고 지므로 케프리, 라, 혹은 아툼, 훗날 나타나는 호루스도 태양의 신이고, 그와 라가 합친 라-하라크테가 이집트 전체를 지배하게 된다. 천상의 소가 매일 젖먹이 송아지를 낳는데 그게 태양이라고도 하고, 하늘 여신의 어린아이가 태양이라고도 한다. 공중을 날아다니는 점박이 날개 매일 때도 있고 거대하고 신성한 매의 오른쪽 눈으로 표현되기도 한다. 천상의 거위가 매일 낳는 알, 혹은 엄청난 불덩이를 거대하고 신성한 풍뎅이가 밀고 가는 것이라고도 한다. 달의 신 이름도 여럿이다. 아아, 토트, 콘스 등등. 어떤 때는 누트의 아들이고 어떤 때는 개 머리를 한 원숭이(이비스), 해가 오른쪽 눈일 때는 왼쪽 눈이다. 이집트 신화는 크게 헤르모폴리스 신화, 헬리오폴리스 신화, 멤피스 신화, 오시리스 신화 네 가지로 구분할 수 있는데, 세월이 지나면서 뒤섞이고 변형된다.

엔네아드, 헬리오폴리스의 아홉 신

이집트 신화 창세기 일부는 '웃음-에로티시즘-눈물'의 삼위일체를 가장 절묘하게 형상화한다. 우주란의 오그도아드(여덟 신)는 종종 첫 일출과 그것을 맞는 개코원숭이 일곱으로 표현된다. 카오스-코스모스 단계가 끝난 직후 본격적인 자기 섹스를 통해 '엔네아드'가 생겨난다.

엔네아드는 '신들의 그룹'이란 뜻이지만, 특히 헬리오폴리스('태양의 도시') 신화 주요 아홉 신들을 가리킨다. 눈(혹은 누)은 원초 혼돈의 바다로 그 안에 온갖 사물과 생명의 싹들이 들어 있다. '신들의 아버지'라지만, 그보다는 지적 개념에 더 가까워, 그를 숭배하는 신전이나 신자들은 없다. 허리까지 물에 잠긴 채 팔을 뻗어 자기한테서 난 신들을 지탱하고 있는 모습으로 종종 나타난다. 아툼(혹은 툼, '아직 미완성인')은 세상 창조 이전 눈 속에 살던 '아직 형태가 없는, 그 안에 온갖 존재의 대강을 품고 있는 혼'이었다. 라('창조자')는 태양의 이름. 주 신전은 헬리오폴리스에 있다. 아툼이란 이름으로 원초 대양 눈의 가슴에 묻혀 있을 때 라는 광채를 잃지 않기 위해 두 눈을 감고 연꽃 싹 속에 자신을 집어넣고 있다가 모양 없는 자신의 상태가 지겨워지자 자유의지로 심연을 벗어나 라-아톰이라는 이름으로 광휘를 발하고 자신의 정액을 입으로 집어삼켰다가 뱉어내는 식으로 쌍둥이 남매 슈(공기의 신)와 테프누트(습기의 여신)를 낳았다. 이때 남자와 여자가 최초로 구분된다. 라-아툼은 늘 인간의 모습이며 파라오의 이중왕관을 쓰고 있다. 슈와 테프누트가 어두운 눈(심연) 속을 살펴보다가 실종되자 라-아툼은 자신의 신성한 눈(眼) 혹은 딸을 보내 그들을 찾게 한다. 눈-여신이 슈와 테프누트를 찾아오니 라-아툼은 자식들과 다시 만난 기쁨에 눈물을 흘리고 그 눈물에서 최초의 인간(이집트어로 '눈물'과 '인간'은 발음이 같다) 및 온갖 살아 있는 것들이 태어났다. 슈와 테프누트는 성(性)적으로 결합, 역시 쌍둥이 남매 게브(대지의 신)과 누트(하늘의 여신)를 낳는데, 둘은 서로 너무 밀착되어 둘 사이에 일절 틈이 없고, 게브의 씨를 받아 누트가 임신을 했지만 아이들이 태어날 공간이 없자 슈가 게브와 누트를 떼어놓으려 헤(무한의 신)의 힘을 빌려 누트를 땅 위로 높이 쳐들으니 살아 있는 피조물들이 살 공간과 숨 쉴 공기가 마련되었다. 하늘의 여신 누트는 매일 저녁마다 해를 삼키는, 그렇게 자기 자식들을 잡아먹는, 그렇게 종종 새끼를 잡아먹는 암퇘지로 표현된다. 게브와 누트는 두 쌍의 남매, 오시리스와 이시스, 그리고 세트와 네프티스를 낳았다. 여기까지가 바로 헬리오폴리스의 엔네아드다.

아내 없이 다섯 신을 낳은 후 라-아툼은 멤피스에서 배우자 라트(라의 여성형), 혹은 이우사아스, 에우스오스, 우에르트-헤케우('마법의 위대함')를 아내로 맞게 된다. 인간뿐 아니라 온갖 살아 있는 것들이 라의 눈물에서 나왔다. 라-아툼이 창조한 '첫 우주'는 지금의 세계와 다르다. 그는 '군주의 궁정'에 살며 아침 목욕과 식사를 마친 후 서기 베네그를 데리고 배에 올라 왕국 12지방에서 한 시간씩 보낸다. 라-아툼이 늙어 노인이 되고 입에서 침을 질질 흘리게 되자 인간들이 그를 무시하고 반란 계획을 짜므로 화가 치민 라-아툼은 신들의 회의를 소집, 일일이 의견을 들어본 후 신성한 눈을 인간들에게 집어던지는 방법을 택한다. 신성한 눈은 여신 하토르로, 다시 성난 암사자 모습으로 변하여 죄지은 자들을 무참하게 죽인다. 인류의 멸종이 걱정된 라-아툼이 학살을 그만두라 하자 하토르는 이렇게 대답한다. 사람을 죽일 때마다 제 마음은 기쁜걸요. 라-아툼이 꾀를 내어 맥주에 석류 주스를 섞은 액체를 항아리 7천 개에 담아 피비린 학살 현장에 흩어놓으니 목이 마른 암사자는 그것이 사람이 피인 줄 알고 마셔 너무 취하여 더이상 학살을 할 수가 없게 된다. 라-아툼은 하토르에게 세크메트('강력한 자') 칭호를 내리고 매년 그녀를 위해 태양의 여사제 숫자만큼의 항아리에 마법술을 담그고 축제를 벌이라 명한다. 인간이 싫어진 라-아툼이 세상과 멀리 떨어져 살기를 원하므로 누트가 암소로 변하여 등에 라-아툼을 싣고 하늘 높이 떠올렸다. 지금의 세상은 그렇게 생겨난 것이다. 슈는 항상 인간 모습이며 머리에 공작 깃털을 달았는데, 공작 깃털은 이름의 뜻글자 표시다. 슈는 아버지 자리를 물려받아 지상을 다스렸으나 많은 반란을 겪었고 아들 게브에게 자리를 물려주고 구 일 동안의 끔찍한 폭풍우를 피해 하늘로 갔다. 테프누트는 이슬과 비의 여신이다. 그리스인들은 그녀를 종종 아르테미스와 동일시했다. 대지신 게브는 세상의 물리적 토대를 이루며 팔을 괴고 누워 무릎 한쪽을 올린 것이 울퉁불퉁한 땅껍질을 닮았다. 플루타르크는 그를 그리스 신화 크로노스와 동일시한다. 게브와 누트는 몰래 사랑을 했고 슈가 그 둘을 대지와 하늘로 떼어놓은 것은 몰래 사랑에 분노한 라-아툼의 명에 따른 것이라는 얘기도 있다. 이 얘기에 따르면 라-아툼이 게브와 누트를 갈라놓고도 화가 안 풀려 누트가 일 년 중 어떤 달에도 아이를 낳지 못하게 명하자, 누트를 불쌍히 여긴 토트가 달과 장기 내기를 벌여 달빛을 빼앗고는 그것으로 새로운 날 닷새를 만든다. 이 닷새는 360일로 된 이집트 공식 달력에는 들어 있지 않았으므로, 이때 누트가 임신을 하여 오시리스 신들을 낳는다. 누트가 낳은 오시리스와 이시스, 그리고 세트와 네프티스는 이집트 신화 문학-예술의 주인공이라 할 만한데, 오시리스와 이시스는 자궁에 있을 때부터 사랑에 빠졌다.

베스는 괴물 형용이지만 인간이 불행을 당하지 않게끔 막아주는 몇몇 신들 중 하나로, 특히 몸에 지니거나 집 안에 보관하는 소규모 물건에 온갖 형태의 장식으로 그 모습이 쓰였다.

오시리스 이야기, 비극 '줄거리'의 시작

이집트 신화에는 숱한 신들이 등장하지만, 그에 비해 이야기는 풍성하지 않다. 그러나, 단 하나, 오시리스 이야기는 세계 최초의 연극 줄거리라고 할 정도로 서정적인 슬픔의 아름다움으로 가득 차 있다. 그리스인들이 죽음의 신 오시리스를 하데스는 물론, 디오니소스와 동일시하는 이유다. 오시리스는 원래 추수와 함께 죽고 이듬해 싹이 트면서 다시 살아나는 식물신이었다.

게브와 누트의 첫아들로 오시리스가 상이집트 테베에서 태어날 때 크고 신비로운 목소리가 '전 세계 주인'의 탄생을 알리자 기쁨의 함성이 일었으나 그를 기다리는 불행이 알려지자 눈물과 탄식으로 바뀌었다. 누트에게 저주를 내렸지만 라-아툼은 크게 기뻐하여 그를 데려오게 하고는 왕위 계승자로 만들었다. 오시리스는 잘생기고 피부가 검고 키가 남보다 컸다. 게브가 하늘로 물러난 후 그는 여동생 이시스를 아내로 맞고 백성들이 야만적인 생활을 벗게끔 농기구 만드는 법을 가르쳤다. 곡식으로 빵과 포도주, 그리고 맥주 만드는 법을 가르쳤고, 자신을 숭배하게끔 최초의 신전을 짓고 최초의 신상을 조각했다. 종교의식을 치르는 법을 가르치고, 두 가지 피리를 발명, 종교의식에 쓰게 했다. 그런 다음 그는 도시를 짓고 정당한 법을 내리니, 그의 파라오 칭호는 '좋은 분'이다. 그는 이집트뿐 아니라 전 세계에 문명을 전파하기 위해 이시스에게 통치를 맡기고 재상 토트, 부관 아누비스 및 우푸아우트와 함께 아시아 정복에 나서는데, 폭력을 일절 쓰지 않고 오로지 부드러움만으로, 노래와 악기 연주만으로 나라를 차례차례 복종시켰고, 전 세계에 문명을 퍼뜨린 후 돌아왔다. 이시스가 이집트를 잘 다스렸으므로 그가 돌아왔을 때 이집트는 질서가 완벽했지만 악의 화신인 동생 세트가 권력을 탐내어 오시리스를 노린다. 세트는 예정일보다 먼저 어머니 자궁에서 자신을 거칠게 찢어내며 태어났고, 사나웠고, 이집트인들이 혐오하는 하얀 얼굴에 빨강 머리였다. 오시리스의 개선을 경축하는 잔치가 멤피스에서 벌어지자 세트는 공범 72명을 모아놓고 오시리스를 초대한 후 장식이 훌륭한 상자를 들이게 하고는 상자가 몸에 딱 맞는 사람에게 주겠다고 하니, 술에 취해 기분이 좋아진 오시리스가 상자 속으로 들어가 눕고, 그 순간 공범들이 몰려나와 뚜껑을 힘껏 누르고 상자에 단단히 못을 박아 나일강에 내다버린다. 상자는 바다를 건너 페니키아 비블로스까지 가서 타마리스크 나무 아래 멈추었다. 이시스는 삼각주 늪지대에서 태어났고 오시리스와 결혼한 후 남편을 도와 이집트 여자들에게 곡식을 빻고 아마실을 잣고 옷감을 짜는 법을, 남자들에게는 병 고치는 법을 가르치고 결혼제도를 세워 가정을 일으켰다. 남편 오시리스가 세트에게 암살되자 이시스는 깊은 슬픔에 잠겨 머리를 자르고 옷을 찢었다. 그리고 즉시 남편이 갇힌 상자를 찾아나선다. 그러는 동안 타마리스크 나무는 놀라운 속도로 자라 줄기가 상자를 아예 감싸버렸다. 비블로스 왕 말칸드래가 그 나무를 베어 궁정 지붕 버팀목으로 쓰라 명하고, 나무를 베니 너무도 향긋한 내음을 풍기므로 세상에 소문이 쫙 퍼지고 그 소문을 들은 이시스는 그 뜻을 알아차리고 곧장 페니키아로 향했다. 페니키아 왕비 아스타르테가 새로 태어난 자기 아이를 맡기자 이시스는 그 아이에게 불멸을 주려고 했으나 불에 몸을 씻는 의식을 훔쳐보다 아스타르테가 놀라 비명을 지르는 바람에 마법이 깨지고, 이시스는 자기 정체와 그곳에 온 목적을 밝힌다. 그리고 아스타르테한테서 신비한 나무줄기를 받은 후 상자를 꺼내 갖고 이집트로 돌아온다. 한없이 눈물을 흘리면서도 이시스는 세트의 눈을 피해 상자를 부토 늪에 숨겼다. 그러나, 세트가 우연히 그것을 발견하고, 오시리스를 완전히 죽이기 위해 시체를 열네 조각으로 가른 후 사방팔방으로 흩뿌린다. 이시스는 갖은 고생 끝에 시체 조각을 모두 찾아내지만, 단 하나, 남근만은 나일강에 사는 게가 이미 먹어치운 후였다. 이 게는 영원한 저주를 받게 된다. 이시스는 시체 열세 조각을 솜씨 있게 꿰맞추고, 역사상 처음으로 미라('기름 부음') 마법을 시행, 죽은 신에게 영원한 생명을 부여한다. 그녀의 여동생 네프티스, 조카 아누비스, 재상 토트, 그리고 아들 호루스가 그녀를 돕는다. 이시스의 마법 능력은 신들조차 두려워할 정도였다. 노인이 된 라를 모시는 단순한 시녀였을 당시, 그녀는 그가 흘린 침이 섞인 흙으로 독뱀을 만들어 그를 물게 했다. 상처가 왜 생겼는지 모르므로 치료를 하지 못한 라가 이시스의 도움을 청하자 이시스는 라-아툼의 진짜 이름을 가르쳐주기 전에는 도와주지 않겠다고 한다. 도저히 참을 수 없을 만큼 고통이 커지자 라는 자신의 가슴에서 이시스의 가슴으로 곧장 비밀 이름을 전했고, 그후 이시스는 강력해졌다.

이시스는 이집트의 기름진 평원을 뜻한다. 이집트 신화 호루스는 스무 가지에 이르지만, 이시스의 아들 호루스가 나머지 호루스들의 역할을 모두 차지하게 된다.

호루스는 이시스가 죽은 오시리스에게 마법으로 숨을 불어넣은 후 그와 결합하여 얻은 아들로, 세트의 손을 피해 몰래 키워졌다. 몸이 아주 약하고 들짐승한테 물리고 전갈에 쏘이고 불에 태워지고 내장에 상처를 입는 등 숱한 위험을 겪지만 그때마다 이시스의 신들이 도와준다. 호루스가 자라자 이시스는 틈이 날 때마다 그에게 무기 다루는 법을 가르치고, 세트와 싸워 아버지의 죽음을 복수하고 왕위를 되찾으라고 격려했다. 세트와 호루스의 싸움은 길게 이어졌고 보다 못한 신들이 양쪽을 불러 재판한다. 세트는 호루스가 아비 없는 자식이지 오시리스의 아들이 아니라고 주장하지만, 호루스는 자신이 오시리스와 이시스의 적자임을 당당히 증명하고, 토트가 판결을 내리니 신들은 세트를 저주하고 호루스를 상하 이집트의 왕으로 선포한다.

에드푸신전에는 '창잡이 호루스'가 창으로 세트의 몸을 꿰뚫고, 세트를 따르던 무리들이 악어, 하마, 영양 등의 몸속으로 제 몸을 숨기려 하지만 실패하고 갈기갈기 찢기는 벽화가 그려져 있다. 오시리스와 이시스, 그리고 호루스는 이집트 전역에서 숭배받았다. 아니, 호루스는 '아기 예수'의 원형이라 할 만하다.

네프티스는 원래 죽음의 여신이었으나 훗날 게브와 누트의 둘째 딸로 되었다.

세트와 결혼했지만 네프티스는 아이가 없었고 오시리스의 아이를 낳고 싶어 오시리스에게 술을 먹인 후 그를 품고 아누비스를 낳았다. 그리고 세트가 오시리스를 죽이자 세트를 버리고 반대편에 섰다. 네프티스는 보통 건조하지만 홍수가 심하게 지면 식물이 싹을 틔우는 사막 가장자리를 뜻할 것이다. 이시스와 네프티스는 종종 '쌍둥이'로 불리고, 미라 장례의식을 통해 '오시리스들'이 된 자들의 몸을 보살핀다. 여신 하토르는 라의 딸이자 호루스의 아내로 하늘여신이지만, 특히 사랑과 기쁨의 여신으로 엄청난 인기를 누렸고, 고대 그리스인들은 하토르를 아프로디테와 동일시했다. 파라오가 그녀 젖을 빨며 자라고, 죽은 자들한테는 그녀가 더 부드럽게 대했다. 아누비스는 그리스 신화 속 '영혼의 안내자' 헤르메스와 동일시된다. 그는 오시리스 장례 때 미라를 발명했고, 그가 죽은 자에게 저승으로 가는 길을 열어주며, 미라의식을 주관하고, 무덤 문 앞에서 그 미라를 받으며, 영혼을 오시리스에게 데려가 심판받게 하므로, 장례기도는 대개 그에게 바쳐진다. 네프티스가 버린 갓 난 아누비스를 이시스가 키웠다. 우푸아우트 또한 죽음의 신이다. 원래 전사신으로, 세계 정복 때 거느렸던 주요 부하 중 하나가 바로 아누비스였다. 토트는 그리스 신화 속 '신들의 사자' 헤르메스와 동일시된다. 그는 헤르모폴리스에서 우주알을 부화시킨 조물주며, 자신의 말로써 스스로 탄생한 그는 태초의 눈에서 잠을 깨자마자 입술을 열고 목소리만으로 남신 네 명, 그리고 여신 네 명을 창조했고, 이 여덟 신은 인격이 없지만 또한 말로 세상을 창조했다. 헤르모폴리스 사제들은 아침저녁으로 찬가를 불러 태양의 운행이 지속되게 했다. 오시리스 이야기에서는 오시리스의 재상으로 오시리스에 끝까지 충성한다. 그의 진정한 목소리, 그리고 그의 완벽한 오시리스 시체 조각 정화가 오시리스의 부활을 크게 돕는다. 전갈에 물린 아기 호루스를 고쳐준다. 세트와 싸우다 생긴 호루스의 종기를 고쳐주며, 세트의 잘려나간 남근을 다시 붙여주는 것도 그다. 호루스가 일찍 지상의 왕위를 물리자 파라오에 오른 토트는 완벽한 지식과 지혜의 소유자로, 온갖 예술과 과학을 발명한다. 산술, 측량, 기하, 천문, 예언, 마법, 의학, 치료, 관악과 현악, 그림, 그리고 무엇보다 문자(히에로글리프)가 그의 발명품이다. 토트의 배우자는 진리와 정의의 여신 마아트 혹은 글쓰기와 역사의 여신 세슈아트(혹은 세셰타)다.

BC 3000년경이면 이집트에 벌써 세련되고 복잡한 수준의 무용 문화가 존재한다. 매년 아비도스에서 열리는 축제에서 무용 문화는 절정에 달했다. 일반 백성과 사제들이 모여 오시리스 죽음과 부활 이야기를 무용으로 재현했던 것. 딱딱하게 각진 선이 특징이었던 이집트 무용이 이 재현 축제에서 극 및 노래와 결합되었다. 이것은 공공행사와 집단무가 결합한 최초의 사례다. 고대 헤브라이 사람들은 종교적 심성이 강했고 타 부족에 대한 배타성과 유일신에 대한 지향이 특히 강했다. 그 핵심은 육체에 대한 정신의 우위. 당연히 무용에 대한 시각이 애매해진다. 그들은 무용이 보이지 않는 세계의 권능들한테 영향을 끼치며 그들과 접촉하는 수단이라는 생각은 주변 부족들과 공유했지만, 이들이 벌이는 무용의 육체-제의를 야만적이라고 몰아붙였다.

고대 이집트에 연극이 존재했다는 설을 학자들은 아직 만장일치로는 인정하지 않는다. 지금까지 모자 가면 하나가 전해질 뿐인데, 죽은 자에게 기름을 붓는 아누비스 모습으로, 턱 밑에 눈구멍이 두 개 뚫렸다. 오시리스는, 지하세계 지배자로서, 처음에는 분명 악마 영역을 다스리는 끔찍한 왕의 모습이지만, 점차 훌륭한 사람들을 천국으로 인도하는 정의로운 심판관 모습으로 굳어진다. BC 14세기 파피루스 삽화에서는 아누비스가 서기관 후네페르의 영혼을 오시리스에게 데려가며, 정의와 진실의 저울이 후네페르 심장 무게를 잰 후, 호루스가 후네페르를 오시리스 앞에 세운다. 오시리스 앞 연꽃 위에는 호루스의 아들 넷이 섰고, 왕좌에 앉은 오시리스 뒤로 이시스와 네프티스가 보인다. 죽음의 진행이자 영화의 진행이라 할 만하다. 머리가 매 모양인 호루스의 오른쪽 눈은 태양이고 왼쪽 눈은 달이다. 아버지 오시리스를 죽인 세트와 필사적으로 싸우면서 호루스는 세트의 고환을 끊지만 한쪽 눈 혹은 양쪽 눈이 망가진다. 흑돼지 모양의 세트가 호루스의 달-눈을 뽑아 산산조각냈는데(월식), 달의 신 토트가 조각들을 모아 온전하게 했다는 이야기도 있다. 호루스가 자신의 눈빛으로 아버지 오시리스를 부활시켜 지하세계의 왕이 되게 했다는 얘기도 있다. BC 1240년경 파피루스 『사자의 서』에서는 호루스가 서기관 아니의 영혼을 오시리스에게 인도하며, 오시리스의 2중왕관은 상하 이집트 양쪽의 왕이라는 뜻이다. 『사자의 서』 중에는 연인들을 보호하며 임신과 출산을 돕는 여신 하토르 옆에 죽은 자의 신생을 돕는 여신 타웨레트가 '대홍수' 라 불리는 신성한 소 모습으로 서 있는 장면이 있다. 무엇보다, 파라오가 죽으면 오시리스가 된다는 믿음이 피라미드 건축을 낳았다. BC 1100년 무렵 파피루스 삽화에서는 오시리스와 창조신 프타, 그리고 장례신 소카르가 하나의 신으로 통합되고 이시스와 네프티스가 왕좌를 지킨다. 막대기에 걸쳐진 동물 가죽은 시신이 썩지 않게끔 기름을 붓는 신 아누비스의 상징물이다. 어린 파라오는 이시스의 젖을 먹고 왕좌에 합당한 인간으로 성장한다. BC 1000년 무렵 이집트 스텔라를 보면 라-하라크티('수평선의 호루스')의 해 원반에서 쏟아지는 빛의 은총이 경배중인 여인을 향하고, 위로 또하나의 해 원반이 떴으며, 양옆은 총체의 눈(호루스의 눈), 오른쪽 왼쪽 측면은 상하 이집트를 상징하는 식물이고, 밑에서 솟아오른 머리는 주민 혹은 대지의 신 아케르다. BC 1130년 무렵 람세스 6세 묘지 천장화는 태양의 밤 여행을 그리고 있다. 몸체가 긴 뱀은 해를 실어나르는 배다. 머리가 어린 양인 밤 형태의 태양신 라가 경배중인 인간 앞에 섰고 오시리스는 누운 자세로 몸을 쳐들고, 밤이므로 태양신과 합쳐져 있다. 오른쪽 여성은 하늘신 누트다. 후기 이집트 청동 장식판에서는 아몬이 삶과 권력의 상징을 쥐고 있다. 한 이집트 파양스는 여신 혹은 여성기로 해석되는 '아툼의 손' 중 가장 중요한 여신 하토르와 누트를 합성했다. 투탄카멘 왕묘에서 출토된 가슴 장식은 해돋이를 상징하는 갑충석을 사용, 왕명 '라의 현신인 주' 를 형상화했다.

파라오, 왕국을 지키는 신의 화신 혹은 아들

세트는 원래 '상이집트의 주인' 이었다. 모든 파라오는 자신을 호루스의 화신으로 여겼고 제5왕조 이래 모든 파라오는 '레의 아들' 이라는 칭호를 가졌다. 이

밖에도 보호신들은 많다. 출산을 돕는 여신 네케베트는 아주 일찍부터 상이집트 보호여신이었다. 전쟁중에는 매 모양으로 파라오 머리 위를 맴돌며, 아기 파라오들에게 젖을 물리기도 한다. 뱀여신 부토는 하이집트의 옛 보호신이다. 몬트(멘투)는 테베의 전쟁신으로, 훗날 부하 아몬(아문)에게 밀려난다. 아내가 불임이었던 아몬은 몬트를 양자로 들이려 했지만, 몬트는 거절하고 테베 주변으로 거처를 옮긴다. 몬트는 그리스 신화의 아폴론과 동일시되고, '신들의 왕' 아몬은 제우스와 동일시되지만, 고왕국 때는 아몬이란 이름이 거의 알려지지 않았다. 제12왕조 첫 왕 아메넴하트('아몬이 이끈다')가 '아몬'을 파라오 이름에 사용한 첫 경우고, 테베 신 아몬이 이집트 전체 신으로 되는 것은 제18왕조의 위대한 정복자, 아멘호테프와 투트모세가 스스로 '아몬의 아들들'이라 선포하면서부터다. 무트는 아몬의 아내다. '항해자' 혹은 '배를 타고 하늘을 건너는 자' 콘스는 원래 달의 신으로 테베, 그리고 훗날 옴보스에서 매우 숭배되었다. 이집트 달력에 '콘스의 달(파콘스)'이 들어 있다. 악어 신 세베크는 제13왕조 파라오들의 보호신 중 하나다. 그들은 대개 '세베코테프('세베크가 만족한다')' 칭호를 썼다. 파이윰에서 특히 세베크를 숭배했다. 프타는 멤피스의 주신으로 예술가 및 장인 들을 보호한다. 대개 미라 형태다. 제19왕조의 세티 1세와 람세스 2세가 특히 프타를 숭배했고, 한 왕 이름은 시프타('프타의 아들')였다. 람세스들이 몰락하고 나일강 삼각주의 정치적 역할이 두드러지면서 프타는 아몬과 라에 이은 세번째 신으로, 혹은 자기 손으로 세계를 빚어낸 조물주로 오히려 격상된다. 프타는 그리스 신화에서는 불과 대장장이 신 헤파이스토스와 동일시된다. 프타 아내는 세크메트고 둘 사이의 아들이 네페르툼, 그리고 그를 이은 것이 피라미드 건설자 임호테프다. 세크메트는 라에 반기를 든 인간들을 무참히 짓밟은 하토르에게 주어진 칭호기도 하다. 네페르툼('아들 아툼')은 '불의 신' 프타의 아들이므로, 그리스 신화의 프로메테우스와 동일시된다. 바스트(혹은 바스테트)는 하이집트 부바스티스의 지방여신이었으나, BC 950년 무렵 제22왕조 비리아 출신 파라오들이 부바스티스를 왕국 수도로 삼으면서 이집트의 위대한 여신 중 하나로 숭배된다. 원래 풍요함을 가져다주는 태양의 따스함을 뜻하는 암사자 여신이었으나, 훗날 고양이 여신으로 바뀌었다. 네이트는 삼각주 지대 사이스의 여신으로, 그리스 신화의 아테나와 동일시되며, 사이스가 왕국 수도로 된 후 우주 창조에 여러 역할을 맡게 된다. 그녀는 신들, 특히 라의 어머니다. 네이트는 자기 생식으로 라를 낳고, 자신의 북으로 옷감 짜듯 세계를 짰다. 도공 물레로 우주알을 만든 '틀 짓는 자' 크네무(크눔)는 폭포 지역 신이다. 출산과 모성, 젖 물림 등을 뜻하는 하마 여신 타우에레트(아페트, 오페트)는 특히 테베에서 숭배를 받았고 신왕국 때 중산층에서 인기가 높았다. 수염이 달리고, 머리통과 두 눈이 크고, 헤벌린 입에 혀가 늘어진 난쟁이-광대신 베스는 푼트 지방 출신이지만, 역시 신왕국 중산층 사이에서 인기가 높았다. 아멘트('서쪽 분')는 원래 리비아 출신이지만 훗날 '서쪽'이 '죽은 자들의 땅'을 뜻하게 되면서 '죽은 자들이 머무는 곳'을 다스리게 된다. 메르트세거(메르세거, '침묵의 친구')는 테베 무덤터를 지키는 뱀 여신이다. 임호테프와 아멘호테프는 죽어 신이 되었다.

죽음과 그후, 태양 신화를 입는 영광과 거룩함과 두려움

피라미드는 '좋은 분'의 죽음이 아주 찬란한, 그리고 영원한 태양의 삶을 닮는다는 뜻이자, 바람이다. 피라미드는 삶과 죽음과 태양의 일치다. 하지만, 그것은 착한 삶을 산 자들에게만 그렇다. 삶은 죽음 이후 엄정한 심판을 받게 된다. 삶과 죽음의 왕국을 가르는 무시무시한 땅을 무사히 가로지르려면 죽은 자는 미라에 올려놓은 부적, 그리고 무엇보다 『사자의 서』에 씌어진 암호가 필요하다. 죽음의 왕국에 닿자마자 죽은 자는 호루스 혹은 아누비스의 안내를 받아 문지방에 입을 맞춘 후 '두 겹 정의의 전당'으로 들어간다. 전당은 엄청나게 넓고 맨 끝에 '최고 심판관' 오시리스가 앉아 있다. 전당 한가운데 커다란 저울이 세워졌고 그 곁에 선 정의와 법률의 여신 마아트가 죽은 자의 심장을 저울에 달아볼 참이다. 그 근처에 사자와 하마, 그리고 악어 몸통을 뒤섞은 괴물 '집어삼키는 자' 아메나이트가 웅크리고 있는데, 그는 죄지은 자의 심장을 집어삼킬 것이다. 오시리스의 왼쪽과 오른쪽으로, 전당 전체를 둘러싸며 42명의 심판관들이 앉아 있다. 모두 날카로운 칼을 들었고, 흰 천을 감아올렸으며 일부는 사람 머리고 일부는 짐승 머리다. 이들은 이집트 42개 지방을 각각 대표하며, 각각 맡은 바 양심 영역을 심사한다. 죽은 자는 먼저 죄를 지었는지 아닌지를 밝히고 심판관 각각의 이름을 부르며 그가 아무 죄도 짓지 않았고, 영혼이 깨끗하므로 어떤 심판관도 두려워할 일이 없다는 것을 밝혀야 한다. 그런 다음 아부니스 혹은 호루스가 죽은 자의 심장을 저울 한쪽에 올리고 다른 쪽에 마아트 자신, 혹은 그녀의 뜻글자 표시인 깃털(진리의 상징)을 올려놓고, 토트가 '영혼의 무게'를 확인하여 서판에 적고 오시리스에게 알린다. 저울 양쪽이 완전한 균형을 이루면 오시리스는 최종 판결을 내린다. 죽은 자는 승리하였도다. 이제 원하는 곳으로 가서 신들과, 다른 죽은 영혼들과 어울려 살도록 하라…… 마아트는 법과 진실과 정의를, 그리고 네헤는 영원을 추상화한 것이다. 호루스의 네 아들은 죽은 자 심판 때 오시리스 앞 연꽃 위에 서서 각각 동서남북을 지킨다. 그들은 오시리스의 심장과 내장 또한 지키며 오시리스에게 먹을 것과 마실 것을 준다. 구왕국부터 미라의 몸통과 내장을 분리하면서 호루스의 네 아들, 그리고 오시리스 여신들이 내장을 공적으로 관리하게 된다. 머리가 사람인 임세티는 이시스와 함께 간 항아리를 보살피고, 개 머리 하피는 네프티스와 함께 허파 항아리를 맡는다. 자칼 머리 두아무테프는 네이프와 함께 위 항아리를, 매 머리 케브스누프는 셀케트와 함께 다른 내장 항아리를 관리한다.

고대 이집트인의 하루, 거룩한 일상의 기쁨

이집트인들은 삶을 최대한 즐겼다. 일을 매우 열심히 하는 중에도 시간을 아껴 가정생활과 우정, 음악과 파티, 수영과 낚시와 사냥, 그리고 항해를 즐겼다. 죽어서도 그런 삶이기를 바랐으므로 이집트인들의 무덤에는 친구와 가족 등을 새긴 크고 작은 조각상들이 무수하다. 짐승 중에도 고양이는 특히 마법으로 가장과 아이들을 지켜주고 곡식을 자라게 해주는 신성한 동물이었고, 고양이를 죽인 사람은 사형에 처해졌다. 고양이는 가장 인기 있는 애완동물이기도 했다. 북두칠성을 '하마' 라 불렀고 여인들은 원뿔 모양 머리장식에 향수를 뿌렸다. 주요 작물은 보리. 그것으로 빵을 굽고 맥주를 만들었으며, 파티는 '맥주의 집' 이었다. 사냥개는 그레이하운드. 피리가 유일한 관악기였다. 생명의 상징인 T자 모양 앙크에서 기독교 십자가가 나온다. 하지만, 멍청하게도, 이빨이 아프면 쥐를 튀겨 먹었다. 재수 좋은 날과 재수에 옴 붙은 날이 따로 정해져 있다고 고대 이집트인들도 믿었다.

인더스계곡, 사라진 평등과 자연 친화의 문명

인더스(혹은 하라파)문명은 BC 2600년 무렵, 지금은 거의 없어진 가가르-하크라 강, 그리고 지금도 흐르는 인더스강 유역 하라파와 모헨조다로('죽은 자의 언덕') 지역 '도시계획' 으로 얼핏 느닷없이 시작되어 약 7백 년 동안 번영을 누리다가 가뭇 사라진다. 문명이 사라짐과 뒤섞인다. 인더스(및 가가르-하크라)계곡의 도시와 문자 발명은 수메르나 메소포타미아보다 약간 늦지만 범위는 세 문명 중 가장 넓었다. 하라파와 모헨조다로 및 몇몇 다른 도시 외에 발견된 천 개가 넘는 인더스문명 정착지들이 인더스강 본류와 지류를 따라 남쪽 뭄바이(봄베이), 동쪽 델리, 서쪽 이란 접경지역, 그리고 북쪽 히말라야까지 이르러, 천 킬로미터 떨어진 읍과 도시 사이 친밀한 접촉이 계속되고, 한창때 인구수가 5백만을 넘었다. 하지만 우리는 인더스문명의 문자는 물론, 언어도 모른다. 문학은 남은 것이 없고 인장이나 도자기에 새겨진 글은 대개 네 자 혹은 다섯 자로 이뤄졌고, 제일 긴 것이 26자다. 언어를 모르므로 문자 해독은 더욱 힘들다. 그리고 우리는 인더스문명이 어떻게 유지되었는지, 왜 그리 급작스럽게 멸망했는지, 그들이 자신을 어떻게 불렀는지 모른다. 처음 인더스문명을 발굴한 학자들은 인더스문명이 외부인의 정복 혹은 이주로 생겨난 것이라고 생각했으나 발굴이 좀더 진행되면서 그렇지 않다는 것이 드러났다. 인더스문명의 바탕을 이룬 것은 인더스계곡 서쪽 언덕지대 발루키스탄, 특히 메르가르에서 BC 6500년 무렵 생겨난 남아시아 농경문화다. 밀을 재배하고 소를 비롯한 여러 짐승을 길들였다. BC 5500년 무렵이면 도기가 쓰이고 이 농경문화가 오늘날 파키스탄, 신드와 펀잡 등 충적토 지대로 퍼지면서 인더스문명의 기반이 다져지고 BC 4000년 무렵이면 작물과 가축 종류가 늘어나는 것은 물론 가까운 지역들과 머나먼 원산지를 한데 묶는 교역문화권이 형성된다. 당시 인더스 지역은 지금보다 습기 찼다. 인더스문명 인장에 새겨진 동물은 범과 물소, 코뿔소, 코끼리, 악어 등 산림과 늪지대에 사는 것들이고 서아시아 건조지대의 낙타는 없다. 햇볕에 말린 벽돌보다 가마에서 구운 벽돌을 많이 썼다. 인더스문명의 출현을 '느닷없어' 보이게 만든 도시계획이야말로 인더스문명의 핵심이다. 도시를 '높은 구역'과 '낮은 구역'으로 나누어 '높은 도시'에 성채를 쌓고 '낮은 도시'는 정확한 계획에 따라 길을 내고 집과 상점을 빽빽이 채웠다. 인더스문명은 통일된 측량단위를 썼고 둘레가 5킬로미터 이상이었던 하라파와 모헨조다로뿐 아니라 거의 모든 도시의 가로와 샛길 너비가 똑같았으며, 벽돌 크기도 같았다. 개인 집들은 우물에서 물을 길어 쓰고, 욕실, 부엌, 변소 등에서 쓴 물이 주요 도로를 따라 난, 벽돌을 쌓아 맞춘 하수도로 빠져나갔다. 아치식 천장의 대형 하수도도 있었다. 하지만 악취를 없애지는 못했다. 집은 안쪽 마당 밑 샛길 쪽으로만 열렸다. 대도시 인구는 3만에 이르렀고 대개 상인 혹은 장인 들이 같은 직업끼리 모여 살았다. 몇몇 집은 다른 집보다 크지만, 이를테면 급수 및 배수 시설이 없는 집은 없다. 인더스문명은 무엇보다 교역문명이었고, 다른 고대문명과 달리, 아마도 사회적 평등에 기초했고, 두터운 중산층이 존재했다. 모헨조다로 시가지에 세워진 아파트식 건물은 (일반 시민이 아니라) 노동자 숙소였을 것이다. 거대한 운하와 선착장을 지었고, 인더스 선박은 아프가니스탄, 페르시아 해변, 북부와 중앙 인도, 그리고 메소포타미아까지 가닿았지만, 인더스문명은 다른 고대문명과 달리, 인간이 자연과 조화를 이루는 법을 일찍부터 알았다. 무엇보다 성채는, 같은 시기 메소포타미아나 고대 이집트 성채와 달리, 커다란, 기념비적인 건축물이 없고, 뚜렷하게 궁정이나 신전으로 보이는 것도 없다. 왕의 흔적도, 군대의 흔적도, 그리고 사제의 흔적도 분명치 않다. 어떤 건물은 헛간인 듯하고, 어떤 도시에서는 거대하고 튼튼한 공중목욕탕이 발견되었다. 성채를 벽으로 둘러쳤지만 방어용이기보다는 홍수를 막는 용도였을 가능성이 더 크다. BC 1900년 무렵, 사람들이 도시를 떠나기 시작한다. 남은 사람들은 식량 부족에 시달렸다. 그리고 백 년 후엔 인더스문명의 거의 모든 도시와 문자체계와, 교역망과, 세계관이 사라진다. 그리고 BC 1600년에 이르러 남은 사람들조차 도시를 떠난다. 가장 큰 원인은 기후변화였을 것이다. 기온이 꽤 떨어지고 비가 줄었고, 산림과 늪지대가 없어졌다. 사냥할 짐승이 사라졌다. 인더스강 못지않은 젖줄이었던 가가르-하크라강 수원이 아마도 지각판 운동으로 갠지스평원 쪽으로 방향을 잡은 탓에 상당 부분 사라진 것도 결정적이었을 것이다. 중앙아시아의 인도-아리아인들이 말과 전차를 앞세워 인더스문명을 정복, 멸망시켰다는 주장을 믿는 사람은 별로 없다. 인더스문명 멸망 후 몇 세기가 더 지나서야 비로소 중앙아시아 인도-아리아인들이 남아시아로 내려온다. 인도-아이라인들이 산스크리트어로 지은 가장 오래된 힌두교 베다 경전은 아름다운 사라스바티 강둑을 따라 번성했던 유토피아 사회와 그 강이 사라지는 슬픈 이야기를 전하지만, 아직은 신화에 속한다. 그리고 인더스문명의 최대 유산은 간디의 비폭력 정신이다. 간디는 말했다. 나는 세상을 가르칠 새로운 내용이 전혀 없다. 진리와 비폭력은 구릉지대만큼이나 오래된 것이다. 구멍이 많이 뚫린 단지는 인더스문명에서만 볼 수 있는, 치즈 혹은 맥주 찌꺼기를 거르는 그릇이다. 인더스문명 여인들은 립스틱을 발랐고 아이들은 소형 두 바퀴 손수레, 새 모양 호루라기, 그리고 줄 타는 곰인형 등 장난감을 갖고 놀았다. 남녀 모두 복장이 울긋불긋했다.

고고학자들이 이 지역에서 발굴한 돌조각품, 테라코타 여인상, 숱한 인장, 그리고 몇몇 뛰어난 청동-구리 인물상은 모두 발굴 규모가 작지만 인간과 동물의 모습을 매우 생생하게 형상화하고 있다. 인더스 유역 문명은 그 정도 흔적만 남기고 수수께끼처럼 사라졌고, 오랜 동안 예술의 암흑기가 이어지다가, BC 15세기 인도로 침입한 아리아인들이 베다종교를 들여오고 갠지스강 유역으로 집결한

BC 1000년 무렵 더 찬란한 문명이 발흥한다. 다신교(多神教) 신들, 혹은 자연현상(천지창조, 불, 태양, 새벽, 폭풍우, 비) 및 인간현상(전쟁, 명예, 신적인 권위 등)을 예찬하는 제의 찬가로서 원시 베다('신성한 지식')는 통틀어, 애니미즘 문서라 할 만하다. 우파니샤드는 원래 각 베다에 붙이는 주석의 일부이다가 점점 철학적이고 신비적인 질문을 증대시키며 베다의 신들 및 제의와 분리되는 내용을 갖추었으니, 우파니샤드를 베단타('베다의 결론')라 부르는 까닭이다.

힌두교는 아리안족이 인도에 들여온 베다종교로부터 몇 단계를 거치며 발전했다. 처음엔 살아 있는 동물을 제물로 바치다가 후에 식물 제물 중심으로 넘어가고 여신들이 더 중요해지고 경건주의 종교 형태가 대중 속에 자리잡았다. 비슈누 혹은 시바가 종종 최고신으로 여겨진다.

BC 12세기경 『리그베다』가 모습을 드러냈다. 산스크리트어 '리그'는 '운문'. 천 개 이상의 찬가를 집대성한 『리그베다』는 세계에서 가장 오래된 종교 문서로 지금도 성스럽게 여겨진다. 『리그베다』에서 본질적인 부분만을 간추린 것이 『사마베다』('찬송 베다')고 봉헌의식 집전 사제가 외우는 구절을 모은 것이 『야주르베다』('봉헌문 베다')며, 이 세 개의 베다를 통해 성스러운 진리가 세 겹으로 구현된다. 훗날 경전으로 승격되는, 마법과 악귀 추방 등 미신행사에 쓰이는 주문 모음집 『아타르바베다』('불사제의 베다')를 합쳐 4대 베다라 부른다. 우파니샤드와 긴장 속에서, 긴장을 에로티시즘으로 포괄하면서 『리그베다』가 생겨나는 광경. 시간을 공간화하면 그 광경은 순정한 알몸이 드러나는 과정을 닮았다. 베다는 천 년 세월을 입으로만 전수되다가 BC 2세기경에서야 문자로 기록되었다. 베다가 태어나는 광경은 음악의 안 보이는, 그래서 더욱 성스러운, 육체를 닮았다.

BC 6~5세기경 지배적인 정통 희생종교에 대한 불만이 고조되던 것과 연관하여 발생한 불교는 인간의 고통이 영혼의 불멸성을 믿고 또 추구하는 데서 생겨난다고 믿었다. 싯다르타의, 욕망 해소와 개인 소멸에 이르는 보다 실용적인 '8정도(여덟 가지 바른 길)'는 당시 교역로를 따라 인도 내부는 물론 그 바깥으로 번져갔다. 대승불교가 중앙아시아를 거쳐 중국 한국 일본에 전파되고 소승불교가 스리랑카와 버마에 정착했다. 지나교는 싯다르타의 동시대 사람 마하비라를 '정복자(지나)' 이자 최후의 위대한 교사로 숭배한다. 마하비라는 매우 엄격한 형태의 종교적 노력을 요구했고, 어지간한 무생물에도 살아 있는 영혼이 깃들어있다며 살생을 금했다.

우파니샤드는 10세기 이후까지 이어지면서 유일 최고 존재의 개념을 추구하고 그 존재와 합일을 지향했다. 아트만(atman, 自我)과 브라흐만(brahman, 궁극적인 실재)의 동일화는 힌두 사상의 근간을 이루고 윤회(輪廻)와 인과(因果) 등 영생의 성격도 우파니샤드는 다루고 있다. 유일 최고 존재와의 합일이야말로 에로티시즘의 최고 형태에 다름아니다. 그러나 철학은, 인도에서도, 반(反)에로티시즘 방식을 취한다. 예술이 부재한 시기에, 또한 베다-에로티시즘과 투쟁하면서. 불교는 '우파니샤드 과정' 속에서, 우파니샤드와 달리, 예술을 포괄하는 방식으로 탄생하고 그렇게 불교는 예술-에로티시즘과 철학을 한 단계 더 높게 결합한 결과다. 동시에, 우파니샤드는, 실패해서 더욱 위대한 노력인지 모른다. 산스크리트어 '우파니샤드' 는 '가까이 앉는다', 즉 내적인 가르침을 뜻하며, 역대 힌두교 교사와 성현 들의 가르침을 받아적은 것이다. 현재 전해지는 것은 대략 108종. 이 문건들이 인도철학의 토대를 이루었다.

아리아인들은 중앙아시아에서 발생하여 유럽과 인도로 흘러들었다. 힌두족('인더스강 유역에 사는 사람들') 말고도 페르시아, 그리스, 라틴, 앵글로-색슨족이 모두 그들의 후예고, 훗날 독일 독재자 히틀러가 '순수 아리아인 혈통' 을 참칭하면서 파시즘 및 제2차 세계대전을 일으키게 된다. 아리아인들은 갠지스강 유역에 농경 촌락을 형성했고 철기와 회색 칠무늬토기를 사용했으며, 『리그베다』에 의하면 인도 사회에 카스트제도를 강제했다. 사회구성원을 브라흐만(사제계층)-크샤트리아(왕후-전사 계층)-바이샤(상인-농민 계층)-수드라(수공업 및 노예 계층)등 4대 계급으로 엄격히 구분, 위계화하는 이 제도는 원래 노동분업을 반영하는 문명 보편제도의 하나였으나 인도 특유의 엄격성을 갖추게 된다. 그것에는 정신적인 요소와 육체적인 요소가 모두 작용했다. 정신적으로, 대다수 인도인들에게 지상의 삶은 숱한 윤회와 인과 과정의 하나에 불과하다. 지상의 처지는 전생에 이미 예정된 것이고 다음 생을 위한 준비다. 육체적으로, 인도문명에 내재하는 방만한 에로티시즘에 대한 역작용으로 제도의 뼈대가 갈수록 완고화했다. BC 6세기경 창시된 불교를 선두로 카스트제도를 극복하려는 노력이 계속되지만 카스트제도는 현재까지 이어지고 오히려 계급 종류가 더욱 세분화했다. 다른 한편 불교의 색즉시공 공즉시색 진리가 태동하고 갈수록 강화한다. 대(大)현실 자체가 대(大)에로티시즘의 발로다. 아리아인들은 BC 6세기까지 최소한 16개의 국가를 인도 대륙에 세웠다.

BC 500년경이면 힌두교는 브라흐만 계급을 정점으로 하는 브라흐만교가 전성기를 맞으면서 상부구조가 강화되고 그렇게 종교의 영(靈)과 육(肉)이, 우파니샤드와 베다가 한 단계 더 높은 차원으로 통합되고, 경전이 늘어나고 신앙체계가 더욱 다양해진다. 다른 종교라면 분명 모순을 일으킬 교조와 원리 들이 힌두교의 틀 속에 병존-상생한다. 여러 신들이 존재하지만 신들은 동시에 인간 지능으로 알 수 없는 절대 유일신 브라흐마(梵天)의 여러 측면이기도 하다. 브라흐마는 리바('장난=놀이')로 우주를 창조, 자신의 환력(幻力, 마야)으로 나타냈고 그렇게 우주는 환영이고 실재하는 것은 오로지 환영일 뿐이다. 영혼은 윤회-환생한다. 살아 있는 모든 것은 동일한 본질의 부분들이다. 인간은 동물로, 심지어 식물로 환생하기도 한다. 현세에서 행한 일이 내세에 영향을 끼친다. 카르마(업業 혹은 인과응보). 인생의 목표는 이 탄생-재탄생의 윤회 사슬을 끊고 아트만이 브라흐만의 일부로 되는 것이다. 그렇다. 힌두교는 애니미즘에 에로티시즘이 문화-종교화 계기로 작용, 매우 수준 높은 예술적 진리에 도달하는 '과정=결과'다. 에로티시즘의 상상력이 놀랍게도, 가상현실을 포괄한다. 아니 가상현실이야말로 힌두교가 정신세계의 혼돈(카오스)을 '질서=형상' 화하는 '방식=내용'이고 카스트제도는 정신의 어지럽고 위험한 유희에 지상의 중력을 담보해주고 그런 채로 힌두교는 변화무쌍을 극대화하면서, 변화무쌍 속에 변화무쌍으로써 변하지 않는 채 오늘날에도 거대한 인도 대륙의 90퍼센트 이상을 어느 정신-물질제도보다 더 완강하게 장악하고, 그 밖으로는 번지지 않고, 오래전부터 불교와 지나교를 배제한 인도의 모든 종교를 뜻하는 말로 되었다.

힌두 종교와 예술, '환영=가상현실'의 '카스트=가르침=사닥다리'

힌두교('인도적 종교')의, 그리고 훗날 불교의 종교적 교리와 예술적 상상력은 거의 한 몸이다. 불교와 힌두교는 다른 어떤 종교보다 예술적 상상력이 풍부하지만, 동시에, 적어도 근대 이전까지는, 문학-예술의 상상력이 종교의 그것을 넘어서는 법이 없었다. 『일리아드』와 『오디세이』보다 몇백 년 전에 성립된 힌두교 성전 베다는 매우 문학-예술적이다. 아름다운 운문 기도서 격인 4대 베다(『리그베다』 『사마베다』 『야주르베다』 『아타르바베다』) 본문(samhita, '本集')은 물론, 각 베다에 따라붙는 『브라흐마나』(brahmana, '진리 탐구자', 전례 지침), 『아라냐카스』(aranyakas, 전례 해석), 『우파니샤드』(upanishad, 범아일여梵我一如의 철학 토론) 들에 이르기까지 그렇고, 고전 베다를 종교생활에 적용하는 실제를 다룬 『베단가』(vedanga, '베다의 팔다리', 점성학, 공공 전례, 가정 전례, 종교법 등)와 '과학이론서' 『우파베다』(정치학, 의학, 군사학, 음악과 연극, 건축 등)에 이르기까지도 그렇다. 성전(性典) 『카마수트라』는 물론이다. 동시에, BC 5세기부터 씌어지기 시작한 양대 서사시 『마하바라타』와 『라마야나』는, 매우 문학적이면서도 종교의 (문학-예술적) 상상력을 넘지 못한다.

'바라타 왕 후손들에 대한 커다란 이야기' 『마하바라타』는 BC 10세기경 갠지스강 유역에서 실제로 벌어졌던 사건을 다룬다. 줄거리의 핵심은 왕위 계승을 둘러싼 친척과 형제 들 간의 전쟁. 아르쥬나가 아름다운 드라우파디를 집으로 데려와 다섯 형제 모두의 아내로 삼는 것으로 시작되어 10년 넘게 이어지다가 정통 왕위계승자가 승리하면서 끝나는데, AD 350~500년에 완성된 결정판 『마하바라타』는 분량이 『일리아드』와 『오디세이』를 합친 것의 약 여덟 배에 달하는, 세계 최대 서사시다.

서양의 경우와 달리, 피날레는 주인공의 속죄. 승리자들이 세속적인 욕망을 버리고 성스러운 히말라야산으로 물러난다. 사회는 봉건-계급적으로, 카스트가 확립되어 있다. 여성들의 지위는 높다. 『마하바라타』의 여성들은 외모와 성격이 아주 매력적이다. 줄거리가 진행되는 중에 도덕적 훈계가 간간이 끼어들고, 에피소드들이 얼기설기 연결되고, 종교-윤리-낭만적인 다툼들이 다양하게 끼어든다. 이야기(들)의 미학 수준은 높다. 특히 사비트리가 유창한 종교 지식과 탁월한 논리 그리고 헌신적인 사랑으로 남편을 죽음에서 구하는 이야기는 육감적이면서 감동적이다.

그러나 가장 유명한 대목은 주인공 아르쥬나가 비슈누의 현신인 전차 전사(戰士) 크리슈나와 나누는 기나긴 대화. 18장에 들어 있는 이 부분은 따로 떼어내어 「바가바드 기타」('축복받은 주의 노래')라고 하는데, 위대한 신앙 고전으로서 힌두 교리의 핵심을 전달한다. 크리슈나의 성격이 최초로 드러나는바, 그는 온갖 구세주가 단일하고 동일하며 정의가 필요하다는 것을 역설한다. 「바가바드 기타」는 문학사상 아마도 가장 극적인 대목에서 펼쳐진다. 아르쥬나군이 결정적인 전투의 전야를 맞고 있다. 그는 망설인다. 이제 친척들의 피로 손을 물들여야 한다. 그 치명적인 죄가 두렵다. 정의를 갈구하는 아르쥬나는, 어떻게 행동할 것인가?

어떻게 인간은 죄를 짓지 않으면서 여러 겹의 사회적 의무를 다할 수 있단 말인가? 크리슈나가 용기를 북돋운다. 누굴 죽인다고 해서 그가 죽는 것이 아니다. 영혼은 불멸이므로. 사심과 이기적인 욕망이 없다면, 궁극적인 영혼의 실재를 망각하지 않는다면 의무는 수행할 수 있으며, 적극적으로 수행해야 한다. 아는 자라면 살해당한 자에 대해서도 살아 있는 자에 대해서도 슬퍼하지 않을 것이다. 욕망의 고통이 없는 '눈 뜬 환멸(幻滅)'의 마음. 그, 체념이 평화를 가져다준다. 크리슈나의 궁극적인 충고는 이렇다. 온갖 다르마(dharma, 지상의 삶을 영위하는 법. 정의로운 행동과 불의한 행동 들)를 다 버리고, 나를 유일한 피난처로 삼으라. 내가 그대를 온갖 죄로부터 구해주리니. 슬퍼 말라. 다시 속죄와 물러남. 이 결론을 위해 온갖 문학적 상상력이 동원된다. 그리고 갇힌다. 『마하바라타』 전체와 부분 「바가바드 기타」의 관계는 『일리아드』와 『오디세이』의 그것과 달리, 비(非)변증법적이다.

『라마야나』('라마의 노래')는 『마하바라타』와 비슷한 시기에 씌어지기 시작, 서기 200년경에 완결되었는데, 서로 다른 판본이 세 가지 있고, 분량은 『마하바라타』의 4분의 1을 약간 밑돈다. 모두 7권. 작품의 핵심은 2~6권에 수록된 2부작 이야기다. 1부에서 라마왕자는 시타를 아내로 얻고 왕위계승자로 지목되지만 왕의 후궁은 자기 몸에서 난 바라타를 왕위에 올리기 위해 음모를 꾸며 그를 추방시킨다. 왕이 죽고, 바라타는 왕위를 거부하고 숲속에서 라마와 시타를 찾아내어 왕위를 권한다. 하지만 라마는 이미 맹서를 한 터였다. 라마는 바라타를 돌려보낸다.

2부 사건이 전개되는 구도와 동기는 1부와 판이하게 다르다. 1부가 인간-자연적이라면 2부는 초자연적. 말하는 악마와 말하는 동물과 새들, 그리고 원숭이들의 신/사령관이 두드러진 역할을 맡는다. 악마-왕 라바나가 시타를 랑카로 납치해간다. 라마는 온갖 기묘한 모험 끝에 원숭이 나라의 도움을 받아 라바나를 죽이고 시타를 다시 찾아온다. 시타는 일체의 부정(不淨) 의혹을 씻어내고 라마와 함께 왕궁으로 돌아온다. 바라타는 라마에게 왕위를 넘겨준다. 1부와 2부 사이에 예의 변증법적 관계가, 있는가? 없다. 종교적이고 순환적인 인과관계가 있을 뿐.

1권은 서론 그리고 마지막 7권은 결론 격이다. 모두 비슈누 숭배에 바쳐졌다. 1권은 라마가 비슈누의 육화로서, 라바나를 죽여달라는 다른 신들의 요청에 의해 태어났음을 밝힌다. 7권 또한 신들이 라마에게 그가 비슈누의 화신임을 알려준다. 서론-결론의 겹은 본론과 변증법적 관계를 이루지 못한다. 마지막으로, 『마하바라타』와 『라마야나』 또한 변증법적 관계를 이루지 못한다.

BC 2세기 인도 현자 바라타가 펴낸 방대한 분량의 책 『나티아 샤스트라』는 극작 중심으로 무용-음악 등 당대의 온갖 연행예술을 다루는 세계 최고(最古)의 예술창작방법론서로, 매우 다양한 연기 몸짓과 동작, 그리고, 오늘날의 음악형태론과 유사한 연극의 여러 겹 패턴, 시 운율 선택에서 연극이 달할 수 있는 분위기의 범위 등 연극의 모든 측면을 다루고 있다. 인도 연극의 종교 계몽 미학을 정당화하는 의미를 갖는 『나티아 샤스트라』는 첫 장에 인도 연극-극장 탄생신화를 담고 있다.

세상이 육체 쾌락과 욕망, 탐욕과 질투, 분노로 가득 차게 되자 전쟁의 신 인드라가 창조주 브라흐마에게 부탁한다. 사제와 군인, 상인과 농민 등 모든 계급이 볼 수 있는, 재미난 볼거리를 만들어주십시오. 브라흐마는 깊은 사색에 빠지더니 힌두교 최고 성전 『베다서』 네 권에서 암송, 노래, 행위, 그리고 미학을 추려 뽑아 다섯번째 성전 '날리소우 나티아 샤스트라' 를 작성했다. 이 새로운 창조물을 누가 간직하고 유지할 것인가. 브라흐마는 인드라에게 주지만 인드라, 그리고 다른 신들도 자신의 권위에 어긋난다며 거절하고 인간 남자와 인간 여자에게 걸맞다는 의견을 냈고, 할 수 없이 브라흐마는 바라타에게 예술비법을 가르쳤다. 바라타는 백여 명에 이르는 아들 및 후계자 들과 함께 그것을 지구상에 보존하고 유지하는 일을 맡게 되었다. 바라타가 첫번째 연극 연습을 시작했다. 신들이 악마에게 승리하는 내용이었다. 당연히, 악마들은 연극을 좋아하지 않았다. 우리를 너무 악의적으로 그리고 있다. 그들이 그렇게 불평을 터뜨리며 여러 차례 뛰쳐들어와 연습을 방해하자 브라흐마는 건축의 신 비스바카르마에게 공연 공간을 지어주라고 명했다. 제의를 통해 그 공간을 축성하면 악마로부터 배우들을 보호할 수 있으리라. 브라흐마는 신과 악마 사이 풀리지 않는 갈등의 해결을 중재하면서 공연의 주요 목표를 '교훈과 즐거움' 으로 규정지었다.

고대연극 『샤쿤탈라』는 이런 줄거리다.

두샨타왕이 어느 날 사냥을 나갔다가 숲에서 한 처녀에게 홀딱 반하여 약식으로 결혼식을 치르고 자신이 끼고 다니던 반지를 그녀에게 주었는데, 그 처녀가 자신을 무시한 것에 분노한 숲속 산신령은 그녀에게 저주를 내린다. 반지를 직접 눈으로 보아야만 왕이 그녀를 알아볼 수 있을 것이다. 엎친 데 덮친 격으로 목욕을 하다가 반지를 잃어버리고 만 그녀가 대궐로 찾아갔으나 왕은 그녀를 본 적도 없다며 내쫓아버리고, 숲으로 돌아온 그녀는 아이를 낳았다. 반지는 물고기가 삼켜버렸는데, 그 물고기를 잡은 어부가 배를 갈라보니 왕만이 낄 수 있는 반지가 나와 그 반지를 왕께 바치고, 비로소 그녀와의 일이 생각난 왕은 그녀를 사방팔방으로 찾고 마침내 그녀를 왕비로 맞아들인다……

디오클레티아누스왕을 둘러싼 이런 이야기도 전한다.

왕이 일곱 명의 현자들에게 왕자 교육을 맡긴다. 왕자가 미워 견딜 수가 없었던 계모 왕비는 왕자가 자기를 해코지하려 했다고 왕에게 거짓으로 일러바치고, 왕비의 마법에 걸려 일주일 동안 입을 열 수 없었던 왕자는 아무 변명도 못 해 왕은 사형선고를 내렸다. 일주일이 문제다. 매일 밤마다 왕비는 왕에게, 아들이 아버지한테 얼마나 위험한 존재인지를 일일이 예를 들어가며 얘기하고, 다음 날 아침이면 현자들이 하루 한 사람씩 왕을 기다렸다가, 남자가 여자를 믿는 게 얼마나 위험한 건지를 일일히 예를 들어가며 왕에게 얘기했다. 왕은 왕비의 말도 그럴듯하고 현자의 말도 그럴듯해서 긴가민가했는데, 어쨌든 그렇게 일주일이 지나가고 왕비의 마법에서 풀려난 왕자의 입이 열린다. 왕은 잘못이 드러난 계비를 불에 태워 죽이라 명한다.

인도 고전연극은, 인도 고전음악처럼, 정교한 육체성을 갖고 있으나, 역사-사회(의 변증법) 속으로 발전하지 못하고, '완성된' 종교 속으로 심화할 뿐이다. 통틀어 인도 고전연극사에는 '교훈'과 '즐거움' 사이 변증법적 모순이 생기지 않는다. 같은 얘기다. 중국은 어떤가? 한자 '극(劇)'은 호랑이(虎)와 돼지(豚), 그리고 칼(刀)을 합친 것으로 맹렬한 갈등을 뜻하고, 그렇게 중국 연극은 모순과 대립이 행위를 낳고 행위를 통해 결말에 도달한다. 하지만 중국 연극 또한, 서양보다 몇 세기 앞서 레시타티브와 아리아를 구분-발전시킬 정도로 높은 미학 수준에 달하지만, 서양 연극과 달리, 그리고 인도 연극과 마찬가지로, 변증법적인 극 발전과정을 밟지 못했고, 놀이(戲)와 연행(演行)의 미학-기법을 심화할 뿐이다. 일본 연극 또한 그렇다. 중국과 일본, 그리고 한국의 전통연극은 대본보다 연행을 더 중시하는데, 같은 얘기다. 동양 연극은 시민혁명 같은 세상 대변혁과 만나지 않고 연극으로서, 연극 속으로만 발전했다. 이것도 같은 얘기다. 노래와 무용,

그리고 이야기의 '결합'이 일찍부터 강고해서 '구분과 결합' 과정이 일찍부터 차단되었다. 역시 같은 얘기다.

원인 속에 이미 결과가 잠재한다. 물질적 원리인 근본원질(순질純質·격질激質·암질闇質의 3덕三德)의 평형상태가 격질의 작용으로 깨지면 우주가 개전, 통각(統覺) 기능 등 24원리가 생기고 현상세계가 성립된다. 일체의 현상이 하나의 원인에서 개전(開展)한다(산키아학파 등의 개전설 혹은 전변설). 불가현력(不可見力)에 의해 최초로 원자가 다른 원자와 결합하여 복합체를 형성하고, 이것에 의하여 우주의 물질적인 자연세계가 성립된다(바이셰시카학파). 질료(원)인은 마야 혹은 무명, 즉 인간을 현혹하는 신의 신비한 힘이다. 그러므로, 브라흐만과 아트만 이외의 것은 모두 가현(가상현실)이다(샹카라파). 원인(原人)은 머리와 눈, 그리고 다리가 각각 천 개며, 우주 일체는 그의 신체의 각 부분에서 생겨났고, 카스트 네 계급은 원인의 입·팔·넓적다리·발에서 각각 생겨났다. 말(語)은 단순하고 무상한 음성을 초월하는 영원한 실재다(어상주론語常住論, 미만사학파. 니야야파 등의 어무상론語無常論과 대립). 브라흐만이 바로 상주불멸이다(바르트리하리). 바른 지식을 얻는 인식수단(양量)으로 직접지각(현량現量, 말로 표현할 수 없는 감관의 대상 접촉), 추론(비량比量) 혹은 유비, 증언(성언량聖言量, 믿을 만한 말 혹은 교시) 등이 있다(니야야학파). 사물에는 실체, 속성, 운동, 보편, 특수, 내속(6구의, 바이셰시카학파)의 범주가 있고, 있다, 없다, 있는 동시에 없다, 말로 표현하지 못한다, 있으나 말로 표현되지 않는다 등 여러 방법으로 설명할 수 있으므로 어떤 판단을 내리려면 어떤 관점(시아드바다, 자이나교)에서 보는가가 중요하다. 주장한 논증은 주장·이유·실례·적용·결론의 다섯 마디(오분작법五分作法, 니야야학파) 혹은 주장-이유-실례(삼지작법三支作法, 디그나가, 불교 신인명神因明)로 이루어진다. 허공은 물질 등에 존재할 곳을 마련해주는 실체(자이나교)다. 만물에 '존재=운동' 장소를 베풀며, 유일상주 편재하는 실체로서 음성이 그 성질이다(바이셰시카학파). 5대 원소의 하나일 뿐이다(베단타학파). 우주의 물질적 원리에 대립되는 정신적 원리(신아神我)가 있다. 지(知)가 본성이며, 보통 때는 물질적 원리에 뒤섞여 있으므로 순수한 정신성을 발현하지 못하고, 고(苦)를 경험하면서 윤회한다(산키아학파). 온갖 신체, 언어, 정신 행위가 잠재-축적되어 내세에 신으로, 인간으로 혹은 동물로 태어날지를 결정한다. 사람이 죽어도 어떤 통각 기능, 자아의식, 11개 기관, 5종의 미세한 요소 들은 사라지지 않으며, 정신적 원리와 함게 윤회의 주체가 된다(미세신). 해탈은 자기 본성의 재인식이다(카슈미르시바학파)…… 그러나 형상화는 세상을 구하는 환영이며, 비슈누 12아바타는, 인터넷 아바타와 달리, 그 환영의 육화 아닌가. 힌두교 사원은 환영, 불교 사원은 공을 건축한다. 아니, '환영=건축' 이고, '공=건축' 이다.

1240년 무렵 완공된 동부 인도 코나르크 지방 수리야 데울 '태양신사원' 은 특히 에로틱한 부조 때문에 가장 유명한 힌두교 사원 중 하나다. 태양의 신 수리야에게 바쳐진 이 사원을 뒤덮은 숱한 무용수와 연주자 들 부조가 매일 떠오르는 태양을 맞는다. 초기 유럽 선원들이 '검은 탑' 이라 불렀고 캘커타로 가는 길목의 이정표였다. 인도 고전무용 바라타 나티암은 비천한 사원-여자들의 춤에서 발전한 것이다. 『바가바타 푸라나』는 크리슈나의 업적을 기리는 작품. 『마하바라타』 『라마야나』와 더불어 인도문명권 어디서든 경탄과 숭배의 대상이며, 이 작품들에서 소재를 따온 제의형식 춤극이 동남아시아 전역에서 연행된다. 인도 남성보살 아발로키테슈바라는 중국 불교 속에서 자비의 여신 관음보살로 거듭난다. 여전히 왼손에 연꽃을 들고 오른손은 안심시키는 자세며, 불쌍히 여기며 세상을 내려다본다. 17세기 말와파는 『카마수트라』의 곡예 체위를 묘사한 세밀화를 고객들에게 팔았다. 인도 카타칼리 신화무용극 〈주사위 놀이〉는 『마하바라타』 중 한 이야기가 소재다. 왕국 통치권을 놓고 두 사촌 판다바와 카우라바 그룹 사이에 지루하지만 서사시적인 전쟁이 벌어진다. 발라사라스와티(1918~1984)는 오랜 전통의 춤꾼-음악가 가문 출신으로 20세기 초반 인도 고전무용을 부흥시키는 데 중요한 역할을 했다. 인도 중남부 타밀나두주 인형극 봄마라탐('인형 볼거리')에는 머리가 열 개 달린 라바나 혹은 다사무카와 원숭이 하누만 등이 나온다. '아바타' 의 정확한 뜻은 '하강(下降)', 즉 지상의 특정한 악(惡)과 싸우기 위해 인간 혹은 동물의 육체를 입는 것이다. 예수그리스도의 육화도 아바타지만 한 세계-사이클의 매 단계가 아니라 통틀어 단 한 번 행해지는 신의 간섭이라는 점이 다르다. 비슈누는 단 세 걸음으로 땅과 하늘, 그리고 인간이 알 수 없는 영역까지 포괄하며 배우자 슈리와 함께 천상의 새 가루다를 타고 다닌다. 어린 시절 크리슈나가 행한 장난의 주종은 버터 훔치기로, 점차 남의 집 버터까지 한 움큼씩 훔치곤 했는데 그것 때문에 그의 양어머니 야쇼다가 그를 묶어둘 정도였다.

탄트라불교는 본향 인도에서 13세기 이슬람에 의해 뿌리가 뽑혔지만 티베트에서는 여전히 강한 영향력을 발휘하게 된다. 만다라는 신들의 궁전을 묘사한다. '평화로운' 혹은 '분노에 찬' 이 궁전은 '5색 찬란한 빛' 혹은 '검은 연기, 격렬한 불꽃, 악취를 구멍마다 뿜어내는 해골들' 로 이루어져 있다. 만다라의 네 마당에서 '평정(동쪽, 흰색)' '풍성(남쪽, 노란색)' '자제(서쪽, 붉은색)' '파괴(북쪽, 녹색)' 의 제의가 행해지고 궁전 중앙(가장 깊은 우주의 푸른색)에서는 최고의 제의, 즉 '계몽의 제의' 가 이뤄진다. 초기 부처는 상징으로 표현되었다. 이를테면 발자국은 그의 임재를, 서 있는 여자는 탄생을, 나무는 깨달음을, 바퀴는 교리와 첫 설교를, 사리탑은 죽음을 상징한다. 간다라 불상은 부처의 '형상화' 에 그리스-로마의 영향이 컸음을 보여준다. 중앙아시아 회교도들이 인도 북부 무갈제국을 세웠을 때 처녀 춤꾼 유행이 함께 도입되었다. 인도 남부 치담바람, 나타라자('춤추는 주님〔=시바〕') 사원 탑에는 2천 년 전 『나티아 샤스트라』에 설명된 108가지의 카라나(동작 단위) 일체를 포함, 춤과 연관된 부조들로 가득 차 있는데 그와 유사한 포즈들을 오늘날 바라타나 연행자들에게서 볼 수 있다. 12세기 한 석조에는 힌두교의 고전적 세 신, 즉 브라흐마, 시바, 비슈누가 함께 나와 신성한 음악가 간다르바('건달' 의 어원)들의 음악에 맞추어 춤을 추는 모습이 새겨져 있다. 시바가 타고 다니는 수소 난딘도 있다. 브라흐마는 통찰과 과학을, 시바는 초월적 경험을, 비슈누는 헌신과 종교적 삶을, 가네샤는 범주를 상징한다. 브라흐마는 창조자, 비슈누는 유지하는 자, 시바는 파괴자다. 발전된 힌두 우주론에서는 세계가 주기적으로 발산-재흡수 과정을 겪는다. 발산기와 다음 발산기 사이 비슈누는 해체의 바다 우주뱀 아난타 위에서 쉬며, 슈리가 그의 발을 주물러준다. 브라흐마는 종종 비슈누의 뜻을 수행하는 창조자로 표현된다. 비슈누의 배꼽에서 연꽃이 피어나고 잎새가 열리면 그 안에 앉은 자세의 브라흐마가 드러나, 세상을 내보낼 준비를 한다. 거위의 비상은 해방을 향한 영혼의 도정을 상징한다. 힌두 달력은 해방을 달성키 위해 거쳐야 하는 시대와 영역을 표시하고 있다. 1785년 무렵 그려진 한 캉그라 회화를 보면 힌두 신화 중 야무나강 수풀 속에서 포옹하는, '홀딱 반할 만한 신' 크리슈나와 라다가 등장한다. 꽃을 피우는 자연과 몇 쌍의 새들이 둘 사이 연애감정을 상징하고, 인도 특유의 상상력이 발현, 질경이 잎새가 라다의 허벅지를 닮았다. 신과 신자의 친밀함에 대한 알레고리다. 전통적인 인도 세밀화는 서열별로 인물 크기를 정한다. '분노의 쐐기못' 킬라는 인도에서 발생했으나 사라지고 티베트불교의 한 특징으로 신격화했다. 이것을 땅에 박으면 온갖 해로운 세력이 진압되고 성지 입구 한구석에 박으면 악마가 통과할 수 없다. 인도 간다라는 문화 교차로로서, 불상과 그리스-로마 소재를 뒤섞었다. 젊은 카타칼리 배우들은 우기중 해 뜨기 전 고된 훈련을 받고, 스승은 카타칼리 교육에서 매우 중요한 발마사지를 해준다. 샹카르는 파블로바 무대장치를 도왔고 〈라다-크리슈나〉에서 그녀와 공연했다. 서양에 인도춤 붐을 일으켰으며 훗날 인도에서 전통춤 부흥을 위해 진력했다. 10~11세기 카주라호 칸다리아 마하데바사원 또한 건물 정면 벽 위에 사랑하는 여인과 신-연인들의 온갖 체위를 펼쳐 보인다. 말 그대로 성애학 체위 도해사전이다. 19세기의 한 인도 세밀화는 다른 여러 커플들이 몸을 이어 만들어준 그네에 앉은 두 여인으로, 복잡하고 환상적이고 심지어 곡예적인 인도 에로티시즘의 상상력 자체를 '형상화=육화' 했다.

중국, 상형문자의 제국

함무라비법전 완성과 비슷한 시기 발흥한 중국 청동기문명은 BC 1500년경 절정에 달한다. 은(商)왕조(BC 18~12세기) 때 그림과 글씨 요소를 두루 갖춘 갑골문자가 발명된다. 호랑이가 사람을 보호하며 몸체는 풍요 숭배와 연관된 동물 모티프로 뒤덮인 제기는 장식 처리의 예술적 상상력이 뛰어나다. 은이 망하고 주나라(BC 1066~258년)가 서지만 청동기문화는 절정 상태를 유지했고, 이 시기 제작된 제기(祭器)는 세계 최고 수준의 정교함을 과시하는데, 마치 청동을 마음대로 주무른 듯 몸체에 모난 데가 없고 표면에 여러 가지 색을 입혔으며 알록달록한 효과, 그리고 구름처럼 흐릿한 효과까지 냈다. 녹청(綠靑)으로 처리된 부분은 세월을 머금으며 더욱 자연스러운, 미묘한 고색창연을 발한다. 이 시기 청동기에서 중요한 것은 무엇보다 의미와 미학의 통합. 새겨진 그림이나 부호 들은 당대에 대한 기록이면서 디자인이 매우 촘촘하고 정교하여 의미를 육화하는 동시에 은폐한다. 악마 혹은 잡귀 가면, 용, 새, 소, 양과 염소, 그리고 '천둥'의 배경 혹은 양식화한 구름 패턴 등이 단골로 등장하는 소재다. 제기 외에 청동거울도 최고의 예술작품이다. 앞면은 얼굴을 비추기 위해 광택이 날 정도로 닦아내고 뒷면은 기하학적 무늬, 동물 혹은 인간의 모습 등을 새겼다. 그렇다. 불교가 생겨나기 훨씬 전의 중국인들이 청동거울로 색즉시공 공즉시색을 형상화한다.

BC 10세기 후반 붓에 먹을 묻혀 글씨를 쓰는 서예(書藝)가 발전하기 시작했다. 서예는 어려운 문자를 구사하는 지배계급의 전유물이지만 서예를 통해 글씨가 그림 못지않은 예술성에 달하게 된다. 얼핏 문자 탄생기 상형으로 복귀하는 면도 있으나 서예는 본질적으로 문자 이후 문자의 예술화를 지향하고, 지향의 방법은 흑백과 여백(餘白)으로의 무한한 자기 절제다. 서예 속에 상형문자가 태어나는 과정이 얼핏 반복-재현되지만 그 위로 문자 탄생과정 자체를 질 높게 예술화하는 과정이 겹쳐지고, 현상과 본질의 조화가 너무도 완벽하다. 중국 지배계급의, '형상=상형'화의 자기 절제로서 '상형=형상'화인 이 조화 속에는 시간의 틈도, 역사의 틈도 거의 존재하지 않는다. 중국이 세계에서 가장 오래, 3천 년 이상 동안 지속되는 문명을 갖게 된 까닭의 한 단면이다. 서양 기준으로 보면 서예가 사대부-아마추어들의 일상 취미로 분류될지 모르나 중국에서는 '비천한' 직업화가들의 '환쟁이짓'과 구분되는 최고의 예술 행위였고, '최고'에 걸맞은 예술적 성과를 냈으며, 회화에도 끈질긴 영향을 끼쳐 충실한 자연주의적 재현보다 필치의, 혹은 일필휘지(一筆揮之)의 힘과 묘미와 리듬, 그것이 여백과 이루는 조화가 회화에서 가장 중요한 예술적 요소로 자리잡았다.

중국은 진(秦)나라에 이르러 통일국가를 형성했으며, 한(漢, BC 202~AD 220년)나라 때의 왕들은 진시황의 폭정에 대한 민중들의 기억을 해소하기 위해 내부적으로 무위자연 정책을, 대외적으로는 흉노 등 이민족과의 전쟁-회유 방향책을 폈다.

한무제는 흉노에 쫓겨난 대월지(大月氏)와 동맹해 흉노에 대항하고자 장건(張騫)을 서역에 파견했는데, 이 정책은 실패했으나 장건의 출병에 의해 실크로드가 열리고 중국과 서구의 문물 교류가 이뤄졌다.

한대 회화는 고분벽화에서 그 면모를 알 수 있고 후한(後漢)시대에 불교가 정착함으로써 불교미술이 나타났으며, 특히 종이 발명은 회화의 발달을 촉진시키는 동인이 되었다.

한자, '문자=역사'와 '과학=형이상학'의 문명

한자는 이집트 히에로글리프, 메소포타미아 쐐기문자만큼이나 오래된 고대문자지만, 다른 고대문자와 달리, 자체만 변했을 뿐 오늘날에도 여전히 쓰인다. 그만큼 한자는 우수한 글자고 중국문명은 무엇보다 한자문명이다. 아니, 한자는 중국을 넘어 동아시아 각지로 퍼져, 중국 문화 자체를 능가해버렸다. 한국과 일본에서도 한자를 쓰고 있으며, 베트남도 19세기 프랑스 식민지가 되기까지 한자를 썼다. 약 3천 년 동안 쓰이면서 한자는 중국문명을 가장 먼저 역사화하지만, 오랫동안 역사를 신화화하고 과학을 형이상학화하는 한계를 보이기도 했다. 약 5천 년 전 중국 황제의 사관 창힐이 새와 짐승 들의 발자국을 보고 만들었다지만 이것은 그림글자가 좀더 추상화하는 단계를 가리킬 뿐이고, 중국 글자 또한 그림글자는 물론 그 전의 매듭글자 시절까지 겪었다. 현재 알려진 가장 오래된 한자는 BC 1500년 무렵 새겨진 거북 등(갑)과 동물 뼈(골)에 새겨진 갑골문자고 이것이 시대를 겪으며 금석문, 전서, 예서, 해서 등의 자체로 정리되었다. 한자는 한 글자가 한 단위 뜻을 나타내는 뜻글자지만, 더 나아가, 한 글자가 한 단어를 나타내는 표의문자다. 한자 구성원리는 깊고 넓은 것이, 마치 문자가 스스로 문명을 쌓아가는 듯하다. 후한 언어학자 허신은 문자(한자) 구성을 여섯 가지로 나누어 육서라 하였다. 1) '상형(모양 그림)'은 물체 모양을 그려 글자로 하는 것이다. 日, 月, 山, 水는 각각 해, 달, 산, 물(흐름)을 그려 추상화한 것이다. 갑골문자에 이미 '矢(화살)' '目(눈)' '車(수레)' '立(섬)' '巢(새집)' 등의 상형문자도 이미 새겨져 있다. 하지만 송대 한자 2만 4,235자 가운데 상형문자는 608자에 지나지 않는다. 2) '지사(사정을 가리킴)'는 이를테면 '一' 위에 점을 찍어 '上(위)'을, 아래에 점을 찍어 '下(아래)'를 나타내고, 나무 아래 점을 찍어 '本(근본)'을 나타내고, '一'로 '하나'를, '二'로 '둘'을, '三'으로 '셋'을 나타내는 등 추상개념을 위한 글자다. 3) '회의(뜻모음)'는 둘 이상의 문자를 합치는 것이다. '林(수풀)'은 '木(나무)'과 木을, '信(믿음)'은 '人(사람)'과 '言(말씀)'을 합친 것이다. '昇(오름)'은 '手(손)' 네 개를, '明(밝음)'은 해와 달을 합한 것이고, '聞(듣는다)'은, '문짝 사이 낀 귀'다. '武(굳셈)'는 원래 '戈(창)'과 '止(그침)'를 합한 것으로 '전쟁을 그치게 하다'라는 뜻이었다. 4) '형성(소리 이룸)'은 한 글자의 한 부분이 뜻을 나타내고 다른 부분은 소리를 나타내는 식으로, 한자의 80~90퍼센트가 이 방법으로 만들어졌다. 江, 河는 왼쪽 부분이 뜻('물')을, 오른쪽 부분이 소리(강, 가→하)를 나타낸다. '木'이 들어 있는 松, 柏, 梅, 梨는 모두 나무 이름이고, '工'이 들어 있는 江, 紅, 空, 貢은 음이 비슷하다. 5) '전주(바꿔 씀)'는 같은 문자를 비슷하지만 조금 다른 뜻으로 쓰는 식이다. '樂'은 원래 음악을 뜻했으나 '즐겁다'라는 뜻으로 쓰이면서 소리가 '악'에서 '락'으로 바뀌었고, '좋아하다'라는 뜻으로 쓰이면서 소리가 '요'로 바뀌었다. '惡'은, '나쁘다'는 뜻일 경우 '악'이지만, '미워하다'로 쓰일 때는 '오'다. 전주는 문자를 '만드는' 구성법이라기보다는 '쓰는' 운용법이다. 6) '가차(빌려 씀)'는 (뜻이 아니라) 소리가 같거나 비슷한 글자를 빌려 쓰는 식이다. 이를테면 '萬'은 원래 전갈을 나타내는 상형문자였으나 소리가 숫자 '만'과 같았으므로 숫자만을 뜻하게 되었고, '革'은 '짐승 가죽'

이지만, '개혁' 같은 단어에서는 '고치다' 라는 뜻으로도 쓰인다. '求' 는 원래 짐승 가죽 옷의 상형문자였지만, 발음이 같으므로 '구하다' 라는 뜻을 나타내게 되었다. '朋(무리)' 이 '벗' 으로 '烏(까마귀)' 가 감탄사로 가차되었다.

황허 유역에는 구석기 신석기 유적이 많다. 중국 최고 인류도 이곳에서 발견되었다. 신석기 후기 중국은 BC 5000~2000년 황허를 중심으로 한 드넓은 양사오 문화 말고도 양쯔강 및 산둥을 중심으로 다양한 문화를 꽃피웠다. 양사오 문화를 이은 룽산 문화는 BC 2500~1700년 더 드넓은 지역으로 퍼져나가며 도기 제작용 물레를 사용, 얇고 매끄러운 검은색 솥과 세발 달린 그릇 등 도기를 만들었고, 훗날 사용되는 도기와 청동기의 기본 모양을 굳힌다. 동물 뼈에 열을 가해 뼈가 갈라지는 모양을 보고 점을 치기 시작한다. 씨족 모계사회가 씨족 부계사회로 바뀌었다. 조개껍데기로 만든 낫, 뼈와 나무로 만든 가래 등 새로운 농기구가 농업 생산을 늘린다. 청동이 사용되기 시작했고, 씨족이 합쳐져 중국 최초 왕조, 하왕조를 세운다. 하왕조(BC 2033~1562년)는 아직 상당 부분 역사와 신화가 섞여 있지만, 계속되는 도시터와 청동기, 그리고 무덤 발굴은 중국 고문서 기록대로 하왕조의 존재를 갈수록 믿게 만드는 쪽이다. 왕이 천하를 집안처럼 문화로 다스렸고, 법을 어기면 엄한 형벌이 따랐다. 하나라를 이은 은(혹은 상)나라 때 중국문명은 크게 발전한다. 태음력과 태양력, 그리고 간지를 썼다. 석공, 도공, 동공 등 전문 장인이 있었고 청동 주조 기술이 세계 최고 수준에 달한다. 갑골문자가 만들어진 것도 은나라 때다. 왕과 귀족 등 지배계급과 시민, 그리고 노예가 존재했고, 왕묘에 산 채로 묻힌 수백 명의 순장자, 그리고 숱한 부장품 들은 왕권력이 막강했음을 보여준다. 은을 이은 주나라는 은의 문화를 이어받고 거의 9백 년 동안 이어지면서 중국문명을 세계에서 가장 발전한 수준으로 끌어올리고 그 진로를 상당 부분 결정짓는다. 드넓은 영토를 봉건제도로 나누어 다스렸고 왕권이 약해진 BC 770년 무렵 수도를 동쪽으로 옮겨 다시 동주시대를 열었다. 동주시대 전반을 춘추시대, 후반을 전국시대라고 하는데, 전국시대 사람 공자가 어른과 조상에 대한 공경, 덕, 적절한 사회관계 등 인간의 도리를 가르치고, 이것이 유교로 발전한다. 같은 시기 노자는 자연의 순리를 따를 것을 가르쳤고, 이것이 도교로 발전했다.

노자는 『도덕경』을 쓴 후 물소를 타고 서쪽으로 사라졌다고 한다. 유교와 도교는, 훗날 불교와 함께, 1911년 제국의 시대가 끝날 때까지 중국 문화의 거의 모든 영역에 영향을 끼치게 된다. 춘추시대 후기~전국시대 초기 철제 농기구가 사용되고, BC 3세기 무렵 진나라가 중국을 통일하면서, 황허문명은 중국 전체의 평균 문명으로 되고, 전한 때 철기가 널리 보급되면서 끝나지만, 계속 정신적 모태로 남는다.

중국인들은 옥을 금이나 보석보다 더 귀한 최상품으로 친다. 초기에 옥은 제의적 용도, 특히 부장용으로 쓰였다. 우주신들을 기리는 여섯 옥 상징과 더불어 정교한 제의가 생겨났다. 중국 청자는 색감이 옥처럼 영롱하고, 독이 든 음식이 담겼을 경우 그릇이 깨지거나 색깔이 변한다는 속설 때문에 진귀한 물건으로 여겨졌다. 당나라는 문학과 미술 등 여러 분야에서 황금기를 이뤘다. 새로운 유약이 사용되면서 도자기 생산이 활발해졌는데 가장 흥미로운 것 중 하나가 살아 움직이는 듯한 무덤 부장 인물상들이다. 무덤에는 여섯 상을 묻었다. 수호신 둘, 악마 둘, 그리고 신하 둘. 송나라 옥배는 은나라 청동기를 모방한다. 명나라 수출용 도기의 주류를 이룬 것은 청백 문양 사발이었다. 오늘날에도 이란과 터키, 인도네시아 등지에 대규모 수집관이 있을 정도다. 그러나 정작 중국인 취향에는 맞지 않았는지, 한 14세기 중국 작가는 청백 유형을 천박하다고 폄하했다.

고대 중국 신화 천둥의 신은 짐승이지만, 점차 모든 자연현상을 관장하는 하늘의 정부가, 지상의 정부를 반영하게 된다. 주나라 때부터 사용된 중국 전통 황제력은 BC 2697년을 원년 삼고 60년 주기로 진행된다. 19세기 중국 『베개서』 삽화를 보면, 야외 풍경이 극도로 정형화했고 여자가 전족을 했다. 1846년 무렵 친너리의 중국 연극 공연 그림을 보면, 무대 뒤는 지붕을 얹고 커튼을 쳤지만 앞은 노천인데, 주로 하층계급 관객들이 앉고, 악사들은 무대 위에 앉았다. 오른쪽 맨 끝 아래는 비좁지 않고 좌석이 좋은, 상류층 객석이다. 무대 중앙 두 주연배우 중 하나는 여자 복장을 했지만, 연행자, 음악연주자, 그리고 관객 들 모두 남성이다.

중국 경극배우 메이란팡(1894~1961)은 숱한 명장면을 연기했고 특히 〈귀비

취주貴妃醉酒〉 중 황제와 이별하게 되자 술독에 빠져 슬픔을 잊으려 하는 양귀비 역은 일품이다. 그녀는 자신의 특수한 연행력에 맞추어 대본을 수정했다. 메이란팡은 경극 여성 5역의 극적 기법을 결합한 최초의 배우로, 20대 초반 그의 극중 여성 역이 늙은 수염의 남자 역을 주도적인 위치에서 밀어냈는데, 이것은 경극 사상 최초의 일이었다. 중국 문화혁명기 장칭이 강권한 8개 모델 작품 중 하나인 〈홍등〉은 중일전쟁 당시 중국 북동부 혁명가 3대(할머니-아들-손녀)의 고통스럽지만 끝내 승리에 달하는 항일 투쟁과정을 다루고 있는데, 자세와 얼굴 표정이 판에 박았다.

중국 신화, 음양의 완고

맨 처음은 완전히 텅 빈, 무형의 공간이었다(太侃). 여기서 알이 태어나고 음기와 양기가 비슷해지면서 알에서 반고가 태어났다. 반고가 거대한 도끼를 휘둘러 음과 양을 가르니 가볍고 맑은 양기가 먼저 위로 퍼지며 하늘이 되고, 무겁고 탁한 음기는 엉켜 있다가 나중에 땅이 되었다. 반고는 그 속에서 살며 하루 아홉 번을 변화, 하늘에서 산이 되고 땅에서 어른으로 자라 날마다 한 길씩 길어지니 하늘은 날마다 한 길씩 높아지고 땅은 날마다 한 길씩 두꺼워지고, 반고가 그렇게 만 8천 살을 먹자 하늘은 아주 높아지고 땅은 아주 두꺼워지고 하늘과 땅까지 거리가 9만 리에 이르고, 반고가 죽은 후 그의 기가 바람과 구름으로, 목소리가 우레 소리로, 왼쪽 눈이 해로, 오른쪽 눈이 달로, 사지 오체가 4극과 5악으로, 피는 강으로, 근육과 맥은 길로, 살은 전답으로, 머리카락과 수염은 별로, 털은 초목으로, 이빨과 뼈는 금석으로, 골수는 주옥으로, 땀은 비와 연못으로 되고, 몸의 여러 벌레들이 바람에 불리며 뭇사람들로 변했다.

좀더 형이상학적인 설명도 있다. 하늘과 땅 사이 합쳐진 정기가 음양을 띠고, 음양의 정기가 합하여 사계절이 되고, 사계절의 정기가 흩어져 만물이 되었다.

양이 쌓인 열기에서 불이 생기고 불의 정기가 태양(해)이 된다. 음이 쌓인 한기는 물이 되고 물의 정기가 달로 된다. 그리고 해와 달을 넘쳐난 정기들이 별로 된다. 여와의 채찍질에 천지사방으로 튀어나간 진흙 방울들이 모두 인간이 되었다는 이야기도 있다. 복희의 여동생이자 아내인 여와는 불의 신 축융과 물의 신 공공이 싸우는 바람에 세상의 큰 기둥 네 개가 무너지고 조각나고 하늘이 두루 덮지 못하고 땅이 두루 받치지를 못하고 화염이 거대하게 일고 물이 휩쓸고, 맹수가 사람을, 맹금이 노약자를 마구 잡아먹는 대재앙이 닥치자 오색의 돌을 녹여 하늘 구멍을 메우고 자라 발을 잘라 4극을 세우고 흑룡을 죽이고 갈대 재를 모아 물을 말리니 세상이 평탄해지고 맹수와 벌레 들이 죽고 사람이 다시 살아갈 수 있었다(여와보천). 수인은 불을, 복희는 그물 짜기와 야생동물 길들이기를, 신농은 농업과 약초를 가르쳤다. BC 2850~2205년 중국을 다스렸다고 전해지는 삼황오제는 시대에 따라 달라져왔으나 대개 복희, 신농, 황제(삼황)와 , 소호(동이족 지도자), 전욱(황제의 손자), 제곡(그 조카), 요, 순(이상 오제)이다. 소전의 아들로 성이 공손이고 이름이 헌원인 황제는 신비하게 잉태되고 아주 어려서부터 말을 했고 갈수록 총명이 더해갔다. 신농의 세력이 약해져 제후들끼리 침략을 일삼고 폭정이 빈번해지자 헌원은 창과 방패를 발명, 제후들을 징벌하고, 염제의 침략이 임박하면서 제후들이 모두 헌원에게 귀순한다. 동이족의 치우는 매우 포악하여 감히 치지 못하였으나 헌원은 덕을 닦고 병사를 키우고 오기(五氣)를 다스리고, 오곡을 심고, 만민을 보살피고, 사방을 구획짓고, 곰과 승냥이 · 표범 · 백여우, 그리고 호랑이까지 훈련시킨 후 염제와 판천(阪泉)벌에서 세 번 싸워 뜻을 얻고 치우가 난을 일으키자 제후의 군대를 징집, 탁록벌에서 치우마저 사로잡아 죽이니 제후들이 신농 대신 그를 황제로 삼는다.

중국에도 대홍수신화는 많다. 창조주 복희와 여와의 홍수 탈출신화는 노아의 방주를 연상시킨다. 더 중요한 것은 홍수를 다스리는 신화다. 태초 삼황오제 중 마지막인 순(舜)임금은 우(禹)에게 대홍수를 다스릴 방법을 찾으라 명한다. 우는 하늘이 파견한 홍수관리관 곤의 아들. 13년 동안 우는 쉬지 않고 일했다. 손바닥이 너덜너덜 해어지고 발바닥은 딱딱하게 굳었다. 겨우 깡충걸음을 걸을 정도였고 살갗은 햇볕에 그을려 시커멨고, 몸은 갈퀴처럼 비쩍 말랐다. 마침내 그는 인조 운하를 건설, 물을 바다로 내보내는 데 성공한다. 이 건축적인 이야기는 매우 인간적이기도 하다. 이 건축-이야기를 거치며 우는 용에서 반신반용의 존재로, 다시 온전한 인간으로 발전한다. 순이 그 '인간 우'에게 왕위를 물려주니 우는 하(夏)왕조의 첫 임금이 되어, BC 2205~2179년 나라를 다스렸다. 하왕조 후대 왕들은 각각 용의 화신으로 여겨졌다.

'동양적', '에로틱'

전국시대 중국을 통일한 진왕 정이 자신을 '첫 황제(시황)'로 칭한 것은 삼황오제의 '황'과 '제'를 합한 것이다. 그의 만리장성은 끝없이 뻗고 감싸고 막으며, 그의 무덤은 영원을 능가한다. 1974년 발굴된 진시황 무덤은 7천 명에 가까운 실물 크기의 병사들이 마치 살아 있는 것처럼 진시황 관을 호위하고 있다. 요순시대는, 특히 유교에 의해 이상사회로 칭송받고, 유교의 복고주의 경향을 부채질하게 된다. 유교는 사람됨을 가르치고, 인의예지신은 사람됨의 향기에 다름아니다. 도가는 '자연=길'을 가르치고, 도란 언어 이전의 언어 그 후에 다름아니다. 유교는 BC 2세기 무렵 규율과 도덕의 정치경제학으로 확립된 후 에로티시즘 예술에 대한 검열을 지속적으로 강화하였지만, 중국인들의 전통적인 심성은 독신을 혐오하며, 섹스와 죄는 아무 연관이 없다. 도가는 발생 직후 중국 서민층에 뿌리를 내렸고, 자연의 순리에 따를 것(無爲自然)을 매우 심오한, 그리고 문학-예술적인 논리와 문장, 그리고 비유로 설파한다. 그것은 성(性)이 온습(溫濕)을 벗고 아름다움의 의상이 되는 과정에 다름아니다. 중국 에로티시즘의 첫번째, 가장 주요한 상징은 옥(玉). 중국인들은 용의 씨가 굳어 옥이 되었다고 믿는다. 여성의 음부는 옥문(玉門)이다. 남근은 옥적(玉笛), 여자가 손으로 갖고 놀거나 입으로 불 수도 있다. 성교는 '옥샘을 마시는 일'이다. 포도주는 음(陰), '삶의 대문'은 고환을 뜻하고 씨말, 나무는 남근을, 사슴, 구름, 레몬, 무엇보다 복숭아는 음부를 상징한다. 가장 문학-예술적인 것은 섹스의 비유인 운우(雲雨). 이 시기 중국에서는 상당수의 여성, 특히 기생들이 에로티시즘 예술의 진경을 펼쳤다.

'귀=악기' 속으로

귀는 소리를 듣는다. 그러나 음악의 귀는 들리는 것 너머를 듣는다. 그것은 우주의 질서고, 진리의 아름다움이며, 동시에, 제 마음이기도 하다. 따지고 보면 귀는 소리를 들을 뿐만이 아니다. 귀는 모든 것을 소리로 이해한(듣는)다. 음악은 음표와 음표를 모으며, 스스로 더 우월한 존재를 향해 흐른다. 때론 흐느낌으로 때론 기쁨의 급류로. 그러나 동시에, 음악은 인간이 볼 수 있는, 아니 들을 수 있는, 아니 소리로 이해할 수 있는 죽음의 아름다운 육체다. 때론 웃음으로, 때론 비명소리로, 그리고 진혼곡으로. 그러므로 음악은 흐른다. 음악이 흐른다.

BC 40세기경 '뜯는' 악기와 '부는' 악기가 이집트에서 사용되었다. 이때 손가락은 바람을, 풀잎은 여자의 몸을 닮았다. 바람은 중력을 음악의 육체로 만든다. 음악은? 음악 속에서 우리는 모두 여자고, 순결한 나신(裸身)이다. 그후 시간은 얼마나, 어떻게 흘렀던 것일까? BC 20세기경 북유럽에서 관악기가 사용되었다. 북구 신화는 광포하고 염세적인데 2천 년 동안 시간은 어디로 흘렀던 것일까? 2천 년을 일순-공간화하면, 음악과 악기 사이, 조물주의 손이 보인다. 그 손, 바닥 속으로 악기가 사라지고 사라지는 만큼 음악의, 육체성이 진해진다. 그러나 아주 사라지지는 않는다. 음악 속으로 모습을 감추고 음악의 모습이 되고 또 되지만 끝내 모습이 사라지지 않고, 사라짐의 모습이 모종의 눈물의 시야를 이루는 순간, 손바닥이 사라진다. 그러나, 아쉬워 말라, 종교적인 자. 지금 흐르는 음악 속에 그 2천 년의 광경도 흐르나니. 음악이 악기를 낳고 악기가 음악을 낳고 악기가 음악의 육체로 되고 음악의 육체가 악기로 되고 눈물 한 방울로 영그는 조물주 손바닥의 광경이. 아, 북구 신화는 얼마나 광포하고 염세적인데, 벌써. 현악기는 누구, 의 몸? 그러나 중국의 악(樂)은 벌써 사회적이다. 성(聲)은 사물을 느끼고 반응하는 것, 음(音)은 그것이 자각되어 모양을 내는 것, 그리고 악은 실(絲) 사이에 나무(木)를 끼운 것, 즉 악기를 손톱(白)으로 '뜯는' 모습의 상형이라는 설과 나무(木)대 위에 요(幺)를 놓고 '치는(白, 拍)' 모습의 형용이라는 설이 있다. 전자는 현악기를 후자는 타악기를 염두에 둔 설이고 기원-발생학적으로 보자면 아무래도 타악기가 현악기보다 먼저겠고 그렇게 뒤 설이 더 그럴듯해 보이지만, 아니다. 악기는 문자언어보다, 심지어 대화언어보다 먼저 태어났(을지도 모른)다. 우리가 보기에 태초의 말씀은 음악이었고 그 태초에 현악기와 타악기는 구분되지 않았다. 악(樂)의 상형은 '음을 되풀이해서 즐긴다'는 사회적 의미 속으로 사라지고 또 사라진다. 악기처럼. 그러나 다시 음악. 상형도 그 사회적 의미도 '악'이라는 단어의 발음과 의미의 역사성 속으로 사라지고 또 사라진다. 악기처럼. 락과 락 사이로. 그리고 음악이 다시 악기를 만든다. 삼황오제 시절 황제가 대나무로 율관(律管)을 만들어 음률을 정하고 복희가 금(琴, 거문고)과 슬(瑟, 비파)을 만들고 여와가 생(笙, 생황)과 우(竽, 피리)를 만들고, 주대(周代)에 이르면 봉건 통치자의 전례를 위한 아악이 정립된다. 율(律)과 예(禮)와 아(雅). 이 셋은 서로에게 음악-육체의 통로로 될 것인가, 아니면 족쇄로? 중국 음악은 근대에 이르기까지 그 질문을 근본적으로 벗어나지 않고, 음악의, 그리고 소리의 유현(幽玄) 깊이를 단선적으로 파고들며 무색무취한 죽음의 비경을 내비친다. 알파벳이 상형문자를 오랫동안 음악화한 결과라면 한자는 음악이 사회화하면서 사회가 음악화하는 동시에 역사화한 결과다. 중국어는 매우 음악적이며, 중국어 천자문은 감각 총체와 '우주=철학=역사' 총체를 4자 시 250행의 '상형=문학'으로 아우른 아주 훌륭한 영재교육 교과서였다. 하루 만에 천자문을 짓고 머리가 하얗게 세어버렸다는 고사는, 불안 초조와 의심의 하룻밤을 지내며 백발이 되어버린 오자서 이야기와 더불어 더욱, '음악=역사' 등식을 은유한 것에 다름아니다. 하지만 다시, 통로는 족쇄다. 천자문 총체는 상고주의로 닫히며 이미 천자 중 3분의 1 이상이 인터넷에서 '문자'가 아닌 '그림'으로만 뜬다.

사라진 손바닥은, 어디로? 아리아인들의 베다에는, 현존 최고(最古)의 성악 전통이 담겨 있다. 음악과 언어가 구분되지 않고, 음악이 언어를 낳고 언어가 음악을 낳으며 거룩함을 찬미한다. 리그베다는 3종의 고저(高低) 악센트가 있는 엄격한 낭창법, 사마베다는 장식음을 많이 쓰며 악센트가 자유로운, 음역이 넓고 복잡한 선율의 낭창법을 구사한다. 육감이 신성의 몸을 이루고 언뜻언뜻 능가한다. 그리고 자칫, 육감 자체가 신성으로 된다. 그것은 브라흐만과 아트만이 합일하는 매개인 동시에 카르마로부터 해탈하는, 육감의 광경이 '내는' 소리다. 소리는 단순히 들리지 않고, 단순히 보이지 않는다. 아니, 들리지 않지만 광경보다 더 광경적인 소리다.

산스크리트어로 음악을 뜻하는 '상기타'는 '기타(歌)' '바디야(악기)' '느리티아(무용)'를 포괄한다. 그러나, 종교는 음악을 육감으로 포괄하는가, 이따금씩 능가하지만 포괄하는가, 음악이 이따금씩 육감으로 종교를 능가하지만, 포괄하는가? 인도 음악은 그 질문을 근본적으로 벗지 못했다. 『나티아 샤스트라』는 음악과 연극을 상통시키지만, 다시 종교는 그 둘(의 결합)을 능가할 뿐 포괄하지 않는다. 종교가, 아무리 육감적이라도, 예술의 통로로 되지 못한다. 거꾸로, 음악은 너무 육감적이라, 종교의 통로로 되지 못한다.

『나티아 샤스트라』에 기초하여 인도 음악이론의 두 중심인 라가(旋法)와 탈라(박자)이론이 정립되었다. 옥타브를 불균등하게 나눈 22개의 스루티(微小音程)를 바탕 삼아 사 그라마(주음계, C장조에 가깝다)와 마 그라마(화성음계, 16세기경 폐기)를 도출하고, 그것을 구성하는 7음은 사-리-가-마-파-다-니로 명명, 한 그라마에서 개시음이 하나씩 다른 음계를 상행-하행으로 14종, 두 그라마이므로 총 28종의 무르차나(전조)를 규정한 것에다 5~6음의 타나를 더한 후 실제로 사용할 기본 선법 18종을 추려낸 것이 라가의 전신인 자티다. 라가는 5음계인데, 숫자가 단순해진 반면 감정이 복잡해져서 각 라가가 서양음악 장-단조의 막연한 기쁨/슬픔보다 훨씬 풍부하게 또 구체적으로 외로움, 기다림, 사랑과 혐오 등의 감정을 사전 암시할 뿐 아니라 날짜 혹은 계절에 상응하기도 한다. 하지만 역시 육감에 능가당한 종교가 다시 육감을 규격화하는, 혹은 거꾸로의 악순환을 벗지 못하며, 으뜸음과 딸림음의 위계질서가 엄수되고 서양 조바꿈 같은 라가 전환이 연주 동안 허용되지 않는다. 육감의 숫자화라 할 만하다. 화음 대신 단선율이 대단히 정교하고 미세한 그늘(의 깊이)을 거느리며, 정해진 숫자 위로 무한한 즉흥이 허용되지만 이, 그늘과 즉흥의 결합은 종종 육감의 주술화 혹은 죽음화에 이른다.

페르시아 이전 이란, 메디아와 스키타이 왕국

'아리아인' 은 '이란인' 에서 나온 단어다. 이란인과 아투아인이 합쳐 페르시아인이 된다. 엘람왕국을 물리친 아시리아제국에 이어 이란을 지배한 것은 메디아왕국이다. 메디아인은 이란 서부와 북서부에 살던 인도 계통 이란인으로 BC 6세기 무렵 아란(오늘날 아제르바이잔)에서 중앙아시아와 아프가니스탄에 이르는 제국을 세우게 된다. 메디아인은 여러모로 스카타이인과 비슷하며 오늘날 쿠르드족은 메디아인을 자신의 선조로 믿고 있다. 몇 가지 이름밖에 전하지 않지만 메디아어는 분명 인도-이란어 계통으로, 역시 스키타이어와 비슷하다. 스키타이인은 유라시아, 코카서스와 우크라이나 지역에 살던, 문자가 없지만, 뛰어난 기마술 및 궁술로 유라시아 대초원(스텝) 지대를 공포에 떨게 만든 이란인 출신 유목민이다. 게릴라전에도 능했으며, 용병으로 인기가 높았다. 스키타이 여성 전사의 용맹 때문에 그리스 신화 아마존족 이야기가 생겨났을지 모른다. BC 650년대 스키타이인들은 아시리아 아슈르바니팔왕의 요청으로 메디아왕국을 침략, 메디아인들을 지배하지만, 28년 만에 메디아를 포기하고, BC 614년 메디아인들이 아시리아 수도 아슈르를 약탈하는 지경에 이르자 편을 바꾸어 메디아와 연합할 밖에 없었다. 스키타이인들은 BC 612년 메디아의 니네베 공략에 힘을 보탠 후 스텝으로 돌아갔다. 메디아왕국은 아스티아게스왕이 BC 553년 자신의 손자이자 속국 페르시아의 왕이었던 키루스의 반란을 맞고, 삼 년 후, 불만이 많던 메디아 귀족들이 할아버지 왕 아스티아게스를 사로잡아 손자 왕 키루스에게 넘겨주면서 완전히 멸망한다. 메디아인들은 가장 가까운 친척 페르시아인들의 지배를 받으며 새로운 왕국에서도 높은 위치를 누렸다. 명예와 전쟁에서 페르시아인 다음이었고 메디아 궁정행사가 계속 치러졌다. 스키타이인들은 북부와 그리스 사이 노예무역 중개 등으로 부를 쌓다가, BC 1세기 무렵 역사에서 사라진다.

페르시아제국, 끈질긴 육체의 보석

'첫 페르시아제국'을 지배한 것은 아케메네스왕조다. '페르시아'라는 이름이 바로 아케네메스왕조가 생겨난 이란 남서부 지방의 옛 이름 '파르스'에서 나왔다. BC 815년 무렵 이란 민족의 한 갈래가 우르미아호수에서 자그로스산맥을 가로질러 남하, 수사 북동쪽 파르수마슈에 정착하고, BC 700년 무렵 아케메네스가 추장에 오른다. 페르시아인들이 국가조직을 갖게 되는 것은 BC 650년 무렵 그의 아들 테이스페스가 토착 엘람인을 정복하고 이란 남부에 정착하면서다. 테이스페스가 죽은 후 왕국은 둘로 갈라졌다가, BC 558년 위대한 키루스 2세가 둘을 통일하고, 내친김에 종주국 메디아왕국을 엎은 후 페르시아왕국을 새롭게 세운다. 카르디아(바빌로니아)와 리디아(아나톨리아), 그리고 이집트가 '페르시아왕국'에 맞서 동맹을 체결하자 키루스는 메디아인과 페르시아인 들을 이끌고 우선 리디아를 쳐서 수도 사르디스를 점령한 것은 물론, 소아시아 연안의 숱한 그리스 식민도시들을 손에 넣었다. 그다음 목표는 카르디아. 그의 군대는 BC 538년 수도 바빌론에 피를 흘리지 않고 입성, 바빌론 유대인들을 풀어주고 유대교도 허가함으로써, 제국 내 숱한 민족들의 종교나 관습에 전혀 간섭하지 않는 페르시아제국 정책의 전범을 세웠다. 키루스는 마사케타이와의 전투에서 목숨을 잃고 이집트 정복은 그 뒤를 이은 캄비세스 2세가 이루지만, 본국에서 반란이 일자 서둘러 돌아가다가 시리아에서 뜻을 잃고 자살한다. 제국의 질서를 다시 잡은 것은 같은 일족인 다리우스 1세. 그가 인더스강 계곡과 유럽 트라키아까지 정복하면서, 페르시아제국은 이제껏 세상에 존재한 가장 드넓고 가장 강력한 제국으로 된다. 다리우스 1세의 통치력은 놀랍다. 전 국토를 20개 주로 나누고 각 주에 사트라프('행정관')를 보냈는데 대부분 그 자신과 개인적인 끈이 있는 사람이지만, 사트라프의 행동을 감시하고 중앙과 연락을 담당하는 '왕의 눈'과 지역을 기반으로 이를 보좌하는 '왕의 귀'를 따로 두었다. 조세와 병역 체계를 세웠으며 금화를 주조하고 화폐제도를 확립했다. 행정 중심을 바빌론과 제국 전체의 중심에 가까운 수사로 옮기고, 수사와 소아시아 사르디스 사이 2,400킬로미터에 이르는 왕도를 건설, 아시리아의 역마 우편제도를 더욱 발전시켜 중앙정부 명령이 신속히 전달되게 했고, 왕도는 평상시 상업교역로로, 전시 수송로로도 쓰였다. 지역문화를 살려 다툼을 없앴다. 다리우스 1세의 통치를 훗날 서아시아 제국들이 내내 흉내내고, 메소포타미아인들은 아케메네스왕조를 그냥 새로운, 낯설 것도 없는 지배자로 받아들이게 된다. 조로아스터교를 크게 일으켜 페르시아왕조뿐 아니라 거의 모든 국민의 종교가 되게 하였다. 전국 각지의 기술과 재료를 총집합시켜 짓게 한 파르스, 페르세폴리스 여름궁전과 엘람, 수사 겨울궁전은, 다른 모든 예술품과 마찬가지로, 육체의 보석이라 할 만하다. 아케메네스왕조 페르시아는 중국을 제외한 온갖 주요 문명을 흡수, 통합했다. 하지만, 이제 몰락이, 아니 그리스 시대가 시작된다. BC 513년 다뉴브강을 건너 스키타이인을 치고 BC 492년과 490년 두 차례 그리스 원정을 감행하지만(페르시아전쟁), 다리우스는 그리스에 패한다. 아들 크세르크스 1세는 원정 실패 후 궁정 음모로 죽음을 맞았다. 그의 아들 아르타크세르크스 1세가 BC 449년 그리스와 평화협정을 맺어 페르시아는 다시 안정기로 접어드는 듯했으나, 그의 아들 크세르크스 2세가 즉위 수십 일 만에 피살되고, 동생 다리우스 2세가 왕위에 오를 무렵부터 궁정 내분과 지방 반란이 페르시아를 돌이킬 수 없는 지경으로 몰아간다. 치명적인 것은 그의 아들 아르타크세르크스 2세 치세 때인 BC 401년 왕의 동생 사르디스 사트라프 키루스가 반란을 일으키면서 그리스 용병 만 명을 끌어들인 것. 당시 그리스를 지배하던 마케도니아 필립 2세는 페르시아의 정치적 불안과 군사적 약점을 꿰뚫어보고, 페르시아 정복을 계획한다. 그리고 그가 죽은 후 아들 알렉산드로스대왕의 군대가 BC 334년 아나톨리아에 도착, 리디아, 페니키아, 그리고 이집트를 휩쓸어버린 후 다리우스 3세의 군대를 궤멸시키고 수도 수사를 점령한다. 페르세폴리스 왕궁 근처 '페르시아 대문'에서 벌어진 항쟁을 끝으로 아케메네스왕조 페르시아는 완전히 멸망한다. 알렉산드로스대왕의 제국은 아케메네스왕조 페르시아의 그것보다 훨씬 컸으나 그의 급작스러운 사망 이후 쪼개지고, 페르시아, 메소포타미아, 그리고 훗날의 시리아와 아나톨리아는 알렉산드로스의 그리스인 부하 장군 셀레우코스가 차지하는데, 그가 세운 왕조가 셀레우코스왕조다. 그때 그리스 언어와 철학, 그리고 예술이 페르시아 전역에 퍼지게 된다. 아케메네스왕조 때부터 실크로드를 통해 시작된 중국과의 교역이 본격적으로 이뤄진다. 인도에서 불교가 들어오고 조로아스터교는 서쪽으로 전파되어 유대교에 영향을 끼쳤다. 그리스 고전풍 부처상이 이 시기 만들어졌다. BC 238년 동부 박트리아와 파르티아가 페르시아에서 떨어져나갔고, 신생 로마의 공격까지 받게 되면서 셀레우코스왕조 페르시아는 결국 BC 170년 파르티아에 정복당한다. 파르티아는 유프라테스강 상류를 경계로 로마와 대적했고 파르티아 기마궁수는 로마 군단의 맞수였다. 파르티아기에 그리스 문화가 쇠퇴하고 페르시아 문화가 되살아났다. 파르티아왕국을 지배한 것은 알렉산드로스대왕 때 파르티아에 정착한 이란인들이었다. AD 226~650년 페르시아를 지배한 사산왕조는 아케메네스 이후 토착 페르시아인이 세운 첫 왕조로, 자신을 키루스와 다리우스의 후계자라 생각했으며, 파르티아와 달리 강력한 중앙정부와 엄격한 종교-계급사회를 세우고, 조로아스터교 이외의 종교를 탄압했다. 대대적인 정복에 나서 파트리아 시절 잃었던 동쪽 영토 대부분을 되찾았다. 여러 차례 로마와 전쟁을 벌였고 260년 로마 황제 발레리아누스를 사로잡기도 했다. 하지만 전쟁과 종교가 결국 사산왕조의 몰락을 부른다. 페르시아 동부는 400년대 말 백인 훈족에 점령당하고, 같은 시기 과격한 종교분파가 반란을 일으킨다. 로마와의 마지막 전쟁은 제국을 황폐화한다. 그리고 642년 니네베전쟁에서 패한 후 내전이 일어나고 왕이 피살된다. 이슬람교 아랍인들이 페르시아를 점령하면서, 페르시아는 '이슬람 중세'로 편입되었다.

페르시아 신화, 선과 악의 영원한 전쟁

이란고원과 그 접경, 그리고 북해에서 고탄(중국 화전, 위구르)에 이르는 중앙아시아 지역에 살던, 문화와 언어가 서로 연결된 고대 이란(페르시아) 민족의 신화는 주로 조로아스터교 경전에서 찾을 수 있다. 원래 BC 1400~1200년 경전이 씌어졌으나 알렉산드로스대왕이 모두 불태웠고 오늘날 경전은 13세기 혹은 14세기 판으로 원래 경전의 일부에 지나지 않는다. 페르시아 신화의 주요 신은 빛과 건설과 풍요를 대표하는 선의 신 아후라마즈다와, 어둠과 파괴와 불모와 죽음을 대표하는 악의 신 앙그라마이니우(혹은 아리만) 단 두 명이다. 둘은 항상 전쟁을 벌이며 악한 사람은 언제나 앙그라마이니우를, 선한 사람은 언제나 아후라마즈다를 따른다. 아후라마즈다는 원래 고대 아시리아의 신('현명한 주인님')이었다. 앙그라마이니우는 아후라마즈다의 쌍둥이 동생으로 아후라마즈다와 마찬가지로 태초부터 존재했으며 의식적으로 악을 택하고 죽음을 창조했다. 하지만 세계 대재앙의 날에 앙그라마이니우는 결국 아후라마즈다에게 패하고 사라질 것이다. 두 신 모두 원초 세계 원리('무한한 시간')의 가시화라고 믿는 조로아스터교파도 있다. 그 밖에 아에스마다에바('광기')는 욕정과 분노, 그리고 복수를 부르는 악마고, 아가스는 질병을 부르는 여자 악마며, 아후라니는 물의 여신이고, 아카마나는 육욕의 화신, 아나히타는 고대 페르시아 물의 여신, 아팜나파트는 '물에서 보는 신', 아파오사는 가뭄을 부르는 악마, 아르마이티('은혜로운 바침')는 아후라마즈다를 모시는 일곱 신성한 존재 아메샤스펜타스 중 한 명, 아메레타트('죽지 않는')는 불멸의 화신으로 역시 아메샤스펜타스 중 하나, 아샤바히슈타('훌륭한 질서')는 '최상의 진리'의 화신, 아스만은 하늘신, 아스토비다투는 죽음의 악마, 아투르는 온갖 불의 신이다.

페르시아 음악, 가장 드넓고 깊은 예술의 교역

페르시아는 서아시아 가운데 가장 오랜 음악문화로 인도와 중국 및 유럽 음악에 커다란 영향을 끼쳤고 페르시아를 점령한 이슬람 음악의 기초를 이루었다. 아케메네스왕조는 종교의식에 성가를 바쳤고 크세르크스왕은 전쟁에서 영웅송가를 불렀다. 사산왕조 때 음악은 더욱 중요한 위치를 차지하면서 크게 발전하였는데, 호스로 2세 전쟁 승리 축하연에서 일곱 요일에 맞춘 일곱 편의 찬가와 30일에 맞춘 30가지 조옮김법(란)과 30일에 맞춘 360가지 다스트가(음계, 선법)를 만든 바르바드가 특히 유명하다.

에게문명, 그리스문명의 이전과 주변, 그리고 자궁

지중해 동부 에게해 주변은 기온이 따스하고 날씨가 맑으며, 섬들이 많아 가도 가도 시야에서 사라지는 법이 없다. 이 지역은 포도, 올리브 등 과일과 나무가 풍부하고 해상교역을 통해 유럽과 오리엔트문명을 직접 연결한다. BC 3000년 무렵 비아리아계 소아시아인들이 이곳에 정착하기 시작, BC 2600년이면 민족이동으로 아리아인들도 섞여들면서 크레타섬, 키클라데스제도, 소아시아 서해안 트로이, 미케네를 비롯한 그리스 본토 남부 등 광범한 지역에 초기 청동기문화가 일어나는데, 이것이 에게문명이고, 크게 크레타(미노스문명) 중심의 남방(도서)문명과 미케네 중심의 북방(그리스 본토)문명으로 나눌 수 있다. 그 전에, 키클라데스제도는 해상교통 중계자로 수준 높은 초기 청동기문화를 이룩했다. BC 3000년 무렵 이미 금속을 사용했고, 금, 구리, 청동, 그리고 엘렉트람(금과 은 합금) 등으로 작은 상과 장신구를 만들었다. 소용돌이('프라이팬') 무늬 토기와 대리석상은, 현대조각처럼, 단순한 추상에 달한다. 캐낸 돌을 다듬거나 벽돌을 구워 튼튼한 건물을 짓고, 이따금 부조나 벽화로 벽을 꾸몄다.

'크레타=미노스', '신화=예술 탄생사'

미노스문명(BC 3000~1450년)은 초기에 이집트의 강한 영향을 받다가 독자적으로 성장했다. 처음에는(그리스 본토) 미케네문명의 일부로 여겨졌지만 발굴이 확대되면서 독자적인 크레타문명이 오히려 그리스 본토에 영향을 끼친 것으로 드러난다. BC 2800~2000년경 소아시아에서 금속이 크레테, 그리스 본토, 에게해 섬들에 전해지고, BC 1750~1580년경 근동 지역 종족들이 이주해오고 지배층이 바뀌면서 비약적으로 발전했다. 이 시기에 권력 집중을 위한 대규모 궁들이 크노소스, 파이스토스, 말리아에 건축되는데, 미노스왕은 이 시기 사람이다.

크레타문명을 '미노스문명'이라고도 부르는 것은 전설적인 크레타 왕 미노스의 이름을 따서다. 미노스문명의 핵심은 미로궁에서 보듯, 건축, 특히 궁궐 건축이고, 미노스왕의 왕비 파시페와 포세이돈이 보낸 흰 수소가 살을 섞어 태어난 괴물 미노타우로스('미노스의 수소'), 그리고 그를 가두기 위해 미노스왕이 데달루스를 시켜 미로궁을 짓게 하는 이야기는 건축예술이 남녀의 성의 미로에서 생겨난다는 것을 암시하는 신화다. 이때 신화는 예술 탄생사고, 예술 탄생신화야말로 가장 높은 수준으로 발전한 신화다. 크레타인은 소아시아인과 지중해인종의 혼혈로 생겨났다. BC 2000년 무렵 왕이 섬 전체를 지배하게 되고 호메로스에 의하면 크레타섬에는 도시가 90여 곳이나 있었다. 이중 가장 유명한 곳은 수도 크노소스다. 크노소스 외에 파이스토스와 말리아, 그리고 자크로 등에 크고 작은 왕궁이 지어졌다. 미노스 도시에는 성벽이 없다. 그리고 무기도 별로 없었다. 그러나 강력한 해군이 왕궁과 도시를 지켰다. 청동톱으로 잘라낸 벽돌을 깔아 낸 길이 도시와 도시를 연결했다. 대로에 배수장치가 되어 있고, 상류층 주택에는 진흙파이프로 상하수도를 놓았다. BC 1750년 지진 혹은 터키로부터의 침략 때문에 미노스문명은 위기를 맞고 궁정들이 파괴되지만, 그후 인구가 다시 늘고 전보다 더욱 큰 왕궁을 건축한다. 원래의 정교하고 참신한 벽화 대신 보다 웅대한 스케일의 벽화, 특히 수소 뿔을 잡고 그 위로 뛰어오르는 종교의식을 묘사한 벽화가 들어섰다. 도기도 정교함보다는 자연스러운 무늬의 커다란 포도주 술병이나 꽃병이 대세를 이룬다. 이때가 미노스문명의 절정기로, 이때 크노소스 인구는 8만에 이르렀다. 그러나 BC 1650년 무렵 산토리니 화산 폭발에 의한 해일로 해변 군사기지들이 파괴되고, 아황산가스 때문에 기온이 낮아져 몇 년 동안 흉년과 기근이 들고, 미노스인들이 종교를 불신하고, BC 1420년 미케네인들의 침략을 맞으면서 미노스문명은 무너진다.

미노스 남자는 짧은 스커트에 간단한 옷을 허리에 둘렀고, 여자는 주름장식 스커트에, 소매가 짧은, 배꼽 구멍을 낸 겉옷을 걸쳤다. 옷에 기하학적인 좌우 대칭무늬를 냈다. 소와 양과 돼지와 염소를 키웠고, 밀, 보리, 살갈퀴, 병아리콩, 개암나무와 올리브나무 그리고 포도나무를 재배했다. 손잡이를 가죽으로 만 나무쟁기를 당나귀 혹은 소 들이 끌게 했다. 농업보다 더 중요한 것이 해상교역이다. 미노스인들은 그리스, 터키, 시리아, 이집트, 스페인 및 메소포타미아 지방에 곡물, 올리브유, 포도주, 도자기, 마직물, 구리, 주석, 금, 은 등을 수출했다. 이들은 특히 청동 합금용 주석의 교역을 장악했고, 미노스문명이 멸망한 것은 철이 널리 쓰이면서 주석 값이 폭락한 때문이라는 주장도 있다. 미노스인들은 도자기와 프레스코 벽화, 풍경화, 그리고 돌조각에 뛰어난 솜씨를 보였다. 도자기는 종종 두께가 계란껍데기 정도였고 검은색 바탕에 딱딱하지만 매우 효과적인 채색 꽃무늬를 새겼으며, 기하학적 무늬에서 자연주의적 무늬로, 그리고 보다 다양한 무늬로 발전했다. 크노소스를 둘러싼 지역의 '왕궁 양식' 은 자연 모양의 아주 단순한 기하화, 그리고 단색 회화가 두드러진다. 크레타인들은, 이집트 혹은 그리스 인들과 달리 거대한 조각을 남기지 않았고, 일상적이며 작고 친밀한 것에 더 관심을 보였다. 미노스 종교는 소의 종교다. 수소, 수소 뿔, 두 겹 도끼, 기둥, 뱀, 태양, 그리고 나무 등이 거룩한 상징들이었다. 풍요와 짐승과 도시와 집안일, 추수, 그리고 지하세계를 다스리는 어머니 여신(뱀)과, 가을이면 죽고 봄이 되면 다시 살아나는 아버지 신 '대지를 뒤흔드는 자(소, 태양)'를 믿었다. 죽은 사람을 도기 항아리에 넣어 묻었다. 시전은 대개 L자 모양으로, 사제와 가족들, 장인들이 살았고 창고가 있었다. 일반 주택은 대개 2~3층으로, 타일을 깐 평평한 지붕에 회반죽, 나무, 혹은 판석 마루였고 목재로 지붕을 떠받쳤다. 돌과 잡석으로 낮게 벽을 세우고 진흙벽돌을 쌓아 건물을 높이기도 했다. 미노스문자가 새겨진 진흙서판 3천 개 정도가 발굴되었는데, BC 1750년 무렵 씌어진 서판들은 아직 해독이 불가능하지만, BC 1400~1150년 씌어진 것들은 초기 그리스 방언이다.

산토리니섬은 화산 폭발 당시 절반 이상 사라졌으나 1967년 발굴이 시작된 이후 크레타섬 못지않은 문명의 모습을 속속 드러내고 있다. 크레타섬보다 보존 상태가 더 좋으며, 무엇보다, 지금까지도 사람의 뼈나 귀금속이 발견되지 않은 것으로 보아, 산토리니 사람들은 지진이 날 것을 미리 알고 섬을 떠난 듯하다.

미노스 미로궁, '무덤=성(性)=건축'

크노소스는 미노스문명의 정치-종교적 중심이었다. 크노소스궁전은 미노스가 살던 곳으로, '미노스의 미로궁전'이라 부를 만하다. 지진으로 무너진 제1궁전, 그리고 지진 직후 지어졌으나 BC 1400년 무렵 그리스 아카이아인 침입으로 무너진 제2궁전이 있다. 경사가 느린 언덕 위에 세워진 크노소스궁전 전체 크기는 130×130미터. 60×29미터 크기의 중앙광장을 두고 동쪽으로 왕과 왕족들의 살림방과 공방, 서쪽으로 종교의식 및 공무용 방, 창고 등 수백 개의 방을 배치했다. 지하창고는 세금으로 걷은 곡물과 기름을 담은 거대한 항아리들이 가득 들어찼고, 지상층에 도자기와 보물 제작소, 주거 공간, 휴게소, 목욕탕이 배치되고, 2층과 3층도 있으며 일부는 4층이다. 궁정의 중심을 이루는 '왕위의 방'에는 벽 속에, 극적으로 의자를 지어 여러 개의 벤치와 마주 보게 했고, 수족관으로 쓰였을 법한 물탱크도 있다. 이와 별도로 돌계단 2백 석 크기의 야외극장, 선착장, 별궁이 있었다. 크고 작은 계단 구조가 아주 복잡하여, 직각으로 여러 번 꺾여야 입구가 나오는 '미로'였다. 수세식 변소도 있었다. 내부 벽과 천장 대부분을 궁정 풍속, 동식물, 새, 물고기 등을 그린 회화로 장식했는데, 궁정 풍속이 세련되고 사치스럽다. 옷 색깔에 푸른색이 뚜렷한 것은 페니키아인들과 해상교역을 했다는 뜻이다. 돌진하는 수소 위에서 청년들이 곡예를 벌이는 그림도 있는데, 아마도 종교의식이다.

1899년 에반스 경이 발굴을 시작하면서 알려진 미노타우로스 신화는 '건축이 태어나는 이야기' 에 다름아니다.

미노스왕은 자신의 왕국이 신들로부터 온 것임을 증명하기 위해 '신들은 내가 원하는 것은 뭐든 준다' 고 큰소리를 치며, 바다의 신 포세이돈에게 번제물을 바치고 '바다로부터 황소 한 마리를 보내주면 다시 번제물로 바치겠노라' 는, 기도와 맹세를 올린다. 과연 포세이돈이 황소 한 마리를 보내주니 사람들이 그를 왕으로 인정한다. 그런데, 황소가 너무나 아름다웠다. 미노스는 번제물을 다른 황소로 바꿔치기, 포세이돈의 분노를 사게 된다.

포세이돈의 저주가 현대적으로 괴이하다. 그는 미노스의 아내 파시페가 그 황소와 사랑에 빠지게 만든다. 데달로스가 바퀴 달린 목제 황소를 만들어 속을 비워내고 엉덩이 부분에 암소 가죽을 입히고 파시페가 그 안으로 들어가니 황소가 그것을 실제 암소로 착각, 결국 파시페와 살을 섞었다. 그렇게 소머리 사람 몸의 괴물 미노타우로스가 태어나자 미노스는 데달로스를 가두고 미궁을 짓게 하여 미노타우로스를 감금한 후, 전쟁에 진 아테네 왕 에게우스한테 해마다 젊은 남녀 각 일곱 명씩을 미노타우로스의 먹이로 바치게 했다. 그렇게 숱한 젊은 남녀가 희생된 후 아테네 왕자 테세우스가 먹이 행렬에 섞여 크레타로 오는데, 미노스의 딸 아리아드네가 그와 사랑에 빠지게 된다. 그녀는 데달로스에게 요령을 들은 대로 실타래를 테세우스에게 주며 '들어가면서 타래를 풀고 다시 감으면서 미궁을 빠져나오라 일러주고, 테세우스는 미노타우로스를 죽인 후 무사히 미궁을 빠져나온다. 그는 그녀와 함께 낙소스로 갔고 훗날 아테네의 왕이 되었다.

여기서 건축가는 물론 데달로스다. 그러나 이 이야기에는 '건축=데달로스' 의 '그 전' 과 '배경', 그리고 '그 후' 가 있다. '그 전' 은 신들이 (왕궁이 아니라) 왕국을 준 시대. 왕국이 바로 왕궁이던, '에덴의 동산' 시대다. '배경' 은? 짐승과의 교접이 암시하듯 성(性)은 본능적인 채로 난해하고 그 '본능=난해' 자체가 '주거=건축'을 심화한다는 사고다. 데달로스의 미궁은 미로의 궁일 뿐 아니라, '미로=궁'이다. '그 후'는 아리아드네의 실과 남녀 간의 문명적인 사랑. 페넬로페가 검은 수의를 낮에 짜고 밤에 풀던 그 실이 『일리아드』 '그 후' 서사시를 심화-일상화하는 『오디세이』의 실이라면, 아리아드네의 실은 건축을 성의 미로에서 의식주의 예술품으로 질적 상승시키는 실이다. 이때 비로소 미노스의 궁들이 역사적으로 완성되고, '문명의 아테네'를 향한다. 그리고 낙소스, 이곳에 또한 '아테네 이전'으로서, BC 2500~1400년 키클라데스(kyklades, 에게해 중앙 그리스 섬들. '델로스를 둥글게 둘러싸는 섬들')문명이 존재했다. 초기(BC 2500~1900년) 도기들, 이를테면 부리 달린 주전자, 걸게 달린 단지, 접시 등의 외형이 초기 미노스문명과 유사하지만, 어두운 광택과 홈 장식은 소아시아에 더 가깝다. 소용돌이무늬 혹은 물고기나 배 모양의 장식이 새겨진 '프라잉-팬' 도기들은 물을 채워 거울로 썼을지도 모른다. 구리는 소아시아 중부에서 전해졌다. 청동톱과 드릴, 그리고 연마제를 사용, 파로스와 낙소스의 화강암으로 동상을 조각했는데 통상적인 여성상 외에 피리 연주자, 하프 연주자 좌상 등 과감한 '예술품'도 전해진다. 중기(BC 1900~1600년) 키클라데스문명 유적지 중 가장 유명한 (BC 17세기) 멜로스 필라코피는 미노스문명의 영향을 강하게 보여주는데, 정복당했다는 뜻일 터. 수입도 하고 모방도 했을 것이다. 헬라딕(helladic, '그리스 본토 청동기')문명의 영향은, 물론 보이는데, 그것이 BC 1600년경 이후 증가하다가 BC 1400년경 미노스문명 중심이 파괴되면서 키클라데스문명은 미케네문명에 온전하게 흡수된다.

데달로스의 '그 전'과 '그 후'도 있다. 그는 지혜의 여신 아테나와 대장장이 신 헤파이스토스의 먼 후손 되는 건축가로, 최초의 이미지를 창안했다고 전한다. 아테네에서 접는 의자 등 각종 발명품들을 뽐냈으나 자기보다 뛰어난 재능(제자라는 설, 조카라는 설, 톱과 컴퍼스 발명자라는 설 등)을 시기, 살해한 죄로 추방되어 크레타로 왔다. 이 '발명품들'은 물론 이전(以前)-건축적이다. 그는 크레타에서 목제 황소와 미궁 말고도 숱한 이미지들을 만들었고 특히 아리아드네를 위해 크노소스에 무도용 마루도 만들어주었다. '그 후'는 이렇다. 테세우스-아리아드네의 탈출에 데달로스가 도움을 준 사실을 안 미노스는 그와 그의 아들 이카로스를 미궁에 가둔다. 이 '성=건축의 자체심화'는, 무엇을 낳는가? 그의 당대는 '비약=비행'을 통해 역사적인 건축으로 이어진다. 그는 날개를 발명하여 시칠리아로 탈출했다. 테세우스가 아테네로 데려갔다는 설도 있지만 어쨌거나 그는 그렇게 아테네(그리스) 혹은 시칠리아(로마)의 건축으로 이어진다. 그의 후대, 즉 이카로스는 너무 과해서 실패한다. 이카로스에게 날개를 달아주면서 데달로스는 이렇게 경고한다. 너무 높이 날지 마라. 태양열에 초가 녹아 날개가 해체될 것이다. 너무 낮게 날지 마라. 바다의 습기 때문에 날개가 무거워진다. 이카로스는 경고를 무시하고 너무 높이 날다가 초가 녹아 바다에 떨어졌다. 그는, 경박한 신세대였을까, 아니면 너무 이른 비행 세대였을까? 다른 설도 있다. 데달로스가 배를 두 척 만들고 각자 바다로 나아갔는데, 이카로스의 항해 솜씨가 서툴러 배가 뒤집혔다는. 이 버전은, 닫힌 것인가, 아니면 당대는 당대에 걸맞은 고전을 낳는다는, 낳을 뿐이라는 뜻일까?

BC 1475~1400년경은 크레타와 미케네가 가장 유사했던 시기다. 크노소스, 파이스토스 등지가 약탈을 당했다. 이때부터 펠로폰네소스 미케네를 중심으로 한 미케네문명(BC 1580~1100년경), 즉 후기 헬라딕문명이 미노스문명을 압도하며 에게해 전체와 키프로스 너머까지 영향력을 확대하기 시작한다. 중기 헬라딕문명과 크레타문명을 합하면서 미케네문명은 크레타의 '상상력'에 절제미를 부여하는데 그것이 최대한 '발현'되는 것이 또한 건축 분야다. 미케네, 티린스, 필로스의 궁들은 미노스문명의 흔적이 뚜렷하지만 단순한 구형 메가론(megaron, 대전당)을 핵으로 한 뚜렷한 집중 구도가 그 흔적들을 다스리는 형용이다. 거대한 벌집형 무덤들은 공학과 예술의 걸작품이다. 원형 지하묘실의 내쌓기천장은 극히 정교하다. 크레타에 한두 개밖에 없는 이런 무덤들이 그리스 본토 남부 도처에서 발견된다. 미케네에는 아홉 개. 그중 가장 세련된 것이 바로 '아트레우스의 보물'이다. BC 1360년경. 그렇게, (에스킬로스) '연극 탄생사'와 (호메로스) 서사시 탄생사에 해당되는, 탄탈로스 이래 '근친상간 살해=인육생식' 의 저주를 대대로 물려받는 아트레우스 가문 이야기가 다시, (두번째) 건축 탄생사로 되는가? 그렇게, 연극은 건축적이고 건축은 연극적인가?

'아트레우스의 보물' 의 둥근 천장은 높이와 너비가 각각 45피트다. 입구 파사드를 장식하는 기하 형태의 부조는, 표면장식 이상의 세련미와 강력한 권위를 동시에 뿜어내는바, 파르테논의 전신이라 할 만하다. 이 예술적 성취는 미노스-크레타문명과 당대 근동 문화 등 외부 영향을 창조적으로 또 변증법적으로 소화한 결과로, 이국풍을 길들이고 문명화하는 특유의 그리스 정신을 벌써 드러낸다. 우리는 이미 '아테네를 향(하게)한다' 는 표현을 썼었다. 훗날, 위대한 그리스 고전기도 그런 과정을 통해 오게 될 것이다.

건축의 공간은 물론 (의식주의) 삶을 위한 공간이다. 파라오의 무덤인 피라미드조차 '죽음(이후)의 삶' 을 위한 공간이다. 그러나, 죽은 자를 부엌 벽쪽에 묻었던 원시인의 삶 이전에도, 건축은 공간의 형상화로서, 어딘가 모르게 죽음의 외형을, 닮아 있다. '따스한 가정' 은 삶 지향인 동시에 죽음 지향이다. 사랑이 건축의 '예술성' 을 심화하듯, 죽음 또한 그것을 심화시킨다. 건축, 그리고 음악에서 예술을 심화하는 사랑=죽음이 가장 잘 보인다. 바흐의 〈브란덴부르크 협주곡〉 훨씬 이전부터. 건축 용어와 음악 용어를 살 섞을 수 있다면 우리는 예술의 반을 알고 있는 셈이다.

'건축=자아'

미노타우로스 이야기는 BC 2000년경 생겨났다. 그러나 이, '건축이 탄생하는 이야기' 에서 사실 수소는 미노스 자신이다. 그리스어 'minos' 는 '수소' 고, 같은 시기 크레타에서 수소 춤이 성행했다. '미노스=수소' 와 그의 아내는 아도니스보다 동물적이고 단순한 경로를 통해 성욕 그 자체를 형상화한 흉물을 낳는다. 그리고 '흉물=성욕' 을 가두는 건물, 흉물을 공화(空化)하는 색으로서 미궁(迷宮)이 건축된다. 한번 들어가면 빠져나올 수 없는 미로의 궁. 그것은 성욕이 예술로 되는 과정의 복잡함 자체를 상징하고 외화한다. 그리고, 미궁도 미노스 자신인지 모른다. labyrith는 크레타 사람들이 숭배한 대모신(大母神)의 상징, '수소(labrys)' 에서 나왔다. '성욕=미로' 의 형상화다.

BC 1700~1600년 무렵 제작된, 뱀을 든 미노스 여사제 도기상은 엄격한, 실성한 듯한 자세로 보아 뱀신에 '들린' 상태인 듯하다. BC 17세기경 미노스의 펜던트는 보석 세공이 고대에 이미 상당 수준의 복잡함과 정교함을 갖추었다는 것을 보여준다. 자연의 신이 양손에 물새를 쥐고 연꽃 속에 서 있고 그 뒤의 굽은, 뱀머리를 한 사냥용 활까지 새겼다.

'이야기=장르'

그러나, 그렇게, 더 복잡한 건물은 '이야기=장르' 그 자체다. 이야기는 에로스의 가시적인 무한 확장을 가시적으로 억제하지 않고 상상력의 시간과 공간 속으로 전화하는, 한 단계 질 높은 에로티시즘의 결과다. 미노스 왕궁과 비슷한 시기 「길가메시」도 '지어' 졌고 여기서 '이야기=상상력' 의 공간을 확장하고 차원을 심화하는 추동력은 불멸을 염원하는 에로스다. 물론 그 전에 음악과 춤이 있었다. 춤은 몸과 더불어, 음악은 귀와 더불어 생겨났다. 그리고 둘 다 슬픔을 슬픔의 힘으로 만들기 위해 발전했다. 메소포타미아 '바벨탑' 과 비슷한 시기 원시적 형태의 '뜯는' 악기(현악기)와 '부는' 악기(관악기)가 이집트에서 생겨났다. 그때 벌써 악기는 여체화(女體化)한 소리의 무한 가능성이었다. 스핑크스, 수소춤과 비슷한 시기 역시 이집트에서 춤이 일정한 형식으로 의식화(儀式化)하는데 이것은 이야기의 역할을 종교가 대신 혹은 거꾸로 해준 결과다. 춤의 육체성이 규격화하면서, 그렇게 욕망이 응축하면서 광활한 종교-신화적 상상력에 육체적 매개로 작용한다.

미노스 왕궁과 비슷한 시기 만주에서 채색(彩色) 도기가 출현했다. 도기는 공의 유효화(有效化)를, 채색은 예술화를 뜻한다. 도기가 가장 일상적인 삶의 도구면서도 동시에 심오한 예술의 경지를 표출하는 까닭이다. 같은 시기 미노스 왕궁 부근에 무대가 건축되고 그렇게 연극 등 연행예술이 발전한다. 그리고 비슷한 시기 북유럽에서 목관악기가 생겨났다. 비슷한 시기라. 이때는 천 년 단위로 세월이 흘러가므로 5백 년 미만이면 대개 비슷한 시기다. 그것은 현재 입장에서만 그렇다. 그러나 그점 또한, 얼마나 에로틱한가. 그때의, 기억의 몇천 년보다 앞으로 정신과 육체의 헐벗은 하루가 더 중요하다는 점. BC 3100년경부터 영국 솔즈베리 지방에 묵중한 바윗덩어리들이 똑바로 세워지기 시작한다. 돌들은 BC 1550년경까지 8마일 정도 길이로 쌓였다. 그것이 스톤헨지다. 돌을 세우는 작업은 대체로 3기에 걸쳐 진행되었다. 처음에는 돌 주변에 도랑을 내고 56개의 구덩이를 팠는데 BC 2100년경부터는 거대한 바위기둥들을 남서부 웨일스 지방에서 옮겨와 중심을 두르는 두 개의 동심원(同心圓)으로 쌓았고, 두 개의 원이 완성되는 경우는 없었으며, 세번째 시기에는 그나마 해체-재구성되어, 50톤에 이르는 거대한 바윗덩어리 30개가 곧추세워진 상태로 원을 이루게 된다. 이것은 무슨 뜻? 처음에는 스톤헨지를 하늘신(神) 사원쯤으로 보는 견해가 우세했으나 원시 형태의 천문대였을 가능성이 크다. 하짓날(6월 24일) 원 중심에 서면 태양이 마지막 바윗덩이 위로 곧장 솟아오르는 것을 보게 된다. 그러나 그것만은 아니다. 8마일이라는 공간과 1,500년이라는 시간을 일순 겹치면 우리는 원시인들이 1,500년이 넘는 세월을 단지 하루쯤으로 생각하고 그렇게 시간을 기록하는 장면을 보는 듯한 착각을 누릴 수 있다. 그것 또한 얼마나 에로틱한가. 그 기나긴 세월과 거대한 야만의, 힘의 '암석=육체' 화가.

미케네문명, '줄거리'를 이루다

크레타문명과 나란히 그리스 본토에 초기 헬라딕 문화가 있었지만, BC 2000~1600년 인도-유럽어 갈래 북방민족 아카이아인들이 발칸반도로 내려와 그 이전 민족들을 정복하고 본토 남부 펠로폰네소스반도를 중심으로 각지에 소왕국을 건설하는데 그중 가장 강력한 것이 아트레우스왕가 미케네다. 크레타문명을 받아들이며 그리스 본토 중심세력으로 성장한 미케네는 크레타마저 무너뜨리고 에게해의 주인이 된다. 그리고 미케네 아가멤논왕 중심의 그리스 세력이 BC 1186년 무렵 트로이를 멸망시키고(트로이전쟁), 소아시아 해변에 그리스 식민지를 건설하면서 그리스의 번영이 BC 1100년까지 지속된다. 올림포스산 신들의 신화를 창조한 것 또한 미케네문명이다. 아트레우스의 보물 그리고 '아가멤논의 데드마스크' 로 알려진(사실은 그보다 4백 년 전 것이다) 미케네 황금가면은 을씨년스러운 동시에 찬란한 미케네문명을 암시하기에 족하다.

미케네 미술은 크레타의 영향을 크게 받았지만, 대비되는 점도 많다. '평화-개방형' 크레타 왕궁과 달리 미케네 왕궁은 바위산을 등지고 약간 높은 언덕(아크로폴리스) 위 거대한 성벽으로 둘러싸인 전사-왕의 성채 성격이 강했다. 성 정문의 거대한 사자상 또한 크레타문명에서 볼 수 없고, 성채 주실(메가론)은 직사각형으로 네 개의 기둥을 세우고 주위를 두꺼운 벽으로 쌓았으며 중앙에 화로를 놓았다. 이 간소한 메가론양식을 훗날 그리스 신전 건축이 물려받게 된다. 크레타 미술이 자연주의적이고 여성적이며 회화적이라면, 미케네 미술은 폐쇄적이고 기하학적이며 남성적이다. 도기 무늬에 최초로 인물, 병사 전투 장면이 나온다. BC 1400년 이후 미케네문명은 사그라지기 시작한다. 거대한 능이 더이상 만들어지지 않았다. 철기를 사용하는 북방민족 도리아인이 남하를 시작하고 BC 1100년에 이르면 미케네문명과 함께 에게문명이 종말을 맞는다. 그후 아르카이크('고졸')기가 시작되는 BC 8세기까지는 그리스 암흑기라 부를 만하다.

미케네문명(BC 1580~1120년)은 그리스 본토와 도서 전체를 포괄했고, 미케네는 에게해의 맹주(盟主)도시로 동지중해 대부분을 지배했으며 교역이 시칠리아, 이집트, 팔레스타인, 트로이, 키프로스, 그리고 마케도니아까지 미쳤다. 미케네 건축물은 엄청난 규모에 달했는데, 가장 특징적인 것은 벌집형 무덤이고 대표적인 사례가 바로 '아트레우스의 보물' 이다. '성욕보다 더 어두운 야만' 을 포괄하기 위해 미케네 건축물은 '미노스=크레타' 의 그것보다 더 거대했던 것일까? 약 1,500년 후 로마 판테온이 건축될 때까지 '아트레우스의 보물' 은 세계 최대의 둥근 지붕을 자랑하게 된다. 미케네 '사자 대문'(BC 1250년경)은 세계 최초 석조 기념비 조각물이었다. 트로이전쟁 이야기는 4백 년 이상 지나서야 비로소 호메로스의 세계 최초 서사시 『일리아드』와 『오디세이』를, 6백 년 이상 지나서야 세계 최초 비극 『오레스테스』 3부작을 낳는다. 매우 호전적이었던 미케네인들의 도시 심장부 왕궁 유형을 훗날 그리스의 아크로폴리스('윗 읍내')가 있는 폴리스('읍내')로 발전시켜갔다. 미케네인들은 건물 내벽에 프레스코화를 그렸고 조각품은 물론 설화석고 상감과 군청색까지 입혔다. 매장용 가면, 무기, 용기, 그리고 왕의 장식에 금을 쓰고 이집트에서 수입한 상아를 즐겨 다룰 만큼 미케네문명은 부유했다. 도기 디자인은 양식화되었고, 종종 전투 혹은 사냥 장면을 새겼다. 미케네문명은 BC 1100년경 도리아인 침략자들에 의해 종말을 맞았다.

7대 불가사의, 신비를 건축하는 종교의 거대한 '과학=배꼽'

BC 140년 무렵 시돈 사람 안티파테르는 놀라운 '고대문명 볼거리' 일곱 가지를 이렇게 읊었다.

> 내 전찻길 놓인 드높은 바빌론 벽을 보았고, 알페우스가 만든 제우스상을 보았고, 매달려 있는 정원을, 거대한 태양의 상을, 까마득한 피라미드의 거대 노동을, 그리고 마우솔로스의 엄청난 무덤을 보았으나, 구름까지 치솟은 아르테미스의 집을 보았을 때 다른 모든 불가사의는 빛이 바래고, 내가 말했네, '보라, 올림포스산 말고는, 태양 아래 저리 찬란해 보이는 곳 다시 없으리라'.

역사학자 헤로도토스가 안티파테르보다 먼저 목록을 만들었다지만, 전하지 않고, 중세 유럽인들은 바빌론의 두 불가사의 중 '매달려 있는 정원'만 남기고 '벽' 대신 '파로스의 등대'를 끼워넣었다. 이중 남아 있는 것은 이집트 기자, 쿠푸왕 피라미드밖에 없다. '로데스'의 '거대한 태양신 상'은 가장 먼저, 세워진 지 단

56년 만에, 지진으로 파괴되었다. 7대 불가사의들은 모두 거대하다. 신비가 과학에 이를 때까지, 혹은 거꾸로.

기자의 쿠푸왕 피라미드,
영원의 시간과 공간이 거대한 모습을 드러내다

인간은 시간을 두려워한다. 그러나 시간은 피라미드를 두려워한다…… 아랍 속담이다. 피라미드, 특히 쿠푸왕 피라미드는 영원의 시간과 공간을 형상화한다. BC 2680년 무렵 완성되고, 4,700년 가까이 지난 지금도, 쿠푸왕 피라미드는 미래의 것처럼 보인다. 7대 불가사의 중 유일하게, 쿠푸왕 피라미드는 고대 역사가나 시인의 설명을 요하지 않는다. 옛날의 모습과 어마어마한 크기를 우뚝 선 채 그냥 보여주기 때문이다. 이집트를 점령한 나폴레옹은 이 피라미드를 보고 이렇게 말했다. 병사들이여, 4천 년 세월이 저 위에서 우리를 굽어보고 있다! 피라미드는 4,700년 동안 높이가 145.75미터(280큐비트)에서 10미터쯤 닳아 없어졌지만 1300년 무렵 링컨성당 첨탑(높이 160미터)이 완성될 때까지 4천 년 동안 하늘 아래 가장 높은 건축물이었다. 바닥이 정사각형이고 각 변이 정확히 동서남북을 향하며, 바닥 4변의 오차가 1.5센티미터, 기울기 오차는 12초밖에 안 된다. 2~4톤 무게의 화강암과 현무암 덩어리를 쌓고 군데군데 삼각형으로 잘라 광택을 낸 석회암을 끼워넣어 표면을 부드럽게 했으나 특히 1356년 아랍 술탄이 근처 카이로에 회교 사원과 요새를 지으려 가져가 지금은 표면이 울퉁불퉁해 보인다. 쿠푸왕 피라미드를 쌓은 돌 무게는 대략 7백만 톤으로 세계 최고고, 부피는 260만 600입방미터로 멕시코, 촐룰라 대피라미드 다음이다. 쿠푸왕과 카프레왕, 그리고 벤카우레왕의 세 피라미드에서 나오는 돌덩이로 3미터 높이 0.3미터 두께의 벽을 쌓으면 프랑스 국경을 한 바퀴 돌 수 있고, 쿠푸왕 피라미드가 차지하는 면적(5만 5,000평방미터)은 로마 성베드로성당, 피렌체와 밀라노의 온갖 성당, 그리고 런던의 웨스트민스터성당과 성바오로성당을 모두 수용할 수 있다.

'왕의 방'(넓이 10.45×5.20미터, 높이 5.8미터) 안 쿠푸왕이 누운, 역시 동서남북을 정확히 맞춘 관, 그리고 내벽은 모두 붉은 대리석이다. 문간 위에 길이 3미터, 높이 2.4미터, 두께 1.3미터짜리 날 선 돌이 위협적이다. 관과 입구는 단 일 센티미터 차이며, 내부를 쌓은 돌들이 아주 딱 들어맞아 카드 한 장 끼워넣을 틈이 없다. 헤로도토스는 이집트인들이 짧은 나무 비계를 연결하는 식으로 그 무거운 돌들을 들어올렸으려니 했다. 또다른 고대 그리스 역사가 시쿨루스는 비탈길들을 엮어 돌을 들어올렸으려니 했다. 보다 근대적으로 레너는 남서쪽의 채석장에서부터 피라미드 외부를 감아도는 식으로 비탈길을 연결하고 물을 묻혀 매끄럽게 만든 썰매로 돌덩이를 끌어당겼을 것이라고 짐작했다.

바빌론 공중정원, 중력을 능가하다

시쿨루스는 바빌론 공중정원에 대해 이렇게 쓰고 있다.

> 언덕처럼 기우는 정원 입구를 걷다보면 계단계단마다 여러 구조물들이 솟아오르고 그 모든 것 위에 아주 두껍게 흙을 쌓고 온갖 나무를 심었는데, 거대하기도 하거니와 보기에 좋은 이상야릇한 것들이 많았다. 물기계가 엄청난 양의 물을 강에서 퍼올린다. 바깥에서는 아무도 볼 수 없지만.

높은 궁정 테라스에 매달린, 공중에 매달린 듯한 정원은 신바빌로니아 왕 네부카드네자르가 '고향 메디아 지방의 산악지대를 그리워하는' 왕비 혹은 후궁을 위해 지은 것이다. 가장 자세한 설명은 고대 그리스 역사학자들이 기록했지만 사실 그들 중 누구도 '매달린 정원'을 직접 보지는 못했고, 정작 네부카드네자르왕 시대 문서에는 '매달린 정원'에 대한 언급이 하나도 없다. '공중정원'은 메소포타미아의 비옥한 땅과 바빌론의 영화에 놀란 알렉산드로스대왕의 병사들이 고향에 돌아가 본 것을 자랑하느라 크게 떠벌린 온갖 황당한 이야기를 시인과 역사가의 상상력이 다시 과장한 것에 지나지 않는다는 주장도 있다. 니네베 정원과 헷갈린 것 아니냐는 주장도 있는데, 사실 니네베 서판들이 아르키메데스의 나사 비슷한 걸로 물을 끌어올리는 정원을 언급하고 있기는 하다. 그리스 역사학자의 설명은 갈수록 자세해진다.

> 정원은 사각형이고 각 변 길이는 모두 사 플래트라며, 바둑판무늬의 입방체 모양으로 토대를 만들고 아치형 천장을 올렸다…… 맨 위 테라스-지붕으로 오르는 길은 계단으로 만들었다…… '매달린 정원'은 식물을 땅 위에서 재배한다. 그리고 나무뿌리는 땅이 아니라 위쪽 테라스에 뿌리를 내렸다. 돌기둥들이 전체 덩어리를 떠받친다…… 물을 높이 들어올려 경사진 수로를 따라 흘러내리게 한다…… 이 물이 정원 전체의 생명수로 식물 뿌리를 흠뻑 적시고 정원 전체를 축축하게 해준다. 그래서 풀은 늘 푸르고, 나뭇잎은 나긋나긋 물이 오른 가지에 찰싹 달라붙어 있다…… 이것은 왕의 사치로 빚어낸 예술작품이며 가장 놀라운 것은 보는 이의 머리보다 높은 곳에서 재배가 이뤄진다는 것이다.

최근에 이뤄진 궁정터 발굴은 벽이 두꺼운 둥근 지붕 건물과 관개용 우물이 정말 궁전 남부 가까이 있었다는 점을 보여준다. 하지만 정원이 유프라테스강 근처에 있었다는 그리스 역사학자 스트라보의 말이 맞다면, 이 자리는 유프라테스강에서 너무 멀리, 수백 미터나 떨어져 있다. 강둑에서 아주 최근 25미터 너비의 육중한 벽을 발견했는데, 이것을 계단지게 하여 테라스를 만들었을지 모른다. 어쨌거나, 애당초, '매달린 정원'은 '걸쳐진 정원'을 잘못 번역한 것이다.

올림피아의 제우스상, 절대의 모습이 드러나다

제우스상은 BC 435년 그리스 고전조각가 페이디아스가 조각했다. 아니, 조각이라기보다는, 상아를 어떤 액체에 담가 말랑말랑하게 만든 후 손으로 '주물러'

냈다. 제우스상은 너무 높아서, 관람객들은 제우스의 몸과 용모보다 장려한 왕좌에 대한 기록을 더 많이 남겼다. 삼목에 상아, 금, 흑단 및 다른 귀금속을 박은 의자로, 의자 다리에 불사조와 날개 달린 승리의 여신 니케상, 그리고 아폴로와 아르테미스, 그리고 니오베의 아이들 등 다른 신들과 신화 장면도 새겨졌다. 제우스는 머리에 월계관을 쓰고 오른손에 상아와 금으로 만든 니케상을, 왼손에 갖은 귀금속이 박힌, 독수리가 내려앉은 홀을 쥐고, 황금신발을 신고, 짐승과 백합이 새겨진 황금옷을 입고, 앉아 있는 자세다. 다른 나라 왕이 보낸 선물로 제우스상을 장식하는 일도 종종 있었다. 가장 유명한 것은 시리아 왕 안티오쿠스 4세가 바친 '아시리아 무늬와 페니키아 염색'의 순모 커튼이다. 제우스상을 세운 올림피아는 최고신 제우스를 예찬하는 의식인 고대 올림픽('올림피아의') 경기가 4년마다 벌어지던 곳이다. 고대 그리스 달력은 BC 776년부터 시작하는데, 그해 첫 올림픽 경기가 치러졌기 때문이다. 올림픽 기간 중에는 전쟁이 그치고, 소아시아, 시리아, 이집트, 그리고 시칠리아에서 운동선수를 보냈다. BC 450년 무렵 건축가 리본이 도리아양식 제우스신전을 디자인했다. 장엄했으나, 고대 그리스 세력이 날로 커져가는 마당에, 단순한 도리스양식은 세속적으로 느껴졌고, 어딘가 손을 봐야 할 것 같았다. 제우스상을 아주 위엄 있게 만드는 거야. 페이디아스가 그 거룩한 작업을 맡게 된다. BC 440년부터 제우스상 제작에 들어간 페이디아스는 그보다 몇 년 전 나무 구조물을 세우고 그 위에 금속판과 상아판을 씌워가는 식으로 거대한 금과 상아상을 만드는 기법을 개발한 바 있었다. 완성된 제우스상은 신전을 꽉 채웠다. BC 1세기 지리학자 스트라보는 이렇게 비난한다.

> 신전 자체가 매우 큰데, 조각가는 비례에 대한 생각이 없었던 듯하다. 제우스는, 앉아 있는데도, 머리가 거의 천장에 닿을 정도라서, 그가 일어나면 신전 지붕이 박살날 것 같은 느낌을 우리는 받게 된다.

하지만, 스트라보는, 수학을 알았을 뿐, 예술은 알지 못했다. 제우스가 몸을 일으키면 신전 지붕이 날아갈 수도 있다는 바로 그 느낌이야말로 제우스상을 그토록 놀랍게 만드는, 역사학자와 시인의 상상력을 불붙게 만드는 대목이었던 것. 제우스상 바닥은 넓이 6.5×6.5미터에 높이 1미터, 그리고 제우스상 자체 높이는 13미터다. 제우스상을 제작한 후 해마다 전 세계에서 관광객과 숭배자 들이 신전을 찾았고, BC 2세기 제우스상 보수 작업이 성공적으로 진행되었다. 마케도니아를 물리친 로마 장군 아밀리우스는 제우스상의 위엄과 광채에 주눅이 들었고, 1세기 로마 황제 카라칼라가 제우스상을 로마로 옮겨오려 했으나 비계가 무너지는 바람에 실패했다. 391년 로마 황제 테오도시우스 1세가 올림픽 경기를 금하면서 제우스신전 자체가 닫혔다가 올림피아에 지진과 홍수가 잦자 부유한 그리스인들이 콘스탄티노플 궁전으로 옮긴 후, 제우스상은 462년 대화재 때 불타 없어지고 만다. 여러 개 모조품도 지금은 남아 있지 않다. 옛 제우스신전은 폐허만 남고, 페이디아스가 제우스 조각상을 제작하던 작업실은 1958년에야 발굴되었다. 페이디아스가 제우스상을 여러 부분으로 나누어 조각한 후 신전에서 조립했다는 것을 그의 작업실은 보여준다.

에페소스의 아르테미스신전, 처녀성의 모습이 드러나다

에페소스의 아르테미스신전은 단순한 신전이 아니라 지구상에서 가장 아름다운 건축물로 여겨진다. '위대한 대리석 신전' 혹은 'D신전'으로도 불린다. BC 670년 무렵 리디아 왕 크뢰소스가 120년 계획으로 시작, BC 550년 무렵 완성되었다. 지진을 피해 늪지대를 잡았고, 그리스 건축가 케르시프론이 디자인을 맡았다. 페이디아스, 폴리클레이토스, 크레실라스, 프라드몬 등 당대 최고 조각가들의 청동상들, 그리고 회화와 금칠 은칠 기둥들이 신전을 채웠다. 아마존족이 에페소스를 세웠다고 믿었으므로, 그들을 다룬 청동상이 많다. 그리스 신화의 아르테미스는 사냥과 야생, 그리고 풍요의, 그러나 무엇보다 처녀성의 여신이다. 아폴로의 쌍둥이 여동생으로 티탄 셀레네를 밀어내고 달의 여신이 되었다. 아테나와 아르테미스 모두 크레타 '위대한 여신'의 면모를 이어받았지만, 아테네에서는 아테나를, 에페소스에서는 아르테미스를 더 숭배했고, 에페소스의 아르테미스는 처녀신보다는 풍요신 면모가 훨씬 더 짙다. '아르테미스신전' 은 풍요신이 처녀신으로 '그리스화' 하는 과정에 지어졌다. 토대는 다른 신전과 마찬가지로 직사각형이지만(113×54미터), 여느 신전과 달리, 건물의 거의 모든 부분이 대리석이다. 화려한 장식의 신전 정면이 넓은 광장을 내려다보고, 건물 플랫폼을 둘러싸는 대리석 계단이 80×130미터 크기의 높은 테라스에 이르고, '여신의 집' 을 뺀 테라스 전체에 각각 20미터 높이의 이오니아식 기둥 127개가 직각으로 늘어서 있다. 기둥을 두르며 숱한 부조를 새겼는데, 이 작업을 맡았던 스코파스는, 페이디아스처럼, 또다른 불가사의(마우솔로스 무덤) 제작에도 이름을 올리게 된다. 상업이 활발한 지역에 위치했으므로 아르테미스신전은 시장 노릇도 했다. 관광객들은 물론 상인, 장인, 그리고 왕 들이 아르테미스신전에 예를 표하고 벌어들인 것의 일부를 바쳤다. 금과 상아로 만든 아르테미스상, 귀걸이, 목걸이와 팔찌, 그중에는 멀리 페르시아와 인도에서 온 것도 있었다. 아르테미스 숭배가 크게 일어나고 이것이 다시 먼 나라의 숭배자들을 끌어모은다. 아마존족이 헤라클레스 및 디오니소스로부터 도망쳐와 에페소스를 건설했으므로, 아르테미스신전은 신성한 피난처로도 널리 인정받았다. 하지만, 거꾸로, 숱한 종교를 지닌 숱한 사람들이 아르테미스신전을 대충 자기들의 상징으로 여기므로, 아르테미스신전 또한 여러 신앙의 뒤섞임 속으로 빠져들게 된다. BC 356년 7월 21일 헤로스트라토스가 아트레미스신전에 불을 지르는데, 이유는, '어떤 식으로든 이름을 영원히 남기고 싶어서' 였다. 크게 분노한 에페소스 사람들은 그의 이름을 영원히 기록하지 않을 것이라 선언하지만, 훗날 스트라보가 이름을 기록, 헤로스트라토스는 그의 소망대로, 영원히 악명을 떨치게 되었다. 헤로스트라토스의 방화로 아르테미스신전이 무너지던 바로 그날, 알렉산드로스대왕이 태어났다. 헤로도토스는 이렇게 적고 있다. 아르테미스는 알렉산드로스대왕이 태어나는 것을 돕느라 너무 바빴기 때문에 자신의 신전을 구할 겨를이 없었다. 훗날 아나톨리아를 정복한 알렉산드로스대왕이 아르테미스신전 재건축 비용을 대겠다고 나서지만 에페소스 사람들은 거절했고, 대왕 사망 후 BC 323년 비로소 신전이 다시 지어졌다. 이것을 'E신전'이라 부른다. 사도 바울이 1세기 에페소스를 찾았을 때 '아르테미스 숭배자'들은 도무지 여신을 버릴 생각이 없었다. 하지만 262년 고트족 침략으로, '에페소스에 있는 그 유명한 다이아나('아르테미스'의 로마명)신전'이 다시 파괴되고, 에페소스 사람들이 다시 짓겠다고 맹세하지만, 4세기에 이르면 거의 모든 시민들이 기독교로 개종하고, 아르테미스신전은 매력을 잃고, 401년 기독교 성자 요한 크리소스톰이 파괴된 신전을 완전히 해체, 그 돌로 다른 건물을 지음으로써 완전히 사라졌다. 훗날 에페소스도 버려졌고, 1869년이 되어서야 비로소, 대영박물관 후원으로, 발굴 작업이 시작되었다. 신전터 및 신전길이 드러났고, 'E신전' 물품과 조각 몇 점을 건질 수 있었다. 최근 아르테미스신전을 복원하려는 노력이 있었지만, 실패로 끝났다.

할리카르나소스의 마우솔로스왕 무덤, 죽음의 모습이 드러나다

> 할리카르나소스에 누운 내 몸 위로, 거대한 기념물이 서 있지. 이제껏 죽은 어느 누구도 가져보지 못한 기념물, 최고급 대리석으로 인간과 말을, 정말 살아 움직이는 것처럼 조각하여 기념물을 장식했다.
>
> —고대 그리스 풍자작가 루키아노스 『죽은 자들의 대화』 중 마우솔로스왕의 말

마우솔로스왕 무덤은, 무덤인 점에서는 피라미드와 같지만, 아르테미스신전과 가깝고, 아르테미스신전처럼, 그리고 피라미드와 달리, 크기보다는 아름다움 때문에 명성을 얻었고 마우솔레움('마우솔로스왕 무덤')이 왕릉을 뜻하는 보통명사가 되기에 이른다. 마우솔로스는 아케네메스왕조 페르시아 왕 아르타크세르크스 2세 때 아나톨리아 서부 카이라왕국을 다스렸던 사람이다. 카리아왕국은 페르시아제국에 속했지만 중심부와 멀리 떨어져 사실상 자치를 누렸고 BC 377~353년 치세 동안 마우솔로스는 실제로 영토를 확장, 아나톨리아 남서부 거의 대부분을 지배하게 된다. 그는 지방 출신이지만 그리스어를 할 줄 알았고

그리스식 생활과 행정 방식에 감탄했으며 해변을 따라 숱한 그리스식 도시를 세우고 그리스식 민주주의 전통을 격려했다. 그리고 튼튼할 뿐 아니라 아름다운 수도를 새로 건설하기로 결심, 작은 수로만 막으면 적의 전선을 막을 수 있는 할리카르나소스로 수도를 옮긴 후 항구 한쪽에 묵중한 요새-궁정을 짓는 한편 일반 시민들을 위한 광장과 거리와 집을 마련해주고, 세금을 쏟아부어 값비싼 대리석과 조각상 들을 들여와 그리스풍 극장과 그리스풍 신전을 만드는 등 요새화와 그리스화에 온 힘을 기울였고 여동생인 왕비(당시 카이라왕실의 전통이었다) 아르테미시아는 그런 그를 성심껏 도왔다. 마우솔로스가 BC 353년 사망하자 아르테미시아는 그리스로 사람을 보내어 당대 최고의 그리스 건축가 사티로스와 피티우스, 조각가 스코파스와 브리악시스, 레오카레스, 티모테우스, 그리고 다른 분야 장인 수백 명을 불러들인다. 무덤터는 도시를 내려다보는 언덕으로 잡았다. 무덤 공사가 시작되자마자 아르테미시아는 위기를 맞는다. 마우솔로스왕이 정복했던 그리스와 아나톨리아 사이 에게해 도시 로데스가 왕의 죽음을 틈타 반란, 함대를 이끌고 왔던 것. 아르테미시아는 자신의 함대를 항구 동쪽 끝 비밀장소에 숨긴 후 로데스 함대가 상륙하자 기습 공격을 감행하는 식으로 위기를 벗었다. 그리고 로데스 함선에 할리카르나소스 병사들을 싣고 로데스 승리군으로 위장, 로데스로 가서 반란을 진압했다. 하지만 마우솔로스왕 무덤 완성 일 년을 앞두고 아르테미시아는 마우솔로스 곁으로 가고 만다. 그녀는 마우솔로스와 함께 미완성 무덤에 묻히게 될 처지였지만, 장인들은 공사 진행을 결정했다. 완성된 무덤은 직사각형 기본구조로 바닥(40×30미터)에 계단식 토대석을 쌓고 금장식 마노 관과 매장실을 토대석 위에 올리고 가느다란 이오니아식 기둥 36개로 둘러쌌으며 이 기둥들이 계단피라미드 지붕을 떠받치게 했다. 그리고 네 마리 말이 끄는 전차 상을 무덤 꼭대기에 올렸다. 마우솔로스왕 무덤의 전체 높이는 45미터, 계단식 토대석 높이가 20미터, 기둥 높이가 12미터, 피라미드 지붕 높이가 7미터, 그리고 꼭대기 전차상 높이가 6미터고, 올라갈수록 약간씩 가늘어졌다. 구조도 구조지만 정말 아름다운 것은 토대석 한 면씩을 맡아 그리스 조각가 네 명이 벽면에 띠처럼 새긴 조각, 프리즈다. 그리스 신화 혹은 역사의 중요한 장면들을 자유로운 자세의 신, 인물, 사자 등 짐승의 모습으로, 실물 10분의 1 크기, 실물 이상 크기, 실물 이하 크기로 새긴 프리즈는, 죽음 자체를 아름다움으로 전화하는 조각예술의 최고 경지에 다름아니다. 켄타우로스족과 라피트족의, 그리스인과 아마존족의 전쟁을 다룬 장면도 있다. 사방 구석마다 돌조각 기마전사상을 세워 무덤을 지키게 했다. 마우솔로스왕 무덤은 16세기 동안 아무 탈이 없다가 지진으로 지붕과 기둥들이 파손되고 꼭대기 전차상이 바닥에 내팽개쳐졌다. 1404년에 이르면 프리즈가 새겨진 일층만 알아볼 정도였다. 그러나 대재앙이 15세기 말 16세기 초 벌어진다. 15세기 초 이 지역을 침략한 몰타의 성요한기사단이 육중한 십자군성을 짓더니, 1494년 이 성을 강화하면서 마우솔로스왕 무덤의 돌을 갖다 쓰기 시작하고 1522년에 이르러 무덤의 거의 모든 돌덩이들이 해체된다. 관과 마우솔로스왕 그리고 아르테미시아의 시신이 이때 사라졌다. 오늘날도 이 육중한 성벽에서 옛 마우솔로스왕 무덤의 대리석 돌멩이들을 확인할 수 있다. 다행히 십자군들은 나머지 돌을 갈고 태워 회반죽을 만들기 전에 꽤 근사해 보이는 것 몇 점을 빼놓았고, 이 '작품' 들이 이 성에 3세기 동안 보관되다가 그중 그리스인과 아마존족의 전투를 그린 프리즈 조각 몇 점을 포함한 일부를 영국 대사가 얻어 대영박물관에 기증하였다. 1846년 대영박물관은 고고학자 (찰스 토머스) 뉴턴을 보내어 마우솔로스 무덤 유물이 더 없는지 찾게 하는데, 어려운 일이었다. 장소가 정확지 않고, 유물이 묻혀 있을 법한 땅을 모두 사려면 엄청난 돈이 필요했다. 뉴턴은 옛 문서 자료를 뒤져 기념물의 크기와 위치를 가늠하고 가장 그럴 법한 토지를 사들여 파들어가면서, 땅속으로 곁가지 터널을 뚫어 주변 지역도 조사하는 방법을 썼다. 그렇게 벽과 계단, 그리고 바닥 구석 세 군데 위치를 알아낸 후 다시 사야 할 땅의 모양을 정확히 계산했다. 그리고 마침내 건물 벽을 장식했던 프리즈 일부와 계단피라미드 지붕 조각, 직경 이 미터가량의 부서진 전차상 바퀴, 그리고 건물 뾰족탑 위에 서 있던 마우솔로스와 아르테미시아 상을 찾을 수 있었다.

로데스의 태양신 헬리오스상, 정치의 모습이 드러나다

태양이여, 당신께, 우리 도리아 로데스 사람들이 이 청동상을 세워 올림포스 산까지 가닿게 하리니 전쟁의 파도를 우리가 잠재우고 전리품의 왕관을 우리 도시에 씌우나니 바다뿐 아니라 땅 위에도 아름다운 자유의 횃불 밝히나이다.

— 로데스의 태양신 헬리오스상에 새겨진 봉헌문

로데스에도 불가사의가 하나 있었다. '로데스의 거상' 이라고 불리는 태양신 헬리오스상이 그것이다. 로데스 거상은 세운 지 단 56년 만에 무너졌지만, 그 전에 '불가사의' 라는 명예의 전당에 들었고 무너진 후에도 여전히 놀라웠다. 단지 크기만 한 것이 아니었다. 그것은 작지만 아름다운 에게해 섬 로데스 사람들을 하나로 묶는 종교적이고 정치적인 상징이었다. 로데스섬의 도시국가들이 로데스를 수도로 통일을 이룬 것은 BC 408년이다. 로데스는 상업이 번창하고, 프톨레마이오스 1세가 다스리는 이집트와 경제적 동맹관계가 깊었다. BC 305년, 역시 알렉산드로스대왕의 장군 출신으로 프톨레마이오스의 맞상대였던 안티고누스의 아들 데메트리우스가 로데스와 프톨레마이오스왕가 사이 동맹관계를 깨려고 병사 4천 명으로 수도 로데스를 공격한다. 성이 워낙 튼튼한 것을 깨달은 데메트리우스는 육중한 탑으로 성벽에 접근하려 한다. 첫 탑은 배 여섯 척으로 버텼으나 쓰기도 전에 폭풍우에 날아가고 데메트리우스는 다시 땅에다 더 육중한 탑을 만들었다. 그러나 로데스 사람들이 성벽 앞 땅에 물을 대니 탑을 움직일 수가 없었다. 그리고 이듬해 프톨레마이오스가 보낸 해군까지 도착하자 데메트리우스의 군대는 군사장비 대부분을 그냥 두고 서둘러 철수한다. 로데스 사람들은 그 장비를 밑천 삼아, 무기를 녹이고 탑을 사용하여, 그들의 태양신 헬리오스에게 바치는 거대한 석상을 로데스시 항구 입구에 세우기로 결정, 로데스 조각가 '린도의 카레스' 가 12년 동안 작업, BC 282년 완성되었다. 바깥 청동 외피 조각들을 거푸집에 부어 만들었고, 바닥은 하얀 대리석이었다. 발과 발목을 우선 고정시키고 쇠와 돌로 뼈대를 만들어 청동 몸체를 보강하고, 동상 주변에 경사로를 설치하여 더 높은 곳을 제작한 후 치웠다. 이렇게 완성된 로데스 거상의 높이는 33미터. 엄지가 보통 사람의 한 아름을 넘는 크기였다. 로데스 거상이 만드라키항구 입구에 두 발을 벌린 채 서고, 두 다리 사이가 바로 항구 입구였다는 생각이 오랫동안 떠돌아다녔다. 셰익스피어 희곡 『줄리어스 시저』에서 캐시어스는 시저에 대해 이렇게 말한다.

> 아니 왜, 그분이야 좁은 세상 위에 두 발 벌리고 서 계시잖나
> (로데스의) 거상처럼 말야, 우리 같은 시시한 놈들은
> 그분의 거대한 다리 밑을 걸어다니며 기웃 갸웃 댈 뿐이지
> 누추한 무덤자리 하나 없을까 하고 말야

하지만, 만드라키항구 입구 너비와 로데스 거상의 높이로 볼 때 이것은 불가능하다. 더군다나, 그랬다면, 무너진 로데스 거상이 만드라키항구 입구를 막아버렸을 것이다. 최근 연구는 로데스 거상이 만드라키항구 동쪽 곶 혹은 더 내륙에 세워졌을지 모른다는 점을 암시한다. 어쨌거나, 두 다리 사이가 입구일 리는 없고, 아마 똑바로 선 모습이었을 것이다. 자유의 여신상은, 로데스 신상보다 단은 높지만 같은 크기로, 로데스 거상에서 영감을 받은 작품이다. BC 226년 엄청난 지진이 로데스를 강타했고, '로데스 거상' 은 가장 약한 부분, 무릎이 부서지면서 무너졌다. 이집트 프톨레마이오스 3세는 즉시 재건축 비용을 대겠다고 나섰으나, 로데스 사람들은 헬리오스신의 노여움이 두려워 그 제안을 받아들이지 않았다. 그후 8백 년 동안 무너진 상태로 그냥 있었지만, 그런 상태만으로도 너무 인상적이라 많은 사람들이 로데스 거상을 찾았는데 654년 이 지역을 점령한 아라비아-이슬람 군대가 지진보다 더한 대재앙을 몰고 왔다. 그들이 에데사 출신 떠돌이 장사치한테 로데스 거상 전체를 팔아넘긴 것이다. 장사치는 거상을 해체하고 청동 조각들을 낙타 9백 마리 등에 실어 시리아로 옮긴 후 유대인들에게 다시 팔아넘겼다. 오늘날 로데스 거상을 다시 지으려면 약 1억 2천만 달러가 든다.

알렉산드리아의 파로스등대, 머나먼 희망의 모습이 드러나다

바다를 항해하는 이들을 위해 이 등대를 구세주 신들께 바치나이다.

— 등대 봉헌문

파로스는 현재 알렉산드리아시 안에 있는 곳이다. 뱃사람에게 파로스등대는 대항구 알렉산드리아로 안전하게 귀환하는 것을 뜻했다. 건축가는 세상에서 가장 높은 건축물을 지어야 했고, 과학자는 빛을 56킬로미터까지 반사하는 신비한 거울을 만들어야 했다. 알렉산드로스대왕의 알렉산드리아 창건을 지켜보았던 프톨레마이오스 장군은 이집트를 장악하고 프톨레마이오스 1세에 오르자마자 알렉산드리아를 수도로 삼았다. 파로스는 알렉산드리아 해변에서 떨어진 작은 섬이지만, 둑으로 연결되어 있다. 이것은 항해에 위험했고, 해변선이 평평했으므로 등대가 효과적이었다. 프톨레마이오스 1세는 BC 290년 파로스등대 건축을 명하지만, 완성된 등대를 본 것은 그의 아들 프톨레마이오스 2세였다. 건축가는 소스트라투스. 등대 헌정문의 '구세주 신들'은 프톨레마이오스 1세와 왕비 베레니케를 가리킨다. 1166년 아라비아 여행자가 파로스등대를 찾은 후 아주 자세한 기록을 남겼다. 모두 삼층인데, 일층은 원통을 핵으로 한 정사각형 55.9미터, 이층은 각 변 18.3미터의 팔각형 27.45미터, 삼층은 원형 7.3미터 높이다. 받침대까지 합하면 등대 높이는 117미터에 이른다. 내부 핵심 통로로 불 피울 연료를 실어올렸고, 삼층 거울이 낮에는 햇빛을, 밤에는 불빛을 반사했다. 로마시대까지만 해도 뿔피리를 부는 포세이돈상 네 개가 꼭대기 각 귀퉁이를 지켰다. 파로스등대는 오랫동안 뱃길을 지키며 '항구 알렉산드리아'를 상징했고, 로마 화폐에 새겨질 만큼 유명했다. 거울로 빛을 반사시켜 적선을 불태웠다는 이야기도 있지만, 그럴 법하지 않다. 물론 적을 감시하는 효과는 뛰어났을 것이다. 유클리드가 등대 설계를 도왔다는 이야기는 그럴듯하다. 이집트를 정복한 아랍인들은 알렉산드리아의 번영에 놀랐고, 파로스등대에 대한 기록을 많이 남겼다. 하지만 수도는 지중해에서 좀 떨어진 카이로로 옮겼고, 실수로 갖고 내려온 거울을 되돌려놓지 않았다. 956년 지진이 알렉산드리아를 뒤흔들었지만, 파로스등대는 별 해를 입지 않았다. 하지만 1303년과 1323년 두 차례 일어난 더 강력한 지진은 등대를 크게 부쉈고, 1349년 등대를 찾은 유명한 아랍인 여행가 이븐 바투타는 등대 출입구로 들어가지 못하고 발길을 돌린다. 마지막 장은 1480년 펼쳐진다. 이집트 술탄 카이트베이가 알렉산드리아 방어를 강화하면서 등대 자리에, 등대의 대리석 조각 등을 사용하여, 중세풍 요새를 지은 것. 파로스등대는 그렇게 사라졌지만, 오늘날 '파로스'는 프랑스, 이탈리아, 그리고 스페인 등에서 '등대'를 뜻하는 보통명사다.

7대 불가사의, '그리스문명=역동의 중심'

이상의 고대문명 7대 불가사의 말고도 고대문명 불가사의는 많다. 아니 이것들을 능가하는 고대문명 불가사의도 없지 않다. 하지만, '안티파테르의 고대문명 7대 불가사의'는 특별한 의미를 갖는다. 그의 불가사의들은 모두 아테네로 상징되는 그리스 고전문명의 변두리에 있으며, 시기적으로 그리스 고전문명 '이전'과 '이후'를 아우르지만 정작 그리스 고전문명은 빠져 있다. 그래서, 어떻게 되는가? 공백은 그리스 고전문명을 더욱 도드라지게 한다. 그리고 '이전'과 '이후'는 고대 그리스문명에 역사와 미래를 부여한다. '안티파테르의 7대 불가사의'는 아주 교묘한 방식으로 그리스 고전문명을 찬양한다. 정말, 그리스는 망했으나, 그리스 고전문명의 시대는, 정작 이제부터 시작이라는 듯이. 그리고 그의 자신감은 틀리지 않았다. 알렉산드로스대왕이 대대적으로 출발시킨 헬레니즘('그리스주의')은 그리스 고전문명을 세계화, 오늘날 서양문명의 토대로 만들게 된다.

고대 그리스, '문명=문화'의 배꼽

고대 그리스는 '헬라스', 혹은 '엘라스'라고도 부르고, 로마어로는 '그라이키아'다. 미케네문명 몰락 후 문자가 없는 암흑기를 거쳐 BC 8세기 중엽부터 페니카이문자를 개량한 그리스문자를 사용하고, BC 5~4세기 철학과 과학, 문학과 예술의 고전기에 달하는 그리스문명은 거의 모든 분야에서 주변과 이전 서양문명을 종합하고, 문화화하고, 승화한 결과다. 문명은 아테네로 가는 길의 종합이며, 고전은 문명과 문화를 일치시킨 결과고, 아테네는 가장 오래된 그리스 땅인 동시에 아테나 여신의 도시로, 지혜를 상징한다. 여러 폴리스로 나뉘어 있었고, 폴리스 시민들이 주역이었으며, 정치제는 귀족정치에서 과두정치, 그리고 참주(독재)정치를 거쳐 '시민' 민주정치를 실현시켰다. 농업을 기반으로 상공업이 발달하고 동지중해 무역과 화폐경제도 발전했다.

영웅 모험담, 왕국과 폴리스 사이

미케네 소왕국들은 고대 오리엔트와 비슷한 관료제를 갖추고 있었다. 스파르타인의 조상 도리스인(도리아인)이 미케네문명을 무너뜨렸다는 주장은 누그러지고 스스로 무너졌을 것이라는 추측이 오늘날 늘고 있지만, 히타이트왕국이 붕괴하던 이 무렵, '해양민족'(이들이 미케네문명을 몰락시켰다는 주장도 갈수록 늘고 있다) 등 여러 민족의 여러 방면 이동이 있었던 것은 확실하고, BC 1200~1100년 그리스 북쪽에서 침입한 도리스인이 그리스 전역을 장악하고 청동기문명을 허무는 데는 백 년이 걸렸다. 미케네문명의 문자가 잊혀진 암흑기에 평온을 누린 것은 아테네와 아르카디아 지방뿐이고, 사람들은 여러 곳을 유랑하다가 씨족 촌락 형태로 정착하기 시작했다. 토지는 추첨을 통해 공평하게 분배되었으나 훗날 완전한 사유지로 세습되고, 일찍부터 빈부가 갈리며, BC 1000년부터는 에게해 건너 소아시아에 정착하는 사람들도 생겨난다. 이오니아인('이온—

아폴론과 아테네 왕 에렉테우스의 딸 크레우사 사이에 난—의 자손들')은 아티카에 살다가 도리스인의 침입을 받아 '그리스의 가장 오래된 땅' 아테네의 왕 이온의 지도 아래 소아시아 이오니아로 떠났으며, 아테네에서 에게해 섬들을 거쳐 서해안에 이르는 여러 폴리스와 식민시에 분포하게 되었다. 흔히 지적이고 세련된 이오니아 문화와 용감하고 거칠고 야만적인 도리스 문화를 대별하지만, 예외도 많다. 이오니아 북쪽 아이오리스 지방에는 테살리 출신들이, 그리고 에게해 크레타섬과 로도스섬, 이오니아 남쪽 소아시아 연안에는 도리스인들이 이주 정착하였다(제1차 식민활동). BC 750년부터 사용된 도리스문자는 씨족공동체들이 높다란 구릉(아크로폴리스)을 중심으로 사람들이 모인 폴리스로 발전했음을 보여준다. 폴리스는 정치체제가 왕정에서 귀족제로 넘어갔다는 뜻이기도 하다.

고대 그리스 영웅 이야기는, 영웅이 야만을 물리치고 스스로 야만을 벗는 과정이므로, 대개 아테네를 향한다. 호메로스 서사시 『일리아드』와 『오디세이』에서 가장 중요한 신은 아테나고, 아테나는 미케네의 펠롭스-아트레우스왕가(『오레스테이아』 3부작)와 테베왕가(『오이디푸스』 3부작)에 내린 저주를 풀어준다. 오르페우스는 트라키아 영웅이고, 아르고 원정대를 조직한 에손, 그리고 트로이전쟁의 영웅 아킬레우스와 그 아버지 펠레우스는 테살리 영웅이다.

페르세우스 이야기, 아테네 가는 길 1

헤라클레스의 증조할아버지 페르세우스는, 펠롭스-아트레우스왕가 사람들과 함께, 대표적인 아르골리스 영웅으로 분류된다. '아르골리스'는 '아르고스 지방', 즉 아르고스, 미케네, 티린스, 에피다우로스를 아우르는 지역이다. 아르고스는 미케네문명기 아카이아인이 아크로폴리스에 성채를 쌓았고, BC 1100년 도리스인이 지배하면서 폴리스로 되며, BC 7세기 페이돈왕 때 절정에 달하지만, 이후 펠로폰네소스('펠롭스의 섬')반도 패권을 둘러싼 싸움에서 스파르타에 크게 밀리고, 페르시아전쟁 때는 페르시아에 가까운 중립이었고, BC 5~4세기에도 스파르타와 몇 번 싸우지만 역부족이었다. BC 146년 로마 속주가 되었으며 오늘날 주업은 목축과 담배 생산이다. 티린스는 전형적인 미케네문명 성채도시로 BC 3000년대 중엽(초기 청동기) 지름 28미터가량의 원형 건축물이 세워졌고, BC 1600년 이후(후기 청동기) 견고한 성채로 둘러싸인 왕궁(상부 성채와 중부 성채, 그리고 하부 성채)이 미케네문명기 전반에 걸쳐 지어졌으나 BC 1200년 무렵 심하게 파괴되고 불에 탔다. BC 700년 무렵 왕궁 자리에 헤라신전이 세워졌으며, BC 7세기 말 폴리스제도를 갖추고, 페르시아전쟁 때는 그리스 연합군으로 페르시아와 싸웠고 BC 420년 아르고스의 침략으로 멸망하였다. 에피다우로스는 의학의 신 아스클레피오스의 성지로, 처음에는 이오니아인의 도시였는데 도리스인이 그들을 내쫓고 폴리스를 세운 후 아이가나와 소아시아 연안 여러 섬에 식민시를 두고 상업적인 번영을 누렸으나 BC 6세기에 이르러 성장한 아이기나한테 상업활동 대부분을 넘겨주게 된다. 펠로폰네소스전쟁 당시 아르고스가 침략했으나 물리쳤다. BC 4세기 건축된 전형적인 고대 그리스 야외극장이 유명하다. 페르세우스의 모험과 생애는 이렇다.

제우스가 아르고스 왕 이나코스의 딸 이오에게 반하여 그녀와 정을 통한 후 아내 헤라의 질투가 무서워 이오를 암소로 변하게 하자 헤라는 그 이오를 잡아 가두고 눈알이 많이 달린 괴물 아르고스한테 감시케 하고, 제우스가 헤르메스를 시켜 이오를 구출해내자 헤라는 다시 등에를 보내어 이오를 괴롭히니 이오는 온 세계를 헤매고 다닌다. 보스포루스('암소의 나루터')를 건너 아시아 코카서스 바위산에서 묶인 프로메테우스를 만나고 그로부터 행운의 예언을 받고 기운을 찾은 이오는 이집트에 도착, 인간의 모습을 되찾고 아들 에파포스를 낳는다. 이집트인들은 이오를 이시스와 동일시하고 이오가 죽자 달의 여신으로 숭배한다. 에파포스의 증손자 에깁토스와 다나오스는 각자 결혼, 에깁토스는 아들 50명을, 다나오스는 딸 50명을 두게 되는데, 두 형제 사이 싸움이 벌어지고, 다나오스는 아테나의 충고대로 딸들과 함께 이집트를 떠나 배를 타고 그리스 펠로폰네소스 해변에 도착, 아르고스 왕 글레노르의 영접을 받다가 얼마 안

되어 왕위를 빼앗아버렸다. 에깁토스의 아들들이 다나오스를 찾아와 화해의 표시로 딸들과 결혼하기를 청하자 다나오스는 허락하는 척하고는 딸들에게 이른다. 너희들에게 각자 칼 한 자루씩 줄 테니 밤에 잠든 남편을 죽여버리거라. 남편 린케우스와 함께 달아난 히페름네스트라를 뺀 모든 딸들이 아버지 말을 따랐고, 영원히 지옥에서 고통받는 벌을 받았다. 히페름네스트라의 두 증손자 프로에토스와 아크리시오스 또한 서로 적대하고, 동생에게 밀린 프로에토스는 아르고스를 떠나 리키아로 가서 이오바테스의 딸 스테네보에아와 결혼하고 동생 아크리시오스와 화해한 후 아르골리스 중 티린스를 차지, 왕에 오른다. 페르세우스는 아크리시오스의 외동딸 다나에와 제우스 사이에 난 아들이다. 아들이 없는데다, '다나에가 낳은 아들이 그 외할아버지를 죽일 것'이라는 예언을 받은 아크리시오스는 다나에를 지하방에 가두고 사내의 접근 자체를 막았으나 그녀한테 반한 제우스가 황금 소나기로 내려 그녀를 임신시켰다. 아크리시오스가 그녀와 페르세우스를 상자에 가두어 바다에 버렸으나 상자는 가라앉지 않고 떠가다가 세리포스 해변에 가닿았는데, 세리포스 왕 폴리덱테스가 모자를 보살피다가 몇 년 후 다나에한테 마음을 빼앗기지만 건장한 전사로 장성한 페르세우스가 아무래도 부담스러워 짐짓 히포다메이아(훗날 펠롭스의 아내이자 아트레우스의 어머니)와 결혼하고 싶은 척하면서 신하들 각각에게 결혼 선물을 가져오라 하니 모두 최선을 다하는 중 페르세우스는 두드러져 보이고 싶은 욕심에 메두사의 머리를 베어오겠다고 약속한다. 그러면 되었다. 메두사의 머리라니. 페르세우스는 제 목숨만 잃고 말 게야. 폴리덱테스는 마음을 놓았다. 메두사는 바다신 포르키스의 세 딸 중 한 명으로 나머지 두 명과 달리 불사신이 아니다. 스테노('강한 여자'), 에우리알레('멀리 뛰는 여자'), 그리고 메두사('통치하는 여자') 모두 꼴이 너무도 추악하여 고르곤(들)이라 불리는데, 머리카락 한 올마다 뱀이며 멧돼지 어금니에, 청동손, 그리고 황금날개가 달린 이들과 눈을 마주치는 자는 누구든 그 순간 돌로 굳어버린다. 그들이 사는 동굴은 아득한 서쪽 헤스페리데스동산 근처고, 나면서부터 늙었고 눈알 하나와 이빨 한 개를 교대로 쓰는 세 명의 언니들(그라이아이)이 그 동굴을 지키고 있다. 페르세우스는 그라이아이의 '눈알 하나 이빨 한 개'를 빼내고 협박, 고르곤들이 잠자고 있는 곳을 알아내고, 헤르메스의 마법지갑과 검은 모자까지 빼앗은 후 시선을 뒤로한 채 고르곤들에게 접근하여, 아테나가 가리키는 방향으로 내리쳤다.

방패에 비친 고르곤들을 보며 가늠, 낫을 한 번 휘둘러 메두사 목을 베었다는 얘기도 있다. 메두사는 포세이돈의 씨를 밴 상태였으므로, 그 피에서 페가수스, 그리고 크리사오르가 태어났다. 크리사오르는 훗날 칼리로에와 결혼하여 머리와 몸이 세 개인, 헤라클레스한테 죽임당하는 괴물 게리온의 아버지가 된다. 아폴론의 아들인 의학신 아스클레피오스는 메두사 왼쪽 혈관 피로 산 자를 죽이고, 오른쪽 혈관 피로 죽은 자를 되살리며, 리비아 사막에 떨어진 핏방울을 뱀으로 변하게 했다. 어쨌거나, 페르세우스는 메두사 머리를 마법의 지갑에 넣고 페가수스를 타고 달아났다. 언니 고르곤들이 돌아왔으나 소용없었다. 세라포스로 돌아오던 페르세우스는 에티오피아를 거치게 되는데, 이곳에 또 한 차례 모험이 그를 기다리고 있었다.

에티오피아 왕비 카시오페이아가 왕 케페우스와의 사이 난 딸 안드로메다는 포세이돈의 딸들인 바다요정 네레이드들보다 더 아름답다고 떠벌리자 포세이돈이 바다괴물을 보내어 사람과 짐승을 닥치는 대로 잡아먹게 하고, 예언이 내려진다. 안드로메다를 괴물한테 희생으로 바쳐야만 나라를 구할 수 있다. 사슬로 바위에 묶인 안드로메다를 본 페르세우스는 첫눈에 반하여 괴물을 죽이고 안드로메다를 구출, 아내로 삼았다. 앞서 그녀와 결혼하기로 했던 그녀의 숙부 피네우스가 둘을 습격하지만 페르세우스는 메두사 얼굴을 내밀어 돌로 변하게 한다. 안드로메다와 함께 세리포스로 돌아와보니 폴리덱테스가 추근대며 자신의 어머니를 괴롭히므로, 페르세우스는 다시 한번 메두사 머리를 내밀어 그를 돌로 굳게 한 후 헤르메스에게 마법지갑과 검은 모자를 돌려주고, 메두사 머리는 아테나에게 선물로 주니, 아테나는 그걸로 방패를 장식한다. 페르세우스가 어머니 및 아내와 함께 아르고스로 돌아오자 예언이 두려웠던 그의 외할아버지 아크리시오스는 도망치지만, 어느 날 경기장 관중석에 앉아 있다가 페르세우스가 던진 원반에 맞아 죽는다. 페르세우스는 외할아버지 자리를 물려받지 않고 티린스와 미케네만 다스리다가 죽은 후 안드로메다와 케페우스, 그리고 카시오페이아와 함께 별자리가 되었다.

헤라클레스 이야기, 『오디세이』와 『일리아드』의 원형

헤라클레스는 가장 유명한 페르세우스 자손이고, '헤라클레스의 열두 가지 노동'은 그리스 신화의 대표적인 '노동이자 모험'이지만, 이야기 수준으로 볼 때 더 흥미로운 것은 페르세우스 이후 그의 출생과정, 그리고 열두 가지 노동 이후 그가 죽음에 이르는 과정이다. 페르세우스 아들인 알카에오스('강한')의 아들 암피트리온이 바로 헤라클레스의 '인간 쪽' 아버지며, '신 쪽' 아버지는 제우스고, 페르세우스의 또다른 아들 엘렉트리온('찬란한')의 딸인 알크메네('힘센 여자')가 헤라클레스의 어머니다. 헤라클레스는 '힘과 빛, 그리고 신성'을 타고 태어났다.

신과 인간을 모두 보호해줄 강력한 아들을 갖고 싶었던 제우스는 어느 날 밤 테베시로 내려와 암피트리온 모습을 하고는 암피트리온의 아내 알크메네와 같이 자는데, 곧 진짜 암피트리온이 전쟁에서 이기고 돌아와 다시 알크메네를 품에 안았고 알크메네는 쌍둥이 헤라클레스와 이피클레스를 임신하게 된다. 제우스는 올림포스 신들을 모아놓고 숭고한, 결코 돌이킬 수 없는 맹세를 한다. 이제 곧 태어날 페르세우스의 자손이 그리스를 다스리게 할 것이다. 두 겹으로 질투를 느낀 제우스의 아내이자 출산의 신 헤라는 서둘러 아르고스로 가서 또 다른 페르세우스의 자손 스테넬루스의 아내의 아이 에우리스테오스의 탄생을 앞당기고 곧바로 테베로 가서는 알크메네의 아이 헤라클레스의 탄생을 늦추어

버리니 맹세를 돌이킬 수 없던 제우스는 결국 에우리스테오스의 '그리스 왕' 칭호를 인정하고, 에우리스테오스는 헤라클레스한테 평생 동안의 힘든 노동을 지우는 존재가 된다. 헤라의 헤라클레스 해코지는 계속되고, 그것이 헤라클레스를 더욱 강하게 만들었다. 어느 날 암피트리온 궁궐 사람들이 모두 잠든 틈을 타서 헤라는 괴물뱀 두 마리를 궁궐로 보내어 아기 헤라클레스를 공격게 했는데, 이피클레스는 겁에 질려 불쌍하게 울지만 헤라클레스는 양손에 하나씩 괴물뱀을 움켜쥔 채 그대로 목을 졸라 죽인다. 라다만티스가 지혜와 덕을 그에게 가르쳤고, 라노스는 음악을 가르치지만 이해력이 모자란다고 나무라다가 헤라클레스가 휘두른 악기에 맞아 죽었다. 암피트리온이 이번에는 헤라클레스를 양치기들한테 맡겨 체력단련을 시키니, 헤라클레스는 열여덟 살 때 아버지의 가축들을 노리는 사나운 사자를 겨냥, 한 집에서 밤을 새우며 사자가 나타나기를 기다리면서 집주인 딸 50명 모두와 동침을 하고, 결국 사자를 때려 죽인다. 그후 그는 조공을 거두러 테베로 온 오르코메노스 사신의 코와 귀를 베어 전쟁을 일으키고, 이 전쟁에서 암피트리온이 죽지만 헤라클레스는 아테나의 도움을 받아 오르코메노스 왕 에르기노스를 물리쳤다. 오르코메노스의 새로운 왕에 오른 크레온은 딸 메나가를 헤라클레스와 결혼시켰다. 하지만 헤라가 다시 광기의 복수여신 리싸를 보내고 광기에 사로잡힌 헤라클레스는 자기 아이들을 에우리스테오스의 아이들로 착각, 아이들과 아내를 죽이고 테베에서 도망친 후 그 죄를 씻으려 아르골리스로 간다.

그후 12년 동안 이어지는 헤라클레스의 열두 가지 노동 혹은 모험은, 지역과 내용 양쪽으로 헤라클레스 주변과 이전 '문명의 야만' 거의 모두를, 그리고 죽음 세계까지 포괄한다. 그리고 열두 가지 노동 이후에도 헤라클레스의 모험은 계속되었다.

활 시합에 진 테살리, 오이칼로스 왕 에루리토스가 약속을 어기고 공주 이올레를 주지 않는 판에 왕자 이피토스가 도둑맞은 말을 찾는 것을 도와달라고 하자 헤라클레스는 크게 화를 내며 왕자를 죽여버리고, 죄 씻을 신의 처방을 거절하는 델피신전 신관의 제의용 삼각대를 빼앗아 아폴론의 노여움을 사서 제우스가 직접 나서 말려야 할 정도로 아폴론과 싸움을 벌이고, 아폴론은 '일 년 동안 노예생활'을 처방으로 준다. 노예 헤라클레스를 산 것은 리디아 여왕 옴팔레, 가격은 삼 탤런트. 하지만 이 시기 헤라클레스가 온순한 하인 노릇만 했던 것은 아니다. 에포소스의 악마들(도적떼) 케르코페스를 사로잡고, 이방인들을 강제로 끌어다가 포도밭에서 일을 시킨 후 목을 베어버리는 아울리스 왕 실레오스를 죽이고, 사라기스 둑에서 거대한 뱀을 몰아내고, 미다스왕의 아들 리티에르세스가 추수 시합을 열고 시합에 진 자의 목을 낫으로 베므로 그와 시합, 거꾸로 그의 목을 베니, 옴팔레는 존경심을 누르지 못하고 그를 풀어준다.

확실히, 헤라클레스의 모험은 훗날 호메로스 『오디세이』를 예견케 한다. 아니, 헤라클레스판 일리아드와 오디세이도 있다. 일리움 왕 라오메돈의 딸 헤시오네가 역병을 물리치는 희생물로 바위에 묶여 괴물에게 잡아먹히려는 걸 구해주었는데도 라오메돈이 약속했던 보답을 하지 않자 헤라클레스는 여섯 척의 배를 몰고 바다를 건너 트로이를 공격, 라오메돈과 아들들을 죽이고 헤시오네는 친구 텔라몬에게 아내로 주고 돌아오는데, 헤라가 일으킨 폭풍이 그를 코스섬 해변까지 몰아가고, 코스섬 주민들이 푸대접하자 헤라클레스는 다시 섬을 공격, 왕 에우리필로스를 죽여버린다. 신과 거인족 사이 전쟁 때 헤라클레스는 거인족 편을 들었고, 열두 가지 노동 중 거대한 마구간을 청소할 때 그를 속였던 아우게이아스를 칠 때 포세이돈의 아들로 은알을 깨고 태어난, 몸 하나에 머리가 둘, 팔과 다리가 각각 넷 달린 괴물 몰리노이드들과 싸웠고, 필루스를 칠 때는 변신 능력이 있는 페리클리메노스가 독수리로 변한 것을 몽둥이로 때려 죽였다. 그후로도 헤라클레스 모험은 숱하게 이어진다. 그리고 마지막 모험은, 비극을 잉태한다.

헤라클레스는 강의 신 아켈로우스의 도전을 물리치고 에톨리아 왕 오에네오스의 딸 데이아네이라를 얻지만, 얼마 안 되어 장인의 하인 청년 에우노모스를

> 실수로 죽이고 아내와 함께 나라를 떠나게 되고, 에베누스강이 앞을 가로막자 켄타우로스 네수스에게 강을 건네주라고 데이아네이라를 맡겼다가 강물을 건너던 중 네수스가 그녀를 강제로 범하려 하자 활을 쏘아 죽이고, 네수스는 죽어가면서 그녀에게 자기 피를 주며 그 피가 남편의 사랑을 지키고 변심을 막아줄 것이라고 말하고, 늘 이올레 생각이 간절했던 헤라클레스는 오이칼로스로 돌아가 에우리토스와 아들들을 죽이고 이올레를 데려오다가 에우보에아, 케나에옴에서 길을 멈추고, 제우스에게 제사 지낼 준비를 하면서 친구 리카스를 트라키스에 있는 데이아네이라한테 보내어 흰 제사복(튜닉)을 가져오라 하고, 이올레와 남편이 함께 있는 것이 걱정된 데이아네이라는 제사복을 네수스의 피에 담갔다가 보내니, 헤라클레스가 제사복을 입자마자 배 속에서 불길이 일어 그를 태우고, 고통을 이기지 못한 그는 리카스의 발목을 잡아 바닷속으로 내던지고, 소나무들을 뿌리째 뽑아 스스로 화장 장작더미를 쌓고 일행에게 불을 붙이라 명하고, 모두 주저하다가 마침내 플록테테스의 아버지 포에아스가 불을 붙이자 헤라클레스는 자신의 활과 화살을 주며 고마움을 표한다.

사실 헤라클레스는 죽지 않는다. 불길이 헤라클레스 몸을 덮치려는 순간 하늘에서 구름이 내려오고 천둥과 번개가 치고, 헤라클레스의 몸이 사라지고, 그는 신으로 들어올려져 올림포스산에 들어가고, 헤라와 화해하고, 헤라의 딸 헤베와 결혼, 축복과 영광의 삶을 영원히 누리게 된다. 하지만, 이런 '그후'가 헤라클레스 죽음의 비극성을 누그러뜨리는 것은 아니다. 헤라클레스는 아들만 80명에 이른다.

> 아버지가 죽은 후 아들들은 에우리스테오스의 박해가 두려워 미케네를 떠나 돌아다녔으나 아무도 받아주지 않다가 테세우스의 아들인 아테네 왕 데모폰이 망명을 허락, 에우리스테오스 세력과 아테네 중심 아티카 세력 사이 전쟁이 벌어지고, 헤라클레스의 옛 친구 이올라오스가 에우리스테오스를 죽였으므로 헤라클레스 아들들이 미케네로 돌아오지만, 너무 일렀고, 그것 때문에 도시에 역

병이 돌자, 다시 스스로 망명길에 오르고, 그후 헤라클레스 자손들은 네 차례나 펠로폰네소스반도 정복을 시도하지만 모두 실패하고 5차 정복 때 비로소 성공하는데, 주역은 헤라클레스 증손자 아리스토마케스의 세 아들 테메노스, 크레스폰테스, 그리고 아리스토데모스. 도리스 왕자들이 그들을 도왔다. 연합군은 나우팍투스에서 배를 타고 코린트해협을 지나는 쪽을 택했는데, 출발 전에 운 나쁘게 아폴론의 예언자를 죽였으므로, 노한 아폴론이 함대를 부수고 원정대를 굶주리게 만든다. 눈이 세 개인 안내자를 찾으라. 델피 신관이 전한 아폴론의 말은 그랬다. 원정대가 눈이 세 개인 자를 찾아다니던 어느 날 눈이 하나인 에톨리아 출신 옥실루스가 말을 타고 온다. 맞아. 저러면 눈이 세 갠 거지. 옥실루스가 이끄는 원정대와 싸우다 아르고스 왕 티사메노스가 죽임을 당하는데, 그는 바로 오레스테스의 아들이다. 연합군은 정복한 펠로폰네소스반도를 나누어, 옥실루스가 엘리스를, 테메노스가 아르고스를, 아리스토메도스의 아들들이 스파르타를, 그리고 크레스폰테스가 메세니아를 차지했다.

코린트 영웅 이야기, 중간 길

코린트와 스파르타는 펠로폰네소스반도의 주요 도시다. 코린트는 미케네 시대 이오니아인들이 살았으나 BC 11세기 아르고스에서 원정 온 도리스인의 지배를 받게 된다. BC 8세기 도시국가를 형성, 교통 요충지로 여러 항구를 두고 상업과 공업을 발전시킨다. BC 8세기 후반부터 바키스 씨족이 권력을 독점, 과두정치를 행하고 시라쿠사와 케르키라에 식민시를 세우지만 BC 657년 킵셀로스가 바키스 씨족을 몰아냈고 3대에 걸쳐 참주정치를 행하면서 도기 생산과 식민지 건설 등으로 코린트를 상당한 번영 위에 올려놓는다. 하지만 BC 580년 참주정치가 무너지고 다시 과두정치가 들어섰다. BC 6세기 말 스파르타가 주도하는 펠로폰네소스동맹에 가입하지만 아테네와도 좋은 관계를 유지하고, 페르시아전쟁 때 페르시아군과 싸우지만, 페르시아전쟁 이후 아테네와 결별하고, 이것이 아테네

동맹국과 스파르타 동맹국 사이 펠로폰네소스전쟁을 일으키는 커다란 원인으로 작용한다. BC 4세기 초 코린트전쟁 때는 다시 아테네 편을 들며 스파르타와 싸웠다. BC 146년 로마 장군 뭄미우스가 도시를 파괴하지만, BC 44년 카이사르가 로마 식민지로 재건하면서 다시 빠른 속도로 발전, 1세기 그리스도교 사도 바오로와 로마 황제 네로가 이곳을 다녀갔다. 오늘날 코린트시는 1858년 지진으로 옛 코린트가 크게 파괴된 후 북동쪽 5.6킬로미터 코린트만 연안에 새로 건설한 것이다. 가장 유명한 코린트 영웅은 시시포스, 그리고 그의 손자 벨레로폰이다.

시시포스 아들 글라우쿠스는 아프로디테의 노여움을 사서 경주 중 자신의 말에 밟혀 죽었다. 여신이 말을 미치게 만든 것. 벨레로폰은 글라우쿠스 아들 히포노우스가 코린트인 벨레루스를 죽이고 얻은 이름이다. 벨레로폰 또한, 헤라클레스처럼, 여러 과제를 치른다. 살인죄를 씻으려 티린스 왕 프로에토스의 왕궁을 찾은 벨레로폰한테 왕비 스테네보에아가 첫눈에 반하지만, 싸늘한 그의 반응에 마음이 뒤틀려 오히려 그가 자신을 꼬드기려 했다고 왕에게 고자질하고, 손님인 그를 차마 자기 손으로 죽일 수 없었던 왕은 '저 대신 죽여달라'는 비밀편지와 함께 그를 장인 이오바테스에게 보낸다. 이오바테스는 벨레로폰에게 여러 어려운 과제를 내준다. 그것을 수행하다가 죽고 말 테지. 첫번째 과제는 괴물 키메라를 죽이는 것이었는데, 벨레로폰은 메두사의 피에서 태어난, 날개 달린, 아테나가 준 황금고삐로 길들인 페가수스를 타고 키메라 위로 날아올라 턱에다 납을 가득 채워넣고, 키메라가 뿜는 불에 녹은 납이 키메라의 목숨을 끊는다. 이오바테스는 벨레로폰이 여러 과제를 풀고 자신이 준비시킨 매복도 성공적으로 뚫자 마음을 돌리고 오히려 자기 딸을 아내로 주었다.

벨레로폰의 말년은 그러나 비참하다. 페가수스를 타고 올림포스산에 오르려던 그를 제우스가 내쳐 다리를 절게 만들었으며, 모든 신들이 그를 꺼렸다. 그의 두 아이 라오다메이아와 이산드로스는 아르테미스와 아레스한테 각각 목숨을 잃었다. 벨레로폰 이야기를 '아르골리스 전설'로 분류하기도 한다.

스파르타 영웅 이야기, 아테네와 맞서는 길

BC 1000년 도리스인들이 라코니아 지역을 침략, 이곳에 살던 아카이아인을 농노로 만들고 네 개 마을을 세우고, 네 개 마을 사이의 패권 다툼이 오랫동안 이어지다가 BC 800년 무렵 리쿠르고스가 법을 형성한 폴리스가 스파르타(혹은 라케다이몬)다. 아기스 가문과 에우리폰 가문에서 각각 왕을 내는 2왕제도였으나 폴리스의 주권은 장로회 귀족한테 있었다. 스파르타는 빠른 속도로 주변에 세력을 뻗치며 점령지의 아카이아인을 반자유민이나 농노로, 도리스인은 반자유민으로 만들지만, BC 750년 점령한 중심지 남쪽 8킬로미터 아카이아인 마을 아미클라이는 '제5마을'로 받아들인다. BC 700년 동부 해안지대를 뺀 라코니아 전 지역을 스파르타가 정복한다. 아니 그보다 25년 전 서쪽 메세니아 지방을 정복한 후 20년 동안 중앙 평원을 점령한 바 있고, 이 전쟁 중 스파르타 귀족이 왕을 견제하기 위해 관료단을 설치했다. BC 8세기 말 남이탈리아 타라스에 식민지를 건설하지만 BC 669년 아르고스한테 크게 패하며 메세니아인의 반란을 맞고, 국내에서는 토지 재분배 요구가 들끓는 어려운 상황에서 스파르타는 BC 650년 메세니아의 모든 영토를 정복하고 옛 반자유민을 뺀 모든 메세니아인들을 농노로 만들고 토지 재분배를 실시, 스파르타인 전원이 토지소유자로 되고 외국인도 받아들여 어느 정도 번영을 누리지만 북쪽 아르카디아 지방 정복전쟁에서 거듭 실패하고 국내에서 정권 참가를 요구하는 평민의 동요가 계속되자 BC 556년 무렵 대외정책이 정복에서 스파르타 중심의 동맹(펠로폰네소스동맹) 결성으로 바뀌고, 국내 정치는 귀족정치에서 전체 시민의 민주주의로 바뀌는 한편, '리쿠르고스제도'가 사회를 병영화한다. 리쿠르고스제도는 토지 양도 및 매매와 시민의 생산노동을 금하고 귀금속 화폐 대신 철전 사용, 외국인 추방, 시민의 매일 저녁 공동식사, 검소한 옷과 식생활, 만 6세 이상 사내의 엄격한 집단훈련을 강제했다. 만 6세가 된 소년은 가정을 떠나 기숙사생활을 하면서 29세까지 차례로 네 개 그룹에서 여러 가지 훈련을 받는데, 강한 전사 양성이 목적이었으므로 최소한의 읽고 쓰기 외에는 엄격한 육체단련 위주였고, 부족한 식량 보충을 위한 절도

행각도 훈련 과목 중 하나였다. BC 6세기 중엽 이후 스파르타는 그리스 각지의 참주정치 타도를 위해 군대를 보내어 BC 545년 라코니아 동부 해안지대와 키타라섬을 아르고스로부터 빼앗는다. BC 500년에 이르러 스파르타는 영토 8,500평방킬로미터와 스파르타인 8천 명, 그 몇 배의 반자유민과 십수 배의 농노를 거느린, 관료단이 전체 스파르타인을 대표하고 리쿠르고스제도가 민주정치 시민단의 분해를 막고 특히 농노계급을 억누르는, 그러나 문화는 급속히 쇠퇴한 상태로, 펠로폰네소스동맹의 맹주 자리를 굳힌다. BC 494년 벌어진 전투에서 아르고스군이 스파르타군에 괴멸된다. 이때 스파르타는 아테네보다 강했고, 그들의 '군사민주정치'로 아테네를 끊임없이 간섭, BC 510년 아테네 참주 히피아스를 내쫓은 후에도 세 차례나 간섭을 시도했으며 페르시아전쟁에서 그리스 연합군의 총지휘권을 거머쥐게 된다. BC 464년 대지진이 스파르타를 강타한 것을 틈타 메세니아인의 반란이 몇 년 동안 이어지고, 아테네의 원조를 바라면서도 정작 원군이 도착하자 거절하는 등, 위기를 맞지만 스파르타는 아직 군사적으로 아테네보다 강했다. 황금기를 맞으며 서부 지중해 진출을 꾀하던 아테네와 스파르타 사이의 전쟁은 갈수록 필연적으로 되고, 코린트 식민지 코르키라가 아테네와 동맹, 코르키라 방면 해상권이 아테네한테 넘어가게 되자 장장 28년 동안 스파르타 동맹국과 아테네 동맹국 사이 펠로폰네소스전쟁이 벌어지지만, 스파르타 군사력이 아테네를 누르고, 스파르타는 전쟁 말기 페르시아와 동맹을 맺고 BC 404년 그리스 전체의 패권을 장악하게 된다. 하지만 스파르타의 억압적인 무력정책은 곧 그리스 전체의 반감을 사고, 그것이 스파르타 몰락을 부채질했다. 페르시아와 동맹관계가 곧 깨지고, BC 4세기 초 코린트전쟁이 일어나고, 스파르타는 페르시아와 다시 조약을 맺어 위기를 극복하지만 두 차례 테베와의 전쟁에서 패배, 그리스 맹주 자리에서 밀려나고 메시니아 독립으로 영토가 절반으로 줄며 리쿠르고스제도가 급속히 무너지면서 시민단이 해체되고 토지 소유가 집중되고 스파르타인이 줄어들었다. BC 3세기 중엽 스파르타인 수는 7백 명, 그중 토지소유자는 백 명밖에 되지 않는다. BC 146년 이후 로마 지배를 받는 자치시로 AD 2세기 상당한 수준의 번영을 되찾지만 395년 서고트인 약탈로 황폐화했고 1834년 비로소

재건되었다. 오늘날 스파르타는 라코니아평야의 농산물이 모여드는 지방도시로 라코니아주 주도지만, 고전기 스파르타 번영을 떠올리는 것은 남아 있지 않다.

전설에 따르면 라코니아왕조를 세운 렐렉스가 물의 요정한테서 얻은 아들 오이로타스의 딸 스파르타가 제우스(와 요정)의 아들 라케다이몬과 결혼하여 나라 이름이 스파르타 혹은 라케다이몬으로 되었다. 오르페우스의 아내 에우리디케가 그 둘 사이에서 태어났으며, 가장 유명한 라코니아(스파르타) 영웅은 쌍둥이 디오스쿠로이('제우스의 젊은 아들들') 혹은 틴다라다이('틴다레오스의 아들들') 카스토르와 폴리데우케스다.

제우스가 스파르타 왕 틴다레오스의 아내 레다에게 반하여 백조로 변신, 그녀와 살을 섞은 후 틴다레오스도 그녀와 잠자리를 같이하여, 제우스와 레다 사이에서 폴리데우케스와 헬레네가, 틴다레오스와 레다 사이에서 카스토르와 클리템네스트라가 태어난다. 훗날 헬레네는 트로이전쟁의, 클리템네스트라는 '오레스테스 비극'의 원인이 되지만 카스토르와 폴리데우케스는 아버지가 다름에도 불구하고 평생 쌍둥이 형제로서 사랑과 의리를 지켰다. 아테네 왕 테세우스가 헬레네를 업어가자 형제가 함께 아테네로 원정, 그녀를 구출했고, 에손의 아르고 원정에도 형제가 같이 참여했으며, 아르고호가 콜키스에서 폭풍우에 휘말리자 제우스는 오르페우스의 기도에 응답, 두 개의 불꽃을 하늘에서 내려 쌍둥이 머리위를 떠돌게 하니, 이것이 선원들에게 폭풍우의 끝을 알리는 '성 엘모의 불'의 기원이다. 대식족('많이 먹는 족') 형제 이다스와 링게우스의 약혼녀인 레우디포스의 두 딸한테 카스토르와 폴리데우케스가 첫눈에 반하여 둘을 납치, 각각 아내로 삼으면서 쌍둥이 형제는 불행을 맞게 된다. 그들이 이다스와 링게우스 형제와 함께 떠난 아르카디아 원정의 전리품 소떼 분배를 놓고 이다스가 제안을 한다. 소 한 마리를 넷으로 가른 후 자기 몫을 제일 먼저 먹는 자가 나머지 전리품의 반을, 그리고 두번째로 먹는 자가 나머지 반을 가져가도록 하자…… 이다스가 자기 몫과 동생 몫까지 순식간에 먹어치우고 소떼를 몽땅 몰고 가니 쌍둥이 형제는 원정대를 이끌고 대식족을 공격, 폴리데우케스가 링게우스를 창으로 찔러 죽이지만, 카스토르는 이다스에게 살해되고, 이다스를 쫓던 폴리데우케스도 그가 던진 돌에 맞아 쓰러진다. 제우스는 이다스를 벼락으로 치고 '인간의 아들' 카스토르를 지하세계로, '신의 아들' 폴리데우케스를 천상으로 데려가려 하지만, 폴리데우케스가 오히려 스스로 '신의 아들'이라 지하세계로 형을 따라가지 못하는 것을 너무도 서러워하므로 형제애에 감동한 제우스는 교대로 하루씩 신들과 인간 사이에서 사는 것을 허락한다.

다른 이야기도 있다. 제우스는 두 형제 모두 천상으로 데려가 겨울 밤하늘을 빛내는 별자리에 두었는데, 이것이 쌍둥이자리고, 쌍둥이 형제는 항해의 수호신으로 된다.

테세우스 이야기, 아테네 가는 길 2

아테네가, 시작부터 문화적이었을 리는 없다. 정치제도는, 스파르타와 함께, 왕정이 다른 곳보다 오래 유지되었다.

아테네를 창설한 문화 영웅이자 첫 왕 케크롭스('꼬리가 있는 얼굴')가 '케크로피아' 수호신으로 아테나를 정한 것은, 포세이돈은 삼지창으로 땅을 두드려 샘물이 솟게 했으나 짠물이라 쓰임새가 별로였고, 아테나는 올리브나무를 주었는데, 목재와 기름 그리고 음식으로도 쓸모가 있기 때문이다. 에리크토니우스는 아테나에게 사랑을 거절당한 헤파이스토스가 대지의 여신 가에아와 결합하여 낳은 아들이다. 웬일인지 아테나가 그를 맡아 키우겠다 나서고, 아테나는 아기가 담긴 상자를 케크롭스의 맏딸 판드로소스에게 맡기며 절대로 열어보지 말라고 하는데, 호기심을 이기지 못한 판드로소스의 여동생들이 상자를 열어보니 뱀 한 마리가 아기를 휘감았고, 겁에 질려 허둥지둥 달아나다가 여동생들 모두 아크로폴리스 꼭대기에서 떨어져 죽는다. 아테네 왕에 오른 에리크토니우스는 아테나 숭배와 은을 도입하고, 트라키아 출신으로 엘레우시스에 데메테르밀교를 세운 포세이돈의 아들 에우몰포스를 죽이니 분노한 포세이돈이 그의 딸 중 한 명을 희생으로 바칠 것을 요구하자 그의 딸 네 명이 모두 함께 죽기로 결심했고, 제우스가 벼락으로 에리크토니우스를 끝장냈다. 에리크토니우스의 딸 오레이티이아는 해변에서 놀다가 북풍의 신 보레아스한테 업혀가 그와 살았고, 크레우사는 아폴로의 사랑을 받아 이온을 낳았다.

이온은 미래와 희망의 상징이지만, 에리크토니우스를 이어 왕에 오른 그의 아들 판디온의 두 딸이 바로 처제가 형부한테 겁탈당한 후 혀를 짤리고 그것을 안 아내가 아들의 살을 삶아 남편한테 먹이는 '미케네풍' 비극의 주인공 프로크네와 필로멜라다. 하지만 에리크토니우스의 증손자 테세우스 이야기에 이르면 맥락은 완연히 달라진다. 아테네 이전과 주변의 야만이 아테네를 향하며 구원받고, 아테네 자신의 야만이 그것을 종합하고 승화하면서 극복된다. '아테네 왕' 테세우스는, 모험을 '통해' 다시 아테네로 돌아오는, 가장 아테네적인 영웅이다. 그의 모험 전사는 이렇다.

테세우스의 아버지 에게우스는 판디온의 네 아들 중 하나다. 판디온을 쫓아내고 왕위를 가로챘던 메티온의 아들을 판디온 사망 후 물리치고 아테네를 되찾은 네 아들이 아테네를 넷으로 나누면서 그가 왕위에 오른다. 두 아내 모두에게 아이가 없자 권력을 잃을까봐 초조해진 그가 델피 신관을 찾아가 물으니 신관은 아리송한 내용을 전한다. 아테네 꼭대기에 닿을 때까지는 벌어지는 가죽부대 주둥이를 풀지 마라…… 아테네로 돌아오는 길에 트로에젠 왕 피테우스의 궁에서 하룻밤을 보내게 된 에게우스는 지혜롭기로 소문난 피테우스에게 그 이상한 예언의 뜻을 묻고, 예언 내용을 완전히 이해한 피테우스는 에게우스에게 술을 먹인 후 자기 딸 에트라를 그의 침대로 들여보냈다. 잠이 깨어 어젯밤 일어난 일을 알게 된 에게우스가 에트라에게 말한다. 내 칼과 신발을 이곳의 아주 무거운 바위 밑에 두겠소. 사내가 태어나 크면 이것을 들려 아테네로 보내시오…… 50명의 팔라스 아들들이 반란을 꾀할지 모르므로, 에게우스는 훗날 아들의 여행을 비밀로 하라고 덧붙였다. 아테네로 돌아온 에게우스는 반드시 아들을 낳아주겠다는 사악한 마녀 메데아(에손의 전처)와 결혼하고, 메데아는 정말 아들 메두스를 낳고, 에트라도 이미 아들을 낳은 상태였는데, 그가 바로 테세우스다. 에트라와 피테우스는 테세우스의 아버지가 누군지 밝히지 않고 포세이돈의 자식이라는 소문을 흘렸다. 청년이 된 테세우스를 에트라가 그 바위로 데려가 사실대로 일러주니, 헤라클레스가 죽여 피테우스 식탁에 올려놓은 느메아의 사자를 아직 살아 있는 줄 알고 공격하는 등 일찌감치 뛰어난 용맹과 힘을 보였던 테세우스는 가볍게 바위를 들어내고 신발과 칼을 거두어, 아테네로 향한다.

모험은, 아테네로 가는 길 위에서 벌써 시작된다.

아버지를 찾아 아테네로 가던 중 에피다우로스 근처에서 그는 헤파이스토스의 아들로 강도짓을 일삼던 페레페테스를 죽이고 끔찍한 몽둥이를 빼앗는다. 이스무스 수풀에서 소나무를 휘었다가 용수철처럼 튀게 하여 사람들을 찢어 죽이던 포세이돈의 아들 시니스를 같은 방법으로 죽이고, 크로미온의 암컷 멧돼지 페아('빛나는 것')를 죽이고, 메가리스 경사지에서 길 가는 사람에게 자기 발을 씻으라 하고는 행인이 몸을 굽히는 순간 발로 차서 낭떠러지 아래 바다로 떨어뜨려 괴물거북 먹이로 주는 스키론을 죽이고, 포세이돈의 아들로 자신의 강한 힘을 믿고는 이기는 자에게 자기 왕국을 주겠다며 오가는 사람한테 씨름 시합을 걸어 넘어뜨리고 죽여버리는 엘레우시스 왕 케르키온을 씨름으로 이겨 왕국을 접수하고, 길 가는 자를 붙잡아다 자기 침대에 누이고 몸이 침대보다 긴 만큼 잘라내고 짧은 만큼 잡아당기는 거인 폴리페몬을 똑같은 식으로 벌주고, 이 모든 '죽임'을 깨끗이 씻어낸 후 마침내 아테네에 도착한다. 하얀 옷을 걸치고 아름다운 머리카락을 곱게 빗은 그의 순진한 맵시를 델피('자궁의')의 아폴론신전 건축 노동자들이 비웃자 무거운 우마차를 집어던져 공사장을 쑥대밭으로 만들었다. 왕궁에 당도한 자가 진짜 왕위 계승자라는 것을 알고 메데아가 에게우스를 꼬드기고, 여전히 왕위가 걱정되었던 에게우스가 솔깃하여 독잔을 테세우스한테 건네지만, 테세우스가 마시려는 순간 테세우스가 지닌 칼을 알아보고는 황급히 잔을 쳐내고 아들을 반갑게 맞고 왕권을 그와 나누고 메데아와 메두스는 아테네에서 쫓아냈다. 테세우스는 왕위를 노리던 에게우스 조카들을 모조리 죽인 후 아티카를 황폐화하던 야생 수소를 마라톤 근처에서 잡아 델피 아폴론신전에 바치는 등 아버지의 권위를 강화하는데 크레타에서 사신이 도착한다. 에게해의 패자 크레타 왕 미노스가 아테네를 공격하여 승리하지만 아들 안드로게오스가 사망하자 아테네에 역병의 저주를 내린 이후 에게우스는 델피 신탁에 따라 매년 처녀와 청년 각 일곱 명씩을 미노스의 아들이자 괴물 미노타우로스 먹이로 크레타에 바쳤고 사신은 삼 년째 온 것이었다. 테세우스가 미노타우로스를 죽이기 위해 공물에 섞여들며, 아들을 다시 잃을까 걱정하는 에게우스에게 말한다. 내가 이기고 돌아오면 배에 흰 돛을, 그렇지 못하면 검은 돛을 올릴 것입니다…… 크레타에 도착한 테세우스는 자신을 포세이돈의 아들로 소개하고, 미노스가 어디 진짜 그런지 보자며 금반지를 바다에 던지자 테세우스는 바닷속으로 들어가 금반지는 물론 바다여왕 암피트리테가 준 왕관까지 가져오니 테세우스에게 반한 미노스의 딸 아리아드네가 미궁 건축자 데달로스에게 미궁을 빠져나올 수 있는 꾀를 알아내어 테세우스에게 실꾸러미를 주며 이른다. 이 실꾸러미를 풀면서 미궁으로 들어갔다가 미노타우로스를 죽이고 나올 때는 실꾸리를 다시 감으면서 간 길을 되돌아오시라…… 미노타우로스를 죽인 후 테세우스는 아리아드네, 그리고 그녀의 여동생 페드라를 데리고 크레타를 떠나 아테네로 돌아오던 중 아리아드네는 낙소스섬에 버린다.

버려진 아리아드네는 낙소스섬에서 디오니소스의 사랑을 받지만, 버린 테세우스는 아테네로 들어오기 직전 불행을 맞는다. 승리에 취한 나머지 검은 돛을 흰 돛으로 바꾸는 것을 그가 까먹었고, 해변에 나와 테세우스를 기다렸던 에게우스는 검은 돛을 보고는 아들이 죽은 줄 알고 바다에 몸을 던져 스스로 목숨을 끊는다. 그가 빠져 죽은 곳이 바로 '에게해'다. 크레타 원정 때 쓰인 배는 '파랄리아'로 명명되고 매년 꼼꼼하게 보수되어 델로스에 보내는 아테네의 선물을 실어 나르게 된다. 아티카의 왕에 오른 테세우스는 지혜로운 제도를 만들고 사람들을 한 집단으로 통일하고 아테네 민주주의 집행위원회가 모이는 건물(프리타네움)

을 아고라에 짓고, 시민을 세 계급으로 나누고, 신전을 세우고 아테네 대축제를 매년 치르게 했다. 하지만, 그러는 중에도 그는 모험을 계속했고, 이 '문명 후 모험' 들이 그의 비극적인 죽음을 부른다.

테세우스는 헤라클레스와 함께 아르고 원정대와 아마존 여전사족 원정, 그리고 칼리돈의 멧돼지 사냥에 참여했다. 대개 페이리토우스가 테세우스 곁을 지켰는데, 그는 먼 나라에서 테세우스와 한번 겨뤄보려 아테네로 왔다가 오히려 테세우스를 존경하게 된 자였다. 테세우스가 아마존족을 치고 안티오페를 업어오니, 아마존족들이 아티카를 침략한다. 안티오페가 테세우스의 아들 히폴리토스를 낳지만 테세우스는 그녀를 버리고 페드라와 결혼하고, 다시 페이리토우스와 함께 스파르타로 가서 헬레네를 업어온 후 제비뽑기로 테세우스가 헬레네를 차지했다. 상심한 페이리토우스가 지하세계 여왕 페르세포네를 탐내자 테세우스는 그와 함께 지하세계로 내려가 페르세포네를 납치하는 데 성공하지만 지하세계를 빠져 나오지 못하다가, 헤라클레스의 도움으로 겨우 탈출한다. 테세우스가 아테네로 돌아와보니 집안이 엉망이다. 헬레네의 오빠들인 쌍둥이 형제가 왕궁을 엉망으로 만들고 헬레네를 데려갔으며, 아내 페드라는 의붓아들 히폴리토스에게 홀딱 반하였다가, 아르테미스에게 순결을 서약한 히폴리토스가 거절하자 앙심을 품고 오히려 의붓아들이 계모를 겁탈하려 했다고 꾸며 고하므로, 그 말을 곧이곧대로 믿은 테세우스는 포세이돈에게 아들을 벌해달라 청하고, 포세이돈이 보낸 바다괴물이 히폴리토스의 전차를 이끌던 말을 놀래켜 마차가 뒤집어지면서 히폴리토스가 깔려 죽는다.

이 모든 것에 지친 테세우스는 아테네를 떠나 스키로스 왕 리코메데스의 궁에서 안식을 찾으려 하지만, 야만이 문명에게 안식을 줄 리는 없다. 테세우스의 명성을 질투한 리코메데스는 낭떠러지에서 그의 등을 떠밀어 바다에 익사시킨다. 테세우스 시신은 스키로스에 묻혔다가, 풀루타르크에 따르면 BC 475년 스키로스를 정복한 아테네 장군 키몬이 발견, 아테네로 가져와 테세우스능(테세움)을 만들었다. 테세우스와 페드라의 아들 아카마스는 훗날 트로이전쟁 때 목마 속에 숨어 트로이 입성을 감행하는 그리스 병사 중 하나다.

아테네 폴리스와 아크로폴리스, 민주주의의 탄생과 배꼽

청동기 그리스 각지에 흩어져 있던 왕국들은 BC 11세기 철기 시작과 더불어 무너지고 왕가가 있더라도 왕권이 약화하며, BC 8세기 중엽에 이르면 귀족 중심이되 일반 자유민이 주권을 잠재적으로 인정받는 작은 나라들이 각지에 생겨나는데, 이것이 바로 폴리스들이다. 폴리스는 대개 중심에 마을이, 둘레에 영토가 있고, 마을 한가운데 아크로폴리스와 시장(아고라)이 행정과 경제, 그리고 종교 중심 노릇을 했으며 마을 주변을 성벽으로 둘러쌓았다. 처음에는 귀족이 행정과 사법, 그리고 제의를 맡았고, BC 6세기 무렵 상공업 발달로 인한 당파 싸움으로 비합법적인 독재정치(참주정치)가 서기도 하지만, 그사이 일반 자유민이 시민으로서 발언권을 높이고 귀족 유산계급에 한정된 주요 관직도 차츰 일반 시민에게 개방되고 BC 5세기 시민계급이 귀족과 항쟁하거나 온전한 시민민주주의로 나아가면서 폴리스는 번영의 절정에 달하게 된다. 하지만 시민권 또한 특권이었다. 노비와 외국인 출신은 시민에서 제외되고 참정권은 세습시민 성인 남녀만 가졌으며 직접민주정치였으므로 시민 수에 한도가 있고, 유능한 지도자가 없는 상태에서 민회 권한 강화는 종종 중우정치를 불렀다. BC 5세기 후반부터 폴리스들 사이의 전쟁이 대규모로 발전하고 폴리스 내부에서도 귀족과 시민 세력 사이 다툼이 끊임없다가 폴리스들은 마케도니아에 정복당하고 헬레니즘 시대를 맞지만, 많은 폴리스들이 자치를 계속 누렸다.

고대 그리스 폴리스 아테네의 수호신 아테나는 원래 BC 2000년 그리스인 조상이 이주하기 전에 살았던 비인도-유럽어족의 여신이었을 것이다. BC 1600년부터 5백 년 동안 미케네문명이 아테네에도 미쳤다. 미케네문명 멸망 시 아테네도 공격을 받았으며, 완전히 무너지지는 않지만 왕권은 크게 쇠퇴한다. 그러는 사이 도리스인에게 쫓긴 그리스인 부족 중 아티카로 이주하는 부족이 늘어나 BC 8세기 무렵부터 아티카 인구가 크게 증가하고 중엽에 이르러 아티카 각지 평의회 중심 귀족층이 아테네 통일평의회로 결집하며 평등한 지방 소공동체들이 통일, 귀족정치 폴리스를 이룬다. 그리스인들이 그리스 본토와 에게해 지역뿐 아니라 남이탈리아 및 시칠리아 해변, 그리고 지중해와 흑해 연안에도 (식민)폴리스를 세움으로써, '그리스 세계'가 생겨나던 때다. 아테네를 아티카 폴리스의 중심으로 세운 전설적인 인물이 바로 테세우스다. 처음에는 장관(아르콘) 세 명을 뽑지만 곧 여섯 명을 추가, 장관 아홉 명을 우두머리로 하는 통치제도가 만들어지고, 귀족과 농민, 그리고 공업 장인이 아테네 시민을 이룬다. 부와 가문에 따라 관리를 뽑았다. 폴리스와 폴리스 사이, 폴리스와 원주민 사이 교통과 통상이 활발해지면서 BC 7세기 소아시아 리디아의 화폐제도가 그리스로 들어와 점차 퍼지기 시작하는데, 아테네는 자국 화폐가 없었으나 곡물 수입과 올리브유 수출 때문에 화폐경제의 영향을 받았고, 그로 인한 평민의 상승과 몰락으로 귀족정치가 흔들린다. BC 7세기 말~6세기 초 아테네의 가장 큰 사회문제는 중소토지 소유 농민 중 빚을 갚지 못하여 명문 부유층의 노예로 되는 사태가 빚어지기 시작했다는 것이다. 이웃 메가라와 전쟁중이던 아테네는 그런 사태를 그냥 내버려둘 수 없고, BC 594년 아르콘에 뽑혀 개혁 전권을 부여받은 솔론이 기존의 빚 전체를 탕감하고 신체를 저당 삼는 부채를 아예 금함으로써 소토지 소유 농민의 부활을 꾀하고, 이것이 귀족정치를 개혁하는 한편, 노동력을 외부 노예에 의존할 수밖에 없으므로, 노예제 발전을 자극했다. 솔론은 토지재산으로 인한 수입에 따라 시민을 4등급으로 나누어 등급마다 권리와 의무를 정하고 민회와 일부 재판에 토지 없는 무산시민도 포함시키는 식으로 국가제도 민주화의 기초를 다지지만, 그의 개혁은 귀족과 평민 모두를 만족시키지 못했다. 시민이 부유시민의 평지당, 중류시민의 해안당, 빈농의 산지당으로 각각 결집하여 서로 싸우다가, BC 561년 산지당의 페이시스트라토스가 참주정치를 수립, 반대파의 저항으로 흔들리면서도 국법을 바꾸지 않고 소농을 보호하면서 수공업을 발달시켜 대외무역을 활성화하고 국력을 키우는 식으로 민심을 얻지만, 그 뒤를 이어 참주에 오른 아들 히피아스가 명문 귀족 아르크메온가와 스파르타의 군사 개입으로 추방되면서 BC 510년 참주정치는 끝난다. 아크레온가 출신 클레이스테네스는 민중의 지지를 바탕으로 국가제도 개혁을 시작, 귀족세력 기반이던 4부족제를 없애고 아티카 전 국토를 도시부, 내륙부, 해안부 3부로 나누고 각 부를 10트리투스('1/3')로 나눈 후 각 부 트리투스를 추첨하여 새로 결합한 10부족을 행정 및 군사의 기초로 삼고 부족제도의 최소 단위 혹은 행정부락으로서 데모스('구')를 설치, 아테네 시민을 데모스의 정식 구성원으로 등록게 하였다. 외국 혹은 노예 출신 일부한테도 시민권을 주었으며 이제까지의 4백 명 평의회를, 각 부족 50명씩 총 5백 명의 평의회로 바꾸었다. 각 부족 평의회 의원은 데모스 인구에 따라 비례대표 방식으로 뽑고, 참주 출현을 막기 위한, 시민투표에 의한 추방제도(오스트라키스모스, '도자기 조각 투표')가 마련되었다. 클레이스테네스 개혁은 민주정치의 틀이 비로소 만들어졌다는 것을 뜻한다.

아테네 아크로폴리스는 동서 3백 미터 남북 1,500미터의 가늘고 긴 언덕으로, BC 13세기 이 주위에 거석으로 성벽을 쌓고 왕궁을 지었다. 참주 페이시스트라토스 시대 이후 이곳에 대규모 신전 건설이 시작되지만, BC 480년 아티카를 침입한 페르시아군이 건설된 신전과 건설중인 신전 모두를 철저하게 파괴했고, BC 450년대 페르시아전쟁 승리를 기념, 페이디아스가 거대한 청동 아테나신상을 제작하여 설치한 후 페리클레스가 아테네 중신의 델로스동맹 공금을 쏟아부으며 본격적인 신전 재건사업을 벌이게 하였다. 펠로폰네소스전쟁중에도 신전 건설은 계속되어 BC 5세기 후반~4세기 초 파르테논, 프로플라이아, 에레크테우스, 아테나 니케 신전이 완성되고, BC 500년 무렵 아크로폴리스 남쪽 기슭에 디오니소스극장이, BC 443년 페리클레스음악당도 세워진다. 이후 건축활동은 미비하지만, 특히 페르시아전쟁 승리에 대한 감사의 뜻으로 아테나에게 바친 파르테논 신전은 '거룩한' 사원이면서 민주주의 '두뇌=배꼽'의 아름다움의 극치를, 이미 보여준다. 아테네 에레크테움의 한 현관은 기둥 대신 카리야티드('카리예의 여인', 女像柱)가 여섯 개다. 이 상들은 아마도 아르테미스 카리야티스 축제 때 추던 그 지방 민속무용 자세를 취하고 있다.

그리스 신화, '종합=문화화'의 총체

그리스 신화는 세계 어느 신화보다 총체적이다, 라는 것은 아테네 주변 지역 신화를 아테네 중심으로, 아테네를 향해 종합하고 문화화했다는 뜻이며, 실제 우주 탄생사와 역사에 가장 가깝다는 뜻이다. 역사 이전 신들은 모두 우주신과 자연신이며 선사와 역사 사이 거인족은 인간의 조상으로 인간을 돕고, 제우스 이후 신들(올림포스 신들)은 모두 문명신이다. 오르페우스밀교의 창조신화는 철학적이고 과학적이다. 최초 원리 크로노스('시간')로부터 카오스('무한')와 에테르('유한')가 나왔고, 카오스를 둘러싼 밤의 덮개 아래서 에테르의 창조 작용으로 우주 물질이 천천히 조직되어 결국 밤을 껍질로 한 알 모양을 이루고, 알에서 나온 최초 존재인 빛이 밤과 몸을 섞어 하늘과 땅을, 그리고 제우스를 낳았다…… 하지만, 그리스 사람들이 널리 받아들인 것은 그 이전, 호메로스 『일리아드』와 『오디세이』에 등장하며, 호메로스 이후 그리스 최대 시인 헤시오도스가 BC 8세기 신들의 족보를 정리한, 보다 원초적인 신화다. 헤시오도스는 오이디푸스의 테베가 있는 보에오티아 지방 출신으로 『신들의 족보』 외에 『노동과 하루하루』라는 글도 남긴, 호메로스보다 실제적인 인물. 방탕한 동생이 열심히 살기를 바라며 쓴 『노동과 하루하루』는 고된 작업과 농사짓기, 그리고 황금시대에서 추락한 인간을 논하며, 판도라 상자 이야기가 이 책과 『신들의 족보』 양쪽에 들어 있다. 헤시오도스 창세기는 이렇다.

> 태초에 드넓고 어두운 카오스('입을 크게 벌림')가 있고 그다음 가슴 깊은 대지 가에아가 나타나고 마지막으로 에로스('마음을 부드럽게 하는 사랑')가 나타나고 열매를 맺게 하는 에로스의 영향력이 그때부터 존재와 사물의 형성을 맡아 처리하게 된다. 카오스로부터 태어난 에레보스('깜깜함')와 닉스('밤')가 서로 합쳐 에테르('빛나는 것')와 헤메라('낮')를 낳고, 가에아는 우선 별들의 왕관을 쓴 하늘 우라노스를 낳아, 그녀만큼이나 웅대하게 만드니 우라노스가 그녀 몸을 온전히 덮게 되고 그후 가에아는 높은 산맥과 폰투스('메

마른 바다'), 그리고 조화로운 파도를 만들었다. 그렇게 우주가 창조되자 가에아는 그녀 아들 우라노스와 결합, 첫 종족 타이탄('왕', 거인신, 인간의 선조)들을 남녀 각각 여섯 명씩 낳았다. 남자는 오케아노스('세계를 둘러싼 대양'), 코에오스('지능'), 히페리온('태양'), 크리오스, 이아페토스, 크로노스('시간'), 여자는 테이아, 레아, 므네모시네('기억'), 포에베('달'), 테티스('바다'), 테미스('법' '질서')였다. 그다음 가에아와 우라노스는 키클롭스족('외눈박이 거인들'), 브론테스('천둥'), 스테로페스('번개')와 아르게스('벼락')를 낳았고 마지막으로 괴물 코토스('분노'), 브리아레오스('힘'), 그리고 기게스('거대한 사지')를 낳았는데 '그들 어깨에서 강력한 팔이 백 개나 솟아나오고 그 위로 50개의 머리가 솟아 등에 달라붙었으므로 이들을 헤카톤케이르 혹은 켄티마네('손이 백 개인 자')들이라 부른다. 키클롭스와 헤카톤케이르 들의 꼴이 너무 보기 싫었던 우라노스는 갓 태어난 그들을 모조리 깜깜한 대지 속 타르타로스(가에아의 내장)에 가둬버렸다. 가에아는 처음에는 슬퍼했으나 점차 슬픔이 분노로 변하면서 끔찍한 복수를 준비한다. 자기 가슴에서 번쩍이는 쇠를 꺼내어 날카로운 낫을 만든 후 가에아는 타이탄 자식들을 불러 계획을 설명하고, 너무도 끔찍한 계획이라 자식들이 차례로 손사래를 치다가 강경한 막내 크로노스가 어미를 돕겠다고 나섰다. 가에아의 침실로 숨어든 크로노스는 밤을 거느리고 여느 때처럼 아내에게로 와서 아무 의심 없이 잠을 자던 우라노스의 생식기를 낫으로 잘라 바다에 내던지고, 잘린 생식기에서 흘러나온 검은 핏방울이 대지로 스며들어 무서운 복수의 세 여신, 괴물 거인들, 그리고 물푸레나무 요정들을 낳았고, 나머지는 파도에 실려 떠가다가 하얀 거품으로 부서지고 그 거품에서 젊은 여신 아프로디테가 태어나, '파도에 둘러싸인 채 처음에는 신성한 키테라로, 그다음에는 키프로스까지 실려갔'다. 크로노스는 키클롭스와 헤카톤케이르 들은 그대로 두고 타이탄들을 해방시킨 후 새로운 왕조 우두머리가 되었다. 타이탄들은 자손을 계속 낳았다. 닉스가 모로스('비운'), 검은 케르(모레아, '죽음의 악령'), 죽음을 낳고, 그런 다음 잠 및 잠의 수행원인 꿈들을 낳고, 그런 다음 모모스('놀리는 즐거움')와 오이조스('울부짖는 비참')를 낳고 대양 너머 황금사과를 지키는 네 명의 여자 요정 헤스페리데스를 낳았다. 그런 다음 그녀는 인간 생애 중 행운과 비운의 비율을 정하는 운명의 세 여신(생명의 실을 잣는 클로토, 제비를 뽑는 라케시스, 필멸을 내리는 아트로포스)을 낳고, 인과응보(네메시스), 사기, 무절제, 노년과 불화(에리스)를 낳으니 이들이 다시 슬픔, 망각과 굶주림을, 질병, 싸움, 살인, 전투, 학살, 다툼, 거짓말과 애매한 말을, 불의와 맹세를 낳는다. 폰토스가 가에아와 결합, '진실한' 네레우스와 '괴물 같은' 타우마스, '대담무쌍한' 포르키스, '예쁜 뺨의' 케토, 그리고 '강심장' 에우리비아를 낳고, 이중 네레우스는 대양의 딸 도리스와 결합, 50명의 바다요정(네레이드)들을 낳고, 타우마스는 엘렉트라와 결합, 이리스('무지개')와, 머리카락이 아름다운 괴물 하피들을 낳고, 케토가 포르키스와 결합, 태어날 때부터 머리카락이 하얀 그라에그라에('늙은 것들')와, 대양 너머 헤스레페데들의 땅에 사는 괴물 고르곤을 낳았다. 오케아노스와 테티스 사이에서 3천 명의 아들(강)들과, 3천 명의 딸(물의 요정)들이 태어나고, 메티스('지혜'), 티케('운명'), 스틱스('지옥 강')도 태어난다. 히페리온과 테이아 사이에서 헬리오스('태양'), 셀레네('달'), 그리고 에오스('새벽')가, 코에오스와 포에베 사이에서 레토와 아스테리아가, 에우리비아와 스리우스 사이에서 아스트이에오스와 팔라스, 그리고 페르세스가, 오케아노스의 딸 클리메네 혹은 아시아와 아이페토스 사이에서 아클라스, 메노에티우스, 에피메테우스와 프로메테우스가, 크로노스와 레아 사이에서 세 딸(헤스티아, 데메테르, 헤라)과 세 아들(하데스, 포세이돈, 제우스)이 태어났다. 자기 자식 중 한 명이 자신을 밀어낼 것이라는 예언을 받은 크로노스는 자기 아들을 태어나자마자 잡아먹는다. 자식이 아비한테 모두 잡아먹히는 것을 보고 깊은 슬픔에 휩싸인 레아는 제우스가 태어날 때가 다가오자 자신의 부모 우라노스와 가에아에게 도움을 청하고, 둘이 시키는 대로 크레타 에게움산의 울창한 숲속 깊은 동굴로 가서 아이를 낳고, 가에아가 갓난 아기를 맡아 기른다. 레아가 엄청난 돌덩이를 배내옷으로 감싸 크로노스에게 내미니 크로노스는 그것이 제우스인 줄 알고 역시 집어삼켰다. 가에아는 아기 제우스를 이다산(혹은 딕테산)으로 데려가 안전한 보호를 위해 크레테 왕 멜리세우스의 두 딸(요정) 아드라스테이아와 이다에게 맡기고, 두 요정은 아주 정성스레 제우스를 보살폈고, 아기가 울 때면 혹시 크로노스에게 들킬까봐 쿠레테들이 요람 주위를 돌며 전쟁무용을 추고 청동방패를 칼로 두드렸다.

'쿠레테들'은 대지의 아이들, 혹은 비의 아이들, 혹은, 헤로도토스에 따르면, 카드무스를 따라와 크레타에 정착한 페니키아인들이다. 요란하고 난잡한 잔치로 레아를 떠받들었던 크레타 사제들인지도 모른다. 어쨌거나 이들은 훗날 제우스와 이오 사이에서 난 아들 에파포스를 헤라의 명으로 유괴했다가 제우스에게 죽임을 당한다. 신들조차 두려워했던 영물 염소 아말테이아가 제우스에게 젖을 물렸고 훗날 제우스는 고마움의 표시로 그녀를 별자리에 올리고, 어떤 화살도 뚫을 수 없는 그녀 가죽으로 자신의 방패(아에기스)를 만들었으며, 뿔 하나를 코르누코피아(아무리 먹거나 마셔도 음식이 줄지 않는 잔)로 만들어 요정들에게 주었다. 아말테이아가 바로 멜리세우스의 아내라는 얘기도 있다. 어른이 된 제우스는 오케아노스의 딸 메티스를 자기편으로 끌어들이고, 메티스가 내민 물약을 마신 크로노스는 전에 삼켰던 돌멩이와 자기 자식들을 토해내기 시작하고, 예언대로 제우스한테 쫓겨나 우주 깊은 곳, 땅과 메마른 바다 밑에 펼쳐진 지역에 사슬로 묶이는 처지가 된다. 제우스는 자신의 승리를 기념, 크로노스가 토해낸 돌을 파르나소스산 발치에 놓아 인간을 위한 기념비로 삼았다. 하지만, 아직 제우스와 올림포스 신들의 시대가 온 것은 아니었다.

제우스와 타이탄들, 문명의 야만과 육체의 반란

오케아노스를 뺀 나머지 타이탄들이 크로노스와 함께 끝난 자신들의 권력을 다시 찾기 위해 오트리스산을 거점으로 올림포스산을 거세게 공격하고, 10년이 지나도 결판이 나지 않자 제우스는 타르타로스에 가둬두었던 헤카톤케이르와 키클롭스 들을 풀어주어 자기편에 세운다. 헤카톤케이르들이 숱한 팔로 커다란 바위를 숱하게 집어던지니 타이탄들이 무수히 상처를 입고, 쏟아지는 돌과 타이탄들의 비명 소리가 땅과 바다를, 그리고 하늘 천장을 찢을 듯 뒤흔들고, 제우스가 키클롭스족한테서 선물받아 올림포스산에서 마구 내리치는 천둥과 벼락이 공중을 갈기갈기 찢고, 기름진 대지가 몸을 떨고, 거대한 숲이 불타고, 모든 것이 녹아내리고 끓어오른다. 불은 카오스까지 가닿고, 대지의 기초 자체가 흔들리고, 지옥 같은 타이탄들 주위로 숨이 막힐 듯 짙은 연기와 불길이 치솟고 거침없던 타이탄들의 눈빛을 번개가 눈멀게 하고, 자존심과 용기로 맞섰으나 타이탄들은 결국 패배, 대지 깊은 곳에 갇힌다. 대지와 하늘 사이 거리만큼 깊은 곳이었다. 타이탄들을 힘겹게 쳐부수고 나서도 제우스는 거세된 우라노스의 피가 가에아 몸에 스며들어 생겨난 아들들, 몸집이 엄청 클 뿐 아니라 다리 대신 뱀들이 달렸고 뱀 대가리들이 발가락을 이루는 괴물 거인족과 한바탕 싸움을 곧장 또 치러야 했다. 팔레네반도, 플레그라땅 내장에서 솟아나자마자 갑옷 차림에 창을 들고 나타난 그들은 즉시, 프로피리온과 알키오네오스가 이끄는 대로, 플레그라평원을 서쪽에서 짓누르던 올림포스산을 공격했고, 섬과 강, 산맥 들이 모두 그들에게 길을 내주었다. 어떤 거인은 강한 팔로 테살리 오에타산을 쳐들고 공중에서 흔들었으며, 다른 거인은 판가에아산을 손바닥에 거꾸로 놓고 균형을 잡았고, 어떤 거인은 아토스산 빙하로 무장을 했고 어떤 거인은 오싸산을 움켜쥐더니 들어올렸고, 어떤 거인은 로도페산을 찢어발겼다. 거인들은 펠리온산 위에 오싸산을 놓아 올림포스산 꼭대기에 달한다. 중립을 취한 데메테르만 빼고 모든 올림포스 신들이 제우스와 함께 거인족과 싸운다. 아폴론이 에피알테스를 까부수고, 헤카테 혹은 헤파이스토스가 클리티오스를 뻗게 만들고, 아레스가 펠로루스와 미마스를 칼로 쑤시고, 포세이돈이 바다 건너까지 쫓아가 니시로스섬을 던져 폴리부테스를 묻어버린다. 하지만 인간만이 가에아의 아들들을 죽일 수 있다는 예언 때문에 신들은 여전히 승리할 수 없었다. 이때 신들을 도운 '인간'은 헤라클레스와 디오니소스. 디오니소스가 라에토스(혹은 에우리토스)를 치고 헤라클레스는 알키오네오스를

> 공격한다. 알키오네오스가 자신의 공격을 거뜬히 받아내므로 헤라클레스가 놀라지만, 아테나가 일러준다. 자신이 태어난 땅에 발을 딛고 서 있는 한 그는 쓰러뜨릴 수 없다…… 헤라클레스는 거인의 팔을 움켜쥐고 팔레네 영역 밖으로 끌어낸 즉시 쳐죽였다. 포르피리온이 복수하려 했으나, 제우스가 헤라를 향한 욕정을 그에게 불어넣으니, 그는 헤라를 쫓다가 헤라클레스의 화살에 맞아 죽고, 그렇게 신들의 승리가 확실해진다. 팔라스와 엔켈라도스가 아테나와 겨뤄보려 했으나 소용없었다. 아테나는 팔라스 껍질로 자신의 방패를 만들고, 엔켈라도스는 시킬리섬 아래 묻어주었다. 거인 아들들의 패배를 받아들일 수 없었던 가에아는 그녀가 타르타로스에게 낳아준 괴물 티포에오스를 마지막으로 내세운다. 어깨에 무시무시한 용머리 백 개가, 넓적다리에 숱한 독사들이, 머리와 뺨에 가시들이 솟아났고, 온몸이 깃털로 뒤덮인 티포에오스의 모습에 질겁하여 신들은 멀리 이집트까지 달아난다. 제우스가 혼자 용감하게 대적하다가 독사들과 얽히고설키는 바람에 사로잡혀 손과 발 힘줄을 끊기고 괴물의 동굴에 갇히지만, 헤르메스의 도움으로 빠져나온 후 다시 싸움을 시작, 벼락을 내리치니, 티포에오스는 놀라 시칠리로 달아나고, 에트나신이 그를 죽여버렸다.

티포에오스를 물리친 후 비로소 올림피아 신들의 시대가 오고, 계속 이어지며, 그후 제우스는 신과 인간의 주인 자리를 내놓은 적이 없다. 제우스는 타이탄들보다 문명적이기 위해 타이탄들의 지혜를 빼앗고, 타이탄들을 억누른다. 그것이 신화적 문명의 야만을, 역사적 문명의 제국주의를 부른다. 문명화한 제우스에 비해 타이탄들은 육체적이고, 타이탄의 반란은 육체의 반란이며, 제우스와 타이탄들의 전쟁은 문명의 야만과 육체의 반란 사이 전쟁이며, 필연적이다. 제우스는 헤라를 정식 '신들의 왕비'로 맞아들이기 전, 그리고 그후에도, 숱한 여성 타이탄과 결합, 자식 신들을 갖게 되며, 그후 숱한 요정 및 숱한 인간 여성과 결합, 자식 신과 자식 인간 들을 갖게 된다. 사실, 제우스의 주된 역할 중 하나가 생식이고, 제우스의 생식이야말로 제우스가 스스로 문명화하면서 문명을 낳는 기회이자 과정이다. 타이탄들은 인간의 조상으로 인간에게 많은 것을 가르쳐주며, 제우스와 올림포스 신들에게 패하지만 그들에게, 그리고 인간의 그리스문명에 특히 두드러진 육체성을 부여한다.

프로메테우스, 신의 '문명=타락'과 인간의 '문명=진보' 사이 '육체=성(聖)'

타이탄 이아페토스의 네 아들 중 메노티오스는 타이탄들의 반란에 참가한 죄로 아주 어두운 에레보스에 처박히는 벌을, 아틀라스는 같은 죄로 영원히 세상 끝 헤스페리데들 앞에 서서 어깨로 하늘 천장을 떠받치는 벌을 받았다. 나머지 두 아들 프로메테우스('미리 보는 자')와 에피메테우스('일 끝난 뒤 생각하는 자')의 운명은 달랐다. 타이탄들이 올림포스 신들을 결코 꺾을 수 없다는 것을 처음부터 알고 있던 프로메테우스는 전쟁 내내 중립을 지키다가 제우스의 승리가 눈앞에 다가온 듯 보일 때 교섭을 제의, 올림포스산에 받아들여지게 되었다. 하지만 속으로는 자신의 종족을 파괴한 올림포스 신들에 대한 앙심을 품었고, 인간을 도와 신들의 체면을 깎아내리는 식으로 앙심을 푼다. 그가 직접 인간을 창조했다는, 약간 뒤늦은 이야기도 있다. 그가 땅과 물로, 혹은 자신의 눈물로 첫 인간의 육체를 지었고 아테나가 영혼과 생명을 불어넣어주었다는 것. 하지만 그가 창조한 인류는 대홍수 이후 인류일 것이다. 대홍수 이전 첫 인류는 크로노스와 동시대, 신들과 같은 어머니한테서 태어나지만, 갈수록 타락한다. 아니, 문명의 타락이다. 헤시오도스는 이렇게 쓰고 있다.

> 크로노스와 동시대, 즉 황금기 인간들은 완벽한 행복을 누렸다. 근심과 피로가 없고 모든 축복이 그들 것이었으며 풍요로운 대지가 저절로 보물들을 내놓았다. 인류는 늙지 않았으며, 불멸을 누리지는 못하지만, 죽음은 달콤한 잠처럼 왔고 죽은 자는 산 자를 지켜주는 너그러운 정령이 되었다. 황금기 이후 백은기는 약하고 능력 없는 사내들이 평생 어머니한테 복종하는 모계시대이자

농업시대였다. 그다음 청동기 인류는 팔다리가 물푸레나무처럼 억세고 강철 심장으로 무자비했으며 오로지 전공을 세우는 일에만 힘을 쏟다가 서로 목을 베어 죽임으로써 종말을 맞는다. 이들은 최초로 금속을 사용하면서 문명을 시도하였고, 그후 영웅기 인류는 용감한 전사들로 테베 앞에서 그리고 트로이 성벽 밑에서 싸웠으며, 오늘날, 즉 철기 인류는 맹서도 정의도 미덕도 지키지 않으며 비참하고 죄악으로 가득 차 있다.

크로노스 시대에 신들과 인간은 서로 이해하고, 한솥밥을 한 식탁에서 먹지만, 제우스 시대가 오면서 모든 것이 바뀌어 신들이 인간보다 높은 자리를 차지한다. 프로메테우스가 인간을 돕는 것은 바로 이때인데, 그는 인간에게 (신의) 불을 훔쳐다주는 '문명전달자' 지만, 그보다 더 본질적으로, 헤시오도스 신(화)의 '문명=타락' 등식을 인간의 '문명=진보' 등식으로 바꾸는 '육체=聖' 이다.

판도라 상자, '성(性)=재앙' 과 '육체=희망'

희생 동물의 어떤 부위가 신들 몫인지 정하기 위하여 신들과 인간이 시키온에서 모임을 가지는데, 프로메테우스가 배분을 맡는다. 그는 거대한 암소를 잡은 후 살코기와 내장, 그리고 가장 즙이 많은 부분을 가죽에 적당히 집어넣은 것을 한쪽 편에, 살코기 없는 뼈 위에 기름을 두껍게 바른 것을 다른 한쪽에 놓았다. '먼저 고르시라' 는 대접을 받은 제우스가 겉보기에 먹음직한 기름 덩어리를 선택하지만 기름을 벗겨내니 뼈다귀뿐이라 속은 것을 알고는 크게 분노, 땅 위 인간에게 불을 주기를 거절한다. 하지만 다시 프로메테우스는 헤파이스토스의 대장간이 있는 렘노스섬으로 가서 훔친 불씨를 대나무 통에 숨겨 들여와 인간에게 주었다(태양 바퀴에서 횃불을 붙였다고도 한다). 더욱 화가 난 제우스는 인간에게 새로운 재앙을 내리기로 결심, 헤파이스토스에게 명하여 진흙과 물로 육체를 빚고 그것에 생명력과 인간 목소리를 주어 불멸의 여신과 겨룰 정도로 아름다운 처녀를 만들게 하였다. 온갖 신들이 이 새로운 피조물에게 특별한 선물을 주었으며 그녀를 판도라로 명명했다. 그런데 헤르메스는 그녀 가슴에 배신을, 그녀 입에 거짓말을 집어넣는다. 모든 절차가 끝나자 제우스는 판도라에게 상자를 들려 에피메테우스에게 선물로 보내고, 판도라의 아름다움에 홀딱 반한 에피메테우스는, 제우스로부터 어떤 선물도 받지 말라고 프로메테우스가 경고했음에도 불구하고, 그녀를 기꺼이 받아들여 사람들 속에 살게 하는데, 판도라가 상자 뚜껑을 열자 온갖 끔찍한 고통들이 상자 안에 갇혀 있다가 빠져나와 대지 전체로 퍼져가고, 오로지 희망만이 상자에 남았다.

여자는, 성은 재앙이지만, 성의 육체는 희망이다.

대홍수, '죽음=씻음'의 '배꼽=문명'

프로메테우스의 아들 데우칼리온, 그리고 에피메테우스와 판도라의 딸 피라가 서로 결혼하여 테살리, 프티아를 다스렸다. 판도라 상자를 내려보내고도 그때까지 화가 풀리지 않자 제우스는 대홍수를 내려 아예 인류를 멸망시키려 작심하지만, 다시 프로메테우스가 그 낌새를 알아채고 아들에게 경고하므로 데우칼리온은 방주를 짓고 아내와 함께 방주에 타고, 하늘에서 물이 쏟아져내려 온 세상이 대홍수에 잠겼다가 방주가 물 위를 아흐레 낮 아흐레 밤 동안 떠다니고 나서야 비가 그치고 열흘째 되던 날 두 사람이 방주에서 내리니 오트리스산(혹은 파르나소스산) 꼭대기였다. 두 사람은 '피난자를 보호하는' 제우스에게 희생을 올리고 둘의 신앙심에 감동한 제우스가 첫 소원이 뭐냐고 묻자 데우칼리온은 인류를 새로 살려달라고 청한다.

다른 이야기도 있다. 델피로 가게 된 데우칼리온과 피라는 테미스에게 기도를 올렸다. 테미스가 답한다. 둘 다 머리를 베일로 가리고 허리띠를 푼 후 너희 첫 조상의 뼈들을 뒤로 던지라. 데우칼리온과 피라는 처음에 무슨 말인지 몰라 어리둥절했으나 마침내 그 뜻을 풀고는 땅(가에아)에서 돌(뼈)들을 캐낸 후 머리를 가리고 들판을 걸어가며 등뒤로 던졌다. 데우칼리온이 던진 돌들은 남자로, 피라가 던진 돌들은 여자로 변했다. 그렇게 인류가 새로 살아나고 제우스는 화가 가라앉았다. 데우칼리온과 피라의 첫 아들 헬렌은 헬레네스(그리스 민족)의 조상이고, 읍과 사원 들을 지은 첫 왕이다.

다시 프로메테우스, '육체=고통=희망'

제우스와 인류 사이에 평화가 다시 찾아왔지만, 프로메테우스는 자신의 행위에 대해 혹독한 죗값을 치르게 된다.

제우스의 명에 따라 헤파이스토스는, 크라토스('지배')와 비아('힘')의 지원으로 프로메테우스를 사로잡은 후 아무도 끊을 수 없는 사슬로 코카서스산 꼭대기 바위에 묶고, 제우스가 보낸 '날개를 펼친 독수리'가 그의 간을 쪼아 먹는다. 낮에 쪼아 먹힌 만큼 밤에 간이 새로 생기고 낮이면 다시 독수리가 간을 쪼아 먹으니 고통이 전혀 줄지 않는다. 그런 끔찍한 고문을 당하면서도 프로메테우스는 반항적인 태도를 계속 유지했다. 넋두리를 경멸하고 기도를 우습게 보면서 그는 끊임없이 제우스를 거부하고, 그에 대한 증오를 격하게 폭발시킨다. 그는 제우스의 미래를 위협하는 엄청난 예언을 알지만, 그리고 그가 알고 있다는 것을 아는 제우스가 내용을 밝히라고 요구하지만, 밝히지 않는다. 그렇게 30년, 혹은 30만 년이 지나고 나서야 제우스는 헤라클레스에게 프로메테우스 구출을 허락하고, 헤라클레스가 독수리를 죽이고 사슬을 풀어주자, 그때 비로소 프로메테우스는 예언 내용을 제우스에게 알려준다. 네레우스의 딸 테티스가 낳는 사내아이는 제 아버지를 능가할 것이다. 제우스는 테티스를 매우 사랑했지만, 할아버지 우라노스와 아버지 크로노스의 운명, 자신이 가했던 운명을 이번에는 자신이 뒤집어쓰게 될까봐 질겁, 테티스를 포기한다(훗날 테티스가 인간 페레우스와 결혼하여 낳는 사내아이가 트로이전쟁의 영웅 아킬레우스다). 프로메테우스는 그후에도 어떤 불멸의 존재가 그와 자신의 운명을 바꾸겠다고 하지 않는 한 신성불멸을 얻지는 못할 처지였으나, 헤라클레스가 독화살을 쏘아 맞힌 켄타우로스 키론이, 상처가 영영 회복되지 않을 경우 받게 될 고통이 끔찍하므로 프로메테우스 대신 하데스의 나라로 가게 해달라고 애원, 올림포스산에 영구히 자리잡게 되고, 그를 인류의 은인이자 온갖 문예와 과학의 아버지로 여긴 아테네 사람들이 아카데미정원에 그를 위한 제단을 세웠다.

그리스 신화가 특히 프로메테우스를 통해 거룩한 육체성을 갖추므로 그리스문명에, 가상현실이 없다. 반면, 로마 신화가 단지 그리스 신화의 복제일 뿐이므로, 로마문명에서는 세속의 육체성과 가상현실의 이분화를 낳고 그 둘을 다시 한 단계 더 높게 통합하는 것이 예수 신화, 즉 기독교다.

제우스 생식, 스스로 문명화하며 문명의 씨를 뿌리다

제우스의 첫 여자는 메티스('지혜'), 신과 인간 들 모두를 합친 것보다 더 많은 것을 아는 여성 타이탄이었다. 제우스와 메티스 사이에서 난 자식이 제우스보다 강력할 것이며 그의 왕좌를 빼앗을 것이다…… 우라노스와 가에아가 그렇게 경고하자 제우스는 메티스와 그녀 배 속의 이제 막 태어나려는 태아를 한꺼번에 집어 삼키는 식으로 위험도 막고 스스로 '최고의 지혜'도 구현한다. 태아는 제우스 몸 안에서 성장, 훗날 갑옷과 창, 방패로 무장하고 제우스 머리 꼭대기에서 튀어나오는데, 그녀가 바로 아테나다. 제우스의 두번째 여자는 테미스('법'). 둘 사이에서 호라('계절')들, 즉 디케('정의'), 에우노미아('질서'), 이레네('평화') 세 여신과, 모이라들, 즉 운명의 세 여신(이들이 밤의 딸이라는 주장도 있지만)이 태어났다. 테미스는 헤라한테 밀려난 후에도 제우스 곁에 충고자로 머물렀으며 올림포스산에서 늘 존경받았다. 그다음 제우스는 므네모시네와 아흐레 밤을 함께 지냈고 때가 되자 므네모시네는 딸 아홉을 낳는데, 뮤즈들이다. 데메테르가 제우스를 거부하자 제우스가 소로 변하여 그녀를 범하니, 페르세포네(코레)가 태어났고, 바다요정 에우리노페와 제우스 사이에서 카리스들, 즉 세 명의 우아미 여신 아글라이아('빛나는 여인'), 탈레이아('활짝 핀 꽃'), 에우프로시네('기쁨')가 태어났다. 아욱소('성장한 여인')와 칼레('아름다운 여인')를 카리스들에 포함시키기도 한다. 제우스는 정식 결혼을 해주겠다는 약속을 하고서야 헤라를 품에 안을 수 있었다. 그리고 질투가 심한 아내 헤라는, 바람둥이 남편 제우스의 연인들에게 숱한 시련을 안긴다. 테티스는 프로메테우스의 예언 덕분에 제우스의 손아귀를 벗어나고, 코에오스와 포에베의 딸 아스테리아는 메추라기로 변신하여 바다에 투신, 떠도는 섬(오르티기아, 훗날 델로스)이 되는 식으로 제우스를 피하지만, 제우스의 유혹을 뿌리치지 못한 그녀의 여동생 레토는 헤라의 미움을 사서 온갖 불행을 겪은 후에야 비로소 쌍둥이 남매 아폴론과 아르테미스를 낳았다. 아틀라스와 플레이오네의 딸 마이아는 보다 재치 있게, '신과 연약한 인간 모두를 속이는' 달콤한 잠이 헤라를 붙들고 있는 동안 '신들의 눈을 피해' 어두운 동굴 깊은 곳에서 제우스와 밤을 지새우고, 헤르메스를 임신했다. 아틀라스의 둘째 딸 엘렉트라는 제우스에게 하르모니아(는 아레스와 아프로디테 사이에서 났다는 얘기도 있지만)와 다르다노스를 낳아주었다. 제우스는 아틀라스의 막내딸 타이게테도 노렸지만, 아르테미스가 그녀를 붉은 사슴 암컷으로 변하게 하여 구해주고, 훗날 제 모습을 찾은 타이게테가 진짜 붉은 사슴 암컷을 감사의 뜻으로 바치자 그 뿔에 금을 입히는데, 바로 헤라클레스의 열두 가지 노동에 나오는 그 금뿔이다. 타이게테가 제우스를 받아들여 라케다에몬을 낳았다는 이야기도 있다. 강의 신 아소포스의 두 딸 에기나와 안티오페도 제우스의 사랑을 받았다. 에기나는 독수리 혹은 불꽃으로 변신한 제우스가 오에노네 혹은 오에노피아 섬으로 데려가 살을 섞었고, 아에아코스가 태어났다. 그들을 찾아나선 아소포스는 딸을 납치한 자가 제우스라는 것, 그리고 그녀가 숨어 있는 곳을 시시포스한테서 알아냈으나, 딸을 막 찾을 즈음 제우스가 벼락을 쳐서 그를 강바닥으로 되돌린다. 그가 에기나와 제우스의 사랑 현장을 덮쳤고, 그의 노여움을 피하기 위해 제우스가 그녀를 섬으로 변신시키고 자신은 바위로 변신했다는 얘기도 있다. 안티오페는, 아소포스가 아닌 니크테오스의 딸이라는 설도 있는데, 제우스가 사티로스로 변하여 잠든 그녀를 그냥 덮쳐버리자 그 치욕을 숨기려고 시키온으로 달아나 그곳 왕 에포페오스와 결혼하고, 절망에 빠진 니크테오스는 동생 리코스에게 복수를 부탁한 후 자살하고, 리코스가 시키온을 공격, 에포페오스를 죽이고 안티오페를 사로잡아 오고, 안티오페는 엘레우테레에서 훗날 테베 전설의 쌍둥이 영웅 암피온과 제토스를 낳는다. 리카온의 딸 칼리스토는 아르테미스의 친구로 순결서약을 하지만 그녀의 뛰어난 미모에 반한 제우스는 아르테미스로 변신, 숲속에서 쉬고 있는 그녀에게 접근했고, 칼리스토가 진실을 깨달은 것은 너무 늦은 뒤였다. 칼리스토는 자신이 임신한 사실을 숨겼으나 어느 날 친구들과 함께 목욕을 하는 것을 보고 아르테미스가 그 사실을 눈치채고 만다. 제우스는 칼리스토를 곰으로 변신시켜 아르테미스의 분노를 피하게 했으나 아르테미스가 화살을 쏘아 그 곰을 맞히고, 죽어가는 칼리스토가 아르카스를 낳으니, 그가 바로 아르카디아인의 조상이다. 칼리스토는 큰곰자리가 되었다. 프라에토스의 딸 메라도 아르테미스를 따르다가 제우스한테 같은 꼴을 당하고 아르테미스한테 죽임을 당하면서 로크리인의 조상 로크리를 낳는다. 제우스가 사랑한 첫번째 인간 여성은 이나코스의 아들 포로네오스와 요정 라오디케의 딸 니오베. 그녀는 아르고스시의 창설자 아르고스를 낳았다. 제우스는 미케네와 티린스 사이의 옛 헤라신전에서 여사제를 지내던, 같은 포로네오스의 여동생 이오한테도 끌려 구름으로 변신한 후 그녀와 살을 섞었다. 그럼에도 불구하고 헤라가 의심을 하자 그런 적 없다고 발뺌을 하는 한편 이오를 하얀 암송아지로 변신시켜 아예 의심거리를 없앴으나, 헤라는 속은 척하면서 그 암송아지를 자신에게 선물로 달라고 조른 후 '모든 것을 보는' 아르구스에게 감시토록 했다. 아레스토르의 아들 아르구스는 아르카디아를 쑥대밭으로 만든 수소를 죽이고 타르타로스와 가에아의 괴물 딸 에키드나도 처치해버린, 힘이 엄청 센 거인이었으나 특히 눈이 백 개라서 50개의 눈이 잘 때도 다른 50개의 눈은 뜨고 있었는데, 제우스의 명에 따라 헤르메스는 피리 소리로 아르구스를 잠재운 후 머리를 잘라내고 이오를 구출했다. 헤라는 자신을 섬긴 아르구스의 눈들을 그녀가 좋아하는 새인 공작의 꼬리에 심어주니 그때부터 공작 깃털이 그토록 화려해졌다. 이오에 대한 헤라의 복수는 계속되었다.

페르세우스는 제우스가 다나에와, 디오니소스는 제우스가 세멜레와, 미노스, 라다만티스, 사르페돈은 제우스가 에우로파와, 헤라클레스는 제우스가 알크메네와, 헬레네, 폴리데우케스는 제우스가 레다와, 살을 섞은 결과였다. 이 밖에도 제우스는 아주 오랜 기간에 걸쳐 숱한 여인과 살을 섞고 숱한 자식을 만든다. 제우스와 결합, 카시오페이아가 이텀니오스를, 바다요정 플루토가 탄탈로스를 낳고, 물의 요정 아낙시테아와 헤시오네가 각각 아카이아, 올레노스시 창설자 올레노스와 보에오티아, 오르코메노스시 창설자 오르코메노스를 낳았다. 제우스는 오르코메노스의 딸 엘라라와도 몸을 섞고, 헤라의 질투를 피하기 위해 그녀를 대지 밑에 감추었으며, 그곳에서 그녀는 거인 티투스를 낳았다. 제우스는 데우칼리온의 두 딸, 프로토게니아와 티아, 그리고 헤파이스토스의 딸 탈리아와도 살을 섞고 자식을 만들었으며, 아카이아의 젊은 요정 프티아를 꼬드기려고 비둘기로 변신했다. 제우스의 자식을 모두 열거하려면 아직 한참을 더 가야 한다. 고대 그리스의 여러 지방, 심지어 작은 읍까지 제우스를 자기 조상의 아버지로 모시려고 기를 쓴다. 아니, 제우스의 애정행각은 마치 태양(신)이 자연을 햇빛으로 골고루 어루만지는 것과 같다.

올림포스산과 올림포스 신들, 인간 사회와 인간 성격을 닮다

> 바람도 눈도 그곳을 건드리지 못한다. 지상보다 순결한 공기가 그곳을 두르고 새하얀 명징성이 그곳을 덮으며, 신들은 맛본다, 그들의 생명처럼 영원히 이어지는 행복을……

올림포스산에 대해 호메로스는 이렇게 썼다. 크로노스를 몰아낸 후 크로노스

아들들이 제비뽑기를 하여, 제우스가 숭고한 에테르 영역을, 포세이돈이 파도 철썩대는 바다를, 그리고 하데스가 어두컴컴한 지하세계를 차지하지만, 올림포스산은 모든 신들이 함께 소유하고 함께 사는 곳으로 정한다. 올림포스산은 신의 거처답게 그 깎아지름과 주름 잡힘이 모두 거대하게 엄정하고, 남쪽에서, 그리스인의 눈으로 보면 실로 오늘날도 경건한 두려움을 불러일으킬 정도지만, 올림포스 신들의 계급사회는 인간의 그것을 닮고, 최고 계급을 이루는 열두 신의 성격 또한 인간의 그것을 닮았다. 올림포스 열두 신은 제우스(운명, 왕, 날씨), 헤라(여성, 결혼, 출산), 포세이돈(바다, 말, 지진, 강), 데메테르(농업, 내세), 아테나(기술, 상담), 헤파이스토스(금속 세공), 아레스(전쟁, 불), 아프로디테(사랑, 섹스), 아폴론(음악, 예언, 의술과 질병), 아르테미스(사냥, 수목지대, 처녀, 아이들), 헤르메스(여행, 교역, 가축), 디오니소스(포도주, 광기, 내세)로 인간생활의 모든 것을 관장하며, 모든 신자들의 숭배를 요구하고, 그것을 게을리하는 자를 벌주며, 관장 영역이 좁은 아르테미스와 아프로디테, 그리고 디오니소스는 벌이 더욱 엄하다. 디오니소스 대신 헤스티아('화로불')를 열두 신에 넣기도 한다. 하데스도 종종 열두 신에 끼워넣지만, 그는 죽은 자의 지배자로서 산 자의 삶에서는 아무 역할이 없고, 대개 숭배 대상이 아니며, 내세에 관해 숭배를 받는 것은 데메테르(와 페르세포네), 그리고 밀교의 디오니소스다. 헬리오스, 셀레네, 레토, 디오네, 테미스, 그리고 에오스는 올림포스산의 원로 격이고, 계절과 운수와 아름다움의 세 여신들, 뮤즈들, 이리스, 헤베, 그리고 가니메데는 신하들이다. 하데스는 올림포스산에 잘 들르지 않고 페르세포네 및 헤카테와 함께 자신의 지하왕국에 머문다. 이 사회를 제우스가 유일한 지배자로 다스리지만, 제우스도 운명은 어쩔 수 없다. 그는 자신의 아들 사르페돈을 살리고 싶었으나, 정해진 운명을 거스르면 세계가 혼돈에 빠질 것을 알았으므로 운명에 고개를 숙였다.

그리스 신화는 우주의 뼈대를 이루는 기본 존재들, 즉 지구, 바다, 하늘, 밤과 낮 등의 1)프로토고노이('맨 처음 태어난 것'), 2)자연 정령과 요정들, 3)인간한테 영향을 끼치는 잠, 죽음, 사랑, 미움 등의 정령들, 4)신들(하늘신들, 바다신들, 지하세계신들, 농업신들, 전원과 시골 신들, 올림포스 신들, 타이탄신들, 신화한 인간들), 5)올림포스 열두 신들, 6)괴물과 짐승, 그리고 거인 들에 관한 이야기고 이중 가장 중요한 것은 다섯번째 '올림포스 열두 신들' 이야기다. 그리스 도자기 회화는, 그리스 회화의 거의 전체를 이루며 신화를 일상화하는데, 제우스는 벼락과 연꽃 지팡이, 독수리 등이, 헤라는 연꽃 지팡이, 왕관, 사자 등이, 포세이돈은 삼지창 등이, 데메테르는 곡식, 연꽃 지팡이, 횃불 등이, 아테나는 헬멧, 방패, 창 등이, 헤파이스토스는 망치, 집게, 당나귀 등이, 아레스는 헬멧, 창 등이, 아프로디테는 에로스 등이, 아폴론은 칠현금, 월계관, 활과 화살 등이, 아르테미스는 활과 화살, 사냥용 창, 칠현금, 사슴 등이, 헤르메스는 날개 달린 모자(페페타소스), 메신저용 지팡이(카두케오스), 날개 달린 신발 등이, 디오니소스는 지팡이, 포도나무, 흑표범(팬더) 등이 상징물이다.

헤라, 결혼의 행복과 불행

'헤라(산스크리트어 스바르, '하늘')'는 원래 하늘의 여왕이자 처녀로 제우스와 그녀의 결혼은 훗날, 뚜렷하게 다른 두 숭배집단이 하나로 녹아들면서 생겨난 신화며, 남편 제우스와 아내 헤라의 싸움을 '하늘에 맞서 소동을 일으키는 여러 기상현상' 혹은 폭풍우를 설명하는 것으로 보기도 하고, 헤라 숭배집단이 제우스 숭배집단의 지배에 맞서 대항한 사회적 사실의 반영으로 보기도 한다. 어쨌거나 헤라는 곧 우주신 성격을 잃고, 결혼과 임신-출산과 가정과 과부를 보호해주는 신으로 된다. 헤라 숭배 중심지는 아르고스였고 미케네, 올림포스, 스파르타에도 헤라신전이 있었다. 제우스와 헤라의 결혼식에 신들이 하나도 빠짐없이 참석, 크게 기뻐하며 행진을 벌였고 운명의 세 여신들조차 결혼축가를 불렀다. 그녀는 제우스한테 두 딸 헤베(청춘과 봄의 여신) 및 일리티아(출산 고통의 어머니)와 두 아들 아레스 및 헤파이스토스를 낳아주었고, 제대로 꾸미면 바람둥이 남편 제우스조차 넋이 빠질 정도로 빼어나게 아름다웠으며, 그녀를 탐하는 자가 많았으나 어떤 틈도 주지 않고 정절을 지키는 대신, 남편이 바람을 피우는 것에 대해 질투가 심했고, 처음에는 제우스의 연인이 아니라 제우스를 직접 겨냥했다. 결혼 직후 제우스와 크게 다투고 올림포스산을 떠나 에우보에아섬으로 갔다가 제우스가 꾸민 짓궂은 장난에 속아 가짜 '제우스 신부' 를 공격하고 옷을 찢는 망신스러운 행동을 한 후 풀 죽은 모습으로 제우스와 재결합했으나, 헤라는 제우스가 계속 바람을 피우자 포세이돈과 아폴론, 그리고 아테나의 도움을 받아 제우스를 가죽끈으로 묶는 데 성공하고, 제우스는 테티스가 팔이 백 개인 거인을 불러 그들을 겁준 다음에야 풀려난다. 제우스가 저 혼자 아테나를 낳은 것에 격분한 헤라가 가에아와 크로노스 및 타이탄들을 불러내어 '힘이 결코 제우스 못지않은 아이' 를 혼자 힘으로 낳게 해달라고 하여 결국 끔찍한 괴물 티폰을 낳게 되었다는 이야기도 있다. 제우스는 반란을 일으킨 헤라를 마구 때려 상처를 입혔으며, 어머니를 지켜주려는 아들 헤파이스토스의 한쪽 발을 잡아채어 올림포스산 저 아래로 내던져버렸고, 헤라의 양쪽 발목에 각각 모루를 매달고 끊을 수 없는 금팔찌로 양손을 묶어 하늘에 거꾸로 매단 후 구름으로 둘러치기도 했다. 제우스에게 완전히 꺾인 후 비로소 헤라는 제우스 연인과 그 자식 들에게 복수를 하며 위안을 삼게 된다. 그들 외에도, 라오데몬의 딸 안티고네는 자기 머릿결이 헤라보다 낫다고 떠벌리다가 머리카락이 모두 뱀으로 변하는 벌(복수)을, 프로에토스의 두 딸 리시페와 이피아나사는 나무로 만든 헤라상을 업신여기다가 문둥병과 광증에 걸려 반쯤 벗은 꼴로 펠로폰네소스 일대를 돌아다니는 벌을 받았다. 프로에토스는 왕국의 3분의 1을 주면 딸들이 광기를 벗게 해주겠다는 예언자 멜람포스의 제안을 처음에는 거절하지만 두 딸의 상태가 점점 더 심해지자 결국 제안을 받아들인다. 그리고, 헤라는 '가장 아름다운 여인' 으로 헤라가 아닌 아프로디테를 뽑은 트로이 왕자 파리스를 끝까지 용서하지 않았고 트로이족 전체가 말살되고 나서야 비로소 만족했다. 결혼은 여성이 행복으로 가는 지름길이지만, 아주 행복한 결혼은 드물다…… 그리스 신화 속 여성과 결혼의 여신 헤라가 우리에게 전하는 메시지다.

아테나, 전쟁과 평화의 기술과 지혜

'아테나'는 산스크리트어 '때리다'에서, 아테나 여신을 자주 꾸미는 형용사 '팔라스'는 그리스어 '때리다' 혹은 '처녀'에서 나왔을 것이다. 아테나는 원래 폭풍우와 번개의 여신이었다. 그녀의 상징물인 방패는 원시시대 폭풍우 밤을 뜻했고, 그녀한테 따라붙는 수식어 '두 눈이 번쩍이는'도 그것을 암시한다. 하지만 아테나는 날씨신의 성격을 곧 벗고, 전쟁의 여신, 평화 시 산업의 여신, 그리고 지혜의 여신으로 발전했다. 가장 오래된 '전사 아테나'에 따라붙는 수식어는 프로마코스('대열 맨 앞에서 싸우는')와 알라코메네이스('적을 물리치는'). 이때 아테나는 읍과 아크로폴리스 들을 보호하는 여신이다. '전사 아테나'는 여러 괴물들을 죽이고 한번은 전쟁의 신 아레스까지 때려눕히며 영웅들(헤라클레스, 페르세우스, 벨레포폰, 이아손 등 아르고호 승무원들)을 돕고, 『일리아드』에서 보이듯 오디세우스의 전술을 지도, 그리스 동맹군이 트로이전쟁에서 최후의 승리를 거두게 하며, 『오디세이』에서 보이듯 온갖 모험을 겪는 오디세우스와, 그런 아버지를 찾아나서는 아들 텔레마코스까지 돕는다. 하지만 『일리아드』와 『오디세이』의 아테나는 이미 지혜의 여신이고, 평화 시 아테나는 무엇보다 에르가네('일하는 여성')다. 도자기 제작법과 말 길들이는 법을 가르치고 올리브나무 열매를 맺는 것도 그녀의 일이지만, 무엇보다 옷감을 짜고 수를 놓는 등 여성의 일에 최고의 솜씨를 보이며, 헤라는 아테나가 짜준 베일을 보고 그 솜씨를 질투, 아무도 아테나 솜씨를 능가하지 못하게 하였고, 아라크네가 아테나한테 수 솜씨 겨루기를 도전했다가 거미로 변했다. 아테나는 온갖 '쓸모 있는 일'의 수호신이지만, 예술을 싫어한 것은 아니다. 그녀가 피리를 만들었다는 이야기도 있다. 그리고, 그러나, 볼을 탱탱히 불리고 입술을 비죽 내민 채 피리를 부는 아테나의 꼴을 올림포스 신들이 비웃으므로 아테나가 피리를 내던져버리고 아무도 만지지 말라 했는데 사티로스 마르시아스가 그 피리에 감히 손을 댔다가 호된 벌을 받았다는 이야기도 있다. 그녀의 지혜는 수식어 프로노이아('미리 보는 자')를 낳았고, 그녀를 상담자 여신(보울라이아)으로 또 모임의 여신(아고라이아)으로 만들었다.

아테나 숭배 중심지는 당연히 아테네다. 아테나는 순결의 화신으로 사랑의 고통을 몰랐고, 숱한 영웅들을 도왔지만, 그들의 용기를 높이 쳐준 것이지, 그들의 남자다움에 여자로서 이끌린 적은 한 번도 없다. 티레시아스는 자기도 모르는 실수로 아테나의 알몸을 보고는 아테나의 벌을 받아 눈이 멀고, 벌이 너무 심하다는 여론에 밀린 아테나가 그 대신 예언 능력을 준 것이다. 절름발이 신 헤파이스토스가 아테나를 가까스로 껴안지만 아테나가 너무도 완강하게 몸을 빼니 그의 정액이 땅으로 스며들어, 즉 가에아와 결합하여 에리크토니우스를 낳게 된다.

아폴론, 야만과 이성 사이 '종합=문화화' 과정

아폴론은 예술과 이성을 대변하지만 이름에는 '파괴'의 뜻이 담겨 있으며 『일리아드』에서는 정말 '파괴자' 역할이 크다. 전형적인 그리스 신이면서 그는 트로이전쟁에서 트로이인, 즉 아시아인 편에 선다. 히타이트, 아라비아, 북유럽(도리스인들) 등 그의 출신에 대한 설이 그렇듯, 그의 역할과 기능은 복합적이고 모순적이며 서로 연결짓기 힘들다. 하지만, 바로 그러므로, 아폴론은 그리스 신화의 '종합=문화화'의 과정 그 자체를 가장 잘 보여준다고 할 수 있다. 그는 무엇보다 빛의 신, 태양의 신이지만, 태양 그 자체(헬리오스)가 아니며, '찬란하고(포에부스)' '아름답고(크산투스)' '황금 머리카락(크리소코메스)'이다. 열매가 무르익게 하며, 쥐를 죽이거나(아폴론 스민테우스) 메뚜기떼를 몰아내어(아폴론 파르노피우스) 작물을 보호한다. 햇빛의 신으로 그는 멀리서 화살을 쏘는 궁수신 혹은 급작스런 죽음의 신인 동시에 병을 고쳐주는 치료신이다. 아폴로는 점성과 예언의 신이기도 하다. 소아시아 및 그리스 전역의 아폴론 신탁소에서 사람들이 아폴론의 예언을 그의 여사제(시빌)들의 입을 통해 듣고, 최고 시빌 만토(티레시아스의 딸)가 훗날 델피로 가서 아폴론 숭배에 몸을 바치며, 훗날 아폴론이 그녀를 다시 소아시아로 보내 클라루스 신탁소를 창설케 하지만, 가장 유명한 신탁소는 역시 델피였다. 원래 그리스 점성술은 지하세계 신들 몫이었는데 태양의 신 아폴론이 실제로 그들 모두를 차례로 밀어내는 것을 보면, 그는 분명 이 기능을 가진 채 그리스로 이주해왔고, 그런 면에서 아시리아-바빌로니아 태양신 샤마슈를 닮았다. 하지만 아폴론의 다른 면, 이를테면 '양치기' 아폴론, '늑대의 신' 아폴론 혹은 '늑대를 죽이는' 아폴론은 그가 원래 도리스인의 주신(전원신)이었다는 추측도 가능케 한다. 이 밖에도 아폴론은 노래와 칠현금의 신, 즉 음악의 신이며, 건축가의 신이며, 항해와 식민지 건설의 신이기도 하다. 아폴론 이야기는 이렇다.

제우스와 결혼한 헤라가 제우스 전처 레토도 괴롭히므로 레토는 아폴론과 아르테미스를 밴 몸으로 온갖 곳을 찾아다니며 숨겨달라 하지만 모두 거절당하고 마지막으로, 떠다니는 오르티기아섬(제우스가 싫어 변신해버린 레토의 언니)이, 훗날 아폴론한테 그 메마른 돌섬 위에 화려한 신전을 짓도록 한다는 조건으로 그녀를 받아들인다. '레토는 빛이 들어오는 곳에서는 절대 아이를 낳을 수 없다'는 헤라의 맹서 때문에 포세이돈이 파도로 오르티기아섬을 감싸 빛이 들지 못하게 하는 동시에 바다 밑으로 기둥 네 개를 박아 섬이 떠다니지 않게 고정시켜주었다. 모든 신들이 레토의 출산을 축하하러 오르티기아로 몰려가지만 헤라는 출산의 여신 일리티아를 붙잡아두고, 그래서 레토의 산고가 아흐레 동안이나 계속되자 보다 못한 신들이 이리스를 올림포스산에 보내어 일리티아를 데려오고, 레토가 종려나무를 두 팔로 껴안고 무릎으로 부드러운 땅을 누르고, 그 땅이 미소 짓고, 마침내 아폴론이, 그리고 아르테미스가 빛 속으로 뛰쳐나오고, 신들이 모두 환호하고, 여신들이 두 아기를 부드러운 물에 씻기고, 가볍고 상큼한 흰 천으로 싸고 황금띠를 둘렀다. 아폴론 탄생 후 오르티기아섬은 새 이름 '델로스(찬란한 것)'를 얻는다. 출산 직후 레토는 헤라를 피해 델로스를 떠나고 테미스가 모유 대신 넥타르와 암브로시아를 먹이는 순간 아폴론은 어른의 힘을 갖고, 탄생 나흘 후에는, 헤라가 보내어 어머니와 자신을 해코지하려 했으나 포세이돈의 파도 때문에 그냥 파르나소스산 경사 수풀로 돌아간 거대한 뱀 피톤(티폰의 유모)을 찾아가서, 헤파이스토스가 만들어준 화살로 쏘아 죽이고 테살리로 망명, 피톤의 죽음을 정화한 후 월계관을 쓰고 다시 델피로 돌아왔다. 자신의 성지로 선택된 델피가 그사이 버려지고 자신을 숭배할 사제들을 뽑을 길이 없어 헤매던 아폴론은 바다 멀리 크레타인들이 탄 배가 보이자 곧 돌고래로 변한 후 배를 쫓아가 갑판 위로 뛰어올랐다. 크레타 선원들은 기겁을 했으나 그보다 더 놀랍게 노가 말을 듣지 않고, 배가 항로를 벗어나 펠로폰네소스반도를 돌고 코린트만으로 들어가 크리사해변에 닿아서야, 아폴론이 다시 제 모습으로 나타나 그들을 사제로 만들었다. 아폴론은 매년 늦가을이면 델피를 떠나 사나운 보레아스가 지배하는 리파에이산맥 너머 영원히 찬란한 하늘 아래 아폴론을 숭배하는 행복하고 덕이 넘치는 인종(히페르보레오스들)이 사는 땅으로 갔다가(그의 어머니 레토가 바로 이곳 출신이며, 늑대-암컷 모습으로 변장하고 델로스로 왔었다), 날씨가 좋아지면 하얀 백조 혹은 괴물 그리핀 들이 끄는 전차를 타고 다시 델피로 돌아온다.

아폴론은 무적의 하늘 궁수로서, 타이탄전쟁과 거인전쟁 때 아버지 제우스를 결정적으로 도왔고 헤라와 아르테미스 그리고 레토를 넘보는 거인들을 죽였다. 아폴론 숭배에 대한 모욕을 그는 결코 참지 않았다. 델피 참배를 방해하던 강력한 플레기안족 추장 포르바스, 활 솜씨를 겨뤄보자고 나선 궁수 에우리토스가 아폴론에게 죽임을 당했고, 아가멤논이 트로이에서 아폴론 사제 크리세스를 심하게 다루자 아폴론은 아흐레 동안 그리스군에게 화살을 퍼부어 숱한 병사들을 하데스의 왕국으로 보냈다. 신탁을 받지 못해 화가 난 헤라클레스가 신탁용 삼발이를 가져가버리자 아폴론은 내친김에 그와도 한판 붙어보고 싶었으나, 제우스가 직접 나서서 말리고 제우스 명에 따라 헤라클레스가 삼발이를 돌려주므로 뜻을 이루지 못했다. 올림포스 신들 중 아폴론의 위치는 특별했다. 그가 입장하면 모든 신들이 일어났고, 어머니 레토가 그의 활과 활통을 거두어 황금못에 걸고 제우스가 그를 반가이 맞으며 넥타르가 담긴 황금잔을 건네면 그제야 자리에 다시 앉았다. 아폴론에게 짓궂은 짓을 한 것은 그의 배다른 동생 헤르메스밖에 없다.

그러나, 그런 아폴론도 제우스한테 벌을 받은 적이 두 번 있다. 제우스에게 맞선 헤라의 반란을 도운 죄로 제우스는 아폴론과 포세이돈에게 트로이로 가서 1년 동안 트로이 왕 라오데몬의 신하 노릇을 하라 명한다. 포세이돈은 트로이 성벽을 지었고 아폴론은 이다산 언덕과 골짜기 수풀에서 왕의 소떼에게 풀을 먹였다. 그렇게 1년이 지났는데 라오데몬이 약속했던 보수를 주기는커녕 오히려 귀를 잘라버리겠다고 겁을 주자 아폴론은 트로이에 역병을 내리고 포세이돈은 바다괴물을 불러 들판의 사람들을 죽이게 한다. 제우스가 아폴론의 아들 아스클레피오스를 벼락으로 죽이자 아폴론은 그 번개를 제우스에게 주었던 키클롭스를 죽임으로써 제우스의 두번째 노여움을 산다. 아폴론은 그 벌로 페라에 왕 아드메투스의 암말과 암양 들을 돌보면서 인간 아드메투스를 정성껏 섬길 뿐 아니라 결혼을 돕고 목숨까지 구해준다. 아폴론은 칠현금을 만들었다(혹은 헤르메스한테서 받았다). 그가 칠현금을 연주하면 수사슴 암사슴, 그리고 숲속 맹수 들까지 뛰어놀았다. 아폴론한테 음악 시합을 제안한 것은 마르시아스. 아폴론을 따르는 뮤즈들과 프리기아 왕 미다스가 심판을 보았는데 미다스만 마르시아스 손을 들어주고 나머지는 모두 아폴론의 손을 들어주니, 승리한 아폴론은 미다스의 얼굴 양쪽에 당나귀 귀를 한 짝씩 갖다 붙이고 마르시아스는 산 채로 살갗을 벗겨 동굴 입구에 매달아놓는다.

힘과 아름다움과 젊음의 매력이 넘치는 아폴론이었으므로 숱한 요정들이 그를 사랑하고 그의 자식을 낳지만, 강신 페네이오스의 딸 다프네는 아폴론을 피해 달아나다가 아폴론의 두 팔이 자신의 몸을 휘감는 순간 가에아에게 도움을 청하고, 땅이 열리며 다프네가 사라지고 그 자리에 월계수가 솟아나자, 아폴론은 그것을 자신에게 성스러운 나무로 만든다. 인간 여성도, 그리고 여성의 아버지도 모두 그에게 홀딱 반했던 것은 아니다. 델피 소녀 카스탈리아는 아폴론을 피하여 우물에 몸을 던졌고 우물 이름으로 남았다. 아카칼리스다에달리온의 딸 키오네는 헤르메스의 아들 아우토클리코스와 아폴론의 아들 필람몬을 동시에 낳았으나 두 아들 모두 잘생겼다고 자랑하면서 아르테미스가 아이를 못 낳는 것을 비웃다가 아르테미스의 화살을 맞고 죽는다. 미노스의 딸 데이오네(아카칼리스라고도 부른다)는 리비아에서 아폴론을 몰래 만나 두 아들을 낳았는데, 그중 밀레투스는 미노스의 의심을 피해 숲속에서 아폴론의 보호를 받으며 늑대들과 함께 갓난아기 시절을 보내다가 목동에 의해 양육되고, 훗날 다시 미노스의 의심을 피해 소아시아로 가서 그나마 밀레투스시를 건설하지만 아르고스 왕 크로토포스의 딸 프시마테와 아폴론 사이에서 태어난 리누스는 태어나자마자 버려져 개들에게 잡아먹히고, 그 소식을 듣고 엄청난 슬픔에 빠진 프시마테가 사실대로 말하자 아버지 크로토포스가 딸을 죽이고, 크게 노한 아폴론이 그 즉시 아르고스에 끔찍한 역병을 내리고, 크로토포스가 쫓겨난 뒤에야 비로소 역병을 거둔다. 라피트족 왕 플레기아스의 딸 코로니스는 아폴론에게 몸을 열어주고 아들을 배지만, 아들을 낳을 무렵 아르카디아인 이스키스와 다시 결혼하고, 아폴론의 명으로 코로니스를 감시하던 까마귀가 곧바로 그 사실을 고하자 화가 머리끝까지 솟구친 아폴론이 까마귀를 저주, 까마귀 깃털이 새까맣게 변하게 만들고, 코로니스와 이스키스를 죽인다. 아폴론이 아르테미스에게 복수를 맡겼다는 이야기도 있는데, 아폴론이 와보니 두 사람 시체가 장작더미 위에 올려졌고 코로니스 시체는 이미 반쯤 불에 탄 상태였지만 막 태어나려는 아기를 아폴론이 불길에서 꺼냈고, 그가 바로 의학의 신 아스클레피오스다. 플레기아스가 군대를 몰고 델피로 쳐들어와 아폴론신전을 태우지만 곧 아폴론의 공격을 받고 타르타로스에 갇혀 잔인한 고문을 받게 된다. 에레크테우스와 프락시테아의 딸 크레우사와 아폴론의 사랑은 그리스인들의 조상을 낳는다. 어느 날 아크로폴리스 언덕에서 꽃을 따던 크레우사를 아폴론이 업어가 근처 동굴에서 살을 섞고 크레우사는 훗날 같은 곳에서 사내아이를 낳는데, 그가 바로 이온이다. 아폴론은 헤르메스를 시켜 이온을 델피로 데려오게 한 후 신전에서 일하게 하고, 그러는 동안 크레우사는 크수토스와 결혼하지만 둘 사이에 자식이 없어 부부가 델피를 찾으니 '두 사람이 제일 처음 만나는 사람을 아들로 삼으라' 하므로, 신전에서 나와 처음 만난 이온을 크수토스가 양자로 삼지만, 질투에 불탄 크레우사가 이온을 죽이려 하고 이온도 크레우사를 죽이려 하자, 델피신전 여사제장 피티아가 직접 나서 오해를 풀어주고, 이온이 크레우사의 아들이라는 사실도 밝힌다. 아테나는 크수토스에게 그 사실을 알려주고, 아폴론은 부부에게 앞으로 두 아들 도로스와 아케오스를 얻게 되리라 약속한다. 도로스는 도리스인의, 아케오스는 아케아인의, 그리고 이온은 이오니아인의 조상이다. 아폴론은 트로이 왕 프리암의 딸 카산드라를 사랑하여 그녀에게 예언 능력을 주었으나 카산드라가 약속을 어기고 몸을 열지 않자, '단 한 번의 입맞춤' 중 그녀의 설득력을 빼앗아버리고 그후 카산드라는 아무도 믿지 않는 예언을 계속하다가 아가멤논과 함께 클리템네스트라에게 살해된다. 아폴론은 여자뿐 아니라 남자도 사랑했다. 라코니아 왕 아미클라스의 아들 히아신토스를 아폴론과 보레아스, 제피로스가 모두 사랑했는데, 히아신토스는 아폴론의 사랑만 받아들였고, 질투에 불탄 보레아스와 제피로스는 둘이 원반놀이를 할 때 원반의 방향을 틀어 히아신토스의 머리를 때리게 했고, 죽은 히아신토스가 흘린 피에서 히아신스 꽃이 피어났다.

아르테미스, 처녀성의 순결과 분노

아르테미스도 아폴론처럼 여러 신이 한데 뭉친 결과다. 원래 아르테미스는, 전원의 신 아폴론의 복제판으로, 아르카디아에서 특히 숭배받던 농업(사냥과 수풀)신이었고, 그녀를 상징하는 짐승인 암컷 곰은 '아르카디아 아르테미스'를 켈트 신화 아르티오 여신(그녀의 상징 동물도 암컷 곰이다)과 연결시키지만, 어쨌거나 아르테미스는 처음부터 아폴론의 성격을 나눠 갖는다. 이를테면, 햇빛이 아니라 달빛의 여신이고, '달의 여신' 자리도 점차 셀레네에게 물려주지만, '빛의 신'으로서 기능은 아폴론과 같으며, 그녀도 아폴론처럼 활과 화살통을 갖고 다니고, 아폴론처럼 '(여성) 파괴자' 칭호를 가지며, 아폴론처럼 갑작스러운 죽음을 내린다. 그 대상이 아폴론과 달리 주로 여자일 뿐이다. 자신을 존중하는 자들에게 번영을 가져다주는 것은 물론이다. 그리스 전역에 아르테미스신전이 있지만, 숭배 중심지는 역시 아르카디아다. 아르테미스 이야기는 이렇다.

아르테미스의 어린 시절도 아폴론처럼 험난했다. 태어나자마자 아버지 제우스를 찾아가서 장식이나 보석이 아니라 짧은 웃옷과 사냥용 부츠, 활과 화살통을 달라 했던 그녀는 피톤을 죽이러 가던 아폴론을 따르고, 테살리로 망명도 함께하지만, 얼마 후 숲이 우거지고 산맥이 험한 아르카디아가 마음에 들어 그곳을 거처로 삼고, 오케아노스의 자식 60명과 빠른 사냥개들, 그리고 사냥개를 보살피는 요정 20명을 거느리고 사냥을 즐기며 아폴론처럼 훌륭한 솜씨로 화살을 날렸고, 발 빠른 수노루든 사나운 짐승이든 그녀의 화살을 피하지 못했으며, 사냥이 시들해지면 아르테미스는 깨끗한 샘물에서 일행과 목욕을 하며 피로를 씻어냈다. 그녀는 남자와의 사랑을 전혀 몰랐고, 심지어 합법적인 결혼의 기쁨도 경멸, 일행에게 엄격한 순결서약을 강요했다. 칼리스토는 아르테미스로 변신한 제우스에게 몸을 빼앗겼지만 아르테미스의 화살에 죽임을 당했고, 사냥꾼 악테온은 목욕하는 아르테미스의 몸을 훔쳐보다가 사슴으로 변하여 자신의 사냥개들한테 갈가리 몸을 찢겼다. 하지만, 그런 아르테미스도 한번은 아름다운 거인 사냥꾼 오리온한테 마음을 빼앗긴다. 어느 날 함께 세상을 돌아다니던 제우스, 헤르메스와 포세이돈은 보에오티아, 히리아의 왕 히리에오스가 친절하게 대해준 것이 고마워 그에게 소원을 물었다. 그가 '아들 하나' 라고 하자 세 신은 암소 가죽에다 오줌을 누어 땅에 묻으니 아홉 달 만에 땅에서 솟아나온 오리온은 몸이 바닷속을 걸어도 머리가 밖으로 나올 정도로 컸고 힘도 엄청났으며 사냥개 시리우스와 함께 사냥을 즐겼다. 그의 아내 시데가 자신이 헤라보다 아름답다고 떠벌리다 타르타로스에 갇힌 뒤, 오리온은 키오스섬 지배자 오에노피온의 딸 메로페를 사랑했으나 그 섬의 온갖 맹수들을 처치해주었는데도 딸을 주지 않자 강제로 살을 섞고, 오에노피온은 디오니소스의 도움으로 그를 잠재운 후 두 눈을 뽑아버리지만, 태양을 향해 걸으면 시력이 돌아온다는 사실을 신탁에서 알아낸 오리온은 헤파이스토스 아들 케달리온의 안내를 받아 렘노스로 향하고 시력을 찾은 후 크레타로 향해, 사냥을 하다 아르테미스와 마주치게 되었다. 아르테미스는 결혼을 생각할 만큼 오리온한테 반했으나 아폴론이 끔찍한 훼방을 놓는다. 수영 솜씨도 뛰어났던 오리온이 바다 멀리로 헤엄쳐, 수평선의 한 점처럼 보이게 되자 아폴론이 아르테미스를 꼬드긴다. 저기 저 한 점을 누가 맞히나 내기하자…… 그것이 오리온인 줄 몰랐던 아르테미스가 내기를 받아들이고 활시위를 당겨 화살을 날리니 화살은 그녀가 사랑했던 오리온의 관자놀이를 꿰뚫어버린다. 오리온이 키오스섬에서 아르테미스와 함께 사냥을 하다가 감히 그녀의 몸을 만지려 하자 아르테미스가 치명적인 전갈을 불러 그를 물어 죽이게 했다는 이야기도 있다. 제우스가 아스켈피오스를 벼락으로 죽인 것은 그가 오리온을 되살리려 했기 때문이다. 하데스의 왕국에서도 오리온의 그림자가 오리온의 놋쇠몽둥이로 맹수 사냥을 계속했다. 하늘나라로 올라가 오리온자리가 되었다는 이야기도 있다. (오리온자리는 겨울밤에 빛나지만 전갈자리가 나타나면 빛을 잃는다.) 아폴론이 거인들을 죽일 때 아르테미스도 도왔으며, 암피온과 결혼하여 아들 여섯 딸 여섯을 낳은 탄탈로스의 딸 니오베는 자신의 자식 복이 레토보다 낫다고 떠벌리다가 키오네보다 더 혹독한 벌을 받았다. 아폴론과 아르테미스가 화살을 쏘아 니오베의 열두 자식 모두를 죽여버리니 슬픔을 못 이긴 니오베는 자신을 바위로 만들어달라고 제우스에게 호소한다. 아르테미스는 자신을 조금만 무시하더라도 발끈했다. 아폴론과 사이가 좋았던 아드메투스도 결혼식 때 아르테미스에게 예물을 바치는 것을 까먹은 탓에 신방이 뱀으로 들끓는 무시무시한 꼴을 당했고, 에톨리아, 칼리돈의 왕 오에네오스는 작물 첫 열매를 아르테미스한테 바치는 것을 까먹은 죄로 괴물 멧돼지 한 마리가 그의 왕국을 황폐화하고, 그 괴물을 잡는 과정과 그후 전 가족이 모두 죽는 벌을 받았다. 아가멤논이 아르테미스의 신성한 숲에서 사슴 한 마리를 죽이므로, 혹은 그가 스스로 아르테미스보다 더 사냥을 잘한다고 떠벌리므로, 아르테미스는 아가멤논이 이끄는 그리스 함대를 아울리스항에 역풍으로 묶어놓고, 아가멤논이 자신의 딸 이피게니아를 희생으로 내놓은 후에야 비로소 순풍을 보내준다. 아르테미스는 죄 없는 이피게니아를 불쌍히 여겨 희생 직전 낚아챈 후 타우리스로 데려가 아르테미스의 사제로 만든다. 아르테미스는, 다시 아폴론처럼, 보다 더 부드러운 면도 있었고, 그녀 또한 음악의 신으로, 사냥이 끝나면 풍요로운 델피 땅 드넓은 집에 사는 오빠를 찾아가 뮤즈들과 합창을 하기도 했다.

헤르메스, 짓궂게 장난치며 기꺼이 돕다

어떻게 보면 헤르메스는 원래 황혼 혹은 날씨의 신이었던 듯하지만, 그보다는 트라키아의, 매우 오래된 펠라스기족 신으로, 특히 아르카디아 목동들이 숭배했으며, 목동의 가축떼를 보살피고 오두막을 보호하는 역할이었을 가능성이 더 크다. 그리스인들이 다소 투박한 헤르메스상을 문간에 놓아두는 것은 그 때문이다. 도리스인 침략 이후 아폴론한테 밀려 권위가 줄면서 헤르메스는 다른 성격을 띠기 시작, 무엇보다 위험한 길을 가는 여행자의 신으로 된다. 시골 길이 갈라지는 곳과 읍내 갈림길에 그의 상이 놓이고 이 역할이 확대되어, 헤르메스는 죽은 자의 영혼을 지하세계로 안내하는 일도 떠맡게 된다. 헤르메스는 상업과 이득(불법적이든 합법적이든), 웅변(장사치는 말을 잘해야 하므로), 그리고 운이 좌우하는 게임의 신으로 되기도 하였다. 제우스의 전령 노릇도 하며, 끊임없이 제우스의 명을 지상으로 전하면서 아주 까다로운 일을 떠맡는다. 아주 바삐 움직이므로 운동선수들도 좋아했고 그래서 수식어 '시합을 주관하는' 도 갖게 되고, 올림피아 경기장 입구에 그의 상이 세워지고, 헤르메스는 달리기와 권투를 발명한다. 헤르메스 이야기는 이렇다.

아르카디아 킬레네산 동굴에서 태어난 헤르메스는 바로 그날 짓궂은 장난기가 발동, 요람에서 슬그머니 빠져나와 피에리산에 오르더니 아폴론이 맡아 보살피던 천상의 암소 중 50마리를 떼어내고는 밤을 틈타 알페오스둑으로 몰고 가는데, 암소들이 거꾸로 걷게 하여 발자국을 반대 방향으로 돌려놓고 자신도 타마리스크와 도금양 가지를 엮은 거대한 신발을 조심스레 끌었다. 가장 살찐 암소 두 마리를 뺀 나머지는 동굴에 몰아넣고 입구를 닫은 뒤 헤르메스는 월계수 가지를 문질러 낸 불로 두 마리 암소를 굽고 같은 크기 열두 쪽으로 나누어 올림포스 열두 신을 기리고는 다시 킬레네산으로 올라갔고, '가을의 숨결' 처럼 열쇠구멍으로 스며든 후 다시 요람에 눕는다. 다음 날 암소들이 없어진 것을 알게 된 아폴론은 점을 쳐서 어젯밤 일어난 일을 짐작, 킬레네산으로 달려가지만 아기 헤르메스는 시치미를 떼고, 아폴론은 그런 그를 두 팔로 안고 올림포스산 제우스 법정으로 데려가니 제우스는 새로 태어난 아기가 그토록 꾀가 많으니 흐뭇할밖에 없지만, 아폴론 또한 아끼는 자식이었으므로 헤르메스에게 암소들을 돌려주라고 명한다. 그후에도 아폴론은 암소 도둑 헤르메스를 호되게 꾸짖곤 했지만, 영리한 헤르메스가 스스로 고안한 악기 덕분에 둘은 완전히 화해하게 된다. 야간 산책을 나갔다가 거북을 발견한 헤르메스는 반짝이는 끌로 안을 비우고 암소 가죽을 갈대로 묶어 씌운 후 그 위에 양 창자 줄 일곱 개를 배열, 첫 칠현금을 만들었는데 아폴론에게 그 소리를 들려주니 화를 내다 말고 너무도 황홀해하는지라 그 자리에서 그 악기를 선물로 주었던 것. 아폴론은 그 보답으로 찬란한 채찍 혹은 황금지팡이를 주고 천상의 암소들을 그 대신 보살피게 하니 그때부터 아폴론은 음악의 신으로, 헤르메스는 가축떼의 보호자로 되고, 둘의 우애는 깨진 적이 없다. 헤르메스는 숱하게 아폴론을 도우며, 특히 갓 태어난 아폴론의 아이들 몇을 손수 맡았다. 짓궂은 장난에도 불구하고 헤르메스는 온갖 신들의 호감을 샀고 헤라조차 앙심을 품지 않았다. 헤르메스는 기꺼이 도왔고 그의 꾀는 큰 도움이 되었다. '거인전쟁' 때 몸을 안 보이게 만들어주는 하데스 모자를 쓰고 거인 히폴리토스를 죽였으며 티포에오스에게 사로잡힌 제우스를 구해주고, 거인이 잘라낸 제우스의 신경줄을 다른 것으로 교체, 제우스의 힘을 되찾아준다. 제우스의 애정행각에 헤르메스는 반드시 필요한 존재다. 그는 아르구스를 죽이고 이오를 구하며, 아기 디오니소스를 이모 이노에게 데려다준다. 아레스가 거인들에게 포로로 붙잡히고 13개월이 지나도록 신들이 그 사실조차 모르는 판에 아레스를 찾아내어 구출한 것도 그고, 판다레오스가 훔친 제우스의 황금개를, 이리스의 도움으로, 탄탈로스 거처에서 찾아내는 것도 그다. 헤르메스는 영웅도 보호, 흔들리는 페르세우스의 용기를 회복시켰고, 헤라클레스가, 그리고 오르페우스가 (아내를 찾아) 지하세계로 내려갈 때 그 곁을 지켰다. 헤르메스는 인간사에 직접 깊숙이 끼어들기도 한다. 그가 그리스 병사를 깊은 잠에 빠져들게 했으므로 프리암은 아들 헥토르의 시체를 트로이 성벽 안으로 들여올 수 있었다. 그가 준 마법의 풀 덕분에 오디세우스는 키르케의 주문에 걸리지 않았고, 에우보에아인들이 타나그라 시를 공격했을 때 헤르메스는 그 도시 청년들의 선두에 서서 침략자를 막았다. 죽은 영혼을 지하세계로 인도하지만, 헤르메스는 거꾸로 죽은 영혼을 빛의 세계로 인도하기도 한다. 탄탈로스가 자기 아들을 토막냈지만 그가, 제우스의 명으로, 토막을 끼워맞추어 다시 살려낸다. 헤르메스는 여러 여신(페르세포네, 헤카테, 아프로디테), 숱한 요정 및 인간 여성 들과 사랑을 나누었다. 그의 자식 중 가장 유명한 것은 드리옵스의 딸이 낳은 아르카디아 시골뜨기 신 판이다. 가끔 마르시아스와 혼동되는 판은 온몸이 털로 뒤덮이고 머리에 뿔이 달린 데다 염소 다리로 태어나 질겁한 어미가 내다버리라 했지만, 헤르메스가 토끼 가죽으로 감싸 올림포스산으로 데려왔고 신들은 좋은 구경 났다며 좋아했다. 키오네가 낳아준 아들 아우톨리코스는 손으로 만지면 무엇이든 눈에 보이지 않게 되는 능력을 헤르메스한테 선물받고 그 능력으로 온갖 물건을 훔치는데, 결국 시시포스 암소에 손을 대다 시시포스한테 덜미를 잡힌다. 펠롭스가 죽인 미르틸로스도 헤르메스의 아들이다.

아레스, '성=아름다움'의 연인이자 적인 전쟁

아레스는 트라키아 출신이고, 전쟁, 사납고 맹목적인 용기, 피비린 분노와 학살의 단순한 신으로 역할이 얼마 되지 않지만, 무엇보다 아프로디테의 연인이었고, 그리스 전역에서 숭배와 두려움의 대상이었다. 숭배 중심은 트라키아와 스키티아. 그는 어머니 헤라를 닮았고, 제우스가 제일 싫어하는 올림포스 신이다. 아레스와 아테나는 같은 전쟁의 신이지만, 아테나가 냉철하고 지성적인 반면 아레스는 본능적으로 전쟁을 욕망하며, 아프로디테가 낳아준 세 아들 중 하르모니아('조화')를 제외한 두 아들 데이모스(두려움)와 포보스(공포), 그리고 '분노를 삭일 줄 모르는' 에리스(갈등), '도시의 파괴자' 에뇨, 그리고 죽은 자의 검은 피를 마시고 싶어하는 음산한 케레들을 거느리고 싸움터를 돌아다니며 양쪽에 치명상을 입힌다. 아테나의 모습만 보아도 아레스는 불같이 화를 내며 트로이전쟁 때 아테나가 그리스 편을 든 반면 아레스는 트로이 편을 들었다. 트로이평원에서 마주치게 되자 아레스가 아테나의 방패를 쳤으나 아테나는 한 걸음 물러서더니 경계석으로 놓아둔 거대한 흑돌을 집어들어 아레스의 목을 겨냥하고, 아레스가 무릎을 꿇고 쓰러지니 몸이 칠 에이커 땅을 덮고, 아테나가 말한다. 멍청한 놈! 내 힘이 너보다 세다는 것을 아직도 모르느냐? 그는 거인들에게 포로로 잡힐 뿐 아니라 헤라클레스와 싸우다가도 상처를 입고 신음소리를 흘리며 올림포스산으로 돌아온다. 아레스 이야기는 이렇다.

아프로디테는 자신의 남편보다 잘생기고 힘이 좋은 아레스한테 반하여 꼬리를 치고, 아레스는 헤파이스토스가 집을 비울 때마다 아프로디테와 사랑을 나누고 그것을 눈치챈 헬리오스가 헤파이스토스에게 사실대로 고하자 헤파이스토스는 아주 가늘어서 눈에 보이지 않지만 절대로 찢어지지 않는 그물을 몰래 만들어 침대 위에 걸어놓았다가 몸을 섞은 아레스와 아프로디테를 그 그물로 사로잡고는, 모든 신들을 불러 구경하게 했다. 개망신을 당한 아레스는 트라키아산맥 속으로 몸을 숨기고 아프로디테는 키프로스섬 파포스로 달아난다. 아레스와 아프로디테 사이에서 태어난 딸이 훗날 카드무스의 왕비 하르모니아다. 아레스는 자식 운도 좋지 않았다. 요정 아그라우로스가 낳아준 딸 알키페가 포세이돈의 아들 할리로티오스에게 겁탈당하자 아레스가 그를 죽여버리고, 포세이돈은 아테네 아크로폴리스 앞 언덕에서 열리는 올림포스 열두 신들의 법정으로 아레스를 부른다. 아레스는 무죄 선고를 받지만, 이 일로 이 언덕이 아레오파고스로 명명되고, 훗날 죄수들이 이곳에서 재판을 받게 된다. 크리세가 낳은 플레기아스는 아폴론이 죽였다. 펠로페이아(혹은 피레네)가 낳은 키크노스는 템페 지역 여행자들을 죽여 그 뼈로 아버지 아레스의 신전을 짓다가 헤라클레스한테 도전, 죽임을 당했고, 아레스가 헤라클레스한테서 부상당한 것이 이때다. 강신 아소포스의 딸 하르피나가 낳은 오에노마오스는 사위한테 죽임을 당할 것이라는 예언을 듣고서도 아버지 아레스한테서 선물받은 날개 달린 말만 믿고 '전차 시합에서 나를 이겨야만 내 딸 히포다메이아를 주겠다' 큰소리를 치지만 바로 딸의 배신 때문에 전차 시합중 죽는데, 그 사위가 바로 펠롭스다. 인간 중에는 케페오스의 딸 아에로페가 아레스의 자식을 배었는데, 아들 아에로포스를 낳다가 죽었다. 아레스는 갓 난 아에로포스가 죽은 어미의 젖을 빨 수 있게 해주었다.

헤파이스토스, '성=아름다움'의 남편이자 적인 대장장이

아시아 신으로 리키아 출신인 헤파이스토스는 원래 번개신이었을지 모른다. 그의 절뚝걸음이 번개의 지그재그라는 주장도 있다. 하지만 아주 오래전부터 헤파이스토스는 지상의 불 혹은 화산의 신화였다. 그에 대한 숭배가 맨 처음 일어난 곳은 화산섬 렘노스다. 그후 이타카로 들어오면서 그가 대표하는 불은, 화산과 달리, 파괴하지 않고 오히려 금속을 녹여 문명을 만들게 해주는 고마운 불이고, 헤파이스토스는 대장장이 신, 공예의 신, 장인의 신으로 된다. 제우스와 헤라가 정식 결혼도 하기 전에 임신이 된데다 태어났을 때부터 두 다리를 절었으므로 헤라는 그를 낳자마자 올림포스산 꼭대기에서 바다 깊숙이 내던져버리지만 네레우스의 딸 테티스와 오케아노스의 딸 에우리노메가 그를 받아 깊은 동굴 속에서 몰래 키우고 그는 두 요정에게 신기한 물건들을 숱하게 만들어준다. 9년 후 헤라는 매우 아름다운 황금왕좌를 그로부터 선물받았다. 그런데, 그녀가 기뻐하며 덜컥 앉자마자, 의자가 그녀 몸에 철썩 달라붙더니 도무지 떨어지지 않았다. 황금왕좌는 헤파이스토스의 선물이 아니라, 복수였던 것. 헤파이스토스는 깊은 바닷속에서 안 나오겠다 버티고, 아레스가 힘으로 끌어내려 했으나 그가 불덩이를 던져 날려 버리고, 디오니소스가 술을 먹여 잠들게 한 후 겨우 데려왔지만 헤파이스토스는 계속 버티다가 가장 아름다운 여신 아프로디테를 아내로 달라는 조건이 받아들여지고 나서야 헤라를 풀어주었다. 그후 헤라와 아들 헤파이스토스는 화해했다. 어머니를 때리는 아버지 제우스를 말리다가 제우스에 의해 내팽개쳐졌을 때 그는 하루 종일 허공을 떨어져내리다가 렘노스산에 떨어져 산산조각이 났으나 신티안들이 몸조각들을 모아주었다. 올림포스산에다 그 신들의 청동장식 궁궐을 지어주고 더 화려한 자신의 궁궐 안에 대장간을 두었다. 그가 황금으로 만든 두 소녀 동상이 그가 부르면 달려와 그가 걸을 때 절뚝거리지 않도록 부축했다. 헤파이스토스는 지상의 렘노스섬에도 자신의 대장간을 세웠는데, 모스킬로스화산이 뿜어내는 불덩이와 둔한 우르릉 소리는 그 안의 대장간에서 나오는 것이다. 아들 케달리온이, 오리온을 안내했을 때 말고는 언제나 아버지 곁에서 일을 도왔다. 프로메테우스가 불을 훔친 곳이 바로 렘노스산 대장간이다. 훗날 그는 시칠리아로 자리를 옮겨 에트나화산에 마지막으로 자리를 잡고 이곳에 티포에오스를 가두었는데 지진과 용암 분출은 이 괴물이 빠져나오려 기를 쓰는 것이지만, 헤파이스토스가 괴물 머리에 무거운 모루를 올려놓고 청동과 쇠를 두들겨대므로 괴물이 빠져나올 길은 없다. 제우스의 황금왕좌, 홀과 벼락, 방패, 헬리오스의 날개 달린 전차, 아폴론과 아르테미스의 화살, 데메테르의 낫, 헤라클레스의 가슴받이-등받이 갑옷, 펠레우스의 무기, 아킬레우스의 갑옷과 투구, 하르모니아의 결혼식 목걸이, 아리아드네의 머리띠 장식, 아가멤논의 홀, 오에노피온의 지하무덤, 제우스가 아프로디테에게 준 황금잔, 디오니소스가 아리아드네에게 준 꽃병, 페르세우스의 수금과 아도니스의 사냥도구, 알키노우스 궁정의 황금개와 백은개, 크레타 나무를 지키는 청동거인 탈로스, 신들의 회의 때 저절로 굴러다니는 황금바퀴 삼발이, 코에서 불을 뿜는 청동수소 등 그가 만든 것들은 숱하고숱하다. 첫 여자 판도라가 탄생 당시 썼던 황금왕관 또한 헤파이스토스 작품이다. 헤파이스토스는 '제작'에 관한 한 불가능이 없었지만, 사랑도 그랬던 것은 아니다. 헤파이스토스는 아테나가 태어나기도 전에 이미 그녀를 사랑했고, 제우스가 아내로 주겠다고 약속한 후에야 제우스 머리를 도끼로 깨고 아테나가 태어나도록 했지만, 제우스는 약속을 지키지 않았고, 아테나도 그의 사랑을 끝내 거부한다. 아테나는 천상의 불, 헤파이스토스는 지상의 불이었다. 에피다우로스 교외에서 여행자들을 청동몽둥이로 때려죽이다 테세우스한테 죽임당하는 페리페테스가 헤파이스토스의 아들이다. 헤파이스토스의 일을 가장 많은 도운 것은 타르타로스에 갇혔다 풀려나면서 제우스에게 천둥과 번개, 그리고 벼락을, 하데스에게 청동모자(훗날 헤르메스가 쓰게 되는)를, 그리고 포세이돈에게 삼지창을 선물했던 첫 키클롭스다.

아프로디테, 전쟁의 연인이자 적인 '성=아름다움'

원시 그리스인들의 '사랑의 여신'은 아프로디테가 아니었다. 아프로디테는 원래 페니키아 신으로 아시리아-바빌로니아 신화의 이슈타르 혹은 시리아-페니키아 신화의 아스타르테처럼 풍요신이었다가 페니키아 무역소 키테라, 그리고 키프로스로 나아가고, 그리스 전역, 그리고 시칠리아까지 전해지면서 1)아프로디테 우라니아('천상의 아프로디테', 순수하고 이성적인 사랑의 여신), 2)아프로디테 게네트릭스('어머니 아프로디테', 결혼의 여신), 3)아프로디테 판데모스 혹은 포르네('상스러운' 혹은 '창녀' 아프로디테, 성욕의 여신)의 성격을 모두 갖게 된다.

> 잘려나간 우라노스의 생식기 거품에서 태어난 아프로디테가 제피로스의 부드러운 숨결에 실려 파도를 헤치고 키테라해변을 따라가다가 키프로스해변에 닿으니 호라들이 화려하게 옷을 입히고 보석으로 치장한 후 신들이 모인 곳으로 이끌고, 사랑과 부드러운 욕망이, 그리고 히메로스(연애-결혼의 여신)가 그녀를 호위한다. 신들은 그녀의 아름다움에 눈이 휘둥그레지고, 모두 그녀를 아내로 삼고 싶어했다. 헤라의 아름다움은 존경을 부르고, 아테나의 아름다움은 너무 엄격했지만, 아프로디테의 아름다움은 사랑과 욕망을 부르는 여성미 그 자체였다. 파리스가 훗날 아프로디테를 '가장 아름다운 이'로 뽑은 것은 당연했다. 헤라와 아테나는 파리스의 선택을 트로이 멸망으로 보복하지만, 파리스의 선택 이후 아프로디테와 아름다움을 겨루려 했던 여신은 없으며, 아테나와 아르테미스, 그리고 헤스티아를 뺀 나머지는 모두 그녀의 아름다움에 넋을

빼앗기기 일쑤였다. 헤라는 제우스의 바람기가 발동할 때마다 아프로디테의 마법 허리띠를 빌려 남편의 마음을 사로잡으려 하였다. 제우스는 자신의 마음을 흩뜨리고, 주책없게 만들고, 인간 여성의 꽁무니를 쫓게 만드는, 심지어 미소년 가니메데한테까지 푹 빠지게 만드는 아프로디테가 괘씸하여 거꾸로 그녀가 인간 남자에게 반하게 만들고, 그녀가 트로이인 안키세스한테 정말 홀딱 반하면서, 트로이 이후 로마의 시작이 이미 정해진다. 아프로디테는 자신을 프리기아 왕 오트레오스의 딸이라 속이고 안키세스와 살을 섞은 후 아침이 되어서야 제 모습을 드러냈다. 불멸의 여신과 같이 잤기 때문에 빠른 속도로 늙을 것을 걱정하는 안키세스를 안심시키고 그녀가 말한다. 신처럼 위대한 아들을 낳아주겠으니 절대 아이의 어머니가 누군지 말하지 마라…… 그 아이가 바로 로마의 조상 아이네이아스다. 전쟁의 신 아레스의 연인이지만, 그리고 트로이전쟁중 트로이 편을 들지만, 아프로디테가 싸움을 잘했을 리는 없다. 어느 날 그녀가 아이네이아스에게 쏟아지는 그리스군의 화살들을 자신의 베일 주름으로 막아주는 것을 디오메데스가 눈치채고 공격, 창끝이 그녀의 부드러운 손을 살짝 스치자 질겁한 그녀가 허둥지둥 올림포스산으로 돌아가니 아테나가 조롱까지 하므로 독한 마음으로 제우스한테 불평을 늘어놓지만, 제우스는 미소를 지으며 이렇게 말한다. 애야, 전쟁이 너랑 무슨 상관이란 말이냐. 가서 달콤한 사랑에나 신경을 쓰지 않고…… 아프로디테가 사랑한 인간은 안키세스뿐이 아니다. 페니키아인들은 아스타르테의 연인 아도니스를 아프로디테의 연인으로 만들었다. 키프로스 왕 피그말리온이 조각한 여인상 갈라티아를 살아나게 한 것이 아프로디테다. 아프로디테가 불어넣은 사랑의 열정 때문에 메데아와 아리아드네는 아버지를 배신하고, 스파르타 왕 메넬라오스의 왕비 헬레네는 트로이 왕자 파리스를 따라나서며, 크레타 왕 미노스의 왕비 파시파에는 수소와 사랑을 나눈다. 하지만, '사랑의 열정' 은 그녀의 아들 하나를 이상한 존재로 만들었다. 헤르메스와 살을 섞은 후 태어난 아들 헤름아프로디테를 그녀는 즉시 이다산 요정에게 맡겨 출산 사실을 감추는데, 15년 후 수풀 우거진 산속에서 사냥을 즐기는 거칠고 야만적인 청년으로 자라난 헤름아프로디테가 어느 날

카이라를 지나다 한 호수 물이 하도 맑고 투명하여 목욕을 하자, 그 호수를 다스리는 요정 살마키스가 그를 보고 반하여 사랑을 고백하고, 수줍은 그가 계속 밀어내지만 그녀는 아랑곳하지 않고 양팔로 그를 껴안은 채 입맞춤을 퍼붓고, 그대로 계속 그가 거부하자 저주인 듯 기도인 듯 소리친다. 오, 매몰찬 분. 하지만 소용없어! 오 신들이시여, 이 세상 그 무엇도 그를 내게서, 나를 그에게서 떼어놓지 못하게 하소서! 신들이 그 저주 혹은 기도를 받아들여 두 몸이 착 달라붙어 한 몸이 되었으나 여자 생식기와 남자 생식기가 그대로 달렸으므로 여자라 할 수도, 남자라 할 수도 없다. '결혼의 여신' 아프로디테는, 합법적인 결혼을 보호, 판다레오스 부부가 죽은 후 그들의 딸 메로페와 클레오테라를 우유와 꿀과 맛있는 포도주로 키우고, 그들이 자라자 제우스에게 결혼식 주례를 부탁한다. 두 처녀는 불행하게도 결혼식장에서 하르피들에게 납치되어 결국 기분 나쁜 복수의 세 여신을 따르지만. 훗날 스파르타인 어머니는 딸이 결혼할 때 아프로디테에게 제물을 바치게 된다. 에로스와 프시케, 그리고 미의 세 여신이 흔히 아프로디테와 같이 다닌다.

아프로디테의 격상

아프로디테는 광란의 신 디오니소스의 아들도 낳는 등 애정행각을 멈추지 않고, 이 모든 과정은 아프로디테가 '육욕의 여신'에서 숭고한 '사랑과 미의 여신'으로 승화하는, 혹은 그 둘로 분명하게 나뉘는 과정이다. 그 첫번째 절정이 바로 아도니스의 '피와 꽃'이었다. 거기서 끝나지 않는다. 아도니스 자신이 풍요신으로, '죽었다 일어서는' 남근을 상징한다. 그리고 아프로디테가 승화하는 진정한 매개는 대규모의, 역사적인 트로이전쟁이다. 아름다움은 끔찍함으로써 승화하는 아름다움이다.

파리스는 트로이 왕 프리암과 아내 헤큐바의 아들로 '이 아이가 트로이에 멸

> 망을 가져오리라'는 예언 때문에 버려졌으나 목동들이 키워 세상에서 가장 잘생긴 미남으로 성장, 트로이 축제 때 권투 시합에 출전하여 프리암의 다른 왕자들을 때려눕히니 그제야 프리암이 파리스를 알아보고 다시 왕자로 받아들인다. 그는 요정 오에노네와 사랑에 빠졌지만 곧 세상에서 가장 아름다운 여자 헬레네 때문에 그녀를 버리는데 그 경과는 이렇다. 펠레우스와 테티스의 결혼 피로연 때 분쟁의 신 에리스가 황금사과를 던진다. 그 사과에는 '가장 고운 이에게'라고 씌어 있었다. 헤라, 아프로디테, 아테네가 서로 자신이 '가장 고운 이'라며 그 사과를 갖겠다고 싸우자 제우스는 가장 잘생긴 남자 파리스에게 판결을 맡겼다. 치열한 로비전이 벌어지고, 헤라는 '위대함'을 아테나는 '전쟁에서의 승리'를, 아프로디테는 '최고의 미녀'를 대가로 약속한다. 파리스의 판결은 아프로디테였다. 파리스는 그렇게 헬레네를 납치, 차지하게 되는데, 그녀는 스파르타 왕 메넬라오스의 처였다. 그리스 동맹군이 트로이를 향하면서 트로이전쟁의 날이 밝는다.

아프로디테는 우선 파리스의 판결을 통해 격상된다. 더 중요한 것은 필멸의 인간이 불멸의 아름다움을 판단한다는 것. 그렇다. 필멸의 비극성을 인식하는 순간 진정한 아름다움이, 그리고 예술이 탄생한다. 트로이전쟁은 호메로스 서사시 『일리아드』와 『오디세이』의 소재로 작용, 서사문학을 탄생시키지만, 그 자체로 서사시가 태어나는 과정이기도 하다. 파리스는 위대함을 얻지 못하고 전쟁에서 패배하지만 전쟁 속에 필멸의 아름다움을 탄생시킨다. 거기서 끝나지 않는다. 아프로디테의 애정행각을 벌하기 위해 제우스는 아프로디테로 하여금 트로이 왕족 안키세스와 사랑에 빠지게 만들고, 아프로디테와 안키세스 사이에 태어나는 사내아이가 바로 전설적인 로마 시조 아이네이아스니, 제우스의 벌은, 낙원에서의 추방이 그렇듯, 아프로디테에게 은총이기도 했다. 아름다움이 역사의 영속성 속으로 뿌리를 내리는 것. 아이네이아스는 트로이 함락 때 안키세스를 어깨에 짊어지고 탈출했고, 안키세스는 시칠리아에서 죽었고, 로마인들은 시칠리아 해변 에릭스산에 있는 아스타르테-아프로디테신전을 특히 경배했다.

포세이돈, 원초이자 뒤늦은 육체의 바다

포세이돈은, 헤로도토스의 주장과 달리 리비아 신이 아니고, 제우스보다 오래된 펠라스기아 신이며, '주인 됨' 이라는 어원에서 보듯, 지배 영역이 바다보다 훨씬 넓었다. 아시아에서 펠로폰네소스로 이주해온 이오니아인들의 민족신이고, 숭배 중심 지역도 펠로폰네소스였으며, 스파르타인들은 그를 '창조주' 로 부르기도 했다. 그의 상징물인 삼지창이 번개 모양인 것은, 그가 제우스와 대적하다가 밀려났다는 뜻이다. 아버지 크로노스한테 집어삼켜졌다가 제우스가 크로노스에게 먹인 약물 덕분에 다시 토해져 나왔다는 이야기와 함께, 포세이돈 또한 레아가 남편 크로노스에게 당나귀를 포세이돈으로 속여 집어삼키게 하고 포세이돈을 양떼 속에 숨겼다가 유모에게 몰래 키우게 했다는 이야기를 갖고 있다. 그러나, 올림포스 열두 신으로서 포세이돈의 '바다=육체' 는, 프로메테우스가 이미 있으므로, 뒤늦고, 그러므로 해방의 육체가 아니다. 테살리가 그냥 거대한 호수이던 시절 오싸산 덩어리를 둘로 쪼개 강신 페네이오스에게 길을 내줄 때 포세이돈은 바다뿐 아니라 강과 호수와 산, 즉 지구 전체의 지배자지만, 아테네와 트로에젠을 놓고 아테나와, 아르골리스를 놓고 헤라와, 에기스(방패)를 놓고 제우스와, 낙소스를 놓고 디오니소스와 벌인 경쟁에서 모두 패배하며, 아티카에 홍수를, 아르골리스에 가뭄을 내리는 식으로 복수한다. 코린트지협을 놓고 헬리오스와 벌인 경쟁에서도 그는 아크로폴리스를 뺀 나머지를 차지할 뿐이며, 가에아와 공동소유했던 델피를 아폴론에게 빼앗기고 그 대가로 볼품없는 칼라우리아섬을 받을 뿐이다. 바닷속에서야 그가 왕이고 바닷속 궁궐은 금빛으로 화려하고 웅장하며, 황금갑옷 차림으로 전차를 몰고 바다 위에 길을 내지만, 그의 주변에서 뛰노는 것들은 깊은 바다에서 올라온 바다괴물들이다. 포세이돈의 아내 암피트리테는, 오케아노스 혹은 네레우스의 딸로, 처음에는 포세이돈의 청혼을 거절하고 아틀라스한테 갔다가 포세이돈이 보낸 돌고래한테 들켜 할 수 없이 결혼, 아들 트리톤과 두 딸 로데(로데스섬)와 벤테시키메를 낳고, 후자는 에티오피아에 정착한다. 포세이돈과 가에아 사이에서 끔찍한 괴물거인 안테에오스가 났고, 포세이돈을 피해 데메테르가 암말로 변하자 포세이돈은 수말로 변신, 오른쪽이 사람 발이고 인간의 말을 할 줄 아는 야생마 아리온을 낳게 했다. 포세이돈이 말로 변하여 아테나신전에서 메두사와 살을 섞자 분노한 아테나가 메두사 머리카락을 뱀으로 만들어버린다. 아틀라스와 플레이오네의 일곱 딸(플레이아데스) 중 알키오네한테서 포세이돈은 딸 에투사, 그리고 아들 히페레노르와 히리에오스를 얻는데, 에투사는 아폴론의 연인, 히리에오스는 오리온의 아버지다. 괴물 하르피한테서 얻은 두 아들 중 리코스는 '행운의 섬들' 을 다스리고, 에우리필로스는 아르고호 원정에 참가하고 트로이 공격 때 큰 공을 세운다. 트로에젠 왕 피테오스의 딸 에트라는 아테나의 명에 따라 스파에로스 무덤에 제물을 바치러 갔다가 신전에서 포세이돈한테 겁탈당한 후 에게우스와 결혼, 테세우스를 낳았지만, 매우 아름다워 청혼자들이 줄을 섰던 비살테스의 딸 테오파네를 포세이돈이 크리니사로 납치하고, 청혼자들이 그곳까지 따라오자 그녀를 암양으로, 자신을 숫양으로 변신시켜 결합하니, 그때 태어난 것이 아르고호 원정대의 목표였던 '황금양모' 의 양이다. 데메테르의 신성한 숲을 범한 죄로 먹어도 먹어도 계속 배가 고픈 벌을 받은 테살리 왕 에리크직톤이 전 재산을 팔고도 배고픔을 누를 수 없어 마지막으로 딸 메스트라를 팔려고 내놓자, 그녀를 사랑했던 포세이돈은 그녀에게 변신 능력을 주고, 에리크직톤은 딸을 계속 변신시켜 여러 번 팔아먹지만, 결국 속임수가 들통나고, 너무도 배가 고파 자신의 몸을 먹어버린다. 포세이돈이 에우로파한테서 얻어 물 위를 걷는 능력을 전해준 아들 에우페모스는 아르고호 원정대의 두번째 대원이었다. 몰리오네한테 얻은 쌍둥이 형제는 헤라클레스에 맞서 아우기아스 군대를 이끌다가 죽음을 맞는다. 포세이돈의 자식은 이들 말고도 숱하며, 괴물과 악당 들이 많다. 요정 멜리아의 아들로 비티니아를 다스리며 모든 여행자들을 권투 시합으로 죽이다가 결국 아르고호 원정에 참가한 폴리데우케스와의 시합중 죽임을 당하는 아미코스, 테세우스한테 죽임을 당하는 악당 케르키온과 시니스, 인간 희생을 시행하다 헤라클레스에게 죽임을 당하는 이집트 왕 부시리스, 오디세우스를 괴롭힌 후기 키클롭스 폴리페모스가 모두 포세이돈의 아들이다. 그리고 그는 자주, 복수를 위해 괴물들을 동원한다. 어쨌거나 이 모든 포세이돈의 연인들 중 암피트리테의 질투를 받은 경우는 스킬라 단 하나뿐이다. 그녀는 원래 매우 아름다운 요정이었으나 그녀가 목욕하는 물에 암피트리테가 마법의 약초를 뿌려 무서운 괴물로 변하게 했다.

디오니소스, '야만=광기'가 이성 너머 '총체예술=연극'에 달하는 과정

디오니소스('니사의 제우스')는 인도 베다 신화 소마신의 그리스형으로, 트라키아가 숭배의 요람이고 트라키아인들이 보에오티아로 들여와 정착했으며, 훗날 보에오티아인들이 낙소스섬으로 이주하면서 섬 전역에 퍼지다가 다시 그리스 본토로 흘러들어 우선 아티카에, 그다음에는 펠로폰네소스에 뿌리를 내렸다. 그러는 동안 크레타 신화의 제우스 격인 자그레오스, 프리기아 신화 속 태양의 신 사바지오스, 그리고 리디아 신화 속 정복의 신 바사레오스가 섞여들고, 원래 단순한 포도나무 신이었다가 식물 생장과 따스한 습기의 신으로, 그런 다음 기쁨과 문명의 신으로, 그리고 오르페우스밀교 최고신으로 된다. 자그레오스 때문에 오르페우스밀교는 새로운 디오니소스 이야기, '디오니소스 수난'을 만들어낸다.

> 제우스와 데메테르 혹은 페르세포네의 아들 디오니소스-자그레오스를 다른 신들이 질투하여 죽일 결심을 하고 타이탄들이 그의 몸을 갈기갈기 찢어 큰 솥에 집어던지지만, 팔라스 아테나가 겨우 심장을 빼돌려 급히 제우스에게 가져가니 번개를 쳐서 타이탄들을 무찌른 제우스는 아직 뛰고 있는 심장으로 디오니소스를 창조한다. 시신이 파르나소스산 밑에 묻힌 자그레오스는 하데스의 신이 되어 죽은 자의 영혼을 맞아들이고 그들의 정화를 돕는다.

오르페우스밀교는 디오니소스를 거의 '수난과 부활의 예수'로 만들지만, 역시 더 중요한 것은 야만이 이성 너머 '총체예술=연극'에 달하는 과정으로서의 디오니소스 생애다. 가장 오래된 디오니소스 축제는 보에오티아, 특히 오르코메노스에서 열리던 아그리오니아인데, 바칸테(디오니소스 추종자)들이 소년을 희생제물로 바쳤다. 키오스와 레스보스에서도 인간 희생제의가 치러졌고, 훗날 채찍질로 바뀌었다. 아티카 시골에서는 디오니시아('디오니소스 축제')가 12월 새로운 포도주를 신에게 바치는 레나에아('포도주 누르기')와 2월 말 삼 일간의, 마지막으로 만들어진 포도주를 맛보는 꽃축제 안테스테리아로 나뉘어 벌어졌다. 레노에온 성지에서는 행진 이후 집정관-왕의 아내가 재물을, 그리고 마지막으로 끓인 포도 씨앗을 헤르메스와 디오니소스에게 바쳤다. 가장 화려한 것은 3월 초 도시에서 벌어지는 대디오니시아인데, 연극 공연이 이때 진행되며, 먹고 마시고 취하고 노는 야단법석 잔치도 함께 열렸다.

아기 디오니소스를 맡아 기르던 세멜레의 여동생 이노와 그 남편에게 헤라가 다시 광기를 내리자 제우스는 헤르메스를 시켜 아기를 니사의 요정들에게 빼돌리고, 요정들이 디오니소스를 키웠고, 뮤즈, 사티로스, 그리고 실레노스 들이 가르쳤다. 다 자란 디오니소스는 포도와 포도주 만드는 법을 발견, 처음에는 술을 너무 많이 마시고 헤라가 다시 광기를 내렸으나 오래가지 않았고, 광기를 벗은 디오니소스가, 포도주라는 귀한 선물을 인류에게 전하기 위해 세계 각지를 떠돌기 시작한다.

트라키아산맥을 떠난 디오니소스는 보에오티아를 가로질러 아티카로 갔다. 아티카 왕 이카리오스는 디오니소스를 반갑게 맞지만 디오니소스가 준 포도주를 양치기들한테 마시라고 주었다가, 술에 취하는 것을 독에 취하는 것으로 잘못 안 그들한테 목숨을 잃고, 애견 마에라의 도움으로 아버지의 시체를 발견한 이카리오스의 딸 에리고네도 슬픔을 못 이기고 근처 나무에 목을 매니, 이카리오스와 에리고네, 그리고 마에라를 하늘의 마부, 처녀, 작은 개 별자리로 만들어주고 디오니소스는 이들의 죽음에 대한 벌로 아티카 여인들에게 사냥의 광기를 내린다. 에톨리아에서는 칼리돈 왕 오에네오스가 디오니소스를 맞았는데, 디오니소스가 왕비 알타에아를 사랑했고, 그것을 모른 체해준 오에네오스에게 포도나무 줄기를 선물로 주었으며, 훗날 알타에아는 디오니소스의 딸 데

이아네이라를 낳는다. 라코니아에서 디오니소스를 맞은 왕 디온은 딸이 셋이고, 디오니소스는 막내 카리아를 사랑했으나, 두 언니가 그 일을 아버지께 고하겠다고 위협하자 그 둘한테 광기를 내린 다음, 바위로 변하게 했다. 카리아는, 정해진 운명에 따라, 호두나무로 변했다. 그리스 본토를 떠나 반도 섬들을 방문하던 중 해변을 거닐던 디오니소스를 왕자로 잘못 보고 해적들이 납치한다. 비싼 몸값을 기대하며 그들이 무거운 밧줄로 그를 묶지만 밧줄이 저절로 풀려 갑판 바닥에 떨어지고, 그가 인간이 아니라 짐작하고 겁에 질린 조타수가 풀어주려 하지만 다른 해적들이 반대하고, 어두운 배 주변으로 향긋하고 달콤한 포도주가 흐르고 담쟁이덩굴의 어두운 녹색 잎사귀들이 돛을 감아오르고 디오니소스 자신은 무서운 사자로 변하고 선원들이 비명을 지르며 바닷속으로 뛰어들고, 디오니소스는 조타수를 제외한 모든 선원을 돌고래로 만들어버린다. 낙소스섬에 도착한 그가 잠들어 있는 아리아드네를 발견하고, 잠에서 깨어난 그녀는 테세우스가 자신을 버린 것을 알고는 하염없이 울지만, 얼마 후 디오니소스와 엄숙한 결혼식을 치르고, 신들이 와서 두 부부를 축하하며 온갖 선물을 퍼붓는다. 둘 사이에서 아들 셋, 오에노피온, 에우안테스와 스타필로스가 났다. 디오니소스는 사티로스들과 바칸테들을 수행원으로 거느리고 그리스 바깥 프리기아로 가서 키벨레 신비교에 들며, 카파도키아, 에페소스에서는 아마존들을 퇴짜놓고 시리아에서는 자신이 준 포도나무를 파괴한 왕 다마스코스의 살갗을 산 채로 벗겼다. 레바논으로 가 아프로디테와 아도니스를 찾은 그는 아도니스의 딸 베로에와 사랑을 나눴고, 코카서스산맥 이베리아 지방을 얼마 동안 다스리다가 동쪽으로 여행을 계속, 제우스가 보내준 호랑이를 타고 티그리스강을 건너고, 포도나무 가지와 담쟁이덩굴손으로 엮은 끈으로 유프라테스강을 건너 인도에 도착, 문명을 전파하고, 이집트에서 프로테우스왕의 영접을 받고, 리비아에서는 크로노스 및 타이탄들에 의해 왕위에서 쫓겨난 암몬을 도와 복위시켰다. 다시 그리스로 돌아온 디오니소스는 보에오티아산맥을 내려올 때와 달리 부드럽고 우아한 아시아풍의, 심지어 유약해 보이는 청년 모습이었으나 프리기아에서 들여온 난장판식 제의 때문에 그리스는 그를 불신하거나 미워하는 분위기였다. 트리카이 왕 리쿠르고스에게 쫓긴 그가 테티스와 함께 바닷속 깊은 곳으로 도망쳐 있는 동안 리쿠르고스가 숱한 바칸테들을 잡아 가두자 마침내 디오니소스가 나라에 불모의 저주를 내리고 리쿠르고스의 이성을 빼앗으니 광기 들린 리쿠르고스는 자기 아들 드리아스를 포도나무로 오인, 도끼로 찍어 죽이며, 저주는 리쿠르고스가 아내마저 죽이고 그 자신이 판가이온산에서 야생마의 숱한 발굽에 밟혀 죽고 난 후에야 비로소 풀린다. 디오니소스를 감옥에 처넣은 테베 왕 펜테오스가 받은 벌은 더 끔찍하다. 아무렇지도 않게 감옥을 빠져나온 디오니소스는 펜테오스의 어머니 아가베 및 다른 테베 여인들에게 광기를 내리고 그들이 모두 미쳐 날뛰며 키타에론산으로 몰려가 광란의 디오니소스 제의를 벌이는데, 펜테오스가 따라가 그 장면을 엿보다가 자기 어머니한테 갈가리 찢겨 죽는 것. 디오니소스를 신으로 인정하지 않은 아르고스 여성들은 자기 아이들을 단체로 잡아먹게 되고, 디오니소스 축제 참가를 거부한 오르코메노스 왕 미니아스의 세 딸 알키토에, 레우키페, 그리고 아르시페는 쥐로, 가면올빼미로, 올빼미로 각각 변하고, 이렇게 되니, 그 누구도 감히 맞서지를 못하는데, 디오니소스는 지하세계로 내려가 어머니 세멜레를 찾아내고, 그녀의 이름을 티오네로 바꾼 후 올림포스산 신들의 자리로 데려가는 기적까지 보여준다. 그는 제우스 편이었고, 그가 탄 노새 울음소리만 듣고도 거인들은 두려움에 떨었으며, 에우리토스 혹은 라토스는 그의 지팡이로 맞아 죽었다. 사티로스들, 실레노스들, 요정들 외에 켄타우로스들, 판, (아폴론과 키레네의 아들인) 농업과 목축의 신 아리스타에오스, 남근의 신 프리아포스도 디오니소스를 따라다니는 수행원이다.

하데스의 수행신은 운명의 세 여신, 복수의 세 여신 외에 밤의 아들인 타나토스('죽음')와 히프노스('잠')가 있다. 히프노스는 헤라의 부탁에 따라 제우스를 잠재운 일이 있으며, 히프노스의 아들은 모르페오스('꿈')이다.

미술, 성스러운 '육체=종교'의 황금비율을 찾아서

고대 그리스 미술 고전기를 특징짓는 것은 자연주의와 이상적인 '아름다움=질서'의 완벽한 조화다. 낭만 '주의'도 아니고 고전 '주의'도 아닌 이 조화가 르네상스기 고대 그리스 열풍 이래 항상, '고전'의 위치를 고대 그리스 문학과 예술에 담보해주었다. 고대 그리스 미술은 통상 5기로 나뉜다. 작은 청동상 혹은 테라코타상만 있을 뿐 커다란 석조상은 드물고, 도자기 장식무늬가 딱딱한 1) '기하양식기'(BC 10세기 말~8세기 중엽), 스핑크스, 사슴, 새, 식물 등 오리엔트적 모티프가 도기와 금공예품을 장식하는, 특히 로도스섬과 에게해 섬들, 그리고 코린트에서 뚜렷했던 2)동양화 양식기(BC 720~650년), 그리스 본토 여러 곳에 거대한 석조 신전이 세워지고 네 기둥마다 주랑을 두르는 신전 양식이 완성되는 등 그리스적인 특성이 최초로 나타나는 3)고졸(아르카이크, '맨 처음의')기(BC 630~480년), 그리고 4)고전기(BC 450~330년)와 5)헬레니즘기(BC 330~30년). 이 시기 구분은 미노스 및 미케네 문명을 고려하지 않은 것이다. 이 두 문명은 궁전들과 밀접하게 연관되었으므로, 궁들의 기능이 정지되면서 채색 도기를 제외한 온갖 분야가 끝장났고, 채색 도기도 BC 11세기에 이르러 옛 모습이 사라지고 기하학적 무늬를 띠게 된다. '동양화 양식기'는 시리아의 영향을 염두에 둔 호칭이지만 사실 그리스 미술은 정교하고 세련된 동양미술을 정성스레 베끼는 대신 겸손하게 차용, 독자적인 스타일을 발전시켰다. 조각과 공공 건축이 BC 7세기 중반경 나타난다. 회화도 비슷한 시기에 출현했을 것이다. 금속공예 숙련도가 높아지고, 과감해졌다. 기하무늬가 자연주의를 지향하는 시기. 특히 인물 조각상을 특징짓는 것은 어떤 어색한 미소인데, 이것을 '고졸풍 미소'라 부른다. 이 시기를 BC 480년까지로 못박는 것은 그해 발생한 페르시아의 아테네 약탈 때문이다. BC 5세기, 특히 아테네의 공공재산과 자부심이 증대하면서 고전기가 왔다. 균형의 조화와 정통한 해부학적 표현에 그리스 미술은 압도적인 관심을 보인다. 조각과 건축이 '절제미의 위엄'에 달하고 BC 4세기에는 육중함마저 극복, 아름다움이 동서양 미술사 최고의 경지를 구현한다. 헬레니즘기는 그리스 고전기가 세계화하면서 타락하는 시기다. BC 323년 사망하기까지 알렉산드로스대왕은 그리스의 자율적인 도시국가체제를 완전히 황폐화하고 그리스뿐만 아니라 이집트와 이라크 너머까지를 포괄하는 제국을 건설하면서 그리스인들을 간부로 썼다. 그리스 문화가 여러 나라로 전파되고 기술과 능력이 진일보하지만, 예술은 대개 고전기의 복제거나 복고, 감상주의 아니면 허장성세 혹은 엽기인 면이 많았다. 아프로디테가 농염으로 타락한다. 고졸기 부조, 회화 및 병-그림은 꽤 밀접한 관계 속에 발전한 반면 헬레니즘기는 회화를 베낀 동상과 부조작품이 드물지 않게 된다. 고전기 미술은 헬레니즘기를 거쳐 로마시대로 이어졌고 3세기, 종종 6세기까지 찬탄을 불러일으켰고, 비잔틴문명과 중세 문서 삽화에 그 흔적을 남겼다. 르네상스기의 새로운 고전주의가 모델로 삼은 것은 주로 헬레니즘기 및 로마시대의 작품들이고 고전기 모델은 건축의 경우 18세기 중반, 조각의 경우 19세기 초반에 이르러서야 모습을 드러낸다. 한 직사각형에서 짧은 변 정사각형을 뺀 나머지 직사각형을 원래 직사각형과 닮은꼴로 되게 만드는 두 변 사이의 길이비(약 1.6180)를 황금비율이라 하고, 이 비율을 갖춘 직사각형은 자연의 조화와 균형미를 이루는 가장 중요한 비밀 중 하나라고 그리스인들은 생각했다. 그리스 미술사는 크게 보아 황금비율을 발견하고 스스로 그것에 달하고, 그것을 뻗어나가게 하는 동안 황금비율이 성스러운 '육체=종교'를 입는 과정에 다름아니다. 오늘날 '아르카이크' '고전' '헬레니즘' 이란 말은 미술을 비롯한 예술은 물론, 과학과 역사에서도 쓰이는 용어가 되었다.

한 붉은 인물상 꽃병에는 그리스 신화의 지하세계가 그려져 있는데, 중앙에 지배자 하데스가 앉고, 그 옆에 여왕 페르세포네가 섰으며 왼쪽 꼭대기부터 시계 반대 방향으로 헤라클레스의 아내 메가라와 그녀의 두 아이, 수금을 든 오르페우스와 그 비의 숭배자들, 코린트 왕 시시포스, 그에게 채찍질을 가하는 복수의 여신, '영혼의 운반자' 헤르메스, 헤라클레스, 머리 셋 달린 케르베로스, 또 한 명의 복수의 여신, 아나톨리아 왕 탄탈로스, 미노스, 라다만티스, 에아코스(이 셋은 죽은 자들의 심판관이다), 그리고 앉아 있는 복수의 여신과 그 앞에서 참회하는 두 인간 순이다. BC 490년 무렵의 그리스 꽃병에는 혁대로 남근을 찬 채 사티로스 춤을 추는 희극배우들의 모습이 보인다. BC 350년 무렵 그리스 꽃병 그림 속 난쟁이가 여자 곡예사의 음부를 놀라 쳐다보는 장면은 성적 주제-소재에 대한 자의식을 보여주는 최초의 사례라 할 만하다. 이 자의식은 계속 발전한다. 사랑에 대한 플라톤의 관념이 초기 기독교의 '성욕=필요악' 개념에 영향을 주었다. 아리스토텔레스는 선구적인 그리스 성(性) 탐구자기도 했다. 1553년 제작된 지도에도 소아시아(아나톨리아)는 대모신의 고향으로 표시된다. 알렉산드로스대왕은 화가 아펠레스에게 자신의 첩 캄파스페를 그리게 하였는데, 아펠레스가 캄파스페를 사랑하는 것을 알고 그녀를 양보한다. 벗은 신발을 손에 들고 위협하며 판의 접근을 막는 아프로디테상은 특히 헬레니즘 시대 델로스, 시리아 상인들이 많이 팔았다. 아폴론 카르네이오스는 아폴론과 그 이전 신 카르네이오스를 합한 존재다. 코로스는 원형 혹은 직선으로 움직였다. 매년 아테나를 기리는 판아테나이아 축제는 행진, 제물 봉헌, 그리고 시합으로 이루어졌다. 아테네 처녀들의 춤은 질서정연하고 우아했다. 그리스 병에 그려진 고대세계 수금은 두 가지. 리라(혹은 첼리스)는 거북 등딱지 모래주머니가 특이하고, 키타라는 호메로스 같은 음유시인이 쓰던 연주용 리라다. 하프와 갈대피리도 나온다. 고대 그리스 고전기 이전 카르타고에도 고졸풍 희극 가면이 있었다. BC 500년 무렵의 그리스 꽃병에 그려진, 새로 분장한 배우들을 보면 그 이전 아리스토파네스 희극 〈새들〉에서 (새)합창대가 했을 복장을 짐작할 수 있다. 초기 종교제의에서 전통적으로 사용되던 동물 가장이 무대의상으로 굳어지는 것이다. 에우리피데스의 사라진 희곡 중 한 장면을 담은 그리스 꽃병 그림이 있는데, 질투에 눈먼 암피트리온이 아내 알크메네를 장작더미에 올려놓고 태우려 하지만 올림포스 여신들의 중재로 알크메네가 겨우 목숨을 건진다. 에우리피데스 희곡작품들은 드라이든, 몰리에르를 거쳐 지로두에 이르기까지 풍부한 소재로 작용했다. 제우스가 독수리 두 마리를 각각 대지의 양끝에서 동시에 날리니 세계의 중심 델피에서 서로 만났다. 델피는 그리스 종교의 가장 중요한 성지 중 하나이자 아폴론 숭배 중심지다. 펠로폰네소스 북동부 가파른 언덕을 객석으로 만든 에피다우로스극장은 관객 숫자가 엄청났던 것을 짐작할 수 있다. 아테네극장을 모델 삼아 BC 3~2세기에 세워진 숱한 극장들 중 가장 세련되고 보존 상태가 양호하며, 무대는 파괴되었지만 1만 2천 규모의 관중석이 남아 있다. 위대한 그리스 비극과 희극이 초연된 아테네 디오니소스극장은 개축이 거듭되면서 원래 있던 원형 오르케스트라가 없어졌는데, 에피다우로스극장에는 남아 있다. 그리스 도시들은 대개 언덕 위 혹은 곁에 위치했고 극장은 자연의 분지를 조금 다듬어서 세웠다. 원래 관객들은 임시 나무둑에 앉았으나 BC 499년 아테네극장 사고 후 보다 안전하고 영구적인 좌석이 도입되었다. BC 4세기 중반 고(古)희극 시기 희극배우상 그림이 남아 있는데, 귀가 안 들리는 척하는, 혹은 귀싸대기를 한 방 맞은 노예, 술 취한 노예 혹은 술꾼 두 명으로, 몸에 꽉 끼는 타이츠에 패드재킷, 그리고 남근상을 걸쳤다. BC 5세기 무렵 제작된 그리스 붉은 인물상 꽃병에는, 헤라클레스의 장례식 장작더미 및 그의 시종들과 함께, 죽어 신이 된 헤라클레스가 마차를 타고 신들의 호위를 받으며 올림포스산을 오르는 장면이 그려져 있다. 아리스토파네스가 생존했던 BC 400년 무렵 그려진 한 그림은 희극의 특정 장면, 자신의 거위를 죽인 노인을 노파가 벌주는 장면을 묘사하는데, 등장인물들 입에서 '대사'가 나온다. 아리스토파네스 〈테스모포리아주세〉 중 한 장면은 분명 에우리피데스 〈텔레포스〉의 유명한 인질-장면을 패러디했다. 여자로 변장한 에우리피데스 친척이 기겁을 한다. 아이를 잡아 오랬더니 웬 포도주 자루야! 4세기경 아테네 테라코타 희극배우상은 종종 '세트'로, 특정 장면을 재구성하는 식으로 제작된 듯하다. BC 430년 무렵 프락시텔레스 조각 〈크니도스의 아프로디테〉는 조각가의 연인이었던 고급 창녀 프리네가 모델이다. 대리석상 〈아기 디오니소스를 안고 있는 헤르메스〉는 가장 매혹적인 그리스 미술작품 중 하나인데다, 추정이 사실이라면, 매우 희귀한 BC 4세기경 프락시텔레스 조각 진품이다. 오늘날 전해지는 그리스 조각들은 주로 로마시대 복제물인데, 이 작품은 분명 복제물과 달리 모델링이 섬세하고 마무리가 치밀하다. 고대 그리스-로마 연극 연기는 양식화한 연기고, 가면은 본질적인 요소였다. 관객은 멀리서도 등장인물을 가면으로 인식하고 배우는 가면으로 쉽사리 역할을 바꿀 수 있었다. 헤라클레스의 열두 가지 노동은, 모험이 노동으로 변하는, '이야기의 일상화' 차원이 웃음을 탄생시킨다. 그리스 델피신전은 아폴론에게 헌정된 것이지만, 디오니소스 광란 제의가 벌어지기도 했다. 날개 달린 모자를 쓰고 신발을 신은 헤르메스가 영혼을 지하세계까지 운반한다. 아프로디테가 그를 맞이하고, 수레를 끄는 것은 에로스와 프시케다.

페르시아전쟁, 아테네 융성의 시작

'좋은 참주'가 있었단들, 폭정에 빠지기 쉽고, 대부분 2대 이상 가지 못하며, 대세는 중무장 보병 '시민'이 토대를 이루는 민주정이었다. 여러 폴리스에서 관습법을 바탕으로 제정되는 성문법은 그 의도가 분명 귀족의 권리 확보지만, 귀족의 임의(제멋대로) 재판을 막고 시민의 법적 평등을 확보해주는 효과가 점점 더 커진다. 이러한 변동기가 바로 고졸기며, 곧 페르시아전쟁(BC 499~478)이 오고 그후 아테네 중심 그리스문명 고전기가 오므로, '고졸풍 미소'는 장밋빛 미래를 예감하는 수줍은 미소로 된다.

강력한 제국 페르시아가 그리스 정복을 노린 것은 BC 546년부터지만, 엄청난 군사력을 동원, 대규모 침략을 감행한 것은 BC 490년(1차 페르시아전쟁)과 BC 480년(2차 페르시아전쟁)으로, 다리우스 1세와 그 아들 크세르크세스 1세가 각각 이끌었다. 도저히 이길 수 없는 싸움을 그리스인들은 이겨냈고, 서양문명 요람을 지켜냈다. 페르시아전쟁은 이오니아반란에서 비롯된다. BC 499년 아케메네스왕조 페르시아의 지배를 받으며 경제 번영을 누리던 밀레투스 참주 대행 아리스타고라스가 참주정치 폐지를 주장하면서 아테네와 에레토리아와 협력하여 사르디스를 공격한 후 반란은 순식간에 헤레스폰토스, 키프로스까지 번지지만 BC 495년 라디해전에서 다리우스군에 패하고 이듬해 밀레투스가 함락되면서 끝나는데, 다리우스는 참주정치를 누그러뜨리는 한편, 밀레투스를 지원한 것에 대한 보복으로 BC 490년 사상 최초 그리스 본토 공격을 개시하며, 이 다리우스군을 물리친 것이 바로 (아티카 북방) 마라톤전쟁이다. 함대를 후퇴시킨 다리우스 1세는 2차 그리스 원정을 계획하지만, 이집트 반란으로 포기, BC 486년 사망하고, 그러는 동안 아테네에서 매년 '도자기 조각' 투표가 실시될 정도로 친페르시아파와 반페르시아파 사이 논쟁이 뜨겁다가 결국 테미스토클레스 중심의 반페르시아파가 승리하고, BC 481년 크세르크세스 1세가 대규모 육해군 병력을 이끌고 수사를 떠나면서 2차 페르시아전쟁이 시작된다. 아테네는 라우리온 은광 수입으로 군선 2백 척을 정비하는 한편 주민 전원을 국외로 피난시키고, 스파르타가 지휘하는 그리스 연합군은 BC 480년 템페 골짜기까지 나아가지만 테살리아 점령에는 실패, 아르테미시온-테르모필라이를 1차 방위선으로 정했으나 다시 밀리다가 살라미스해전에서 그리스 연합함대가 페르시아 함대를 크게 부수고, 크세르크세스가 아시아로 물러나고, 페르시아 육군은 테살리아에서 겨울을 나고 BC 479년 아테네를 다시 침략한 후 보에오티아 지방 플라타이아이 들판으로 그리스 연합군을 꼬여내는 중에 승리를 너무 서두르다 역시 패하여 물러나고, 같은 시기 그리스 연합함대는 사모스섬으로 출전, 미카레반도에서 페르시아군을 무찌르고 '2차 이오니아반란'을 일으키면서 '2차 페르시아전쟁'은 막을 내린다. 그리스인들은 페르시아전쟁을 '그리스의 자유를 위한 전쟁'으로 이해했고, 그래서 이길 수 있었으며, 이것이 위대한 그리스문명 고전기의 정신적 토대를 이루게 된다.

페리클레스와 고전기, 민주정치가 이룩한 '문명=황금비율'

마라톤전쟁에서 아테네가 승리한 것은 중무장 보병의 밀집대형 전술 덕분이었으므로 BC 508년 클레이스테네스 개혁으로 실현된 아테네의 중무장 보병 시민민주정치는 매우 튼튼해지며, 살라미스해전 승리를 이끈 아테네 함선의 노를 저었던 무산대중의 정치적 발언권이 강해지면서 아테네 민주정은 보다 민주화하고, 델로스동맹의 맹주로서, 페르시아전쟁 후 신망을 잃은 스파르타 대신 그리스 여러 폴리스를 군사-정치-경제적으로 지배, 민주정치를 전파하는 동시에 그리스 전체 문명의 중심으로 우뚝 선다. 이 모든 것을 주도한 것은 정치가 페리클레스(BC 490~429). BC 462년 키몬이 스파르타를 지원하기 위해 출정하자 민주파 지도자 에피알데스와 협력, 귀족정치기구 아레오파고스의 권력을 빼앗고 민회와 민중재판소 권력을 강화하는 민주개혁을 단행한 후 민중재판소 심판인 일당 지급제를 도입하고 아르콘 자격을 시민 3계급으로 확대하면서 반스파르타와 반페르시아 민주정치를 펴나갔다. 아테네와 외항 페이라이에우스를 연결하는 성을 완성했으며 BC 454년 이집트 지원 아테네 해군이 전멸하자 델로스동맹 금고를 아테네로 옮겨 아테네를 델로스동맹의 중심으로 세우고 BC 451년 아테네 시민권을 부모 모두 아테네인인 자로 제한했다. BC 449년 페르시아와 평화조약('카리아스조약') 이후 그리스 전체회의 소집에는 실패했으나 BC 446년 '에우보이아반란'을 엄하게 진압한 후 스파르타와 30년 평화조약을 맺는다. 그리고 BC 440년 '황금비율의' 파르테논 등 여러 신전 건축 및 대토목공사와 더불어 '페리클레스 황금시대'가 시작된다. 페리클레스(정치)가 동맹시의 세금을 바탕으로(경제) 아테네 민주'정치'를 오히려 강화하고, 성벽을 쌓는 한편(국방) 건축과 조각 그리고 회화(미술)로 도시를 꾸몄으며, 여러 폴리스에서 아낙사고라스, 프로타고라스(과학), 폴리클레이토스, 폴리그노토스(미술) 등이 모여들고 에스킬로스, 소포클레스, 에우리피데스 비극과 에우리피데스 희극(연극)이 공연되고, 소피스트와 소크라테스(철학)가 가르친다(교육). 상공업 분야에서도 아테네는 그리스의 중심을 이루어, 도기 생산과 지중해 서부 무역이 번창했다.

조각과 건축, 서로 스며들다

그리스 건축의 전형은 공공건물이다. 바둑판 모양 시가를 중심으로 신전과 극장, 아고라를 배치하고 학교와 체육관, 경기장 그리고 무덤을 지었다. 이중 특히 신전은 수평 들보와 수직 기둥의 황금비율로 단순하고 장중하다. 신전은 신상을 모시는 신의 주거지로, 로마 바실리카 혹은 그리스도교 성당의 예배 용도가 없으므로 외관을 중시, 박공 조각이나 프리즈 부조가 모두 바깥쪽에 새겨져 있다. 신전 원형은 미케네문명 메가론 양식에서 발전한 직사각형 구조에, 동향의 박공지붕, 신상이 위치한 직사각형 내진(나오스)과, 나오스의 앞방(프로나오스)과 뒷방(오피스트도모스)을 아우르며, 초기 신전은 정면을 뺀 삼면을 벽으로 에워싸고 정면 양쪽 끝 기둥(안타에) 사이에 기둥을 두 개만 세우다가('아테네인의 보물창고' '시프노스인의 보물창고' 등 신전), 정면 4기둥 양식(프로스티로스), 앞뒤 각각 4기둥 양식(안티프로스티로스), 내진을 한 겹(페리프테로스), 다시 두 겹(디프테로스) 기둥들로 세우는 식으로 발전하고, 아르카이크기에서 고전기 신전 대부분이 페리프테로스며, 파르테논은 페리프테로스 양식을 대표한다. 헬레니즘기 신전은 한 겹 기둥들이 내진 벽 속으로 들어간 프세토페리프테로스(시칠리아, 아그리젠토 제우스신전), 디프테로스의 안쪽 기둥들을 생략, 내진과 한 겹 기둥들 사이를 넓게 한 프세토디프테로스(마그네시아 아르테미스신전) 등 변형 양식이 나타난다. 어쨌거나, 신전 건축에서 가장 중요한 것은 '기둥+들보'(주식)인데, 그리스 본토와 남이탈리아 그리스 식민지에 널리 퍼졌던, 단순장중하며 남성적인 도리스식(BC 7세기 중엽 올림피아 헤라신전, BC 6세기 중엽 델포이와 코린트 아폴론신전, BC 5세기 초 올림피아 제우스신전), 소아시아 이오니아 지방에서 생겨난 우아하고 단정하며 여성적인 이오니아식(BC 550년 에페소스 옛 아르테미스신전, BC 421～405년 아테네 에레크테이온), 화려하고 무르익은, 사치스러운 코린트식(BC 5세기 후반 바사이 아폴론신전, 헬레니즘기 이후 오리엔트 신전들)으로 나눌 수 있다. 파르테논신전은 도리스식에 이오니아식이 섞였다. 델포이와 올림피아, 그리고 에피다우로스 등에는 원형 신전(톨로스)도 세워졌다. 아고라를 중심으로 시 의사당(블레우테리온), 시청사(프리네타이온), 시장(스토아, '기둥들이 늘어선 복도'), 남성 휴식처(레스케), 여성 사교장, 청소년들이 달리기와 원반던지기, 창던지기를 연습하는 야외체육관(김나시온)과 레슬링 및 권투를 연습하는 실내체육관(파라이스트라), 가늘고 긴 말발굽 모양 혹은 직사각형의 경주장(스타디온) 등이 세워졌다. 일반 주택은 벽돌과 나무로 엉성하게 지었으며, 거실, 부엌, 욕실, 광 등이 있었다. 그리스 건축, 특히 신전 건축은,

로마의 아치형 건축과 더불어, 오늘날 서양건축의 토대를 이룬다. 그리스 고전기 조각은 모두 단순한 조화미를 뽐낸다. 그리스 조각에 이르러 인체는 자연으로 거룩해지며, 미론 작품 〈원반던지기〉는 인체 운동의 긴장된 순간을 포착, 체육을 거룩한 육체의 경기로 승화한다. '신상 제작자' 로 불린 페디아스의 숱한 브론즈, 황금 및 상아 신상은 자연 육체의 거룩함 자체를 신성화, 자연성과 신성 양쪽을 아름다움의 극치로 끌어올리면서 신전 건축 속으로 스며든다. 파르테논 신전 '아테나 파르테노스' , 올림피아신전의 '제우스 좌상' '아테나 레무니아' 등 대표작은 한 점도 전하지 않지만, 그의 감독으로 제작된 박공의 여러 상 돋을새김만으로도 그점을 충분히 깨달을 수 있다. '창을 든 청년' 과 '승리의 끈을 매는 청년' 의 조각가 폴리클레이토스는 인체 각 부분 비율을 숫자로 계산, 『카논』('규범')이란 저서로 내놓았다. '크니도스의 아프로디테' 로 우아하고 아름다운 여성상을 빚어낸 프락시텔레스, 인간의 깊은 내면을 표현한 파로스섬 출신 스코파스, '알렉산드로스대왕상' 으로 이상적인 팔등신 남성상을 빚어낸 리시포스, 그 밖에 크레실라스, 알카메네스, 아고라크리토스, 파이오니우스 등 이 시기 위대한 조각가들은 숱하고숱하다. 마치, 조각만으로 예술의 신전을 지을 것처럼. 현존하는 가장 오래된 회화, 즉 BC 7세기 말 메토프의 테르모스신전 장식화는 신화 주제를 흑과 백, 적과 황 네 가지 색으로 표현하고, 프리지아 골디온에서 출토된 BC 6세기 후반 벽화는 템페라 화법으로 청·적·녹색을 썼으며, 기록에 따르면 타소스 출신 화가 폴리그노토스가 BC 470년 이후 아테네에서 활동하고 아가르타르코스가 비극 무대배경을 그리고, 아폴로도로스가 음영화가로 불렸다고 하지만, 고대 그리스 회화는 거의 모두 사라졌으며, 로마 시기 모작으로 그 흔적을 알 수 있을 뿐이다.

이오니아 자연학, '우주=물질 속'

BC 6세기 소아시아 그리스 식민지 이오니아의 밀레투스시 학자들이, 일찍부터 받아들였던 선진 오리엔트 과학의 '개별 사실의 기록과 수집'을 '통일원리로 종합'하는 동시에, 자연현상에 대한, (성직자 계급의) 신화적 설명이 아닌, (폴리스 시민 개인의) 상호 평등한 토론을 통한 합리적 설명(로고스)을 꾀하면서 고대 그리스 과학은 시작된다. 밀레투스가 모직물 생산과 지중해무역으로 식민지 최고의 번영을 누리는 한편, 리디아의 약화를 틈타, 문화-사회적 그리스성을 드높여가던 때다. 만물을 구성하는 원질('아르케')은 물이며, 우주의 온갖 사물과 현상은 물의 생성-변화과정에 다름아니다…… 탈레스는 그렇게 말한다. 아낙시만드로스는 좀더 복잡하다. 한정된 물이 아니라, 물 이전의 '무한한 것'이 원질이며, 이것에서 마른 것 대 축축한 것, 따뜻한 것 대 차가운 것의 대립물이 분리되어 흙, 물, 공기, 불의 4대 원소가 생겨나고 그것들의 생성-변화과정이 우주의 온갖 사물과 형상이다. 아낙시메네스는 좀더 자세하다. 무한한 공기가 만물의 원질이며 공기가 짙고 두꺼워지거나 엷고 얕아지는 것으로 만물이 생겨난다…… 에페소스의 헤라클레이토스는 불을 만물의 원질로 보며, 좀더 역동적이다. 모든 것은 '흙→물→공기→불'의 오르막길과 그 반대인 내리막길 과정에 있다…… 하지만 이러한 이오니아학파 자연학의 주장들이 '생성변화론'에 불과하다고 주장하면서 이탈리아 엘레아 출신(엘레아학파) 파르메니데스가 '존재론'을 맞세운다. '있는 것은 있고, 없는 것은 없는' 진리세계 기초원리와 어긋나지 않는, 변하지 않고 움직이지 않는 '존재'를 인식해야 하는데, 이오니아학파의 '생성변화론'은 이 원리에 어긋나며, 감각의 장난에 속은 제 혼자 생각에 지나지 않는다…… 파르메니데스의 주장을 일리 있는 것으로 받아들인 이오니아학파 엠페도클레스와 아낙사고라스 등은 이렇게 두 주장을 합친다. 그 자체는 변하지 않지만 성질이 서로 다른 만물의 네 가지 근원(흙, 물, 공기, 불)과 무수한 '만물의 씨앗'의 이합집산으로 만물이 생성된다…… 이오니아 자연학을 완성시키는 것은 데모크리토스의 원자론이다. 같은 질의, 아주 작고 무수한 '원자'들이 공허 속을 운동하며 서로 다른 형태의 배치와 위치로 결합 또는 분리하면서 만물이 생겨난다…… 데모크리토스 원자론은 '우주=물질 속'을 현미경도 없이 정말 제대로 들여다본 것이다. 이오니아학파의 4원소론이 천문학(우주)과 화학(물질 속)

이론을 발전시켰을 것은 당연하다. 훗날 아리스토텔레스가 4원소와 4성질(온, 건, 냉, 습)을 조합한 원소 전환설에 이집트 기술을 결합한 것이 연금술의 시작이다. 페르시아전쟁 이후 아테네로 소피스트를 비롯한 많은 지식인이 몰려들고, 아낙사고라스가 이오니아 자연학을 들여오고, 당시 청년이었던 소크라테스가 그것을 배우다가 '인간철학'의 필요를 느끼게 된다.

수, 우주의 본질과 음악의 언어

고대 메소포타미아문명은 10진법과 60진법을 같이 썼고, 오늘날 2차방정식 수준의 수학 문제가 있었다. 고대 이집트는 10진법을 썼고, '수'와 '도형'에 관한 수준 높은 내용(이를테면 원주를 원지름으로 나눈 π의 근사값 3.1605)을 파피루스 기록으로 남겼지만, 결과만 있을 뿐 과정에 대한 설명이 없다. 인도 수학은 상업에서, 중국 수학은 측량에서 비롯되었다. 이집트문명보다 바빌로니아문명이, 로마문명보다 그리스문명이 더 높은 수준을 이룩했다. BC 1700년 함무라비왕조 때 이미 고대 수와 대수, 그리고 기하학적 방법이 쓰이고 기원전 수세기 동안 바빌로니아를 지배한 그리스가 이 방법을 고스란히 물려받는다. 약 3천 년에 걸쳐 바빌로니아에서 세워진 자릿값체계는 수학 발전을 부추겼지만, 60진법이라는 한계가 있었다. 오늘날 우리는 구구단만 외워도 자릿값체계 때문에 온갖 산술을 할 수 있다. 바빌로니아인들이 오늘날 같은 산술을 하려면 59×59단을 외거나 표로 만들어 갖고 있어야 했다. 어쨌거나, 15세기에 이르면 이런 방식으로 메소포타미아, 그리스, 인도, 이슬람 천문학자들이 모든 산술(덧셈, 뺄셈, 곱셈, 나눗셈, 제곱, 제곱근)을 행하게 된다. 탈레스는 그리스 최초의 수학자이기도 하다. 그는 상인 출신으로, 메소포타미아와 이집트 수학을 단지 배우는 데 그치지 않고 여러 가지 수학 문제를 보편-추상화, 증명하고 응용했다. 그러나 '계산술'이 아닌 수철학, 혹은 수이론 영역을 개척한 것은 사모스 출신으로 이탈리아 크로톤에서 활동한 피타고라스다. 그는 이오니아학파 혹은 엘레아학파와 달리

물이나 공기 같은 '소재' 가 아니라 그 소재들을 질서짓는 수를 중시했다. 우주는 유한과 무한의 2대 원리로 이뤄진, '아름다운 조화의 전체(코스모스)' 며, 조화의 형상을 부여하는 것이 수의 비례(로고스)다…… 이것은 파르메니데스의 '존재론' 과 헤라클레이토스의 '생성변화론' 을 통합, 더욱 추상화한 것이다. 그가 내린 정의 '하나의 선분은 유한수의 점들로 이뤄져 있다' 는 비록 잘못된 것이지만, 최초의 정의라는 점에서 중요하다. 'C를 직각으로 하는 직삼각형 ABC는 $AB^2=BC^2+AC^2$' 이라는 피타고라스정리는 응용 범위가 매우 넓어, 평면이나 공간의 두 점 사이 거리를 구할 때도 쓰인다(중국 수학은 BC 100년 무렵 '피타고라스정리' 의 내용에 달한다). 무엇보다 BC 7세기 탈레타스와 클로나스가 키타라용 노모이('선율')를 정한 이후 1세기 만에 피타고라스가 계산해낸 음정 비율은 수를 음악의 언어이자 우주의 본질로 하는 그리스 특유의 세계관을 확립, 서양음악이론의 토대를 이루었다. 피타고라스 이후 BC 5세기 오르케스트라에서 행해지는 코로스의 음악(과 무용)은 비극과 희극 공연을 이끄는 중요한 부분으로 떠오르며, BC 4세기 아리스톡세노스의 화성('하르모니아')과 테트라코드('4음계') 선법 연구에 이르게 된다. 그리스 음악이론을 한데 모은 AD 2세기 프톨레마이오스의 『하르모니아론』은 중세 내내 커다란 영향을 끼쳤다. 오늘날 전해지는 작품은 매우 드물지만 그리스 음악은 피타고라스 수이론으로 하여 비극과 희극, 그리고 조각과 항아리 그림, 그리고 철학 토론이 넘쳐나는 듯하다. 피타고라스학파 필롤라오스는 이오니아학파 천문학을 뛰어넘어 천체운동 메커니즘을 물리학적, 기하학적 가설로 밝히려 애썼다. 우주는 유한하며 완성된 천체로, 우주 중심에 지구가 있고, 우주는 천상과 지상 두 영역으로 나뉘며 천체는 규칙적으로 운동한다.

비극, 문명의 '장르 탄생 광경' 으로서 고전

그리스 연극은 한낮 노천에서 행해졌다. 극장은 보통 경사진 언덕에 부채꼴로 넓어지는 계단식 1)관객석(테아트론, 영어 theater의 어원), 그 중심에 반원형 혹은 원형의 2)무용 무대(오르케스트라, orchestra)를, 그리고 오르케스트라 뒤에 2층의 3)연기 무대 및 분장실(스케네, 영어 scene의 어원)로 이뤄지고, 상부 관객한테까지 대사가 전달되게 하였다. 코로스는 스케네 양쪽으로 뻗은 파도로스('통로')를, 배우는 파도로스와 스케네 출입문을 통해 오르케스트라에 등장했으며, 프로스케니온(스케네 앞면)에 무대배경을 그리기도 하였다. BC 330년 개조한 디오니소스극장 객석은 만 4천~만 7천 석이었다.

그리스 고전비극의 3대 작가 에스킬로스(BC 525~456), 소포클레스(BC 496~406), 에우리피데스(BC 484~406)와 대표적인 고('옛')희극시인 아리스토파네스(BC 450~388) 및 신('새로운')희극시인 메난드로스(BC 342~292) 모두 아테네 지방 출신이다. 에스킬로스의 『오레스테이아』 3부작은 미케네 아트레우스왕가 내력을 더 총체적인 인격 지향의 장으로 전화하므로 '장르 탄생 광경'으로서 고전이다. 소포클레스의 『오이디푸스』 3부작은 테베 카드무스왕가 내력을 인간의 진리 찾기 내면여행으로 승화시키므로 보다 더 깊어진 '장르 탄생 광경'으로서 고전이다. 에우리피데스 『메데아』는 테살리아 왕자 이아손의 '아르고 원정, 그후' 이야기를, 잔혹을 다스리는 일상의 장으로 전화하므로 매우 현대적인 '장르 탄생 광경'으로서 고전이다.

코로스는 승전 축하나 결혼 혹은 장례 행사 때 조직되다가 무대화한 것인데, 기원전 6세기 테스피스가 코로스를 이끌다 스스로 제1배우(프로타고니스트)가 된 이래 에스킬로스가 제2배우(데우테라고니스트)를, 소포클레스가 제3배우(트리타고니스트)를 덧붙였다. 그리고, 세 명의 배우가 모든 역을 소화하고 한 장면 중 발언자도 세 명에 그치는 이 제약이 오히려 응축된 연극성을 낳게 된다. 소포클레스는 비극 합창단 수를 12명에서 15명으로 늘리기도 했다. 아티카 10개 부족이 각각 코로스를 엄선했으며 고된 훈련을 받게 했다. BC 5세기 말에는 전문배우가 나타나기 시작한다. 그리스 비극은 끝까지 가면극이었다. 가면은 먼 데서도 등장인물을 알아볼 수 있게 하지만, 종교적인 의미도 있었다. 나무와 코르크, 헝겊이 가면 재료였으므로 오늘날 남아 있지 않지만, 항아리 그림을 보면 가면은 그리스 조각처럼 깨끗하고 날카로우며, 입이 반쯤 열려 있다. 높은 앞이마(온코스)가 달린 괴상한 가면, 그리고 키를 높이는 구두(코토르노스)는 훗날 만들어진 것이다.

에스킬로스는 아티카 엘레우시스 귀족 가문에서 태어나 아테네 참주정치가 무너지고 민주정치가 확립되던 변동기에 청년 시절을 보냈으며, BC 499년 아테네 디오니시아 축제 비극 경연에 처음 작품을 내고, 페르시아전쟁 마라톤전쟁에 참가한 후 BC 484년 첫 우승을 거머쥐며, 그후 다시 살라미스해전에 참가하면서도 BC 468년 젊은 소포클레스에게 넘겨줄 때까지 열두 차례나 우승을 차지했다. 그는 아티카 지방의 원시적인 합창제의를 그리스 민족 전체의 수준 높은 예술로 끌어올렸고, 4부작 형식(3부작+사티로스극)을 창안한 것도 그다. 비극은 호메로스의 충분한 식탁에서 남은 찌꺼기로 만들어진다…… 그는 그렇게 말했지만, 그의 비극은 숭고 자체를 응축한다. 그는 두번째 시칠리아 여행중 게라에서 죽었었고, 전해지는 작품 90편 중 완본은 일곱 편뿐이며, 이중 가장 오래된 『페르시아인』(BC 472)은 패해 달아나는 크세르크세스 1세의 군대를 그린, 실제 사건을 다룬 유일한 작품이고, 『테베를 공격한 7인의 장군』(BC 467)은 테베 카므무스 왕가 내력 중 조국을 지키기 위해 형제를 죽이는 에테오클레스의 비극을 다루며, 『구원을 요청하는 여인』은 사촌과 결혼을 싫어한 다나오스의 딸들이 이집트를 탈출, 아르고스 왕 펠라스고스한테 도움을 요청하는 이야기다. 『묶인 프로메테우스』는 『오레스테이아』 3부작 못지않은 걸작. 소포클레스는 아테네 교외 콜로노스의 유복한 가정에서 태어나 최고의 교육을 받고 살라미스해전 승리 축제에서 소년 지휘자로 소년합창단을 이끌었으며 29세 때 처음 나간 비극경연대회에서 우승한 후 재무장관, 장군, 최고정치위원, 그리고 말년에는 신관까지 지내면서 90살까지 123편의 작품을 썼는데, 완전한 형태로 남은 것은 일곱 편이다. 고뇌와 죽음은 존재적이므로 인간이 피할 수 없고, 죄 없는 인간의 고뇌야말로 비극성을 드높이는 역설이며, 주인공은 자신의 터무니없는 비극과 타협하지 않고 용기 있게 맞서고, 굴욕적인 삶보다는 숭고한(비극적으로 아름다운) 죽음을 택한다. 극 줄거리는 신화 그대로이므로 관객은 결말을 이미 알고 있으나, 정작 당사자들은 알지 못하는 정황은 역설의 비극성, 그리고 '깨달음=비극' 등식의 역설을 더욱 드높인다. 소포클레스가 지휘하던 소년합창단 소속이었던 에우리피데스는 명상적이고 침울한 성격으로 사람을 싫어했으며 에스킬로스 사망 이듬해(BC 455년) 무대에 데뷔, 92편의 작품을 쓰고 소포클레스와 같은 해 사망했다. 완전한 작품은 12편이 남아 있는데, 이중『키클롭스』는 비극이 아니라 (유일하게 완전한 형태를 갖춘) 사티로스극이며, 「안티오페」와 「피프시페레」는 각각 길이가 백 행과 3백 행 남짓한 단편이다. 줄거리를 미리 설명해주는 프롤로고스('서사'), 그리고 '기계에서 나온 신'이 사건을 일거에 해결하는 기법을 많이 쓰지만, 신화를 소재로 하는데도 그의 주인공들은 보통 남녀와 별로 다를 것이 없고,『메데아』에서 보이듯 아무리 끔찍한 내용도, 신화가 아닌 '가정 내 비극', 일상의 영원으로 머물며, 여인의 심리묘사는 오늘날 홈드라마 걸작 못지않게 정교하다. 아리스토텔레스는 그를 '가장 비극적인 시인'으로 평가했다.

'비극(tragedy)'의 원뜻은 '염소-노래단(tragodoi)'. 염소를 의인화한 합창단원 혹은 번제물-노획물인 염소를 위해 춤을 추는 합창단원을 뜻한다. 아리스토텔레스는 술의 신 디오니소스를 예찬하는 합창 디시램브에서 비극이 생겨났다고 말한다. 중간 단계는 사티로스극.

사티로스는 디오니소스를 떠받드는 수풀과 언덕의 정령으로, 풍요와 잔치, 그리고 음탕한 성욕을 뜻한다. 대체로 인간의 모습이지만 말 꼬리가 달렸거나 염소 다리라서 형용이 더 요상망측하다. 합창대가 말 꼬리와 말 귀를 단 사티로스 복장을 하고 있는 사티로스극은 형식이 비극을 닮았지만 신화 중 괴상한 부분을 다루거나 신화를 괴상하게 다루는 내용이다. 대사와 동작이 종종 음탕하고 합창대가 시킨니스라는 격렬한 춤을 추고, 종종 헤라클레스가 반쯤 코믹한 인물로 등장한다. 사티로스극은, 오페라사에서 이탈리아 오페라 부파가 원래 그랬듯이, 비극과 더불어 공연되었다. 비극 3부작에 이은 4부로 공연되는 게 예사였는데 에스킬로스『오레스테이아』3부작의 경우에도 '프로테우스'라는 제목의 사티로스극이 첨가되어 있었다. 대본이 남아 있지 않지만.

혹자는 디시램브와 사티로스극, 그리고 비극이 각각 다른 경로를 밟아 독자적으로 발전했다고 주장한다. 사티로스극은 비극뿐 아니라 희극과도 연관이 있고 디시램브 또한 비극뿐 아니라 서사시와도 관계가 있으므로 이 주장이 더 타당해 보이지만, 사실 두 주장 모두 중첩된 현상을 각기 따로 분리시켜 정리한 결과다. 호메로스가 에스킬로스보다 몇백 년 앞선 연대에 살았지만, 신화의 시간에서 비극은 서사시보다 먼저 태어났고, 디시램브, 사티로스극, 비극의 연원은 모두 디오니소스다.

자신의 광증을 치유하고 이제 광증을 자신의 무기로 삼는 디오니소스는 연극을 매개로 광증을 포괄 극복하겠다는, '인간의 예술' 선언에 다름아니다.

에우리피데스 『메데아』는 '아르고호 원정, 그후' 이야기다.

> 코린트로 도주한 후 이아손은 코린트 왕 크레온의 딸과 서둘러 결혼하려 했다. 비록 자신의 탈출을 도와주었고, 자신을 사랑하고 또 동행하면서 두 딸까지 낳아주었지만 메데아의 잔혹 행위가 너무나 끔찍한 한편, 권력에 대한 야심이 생겼던 것. 사랑하는 사람의 배신은 메데아의 야만-잔혹 본능을 다시 일깨우고 메데아가 공공연히 분노를 표출하니 그녀의 복수가 두려워진 크레온은 메데아와 두 딸의 즉각 추방을 명한다. 메데아는 짐짓 애원하는 시늉을 하며 '단 하루' 시간을 벌고, 신랑 이아손과 신부, 그리고 크레온의 죽음을 도모하다가 급기야 자신의 두 딸까지 죽여버린다. 이아손의 딸들이므로 복수를 위해 죽였다. 그리고 내 딸이므로, 어차피 죽을 몸, 적보다는 내 손에 죽는게 더 나으므로 죽였다. 메데아는 그렇게 자신의 행위를 변호한다. 그리고, 절망에 빠진 이아손을 협박하다가 여의치 않자 다시 도망치는데, 이때 피난처가 바로 아테네다. 메데아가 테세우스 독살을 기도하지만 눈치를 챈 에게우스가 아들을 구해주고, 메데아는 아들 메두스(medus)와 함께 아테네를 도망쳐 고향 콜키스로 달아났다.

테세우스보다, 그리고 에게우스보다도 더 원시적인 메데아는 의당 귀향할밖에 없지만 에우리피데스 『메데아』의 '공포의 광란'이 치유하는 것은 문화보다 더 본질적인 일상의 야만이다.

소포클레스의 『오이디푸스』 3부작 또한, 프로이트가 논하는 20세기 '잔혹과 광란'의 재발과 정반대로, 본능을 다스리며 아테네를 문명화한 예술, 특히 비극 그 자체를 상징한다.

호메로스 서사시, 특히 『오디세이』 이후 3백 년이 만든 '비극의 공간'은 매우 압축적이고 육체-무대-현시적이며, 압축성과 육체성의 결합이 무대 위 한순간 한순간을, 짧을수록 의미심장으로 넘치게 한다. 이것은 극(極으로서 克)에로티시즘에 다름아니다. 그리스 고전비극은 크레타나 미케네 등 이전(以前) 문명을 발전적으로 벗어나는 동시에, 미래 그리스문명의 본거지를 자식 살해 및 식인(食人), 간통을 통한 복수, 부모 살해 등 야만의 광범한 원죄지(原罪處)로 만든다.

'연극구조=인간', '예수=디오니소스', 국가의 탄생

그리스 비극은 합창대가 등장하기 이전의 독백 혹은 대화로서 극 전체를 설명하는 프롤로고스(prologos, '서'), 합창대의 등장을 알리는 노래 파로도스(paro-dos, '행진'), 일인 혹은 그 이상의 배우들이 합창대와 함께 '한 장면'을 구성하는 에피소데스(episodes, '에피소드'), 자리를 잡은 합창대의 노래 스타시몬(stasimon, '정지한'), 그리고 마지막 장면 엑소도스(exodos, '퇴장')의 순서-골격을 갖추었고, 원래 단 하나의 격정 장면을 보여주었으나 에스킬로스가 사건을 전개시키는 '신의 의지' 개념을 도입했고 소포클레스가 '인간의 의지'를 좀더 강조했다. 인간의 의지는 신의 의지보다 약하며 신의 의지와 조화를 이루거나 맞서고 어떤 때는 신의 의지에 좌지우지되는 방식으로 구현된다. 그렇게 페리페테이아(peripeteia, '국면 전환') 개념이 도입된다. 에우리피데스에 이르러 페리페테이아는 더 복잡해지고, 경악과 긴박을 더해간다. 소포클레스가 종종 사용한 아나그노리시스(anagnorisis, '진실의 인식') 기법은 에우리피데스 작품에서 결정적인 의미를 갖게 된다.

스타시몬은 원래 앞선 에피소데스에 대한 반응을 내용으로 했지만 점차 독자성을 갖다가 아가톤(agathon, BC 450~399)에 이르러 에피소데스들 사이 음악 엠볼리마(embolima)로 대치되었다. 호메로스가 하찮게 여겨 올림포스 신들의 명단에서 아예 제외했던 디오니소스는 생장의 신, 고통받는 신, 죽었다가 부활하는 신, 특히 근심을 없애주며 음악과 시에 영감을 주는 신으로 발전했고, 머리숱 풍성하고 표정이 섬약한 청년으로 자주 묘사된다. 손에는 포도송이 혹은 포도주잔, 아니면 포도넝쿨로 휘감긴 막대 티르시를 들고 있다.

처음에 포도나무 가지를 물어뜯어 해코지를 하기 때문에 디오니소스에게 제물로 바쳐졌던 염소들은 점차 부활을 위해 고통받는 디오니소스 자신, 신이자 신의 어린양인 예수로 되어간다.

아티카에서 비극 공연은 공공의 종교행사였고 알렉산드로스대왕 때까지 디오니소스 축제 기간, 즉 겨울에서 초봄으로 넘어가는, 싹이 트지만 먹을 것이 부족한 시기로 기간이 한정되었다. 디오니소스 숭배로 불안을 이기고, 만물이 생장하는 봄의 부활을 기원했던 것. 디오니소스상이 무대의 중심, 즉 오르케스트라 한가운데 서 있었다. 경연 형식으로 새로운 비극들이 공연되고, 비극작가와 제1배우에게 상이 수여되었다. 배우들은 국가가 후원금을 모아서 주는 월급을 받았고 국가에 의해 경연 비극작가들에게 배분되었다. 여성 역을 사내들이 대신했고 배우들은 애가(哀歌) 등 서정적인 노래들을 혼자서 혹은 합창대와 함께 불렀다. 모든 대사가 일상 대화투보다 음악적이었다. 합창 대열은 디시램브의 원형에서 직선형으로 바뀌었다. 플룻이 반주악기였다. 주요한 합창대 춤 엠멜레이아는 매우 숭고한 품격을 지녔다.

에스킬로스, 소포클레스, 에우리피데스 말고도 위대한 그리스 비극작가들은 앞뒤로 많았겠으나 대체로 작품을 남기지 않았고, 세 사람의 작품은 영원한 문학적 가치를 지닌다. 연극장르 탄생 광경이 그들로 하여 중단 없이 세 배로 늘어나는 동시에 빈틈없이 세 겹 중첩된다. 힘과 장엄, 그리고 감정의 긴장도에 있어 에스킬로스 대사는 타의 추종을 불허한다. 완벽한 형식과 생생한 성격묘사에서 소포클레스를 따를 사람은 없다. 에우리피데스는 부유한 집안 출신이지만 타협을 모르는 비판적 기질의 소유자였다. 에우리피데스 작품에서는 등장인물의 비극적 운명이 거의 전적으로 당사자의 결함에서 비롯된다. 우연과 무질서, 그리고 인간의 비이성과 통제되지 않은 열정이 종종 무의미한 고통을 낳고 신들은 그것을 심드렁하게 쳐다볼 뿐이다. 아니 신들도 비이성적이며, 신경질적이고, 신의 정의를 세우는 일에는 전혀 흥미가 없는 경우가 허다하다. 종교에 대한 우상 파괴적인 태도, 지나친 합리주의로 인한 신화 인물들의 일상화가 오히려 광란을 재발시키지만 등장인물들의 감정은 그의 작품에서 가장 풍부하다.

아테네의 수호정령이 되리라. 『오이디푸스』 3부작 마지막 대목의, '오이디푸스=비극 정신' 에 대한 테세우스의 예언은 들어맞았다. 세 사람의 고대 그리스 비극은 지금도 옛 그리스의 영화를 증거하고, 예술적으로 이어가고, 또 후대의 끊임없는 재해석-당대화를 통해 역사를 살찌우고 미래 전망의 토대로 작용한다. '고전(古典, classic)' 이라는 말 자체가 고대 그리스 예술, 특히 세 사람의 비극 작품에서 비롯되었다. 그런데, 테세우스의 '그후' 는 언제지? 그는 만년에, 아마도 페드라와 살 무렵, 반란을 맞게 되자 아테네를 떠나 스키로스를 향했다. 이때 스키로스의 왕은 리코메데스. 이게 어디고, 누구지?

전사할 것이라는 신탁 때문에 트로이전쟁을 피해 아킬레우스가 숨어든 곳이고, 여자 차림(혹시, '여장' 은 '동성애' 는 물론 '배우' 와도 연관, 그렇다면, 연극은 동성애와도 연관?)의 아킬레우스를 자기 딸들과 함께 살게 했던 바로 그 왕이다. '했던' ? 테세우스가, 아무리 '모험의 일상' 때문에 '정치력' 을 잃는 지경에까지 왔단들, 아킬레우스보다 나중이라구? 트로이전쟁은 역사에 가깝고 테세우스는 신화에 가까운데? 그렇다. 이제 테세우스의 일상=모험 '이야기' 를 통해 신화(의 순서)가 역사 속으로, 역전되려 한다. 역전의 전사(前史)는 신화(의 주인공)한테 잔혹하다. 리코메데스는 테세우스가 자기 왕국을 빼앗으려는 걸로 착각, 테세우스를 낭떠러지에서 떨어뜨려 살해했다. 후사는, 신화와 역사의 화해다. BC 469년, 아테네 사람들은 신탁에 따라 테세우스의 유해로 보이는 거대한 해골을 스키로스에서 모셔온다. 그렇게 정말 비극예술을 통해, 신화가 역사 속으로 살을 섞는다. 아테네 사람들은 테세우스가 흩어진 아티카 공동체들을 하나의 국가로 '통일' 했다고 생각한다. 그렇게 (비극)예술의 탄생과 (도시)국가의 탄생이 행복하게 겹쳐진다.

희극, '성=원초'의 '풍자=사회'적

역시 아리스토텔레스에 의하면 '코미디'의 어원은 코메(kome, '마을')다. 팔리카(phallika, '남근男根을 예찬하는 노래')가 발전했지만 배우들이 읍내에서는 천시받고 시골 마을을 돌아다니며 공연한 것에서 유래했다는 얘기다. 이 주장은 잘못이라는 게 현재 일반적인 견해다. 다른 견해는? 코모스(komos, '향연')가 어원이라는 설. 특히 디오니소스 축제 때 여러 가지 '코모스'들이 벌어졌고 술꾼들의 행진, 노래, 춤, 그리고 관객 희롱 등이 주된 내용이었다는. 실제로 그리스 고전희극의 원조라 할 아리스토파네스의 전해지는 작품 중 약간 절제된 형태의 '코모스'가 있기는 하다.

비극의 경우도 그랬지만 이 두 견해는 같은 사실의 동전 양면 반영이다. 코미디는 비극보다 먼저 태어났다. 그리고 탄생과정은 비극(의 '신화=야만' 문화화)과정을 끊임없이 거슬러오른다. 남근 숭배와 우스꽝스러움의 철학, 그 사이에 코미디의, 탄생과정도, 존재도 본질도 있다. 코미디는 깜깜한 절망에 몸을 맡길망정 결코 스스로 문화화하지 않고, 고상함에 의탁하지 않고 하늘에 기대지 않고 땅바닥에 머문다. 동시에, 희극의 존재 방식은 매우 사회 비판적이고, 끝끝내 비극보다 더 문화-이성적이고 현실적이며 현실주의적이다. 그리고 이런 모순을 일체 역동화하면서 필경 인간존재의 비극을 포괄하는 죽음의 너그러운 웃음소리에 달한다.

비극이 위에서 아래로 전해지는 귀족 세계관의 예술이라면 희극은 아래에서 아래'로서' 또 아래'로써' 더 아래를 적셔가는 하층민 세계관의 그것이다. 후자가 스스로 타락하지 않고 예술성의 깊이와 폭에서 전자를 압도하게 되는 것이 시민계급 형성 이래 근대 혹은 현대 예술의 '예술적' 본질-현상이고 현실주의의 가장 근본적인 기적이다. 이 기적은 포스트모더니즘의 희극/비극 혼합 혹은 절충/혼동과는 무관하다. 혼합-절충은 자본주의 대중문화현상의 반영으로서 결국 게으르게 타락 혹은 전락하는 반면, '웃음의 포괄'은, 예술이 죽음과 화해할 뿐 아니라 오히려 죽음을 삶 안에 적극적으로 끌어들이면서 삶-죽음의 궁극적 의미를 현현, 심화-확대하는 '현실 너머 현실주의'와 한 몸인 까닭이다.

남근을 풍요의 상징으로 숭배했던 원시 부족들은 숱하고 또 숱하다. 대지와 가축떼, 그리고 인간의 다산성(多産性)을 촉진하므로 남근은 부족의 안녕과 번성을 기원하는 종교제의의 단골 주인공이다. 고대 그리스에서 남근은 디오니소스 숭배와 깊은 연관이 있다. 남근 숭배제의 자체에 가까우므로 그리스 원(原)희극 또한 '종교적'이었다는 얘기다. 희극이 처음부터, '순전한 (디오니소스) 종교행사'였던 그리스 비극의 '못난' 짝이었다는 얘기기도 하다. 헤르메스, 판, 데메테르 제의에서도 남근 숭배가 성했다. 어디 그것뿐이겠는가. 메가라 등지에서 별도로 발전한 희극 혹은 마임(몸짓 익살광대극)이 아테네 희극 발전에 영향을 끼쳤다는 설도 있다. 어디 그것뿐이겠는가. 같은 얘기다.

아리스토파네스가 활동하던 고(古)희극기에는 아테네 배우들이 남근 상징을 착용하는 것이 상례였다. 아테네 디오니소스 축제 때마다 다섯 명의 희극작가들이 한 편씩을 출품, 경합을 벌였다. 희극의 구성은 당연히 비극보다 느슨하고 잡다하며 자유분방하다. 프롤로고스, 파로도스 외에, 두 주인공 사이 아곤(agon, '논쟁'), 다른 등장인물들이 무대를 떠난 후 합창대가 가면을 벗고 나와 관객들에게 말을 건네면서 시작되는 파라바시스(parabasis, '앞으로 나옴'), 에피소데스, 엑소도스…… 파라바시스가 정말 특이하다. 합창대 지도자(coryphaeus)가 2중 약약강격(anapest)으로 주요한 주제나 시사 문제에 대해 읊다가 프니게(pnige, '숨가쁜 혀놀림')로 맺으면 합창대 반(半)이 신을 찬양하는 오데(ode, '노래')를 부르고, 곧이어 반 합창대 지도자가 강약격(trochee)으로 시사풍자 에피르헤마(epirrhema, '뒷말')를 읊으면 합창대 나머지 반의 안트오데(antode, '노래에 답함')와 안테피르헤마(antepirrhema, '뒷말에 답함')가 응답하고, 그러는 동안 군데군데 합창대가 웃기고 풍자적인 대사와 동작을 적절하게 가미하는 것. 그후 비극과 마찬가지 순서가 작품을 완결짓지만, 그리스 희극은 파라바시스로 하여 웃음의 '방식이자 내용'인 '해체의 폭탄'을 품게 된다. 그리고 그렇게 희극은 본능이 신을 우롱하면서 스스로 사회화하고, 그렇게 본능을 사회-현실적으로 또 일상적으로, 다시 사회-현실-일상 속으로 해방시키는 과정이 된다. 파로도스, 아곤, 그리고 파라바시스는 시비를 벌이고 구경꾼을 희롱하는 코모스의 구조를 차용한 것이 분명하다.

코미디 소재는 단순한 이야기 혹은 가공의 우화, 어느 쪽이든 재미와 풍자를 겸하는 게 주류였다. 당대 문제에 대한 의견 충돌을 담아내고 작가의 견해를 드러냈다. 합창대의 역할은, 비극 합창대와 달리, 충돌하는 양쪽을 달래거나 화해시키는 게 아니라 싸움을 부추기고 승자 편을 드는 거였다. 등장인물은, 실제 사람이든 추상개념(평화 혹은 사랑 등)의 의인화든, 단순 희화화 혹은 상징일 뿐, 정상적인 도덕 책임을 담지할 필요는 없었다. 남녀 역 모두 남자가 맡았고, 평상복 차림에 가면을 썼다. 가면은 무슨 의미인지 쉽게 알아볼 수 있었지만, 비극 가면보다 더 기괴했다. 희극배우들은 어깨 힘이 엄청났다.

희극 합창대 수는 아마도 24명. 남녀 복장 각 12명이었다. 새나 벌 등 각각의 역할에 맞게 괴상한 가면과 의상을 착용했다. 춤, 특히 음탕하고 술 취한 코르닥스(cordax)가 연행의 주요 부분이었다. 코르닥스도 펠로폰네소스산(産)인데, 놀랍게도 처녀의 신 아르테미스를 숭배하기 위한 것이었다. 그 사실 자체가 반어적이고 희극적이다.

아리스토파네스보다 앞선 고시대 희극작가들이 몇 있지만 이름 말고는 알려진 바가 별로 없다. 크라티누스가 높은 명성을 누리며 21편의 희극을 썼고 당대의 정치가 페리클레스를 수차례 풍자하면서 아홉 차례 수상했다. 술주정뱅이였다. 그가 나이 백 살을 바라보게 되자 아리스토파네스는 쇠퇴기에 접어 든 그를 『기사들』에서 조롱했지만 크라티누스는 『포도주 병』으로 재치 있게 반격, 아리스토파네스의 『구름들』을 제치고 상을 거머쥔다. 그러나, 그리고 곧 사망. BC 450년 최초로 수상한 크라테스는 희극의 주제를 일반적인 것에서 개인적인 비아냥으로 전환한 최초의 작가다. 에우폴리스는 아리스토파네스의 동년배면서 가장 뛰어난 고시대 작가 중 한 사람. 그의 기발한 풍자와 발상은 특히 찬탄을 자아냈다. 그렇다. 희극작가 아리스토파네스는 비극작가 에스킬로스보다 70여 년 연하다. 희극은 비극보다 먼저 생겨나지만 사회적인 존재 방식을 갖추느라 비극보다 뒤늦게 작품화한다.

아리스토파네스는 순수 아테네인이 아닐 것이다 그의 첫 작품 『다이탈레이스』('연회 손님들')는 도시 교육을 시골의 구식 교육과 대비해가면서 풍자, BC 427년 2등상을 받았다. 두번째 작품 『바빌로니아 사람들』은 반란도시 미틸레네에 대한 클레온의 폭력 진압을 통렬히 비판하는 내용. 이 작품 때문에 클레온은 아리스토파네스를 이방인이 아테네 시민 행세를 한 혐의, 그리고 일급 반역 혐의로 기소했다. 사회화한 본능의 정치적 풍자–비판이 벌써 이리 용감하다.

지루한 펠로폰네소스전쟁이 농지를 황폐화하자 그는 고통받는 농민의 평화론을 내세우며 수공업자 출신 벼락출세 선동정치가들을 조롱하고 유행 사상과 윤리를 풍자한다. 국가의 지속적인 정쟁정책에 실망한 한 시민이 개인 자격으로 적국 스파르타와 평화조약을 맺고 행복해지는 『아카르나이 사람들』(BC 425)로 클레온에 대한 적대감을 표출하면서 전쟁 종식을 호소, 1등상을 거머쥐었다. 그 이듬해 발표된 『기사들』은 최초로 저자명 '아리스토파네스'를 밝히고 있다. 실로 놀라운 희극의 용기를 선도하면서 그는 당시 야비한 방법으로 출세한 최고 권력자 클레온에게 무수한 욕설과 조롱을 퍼부어대고, 민주주의의 약점을 풍자한다. 하지만 그것뿐인가? 클레온은 아테네 역사상 가장 인기 없는 정치가였다. 그러므로, 그것뿐인가? 이듬해 발표되는 『구름들』에서는 정치풍자가 사라지고 소크라테스와 신학문이 도마 위에 올랐다. 이 작품은 구성이 복잡한데다 아마도 소크라테스를 격렬하게 풍자하지 않았던 탓에 인기를 끌지 못했다. 복잡함과 격렬하지 않은 풍자, 그리고 비대중성…… 그러므로, 그것뿐인가? 이듬해 작품 『땅벌들』은 선동정치가가 존중하는 어리석은 인간들이 마구 벌이는 사법재판에 대한 비판을, 클레온 사망 후 평화협정 체결 즈음 씌어진, 농부가 풍뎅이를 타고 하늘로 올라가 평화의 여신을 찾아내는 내용의 『평화』는 협정 체결 성공 기원을 담았다. 하지만, 그것뿐인가? 아니다. 과연 육 년 동안 공백이 이어진다. BC

420~415년 그는 작품을 발표하지 않았거나 흔적을 완벽하게 없앴다. 왜 그랬을까? 우선 풍자-비판을 넘어선 유토피아-건설. BC 414년 발표된 『새들』은 전쟁으로 얼룩진 시대에 평화주의자로서 그가 추구했던 유토피아다. 페이테타이로스와 에우엘피데스는 걱정 근심의 아테네 생활이 지겨워 테레우스왕을 찾아 떠난다. 테레우스는 비극(탄생)의 테세우스와 비슷하지만 훨씬 더 왜곡된, 그리고 역전된 생애를 산 자다. 트라키아 왕이었던 그는 전설의 아테네 왕 판디온의 두 딸 필로멜라와 프로크네 중 동생 프로크네와 결혼했으나 곧 언니 필로멜라에게 반해 그녀를 능욕하고 자신의 행위를 숨기기 위해 혀를 잘라낸 다음 으슥한 곳에 가두었다. 필로멜라는 자초지종을 자수로 떠 동생에게 보냈고, 프로크네가 언니를 구한다. 그리고 복수를 위해 테레우스와 자신 사이에 난 아들 이티스를 죽여 그 살을 남편에게 음식으로 내놓았다. 사실을 안 테레우스는 칼을 뽑아 자매를 죽이려 했으나 자신은 후투티로, 필로멜라는 제비로, 프로크네는 나이팅게일로 변했다. 페이테타이로스와 에우엘피데스가 그런, 왜곡-중단된 '비극 탄생 이야기=생애'를 살고 새로 변형된 테레우스에게 묻는다. 가장 살기 좋은 곳이 어디더냐. 테레우스는 여러 나라를 소개하지만 모두 결점이 있다.

페이테타이로스가 기발한 아이디어를 낸다. 새들이 모두 힘을 합쳐 공중에 거대한 성벽을 쌓자. 그러면 그곳에서 인류와 신들 양쪽을 다 지배할 수 있다. 양쪽의 음식 수급을 중간에서 통제하면 된다. 대지의 씨앗을 먹어치우고, 신들에게 올라가는 번제물 향을 중간에서 가로채면. 합창대(새들)는 처음에 반대하지만 결국은 그 제안을 받아들이고 제안자가 지휘를 맡고 그에 걸맞게 날개를 기른다. 여러 불청객들이 찾아온다. 신도시 예찬가를 지어온 궁짜 낀 시인, 신탁 장사치, 유명한 천문학자 메톤이 가로를 설계해주겠다며 나서고 행사 사찰관도 온다. 이들은 모두 퇴짜를 맞고, 어언 신도시 네펠로코키기아('구름 뻐꾸기 땅')가 완성되고, 성문지기한테 여성 침입자 한 명이 잡히는데, 그녀는 제우스가 왜 땅에서 번제물 향을 바치지 않는지 알아보라고 보낸 특사였다. 통행증 제시를 요구받는 등 모욕과 조롱에 울음을 터뜨린 그녀는 '아버지에게 이르'러 간다. 땅 위의 인류는 새가 되고 싶어 난리를 치며 날개를 요구한다. 방문객들이 속속 도착한다. 아버지를 팬 자, 그는 새끼 수탉은 아비한테 덤비지 않느냐며 자신을 변호하다가, 황새는 새끼가 아비를 먹여 살리지 않느냐는 반박에 물러난다. 서정시인 키네시아스, 그는 공기 날개로 창공을 치솟고 싶어서 왔고, 프로메테우스, 그는 제우스에게 쫓기는 몸이라 우산을 쓴 채 페이테타이로스에게 귀띔을 해준다. 신들이 식량 부족으로 고통을 받고 있다. 이 기회에 단단히 혼을 내주고 제우스의 딸 바실레아('주권主權')를 아내로 달라 해라…… 신들이 보낸 사자들이 도착한다. 포세이돈, 헤라클레스, 그리고 야만족의 신 등등. 헤라클레스가 굶주림을 견디지 못하는 성격이므로 협상은 페이테타이로스한테 유리하게 진전되고 그는 제왕 홀(笏)과 바실레아를 넘겨받고 최고의 신으로 부상한다. 결혼식 준비가 치러진다.

풍자가 어느 정도 규모와 세계관을 갖게 된다. 아니 그 정도가 아니다. 『새들』은 테세우스와 메데아는 물론 아트레우스까지 동원하며 '비극 탄생사'를 절묘하게 왜곡함으로써, 스스로 '희극이 태어나는 이야기'를 지향할 뿐 아니라 희극 승리의 미래 전망까지 담지하고 있다. 그러나, 이것은 비극의 무의식과정을 의식화한 것. 그 자체로 온전한 '이야기=예술'이라기에는 너무 주장적이다. 아니, 코미디는 '본능을 의식적으로' 다루는 본성 때문에 '탄생사=걸작'의 등식이 애당초 불가능한 것 아닐까? 아니다. 『새들』의 세계관이 '예술의 고전' 아닌 '정치의 유토피아'에 머문 것은 희극이라서가 아니라 '희극 일상의 깊이'가 얕아서다. 아리스토파네스는 여기서, 끝인가? 아니다. 끝이라면 그에게 '고전작가'의 칭호를 부여할 리 없다. 그렇다면, 어떻게? 본능이 일상 속으로, 성(性)이 일상의 침실 속으로 일상화하면서 희극 일상의 깊이가 깊어진다. 아리스토파네스의 육 년 공백기를 적확하게 해명해주는 작품은 BC 411년에 발표된 『리시스트라타』('군대 해체자')다. 스파르타와 전쟁을 치르며 아테네가 절체절명의 위기에 처했던 시절 씌어진 이 작품에서 마침내, 풍자가 작품의 예술성을 훼손시키기는커녕, 코미디 본능의 육(肉)으로 된다. 희극 걸작이 탄생하는 것이다. 또하

나. 이 작품에는 (풍자와 웃음 폭발의) 파라바시스가 없다. 희극이 희극을 능가한다. 고전이 빛나는 순간이다. 그리고, 더이상은 없다. 고(古)희극 형태가 변화할 조짐이 보인다.

> 사내들이 전쟁 종식 합의에 실패하자 리시스트라타는 여성들이 나서서 평화를 강요할 수밖에 없다고 생각, 우선 전쟁이 계속되는 한 모든 여자들이 잠자리를 거부한 다음 아크로폴리스와 파르테논신전을 점거한다는 계획을 짜고는 스파르타 여자 람피토 및 다른 적국 여자들을 한데 모은다. 여자들은 처음에는 망설이다가 결국 그녀 계획에 동조, 아크로폴리스를 점거했다. 사내 노인들의 합창대가 아크로폴리스를 불로 공격하지만 여자 노인들 합창대가 물을 뿌려 그들을 퇴치한다. 스키타이 경찰들도 물러나고 시 장관도 논쟁에서 패배, 물러난다. 시인 키네시아스가 와서 아내를 데려가려 하지만 조롱만 당하고 강요에 못 이겨 평화 쪽에 찬성표를 던지고는 처량한 꼴로 아크로폴리스 바깥에 내팽개쳐진다. 스파르타 사자가 도착하고 평화회담이 열리는데, 리시스트라타는 양쪽을 모두 꾸짖으며 화해를 종용한다. 평화가 합의되고 향연이 열리고 아테네인과 스파르타인이 각각 자기 아내를 대동하고, 행진을 시작한다.

불에 의한 공격과 물에 의한 퇴치. 이것은 명백히 남녀 성교(性交)의 집단적 형상화다. 과연 웃음이 일상의 침실로 된다 할 만하다. 『새들』에서도 조롱을 받았던 키네시아스는 아테네 디시램브 시인으로 시뿐 아니라 반(反)종교적인 언행과 외모 때문에 동시대인들의 시선을 집중시켰던 인물. 플라톤은 『고르기아스』에서 그를 '선(善)이 아니라 낙(樂)을 목표로 한다'며 비난하고 있다. 성교의 집단적 형상화는 희극이 본능 자체의 사회화를 꿈꾸며 거대한 모순의 공(空)을 펼쳐나간다는 의미다. 그리고, 아리스토파네스가 자신과 같은 처지였을 키네시아스를 조롱한 것은, 희극이 공의 과정에서 방향 없는 아나키즘을 배태하기도 한다는 의미다.

『리시스트라타』, 그리고 『개구리』(BC 405)는 에우리피데스 비극 자체의 희극화라 할 만하다. 그후 아리스토파네스 희극작품은 절정을 다스리며, 중(中) 희곡기를 연다. 낭만적인 이야기가 등장한다. 대화가 생생하고 자연스러우며 아름다운 서정을 담고 있다. 고상하지 않은 대목이 매우 거칠고 노골적이지만 음란하거나 병적이지 않다. 그는 페리클레스에서 클레오에 이르는 온갖 정치 지도자들을 번갈아가며 능멸했고 견해와 관습의 우스꽝스러운 측면이나 사악한 의도를 그때그때 희화화했다. 관객들은 개인 혹은 인간 신체를 겨냥한 그의 농담과 풍자를 문자 그대로 받아들이지 않고 우스갯소리로 여겼다. 플라톤은 『심포지움』에서 그를, 키네시아스와 달리 유쾌하고 명랑한 인물, 심각한 문제를 재밌는 화제로 바꾸어내는 인물로 묘사하고 있다.

우화, '비유=줄거리'

우화는 비유 자체가 이야기의 틀을 구성하게 된 경우다. 동-식물 혹은 무생물의 의인화를 통해 지혜나 교훈을 전달할 뿐, 그렇게 문학-예술 내용과 형식이 낮은 차원에서 정형화할 뿐 '이야기의 이야기'로서 문학-미학이 역사적으로 발전할 길은 끊긴다. 우화를 뜻하는 로마어 파불라는 원래 신화를 뜻하는 그리스어 미토스와 거의 동일한 단어였다. 둘 다 허구의 이야기라는 뜻. 그렇게 우화는 신화에서 파생한다. 신화는 허구를 진실처럼 그럴듯하게 이야기하는 반면, 우화는 처음부터 허구라는 것을 숨기지 않는다. 그리고 우화는 반드시 교훈적인 결말에 달한다. 신화는 그럴듯하기 위해 시간과 장소, 그리고 주인공의 가계를 대체로 명시하지만 우화는 모든 것이 그저 막연하기만 하다. 이를테면, 여우와 거위가 연못에서 만났다, 그렇게 시작되는데, 그에 비하면 신들의, 영웅들의 계보는 얼마나 복잡한가. 그러나 우화가 신화에서 파생한 만큼, 신화보다 역사적으로 진일보한 면이 없다고 할 수는 없다. 우화의 박진감(迫眞感) 박탈은, 정치-사회적 목적을 위한 최초의 '관객과 거리 두기'다. 그렇게 신화-서사시의 과도한 영웅-낭만주의, 혹은 초현실주의를 씻어내고 풍자력 강한, 산문적인 일상 이야기, 즉 소설의 사실주의적 단초가 마련된다. 문체는 간명하지만, 당연히 산문이거나 산문 지향적이다. 엄벙덤벙대다가는 낭패를 당할 수 있다. 그 교훈을 전하기 위해 이솝은 이런 우화를 마련했다. 계란을 꽤 좋아하는 개가 어느 날 바닷가에서 조개를 보았다. 이게 웬 계란이냐. 그렇게 쾌재를 부르고 개는 입을 있는 대로 벌린 후 조개를 꿀꺽 집어삼켰고 배 속에 든 조개는 너무나 고통스러웠다. 꼴좋다. 그저 둥근 건 모두 계란인 줄 알았으니. 개는 그렇게 자탄한다. 더 짤막하지만 사회적으로 더 정곡을 찌르는 이솝우화도 있다. 어느 날 암여우가 암사자에게 비웃듯 말한다. 너는 새끼를 하나밖에 낳을 수 없잖니 . 암사자가 아무렇지도 않은 투로 대답했다. 사자 한 마리지. 여우 여러 마리가 아니고. 정치-사회적 함의가 더 깊어졌다. 우화 전통은 고대 인도와 그리스 사이를 오가며 발전하다가 그리스 이솝에 의해 본격적으로 종합-창조된다. 이솝이 최초의 우화를 발표한 후 백 년이 지난 후 서양인들은 그를 우화의 아버지로 떠받들게 된다. 그리스 최초의 역사가 헤로도토스는 그가 BC 6세기에 생존한 노예라고 적고 있다. 플루타르크는 그가 BC 6세기 리디아 왕 크뢰수스의 고문역이었다고 썼다. 같은 시기 이집트에서 출간된 이솝 전기는 그가 사모아섬의 노예였는데 우화 짓는 능력이 뛰어나 주인이 해방을 시켜주었고 이솝은 바빌로니아로 가서 왕의 수수께끼 풀이 역을 전담하던 중 델피에 심부름차 들렀다가 아폴론의 사제들을 '기생충 같은 존재'라고 비난, 그들에게 피살당했다고 했다.

이솝과 이솝의 생애는 우화의 탄생을 일목요연하게 종합-설명하기 위해 가공된 것인지 모른다. 그러나, 수수께끼와 아폴론의 사제-신탁과, 비난과 죽음. 이것은 오디세우스 못지않은 모험, 그보다 더 현실적인 모험의 생애를 통해 깨달은 지혜를 호메로스보다 덜 예술적으로, 그러나 더 문명적으로 육화한 것이 (이솝) 우화의 미적 형식이라는 뜻 아니겠는가. 우화는 프랑스 라퐁텐의 보다 복잡하고 의미심장한 작품을 거쳐 현대에 이르기까지 '이야기=줄거리' 못지않은 영향을 아동문학과 동화, 그리고 본격문학-예술에도 끼쳤다. 사실 우화를 뜻하는 영어 fable은 그냥 '줄거리'라는 뜻으로 쓰이기도 한다.

펠로폰네소스전쟁, 몰락과 희극의 시작

아테네와 스파르타가 처음 싸운 것은 BC 460년. 아테네와 페르시아 사이 영토 분쟁에 끼어든 스파르타가 페르시아를 지원하므로 할 수 없이 아테네가 받아들인 것이 바로 BC 445년 '30년 평화조약'이다. 그 12년 후 델로스동맹으로 더욱 강해진 페리클레스의 아테네는 코르킬라내분에 끼어들어 상업도시 코린트와 심하게 대립하고, 이듬해 메가라결의로 코린트 통상활동을 크게 위협하므로 코린트가 펠로폰네소스동맹의 맹주 스파르타에 호소, 아테네가 이끄는 델로스 동맹도시와 스파르타가 이끄는 펠로폰네소스 동맹도시 사이 펠로폰네소스전쟁(BC 431~404년)이 벌어진다. 스파르타는 육군이, 아테네는 해군이 강했고, 스파르타 육군이 아티카 지방으로 치고 들어오자 페리클레스는 주민을 성벽 안으로 불러들이고 해군으로 스파르타를 공격한다. BC 430년 페스트가 아테네를 강타하고 페리클레스를 포함한 아테네 인구 4분의 1의 목숨을 앗아가지만 아테네는 전쟁을 주도했고, BC 425년 아테네 강경파 정치지도자 클레온은 스파르타의 평화 제의를 받아들이지 않았다. 그후 스파르타 명장 브라시다스가 안피폴리스를 함락하고 클레온과 브라시다스 모두 전사하자 BC 421년 '니키아스 평화조약'이 성립되지만, 휴전은 육 년 만에 그치고 아테네의 반스파르타파 장군 알키비아데스가 BC 415년 시칠리아 원정에 나서면서 전쟁이 이어진다. 시칠리아가 스파르타의 지원을 받아 아테네군을 물리치고 알키비아데스는 전 해군을 잃었다. BC 413년 스파르타가 아티카 교통 요지 데켈레아를 점령하므로 아테네는 식량 수입마저 힘들어지고 델로스 동맹도시들이 계속 떨어져나가는 반면, 페르시아 자금이 스파르타 해군을 강화한다. 하지만 아테네는 물러서지 않았고, 해군을 재건한 알키비아데스의 활약으로 소아시아 해역에서 몇 차례 승리를 거두며, 리산드로스가 이끄는 스파르타 해군이 BC 406년 아르기누사이해전에서 패배한 후 스파르타가 다시 평화조약을 제안하지만, 받아들이지 않는다. 그러나, 이제 아테네의 힘이 다했다. BC 405년 아이고스폰타모이해전에서 아테네 함대가 크게 패하고, 아테네는 이듬해 스파르타에 항복, 스스로 성벽을 허물고 함대는 열두 척만 남겨지고, 델로스동맹은 해산당한다. 펠로폰네소스전쟁은 얼핏 스파르타-페르시아의 승리로 끝났지만, 사실 그리스 전체의 몰락을 불렀다. 그리고 곧 알렉산드로스대왕의 마케도니아가 그리스 전체를 지배하게 된다.

소포클레스와 에우리피데스 모두 펠로폰네소스전쟁을 겪지만 둘 다 아테네 패배와 그리스 몰락을 보지 못했다. 그들이 사망한 BC 406년은 아테네가 스파르타의 평화 제안을 거부하던 해다. 그리스 희극시인 아리스토파네스는 다르다. 페리클레스 황금기에 태어난 그의 청장년 시절을 펠로폰네소스전쟁이 점했고, 그는 아테네 패배와 그리스 몰락을 예견했으며, 실제로 보았다. 비극의 시대가 희극의 시대로 넘어가는 사정은 그렇다. 펠로폰네소스전쟁이 끝나면서 그의 작품은 격렬한 공격성을 벗고 소재를 아테네 바깥으로 넓혀 매우 너그러운 웃음, 인간성 자체에 대한 죽음의 풍자에 달하는 한편, 『여성의회』(BC 393)에서는 플라톤 『국가』의 공산주의 사상을 바탕으로 재산 공유 외에, 여성에 의한 남성의 공유까지 주장한다. 윤리와 자연, 성과 정치와 종교 등 온갖 부문을 대상으로 구사되는 그의 언어와 기법의 '기발한 저속성'은 오늘날 수준으로도 놀랄 만하다. 고희극배우와 코로스 대원은 몸에 달라붙는 살빛 옷을 입고, 배나 엉덩이에 패드를 넣어 볼록하게 만들고, 남성 역은 커다란 남근을 달았다. 비루하고 음탕한 알몸을 표현했다는 뜻이다.

BC 400년경부터 주류를 이루는 중기 희곡의 특징은 패러디(parody, '풍자적인 모방'), 신화에 대한 조롱, 문학과 철학에 대한 비판이 상스러운 음란을 대체한다는 점이다. BC 336년부터는 신(新)희곡기가 시작되는데, 현실에서 추출한 가상인물을 통해 당대의 삶을 반영하고(내용), 구성과 인물 형상화가 좀더 발전되며, 위트가 유머로 대체되고, 낭만적인 사랑이 주제로 등장한다. 신희곡 작품들은 사실 아리스토파네스의 희곡보다 에우리피데스의 비극에 더 가깝다. 합창대가 해체되고 연주자-춤꾼만의 공연단이 막간을 채웠다. 신희곡작품들은 현대희곡문학의 직접적인 선구다.

고희곡에서 신희곡에 이르는 과정은 희극 자체의 사회화과정이다. 희극은 본디 사회적인데, 그렇다면 사회화의 사회화? 이 과정은 신희극에서 아연 절망의 무정부주의에 달했다. 신희곡들의 도덕 수준은 놀랄 정도로 낮다. 착한 마음을 권장하는 정도, 그리고 강간과 농락이 용인된다. 신희곡들은 아테네가 마케도니아에 예속된, 정치적 환멸의 시기에 씌어졌다. 그러나, 그러므로 고-중-신 희극 전체가 절망의 소산이라고 보는 것은 잘못이다. 희극은, 비극과 달리, '절정=단절'을 모르고 세속으로('서=써') 이어진다. 절망을 포괄하고 웃음의 철학을 심화-확대시키고 발전해가는 것이 이제부터 희극의 사명일 뿐이다. 그것은, 희극의 사회화 사명이며, 희망의 사명이 아니라, 희망-절망의 이분법을 넘어서는 인간존재의 사명이다.

알렉산드로스대왕 원정 및 사후 후계자 싸움으로 어지러운 세월을 살았으나 메난드로스(BC 342~291)의 희극세계는 태평하며, 시정의 작은 사건을 다루고 일상의 자그마한 움직임에도 인정미 넘치는 웃음의 눈길을 쏟으면서 익살이 늘고, 줄거리는 섬세하고 복잡해지며, 의상 또한 과정을 벗고 일상성으로 섬세-복잡해진다. 『까다로운 자』『조정재판』『머리카락을 잘린 여자』『사모스에서 온 여인』 특히 경구조 대사가 많은 『신들이 사랑하는 자는 젊어서 죽는다』 등이 유명하다. 에우리피데스 『텔레푸스』 중 누더기 차림의 텔레푸스가 아기 오레스테스를 인질로 데려가는 장면은, 대본이 전하지 않는 반면 자주 묘사되었다.

소크라테스, '인간=우주'를 닮은 철학

비극은 서사시와 철학 사이에서 탄생-존재하며, 철학은 비극과 희극 사이에서 균형을 유지한다. 한 시대의 멸망을 맞으며 예술은 희망 혹은 시적 낙관성의 비극에서 절망 혹은 산문적 너그러움(포괄성)의 희극으로 넘어가지만, 철학은 절망을 인간 내면과 '희망=과학'의 깊이로 아우른다. 그것은, 아리스토파네스의 20년 연상이고 펠로폰네소스전쟁 당시 중무장 보병으로 북그리스 전투 2회, 보에오티아 전투 1회를 치르며 엄청난 인내와 침착한 용기를 기른, '전형적인 아테네 토박이이자 최초의 인간 철학자' 소크라테스(BC 470~399) 덕분에 특히 그럴 수 있었다.

석공 아버지와 산파 어머니 사이에서 태어나 어린 시절부터 자주 '신이 금하는 소리'를 듣는 '신들린 자'로 통했던 그는 이오니아 자연학을 배우던 어느 날 델포이 신탁을 듣는다. 소크라테스야말로 최고의 지자('아는 자')다. 이게 무슨 뜻일까? 소피스트들은 덕을 주장하고, '지자'는 온 세상에 넘쳐나는데. '지'란 무엇일까? 신탁의 뜻을 알기 위해 온갖 '지자'들을 만난 소크라테스는 이런 깨달음에 달했다. 소위 '지자'들은 아무것도 알지 못하면서 스스로 알고 있다 생각하는데, 나는 스스로 모른다는 것을 아니, 그게 앎의 차이로구나. 신탁의 참뜻은 소크라테스의 이름으로 모든 인간의 무지를 깨우치라는 것이구나…… 그는 자연학 공부를 때려치우고 오로지 인간 문제에만 매달리며, 종군 때 말고는 아테네를 떠나지 않고 거리와 시장, 체육관 등에서 온갖 사람들과 대화와 문답을 나누며 전 생애를 보냈다. 덕은 지와 같은 것이며, 혼의 비합리적인 부분 및 감정을 뺀 지를 추구해야만 행복할 수 있고, 결코 실수하지 않는 절대 확실의 지는 신만이 가질 수 있으며, 우리 인간은 진과 선과 미 어느 하나도 확실히 알지 못한다. 너 자신을 알라. '무엇인가'라는 본질적 질문, 명확한 논리 방법 인식, 엄격한 기준 적용 등을 동원한 논박을 통해 무지를 깨닫게 하는 자신의 활동을 소크라테스는 '신명'으로 알았으며, 훌륭한 인품과 날카로운 유머로 넘치는 그의 논법은 많은 젊은이들을 끌어들였고, '소크라테스 동아리' 소속 플라톤이 그의 영향을 크게 받았으며, 소크라테스가 저서를 남기지 않았으므로 우리가 아는 소크라테스란 사실 플라톤의 초기 '대화들'(플라톤 저작은 모두 소크라테스를 주인공으로 하는 변증법 방식의 '대화편'이다)과 크세노폰의 '메모라빌리아'에 기록된 소크라테스기도 하다. 말년에 악처 크산티페와 결혼, 자신의 불행마저 철학의 깊이로 전화하던 그는 펠로폰네소스전쟁이 끝나고 오 년 후 신을 모독했다는 죄명으로 사형 언도를 받고 독배를 마셨다. 죽음에 임박하여 도피를 권하던 제자들을 오히려 만류하며 남긴 그의 유훈 '악법도 법이다', 그리고 마지막 말, '크리톤, 내가 아스클레오피스에게 닭 한 마리를 빚졌어. 자네가 잊지 말고 이 빚을 좀 갚아주게'는 그의 인간철학에 '일상=죽음'의 깊이를 부여한다. 신화를 삭제하고 줄여 말하면, 소크라테스는 이오니아학파 자연학에는 자연구조가 '선하고' '바르게' 만들어졌다는 것을 보여주는 근거가 전혀 없음을 발견하고 선한 '정신의 배려'를 찾아 논리적 규범 문제를 탐구하기 시작, '있어야 할 이상(이데아)'을 발견한 것이다.

소피스트, 언론의 시작

BC 5세기 중반~4세기 그리스에서 활동한 '지식인' 혹은 '언론인' 들을 '소피스트'라 부른다. 소피스트란 대중을 선동하고 논쟁에서 이기는 방법, 스스로 선에 무지하면서도 남에게 자신이 훌륭하다는 것을 보여주는 방법에만 몰두했다는 비난이 담긴 말이고, 훗날 플라톤은 소피스트를 제목으로 한 저서를 써서 이들의 사상과 싸우고 그 허위를 폭로하지만, 사실 소피스트들의 목적은 개인과 국가의 선을 추구하는 '솜씨'의 개발이었다. 대부분 아테네 바깥 도시국가 출신으로(아브데라의 프로타고라스, 레온티노이의 고르기아스, 케오스의 프로디코스, 엘리스의 히피아스), 아테네 바깥 도시국가를 돌며 변론을 비롯한 여러 전문지식을 가르치다가 아테네로 들어오고, 의회나 법정에서 말을 잘하는 것이 정계에서, 즉 시민으로서 성공하는 길이었던 민주정 아테네와 결합하면서 오히려 '궤변가' 성격을 띠고, 아테네의 지적인 청년들이 소피스트 언론에 매력을 느끼자 보수적인 시민들이 이번에는 그들을 위험한 사상가로 보게 된다. 사실 소피스트 사상은 기존 사회질서에 대한 '아웃사이더의 도전' 성격을 갖고 있었다. 프로타고라스는 인간중심주의와 주관주의, 그리고 상대주의를 표방했으며, 고르기아스는 '지식'을 부정했고, 트라시마코스는 '정의란 강자의 이익'이라는 아나키스트 주장을 펼쳤고, 안티폰과 히피아스의 '법과 자연 분리' 주장은 법과 도덕에 대한 도전이었다. 문제는 '너무 매끄러운' 수사학이지만, 소피스트에게 매끄러움은 내용 못지않게 중요한 형식이었다. 소크라테스의 죽음은 '위험한' 소피스트로 오해받은 결과였고, 소크라테스와 플라톤의 논리는 소피스트의 화술에 맞서면서 단련된 것이다.

플라톤, '이데아=숫자'를 닮은 우주

플라톤(BC 428~347)은, 역시 아테네 출신으로 소크라테스의 '이데아'를 논리적 행위 문제뿐 아니라 자연학 속으로 확산, 그의 저서 『티마이오』에서 보이듯, 창조자(데미우르고스)가 이데아를 '모법 거푸집'으로 하여 우주를 만들어낸다는, 수학적 자연학을 전개하였다. 소크라테스의 죽음에 커다란 충격을 받은 그는 정치가의 꿈을 버리고 정의를 가르치기로 결심, 동료들과 메가라로 도피한 후 이탈리아를 여행, 키레네학파와 접하면서 이데아와 변증법의 기초를, 피타고라스학파와 접하면서 실천과 실생활에 대한 관심을 키우고 독자적인 플라톤 사상을 세우기 시작, 『변명』『크리톤』『라시스』 등을 쓰고 40세에 귀국하여 『고르기아스』『대합피아스』와 『소합피아스』를 썼다. 친구 디온의 권고에 따라 이상국가를 실현하고자 시칠리아 참주 디오니소스의 초청에 응했으나 디오니소스의 과두정치를 비난, 노여움을 사고 노예로 팔렸다가, 다행히도 그의 저서를 읽은 키레네인 주인이 그를 알아보고 해방을 주어 아네테로 돌아온 후에는 학당 '아카데미아'를 설립하고 제자 양성과 저술에만 몰두, 『향연』과 『파이돈』『국가론』『파이드로스』 등 주요 저작을 남겼다. 전제정치와 과두정치, 그리고 민주정치의 성립과 발전, 그리고 결함을 지적하면서 진행되는 그의 개인 및 사회 윤리론, 그리고 국가론은 이렇게 정리된다. 인간의 영혼은, 육체와 결합하여 충동적인 감각 욕망을 좇는 '정욕'과, 육체와 분리되어 죽지 않는 매우 순수한 '이성'으로 이뤄져 있다. 이성은 이 세계의 배후에 있는 이데아, 즉 '완전한 선'의 체계를 직관할 수 있으나, 탄생과 더불어 육체 속으로 들어가면서 이데아를 잊게 된다. 이 이데아를 동경하는 마음이 에로스며, 현상을 보고 이데아를 떠올려 인식하는 것이 진리다. 인간 이성의 덕이 지혜(소피아), 인간 정욕의 덕이 절제(소프로시네)고, 이성에 따라 정욕을 누르는 기개(티모에이데스)의 덕이 용기다. 정의(디카이오시네)는 그 모든 덕이 알맞게 발휘되는 상태다. 하지만 정의 실현은 개인의 덕을 달성하는 것만으로 이뤄지지 않는다. 개인윤리를 국가윤리로 확대해야 한다. 이성은 통치자로, 정욕은 농공상의 서민으로, 기개는 군인과 관리로 육화한다. 통치자는 선의 이데아를 인식해야 하므로 철학자가 왕이 되거나 왕이 철학을 해야 한다. 왕은 사유재산을 지니면 안 되며, 처자는 공유해야 한다…… '아카데미아'는 529년까지 계속되어, 영어 '아카데미'의 어원이 되었다. 그의 가장 중요한 제자 아리스토텔레스는 플라톤의 이상론(혹은 관념론)에 현실주의를 맞세웠다. 이후 관념론과 현실주의는 서양철학사의 쌍벽을 이루게 된다.

이데아론, 쇠퇴기의 유토피아?

플라톤 이데아론의 배경은 펠로폰네소스전쟁 이후 그리스의 문명이 쇠퇴하는 현실이었다. 아테네 대신 스파르타가 그리스 패권을 장악하지만, 그것이 도리어 스파르타를 쇠망시키게 된다. 여러 폴리스를 지배해야 했으므로 스파르타는 리쿠르고스의 쇄국정책을 버려야 했고, 화폐경제를 부정하는 자급자족경제도 불가능해졌다. 스파르타가 민주정을 폐지하고 과두정을 강제한 여러 폴리스 시민이 반발, 테베와 아테네, 코린트와 아르고스가 동맹하여 스파르타와 싸우고(BC 395년 코린트전쟁), 스파르타는 페르시아 힘을 빌려 이들을 물리치고, 에파미논다스의 민주화 개혁과 새로운 (비낌)진법 창안으로 강국이 된 테베가 스파르타를 격파하고 그리스 패권을 잡지만(BC 371년 레우크트라전투), BC 362년 에파미논다스 사망 직후 패권을 잃고, 여러 폴리스들의 대립과 항쟁 시대가 이어지고, 페르시아가 금전과 함선으로 폴리스들의 싸움을 부추겨 소아시아의 여러 그리스 폴리스들을 지배하고, 그러는 동안 북방 마케도니아가 빠르게 성장하더니, BC 359년 마케도니아 왕에 오른 필립포스 2세가 중앙집권을 실현하고 테베한테 배운 전술을 개량, 우선 트라키아를, 이어서 중부 그리스를 정복하고 BC 338년 카이로네이아에서 아테네-테베 연합군을 격파하면서 그리스 전체 패권을 잡는다. 플라톤 사망 구 년 후 일이다. 필립포스 2세는 스파르타를 제외한 그리스의 모든 폴리스 대표들을 코린트로 불러 헬라스연맹을 만들고 페르시아 원정을 결의케 하고, BC 336년 그가 암살되자 그 뒤를 이은 알렉산드로스대왕이 BC 334년 그리스 연합군을 이끌고 아시아로 원정, 사 년 후 페르시아제국을 멸망시키고 다시 인도까지 진격하여 유럽에서 아시아에 걸친 대제국을 세우며, 이로써 그리스 문화가 동쪽으로 전파되는 헬레니즘기가 열린다. BC 323년 알렉산드로스대왕이 급작스러운 죽음을 맞은 후 헬레니즘은 번영의 속도를, 그리스 본토는 폴리스 쇠망의 속도를, 더해갔다. 알렉산드로스제국이 셋으로 분할되어 그리스는 마케도니아 안티고노스왕가의 지배를 받게 되고 많은 폴리스들이 일단 독립하고, 중부 그리스 폴리스들의 '에톨리아동맹'과 펠로폰네소스 폴리스들의 '아카이아동맹'이 연합하는 식으로 독립을 유지하기는 하지만, 이를테면 스파르타의 경우 토지와 부가 소수자 손에 집중하고 토지와 재산을 잃은 자들이 시민에서 탈락, 시민을 주축으로 하는 군대 유지가 힘들어지고, 아기스 4세와 클로오메네스 3세의 개혁 시도가 모두 실패로 끝나는데, BC 4세기 후반부터는 거의 모든 폴리스가 비슷한 과정을 겪게 된다. 화폐경제 발달은 부의 집중을 낳고, 가난한 자는 벌이를 찾아 동방으로 떠나고, 그리스 본토 인구가 크게 줄므로, 용병 이용이 많아진다. 시민은 개인주의 혹은 세계시민주의(코스모폴리타니즘)로 나아가며, 헬레니즘 철학은 객관적 세계 인식보다는 개인의 행복을 철학적으로 추구, 로마 철학의 바탕을 이루게 된다.

수학, 과학의 '방법=언어'로 발전한 무늬의 추상화

수학(고대 그리스어 '학문을 좋아함')은 수와 양에 관한 학문이고, 논리상 당연하다고 여겨지는 것(공리, 명제)으로 구체적인 현상을 분석 혹은 종합, 보다 뚜렷하게 해명해준다. 수학은 사물의 무늬를 살핀, 즉 추상적 사고의 결과다. 대체로 구조의 무늬가 산술을, 공간의 무늬가 기하를, 그리고 변화의 무늬가 미적분을 낳았다. 산술은 대체로 상업과, 기하는 측량과, 변화는 천문학과 더불어 발전한 것이다. 다른 한편, 현실의 추상이 아니라 논리 자체의 추상인 수학 '세계'를 펼치며 급기야 수학을 완전한 추상의 예술로 여기는 학자들도 많다. 그리스 수학은 헬레니즘기 수학으로 총정리되고, 특히 에우클리데스의 『스토이케이아』('기하학 원본')를 통해 단일체계화, 과학화한다.

수학의 발전에 철학, 특히 수를 만물의 바탕으로 보았던 피타고라스학파 철학과 플라톤의 이데아철학이 매우 중요한 역할을 했을 것은 당연하다. 그리스인 대부분은 기술적인 일을 노예의 일로 천시했고 수학도 계산 기술이 아닌 수철학에 집중했다. 피타고라스학파는 완전수(6=1+2+3), 부족수, 과잉수, 친화수 등을 명명하고, 형상수로 산술과 기하를 연결지었으며, 산술평균과 기하평균, 그리고 조화평균 등 비례를 발견하고 '피타고라스정리'를 증명했지만, 자연수만을 다루었으므로 곧 무리수의 한계에 부딪히게 된다. 플라톤의 아카데미아는 수학이 교육의 바탕이었다. 그는 피타고라스학파보다 더 엄격하게 계산술(로지스티케)과 수론(아리스메티케)을 구분하고 수론에만 집중케 했고, 스스로 그리스 수학의 주된 기둥인 기하학의 본질을 확립했다. 수학은 불안정하고 변화무쌍한 감각현상에 근거해서는 안 된다. 원리의 짜임새를 뚜렷이 하고 감각적 지식을 식별해내는 정의(호로이), 그리고 요청(아이테마타)과 공리(코이나이엔노이아이)를 바탕으로 연역한 명제를 차례로 쌓아가야 한다…… 플라톤은 '간명하고 조화로운 미'를 위해, (자로 긋는) 직선과 (컴퍼스로 그리는) 원 이외의 선 일체를 배제하였다. 플라톤의 수학 사상을 구체화한 것이 바로 알렉산드로스 시대, 즉 헬레니즘기 그리스 수학자 유클리드(BC 330~275)다. 창조적인 수학자가 아닌 단순한 편찬자로 깎아내리는 사람도 있지만, 그의 『기하학원본』 13권(1~6권 평면기하, 7~10권 정수론과 실수론, 11~13권 입체기하인데, 기하학 내용이 워낙 많고 정수론과 실수론도 기하학 용어를 쓰므로 그런 제목이 붙었다)은 그때까지의 그리스 수학을 정말 뛰어난 실력으로 총정리하고 엄밀한 하나의 이론체계로 과학화, 23개의 정의로 용어를 설명한 후 다섯 가지 공준(오늘날 '기하학의 공리')을 내세운다. 1)어떤 두 점도 선분(선 조각)으로 이을 수 있다, 2)선분은 직선으로 얼마든지 늘릴 수 있다, 3)어떤 점이든 그것을 중심으로 온갖 반지름의 원을 그릴 수 있다, 4)모든 직각은 모양이 같다, 5)두 직선과 다른 하나의 직선이 만나 이루는 안쪽 각도를 합하여 180도가 되지 않는다면, 처음 두 직선 각각을 안쪽 각도 쪽으로 늘어뜨릴 경우 반드시 만나게 된다. 기하학은 완벽한 논리적 증명이 필요하므로 이중 5)는 '한 직선 밖 한 점을 지나 그 직선과 만나지 않는 직선은 하나밖에 없다'는 '평행선 공리'와 같은 값이라는 사실이 알려진 후에도 숱한 학자들이 논증에 시간과 노력을 기울였지만 결국 실패했고, 19세기에 이르러 이것을 다른 공리로 바꾸어도 문제가 없다는 것이 증명되면서 비유클리드기하학이 시작되고 그후 숱한 기하학들이 생겨나지만, 오늘날도 『기하학원본』의 논증 방식은 여전히 모법으로 작용하며, 현대 추상수학은 대부분 유클리드 도형들을 추상화하면서 시작된다. 우주 규모 측량에는 부족하지만, 지상은 여전히 유클리드기하학 시대다.

선은 점의 합이다. 이렇게 (자연수만을) 생각했으므로 피타고라스학파는 정사각형 대각선을 한 변 길이 단위로 잴 수 없다는 것을 '발견'함과 동시에 그것을 '말해서는 안 될 양'(무리수)으로 명명, 수학 밖으로 몰아낸다. 그들에게 무한과 연속은 수학 문제가 아니었다. 엘레아파 제논이 이미 그 당시 반론을 펴고 훗날 아리스토텔레스가 공간의 무한 분할을 논의하지만 철학적 논의에 그치다가 엉뚱한 곳에서 묘수가 나온다. 바로 아테네 소피스트 안티폰의 '거진법'. 어떤 양에서 반 혹은 그 이상을 떼어내고 나머지를 같은 식으로 떼어내고 계속 그렇게 해간다면 어떤 주어진 양보다도 더 작은 양에 달할 것 아닌가. 소아시아 남서안 크니도스 출신의, 플라톤의 친구 혹은 제자 에우독소스(BC 400~350)는 약분할 수 없는 수(무리수)에까지 적용할 수 있게끔 비례론을 확장했고, 유클리드는 그 성과를 『기하학원본』 5권에 정리하고, 7~9권에서는 수를 길이로 표현, 기하 도형에서 수의 여러 성질을 끌어내고 최대공약수와 최소공배수, 분수와 등비급수를 연구, 소수가 얼마든지 있을 수 있다는 것을 보여준다. 에우독소스는 자신의 '끝까지 잘라내는 방법(극한 개념)'으로, 원뿔 부피는 같은 밑면 같은 높이 원기둥 부피의 3분의 1이라는 것, 원 넓이는 지름의 제곱에, 구 부피는 지름의 세제곱에 비례한다는 것을 최초 증명했으며, 황금분할이론도 발전시켰다. 작도 불능 문제 중 하나인, '주어진 정육면체의 2배 부피 정육면체 작도'도 해냈다는 전설이 있지만, 19세기에 이 작도는 불가능하다는 것이 증명되었다. 플라톤의 '완전히 둥글며 운행 또한 둥근' 천체를 바탕으로 에우독소스는 동심천구설을 제창했는데, 지구를 중심으로 한 27개 천구 회전운동을 기하학적으로 분석, 태양, 달, 행성의 불규칙한 운동(순행, 정지, 역행)을 설명하려 한 것으로, 훗날 아리스토텔레스가 이 설을 받아들이고 천구 수를 더 늘리는 등 '과학적 우주상'의 기초를 제공하였으나, 결국은 기하학적 가설로 끝났다. 아르키메데스(BC 287~212)는, '극한개념'을 활용, 원 안팎에서 원과 맞닿는 정다각형 변 수를 극한적으로 넓히며(변 수가 아무리 많아도 정다각형은 넓이 계산이 가능하다) 원에 최대한 근접, 원의 넓이를 πr^2(r: 반지름, π: $3^{10}/71 \sim 3^1/7$)로 계산했다. 모양이 울퉁불퉁한 판 넓이도 폭이 극한적으로 좁은 직사각형으로 쪼갠 후 그 너비들을 합쳤다. 구, 원뿔 및 다른 입체의 부피도 마찬가지 방식으로 계산했다. 이것을 아르키메데스 구적법이라 하는데, 17세기 뉴턴 적분법 직전이라 할 만하다. 그리스 대수학은 피타고라스학파 때부터 양을 선분으로 나타내어 대수기호 대신 쓰는, 기하학적 대수학이었다. 물론 매우 불편한 대수학이었으나, 비례론과 함께 그리스 수학 2대 방법론을 이루었으며, 아르키메데스의 25년 연하 아폴로니우스(BC 262~190)의 원뿔곡선이론에 이르면, 원뿔곡선을 전체적으로 장악하면서 대수방정식을 기하학 평면으로 바꾸어놓는다는 점에서, 또한 오늘날 해석기하학의 직전에 달한다.

아리스토텔레스, '과학=과목 학문'의 탄생

아리스토텔레스(BC 384~322)의 출생지는 아테네가 아니라 에게해 북단 칼키디케반도 스타기라다. 아버지는 의사로 마케도니아 왕 필리포스 2세의 친구였다. 17세 때 아테네로 온 아리스토텔레스는 플라톤의 제자가 되어 많은 영향을 받지만, 점차 플라톤의 이데아가 아니라 인간이 감각하는 '현실세계'를 지배하는 모든 원인을 인식하려는 유물론('마지막에 중요한 것은 정신이 아니라 물질이다') 입장을 취하게 된다. 플라톤 사망 후 소아시아 아소스와 레스보스섬 미탈레네에서 연구와 교수 생활을 하다 필리포스 2세의 초청을 받고 정복자 알렉산드로스(BC 356~323)의 (왕자 시절) 가정교사와 (대왕 시절) 고문 역을 맡고, BC 335년 아테네로 돌아와 자신의 학당 리케이온(lyceum의 어원)을 열었으나, 알렉산드로스대왕 사망 직후 아테네에서 추방되어 이듬해 외가 에우보이아섬 칼키스에서 죽었다. 아리스토텔레스의 학문은 알렉산드로스 대원정 이후 3백 년에 걸친 헬레니즘기 과학의 토대를 이루며, '과학'을 말 그대로 '과목학문' 혹은 '학문의 분류'로 풀이할 때, 아리스토텔레스야말로 '과학'의 아버지다. 이미 주어진 것에서 사고를 시작하는 경험주의와, 궁극적인, 궁극의 원인을 끝까지 추적하는 근원주의, 그리고 지식의 모든 부분을 아우르는 종합 정신이 아리스토텔레스 과학방법론의 토대를 이루며 여러 서양 인문-사회-자연과학이 그가 분류 저술한 논리학, 자연과학, 형이상학, 윤리학, 정치학, 시학 등 '과목'에서 비롯된다. 어떻게 보면 아리스토텔레스는 플라톤의 이데아론과 이오니아학파의 자연학을 결합하면서 역동화한다. 플라톤의 '이데아'를 '개별적 본질로서 형상'(에이도스, 모양)으로, 자연학의 '원질'을 '소재로서 질료'(힐레)로 바꾸고 일체 존재를 '형상'과 '질료'의 '나뉠 수 없는 결합'으로 파악하는 동시에 생물학적 '발전'을 매개로, '궁극적인 목적'으로서 '형상'을 실현한 '현실태'(에네르게이아, '에너지'의 어원)와 실현하지 못한 '가능태'(디나미크, '다이나믹'의 어원)의 개념을 만들어내는 것. 자연은 내적인, 가능태에서 현실태로 나아가는 '운동 변화'(키네시스) 원리로 '형상=목적'을 향해 간다. 그의 논리학은 삼단논법(1) 모든 동물은 생물이다, 2) 모든 인간은 동물이다, 그러므로 3) 모든 인간은 생물이다)을 확립, '모든 A는 B다' '모든 A는 B가 아니다' '어느 A는 B다' '어느 A는 B가 아니다'로 명제를 나누어 모두 24가지 삼단논법을 밝혀냈다. 그는 '가능'과 '필연'의 명제를 연구하는 양상('모양')논리학도 개발했는데 최근 다시 주목받고 있다. 공리를 논증과학에서 통하는 공리와 개별과학에서 통하는 공리로 세분화한 것도 그다. 그의 '형이상학'(메타피지카)은 특수한 학문을 두루 꿰뚫는 제1의 원리를 탐구하는, 보편학 혹은 존재학으로서 신학이다.

신은 질료로부터 자유로운, 영원히 관조하는, 자신의 '사유를 사유'(노에시스 노에세오스) 하는 최고의 현실태며, 스스로 움직이지 않지만, '사랑받음'으로써 모든 존재를 움직이는 존재(토 프로톤 크눈 아크네톤)고, 자연계를 초월하는, 자연계의 근거로서 궁극의 목표다. 그의 정치학은 인간이 '국가적 동물'이며 인간의 선은 공공생활로 실현된다 보고, 윤리학을 포함하며, 뛰어나게 민주주의적이다. 중산계급 중심의, '다스림 받는 자'가 다음번에는 '다스리는 자'로 되는 제도가 최선의 제도다. 그의 시학은 창작의 본질을 모방(미메시스)으로 본다. 비극은 숭고한 행위를, 숭고한 인물이 불행에 빠지는 과정을 모방, 연민과 공포의 감정이 관객을 정화케 한다. 아리스토텔레스 저술에서 가장 많은 분량을 자연과학이 차지하고 있다. 자연학, 천체론, 생성소멸론, 기상론, 우주론, 동물발생론, 동물부분론, 동물운동론, 동물지 등 그의 자연과학 저술은 우주의 구조에서 지구상 동식물을 거쳐 신체기관에 이르는, 존재하는 거의 모든 것을 아우른다. 그는 자신을 포함한 온갖 자연을 철저하게 관찰하고 동시대 자연 지식을 남김없이 수집하고 검토, 철저한 목적론의 관점으로 체계화한다. 손을 떠난 나무판자가 땅으로 떨어지는 것은 공기중 무거운 물체가 자신이 본성에 따라 당연히 있어야 할 곳(우주의 중심인 정지한 지구)을 향하여 운동하는 것이다. 더 무거운 물체는 그 운동이 더 강하므로 더 빨리 떨어진다. 물속의 물체는 자신의 본성에 따라 당연히 있어야 할 곳(달)을 향해 상승 운동하며, 어느 경우든 운동은 결국 도달한다. 지상의 직선 낙하 혹은 상승 운동과 달리, 천체는 원운동이 본성이고, 지구가 흙, 물, 공기, 불의 4원소로 이루어진 것과 달리, 천체는 제5원소로 이뤄져 있으며, 세계는 불완전한 지상과 완전한 천상으로 나뉘어 있다…… 그의 목적론은 우스꽝스러운 역학을 낳았고, 이 역학이 한참 동안 과학적 역학의 발전을 가로막지만 동물관계 저술은, 다르다. 귀납법을 발휘, 방대한 지식을 최초로, 논리-체계적으로 정리하면서 아리스토텔레스는 '동물학'이라는 학문을 출발시킨다. 신체 여러 부위 상태를 기준으로 한 그의 동물 분류는 훌륭하고 중요하며 그의 제자 테오프라스토스는 스승의 방법에 따라 식물학을 연구, 외떡잎식물과 쌍떡잎식물을 구분하였다. 진화론에 이르지는 못하지만, 무생물에서 생물에 이르는 '자연의 단계설' 을 제창한다. 그러나 그 혈액의 원천인 심장을 운동과 감각, 감정과 사고의 장으로 보았고, 허파가 호흡으로 몸의 과열을 방지한다 했으며, 두뇌가 심장의 열을 조절하는 부차적인 기관이라 판단, 뇌와 감각, 뇌와 정신현상의 관계를 무시하거나 부정하였다. 확실히 아리스토텔레스 유물론은 사변적이고, 그만큼 관념적이다. 그의 '이론의 방법론' 은 맞지만, 헬레니즘 시대 과학자들은 그것만으로 과학 실천의 문제를 해결할 수 없다는 것을 느끼고 관찰 및 실험을 통해 '학문 과목' 각각을 발전시키게 된다. 그런데, 사실 그 전 단계가 아리스토텔레스와 동시대인 아테네에 이미 들어와 있었으니, 소아시아 연안 코스섬을 중심으로 발전한 히포크라테스 의학이 그것이다. 히포크라테스는 소크라테스와 동시대 사람이지만, '히포크라테스 의학' 을 집대성한 '전집' 은 히포크라테스 자신의 저작뿐 아니라 그후 아리스토텔레스 시대까지 이르는 다양한 '의학' 을 담고 있다. 히포크라테스 의학은 미신은 물론 이오니아학파 자연학의 초자연을 배제하고 경험을 중시, 환자에 따라 질병을 관찰했고, 질병 원인을 모두 자연적인 것에서 구했다. 4체액설을 따르지만 사변에 깊이 관계하지는 않으며, '자연의 치유 능력' 을 믿으므로 치료에 약재보다 섭생을 더 중요시하면서도, 주의 깊은 진찰과 냉정한 판단 또한 중시, 그리스 합리주의에 실증적 차원을 부여한다. 이 경향이 헬레니즘기에 더욱 장려되면서 인체 해부가 행해지고, 해부학과 생리학이 발달하는 것이다.

그리스 문학, 서양 장르의 시작

호메로스 서사시로 시작되는 전(前)고전기(BC 8세기)와 고전기(BC 5~4세기), 그리고 헬레니즘기(BC 3~AD 1세기)를 거치며 그리스 문학은 서사시와 서정시, 연극, 산문 등 서양문학의 거의 모든 장르를 출발시킨다. BC 10세기 무렵부터 생겨난 그리스 식민지가 BC 8세기 역사(문자)시대의 시작과 더불어 크게 늘어나 동쪽 소아시아 연안 일대, 서쪽 이탈리아반도 시칠리아섬, 그리고 남프랑스 및 스페인, 북쪽 흑해 연안, 남쪽 북아프리카 해안에 그리스 도시들이 세워지고 그리스 문학은 엄청난 다양성을 띠지만, 고전기 아테네, 헬레니즘기 알렉산드리아를 중심으로 종합화, 지방문학이 빛을 바랜다. 그리스 서사시 전통은 호메로스보다 수백 년 앞서 시작되지만, 호메로스 서사시의 '이상적인 완성도' 앞에 모두 빛을 바랜다. 동시대 그리고 후대 작품도 마찬가지다. 화려하고 '즐김'의 성격이 강한 호메로스류 영웅서사시는 그리스 식민지 이오니아에서, 실용적이고 윤리적인 헤시오도스(BC 8세기 말)류 서사시는 그리스 본토 보에오티아에서 유행했으며 BC 7세기 이후 서사시가 쇠퇴하다가 헬레니즘기 알렉산드리아 칼리마코스의 '소서사시'와 아폴로니오스 『아르고호 이야기』가 부활했다. AD 4~5세기(로마제정기)의 슴니르나우스 『호메로스 그후』, 무사이오스 『헤로와 레안드로스』, 논노스 『디오니소스 이야기』도 그리스 서사시문학에 속한다. 고대 그리스 문학에는 '서정시'라는 단어가 없고 피리나 퉁소, 혹은 하프 반주에 맞추어 운율로 개인 감정을 풀어내는 시를 형태와 양식에 따라 이암보스, 엘레게이아, 독창시, 합창시 등으로 불렀다. 서사시를 약간 변형한 2행 1연 형식의 장중하고 엄숙한 엘레게이아와, 단장의 운각 여섯 개로 한 행을 이루는, 일상 분위기의 이암보스 모두 이오니아에서 발생했다. 오늘날의 서정시에 가장 가까운 독창시는 4행을 1연(스탄자)으로 하프 반주에 따라 일상의 갖가지 감회를 노래했으며, 아이올리스 레스보스섬의 알카이오스와 사포, 이오니아 아나크레온이 대표적인 시인이다. 알카이오스는 현실 비판을 토해내고, 아나크레온은 독재자가 요구하는 향락을 노래한 반면, 사포는 여성으로서, 무엇보다 자신의 (동성애) 사랑을 읊었으므로, 사포를 최초 서정시인으로 여길 만하다. 오늘날 서정시와 가장 거리가 먼 합창시는 공적인 제의 혹은 축제 가무단을 위한 것으로, BC 7~6세기 시칠리아 출신 스테시코로스가 창시한 '정가-반가-첨가' 방식이 최종 패턴이고, 비극 합창에도 도입되며, BC 6~5세기 3대가 시모니데스, 핀다로스, 바킬리데스의 합창가는 주로 왕과 귀족의 부탁으로 작곡한 올림피아 등 운동경기 우승자 축송가며, 핀다로스 작품은 도리스풍으로 장중하고 엄숙하며 난해하다. 디오니소스 숭배와 연관되어 비극으로 발전하는 디시람보스 또한 합창가였다. 시모니데스는 묘비명시 작가로도 유명하며, 바킬리데스와 핀다로스가 쓴 디시람보스도 있지만, 가장 인기 있던 디시람보스 시인은 BC 5~4세기 활동한 티모데오스다. 고전기 이후 뛰어난 서정시인은 없으나 헬레니즘기 서정성이 높은 전원시(목가)가 유행하였다. 산문 또한 이오니아에서 생겨났지만, BC 6세기 무렵 비로소 '작품'이 나타난다. 이오니아 자연학파 엠페도클레스, 파르메니데스, 크세노파네스 등은 아직 덜 발달한 산문 대신 운문으로 우주와 자연 원리를 논했으며, 아테네 정치가 솔론 또한 운문으로 정치 신념을 내뿜었다. 초기 산문 '작품'은 이오니아 사투리를 썼다. 헤로도토스 『역사』 아홉 권, 히포크라테스 의학 전집이 그렇고 데모크리토스 철학 저술이 그렇다. 어휘와 조사에 서사시 영향이 강하고 문체가 단순소박한 이오니아 산문 전통을 정교한 아티카 특유의 예술 산문으로 연마해낸 것은 아테네 문장가, 특히 웅변술과 수사학을 강조한 소피스트들이다. 변론 분야 안티폰, 시리아스, 이소크라테스, 데모스테네스, 역사 분야 투키디데스, 철학 분야 플라톤의 저술은 모두 걸작 산문이다. 아리스토텔레스 산문은, 특히 수사학과 창작론 교과서 『레토리카』와 『시학』이 근대 이후 문학 연구에 큰 영향을 끼치지만, 자체 문학성은 떨어진다. 헬레니즘기 이후 그리스어가 국제공용어로 쓰이면서 순수 아티카 산문풍이 다시 유행하는데, 기원전 역사가 폴리비오스와 디오도로스, 지리학자 스트라본, 기원후 역사가 플루타르코스와 풍자작가 루키아노스가 대표적이다. 4~5세기 유행한, 미남미녀 주인공이 갖가지 위험에도 불구하고 순수한 사랑을 지켜내고 끝내 행복하게 맺어지는 비슷하고 뻔한 내용의 연애 이야기들이 '그리스 소설'로 불리며 유행하는데, 헬레도로스의 『에티오피아 이야기』, 롱고스의 『다프니스와 클로에』가 특히 널리 읽혔다.

'무용=제의', 그리고

고대 그리스 무용은 대체로 종교제의와 연관된 것이었다. 로마의 경우도 마찬가지. 그리스 희비극의 합창대가 그렇고 로마 신화 전쟁의 신 마르스의 사제들 무용이 그렇다. 플라톤은 모든 무용이 종교성을 지녀야 한다고 생각했다. 아리스토텔레스는 무용을 '신체의 리듬으로 성격과 정서와 행위를 모방하는 것'이라고 고전적으로 정의한다. 성격-행위를 강조하는 무용은 당연히 극(劇)무용으로, 정서를 강조하는 무용은 순수무용으로 발전할 것이다. 이 두 흐름은 무용예술사 속에서 줄곧 병존-갈등-혼재하면서 그 표현력을 상호 상승시켜왔다. 디오니소스를 따르는 것은 대부분 광란의 무용꾼들이다. 이 광란 속에서 무용은 곧장 음악이자 연극이다. 아니, 그 셋이 '구분 없이 결합된' 상태야말로 광란이다. 음악과 의학, 빛과 진리의, 이성의 신 아폴론 추종자들도 종종 무용을 추었는데, 그것은 혹시 '결합 없이 구분된' 것이었을까? 원초적인 수준의 '이성의 광란'이었을까? 어쨌거나 그 와중에, 디오니소스 비의 광란의 무용에서 질서정연하고 공동체적인 합창대 무용이 발전해나온다. 사실 합창대, 즉 '코로스'라는 말 자체가 벌써 '열 지은 무용꾼들'이라는 뜻이다. 이들은 춤을 추고 노래를 부르며 처음에는 비극과 희극에서 주도적인 역할을 했다. 코로스는 희-비극 작가가 직접 훈련시켰고, 그래서 작가들을 코로디다스칼로스('코로스를 교육하는 선생')라 부르기도 했다.

고대 그리스인들 사이에서 개인적인 무용은 손님 접대를 위해 전문 무용꾼을 초대하는 경우가 대부분이었고 그 목적으로 여자 무용꾼을 훈련시키기도 했다. 개인 춤은 육체의 우아미를 가꾸는 훈련의 의미였다. 사교춤은 개념 자체가 없고, 청춘 남녀들이 손을 마주 잡고 열을 지어 추는 무용(호르모스)이 있었다. 고대 로마 지식인들은 종교적인 목적 이외의 용도로 추는 무용을 경멸했다. 키케로는 한 연설에서 '누가 제정신에 무용을 추겠는가'라고 포효한다. 네로황제가 무용을 좋아하자 귀족들은 질색을 했다고 한다. 그러나 이것은 거꾸로, 로마의 부패한 귀족들이 육체의 향연으로서 무용을 크게 즐겼고 그렇게 무용이 타락의 한 상징으로 떠올랐다는 듯이다. 일반 대중 차원에서의 무용문화는 방탕하게 발전했을 것이다. 로마제국 멸망의 직접적 원인이 만연한 매독이었다는 점을 감안하면 더욱 그렇다. 무용의 선정성이 크게 강화되어 몸동작과 휘장을 다루는 솜씨가 무용의 주요 요소로 강조된다. 키케로가 죽은 지 얼마 안 되어 로마에서는 마임이 크게 유행했다.

중국 서정시, '음악=무용'의 몸짓

서정시는 음악 및 무용과 밀접한 연관 속에 생겨났다. 아니, 음악과 무용의 언어화가 최초의 서정시였다고 해도 과언은 아니다. '서정시'의 형용사 lyric은 '수금(竪琴, lyre)과 연관된'의 뜻. 언어화한 직후 노래로, 혹시 무용과 병행하여 불렀다는 뜻이겠다. 『시경』에 수록된 고대 중국 주나라(BC 1122~256년) 시대 BC 1000~700년의 '노래'들은 대체로, 음탕한 부분까지 포함하여 최초의 시에 가깝다. 모두 음악에 맞추어 불렀고 종종 무용까지 곁들여졌다. 서정성이 매우 강하고, 오랜 구전 기간중 공들여 다듬어진 흔적이 보이지만 자연스러움이 전혀 손상되지 않았다. 『시경』은 조정 연회석상에서 불린 노래 중심의 '아(雅)', 제례 노래 중심의 '송(頌)', 모심기 노래, 사랑노래, 지배자에 대한 원망을 담은 노래 등 민요로 구성된 '국풍(國風)' 등 3부로 구성되었다.

'아(雅)'의 '소아(小雅)' 항목에는 선조에 대해 노래한 짧은 서사시도 있으나 중국의 경우 서사시의 전통은 크게 위축된다. 노자-공자, 맹자, 장자, 순자, 한비자 등이 쓰거나 엮은 '사상 산문'이 일찌감치 발흥한 까닭이다. 유교 '사서오경' 중 '사서'는 『논어』『맹자』『중용』『대학』, '5경'은 『시경』『서경』『역경』과 『예기』 및 『춘추』다. '오경'은 공자가 활동하던 BC 6세기 이전에 씌어졌고 '사서'는 공자 생존 시기와 그 이후에 정리되었다. 『서경』은 여러 종류의 고대국가 문서를 편찬한 것, 『역경』은 우주 변화의 원리를 밝힌 일종의 예언서. 『예기』는 제례와 그에 따른 이야기들을 수록했고 『춘추』는 공자의 모국 노나라(BC 722~481년) 역사를 연대순으로 기록한 것이다. 모두 공자가 편찬한 것으로 되어 있으나 확실치 않다. 『논어』는 공자 어록이고 『맹자』는 맹자 어록이다. 『중용』은 철학의 방법론이고 『대학』은 정치철학. 권력의 윤리적인 항목들을 군자의 인격 덕목과 연결짓는다. 그러므로, 수신제가치국평천하(修身濟家治國平天下). 몸을 닦고 집안을 정돈하고 나라를 다스리고 천하를 평화롭게 한다…… '오경' 은 서로 자연적인 상보관계를 이루지만 '사서' 로 이어지면서 극단적인 이론화가 진행된다. 그렇게 유교는 변증법적인 상상력을 예술 쪽으로 열지 않고 이론 혹은 명명(命名)의 차원에 닫아두게 된다. '사서오경' 은 유교 경전으로서 중국 '문학' 에 내내 심각하고 엄격한 '문학적' 영향을 끼쳤다. 그것은 문학을 정치경제학과의 관계 속에 묶어두는 경향을 크게 강화시켰다.

이러한 유교의 경향에 맞선 것이 노자의 도교. 그가 쓴 『도덕경』은 5천 자 정도의 짧은 분량이고 방식이 대단히 함축적이다. 내용은 무저항주의적 무정부주의다. 도(道)는 싸우지 않지만 승리하고 말하지 않지만 응답한다. 무위자연(無爲自然)으로써 세속의 유혹과 시련을 대하고 세속의 옳고 그름에 초연할 것을 가르치는 『도덕경』은 정치적인 교훈으로 의도되었지만 내용과 형식의 조화가 다분히 예술-변증법적이고, '인식론' 성격이 짙다. 노자의 제자인 장자에 이르러 그 예술적 변증법은 통이 크고 기발한, 시공을 초월하는 비유를 낳지만 결국은 순환론에 그칠 뿐, 역사적 현실과의 접점을 만들지 못한다. 맹자-장자보다 앞선 묵자는 사상 내용과 산문 문체가 가장 바람직한 조화를 이루는 것으로 평가된다. 하지만, 중국 문학의 주된 전통으로 확립되지는 못했다.

BC 300년경 중국 전국시대 말기 초나라 시인 굴원이 창시한 '초사(楚辭)', '초나라풍' 은 정치-사회성이 강한 내용이 결과시킨 시형식이다. 양자강 유역 동정호를 끼고 섰던 초나라는 제나라와 연합하여 진나라에 대항할 것인가, 아니면 진나라에 붙을 것인가의 기로에 놓이게 되었다. 굴원은 제나라와의 연합을 주장했고 주장이 받아들여지자 탁월한 능력으로 연합을 성사시키지만 결국은 진나라 농간에 제나라가 넘어간다. 초나라와 제나라가 결국 망하고 분노에 망국의 설움, 그리고 앞날에 대한 불안까지 겹치면서 '초사' 의 전범인 「이소離騷」('슬픔 속으로 떨어지다')가 태어난다. 굴원은 강에 몸을 던져 자살했고, '초사' 는 한나라 유향이 굴원과 여러 시인의 작품 25편을 한데 묶어 펴내면서 붙인 이름이다. '초사' 는 당연히, 『시경』 작품들보다 구성과 표현이 복잡하다. 『시경』처럼 각운이 있지만, 운율이 (『시경』의) 노래 분위기에서 낭송 분위기쯤으로 바뀐다. 시적 사유가 끼어든 까닭이다. 「이소」는 정치상황을 사랑에 빗댄다. 사랑의 비유-은유로써 주군(主君)에 대한 실망감이 표현되고 먼 곳, 하늘나라로의 환상여행이 묘사된다. 굴원의 시는 후세 문학에 커다란 영향을 끼쳤다. 초사 형식은 그후 5백년 이상 통용되고, 중국 시에 새로운 영역을 개척했다. 그러나 사랑의 육감이 정치-사회적 내용을 해방시키지 않고 정치-사회적 내용이 사랑의 육감을 혁명시키지 못한다. 오히려 정치-사회성이 서정성을 관료-보수화하고 서정성이 정치-사회성을 또한 관료-보수화하는, 중국-동양적 악순환이 내내 이어진다. '시경' 이라는, 경전을 뜻하는 제목 자체가 벌써 시를 종합하여 사상적 전거로 삼으려는 의도를 보여주고 있다. 그후 산문이 구현하는 위대한 사상성은 문학-예술적 상상력이 서양과 같은 변증법을 통해 발전하는 것을 크게 가로막았다. 한나라 때 발명된 종이는 중국 문학 발전에 기여했지만 그 경향을 거슬렀다기보다는 강화시켰다. 어려운 한문을 아는 지배계층이 문학을 독점하면서 시문학은 오히려 관제-정형화, 그리고 사상-경전화했고 소설적 상상력은 더욱 위축되었다. 이 시기 가장 위대한 '문학' 은 사마천의 역사서 『사기』다. 20년에 걸쳐 저술된 『사기』는 고대 중국 신화 황제에서 한무제에 이르는 중국 역사를 종합적으로 다루고 있다. 정통학자들이 소설이나 희곡 '따위' 를 문학으로 인정 '해주' 는 관행이 뿌리를 내리기 시작한다. 이 관행은 당나라(618~907년) 때 약간 흔들릴 뿐 근대까지 매우 심각하고 엄격한 영향을 소설-희곡뿐 아니라 문학 전반에 끼칠 것이다. 특히 시는, 『시경』의 음악과 결부된 작품들을 전범으로 하는 중국 귀족문화의 필수과목으로 자리잡지만 바로 그렇게, 『시경』의 작품들과 달리, 완고한 형식에 갇히기 일쑤였다. 중국 문학, 혹은 세계문학의 금자탑이라고 할 당송 시문학은 소설-예술적 상상력이 잠시 해방되면서 기존의 서정시에, (보수-문화의 관행이 아니라) 올바른 예술 충동으로서 충격이 가해진 결과다. 그리고 그 성과는, 다시, 변증법적으로 계승 발전되지 못했다. 서양의 경우 고대 그리스문명을 바탕으로 발전하는 문학-예술과 구약-신약을 바탕으로 발전하는 종교는 각각 내적으로는 이원론적으로 발전하면서 외적으로 서로 변증법적 갈등관계를 이룬다.

중국과 인도의 경우는 각각 내적으로 일원론적이고 서로 상보적이다.

사포 서정시, 서사시와 연극 사이 몸을 입은 언어

이름이 알려진 최초의 서정시인은 고대 그리스 여성 사포다. BC 615년경 레스보스섬 미탈레네 출생. 당시 레스보스섬 정세가 불안하여 그녀 가족이 한때 시칠리아섬으로 망명했다는 것, 세 명의 아들과 딸 하나를 두었다는 것이 사포의 알려진 생애 전부다. 하지만, 다행히도, 그녀의 시작품은 BC 2세기 무렵 알렉산드리아 학자들이 시 형식에 따라 아홉 권의 시집으로 펴냈다. 모두 젊은 여성이 화자고, 아프로디테와 헤라 등에 대한 제사와 기도, 구애와 슬픈 이별 등 개인 정서, 사랑하는 영혼의 외로움과 고통, 신랑 신부를 기리는 결혼 축하 등 다양한 여성 감정을 독특한, 간결하고 세련된 레스보스 방언으로 표현하며, 화관으로 머리를 묶은 우아한 처녀를 이상화하는데, 특히 동성애 표현이 아주 대담하여, '레스보스'와 '사포'에서 여성 동성애를 뜻하는 '레스비아니즘'과 '사피즘'이 나왔을 정도다. 로마 시인 카툴루스와 호라티우스가 그녀 시를 번역했으며, 그녀의 시형이 라틴시에 도입되어 커다란 영향을 끼쳤다. 개인 감정을 그리는 사포 서정시는 오늘날에도 전혀 '예스럽지' 않다.

말 한마디 듣지 못했어요
솔직히 죽고 싶었죠
떠날 때, 그녀는 울었지요

참 많이도; 제게 그랬죠. "이렇게 헤어지는 건
어쩔 수 없어요, 사포. 가고 싶지 않아도 전 가야 해요."

전 그랬어요, "가세요, 그리고 행복하세요

하지만 잊지 마세요(잘 아시잖아요)
당신이 버린, 사랑에 묶인 사람을

저를 잊으실망정, 생각해주셔요
우리가 아프로디테께 바친 선물들을
그리고 우리가 나누었던 온갖 사랑을

한 젊은 신부의 아름다움에 대한 시는 지금도 비유의 서정성이 낡지 않았다.

가장 높은 가지 위에 빰이 새빨개진 달콤한 사과
가장 높은 가지 맨 위에, 사람들이 어떻게 잊어버린
아니 잊은 게 아니고, 얻지 못한, 이제까지는 얻을 수 없었던……

서정시는 개인의 심정을 묘사한다. 최초의 서정시인이 여자였던 것은, 페넬로페 때문이었을지 모른다. 오랫동안 마음에 축적되어온 어떤 감정이 일순 분출되면서 동시에 압축된다. 왜냐면 감정은 사유와 달리 오랜 시간에 걸쳐 분출될 수가 없다. 그러나 거기서 끝난다면 서정시는 음악과 무용에서 최종적으로 분리되지 못했을 터. 문자언어로 씌어진 '분출=압축'은 퇴고를 강요한다. 처음에는 단순히 제대로 표현하기 위해 퇴고가 행해지지만 점차, '분출=압축'의 한계와 강제를 극복하는, 보다 깊은 의미-직관으로의 통로를 여는 쪽으로 진행된다. 비유-은유-상징 등등은 분출의 계기일 수도 있고, 일단 분출된 후 오랜 사고의 결과물일 수도 있다. 분출이 끝나도 분출이 강제한 압축은 유지된다. 압축이 오래 사유되고 사유가 순식간에 압축된다. 그런 시적 통찰을 통해 세계가 포착된다. 동시에, 압축이, 압축에 대해 스스로 이야기하기 시작한다. 이것은 서사시-소설의 경우와 같지만 이때 '이야기'는 서사시나 소설의 그것과 다르다. 비유와 은유, 상징, 의미의 재현(再現)과 재현 이상의 변증법 등이 창으로 나는 과정으로서 '이야기'인 것이다. 소설-서사시보다 일찍부터, 태어날 때부터 서정시는 그렇다. 그리고, 그렇게 일찌감치 현대성에 직결된다. 사포는 결혼하여 딸까지 둔 몸이었는데, 아프로디테를 숭배하는 처녀들과의 이 동성애는, 서정시가 어느 예술장르보다 먼저, 현대적으로, 예술의 궁극적 목표가 성(性)의 극복이라는 점을 통찰했다는 암시일지 모른다.

몸의 종교

몸은 아름답거나 아름답지 않거나 그런 것이 아니다. 쾌락은 도덕적이거나 그렇지 않거나 그런 유가 아니다. 요는 몸과 쾌락의 변증법이 아름다움을 낳고 발전시키는 과정이다. 그리스 이전 문명, 특히 수메르, 이집트 그리고 헤브라이 문명은 에로티시즘의 흔적을 문자로도 남겼다. 수메르인들은 목과 목을, 손과 손을, 그리고 몸과 몸을 서로 부비는 것으로 사랑 행위를 묘사한다. 고대 이집트 신왕국 시대(BC 1570~1085년) 세속 사랑 노래의 에로틱한 비유는 수메르 종교시의 그것과 크게 다르지 않다. 사포는 여성의 음부를 즐겨 '감미로운 과일'로 표현했고 이 비유는 성경 창세기 금단(禁斷)의 과일을 곧장 연상시킨다. 그리고 이 비유가 20세기 '에로티시즘' 소설가 로렌스의 'fig'(무화과 열매이자 겉음부)까지 이어진다. 이 연상은 타당하지만 근본적인 것은 아니다. 그리고 이 연상에 집착할 경우 성을 원죄로, 에로티시즘을 기독교와 정반대의 것으로 보는 금욕 혹은 청교도 주의, 혹은 가부장제의 막다른 골목에 우리는 일찍부터 봉착할 수 있다. 문자를 통한 비유-상상력은, 문자가 이론에 가까운 만큼, 에로티시즘과 포르노그래피의 경계를 아찔하게 흐린다. 실제로 로렌스는 '에로티시즘'과 '포르노그래피'의 경계를 허무는 것을 자기 문학의 혁명적인 요소로 자부했다. 고대 이집트 사랑노래에 이런 것이 있다.

> 연꽃 연못으로 들어가 당신 원하는 대로 하는 게 얼마나 달콤한지요, 물속에 들어가 그 떨리는 광휘의 새빨간 물고기를 내 손가락으로 쥐는 것이.

연꽃 연못은 여자 음부의, 새빨간 물고기는 남자 양기의 비유다. 양기가 물고기나 새처럼 포획된 것이라는 비유는, 중세 중국 에로티시즘문학에 숱하게 등장한다. 그러나 모든 종교 경전에서 중요한 것은 에로티시즘이 신에 대한 인간의 사랑으로 승화되는 과정이다. 태초의 말은 에로스고, 성경 창세기는 그 에로스가 신의 사랑으로 되는 과정이며 금단의 열매를 먹고 부끄러움을 알게 되는 것은 성의 문명화에 다름아니다. 에로스(의 문명)를 매개로 원죄=실낙원과, 지식-노동을 통한 문명 발전이라는 축복의 모순이 변증법적으로, 그리고 그리스 에로스 신화보다 더 종교적으로 극복된다.

구약에는 온갖 형태의 '사랑'이 등장한다. 야곱과 라헬은 첫눈에 반하고(창세기 29장 18~20절), 암논과 타마르는 성적인 강박에 사로잡혀 있다(2사무엘 13장). 고부(姑婦)간 사랑(창세기 22장 2절, 37장 3절, 루스기 4장 15절), 엘카나와 한나의 백년해로(1사무엘 1장), 노예적인 헌신(출애굽기 21장 5절), 다윗과 요나단 사이의 강렬한 동성(同性) 우정, 이스라엘과 유다가 지도자 다윗에게 보이는 열광적인 충성 등등. 이 모든 것은 이스라엘에 대한 야훼의 사랑을 설명 혹은 실현하는 계단이다. 그 사랑은 선택, 구원(이집트와 바빌로니아로부터의), 가르침, 그리고 약속(젖과 꿀이 흐르는 땅의)의 형태로 완성된다. 그리고 이 사랑을 설명-실현하는 데 다시 인간의 사랑이 비유로 동원된다. 하느님이 이스라엘을 사랑하는 것은 남편이 그의 아내를(호세아서 3장 1절, 예레미야서 2장 2절, 이사야서 54장 5~8절), 아버지가 첫아들을(호세아서 11장 1~3절, 예레미야서 31장 9절), 어머니가 제 몸으로 낳은 자식을(이사야서 49장 15절) 사랑하는 것과 같다. 이 '인간의 비유'를 매개로 야훼의 사랑은 인간의 사랑 속에 사회-의무화한다. 야훼의 선택과 사랑을 받는 이스라엘 백성들은 이웃을, 그가 친족이든 이방인이든 자기처럼 사랑해야 한다(레위기 19장 18절, 34장). 가난한 자를 도와야 한다(레위기 19장 9~10절). 정직해야 하고 임금을 제때 지불하고 법을 공정하게 적용하고 어른을 공경하고 십일조는 빈민, 고아, 과부, 그리고 '하느님의 몫'으로 사제들을 위해 쓰여야 한다(민수기 18장 20절, 신명기 18장 1~2절). 이 모든 '사랑 발전'의 한중간에 에로티시즘 시문학의 극치라고 해도 좋을 「아가」가 놓여 있다.

> 신을 신은 그대 두 발이 정말 아름답다, 오 공주여! 그대 넓적다리가 합치는 곳은 보석과 같다, 솜씨 좋은 장인이 직접 세공한.
> 그대 배꼽은 둥근 잔, 술이 마르지 않는. 그대의 배는 백합으로 장식한 곡식 더미
> 그대의 젖가슴은 어린 쌍둥이 고니
> 그대의 목은 상아탑. 그대 정말 아름답고 즐겁다, 오 사랑이여, 기쁨을 위한! 그대의 자태는 종려나무, 그리고 그대의 가슴은 포도송이들
> 그 종려나무 위로 오르리, 그 가지들을 잡으리라. 이제 또한 그대의 가슴이 포도나무 송이들 같고, 그대 코 내음 사과 같으리라
> (「아가」 7장 1~4절, 6~8절)

「아가」는 작자 미상이다. 글쓴이로 지목되는 솔로몬왕은 기원전 1015년경에서 977년까지 살았다. 「아가」가 씌어진 것은 기원전 450년 이전. 어떤 이는 고대 풍요제의 때 쓰였던 것이라 하고 어떤 이는 페르시아 궁정을 어느 정도 아는 고위층 지식인이 쓴 세속 사랑노래라고 한다. 이 작품이 이스라엘에 대한 야훼의 사랑을 은유한 것이라면 저작 연도는 기원전 5세기 후반경일 것이다. 중요한 것은 에로티시즘과 예술이 만나 서로에게 영원성을 보장하는 그 접촉의 광경이다. 이 '예술=에로티시즘' 은 시대와 (유대) 종교를 뛰어넘어 신약의 구도까지 규정짓는다. 그리스도 또한 야훼처럼 신랑으로 비유되며 성처녀-성모는 교회로, 그렇게 그리스도의 신부로 된다. 한동안 구약성서 학자들이 유독 '근엄한' 유대교 경전에 에로틱한 「아가」가 들어 있는 것을 의아해했지만, 그 의아함이야말로 언어도단이다. 종교가 애당초 에로틱하거나 금욕적이거나 그런 것이 아니라, 이 의아함 자체가 완고한 금욕주의의 발로였던 까닭이다.

육화(肉化)와 성교(性交)

더 본질적으로, 그리스도 육화는「아가」에로티시즘의 혁명적인 질적 발전에 다름아니고, 이 발전을 정반합의 반(反)으로 중개한 것은 리(理, logos), 특히 고대 그리스 철학이다. 플라톤은 사포 에로티시즘의 숭배자면서 다른 한편으로 지고지순한 사랑 개념을 펼쳤다. 사랑은 아름다움에 대한 욕망으로서 육체적인 것은 물론 개인적인 것까지 초월하고 '지혜 자체에 대한 사랑(philosophy)' 에서 절정에 달한다. 관념론의 극치인 이 사랑론을 거쳐 에로티시즘은 구약성서의 자연 비유를 최종적으로 극복하고 사회 비유 수준으로 올라서며 예수 인간-육화의 생애에서 일약 육체성과 난해성을 통합하게 된다. 고통받는 죽음으로써 인류를 구원하는 사랑, 그 육체성과 난해성의 통합은 매우 신비한 동시에 일상적이고 현대적이다. 19세기 '세기말' 의 철학자 쇼펜하우어는 사랑을 성충동에 불과한 것으로 폄하고, 니체는 더 심하여, 사랑은 권력투쟁의 다른 모습으로 그 수단은 전쟁이며 성에 대한 치명적인 증오가 그 바탕이라고 보았다. 쇼펜하우어와 니체는 사랑이 아니라 문명 전체를 저주하고 있다.

그리스도의 육체 탄생은 종교적인 에로티시즘의 너무도 찬란한 발화였다. 그것은 최후의 만찬이라는 '육의 나눔', 그리고 십자가에서의 고통스러운 죽음을 통해 또 한 차례 육화-신비화한다. 그것은 인간이 받아들이기에 너무도 벅찬 육화이자 신비화였고 기독교는 한동안 그 발화에 놀라 거꾸로 죄의식을 강화하고 '자기 안의, 눈에 보이는 육' 을 억압한다. 사도 바울은 말했다. 사랑을 통해 서로가 서로의 하인이 되어야 한다. '네 이웃을 너 자신처럼 사랑하라' 는 말 한마디에 모든 율법이 포함되어 있는 까닭이다(갈라디아서 5장 13~14절, 레위기 19장 18절). 육화된 말이 구약성서 인용을 통해 다시 말로 돌아가고 바울은 유능한 설교자였지만, 예수 육화 에로티시즘의 진정한 의미를 이해하지 못했거나, 겁냈고 한참 동안 사랑이 기독교의 가장 중요한 가치로 확립되면서도 육은 갈수록 거세되는 기현상이 벌어진다. 성찬에서 이룩된 영혼과 육체의 성스러운 소통의 조화가 무너지고 사랑의 사회-율법화(이웃 사랑, 원수 사랑, 자선 등)

가 일방적으로 진행된다. 십자가의 고통으로 통합된 영과 육, 그리고 세속(도둑의 천국)이 다시 분리되고, 이 분리가 기독교의 '제도'를 강화한다.

기독교 '육의 삭제'는 포르노그래피에 달한 로마제국의 이교도-세속문화에 '맞서' 그 완고성을 더욱 심화했다. 도상이 형해화하고 여성과 세속, 그리고 교회의 상징인 성모마리아조차 상징부호쯤으로 대체된다. 예수의 얼굴 및 행동이 신비화할 뿐 인간화, 무대-형상화는 금지된다. 그러나 에로티시즘은 그런 명시적이고 가시적인 규제 조처로 단절되지 않는다. 눈에 안 보이는 차원에서 종교음악이 세속과 뒤섞이며 성스러움의 에로티시즘으로 흘렀다. 그리고 도상 육안보다 더 크게 교회 건축물이 또한 세상 속에 예수의 육화를 다시 세상화한다. 그렇다. '안 보이는' 예술이야말로 예수 에로티시즘의 의미를 본능적으로 알고 심화-발전시킨 결과고 예수와 성모마리아의 진정한 교회다. 사실 로마의 타락은 통합해야 할 예수 십자가 두 길 중 하나였다. 르네상스기로 접어들며, 특히 서양화가들의 종교화가 사디스트 혹은 마조키스트 기질을 두드러지게 보이는 것은 '보임의 출구'가 막혔던 도상 에로티시즘이 바야흐로 다시 분출하려는 과도기 현상이다.

에로티시즘이 삭제된 기독교 성(聖)과 속(俗)의 이분법은 탕자였다가 구원에 이른 성 아우구스티누스『참회록』에서 절정에 달하지만 여기서 육에 탐닉했던 자신의 젊은 날 탕자행각에 대한 적나라한 고백과, 육의 세계를 버리고 영혼과 영원의 세계를 받아들일 것을 감동적으로 설교하는 신성한 묵시록의 대비보다 더 흥미로운 것은 성(性)에서 성(聖)으로의 전화를 무의식적으로 비유하는 문체예술이 작용하는 대목이다. 이것은, 벌써, 변증법을 예술이 대신하는 광경이다.

> 내가 그대를 사랑할 때 내가 정말 사랑하는 것은 무엇입니까? 아름다운 몸도, 시간의 질서도 아닙니다. 두 눈이 이리도 기쁘게 영접하는 대낮 햇살의 명징함도 아니고, 음악의 달콤한 혀가 자아내는 화음도 아니고 꽃향기도 기름 향기도 어떤 향기도 아닙니다. 달콤하고 신비한 맛도 피와 살로 껴안을 어떤 육욕의 피조물도 아닙니다. 내가 하느님을 사랑하는 것은 이런 면이 아닙니다. 하지만 하느님을 사랑할 때 나는 모종의 '빛'을, 모종의 '목소리'를, 모종의

향기를, 모종의 음식을, 그리고 모종의 '포옹' 을 사랑합니다. 내 안에 있는 존재의 '포옹' 과, '음식' 과, '향기' 와, '목소리' 와, '빛'. 어떤 장소에도 제한받지 않는 내 영혼의 빛. 시간이 빼앗아가지 않는 내 귀의 소리. 공기에 흩어지지 않는 내 코의 향기. 먹음으로써 소진되지 않는 내 혀의 맛. 즐겨도 즐겨도 물리지 않는 기쁨. 이것이 내가 하느님을 사랑할 때 사랑하는 것입니다.

'금단의 과일' 이라는 애당초 성을 죄악시하는 설정은 유대교, 그리고 훗날 기독교가 '세속적인 율법' (에로티시즘 입장에서 보면 세속과 율법은 하나다!) 종교의 성격을 강하게 띠는 것과 연관된다. 인도의 경우는 전혀 다르다. 성은 즐거울 뿐 아니라 신성한 행위다. 인도문명은 태초의 '성=춤=탄생' 등식을 끝내 해체하지 않고 예술적으로 (발전은 아니지만) 변용-심화한 인도문명의 최종 종교인 불교조차 세속의 유대교 및 기독교보다 더 에로티시즘 친화적이다. 아니 에로티시즘은 인도 예술의, 그리고 불교 (발전)의 매개 혹은 틀, 혹은 집에 다름아니다.

색즉시공 공즉시색은 종교를 예술적으로 심화한다. 관음(觀音, 소리를 본다!) 보살은 그 진리를 명분화하면서 동시에 육화한다. 그것은 천상천하 유아독존(天上天下 唯兒獨存), 관념론의 가상현실과 열반의 육체 소멸주의(空)를 오히려 찬란한(色) 지상의 불교(불국정토)로 전화하는 방법론이자 내용에 다름아니다.

1~4세기에 바츠야바나가 편찬한『카마수트라』는 성전(性典)이면서 종교 경전이다. 카마는 오감과 오행(五行)의 기쁨. 성애(性涯)와 예술의 기쁨을 동시에 뜻하는 단어. 수트라는 경(經). 지금,『카마수트라』는 카마와 다르마(종교 계율) 및 아르타(물질적인 부유함)를 삼위일체로 구현하려는 의도를 갖고 씌어진, 지금 그것은 사랑의 즐거움을 배가시키는, 전희(前戱)를 포함한 사랑 방법에 대한, 기쁨의 남녀평등주의에 대한 내용과 형식이 일심동체인, 아름다운 산문이다. 지금『카마수트라』는, 모순 없이 완벽하므로 더이상 발전하기 힘들지만 곧장 현대성을 띤다. 성행위가 그렇듯이.『카마수트라』는 말한다.

성교(性交) 행위는 싸움에 비유될 수 있다. 남자와 여자가 다르고 서로 경쟁하는 경향이 있는 것. 몸을 열정적으로 때려야 하는데, 특히 어깨와 머리, 가슴 사이, 등, 몸 가운데, 그리고 옆구리가 그렇다. 때리는 방법은 네 가지, 손등으로, 약간 힘을 준 손가락으로, 주먹으로, 그리고 펼친 손바닥으로. 맞는 아픔에 내지르는 쉿 소리, 울음소리는 주로 여덟 가지다. '힌' 소리, 천둥소리, 다정한 꾸르륵 소리, 우는 소리, '풋' 소리, '팟' 소리, '숫' 소리, '플랏' 소리 등등. 그 외에 의미 있는 단어를 발음하기도 한다. 이를테면 '엄마' '그만' '됐어' '놓아줘' '아파' 혹은 '그래, 좋아' 등등. 여기에 비둘기, 뻐꾸기, 새끼 비둘기, 앵무새, 벌, 참새, 플라밍고, 오리, 그리고 메추라기 소리 등이 그때그때 첨가된다. 주먹으로는 여자의 등을 쳐야 한다. 남자 무릎 위에 앉아 있을 때. 여자도 쳐야 한다, 마치 화난 것처럼 사내를 못살게 굴면서, 꾸르륵 소리와 우는 소리를 내면서……

성교가 진행중일 때는 양 가슴 사이를 손등으로 친다. 처음에는 천천히, 흥분이 고조되는 데 따라 점점 빠르게, 그렇게 끝까지. 이때 '힌' 소리 혹은 다른 소리를 번갈아, 혹은 선택해서 낼 수 있다, 습관에 따르면 된다. 사내가 '팟' 소리를 내면서 약간 힘을 준 손가락으로 여자의 머리를 치는 것을 프라스트리타카('약간 힘준 손가락으로 때리기')라고 하는데 이때 적절한 소리는 꾸르륵 소리, '팟' 소리, 그리고 입 안쪽에서 '풋' 소리, 그리고 성교가 끝나면 한숨소리와 우는 소리다. '팟' 소리는 대나무 쪼개지는 소리를, 그리고 '풋' 소리는 무언가가 물속으로 떨어지는 소리를 닮았다……

입맞춤 등 전희가 시작될 때면 언제나 여자가 쉿 소리로 응답해야 한다. 흥분 상태에서 맞는 데 익숙하지 않을 경우 여자는 '엄마' '아빠'는 물론 계속해서 '그만' '됐어' '놓아줘' 등의 소리를 내지르며 신음, 울음, 그리고 천둥 소리를 뒤섞는다. 성교가 끝날 무렵에는 펼친 손바닥으로 약간 힘을 주어 여자의 가슴을, 가운데 몸을, 옆구리를 눌러주고 그렇게 끝까지 간다. 그러면 여자는 메추라기 혹은 거위 소리를 낸다……(제7장 '여러 유형의 때리기, 그리고 각 유형에 알맞은 소리에 대하여')

이 섹스의 '우주=자연=내밀' 화는 플라톤 『향연』 포르노그래피의 정확한 역전이겠다. 『카마수트라』와 비슷한 시기에 씌어진 인도 서정시들에는 '라사' 라는 개념 혹은 단어가 핵심으로 존재하는데, 즙 혹은 어떤 정서 분위기의 본질적인, 사방에 퍼진 향, 즉 에로틱한 감정을 뜻한다. 즙이 향으로 무산되면서 더 진한, 육체적인 어떤 것을 풍긴다. 이 진전 혹은 전화야말로 색즉시공 공즉시색의 전범이자 결정이고 모든 예술 방법론의 정수겠다. 인도 귀족 출신으로 금욕과 방탕 사이를 전전했던 7세기 불교 승려 바르트리하리(570~651)는 성애, 윤리, 그리고 체념이라는 주제에 대해 각각 한 권의 사카타(시모음집)를 남겼고 이 셋 역시 삼위일체를 이룬다. 그는 성애를 이렇게 표현한다.

자태가 만월의 광휘를 닮은
한 연약한 소녀, 연꽃 얼굴 입술로 꿀을 머금는다.
지금 조롱박 풋열매처럼 시큼한 그것이
때 되면 신랄히 독(毒) 품으리라

금욕을 통해 추구하는 이상과 여성이 아찔하게 겹쳐진다. 허무의 불교가 성(性)과의 아슬아슬한 겹침/구분을 매개로 무한의 절정을 관통한다. 색의 깊음. 공의 무한함. 에로티시즘과 불교가 서로의 진면목을 거울처럼 들여다보고 있는 순간이다. 하지만, 역전(일 뿐)이므로, 아직 예술은 아니다. 예술은 공(空)을 지향하는 에로티시즘이 내는 향기고 진정한 섹스는 사랑의 생애의 공간화-심화다.

서사시 『일리아드』, 신화와 인간 사이 거룩하고 아름다운 육체의 전쟁을 입은 문명의 언어

호메로스 서사시는 그리스 문학의 처음이지만, '끝이자 그 너머' 기도 하다.

종교가 종교를 극복하려는 '문학=육체'의 반란이라고 부름 직한. 『일리아드』와 『오디세이』는 BC 850년 무렵, 구약과 신약 중간에, 그러므로 가장 문학-예술적인 환경에서 나왔다. 트로이전쟁 이야기. 아름다움을 둘러싼 사회-철학적 갈등이 이야기를 낳고 그것이 신화에서 문학으로 이어지는 통로 역할을, 『길가메시』에서보다 더 정교하고 복잡하게, 복잡해진 인간 사회와 심리를 언어-미학적으로 반영하면서, 하게 된다. 더 본질적으로, 그리스 알파벳은 '의미=그림'으로부터 완전히 해방된, 완성된 최초 소리글자였고, '소리=문자'는 더 많은 의미에 열린 더 많은 창이었으며, 복잡한 사회가 복잡한 사고를, 복잡한 사고가 복잡한 문법을 낳을 뿐 아니라, 복잡한 문법이 더 복잡한, 더 추상적인 사고를 거꾸로 가능케 (혹은 강제)하는 순간, 아름다움의 기적으로 『일리아드』와 『오디세이』가 나타났다. 사실, 모든 문학과 예술 고전이 그런 순간의 기적으로 태어나며, 어느 정도 역사적 상고주의를 낳는다. 『일리아드』 본 줄거리에 이르는 이야기의 시작은 '아름다움의 전쟁'이다.

자신을 능가하는 자신의 자식을 낳을 것이라는 예언을 피해 제우스가 연인 테티스를 프티아 왕 펠레우스와 결혼시키는데, 영웅 아킬레우스를 낳게 될 이 결혼식 당일 트로이전쟁의 원인이 발생한다. 유일하게 결혼식 초대를 받지 못한 불화의 여신 에리스가 피로연장에 느닷없이 나타나 좌중에게 황금사과를 던지고 사라지는데, 황금사과에 '가장 아름다운 이에게'라고 씌어 있으니 헤라와 아프로디테, 그리고 아테나가 서로 자신이 사과 임자라 우기고, 보다 못한 제우스가 트로이 왕 프리아모스의 아들 파리스에게 판단을 떠넘기고, 헤라가 왕권을, 아테나가 전쟁에서의 승리를, 아프로디테는 가장 아름다운 여인을 선물 혹은 뇌물로 약속하자 파리스는 '아름다운 여인'을 약속한 아프로디테의 손을 들어주고, 아프로디테는 세상에서 가장 아름다운 여인 헬레네를 파리스가 꼬드기게 도와주며, 헬레네가 파리스와 함께 트로이로 달아나자, 헬레네의 남편인 스파르타 왕 메넬라오스는 그리스의 모든 왕들을 소집, 트로이 원정을 준비한다. 원정군 총사령관에 메넬라오스의 형인 미케네 왕 아가멤논이 뽑히고, 최고 용사 아킬레우스는, 아기 시절 테티스가 불멸을 주려고 스틱스강에 몸 전체를 담갔으나 발목을 손으로 쥔 부분만은 물에 닿지 않아 완전 불사신이라 장담할 수는 없는데다('아킬레스건' 은 '치명적인 약점' 이란 뜻이다), 트로이전쟁에 나가 죽을 것이라는 신탁까지 받은 터라 펠레우스가 그를 스키로스 왕 리코메데스 궁전으로 보내 여장 시녀 노릇을 하며 숨어 지내게 하지만, 그가 없으면 전쟁에서 이길 수 없다는 것을 아는 이타카 왕 오디세우스는 아테나의 도움으로 그를 찾아내어 참전을 설득하고, 그러는 동안 아울리스에 10만 명을 실어 나를 함선 천 척이 건조되지만, 막 출정하려는 순간 역풍이 불어 배를 항구에 꽁꽁 묶는다. 너는 나의 신성한 사슴을 죽였으니 네 딸 이피게니아를 제물로 바쳐야만 내가 노여움을 풀고 순풍을 보낼 것이다. 그런 아르테미스 신탁을 예언자 칼카스로부터 받은 아가멤논은 오디세우스를 특사로 보내어, '아킬레우스와 결혼시키겠다' 는 말로 아내 클리템네스트라를 속여 이피게니아를 데려오게 하고, 그녀를 제물로 바치자 순풍이 그리스 함대를 트로이로 데려가고, 트로이 해변에 도착한 그리스군은 아가멤논 부대로 중앙을, 아킬레우스 부대와 아킬레우스 못지않은 용사 아약스의 부대로 양 날개를 꾸려 대평원에서 트로이군과 싸운다. 그리스군은 트로이성 함락을 노리고 트로이군은 그리스 함대를 불태우려 했다. 구 년이 지나도 그리스군은 몇몇 소도시를 점령하고 전리품을 나누었을 뿐, 트로이성은 끄떡이 없다. 아킬레우스와 아가멤논은 각각 처녀 브리세이스와 크리세이스를 전리품으로 챙기는데, 크리세이스의 아버지 크리세스는 아폴론의 사제였다.

비극은 그리스 주변의 (원시)문명이 그리스 본토로 흡수되면서 문명화하는 과정 자체의 예술화였고 그래서 정화적인 반면, 서사시는 미의 여신을 통해 빼앗긴 '인간적' 아름다움을 지혜의 여신을 통해 되찾아오는, 그리스문명 자체의 심화 과정이다. 그것은 군데군데, 아니 숱한 비극적 장면을 포괄하면서 그 너머 이야기의 예술 시공간을 펼쳐가는, 이야기가 이야기의 존재 이유를 스스로 설명하는 과정이기도 하다. 훗날 트로이전쟁에서 이기고 개선하는 아가멤논을 클리템네스트라가 암살하는 주된 동기므로, 이피게니아 희생은 최초 서사시, 호메로스 『일리아드』를 출발시키는 동시에, 아가멤논 가문의 저주를 최초 비극, 에스킬로스 『오레스테스』 3부작으로 잇는 매개다. 『일리아드』의 줄거리는 이렇다. 이제 『일리아드』 본 줄거리가 시작된다.

속전을 내겠으니 딸을 돌려달라 청했다가 아가멤논한테 거칠게 내쫓김을 당한 크리세스가 아폴론에게 기도하고, 아폴론은 그리스군 캠프에 역병을 내리고 역병 열흘째 아킬레우스가 소집한 회의석상에서 예언자 칼카스가 역병은 아폴론의 분노 때문임을 선언하고, 크리세이스를 돌려보낸다는 결정이 내려지자 아가멤논은 대신 아킬레우스한테서 브리세이스를 빼앗으니, 크게 화가 난 아킬레우스는 싸우기를 거부하고 자기 부대 본부로 물러나 어머니 테티스에게 기도한다. 제우스 신께 호소하여 그리스군에 패배를 안기라 하소서. 그래야 저들이 저의 가치를 알아줄 것입니다. 역병이 가라앉고 그리스군이 트로이를 공격하자 파리스가 당사자끼리 단판 승부로 승패를 결정짓자 제안하고, 메넬라오스와의 결투에서 치명상을 입기 직전, 전쟁에 서투른 아프로디테가 디오메데스에게 수모를 당하며 가까스로 그를 구원하여, 성안으로 데려가고, 재개된 전투에서 영웅 디오메데스의 용기에 크게 분발한 그리스군이 계속 승리하자, 트로이군을 지휘하던 프리아모스왕 장남 헥토르는 트로이성 안으로 후퇴, 여자들에게 이른다. 가장 무자비한 트로이의 적 아테나 여신에게 호소하라. 아내 안드로마케가 어린 아들 아스티아낙스를 데리고 달려와 부디 성을 떠나지 말라고 그에게 호소하지만, 트로이 멸망과 자신의 죽음, 그리고 포로로 사로잡힌 아내 등 미래의 환영을 이미 본지라, 헥토르는 아내를 가엽게 여기며 성 밖으로 나선다. 그후 헥토르는 용감하게 싸우고, 테티스의 간청을 받아들인 제우스가 트로이군에 계속 승리를 안겨주고, 헥토르가 이끄는 트로이군이 성 앞까지 밀어닥쳤던 그리스군을 해변으로 몰아내고 그리스 함대 근처에 캠프를 치자, 다급해진 아가멤논은 소집회의에서 아킬레우스에게 정식 사과하고 많은 선물과 함께 브리세이스를 다시 돌려주겠다 제안하지만 아킬레우스는 마음을 돌리지 않는다. 그날 밤 오디세우스와 디오메데스가 트로이 지원차 막 도착한 트라키아 장군 레소스를 살해하는 데 성공했으나 그리스군은 여전히 밀리는 상황이고 다음 날 아가멤논, 오디세우스, 디오메데스가 모두 전투에서 패해 물러나고 헥토르가 그리스 함대를 치려 진로를 뚫지만 포세이돈과 헤라의 방해로 늦어지다가 다시 제우스의 도움으로 그리스 함대에 도착, 트로이군이 그리스 선박에 불을 놓는 절대 위기가 닥치므로 아킬레우스의 가장 친한 친구이자 부하 파트로클로스가 아킬레우스에게 간청한다. 내가 미르미돈군을 이끌고 싸우게 해주시오. 아킬레우스는 '적군이 함대에서 물러나면 곧장 돌아오' 는 조건으로 허락하고, 아킬레우스 갑옷을 입은 파트로클로스를 아킬레우스로 알고 겁을 집어먹은 트로이군이 빠른 속도로 후퇴하는데, 파트로클로스는 '조건' 을 깜빡 잊고 내친김에 트로이 정문까지 진격했다가 헥토르의 반격에 목숨을 빼앗긴다. 헥토르는 아킬레우스 갑옷을 벗겨 자신이 입고, 그리스군은 파트로클로스 시신을 가까스로 되찾았다. 친구의 사망 소식을 들은 아킬레우스가 슬픔과 분노에 치를 떨며 비로소 다시 전투에 나설 결심을 하고, 아가멤논에 대한 분노를 거두어, 아가멤논의 공식 사과를 받아들이고 헤파이스토스가 만들어준 새 갑옷을 입고 트로이 병사들을 무차별 도륙하니 모두 성안으로 도망치고 단 한 사람 헥토르만 용기를 내어 성 밖에 남지만, 그도 아킬레우스가 다가오자 겁에 질려 뒷걸음질로 성벽을 세 번이나 돌다가 아테나의 말에 속아 아킬레우스와 정면 승부, 아킬레우스의 창에 목을 꿰뚫려 즉사한다. 아킬레우스는 헥토르의 갑옷을 벗기고 시신을 땅바닥에 질질 끌며 그리스군 진영으로 돌아온다. 다음 날 파트로클로스의 장례식이 성대하게 치러지고, 아직도 슬픔과 분노가 풀리지 않은 아킬레우스가 프리아모스왕의 간청에도 불구하고 헥토르 시신을 돌려주기는커녕 계속 능멸하므로, 보다 못한 제우스가 속전을 받고 시신을 내주라 명하고, 헤르메스의 안내를 받은 프리아모스가 한밤중 그리스군 진영에 도착하자, 아킬레우스는 백발의 트로이 노왕을 따스하게 맞으며 헥토르의 시신을 돌려줌은 물론, 그의 장례 기간 중 휴전을 허락한다. 헤르메스는 프리아모스를 다시 트로이성으로 안내한다.

트로이 그후, 로마에 이르는 '길=서사시'

헥토르를 애도하는 트로이인들의 통곡, 그리고 간단한 장례식 설명과 함께 『일리아드』는 끝난다. 『일리아드』는 전쟁 자체를 육화하지만, 동시에, 피비린 육체의 향연 혹은 야만적 고통의 향연을 통해 육체의 아름다움이 문명의 아름다움으로 질적 상승한다. 이때 서사시는 문명의 문학이고, '문명=문학' 이다. 그리고, 아직 트로이 멸망 이야기가 남았는데, 그것은 줄거리상 오디세우스가 주인공이지만, 분위기상 『오디세이』로 이어지는 길이라기보다는 『일리아드』 이후 로마에 이르는 '서사시=길' 에 가깝다.

헥토르가 죽은 후 트로이를 도우러 온 펜테실레아의 아마존들과, 멘논의 에티오피아군도 아킬레우스가 물리치지만, 운명의 날, 파리스가 쏜 화살을 아폴론이 아킬레스건에 명중하게끔 인도, 아킬레우스가 사망한다. 파리스도, 다른 영웅들도 죽고, 아약스는 아킬레우스 갑옷이 자기 아닌 오디세우스 몫으로 돌아가자 분을 참지 못하고 스스로 목숨을 끊는다. 그리스군이 트로이성을 함락할 가망은 아직 없어 보이는데, 다시 아테나가 오디세우스에게 꾀를 주고, 그리스군이 오디세우스의 제안에 따라 거대한 목마 속에 정예 병사들을 숨기고 그 목마를 버려둔 채 물러나 몇 마일 떨어진 테네도스섬에 다시 캠프를 치자, 트로이 정벌을 포기하고 달아난 것으로 착각한 트로이인들은 기뻐 날뛰면서도 목마를 두고 의견이 갈라진다. 저 목마는 신의 선물이다. 아니다 적의 속임수다. 아폴론의 사제 라오쿤이 '속임수' 론을 주도하지만, 독신의 서약을 어긴 그를 진작부터 괘씸해했던 아폴론이 거대한 바다뱀 두 마리를 보내 라오콘과 두 아들을 교살하니, 질겁한 트로이인들이 '목마야말로 우리 성을 지켜줄 부적이다' 소리치며 허겁지겁 목마를 성안으로 들이며 아폴론을 달래고, 밤이 되자 목마에서 병사들이 기어나와 쏜살같이 거리를 가로질러 경비대원들을 죽인 후 성문을 열고, 밤을 틈타 다시 트로이로 돌아온 그리스군이 쏟아져들어와 무자비한 대학살을 자행, 프리아모스왕과 왕손 아스티아낙스가 피살되고 안드로마

> 케는 붙잡혀 노예가 된다. 성 밖으로 도망친 트로이인들은 아이네이아스 휘하로 집결, 이듬해 봄 이탈리아를 향한 뱃길에 올랐다.

아이네이아스는 아프로디테의 아들. 그의 후손이 더 위대한 트로이, 즉 로마를 건설하며, 베르길리우스(BC 70~19)의 로마 건국서사시 『아이네이스』('아이네이아스 이야기')가 바로 그 이야기를 다루게 된다.

『오디세이』, '고통=의미'의 육체를 입은 언어와 그 너머

비극의 경우와 마찬가지로 『일리아드』와 『오디세이』 또한 그 자체로 서사시면서 서사시의 탄생과정이고, 서사시에 대한 서사시이다. 그리고 『일리아드』와 『오디세이』 사이의 이야기 관계는 『길가메시』의 경우보다 몇 단계 더 높은 차원에서 변증법적이고, 『길가메시』와의 역사적 거리가 미학적 깊이로 전화-반영되어 스스로, 그리스문명 '속으로' 질적 도약한 결과다. 서사시가 벌써 또다른 서사시를 낳지만 『일리아드』 '그후' 『오디세이』는 단순한 서사적 이어짐이 아니다. 이야기적으로, 『오디세이』의 본 줄거리에 이르기 전 메넬라오스는 헬레네를 되찾고 나서야 스파르타로 돌아오고 '쓸모없음의 예술론'을 상징하는 프로테우스를 겪으며, 미케네로 돌아온 아가멤논은 고전비극 탄생의 주인공으로 된다. 『오디세이』의 본 줄거리는 트로이 함락 구 년 후부터 시작되지만 그때까지 오디세우스가 겪은 방황과 모험에 대한 회상이 본 줄거리 시간경험을 내용과 형식 양면에서 압도하고 심화한다. 아테나는 훨씬 더 인간화, '테세우스를 크게 뛰어넘는 아테네인'으로 이타카의 오디세우스를 승화한다. '신화=문학'은, 자연이 불안정하고, 지진과 화산과 해일과 천둥이 무시무시하던 크로노스-카오스에서 보다 더 안정된, 만물 원인 설명의 제우스-코스모스로의 이행을 가속화, 자연 풍광을 상상력으로 신화화하는 동시에 일상화하고, 인간 내면화하며 문학을 통해 신화와 일상이 서로를 심화한다. 『일리아드』가 아주 좁은 줄거리 공간(트로이)을 전쟁의 시간으로 펼친다면, 『오디세이』는 아주 길고 파란만장한 시간(10년)을 '공간=순간'으로 응축, 삶과 고통의 의미를 끝없이 파고든다.

모든 그리스 영웅들이 귀환했지만, 오디세우스는 요정 칼립소에게 욕망의 포로로 칠 년 동안 사로잡힌 상태고, 오디세우스가 돌아오지 않자 이타카 귀족들이 왕궁으로 모여들어 자기들 중 재혼 상대를 고르라며 윽박지르며, 매일 술잔치를 벌이고, 왕자 텔레마코스의 목숨까지 노리므로, 보다 못한 아테나가 제우스에게 간청한다. 오디세우스를 집으로 돌아가게 해주십시오. 제우스가 좋은 반응을 보이고, 아테나는 오디세우스 친구로 변장, 이타카로 내려가 텔레마코스한테 채근한다. 구혼자들을 쫓아내고 아버지를 찾아나서야 할 것 아니냐. 구혼자들을 몰아낼 힘이 없던 텔레마코스가 우선 아버지 소식을 알아보기 위해 은밀히 아티카를 떠나고, 그것을 안 구혼자들은 텔레마코스가 귀국하는 즉시 죽일 것을 몰래 모의하고, 텔레마코스는 필로스 왕 네스토르를 찾아갔다가 허탕을 친 다음 스파르타 왕 메넬라오스(와 왕비 헬레네)한테서는 고대하던 소식을 듣고 그러는 동안 제우스가 헤르메스를 보내어 칼립소에게 오디세우스를 풀어주라 명하고, 오디세우스는 칼립소의 도움으로 뗏목을 만들어 고향을 향하지만, 이타카 근처 페아키아족의 스케리아를 눈앞에 둔 채 포세이돈의 파도에 뗏목이 뒤집혀 거의 익사할 지경에 이른 것을, 이노(디오니소스 이모)가 스카프로 감아올린다. 그날 밤 아테나가 페아키아 왕 알키노우스의 딸 나우시카에게 꿈을 보내고 다음 날 아침 나우시카는 꿈에 보인 장소로 시녀들을 데리고 나가 옷을 세탁하는데, 시녀들이 발가벗은 채 의식을 잃은 오디세우스 모습에 비명을 지르고 그 비명에 의식이 돌아온 오디세우스는 나우시카에게 음식과 옷을 부탁한다. 나우시카가 그를 왕궁으로 데려가니 그는 고향으로 돌아갈 배를 알키노우스왕과 아레테왕비에게 부탁하고, 그가 범상치 않은 인물인 것을 알아차린 왕은 신분도 묻지 않고 그러겠노라 한다. 다음 날 벌어진 운동경기에서 뛰어난 기량을 발하면서도 오디세우스는 신분을 밝히지 않고, 왕도 묻지 않았으나 이어진 연회에서 눈먼 음유시인 데모도코스가 트로이 멸망 부분을 읊조리자 오디세우스가 흐르는 눈물을 감추려 고개를 돌리고, 그제야 왕이 신분을 물으니 오디세우스가 비로소 신분을 밝히고, 페아키아인들이 그의 방랑기를 들려달라고 간청한다.

오디세우스의 방랑기 혹은 모험담은 그 내용이 기괴하지만, 지혜에 달하는 의미의 짜임새가 탁월하다. 트로이를 떠난 그와 그의 부하들은 이스마로스의 키노네인들을 약탈하지만, 인간 약탈은 그것으로 끝이다. 연꽃을 먹으면 고향을 잊고 영원히 그곳에 머물고 싶어지는 유토피아섬을 방문한 후 오디세우스 일행은 포세이돈의 아들이자 키클롭스의 우두머리 폴리페모스가 사는 섬에 들렀다가 외눈박이 식인거인 폴리페모스에게 잡히는 신세가 된다. 거인이 '너는 누구냐?' 묻자 오디세우스는 '아무도 아니' (우데이스)라 대답하고, 부하들을 동굴 속에 가둔 후 거대한 바위로 동굴 입구를 막고 한 사람씩 잡아먹자 그는 포도주를 만들어 마시게 한 후 취해 잠든 폴리페모스의 외눈을 찌르고, 길길이 뛰는 거인을 부추겨 스스로 바위를 들어내게 하는 식으로 탈출에 성공한다. 폴리페모스의 비명소리를 듣고 부하 키클롭스들이 달려와 '누가 그랬냐' 묻지만 폴리페모스가 '우데이스'라 답하니, 아무도 아니라는 뜻이 된다. 키클롭스 이야기는 시칠리아 지방의 흉측한 풍광을 이야기-상상력으로 형상화한 결과고 『오디세이』는 그렇게 자연 탄생신화를 한 단계 더 높은 인간-상상력으로 '이야기-형상-역동' 화한 결과가 된다. '우데이스' 는 '당신은 누구시오?' 라고 물었던 페아키아 왕에 대한 절묘한 답인 동시에, 『오디세이』가 처음부터 자아탐구 문학이라는 점을 암시하고, '나는 누구인가?' 라는 자문이 『오디세이』 내내 외눈동자 울림을 갖게 한다.

바람의 신 에올로스가 오디세우스를 동정, 모든 역풍을 가죽 백에 가두고 순풍만 불게 하여 일행을 고향으로 데려다주지만, 도착 직전 그가 잠든 사이 가죽에 보물이 들었다고 생각한 부하들이 백을 열어보는 바람에 오디세우스 일행의 배는 다시 고향으로부터 멀리 밀려나고, 식인거인 레스트리고네들이 배 12척

중 11척을 부숴버리며, 헬리오스의 딸 마녀 키르케는 그의 부하들을 돼지로 변하게 하지만, 오디세우스는 헤르메스가 준 약초 덕분에 위기를 피하고 부하들도 구해준다. 오디세우스는 키르케와 며칠을 함께 보내는데, 본인은 얼마 동안으로 느꼈으나 사실은 일 년이었다. 오디세우스를 놓아주며 키르케는 하데스(지하세계)로 내려가 눈먼 예언자 티레시아스에게 귀국 길을 물으라 귀띔해준다.

'눈멂 너머 죽음'의 지혜를 얻어야만, 오디세우스는 귀향길, 즉 삶의 진리를 깨달을 수 있다. 지하세계에서 그는 이미 죽은 영웅 아킬레우스와 아가멤논, 그의 아내와 딸들, 그리고 자신의 어머니 안티클레아도 만나 이야기를 듣는다. 숱한 죽음의 이야기가 '죽음=이야기'로 되고, 다시 '이야기의 이야기'로 되고, 이야기는 스스로 이야기의 (탄생을 넘어선) 존재-생존-생애 이야기를 하기 시작하고, 그렇게 '이야기=예술'이 탄생한다. 티레시아스가 예언하는 오디세우스 귀향로가 서사시의 길이 되고, 오디세우스 모험은 난해를 포괄하는 예술의, 지혜를 위한 고통으로 승화한다. 귀향은, 귀가는 그것의 일상화다. 아직 모험은 끝나지 않았다. 그는 현재 수차례의 모험 끝에 이전의 모험을 회상중이고 아직 회상할 모험이 남았다. 그리고 회상이 끝나면 곧장 고향으로 돌아가 자기 궁정에서 가장 결정적인 모험을 치르고, 회상적 모험이 준 깨달음이 일상적 진리로 구체-형상화할 것이다. 이 충격적인 일상-근본화야말로 예술 지혜의 감동적인 종착점에 다름아니다. 지하세계를 빠져나온 오디세우스는 세이렌들의 섬을 지나고 괴물 스킬라에게 부하 여섯 명을 잃고 거대한 소용돌이 카리브디스를 무화과나무에 매달려 통과한다. 세이렌 전설은 나폴리의 아름다운 풍광이 신화적 상상력을 자극한 결과다. 포세이돈의 사랑을 받다가 포세이돈 아내 암피트리테의 마법에 걸려 괴물로 변한 스킬라와, 포세이돈과 가에아의 딸로 하루 세 번씩 바닷물을 들이마시고 다시 토해낼 때 엄청난 소용돌이를 일으키는 괴물 카리브디스는 이탈리아와 시칠리아섬 사이 거친 메시나해협이 신화적 상상력을 자극한 결과다. 오디세우스 일행은 헬리오스의 섬 트리나키아에 도착, 부하들이 오디세우스의 경고에도 불구하고 헬리오스의 신성한 소를 도살하고, 크게 노한 제우스가 벼락으로 그의 부하 전원을 치니 오디세우스 혼자만 남게 되고, 홀로 떠가던 오디세우스가 도착한 곳이 바로 칼립소의 섬 오기기아였다. 여기서 오디세우스는 칠 년의 고독을 모험한다. 그렇다. 마지막 모험은 자기 자신과 직면하는 모험이었다.

성(性) 속으로

이전의 모험에 대한 기나긴 회상이 끝나고 이제 일상-현실적인 모험이 곧장 펼쳐진다. 짧은 줄거리가 클라이맥스를 향해 치닫는다.

오디세우스는 많은 선물과 마법의 배를 선물받고 고향으로 돌아온다. 포세이돈이 마법의 배를 돌로 만들어 복수를 시도하지만 이미 늦고, 이제는 다만 인간의 지혜를 상징할 뿐인 아테나가 오디세우스를 늙은 거지로 변장시킨 후 충성스러운 돼지치기 에우메우스에게 데려가 그간의 일을 듣게 하는 한편, 스파르타에 있던 텔레마코스를 꿈으로 불러 오디세우스와 합류케 한다. 둘은 구혼자들을 모조리 죽일 계획을 짜고, 늙은 거지 오디세우스가 왕궁으로 들어가자 20년 동안 그를 기다리던 애견 아르고스가 그를 알아보지만, 곧 숨을 거둔다. 주인을 보았으니 이제 여한이 없다는 듯이. 염소치기 텔란티우스도 그를 알아보고, 구혼자 안티노우스와 에우리마코스는 못 알아보고 업신여기며, 다른 거지 이루스와 시비가 붙던 중 유모 에루이클레아도 그를 알아본다. 페넬로페는, 알아보지 못한다. 다만, '시아버지 라에스테스의 수의를 다 짤 때까지는 재혼할 수 없다' 선언하고 매일 베를 짜다가 밤에 다시 푸는 식으로 재혼을 미루던 일을 삼 년 만에 구혼자들한테 들키게 되자, 그녀는 '오디세우스의 활을 당겨 열두 개 도끼날 구멍으로 화살을 통과시키는 자와 결혼하겠다' 약속한다. 에언자 테오클리메노스가 구혼자들 모두 도륙되는 환영을 보고, 텔레마코스가 왕궁 벽에 걸린 무기들을 모두 치우고, 활시합이 시작되고, 왕궁으로 잠입한 거지 오디세우스가 문을 닫아걸고, 구혼자들 모두 활을 굽히지 못하므로 거지 오디세우스가 자신에게도 기회를 달라 나서고, 텔레마코스가 허리에 칼을 차고 손에 창을 쥐고, 논란 끝에 기회를 잡은 거지 오디세우스가 활을 당겨 화살로 표적을 명중시키고 자신의 정체를 밝히는 동시에 구혼자들을 마구 죽이기 시작하고, 텔레마코스와 에우메오스 및 다른 충실한 신하들이 가세, 구혼자들이 모조리 피살되고 수하 여인들은 교수형에 처해진다.

클라이맥스는, 마지막으로 야만적이다. 하지만, 그 전에 이미, 수의를 짜는 페넬로페의 실은, 테세우스로 하여금 성의 미로를 빠져나오게 했던 아리아드네의 실보다, 훨씬 더 일상적이고 문명적인, 그리고 현대적인 '성=죽음'의 실이다. 페넬로페는 남편 오디세우스가 소식조차 없던 19년 동안을 버틴 참으로 신실한 아내고 혹자는 구혼자들의 청을 단호하게 물리치지 않은 것 때문에 그녀를 소심하다고 할 수 있겠으나 그녀의 수의 짜기-풀기는, 텔레마코스의 '아버지를 찾는 여행'과 함께, 오디세우스의 회상/현실 모험을 공히 일상화하는 매우 적절한 매개다. 그녀에게는 일상 자체가 지리한 반복이자 모험이었던 것. 그녀의 기다림과 오디세우스의 모험이 교직되면서 남녀관계의 불확실성까지 '역동-형상화'한다는 점에서 페넬로페 수의는 현대성의 강력한 매개이기도 하다. 페넬로페는, 오디세우스가 내밀한 부부침실의 독특한 구조를 밝히고 나서야, 즉, 그의 야만을 일상의 성이 문화화한 후에야, 그를 남편으로 인정한다. 부부관계는 정말 얼마나 위태로운가. 위태로움을 극복하고 진정한 사랑을 이루는 일은 얼마나 기막힌, 그리고 근본적인 모험인가. 작은 비유들이 큰 비유를 구성하고 스스로 발전한다. 그리고 비유의, 비유로서의 총체가 집약된다. 아리아드네는 테세우스에게 결국 버림받지만, 페넬로페는 '잃어버린 세월'의 몇 배에 달하는 보답을 오디세우스한테 약속받는다. 구혼자 친척들이 오지만 아테나가 중재에 나서고, 아티카 왕국에 평화가 오면서 『오디세이』는 끝난다.

'거리=변증'

『일리아드』는 전쟁을 통해 아름다움이 더욱 문화화하는 과정이고(아름다움의 여신 아프로디테는 전쟁신 아레스와 연인관계다), 야만족(트로이)에게 빼앗긴 아름다움(헬레네)을 되찾는 과정이 현실적으로, 현실 속에서 펼쳐진다. 전쟁의 피비린 수난을 통해 헬레네의 '인간적' 아름다움이 열리고, 아프로디테의 '신적' 아름다움을 예술적으로 능가한다. 트로이전쟁 이전 아름다운 처녀로 성장한 헬레네에게 메넬라오스 말고도 오디세우스와 파트로클로스, 아가멤논 등 많은 구혼자가 몰리고, '일단 사위를 뽑으면 나머지는 모두 앞으로 싸움에서 사위 편을 든다'는 구혼자들의 맹세를 듣고서야 그녀 아버지가 메넬라오스를 사위로 택한 그날, 헬레네는 이미 세상을 향해 열린 '그리스=아름다움'의 상징이었다. 그리고 『일리아드』로써, 그리스의 별칭 '헬레네스'를 있게 한 인류 시조 헬렌보다 더, 트로이의 헬레네는 '그리스=헬레네스'의 미학적 동력 그 자체로 된다. 서양 문명이 진행될수록 그것은 더욱 그랬다. 하지만 아킬레우스의, 전쟁 자체의 피비린 육체성은 야만의 틀을 벗지 못했고, 지혜와 아름다움 사이, 문맹과 야만 사이 모순 해결에 나서는 것이 바로 『오디세이』라는 문학예술 '작품'이다. 기나긴 '모험=귀향' 여행을 육체적 야만의 고통이 정신적 예술의 고통으로 전화하고 아테나의 지혜가 인간의, 고통의 지혜로 전화하고 육체적 아름다움이 나이를 먹을수록 위대해지는, 진정한 예술 육체로 전화한다. 그러므로 호메로스 『오디세이』에서, 오디세우스의 고통을 현대 소시민이 하루 동안 겪는 일상의 번뇌와 방황으로 환치시키며 20세기 소설의 새 장을 여는 조이스 『율리시스』(율리시스는 오디세우스의 로마명이다)까지는, 정말 한나절도 되지 않는 것이다. 거꾸로, 호메로스 『일리아드』와 『오디세이』 사이 '서사시 공간'은 트로이전쟁의 '신화 공간'을 그후 5백 년 동안 문명경험의 질적인 응축을 통해 '이야기-문학 공간'으로 전화한 결과고, '아트레우스의 보물'보다 더 광활하고 심오하며 다차원적이고, 문학의 육체가 더 에로틱한 공간이다. 앞으로, 신화는 철학의 상대가 되지 못할 것이나, 벌써, 문학-예술이 신화와 철학 양쪽을 포괄한다.

『일리아드』와 『오디세이』 두 작품 모두 비유가 생생하고 문체가 숭고하다. 행동은 진지하고 사건 전개가 유려하며 구성이 단정하다. 그러나 이야기는 단순하지 않고, '이야기에 대한 이야기'로서 미학적 총체성을 갖는다. '이야기의 이야기'가 점차 이야기의 목표 혹은 의미로서 그 비중을 더해갈 단초가 마련된다. 『일리아드』와 『오디세이』 사이 '변증=거리'는 광활하고 깊으며, 이것에 다시 '역사-미학 변증법'적으로 접근하면서 고대 로마는 물론, 르네상스 이후 서양 문학예술의 가장 중요한 흐름 중 하나가 발전한다고 해도 과언은 아니다. 호메로스 작품은 낭송용이, 어떤 명사 혹은 고유명사에 같은 복합단어 형용절이 매번 붙여지는 경우가 많다. 이를테면 '거세게 포효하는' 바다, '함대 발' 아가멤논, '인간의 왕' 아가멤논 등등. 사회주의 언어혁명중 복합단어 형용절('위대한 사회주의의 아버지' 레닌에서 '경애하는 어버이 수령' 김일성에 이르기까지)의 고착화는 바로 고대 낭송 전통의 시대착오적인 재현이었다. BC 6세기에 이르러 두 작품은 아테네 사람들에게 이미 고전으로 받아들여지고, 사 년에 한 번씩 대중축제에서 전작이 낭송되었다. 최초의 로마 문학은 『오디세이』 번역본이었다. 아우구스투스 시대 교양인들은 두 작품을 페리클레스 시대 아테네 사람들 못지않게 잘 알았다. 로마 멸망 후 두 작품이 서구 지식인들의 주된 관심에서 사라지고, 중세에는 호메로스를 직접 읽을 기회가 없지만 호메로스는 여전히 존경받는, 전설적인 이름이었고, 중세를 집약하면서 르네상스를 여는 단테는 호메로스를 세계에서 가장 위대한 시인 중 하나로 꼽았으며, 『오디세이』 번역이 로마 문학을 출발시켰다면 『일리아드』 번역은 르네상스 초기의 고대 그리스 붐을 실제로 불러일으킨 최초의 계기였고, 단테의 후대인 근대소설 창시자 보카치오는 『일리아드』 번역에 문예부흥의 사활이 걸렸다고 판단, 어찌나 마음이 급했던지 무식하고 혐오스러운 사기꾼을 그리스 출신이라는 이유만으로 집안으로 불러들여 번역을 독려했다. 서사시의 시대가 이미 끝나고 근대문학의 대표적 장르인 소설의 촉진제로 호메로스의 작품이 작용한 것이다.

그후의 그후, 조이스 장편소설 『율리시스』

소설집 『더블린 사람들』에 집어넣을 단편으로 구상되었다가 전통적인 이야기 방식을 해체하며 물경 767쪽의 방대한 장편소설로 늘어난 『율리시스』의 장소는 더블린, 시간은 정확히 1904년 6월 16일 아침부터 다음 날 새벽 2시 30분 무렵까지고 줄거리도 아주 단순하다.

> 파리에서 공부를 하다가 어머니 임종을 지키려 더블린으로 돌아온 스티븐 디덜러스(텔레마코스, '예술=방황' 가)는 죄의식에 시달리지만, 천주교가 너무도 싫어, '무릎 꿇고 나를 위해 기도해달라' 는 어머니의 청을 거절한다. 맨 앞 세 에피소드에서 그는 집이 있는 마텔로탑에서 아침을 먹고 '게릿디이시' 학교에서 강의를 하고 샌디마운트해변을 걷는다. 광고회사 직원 레오폴드 블룸(오디세우스, 율리시스)은 에클레스가 자택에서 아침을 먹고 글레스네빈 묘지 장례식에 참석하고 신문사에 들르고, 술집-레스토랑 '데이비번스' 에서 술 한잔 마시고 도서관에 들른 후 거리를 헤매다가 기마행렬과 마주치며, 호텔 '오먼드퀘이' 에서 음악을 듣고, 선술집 '바니키어난' 에서 한 시민과 말다툼을 하고 해변에서 거티 맥도웰과 새롱거린 다음 산부인과 병원에 들렀다가 디덜러스를 만나 둘이 함께 유곽 '벨라 코헨' 으로 간다(이어지는 열두 에피소드). 블룸과 디덜러스는 마부 오두막에 있다가 에클레스가로 돌아오고, 블룸의 아내 몰리(페넬로페)가 에로틱한 불륜을 회상하고, 블룸의 의식 흐름이 아내의 부정에 집착하고, 마지막 부분은 온전히 몰리 블룸의 의식 속이다(마지막 세 에피소드).

전체적으로, 광고회사 직원 블룸이 신문사를 방문하는 것은 『오디세이』 원전 속 바람의 왕 에올로스 궁전 에피소드에 병행하고, 현대판 텔레마코스인 디덜러스는 동시에 그리스 신화의 예술가고 그가 아버지를 찾는 방황은 예술가의, 예술의 방황에 다름아니며 블룸 부인의 침대 속 에로틱한 불륜 회상은 페넬로페의 수의 짜기와 겹쳐진다. 그렇게 고대 그리스 오디세우스의 파란만장한 모험이 현대의 일상-가정사 속으로 심화한다. 영웅이 사라지고 일상이 불안으로 복잡-정교해진다. 삶이 난해해지고, 일상의 결이 신화보다 의미심장해진다. 『율리시스』는 역사상 최고 수준의 소설 미학과, 주인공 내면의식의 흐름을 '사실주의적'으로 반영하는 새로운 기법을 하나의 총체로 아우르며 소설의 성(聖)과 속(俗)이 총동원되면서 새로운, 현대의, 미완(未完)의, 미완으로서 총체를 이루고 있다. 병원 장면에서 영국 문학 대가들을, 거티 맥도웰 부분에서는 감상적인 3류 소설들을 패러디하고, 그의 펜이 마치 카메라처럼 움직이며 짤막짤막한 장면들을 파노라마로 찍어내며, 어떤 장(場)은 통째로 교리문답 같고 벨라 코헨 부분은 연극과 영화 효과를 총동원, 술 취한 도시 야경을 생생하게 재현, 『오디세이』 일체가 현대의 세속 속으로 심화한다. 그렇게, 이야기의 이야기가 이야기를 압도한다. 미학 기법이 줄거리를 압도한다. 좀더 나가면 시간-공간 개념과 함께 이야기가 해체되고 소설이 자기 자신에 대해 이야기하고 그 이야기마저 소멸되고 형식이 형식에 대해 이야기하는 이야기마저 해체된다. 영혼은 형식의 형식이다, 라고 조이스는 쓰고 있다. 이야기의 이야기의 이야기에 대한 꿈을 버리지 않는다면 이야기(의 이야기)의 소멸은 거대한 희망일 수 있다.

'무용(無用)=예술'

호메로스는 눈먼 음유시인이었고 그의 '서사시=예술'은 눈먼 자에게만 보이는 진리였다. 호메로스 자신에게는? 『오디세이』 4권에서 메넬라오스는 텔레마코스에게 자신의 이상한 귀환 이야기를 들려주는데, 『오디세이』의, 삽화가 아닌 배경으로서 호메로스 자신의 (서사시) 예술론에 가깝다. 즉 '이야기의 이야기'에 가깝다.

트로이전쟁이 끝난 후 메넬라오스는 귀향 도중 이집트에서 발이 묶였다. 그가 바친 번제물이 충분치 않다고 판단한 신들이 바람을 보내주지 않았던 것. 신들은 늘 욕심이 많아서 제대로 챙겨줘야 하는 건데. 그는 텔레마코스에게 그렇게 말한다. 그를 도와주는 것은 바다요정 에이도테아. 프로테우스의 딸이고, 프로테우스는 오케아노스와 테티스의 아들로 바다표범 관리를 맡은 포세이돈의 가장 흥미로운 신하. 과거와 현재, 그리고 미래의 일까지 모두 아는 '바다의 노인'이며, 바로 그의 자문을 구해야 하는바 그게 하늘의 별따기라, 강제로 입을 열지 않으면 절대 말을 하지 않는데, 그가 몰고 다니는 포세이돈의 물개떼 악취가 너무 지독해서 접근 자체가 어려운 터에, 변신의 명수다. 그가 정오에 물속에서 나와 해변 바위 그늘에서 쉴 때 깜짝 놀래며 그의 몸을 꽉 붙들고, 아무리 무서운 것으로 변하더라도 무서워하지 말고, 아무리 놀라운 것으로 변해도 놀라지 말고, 끝까지 놓지 마시라. 에이도테아는 메넬라오스에게 향이 진한 암브로시아를 주면서 그렇게 요령을 알려주었다. 메넬라오스가 물개로 변장하고 암브로시아 향으로 코를 막고 프로테우스에게 접근, 프로테우스를 움켜잡으니 프로테우스는 사자로, 용으로, 표범으로, 곰으로, 다시 얇은 물막(膜)으로, 또 가지가 높은 나무로 변하지만, 메넬라오스가 무서워하지 않고 놀라지 않자 과연 제풀에 지쳐 본래 모습으로 돌아왔다. 메넬라오스가 묻는다. 어떻게 해야 집으로 갈 수 있겠습니까? 프로테우스의 답은 정말 어이가 없다. 이집트로 돌아가서 신들에게 번제물을 더 바쳐라. 그건 메넬라오스 자신이 이미 알고 있는 것이었다. 멍청한 메넬라오스? 그러나 호메로스는 결코 멍청하지 않다. 프로테우스는 예술의 질료 혹은 매질이다. 깜짝 놀램의 시적 통찰을 통해 예술의 질료가 형상화한다. 프로테우스는 단순히 험악한 동물로만 현상화하지 않는다. 물막처럼 손에 잡히지 않는 미세한 것으로도 변하고 그것을 끝까지 포착하기는 더 힘들다. 메넬라오스의 '쓸데없는 짓'은 바로 예술 창작 행위고, 얼핏 귀향(실용)에 전혀 도움이 되지 않지만 무형의 질료에 세계의 형상을 가하며, 어쨌거나 메넬라오스는 신의 도움을 받아 쓸데없는 짓을 하고 나서야 집으로 돌아갈 수 있었다. 오늘날 많은 사람들이 프로테우스 이야기야말로 뛰어난 순수예술론이라고 생각한다. 문학과 예술은 어떤 수단 혹은 목적을 위해 있지 않고 '놀이의 의미 혹은 의미의 놀이'로서 있다는.

역사, 인간적인 시간과 공간; 헤로도토스, 투키디데스, 그리고 플루타르코스

고대 그리스인은 '역사'를 '의식'하고, 역사로서 '기록'한 최초의 민족이다.

'역사의 아버지' 헤로도토스(BC 484~425)는 할리카르나소스 귀족 리크세스의 아들이다. 페르시아 후원으로 할리카르나소스에 독재정권을 수립하려던 리그다미스에 패해 한때 온 가족이 사모스섬으로 옮겼고, BC 445년 페리클레스의 아테네를 방문하여 페르시아전쟁사 한 토막을 연설, 인기를 얻고 BC 443년 아테네의 남이탈리아 투리오이시 건설에 참여하면서 시민이 되었다. 그의 동방 역사 탐구여행은 페니키아 여러 도시와 바빌론을 거친 후 이집트, 나일강을 거슬러 엘레판티네, 그리고 아프리카 북안 키레네까지 이르고, 다시 '헤라클레스의 기둥'(지브롤터) 밖 타르테소스에서 인더스강에 이른다. 각지의 지리와 풍속 및 풍습, 그리고 역사를 동서전쟁(페르시아전쟁이 그 절정이다)의 거대한 틀로 종합 정리한 그의 『역사』는 당시 세계사에 다름아니다. 이집트 캄비세스 2세 치하의 나일강 범람에 대한 기술과 원인 분석은 특히 유명하다. 오케아노스가 대지를 원형으로 둘러싸며, 이집트가 나일강을 사이에 두고 아시아와 리비아로 이분된다는 당시 세계지도상을 비판했으나, 그의 세계 또한 대지가 평평한 땅이었다.

투키디데스(BC 460~400)는 트라키아 출신으로 아테네 유력 가문에서 자랐는데, 펠로폰네소스전쟁이 역사상 최대 규모로 진행될 것을 예감, 그 전황을 기록하기로 결심한다. BC 424년 아테네군 장군이 되고 트라키아 지방의 아테네 식민지 암피폴리스를 구출키 위해 출동하였다가 실패하자 트라키아 내 자신의 영토로 망명한 후 그리스 각 지역을 방문, 참가자와 목격자 들로부터 정확한 사건 정보를 수집했고, BC 404년 아테네가 전쟁에 패하면서 다시 아테네로 귀국하여 저작 활동에 전념했다. 펠로폰네소스전쟁을 다룬 그의 『역사』는 BC 411년까지만 기록되어 미완이지만, 전쟁에 이르기까지의 역사를 다룬 『고고학』에 이어 21년 동안의 사건을 편년체로, 정확하고 공평하게 다루고, 장중한 문체와 난해한 문장을 구사하며, 그때그때 삽입된 각국 지도자 전투 격려 연설은 결단을 내리는 인간 심리를 꿰뚫는다.

헬리니즘기 역사가 플루타르코스(46~129)는 보이오티아 지방 카이로네이아 출신으로 아테네 플라톤학파 암모니우스한테 수학과 수사학을 배웠으며 이집트와 로마 등을 여행하면서 로마 황실 및 명사들과 친해졌으나 거의 고향에 머물며 아테네 명예시민, 아카이아주 지사 등 시정에 힘쓰고, 말년에는 델포이 신관과 사귀며 신탁 부흥에도 힘썼다. 저서가 무려 227종. 『모랄리아』는 약 70편의 글을 묶은 수필문학의 원조 격이며, 『영웅전』은 비슷한 생애를 보낸 그리스와 로마 명사들 23쌍의 대비 연구에다 네 명의 단독 전기를 합친 것으로 사료는 물론 문학작품으로서도 중요한 저작이다. 인간미가 풍부하여 사실을 있는 그대로 솔직하게, 사소한 부분까지 잘 표현하였고, 『플루타르크 영웅전』은 1579년 영역된 이래 널리 읽히며 역사학에 커다란 영향을 끼쳤고 오늘날까지 필수 교양도서다.

올림피아제, 성스러운 '육체=종교'의 축제

오늘날 올림픽의 기원은 주신 제우스를 모시는 고대 올림피아제다. BC 776년 '부활'된 것으로, BC 13세기부터 시작된 인도-유럽어 민족 대이동 제2진중 도리스인이 펠로폰네소스반도에 정착하던 무렵의 올림포스 신 봉헌제전에다 트로이 전쟁 이후 영웅을 추모하고 군대 사기를 드높이기 위해 전투 기술 경기를 첨가한 것이 그 기원이고, BC 776년 대회가 우승자 이름을 페키니아에서 전해진 문자로 '기록'한 첫 대회며, 그후 BC 582년부터 델포이 아폴론신전에서 피티아제가, 코린트에서 포세이돈을 위한 이스트미아제가, 그리고 BC 573년부터 제우스를 위한 네메아제가 시작되어 그리스 4대제전 시대를 맞고, 이중 올림피아제는 반도 북서부 변경에서 내란과 흥망에 별 영향을 받지 않고 AD 393년 로마 속주시대까지 사 년마다 한 번 총 293회 벌어졌다는 기록이 있다. '숨은 올림피아제'는 다이나론곶에서 9세기 말까지 열렸다. 피타고라스와 헤로도토스, 투키디데스, 플라톤, 그리고 디오게네스 등이 제전을 관람했고, 대회는 올림피아드(사 년) 첫해

한여름(그리스의 1~3월)에 열렸다. 다른 신역들과 마찬가지로 올림피아 신역 또한 좁았고(약 2만 5천 입방미터), 처음에는 단거리경주(1스타디온=192.20미터) 한 종목뿐이다가, BC 724년부터 중거리경주와 장거리경주가 첨가되고 그 후 5종경기(멀리뛰기, 원반던지기, 단거리경주, 창던지기, 레슬링), 그리고 권투가 추가되었다. 영웅시대 성행하던 전차경주나 경마 등은 BC 7세기 비로소 시작, 그후 판크라티온(레슬링+복싱), 무장경주, 나팔수경기, 전령경기가 생겨났다. 같은 세기 시작된 만 18세 이하 소년 경기는 단거리경주, 레슬링, 5종경기, 복싱, 판크라티온을 겨루었다. 72회까지는 회기가 단 하루였으나 BC 5세기 페르시아전쟁 승리 후 전성기에 이르러 (반드시 만월을 포함한) 오 일로 늘고, 그 동안 선수 선서식, 우승자 축하 잔치가 베풀어지고, 순수한 그리스 혈통에 시민권이 있고 법과 종교를 위반한 일이 없는 남자로 각자 고향에서 훈련을 받다가 대회 전 일 개월간의 강화합숙 성적에 따라 참가가 결정된 선수들이 전차와 경마 분야 말고는 모두 알몸으로 경기를 치렀으며, 우승자는 월계관을 쓰고 마지막 날 신역 축하행사에 초대되고, 고향에 돌아가서는 높은 사회적 지위와 거액의 상금을 받았다. 격투경기에서 상대를 죽이면 판정패를 당하고 벌금을 물었으며 손가락으로 눈을 찌르거나 사타구니를 발로 차는 행위도 금지되었다. 우승자 기록 공인도, 우승자 외 순위 결정도 없었다. 올림피아제는 매우 화려한 도시들의 선전장이 되면서 유망 선수 스카우트, 심판원 혹은 상대 선수 매수 등 부정으로 얼룩지기 시작한다. 다른 도시로 팔려가는 '집시 선수' 도 생겨났다. '제전 삼 개월 동안 일체 무력투쟁을 중지한다' 는 결정 또한 페르시아전쟁 승리 때까지 잘 지켜졌으나 제2차 아테네 해상동맹(BC 377) 이후 무너지고, 다른 한편 그리스인들이 체육보다 변설을 더 좋아하기 시작한다. '소크라테스의 죄' 는 아테네 체육관 등에서 청년들과 철학 대화를 즐김으로써 그들을 육체 단련으로부터 멀어지게 한 거였다. BC 356년 마케도니아 왕 필리포스 2세가, 두려움과 분노로 떠는 그리스인 관중 앞에서 비그리스인 최초로 경마 부문 우승을 따내고 곧이어 그리스 정복에 나서지만, 정작 아들 알렉산드로스는 경기에 별 관심을 보이지 않았다. 로마에 정복당한 후 올림피아제는, 성년 선수가 전부 로마로 가는 바람에 소년 경기만 열린 적도, 네로황제 참가를 위해 이 년 미뤄진 적도 있고, 육체를 단순한 영혼의 노예로 가벼이 본 그리스도교 영향으로 394년 금지된 얼마 후 아예 신전이 파괴되며 페이디아스의 금-상아 제우스상이 로마로 실려갔고, 그후 지명이 슬라브어로 바뀌었기 때문에 19세기 초까지는 올림피아의 소재 자체가 분명치 않았다.

그리스인의 하루, 아름다운 '성(性)=성(聖)'과 '예(藝)=무(武)'술의 조화(아테네) 대 무력의 신화화(스파르타)

그리스문명은 법에 의한 재판, 신화, 문학예술과 극장, 그리고 올림픽을 우리에게 남겼다. 그리스 시민은 같은 언어를 쓰고 같은 신들을 믿고 같은 유산을 지니고 스스로 그리스인이라 생각했다. 남성이 정치를 주도했으며, 정치 외 남은 시간 동안 농사, 항해, 사냥, 공업 혹은 상업에 종사하고, 그러고도 남은 시간에는 사내들끼리 레슬링 혹은 경마 시합을 즐겼으며, '사내 친구' 들과 술파티를 벌였다. 이 파티에 아내와 딸은 끼어들지 못했다. 여성은, 스파르타 말고는 바깥 활동이 매우 적어 결혼식과 장례식, 몇몇 종교축제, 그리고 잠깐 동안 이웃 여성을 방문할 뿐, 주된 일은 살림과 출산이었다. 창백한 얼굴이 아름답다며 햇빛을 피했다. 여성은 사내들의 '알몸' 올림픽 경기를 관람할 수 없었다. 말을 소유한 여성이 자신의 말을 전차경주에 출전시키는 것이 여성으로서 올림픽에 참가할 수 있는 유일한 방식이었다. 아기가 태어나면 알몸의 아버지가 안고 제의무용을 추며 집 주변을 돌고 현관에 올리브(사내아이) 혹은 양모(계집아이) 화환을 내걸고, 친구와 친척 들은 선물을 보냈다. 서른이 되어야 성인 인정을 받았다. 아이들은 딸랑이를 흔들고, 진흙으로 작은 동물들을 빚고, 네 바퀴 마차 모형을 끈으로 끌며 놀았고, 어른들은 새와 개, 염소와 거북, 그리고 (고양이가 아니라) 쥐를 애완동물로 키웠다. 여자 노예는 집안 청소와 조리를 비롯한 가사 대부분을, 남자 노예는 주인이 집을 비울 때 외간 남자가 들지 못하도록 하는 문지기, 그리고 사내아이들을 가르치는 가정교사 역할에서 농-공-상에 이르는 온갖 일,

심지어 경찰 업무까지 처리했으며, 생활은 가난한 그리스 시민과 크게 다르지 않지만, 학교에 갈 수 없고 정치에 참여할 수 없고 자기 이름을 가질 수 없고, 소유주가 붙인 이름을 써야 했다. 전쟁 포로, 노예의 자식들, 버려지거나 납치된 아이들이 노예로 되는데, 그 수가 시민과 맞먹었다. 그리 비옥하지 않은 해변에서 관개와 윤작으로 올리브와 포도 및 개암나무를 키우고, 보다 비옥한 평원에서는 밀을 재배, 빵을 만들었다. 물고기, 해산물, 그리고 집에서 만든 포도주를 즐겼다. 보다 큰 도시국가 요리점에서 고기를 팔았지만, 대개 제사용으로 썼다. 그리스인 의상은 매우 단순해서 여름에는 아마포 튜닉을, 겨울에는 양모 외투를 입었으며, 밝은색 염색을 하거나 표백했고, 종종 도시국가 장식을 새겨넣었다. 주로 집에서 어머니와 딸, 혹은 여자 노예 들이 지은 옷이었고, 아고라에서 옷감과 옷을 팔기는 하지만, 매우 비쌌다. 떠돌이 장사치들한테서 귀한 돌과 머리핀, 반지, 귀고리 등을 사기도 했고, 대개의 도시에서 남자와 여자 모두, 꽃과 약초를 끓여낸 향수를 사용했다. 챙이 넓은 모자를 여행용으로만 썼는데, 턱끈이 달려 벗으면 등뒤로 매달리게 되는 구조였다. 남자와 여자 모두 거울과 머리빗을 썼고, 남자는 머리를 재미있는 무늬의 고수머리로 꾸며 향기로운 왁스와 로션으로 고정시키고, 여자는 기른 머리를 땋아올리거나 말 꼬리 모양으로 묶었다. 리본 혹은 금속 헤어밴드가 유행했고, 체질상 금발이 드물지만, 금발을 좋아했으므로 그렇게 물들이는 사람이 많았다. 남자는 머리를 짧게 자르고, 군인이 아니라면, 수염을 길렀다. 그리스에서 맨 처음 생겨난 이발소는 남성 사회생활의 주요한 일부로, 이곳에서 숱한 사내들이 정치 및 스포츠 뉴스, 철학과 추문을 주고받았다. 그리스인들은 무용이 건강과 정서에 매우 유익하다 보았고, 종교의식무용과 결혼식, 장례식, 축하행사 무용 외에 우스꽝스런 무용, 전쟁무용, 운동선수무용 등 2백여 가지 무용을 발전시켰지만, 남자와 여자가 함께 무용을 하는 경우는 드물었다. 리라, 혹은 피리와, 여러 타악기(탬버린, 심벌즈, 캐스터네츠 등)가 무용을 반주하였다.

하지만, 그리스인들은 '그리스' 보다 '폴리스' 에 대한 소속감이 더 강했다. 폴리스 정치체제는 대개 아테네형 아니면 스파르타형이다. 아테네 교육의 목표는 평화(예술)와 전쟁(무술) 모두에 능한 시민을 길러내는 것이다. 계집아이는 학교에 다니지 못했으나, 대부분 집에서 편하게 읽기와 쓰기를 배웠다. 사내아이는 집에서 어머니 혹은 남자 노예한테 배우다가, 6~14세에 가까운 초등학교 혹은 사설학교에서 호메로스와 리라 연주를 필수로 배우고, 그 밖에 선생(언제나 남자다)이 원하는 과목(연극, 대중 연설, 행정, 미술, 읽기, 쓰기, 수학, 혹은 피리 연주)을 덧붙일 수 있었다. 책이 비싸고 귀했으므로 교과 내용을 선생이 크게 읽으면 소년들은 그것을 모두 외어야 했다. 교육을 돕기 위해 서판과 자가 쓰였다. 초등학교를 마치면 사 년제 고등학교에 들어가고 18세가 되면 다시 이 년제 군사학교에 입학한다. 스파르타 교육의 목표는 잘 훈련된, 규율에 따르는 병사를 길러내는 것이었다. 모든 스파르타의 남자와 여자는 완벽한 몸매를 갖추어야 했고, 아기가 태어나면 군인들이 갓 태어난 아기를 검사, 건강이 나쁘거나 몸이 약해 보이면 갖다 버리거나 노예 훈련소로 보냈다. 건강한 아이는 6세 혹은 7세부터 병영생활을 해야 했고, 이곳에서 교육은 의당 읽기와 쓰기보다 전쟁 기술이 더 중요했다. 먹을 것을 충분히 주지 않고, 잡히지만 않는다면 도둑질도 장려했고, 몸을 튼튼히 하기 위해 신발 없이 행군케 하였다. '어느 스파르타 소년'에 대한 전설은 이렇다.

> 한 스파르타 소년이 살아 있는 여우를 훔쳤다. 너무 배가 고파 그놈을 잡아먹을 참인데, 스파르타 병사들 몇이 다가오자 소년은 여우를 웃옷 속에 감추었다. 도둑질하다 들키면 큰 벌을 받게 되므로 그런 상태로 소년은 병사들과 몇 마디 말을 주고받았다. 그동안 여우가 그의 내장을 파먹었지만, 소년은 죽을 때까지 고통의 표정이나 몸짓을 짓지 않았다.

스파르타 남자는 18~20세 때 아주 어려운 몸집 및 전투 능력, 그리고 지도력 시험을 통과하면 '돈을 만지지 않는' 완전한 '군인=시민'이 되고, 결혼을 하더라도 아내 및 가족과 떨어져 병영생활을 하며, 60세가 되어서야 제대를 했다. 스파르타 소녀 또한 6세 혹은 7세 때 여자들의 병영으로 보내져 레슬링, 운동 및 전투 기술을 배우고, 18세에 어려운 몸집 및 전투 기술 시험을 통과하면 건강한 아이 출산을 위한 남편을 '배급' 받고 집으로 돌아가지만, 그렇지 않을 경우 시민권을 받지 못했다. 스파르타 시민 여성은, 다른 폴리스와 달리, 남편이 집에 없으므로 더욱, 커다란 자유를 누렸고 행동반경이 넓었다. 아테네 결혼식은 밤에 치러졌다. 얼굴을 베일로 가리고 마차에 탄 신부가 신랑 집으로 오고 신부 가족들은 선물을 들고 걸어서 마차를 따라온다. 신부와 신랑 친구들이 횃불로 길을 밝히고 음악을 연주하여 사악한 정령들을 쫓아낸다. 결혼식중 신부는 사과 혹은 다른 과일 한 조각을 베어무는데 이제부터는 음식 등 기본 필요를 신랑이 마련해줄 거라는 뜻이다. 바구니, 가구, 보석, 향수, 그리고 푸른 잎 가득 담긴 병 등이 결혼 선물 목록이다. 스파르타 결혼식은 아주 단순하다. 심한 격투 후 신랑이, 자신이 더 세다는 것을 보이기 위해, 신부를 자기 어깨에 들쳐 메고 떠나면 끝이다.

음악의, 숫자 속으로

고대 그리스 고전기에, 역사의 길과 함께 음악의 길도 열린다. 고전은 역사 속에서 역사적으로 태어난다는 듯이. 이집트와 동방에서 여러 음악이 그리스로 흘러들어와 예술화한다. 무시케는 제우스와 기억의 여신 므네모시네 사이에서 태어난 아홉 명의 여신(무사이, 단수형은 무사)의 형용사형을 명사화한 단어다. 아홉 여신은 각각 서사시, 사랑노래, 마임, 비극, 희극, 종교시, 웅변, 서정시, 무용/합창, 역사, 천문을 담당했다. 이 숱한, 그리고 포괄적인 '기억의 것들' 중 유독 음악이 '무시케'를 대표하게 된 것은 음악이 본질적으로 (기억력이 아니라) 원초의 기억에 의존하는 동시에 가장 선명하고 순결하게 앞으로 흐르는 예술인 까닭이었을지 모른다. 거꾸로, 그 흐름이 형용사의 명사화를 다시 액정화시키는 것이었을지도. 기억만으로는 그리스문명의 진취적 개방성을 표현하지 못한다. 단선적 역사주의만으로는 고대 그리스 특유의 황금-백은-청동-철시대의 신화-역사관을 극복하지 못한다.

고대 그리스 연극의 한 '총체를 이루는 부분' 인 음악은 기억 '으로써' 흐르며 종교의 통로가 되는 동시에 다른 장르 속으로 제 몸을 연다. 음악이론이, 숫자가, 닫히지 않고 열린다. 에스킬로스, 소포클레스, 에우리피데스 등 3대 비극시인의 작품이 디오니소스 축제에서 공연되던, 등장인물들의 사건에 합창단이 음악과 무용, 그리고 연기로써 반응하던, 민심을 대변하고, 궁금해하고, 수런대며 불안에 떨고 경악하고 심지어 광란을 연출하던 그 와중 사모스 출신으로 남부 이탈리아에 살던 철학자 피타고라스의 숫자가 음악의 비밀을 통해 우주의 신비에 달한다. 동일음(완전 1도 음정) 다음으로 가장 조화로운 음정은 완전 8도 음정이다. 주파수 비율이 1대 2이고 귀에는 동일음으로 들린다. 그렇게 음악의 성질이 숫자화하지만 그 숫자는 다시 조화의 세계를 연다. 4도 음정, 5도 음정, 그런 것들이 동양음악에는 좀체 없는 화음을 만들고 그것을 통해 음악이 여러 겹, 여러 시간으로 펼쳐지면서 우주의 조화를 구현한다. 초기 피타고라스학파는 이렇게 믿었다. 영혼은 '조율' 이다, 이를테면 수금의. 여기서 환생론까지는 얼마나 먼가. 중세의 무시카 문다나('세계-우주 음악')까지는 얼마나 먼가. 길은 음악적으로, 음악 안에 이미 존재하는 길이다. 피타고라스는 우주 전체를 숫자로 설명하고 이해할 수 있다고 믿었지만 동시에 그의 숫자는 우주의 음악을 머금는다.

피타고라스는 현을 뜯으며 시간적인 음계와 공간적인 화음을 숫자로 정리했다. 현의 길이를 반(半)으로 줄이면 음이 한 옥타브, 즉 8도 음정만큼 높아진다. 3분의 2로 줄이면 완전 5도 음정, 4분의 3으로 줄이면 완전 4도 음정, 그렇게 중요한 음정이 발견되고 두 음정 사이의 간격, 즉 완전 5도 음정과 완전 4도 음정 사이 간격이 기준으로 되고, 첫 음과 네번째 음 사이, 그리고 다섯째 음과 마지막 음 사이 더 큰 간격에 각각 두 음을 징검다리 놓으면 세번째 음과 네번째 음 사이, 그리고 일곱번째 음과 여덟번째 음 사이가 반음 간격으로 되고 그렇게 숫자-논리적으로 온음2+반음1 음정의 4음계 두 개로 이루어진 완전 8도 음정의 8음계(도-레-미-파-솔-라-시-도)가 구성된다. 4도 음계의 음 배열 방식은 경우의 수가 모두 세 가지. 반음-온음-온음(도리스식), 온음-반음-온음(프리기아식), 온음-온음-반음(리디아식)이다. 각 4도 음계 두 개씩을 합쳐 도리아식 선법, 프리기아식 선법, 리디아식 선법, 통틀어 교회선법이라 부르는데, 이것들은 1600년경 확립되는 장조 단조의 조와 다르다. 쉽게 말하면 선법은 피아노의 하얀 건반만을 사용하고, 조는 검은 건반, 즉 후대에 채용된 온음 사이 반음까지 사용한다. 완전 8도 음정에 반음 간격의 12음이 들어선다. 장조 음계는 3번 음과 4번 음 사이, 그리고 7번 음과 8번 음 사이 간격이 반음이므로 4도 음계 두 개를 합한 것과 같다. 그렇게, 도-레-미-파-솔-라-시-도. 단조 음계는 다르다. '화성' 형태의 경우 2-3, 6-6, 7-8이 반음 간격이고, 6-7음 사이가 증(增, 반음정 늘인)2도 간격이고 '선율' 형태의 경우 증2도 간격을 피한다. 그렇게, 라-시-도-레-미-파-솔-라. 흑-백 건반 12음 어느 것에서 시작되어도 장-단조 음정 원칙이 지켜질 수 있고 그렇게 도합 24개의 장조 단조가 가능해진다. e장조는 e(다)음에서 시작되는 장조 음계로 e음이 으뜸음이고, d단조는 d(라)음에서 시작되는 단조 음계, d음이 으뜸음이고. 아주 먼 옛날의 음악, 그것을 들어보지도 못한 채 우리는, 음악에서만 가능한 숫자의 상상력과 기적을 믿으며 여기까지 왔다. 앞으로도 우리는 아주 먼 옛날의 음악을 듣지 못할 것이다. 고대 그리스 비극시인 에우리피데스의 『오레스테이아』 대본 파편 정도가 우리에게 남겨진 가장 오래된, 학자 사이 일치된 해독이 가능한 악보다. 그러나 우리가 들은 음악은 고대음악의 기억을 제 안에 품고 있다. 우리는 최소한 그 기억을 들은 것이다. 음악을 따라, 음악적으로, 기억의 기억을 상상하면서. BC 3세기경, 이집트 알렉산드리아에서 오르간이 개발된다. 이 악기는 필경 하나님의 손바닥이 숱한 목소리로 부르는 장엄한 합창을 연주하게 될 것이다. 그리고, 무시케, 무시카, 뮤지끄, 무지크, 뮤직. '음악'은 고대 그리스에서 로마제국을 거쳐 프랑스-독일 및 영국에 이르고, 그 전에는 프랑스어 샹송 혹은 멜로디, 독일어 게장 혹은 리트, 영국어 송 혹은 튠, 말레이시아어 라구, 탄자니아어 님보, 미크로네시아어 엘리타클 등이 노래 혹은 선율을 뜻하는 단어로 쓰였다. 단어 '무시케'의 길은 음악의 길이고 역사의 길이다. 우리는 엄청나게 거대한 진리를 일순 육안으로 목도한다. 피비린 정복전쟁으로 점철된, 그러나 그것을 배경으로 더욱 '끔찍하게 아름다운' '역사=음악'의, 길의 진리를.

헬레니즘, '종합=응축'의 확산과 동양화

헬레니즘('그리스풍')기는 대체로 알렉산드로스대왕의 죽음에서, 로마에 의한 이집트 프톨레마이오스왕국 멸망에 이르는 시기를 말하며, 그리스와 마케도니아, 그리고 알렉산드로스대왕이 정복한 소아시아, 메소포타미아, 이집트 및 박트리아, 그리고 인더스 유역까지 포괄한다. 헬레니즘기 문화현상은 분명 그리스 문화의 보편화 측면을 갖는다. 쉬운 그리스어 코이네가 널리 쓰였고, 과학은 순수 그리스 전통을 이어받았다. 토착인 상층계급 대부분이 그리스 문화에 쏠렸다. 하지만 오리엔트 문화가 섞여들었고 오리엔트 종교는 오히려 강화했다. 헬레니즘을 그리스 문화의 '동양화=타락'으로 보는 사람도 있지만, 헬레니즘 시대 정치 및 사회-경제적 복잡성에 비하면, 헬레니즘 문화의 그리스 지향 통일성은 크게 두드러진다. 알렉산드로스제국이 프톨레마이오스왕조 이집트, 셀레우코스왕조 페르시아(지역), 안티고누스왕조 마케도니아로 삼분되었다고 하지만, 이들 왕국 각각이 숱한 민족으로 구성되었으며, 아타로스왕조가 셀레우코스왕조에서 독립, 로마의 지원으로 강화하고, BC 3세기 중반 다시 파르티아, 박트리아, 페르가몬이 시리아에서 분리되고, BC 2세기 유대가 독립한다. 여러 헬레니즘 왕국들은 전제광역국가로, 이들 왕국 운영을 위한 용병 수요가 늘어나면서 인구 이동 또한 늘고, 경제가 활기를 띤다. 그리스 본토 및 주변 지역 인구가 일자리를 찾아 알렉산드리아, 안티오키아, 셀레우키아, 로도스 등으로 흘러드니 번영의 중심도 동방으로 옮겨가고, 특히 지리적으로 유리하고 물산도 풍부한 이집트에 오리엔트풍 군주국가, 헬레니즘 왕국 중 가장 강력한 전제지배가 확립되었다. 프톨레마이오스왕조는 파라오 시대 전통과 관습을 되도록 바꾸지 않는 원주민 정책을 펴는 한편 교묘한 산업통제를 시행, 풍부한 국토를 한껏 활용하면서 헬레니즘 국가들 중 최대의 부를 누리고, 지방에서는 그리스인과 이집트인의 혼혈이 진행되었으며, 알렉산드리아, 나우크라티스, 프톨레마이오스 등 그리스풍 폴리스를 중심으로 경제-사회가 발달했으며, 특히 알렉산드리아는 프톨레마이오스가 2세가 세운 무세이온에 장서 70만 권의 대도서관을 갖춘 상업항구로,

홍해-인도양 무역을 통해 아라비아에서 향료를, 소마릴란드에서 상아를 수입하면서 그리스 학문과 예술의 중심지로 우뚝 서게 된다. 셀레우코스왕조 시리아(지역)에도 동양적인 전제군주국이 성립되지만, 광대한 지배 영역에 지방 호족과 유대인 등 자치민족, 그리고 영내에 세운 그리스풍 폴리스들이 이질적으로 뒤섞여 복잡했다. 이 왕조는 육로 인도 교역에 힘을 쏟아 향료와 후추, 솜, 진주, 보석 등을 들여왔고, 중국 비단도 들여왔다. 마케도니아 국력이 제일 약했고, BC 3세기에 이르러 헬레니즘 국가 사이 균형이 이뤄지고, 시리아-마케도니아-이집트와 (히에론 2세 치하) 시라쿠사 사이 경제권이, 카르타고와 함께 형성되지만 곧 로마가 등장한다. 그리스 본토가 두 동맹의 연합으로 독립을 지켰다지만, 아테네가 문화 중심, 코린트가 무역 중심 역할을 하고 에게해 델로스-로도스섬이 노예무역 중개로 번영하는 반면 델피에서는 많은 노예가 해방되는 등 어수선하던 중 BC 3세기 말부터 그리스 여러 폴리스들을 교묘하게 간섭하고 조정하던 로마는 카르타고와 1, 2차 포에니('페니키아')전쟁을 치르고 BC 201년 한니발 장군이 이끄는 카르타고를 물리친 후 마케도니아를 굴복시키고, BC 196년 마케도니아 지배로부터 그리스 해방을 선언한 후, 제3차 포에니전쟁(149~146년)이 완전 승리로 끝날 무렵 마케도니아를 로마 속주로 만들고, BC 2~1세기 그리스 폴리스도 모두 합병해버린다. 중부 그리스와 펠로폰네소스반도가 로마의 속주('아카이아주')로 된 것은 BC 27년. 북쪽 다뉴브강 및 남러시아, 남쪽 아프리카 나일강 중류 누비아, 동쪽 인더스강, 서쪽 아드리아해에 이르는 광대한 지역도 같은 처지를 겪었다. 그러나 로마는, 다행히도, 헬레니즘의 진정한 계승자였다. 로마인은 그리스의 학문과 예술을 존중하고, 그리스 신화를 로마화하고, 그리스 본토를 과거 영광의 보금자리로 소중히 여겼으며 많은 로마인들이 그리스 여행과 유학에 몰리고, 로마 지배하 그리스는 모처럼 평온을 누리게 된다.

알렉산드리아 헬레니즘 과학, 이론을 능가하는 실천의 장

과학 연구의 중심이 그리스 아테네에서 이집트 알렉산드리아로 옮겨가기 시작하는 것은 아리스토텔레스 사망 이후다. 알렉산드리아는, 창설자 알렉산드로스 대왕이 희망한 대로, 최초의 세계도시라 할 만했고, 무세이온은 도서관뿐 아니라 천문대와 실험실, 그리고 해부실까지 갖추고 연구를 장려, 아테네 시대 과학의 '철학성'을 벗은, 매우 기술적이고 정밀한 과학을 탄생시켰다. '수학자' 유클리드와 아폴로니우스 그리고 디오판토스(AD 246~330), '물리학자' 아르키메데스, '천문학자' (사모스의) 아리스타르쿠스(태양중심설, 지동설, BC 310~230)와 (니케아의) 히파르코스(천동설, BC 180~125), 그리고 중세 최고 권위를 누린 저서『알마게스트』를 쓴 천동설 천문학자-지리학자 프톨레마이오스(AD 2세기 초), '지리학자' 에라토스테네스(지구 원둘레 측정, BC 275~194), '해부-생리학자' 헤로필로스와 에라시스트라토스, 그리고 갈레노스(아우렐리우스황제 주치의, AD 129~199) 등이 알렉산드리아에서 활동한 과학자들이다.

아르키메데스, 첫 물리학자

그리스 물리학은 음향학과 광학, 그리고 역학이 있을 뿐인데, 음향학은 피타고라스학파의 음정 연구 외에 아리스토텔레스가 '소리'를 '공기의 떨림'이라 생각했고, 광학은 아리스토텔레스, 유클리드, 프톨레마이오스 등이 빛의 매질, 반사와 굴절 등을 논한 정도였고, 역학의 경우 아리스토텔레스는 정역학과 동역학을 구분하지 못했고, 개념 설명으로 시작, 역시 개념 설명으로 끝났다. 아르키메데스는 다르다. 시칠리아섬 시라쿠사에서 태어난 그는 알렉산드리아에서 유학한 후 다시 시라쿠사로 돌아와 왕 히에론 2세 및 그의 아들 겔론의 도움으로 연구에 전념했는데, 로마와 카르타고 사이 포에니전쟁이 한창이던 때다. 시라쿠사는 카르타고 편이었다. 그는 수학과 물리학 저작 10여 편을 남겼는데, 몇몇은 재미난 에피소드를 담고 있다. 내게 지구 밖 어딘가 발붙일 곳과 길이가 충분한 막대를 준다면 지구를 움직여주마. 그렇게 장담했고, 실제로 복합도르래를 사용, 돛대 세 개짜리 군함을 혼자 힘으로 해안에 끌어올렸다(지레의 원리). 이 왕관이 정말 금으로만 만든 것이냐, 라고 히에론왕이 묻자 아르키메데스는 머리를 쥐어짜며 목욕을 하다 몸이 둥둥 뜨고 물이 목욕탕 밖으로 흘러내리는 것을 보고는 그 문제를 풀었다(에우레카! '아르키메데스 원리'). 아주 큰 수를 나타내려고 '아리스타르코스의 우주를 가득 채울 모래알 숫자'를 계산, 오늘날 표현으로 10^{43}보다는 적다 하였으며, '아르키메데스의 나선'을 발견했고, 원주율을 '3과 10/71에서 3과 1/7 사이'로 계산했다. 제2차 포에니전쟁 당시 시라쿠사군에게 만들어준 대형 투석기와 기중기가 로마 함선을 크게 부쉈으나 시라쿠사가 로마군의 봉쇄 작전에 함락되던 날 아르키메데스는 집에서 도형 연구에 몰두중이었는데, 로마군 병사 한 명이 그를 체포하러 왔다가, '내 도면에 가까이 오지 말라'는 그를 아예 살해했다고 하며, 그의 묘비에는 평소 유언에 따라, '구의 체적은 외접 원기둥 체적의 3분의 2'라는 그의 발견이 도형으로 새겨져 있다. 아르키메데스는 관찰과 실험을 중요시했으며 이론과 실제의 결합만이 과학을 발전시킨다고 생각했다. 수학을 계량적으로 응용하고 이론역학을 평형 문제에 국한시키면서 그는 정역학과 액체정역학의 기초를 튼튼하게 다졌고, 그렇게, 수학에서 첫 물리학이 태어났다. 이후 수학 발전 방향은 주로 천문학 연구에 따라 결정되며, 천문학의 수는 지구의 수를 양적으로, 그리고 질적으로 능가하게 된다.

삼각법(삼각함수)과 대수방정식, 우주와 사회의 복잡한 구조를 재다

삼각형의 변과 각 사이 수의 관계를 다루는 삼각법은 평면(이차원 평면 위) 삼각법과 구면(삼차원 위 이차원 표면 위) 삼각법이 있다. 구면삼각법은 고대 그리스 천문학 정보를 체계적으로 얻기 위한 장치로 생겨났다. 그리스 및 그 이전 시대 천문학자들은 여러 별들의 위치를 보고 일 일 시간이나 일 년 주기를 알았으며, 여러 별들 사이 각도를 도표로 만들었는데, 특히 니케아 천문학자 히파르코스는 천구상 대원의 호(구면을 따라 측정한 두 점 사이 거리)와 현(구면 위 두 점을 직선으로 측정한 거리) 사이 관계를 체계적으로 연구, '삼각법의 아버지'로 불리게 되고, 히파르코스의 연구를 이어받은 프톨레마이오스는 사인(sine)의 2배각 공식과 2각 합의 사인 공식이 같은 값이라는 것을 발견하는 등 그리스 삼각법을 최고 수준으로 끌어올렸다. 평면삼각법은 구면삼각법의 내용으로 들어 있다가 15세기 유럽 측량, 무역, 항해술을 발전시키며 구면삼각법에서 독립하는데, 그사이 인도 수학자들은 원에서 측정되는 각의 사인 같은 기본 개념을 도입, 삼각법에 크게 기여했다. 사실 고대 이후 이슬람 이전 수학은 주로 인도 수학자들에 의해 발전했다. 현대 '아라비아숫자'는 원래 인도숫자에서 나왔고, 5세기 무렵 숫자 0이 쓰이기 시작했다. 모든 계수가 정수며, 덧셈과 곱셈으로만 되어 있거나 거듭제곱근을 갖는, 그리고 풀이 결과(해)도 정수인 '디오판토스 방정식'을 푼 것도 7세기 인도 수학자들이다. 행성궤도주기를 이해하려 하다보니 방정식에 대한 관심이 높아졌을 것이다. 디오판토스는 250년 무렵 알렉산드리아에서 활동하며 기하학적 대수학을 오늘날의 기호대수학으로 발전시킨 알렉산드리아 최후의 독창적인 수학자이자 첫 대수학자다. 분수 계산, 수론의 기하학적 증명을 다룬 것도 있지만, 주요 저서는 단연 대수방정식과 부등식의 여러 결정, 부정 문제를 다루며 그리스 수론 문제의 교묘한 해법을 펼쳐 보이는 『아리트메티카』(수론)다. 음(−)수 개념과 해법은 없지만(방정식 답이 음수로 나오면 답이 없는 것으로 쳤다), 그는 수를 '단위 (1)의 집합'으로 정의하고, 대수학 미지수 기호 ξ, Δ^y, K^y(오늘날 χ, χ^2, χ^3)를 사용, 해석적으로 방정식을 푼다. 그리스 수론이 부진한 것은 그리스 수 기호의 불완전성이 가장 큰 원인이었는데, 그런 악조건 속에 대수법을 창안했다는 것은 놀라운 일이다. 제로 기호가 나온 후 디오판토스 대수학은 더욱 조명을 받으며 서양 근대 대수학의 토대로 작용하게 된다.

헬레니즘, 그후

디오판토스 이후 그리스 과학은 창조적 흐름을 멈추었다. 로마인은 토목과 수도 등 공학 방면에 뛰어났으나 그리스 이론과학을 발전시키지 못했으며 그런 채로 로마 과학이 비잔틴(동로마)제국에 전해지고, 750년 '아바스왕조 혁명' 이후 칼리프 치하 바그다드 중심의 아라비아로 유입, 10~15세기 이슬람 과학시대를 열지만 사인이나 탄젠트 같은 삼각함수표를 편집하고 행성궤도 중심에 대한 여러 가지 방식의 방정식을 표로 작성하고 n제곱근 장치를 만들었음에도 불구하고, 이슬람 수학은 전체적으로 계산 수단을 진보시켰을 뿐, BC 300~AD 200년 그리스 수학을 크게 뛰어넘었다고 하기 힘들다. 12세기 아라비아어로 번역된 그리스 과학서가 다시 라틴어로 번역되어 스페인 톨레도 중심의 라틴유럽 세계로 도입되고, 훗날 '스페인 황금시대'를 여는 한 원인이 되며, 역시 12세기 시칠리아섬을 중심으로 진행된 그리스 과학서 원본의 라틴어 번역 작업은, 14세기 말 이후 오스만제국의 압박을 받으면서 이탈리아로 이주한 숱한 비잔틴제국의 학자들의 그리스어 사본 반입과 함께 르네상스의, 그리고 유럽 근대과학 형성의 큰 원인이 된다.

에트루리아, 로마의 토대

에트루리아는 오늘날 이탈리아의 토스카나 지방이며, 이곳 사람들을 고대 로마인은 투스키, 고대 그리스인은 티레니아 혹은 티레니라 불렀으며, 오늘날에도 여전히 티레니아해라는 바다 명칭이 남아 있다. 한때 북이탈리아 전체를 지배했고, BC 6세기 이후 북쪽 포강 유역에서 남쪽 로마에 이르는 라티움 지역을 세력권으로 하였으며, 한때 로마를 지배하에 두는 한편 시칠리아, 코르시카, 사르디니아로도 팽창, 그리스 및 카르타고 세력과 충돌하기도 하였다. 풍부한 지하자원과 활발한 해상무역이 번영을 불렀고, 한때 성립된, 높은 성벽으로 둘러싸인

12개 도시국가 연합 중 웨이이, 카에레, 타르퀴니아, 그리고 페르시아 등은 크게 번성한다. BC 5세기 캄파니아까지 지배력을 뻗친 에트루리아는 라티움 도시의 독립 회복과 더불어 쇠퇴하기 시작, BC 4세기 초 웨이이를 선두로 각 도시가 로마에 멸망하고, BC 100년 무렵 아르노강-아펜니노산맥-테베레강 지역으로 한정되며, 로마 공화정 말기 키케로 시대에는 에트루리아어조차 거의 소멸된다. 헤로도토스에 의하면 BC 10세기경 이탈리아반도로 들어온 소아시아인이 조상인 에트루리아인은 독자적인 내세신앙을 지녔고 예술적 소질이 뛰어나 독특한 분묘, 조각, 회화 등을 남겼다. 에트루리아는 고대 그리스문명의 영향을 받으면서도, 타르퀴니아 무덤, 수소 벽화에서 보듯, '에로틱'에 대한 종교적 경배를 그리스인보다 훨씬 더 극단화하면서 로마문명에 커다란 영향을 끼친다. 타르퀴니아 몬테로치 대묘지, 트리클리니움 고분벽화의 춤꾼과 음악가 들은 고대 그리스-로마의 어떤 무용-음악가보다 자유롭고 활기찬 에트루리아인들을 보여준다. 축제와 주연이 고인의 살아생전 생애와 연관된 것인지 사후의 생애와 연관된 것인지는 확실치 않다. BC 480년 무렵 이탈리아 케르베테리, 에트루리아 유적지에서 출토된, 스키론 및 프로쿠르스테스와 싸우는 테세우스 그림이 그려진 그리스 꽃병은 당대 최고의 도공이자 화가 에우포르니오스가 굽고 당대 최고의 화가 오네시모스가 그린 것이다. 에트루리아의 정치-종교-제사-스포츠와 토목건축이 로마에 끼친 영향은 실로 지대한데, 로마 관직 및 그 표지와 조복관 등 직위와 의례, 검투사 경기, 아치 양식, 포장도로, 신전 건축, 하수도 등 여러 도시계획이 모두 에트루리아의 유산이다. 에트루리아 미술의 최고 걸작인 키메라 청동조각(BC 350년)은 원래 벨러로폰이 날개 달린 말 페가수스의 도움을 받아 불 뿜는 괴물 키메라를 죽이는 신화 이야기의 조각 구성 중 일부였을 것이다. 1553년 발견되었고 첼리니가 뱀 꼬리를 복원했다.

로마, 그리스의 육체적 가상현실과 '건국=건축'

로마 신화는 그리스 신화를 신들의 이름만 라틴화하여 그대로 베낀 것이다. 예술 또한 그리스문명에 미치지 못하거나, 실제로 모조품을 찍어내는 수준을 크게 벗어나지 못하였다. '육체적'인 그리스에 대해 로마는 '가상현실'적이다. 그러나, 그 대신, 그것을 보충하듯, 에트루리아로부터 물려받은 유산, 건축공학 유산은 거의 건국이념의 뼈대로 들어선다. 로마 건국신화는 산문의 신화며, 피의 세례를 받은, 피비린 건축신화다. 로마는, '육체-건축'의 제국이며, 동시에 가상현실적이므로, 로마가 기독교를 낳고, 그 기독교가 다시 로마를 낳는다. 로마 건국신화 전반부는 고대 로마 최고 문학작품으로 평가받는 베르길리우스의 서사시 『아이네이스』로 정리되어 있다.

『아이네이스』, 산문의 정치경제학

『오디세이』가 '오디세우스 이야기'듯, 『아이네이스』는 '아이네이아스 이야기'다. '트로이 그후' 이야기기도 하다. 아이네이아스는 패망한 트로이 왕족 안키세스와, 트로이를 둘러싼 신들의 전쟁에서 미네르바(그리스 신화 아테나)에게 패한 비너스(아프로디테) 사이에서 태어난 아들. 비너스가 안키세스에게 반한 것은 그가 미남이었기 때문이지만, 또한 자신의 장래 패배에 반하는, '아름다움의 그후 정신'의 발현이기도 하다. 안키세스가 비너스와 사랑을 나눈 것을 자꾸 떠벌리고 다니므로 크게 노한 주피터(제우스)가 벼락을 쳐 그의 눈을 멀게 했다(죽였다는 설도 있다). 트로이전쟁 내내 열심히 싸운 아이네이아스는 트로이 함락 당시 아내 크루사를 잃고, 아버지 안키세스를 등에 업고 아들 이울루스(혹은 아스카니우스)와 함께 근처 안전한 언덕으로 빠져나와 다른 트로이 사람들과 함께 배를 타고 떠나지만 이탈리아로 가는 길은 멀고 험하다. 트로이인들은 칠 년 동안 운명에 쫓기며 이 나라 저 나라를 방황하고, 시칠리아 도착 후 안키세스가 사망하며, (그는 모세가 아니라, '환멸 그후' 다.) 목적지 로마에 거의 다 왔다는 기쁨으로 상실의 슬픔을 견디던 트로이인들에게 악의에 찬 주노(헤라)가 태풍을 파견, 아이네이아스 선단을 멀리 아프리카의 리비아 해변으로 몰고 가 난파시켜버린다. 『아이네이스』는 바로 이 대목에서 시작된다. 아이네이아스는 오디세우스가 아니다. 그가 지향하는 것은 고향이 아니라 미래고, 곧 미래(전망) 예감이 이중으로 형상화하는바, 아이네이아스가 리비아 해변에서 만나는 것은 페니키아 식민도시 티레에서 망명 온 여왕 디도인데 그녀가 건설중인 또다른 페니키아 식민도시 카르타고가 훗날 크게 성장, 로마의 최대-최후 라이벌로서 로마와 수차례 포에니전쟁을 치르게 되는 것이다. 트로이인들을 환대하고 기꺼이 돕겠다고 나서던 와중 디도는 아이네이아스에 대한 불타는 사랑에 사로잡히고, 여왕 신분도 여자의 수줍음도 다 내팽개쳐버릴 참이었으나 로마를 건설하라는 신의 명령에 따라 아이네이아스가 떠나자 이별의 슬픔을 견디지 못하고 격정에 휩싸여 자해, 그 상처로 죽는다. 카르타고에서 북향(北向), 이탈리아 서부 해변 큐메에 도착한 아이네이아스는 근처 동굴에 사는 시빌을 찾는다. 시빌은 나이가 엄청 많은 여자 예언자이자 아폴론의 사제다. 그녀에 대해 이런 이야기가 전해온다. 아폴론이 소원을 묻자 그녀는 '손에 쥔 모래알처럼 많은 햇수 동안 사는 것' 이라고 답했다. '내내 젊게' 라고 덧붙이는 것을 깜빡 잊고 그후 정말 모래알처럼 많은 햇수를 늙어가던 그녀는 어느 날 한 아이가 다시 소원을 묻자 '빨리 죽는 것' 이라고 답한다. 그녀는 지난하고 따분한 일상적 산문성의 상징이다. 대표적인 현대시 작품인 T. S. 엘리엇 장시 「황무지」의 중심 주제 중 하나가 바로 시빌의 나이, 수천수만 년 나이를 먹고 늙어가는 삶 혹은 문명의, 비탄 혹은 파탄이다. 나이를 먹을수록 아름다운 것은 없는가, 그, 질문이, 현대문학-예술의 비명이자 희망인지 모른다. 시빌은 아이네이아스를 지하세계로 안내하고 아이네이아스는 축복받은 영혼들 사이에서 아버지 안키세스를 만난다. 이것 또한 『오디세이』를 연상시키면서, 문학적 내용이 또한 다르다. 안키세스는 아이네이아스에게 트로이 백성의 영광스러운 미래와 장차 태어날 위대한 로마 영혼들을 소개하며 삶과 죽음의 의미를 가르치는데 그 기조는 금욕주의 세계관과 간명한 산문정신이다. 피타고라스 환생론도, 이어진다는 의미에서 산문적이다. 트로이인들이 큐메에서 이탈리아 해변을 따라 라티움에 도착, 티베르강 어귀에 닻을 내리는데, 외동딸 라비니아가 이방인 왕자와 결혼할 것이라는 신탁을 받은 그곳 왕 라티누스(는 오디세우스와 키르케 사이에 난 아들이다!)가 아이네이아스를 곧장 알아보고 딸의 결혼을 준비시킨다. 원래 구혼자였던 루툴리아 왕 투르누스가 아이네이아스에게 도전하는바, 이 또한 주노가 방해공작을 편 것이었다. 양쪽 다 동맹군을 찾고, 투르누스는 쫓겨난 에트루리아 폭군 메젠티우스의, 아이네이아스는 장차 로마가 들어설 구릉지대의 그리스 이주민 지도자 에반데르의 동맹을 확보하고, 길고 격렬한 전투가 이어지던 중 아이네이아스는 투르누스를 직접 죽인 후 아내 이름을 딴 도시 라비니움을 건설했다. 삼 년 동안 도시를 다스리다 아이네이아스가 하늘로 올라가자 그의 아들 이울루스는 알바 롱가를 지어 백성들을 옮기게 한다. 그리고 바로 이곳에서 로마 창설자 로물루스와 레무스 형제가 태어난다…… 마지막 이야기는 『아이네이스』에 직접 기록되지 않았다. 로마 건설의 마지막 장애물 투르누스가 제거되는 대목에서 작품은 끝난다. 베르길리우스의 아이네이아스는 호메로스의 아킬레우스나 오디세우스보다 덜 흥미로우며, 덜 자연스럽고, 덜 매력적이고, 덜 따스한 인간이다. 특히 디도와의 대비는 치명적이다. 온갖 미덕을 갖춘 디도를 아무 번뇌 없이 버리는 아이네이아스에게 우리는 공감하기 힘들다. 미래 전망과 건설의 요구에 응답하지만, 아직은 시적 자연스러움이 마모되었을 뿐, 산문적 자연스러움이 육화하지 못하고, '목표' 및 목표를 위한 금욕주의에 갇혀 있는 상태랄까. 로마제국 건설 도정을 보여준다는 '정치적' 의미의 총체성은 공고하지만 그 공고함이 '미학적' 의미의 총체성을, 그러므로 독자와의 공감대를 오히려 훼손시킨다. '정치'와 '예술'의 분리는, 운명적이 아니다. 디도와 아이네이아스의 사랑이 보다 적절하게 묘사되었다면 『아이네이스』는 정치적 총체를 포괄-극복하는, 질 높은 미학적 총체에 달했을 것이다.

『아이네이스』는 얼핏 『오디세이』의 패턴을 그대로 따르고, 나머지 여섯 권의 전투 장면은 『일리아드』의 그것을 모델로 한 사례가 숱하고, 게다가 오디세이 문장을 모방한, 심지어 그대로 번역한 대목도 군데군데 눈에 띄지만, 더 본질적으로 베르길리우스가 차용하는 것은, 당연하게도, 시간상으로는 『아이네이스』 이후 이야기를 다룬 로마 건국설화의 얼개다.

트로이 왕자 아이네이아스의 아들 아스카니우스는 라틴 동맹의 맹주 알바 롱가 왕위에 오른다. 왕 자리는 대대로 장자 대물림되다가 누미토르 대에 이르러 동생 아물리우스가 왕위를 찬탈했다. 그는 누미토르의 딸 레아 실비아의 적통 출산을 막기 위해 그녀를 베스타 순결 처녀로 만들어버리지만, 전쟁의 신 마르스가 그녀를 범하여 아들 쌍둥이 로물루스와 레무스를 낳게 했다. 이때 로마 지역은 알바 롱가의 식민지였다. 아물리우스는 레아를 처치하고 쌍둥이를 티베르강에 빠뜨려 죽이라 명하지만 둘이 담겨 있던 구유가 파도에 실려 강변에 닿았다. 암늑대가 젖을 먹이고 딱따구리가 음식을 날라준다. 둘을 발견하는 것은 왕가의 양치기 파우스툴루스. 그가 아내 아카라렌티아와 함께 쌍둥이를 길렀다. 쌍둥이는 모험을 찾아나선 청년들의 지도자가 된 후 자신의 혈통을 확인받고 아물리우스를 죽인 후 할아버지를 다시 왕으로 세웠다. 그리고 갓난아기 시절 파도에 떠밀려 도착했던 강변에 새로운 도시를 건설했다. 새들이 날아가면서 보여준 징조를 보고 사람들은 로물루스를 왕으로 세웠고 로물루스는 새로 성벽을 쌓았다. 레무스는 반란의 의미로 그 성벽을 뛰어넘었다가 로물루스에게 살해당한다. 로물루스는 자신의 권력을 확고히 했고 도시는 로물루스의 이름을 따서 '로마'라 했으며, 도망자, 추방자 들을 받아들이는 방식으로 주민 수를 늘려간다. 여자들이 모자라자 그는 이웃 사비네 부족을 마을 축제 경기에 초청하고는 남정네들을 시켜 여자들을 업어가게 했고, 그렇게 사비네 부족과 전쟁이 일어난다. 티투스 타티우스가 이끄는 사비네 부족 군대가 로마의 외곽 초소 카피톨을 공략했다. 이때 로마 지휘관의 딸 타르페이아가 사비네 병사들에게 은밀한 제안을 한다. 왼쪽 황금팔찌를 내게 다오. 그러면 성채를 배반하리라. 사비네 부족은 성채를 점령한 후 동족 배반죄를 물어 타르페이아를 방패로 짓이겨 죽였다. 로마인들은 여전히 완강하게 저항하고 로마인에게

> 업혀가 아내가 된 사비네 여자들이 중재에 나서 결국 두 부족은 공동 권력을 행사하게 된다. 로물루스는 곧 폭풍우 속으로 사라지는데, 일설에는 의회 의원들에 의해 갈가리 찢겨 죽었다.

로물루스 일파와 사비네족이 벌이는 '역사적인' 전투는, 주신 및 전쟁신들의 동맹과 풍요신들의 동맹이 서로 전쟁을 벌이다가 결국은 한데 합치는 인도-유럽형 신화를 그대로 재현하며, 베르길리우스는 『아이네이스』에서 아이네이아스와 에트루리아인 동맹을 전자로, 라틴족을 후자로 설정하고 있는 것이다. 이 점에서는 그가 정말 미학적으로도 철두철미하게 미래 지향적이고, 로마 지향적이었다고 할 만하다. 로마 건국신화는 그리스 신화와 달리, 문명에 대한 콤플렉스가 없다. 야만은 노골적으로 피비리다. 이 신화는 또 성경과 달리, 동생 살해에 대한 원죄의식이 없다. 평화에 대한 지향도 없다. 쌍둥이가 마르스, 전쟁신의 자식일 뿐만 아니라, 쌍둥이를 키우는 암늑대와 딱따구리 또한 마르스의 상징물이다. 피비린 바로 그만큼 로마 건국신화는 미래 지향적이고, 정치와 사회 건설이 주제다. 로마 건국신화야말로 진정한 의미에서 '건국' 신화고 '정치경제학' 신화다. 식민지에서 발생하여 세계 대제국을 이루는 로마 정신의 핵심이 이 신화에 들어 있다.

베르길리우스는 『아이네이스』 완성을 약 60줄 남겨놓고 죽었으며, 살아생전 그가 로마 '제국' 을 이룬 황제 아우구스투스에게 읽어 올린 대목, 즉 2권 트로이 멸망 장면, 4권 디도의 비극, 그리고 6권 지하세계로의 여행은 후대 평론가들 대부분이 걸작으로 평가하는 부분이다. 『오디세이』의 '메넬라오스 장' 격인 '지하세계 여행중 안키세스의 가르침' 은 그 기조가, 『오디세이』의 '예술적 귀띔' 과 달리, '예술을 압도하는 철학과 이론' 이다. '로마=현세' 로의 환생을 기다리는 위대한 영혼 행렬을 홀린 듯 쳐다보는 아이네이아스에게 안키세스는 이렇게 말한다. 유일자 영혼이 우주에 편재하면서 만물에 생명을 준다. 영혼은 신성하지만 육체를 구성하는 물질과 합쳐질 때 평정을 잃는다. 격정이 발생하고 영혼은 원래의 순정성을 잃으므로, 사후 형벌을 통해 정화되어야 한다. 형벌이 끝나면 영혼은 엘리지움으로 가지만 그곳에 영원히 머무는 자는 극소수고, 대개는 두번째 시련을 맞아야 한다. 망각의 레테 강물을 마시고 전생을 잊은 후 다시 지상으로 가는 것이다…… 범신론 종교와 신비주의 철학, 그리고 환생. 죽음에 대한 상상력은 넓어졌지만, 예술적은 아니다. '아이네이아스 전설'은 역사적 근거가 없고, 베르길리우스에게 아이네이아스는 아우구스투스 황제의 대용물이었으며, 그나마 그가 이를테면 '아우구스투스 찬가' 대신 『아이네이스』를 쓴 것은 현실정치와 변증법적 거리-관계를 두고 가져야 진정한 문학이 달성될 수 있다는 미적 직관 때문이다. 하지만 '아우구스투스 예찬'이라는 정치적 목적을 그는 끝내 온전한 예술성으로 포괄-극복하지 못했고, 이 문제는 천 년도 더 지난 후 베르길리우스를 영혼의 스승으로 섬기며 르네상스를 준비했던 단테 『신곡』에 이르러서야 비로소 근본적인 해결을 보게 된다. 『아이네이스』는 역사상 가장 애국적인 문학작품이고, 가장 문학적인 애국작품이다. 이 말은, 문학과 애국의 관계 때문에, 갈수록 어떤 한계와 연관된다. 원래 시골에서 은둔하는, 수줍은 성격의 전원시인이었으나 문명을 날리면서 로마 대도시로 진출, 로마 정신의 대변자로 되는 그의 생애 또한 『아이네이스』의 성과와 한계를 두 겹으로 포착게 하는 열쇠다. 진정한 의미의 도시시인이 출현하지만, 갈수록 도시문학은 '애국성'을 넘어 보편성 혹은 세계성을 구현한다. 베르길리우스는 로마 공화정의 몰락과 내전이라는 심각한 정치 불안과 혼란을 청년기에 겪고 BC 29년, 즉 악티움해전으로 아우구스투스 제정의 승리가 굳어진 이 년 후부터 『아이네이스』를 쓰기 시작했고, 죽기 직전까지 10년 동안 집필이 이어졌다. 신화와 전쟁은 시를 낳지만, '패망 그후 역사', 그리고 불안한 건설은 본질적으로 산문성을 강제한다. 베르길리우스 이전에도 이후에도 로마 문학은 산문성이 강했고, 갈수록 강해졌으며, 특히 키케로, 케사르, 리비우스, 살루스투스 등은 정치 산문의 문학적 황금기를 일구었다. 그렇구나. 고대 그리스와 로마 문명도 역사적인 변증법을 이루겠구나. 문학은 시정신과 산문정신의 변증법으로 내적 발전하는 동시에 내면과 역사의 변증법으로, 거대하고 심오하게, 거대하므로 심오하게 외화한다.

공화정과 제국, 역사의 변증법

전설에 따르면 로물루스가 일곱 언덕 위에 로마시를 창설한 것은 BC 753년이다. 하지만 청동기에도 이곳에 사람이 살았을 것이다. 로물루스 뒤를 이어 로마시를 맡은 현명한 통치자 누마 폼필루스는 현대식 달력을 만드는 데 기여했다고 한다. 지중해 패권을 놓고 당시 해상제국 카르타고와 맞붙은 포에니전쟁(1차 BC 264~241년, 2차 BC 218~201년, 3차 BC 149~146년)은 로마의 패권을 확정지었고, 다만 이런 이야기를 낳았다.

> 패배한 카르타고의 왕이 전사했다는 소문이 돌았지만 사실은 달랐다. 왕은 다른 나라에서 몇 년 동안 살다가 카르타고로 돌아와 자신이 왕임을 밝힌다. 그를 중심으로 카르타고인들이 다시 뭉칠 수도 있으므로 그의 존재가 여간 껄끄러운 게 아니었던 로마인들은 그를 사기꾼으로 거짓말쟁이로 몰고, 겁주고, 카르타고 국회의원들은 진실을 알면서도 로마인들이 무서워 쉬쉬하고, 백성들은 뭐라 할 엄두도 못 내고, 처음에는 그를 돕고 용기를 북돋워주던 다른 나라 왕들도 결국 로마의 협박에 무릎을 꿇었다. 마침내 로마인들이 옥에 가두고, '네가 왕이 아니라고 말한다면 목숨을 살려주겠다' 했으나, 카르타고 왕은 끝까지 거절하고, 결국 형장의 이슬로 사라졌다.

카이사르가 로마 공화국 수반이 되는 것은 BC 49년이다. 그는 군대를 이끌고 고울 지방, 지금의 프랑스, 벨기에 및 스위스를 정복하고, 영국에도 두 번 상륙하는 등 로마 영토를 넓혔고 국민들에게 인기가 좋았으나, 그가 공화정을 무너뜨리고 황제에 오를 것을 우려한 의회가 군대를 내놓으라 요구하자 오히려 군대를 몰고 로마에 입성, 의회의 군대를 격파하고 절대권력자 자리에 올랐다. 이때 의회군을 이끌었던 폼페이우스는 카이사르의 사위로, 10여 년 전 카이사르와 함께 로마를 지배한 3인 중 한 명이었던 사람이다. 폼페이우스는 BC 48년 피살되고, BC 45년 카이사르는 평생 절대권력자로 추대되지만 이듬해 공화파 자객들에 의해 참혹하게 난자당했다. 이어 내전이 벌어진다. 내전의 패배자는 안토니우스와, 그 유명한 이집트 여왕 클레오파트라, 승리자는 카이사르의 양자 옥타비아누스였고, 승리자가 제국을 선포하고 첫 황제에 오르니 그가 바로 아우구스투스다. 아우구스투스는 로마제국 번영과 안정의 기반을 닦았고, 로마제국은 서유럽 대부분과 중동, 그리고 아프리카 북부 해변을 단일한 정부와 단일한 생활 방식으로 2백 년 넘게 묶는다. 잘 짜여진 조직과 중앙집중적 관리 때문에 다른 나라 도시들도 모습이 거의 같았다. 돌 포장도로가 모든 지역과 로마를 연결하였다. 모든 길은 로마로 통하고, 국경 수비는 철통같고, 사람들이 일체감을 느끼고, 인도는 물론 중국과 동서교역이 대대적으로 성행하였다. 공화정 폐기는 얼핏 민주주의의 후퇴였으나, '로마제국'은 역사상 가장 강력하고 획기적인 사건 중 하나였고, 크게 보면 민주주의가 오히려 발전하였다. 역사에 대한 로마의 공헌 중 가장 중요한 것 중 하나가 법체제 확립이다. 포럼(공공 광장)은 로마시의 종교, 공공, 그리고 상업의 중심지였다. 신들(야누스와 사투른, 그리고 또한 베스타)의 사원이 있었고, 로마의 횃불이 사시사철 꺼지지 않았다. 로마제국은 서기 200년경 전성기에 달했다가 서서히 약해지기 시작한다. 무엇보다, 사치와 향락이 판을 치고 사람들이 연약해졌다. 제국은 284년 동로마제국(수도 콘스탄티노플)과 서로마 제국(수도 로마)으로 나뉘고, 476년 서로마제국이 게르만족에게 침략당해 망하고 동로마, 즉 비잔틴제국은 1453년까지 지속되었다.

신세대, 더 가볍고 더 복잡한

베르길리우스의 오 년 연하 호라티우스는 당대 최고의 서정시인이지만 로마 문학의 산문 지향을 더 뚜렷하게 반영한다. 그는 브루투스군 지휘관으로 직접 내전에 참여했다가 패배한 후 승자 아우구스투스에게 발탁된 경우로, 공인의 삶을 완전히 거부하고 마음의 평정을 통해 달한 지혜와 사회의 불의에 대한 날카로운 공격이 뒤섞인 풍자시편에서 찬가, 즉 서정시편으로 나아갔다. 스스로 초기 그리스 서정시의 후예라고 밝히고 있지만 그의 서정시들은 매우 독특한 감수성과 압축미를 보여준다. 그다음은 완숙의 '문학적 서간문' 시대. 서간문에서는 초기의 요란 굉장한 풍자 대신 건전한 도덕과 부드러운 반어법의 거리가 유지되는데 2권 세번째 서간문은 시예술론으로 불릴 정도로 이론적이다. 이때쯤 사실상 계관시인의 명예를 누리게 되는 호라티우스는 BC 17년 세속 찬가를 썼고, 이어진 찬가 4권은 이전 것보다 정치적으로 진지하다. 그의 서정시편은 산문과의 변증법 속에서 태어나 로마시대 최고 경지에 달한다. 로마시대에는 그 경지에 필적할 자가 없고 중세 초기에 간간히 모방되다가 영영 전설 속으로 잊혀지는 듯하더니 르네상스기에 비로소 새로운 호라티우스 연구 붐과 올바른 계승 노력이 진행되었다. 그의 서정시들과 시예술론은 19세기까지 서양 시문학사에 지대한 영향을 끼쳤다.

변형, 황금당나귀, '육체=가상현실'

오비디우스는 베르길리우스-호라티우스의 차세대다. 그의 시작품 구도는 앞세대와의 대결의식으로 충만하고, 기법과 소재의 상상력이 신세대적으로 한껏 경쾌하다. 시골의 기사 출신 부자였던 아버지는 아들을 9백 킬로미터나 떨어진 로마 웅변학교로 보냈다. 관직 지망 귀족 자제들을 위한 학교였지만 오비디우스는 졸업 후 미관말직을 몇 군데 전전하다가 때려치우고 시인으로 나섰다. 그는 매력 있는 외모와 놀라운 위트로 곧 로마 사교계 총아로 떠오른다. 그의 이름을 알린 작품은 시 『사랑 이야기』. 실제 경험을 토대로 한 짧고 육감적인 연애담이다. 잇따른 『여주인공들』은 신화의 유명한 여인들, 페넬로페, 메데아, 디도 등이 멀리 떨어져 있는 남편 혹은 연인에게 보내는 시 형식의 편지 모음집. 여기까지는 순탄했는데, 그다음 작품 『사랑의 기술』이 문제를 야기시킨다. 이 책은 여자를 유혹하는 법을 다룬 교과서라 할 만하다. 퇴폐적이라고까지는 할 수 없고, 로마 사회 유흥-오락 장면을 환상적으로 재현, 극장, 경마장, 도박판 등을 묘사하는 유머와 위트가 최상의 예술 수준에 달했지만, 내용의 얼개가 아우구스투스의 도덕 개혁정책에 거스르는 것으로 우려될 만했고, 삽시간에 번진 이 책의 유행은 실제로 아우구스투스의 심기를 크게 건드려 그는 AD 8년 로마에서 추방되었다. 재산은 몰수되지 않았고, 아내가 로마에 남아 남편의 재산(권)을 돌보지만 로마 사교계로부터의 추방은 오비디우스에게 견디기 힘든 고통이었다. 아우구스투스가 죽고 티베리우스황제가 뒤를 잇자 그는 복권의 희망을 완전히 포기하고 망명지 광야에서 10년을 살다 죽었다. 추방되던 해 그는『변형들』을 막 완성할 참이었는데, 이 작품이야말로 야심만만하면서도 신세대의 '경쾌'가 '경박-음탕'의 상상력으로 전락하지 않고 '새로운' 고전적 형상화를 이룩한, 진정한 차세대 걸작이다.『변형들』이 먼저 발표되었다면 그는 추방을 면했을지 모른다.『변형들』은『아이네이스』를 강력한 배경으로 유념하면서 동시에 그 한계의 '소설적' 극복을 지향한다. 천지창조에서 카이사르의 피살 및 신격화에 이르는 역사를 시간순으로, 주로 그리스계 신화와 민담으로 구성했다. 에피소드들의 연결은 느슨하다. 하지만 모두 '변형'이란 주제를 공유한다. 이를테면 천지창조는 혼돈의 (질서로의) 변형, 카이사르 신격화는 내전(=혼돈)이 팍스 로마나('로마의 평화')로 되는 최종 변형이다. 월계수로 변형된 다프네, 바다새로 변형된 시이크스와 알키오네 등등이 그 사이 에피소드의 주인공들이다. 그러나 전편을 관류하는 진정한 주제는 파토스(pathos, '열정'). 오비디우스 초기시의 특징인 '에로틱'이 그렇게 더 넓은 시야와 더 깊은 의미를 품게 된다. 그는 '서사시인' 베르길리우스에 못 미치지만 '서사시인'을 의도한 것이 아니다.『변형들』은 단편소설(집)에 더 접근하고 있다. 재미에 더 신경을 썼다는 점에서 그는 최초의 위대한 통속 단편소설 작가라 하겠다.『변형들』은 중세 내내 인기를 끌었고 르네상스 시인과 화가 들에게 커다란 영향을 끼쳤다. '열정'이 시적이라면 '변형'은 이야기-소설적 상상력과 연관된다. 앞으로 소설예술은, 근대 훨씬 전부터, 일상을 의미심장으로 형상화하는 '변형'과 초월을 일상으로 형상화하는 '변형' 사이 모순의 변증법 속에서 발전하게 된다. '변형'은 시에서 비유보다 한 단계 높은 예술 행위의 소산이지만, 소설에서는 창작의 근간으로 된다. 조이스와 더불어 현대문학의 새 경지를 개척한 카프카 단편소설「변신」은 가장 현대적인 서양문학 광경 중 하나지만, 조이스 장편소설 『율리시스』가 『오디세이』로 직결되듯, 오비디우스 『변형들』로 직결된다.

> 어느 날 아침 불안한 꿈에서 깨어난 그레고르 잠자는 자신이 거대한 벌레로 변했다는 것을 안다. 아버지는 가혹하게 잠자를 침실에 가두고 다른 가족들이 언뜻 그를 보살피는 듯하지만 벌레 잠자의 껍질을 허무는 것과 다름없다. 잠자는 육체가 허물어지면서 죽어간다.

죄의식에 치열하게 절망하면서 현대에 달했던 카프카에게는 기존의 소설적 상상력 자체가 저주였고, 그렇게 현대소설이 또한 시작된다.

베르길리우스-호라티우스-오비디우스의 '세기'가 바뀌면서 보다 정통적인 풍자시인 유베날리스와 보다 정통적인 소설가 아플레이우스가 출현한다. 유베날리스는 폭군 네로 치하에 태어나 직접 겪은, 사악하고 부패한 로마 사회를 통렬하게 풍자했다. 외국인과 여성에 대한 편견, 그리고 로마의 회생 불가를 확언하는 비관주의가 흠이지만 그의 작품이 발하는 가차 없는 풍자 정신은 후대 시인들에게 호라티우스보다 더 통쾌한 매력을 발했지만, 그의 풍자 기법은 사실 호라티우스보다 더 정통적이다. 과장과 왜곡이 단순한 기질이 아닌 타당한 예술무기로 동원되는 것. 아플레이우스는 더 흥미로운 인물이다. 우선 생애 자체가 매우 소설적이다. 그는 북아프리카에서 태어나 카르타고와 아테네에서 교육을 받고 그리스와 소아시아 등지를 폭넓게 여행한 후 로마에서 변호인 일을 몇 년 하다가 다시 고향으로 돌아갔다. 로마문명 탄생의 길을 밟고 다시 원초로 돌아간 셈이다. 연상의 돈 많은 과부와 결혼을 했는데 그녀 친척들은 그가 마법으로 그녀를 유괴했다고 고소했고, 무죄로 풀려났지만 그가 마법에 심취했던 것은 사실이다. 문명사를 배경으로 마법의 신비와 '연상의 돈 많은 과부'의 물질주의 사이에서 태어나는 그의 작품 제목은 다시 '변형들'. 『황금당나귀』라고도 불리는 이 작품은 변형의 신화-역사를 나열하지 않고 한 인간, 아마도 작가 자신의 생애를 변형의 그것으로 총체화한다.

청년 루키우스가 그리스 북부 마녀들의 지방인 테사리아를 향해 출발, 그곳에서 하녀 포티스와 무절제한 환락을 즐기고 그녀한테서 마법의 기름을 얻는다. 그것을 바르면 언제든 새로 변할 수 있다. 포티스는 그렇게 말했지만 실제로 바르니 그는 그만 당나귀로 변하고 말았다. 말은 못 하고 인간의 이해력은 그냥 유지한 상태의 그를 도적떼들이 훔치고 그들과 함께 겪는 모험들이 소설의 기본 줄거리다. 동시에, 그가 당나귀 신세로 듣게 되는 여러 이야기들이 기본 줄거리 속으로 짜깁기된다. 그렇게 소설은 '변형'을 통해 듣는 사람 이야기들이다. 널리 알려진 큐피드('육체적 사랑')와 프시케('영혼')의 사랑 이야기는 『황금당나귀』에만 수록되어 있다. 줄거리가 진행되는 동안 루키우스는 자신을 다시 인간으로 되돌려줄 장미를 찾지만 소용이 없다가 결국 이시스가 가르쳐준 대로 이시스의 남성 사제 머리에 얹힌 장미관에서 꽃을 따 먹고 짐승 형용을 벗고는, 이시스와 그녀의 오빠/남편 오시리스 비의교의 신자가 된다. 이시스는 이집트의 여신. 줄거리 얼개는 저자의 생애처럼 문명의 원초로 돌아오지만, 그것을 통해 탄생하는 것은 서사시 혹은 비극(은 특히 이집트에서 출발, 아테네에 이르는 문명의 도정에, 도정으로써 탄생했다)이 아니고 강력한 소설 전통이다. 『황금당나귀』 전통은 후에 보카치오, 세르반테스로 이어지면서 폭발적으로 발전하게 된다.

『황금당나귀』가 '육체=가상현실'의 이야기라면, 『서유기』는 '현실=가상현실'의 이야기고, 그것을 원전으로 한 현대 일본 만화 『드래곤볼』은 그 둘의 합이다(손오공이 마지막으로 가보는 곳은 자기 몸속이다). 그러나, 단순한 규모와 복잡한 구조만으로 경외심을 자아내는, 로마 미술의 가장 거대한 기념비라고 할 콜로세움은 그 가상현실을 능가하는 건축이다. 로마인 5만 명이 이곳에서 피비린 검투사 경기를 지켜보며 열광했다는 점을 감안하면 그것은 더욱 그렇다. 콜로세움이 육체의 가상현실이라면 판테온은 신성의 육체라고 할 만하다. 그리고 훗날, 비잔틴제국의 성소피아성당이 '성스러움=가상현실'을 능가하는 건축을, 인도 이슬람문명 무갈제국의 타즈마할이 '죽음=가상현실'을 능가하는 건축을 보여주게 된다. 로마 미술은 카롤링거 미술에 중대한 영향을 끼쳤다. 상아 2부작 〈제노엘스 엘드렝〉은 상부에 수태고지, 하부에 사촌 엘리자베스를 방문한 마리아 장면을 새겼는데, 상부 왼쪽의 천사 몸체가 길어지고 무늬를 통해 수직선이 강조되는 등 '카롤링거적' 특징이 뚜렷하다.

마임, 익살극, 판토마임, 언어를 능가하는 몸의 표정

마임은 연극에 비해 무언이며, 그점이 동작의 언어적 성격을 강화한다. 마임의 꿈은 언어의 육체화지만 마임은 무언으로써 언어 너머를 표현하는 지점에서 비로소 예술로 된다. 그리고 마임 '예술'은 무용으로 해탈하지 않음으로써 오히려 '무용-육체'의 언어 지향을 자극한다. 상호 긴장 혹은 갈등을 통한 발전이 없었다면 무용과 마임 모두, 심지어 연극조차 예술로 되지 못했을 것이다. 마임, 그리고 익살광대극은 고대 로마에서 크게 유행했는데, 어떤 육체연희가 세속화와 예술화 양쪽으로 모험-폭발했다는 점을 반영한다. 마임의 어원은 미모스('모방')로, 처음에는 고대 그리스 민속극을 가리켰고, 그후 그 연행자를 뜻했다. 미모스는 원래 신화 등장인물을, 훗날 당대 일상인들을 패러디하는데, 남근 모양 가면을 쓴 두세 명이 배불뚝이 노예 노릇을 하는 식이었다가 BC 6세기 에피카르무스가 펀(동음이의어 익살)을 구사하고, BC 3세기 헤로다스가 학교 선생, 고집불통 상점 주인, 돌팔이 의사 등 정형들을 만들어냈다. 초기 마임은 엉성한 흉내내기에 대사를 섞은 수준인 채로 아리스토파네스 고희극에 어느 정도 영향을 끼치고, BC 3세기 고대 그리스 식민지였던 남부 이탈리아로 번지며, 같은 세기 후반 이탈리아 중심부로 이동하면서 토착화, 로마 특유의 마임과 익살광대극 전통이 확립되는데, 당시 로마에서는, 더 로마적으로, 검투사 경기가 폭발적인 인기를 끌고, 로마 마임과 익살광대극은 검투사 경기, 그 피비린 육체 향연의 반영 혹은 순화로서 더욱 육체적이고 야만적인 웃음소리를 내고, 예술적인 표현을 발한다. 물론 검투사 경기는 오락이고 마임-익살광대극은 예술. 검투사 게임의 육체가 연극의 그것으로 곧장 전화할 수는 없다. 하지만 그 전에, '피비린' 이라는 용어는 로마 건국신화에서 본질적인 형용사다. 오늘날 같은 대사 없는 '몸짓-동작-표정극' 마임이 익살광대극류를 빠르게 대체, 가장 대중적인 연행예술로 자리잡았다. 여성 연행자(미미에)가 생겨나고 가면과 코투르노이가 폐기되고, 크고 작은 연행단이 생겨난다. 주인공 역이 단 운영도 맡았고, 이르키미무스라 불리었다. 대머리에 온몸이 검댕 범벅인 스티피두스('멍청이'), 겉과 속이 다른 산노이 등 단골 유형이 나타나고, 이들이 입었던 알록달록한 의상(센툰쿨루스)이 훗날 전통적인 광대 복장으로 된다. 창녀들이 알몸으로 찬미가를 불렀던 꽃의 여신 플로라 축제(플로랄리아) 전통에 따라 여자 연행자들이 종종 구경꾼 앞에서 옷을 벗는 등 공공사회에서 마임은 가장 천한 예술이었지만, 너무 인기가 좋아 비극과 희극을 대체하는 일도 잦았다. 마임은 사회 단면도로서, 매우 풍자적이고 지독하게 음란하고 간통, 협잡, 난장판, 개차반이 흔한 주제였다. 이런 마임은 특히 당대 희극작가 플라우투스에게 커다란 영향을 끼쳤다. 로마 공화국기에 성행하던 마임의 정치풍자는 제국기로 넘어가면서 상당 부분 독립성을 상실했고, 도미티아누스황제는 당시 가장 인기 있던 마임으로 반정부 활동가-의적을 다룬 〈라우레올루스〉의 마지막 장면 주인공 배우를 실제 사형수로 바꾸어 관객들이 진짜 고문과 처형을 즐기도록 하였지만, 이 변태적인 육체성 또한 다른 한편 무언성을 매개로 마임과 무용의 예술성을 드높이게 된다. 판토마임(고대 그리스어 판토미모스, '모든 것을 흉내냄')은 로마에서 고전문학, 특히 비극을 혼자 연기하는 남성-무용꾼을 뜻했다. 합창 낭송과 음악이 뒤를 받쳐주는 가운데 가면을 여러 차례 바꿔 쓰는 식으로 연행했으며, 특정 정파의 지원을 받으며 궁정 음모에 가담, 황제의 총애를 받거나 노여움을 사는 일이 잦았다. 마임과 판토마임 모두 전문 연행을 중세로 이어주는 매개 역할을 했고, 특히 비잔틴제국에서 번성했지만, 4세기 한 성직자가 마임을 뜯어고쳐 성경 주제를 표현하려 노력한 사례, 6세기 한 성직자가 마임 연행자를 '삶의 모방자'로 옹호한 사례 말고는 교회와 군주들이 계속 금지시키다가 결국 파문, 떠돌이 마술단, 가극단, 쇼단과 합쳐지고 연행자 명칭도 여러 가지로 변하였다. 5세기 말 비지고트 왕 테오도리크가 프랑스 왕 클로비스에게 마임 연행자를 보내면서 덧붙인 설명은 당시 마임이 잡다하기는 해도 높은 예술성에 달했다는 것을 보여준다. 이 사람은 목소리와 악기 소리의 조화를 이뤄내면서 몸짓과 얼굴 표정으로 감정을 표현하는 솜씨가 빼어납니다…… 셰익스피어 『햄릿』에 삽입된 암살 장면 재현 무언극(dumb show)은 영국 축제 때 행해지던, 막간극은 아니지만 극 진행상 벌어질 일을 미리 예시하거나 상징적인 의미를 부여하는 무언공연(mumming)에서 나온 것이다.

메난드로스 작업실을 새긴 부조가 로마에 남아 있다. 메난드로스는 자신의 그리스 신(新) 희극 등장인물 가면 세 개(청년, 고급 매춘부, 성난 아버지)를 들었고, 오른쪽 소녀는, 그녀도 가면을 들었을 텐데, 희극의 뮤즈거나 메난드로스의 정부 글리케라일 것이다. 메난드로스 신희극 등장인물은 그 밖에도 옹기장이, 술꾼, 돈놀이꾼, 장사치, 좀도둑, 노예 등이 있다. 200년 무렵 지어진 사브라타 극장은 북아프리카 최대 규모로 로마 극장 특유의 반원형 오케스트라, 추켜올려진 무대 그리고 정교한 3층 무대 벽을 갖추었다. 4세기 초 남부 이탈리아에서 제작된 한 꽃병 그림은 비극 등장인물 '에기스토스'가 희극에 등장, 비극 장면 분위기를 풍기는 장면을 보여준다. 두 등장인물이 코레고스('부유한 후원자')로 명명된 것도 흥미롭다. 79년 이전 로마 마임극을 묘사한 한 그림을 보면 정교하게 지은 무대에 입구가 세 개고 위층이 있다. 등장인물은 청년 영웅과 두 명의 전사, 그리고 후방에 두 명의 노예. 한 명은 횃불을 들었고 다른 한 명은 포도주 단지를 어깨에 졌다. 4세기 중반 제작된 한 꽃병에는 테렌티우스 〈안드로스의 여인〉 중 한 장면이 그려져 있다. 지주로 떠받치고 측면 입구를 낸 가설무대 위에서 수전노 카리누스가 자신의 보물함을 도둑들에게 빼앗기지 않으려 안간힘을 쓰고 있다. 이 가설무대가 바로 정통 로마 무대의 원형일 것이다. 처녀들이 비키니 차림으로 춤추는 수상-발레 및 모의 해상전투는 로마 관중들에게 인기가 매우 높아서 심지어 아테네 디오니소스극장 오케스트라까지 봉쇄하고 물을 채웠다. 고대 로마시대에 아마추어 아닌 전문 연기자들이 형성되고 스타들도 출현했다. 1세기 부조에 새겨진 로마 희극의 한 장면을 보면 술 취한 자기 자식을 부자가 때리려 하고 친구는 만류한다. 노예가 아들을 부축한다. 악기 연주자는 소년으로, 마임을 하고 있다. 그림 무대장치를 휘장이 가렸고 가면 아래로 배우들 입이 보인다. AD 29년 이전 로마 의상실을 묘사한 부조를 보면 한 비극배우의 공연이 끝났고 그의 정부 혹은 뮤즈가 가면을 신들께 바치는데, 가면에는 가발이 씌워져 있고 배우 머리카락이 가면 자국으로 헝클어진 상태다. 뒤로 다음 공연을 준비하는 배우 혹은 의상 담당자가 보인다. 야누스는 두 얼굴로 입구와 출구를 상징하는 로마 문과 아치의 신으로, 그리스와 무관하게 로마 종교 초기에 생겨났다. 고대 로마 장례경기 기념비석을 보면 죽은 귀족 뒤로 조상들의 데드마스크가 있고 전면에는 키타라 연주자, 시인, 그리고 편상 반장화 및 가면을 쓰고 몽둥이를 든 비극배우, 물오르간을 치는 소년 등을 새겼다. 희극 복장으로 결혼식 횃불을 든 청년, 가면을 쓰지 않은 마임 어릿광대와 여자 가면을 쓴 배우도 있다. 113년 세워진 로마 황제 트라잔의 기둥은 24미터 높이에 2백 미터가 넘는 길이의 얕은 부조로 2,500명 이상의 인물을 새겨 황제의 전적을 칭송한다. 대모신 신앙은 성모 숭배로 가는 매개였다. 4세기 중반 최초의 기독교 신자 로마 황제인 콘스탄티누스의 딸 콘스탄티아 능으로 지어진 로마, 스타코스탄차교회 둥근 천장 부분 모자이크는 환호작약의 새와 꽃 들은 전적으로 이교도적이지만 디자인이 비전의 기독교 알레고리인 것으로 해석되었다. 모자이크는 종종 금을 펑펑 쓰는 사치 예술이었다. 황제(호노리우스 혹은 콘스탄티누스 2세)와 그 아내를 새긴 4세기 로마 카메오는, 카메오가 으레 그렇듯, 배경이 검고 초상이 밝은 쪽 돌이다. 정교한 은장식은 아마도 나중에 첨가한 것이다.

고대 로마 폼페이 부조에 하녀가 여성 상위로 주인과 성교하는 장면이 있다. 그리스 헤름은 원래 헤르메스 인물상을 기둥 모양으로 응축한 헤르메스 성물인데, 아프로디테와 디오니소스 사이에 난 풍요의 신 프리아푸스인 경우도 있다. 프리아푸스는 이집트 신 민의 로마판. 항상 발기 상태며 흔히 자신의 남근에 기름을 붓는 모습이다. 고대 그리스-로마인들은 자유롭게 성을 즐겼고, 거실 벽에 포르노풍 그림들을 아무 거리낌 없이 그려놓았다. 고대 로마 베스타(불과 부엌의 여신)를 떠받드는 '성처녀들'은 평생 순결서약을 지켰지만 성스러운 남근으로 표현되는 로마 신령과 비밀 결혼식을 치렀고, 그 의식을 집전하는 사제를 폰티팩스 막시무스, 즉 '물건 큰 집정관'이라 불렀다. 한 여성 입문자가 날개 달린 인물 앞에서 남근을 덮은 베일을 벗기고, 날개 달린 인물은 회초리로 처녀를 때릴 태세라 처녀가 떨고 있는 그림도 있으므로 이 모든 것은 처녀성 박탈을 암시한다.

본—가운데

'동양적', 여백의 깊이와 관능의 피상, 그리고 종교의 구원

동양무용과 서양무용은 특성이 거의 정반대다. 서양무용이 수렵 및 기마 전통에 따라, 대개 앙드오르('밖으로'), 고관절이 밖으로 열리는 밭장다리와 가슴 주변에 무게중심을 두는 반면, 동양무용은 대체로, 농경 전통에 따라, 허리를 낮추어 중심을 잡고 무릎을 가볍게 늦추며 손의 표현력을 강화한다. 동양무용은 윤무 때도 손을 맞잡는 일이 드물다. 일본 본오도리, 인도 및 발리 무용은 손을 잡는 일이 없으며, 스페인 플라멩코는 허리를 낮추고 좀체 뛰어오르지 않는다는 점에서 동양무용에 가깝고, 한국의 강강술래는 손을 잡는 드문 사례지만 임진왜란 당시 함께 힘을 합쳐 이순신 장군을 돕고 왜군을 물리친 아낙네들 이야기를 담고 있다. 사회적인 차이도 있다. 동양무용은 좀체 변화-발전하지 않고 원형을 유지하려는 경향이 크며, 생명과 정신 속으로 유현화하고, 종교의 굴레를 벗지 못한다. 서양무용은 역사 발전 및 계급투쟁과 더불어 발전하면서 무용예술 고유의 미 영역을 개척하였다. 서양무용과 동양무용은 20세기-현대에 들어서야 이성의 한계에 대한 자각이라는 접점을 갖게 된다. 동양회화는 한자문화권인 중국-한국-일본 회화와 인도 회화의 두 가지 흐름으로 나뉘는데, 전자는 함축적이고 절제된, '여백을 통한 묘사'가 특징이며, 이중 일본 회화는 중국과 한국 문화를 수용하면서도 섬나라적인 특성을 발현, 정신적·철학적인 면보다 시각 효과에 더 치중하고 산수화보다 인물화를 강조하게 된다. 인도 회화는 고유한 종교·철학과 지리적 조건 때문에 끊임없이 유입된 외래 회화를 융합하면서 발전했으며, 힌두교·불교·자이나교·조로아스터교 등 종교의 다원성과 광대한 영토 및 역사적 전통에도 불구하고 꽤나 통일된 흐름을 유지하는데, 그 기조는 대체로 종교성과 관능성의 결합이며, 특히 회화의 경우 그 결합이 피상성을 낳기도 한다. 동남아시아 회화는 인도 회화의 영향을 가장 크게 받았다.

BC 200년 무렵 제작된 아잔타의 석굴조각은 신앙심에 의해 만들어진 종교예술 장엄미의 극치를 보여주며, 혼란과 전쟁의 와중에 일어난 살육을 참회하고 백성들의 의식을 통합하여 부국강병에 활용하기 위해 춘추전국시대 각국의 왕들은 앞다투어 수많은 암벽 불상을 조성했고, 최초로 중국을 통일한 진시황의 왕릉은 갱의 규모, 부장된 병마용의 양과 그 묘사의 세밀함에서 무덤 발굴 사상 초유의 수준을 보여준다. 인도 불교미술의 대표적인 사례 중 하나는 AD 300년 무렵 산치에 축조된 거대한 '스투파'다. 부처의 육신(사리)을 모셔놓은 스투파는 불교가 동방으로 전래하면서 탑파(줄여서 '탑')로 발전한다. 7세기 인도에서 제작된 비슈누와 그의 배우자 쉬리 석조상 하나를 보면 힌두 에로티시즘의 아름다운 절제로써 조각이 태어나기도 한다. 쉬리는 남편에 충성스럽고 순종적인 힌두 아내의 전범이다. 쉬리의 다른 이름은 연꽃을 뜻한다. 8세기 제작된 〈타라의 브로치〉는 주조 은에 금을 도금하고 다시 금세공, 색유리 및 호박을 박았다. 8세기 초 팔라바 왕 라자심하가 마하발리푸람(인도 남부 마드라스 근처)에 세운 쇼여사원은 시바 신에게 바친 것인데, 남쪽(드라비다) 양식으로, 힌두 건축이 초기의 '바위를 깎아내는' 방식에서 구축적인 석조 방식으로 이행하는 계기가 된다. 우주춤의 주인 나타라야로 현신한 힌두교 신 시바는 창조와 파괴를 공히 상징하는데 촐라의 한 청동조각을 보면 오른-위쪽 손에 창조를 알리는 북, 왼-위쪽 손에 우주 소멸의 불을 들었고, 오른-아래쪽 손은 두려움으로부터의 해방을 선사하는 몸짓, 왼-아래쪽 손은 풀려나 들뜬 동작의 왼발을 가리킨다. 오른발이 짓밟는 것은 무지와 물질만능주의의 난장이-악마 아파스마라다. 10세기 제작된 한 청동조각은 청년 크리슈나가 악마뱀 칼리야의 머리를 밟고 춤을 추는 모습을 형상화하고 있다. 뱀 머리는 인간 토르소를 둘러친 다섯 개의 두건, 즉 코브라 형태다. 남방으로 전래된 불교는 11세기 미얀마의 페간에서 불교예술의 황금시대를 구가하였으며, 타일란드 등지에서 일어난 불교미술은 중국이나 한국, 일본과는 다른 양식을 보여주는데, 그것은 득도에 이르는 방법과 종교의식이 서로 다르다는 사실과 무관하지 않다. 이때 동양의 예술과 문학은 서양보다 수준이 높았다. 하지만 동양예술, 특히 종교예술은 색(色)이 색의 휘황찬란을 심화할 뿐 혁명적 변화를 겪지 않는다. 인도네시아 미술의 위대한 결실 중 하나인 보로부도르사원의 절정은 중앙 사리탑이다. 사원의 10단계는 무지에서 깨달음에 이르는 수도승의 수행 단계를 나타내고, 그렇게 상층 원형 단의, 영적으로 진보한 상태에 상응하는 엄격함이 낮은 단계의 풍부한 조각 장식들(세속적 혼미를 묘사하는)과 대조를 이룬다. 최고 존재며 지혜의 신이자 베다의 수호자인 브라흐마를 깎아낸 10세기 무렵 크메르의 한 사암조각은 머리가 세 개며 팔과 손목에 성스러운 실을 두른 모습이다. 팔이 여덟 개인 두르가 여신이 들소 마히사(에 올라탄 인간)를 죽이는 광경을 형상화한 13세기 한 인도 조각은 이야기의 '역동=압축' 미학이 조각을 탄생시키기도 한다는 것을 보여준다. 17세기 타일랜드의 한 청동 부처 두상은 이 나라 미술의 특징인 '복잡함의 희석화' 미학을 보여준다. 타일랜드 예술가들은 전통적인 인도 형태의 부처를 단순화, 치밀하게 세련된 영적 이상을 표현했다. 19세기 한 티베트 불교사원 깃발은 티베트 미술의 두드러진 두루마리 형식을 전형적으로 보여준다. 시간의 수레바퀴인 칼라차크라 신이 자신의 통찰력인 바즈라바라히를 껴안고 있다. 이 포옹은 남성-자비심과 여성-통찰력의 결합을 상징한다. 그 위는 하양과 초록의 여신 타라, 그리고 '삼보(三寶)'. 가루다의 19세기 청동조각 '황금날개 새'는 금칠 청동을 다루는 네팔 미술의 정교한 조각술을 보여준다. 새가 밟고 있는 것은 죽어가는 나가, 혹은 뱀이다. 충성스런 협력자 하누만을 그린 19세기 칼리가트 소묘가 있다. 힌두 신화에서 하누만은 라마가 진주목걸이를 주자 그 진주를 이빨로 깨물어 부순다. 락슈마나가 그것을 질책하자 그는 진주들이 라마의 이름을 품고 있는가 시험하는 것이라고 주장한다. 질책이 계속되자 그는 자기 가슴을 찢어 열고 그의 마음속에 왕으로 모셔진 라마와 왕비 시타를 보여준다. 19세기 중반 자바의 (양초와 염색을 사용하는) 바티크 기법은 옷감 무늬의 정교함을 세계 최고 수준으로 끌어올렸다. 13세기에 이르러 약 2백 개의 라가들이 인도 음악이론서에 수록되는데 대개는 기본적으로 똑같은 음계에 몇 개 음을 더 반복하거나 덜 반복하거나 생략하는 등 작은 변화를 준 것들이다. 라가와 병행하여 발전한 알라파는 연주되는 라가의 특성을 체계적으로 펼쳐가는 즉흥 기법. 오늘날 더 확대된 즉흥의 토대로 쓰이고 있다.

중국 고전, '문자=회화=시'

중국 남북조, 특히 북조에 이르면 외래 불교문화 영향으로 둔황 모가오굴 같은 석굴이 축조되며 이 속에 불교 전래 및 실크로드를 통한 문화 교류를 보여주는 벽화가 그려져 있다. 이 시기에 '부감법'이 성립되고, 동진 사람 고개지 등이 최초로 산수화를 그렸다. 그리고 육조 사람 사역이 기운생동(氣運生動)의 회화를 본령으로 제시, 중국 회화 품평의 기초를 확립하였다. 북주를 계승하여 남조의 진을 통합한 통일왕조 수(581~618년)는 회화도 통일, 북조 양식이 남조 양식을 흡수해버린다. 수를 이은 통일왕조 당(618~907년)은 외국 미술의 영향을 적극적으로 받아들이는 한편, 중국화 전통을 발전시켰다. 그리고 7~8세기 중국 성당(盛唐) 예술은 동양의 르네상스라 할 만하다. 자기(磁器) 제작법이 발명되고 창극(唱劇)에서 레시타티브와 아리아가 발전하고 무엇보다 이때 씌어진 당시(唐詩)들은 서정시, 그리고 사회시의 한 절정을 과시, 대표적으로 이(태)백(701~762)은 달빛을 액정화한 듯한 서정의 응축미에 달하고 두보(712~770)는 사회성과 생애의 미학을 결합한다. 이백의 시에서 한자는 의미와 형상의 결합에 달하고 두보의 시에서 한자는 문자의 형상이 역사성을 갖게 된다. 글자가 의미-사상을 형상적으로 닮아가고 의미-사상이 글자를 형상적으로 닮아간다.

한자 혹은 산스크리트문자는 승려와 귀족의 전유물이었고, 그렇게 평민문화의 역동적인 개입을 '문자=언어' 자체가 차단했다. 평민들에게 언어는 이미 고정된, 접근할 수 없는, 무너뜨릴 수 없는 벽이었다. 아니 그것은 미궁(迷宮)보다 더 중층적인 출입 금지의 그물망이었다. 속세-평민문화와 격리된 승려-귀족의 세계관은 공전(空轉)을 거듭하면서 자기 자신 속으로 심화된다. 물론 거꾸로일 수도 있다. 공전과 자기 심화가 격리를 결과시키기도 한다. 굴원보다 약 8백 년 이후 진나라 시인 도연명은 정치를 버리고 전원생활로 돌아가는 「귀거래사歸去來辭」를 읊게 된다. 젊을 때 야심만만했지만 하급관리생활 12년 만인 42세 때 관직을 버리고 시골로 돌아갔다. 정치를 포기하고 국화와 술을 좋아한 그의 체념의 눈에 포착된 자연은 정말 명징하게 소박하다.

인가에 오두막을 지었다
그러나 근처엔 말소리 마차 소리 들리지 않는다

어떻게 이런 일이 가능하냐고?
멀리 있는 마음은 자기 주변에 황야를 짓는다
나는 동쪽 산마루에서 국화 한 송이를 꺾고
오랫동안 먼 구릉을 응시한다
황혼 녘 산공기는 상쾌하고
나는 새 쌍쌍이 돌아온다
이런 것들에는 깊은 의미가 있다
그러나 말로 표현할 길 없다

정치의 체념이 말의 체념으로 발전하는 과정에서 위 시는 탄생한다. 그리고 그렇게 서정성이 정치-사회성과 영원히 결별한다. 그 이별 장면은 이리 아름답다. 그리고, 도연명보다 약 3백 년 후 중국 시문학은 마침내 (이백과 두보의) 정점에 달하는데, 이것은 중국의 전통에 기댄 것 못지않게, 중국 전통을 모처럼 극복한 결과다. 이백과 두보 두 사람은 사이좋은 친구였지만 시를 쓰는 행태나 경향이 판이하게 달랐다. 이백은 타고난 천재였고 두보는 노력파였다. 이백이 인생파라면 두보는 사회파였다. 이백이 귀족 취향이었다면 두보는 서민 취향이었다. 이백과 두보의 관계는 중국 문학 전통에 희박한 변증법을 대신해준다.

백발삼천장 연수사개장 부지명경리 하처득추상
白髮三千丈 緣愁似箇長 不知明鏡水 何處得秋霜

백발이 삼천장이다 근심으로 이같이 길어졌느니 알 수 없다 거울 속 어디서 서리를 얻었는가(이백)

석문동정수 금상악양루 오초동남탁 건곤일야부
친붕무일자 노거유고주 융마관산북 빙헌체사류
夕聞洞庭水 今上岳陽樓 吳楚東南柝 乾坤日夜浮
親朋無一字 老去有孤舟 戎馬關山北 憑軒涕泗流

예부터 소문난 동정호 오늘에야 악양루 올랐다 오나라 초나라 동남쪽으로 트이고 하늘과 땅 주야로 떠 있다
친한 벗 소식 한 자 없다 늙은 몸 외로운 배 한 척 관산 북쪽 말발굽 소리 난간에 기대어 눈물 흘린다(두보)

두 시는 각각 서정과 서경의 절묘한 융합을 보여준다. 음악은 완벽하게 내재율로 숨어들었다. 이백의 경우 과장(백발 삼천장)과 초현실(거울 속)을 나이의 지혜와 여유로 용해시켜내고, 두보의 경우 노년과 외로움의 감상에 철학적이고 우주적인 명상의 깊이를 부여한다. 그 차이가 변증법을 섬세화한다. 각 시에서 한 자(字) 한 자가 차지하는 공간적 비중은 같다. 그러나 의미 충전도(充電度)는 명사, 부사, 형용사가 각각 다르다. 그 같음과 다름의 겹침이 중국 시에 독특한 어지러움을 부여하고 '문자 형태-의미 안팎'을 넘나드는 시(詩)공간을 다시 덧씌우는데 이백과 두보의 시에 이르러 그 아름다운 어지러움이 아연 명징한 아름다움으로, 감각의 공간과 깊이의 완벽한 균형으로 결정(結晶)되는 것이다. 중국 시문학은 이백과 두보 이후 시-사상 내용적으로 또 시-형식적으로 더 나아가지 못했다. 완벽한 균형이 문자의 형상성 속으로 안주해버리는 것이다. 이백은 호방하고 상상력이 풍부했지만 '맑은 물 연못에 서 있는 연꽃 같은, 자연스럽게 우리를 사로잡고 인위적으로 다듬을 필요가 전혀 없는' 시를 쓰겠다는 이상을 실현했다. 그리고 중국 시에서 가장 상찬받는 두 요소, 낭만적 자기 방기와 예술적 절제를 결합했다. 퇴고(推敲)의 고사는 언어 상상력이 또한 매우 인간-주체적이라는 점을 암시한다. 당 시인 가도가 어느 날 수도 장안의 큰길을 가고 있었다. 머릿속에 시상이 떠올라 여념이 없었다. 조숙지변수(鳥宿池邊水, 새는 연못

가 나무에 머문다)까지는 좋았다. 그다음 행은 승퇴월하문(僧堆月下門, 중이 달 아래 문을 민다). 그런데 미는 '퇴' 보다, 두드리는 '고(敲)' 가 더 낫지 않을까? 새와의 합일을 넘어 그는 '승려=인간' 과 합일하려 했고, 그렇게 새로운 질의 고민이 떠오른 그는 골몰하다가 장안 부지사, 한유(韓愈, 768~824)의 행차 대열을 무심코 지나치게 된다. 그건 볼기를 맞아도 쌀 괘씸죄였으나 훗날 당송(唐宋) 8대가 중 하나로 손꼽히게 될 문사였던 한유는 그를 너그럽게 용서하고 '퇴' 보다는 '고' 가 낫겠다고 충고한다. 앞으로 언어 자체의 상상력은 더 길고 더 반체제적인 곳(이야기 영역이든 기법 영역이든)을 장악해들어갈 것이다. 그리고 실용주의를 능가하는 의미에 달할 것이다. 한나라 패망 후 3세기부터 불교와 도교가 유교 못지않은 영향력을 갖게 되면서 중국문학-예술이 전기를 맞는데 당의 문예부흥은 사실 그 추세가 집적되고 폭발한 결과였다. '요란굉장을 버리고 주나라 시절의 단순 평이한 고문(古文)으로 돌아가자' 는 한유의 복고적인 문예운동조차 작법(作法)을 오히려 자유화하는 방향으로 작동했다. 당은 이백-두보만 배출한 것이 아니다. 신화의 틀을 완전히 벗지 못한 종래의 중국 소설 형식이 극복되고 본격적인 소설문학이 정립된다. 그런데, 이 새로운 장르를 당나라 사람들은 '전기문(傳奇文)' 이라 불렀다. 이상한 이야기를 전하는 글. 이것은 '난해를 포괄하는 틀=이야기' 라는 명제와 뉘앙스가 다르고, 사랑과 로망스, 영웅과 모험, 신비와 초자연, 상상의 사건 및 허구화된 역사를 다룬, '고문으로 씌어진' 이 전기문들은 아직 하층계급에게 읽히지 못하고 후에 몇몇 작품이 대중적인 희곡의 소재로 채택될 뿐이다. 이런 정황이 중국 서사문학 발전에 내적 외적 장애로 작용했을 것은 당연하다. 당 전기 회화에 나타난 형사(形似)의 개념은 헬레니즘 영향을 반영한 인도의 굽타양식과 사산왕조양식을 중국식으로 발전시킨 자연주의적 표현기법이며, 불교회화에서는 대승적인 변상도가 많이 그려졌고 초상화도 발달하였다. 〈역대제왕도〉를 그린 당 전기 화가 오도현(吳道玄)은 형사를 대신하는 사의(寫意)를 제창함으로써 수묵산수화 발전의 기초를 세웠고, 왕유(王維)는 파격적인 수묵화 세계를 보여준다. 당나라가 망한 후 오대(五代)를 거친 후 다시 중국을 통일한 송나라는 북송(北宋, 960~1126년)과 남송(南宋,

1127～1279년)으로 나뉘는데, 남송시대 이당(李唐)의 영향 아래 마원(馬遠), 하규(夏珪) 등의 직업화가들이 원체화(院體畵)를 형성했으며, 이 화풍은 명대의 절파와 일본 무로마치(室町) 시대 이후의 회화에 영향을 주었으나, 명대 문인화의 숭상과 더불어 화공의 그림으로 경원시되었다. 북송 대 한유의 고문 부흥운동은 구양수-소동파-왕안석 등 대가를 배출하고 사(詞, ballade)라는 새로운 시 형식의 창출에 기여하지만, 유교주의자들의 정치적 목적과 합류하면서 본래의 예술 창작 진흥 기능을 상실한다. 고문으로 씌어진 숱한 전기문들이 출현했지만 당나라 때에 비해 질이 현저히 떨어지고 대신 평민의 일상어로 씌어진 화본(話本)이 소설문학의 장래를 떠맡게 된다. 이것은 중국에서 근세, 혹은 근세적 중세의 시작을 알리는 문예 신호탄 중 하나일 터. 경제가 발달하고 상업도시가 번창하면서 서민용 오락기관이 생겨나고 특히 연극이 성행했다.

일본, 감각의 '우주=섬'

일본인들은 절제되고 은근한, 그리고 감각적인 표현을 선호한다. 시대 배경을 아는 것이 중요하다. 10～11세기 '본다'는 표현은 '정을 통한다' 혹은 '결혼한다'는 정도의 함축을 지녔다. 간편한 것을 좋아하는 일본인 심성과 '섬으로 격리된' 상황이 그들만의 '상용문구'를 낳기도 한다. 이를테면 17세기 후반 '연기가 시끄럽게 솟아올랐다'라는 표현은 1682년 '에도(江戶, 현재 동경) 대화재'를 충분히 환기시켰다. 일본 문학은 여성 역할이 특히 두드러지고 감성이 내밀한 동시에 개방적이라 보편적인 감동을 불러일으킨다. 일본어 어휘는 추상어가 드물기 때문에 중국 문화를 수입했을 때 결국 중국 언어를 동시에 수입했으나 감정 표현력은 다양하고 깊다.

1～4세기에 한자가 꾸준히 일본의 문어(文語)로서 일본화한다. 440년경 칼에 새겨진 문자는 일본식 이름과 표현에 맞추어 한자를 어느 정도 변형하고 있다. 우리나라 이두와 마찬가지로 뜻이 아니라 소리를 빌려 일본말을 표기하는 것. 다

른 한편 이 음차(音借)는 이두와 달리 '소리' 자체를 일본인들이 특히 선호한 결과다. 5세기 중반 종교, 문학, 그리고 예술 분야에 중국 문화의 대충격이 시작된 후 매우 복잡한 과정을 거쳐 한자는 일본어의 근본적인 일부로 되었다. 일본인이 일본의 신화-종교와 역사에 대해 쓰기 시작한 것은 8세기 초. 일본 기록자들은 중국문자를 썼지만 일본의 전통적인 신화를 사실로 간주하고, 신화에 묻어 있는 중국, 그리고 인도의 흔적을 최소화하려고 노력했고, 그래서 일본 창조신화는 매우, 당연한 것 이상으로 일본적이고, 세상 창조에 이어 곧바로, 일본열도 각 섬이 어떻게 생겨났는가로 발 빠르게 옮겨간다. 가장 오래된 문헌 기록이자 정부 공식문서 『고사기古事記』(712)는 모두 음차로, 『일본서기日本書記』(720)는 한문으로 씌어졌다. 『고사기』는 고대 일본의 신화와 전설, 그리고 626년까지의 왕정사를 기록한 책. 당시의 제의, 습관, 점성술, 마법의식 등의 면면을 엿보게 해준다. 일본의 국가신앙 신도(神道)는 대체로 이 문헌에 실린 신화 해석에 바탕한다. 『일본서기』는 신화시대부터 697년까지를 기록했다. 이 문헌 또한 신도의 교과서다. 5세기 이후를 다루는 후반부가 역사적으로 좀더 정확하며 왕가뿐 아니라 강력한 부족 몇몇의 기록도 수록했다. '중국화한' 일본 왕정이 그에 걸맞은 기록 문서를 갖추려 노력했던 결과물. 887년까지 이어지는 정부 공식 사료집 총 여섯 권 중 첫 권이기도 하다. 일본 창조신화는 이렇다.

태초는 하늘도 땅도 형체 없는 달걀 모양의 덩어리였다. 가볍고 명징한 부분이 위에 머물다가 하늘(陽)로 되었다. 조금 더 느리게, 무겁고 촘촘한 부분은 아래로 가라앉아 땅(陰)이 되었다. 처음에는 땅덩어리들이 바다 위에 고깃배처럼 둥둥 떠다녔다. 진흙을 처음 꿰뚫고 나온 갈대 싹 모양의 물체가 하늘과 땅 사이 바다 위를 구름처럼 떠다녔는데, 그것이 최초의 신으로 되었다. 뒤따라 다른 신들도 태어났다. 그중 막내가 이자나기(伊邪那岐命, '초대하는 남자')와 이자나미(伊邪那美命, '초대하는 여자'). 둘은 하늘의 떠다니는 다리, 즉 무지개 위에 나란히 서서 아래를 내려다보았다. 밑에 뭐가 보이니? 이자나기가 물었다. 물밖에 안 보여. 땅이 있는가 모르겠네. 이자나미가 대답했다. 하늘의 보석창을 가져다가 밑을 쿡쿡 찔러봐라. 흙이 묻어나면 땅이 있는 거고. 건져올려보니 창끝에서 소금물이 뚝뚝 떨어지며 바닷속 섬들을 이룬다. 이제 땅에서 살 수 있겠다. 그들은 섬에 거대한 궁전을 세우고 보석창을 가운데 기둥으로 썼다. 둘은 결혼을 했고 많은 '섬=아이들' 을 낳고 싶었다. 그래서 한 나라를 이루는 거야. 둘은 각기 다른 방향으로 헤어져 섬을 돌다가 다시 만나기로 했다. 다시 만나자 이자나미가 외친다. 멋져! 정말 잘생긴 사내를 만났어! 얼마 안 되어 이자나미는 첫 아이를 낳았는데, '섬=아이' 가 아니고 흉측한 거머리 아이였다. 세 살이 되어도 그 아이는 일어서질 못했다. 도저히 키우고 싶은 생각이 들지 않아서 둘은 아이를 바다로 떠나보냈다. 다른 신들이 말했다. 이자나미가 괴이한 아이를 낳은 것은 그녀가 분수를 지키지 않아서다. 남자가 먼저 말을 해야지 여자가 먼저 말을 했다. 제대로 된 아이를 낳으려면 제대로 다시 해야 한다. 둘은 다시 각기 다른 방향으로 한 바퀴를 돈 후 이번에는 신의 지시대로 이자나기가 먼저 말했다. 멋져! 정말 아름다운 여자를 만났어! 이자나미가 미소를 지으며 맞장구친다. 멋져! 정말 잘생긴 남자를 만났어! 시간이 지나 둘은 사랑스러운 아이 여덟 명을 낳았고 그들은 각각 섬이 되었다.

'음양' 은 중국 본토 사상이지만 그것에 반항하듯이 일본 창조신화는 서두부터 대단히 감각적이다. 소금물에서 섬이 창조되는 과정은 아프로디테 탄생을 닮았고, 남성기를 보석창으로 비유한 것은 일본의 성애(性愛) 감각이 더 열려 있음을 뜻한다. '초대하는 남자' 와 '초대하는 여자' 가 정반대 방향으로 가는 것은 각각 다른 상대를 취한다는, 충분하고 풍부한 암시다. 성(性)은 '거머리' 처럼 추하다는 암시도 충분하다. 여자가 나서면 안 된다는 중국 유교문화의 훈계를 일단 받아들이지만, 여자가 하위 개념으로 종속되지 않고 이야기를 주관할 뿐만 아니라 여성적 감각으로 이야기 전체를 풍미한다. 통틀어, 앞으로 일본 문학의 개방된 에로티시즘은 (거머리의) '추(醜)' 를 포괄하면서 자학-피학의 포르노그래피 차원과 아슬아슬한 곡예를 벌이게 될 것이다. 이자나기와 이자나미의 '그후' 이야기는 그 얼개가 오르페우스와 에우리디케의, '여성=죽음' 의 비극성을 닮았지만 벌써, 현실적인 동시에 감각적이고 더 나아가 추(醜)-감각적이다.

이자나미는 불의 신 호마수비를 낳으면서 치명적인 화상을 입는다. 화가 불끈 치솟은 이자나기가 제 아들을 공격하고 죽어가는 불의 신이 흘린 피에서 다시 천둥의 신 다케미카즈치 등이 태어난다. 이자나미의 죽은 몸에서도 철의 신, 땅의 신, 농업의 신 등등 다른 신들이 태어났다. 슬픔에 젖은 이자나기는 이자나미를 쫓아 지하세계로 내려간다. 산 자들의 땅으로 돌아와주오. 이자나기가 그렇게 애원하지만 이자나미는 '나는 이미 지하세계 난로로 만든 음식을 먹었으므로 돌아갈 수 없다' 고 대답한다. 이자나미의 경고를 무시하고 이자나기가 그녀의 몸을 쳐다보는데 이미 썩어 구더기가 득실댔다. 분노와 수치감에 치를 떨며 이자나미는 이자나기를 추격하고 지상에 도착한 이자나기가 엄청나게 큰 돌로 지하세계 입구를 막으니 악이 받친 이자나미가 위협한다. 매일 인간 천 명씩을 죽이겠노라…… 그러면 나는 하루에 1,500명씩 낳겠다. 이자나기는 그렇게 결별을 선언하고 지상에 돌아와 지하세계 죽음의 독(毒)을 정화하는데, 그의 왼쪽 눈에서 흘러내리는 정화의 물에서 태양의 여신 아마테라스(天照大御神)가 태어났다. 그녀가 황족의 선조다. 왼쪽 눈물에서는 달의 신 츠키요미가, 코에서는 폭풍우의 신 스사노오(須佐之男命)가 태어났다. 이자나기는 아마테라스에게 목걸이 보석을 하나 떼어주고는 하늘을 다스리라고 했다. 달의 신에게는 밤의 영역을 맡겼다. 스사노오는 바다를 맡았지만 자기 몫에 불만을 느끼고 하늘로 올라가 누나를 찾았다. 우리 아이를 낳자. 스사노오가 험악한 짓을 할까봐 겁이 난 아마테라스가 그렇게 제안한다. 여신이 아니고 남신들이 태어난다면 서로 믿을 만하다는 뜻이다. 그들은 서로의 씨를 받아 입으로 씹고는 뱉어냈다. 스사노오가 남자 신들을 낳자 아마테라스는 그를 믿을 만하다 보고 하늘에 머물러 있게 하였다. 우쭐해진 스사노오가 누나를 골탕 먹이기 시작한다. 아마테라스가 첫 수확 열매를 바치는 제단에 똥을 뿌리더니 급기야는 얼룩말 엉덩이를 호되게 때린 후 아마테라스 방에 몰아넣었다. 태양의 여신이 화가 나서 하늘의 동굴로 들어가버리고, 온 세상이 깜깜해졌다. 난감해진

> 신들이 꾀를 낸다. 태양 여신의 동굴 앞에 모여들어 신들이 불을 지피고 암탉을 울게 했고, 동굴 앞에 신성한 상록수를 세우고 가지마다 구슬과 거울, 그리고 옷을 선물로 걸었다. 그래도 소용이 없다가 풍요의 여신 아마노우즈메가 반라(半裸)로 음탕한 무용을 추니 신들이 왁자지껄 박수를 치며 웃어대고, 그러자 바깥이 궁금해진 여신이 동굴 문을 살그머니 열고 밖을 내다보았고, 팔 힘이 강한 신 하나가 그 틈에 그녀를 끌어냈다.

아마테라스를 동굴에서 끌어낸 것은 무용을 매개로 유발된 성적 호기심이다. 스사노오의 두 가지 말썽 모두 성적이고 추(醜)-에로티시즘적이다. 태양의 여신은 사실 여성기이므로 동굴로 숨어든다. 스사노오는 사실 남성기이므로 장난질을 쳐댄다. 남성기는 늘 여성기에 무례를 범하고 여성기는 늘 그것에 뾰로통하지만 남성기에 대한 호기심 때문에 결국 응답한다. 분변(糞便)문학을 극복하는, 매우 애교 넘치는 에로티시즘이다. 아니 이 신화는, 이 신화도 벌써, 성(性)의 극복을 전망한다.

『원씨물어』(겐지 모노가타리), 소설을 능가하는 '감각=이야기'
노와 가부키, 연극을 능가하는 '몸짓=소리'
부세회(우키요에), 미술을 능가하는 '색=형태'

『고사기』에 수록된 노래 중 초기 것은 원시적이지만 몇몇은 단가(短歌) 형식으로 다듬어졌다. 일본 시가의 고전적 형식인 단가는 5자, 7자, 5자, 7자, 5자의 5행으로 되어 있다. 단가 형식은 759년부터 편찬된 나라(奈良)시대(710~784년)의 기념비적인 시모음 『만엽집萬葉集』의 주종을 이룬다. 다른 한편 『만엽집』 중 걸작은 260여 수에 이르는 장가(長歌)들이다. 5자 7자를 번갈아 가며 150행에 이르러 7자 행으로 마무리짓는 장가는 단가 형식으로 불가능한 서정의 폭을 가능케 했다. 아내 혹은 아이의 죽음, 황실의 영광, 먼 지방에서의 금광 발견, 군대생활의 시련 등이 주제로 등장한다. 『만엽집』은 수록 작품의 양도 놀랍지만 저자층이 사회 전 계층을 포괄, 귀족은 물론 비천한 직업 종사자들까지 들어 있다는 점이 독보적이다. 수록 작품들은 형식이 간명-참신하면서 감정 표현이 진지한데, 이것을 만엽 정신이라 명명하여 후세에 널리 귀감으로 삼게 된다. 그리고, 일본 문학의 고전기가 온다. 헤이안(平安) 시대(794~1185년). 가나문자가 만들어져 글쓰기가 엄청 편해진다. 880년부터 가나문자의 시모음이 편찬되기 시작하고 905년 가나문학의 첫 주요작 『고금화가집古今和歌集』이 간행된다. 이 시모음집은 1,111편의 시작품을 계절, 사랑, 여행, 애도, 축하 등 20개 주제별로 나누어 싣고 있다. 서문에 담긴 시론은 앞으로 천 년간 거의 모든 단가 시인들에게 영향을 끼치게 된다. 『만엽집』에서 다루는 거친 감정보다는, 계절 변화나 거울 속에 비친 자신의 백발 등이 야기시키는 우울이 시의 동력. 『고금화가집』의 단가들은 감정이 정교하고 음감이 아름답다. 다양성은 『만엽집』에 못 미치지만. 어쨌든, 앞으로는 갈수록 작법의 세련도가 궁정의 총애를 받거나 구애하는 데 필수적으로 된다. 독창성보다 언어 숙련도를 더 중요시하게 된다는 것. 『고금화가집』 서문은 일본 최초의 산문이었다. 그리고 곧 사소설 혹은 문학적 일기라고 할 산문이 유행한다. 이 산문 전통은 매우 '일본적이라 여성적'이고 '여성적이라 일본적'이다. 최초의 '일기'는 남자가 썼지만 필명은 여자인 것처럼 꾸몄고 헤이안 시대 말기에 이르러 숱한 궁녀 출신 일기작가들이 매우 섬세한 궁중 기록을 내놓는데, 이 기록들을 바탕으로 한 단계 더 높은 서사문학장르, 즉 '물어(物語, 이야기)'가 형성되었다. 그리고, 11세기 초에 씌어진 무라사키 부인의 『원씨물어源氏物語』는 일본 문학 최대 걸작 중 하나이자 세계문학의 가장 위대한 소설 중 하나다. 시를 짓는 솜씨, 음악, 서예, 그리고 연애가 필수요소인, 우아하고 세련된 귀족사회를 이 작품은 정교하게 묘사한다. 주요 줄거리는 원씨 왕자가 여러 여인과 벌이는 애정행각. 모든 에피소드들이 예민한 필치로 묘사된다. 인간의 오묘한 정서를 파헤치는 동시에 자연의 아름다움을 되살리는 복합적 감성은 이 시기 타의 추종을 불허한다. 절제된 리얼리즘 기법은 이 작품을 근대 이전 동양의 어느 문학작품보다 더 현대적으로 읽히게 만든다. 이 작품이 비극적 정서를 대변한다면 같은 시기 세이 쇼나곤의 『베개의 서 枕草子』는 밝은 정서를 대변했다. 『원씨물어』는 일본 고대문학에서 여성의 승리를 상징한다. 이 작품으로 '물어' 전통은 확고한 뿌리를 내렸고 중세(1192~1600년)의 『평가물어平家物語』 『태평기太平記』 『증아물어曾我物語』 『의경기義經記』 등 걸작으로 이어졌다.

일본 연극 또한 고대 제의에서 시작, 7세기 이후 중국 및 한국의 영향을 받으면서 헤이안 시대 아악, 중세 노(能), 교겐(狂言), 근세 가부키(歌舞伎)로 나아갔다. 일본은 매우 독특한, 특히 한반도를 매개 혹은 완충지대 삼아 중국과 대비되는 연극 전통을 갖고 있는데, 크게 보아 '상하의 변증법'이 비교적 빠르게 진행된 결과다. 분명 원시신앙 제의가 연원이지만 일본 연극사는 특정 인물 이름을 매우 일찍부터 노 예술 창설자로 언급하고 있다. 가나미(1333~1384)는 일본 옛 수도 나라에서 활동했던 한 극단 대표다. 그는 주인공의 생애 중 결정적인 사건에 집중하면서 가무(歌舞)보다 육체와 목소리를 통한 성격묘사에 더 강조점을 두는 양식을 창조했다. 그가 종종 일본 연극계에서 '연기의 아버지'라고 불리는 까닭이다. 그는 주인공을 쉬테라 했는데, 연행자 혹은 행위자라는 뜻이다. 그와 그의 아들 지아미의 연기는 아시카가의 젊은 쇼군 요시미츠를 매료시켰고 쇼군은 노 예술을 적극 후원하면서 지아미를 궁정에 살게 했다. 그후 50년 이상 배우들이 궁중에서 공연을 하고 노에 대한 수많은 저서와 노 예술작품 들이 쏟아져나왔다. 14세기 후반에 이르러 노는 고전적 품격과 최상의 문학성을 갖춘 장르로 발전한다. 가나미 부자는 아시카가 궁정 공식 종교였던 선(禪)불교의 가르침을 예술 원칙으로 전화하여 절제, 엄격, 그리고 군더더기 없는 연기 등을 강조했고 결국 노 예술은 사실주의를 완벽히 배제하고 기술적 차원을 교묘히 배합, '덧없는 순간 분위기 포착'을 목표로 하게 된다. 표현은 '삼가는' 쪽이며, 정적을 지향한다. 등장인물의 감정이 아무리 격해도 그 기조는 변하지 않는다. 무대는 강직하고 무대장치가 단순하다. 가면은 세련되고 암시적이다. 그리고 의상 또한 주인공 말고는, 단순-소박하다. 노는 시공(時空)의 통일성을 완전히 무시, 클라이맥스 장면이 몇 년 후에 벌어지기도 한다. 특정한 시기가 없는 작품들이 많고 줄거리보다 분위기가 더 중요한 경우도 흔하다. 가부키와 분라쿠 가면극은 17세기

도쿠가와막부 시대 융성한 상업도시 문화가 탄생시킨 대표적인 극형태다. 극장, 사창가, 목욕탕 등 개방된 성(性) 환락가와 상층 사무라이 계급의 엄격한 유교 계율이 극명한 대비를 이루는 가운데 가부키는 노보다 열광적인 인기를 끌었다. 정부는 사무라이 출입을 막았지만 소용없고, 사무라이들은 여자들을 데리고 상인, 노동자, 중, 그리고 하인 들과 뒤섞여 가부키를 관람했고 18세기 에도에서 가부키는 전성기를 맞는다. 처음에는 인형극이 가부키 연행 스타일에 강력한 영향을 끼쳤지만 시간이 지나면서, 도시사회 성숙을 반영하며 흐름이 역전, 18세기 가부키가 인형극 대신 주도적 위치를 점하게 되었다. 에로틱한 것, 기괴하고 신비한 것, 그리고 무법자-영웅 등 단골 소재가 좀더 사실적인 기법을 가부키에 강요했고, 관은 가부키 연행자들을 경멸, 시민권을 주지 않았다. 초창기 가부키 연행자들은 여자였으나 1629년 정부가 여자들의 겸업 금지 조치를 내릴 당시 가부키 연행자들이 모두 창녀생활을 겸하는 지경에 이르니 소년이 여성 역을 대체했고, 1652년 그것마저 금지되어 가부키 연행은 성인 남자의 전유물로 되었다. 가부키 연행자들에 대한 관의 경멸이 여전한 가운데 일반 시민들은 그들을 우상화했고 연기 직업이 세습되면서 위대한 가문들을 이루게 된다. 일본의 전통극 또한 중국-한국과 마찬가지로 현대 '연극=현실' 속으로 심화하지 못했지만 근대 정부의 일관된 지원과 일반 국민들의 사랑을 받으며 진정한 '전통=고전'의 자리를 굳히고 있다.

교토 금각사는 1397년 군 지도자 아시카가 요시미츠의 사저로 지어졌고, 훗날 사원으로 개조되었으며, 1950년 불에 탔지만 완벽하게, 황금잎새 하나까지 복원했다. 극락의 일부로서, 부처가 산책하는 공원으로 의도된 금각사 배치는 탁월하다. 건물과 경치의 예민한 통합은 일본 건축 대부분의 특징이기도 하다. 17세기 제작된 한 병은 일본 도자기의 정밀한 수공성을 유감없이 보여준다. 두껍고, 갈라진 갈색 광택과 약간 어그러진 균형은 장인의 개성 표현이다. 19세기 한 인로(작은 약상자)는 계란 껍데기 모자이크를 배경으로 일본 신화의, '악마를 떨게 하는 자' 쇼키를 험상궂게 표현했다. 다른 숱한 인로와 마찬가지로 제작자가 서명을 했는데, 코마 칸세. 폭풍우와 천둥의 악마신 레이든을 새긴 네츠케(이음매

장식)가 있는데, 그가 어깨에 멘 북을 또다른 악마가 두들기며 매우 작지만 끔찍한 신이 내뿜는 분노의 에너지가 생생하다. 레이든은 사람의 배꼽을 즐겨 먹으며, 그를 피하려면 모기장 안으로 숨어야 한다.

일상의 에로티시즘

일본은 동양에서 가장 전면적으로 에로티시즘을 생활화한다. 오래전부터 에로티시즘이 생활이고 생활이 에로티시즘이다. 모든 문명의 탄생신화가 에로티시즘을 기본으로 하지만, 일본의 경우 그 신화-전통이 좀체 역사화하지 않고 일상화한다. 신도(神道)는 기원전 10세기 이전부터 남근을 숭배하는 종교였고 그 본질이 아직까지 '본질적으로' 변하지 않았다. 일본 예술은 에로티시즘이 적나라하지만, 전라(全裸)가 드물며, 아름답고 섬세한 의상이 에로티시즘을 상승시킨다. 종교가 일상화하면서 '안 보임을 통한 보임의 자극'이, 불교의 색즉시공 공즉시색을 에로티시즘의 한 방법쯤으로 간단히 상투화하고, 에로티시즘 예술이 일본 문화의 주요한 줄기로 자리잡았다.

한국은 삼국시대를 거치면서 원초의 성(性)을 극복하고, 불교 미학을 매개로 매우 독특한, 그리고 수준 높은 에로티시즘 예술을 창조했다. 백미는 신라(BC 57~AD 935년) 삼국통일기의 두 이야기. 하나는 선덕여왕(632~647)과 지귀가, 또하나는 원효와 관음보살이 주인공이다. 선덕여왕은 '옥문' 지(玉門池)의 개구리떼를 '여근' 곡(女根谷)의 적군 병사로 해석, 백제(BC 18~AD 660년)의 기습을 미연에 방지하는 '원초=성'의 인격화에서 불교 에로티시즘의 모태로 발전해가는데, 그 절정이 지귀와의 만남이다.

> 지귀라는 신라 청년이 선덕여왕을 사모한다. 사모의 정이 너무 깊어 상사병으로 발전했고 그 소문이 서라벌에 자자하다. 선덕여왕은 (옥문지가 있던) 영묘사에 불공드리러 간 참에 지귀를 불렀다. 지귀는 절간 탑 밑에서 여왕을 기

다리다 너무 지쳐 잠이 들고, 여왕은 잠든 지귀 곁에 가락지를 빼어놓고 왕궁으로 떠난다. 흠칫 잠에서 깬 지귀는 사랑의 언약을 상징하는 가락지를 보고 안타까움과 환희에 몸이 점점 더 뜨거워졌다. 사모의 정은 급기야 불로 변했다. 마음에 불이 붙어 몸을 태우고 절도 태웠다.

지귀의 불탐은 안타까움과 모자람의 불탐이지만, 동시에 섹스 그 자체를 상징한다. 공의 찰나적 색화와 색의 찰나적 공화, 그 둘의 '합=등식' 인 것. 원효도 '원초=성' 의 단계가 있다. 요석공주를 맞아 아들 설총을 얻게 된 것은 그가 '자루 없는 도끼' 운운의 노래를 불렀기 때문이다. 그리고, 숱한 원효 설화 중 다음 이야기는 그가 불교를 통해 '원초=성' 에서 공(空) 에로티시즘의 극한으로 전화하는 '과정=생애' 를 담고 있다.

원효가 관음보살의 진신(眞身)을 보기 위해 낙산사로 향한다. 그가 남쪽 들녘에 이르렀을 때 흰옷 입은 여인이 논 한가운데서 벼를 베고 있었다. 원효가 희롱한다. 그 벼를 나 주시게나. 몸을 달라는 뜻이다('원초=성' 의 해탈). 여인이 화답했다. 흉년 들어 벼가 아직 여물지 않았소. 중생이나 잘 보살피라는 뜻이다(사회적). 한참을 가다 다리 밑에 이르니, 한 여인이 생리대를 빠는 중이었다. 원효가 물 한 잔을 달라니 그녀가 빨래중인 더러운 물을 퍼준다. 예술에는 진리의 높음과 낮음이 없다는 뜻이다(세속의 성聖). 원효는 불쾌하여 그 물을 쏟아버리고 깨끗한 냇물을 떠서 마신다. 원효가 물을 마실 때 들 한가운데 소나무 가지에서 파랑새 한 마리가 날아와 그에게, 저리 가보라, 그렇게 말하는 듯하더니 훌쩍 사라졌다. 소나무 밑에는 신발 한 짝이 떨어져 있다. 무슨 소리야. 원효가 드디어 낙산에 도착하여 관음 불상 아래를 보니 신발 한 짝이 마저 있다. 그제야, 원효는 오던 길에 만난 여인들이 모두 관음의 진신임을 깨닫는다.

불교와 세속을 끊임없이 변증법적으로 통합하는, 아니 불교와 세속이 끊임없이 살을 섞으며 정신을 고도화시키는 예술 세계관의 구현으로서 관음보살은 통일신라에서 세계 최고의 경지에 이른다. 이에 비하면 일본의 일상적 에로티시즘은, 생선회 초밥 '문화'와 다를 바 없이, 단지 전통으로 심화할 뿐이다. 19세기 후반 한 일본 칼집 장식에서 관음은 잉어를 탄 모습 팔이 천 개 달린 모습, 앉아서 연꽃을 쥔 모습, 머리가 말(馬) 형용이고 눈이 세 개 박힌 모습 등으로 표현된다. 관음 숭배는 일본에 불교가 도래한 직후 한반도로부터 들어왔다.

일본은 수준 높은 예술가들이 직접 춘화를 그리는 전통이 오래되었고, 부세회(浮世繪, 목판풍속화, 14~19세기)가 일본 회화 전통의 근간이라면, 춘화는 부세회의 핵심이다. 1785년 무렵 슌쇼가 그린 춘화 〈꽃병〉과 〈손을 입에 댄 연인들〉, 그리고 1796년 에이시가 그린, 우아한 고급 매춘부가 유명하다. 우타마로(1753~1806) 목판 부세회 춘화첩 『베개의 노래』 중 특히 〈두 연인〉을 보면 일본인들이 여인의 드러난 목덜미를 특히 에로틱하다고 여겼음이 분명하고 의상이 서로 다른 질감들을 우아하게 겹치는 등 디테일이 섬세해서 묘한 기분을 불러일으킨다. 일본 19세기 상아 및 나무뿌리를 사용한 조각에서도 두 전사가 숱한 오니들을 진압하고 있다. 욕정에 몰두한 두 연인을 하녀가 훔쳐보는 등의 관음증 소재는 일본 미술에서도 자주 나타나고, 현대의 관음증까지 자극한다. 호쿠사이의 〈어부 아내와 문어〉(1820)는 자위의 혼돈과 몰아지경을 초현실주의적으로 표현했다. 일본 춘화 〈주인이 창녀와 사랑을 나누는 동안 하인은 하녀를 희롱하다〉에서 보듯, 섹스는 일본 전 계급의 오락이었다. 일본은 유구한 레스비아니즘 전통을 갖고 있다. 오늘날에도 가부키 배우들은 옛날과 마찬가지로, 즉 맨바닥에 앉아 작은 거울을 들여다보며 분장을 한다. 가부키 기초를 세운 것은 여사제 출신 오쿠니. 악당 남성 역 등을 연기했다. 17세기 가부키 극장 야외무대는 노극의 그것과 유사하다. 현악기는 아직 도입되지 않고 타악기 연주자만 있었다. 외국인도 관객 틈에 끼어 있었다. 18세기 중반에도, 나카무라극장을 묘사하는 한 판화는 지붕에서 나오는 가부키 무대 등 노 무대의 여러 요소들을 보여준다. 무대 기둥 표시판에 적시된 공연작품은 '가부키 18작품' 중 하나인 〈야노네〉('화살촉'). 왼쪽 오른쪽 상부에 앉은 사람들은 미닫이창으로 햇빛을 쬘 수 있었다. 이후 가부키 무대구조는 여러 차례 수정을 거친다. 〈도조사원의 춤추는 처녀〉는 원래 세가와 기쿠노조 2대(1741~1773)가 창안했지만 전설적인 온나가타 요시자와 아야메 1대(1673~1729)의 아들 나카무라 토미주로 1대가 최고 연기자로 급부상했다. 1836년 일본 에도 이치무라극장에서 초연된 쇼사코토('무용의')극 〈마사카도〉 중 성 지붕 위에서 벌어지는 무사(이치카와 단주로 12대 분)와 마녀 공주(나카무라 우타에몬 6대 분)가 벌이는 장대한 전투 장면을 묘사한 그림이 남아 있다. 공주가 마법 주문을 외면 성이 무너지는데, 이때 가부키의 특수 기법('장면 무너짐')이 구사된다. 단주로 계보는 이치카와 단주로 1대(1660~1704)가 창안한 아라고토(남성 역) 연기 전문이다. 〈마사카도〉는 이치카와 단주로 5대(1741~1806)가 뽑은 아라고토 가부키 18작품 중 하나인데, 정작 이치카와 단주로 5대는, 다른 역대 이치카와 단주로들과 달리, 온나가타(여성 역)다. 12대에 이르기까지 이치카와 단주로 의상은 대체로 변하지 않았다. 아라고토 나카무라 나자코 1대는 사팔뜨기 표정과 양식화한 분장의 악한 역으로 이름을 떨쳤다. 비교적 늦게 도입된 샤미센(三味線)이 도쿠가와 혹은 에도 시대 일본 음악의 가장 중요한 악기로 부상했다. 샤미센을 위한 서사 및 서정 음악 레퍼토리가 많았고, 새로운 극 형태의 가부키와 분라쿠 반주에 쓰이기도 했다. 고도로 양식화한 일본 분라쿠극은 인형을 정말 절묘하게 다루어, 인형 하나를 세 명이 동시 조작하는가 하면 몸체 안의 줄을 사용, 얼굴 표정까지 만들어낸다. 오랜 기간 동안 혹독한 협동 작업 훈련을 거친 결과다. 샤미센 반주에 맞추어 대사가 진행된다. 교겐은 노 공연 중간중간에 긴장 해소용으로 삽입되는 막간 희극/익살광대극으로, 가면 없이 일상복 차림으로 공연되며, 허풍쟁이, 뚱보, 주정뱅이, 거짓말을 일삼거나 불손하거나 멍청한 하인 등 대중의 웃음을 자아내는 온갖 소재를 펼친다. 일본 연극에서 가면은 아름답고 정교한 무대의상의 일부고, 대부분의 무대의상은 9~13세기 생겨난 궁정 사냥복에 기초를 두고 있다. 현대 일본 교겐희극도 무대와 동작은 전통적인 것을 그대로 쓴다. 1848년 노 연행은, 무대 밑에 평민들이 앉고, 무대 반대편 지붕을 씌운 구역은 상류층 차지다. 무대에도 지붕이 씌워졌고 네 개의 사각기둥이 있다. 무대 뒷벽은 항상 양식화한 소나무 그림으로 장식한다. 가부키 배우들의 등퇴장로를 하나미치('꽃길')라 부른다. 1960년 도쿄 가부키좌극장 공연 〈칸진초〉는 1840년 초연된 대표적인 일본 고전극을 현대 스타일로 리바이벌한 것이다. 18세기 초 에도에서 활동한 이초는 34명의 무용수들이 부가쿠(舞樂)춤을 추는 대형 스크린을 그렸다. 부가쿠 스크린은 최소한 15세기부터 사원과 궁정에서 유행했지만 이보다 이전 것은 전해지지 않는다. 1860년 제작된 일본 칠기장롱은 매우 정교하다. 칠은 다양한 색 효과를 낼 수 있다. 수은 원광을 첨가하면 붉은빛, 철 아세테이트를 첨가하면 깊은 흑색을 띤다. 조각, 심지어 황금잎새 부조 디자인도 가능하다. 호쿠사이 판화 〈파도〉는 드뷔시 〈바다〉(1905)에 영감을 주었으며, 이 작품 악보 일부의 표지로 쓰였다. 테라오카 〈오스트레일리아 연작을 위한 습작〉(1989)은 부세회(우키요에)의 몇 가지 전통 요소를 되살리고 있다. 테라오카 〈발코니의 여자〉(1988)는 일본 전통화법을 구사하면서도 선글라스, 피임도구 등 현대 서양 품목을 점점이 박아놓았다. 서양인이 상대방 동양인을 해치려는 듯, 혹은 그림 전체가 동서양의 문화 충돌인 듯하다. 성 건축이 성행한 모모야마 시대(1573～1614년) 일본 미술은 차분하고 명상적인 요소 못지않게 활기차고 자신만만한 요소가 자리를 잡는다.

동남아시아 자바, 와양 쿨리트, 가장 아름다운 '그림자=관능'
크메르 앙코르와트, '지상=건축' '하늘=환영'을 닮다

발리 사람들은 불교와 토착 말레이신앙이 뒤섞인 힌두교를 신봉한다. 발리 신화의 바롱은 숲을 지배하는 짐승으로 '바롱 무용극' 〈칼로나랑〉에서 보듯 마녀 랑다와 싸우는데, 공연 도중 연행자들이 랑다의 마법 때문에 정신을 잃고 자신의 몸을 칼로 찌르는 크리스춤이 벌어진다. 인도네시아, 쿠다 케팡 〈말춤〉 연행자들은 혼수상태에서 알전구를 먹으며 말 혼령을 부른다. 이웃 나라와 달리 힌두교를 버리고 이슬람을 택한 적이 한 번도 없는 발리섬의 무용은 놀랄 정도로 다양하고 자바춤과 겹치는 부분도 있다. 20세기 초 발리 왕궁이 파괴되면서 궁정무용수들은 지방과 시골로 흩어졌고, 한참 뒤 자바 궁정무용수 쿠수모가 사원 부조에 영감을 받고 현대무용을 발표했는데, 춤꾼들이 온몸에 진흙을 뒤집어쓰고, 진흙이 마르면 석조물 같은 효과를 내는 식이다. 인도네시아는 다양한 문화의 영향을 받았지만 청동 타악기, 탬버린과 현악기로 구성된 가믈란 전통만은 아마도 독자적으로 생성-발전시켰고, 오늘날에도 결혼식과 연주회를 망라한 여러 행사에서 인기가 높다. 중앙 자바 보로부두르에 800년 무렵 세워진 거대한 석비는 만달라 도안의 우주산을 보여준다. 9단계의 육중한 규모에다 각 단계를 부처와 그의 제자들의 생애를 다룬 부조로 둘러쌌고, 일부의 무용 자세가 현재와 별반 다르지 않아 우리는 인도네시아 무용의 엄청난 지속성에 놀라게 된다. 자바 궁정 연행예술의 명물인 와양 쿨리트는 그림자 인형극이다. 말린 수소가죽으로 만든 꼭두각시들을 한 사람이 조작, 머리 위에 걸린 등잔불을 통해 섬세한 그림자가 스크린에 비치게 한다. 줄거리는 대부분 인도, 특히 힌두 계열이지만, 토착 전설도 있다. 정교한 자바 무용극 와양 웡이 기록에 처음 나타나는 것은 18세기고, 19세기 초반은 와양의 황금기로 궁정 공연이 연속 사 일 동안 행해지고, 〈마하바라타 이야기〉에 바탕한 제의전투 장면이 삽입되는데 와양 쿨리트 영향이 강하다. 왕이 공연 전체의 '인형 조작자'로 여겨지며 몇몇 왕들은 실제로 궁정 문사들과 합작, 줄거리를 구성하고 음악을 작곡하고 엄격하게 통제된 안무 동작을 만들기도 했다. 12세기 크메르 왕 수리야바르만 2세가 지은 앙코르와트는 명목상 힌두사원이지만 종교-세속적인 권력을 갖는 신왕(神王) 베바라자 숭배 사상과, 우주축으로서 종교 건축 구성원리의 토대가 되는 세계산 개념을 결합, 형상화하며, 그 뒤를 이어 자야바르만 7세가 지은 앙코르톰도 불교와 힌두교 요소를 종합했을 뿐, 자신을 신왕으로 예찬하는 거대한 기념물로, 바욘 기둥을 천상의 여성 무용수들이 장식하는데, 크메르 절정기 궁중무용 양식이 그대로 드러나고 오늘날도 무용 지망생들은 그 동작을 전수받는다. 타일랜드 리케이 공연은 보통 소규모 무대에 연행 공간 위로 걸쳐진 장막에 현란한 색채의 무대장면을 그리며, 무대의상이 장막 그림과 유사하다. 주로 노래 공연이며 간간이 연기가 곁들여진다. 베트남 하트 보이는 오페라 형식과 무대의상 및 분장, 인물 유형과 음성 전달 방식 등을 중국 경극에서 따왔지만 베트남 역사에서 줄거리를 따오며 공연 내내 오케스트라 반주가 지속된다. 버마 전통건축에 두드러진 파간('종합 건축물')양식은 형을 살해한 왕 아나브라타가 혼령의 말에 따라 '수도원과 사원들'을 지어 참회했다는 고사에서 유래했다. 라오스 모르 람은 타일랜드 남부 리케이의 밝고 다채로운 의상 디자인 영향을 받았고, 연행중 배우들이 소규모 오케스트라 반주에 맞추어 대본을 노래한다.

북아시아와 중앙아시아, 파란만장의 배경과 중계

북아시아는 몽골고원, 시베리아 및 만주를 가리키며 만주를 따로 동북아시아라고 부르기도 한다. AD 4세기 말 게르만 민족대이동을 야기하는 '훈족'이 바로 흉노족이다. BC 3세기 말 흉노족 묵돌선우가 몽골고원 유목민족을 통일하고 서쪽 월지와 오손족, 동쪽 남만주 동호를 토벌, 북아시아 최초의 유목국가를 건설하니 한제국도 화해정책을 취할 정도로 강성했으나 한무제의 원정으로 쇠퇴하고 AD 1세기 중엽 남북으로 갈라지는데, 북흉노는 후한-남흉노 연합군에 멸망하고 남흉노는 중국 북면으로 이주, 정착하였고, 남흉노의 자손이 5호16국 시대 한(전조), 북량, 하나라를 건설하였다. 흉노국 와해 후 남만주 시라무렌 유역 선비족이 몽골고원으로 진출, 흉노 유민을 정복하고 2세기 중엽 단석괴가 내몽골 중심 통일국가를 세운다. 당시 외몽골을 지배하던 정령족은 BC 3세기 바이칼호 남쪽 변두리에서 유목생활을 하다 흉노에 복속되었으나 흉노 멸망 후 남하한 세력이었다. 단석괴 사망 후 선비국이 분열, 여러 부족이 내몽골 각지에 할거하다 화북에 침입, 전연, 후연 및 남연, 서진과 남량을 세웠다. 탁발씨가 화북을 통일, 북위를 세워 남조와 맞서게 되면서 남흉노, 그리고 선비족은 완전히 중국인화, 역사에서 사라진다. 북아시아 유목민족이 중국 화북에 세운 5호16국 시대 여러 왕조와 북위를 통틀어 '침투왕조'라 부른다. 북몽골 정령족은 남북조시대 고차('바퀴 높은 차') 정령 혹은 그냥 고차로 불리다가 5세기 초 유연에 의해 정복당하고 유연은 몽골고원 중심으로 타림분지까지 지배하는 유목국가를 세우고 북위와 대립하였으나, 485년 부렵 고차족이 반란을 일으켜 알타이산맥 남쪽 준가얼에 독립국을 세운 이후 차츰 쇠퇴하다가 6세기 중엽 돌궐에 의해 멸망한다. 유연은 서양 자료상 아바르족이고 고차는 수나라 당시 철륵으로 불리었는데, '튀르크(터키)'의 음역이고 철륵족 아사나씨가 유연국을 멸망시키고 세운 것이 몽골고원에서 아무다리야에 이르는 유목국 돌궐(튀르크)국이다. 돌궐은 583년 알타이산맥을 사이에 두고 동서로 분열되고 동돌궐은 오르혼강 유역을 본거지로 강성하였다가 철륵 여러 민족의 반란 및 당나라 군대의 정벌로 630년 와해되고(돌궐 제1가칸국), 몽골고원에 철륵이 세웠던 나라도 646년 당나라에 멸망하였으나 약 50년 후 돌궐이 다시 일어나 철륵을 복속시키고 682년 몽골고원 유목국가를 건설했으며(돌궐 제2가칸국), 3대 군주 빌게가칸은 거란 등 가까운 부족을 복속시키고 당나라와 친교관계를 유지했는데, 그가 죽은 후 내분으로 744년 철륵 여러 부족 중 하나인 위구르족이 돌궐을 무너뜨리고 유목국가 위구르를 세웠다. 돌궐은 북아시아 유목민족 최초로 (돌궐)문자를 만들고, 문자 기록을 남겼다. 위구르는 안사의 난(756~763년) 진압 원군을 보낸 것을 계기로 당과 활발한 무역활동을 벌이면서 중국 문화 영향을 강하게 받고, 위구르 영토 안에서 장사하던 소그드인으로부터 이란 문화를 흡수, 문명-정착화 경향을 띠게 되었다. 마니교가 전해져 원시적 샤머니즘을 대신한 국교 노릇을 했고, 바이바리크('부귀성')를 비롯한 몇 개 도시가 건설된다. 그후 위구르는 내란으로 쇠퇴하다가 840년 예니세이강 상류에서 남하한 키르키스의 공격에 무너졌으며, 사방으로 흩어진 국민 중 주류는 중앙아시아로 이동, 그 지역을 차츰 투르키스탄('튀르크인의 땅')으로 바꾸어갔다. 주로 농경에 종사했으므로 몽골고원 건조지대 생활을 견뎌내기 힘들었던 키르키스는 몽골 통치를 힘겨워했고, 위구르 붕괴 후 남하한 몽골계 타타르족이 9세기 후반 키르키스를 압박하며 오르혼강 유역으로 진출하고, 10세기 초 확립된 같은 몽골계 거란의 야율아보기 세력이 서방으로 뻗어나가 타타르와 오르혼강 유역에서 겨루다가 994년 타타르 대부분을 점령하고, 거란의 요나라가 여진(금)으로 바뀌자 몽골고원에 수많은 부족들이 대립항쟁을 계속하더니 13세기 들어서면서 칭기즈칸이 몽골고원 여러 부족을 정복, 1205년 몽골제국을 세우고, 이후 이 지역 전체를 비로소 몽골이라 부르게 된다. 유라시아에 걸친 대제국을 건설한 칭기즈칸은 몽골고원을 막내아들 툴루이에게 주었고 툴루이의 아들 쿠빌라이가 중국을 정복, 원을 세웠다. 14세기 중엽 중국 본토에서 쫓겨난 원나라 몽골인들이 몽골고원에 나라를 세우고 북원이라 칭했으나 명나라 사람들은 이를 달단(타타르)이라 불렀으며, 명 영락제 원정으로 타타르가 쇠퇴했으나 다시 강성해진 서몽골 오미라트가 명을 공격, 1449년 정통 황제를 생포하고 북경을 압박하기도 하였다. 얼마 후 타타르의 다얀칸이 오미라트를 내쫓고 내몽골을 차지한 후 그의 자손이 외몽골에도 진출하면서 몽골고원 부족 배치는 완성된다. 청제국 홍무제가 내몽골을 복속시켰고, 그때 독립을 지켰던 외몽골 또한 오미라트 후예 준갈이가 강대해져서 티베트-청해-동투르키스탄까지 세력을 떨치다가 1758년 청나라 토벌군에 의해 합병당하면서 몽골고원은 역사상 최초로 중국 지배를 받게 된다. 몽골인의 유목생활이 제약받고, 중국화가 차츰 진행되지만, 다른 한편 시베리아에서 러시아 세력이 남하해온다. 1911년 중국 신해혁명으로 외몽골에 독립운동이 일고 1924년 소련에 이은 두번째 사회주의국가 몽골인민공화국이 수립되며, 근대 경영의 목축-낙농업, 그리고 광공업도 발달하고, 왕공과 귀족, 그리고 라마승 등의 봉건적 특권이 해소되었다. 1990년 공산당이 붕괴했고 1992년 의회제가 도입되었다. 내몽골은 1947년 중국공산당의 지도 아래 내몽골자치구인민정부가 구성되어 근대화를 맞았다. 2004년 내몽골자치구 인구는 23,840,000명.

13세기 남시베리아 일부가 몽골제국 판도에 들어간 후 16세기 킵차크한국에서 분리된 시비르한국이 서시베리아에 세워졌다. 15세기 말 독립한 모스크바공국이 1552년 카잔한국을 멸망시키면서 러시아인의 시베리아 식민이 활발해지며 카자흐 수령 예르마크는 소금업자 스틀로가보프문의 원조를 받아 원정대를 조직, 시비르한국을 공격했고, 예르마크는 죽지만 시비르한국도 1598년 멸망한다. 17세기 초 서시베리아가 러시아에 합병되자 러시아인이 모피를 찾아 동시베리아로 진출, 1640년대 아무르강(흑룡강) 오호츠크해안에 달하여 원주민에게 모피세를 거두어들였다. 1689년 네르친스크조약으로 청나라와 국경이 정해지고,

1858년 아이훈조약과 1860년 베이징조약으로 아무르강 유역과 프리모르스키(연해주)가 러시아령으로 확정된다. 16~17세기 말 이래 시베리아는 죄인-정치범 유형지였으나 18세기 이후 광업이 일고 19세기 동시베리아에서 금광이 발견되면서 경제적 의미가 본격적으로 인식되기 시작했다. 1861년 러시아 농노해방 이후 농민 이주가 허용되지만, 본격화한 것은 시베리아철도(1891~1905년) 개통 이후다. 우랄산맥 동쪽 기슭 첼랴빈스크에서 블라디보스토크에 이르는 장장 7,416킬로미터의 시베리아철도는 시베리아와 유럽시장을 직결했다. 1917년 10월혁명 때 연합국이 시베리아로 출병했고 1922년 소비에트권력이 확립된 후 전면 개발이 추진되고 있다. 청제국을 세운 여진인이 스스로 종족명과 국명을 만주라 부른 것이 '만주'의 시초다. 전국시대 많은 중국인이 남만주로 진출했고, 연나라가 이곳에 여러 군을 두고 통치하다가 진과 한이 이곳을 차지했고 특히 한 무제가 고조선을 멸망시키고 낙랑-진번-임둔-현도 4군을 두면서 남만주 중국화가 더욱 진행되었다. 후한 말기 요동군 태수 공손씨가 독립하지만 삼국시대 위에 멸망한다. 동만주 삼림지대에 예로부터 숙신이 살았고 송화강 중류 유역의 부여가 중국 정치-문화에 자극받아 전한 말기 국가를 이루고 압록강 중류 유역에서 고구려가 일어났다. 고구려는 위의 원정을 겪기도 하였으나 중국 5호16국 시대 혼란을 틈타 차츰 영토를 확대하였다. 5세기 말 북만주에서 물길이 일어나 부여를 멸하고 6세기 물길이 망하면서 독립을 얻은 여러 부족들이 스스로를 말갈이라 총칭하였다. 중국 본토 통일국가 수와 당이 만주로 세력을 뻗쳤으며 특히 당은 668년 고구려를 멸하고 안동도호부를 두어 한반도 북부와 남만주를 통합하였고, 당의 세력 쇠퇴 후 고구려 유민과 말갈족이 합쳐 동-남만주에 발해를 건국, 당의 문화를 적극 받아들이며 '해동성국'으로 성장하다가 당 말기인 926년 거란에 멸망한다. 거란은 국호를 요라 하였고 송을 남쪽으로 밀어내며 화북으로 진출한 후 1234년 몽골에게 멸망당하고, 만주도 몽골(원)의 지배를 받았다.

명은 중국에서 원을 몰아낸 후 다시 만주로 진출했으며 영락제 때 아무르강 하구까지 세력을 뻗치던 중 만주 오지의 여진이 세를 확대하면서, 남만주평야로 물러나고, 건주-해서-야인으로 삼분되었던 여진을 건주 여진 누르하치가 통일 건국한 청이 명을 멸망시키고 중국 내지로 진출, 베이징을 수도로 정하고 중국왕조가 된 이래 만주는 다시 황폐해졌다. 청 조정은 만주를 개국 공로지로 중시하면서 성경, 지린, 헤이룽장 3장군 군정하에 두고 중국인의 입주를 금했다. 하지만 중국 내지 인구가 증가하면서 중국인의 만주 유입은 대세가 되고 19세기 후반에 이르면 만주는 완전한 중국인 거주지로 된다. 19세기 중엽 아무르강 왼쪽 연안과 프리모르스키를 청으로부터 빼앗은 러시아는 19세기 말 동청철도 부설권을 따내고 여순과 대련을 조차하는 등 만주를 세력범위에 두지만 1905년 러일전쟁에서 승리한 일본이 남만주로 진출, 1931년 만주사변을 일으키고 이듬해 만주국을 세우며 만주 전역을 식민지로 삼았다. 제2차 세계대전 이후 1948년 11월 동북인민정부가 수립되고, 중화인민공화국 성립과 함께 만주는 완전히 중국의 일부로 되었으며 오늘날 '만주' 라는 명칭은 사용되지 않는다.

중앙아시아 역사는 북부 초원지대 및 산간 목초지 유목민과 남부 오아시스 지대 농경-정주민의 남북관계, 그리고 중국-서아시아-유럽-인도 문화권과의 동서관계를 기축으로 전개된다. 남북관계의 핵심은 정치적 지배-피지배. BC 2세기 흉노, 5세기 유연-고차-에프탈, 6~7세기 돌궐이 오아시스 지대를 우세한 군사력으로 지배하면서 정주민들로부터 각종 생활물자를 조달받고 오사시스 통과 대상들로부터 통행세를 징수하는 등 경제적으로 의존한 반면, 정주민은 유목민의 강력한 군대 덕분에 중국-서아시아 쪽의 침략을 막고 오아시스 지대와 동서교통로(실크로드)의 안전을 보장받으며 자산의 상업활동을 널리 확대할 수 있었다. 이러한, 지배-피지배 형태를 띤 공존관계는 중앙아시아 지역을 크게 발전시킨다. 소그드 같은 전(前) 이슬람 시대 상인들은 돌궐-위구르 등 유목국가 내부로 깊이 파고들며 중국과 몽골 사이 무역 등 국제 규모 상업활동을 펼쳤으며 9~10세기 사만왕조, 14~15세기 티무르왕조는 유목민의 군사력과 정주민의 경제력이 적절하게 합쳐진 강력한 국가였다. 기마전술 및 기동력에 주로 의존한 유목민 군사력이 화기 중심의 근대 선진국가 군사력에 밀리면서 중앙아시아는 16세기 이후 정체기를 거쳐 19세기 청 혹은 러시아에 합병당한다. 동서관계로는 아케메네스-산산-옴미아나드-아바스왕조 등 서아시아 여러 나라의 서투르키스탄 지배, 알렉산드로스대왕 원정 같은 유럽세력의 도래, 그리고 중국 한과 당의 '서역 경영'으로 인한 동투르키스탄 진출을 들 수 있으며, 동서세력의 이러한 단속적인 진출은 이 지역을 중요한 동서문화 교차의 장으로 만들어놓았다.

네팔과 티베트는 고원 중앙아시아로 분류된다. 네팔은 부처의 탄생지며, 세상에서 가장 높은 히말라야산을 품고 있다. 티베트는 몽골풍 불교를 확립했고, 가장 높은 절벽에 사원을 지었다. 티베트인은 불교를 자기 나라에 들여온 은자 파드마삼다바를 '제2의 부처'로 숭배하는데, '여덟 개의 이름을 가진 영적 지도자'라는 별칭으로 불리기도 한다. 그 전에 티베트 신화의 여신 드팔-을단 을하-모는 종교의 적을 살육하는 분노의 신이고 티베트 탱화는 격렬성이 두드러진다. 전사이자 왕인 게사르는 완전군장이고, 그의 모험 이야기는 사기, 기만, 비겁, 탐욕, 시기, 그리고 기타 인간의 약점을 얘기하면서 비비 꼬이고 예측할 수 없는 방향으로 흘러간다. 그리고 그 전에, 이런 티베트 신화가 있다.

> 성자 원숭이가 히말라야산에 올라 고요-평정한, 그리고 심오한 명상의 황홀경을 맛보고자 하는데, 한 바위 마녀가 그의 아름다운 인격에 마음을 사로잡혀 그를 유혹하다가 실패하자, 채워지지 않은 사랑의 아픔으로 고통스러워한다. 하지만 성자 원숭이는 좌절하고 분노한 마녀란 이 세상에서 위험한 존재라는 생각이 들고 또 마녀가 측은하기도 해서 그녀의 간청을 받아들이니, 그들 사이 태어난 아이 여섯이 티베트 종족의 조상이다.

독실한 불교민족이 된 후 티베트인들은 성자 원숭이를 보살(아발로키테슈바라)의, 마녀를 타라 여신의, 현신으로, 두 수호신으로 믿게 된다. 특히 아발로키테슈바라는 계속하여, 반복적으로, 달라이라마로 환생한다.

'중세=봉건=세속', 기독/이슬람 '종교=건축'

성에서 잔치를 벌이는 성주와 귀부인들, 밭을 가는 농부들, 갑옷 차림의 기사들, 이런 것이 중세의 보통 모습이다. 서유럽 중세는 서로마가 게르만족에게 멸망하고 유럽이 여러 왕국으로 갈라지는 5세기부터 르네상스가 유럽 전역으로 번지던 15세기까지 약 천 년간이다. 로마 멸망 후 교역이 무너지고 농업이 의미를 더해가면서 점차 강력한 지주 혹은 성주가 생겨나고 성주가 기사를 거느리며 농민을 노예처럼 다스린다. 초기는 고대 그리스와 로마 학문이 자취를 감추므로 암흑기라고 불리기도 하지만 기독교 수도원이 학문의 중심으로, 기독교 교회가 사회의 중심으로 자리잡는다. 교역은 점차 나아지고 상인이 훗날 강한 (시민)계급으로 부상한다. 서양 중세는 그리스 신화 프로메테우스와 오이디푸스가 유럽 모델로 자리잡는 중세며, 돈환과 파우스트 전설이 탄생하는 중세다. 중세 천 년은 시간의, 그리고 영원의 시대다. 아직 역사의 시대는 아니다. 시간을 보았을 때, 공간이 비로소 영역으로 보였을 때, 시간 영역 속으로 영원의 길을 내며 음악이 흘렀다. 그럼에도, 그러므로 역사는 발전하고 종교보다 더 위대한 세속의 차원이 열린다. 성모의 교회가 상징하듯, 남성과 여성의 역할 분담이 경제적 차원에서 사회-문화-종교적 차원으로 발전하고, 그것이 내내 중세 정신세계의 지형을 이룬다. 무의식 혹은 무지가 아니라 자부심에 근거한, '세계의 중심' 사고가 싹터 역사의식을 돕기도 하고 방해하기도 한다. 중국 당제국을 정점으로 하는 동아시아 태평성대는 중세를 서양보다 일찍 열었던 결과인 동시에 동양 중세를 서양보다 더 연장시키는 원인으로 된다. 이슬람은 문명의 통로로 성장한다. 이슬람문명의 이국성은 서양 중심 사관 때문이지만 노회한 매개성은 이슬람 고유의 체제와 정신 덕분이다. 없음 속으로. 숫자 '0'이 고안되면서 인생의 난해가 숫자화하고 모든 숫자가 공화하고, 숫자를 매개로 더 난해한 차원이 눈앞에 열리고 추상화하고 포괄된다. 중세는 추상적인 성(聖)의 거울에 세속의 육체성이 더욱 도드라지게 비치는 시기다. 삼위일체의 시대. 정립의 시대. 샤를마뉴의 프랑크왕국이 프랑스-독일-이탈리아 삼국으로 정립되고, 이 셋의 분리/통일 지향 변증법이 삼자 각각을 강화, 근대국가로 성장시킬 것이다. 이 시기 한중일 삼각 체제가 굳어진다. 삼국이 서로 충돌하며 각자 맞이하는 왕조의 파국을 극복하면서 동북아 근대화의 길은 열리게 될 것이다. 그리고, 더 크게, 동양과 서양의 제삼자로서 동구대륙이 등장한다. 소비에트혁명은 '제삼자'가 동서양을 아우르려는 시도였고, 실패한 시도였다. 송의 문약(文弱)은 상부구조의 극단적인 정신/육체 이분법의 반영이었으며, 거란(요)과 여진(금), 그리고 몽골(원) 등 '야만족'의 침입을 불렀다. 아프리카, 검은 대륙은 황금으로 반짝인다. 서양이 착취할, 그러나 끝내 눈물의 율동으로 세계를 흘러넘치게 될 '검음=황금'. 그리스 너머 로마제국 서쪽 끝 잉글랜드에서, 노르만 정복 이후, 중간의 프랑스-독일-이탈리아보다 먼저, 선진적인 정치-경제혁명이 이룩된다. 십자군전쟁은 분명 종교를 앞세운 침략-약탈전쟁이었으나, 역설적으로 '예수=매개자'의 소망을 실현, '예수=매개'가 '이슬람=매개'를 만나고 동서양 세속이 몸을 섞는다. 그러나, 육체의 반란은 이미 와 있었지만 또한 충격적으로 왔고, 삽시간에 왔지만 또한 매우 지루하게 왔다. 공간적으로, 시간적으로, 공간/시간 착오적으로, 육체의 반란은 중세를 중세적으로 뒤흔든다. 초기 고딕성당과 앙코르와트조차 육체 반란의 반영에 다름아니다. 그 와중에, 지도의 세계가 있다. 지도는 단지 세계를 손바닥처럼 들여다보게 할 뿐만이 아니다. 지도를 포괄한 인간의 가슴은 세계보다 더 넓은 상상을 제 속에 펼치고 다시 포착한다. 서쪽으로 갈수록 더 선진적인 문명이 열리고, 그렇게 미국에 이를 것이다. 그러나 북쪽으로 갈수록, 사태는 특히 독일에서 바그너의 닫힌 낭만주의와, 히틀러 파시즘을 초래할 것이다. 과학의 인간이 신의 종교를 회의하기 시작하고 그것에 종교가 반란하지만, 결국 자신에 대한 반란이고, 중세가 스스로를 중세적으로 마무리지으려는 조짐이므로 문학과 예술이 이분된 정신과 육체의 조화를 찾아나서고, 그렇게 이룩되는 조화의 질과 규모가 '중세=경계'를 뛰어넘는다. 특히 상인계급을 중심으로 한 세속(시장)의 반란을 거대한 죽음, 즉 페스트 재앙이 심화하고, 육체의 과잉을 부르는 와중 르네상스가 오고 아름다움의 공간과 시간, 그리고 역사가 열린다. 근대-역사관이 이 시기 창조된다. 아름다움과 역사의 관계가 혼란스럽지만, 근대의 한 특징이고, 더 멀리,

아름다움과 죽음-질병 사이의 관계 혼란은 현대의 한 특징이다. 비잔틴제국은 로마제국의 그토록 아름다운 연명이고, 그 뒤를 잇는 오스만제국은 약 50년간의 황금기에도 불구하고 수백 년 동안 '비잔틴=멸망' 속으로 사라지다가 '세계의 화약고'에 달한다. 거대한 한 시기가 끝나고 있다는 가장 첨예한 증거는 자멸과 자궁의 등식이다.

'말씀=육체', '에로틱'

BC 4세기~AD 1세기 이집트 장례 초상 납화는 특히 카이로 남쪽 페이윰 지역에서 집중적으로 발견된다. 캔버스나 나무 위에 초상을 그려 시신 싸개에 동봉했는데, 생생한 묘사로 보아 인물 생존 시 그렸을 것이다. '밝음=죽음'의 고대 이집트문명은 BC 1세기 클레오파트라 여왕을 통해 마지막으로 '에로틱'을 형상화하고 종언을 고한다. 예수가 '로마=속세'를 반영-극복하는 상징은 우선 (고난과 죽음의) 십자가였다. 십자가 처형은 로마제국이 중죄인을 사형시키는 전통적인 방식이었다. 예수의 '살과 피'가 뜻하는 '육체성' 또한 반영-극복을 상징한다. 로마의 속세야말로, 검투사문화가 극명하게 드러내듯, 그리스 올림픽의 육체-응축과 정반대로, 육체-과잉의 속세였고, 그의 '육체적' 죽음은 육체와 공(空)의 위대한 겹침으로, 그리고 난해하고 오묘한 사랑으로, 과잉을 끊임없이 성육화(聖肉化)한다. 그런 성(聖)의 에로티시즘만으로도 그의 육체적 죽음은 기원전과 기원후를 구분할 만큼 의미심장하다. 이런, 말씀의 육(체)화과정은 그러나, 너무도 순식간에, 충격적으로 이뤄졌으므로, '과정=사랑'의 진리를 추상화하는 한편 억압된, 왜곡-변태된 에로티시즘을 낳는다. 예수의 육체적 고난, 특히 창에 '찔리'는 광경은 쉽사리 사디즘-마조키즘의 '고통=쾌감' 광경으로 전락하고, 그렇게 사랑과 구원의 의미가 육체적으로 (성화하기는커녕) 격하된다. 이 경향은 끝내 전면적으로 극복되지는 못한 채, '현대=질병'화한다. '과도한' 육체성의 위험은 초기 기독교 지도자들을 적어도 무의식적으로는 억압했고, 그들은 육체성을 말살하는 계율과 제도를 강화하는 방식으로 억압에 반응했다. 육체성을 본질적으로 요하는 예술이 감시-통제-금지의 대상으로 분류되었을 것은 당연하다. 서양예술은 바로 그러한 제한 속에서 예술 발전의 법칙을 관철시킨다. 크게 보아 서양예술의 발전과정은, 적어도 현대 이전까지는, 말씀과 육체 '사이' 장구하고 역동적인 형상화 과정을 대신하고 추동하고 또 재형상화하는 과정에 다름아니다. 형상화의 '과도함/미흡함' 이야말로 예수 에로티시즘의 진정한 유언인지 모른다. 역사 속으로 자신을 완성시키고 스스로 역사의 몸이 되려는 '소망=몸' 의 방식으로 서양예술은 발전하고, 서양 중세 천 년의, '종교적' 속세의 정치-경제는 상대적으로 답보하지만, 예술은 종교와 세속 '사이' 에서, 사이로서, 그리고 '사이=공' 의 변증법으로, 동양과 다르게, 거대하게, '예술=육체' 적으로 격동한다. 교회가 (세속의) '무용=음악' 을 억압하자 '무용=동작' 은 비극 판토마임으로 전화, 고유한 무용-예술 언어를 본질적으로, 성(聖, 飛上)과 속(俗)의 현실 속으로 창조해가기 시작하고, 거꾸로 판토마임은 '무용=육체' 를 '육체=웃음' 으로 전화, 위대한 희극예술을 펼쳐갔다. '무용=몸의 형식' 을 제몸으로 삼았던 음악은 무용과 분리되면서 오히려 '선율=몸' 의 육체성을 명료하게 또 '육체로서 성스럽게' 하기 시작했다. 초기 단선율 성가들이 그렇게 스스로 명징해지고 그것들이 6세기 말경부터 〈그레고리오 성가〉로 집대성되는데, 이 성가는 또다른 시간과의 섹스 그 자체로, 천상성(聲, 聖)의 육화고, 그렇게 '예수=육체' 를 위한 '예수=육체' 의 진혼곡이고, 또한 그렇게, 성모마리아의 진혼곡이다. 그렇다. 〈그레고리오 성가〉는 성모마리아의 절규가 숭고한 염원으로 정화하는 과정이다. 사실 예수는 성모마리아에게 교회, 즉 자신의 말씀과 육체 '사이' 과정으로서 '미래=육화' 를 부탁하고 있다. 미노타우로스가 건물을 요하는 것과 같은 방식으로, 그러나 그사이 흐른 세월만큼 질 높은 차원에서 성모마리아가 교회를 요하지만 교회 자체는 제도화, 요구를 이해하지 못하고, 제도화 속에서 성모마리아는 점차, 미래는커녕 과거(=모계사회 대모신) 회귀와 인간화 과정을 동일시할밖에 없는데, 모순을 해결하는 것이 바로 예술이다. 우선 (성당) 건축예술이 별 규제를 받지 않으면서, 다른 예술보다 더 굉장하게 융성하고, 음악의 건물은 매우 어렵게 세워지지만 건축예술보다 더 성모마리아답고, 끝내 성모마리아의 한계를 극복하는 과정으로써 미학적 사회적 '본질' 자체가 발전한다. 여타 예술보다 여성적인 음악의 본질이, 여성적인 채로 성(性)을 극복(을 지향)하는 그것으로 발전하는 것. 성(性)의 극복. 성의 세계는, 반쯤은 꿈같으므로, 현실과 정반대로, 완연히 여성이 주인공 아닐까. 중세 교회음악은 내내 그렇게 속삭인다. 매우 아름답고 숭고하게. 회화는, 거대 지향의 건축과 달리 육안(肉眼)에 잡히는 가시성(可視性) 때문에 가장 많은 규제를 받았고, 규제는 회화예술을, 그리고 소재인 인간 형상을 병적으로 왜곡시켰다. 아니, 예수의 의미 방향과, 말씀의 육화와 정반대로 육체의 '상징=기호' 화 과정을 오랫동안 강제했다. 그러나 회화예술은 '안 보이는 영역' 에서 자신의 역할을 했다. 신약의, 예수 옆구리에서 흘러나오는 피가 교회를 이루는 광경과 구약의, 아담 옆구리에서 여자가 나오는 광경을 중첩시켜 '여성=성모마리아=교회' 의 등식을 이루는 것은 회화적 상상력이다. 중세 회화는 이 등식을 '가시적인' 종교미술의 출발점으로 삼았다. 중세 최초 주요 화가들은 이브(=여자)의 탄생과정을 빈번히 다루고 있다. 그리고, '고딕풍' 지오토와 프라 안젤리코는 물론 다빈치와 보티첼리, 그리고 라파엘로 등 르네상스 대가들의 작품에서조차, '왜곡의 상처' 는 남아 있다. 안 보이는 영역에서 작용한 미술적 상상력이 보이는 영역의 '왜곡=상처' 를 완전히 극복하는 것은 미켈란젤로에 이르러서고, '완전' 은 계승 발전되지 못했다. 자연과 이상의 완벽한 조화는 미켈란젤로로 끝나고, 미술은 왜곡과 반(反)왜곡 사이 틈새를 끊임없이 심화-확장, '난해=신비' 한 근대 혹은 현대의 미술적 형상화에 달하는 쪽으로 발전한다. 가장 '난해=신비' 한 것은 질적으로 한 단계 높은 조화로 가는 에로티시즘 과정의 가시성 자체라는 듯이. 조각은 외형상 회화와 건축의 중간이었으므로 건축의 일부로 되어갔지만, 내적으로, '강제=왜곡' 에 맞서 대리석 혹은 화강암의 싸늘한 몸체를 (안 보이는) 음악의 온기로 쓰다듬으며 '건축=음악' 의 육체(화)를 닮아갔다. 노회한 종교적 에로티시즘의 형상화이자 거처로 사막에 이슬람사원들이 세워진다. 8세기 이스라엘 키르밧 알-마프자르에 이슬람식 왕궁이, 9세기에 스페인 코르도바에 거대한 회교사원이, 그리고 다시 10세기 이란에 나인 회교사원이 세워지고, 곧바로 이슬람 건축에 파티미드 양식이 나타난다. 파티미드는 909~1171년 북아프리카 일부, 이집트, 시리아를 지배했던 회교왕조 명칭으로 마호메트 딸 이름 '파티마'에서 유래했다. 노회한 여성성과, 마치 재산을 자랑하듯 화려하기 짝이 없는 장식이 파티미드 형식의 특징이다. 11~12세기 가구조각 패널 중 일부 상아조각의 포도주 마시는 사람 묘사는 이슬람 사회의 성-속 구분을 잘 보여준다. 종교적인 맥락에서 금지되는 인간-동물 표현, 그리고 술이 세속 용도에서는 용인되는 것. 사냥 등 다른 풍속 장면도 묘사된다. 이태백과 두보가 최고의 서정시, 그리고 사회시 수준에 달했을 때 앵글로-색슨의 영웅 서사시 『베오울프』가 씌어지는데 문학성은 같은 시기 중국, 그리고 인도와 비교할 바가 못 되지만 더 중요하게 이 작품은 라틴어의 독재에 맞선 (잉글랜드) 세속-평민의 민족 '언어=문학'의 탄생을 뜻하고, 세속 이야기와 세속 언어가 서로 몸을 섞으며 점차 민족언어로 되어가는 광경을 주인공의 영웅 행위와 겹쳐 상상하는 일은 매우 감동적이다. 다음 세기 옛 고지대 독일어로 씌어진 『힐데브란트의 노래』 또한 그렇다. 이 광경은 (잉글랜드) 셰익스피어 희곡과 『킹제임스판 바이블』 편찬 작업에서, (독일) 실러와 괴테 문학의 서정성(그때까지는 독일어가 문학 표현에 유독 약하다는 생각이 독일에서조차 횡행했다)에서 '문학적' 절정에 달할 것이다. 악기가 발전하면서 소리가 많은 의상(음색)을 갖추게 된 (종교)음악은 이 세속적 문화혁명을 바탕 삼아 저 스스로 흔들린다. 흔들림만이 자신의 육체성을 강화시킬 수 있다는 듯이. 그리고 선율이 또한 선율을 낳고 두 개의 선율이 평행선으로 흐른다. 처음에 두 선율은 늘 간격을 유지하며 흘렀다. 몸이 다시 합쳐지거나 둘로 아예 갈라져서는 안 된다는 듯이. 이것이 서양 다성(多聖)음악의 최초 형태 오르가눔이다. 육체를 지향하는 선율의 사랑이 그것으로 끝날 리 없다. 선율은 서로를 잡아당기고 혹은 밀쳐내고 그렇게 간격이 역동화하고 셋으로 넷으로 수십 개로 늘어난다. 각 선율의 역동성은 서양 중세 다성음악의 대표적 기법 푸가를 낳았다. 선율들이 제각각 뛰어오르는 듯하다는 뜻이다. 13세기에 카논 형식 〈봄이 왔구나〉가 작곡되고 16세기에 이르러 탤리스의 40성부(聲部) 〈오로지 그분만을 믿나니〉가 영국 음악의 정수를 구현했다. 인도 라가 형식이 발전하던 시기 서양에서는 보다 역동적인 합창극이 태동하고 10세기 말 성경 사건들을 다루는 예배극이 성행, 종교음악과 동전의 양면을 이루었다. 음악은 세속의 것을 액정화, 성스러움의 요소로 전화시키지만 연극은 성스러움을 세속화, 저잣거리로 파견한다. 음악이 예수 에로티시즘을 응축한다면, 연극은 사도(使徒)들의 그것을 더욱 세속화한다. 더욱 세속화하면서 성스러움에 기여하는 통로야말로 예술의 다른 이름이고, 동시에 예술 자체가 발전하는 통로다. 예술이 독자적인 동시에 정치적인 까닭이다. 아라베스크 장식의 우아한 곡선들은 아마도 사파비드 미술에서 가장 완벽한 형태로 발전한다. 특히 터키 옥(玉)타일에 새겨진, 맞물려들며 복잡함을 끊임없이 더해가는 디자인은 보는 이의 눈을 낙원의 전망으로 이끈다. 낯선 노인 '이븐 자이드' 이야기를 모은 하리리의 『마카마트』는 중세 이슬람 사회에서 베스트셀러였고 삽입된 세밀화는 13세기 바그다드 판 문서 삽화 중 매우 희귀한 셀주크 미술 사례로서 당시 삶을 생생하게 또 풍자적으로 보여주고 있다. 6~8세기 이탈리아 비잔틴 정치와 미술의 중심지였던 라벤나에는 잘 보존된 당시의 건물이 몇 채 있는데, 특히 산비탈레교회(526~547년)는 통틀어 가장 아름다운 비잔틴 모자이크 몇 점을 보유하고 있다. 전하는 얘기에 의하면 최초 성화상(聖畵像)의 대상은 성처녀와 아기 예수, 그린 이는 복음 기록자인 성 루가다. 그 유명한 〈브라디미르의 성처녀〉는 아마 1130년대에 콘스탄티노플에서 러시아로 옮겨졌을 것인데, 그후 러시아에서 가장 숭배받는 성화가 되었다. 14세기 초 말무크 술탄 알-말리크 알-나시르를 위해 이집트에서 제작된 에나멜 모스크 램프는 당시 번창했던 유리 제작 수준을 웅변한다. 시리아는 초기 로마 전통을 물려받았다. 피사성당과 그 세례당 및 종탑('사탑')은 이탈리아 로마네스크 양식의 가장 중요한 기념물 중 하나로, 장식적 열공(列拱, 건물 측면의 열 지은 아치)과 대리석 외벽 기둥은 아마도 로마와 플로렌스 영향이지만 아르메니아 건축의 영향이라는 설도 있다. 이 건물을 지을 때 피사 선박들은 십자군과 순례자들을 실어나르고 있었다. 이란 북부 카샨에서 1207년 제작된 한 접시는 이슬람 도자기에서 발전한 페르시아 광택 도자기의 초기 사례며, 양식화한 새와 나뭇잎 들의 정교한 장식을 배경으로 한 말 탄 폴로 선수는 전형적인 주제다. 1530~1540년 이란 북서부, 아르다빌에서 페르시아 카페트 및 덮개 예술은 최전성기를 맞는다. 윌리엄 모리스는 당시 카페트를 보고 '내가 본 최고의 동양 카페트' 라고 평했다. 16세기 후반 발전한 무갈 미술 양식은 여러 양식을 혼합한다. 페르시아 미술의 구성 기술 및 데생력, 토착 인도 색채와 자연주의, 그리고 포르투갈인이 인도에 들여온 유럽회화의 리얼리즘 등. 타지마할은 그 결정체다. 아프리카 말리, 젠네에 있는 한 모스크는 이슬람문명의 영향을 뚜렷하게 보여준다. 13~16세기 젠네는 금, 소금, 그리고 노예들을 사고파는 거대한 교역중심지로 번영을 누렸다. 1830년경 파괴된 것을 복원했다. 1000년대가 열리며 검은 아프리카 왕국들이 융성하고 아프리카 회화와 조각, 그리고 건축은 같은 시기 동양 (파간) 불교미술에 비하면 매우 소박하지만 예술적 의미까지 소박한 것은 아니다. 후자가 가상현실을 육화한다면 전자는 검음을 형상화하고 검음과 형상화 사이 거리는 불교의 공과 색 사이 그것과 정반대 의미로 매우 긴박하고, 그 긴박에 아프리카의 종교 사상과 인생관이 매우 가파르게 각인되고, 긴박과 가파름이 상호상승, 고도의 철학적 추상을 결과시키고, 그렇게 검은 것이 반짝인다. 아니, 반짝이는 것은 사실 모두 검다. 아프리카 미술은 심오한 (죽음의) 진리를 매우 현대적으로 구현하고 반면 무용과 음악은 삶의 생명력과 육체의 활력을 20세기 대중문화적으로 폭발시킨다. 아프리카 미술은 20세기 초 피카소-브라크의 입체주의 미술을 출발시켰고, 무용과 음악은 현재 미국 대중문화 전체를 지배하고 있다. 같은 1000년대에 유럽 왕과 귀족들이 자신의 광휘를 위해 경쟁적으로 궁정예술을 진흥시킨다. 매우 화려하고 또 예술적인 가장행렬이 성행하고 러시아에서는 인형극 스코모로키('중얼대는')가 유행하고, 꼭두각시의 정지와 생동 사이 그로테스크한 격차에 아동적 '소재=분위기'가 겹쳐들며 삶의 어떤 끔찍한 부분이 일순 에로티시즘으로 용해된다. 일본에서 『원씨물어』가, 상류사회의 시, 음악, 서예 문화와 능란하고 세련된 애정행각을 혼융시키며 일본 특유의 열린 에로티시즘을 형상-사회화하던 때다. 잉글랜드 윈체스터에서 파이프가 여럿 달린 오르간이 개발되었다. 중세 내내 악기의 왕으로 군림하는바 오르간은 음색의 에로티시즘이 중후하면서도 성스러움의 진경, 혹은 세계를 파란만장하게 펼치는 데 적절하기 때문이다. 아니, 중세의 걸작 오르간 음악을 들을 때 우리는 육체야말로 성스러움의 소재지일 뿐 아니라 근거라는 점을 황홀경으로 느끼게 된다. 12세기 접어들며 제2차 마야문명이 발흥했다. 마야문명의 특징은 가혹한 엄격함. 규칙과 균형이 무자비하게 추구되고 건물은 높이가 끝간 데를 모르고 장식이 풍부한 내부에도 엄혹성은 그대로 유지되었다. 두개골 수술을 할 정도로 의학이 발전했고 그 수술의 신비한 흔적조차 엄혹하다. 사라질 것을 예감한 에로티시즘의 미이라화다. 아스텍 예술의 가장 광포한 사례는 대모신 코아틀리쿠에 상이다. '창조자이자 파괴자' 인 대지를 상징하듯, 인간 심장 목걸이를 둘렀고 치마는 몸을 뒤트는 뱀들로 짜였다. 여신 이름이 바로 '뱀치마'다. 스페인은, 피비린 복수와 잔인한 운명의 악순환이라는 주제로 스페인적 육체와 피의 향연이 문학-예술 전통으로 확립된다. 프랑스에서 귀족 출신 방랑 '가수=시인' 들(트루베레)이 고귀한 사랑 이야기 속에 음란 절(節)을 삽입하고 독일 민네징거들이 그 전통을 심화-확산했다. 12세기 후반 다소 딱딱하지만 정결하기 그지없는 집으로 '구(舊)음악' 〈노트르담 미사〉가 프랑스 북부 종교세계를 풍미하는 가운데 독일 세속 북쪽에서는 켈트족 전설을 토대로 '트리스탄과 이졸데', 그리고 '아서왕과 원탁의 기사' 이야기가 서로 살을 섞으며 번져갔다. 왕비와 조카의 불륜이 역경과 사랑의 신비를 상호상승시키고 급기야 사랑의 황홀을 육체의 망각 혹은 죽음과 중첩시키고 끝내 동일시하는 '트리스탄과 이졸데' 주제는 해골이 아름다운 소녀를 껴안고 있는 '죽음과 소녀' 주제와 함께 '중세적' 낭만주의 정신의 양대 축을 이룬다. 이 두 주제를 통합하는 걸작은 오로지 '몸=음악' 에로티시즘으로만 가능하고, 아직 실현되지 않았고 슈베르트 현악 4중주 〈죽음과 소녀〉와 바그너 오페라 〈트리스탄과 이졸데〉가 그 직전의 혼란 속에 있다. 다른 한편, 이 혼란이야말로 근대 이래 음악 발전을 추동해온 에로티시즘 동력이고, 여타 예술장르에서의 실현 불가능성 또한 여타 장르들을 '절망=현대'적으로 발전시켰다. 13세기 초 독일 나움부르크 장인의 조각작품이 높은 수준의 예술성을 발할 때 베네딕트-보이에른 수도원에 『카르미나 부라나』(carmina burana, '보이에른 지방 노래')가 수집되었다. 여섯 개의 종교극 대본과 '노래들' 로 구성된 『카르미나 부라나』는 대개 라틴어 가사고, 저자는 10~13세기 유럽 전역을 떠돌며 환락 예찬시를 읊던 '골리아드들(goliards, 신학대학생들)' 이다. 매우 육체적이고 왕왕 음란한 이 노래들은 종교 영역 속으로 침투해온 '세속=에로티시즘' 을 생생하게 보여준다. 사실 모든 예술장르가 그랬다. 양태가 장르별로 특수했을 뿐, 세속의 영역을 성스러움의 매개로 전화시키는 에로티시즘-예술 본연의 역할을 수행하는 데 중세음악이 중세 '이상(理想)' 적이었을 뿐이다. '시온 코프(성직자 망토)' 는 14세기 초 제작된 중세 교회 자수제품 중 가장 유명한 것으로 아마포에 비단과 금속실로 자수를 놓았다. 시온은 이것이 잠시 보관되었던 수도원 소재지 이름.

기독교, '피=신비' 의 가르침

신약은 예수를 주인공으로 한 '비극' 이고, 구약은 창세기부터 BC 2세기까지 이어지는 이스라엘 백성의 '역사' 이자 온갖 문학장르를 포괄하는 거대한 신의 '서사시' 다. 아마도 BC 10세기경부터 씌어지기 시작한 구약은 (모세의) 율법서 혹은 오경, 예언자서, 제서의 3부로 구성된다. 오경은 창세기와 출애급기, 레위기, 그리고 민수기와 신명기로 구성되는데, 천지창조와 원시 세상을 기술한 후 특히 이스라엘 백성들에게 초점을 맞추어 아브라함의 소명, 이스라엘 백성의 이집트 탈출 및 광야에서의 방황을 거쳐 모세의 죽음까지를 다루고 있다. 한마디로 이스라엘이 민족으로 생장하여 약속된 땅에 도달하는 과정이 주제다. 오경은 매우 유명한 이야기들을 품고 있다. 인간이 하늘에 닿으려는 욕망으로 바벨탑을 쌓다가 하느님의 노여움을 사서 언어가 서로 달라지게 된 이야기, 남색(男色)을 즐기다 멸망하는 소돔과 고모라, 이집트로 팔려간 요셉과 그를 팔아버린 형들이 재회하는 이야기는 문학적으로도 걸작이다. 시나이산에서 모세가 십계명을 받는 대목은 종교적 의미가 심장하다. 오경은 헤브라이어로 씌어진 산문 최고의 경지를 보여주지만 예언자서 수준도 그에 못지않다. 예언자서의 조슈아기, 사사기,

사뮤엘기, 그리고 열왕기는 조슈아의 가나안 정복, 사사(師士) 혹은 족장들의 주변 부족 정복, 사울과 다윗에 의한 이스라엘 왕국 건설, 솔로몬왕 사후 왕국 분열, 그리고 유다와 이스라엘 각각의 역사를 BC 586년 바빌론 왕 느부가드네잘 2세가 예루살렘을 파괴하고 이스라엘 백성을 바빌론으로 압송해 잘 기술한다. 가장 유명한 주인공은 거인 골리앗을 쓰러뜨리고 이스라엘을 구하는 다윗. 삼손과 델릴라 이야기도 흥미롭다. 엘리야는 쇠망해가는 이스라엘을 배경으로 이방인의 신 바알의 사제들과 홀로 맞서 싸우고 승리하는 위대한 영웅-예언자다. 조슈아, 사사들, 사뮤엘, 그리고 왕들을 '초기' 예언자, 이사야 이후 예언자들을 '후기' 예언자라 부른다. 이사야서, 예레미아서, 에제키엘서, 호세아서, 요엘서, 아모스서, 오바디야서, 요나서, 미카서, 나훔서, 하박국서, 제파니아서, 하게서, 제카리아서, 그리고 말라키서는 모두 BC 8~5세기 예언자라는 성역(聖役)을 맡았던 사람들을 다루고 있다. 이들은 신을 내세우고, 놀라운 상징을 동원한 매우 고상한 시(詩)로써 백성들을 가르쳤다. 각각 개성이 뚜렷하고 처했던 상황 또한 다르지만 그들의 목소리는 '하나님의 정의'라는 하나의 주제로 뭉쳐 있다. 마지막 부분, 즉 제서는 여러 성격 및 장르의 글과 작품 들로 구성되어 있다. 연대기, 에즈라서, 그리고 느헤미아서는 역사서 성격이 짙다. 목숨을 걸고 백성을 구했던 유대 여왕 에스터, 이방인이지만 다윗왕 계보로 편입되는 처녀 루스 이야기는 단편소설에 가깝다. 여기까지는 산문으로 씌어졌다. 전도서는 지혜를 다룬, 비관적 세계관이 특이한 글인데, 시 일부는 산문이다. 용광로와 사자 우리의 기적을 담은 다니엘서도 마찬가지. 욥기는 프롤로그와 에필로그가 산문, 본문이 시다. 완벽하고 곧은 인간, 온갖 고통을 받으며 가진 것을 모두 잃고도 믿음을 버리지 않는 인간 욥의 이야기를 통해 악(惡)에 대한 철학적 사유가 심오하게 전개된다. 욥기의 내용과 구성은 괴테 『파우스트』의 뼈대로 작용했다. 제서의 나머지 부분은 모두 시로 씌어졌다. 사랑노래인 솔로몬의 아가, 슬픈 노래 모음집인 비가, 현명한 가르침들을 모은 잠언집, 그리고 성스러운 시들을 모은 시편이 모두 그렇다. 천주교는 몇 개의 저작을 더 구약성서에 포함시키는데 이것을 경외서라고 한다. 믿음이 독실한 자가 보상을 받는 이야기 토비아스서, 자신의 순결을 희생하며 적장의 목을 베어오는 여인 이야기 유디트서, 기도, 찬송, 편지 등 여러 형식의 글로 구성된 바루크서, 잠언 형식의 솔로몬의 지혜와 전도서, 로마에 저항한 유태인 영웅을 다룬 마카베우스서. 경외서는 예수 생존 당시 통용되던 그리스어 번역의 구약에 있는 것으로 이스라엘 역사를 BC 2세기까지 연결해준다. 신약 구성은 구약에 비해 언뜻 매우 초라하지만 페넬로페의 수의 짜기-풀기가 오디세우스의 파란만장한 모험을 일상으로 포괄하는 것보다 더 일상-혁명적으로 구약을 포괄한다. 도대체 유대교 경전 전체를 기독교 경전으로 받아들이는 발상 자체가 놀랍다. 구약은 이해하기 쉬운 신 야훼로 하여 매우 역사적이고 모든 것이 자연-사실주의적으로 발전해간다. 유대교는 이방인의 종교와 치열하게 맞서면서 스스로를 세우지만 동시에 그것을 어느 정도 취한다. 그렇지 않다면 발전이 불가능할 터. 신약은 이해하기 어려운, 하나님의 아들이자 하나님이자 '사람의 아들'인 예수로 하여 매우 일상적이면서 초자연적이고 상징적이고 신비주의적이다. 그리고 목적론적 성격이 강하다. 구약과 신약 각각의 내적 변증법이 구약과 신약 사이 변증법으로 발전한다. 기독교와 서양문명이 상호-변증법적으로 발전할 토대가 마련된다. 신약은 거의 모두 산문으로 씌어졌다. 동원되는 장르 형식도 몇 개 되지 않지만, 우선 네 개의 복음(福音, '기쁜 소식')이 예수 생애를 네 겹으로, 더 풍부하게 조망한다. 가장 짧은 최초의 복음은 마가복음('마가가 전하는 기쁜 소식'). 마태복음의 90퍼센트 이상, 그리고 누가복음의 50퍼센트 이상이 마가복음을 흡수한 부분이다. 마가복음은 아마도 낭독용으로 씌어졌고, 마태복음은 하느님이 세상의 종말을 계획하고 있으며 종말 때까지 '하느님의 아들' 예수를 통해 자신의 백성인 교회와 함께 살러 오셨다는 전언을 형상화한다. 누가복음은 독특한 이야기들을 담고 있다. 종교 복음이 다시 문학화 경향을 보이는 것이다. 이 세 복음을 공관(共觀, '관점을 공유한')복음서라고 묶어 부른다. 수록 순서는 마태-마가-누가. 그리고, '관점이 다른' 요한복음은 또하나의 변증법적, 문학적 발전이다. 요한은 예수가 아꼈던 가장 어린 사도며 요한복음(의 문학)은 예수의 고통을 지금 이곳 우리의 고통으로 느끼게끔 진력한다. 아니, 더 근본적으로, 요한복음은 첫 대목 '태초에 말씀이 있었다, 그리고 말씀은 하나님과 함께 있었다, 그리고 말씀은 하나님이었다' 부터 구약 창세기를 마법-문학적으로 재해석, 예수를 말씀 자체의 육화로 제시한다. 그렇게 종교가 일상화하면서 문학화한다. 기적이 신비화에 그치지 않고 '신학의 일상' 으로 자리잡는다. 이를테면 광야에서 5천 명을 먹인 기적은 네 개 복음서에 공히 기록되어 있지만 요한복음에서는 그것이 단순한, 미신(迷信)으로 가는 기적이 아니고 보다 깊은 영적 의미, '예수=생명의 양식' 이라는 등식을 구현하는 것으로 암시된다. 요한복음을 매개로 하느님의 아들인 예수의 전모가 비로소 공개적으로 드러난다. 일련의 사건들을 단지 나열하는 게 아니라, 문학-신학적 총체를 부여하는 것. 복음들이 끝나면 사도행전이 이어진다. 사도 베드로와 바울 등의 전도 행위를 그린 사도행전은 말씀의 전파이자 예수 생애의 실천이다. 그렇게 육화된 말씀이 다시 교회로 사회화한다. 예수의 몸이 교회로 전화한다. 사도서한은 신학적 해석이자, 다시 말씀화. 그다음 이어지는, 다시 요한의, 묵시록은 구약과 신약을 거대하게 합치며 대단원의 막을 내리는, (교회의 미래-전망인) 하늘나라에 대한 놀라운 문학-종교적 형상화다. 다만 이것은 종교의, 문학으로의 열림보다는 문학의, 종교로의 닫힘에 더 가깝다.

예수 생애 1, '육체=신화'

그리스 신화는 문명 발생과정을 자생적으로 반영한다. 로마 신화는 매우 의식적이고, 그러므로, 국가를 위해 동원되는 야만과 금욕주의적 시민 정신의 이분법은 극복되지 않는다. 하나님 아들 예수의, 신성(神性)의 육화(肉化)-인간화(人間化) 및 죽음은 그 이분법을 극복하려는 모든 시도의 총합이었다. 그러나 종교는 이분법을 끊임없이 복원하고 악화한다. 연극예술은 육체의 정신과 정신의 육체 그 둘의 변증으로써 그 사이에 태어나 그 사이를 메우고, 또 그 사이를 극복하는 것을 자신의 꿈으로 삼는다. 육체적 야만성을 곧이곧대로 반영하는 한 마임-익살광대극은 끝없이 음탕한 쪽으로 전개되었을 것이다. 하지만, 그렇지 않았다.

음탕한, 음탕의 웃음이, 아니 '음탕=웃음'이 로마 특유의 건축 미학으로 제련(製鍊)되면서 웃음의 규모가 확장되고, 그 질이 심화되어 16~18세기 유럽 대륙을 강타하는 위대한 이탈리아 콤메디아 델라르테(예술 코미디!) 시대를 벌써 예견케 한다. 확실히, 로마 예술은 그리스 예술을 '대중화' 했다. 그러나 일방적으로 '비속화' 한 것은 아니고, 대중성의 현실주의적 경지를 열어젖혔다. 그리고, 무엇보다, 예수의 탄생과 죽음은 서양사상 가장 '극적인' 사건이었다. 그는 마리아가 요셉과 약혼했으나 아직 결혼은 안 한 상태, 즉 처녀의 상태에서 성령(聖靈)에 의해 임신되었다. 마리아는 두려움을, 요셉은 마리아의 순결에 대한 의심과 지상의 왕 헤로드의 살해 위협을, 신앙으로 극복한다. 요셉은 목수였고 예수도 목수생활을 했다. 예수는 '가난하고 신앙심 깊은' 유태인 교육을 받았고, 특히 구약성서를 철저히 배웠다. 집을 떠나 요르단강으로 가서 세례자 요한에게 세례를 받으면서 그는 공적인 구원활동을 시작한다. 세례자 요한은 그를 하나님의 아들로 치켜세우지만, 예수는 한동안 세례자 요한의 맥락에서 자신도 세례를 베풀고 '요한의 내용'을 설교했다. 하나님의 왕국이 임박했나니, 이스라엘 백성들이여, 회개하라. 세례자 요한이 체포된 후 그의 공식활동은 새로운 면모를 띤다. 우선 '하나님의 왕국'이 더 긴박해졌는데, 이는 아마도 '광야에서 악마의 유혹', 그리고 그때 그가 보았던, 사탄에 대한 하나님의 승리 계시 때문이다. '세례제의'를 버리고 예수는 얼마 동안 회당을 찾았다. 대중을 기다리지 않고 직접 찾아나선 것. 하지만 하나님이 구원의 권력과 힘을 갖고 도래, 악의 세력을 물리치고 이스라엘의 구원과 더불어 선포하는 '왕국의 도래'를 설교하는 점에서는 여전히 세례파였다. 이때 그가 쓰는 비유는 '씨 뿌리는 사람' '은밀하게 자라는 씨앗' '겨자씨' '누룩' 등이고, 이때 그는 무엇보다 이사야서에 의해 규정되는 종말론적 예언자다. 비유와 아포리즘을 구사하고 구약성서의 권위를 당연시하는 점에서 바리새 율법박사라고도 할 수 있다. 하지만, 내용은 근본적인 차이가 있다. 그는 외형적인 율법 준수가 아니라 인격 전체를 요구한다. 그리고 '이웃 사랑'에서 더 나아가 '원수 사랑'까지 요구한다. 부자 청년은 율법을 지킬 뿐 아니라 가진 것을 모두 팔고 예수를 따라야 한다. 그리고, 하나님 왕국이 도래해야만 인간이 하나님을 근본적인 복종으로 사랑할 수 있고 그 속에서 이웃은 물론 원수까지 사랑할 수 있다. 하나님은 자비와 용서로 도래하는 것이며 하나님의 용서에 상응하는 용서야말로 최상의 사랑 표현이다. 예수의 하나님은 창조주일 뿐만 아니라 역사 속에 행동하는 하나님이고 그 행동의 절정이 도래다. 이 '역사성'과 함께 예수는 자체 혁명을 감행한다. 하나님을 '아버지'라고 부른 선례가 전혀 없었던 것은 아니지만 '하나님 아버지'는 예수에게 특징적인 호칭이다. 더군다나 그는 '하나님 아버지'를 구체적으로 경험했고, 자신을 믿는 자들에게 똑같은, '하나님 아버지'라고 부를 수 있는 경험과 특권을 부여한다. 그는 또 여러 상징적인 기적을 구사하면서 그것을 자기 안의 '성령' 혹은 '하나님의 손가락'이 행한 바라고 강조한다. 세례 요한과 달리 그는 자신의 제자를 뽑았다. 12명. 이스라엘의 복원을 상징하는 수다. 그리고, 또 한 차례 질적 발전을 위한 고독과 번민과 마음의 위기가 왔다. 그는 물고기 몇 마리로 대규모 군중을 충분히 먹이고 물러나 호수 위를 걷고 제자들과 개인적인 대화를 나눈다. 베드로의 고백과 예수의 현성(顯聖)이 이 시기 특징적인 사건이다. 그는 예루살렘행을 결심한다. 이스라엘 삶의 중심으로 가서 하나님의 메시지를 전하자. 예수의 설교는 갈릴리에서 구세주에 대한 열망을 폭발시켰다. 세례 요한이 처형되었다. 예수는 예루살렘의 정치적 권위와 대면하기도 전에 헤로드에게 잡힐 것을 두려워했다. 인간의 아들이 인간들의 손에 넘겨질 것이다. 예수가 이 당시 죽기 위해 예루살렘으로 갔다고 보기는 힘들다. 그러나 그는 자신의 사명이 필연적으로 죽음을 부를 것이라는 점을 알고 있었다. 예수의 예루살렘 입성 및 설교 행위는 기존 유대교 성직자들과 첨예한 갈등을 낳고, 유대교 최고재판소 산헤드림이 예수 처형을 모의한다. 예수 때문에 소요가 일어나면 로마의 간섭을 부를 것이고 그렇게 되면 로마와 유대인 사이 미묘한 세력 균형이 깨질 것이다. 그들의 생각은 그랬다. 유월절 전야, 죽음을 예감한 예수는 제자들과 마지막 만찬을 나눈다. 그는 빵을 자신의 몸으로, 포도주를 자신의 피로 비유했다. 자신을 사람의 아들, 하나님의 아들에 이어 신의 어린 양으로 비유한 것이다. 유월절은 이스라엘 백성의 이집트 탈출 당시 여호와가 이집트의 모든 '첫아들'을 죽이면서 이스라엘 사람들에게는 '첫번째 양'을 희생물로 바치게 했던 것을 기념하는 날. 예수는 '신의 어린 양'의 의미를 문명화하고 일상화할 뿐 아니라, 자기화(自己化)한다. 그렇게 사랑의 개념이, 죽음으로 완성된다. 만찬을 마친 후 예수는 제자들과 함께 게세마네동산에서 기도를 올렸다. 그때 예수는 다시 극도의 두려움에 사로잡힌다. 하나님. 할 수만 있다면 이 잔을 제게서 거둬주소서. 동시에, 그는 두려움의 현실을 사랑으로 받아들인다. 제 뜻대로 마시고 당신 뜻대로 하소서. 로마 총독 빌라도의 군대가 왔고 그를 체포했다. 그의 예언대로 열두 제자 중 한 명이 배반을 했으며 베드로는 새벽이 오기 전까지 '세 번'을 부인했다. 너는 예수의 제자가 아니더냐? 아니오, 아니오, 아니오, 아니오! 예수는 흉악범 한 명과 함께 십자가에 못 박혀 죽었다.

예수 생애 2, '연극적'

예수 탄생과 죽음은 모든 서양예술 장르에 기본적인 소재 혹은 영감으로 작용하지만, 특히 연극예술에서 그 의미가 근본적이다. 우선 이야기 자체가 무엇보다 육체적이고, 극적이며, 더 중요하게, 예수 이야기는 오시리스-디오니소스 신화를 거치면서 '신의 어린 양' 의미가 연극-예술화한 결과다. 거꾸로, 예수 이야기는 '신의 어린 양' 의미를 최대한도 증폭-심화하는데, 그 동력은 다시 '무대에 직접 등장하는' 인간 육체와 인간적 두려움의, 그리고 인격 발전의 연극 미학이다. 아니, '육화한 신성(神性)' 이야말로 무대예술이 추구하는 희망 그 자체다. 그것을 바탕으로, 연극 미학을 통해 두려움은 성모의 그것에서 예수의 그것으로, 그리고 제자들의 그것으로 질적 발전하며 그때그때 구약성서의 세계를 응축하고, 응축을 통해 당대-현대적인 난해, 즉 아무도 미워하지 않는 자의 죽음의 의미를 포괄한다. 그리고, 그렇게 수난-고통-사랑의 의미가 일상-보편-존재화하는 동시에 세계화한다. 예수에 비하면 세례 요한은 '예술의 난해 포괄 능력'을 인정하지 않는 강퍅한 세대였다. 그렇게 예수는 상징적으로 창녀 막달라 마리아를 사랑 개념 속에 포괄하지만, 세례 요한은 살로메 정욕의 살기(殺氣)를 부추기고 그 살기에 희생된다. 그렇게 세례 요한은 예수 앞에 무릎을 꿇지만 예수는 제자들의 발을 손수 씻겨준다. 신약이 말하는 예수의 '혁명'은 파괴-창조에 관계없이, 우선 예술적이고, 그 예술적 의미 때문에 기독교는 중세에 그치지 않고 현대적인 의미를 계속 유지할 수 있었다. 중세는 종교 시대에 머물렀고, 중세 교회와 예술은 매우 복잡한 애증관계를 유지한다. 중세 교회는 무엇보다 예수의 육체성과, 예술성을 삭제하지만 육체성 없이, 더군다나 연극의 연극성이 있을 수 없다. 서양 중세종교극은 성모의 두려움과 베드로의 두려움에서 출발, 예수의 육체성에 접근해들어가는 방식을 택한다. 왜냐면 종교극은 성스러운 내용을 대중들에게 전달하는 매개였으므로, 세속이 끼어들고, 성과 속의 만남은 그 자체가 육체성을 대신한다. 그리고 세속연극은 너그러운 '음탕의 웃음'이 팽배했다. 그리스극장과 달리 로마극장은 입장료가 무료였고 여자들의 출입이 금지되거나 좌석이 별도로 마련되는 일이 없었다. 웃음은 익살을 통해 방기-확산되고 판토미무스를 통해 응축, 육체 비극의 의상 혹은 출구로 심화한다. 신비-도덕극은 세속을 '신비=도덕'과 한 덩어리로 아우른다. 가령 중세 잉글랜드 도덕극 〈에브리맨〉('모든 사람' 혹은 '누구나').

> 에브리맨이 죽음의 부름을 받았다. 그는 우정, 가족, 사촌에게 같이 가자고 했다. 하지만 모두 거절당한다. 아름다움과 힘, 재치, 그리고 눈, 코, 귀, 입, 살갗 또한 주저주저하다가 그의 청을 거절했다. 지식은 길 떠날 채비를 도와주더니, 그도 같이 가지는 않고 떠나버렸다. 죽음한테 가는 길에 그를 마지막까지 따라간 것은 선행, 즉 그가 살아 있을 때 베푼 착한 일이었다.

구약은 역사의, 신약은 일상의 신비를 갈파한다. 수태고지는 신비가 육화하는 순간이며, 예수 생애는 뒤집힌 육체의 난해와 신비를 보여주고, 그의 '죽음=부활'은 시간을 입은 영원의 '죽음=부활'이다. 동시에 예수는 로마를 반명하며 그리스를 역전한다. 새로운 시간이 열리고 인간의 기적이 이어진다. 그것은 역사를 선포하는, 역사로써만, 그리고 역사로서만 깨달을 수 있는 난해한 기적이다. 카타콤은 무덤의 '성(聖)=생활' 화였으나 피비린 박해를 겪으며 왜곡된 그 정신과 미학은 훗날 세속을 화려한 무덤으로 만들고, 영원의 육체로는 만들지 못한다. 기독교가 로마제국 국교로 공인된 후 더 야만적인 '이교도' 의 로마 및 서양 침략이 개시되고, 순교와 세속, 영광과 수난, 그 둘의 겹들이 몸을 섞는 광경은 피흘리는 (예수) 육체의 야만과 '난해=신비' 를 무한 증폭하고, 아찔하게 하고, 아찔함이 육체의 본질을 위태롭게 할 무렵 서로마가 멸망하면서 중세로 전환이 굳어지고, 그렇게 '중세 속으로' 동서양이 만나고 동서양의 동시성(同時性)이 질적으로 발전한다. 이상적으로 보자면 교황은 '종교=정치' 를, 성자와 교단은 '종교=세속' 을, '성체=미사' 는 음식이 된 '성=죽음' 을, 성당은 성의 '속(俗)=집' 을, 그리고 바티칸은 '정치=가상현실' 의 '예술현실=속' 을 상징하거나 구현한다.

중세 교회, '숭고=일상' 속으로

고대 그리스-로마인에게 사원의 중심은 노천제단이고 신상뿐 아니라 귀중한 봉헌물과 장비 들을 보관하는 것도 사원의 주요한 용도였다. 대개 동쪽 제단을 향했고 초기에는 짧은 동쪽 벽으로 들어가는 단순하고 좁은 반원형 혹은 직각형 예배당이었다. BC 7세기 중반 '건축물' 이 생겨나지만 역시 사원에 치중했고 기능이 매우 단순했으므로 엄청난 아름다움을 뽐내는 경우도 있었다. 기본 사원(cella)은 지붕 낮은 직사각형 방이었는데 정면에 현관, 뒷면에 (가)현관을 두거나 기둥으로 둘러싸는 등 다양한 장식이 가능했고 위치로 보자면 정면과 측면의 중간 조망이 제일 중요했다. 장식과 세부 계획 면에서 도리스식은 통상적으로 지붕 육각(acroteria)에 자유로운 상들을, 박공(pediment)에 다소 자유로운 조상군을, 그리고 프리즈(metope)에 높은 부조를 허용하고, 이오니아식은 프리즈에 낮은 부조가 있을 수 있다. 에트루리아가 연원인 정교한 로마 사원은 기본 사원이 세 개 잇달아 있고 정면 조망을 특히 강조하여 높은 단 위에 구축되며, 오로지 정면에만 계단이 있는 깊은 현관을 두고, 측면과 후면에 기둥 열을 요하지 않는다는 점이 크게 다르지만, 형태가 보다 단순하거나 혼합형인 로마 사원도 물론 있다. 인간이 스스로의 가능성(재현력)에 놀라는 성(聖)의 문화 그 자체였던 미술이 이제, 종교(의 거룩함)과 더불어 변화-발전한다. '관계에 대해 논할 만큼 종교와 미술이 분리되고 대상화했지만 종교와 미술의 관계가 종교의 종교성과 미술의 미술성을 심화할 뿐 아니라 관계의 관계성도 심화한다. 바실리카는 건축 용어로 로마 공화국 시기 사법 및 교역의 전당을 뜻한다. 개인 집안의 열주(colonnade) 전당을 가리키는 데 쓰이기도 했다. 그리스어로 '왕의' 혹은 '왕과 연관된' 이지만 실제로 그리스 건축에서 그런 뜻으로 쓰인 사례는 없고, 바실리카 설계는 그리스 신전을 로마인들이 발전시킨 결과라는 게 통설이다. BC 2세기 초 로마에 건축된, 알려진 최초의 바실리카는 대광장(forum) 옆에 붙어, 열린 열주를 통해 들어갈 수 있는 '지붕이 있는 시장' 이었다. 지붕은 아마도 나무로 만들었고 실내는 알 수 없지만 넓은 중앙 주위를 둘러싸면서 열주가 회랑을 이루었을 터. 공화정 시기 로마의 정상적인 바실리카는 짧은 측면이 아니라 '긴' 측면으로, 열주보다는 문을 통해 더 자주 들락거렸다. 점차 사법적 용도가 늘어나면서 바실리카에 행정관용 시설이 마련되는데, 대개는 입구 맞은편에 직각형 혹은 반원형으로 돌출된 형태였고, 이런 형태의 바실리카가 로마제국 초기 새로운 식민지 영역으로 속속 뻗어나갔다. 용도가 달라도 건축 양식이 유사하거나, 건축 양식이 달라도 공공용일 경우 모두 바실리카라 했다. 4세기에 지어진 대(大) '막센티우스' , 혹은 (건물 완공자) '콘스탄티누스' 바실리카는 중앙 본당에 콘크리트 둥근 천장(vaults)을 엄청난 기둥들과 두 개의 (짧은 축과 긴 축) 엡스(apse, 後陣)로 떠받치는 구조였다. 2세기 전 로마에서 처음 선을 보인 후 지중해 동부 및 중부 도처로 속속 전파되며 궁전, 목욕탕 등 갖은 용도로 쓰였던 건축 기법과 양식을 다시 구사했다는 뜻이다. 312년 콘스탄티누스황제가 기독교를 국교로 공인하면서 대규모 공공건물에서 예배를 보는 것이 최초로 가능해진 후 20년 동안 로마, 예루살렘 및 베들레헴 등지에 건축된 교회는 평행 (4)열주가 직사각형으로 나무지붕을 떠받치고, 측랑 채광창과 엡스가 있고 반대편 짧은 측면에 입구를 내는, 이미 낡은 양식을 재현했는데, 4세기 자료들은 이 '콘스탄티누스판' 교회를 또 바실리카라 부르고 있다. 이후 돌로 지은 거대하고 장려한 교회-성당이 중세를 대표하는 미술작품으로 건축되면서 '바실리카'는 '대성당'이라는 의미로 쓰이게 된다. 중세 교회는 전례-봉헌 기능의 '건축화'인 동시에 도상 모티프의 원천이자 거의 독점적인 예술 후원자였다. 비잔틴 시기 교회미술은 봉헌 기능에 주안점을 두었고 서양 초기 중세는 전기를 그리고 교훈을 주는 것이 미술의 용도였으나 갈수록, 종교제도로서 교회의 장엄을 '형상화'하는 한편 기독교 신상의 신비를 상징물로 표현하기 위해 미술의 자연 능력과 추상 능력이 변증법적으로 탐구-발현되기 시작한다. 미술은 교회를 구원의 안내자로서 배, 승리의 전차, '승리한 교회'(깃발 혹은 십자가와 잔을 든, 왕관을 쓴 여자, 조금 드물게는 교황)로, 십자가 밑에 유대인 교회당을 굴복시킨 어떤 인격으로, 그리고 보다 복잡하게 건물, 벽, 문으로 상징화한 베들레헴(의 유대인 교회당)을 빠져나와 중앙의 산꼭대기 '하느님의 어린 양'을 향해 몰려가는 양떼로 양적 질적 발전시키다가 급기야 '영적인 눈에 보이지 않는 교회'를 실제 교회 건물 자체로 가시화하는 일에 집착하면서 재현 능력과 성(聖)의, '눈에 보이지 않는 것'과 '가시화'의, 자연과 추상의 (일치)관계를 혁명적으로 확장-복잡화하는 동시에, 혁명적으로 확장되고 복잡화한 공간(그리고 시간) 개념을 다시 개별 종교 예술작품 속으로 응축하려 노력하게 된다. 중세 교회 건축사 또한 미술사의 종교적 축약이자 심오화란 얘기다. '가시화' 과정 또한 양적 질적인 발전을 우선적으로 거쳤다. '가장 위대한 최고 건축가' 신이 상징 형태들과 각 구조물, 심지어 여러 차원과 숫자 비례에 보다 깊은 의미, 우주의 조화와 연관된 초월적 의미를 부여한다. 음악의 수학이 '신성한 자연'을 반영하듯 교회의 수학은 신의 존재를 반영한다. 이것이 양적인 단계다. 음악의 숫자 비례가 인간의 음악적 재현 능력을 추상화한 것이듯 건축의 숫자 비례 또한 인간의 미술적 재현 능력을 숫자화한 것이므로, 물론 (음악적이 아니라) 미술적으로, 추상화만을 지향하지 않고 추상과 구체의 변증법을 심화한다. 이것이 질적인 단계다. 박해받던 원시기독교 시절 개조된 집과 단순한 회합 강당이 보다 기념비적이고 장려한 건물 형태로 대체되던 형성기 교회 건물을 결정지은 것은 전례와 숭배의 필요였다. 로마 이교사원과 달리 교회 본당은 물론 분수대가 있는 중앙홀(atrium)과 그에 붙어 있는 세례당(baptistry), 그리고 복도(narthex) 등 여러 부속물에도 영적 의미가 부여되고 건물 전체가 지향성 공간 개념을 구현, 본당 회중석(nave)과 둘 이상의 측랑 사이에 등거리로 열 지은 동형의 기둥들, 평평하거나 열린 나무천장, 회중석 측벽 꼭대기 채광창(clerestory)을 통해 들어오는 빛의 각도 등 모든 것이 교회당 (대개는 동쪽) 끝(반원형 둥근 지붕) 돌출부를 향해 나아가는 느낌을 자아내고 이곳에서 세례를 제외한 모든 주요한 전례행사가 거행된다. 엡스 정면에 낮은 벽이나 난간(cancelli)을 세워 합창대석으로 했고 성서 낭독대 혹은 설교단(ambo)을 설치했으며 엡스 자체에 주교와 성직자 들의 좌석, 그리고 성체 배례를 위한 제단을 배치, 가장 화려한 장식을 집중시키고, 회중석으로부터의 온갖 운동이 하늘 영역을 연상시키는 반원형 천장 아래로 모여 말씀을 침묵화하고 침묵을 말씀화한다. 이 '텅 빈 공간'은, 무언가 짐 진 듯하고 지붕에 '둥근' 느낌이 전혀 없는 회중석과 전혀 다른 '무덤=신성'의 세계다. 그렇다. 부활보다 죽음이 더 '육화적'이었던 시대의 미술적 표현이다. 신의 현현(顯現)으로 성화하고 터에 기념물을 배치한 이 공간은 중앙을 가로지르는 수직축 주변으로 '중앙집중'적 공간을 구성하는데 이것은 아주 오래전부터 원형과 다각형, 그리고 그리스 십자가형을 상징-미술적으로 선호하는 경향과, 바실리카 유형보다 더 성체 배례 '지향적'인, 설교에 더 적당한, 통일된 교회를 창조하려는 종교-미술적 욕망이 결합한 결과다. 중세 후기 교회들은 대개 예배의 합동성과 미사의 가시-가청성을 강조하면서 세번째 기본적 공간(대규모 전당, 벽 사이 균일한 높이의 천장)을 선호한다. 종교개혁 및 반종교개혁 교회들도 그렇다는 것은 종교개혁이 그야말로 '개혁'일뿐, 혁명은 아니었다는 점을 미술적으로 보여준다. 이 교회들이 전통적인 바실리카 유형을 배척한 것은 어느 정도 규모가 커지자 방향성 배치로는 입구 근처 신자들의 회중석 정반대편 지성소 행사 동참을 어렵게 만들기 때문이었다. 길고 복합적인 역사-종교-미술 과정을 거치면서, 이를테면 수도원 운동, 성유물 숭배, 그리고 순례의 성행 등을 반영하면서 중세 교회가 초기 기독교 바실리카보다 '복잡하게 얽힌' 구조를 띠게 되기도 했다. 서쪽 끝과 동쪽 종착지가 정교화했고 익랑과 회중석의 '십자형' 상호관통을 강조했고 예배당, 회랑, 지하 예배당(혹은 매장실)이 마련됐고 내부는 장막이 표현력을 더욱 증대시켰고 외부는 유려한 현관과 탑과 뾰족탑들이 건물의 미관을 높였다. 홀(笏) 장막이 성가대석을 평신도-세속과 분리시키고, 그렇게 양적인 지향성이 차단되지만 십자형 상호관통이 더욱 강조되면서 질적인 지향성은 '성과 속'의 변증법을 통해 동쪽 종착지를 더욱 신비화했다. 물론 이 신비화는 대중화의 다른 표현이고, 대중화가 늘 그렇듯, 미신화/심화의 이중 통로로 작용한다. 죽음보다 부활이 더 대중적으로 된 시대의 미술적 표현이기도 하다. '주님의 승천'에 대한 의미 부여가 증대하는 등 새로운 예배 형식이 발전한 것과 연관하여 가톨릭 성당의 공간적 통합 경향이 극히 중요해지고, 마침내 공간과 빛이 최상의 위치를 점유, 내부의 벽을 음악 혹은 안개 상태로까지 탈(脫)물질화하고 외부의 묵중한 버팀벽을 '나는' 버팀벽으로 전화, 아름다운 복잡성이 무게감과 질량감을 가리게 된다.

공간의 중앙집중성과 지향성을 결합하려는 노력이 합(合)보다 우월한, 질적으로 새로운 총체를 '창조'하는 것은 콘스탄티노플 성소피아성당에 이르러서다. 한마디로 지향이 중앙집중을 성육화하고 중앙집중이 지향을 성육화한다. 중세 이후 건축된 로마 성베드로성당은 그런 총체에 달했다고 하기 힘들지만, 중앙집중 방안이 신플라톤주의 우주조화이론과 결부되어 있던 르네상스 시기 중앙집중과 지향의 결합 문제가 얼마나 뼈저린 현안이었는가를 감동적으로 형상화하고 같은 유형의 로마 예수회 교회는 둥근 천장을 씌운 십자형 상호관통과 술통형으로 처리된 드넓은 회중석이 이루는 상호균형이 보다 성공적이다. 훗날 바로크 교회들은 대부분 달걀 모양처럼 지향적인 동시에 중앙집중적인 기하 형태들을 상호관통시킴으로써 문제를 미술적으로 한 단계 더 높게 해결했고 바로크에 대한 반작용으로 교회 건축의 고전주의가 왔고, 그후 19세기에는 전대를 답습했을 뿐 교회 건축에 새로운 것을 첨가하지 않았다. 아니, 르네상스와 더불어 성(聖)은 성의 영역, 즉 교회 공간 속으로가 아니라 세속의 영역 속으로, 인간의 예술과 일상 속으로 '세속-예술-일상화'하면서, 심화하거나 실종되었다. 그리고 20세기의 위대한 교회 건축물들은, 거꾸로, 세속-일상의 현대-예술성을 전혀 새로운 개념의 '성=일상'으로 전화한 결과다. 그러나 그것은 동굴미술의 전면적인 일상-개인화이기도 하다.

성데니스대수도원장 주게의 성배(1140)는 금, 은 도금에 줄무늬 마노를 썼고 귀금속 및 진주를 간주(間柱)로 박았다. 성배의 화려함이 프랑스 왕 루이 6세의 자문역으로서 주게가 차지했던 위치를 반영한다. 성품이 강력하고 공정했던 주게는 행정개혁을 주관했고 자신의 수도원 교회를 새로운 고딕양식으로 재건하는 데 영감을 주었다. 프랑스 위대한 고딕미술 시기 최고 건축물 중 하나인 부르주성당(1190~1275년)은 아미엥, 샤르트르, 렝 등 걸작 성당들과 같은 시기에 지어졌다. 이 성당들은 호리호리한 버팀대 위에 솟구치는 천장을 올리는, 놀랄 만치 과감하고 뛰어난 기술을 과시한다. 디자인의 투명한 장려성은 후에 장식에 대한 사랑으로 함몰하게 된다. 샤르트르성당의 스테인드글라스는 중세 최고 수준의 배치를 보여준다. 성당은 1194년 기공되었고 1215~1240년 거의 모든 스테인드글라스 배치가 이루어졌다. 북쪽 수랑의 장미 유리창 중앙 원내가 성처녀와 아기 예수고 그것을 향해 천사, 비둘기, 왕, 예언자 들의 이미지가 프랑스 왕가의 네 겹 백합꽃 장식과 함께 수렴된다. 세계의 위대한 문명 어느 경우에나 석조물의 가장 중요한 역할 중 하나는 중요한 건물의 부속물로서였다. 샤르트르성당(1150) 서쪽 전면 현관조각은 그 아름다움과 위엄뿐 아니라 건축과 통합되는 그 완벽한 방식에서도 빼어나다. 팔을 몸에 밀착시킨 길게 늘여진 조각상들은, 그들이 기대고 선 기둥의 모양을 반향한다. 1163년 착공될 당시 노트르담성당 디자인은 이중 회랑(ambulatory)에 부속 예배당은 없고 통로(aisle)를 바깥쪽으로 낸, 단순-통일성의 위용을 자랑하는 것이었다. 그 노트르담성당은 규모상 클뤼니수도원을 능가하는 최초의 고딕 건축물이었고, 상부 측벽(clerestory)을 좀더 밝히려는 노력도 최초로 행해졌다. 하지만 정말 놀라운 것은 서쪽 정면. 불협화음을 고딕 최상의 고전적 화음으로 정화(精化)했다고 할 만하다. 프랑스혁명 때 현관들이 파손되었지만 박공 삼각면(tympanum)과 장식 홍예 창도리(archivolt)의 조각품들은 대부분 원 상태 그대로다. 익랑(transept) 파사드와 부속 예배당은 1250~1320년 레요낭(rayonnant, '빛이 반사하는')양식으로 증축된 것이다. 익랑에는 장려한 장미 창문이 두 개 나 있고 현관조각은, 특히 북쪽 익랑의 성모상이, 우아하고 편하다. 비올레르뒤크가 그 유명한 괴수 형용 지붕 홈통 주둥이(gargoyle)들을 첨가, 오늘의 형태로 완성시켰다. 로마네스크는 중세의 과거 지향을, 고딕은 미래 지향을 품는다. 성당 건축 언어들이 스스로 성당 건축물을 이룬다. 왕궁과 성(城)은 정치의 '성속(聖俗)=집' 이다.

예표, 미술적 상상력

구약성서의 인물과 사건들(type)이 신약의 그것(anti-type)을 상징적으로 미리 표현한다는 예표론(typology)은 신약이 구약의 실현이라는 주장을 뒷받침하려는 초기 기독교 신학의 어수룩한 단순화지만 미술적 상상력을 크게 자극한다. 아니, 예표론 자체가 미술적 상상력의 소산인지 모른다. 3세기 초, 최초의 '예표론적' 삽화가 요나를 '착한 목자' 의 예표로 설정, 죄와 구원의 원리를 상징화한 이래 '예표 삽화들' 은 이탈리아와 스페인에서는 별로였지만, 중세 초기 영국과 프랑스에서 상당 정도 유행하고 14세기에 이르면 북유럽 대부분에 전파되고 중세 후기 독일에서 한데 묶인 예표 삽화들은 책 삽화에서 중요한 역할을 수행하게 된다. 하지만 중요한 것은 예표 삽화 '작품들' 이 아니라 예표적 상상력과 미술의 관계다. 신이 최초의 인간 아담을 흙으로 빚어내는 장면은, 물론 그리스 프로메테우스 신화를 전용한 것이지만, 더 근본적으로 자신의 재현 능력을 성화하는 '신=조각가' 를 형상화한 것에 다름아니다. 아담에게 생명을 주는 장면은 종종 신의 입에서 나온 빛이 아담의 코에 가닿는 것으로, 더 흔하게는 신이 손을 대는 등 단순한 축복 행위로 그려졌고 미켈란젤로의 그 유명한 〈천지창조〉에 이르러 아담이 신의 손가락 끝에서 발산되는 정기에 의해 생명을 얻는다. 이브 창조 장면은 초기 기독교미술에서 희귀하다가 9세기부터, 심지어 아담 창조 장면보다 더 빈번해지는데, 아담의 갈비뼈로 여성이 탄생하는 것을 십자가 처형된 예수의 갈비뼈-피에서 교회가 생겨나는 것에 대비시킨 예표론 때문이다. 유혹 장면은 기독교 초기부터 거의 일관되게 아담과 이브가 나무 양쪽에 대칭으로 서 있고 뱀이 나무를 휘감는 형용으로 아마도, 고대 근동미술에 공통된, 두 사람이 신성한 나무 양쪽을 지키는 소재에서 유래되었고, 신학적 전승에 따라 뱀이 종종 여자 머리를 했으며, 아담과 이브는 대체로 천사가 든 불타는 칼에 내몰려 천국에서 쫓겨난다. 아브라함은 주로 세 가지 사건이 '예표론적' 로 해석된다. 첫째는 살렘의 왕이자 대사제 멜기세덱과의 만남(창세기 14장 18~24절). 멜기세덱은 로트를 잡아간 사람들을 물리친 아브라함에게 빵과 포도주를 제공하는데 이것이 성체 배례의 예고편으로 해석되었다. 5세기 성모마리아대성당 모자이크에서는 아브라함이 말에 올라탄 상태고, 6세기 라벤나성당 모자이크는 성체 배례와 유사성이 더욱 명시적이고, 12세기 클로스터 노이부르크 수도원, 니콜라 드 베르됭 에나멜 제단은 멜기세덱을 제단에 위치한 사제로 묘사하며, 15세기 이후 틴토레토와 루벤스에 이르기까지 아브라함은 종종 멜기세덱 앞에 서 있거나 무릎을 꿇는다. 두번째는 세 천사와의 만남이다(창세기 18장 1~16절). 세 남자가 아브라함의 텐트 앞에 나타나고 아브라함이 그들을 환대하고 고기를 대접하고 그들 중 한 사람이, 아브라함 아내 사라는 매우 늙었지만 아들을 낳을 것이라고 예언하는바, 초기 기독교, 비잔틴, 그리고 러시아 미술은 이것을 성 삼위일체의 상징으로 해석했고 서양의 경우 처음에는 수태고지로 해석했으나 훗날 반종교개혁 시기에는 자비의 세번째 일인 환대를 상징하는 것으로 여겨졌다. 초기 해석, 이를테면 5세기 성모마리아대성당 모자이크에서는 천사들이 식탁에 앉고 아브라함은 시중을 들고 사라는 한쪽에 서 있고 서양의 경우 종종 세 천사들이 아브라함 맞은편에 서서 수태고지 장면을 연출하고 훗날의 렘브란트, 무리요, 그리고 티에폴로의 해석도 이에 해당된다. 세번째는 아들 이삭을 번제물로 바치는 장면(창세기 22절)이다. 아브라함의 믿음을 시험하려고 하나님은 그의 아들을 제물로 바치라 명하지만, 정말 바치려고 칼을 든 그의 손을 천사들이 제지하고 아들 대신 양을 제물로 삼는다. 이 장면이 3세기 최초로 예표-미술화한 이래 중세 내내 그리고 그후에도 매우 대중적인 소재였던 것은 예수의 희생, '십자가에 못박힘' 을 예표한다고 여겼기 때문이다. 칼로 아들의 몸을 찌르려는 아브라함을 천사가 만류하는 클라이맥스 장면은, 다른 두 장면과 달리, 4세기부터 일관되게 똑같은 방식으로 재현되어 루벤스를 거쳐 블레이크에까지 이르렀고 1401년 피렌체세례당의 두번째 청동문 소재로 공개 응모되어 기베르티 안(案)이 뽑히기도 했다. 사자로부터 기적적으로 구출되고(다니엘서 6장 5~24절, 벨과 용 30~42절) 계시에서 어린 양을 보았으므로 예언자 다니엘은 가장 먼저 기독교미술에 나타나는 소재 중 하나이고, '사자 우리 속 다니엘'은 '무덤 속 그리스도'와 부활의 이미지로 해석되며 2세기 로마 카타콤 프레스코화에서는 다니엘이 두 팔을 올려 기도하는 모습이고 가장 빈번한, 디나엘이 양옆에 사자를 거느리는 대칭형 배치는 동양에서 유래했다. 종종 하박국이 땅과 물고기를 가져다주는 것으로 묘사되는데 6~7세기 상아 상자 장식 그림에서는 천사가 그를 다니엘에게 인도한다. 성체 배례의 예표로 여겨지는 대목이다. '사자 우리 속 다니엘'은 루벤스를 거쳐 19세기(들라크루아, 1849)까지 이어졌다. 이 밖에도 예표의 사례는 숱하고숱하다. '예표적 상상력'은 양적인 단순 대비에서 시작되어 결국 구약(구체-역사-자연주의적)과 신약(추상-일상-신비주의적)의 거대한 변증법을 '성(聖)-육-예술'화하는 미술적 상상력으로 자체 변혁된다.

신약은 '육체의 신비'가 충만하건만 정작 예수의 육체에 대해 언급이 없고, 회화가 개입하고픈 대목이겠지만 당시 기독교는 유대교 전통을 이어받아 예술적 육화에 적대적이었다. 3세기가 되기 전까지는 성스러운 모노그램('결합문자'), 어린 양, 물고기 등 상징물로만 예수를 '그릴' 수 있었다. 최초의 인물 표현은 220~240년경 루키나 카타콤의 '어린 양을 어깨에 멘 예수'. 그러나, 여기서 더 중요한 것은 카타콤이고, 회화 대신 건축이 개입하는 과정에서 예수의 몸이 무덤으로 되는 대목이다. '착한 양치기' 주제는 초기 기독교 회화에서 보편적으로 적용되다가 5세기 후반 라벤나, 갈라플라키디아 영묘 모자이크에서 최상의 표현에 달하지만 여기서도 중요한 것은 영묘, 즉 무덤이다. 영묘, 마우솔레움, 일반명사가 된 무덤이라. 여러 겹으로 건축의 개입이 점점 더 강해진다. 원래 건축 지향적이었던 로마 미학이 기독교를 통해 더 강화된다. 그리고 조금 늦게, 음악의 개입도 근본적인 것으로 된다. 예수 십자가 죽음(crucifixion)은 예수 육체와 무덤과 성당 건축물의 변증법을, 당혹시키면서, 좀더 극적으로 심화했다. 십자가 처형이 종종 초기 기독교인들을 조롱하는 소재로 동원되었기 때문에 사태는 더욱 복잡했지만, 그럴수록 더욱 건축이 개입했고 건축과 음악의 관계가 더욱 밀접해졌다. 십자가 죽음을 최초로 표현한 것은 4세기, 예루살렘 외곽 골고다언덕에 콘스탄티누스황제의 어머니 헬레나가 교회를 세웠다는 전설을 묘사한 로마 바실리카의 성녀 푸덴치아나 모자이크 속 맨 십자가 상징이다. 5세기 초부터 예수가 십자가에 놓인다. 양 손과 발 네 곳에 대못이 박힌 자세로, 허리 싸개(perizonium)만을 몸에 걸친 채. 두 눈은 열려 있고 고통의 표정이 없다. 건축과 음악이 자체심화로써 개입할밖에 없는 대목이다. 6세기부터 예수는 긴 튜닉 차림으로 위용을 자랑하기 시작한다.

세속, '에로틱'

680년 무렵 더로우수도원에서 제작된 복음서 『더로우서書』는 아일랜드 채식예술 황금기를 알리는 최초 사례다. 과감하고 정교한 엇갈림무늬가 장식의 대종을 이룬다. 복음사가들의 상징은 각각 인간/천사, 황소(누가), 사자(마가), 독수리(요한)다. 네덜란드의 한 마을 교구 축제에서는 마을 수호성인 성조지상이 주점 문 앞에 내걸리고 청년들이 칼춤을 추고 교회 마당 벽 바깥에서 성조지와 용 이야기를 다룬 대중극이 공연되고, 익살광대극 공연을 위해 부스가 세워진다. 15세기 후반 발둥의 한 목판화는 젊은 아내가 한 손으로는 연인에게 정조대 열쇠를 건네주고 다른 한 손으로 남편의 전대에서 돈을 훔치는 장면을 그리고 있다. 조토우 파두아, 아레나예배당 프레스코화 〈최후의 심판〉(1303~1310) 중 '저주받은 자들'은 각자 죄를 범한 신체 부위(혀, 머리카락, 그리고 남녀 성기)를 매달린 꼴로 고통받고 있는데, '성적(性的)'인 것은 물론, 마조키스틱하다. 보카치오 『유명 인사 사례들』 프랑스 번역판에는 시칠리아 왕 윌리엄 3세가 눈알을 뽑히고 성기를 거세당하는 장면까지 나온다. 베리 공작 달력 『매우 풍요로운 시절』(1485년경)

중 연옥 삽화는 부드럽다. 오른쪽 아래 알몸의 여자가 묶여 있고, 악어와 다른 짐승이 그녀를 습격하지만 전체 분위기는 조토보다 훨씬 더 부드럽고, 천사들이 알몸의 여자들을 구원하기도 한다. 기독교 성상이나 도화에는 무용 장면이 좀체 나타나지 않고, 르네상스 화가들이 기댄 '그림의 원천' 중 하나는 창세기의 '황금송아지 숭배' 장면이었다. 고대문명 여러 군데서 비슷한 광란의 춤들이 보인다. 립피 그림 〈이집트 수소-신 아피스 숭배〉(1500년경)는 고대부터 이집트 멤피스를 중심으로 행해지던 숭배무용의식을 재구성한 것인데, 아피스 숭배는 워낙 널리 퍼져 프톨레마이오스왕조 및 로마 지배자들이 공식 인가를 내주었을 정도다. 샤르트르성당 본당 회중석 바닥 미로는 365개의 흑돌과 백돌로 만들었고, 무용 행렬을 이루어 어느 선을 따라가든 가운데 예루살렘에 도달한다. 유럽 도시에는 일찍부터 베네치아 성마가광장 같은 대규모 광장이 숱하게 있어, 세심하게 안무된 종교-야외행렬극을 연출할 수 있었다. 벨리니 그림 〈성마르코광장 진정한 십자가 성 유물함 행렬〉(1469)을 보면 행렬은 성마가성당과 총독 관저 사이로 솟아나와 정면에서 돌고 있으며, 정면 중앙에 성 유물함이 차양으로 가려진 채 운반되고 있다. (피터르) 브뤼헐 〈사육제와 사순절의 전투〉는 흥청망청 노는 사육제에서 참회와 금욕의 사순절로 급격히 분위기가 바뀌는 정황을 빗댄 알레고리다. 포도주통을 타고 앉은 뚱보가 제멋대로 노는 바보들을 이끄는데, 수퇘지 구이를 꿴 쇠꼬챙이를 들고 있다. 그에 맞서 착한 사순절 군대를 이끄는 것은 늙은 할망구. 그녀의 무기는 약소하게 청어 두 마리를 올린 부삽이다. 멀리서 보면 사육제 군단은 춤추는 사람들의 원(圓)이다. 사순절을 여자 역할 남자로 표현했고, 머리 위에 놓인 벌집으로 보아 그는 일종의 형벌제의로 이 역할을 맡았다. 1348~1351년 유럽 전역을 휩쓸며 인구 3분의 1 이상의 목숨을 앗아가게 되는 '검은 죽음(흑사병)' 창궐 초기 참회의 채찍질 행렬이 유럽 대륙과 영국에서 나타났다. 15세기의 한 성무일과표 삽화에서 다윗왕이 훔쳐보는, 목욕중인 바스세바는, 놀랍게도, 선사시대 여인처럼 다리가 가늘고 길며, 어깨가 좁고 엉덩이가 넓고, 배가 부풀었다. 보슈 〈세속적인 환락의 정원〉(1500)은 성이 노골적이면서 노골성 자체가 중세적이다. 여성 누드의 육체 균형뿐 아니라 육체에 대한 태도까지 중세적이다. 알몸의 상태가 찬란하기는커녕 비참하다. 반면 보티첼리 〈비너스의 탄생〉(1478)은 보슈 작품에 완벽하게 결핍된, 육체에 대한 (르네상스) 미학적 자신감이 충만하면서 훨씬 덜 성적이다. 에로티시즘이 승화된 것. 중세 프랑스 익살광대극 중 가장 유명한 〈피에르 파텔렝 선생〉(1465년경)은 못된 변호사 파텔렝이 상점 주인 기욤을 속여 옷감 한 단을 슬쩍한 후 죽어가는 시늉을 하고, 아내 기요메트는 방문 앞에서 남편 기욤과 담판을 벌이는 내용이다. 14세기 이탈리아 세밀화 〈음악과 그 수행원들〉은 보에티우스 수학이론을 도해 설명한다. 중앙의 음악은 '운반 가능한' 오르간을 연주하고 주변 사람들이 중세음악의 주요 악기 몇 개를 연주하는데, 깽깽이, 살테리움, 류트, 탬버린, 딱다기, 백파이프, 쇼옴(툼소, 오보에 전신), 네어커(북), 그리고 트럼펫 등이다. 쇼옴은 아마 이슬람 초기 중동에서 발전했을 것이다. 비슷한 악기를 지금도 아시아와 북아프리카에서 볼 수 있다. 쇼옴은 국가 무도회와 전례행사, 그리고 사냥 전에 연주되었다. 허디-거디는 11~12세기 성직자들이 합창-학교에서 노래를 가르치는 데 쓰던 악기로, 한 사람이 핸들을 구부려 바퀴를 돌리면 바퀴가 현을 켜고, 또 한 사람은 키를 돌린다. 노팅햄의 설화 석고 장식판은 부활한 예수와 잠이 든 세 명의 병사를 새겼는데, 아마 예배극의 한 장면일 것이다. 1547년 프랑스 북부 발랑시엔시 수난극은 예수가 십자가를 지고 가는 장면에서 예수 시체를 무덤에 안치하는 대목까지 공연했고, 무덤은, 예수 부활을 연기할 배우가 대기하고 있을 정도로 넓었다. 15세기 빈, 성스테판성당에서 공연된 수난극 중 예수가 환전꾼들을 성전에서 몰아내는 장면을 그린 그림이 있는바, 이런 장면은 관객들이 난폭하게 또 야단법석으로 끼어들 여지가 많았고, 여러 예배극에서 발견된다. 16세기 플랑드르 보슈 계열 화가가 그린 〈지옥으로 내려간 그리스도〉는 중세 무대를 차용, 지옥 입구를 표현하고 있다. 중세 악마 티롤의 가면은 동물 두상에 굽은 뿔과 당나귀 귀가 달렸다. 16세기 플랑드르 아기 예수 탄생극 장면이 남아 있는데, 세 명의 현자가 각각 향료, 황금, 몰약을 들고, 흘러내리는 의상과 머리장식이 약간 동양풍이다. 16세기 시골 장터 이동식 무대에서 공연되는 익살광대극은 불시에 돌아온 남편에게 마을 사제와의 불륜 현장을 들키는 아내를 소재로 하기 일쑤였다.

중세 누렘베르크 푸주업자 길드 회원들은 매년 성회(聖灰) 수요일 전 삼 일 동안 봄을 맞는 춤을 추는데, 이 행사의 중심은 종종 나무였다. 나뭇가지 위에 걸린 거울들이 태양을 비춘다. 영국 로빈후드극처럼 단 한 명의 상징적인 처녀가 필요하며 목마도 로빈후드극과 유사하다. 농부가 올라탄 양은 길드의 상징이며, 춤을 이끄는 자도 양을 쳐들었다. 갈라진 무대와 회전침대 등은 '익살극'에 필수적이다. 5월제 기둥춤은 기독교 이전까지 거슬러올라가는 유럽 춤 중 하나다. 유럽의 가장 유명한 사순절 이전 사육제 중 하나가 11세기 말 베네치아에서 유래했다. 다른 도시와 마찬가지로 참석자들은 모두 가면을 썼고 귀족과 평민이 자유롭게 또 호시탐탐 뒤섞였다. 15세기에 이르러 사육제 클럽들이 생겨나고 회원들은 밝은색 양말로 자신의 소속을 나타내게 된다. 베네치아 사육제는 반(反)종교개혁 중 보다 질서 있는 형태를 띠었고 나폴레옹이 1797년 베네치아 공화국을 점령했을 때 금지되었다가 1950년대에 이르러서 되살아났다. 브라질 리우데자네이루 사육제의 직접 원천은 란초, 1월 6일('왕들의 날') 동방의 현자 세 명의 베들레헴 여행을 기념하는 행렬이다. 크리스마스와 연관이 없어지고 사순절 이전 날짜로 옮겨지면서 브라질 흑인들이 삼바(장식음-동작이 매우 정교한 4분의 2박자 춤. 원형은 막간 독무가 있는 앙골라 원무 셈바)를 더했고, 동네별로 사육제 삼바 행렬을 조직하는 용도의 '삼바학교'들이 생겨났다. 금세기 초 브라질 정부가 가난한 흑인 동네 삼바학교들의 참가를 막고 경찰들이 몽둥이를 휘두르며 '문란한' 춤 행렬을 해산시켰으나 1935년, 정부는 삼바학교를 공식 사육제 기구로 인정하고 삼바학교들은 악기 사용과 사육제 전체 알레고리 주제를 정부의 통제에 따르는 절충이 이루어지면서 전체 얼개가 매우 조직적이면서도 개인의 '기량 과시'가 가능한 리오의 현대판 사육제가 탄생한다. 모든 삼바학교의 꿈은 사육제의 절정인 정부 후원 삼바경연대회에서 일등상을 차지하는 것이다. 중세희극은 추켜올려진 부스에서 시인(혹은 그 대역)이 피리 반주에 맞추어 텍스트를 낭송하고, 가면 쓴 무언극 광대들이 춤추며, 원형극장이므로 배우와 관객 사이 경계가 없다. 1140년대 말 힐데가르트 수녀 알레고리극 〈덕의 위계질서〉에서 '성(聖)'은 머리가 셋이고(삼위일체), '정의'는 드높이 섰으며, '지혜'는 텍스트를 들었고, 복음사가 네 명을 포함한 12명의 사내가 교회의 상징인 탑을 짓는다. 브뤼헐의 중세 성경극 그림을 보면 부활의 묘지 위에 믿음을 의인화한 알레고리-여성을 위치시켰고 그녀 머리에 율법 판석을 놓고 손에 복음 이야기를 들렸다. 성경극에서 무대 소품들은 엄청난 정서적 영향력을 발휘한다. 가시면류관이 씌워진 십자가, 베로니카의 손수건, 창과 스펀지, 세 명의 마리아가 무덤에 가져온 기름단지, 그리고 그리스도가 묶였던 기둥 꼭대기 채찍 등이 보인다. 헤로드왕이 죄 없는 사람들을 학살하는 것을 감독하다가 자신의 아들도 사고로 학살당한 것을 알게 되고, 지옥의 불길이 그를 기다린다. 이것은 성경에 없는 이야기지만 중세 극작가들이 즐겨 다뤘다. 1460년경 푸케 그림을 보면 중세 프랑스 (성인) 종교극 〈성아폴로니아의 순교〉 야외공연은 추켜올려 고정시킨 무대장치로서 여섯 채 '집들' 이 동시적으로 있다. 사다리가 천국을 플라테아(연기 공간)와 연결하고 지옥은 2층인데, 위에 악마들이 있고 아래는 지옥 입구다. 하나님 얼굴은 그리지 않았고 악마 얼굴은 어리석음의 가면 밑에 애매하게 표현했다. 책과 지휘봉을 든 극작가(혹은 무대감독)가 악마를 쳐다보고 지휘봉으로는 숨겨진 신성을 가리킨다. 바보의 항문은 세계가 지옥 입구를 통해 쓰레기를 배설한다는 것을 암시한다. 성아폴로니우스는 치과의사의 수호성인이다. 중세 프랑스 북부 발렌시엔시 연작 신비극 〈아기 예수 탄생〉 중 네번째 날을 그린 푸케 그림도 있는데, 요셉의 침실, 사원, 그리고 헤로드의 옥좌실은 연극 무대장치고 여관과 마구간은 신고전주의 예술 관습을 따랐다. 공연에 필요한 무대 산, 허공에 뜬 천사, 움직이는 별들이 특이하다. 우리는 멀고 가까운 위치들을 왔다갔다하는 지속적인 운동을 보게 된다. 1517년 공연 그림을 보면 무대장치는 천국(평화, 자비, 덕, 그리고 정의에 둘러싸인 하나님), 다목적 방, 나사렛의 마리아 집, 정원, 사원, 예루살렘의 문, 궁정(그 밑에 감옥), 주교궁, 예루살렘의 황금문(마리아 부모가 만난 곳), 갈릴리 바다, 구약 인물로 채워진 연옥, 지옥의 입구와 운명의 바퀴. 용이 악을 쓰고 악마와 불덩어리가 보이는 지옥을 동시 포괄한다. 연극은 사방에 관객을 두고 공연되었을 것이다. 중세 루체른의 부활절극 무대는 유다가 자살하는 나무, 최후의 만찬장, 감람산, 천국, 십자가에 못박힌 예수, 작은 뾰족탑이 달린 제단,

사원 본당 회중석을 둘러친 낮은 벽, 채찍질 장소, 라자루스가 부활하는 무덤, 그리스도의 무덤, 턱을 닫은 지옥 입구 등으로 구성된다. 동쪽은 건물 면모를 사용하고 서쪽은 무대가 분수를 포괄하게끔 지어졌다. 플랑드르 화가 마부세 〈헤라클레스와 데이아네이라〉(1517)는 북유럽 르네상스 미술 특유의 어색한, 중세적 에로티시즘을 보여준다. 독일 화가 발둥 〈알레고리〉(1514～1515) 또한 어색한 그만큼 중세적인 에로티시즘을 보여준다. 팔다리가 길고 머리가 작고 젖가슴이 되바라지고 배가 부드럽게 부푼, 선정적인 여성 누드는 폰텐블로파 에로티시즘의 전형으로 미켈란젤로, 특히 메디치예배당 조각 〈새벽〉을 연상시키지만 노골적인 쾌락을 위해 중후를 벗었다. 제2차 폰텐블로 파 〈에스트레의 가브리엘과 빌라르 백작부인〉(1594년경)에서 보듯 16세기 프랑스 화가들은 여성들이 함께 목욕하는, 종종 레즈비언적인 소재를 즐겨 다루었다. '에스트레의 가브리엘' 은 영국 왕 헨리 4세의 정부였다. 프랑스 시인-음악가로 세속극장을 일찌감치 변혁시킨 아당 드 할레(1240～1285)는 생애가 알려지지 않은 대신 전설이 꽤 많다. 그의 악보는 몇 세기 동안 도서관에 방치되었다가 근래 들어 각광을 받고 있다. 한 중세 삽화는 아담의 몸에서 태어나는 이브의 몸을 뱀과 비슷하게 그리고 있다. 아니 뱀이 이브인지도 모른다. 15세기 화가 고에스 〈타락〉에서 뱀은 이브의 변형이고 여성성 자체다. 기독교는 지혜의 상징인 뱀을 악마로 전락시켰다. 영국 왕 '사자 심장' 리처드 1세는 불가침의 성의(聖依)를 입고 제3차 십자군전쟁을 떠났지만 1192년 성의를 빼앗기고 수년 동안의 포로생활 끝에 엄청난 보상금을 내고 풀려났다. 마법제의는 기독교 이전 풍요종교의 잔재다. 1574년 요한 라세르 학교 연극 장면 스케치를 보면 장터에 세웠을 야외 플랫폼 무대의, 커튼을 친 부스와 관객 삼면 배치 방식 등이 테렌티우스 무대와 유사하다. 성난 가정교사가 아이를 때리려는 것을 어머니가 말리는 동안 둘째 아이는 어깨에 가방을 메고 슬그머니 빠져나간다. 독일 초기 극작가-대가수 작스(1494～1576)는 구두수선공이었다. 중세 궁정춤은 뾰족한 슈즈 '크레코오스(크라코우풍)' 를 신고 백파이프와 쇼옴 반주에 맞추어 경쾌하게 추다가 13세기 말부터 우아하고 느린 춤동작에 맞는 쪽으로 의상이 바뀌기 시작한다. 헤메센(1519～1560) 〈상처를 드러내는 슬픔의 그리스도〉는 순교와 수난의 에로티시즘이라 할 만하다. 플라치 〈여자 마법사〉(16세기경)는 정교한 섹스-마법의식을 준비한 상태고, 상대가 문을 열고 들어서는 중이다. 아일랜드 풍요의 신 셀라-나-기그는 11~14세기 교회에서 발견되지만 음부가 강조되고, '남근'과 마찬가지로, 불운을 물리친다고 믿어졌다. 1340년 무렵 아일랜드 엘리성당 면계실 부조는 남녀 한 쌍이 몸을 공 모양으로 합친 후 계속 구르는 '페탕귀외으 놀이'를 새겼다.

프랑크왕국, 서양의 시작

고울 청동달력은 일력과 월력을 겸하며, 일 년 12개월에 한 달 29일 혹은 30일이다. 켈트 신화 속 말(馬)의 여신 에포나는 물과 풍요, 그리고 죽음과 연관이 있다. BC 13세기 덴마크 트룬트홀름의 금칠한 태양 원반은 하늘 및 계절 풍요 숭배와 연관이 있다. 태양마차 주제는 선사시대 켈트 미술에서도 등장한다. 켈트 신 핀은 손가락을 자신의 '지식의 이빨'에 대기만 하면 마법의 지혜를 끄집어낼 수 있고, 바퀴 신은 태양과 계절 순환을 상징한다. 멧돼지는 켈트 신화의 주요한 상징으로 많은 경우 등뼈가 치솟은 형태다. 디아르메이드는 등뼈에서 독을 뿜어내는 멧돼지를 사냥하다가 치명적인 상처를 입는다. 켈트인은 BC 1000년 무렵부터 대륙에서 철기문명을 이룩했고, BC 600년 무렵과 BC 400년 영국으로 건너와 높은 문명을 전하고 성채를 구축했다. BC 75년 무렵 마지막으로 벨기에에서 잉글랜드로 건너온 켈트인은 이미 로마문명과 접촉한 경험으로 남잉글랜드에 벨기에 출신 켈트족 국가를 건설하고 화폐도 사용하였다. 갈리아 원정에 나선 로마 장군 카이사르는 BC 56년과 BC 54년 두 차례에 걸쳐 이들 토벌에 나섰으나 실패하고, 이 무렵 로마인들이 이들을 브리튼으로 불렀던 것이 오늘날 영국의 별칭 브리타니아('대브리튼섬')의 기원이다. 브리타니아가 로마 속주로 된 AD 43년 이래 토지세와 공납 징수조직이 확립되고, 122~127년 하드리아누스황제가 장성을 구축하고 북변 방위와 관세 징발에 나서며, 142~143년 더 북쪽에 안토니우스 피우스 황제의 장성도 구축된다. 각지에 로마식 도시가 건설되고 군사 산업용 도로도 부설되지만 로마는 켈트인과 브리튼인 생활 속으로 깊이 침투하지 못하다가 4세기부터 게르만계 침입에 시달리더니 5세기 초 군대를 철수하고, 얼마 안 되어 각지에 켈트적인 브리튼문명이 부활하고 5~6세기 이주한 앵글인-색슨인-주트인의 '앵글로-색슨' 시대, 혹은 7왕국 시대가 열린다. 7왕국 중 켄트 국왕 에셀버트는 최초의 색슨 법전을 펴냈고, 머샤 국왕 오파는 화폐를 발행하고 방벽을 쳤으며, 노섬브리아왕국은 그리스도교 국가로 발전, 비스코트, 베다, 알킨 등 석학을 배출하였다. BC 10세기 이래 켈트족이 살던 서유럽 지역을 로마인들은 '갈리아'라 불렀는데, 대개 오늘날 프랑스 영역과 겹친다. 기사와 성직자 등의 지배층과 무장할 수 있는 일반 자유민, 그리고 노예의 목축 및 원시 쟁기 농경사회를 이룬 켈트족은 여러 전사단으로 나뉘어 살았고 BC 1세기 세력이 약화하던 중 로마 파견 총독 카이사르가 BC 58년 정복을 시작, 팔 년 동안 지배했고 그후 켈트족의 정치조직을 이용한 로마 통치가 70년~2세기 말 안정을 누리며 특히 로마풍 도시문명이 발달했고, 1세기 말부터 그리스도교도 이곳으로 들어와 심한 박해를 받으면서도 도시 중심으로 세력을 넓히지만 3세기 중반부터 로마 내란과 게르만족 침입으로 혼란에 빠지고, 4~5세기 게르만족 대이동, 5세기 중반 서로마 멸망을 겪으며 켈트 사회가 해체되고 갈리아가 프랑크족의 지배를 받게 됨으로써 갈리아로마 문화와 게르만 문화가 융합, 여러 게르만계와 켈트계, 이베리아계, 리구리아계가 혼혈한 프랑스인의 프랑스 문화가 형성되었다.

서쪽 게르만인 중 프랑크족('자유인')은 원래 소부족이 많았으나 4세기 초부터 1)살리족('소금인', 라인강 하구에서 북브라반트까지), 2)리부아리족('강사람', 쾰른 중심 라인강 유역), 3)상('위')프랑크족(헨센 지방의 3부족)으로 정리되다가 5세기 초 살리족이 서쪽 스헬데강까지 퍼지던 중 브뤼셀 부근 데스파르궁 메로빙거 가문의 클로비스 1세가 살리족을 통일하더니, 곧이어 리부아리족과 상프랑크족까지 병합, 5세기 말 프랑크왕국을 세운다. 486년 루아드강 유역 로마인 세력을 멸망시키고 500년 무렵 부르군트왕국, 서고트왕국을 쳐서 갈리아 지방 대부분을 통일했다. 496년 정통 아타나시우스파 그리스도교로 개종, 로마

가톨릭교회와 로마인 귀족의 지지를 이끌어낸 클로비스 1세는 포교를 명분으로 다른 게르만 부족을 정복, 그가 죽은 후 왕국이 프랑크족 관습에 따라 네 아들에게 분할 상속되고, 형제들이 대외적으로 협력하여 프랑크왕국의 영토를 넓혀갔으나 동시에 분할국들의 사이의 이해 다툼으로 왕국이 분열과 재통일을 거듭하면서 메로빙거왕가는 명목상 751년까지 유지되지만 실권을 분국 재상에게 빼앗기게 되고, 특히 아우스트라시아 재상직을 세습하던 카롤링거 가문이 크게 일어나, 688년 이 가문 출신 (중)피핀이 프랑크왕국 전체 재상에 오르고, 그 아들 카를 마르텔이 732년 스페인으로부터 북상하던 이슬람 세력을 투르-프아티에 전투에서 무찌른 후 실질적인 프랑크왕국 지배자가 되며, 751년 그의 아들 (소)피핀이 급기야 쿠데타를 감행, 스스로 왕에 올라 카롤링거왕조 시대를 열고, 로마 교황이 그의 왕권을 승인하며, 피핀의 아들 카를(샤를마뉴, 카롤루스)대제 통치 아래 프랑크왕국은 전성기를 맞는다. 카를대제는 영토를 서쪽 피레네산맥, 동쪽 엘베강, 북쪽 흑해 연안, 남쪽 이탈리아 중부까지 확장, 서유럽 대부분을 정치적으로 통일했고 800년 로마 교황 레오 3세가 그를 로마로 불러 황제에 임명했으며(이것은 동로마에서 분리된 '서유럽=서로마'의 부활을 뜻한다), 그는 고전문화와 그리스도교, 그리고 게르만 민족정신을 한데 아우르는 '카롤링거 르네상스'를 실현하기도 했다. 프랑크왕국 시대는 서유럽 중세의 준비기이자 독자적인 프랑스 사회 형성기였다. 초기 프랑크족, 즉 북갈리아족은 라인강 하류 지역을 근거로 한 소수 군사지배족에 지나지 않았고, 당시 경제 문화 중심지 남갈리아는 여전히 로마인 대토지 소유자가 우세하였으나 7~8세기부터 북갈리아가 농업기술 개혁을 통한 농업 생산을 바탕으로 목축경제를 벗고 농업경제 사회로 넘어가고, 그 최초 단계가 바로 고전장원이다. 궁정재상(majordomus) 마르텔이 이슬람 침입을 막은 것은 알프스 이북 내륙 지역에 서유럽 사회 성립을 가능케 했으며, 아들 (소)피핀이 메로빙거왕조를 무너뜨린 것은 로마 교황의 양해하에서였고, 그에 대한 보답으로 그가 이탈리아 랑고바르드를 원정, 라벤나 부근 토지를 교황에게 바친 것이 교황령의 시초다. 로마교회와 프랑크왕국의 상호원조를 극대화하면서 카를대제는 반고대적인 중앙집권형 관료국가 실현을 꿈꾸면서도 기존 귀족세력을 봉건제도 아래 재편성, 이후 각국 봉건법의 기초를 만들게 된다. 게르만족 대이동 이후 혼란을 최초로 수습한 서유럽 게르만 통일국가로서 프랑크왕국은 유럽의 문화적 정치적 통일을 실현했으며 중세 여러 제도 및 그리스도교 문화의 모태로 작용했다. 프랑크왕국의 가장 중요한 행정조직 그라프샤프트는 로마 말기 행정구 키비타스를 모방한 것으로, 그 지역 장관 그라프('백')는 원래 도시방위군 지휘관이었으나 후에 행정-사법 기능도 겸하게 되며, 메로빙거왕조 초기에는 국왕이 임명권을 장악했지만 7세기 초 귀족이 임명권을 독점, 영주화하며, 메로빙거왕조 말기 봉건화를 극복하기 위해 카를대제는 아우스트라시아 출신 측근을 그라프로 파견하고 순찰사를 정기적으로 보내는 등 중앙집권화를 꾀했으나 카롤링거왕조 말기에 이르러 왕권이 약화, 그라프의 지방호족화 경향을 막지 못하고, 그라프샤프트는 점차 해체되었다. 프랑크왕국의 확대로 옛 로마계 및 비프랑크 게르만계 주민이 포함되면서 사회 구성이 다양해진다. 남갈리아에서는 카비타스 행정구가 그대로 유지되고 사회구조도 대토지 소유자, 중토지 소유자, 소작인의 세 계층으로 이루어진 반면, 북갈리아는 프랑크족 자유인과 비자유인, 그리고 로마계 지주(포세소레스) 세 계층이었으며, 라인강 동쪽은 귀족, 자유인, 비자유인이 기본이었다. 프랑크왕국 경제 기반은, 남부를 중심으로 상품-화폐경제가 어느 정도 유지되었으나, 카롤링거왕조 시대 경제 중심이 지중해 연안에서 북갈리아로 옮겨감에 따라 '농업 위주'가 더욱 굳건해진다. 철제 농구가 보급되고, 수레에 말을 매는 방법이 알려지고, 개방경지제도와 삼포농업에 따른 집촌이 생겨나 농업생산력이 크게 상승하며, 원래 전사 성격이 강했던 게르만계 자유인 계층이 대거 농민화, 중세 봉건제 성립을 재촉하게 된다. 로마제도와 게르만 부족 주종관계가 결합, 왕이 귀족에게 봉토-작위를 주는 방식으로 자신의 권위를 세우는 봉건사회가 탄생한다. 클로비스 1세는 개종을 통해, 피핀은 교황령 기증을 통해 로마교회와 밀접한 관계를 맺어 부족 분립을 극복하려 했고, 랑고바르트의 침입과 동로마제국의 대립에 직면했던 로마교회 또한 강력한 세속권력이 필요했지만, 이 정황이 봉건제를 오히려 강화하게 된 것이다. 카를대제 사후 그의 왕국은 다시 세 손자들에게 분할 상속되어 중부제국(로트링겐, 부르군투, 북이탈리아), 서프랑크왕국(훗날 프랑스), 동프랑크왕국(훗날 독일-오스트리아)으로 나뉘게 된다. 바이에른 국왕에 오른 손자 루트비히 2세(843~876)가 843년 베르덩조약으로 북독일을, 870년 메르센조약으로 로트링겐을 합쳐 동프랑크왕국을 건설한다. 상속을 둘러싼 분열을 거쳐 손자 아르눌프(887~899)가 전 독일 부족 왕에 오르고 아르눌프 아들 루트비히 3세(900~911)의 사망으로 동프랑크왕국 카롤링거 왕조는 끊어진다. 동프랑크왕국은 자립적인 게르만 부족 국가들의 연합에 머물다가 936년 왕위에 오른 작센가 출신 2대 왕 오토 1세(936~973)가 친척과 지인을 유력 부족 대공(大公)으로, 증설된 교구 주교와 수도원장을 백작으로 봉하는 등 봉건지배와 제국 교회 정책을 취하다 962년 로마에서 황제 대관식을 치름으로써 (독일 민족의) 신성로마제국으로 된다. 오스트리아는 오토 1세가 956년 마자르인을 격파하고, 카를대제의 옛 오스트마르크를 재건, 신성로마제국의 일부로 한 지역이다. 972년 비잔틴제국 황제의 조카딸 테오파노와 오토 2세가 결혼, 비잔틴 황제도 신성로마제국을 인정하며, 사촌 바이에른공과 왕위 다툼에서 승리한 오토 2세는 976년 바이에른에서 오스트마르크를 분리, 바벤베르크가에 변경 영지로 하사한다. 신에 대한 봉사와 황제에 대한 봉사의 일치를 요구한 신성로마제국은 분립주의를 억누르려는 것이었으나, 곧 안팎으로 많은 문제가 생겨난다. 유력 상급 귀족들이 궁정에서 멀어져 영주화하고, 로마교회가 세속권력의 간섭과 성직 매매에 크게 반발하며, 사태는 프랑스 클뤼니에서 일어난 교회 개혁운동의 영향을 받은 독일 영주 수도원의 교황 직할령 선언에서, 독일 영주들의 지원을 받은 교황 그레고리우스 7세의 황제 하인리히 4세(1055~1106) 파문, 그리고 황제가 북이탈리아 아페닌산 카노사성으로 교황을 찾아가 눈 속에 사흘 동안 선 채 용서를 빈 후 겨우 파문을 면제받는 '카노사의 굴욕'에 이르면서 일단 황제권의 패배로 끝나고, 이런 상태에서 1095년 교황 우르반 2세가 십자군 원정을 선포하지만, 호헨슈타우펜왕조(1138~1208년, 1215~1254년)가 들어서면서 다시 황제권과 교황권의 다툼이 시작되고, 그러는 동안 동방 식민을 통한 경제 발전을 꾀하던 바벤베르크 군주들이 황제와 교황 사이 다툼을 틈타 세습을 관행화했다. 영국 왕 리처드 1세, 프랑스 왕 필리프

2세와 함께 제3차 십자군 원정에 참가한 신성로마 황제 프리드리히 1세(1152~1190)는 부족 대공권을 해체해 '황제=제국'의 권위를 높이는 한편 일정 영역을 지배하는 제후한테 그 지역 귀족 통제권을 부여, 연방군주봉건제를 이루고, 바벤베르크는 세습공령으로 정식 승격되는데, 이것은 13세기와 더불어 시작된 온난화로 귀족과 수도원 주도 대개간 시대가 와서 방목지 개간을 통한 목축전업화(농업과 목축업의 분업)가 이뤄지고 지방시장이 형성된데다 삼포식 농법 보급으로 주곡 생산성이 높아진 데 따른 귀족의 영주화 결과, 즉 자유세습지에 건설한 성채를 중심으로 귀족이 지방시장까지 지배하게 된 결과로, 독일-오스트리아가 영국 및 프랑스와 달리 왕권 강화로 가지 못하는 원인이 된다. 신성로마제국은 1870년까지 이어지며, 독일-오스트리아 자본주의 발전을 크게 가로막는다. 1246년 프리드리히 2세가 헝가리와의 전쟁에서 사망한 후 신성로마제국은 한참 동안 황제를 선출할 능력이 없었다(대공위시대).

음악, 수와 성속 역사를 능가하는 양자 사이

작곡, '음악의 세계' 사에 동참하다. 연주, 음악의 개인사에 동참하다.
지휘, '음악=세계'를 내다.

세계와 우주의 조화와 질서, 그 아름다움이 창조주를 찬양한다(유대인), 수성, 금성, 우리의 지구, 우리 몸의 달, 화성, 목성, 토성, 천왕성, 해왕성, 명왕성, 이 천체들, 별들, 신화 '이야기=주인공'들은 조화로운 거리와 속도로 자전-공전하면서 천체들의 음악을 이룬다(그리스인). 옛날 사람들은 그렇게 생각했다, 아니 마음의 귀로 듣고 마음의 두뇌로 계산하였다. 수와 이야기의, 과학과 예술의 행복한 공존의 명징화. 외적인 조화가 내적인 조화의 총천연색을 이룬다. 그것이 화성이다. 중국 음악은 천체들의 음양오행을 유현화한다. 유현은 깊어지며 총천연색을 유현화하고, 그윽하고, 검고, 다시 그윽하고, 검고, 검은 '색'마저 사라지고, 펼쳐지지 않는 채 출렁이고, 그러나, 그러므로 무한한 삶과 유한한 죽음의 조화가 언뜻, 눈동자 반짝이고 농현, 떨리는가 울음, 우는가 동시에 흐느낌의, 단아함? 단아함. 그것은 죽음의, 고요의, 번개 같은 가시화? 그렇게, 화성이 사라진다. 깊게, 깊다. 깊을 뿐이다. 깊다. 깊을 뿐이다. 깊고 또 깊다. 그렇게, 음악의 생애가 음악 속으로 사라진다. 서양음악 화성 이야기는 총천연색 이야기다. 고대 이집트인들에게는 종교음악과 세속음악이 모두 하이('즐거움')였고 히에로글리프로 '꽃을 피운 향기로운 연꽃'이었다. 화성은 음악이 보이는 것과 들리는 것을 혼동-포괄하면서(특히 오르간!) 태어나 음악의 생애를 살찌워간다. 의상이 생애로 되는 이야기가 형식을, 장르를 만들며 음악이 인간 생애를, 음악사가 역사를 명징하게 포괄한다. 그러나 그 명징성은 다시, 죽음의 가시화. 음악은 본능적으로 조화를 지향한다. 음악 자체는 육체가 아니지만 몸은 음악의 것이며, 일체성과 속의 몸이 음악의 것이고 그렇게 음악의 몸이 흐르고 끊임없이 성과 속의 몸이, 부조화의 몸이, 비화성의 몸이, 음악화하고, 그렇게 새로운 내용과 형식이, 장르가, 다성음악이, 소나타가 드러나고 발전하고 사라지고 그 이야기 자체가 다시 음악으로 되고, 걸작 연습곡이 태어난다. 그것이 음악의 '이야기'다. 상대성 이론보다 수천수만 년 전 음악이 이미 시간과 공간의 상대성을 가시화한다. 눈에 보이지 않지만 그만큼 공간적 상상력이 풍부한 음악의, 눈에 보이지 않는 시간을 가시화하는 음악의, 몸이다. 화음은 수직의 시간, 화성의 시간-공간을 상상하고 선율은 수평의 시간, 사상의 시간-공간을 상상하고, 벌써, 음악의 '이야기=세계'는 상상보다 더 다차원적이며, 구체적이다. 태초 시간-공간의 합으로 출발, 시간-공간을 가장 명징하게 구분하면서 구분을 또한 가장 뚜렷하게 겹치는 음악. 인간이 시간-공간을 관념화하는 순간 가장 아름다운, 관념의 지극성으로써 관념을 갈기갈기 찢고 그 상처를 스스로 아우르는, 액체 빛을 발하는 음악. 모든 음악의 걸작은 그 과정을 품으므로, 스스로 음악이 탄생하는 과정이다. 서양음악의 태초라고 부를 만한 로마가톨릭 제례음악 〈그레고리오 성가〉가 특히, 가장 명징하게 그렇다. 정말 그 안에, 예수의 생애와 죽음, 그리고 그후의 길이 다 보인다.

〈그레고리오 성가〉, 꿈을 닮은 샘물

〈그레고리오 성가〉는 교황 그레고리오 1세가 성령 인도에 따라 그 선율과 가사를 받아적었다는(구전), 혹은 지방마다 제각각 부르던 시편 창이나 찬송가를 집대성했다는(설) 것과 연관이 있지만, 실제로 완성된 것은 그보다 200년이 더 지난 800년경 프랑크왕국 상부가 하부로 왕국 내 정치와 종교의 결합 형식을 강제하고, 하부가 상부로 그 내용을 강제한 것의 음악적 표현이자 결과다. 예수 사망 직후 사도들이 부르던 노래, 예멘과 칼데아 지방, 이집트-시리아에서 밀라노-로마까지 전파되면서 발전한 노래들이 융합-삭제되고, 재창조된다. 세속을 성화하는 음악이 전쟁보다 더 많은 피를 흘리고 마시며, 성화한 세속이 예수를 위해 피를 흘린다. 그렇게 탄생하는, 예수의 혼탁한 고통의 육체를 씻어낸, 혼탁할수록 맑은 구원의 눈물을 닮은 액체의 무한한 펼쳐짐, 시간과 공간은 물론 삶과 죽음의 경계를 흐르며 양자를 성(聖)의 아름다움으로 포괄하면서 성(性)을 극복하는 액체성으로써 〈그레고리오 성가〉는, 역사의 본질에, 역사보다 더 가깝다. 그리고 종교의 본질에, 종교보다 더 가깝다. 음악의 눈으로 역사를 보면, 음악의 귀로 역사를 들으면 온갖 실존 인간은 예수며, 아직도 세속은 예수를 위해 피를 흘린다. 아니 그게 예수인가, 육체는 혼탁해질수록, 더 정결한 눈물을 낳을 것인가, 아니면 영영 틀려버렸는가, 아니 그게 예수인가?

〈그레고리오 성가〉는 라틴어 시편이 가사 중심이고 4선 보표 위에 네우마('신호')로 적혀 있다. 네우마는 자모처럼 몇 개의 기본 형태가 있고 임의로 분해-결합하지 못하며, 음자리표는 c와 f 두 가지고 절대음정이 아닌 상대음정을 표시, 조옮김이 부르는 사람 자유며, 음값은 원칙적으로 모두 같고(팔분음표), 리듬 기본은 강약, 박자는 2박자와 3박자의 자유로운 결합, 선율은 여덟 가지 저음계 교회선법 중 하나를 각 곡 첫머리에 아라비아숫자로 표시했다(홀수는 정격, 짝수는 변격). 거의 숫자의 도식화라 할 만하지만, 〈그레고리오 성가〉는 피의 시간과 공간, 음악사의 시간과 공간을 응축, 서양음악을 꿈꾸게 하는 동시에 그 꿈을 적시는, 진정 종교적인 위로와 자극의 장에 달했다. 그것은 앞으로 더욱 그럴 것이다. 숫자의 계단이 쌓아올린 음악의 계단이 이리 대단하다면, 음악의 계단이 또 한 번 길을 겪으면서 쌓아올릴 음악사의 계단은 정말 얼마나 더 대단할 것인가. 음악은 기억과 전망의 경계를 허물고, 전망 너머를 구현한다.

정작 그레고리오교황 당시까지 로마에서 불렸던 〈구로마 성가〉는 프랑크적인 요소를 흡수하면서 11세기까지 지속되지만, 선율의 유연성이 덜하고 맺고 끊음 구조가 덜 분명한 탓에 〈그레고리오 성가〉에 완전히 밀려난 후 전해진 선율이 별로 없다. 하지만 '지방' 성가들은 좀더 끈질겨서 밀라노 〈암브로시우스 성가〉, 스페인 〈모즈-아라비아 성가〉 등이 오늘날에도 인정받고 있으며, 〈그레고리오 성가〉는 원래 그냥 코랄레('성가')로 불리다가 종교개혁 이후 개신교 코랄레가 나오자 그것과 구분하기 위해 '그레고리오'가 붙였으니, 정작 '그레고리오 성가'라는 이름을 살린 사람은 루터다.

이슬람, 나이의 가르침

이슬람문화는, 사라센 문화 혹은 아라비아 문화라고도 하는데, 아라비아인을 주축으로 하고 이란 및 터키 인이 가세, 고대 오리엔트 이래 소아시아문명 전통을 계승하는 동시에 이란 및 그리스 문명까지 받아들인, 역사상 최초의 세계문화로서, 그 근간은 이슬람교와 아랍어다. 이슬람교는 스스로 유대교, 그리스도교 등 유대계 여러 종교를 완성시킨 유일신 종교라 자부한다. 유럽은 창시자의 이름을 따서 마호메트교, 중국은, 위구르족을 통해 전래되었으므로 회회교 혹은 청진교라 부르고 우리나라에서는 이슬람교 혹은 회교라 칭한다. 『코란』은 대천사 가브리엘을 통해 마호메트에게 계시된 유일신 알라의 말씀을 마호메트 사후 제자 및 신도 들이 정리한 성전이다. 예수는 하나님의 아들이 아니라 예언자 중 한 명이며 마호메트는 마지막 예언(완성)자라고 주장한다. 가르침의 정식 명칭은 '알 알 이슬람'. '유일 절대한 알라의 가르침에 몸을 맡긴다'는 뜻이다. 알라에 귀의하는 것이 '이슬람'이며, 『코란』의 모든 사항을 믿는 것이 '이만', '이만'을 지닌 사람이 '무민' 이며, 이슬람에 입교한 사람이 '무슬림' 이다. 가르침은 모두 명확한 아랍어로 계시되었고, 마호메트도 아랍어로 전달하였다는 점은 매우 중요하다. 이슬람 신앙은 3요소, 알라의 계시를 이해하는 1)지(知), 마음으로 알고 믿는 바를 말로 표현하는 2)신(言), 다섯 가지 의무(증언 혹은 고백, 예배, 희사 혹은 천과天課, 단식, 순례)인 5주(柱)를 열심히 실행하는 3)행(行)으로 이뤄진다. 공통의 생활 방식을 조성하는 이슬람법에 의하면 인간 행위는 크게 다섯 가지로 나눌 수 있다. 1)반드시 행해야 하며, 하면 보상을, 하지 않으면 벌을 받는 행위. 2)행하면 보상을 받으나, 행하지 않더라도 벌을 받지는 않는 행위. 3)해도 되는, 보상도 벌도 따르지 않는 행위. 4)바람직하지 못한, 벌이 따르지는 않지만, 그래도 하지 않는 편이 더 좋은 행위. 5)하면 알라의 벌이 따르는, 하면 안 되는 행위. 모스크(사원)는 이슬람교도 생활의 중심지 역할을 내내 하다가 튀르크족이 각지 지배권을 장악하는 11세기부터는 예배 장소로 그 기능이 한정되었다.

이슬람 성지 메카는 아라비아반도 중부에 위치한, 인도양과 지중해 사이 대상로의 요지였고, 5세기 말 부근 황야에서 들어온 코레이시족이 지배했으며, 마호메트는 그중 하심가에서 유복자로 태어났고, 얼마 후 어머니도 죽자 할아버지한테 맡겨졌다가 다시 숙부가 양육했다. 당시 메카에도 유대교와 그리스도교가 전해져 유일신 숭배자(하니프)들이 생겨났고, 마호메트가 하니프들의 영향을 받고 스스로 유일신 알라의 가르침을 아라비아 백성들에게 전할 자신의 사명을 확신케 된 것은 과부 하디자를 아내로 맞아들이고 나이 마흔을 넘긴 때였다. 하디자는 최초의 신자지만, 남편에게 물질과 정신 양쪽 면에서 커다란 도움을 주게 된다. 메카 선교 삼 년에 신자 40명, 10년에 백 명 등 교세가 미비한 터에 코레이시족의 박해가 날로 심해지자 마호메트는 622년 9월 메카 북방 4백 킬로미터 거리의 메디나로 옮기고, 신도들도 그를 따르는데, 이것을 헤지라('거룩한 옮김')라 하며, 이해가 이슬람력의 기원이다. 원래 어떤 명문 인사가 다른 유럽 부족에게 보호를 요청하며 그곳으로 옮기는 것을 헤지라라 불렀고 지금도 가끔 볼 수 있는 풍습이지만, 마호메트의 헤지라는 자신과 이슬람의 장래를 크게, 역사적으로, 또 획기적으로 바꾸어놓는다. 메디나의 협력자들(안사르)과 메카 출신 교도(무하지룬)가 힘을 합쳐 교단(움마)을 조직하고 이슬람교 시초를 이루더니, 마침내 국가로까지 발전했다. 630년 1월 마호메트는 메카를 정복하고, 얼마 후 아라비아인 태반이 이슬람교를 받아들이고, 유사 이래 최초로 아라비아 지역이 하나의 조직으로 통합된다. 마호메트의 이상은 이슬람 속에 평화로운 사회였다.

마호메트가 죽은 후 『코란』에 덧붙여 '마호메트의 언행'인 '수나'가 편찬되었는데, 이것을 이상으로 삼는 이들이 수니파고, 오늘날 이슬람교도 대부분이 수니파지만, 이슬람이 다른 여러 민족을 정복하면서 그들의 종교 및 사상과 격돌하는 와중 여러 유파들이 생겨났다. 7세기 중반 페르시아만 연안 뱃사람 혹은 장사꾼 중심으로 시작되어 오늘날 오만-동아프리카-북아프리카 등지에 아주 미약하게나마 잔존하는 하리지파가 첫 사례고, 마호메트 혈통이 딸 파티마와 조카 알리(4대 칼리프(이슬람 '군주=교황')) 사이에서 태어난 두 아들 하산과 후세인 둘로 나뉘면서 후세인 계열을 교주로 추대했던 세력 시아파가 이란 종교 색채를 섞으니 최초의 이단으로 분류되고, 신도 수가 전체 10퍼센트에 못 미치는 채, 숱한 지파-극단파로 갈리게 된다. '이슬람 신비주의'라 불리는 수피파는 원시 이슬람 사회 내 금욕과 고행을 유독 강조하다가 훗날 이슬람 신앙의 '형식-규범주의'에 대한 반동으로 그리스 사상과 유대교-그리스도교-불교 등의 신비주의까지 받아들이며 사상계의 일대 조류를 형성하게 된 것으로, 이슬람교가 기독교, 불교와 더불어 세계 3대 종교 중 하나로 발전한 토대 역할을 했다는 주장도 있다. 『코란』 이야기 하나.

서기 250년 에페수스의 기독교도 일곱 명이 황제의 박해를 피해 가까운 산 동굴에 몸을 숨겼다. 황제는 동굴 입구를 막아버렸다. 그들은 잠깐 잠이 들었는데 무려 187년 동안을 자게 되었다. 187년 뒤, 그 산을 물려받은 사람의 한 노예가 우연히 동굴을 발견하고는 돌을 치워냈고, 그때 그들이 잠에서 깨어났다. 그들은 그냥 몇 시간 동안 잤거니 생각했고, 그들 중 한 명이 먹을 것을 구하러 시내로 나갔다. 하지만 그는 그곳이 어딘지 알아볼 수가 없었다. 그의 옷과 말씨가 너무 옛날 투였으므로 이상하게 여긴 그곳 사람들이 그를 지방장관에게 데려갔고, 그제야 모든 일이 밝혀지게 되었다. 그때는, 황제가 죽고 기독교 박해가 끝나고, 기독교가 공인을 받은 때였다. 그 지방의 기독교 주교가 사람들을 이끌고 동굴로 갔다. 동굴 안 사람들은 모여든 이들에게 은총을 빌어주고, 이제까지의 얘기를 해주고는, 편안히 눈을 감았다.

이슬람 확장, 뒤늦은 젊음의 가르침

이슬람은 아라비아반도 밖으로 진출, 633~664년 시리아, 이라크, 북메소포타미아, 아르메니아, 이란, 이집트를 정복했으며 우마이야왕조 시대 지배력이 서쪽 북아프리카 대서양 연안에 달하더니, 711년부터 이베리아(에스파냐)반도에 침입했다. 피레네산맥을 넘어 프랑스 핵심 부분을 노리던 이슬람군 서쪽 날개는 732년 푸아티에 북방 전투에서 꺾이지만, 중앙아시아와 인도 북서부에 미치던 동쪽 날개는 751년 여름 탈라스강 전투에서 당나라 군대를 격파하고 중앙아시아 지배권을 확립한다. 약 백 년 동안의 아라비아인 칼리프 정권 전성기 이후 우마이야 일파가 이베리아를 독립시키고, 모로코, 튀니스, 중앙아시아, 동이란, 이집트도 독립 정부의 깃발을 올렸고, 이슬람의 주축이 바뀌게 되었다. 921년 이후 볼가강 중류 불가르족이, 960년 이후 천산남북로 튀르크(터키)족이 대량으로 이슬람교를 받아들이면서 이슬람 세계 패권이 서서히 튀르크족한테 넘어가더니, 10세기 말부터 아프가니스탄 거점의 튀르크계 가즈니왕조 마호무드왕이 인도를 공략, 이슬람화의 확고한 기반을 다지고, 10세기 말 중앙아시아로부터 아랄해 북동 해안으로 옮겨오면서 수니파 이슬람교에 귀의한 튀르크족장 셀주크의 셀주크튀르크족은 손자 투그랄 베크 대에 가즈니왕조를 무너뜨리고 이란 전체를 병합하고, 이라크를 점령하고, 1055년 바그다드로 쳐들어가 아바스왕조 칼리프로부터 '술탄'의 칭호를 얻으며 이슬람 세계의 새로운 지배자로 부상, 1071년 아르메니아 만지케르트전투에서 비잔틴 황제 로마누스 4세의 군대를 물리친 후 소아시아 지역 대부분과 시리아, 팔레스티나, 중앙아시아, 그리고 파티마왕조가 다스리던 이집트까지 점령하며 전성기를 맞는다. 11세기 말~13세기 말, 거의 두 세기 동안 10번에 걸쳐 벌어진 기독교-이슬람 세력 사이 십자군전쟁은 셀주크튀르크족에 의한 이슬람 확장에 따른 기독교 세력의 대응이었으며, 표면적으로는 기독교 성지 예루살렘 정복 및 성지 순례자 박해로 촉발되었고, 기독교 세력은 결국 예루살렘 탈환에 실패했으나 대셀주크왕조는 이 전쟁으로 국력이 쇠퇴하다가 11세기 말부터 정권 분쟁 및 분열을 겪고 1157년 멸망, 셀주크튀르크족의 이란 종주권이 끝나고 게르만, 시리아, 이라크 등지 독립 분파 정권들이 12세기에 모두 망하며, 마지막 소아시아 분파 정권은 몽골인의 서진을 힘겹게 막아내다 1307년 오스만튀르크족에게 항복한다. 740년 무렵 퍼지기 시작한 동아프리카 이슬람은 1010년 사하라사막을 넘어 나이저 강변 서수단 지방 흑인 왕국까지 세력권에 두게 되었다. 에스페니아반도의 운명은 달랐다. 그리스도교의 역정복이 시작되고, 711년부터 이베리아반도를 정복한 아랍계 이슬람교도, 무어인의 최후 거점 그라나다가 1493년 함락되고, 이슬람은 북아프리카로 후퇴한다. 그리고, 발칸반도의 운명은 또 다르다. 셀주크왕조 멸망 이후 급속히 세력이 커진 오스만튀르크족은 발칸반도로 진출, 1453년 콘스탄티노플 공략으로 비잔틴제국을 무너뜨리고 오스만튀르크제국을 건설한다. 인도 이슬람 세력은 말레이시아, 인도네시아, 필리핀 방면을 선교, 15~16세기 동남아시아의 광범한 지역을 이슬람화하였다. 오늘날 세계 인구 약 25퍼센트가 이슬람교도다.

이슬람문화, 근대를 여는 종합과 소통의 가르침

아라비아 무슬림은 옛 아라비아 전통문화를 갖고 반도에서 진출, 시리아와 이집트를 정복하면서 그곳의 비잔틴문화와 접촉하고, 시리아가 정치의 중심이던 우마이야왕조가 그리스 계통의 학문 및 예술을 받아들이면서 이슬람문화의 종합성이 발현되기 시작한다. 아바스왕조가 정치 중심을 이라크로 옮기면서 페르시아 계통 제도-문화 또한 흡수하고, 9세기 그리스 고전 연구와 번역 사업이 절정에 이르고, 특히 7대 칼리프 마문은 수도 바그다드에 아예 바이트알히크마('지혜의 관')를 세우고 그리스 철학, 천문학, 수학, 의학, 지리학 고전 번역을 독려했는데, 번역 사업에 공헌이 큰 것은 시리아인 네스토리우스파 기독교 신자들. 이들이 시리아어로 번역한 것을 다시 아라비아어로 옮기는 일이 많다. 문학은 그리스 고전 대신 사산왕조 시대 중세 페르시아어 작품 번역이 두드러지며, 이중 이븐 알 무카파 『칼리라와 딤나』('우화집')는 아라비아 산문 발전에 크게 기여했다. 가장 중요한 것은 『하자르 아프사나』('천일야화'), 즉 『아라비안나이트』 모체의 번역이다. 산스크리트어로 씌어진 인도 천문학, 의학 등 서적도 8세기 후반부터 번역되기 시작하였고, 그 중심에는 아바스왕조 초기부터 5대에 걸쳐 재상을 배출한 중앙아시아 출신 바르마크 가문이 있었다. 중국의 종이 제작 기술이 아바스왕조 초기 중앙아시아를 거쳐 들어왔으며, 중국 회화와 직물, 그리고 불교 사상도 전달되었다. 당시 외래문화에 대한 수용을 주도한 것은 합리주의를 중시하는 무타질라파였고, 마문은 이 학파의 보호자였다. 이슬람 세계는 '해가 뜨는 곳(마슈리크)' 뿐 아니라 '해가 지는 곳(마그레브)' 까지 지리적으로 포괄케 된다. 마슈리크는 이집트 이동의, 마그레브는 북아프리카 이서의 이슬람 세계를 부르는 호칭이었다. 다른 한편, 바그다드 거점의 아바스왕조에 맞서 에스파냐 코르도바를 수도 삼으며 8세기 후반 발흥한 후(後)우마이야왕조는 10세기 아브드 알라흐만 3세 치하에 전성기를 누리고 그의 후계자 하캄 치하도 번영기였으며, 그 후 재상 만수르가 1002년 사망 때까지 왕조의 권위를 지켰는데, 세 사람 모두 학문과 예술의 보호 및 장려에 힘쓴 끝에 서방 이슬람 세계도 탁월한 학자, 문인, 예술가를 숱하게 배출하고, 코르도바는 일약 서유럽 최대 도시이자 최고 수준의 문화도시로 떠오른다. 하캄 궁전 서고에 40만 권에 이르는 문헌이 모였고, 하캄은 그 문헌들을 즐겨 숙독하였다. 909년 튀니지에서 발흥, 이집트와 시리아를 정복한 파티마왕조도 학문을 중시하기는 마찬가지. 정복 직후 40개의 서고를 갖춘 도서관을 카이로에 세우고, 그리스 과학 문헌만 만 8천 권을 모았으며, 열람실과 강의실을 마련하고 학자들에게 연금을 주었다. 1031년 후우마이야왕조 멸망 이후 이베리아반도는 정치적 혼란과 문화적 백가쟁명의 소왕조 분립시대를 겪다가 1086년 이후 남부가 모로코 베르베르족의 무라비트왕조, 이어 무와히드왕조 지배하에 들어가는데, 둘 다 엄격한 수니파였으며, 1055년 부와이왕조를 밀어내고 바그다드를 장악한 셀주크왕조 또한 수니파 보호정책을 폈고, 파티마왕조는 1171년 수니파 아이유브왕조에 망한다. 그후 이슬람문화는 황금시대를 온전히 복구하지는 못하지만 마드라사('대학')들이 각지에 세워진다. 셀주크왕조 재상 물크가 바그다드 등에 세운 니자미야학원이 가장 유명하며, 파티마왕조 시기 카이로 아즈하르 모스크의 부설로 설립된 마드라사는 현존하는 세계 최고 대학이고, 이슬람 학문의 대중심지다. 13~15세기 일반적인 문화활동은 위축되었다. 무엇보다, 서양의, 민주주의를 통한 근대화-우위가 본격적으로 시작된다. 하지만 시리아의 이븐 타이야마, 튀니지의 이븐 할둔 등 거인들이 배출되고, 무엇보다, 서양 근대화의 가장 거대한 물적 토대 중 하나였던 신대륙 발견은 이슬람과학, 특히 항해 및 지도 제작술 없이 불가능했다. 대항해시대 선두주자 포르투갈과 스페인은 이슬람문명의 혜택을 가장 많이 본 유럽 지역이다. 16세기 오스만튀르크제국, 이란의 사파비왕조, 몽골 튀르크족의 무굴제국 등이 번영하면서 이슬람문화는 제2의 전성기에 들어서지만 근대과학과 엄청난 재부, 그리고 자본주의 욕망을 앞세우고 동진하는 서양 세력을 막기에는 역부족이었다. 아랍족은 이후 4백 년 동안 시름시름 쇠미기를 겪으며, 19세기 들어 서유럽에 자극되어 근대화 쪽으로 방향을 틀기 시작한다.

아랍, '에로틱'과 예술

이슬람교가 지배하는 아랍 세계는 다른 어떤 문명보다 더 금욕적이지만 그점이 오히려 매우 포르노적인 세속문화를 낳았다. 『카마수트라』와 비슷한 시기에 출간된 한 아랍 의학서에는 이렇게 씌어 있다. 처녀막을 파괴하는 행위야말로 가장 좋은 해독제 중 하나다. 끊임없이 처녀를 몽둥이로 쑤셔라, 그녀가 기절할 때까지, 그것이 강력한 우울증 치료제다. 모든 발기불능이 치유된다. 『카마수트라』의 '즐거운 고통', 본능과 예술-문화의 절묘한 조화에 비하면 이 과학적(?) 요법은 매우 병적(!)이다. 이런 상황에서 에로티시즘은 역시 예술을 통해 탈출구를 찾는데, 그 결과물이 우선 이슬람 문학의 총화로서 『아라비안나이트』다. 이슬람교는 어쨌든 기독교에서 파생했고, 10세기에 형태가 굳어지는 『아라비안나이트』는 특히 마호메트의, '연상의 돈 많은 과부'와 결혼을 매개로, '황금송아지'에서 파생했다. '황금 송아지' 이야기의 발단 혹은 얼개가 과도한 육욕으로 인한 (짐승으로의) 변형과, 인간 영혼의 발견을 통한 (인간으로의) 재변형이라면, 『아라비안나이트』의 발단-얼개는, 걸핏하면 남편을 오쟁이지우는 왕비(혹은 여자 일반)에 대한 왕(혹은 남자 일반)의 의처증이다.

인도와 중국의 섬들을 다스리던 술탄 샤흐리야르는 왕비가 부정(不淨)을 저지르자 새 왕비를 맞을 때마다 하룻밤을 지내고 죽여버리는 잔학한 '아내 순결 지키기' 행각을 삼 년 동안 계속한다. 이러다가는 처녀가 남아나지 않겠습니다. 그렇게 대신 아버지를 설득한 총명한 딸 세라자데는 왕의 하룻밤 제물로 나선 후 첫날밤에 새벽까지 흥미진진한 이야기를 해주고 아슬아슬한 대목에서 끝을 내니 왕은 결말이 궁금하여 세라자데를 하루 더 살게 해주고 세라자데는 같은 방법으로 다음 얘기를 아슬아슬한 대목에서 끝내고, 이야기 재미의 수준을 갈수록 올리고, 그런 식으로 1001일이 지나면서 그녀가 걷는 왕자 하나, 기는 왕자 하나, 그리고 품에 안겨 젖을 빠는 왕자 하나를 낳으니 왕은 비로소 의처증을 벗고 더 나아가 그녀의 지혜와 정절에 감동, 훌륭한 왕으로 거듭난다.

인도, 페르시아, 유다, 이집트, 그리스 및 아랍 지역을 떠돌던, 사실과 허구를 넘나드는 무한정한 이야기들이 두루 펼쳐지고 섞여들며 '1,001개의 이야기들' 각각을 구성한다. 사랑과 낭만은 물론 유머, 풍자, 해학, 그리고 음탕의 요소까지 풍부하게 갖추고 있다. 오쟁이진 남편, 게걸스런 성욕의 여자 등 에로티시즘 문학의 단골 등장인물들이 모두 등장한다. 알리바바와 '열려라 참깨', 알라딘과 마술램프, 선원 신바드, 마법의 말(馬) 등, 결코 잊지 못할 이야기들이 전설-초자연적으로, 혹은 귀족-낭만적으로, 혹은 음탕-풍자적으로 겹을 이루고, 모든 이야기들이 이슬람 종교 특유의 육감을 입는다. 의학서가 왜곡된 성으로 일반 질병을 치유해야 하는 극한 상황에서 예술은 '포르노가 아닌' '진정한' 에로티시즘으로 그 왜곡된 성을 치유한다. 이것은 물론, 순식간에 가능하지는 않았다. 『천일야화』 초판이 나돌기 시작한 것이 850년 무렵이고 『아라비안나이트』로 완성되는데 백 년 이상 걸렸고, 역질을 치유하며 완성되었으므로 당대 어떤 문학작품보다도 예술적 향취가 그윽하다. '소설=이야기'는 인간 본성의 잔학을 예술의 '잔학=아름다움'으로 다스리는 과정이다. 『아라비안나이트』는 그점을 말하고 형상화하며, 그렇게 고대 그리스 비극 탄생론이 천 년 이상 문명의 나이를 먹으면서 소설 탄생론으로 전화한다. 하지만 『아라비안나이트』는 동양화한 서양문명으로서, 이야기 상상력의 한 극점을 이루지만, 다시, 변증법의 유산은 남기지 못했다. 세라자데가 왕에게 들려준 이야기 한두 개.

왕의 세 아들이 모두 왕의 조카딸 공주과 사랑에 빠졌다. 왕은 자기에게 가장 놀랄 만한 물건을 가져오는 사람을 조카딸과 맺어주겠다고 했다. 첫째 후세인은 어디든 갈 수 있는 나는 융단을, 둘째 알리는 무엇이든 볼 수 있는 망원경을, 그리고 가장 어린 아메드는 그 향기를 맡으면 어떤 병이든 낫게 되는 마법의 사과를 얻었다. 세 형제는 약속했던 장소에서 만났다. 둘째가 망원경으로 보니 공주가 병에 걸려 죽어가고, 융단이 그들을 그녀에게로 데려다주고, 사과 향기가 그녀를 살리므로, 왕은 셋 중 누구를 딱히 고를 수가 없어서 활쏘기 시합을 시켰다. 아메드왕자의 화살은 너무 멀리 가서 보이지가 않고, 공주는 다른 왕자와 맺어지지만, 아메드왕자는 화살을 찾아나섰다가 중간에 만난 아름다운 요정과 사랑에 빠져 그 요정과 결혼한다.

신바드가 여행을 하다가 어느 섬에 도착했을 때였다. 웬 노인이 길가에 엎어져 있었다. 노인은 자기가 혼자 걸을 힘이 없으니 업어달라고 하였다. 그가 노인을 업자 노인은 갑자기 그의 목을 꽉 잡고 양다리로 그의 허리를 옥죄고는 그에게 찰싹 달라붙었다. 어찌나 힘이 센지 몸을 아무리 뒤흔들어도 떨어지지 않았다.

신바드는 포도주를 먹여서 노인을 취해 골아떨어지게 한 다음 떼어내서 죽였다.

이슬람 건축은 초기부터 벽토로 표면을 장식했는데(스투코, 치장벽토), 14세기에 무어인이 지은 스페인, 그라나다의 알람브라('붉은 집')궁전에서 최고의 예술성에 달한다. 붉은색 담장에 둘러싸인 알람브라궁전의 주요 구성 부분은 직각으로 맞닿은 장방형 궁전 두 채. 각각은 일련의 전당 및 방들로 열려 있다. 둘 중 규모가 작고 그만큼 정교한 쪽이 그 유명한 '사자들의 궁전'이다. 장식 격자(tracery) 머리(capital)를 한 기둥이 하나씩 둘씩 번갈아 아케이드가 둘러싸며 다엽(多葉) 아치를 높이 받쳐올렸고, 아치 윗벽을 뒤얽힌 스투코로 장식했고, 궁전 중앙에 사자들의 등으로 떠받친 분수가 있다. 스페인 이슬람 궁전이 대개 그렇듯 알람브라는 외양이 단순하고 내부 장식이 복잡-화려하다. 벽 아랫부분은 광택을 낸 타일(azulejos)과 모자이크(alicatado)로 처리했고 윗부분은 정교한 스투코로, 뒤얽힌 선무늬(arabesque), 꽃무늬(ataurique), 쿠피크체 프리즈 등 온갖 무어풍 장식들을 구사했다. 쿠피크체는 '글로 씌어진 하느님의 말씀'에 걸맞은 종교-부적 의미를 반영, 형태가 장엄하다. 그리고 그 위로 다시, 벌집형(stalactite) 둥근 천장. 금도금 및 채색으로 장려미가 극치에 이른다. 그렇다. 색이야말로 미술이 '제 안의 종교-마술성'을 극복하는 최종의 매개다. 알타미라동굴 발견은 무엇보다 미술의 발견이다. 그리고 건축사는 죽음을 잉태한 피라미드와 예술의 여신들을 잉태한 미술관을 늘 동반한다. 마술-종교사보다 훨씬 전부터. 어찌 색만 그렇겠는가. 모양이 그렇고 구도가 그렇고 구도의 모양과 색이 그렇다. '은매화궁'은 이슬람 건축의 장식, 특히 서예적 장식이 얼마나 뛰어난가를 보여주는 전범이다. 타일 패널, 조각으로 낸 입구, 스투코 사용, 그늘진 내실에서 나오는 궁형의 문간 등은 이슬람 건축의 탁월한 형태, 표면, 공간 처리 방식을 전형적으로 보여준다. 스투코 조각이 다양한 무늬를 반복하고 엇갈리게 함으로써 서예의 두 가지 목적(예술-장식과 종교교육)을 완벽하게 조화시키고 있다. 알람브라는 '시간의 보석'이라 부를 만큼 날이 갈수록 그 광채를 더하고 있다. 소아시아 이츠니크 도자기와 타일은 17세기 오토만 미술 중 가장 유명한 사례다. 기독교 성당과 교회가 내적으로 '사랑=죽음'인 예수의 육체를, 외적으로 성모마리아의 생애와 '하나님의 나라'를 형상화하는 공간이라면 이슬람사원은 '성=정치'의 '속=집'이라 할 만하다. 그리고, 아이를 낳다 죽은 왕비를 위해 무갈제국 황제(샤) 자한이 세운 영묘 타지마할에서 우리는 이란의 영향을 받은 인도 이슬람의, 종교를 능가하는 예술이 우아와 세련의 극치로써 죽음(의 상상)의, 시신의 썩은 내를 일체 씻어내고 죽음 자체를 아름다운 육체로 전화하는 광경을 목도하게 된다. 왕비 사망 이듬해인 1632년부터 22년 동안 국가 재정이 기울 정도의 거액을 들였고 제국 전체의 재보와 미술-공예품을 한데 모았다. 대문을 들어서면 길 중앙에 난 일직선 풀이 양옆 녹색 나무들을 비추고 우윳빛깔 대리석과 조화를 이룬다. 낮이면 그물 모양으로 쪼아낸 대리석 이중장치를 통해 들어오는 태양광선이 돔 내부를 비추고 달밤이면 타지마할의 외모는 아름다움이 배가된다. 타지마할은 '마할의 왕관'. 마할은 왕비 뭄타즈 마할이다. 샤 자신도 이곳에 묻혔다.

시크교는 힌두교 바크티(信愛) 신앙과 이슬람교 신비 사상을 융합한 것으로 창시자 나나크(1469~1539)가 『아디 그란트』 찬송가 대부분을 지었고 그 후계자 앙가드(1539~1552)는 시크 문학에서 쓰이는 구르무키체를 고안했다. 그 후계자 아마르 다스(1552~1574)는 결혼-장례제도를 개혁, 아내 순장을 금했고, 그 후계자 람 다스(1574~1581)는 시크교 성도 암리차르를 창건했다. 그리고 그 후계자 아르얀(1581~1606)은 1604년 『아디 그란트』를 편찬하였다. 이들이 시크교 1~5대 그루들이다.

앵글로색슨, 민족 문명의 끝 간 데

앵글로색슨족은 5~6세기 게르만 민족대이동 때 독일 북서부에서 브리타니아로 옮겨온 게르만족의 한 파다. 원래 잉글랜드 색슨인을 대륙 색슨인과 구별하기 위해 쓰인 호칭이지만 오늘날에는 노르만의 영국 정복 이전 영국인이란 뜻으로 쓰이고, 영국과 미국 국민의 중심을 이루며 앵글인-색슨인-주트인으로 나뉜다.

슐레스비하 지방에 앵글인, 홀슈타인 지방에 색슨인이 살았는데, 색슨인은 이미 3세기 무렵부터 엘베강-베저강 방면으로 진출하고 일부는 라이강 하류까지 이동한다. 문화와 관습이 비슷했던 앵글인이 일찍부터 합류했으며 브리타니아로는 부족 구별 없이 유력한 귀족의 지도하에 그때그때 이주했다. 스토트인과 픽트인 등의 침입으로 고통받던 잉글랜드 남동부 지방 브리튼인(켈트계) 수장이 앵글인(주트인)의 도움으로 침입에 대응하려다 오히려 그들에게 영토를 빼앗겼다는 이야기도 있다. 어쨌거나, 앵글로색슨족의 브리타니아 이주는 해적 스타일 침략이 아니라 1세기 반에 걸친, 인구 증가에 따라 저지 옥토를 찾아나선 민족 전체의 이동으로서, 한 집단이 침입하여 군사적 승리를 거두면 고향에서 처자를 불러들이는 식이었다. 로마 지배하에서 로마화하던 브리튼인은 앵글로색슨족 이주와 동시에 영향력을 완전히 잃고 여러 앵글로색슨계 부족들이 브리튼섬 동부 저지대로 들어가며 잇달아 작은 종국국가를 건설하였다. 토지는 공동소유였으며 일반 자유민을 기본 계층으로 하는 혈족공동체('메이즈')가 기본단위였다. 종족국가들은 베이던언덕에서 브리튼 왕 암브로시우스 아우렐리우스의 반격을 받고 웨일스로의 서진을 저지당하지만, 잉글랜드 북부와 중부에 앵글계 왕조 버니시아-데이라-머시아-이스트앵글리아를, 남부에 색슨계 왕조 웨식스-서식스-에식스를 세우고, 주트계 켄트왕국과 더불어 헵타카('7왕국') 시대를 이뤘으며, 상호 간에 혹은 서부로 밀려난 켈트인(웨일스인, '외국인')과 전쟁을 벌이며 패권을 다투었다. 앵글로색슨족 모두 최고신 보탄 등 게르만 신화(북구 신화) 신들을 믿었으나 6세기 말 전래한 로마가톨릭교회가 성장중이던 왕권과 손을 잡으면서 점차 그리스도교화하였다. 원래 책 표지의 일부였던 8세기 켈트족 청동장식판은 십자가 예수의 부드러운 얼굴 양옆을 무척 서투른 천사 둘이 지키고 그 밑에, 예수 양옆에 스테파톤과 롱기누스가 서 있는 장면을 새겼는바, 켈트 미술의 전형적인 모티프들이 뒤얽힌 것이다. 갈수록 강력해지던 웨식스 액버트왕이 9세기 전반 잉글랜드 전체를 정복하고 후반에는 알프레드대왕이 잉글랜드 통일에 거의 성공하지만 9세기부터 침략을 시작한 노르만인(데인인)한테 차츰 밀리더니 1016~1042년 데인왕 카누트(크누트) 및 그 후계자들의 지배를 겪게 된다.

알프레드대왕이 '앵글로색슨 연대기'를 편찬, 색슨 민족의식 고양에 힘쓰고, 에셀스탄왕(924~939)은 929년 무렵부터 '전 색슨인의 왕'을 자칭했으며, 이민족 침입이 없던 에드먼드왕 및 에드거왕 때 주군제를 실시, 잉글랜드 통일국가의 행정조직이 확립됐으나, 에셀레드 2세(978~1016) 때 데인족이 대규모로 침입을 재개한 것. 991년 강력한 군대를 이끌고 내습한 노르웨이 왕 올라프 1세를 매수하기 위해 켄터베리 대주교 등이 나서 땅 1하이드에 2실링씩 총 1만 파운드를 모으니, 이것이 토지세 '데인겔드'의 시작이다. 덴마크 왕 크벤의 둘째 아들 크누트는 1916년 웨식스군을 격파하고 잉글랜드 왕위에 올라 데인왕조를 열더니 덴마크와 노르웨이를 합친 북해제국을 건설하면서 잉글랜드를 엄격하게 통치하였다. 데인왕조가 3대로 끝난 1042년, 에셀레드 2세의 아들 '참회왕' 에드먼드(1042~1066)가 즉위, 노르만인을 중용하고 후계자 없이 노르망디공 윌리엄에게 왕위 계승을 약속하여 귀족들의 반란을 초래하지만, 도버 등 다섯 개 항구도시를 지정하여 잉글랜드 해안 방위에 임하게 함으로써 영국 해군의 기초를 닦았고, 그 뒤를 이은 웨식스 백작 해럴드 2세는 왕위를 노리던 노르웨이 왕 하랄을 격파했다. 그러나, 다시 왕위를 요구하며 영국에 상륙한 노르망디공 윌리엄과 헤이스팅스에서 싸우다 그는 전사하고, 1066년 말 노르망디공 윌리엄이 '정복왕' 윌리엄 1세로 노르만왕조를 열면서 잉글랜드 중세가 시작된다. 그리스-로마와 더 가까운 프랑스-독일-이탈리아보다 더 먼저 영국에서 민주주의 정치-경제혁명이 이뤄지는 것은 이 노르만 정복에 힘입은 바 크다.

앵글로색슨 미술은 주로 건축과 문서 채식(彩飾)을 통해 알려졌지만 주목할 만한 조각품도 전해진다. 1150년경 크리스토 강가(降架)를 주제로 한 상아조각이 특히 유명하다.

'중세적'과 '민족적', 그 사이 언어

중세는 '민족'이 형성되는 기간이다. 문학에서도 마찬가지. 서양 중세는 무엇보다 민족어와 민족문학이 형성되고 다듬어지는 시기다. 각 민족은 고유한 언어와 문학을 만들어가면서 민족으로 형성되어간다. 경제가 하부구조로 병행 혹은 선행하고 민족국가, 혹은 시민혁명은 그 기나긴 과정의 결과다, 혹은 과정으로서 결과다. '민족'과 '국가'가 'nation'이라는 단어에서 내용과 형식의 통일을 이룬다. 3~6세기 게르만족 대이동이 시작되면서 전형적인 '영웅시대'가 열리고 그때 생겨난 숱한 구전 전승을 바탕으로 여러 종류의 중세 서사시가 생겨났다. 『베오울프』는 모두 3,182행. 각 행이 두 부분으로 나뉘어 두운(頭韻)으로 연결된다. 초기 게르만 전승에 공통된 형식이다. 비유 대신 자연, 습관, 믿음 등을 반영하는, 두 단어로 구성된 복합은유(kenning)가 쓰인다. '바다'는 '고래-길', '왕'은 '반지-주는 자', '검'은 '전투-불꽃', '용'은 '보물-쌓아둔 자' 그런 식이다. 『베오울프』 이야기와 독특한 양식은 독일 본토와 스칸디나비아 전승에서도 발견된다. 주인공 베오울프는 아마도 남부 스웨덴 게아트족 출신일 것이다. 그리고 실제로 521년경 게아트족이 라인 지방을 습격하는데, 그때 게아트족의 왕 히겔라크가 베오울프의 삼촌이다. 정작 영국은 등장하지 않는다. 한마디로 『베오울프』는, 영국 최초 기독교 시인 캐드먼(?~680) 이래 기독교 세계관과 문화-예술로 포괄한 독일 본토 및 스칸디나비아 이교도들의 역사와 전승이다. 이 포괄이야말로 기독교가 전파되는 가장 문화적이고 '바람'직한 방법이었다. 덴마크 왕 흐로트가르의 궁정은 발틱해의 투박하고 강건한 분위기가 아니라 8세기 앵글로색슨 궁정 귀족문화에 더 가깝고, 룬(rune)문자의 마법에 대한 믿음, 독특한 장례의식, 위르드(wyrd, '운명')의 권력 등 온갖 이교도적인 문화가 인간에 대한 하나님의 권력, 천국과 지옥의 존재, 카인의 죄에서 그리스도의 희생에 이르는 성경 이야기 등을 매개로 기독교문화에 포괄된다. 『베오울프』의 저자는 베르길리우스 서사시 『아이네이스』를 비롯한 고전 서사 전통을 잘 알고 있었을 것이다. 그가 구사하는 여러 기법이 증거다. 하지만 주요 줄거리는 세 개의 민담. 덴마크족, 게아트족, 스웨덴족 사이 역사적으로 벌어졌던 야만적인 전쟁은 부수적이고 우연적인 비중을 차지할 뿐이다. 『베오울프』는 바야흐로 하부구조의 민중문화가 상부구조의 귀족문화를 포괄하려는 역사 단계를 서사시적으로 반영한다. 첫번째 민담은 힘이 장사고 수영과 씨름에 능한 베오울프가 덴마크를 거대한 괴물 그렌델로부터 해방시키는 줄거리다. 밤마다 흐로트가르 무리를 습격, 열에 한 명꼴로 잡아먹는 그렌델의 집게팔을 베오울프가 뽑아버린다. 두번째는 베오울프가 그렌델의 아내를 죽이는 내용. 첫번째 이야기와 밀접하게 연결된, 일종의 클라이맥스고, 세번째 이야기는 톤이 전혀 다르다. 베오울프는 이제 더이상 젊음의 영광을 위해 싸우지 않는다. 50년 동안 게아트족을 다스리며 평화와 번영을 이룩한 현명하고 나이 든 왕으로, 백성과 나라를 위해 전쟁터를 향하는 것. 이번의 상대는 불을 뿜는 용이다.

데네(덴마크) 왕궁 근처 늪에 사는 '카인의 후예'로 불리는 괴물 그렌델이 밤마다 왕궁을 습격, 신하들을 납치-살해한다는 이야기를 들은 바다 건너 이웃 나라 게아타스 무사 베오울프는 데네국을 찾아 괴물과 그의 어머니를 죽여버린다. 베오울프는 게아타스 왕이 되어 50년 동안 선정을 베푸는데 죄인 하나가 어느 동굴에 숨겨진 보물을 발견하고 훔쳐오니, 보물을 지키던 화룡이 크게 노하여 게아타스의 국토를 어지럽히고, 베오울프는 화룡과 싸워 물리치지만 그 자신도 화룡의 독기에 쏘여 사망한다.

국가의 탄생을 예언하는 베오울프의 죽음 장면이 숭고하다. 불타는 장작더미 위에 놓인 그의 시신 위로 숱한 애도사가 쏟아진다. 영광과 명예와 충성심의 베오울프 예찬에서 친절하고 온화하고 부드러운 베오울프 예찬으로 기조가 서서히 변해간다. 그렇게, 초기 게르만의 영웅 전사가 기독교 영웅으로 변해가고 그 와중에 민족국가의 미학이 탄생하는 것인지 모른다.

『천일야화』의 첫 아라비아판이 준비되던 무렵 고(古)중원 독일어로 씌어진 『힐데브란트의 노래』는 67행만 남아 있고, 역시 두운(頭韻) 형식이며, 명예를 둘러싸고 아버지와 아들이 벌이는 운명적인 결투를 다룬다. 게르만 전설에서 힐데브란트는 여러 모습으로 나타난다. 나이 든 전사, 마법사, 그리고 디트리히 폰 베르의 상담역이자 무기 사용법 교사 등등. 이 작품에서 그는 젊은 전사 하두브란트의 습격을 받고 그와 결투를 벌이지만, 하두브란트는 힐데브란트가 아버지라는 사실을 모르고 있다. 작품 끝 부분이 잘려나갔으나, 전체 분위기로 보아 힐데브란트가 자기 아들을 죽이는 것은 분명하다.

영국(어) 및 독일(어) 서정시는 그 출발이 프랑스(어)보다 늦었다. 반면, 프랑스어는 라틴어 어원으로부터 끝내 자유롭지 못하며, 향후 얼마 동안 영어는 보다 더 서정시적인 언어로, 독일어는 보다 더 형이상학적인 언어로 점차 발전해가게 된다. 프랑스어는 문화어로 발전을 계속한다. 돌이켜보면 『베오울프』와 『힐데브란트의 노래』는 민족어를 향한 영국과 독일 민족의 노력이 매우 필사적이었다는 반증이다. 왜냐면 고(古)프랑스어로 씌어진 중세 영웅서사시 형식 '샹송 데 제스트(chanson de geste, 영웅적 행위들에 대한 노래)'는 영국은 물론 독일보다도 3백 년이 지나서야 걸작을 탄생시킨다. 거꾸로, 혹은 조금 다른 식으로, 중세 서정시는, 음유시인에서 보듯 음악과 긴밀한 연관을 가진다. 아니 음악 속으로 소멸된다고 해도 과언이 아닌데, 서정시와 음악의 중세적 관계 속에서 영국은 강한 서정적 선율의 전통으로 오히려 서정시의 전통을 확립한 경우다. 중세를 벗어나면서 영국은 음악예술이 약해지는 반면 서정시 전통이 강한 나라로, 독일은 강한 음악예술이 언어를 철학의 영역으로 제한짓는 형국으로, 프랑스는 그 중간 형태로 되고, 그렇게 유럽 대륙 삼국의 문화예술적 정립(鼎立)이 완성된다. 영국을 서정시의, 그리고 서정적 선율의 나라로 특징짓게 할 전거는 10세기 말 이미 나타났다. 『액세터서』(975년경 베껴 씀). 고영어로 씌어진 시들을 모은 이 문서는 길고 짧은 종교시 외에 당시 유행하던 모든 앵글로색슨족 서정시, 즉 비가(悲歌)들을 수록하고 있다. '방랑자' '뱃사람' '아내의 통곡' '남편이 전하는 말' '몰락' 등, 수록된 세속시들은 쓸쓸함과 고독의 서정을 통렬하게 시화하고, 특히 '남편이 전하는 말'은 독창적인 형식과 정서 환기력이 놀랍다. 시적 화자는 나무막대기. 객지의 남편이 고향의 아내에게 보내는 전언이 그 위에 룬문자로 새겨져 있다. 나무막대기가 말한다. 나는 바닷가에서 묘목으로 자랐다. 내가 말을 하는 능력을 갖게 될 줄은 상상도 하지 못했다. 그런데 어떤 사내가 내 몸에 비밀전언을 새긴 후에…… 남편의 전언은 이렇다. 싸움에 휘말려 어쩔 수 없이 고향을 떠나왔으나 이제 새로운 땅에서 돈과 권력을 모두 얻었다. 당신을 기다린다. 이 시는 흡사 영국 서정시의 탄생과정을 그대로 시화하고 있는 듯하다. 그 밖의 수록작품 중 '위드지스(먼 나라 여행자)' 는, 아마도 7세기경 작품으로, 게르만 영웅시대 한 음유시인이 자신을 이상화한 자화상이다. 그는 여러 곳을 돌아다니며 가는 곳마다 환영을 받는다. 게르만 영웅시대 전설 주인공들의 업적이 마치 시로 쓴 인명사전처럼 적절하게 요약된다. 이 요약 또한 서정적 응축으로의 욕구를 반영한다.

『베오울프』의 고대영어와 그 (현대영어) 번역을 비교해보면 게르만어에서 영어가 발전해나오는 과정이 아주 뚜렷하게 드러난다.

(332)	oretmecgas æfter æþelum frægn:	asked of the heroes their home and kin	(344)	Wille ic asecgan sunu Healfdenes,	I am seeking to say to the son of Healfden
(333)	"Hwanon ferigeð ge fætte scyldas,	"Whence, now, bear ye burnished shields,	(345)	mærum þeodne, min ærende,	this mission of mine, to thy master-lord,
(334)	græge syrcan ond grimhelmas,	harness gray and helmets grim,	(346)	aldre þinum, gif he us geunnan wile	the doughty prince, if he deign at all
(335)	heresceafta heap? Ic eom Hroðgares	spears in multitude? Messenger, I, Hrothgar's	(347)	þæt we hine swa godne gretan moton."	grace that we greet him, the good one, now."
(336)	ar ond ombiht. Ne seah ic elþeodige	herald! Heroes so many ne'er met I	(348)	Wulfgar maþelode (þæt wæs Wendla leod;	Wulfgar spake, the Wendles' chieftain,
(337)	þus manige men modiglicran,	as strangers of mood so strong.	(349)	his modsefa manegum gecyð-ed,	whose might of mind to many was known,
(338)	Wen ic þæt ge for wlenco, nalles for wræcsiðum,	Tis plain that for prowess, not plunged into exile,	(350)	wig ond wisdom: "Ic þæs wine Deniga,	his courage and counsel: "The king of Danes,
(339)	Ac for higeþ-rymmum Hroðgar sohton."	for high-hearted valor, Hrothgar ye seek!"	(351)	frean Scildinga, frinan wille,	the Scyldings' friend, I fain will tell,
(340)	Himþa ellenrof andswarode,	Him the sturdy-in-war bespake with words,	(352)	beaga bryttan, swa-þu bena eart,	the Breaker-of-Rings, as the boon thou askest,
(341)	wlanc Wedera leod, word æfter spræc,	proud earl of the Weders answer made,	(353)	þeoden mærne, ymb þinne sið,	the famed prince, of thy faring hither,
(342)	heard under helme: "We synt Higelaces	hardy' neath helmet: — "Hygelac's, we,	(354)	ond þeþa ondsware ædre gecyðan	and, swiftly after, such answer bring

(343)	beodgeneatas; Beowulf is min nama.	fellows at board; I am Beowulf named.	(355)	ðe me se goda agifan þenceð."	as the doughty monarch may deign to give."

아서왕, 과거와 미래를 잇는 '이야기=희망'

아서왕은 6세기 무렵 켈트족 영웅이지만, 아서왕 '이야기'는 실존 아서왕보다 한참 뒤, 기독교 색채를 머금으면서 영국의 미래를 희망하는 이야기다. 즉 영국적이며 미래 지향적인 이야기다.

로마 조상 아이네이아스의 증손자 브루투스는 어머니가 그를 낳다 죽고 열다섯 살이 된 그가 사냥터에서 실수로 아버지를 죽이니 그가 자기 부모를 살해할 것이라는 예언이 실현되고, 이탈리아에서 추방된 그는 그리스를 떠돌며 트로이 출신 망명자 여럿을 이끌고 고울(프랑스) 지방을 거치면서 강력한 무리의 우두머리로 성장, 고울 북쪽 한 섬에 제2의 트로이를 세우고 자기 이름을 따서 브리튼이라 명한다. 브리튼은 브루투스 사망 후 내란이 잦다가 결국 로마에 정복당하고 오랜 세월이 흘러 로마문명화하는데, 400년 무렵 로마 군대가 본국 방어를 위해 돌아가자, 야만족들의 침입을 맞는다. 튜튼족이 벌써 고울 지방으로 이동, 브리튼족을 섬에 고립시켰다. 4세기 초 색슨인이 앵글인 및 주트인과 함께 브리튼섬을 침략하고, 콘스탄틴왕이 최초로 그들을 물리친다. 그의 두 아들 암브로시우스 아우렐리우스와 우터-펜드라곤왕의 주적 또한 색슨인이었다. 브리튼을 야만족으로부터 해방시킬 영웅을 우터-펜드라곤의 아들로 태어나게 할 생각이었던 마법사 머얼린은 우터가 노전사 콘월 공작의 부인 이그레인에게 첫눈에 반한 것을 알고는 우터의 얼굴을 콘월과 똑같이 만들어 그녀와 동침하게 하였다. 콘월은 전사하고 이그레인은 아서를 낳으며 요정들이 아서에게 기사 최고의 용기와 힘, 왕의 능력과 자비심, 만수무강 등 선물을 주고, 머얼린은 아서의 출생 성분을 속여 액터경에게 양육을 맡겼다. 아서가 열

다섯 살이 되던 해 런던 교회 마당에 칼이 깊숙이 박힌 바위가 나타난다. 이 칼을 뽑는 자가 영국의 합법적인 왕이다. 바위에는 그렇게 씌어 있고 그 칼을 아서가 뽑자, 브리튼 남부, 스코틀랜드, 아일랜드, 웨일스의 여러 귀족들이 코웃음을 치고, 아서가 칼을 다시 바위에 꽂으니 그중 누구도 뽑아내지 못하고 아서가 우터왕의 아들이라고 머얼린이 밝히지만 귀족들은 여전히 코웃음친다. 머얼린이 아서에게 말한다. 귀족들 앞에 당당히 나서라. 너의 큰아버지 아우렐리우스왕, 너의 아버지 우터왕은 내가 지은 거대한 스톤헨지에 묻혀 있다. 타고난 왕으로 약한 자에게 자비롭고 불의를 참지 못하며 강하고 지혜로운 전사였던 아서는 오 년 만에 브리튼 북부, 스코틀랜드, 아일랜드, 그리고 웨일스 귀족을 누르고 영국을 통일한 후 아이슬란드까지 병합한다. 하지만, 비극의 씨앗이 싹텄다. 그는 오크니 왕 로트의 비 마가우세와 사랑을 나누고 사내아이를 얻는데, 마가우세는 사실 이그레인과 공작 사이에 난 딸로서, 그의 씨 다른 누이동생이었다. 머얼린이 경고한다. 그 아이가 당신과 왕국의 모든 기사들을 해칠 것이다. 같은 시각에 태어난 귀족 사내아이들을 모두 모아 죽이라…… 머얼린의 경고와 권고에 따라 아서왕은 아이들을 모두 모아 바다로 떠나보내지만 아서의 아이는 서누언에게 구출되어 모드레드라는 이름으로 키워지다가 열네 살 때 로트왕궁으로 돌아와 로트의 네 아들과 함께 훈련을 받고 기사가 되었다. 아서왕은 어느 날 머얼린과 함께 걷다가 강력한 기사의 도전을 받고 결투에 나섰다가 의외로 연전연패하고 기사가 자기 칼로 아서왕의 창과 칼을 부수고 목을 내리치려 했다. 머얼린이 마법으로 기사를 잠재우는데, 이 기사가 바로 두 아들과 함께 아서왕의 충성스러운 기사가 되어 결국 아서왕과 운명을 함께하는 펠리노어경이다. 내게 칼이 없구나. 그렇게 중얼대는 아서왕을 머얼린은 '호수의 여인'에게 데려가고 여인은 호수 한가운데서 칼 엑스칼리버를 손으로 떠받쳐 아서에게 바친다. 칼날보다 칼집이 훨씬 더 중요하다. 칼집을 차고 있으면 피 한 방울 흘리지 않는다. 머얼린이 말했다. 왕비를 맞으라고 귀족들이 권하자 아서왕은 우터왕한테 전설적인 원탁을 선물받았던 카멜롯 왕 로드그랜스의 딸, 영국에서 가장 아름다운 여자 기네비어를 택한다. 그녀가 랜슬럿경과 사랑에 빠질 것이라고 머얼린이 경고하지만 아서왕은 그 말을 무시하고, 아서왕과 기네비어는 카멜롯성에서 장엄한 결혼식을 올렸다. 로드그랜스는 아서왕에게 원탁과 백 명의 기사를 선물하면서 말했다. 원탁에는 우두머리도 말단도 없다. 기사들이 동등한 자격으로 회의를 한다. 원탁에는 모두 150명이 앉을 수 있었고 기사가 자리에 앉으면 신기하게도 그의 이름이 새겨졌다. 아서왕과 원탁의 기사들은 카멜롯성을 중세 이상향으로 건설해가고, 대외 정복도 순조로워 노르웨이와 덴마크에 이어 로마 속령 고울까지 점령했고, 로마 황제가 고울 점령을 비난하면서 조공을 요구하자 로마 정벌까지 감행, 중간 고울 지방에서 사람 5백 명 이상을 잡아먹은 거인을 물리친다. 랜슬럿경이 전투에서 가장 두각을 나타냈고, 아서왕 조카 가웨인경은 첫 전투에서 심한 부상을 입고도 계속 싸웠다. 만여 명의 로마군이 죽고 숱한 로마군이 포로로 잡히며, 랜슬럿경은 포로를 파리로 압송하던 중 로마 황제가 특파–매복시킨 병사 6만 명의 습격을 받지만 6대 1의 수적 열세에도 불구하고 전투를 승리로 이끌며 곧 이은 결정적 전투에서 아서왕이 심각한 타격을 입지만 엑스칼리버를 꺼내어 로마 황제의 목을 치고, 로마 상원의원 60명과 로마 동맹국 왕 20명을 처형케 한다. 그리고 말한다. 이것이 내가 로마에 바칠 수 있는 유일한 조공이다. 아서왕은 로마 황제 자리에 오르지만 기사들과 함께 영국으로 발길을 돌린다. 위대한 영광과 명예를 성취한 것으로 족하다. 하나님을 시험하는 것은 현명치 못하다. 그는 그렇게 말했다. 제1의 원탁 기사로 빠르게 부상하면서 랜슬럿은 왕비 기네비어와 사랑에 빠진다. 랜슬럿은 기네비어를, 기네비어는 랜슬럿을 세상 어느 누구보다 사랑했다. 하지만 기네비어에 대한 랜슬럿의 충성심, 그리고 아서왕에 대한 기네비어의 충성심은 결코 변치 않았다. 어느 날 랜슬럿이 나무 밑에서 설핏 잠이 들었다 깨보니 네 명의 여왕이 그를 붙잡고 다그친다. 당신은 기네비어만을 사랑한다던데, 우리 중 한 명과 결혼하든지 죽든지 둘 중 하나를 택하라. 랜슬럿이 답했다. 죽는 쪽을 택하겠다. 하지만 그 전에 나를 잠시 놓아다오. 기네비어왕비께서 그분의 주인 아서왕한테 진실되다는 것을 우선 증명해 보일 것이다. 그렇게 그는 기네비어의 명예를 자신의 목숨보다 소중히 여겼다. 그가 틀에 박힌 마상 무기 겨루기 대신 영광스러운 모험을 즐기며 겁탈당할 뻔하던 처녀를 구하고 거인 쌍둥이를 해치우고 그들에게 칠 년 동안 잡혀 있던 여인 60명을 구해주니 귀족 및 다른 기사 들은 물론 일반 백성까지 그를 최고의 기사로 칭송한다. 궁정에 소문이 자자하자 그는 여러 여인들과 사귀는 척하면서 기네비어의 명예를 지켜주려 하지만 오히려 기네비어의 질투를 사고 랜슬럿을 내친 기네비어는 자신도 랜슬럿만 사랑하는 게 아니라는 것을 과시하기 위해 연회를 열고 여러 기사를 초청하는데, 그중 한 명이 그만 독이 든 사과를 먹고 즉사하자 기사들이 사실 규명과 왕비 처벌을 요구하고 아서왕은 고민 끝에 선포한다. 15일 후 시합을 열 것이며 그때까지 왕비를 옹호하는 기사가 없으면 그녀를 불태워 죽이리라. 궁정을 나와 은자와 더불어 살던 랜슬럿이 그 소식을 듣고 익명의 기사로 나타나 왕비를 옹호하니 아서왕이 반기고 기네비어는 그에게 못되게 군 것을 뉘우치는데 카멜롯성에서 한바탕 시합을 벌이자며 아서왕이 함께 가자 해도 기네비어는 몸이 아프다며 궁정에 남고 랜슬럿도 옹호 시합 때 다친 상처로 가지 못하여 둘만 궁정에 남게 되니 사람들이 다시 수군대고, 할 수 없이 랜슬럿이 변장을 하고 아서왕 반대편으로 참가하는데 기네비어의 질투가 또다시 문제를 일으킨다. 랜슬럿은 원래 어떤 여자의 징표도 걸치지 않는 것으로 유명한 기사인데 변장을 했으니 아무 여인 것이라도 걸치지 않을 수가 없고, 그것을 안 기네비어가 자신의 징표를 걸치라고 성화를 해대어 할 수 없이 그녀 말대로 했다. 가웨인이 그를 알아보고 아서왕에게 시합을 져주라 하고 부상자가 많이 날 것을 우려한 아서왕은 권고를 따르지만, 가웨인의 동생 아그라베인과 모드레드가 두 사람 일을 아서왕에게 일러바친다. 전부터 두 사람 일을 알았으나 두 사람 모두 잃을 것이 두려워 모르는 척했던 아서왕이지만 랜슬럿이 기네비어의 증표를 정말 걸치고 있는데다 두 기사가 완강하게 채근하므로 아서왕은 왕이 사냥을 나가 밤을 지새우는 동안 아그라베인, 모드레드, 그리고 12명의 기사들이 랜슬럿과 왕비를 감시한다는 계획을 허락하고, 꼼짝없이 덫에 걸린 랜슬럿은 모드레드를 뺀 모든 기사들을 죽이고 기네비어에게 함께 브리튼을 떠나자고 한다. 하지만 왕비는 거절한다.

더이상 왕국에 폐를 끼칠 수는 없습니다. 그리고 부탁한다. 만일 화형을 당하게 될 경우 구해주십시오. 랜슬럿이 맹세를 하고 둘은 반지를 바꿔 낀다. 랜슬럿이 가족, 그리고 자신을 따르는 기사들을 모아놓고 말한다. 아서왕이 나를 죽이려 했고 내가 그의 기사들을 죽였으니 곧 전쟁이 일어날 것이다. 아서왕이 분명 기네비어왕비를 화형시키려 할 것인데 나는 그녀를 위해 싸우고 그녀가 그녀 주인에게 진실되었음을 선언하려 한다. 모드레드한테서 보고를 받은 아서왕이 탄식한다. 원탁의 우애가 영원히 깨져버렸구나! 많은 숭고한 기사들이 랜슬럿 편을 들 것이다. 아, 왕관이 원망스럽다! 가웨인이 말리지만 아서왕은 왕비 화형을 명하고 가웨인이 집행을 거부하자 가웨인의 어린 두 동생 가레트와 가헤리스에게 다시 집행을 명하니 두 형제는 왕의 말에 복종하지만 찬성하지는 않는다는 뜻으로 무장을 푸는데, 기네비어가 화형장으로 끌려갈 때 랜슬럿과 그의 기사들이 그녀를 구출하러 오고 곧 이은 전투에서 랜슬럿이 두 형제를 살해하므로, 아그라베인을 잃고도 랜슬럿을 두둔했던 가웨인의 분노가 마침내 폭발한다. 무장도 안 한 어린 것들을 죽이다니, 그애들이 랜슬럿을 얼마나 좋아했는데! 가웨인은 복수를 맹서하고 그렇게 전쟁이 시작되었다. 아서왕이 브리튼섬의 랜슬럿성을 공격하지만 여의치 않고, 랜슬럿은 기네비어왕비를 다시 아서왕에게 돌려보내고 자신은 바다를 건너려는데 가웨인이 계속 전쟁을 주장, 아서왕과 그의 기사들도 바다를 건너고, 그것을 틈타 모드레드가 왕위를 찬탈한다. 아서왕이 그를 응징하기 위해 영국으로 돌아오고 모드레드와의 전쟁에서 치명상을 입은 가웨인은 와서 아서왕을 도와달라는 간곡한 내용의 편지를 랜슬럿에게 보낸 후 숨을 거두고 아서왕은 모드레드를 죽이지만 자신도 치명상을 입는다. 머얼린의 예언이 그렇게 이루어지고 엑스칼리버가 '호수의 여인'에게 되돌려지고 네 명의 여왕이 아서왕을 이상향 아발론으로 데려간다. 그곳에서 상처를 치유하고 영국이 위기에 처할 때 다시 돌아올 것이다. 아서왕은 그런 유언을 남겼다. 베디비어경은 배에 탄 여왕들의 비탄에 젖은 울음소리를 듣고 밤새 수풀을 헤매다 이른 아침 클레스턴베리 근처 한 성당에 도착했는데, 새로 만든 무덤 곁에서 성스러운 은자가 기도를 드리고 있다. 누구를 위해 기도하십니까? 그가 묻자 은자가 대답한다. 어젯밤, 한밤중에, 여인네 몇 명이 관을 들고 와 묻어달라더군. 양초 백 개와 금화 백 개를 내게 주면서. 베디비어경은 경악한다. 아! 그분은 나의 군주 아서왕. 우리는 영국 최고의 왕을 잃었구나!

그렇게 켈트 신화 유형을 많이 채용한, 켈트족 전사 아서왕 '이야기'가 영국의 미래 희망으로 된다. 그리고, 아서왕의 죽음 이후, 그의 죽음으로써, 더 큰 감동이 창조된다. 랜슬럿과 기네비어의 서로에 대한 사랑과 아서왕을 향한 사랑이 성스러운 종교로 승화하는 것.

아서왕의 죽음을 전해들은 기네비어는 수녀가 되어 단식과 기도, 그리고 가난한 자들을 위한 선행으로 하루하루를 보낸다. 모드레드는 물론 아서왕까지 죽은 후 영국에 도착한 랜슬럿이 가웨인의 무덤을 참배하고 수녀원으로 자신을 찾아오자 기네비어가 다른 수녀들에게 말한다. 이분과 저 때문에 이 끔찍한 전쟁이 일어났지요. 숭고한 기사들이 죽어갔고, 저의 가장 숭고한 주인 아서왕께서 모드레드에게 살해당하셨습니다. 이어 그녀는 랜슬럿에게 말한다. 제 영혼의 죄를 씻어야 합니다. 우리가 함께했던 사랑의 이름으로 원컨대, 저를 더 이상 찾지 마세요. 아내를 맞고, 저를 위해 기도해주십시오. 랜슬럿이 대답한다. 나의 여인이여, 당신, 오로지 당신만이 제가 지상에서 누리는 기쁨이었습니다. 언제나 당신에게 진실되리라고 맹서했지요. 저도 당신처럼 세상을 등지겠습니다. 간곡히 청하는 마지막 입맞춤조차 거절당한 랜슬럿이 아서왕 무덤이 있는 교회 사제가 되어 기도와 단식으로 하나님을 섬기던 어느 날 계시를 받는다. 기네비어가 죽을 것이니 그녀를 그녀의 남편, 숭고한 아서왕 곁에 묻으라. 랜슬럿이 도착하기 몇 분 전 기네비어가 죽고 그녀를 묻으며 눈물을 흘리는 랜슬럿을 은자가, 성직자 신분으로 여인의 죽음을 슬퍼하다니 해괴하다고 꾸짖자 랜슬럿이 말한다. 하나님은 내 슬픔을 노여워하시지 않을 것이오. 왕과 왕비께서 한 무덤에 누우신 것을 보니 그녀의 아름다움이, 그녀와 왕께서 지넜던 숭고함이 기억나오. 두 분의 친절과 나의 불손이 생각나오. 나의 오만과 잘못이 세상에 비할 바 없는 왕과 왕비 두 분을 파멸시킨 것이 생각나오. 그후 랜슬럿은 음식을 입에 대지 않고 날로 여위어가며 왕과 왕비 무덤을 지키고 기도를 올렸다. 아무도 그를 위로할 수 없고, 마침내 그도 숨을 거두었다. 랜슬럿의 묘비명은 이랬다. 그는 방패를 지닌 자 중 가장 예의바르고, 칼을 휘두른 자 중 가장 마음씨 곱고, 창 들고 싸운 자 중 가장 용감했다. 가장 충직한 동료이자 가장 진정한 연인, 한마디로 그는 가장 위대한 기사였다.

아서왕 이야기는 영국 본토에서 발생, 6~7세기 무렵 브리튼족에 의해 브리타니아로 옮겨진 후 서양 중세정신의 총화를 응축하는 서사틀로 발전한다. '아서왕 이야기'를 통해 중세 로망스 형식이 탄생하고 형성되며 완성에 달한다 해도 지나친 말은 아니다. 로망스('백성어' '세속어')는 각 민족 구어로 씌어진 영웅 모험담으로 처음에는 운문이다가 후에 산문화하면서 소설 전 단계를 열고 결국 '소설'과 동의어가 된 장르다. 중세 기사도 정신이 모든 로망스 작품을 관류한다. 로망스 '아서왕 이야기'는 영국과 프랑스를 변증법적으로 통합, 내용과 형식 양자에서 소재주의를 극복하고 보다 우월한 중세-세계주의 문학의 매개로 되는 과정이며, 그것을 배경으로 진정한 민족문학이 더욱 새겨지는 과정이다. '가웨인과 녹색의 기사'는 물론 성배를 찾아나선 기사 '파르지팔', 심지어 불륜을 피하려 독약을 마셨으나 그 독약이 사실은 사랑의 물약이므로 비극적인 사랑과 최후를 맞는 연인 '트리스탄과 이졸데' 이야기도 '아서왕 이야기'에서 나온 것이다.

게르만-북유럽 신화, 어두운 영웅 전사 세계관의 기록

게르만족(튜턴족)이 북독일 라인강과 비스툴라강 사이 거대한 평원과 발트해 섬들, 그리고 스칸디나반도 남부에 정착하는 것은 BC 5~4세기다. 꽤 많은 수를 거느린 집단끼리 툭하면 싸움을 벌이지만, 언어와 문화, 그리고 종교의 바탕은 모두 수천 년 전 인도-유럽어족의 그것이었으나 게르만족은 라틴족, 켈트족, 그리스족, 슬라브족 등 같은 인도-유럽어족과 너무 멀리, 그리고 오래 떨어져 살았으므로 희미하게 비슷하고 크게 다른 문화를 만들어낸다. 역사 시기로 들어서면 게르만족은 크게 세 그룹을 이루게 되는데, '동쪽 게르만인'(고트족. 이들은 오레르강과 비스툴라강 사이에 정착했다가 2세기 말 엄청난 수가 흑해를 향했다), '북쪽 게르만인'(노르만 혹은 바이킹족. 스칸디나비아, 즉 오늘날 덴마크와 스웨덴, 그리고 노르웨이 지역에 정착했다), 그리고 '서쪽 게르만인'(오늘날 독일인과 영국 앵글로색슨인의 조상)이 그것이다. '서쪽 게르만인'은 원래 북부 독일에 살았으나 점차 일부는 라인강과 다뉴브강으로 진출, 로마와 부딪치고, 일부는 바다 건너 브리튼에 정착하며, 역시 '희미하게 비슷하고 크게 다른' 문화와 종교를 발전시킨다. 고트족은 4세기 비잔틴문명과 만나면서 대부분 기독교로 개종, 역사(기록)에서 거의 완전히 사라졌고, 우리에게 전해진 게르만 신화는 '북쪽 게르만인'의 신화, 그중에서도 아이슬란드 『운문 에다』(혹은 고에다)와 『산문 에다』(혹은 신에다)로 기록된 내용이 거의 전부다.

'노르딕'과 '게르만'

그 어원이 분명치 않은 『에다』는 900~1050년경 씌어지고, 13세기 후반 정리된 저자 미상 신화-영웅시들 모음집 『운문 에다』와, 1222~1223년 아이슬란드 추장-시인이자 역사가 스노리(snorri sturluson, 1179~1241)가 집필한 『산문 에다』가 있다. 『운문 에다』는 대체로 간명하고 단순한, 그리고 고색창연한 극(劇) 대화 양식으로 고대 스칸디나비아 전문 낭송시인 스칼드들(skald, '운문 선생')의 세련된 투와 대조를 이룬다. 내용은 북구-게르만 신화. 볼루스파(voluspa, '시빌의 노래')가 엄혹한 창세기를 펼치고 하바말(havamal, '높은 분의 말씀')은 신들의 왕 오딘에 관해 이야기한다. 트림스크비다(thrymskvida, '트림의 노래')는 매우 독특하다. 천둥의 신 토르가 망치를 도난당하자 신부로 변장, 되찾아오는 이야기를 유머와 재치로 다루고 있는 것. 『운문 에다』는 고대 게르만족 신화를 기록한 가장 오래된 기록이다. 후반부는 문체가 간명하고 장면 전환이 빠르며 성격 묘사가 심오한 영웅시들이고 이중 절정인 '볼숭(volsung) 이야기'가 1200년경 독일 서사시 『니벨룽의 노래』와 13세기 아이슬란드 서사 산문 『볼숭 사가』로 심화-발전한다. 『니벨룽의 노래』는 로망스에 근접하지만 『운문 에다』 영웅시들은 문명의 영향 없이 사기, 살육, 복수 이야기를 매우 엄혹하게 펼치고 있다. 『산문 에다』는 대화 형식으로 씌어진 일종의 시론집. 초기 아이슬란드 스칼드들의 어려운 운율을 젊은 시인들에게 가르치고 또 기독교 시대를 맞아 아이슬란드-북구신화를 이해시키려는 의도로 씌어졌다. 후반부 '길파긴닝(길피의 속임수)' 편은 북구신화를 일목요연하게 정리하고 있다. 스웨덴 왕 길피가 우주 진리를 알기 위해 노인으로 변장하고 신들의 성채를 방문하자, 신들도 모습을 보여주지 않고 각자를 '높은 분' '못지않게 높은 분' '세번째로 높은 분'으로 소개한 후, '모든 것은 어떻게 시작되었는가?'라는 질문에 차례로 답하면서 세상의 탄생, 신들의 모험, 그리고 신들의 몰락(라그나로크) 이야기가 펼쳐지는데, 게르만-북유럽 신화 창세기는, 그 틀이 그리스 신화와 유사하면서도, 북유럽 자연 그대로 거칠고 어두우며 우울하고 비관적이다. 서양 중세와 낭만주의 문학-예술을 풍미하다가 급기야 바그너를 거치며 히틀러 파시즘의 동력으로 타락하게 되는 게르만 신화의 원형이 이제 펼쳐진다.

맨 처음엔 긴능가갑('열린 공허')뿐이다가 그 남쪽에 뜨겁고 찬란하며 불타는 세계 무스펠헤임('파괴자의 집')이, 그다음 북쪽에 니플헤임('구름과 그림자, 안개의 집')이 생겨났다. 니플헤임 중앙의 샘 흐베르겔미르('거품 끓는 솥')에서 열두 갈래의 빙하가 아주 먼 데까지 뻗고 무스펠헤임이 쏟아내는 강물의 독거품이 빙하 위로 쌓여 굳으면서 서릿발이 가득하여 니플헤임은 춥고 거칠었지만 무스펠헤임의 부드럽고 따스한 공기가 가닿는 부분에서 얼음이 녹고 그 미지근한 방울에서 최초 존재, 사람 모양의 서리거인 이미르('그 모든 것')가 태어났다. 독거품에서 태어났으므로 이미르는 성미가 거칠고 야만적이었는데, 어느 날 잠을 자다 땀으로 목욕을 하게 된 그의 왼쪽 겨드랑에서 거인 아들과 거인 딸이 태어나고, 동시에, 계속 녹던 얼음에서 젖소 아우드훔라('유모')가 태어나 거인들에게 젖을 먹인다. 아우드훔라는 젖줄기가 모두 네 개였고 이미르도 그녀의 젖을 먹었으며 그녀 자신은 얼음을 핥으며 염분을 섭취하였는데, 그녀 혓바닥 온기에 얼음이 녹으면서 첫째 날 저녁 털투성이 머리가, 둘째 날 머리 전체가, 셋째 날이 저물 무렵 몸 전체가 모습을 드러낸 것이 신들의 할아버지 부리고, 부리의 아들 보르가 거인의 딸 베스틀라와 결혼, 둘 사이에서 최초의 게르만 신 오딘, 빌리, 베가 순서대로 태어났다. 이들이 서리거인족 아버지 이미르를 죽이니 이미르 몸 상처에서 엄청난 피가 솟아나와 모든 거인족을 익사시키고 오로지 베르겔리므와 그의 아내만 통나무배를 타고 죽음을 모면, 다음 세대 거인들의 부모가 되는데, 이 거인들도 모두 사악했다. 오딘과 빌리, 베는 이미르 시체를 긴눙가갑 한가운데로 옮겨 그것으로 세계를 만든다. 살로 대지를 빚고 피로 소금바다를 만들어 대지를 둘러싸고, 튼튼한 뼈로 산맥을, 작은 뼈와 턱, 이빨로 바위와 자갈을 만들었으며 털은 수풀이 되었다. 아치 모양 두개골로 대지를 덮어 하늘로 하고 이미르 두뇌를 던져 폭풍우를 만들고, 난쟁이들(원래 인간보다 먼저, 이미르 살에서 태어난 구더기였는데 신들이 사람 형용과 이해력을 주었다) 네 명에게 각각 동서남북 한 귀퉁이씩 떠받치게 했으며, 거인족에게 소금바다 해변의 땅 요툰헤임('거인의 집')을 내주고 이미르의 눈썹으로 울타리를 쳐 미드가르드('한가운데')에 사는 인류를 보호하였다. 인류는 오딘, 빌리, 베가 소금바다 해변을 걷다가 양물푸레나무와 느릅나무를 발견, 앞나무를 첫 남자(아스크), 뒷나무를 첫 여자(엠블라)로 만들고 옷을 입힌 후 오딘이 피와 삶의 숨결을, 빌리가 이해력과 움직이는 힘을, 베가 외모와 보기, 듣기, 말하기 능력을 주니, 이들로부터 태어났다. 첫 인간을 창조한 후 세 신은 세계 중심에 요새(아스가르드)를 짓고, 무스펠헤임의 불씨와 불꽃으로 별을 만들어 긴눙가갑 한중간에 각각 고정 배치, 위로 하늘과 아래로 땅을 비추게 했으며, 태양과 달은 매일 하늘을 지나가게 하여 낮과 밤, 그리고 계절을 탄생시켰다. 난쟁이들은 대지의 어두운 곳 바위 동굴 니다벨리르에 산다.

신, 황혼의 존재들

오딘은 아스가르드 높은 의자에 앉아 세상사 전반을 보고 이해한다. 까마귀 후긴('생각')과 무닌('기억')을 매일 새벽 세상에 날려보내고 저녁에 보고를 듣는다. 아스가르드의 핵심은 황금빛 찬란한 신들의 궁전 발할라('죽은 자들의 전당'). 지붕이 창대 숲과 황금방패 벌판이며 오딘의 용감한 딸 발퀴레('죽은 자를 고르는 자')들이 미드가르드로 내려가 피살당한 영웅 전사들을 발할라로 옮겨오면 그들은 상처를 치유받고 매일 주연과 무술 연마를 거듭하면서 라그나로크('신들의 몰락') 날 발할라문 640개를 통해 뛰쳐나와 신들의 편에서 싸울 준비를 한다. 비프로스트('떨리는 무지개')가 아스가르드와 지구를 이으며, 남자 신 12명 여자 신 12명이 아스가르드에 사는데, 가장 강한 자는 최고신 오딘과 그 아내 프리그(결혼의 신)의 아들 토르로, 두 마리 염소가 끄는 수레를 타며, 번개를 일으키는 망치 므욜니르('박살내는 것'), 힘을 두 배로 늘리는 혁대, 망치를 휘두를 때 끼는 철장갑 등 세 가지 보물을 갖고 있다. 그의 남동생 발두르는 가장 아름답고 선하며 현명하고 친절하여 가장 사랑받는 신이며, 그가 한 말은 결코 변경될 수 없다. 그는 예수를 예감시킨다. 느요르드는 땅과 바다를 기름지게 하는 구(舊)대지신 바니르 계열의 우두머리로, 신(新)바다신 에시르 계열 토르와 오딘 다음으로 중요하고, 그의 아들 프레이('남주인')와 딸 프레야('여주인') 둘 다 두드러진 역할을 한다. 이둔은 신들이 먹는 청춘의 사과를 지키고 그녀 남편 브라기는 지혜롭고 시에 능하다. 헤임달은 파수 역. 미드가르드에서 양털과 풀이 자라는 소리를 들으며 밤에도 3백 마일 이상을 본다. 거인의 아들 로키는 화를 부르는 신이다. 매우 영리하고 거짓말과 사기에 능하여 '거짓말의 아버지' 혹은 '신과 인간의 수치'라고 불리는 그가 라그나로크를 부르고, 끔찍한 그의 세 아들(사나운 늑대 펜리르, 질병과 늙음으로 죽은 자의 영역 헬헤임을 지배하는 굶주림과 기아의 친구 헬, 독을 뿜는 거대한 세계뱀 요르뭉간드르) 모두 라그나로크 날 신들의 주적이다. 라그나로크의 첫 조짐은 발두르의 죽음.

발두르가 '죽음의 꿈'을 꾸자 어머니 프리그는 세상의 온갖 생명체들과 물, 불, 금속, 나무, 돌, 그리고 질병들한테까지 맹서를 하게 한다. 나는 결코 발두르를 해치지 않겠다. 딱 하나, 너무도 어리고 연약한 겨우살이한테는 맹서를 시키지 않았다. 설마 해칠 일이 있으랴. 신들은 발두르에게 아무 물건이나 집어던졌다. 그를 너무 사랑했고, 아무(것)도 그를 해치지 못한다는 사실이 그렇게 좋았는데, 그러던 중 로키의 꼬임에 넘어간 눈먼 신 호드가 창 삼아 던진 겨우살이 가지가 발두르의 몸을 꿰뚫는다. 신들이 모두 헬에게 몰려가 발두르를 살려달라고 애원하므로 헬은 마지못해 조건을 내밀었다. 모든 존재가 그를 위해 울면 그를 보내주겠다. 정말 모든 존재가 그를 위해 울었으나 단 한 명, 여자 거인이 울지를 않았는데, 그녀는 변장한 로키였다. 신들에게 벌을 받고 동굴에 갇힌 로키는 라그나로크 날을 기다리고 세 번의 봄 없는 겨울 해 동안 피비린 전쟁이 세계를 휩쓸며 형이 아우와 싸우다 둘 다 죽고 근친상간 간통이 횡행하고 누구도 자비심이 없고 악이 날뛰며 가족, 친구, 혈연 관계가 모두 파괴된다. 다시 그후 세 번의 겨울 해 동안 살을 에는 바람 불고 엄혹한 서리 내리고 끝없이 눈 내린다. 그리고 마침내 늑대 스콜이 태양을, 하티가 달을 집어삼키고 불의 거인 수르트가 입으로 불을 뿜어 하늘을 찢어발기니 별들이 땅으로 떨어지고 대지는 강력하게 흔들리고 수풀 나무들이 뿌리뽑히고 산맥이 무너져내린다. 이 대재앙의 충격으로 로키, 펜리르, 요르뭉간드르가 풀려나 세계뱀은 거대한 몸체를 뒤흔들며 바다와 하늘을, 그리고 미드그라드 물결을 독으로 오염시키고, 두 눈과 코로 불길을 뿜는 펜리르를 향해 세계뱀과 서리거인족, 그리고 모든 사악한 짐승들이 집결하고 헤임달이 신들에게 라그나로크를 알리며, 전사 960명이 발할라 문을 박차고 나와 펜리르와 싸운다. 오딘이 펜리르와, 토르는 세계뱀과, 프레이는 수르트와 대적, 펜리르가 오딘을 통째로 삼키지만 오딘의 아들 비다르가 펜리르의 턱을 찢어 펜리르를 죽이고 토르가 요르뭉간드르를 죽이지만 뱀독 때문에 죽고, 헤임달과 로키는 서로를 죽이고, 수르트가 프레이를 죽이고 지구 전체를 불바다로 만들며 인간이 모두 헬의 영토로 끌려가고 시꺼멓게 탄 지구가 바닷속으로 가라앉는다.

끔찍한 종말의 예언을 들은 길피왕이 묻는다. 그후에는 어떻게 되는가? 신들이 대답한다. 오딘의 아들 비다르와 발리가 아스가르드 지역에 살며 오딘의 손자 마그니와 모디가 합류, 아버지 토르의 망치 므욜니르를 달라 할 것이다. 그리고, 발두르가 헬의 땅에서 돌아온다. 그들은 함께 옛날을, 높은 분들의 지혜와 세계뱀, 펜리르, 라그나로크까지 모든 것을 기억해낼 것이다. 그러나 악은 세상에 존재하지 않는다. 인간 중 단 한 남자 리프('삶')와 단 한 여자 리프트라지르가 양물푸레나무 가지에 숨어 아침이슬로 수르트의 불길을 피할 것이다. 대지가 회생할 때 둘은 다음 세대 인간의 부모가 될 것이다……

북구 신화의 줄거리 방향은 진보적이다. 거인의 시대, 신의 시대, 그리고 다가올 인간의 시대. 하지만 미학적으로, 신과 거인 들의, 멸망의 거대함 혹은 위대함에 비해 다음 인간 삶의 탄생이 너무도 소박하거나 '딴소리' 같으므로 멸망이 신생을 압도하고 착시가 심화-복잡화한다. 더군다나, 북구 신화는 그리스-로마 신화와 달리 도덕적 교훈이나 문명 지향이 없다. 거꾸로, 그점의 반영이 신생의 소박함일 수도 있다. 야만이 야만인 채로 예술을 지향한다(왜냐면 신화는 예술 지향이다)…… 북구 신화의 '예술'이 강력한, 육체적 과거 지향을 갖는 지점이다. 바그너를 홀렸던 것도 바그너를 히틀러 파시즘으로 결과지은 것도 이 지점이었다. 야만주의적 예술 지향 혹은 예술지상주의적 야만 지향. 특히 서유럽에서의 제2차 세계대전은 정치-경제적인 배경 외에 북구 신화를 공유하는 나라(독일계)와 고대 로마의 '복고 재현'을 꿈꾸는 나라의 '주축'과 그리스 신화와 기독교 문명을 공유하는 나라들의 '연합'이 맞서는 양상으로 볼 때 온전한 이해에 달할 수 있다. 그 '양상'과 연관하여 발두르와 예수를 비교하는 일은 매우 흥미롭다. 가장 아름답고 순정한, 죄 없는 발두르는 북구 신화의 희생양이지만, 세상을 구원한다는 목적이 희미한 만큼 죽음의 과정은 (야만의) 예술(지상주의)적으로 더 간절하다. 발두르를 죽이지 않기 위해, 그리고 다시 살리기 위해 '만물'이 쏟아붓는 정성은 엄청나다. 나를 위해 울어다오. (예수의) 육체적 죽음이 있기도 전에. 실패도 감동적이다. 하지만, 예수의 생애가 역사적인 동시에 초월적이라면 발두르의 그것은 역사적이 아닌 동시에 초월적도 아니다. ('예술적'과 무관했던)

예수의 고통이 역사와 미래(의 인류)를 위한 아름다운의 생애로 되는 반면, ('예술적') 발두르의 라그나로크 이후 부활은, 역사의 감동은 물론 예술적 감동 '조차' 주지 못하는 '딴소리'에 속한다. 발두르를 위한 세상의 고통은 라그나로크 이전으로 갇혀버린다. 같은 얘기다. 신들의 이야기가 끝나자 폭발한 엄청난 소리에 길피왕이 정신을 잃었다가 깨어나보니 평원에 홀로 남아 있었다. 그는 단지 꿈을 꾼 것일까? 그는 다시 왕 차림으로 돌아와 왕국을 향했다. 그리고 백성에게 신들의 이야기를 해주었다. 백성들이 들은 것은 과거인가, 미래인가? 아니 백성은 과거의 백성인가 미래의 백성인가?

『볼숭가 내력』, 필사적인 희망의 존재인 영웅 인간

'볼숭가 내력(볼숭 사가)'은 게르만 신화의 염세적 과거 지향을 극복하려는 필사적인, 그러나 실패 '하는' 노력이다.

> 훈란트 왕 볼숭은 오딘의 증손자로 미래를 맡을 영웅 인간들의 아버지다. 최고의 전사였던 그에게는 자식이 많았는데 막내 쌍둥이 오누이 지그문트와 지그니가 제일 뛰어났다. 지그니와 고트란트 왕의 결혼식 주연에 몸집 거대하고 수염 길고 눈이 하나밖에 없는 맨발 노인(오딘)이 나타나 궁궐 한가운데 오크나무에 칼 그람을 깊숙이 꽂고 말한다. 이 칼을 뽑는 자에게 선물로 주마. 어려울 때 이 칼만큼 도움 되는 것은 없으리라. 모두 그 칼을 뽑으려 하지만 소용없고 결국 지그문트가 칼을 뽑아 갖는다. 얼마 후 지그문트는 훈란트 왕에 오르고 그의 용맹과 기지, 그리고 그람의 명성이 북쪽 나라 전역에 퍼지지만, 지그문트 사망이 임박하자 오딘이 다시 나타나 날이 흰 창으로 공격하고 지그문트가 그람으로 방어하니 그것을 산산조각내버린다. 칼조각들을 모아두시오. 왕비에게 그렇게 말하고 지그문트는 숨을 거두는데, 얼마 후 젊은 덴마크 왕이 나타나 미망인을 지그문트 아들 지구르트(독일어 지그프리트) 및 그람조각들

과 함께 데려가 덴마크 왕비로 삼고, 지구르트는 덴마크 왕궁에서 당대 최고의 영웅으로 성장한다. 몸집과 힘, 용기와 무술과 지능, 그리고 착한 마음씨에서 그를 따를 자가 없고, 가정교사 레긴이 그를 부추긴다. 덴마크 왕의 신하로 머물지 말기를. 오딘이 다시 나타나 슬레이프니르 혈통을 물려받은 말 그라니를 골라주고 레긴은 계속 지구르트를 부추기며 난쟁이 안드바리와, 그의 저주받은 보물에 대해 이야기해준다. 그건 그가 살아온 이야기기도 했다. 마법에 뛰어났던 나의 아버지 흐레이드마르는 세 아들을 두었다. 파프니르, 오터, 그리고 나, 레긴. 파프니르는 아버지의 완력과 욕심을 물려받았고, 용으로 변신할 수 있었다. 오터는 단순하고 착하며 낚시를 잘했는데, 그도 변신 능력이 있어, 즐겨 뱀으로 변신했다. 나는 대장장이 일이 좋았다. 오터의 낚시터 근처 폭포에 난쟁이 안드바리가 살았는데 어느 날 오딘, 로키, 회니르 세 신이 그 폭포로 왔다가, 연어를 잡아먹으려 뱀으로 변한 오터를 진짜 뱀으로 착각, 로키가 돌을 던져 죽였다. 크게 노한 내 아버지가 요구한다. 어떡할 테냐. 오터의 껍질 속을 황금으로 채워 몸을 세운 후 다시 황금으로 온몸을 덮어라. 터럭 하나 보이면 안 된다. 아버지는 오딘과 회니르를 인질로 잡았고, 꾀 많은 로키가 금을 찾느라 바다 여신 란한테서 마법그물을 빌려 물 위로 던지니 창꼬치로 변신했던 난쟁이 안드바리가 걸린다. 네가 가진 황금을 모두 내놓아라. 황금반지만은 빼앗지 말라고 애원하다가 소용이 없자 안드바리는 저주를 내렸다. 그것을 지닌 자 죽음이 따르리라. 밤이 낮을 따르듯. 황금과 황금반지가 깊은 강물 속으로 되돌려질 때까지 저주가 이어지리라. 오딘은 황금반지가 탐이 나 빼돌리고 로키가 황금을 쏟아붓지만 터럭이 보였다. 다른 형태로 금을 배열해도 마찬가지. 할 수 없이 오딘은 황금반지로 터럭을 덮게 한다. 로키가 안드바리의 저주를 가르쳐주지만 아버지는 무시했고, 아버지가 황금을 독차지한 것에 화가 난 파프니르가 아버지를 죽이고 금을 가져갔다. 저주가 실현되었다. 내가 보물의 반을 달라 했더니 파프니르는 보는 사람을 덜덜 떨게 만드는, 아버지의 보물 '공포의 헬멧' 을 썼고, 나는 그길로 도망쳐 덴마크 왕에게 일자리를 부탁했고, 파프니르는 황금을 지키려 그니타언덕 동굴 안에서 끔찍한 용으로 변신했다.

그후 네 어머니가 덴마크로 왔고 나는 아버지의 죽음을 복수하고 황금을 되찾을 때가 왔다고 판단, 볼숭족인 너의 가정교사를 자청했다. 오늘까지 나는 너를 매우 정성스럽게 키웠다. 파프니르를 죽일 수 있는 용기와 힘과 무술이 너에게 있다. 안드바리와 황금과 자신의 이야기를 마치며 레긴은 그렇게 다시 지구르트를 부추겼다. 지구르트가 외삼촌을 찾아가 자신의 운명을 묻자 외삼촌이 답한다. 최고의 영웅이 되겠구나. 그리고, 반지의 저주 때문에 죽을 운명이다. 그러나 저주를 두려워하지 마라. 인간은 누구나 죽는다. 살아 있는 동안 얼마나 영웅적이었는가, 그것이 문제다.

외삼촌의 답이야말로 '볼숭 사가'의 주제고, 원래 자신을 그냥 엄혹하게 드러내며 집행할 뿐, 인간세계를 별로 간섭하지 않았던 게르만 신들이 인간 세상을 돌아다니며 스스로 인간과 접점을 만드는 계기며, 멸망할 운명인 자신의 삶의 의미를 찾는 매개이다.

지구르트의 요청으로 레긴이 만들어준 칼이 지구르트의 힘을 감당하지 못하자 지구르트는 어머니한테서 받은 그람조각을 붙여달라 부탁, 레긴이 다시 빚어 그람으로 모루를 내려치니 그람은 끄떡없고 모루가 둘로 갈라진다. 그람은 물에 뜬 헝겊을 벨 만큼 정교하기도 했다. 지구르트가 파프니르를 죽이러 떠나고 레긴은 웅덩이를 파고 숨어 있다가 용이 지나갈 때 칼로 배를 찌르라고 하지만, 그것은 흘러내린 용의 피에 지구르트가 빠져 죽을 것을 노린 꼼수였고, 오딘이 나타나 묘책을 일러준다. 웅덩이를 여러 개 파고 서로 연결하면 피가 고이지 않을 것이다. 지구르트가 용의 배를 찌르니 용이 죽고 레긴은 용의 심장을 자기에게 구워달라고 부탁한다. 그럴까, 하다가 용 심장에서 흐른 피를 맛본 지구르트가 새가 하는 말을 알아듣게 되는데 그 내용이, 지들끼리 떠들면서도 마치 지구르트한테 들으라는 듯, 희한하다. 레긴은 지구르트를 죽이려 그러는 건데, 심장을 구워주면 안 되지. 자기가 먹어야지. 그걸 먹으면 세상에서 가장 현명한 사람이 될 텐데 말야. 용의 피를 뒤집어썼으니 그는 이제 천하무적이야. 어떤 칼에도 상처가 안 날 거야. 등짝은 안 그래. 거긴 보리수 잎사귀가 붙어 있잖니. 나 같으면 레긴의 목을 치고 보물을 차지하겠네. 어차피 레긴은 자기 동생 죽였다고 지구르트한테 복수할 텐데. 나 같으면 보물을 갖고 그녀를 찾아가겠다. 사태를 분명히 파악한 지구르트는 레긴을 죽인 후 파프니르와 레긴의 피를 마시고 파프니르의 심장을 거의 다 먹고 나머지를 보관했다. 그리고 새들이, 이젠 아예 합창을 한다. 나 같으면 그녀를 찾아가겠다. 그녀는 아름다운 발퀴레. 마음씨가 고와서 운명의 여신을 어기면서까지 영웅 전사를 살려주려다 오딘에게 벌을 받았지. 가장 아름다운 동시에 가장 지혜로운 처녀. 새빨간 불길에 둘러싸여 자고 있지. 지구르트가 올 때까지 자고 있어. 지구르트는 안드바리 황금반지를 손가락에 끼고 '공포의 헬멧'을 머리에 쓰고 나머지 보물은 그라니 등에 싣고 새들의 말에 따라 '아름다운 발퀴레' 브린힐드를 찾아간다. 하늘 끝까지 치솟는 불길이 그녀를 둘러쌌지만 지구르트는 두려움을 모르므로 그냥 뚫고 들어가 그녀 손등에서 잠의 가시를 빼내고 그녀를 깨운다. 그녀가 말한다. 위대한 두 왕, 늙은 왕과 젊은 왕이 싸웠어요. 오딘은 늙은 왕에게 승리를 주라 했는데 저는 젊은 왕에게 승리를 주었습니다.

그녀가 아버지 오딘한테 벌을 받은 이유는 그랬지만, 진짜 죄는 미래를 담보했다는 것. 그러므로 벌은 축복이다. 특히 바그너 오페라에서 '젊은 왕'은 지구르트의 아버지 지그문트며, 브린힐데는 지그문트의 처제, 즉 지구르트의 이모다. 그녀는 이제까지 일과 앞으로 일을 모두 알고 있다. 오딘이 그녀의 영생을 빼앗은 대신 가장 용감한 영웅 지구르트를 약속했다는 것, 그리고 그와 그녀의 사랑은 결혼이 아닌 죽음에 이른다는 것을.

브린힐드는 인생과 전쟁과 바다, 의술, 단순하고 착한 백성을 돕는 법 등 자신의 온갖 지혜를 맥주에 섞어 지구르트에게 마시게 하고, 지구르트는 브린힐드와 영원한 사랑을 맹서, 안드바리의 반지를 그녀 손가락에 증표로 끼워주고는 다시 모험 여행을 떠나 라인강 남쪽 왕국 기우키왕 궁전에 이르는데, 지구르트가 범상치 않은 인물이라는 것을 알아본 왕이 그를 아들처럼 대하고 왕자 군나르와 호그니는 형제처럼 대하고 왕비 그림힐드는 착하고 아름다운 공주 구드룬의 신랑감으로 점찍고는, 지구르트와 브린힐드의 관계를 알게 되자 지구르트에게 망각의 약을 먹여버린다. 지구르트는 브린힐드를 완전히 잊은 채 그들과 오 년을 같이 지내는 동안 지구르트가 구드룬과 결혼하고, 구드룬은 파프니르의 나머지 심장을 먹고 더욱 현명해졌다. 왕비가 이제 군나르를 브린힐드와 짝지으려 하고, 군나르는 브린힐드의 아름다움과 명성을 익히 알고 좋아하지만 브린힐드를 둘러싼 불꽃을 뚫을 수가 없다. 왕비가 다시 묘책을 낸다. 나의 마법을 배워 서로 모습을 바꾼 후 군나르로 변신한 지구르트가 불꽃을 뚫고 들어가 군나르의 이름으로 청혼하면 되지 않겠느냐. 그렇게 불꽃을 뚫고 들어온 '군나르'에게 브린힐드가 '당신은 누구십니까?' 묻고, '군나르'는 '나는 군나르요' 라고 대답한 후 브린힐드에게 청혼하니, 브린힐드는 처음에 거절했으나 '불길을 뚫은 자와 결혼한다'는 자신의 맹세에 묶여 결국 승락, 아드바리 황금반지를 '군나르'에게 주고, '군나르'는 끼고 있던 반지를 브린힐드 손가락에 끼워주었다. '군나르'는 사흘 밤낮을 그곳에 머물며 그녀와 입맞춤이나 포옹을 나누지 않고, 같은 침대에 누워서도 칼로 둘 사이를 갈랐다. 이럴 수밖에 없소. '군나르'는 그렇게 얼버무리고, 브린힐드도 더이상 묻지 않았다. '군나르'가 떠난 후 브린힐드는 의문에 휩싸인다. 용을 죽이고 황금반지를 차지, 불꽃을 뚫고 내게로 올 사람은 지구르트밖에 없는데, 군나르라는 왕자는 어떻게? 나는 지구르트를 사랑하므로 그와 결혼할 것이지만, 군나르는 어떻게? 그런 브린힐드에게 매부가 말한다. 지구르트는 이미 군나르의 여동생 구드룬과 결혼했다. 단념하고 군나르를 받아들여라. 브린힐드는 마지못해 결혼에 응하고 결혼식에서 두 사람은 매우 행복해 보이지만, 피로연이 끝날 무렵 지구르트의 기억이 되살아나지만 구드룬과 군나르를 사랑하고 자신의 가족이 평화롭기를 바랐으므로 내색하지는 않는다. 하지만 브린힐드와 구드룬 사이에 '누구 남편이 더 용감한가'를 놓고 말싸움이 벌어진다. 군나르가 반지를 갖고 불꽃을 뚫었으니, 내 남편이 더 용감하다. 브린힐드가 그렇게 주장하자 구드룬이 비웃는다. 그때 불꽃을 뚫은 건 오빠가 아니고 내 남편 지구르트였어. 자, 보라구. 내 손에 끼워진 반지가 바로 그 안드바리 황금반지 아닌가? 왕비가 망각의 약을 먹여 자신의 사랑을 빼앗아갔다는 것을 안 브린힐드는 복수심에 불타며 궁정을 떠나 눈 덮인 산을 떠돌다가, 군나르를 꼬드겨 지구르트를 죽이겠다고 생각, 궁정으로 돌아와 군나르에게 말한다. 당신 어머니가 사악한 마법으로 내 사랑 지구르트를 빼앗아갔다. 당신은 지구르트보다 훨씬 못한 사내다. 군나르는 격분하고, 지구르트는 '우리 운명이 원래 그렇고, 우리 둘 다 살날이 얼마 남지 않았다. 나는 당신을 누구보다 더 사랑한다' 며 달래지만, 지구르트를 향한 사랑을 더욱 거센 증오로 바꾸며 브린힐드가 군나르에게 말한다. 지구르트가 그날 불꽃 속에서 나와 살을 섞었다. 당신을 배신했으니 그를 죽여라. 질투에 사로잡힌 군나르가 지구르트를 죽일 계획을 짜고 동생 호그니가 그런 형을 말리다가 마지못해 동참하고, 둘은 지구르트를 직접 죽이는 일을, 두 형제가 지구르트와 우애의 맹세를 할 때 너무 어려 끼지 못했던 막내 구토름한테 맡기기로 하고 구토름에게 생각 없이 행동하게 만드는 마법의 약을 먹인다. 그리고, 모종의 음모를 예감한 구드룬이 구토름에게 도움을 청하던 중 지구르트의 치명적 약점, 보리수 잎새가 덮었던 등짝 부위를 알려주고 만다. 지구르트는 사냥을 나갔다가 곰에게 죽을 뻔한 구토름을 살려주지만, 구트롬은 결국 지구르트의 치명적인 부위를 찌른다. 외삼촌이 나의 운명을 오래전에 말해주었다. 브린힐드도 그랬지. 그러나 나는 귀를 기울이지 않았구나. 자신의 운명을 인식하는 자 몇 명 되지 않는다. 그리고, 운명과 맞서 싸우려는 자 이길 가망이 없다. 그러나 이것만은 전해다오. 나는 브린힐드를 사랑했고 그녀도 나를 사랑했지만 우리는 형제의 예를 범하지 않았다. 나는 언제나 맹서를 지켰다. 제정신으로 돌아온 구토름에게 죽어가는 지구르트가 그렇게 말한다. 구드룬이 윽박지르자 구토름이 사실을 털어놓고, 지구르트의 죽음을 안 브린힐드는 칼로 자신을 찌른 후 말한다. 나를 지구르트와 함께 태우고, 우리 둘 사이에 그람을 놓아다오. 우리는 영원한 부부다. 죽어가면서 브린힐드는 군나르의 미래를 예언하기도 한다. 군나르는 구드룬을 나의 동생 아틀리와 강제로 결혼시키며, 구드룬이 아틀리에게 안드바리 황금반지를 주면 아틀리는 안드바리의 모든 보물을 차지하려 군나르를 죽이고, 구드룬은 오빠 군나르를 죽인 것에 대한 복수로 남편 아틀리와 아이들을 죽인 후 물속으로 몸을 던지며, 그때 비로소 안드바리 황금반지가 다른 보물과 함께 깊은 물속으로, 원래의 자리로 돌아갈 것이다. 그때 비로소 난쟁이의 저주는 끝날 것이다. 구드룬이 그린힐드의 소원대로 그녀와 지구르트를 같이 화장하고, 장작 불더미가 두 사람의 시신을 태워버린다.

북구-독일 신화는 매우 뒤늦은 만큼 미개하고 문장이 피비리고 거칠지만 『니벨룽의 노래』와 『에다』 저자들이 그리스 신화 저자들보다 미개하기 때문에 그랬던 것은 아니고, 그리스 신화를 극복-능가하려는 '이념적' 노력이 형상화 단계에서 실패한 결과다. 인간화와, 에로티시즘과, 육체에 대한 야만/신비주의적 혼동은 '신화의 역사화'를 끝내 '역사의 신화화'로 왜곡한다. 더 뒤늦은 바그너의 후기 낭만주의 음악 '사상'은 역사의 신화화 과정을 그대로 답습하고 히틀러가 그 왜곡을 더욱 심화하고 그사이 마르크스가 독일 현실을 총체적으로 또 미래 지향적으로 극복하는 국제주의를 구상하지만, 또한 형상화 실패를 면치 못했다. 다른 한편, 형상화 실패는 언제나, 성공보다 더 현대적인 어떤 것을 품는다. 위대한 문학 작품 『신곡』과 『데카메론』의 관계도 그렇다. 『신곡』이 성(聖) 속으로 막무가내 침범해들어오는 속(俗)을 성(聖)의 매개로 삼고 속(俗)의 과도한 육체를 정결한 그것으로 전화시킴으로써 성(聖)과 성(性)의 한 단계 높은 조화를 구현하는 반면, 『데카메론』은 '페스트=죽음'의 공포 속에 창궐하는 육체의 향연으로 '단테의 조화'가 애당초 불가능하지만 과도하고 괴기한 육체주의가 '음란=에이즈=죽음'이라는 현대적 통찰을 열고, 의학과 철학 양쪽 차원에서 현대의 아름다움이 처한 막다른 골목에 직결된다. 그리고, '의학=철학'적으로, 가장 음란한 것은 죽음이다.

북유럽-스칸디나비아, 신화를 극복하는 육체적 민주주의의 언어

덴마크와 핀란드, 아이슬란드, 노르웨이, 그리고 스웨덴을 한데 묶어 북유럽이라고 한다. 이들 다섯 나라는 상당히 비슷한 역사와 문화, 그리고 사회를 지니며, 프랑스와 독일 등 서유럽, 그리고 러시아 등 동유럽과 구분된다. 유럽 중앙 무대와 떨어져 문명이 뒤진 면도 있고 19세기 말에야 국제무역 흐름을 타지만, 봉건제도가 무르익지 않아 자유와 평등의 민주주의 발전이 오히려 더 앞서고, 유럽 대륙의 분쟁을 피해 빠른 공업화와 복지국가를 이룬 면도 있다. 16~17세기 왕가 친척들끼리 피비린 싸움을 벌인 후 대체로 전쟁보다는 평화를 택해왔다. 북유럽-게르만 신화는 차갑고 어둡지만, 오늘날 스칸디나비아 문화는 밝고 맑고 명랑하고, 특히 성(性)이 자유롭다. BC 3000년 무렵 스칸디나비아반도에서 목축과 농경이 시작되고, 약 천 년 후 중부 유럽 쪽에서 말 탄 인도-유럽어족이 배 모양 도끼를 들고 나타나더니 BC 1500~500년 청동기가 열려 뛰어난 항해술이 펼쳐지고 그후 북유럽 기후가 매우 추워졌으나 켈트 문화의 영향을 받고 철기로 접어든다. 기원후 날씨가 약간 풀리고 인구가 늘면서 이 지역은 로마제국 북서쪽 경계와 접촉했고 민족대이동 시기에는 여러 부족이 서로 다투었으며 이들의 후손이 오늘날 노르드계(북게르만, 노르만, 스웨덴-노르웨이-덴마크-아이슬란드) 북유럽인이다. 핀란드인 조상 대부분은 1세기 무렵부터 발트해 남쪽에서 꾸준히 북상한 사람들이다.

바이킹 항해와 모험, 해적과 정착의 언어

9세기 무렵 노르드계 북유럽인들이 활발한 해외활동을 벌이기 시작하니, 이들을 바이킹('샛강 출신' '성채 사람' '해적')이라 한다. 긴 머리 큰 키에 금발, 그리고 파란 눈의 바이킹들은 항해와 모험, 그리고 전쟁을 즐기며 바다를 해적질하고 유럽과 러시아 대륙을 노략질했지만, 교역과 정착에도 능했다. 11세기까지 이어지는 바이킹 시대는 노르만족이 씨족사회를 벗고 계급사회로 옮겨가면서 왕국들을 형성할 즈음 밀려난 소족장들이 따뜻하고 기름진 땅을 찾아 부족민을 이끌고 나선 결과지만 중세 유럽 모든 영역에 커다란 영향을 끼치게 된다. 마자르인과 아랍-이슬람인 들이 유럽을 침공하므로 바이킹 시기를 제2의 민족대이동기라 부르기도 한다. 남쪽 프랑크와 잉글랜드를 향했던 덴마크계 바이킹(데인인)의 수장 롤로는 912년 프랑크왕 샤를 3세로부터 센강 하류 노르망디('노르만의') 지역을 받아 노르망디공국을 세웠고, 1066년 노르망디공 기욤이 '노르만 정복'을 통해 잉글랜드에 노르망디왕조를 열고 윌리엄 1세로 왕위에 올랐다. 서쪽과 남쪽을 향했던 노르웨이계 바이킹은 아일랜드에 더블린시를 건설하고 874년 아이슬란드에 정착했으며 982년 수장 '붉은 털의 에릭'이 그린란드를 발견했다. 그의 아들은 1000년 무렵 북아메리카까지 나아갔다고 한다. 스웨덴계 바이킹은 동향, 862년 수장 류리크가 러시아에 노브고로트공국을 세우고, 일부는 지중해 시칠리아섬에 왕국을 세웠다. 비잔틴문화와 아랍 문화를 꿰뚫었던 것. 바이킹 시대 노르만 사회는 대개 왕-귀족-자유민(농민)-노예로 이루어졌고, 자유민이 각 지역 집회에 참가하며 그 대표자가 지방자치조직 라그팀(상원)을 구성하였다. 귀족은 지방 지도자로서 바이킹 원정 지휘를 맡고 귀족의 상호경쟁 혹은 선출을 통해 왕이 뽑혔다. 바이킹 시대 교역은 당연히 사회를 변화시킨다. 노예노동뿐 아니라 바이킹선 건조 기술을 응용한 철제 가래 사용, 문명권에서 들여온 농법 등으로 생산과 상업 활동이 증대하고 안팎의 전쟁으로 여러 북유럽 국가 원형들이 차츰 모습을 드러낸다. 남쪽 프랑크와 맞닿아 있는데다 9세기 말 이미 족장들 사이 항쟁이 불붙은 덴마크계 바이킹들은 특히 하랄, 스벤 등 강력한 왕이 잇달아 출현, 영토를 확대하고 스벤의 아들 크누트가 영국-덴마크-노르웨이 왕에 올라 1030년 북해를 껴안은 제국을 건설했다. 바이킹은 물론 용감한 전사들이었지만, '바이킹 뿔 헬멧'은 19세기 말 스웨덴 사람들이 꾸며낸 것일 뿐 사실과 다르다.

오늘날 스웨덴의 원형은 9~10세기 스베데족을 중심으로 한 숱한 부족국가들의 연합이다. 바이킹 시대 스웨덴인은 주로 발트해 건너 내륙 수로를 거치며 흑해-카스피해에 이르고 비잔틴-아랍 세계와 교역을 했는데, 목재와 모피, 그리고 슬라브인 노예를 주로 팔았으며, 아랍-비잔틴 은화를 받았다. 11세기 이후 슬라브인들이 힘을 불리고 유럽 무역 정세가 변하면서 이런 활동은 시들고 스웨덴에 뒤늦게 중세가 온다. 1000년 무렵 스웨덴에 들어온 기독교는 12세기에 이르러 거의 전국에 정착, 주교단과 수도원이 세워졌다. 12~13세기에는 기독교 전파를 위한 핀란드 침략이 계획되었을 정도다. 노르웨이는 오랫동안 덴마크의 영향권에 속했고 법적으로 덴마크의 한 지방이었던 적도 있다. 핀란드는 섬과 호수의 나라로 부를 만하다. 정확히, 호수가 187,888개, 섬이 179,584개나 된다. 핀란드인의 기원은 인도-유럽어족이 아니라 우랄어족의 피노우그리아계 집단. 우랄산맥 서쪽 볼가강 유역에 살던 이들 중 BC 500년 무렵 발트해 연안으로 서진한 것이 바로 원(原)핀인이며, 원핀인은 이동중 농경을 배우고 발트-슬라브족 문화를 흡수하고 다시 게르만인의 사회제도와 생활양식을 익히면서 수오미족(핀란드)과 에스토니아족(에스토니아), 베프스족(오네가호 근처), 보트족(페테르부르크), 리보니아족(라트비아 일부)으로 나뉘었다. 수오미족은 에스토니아에서 몇 개의 집단을 구성하고 배로 북상하여 핀란드 남서부에 상륙, 선주민 라프인을 쫓으며 동쪽과 북쪽으로 퍼져나가고(하메인), 비슷한 시기 카렐리아인이 라도가호 주변에 정착한 후 두 부족이 인접한 지역에 사보인이 발생, 세 부족이 정립하게 된다. 하메인은 견실하고 카렐리아인은 음악을 즐기고, 사보인은 쾌활했다. 1153년 스웨덴 왕 에리크 9세가 '북방십자군'의 이름으로 핀란드를 침략했고, 1323년 핀란드 남부가 스웨덴 지배를 받게 된다. 아이슬란드는 '얼음의 땅', 그린란드는 '녹색의 땅'이란 뜻이다. 오슬로 지방 소영주 하랄왕이 노르웨이 각지를 집어삼킬 당시 그에게 무릎 꿇기를 거부한 유력자들이 주민들을 이끌고 아이슬란드에 들어가 그곳에서 공동체 사회를 이루며 싱크(민회)를 가졌는데 930년 6월 이들 싱크를 알싱크(국회)로 통합, 민주적인 입법과 사법을 시행하니 이것이 세계 최초의 의회다. 1000년에 그리스도교로 개종했고, 13세기 전반까지 국민 8만 명 모두가 수준 높은 문화와 자유를 누렸으나 날씨가 나빠지면서 국력이 쇠퇴하기 시작, 노르웨이와 덴마크, 그리고 그리스도교 성직자와 외국 상인들이 아이슬란드를 착취했다. 그린란드는 북극해와 대서양 사이에 있는 세계 최대의 섬으로 80퍼센트 정도가 평균 1,690미터 두께 얼음으로 덮였고 해안 지역에서만 거주가 가능하다. 얼음이 하루 평균 25미터 속도로 바다에 흘러들어 빙산이 되는데 빙산이 한꺼번에 녹으면 세계 해수면이 7미터나 상승한다. 남서만 연평균기온은 0도 이상이지만, 북동부 2월 평균기온은 영하 23도, 빙산 중앙은 영하 30도나 된다. 원주민은 에스키모인이지만 1261년 노르웨이령으로 되었다.

멧돼지 모자는 전쟁에서 바이킹들이 프레이르의 보호를 구하는 장치였다. 로키는 오딘 아들 발더를 죽게 하여 온 세계를 슬픔으로 몰아넣는, 우주의 파괴자고, 결국 바위에 묶이지만, 그가 트릭스터므로 북구 신화가 염세주의 숙명관을 어느 정도 벗어난다. 고틀란트, 산다에서 500년 무렵 만들어진 기념석에 초기 우주도. 소용돌이치는 하늘원반, 그 밑의 해와 달, 그리고 중앙에 세계나무, 바닥에 배가 보인다. 많은 기념석이 그렇듯, 죽은 자가 세상을 떠나는 광경일 것이다. 영국 북부 바이킹 시대 '산등성이묘비(hogback tombstone)' 일부는 우주 창조 때 하늘을 떠받들게 된 네 명의 난쟁이들이다. 난쟁이들 입술을 꿰매버린 사기꾼 로키의 모습이 덴마크 샤프툰의 한 화로석에 새겨져 있다. 북구 신화 속 풍요의 신 프레이스 상 또한, 시바가 링가로 종종 표현되는 것처럼, 남근 형용일 때가 있다. 1904년 노르웨이 남부 오세베르크 배무덤에서 출토된 9세기 후반 목제 짐차에는 양식화한 뱀과 괴물 들이 조각되어 있다. 바이킹 미술에서 사람과 식물은 드물고 동물들, 특히 용, 말, 뱀, 백조 등이 탁월한 목각술로 풍부하게 또 생동감 있게 묘사되며 추상장식이 첨가된다. 배 이물과 고물이 유난히 정교하게 조각된 경우도 종종 있다. 천둥돌은 사실 화석화한 섬게인데, 바이킹들은 이것이 천둥칠 때 하늘에서 떨어졌다고 여겼다. 중세 스칸디나비아 이야기 하나.

옛날에 아름다운 세 자매가 있었다. 어느 날 그들은 강도에게 잡히게 되었다. 고약한 냄새를 풍기는, 흉하게 생긴 강도였다. 그가 먼저 말했다. "나와 결혼을 할 테냐, 아니면 죽겠느냐." 첫째 언니와 둘째 언니는 거절을 하고 강도의 손에 죽었다. 셋째는 그녀의 오빠가 복수를 해줄 거라고 마지막으로 외쳤다.

그 이름을 들은 강도는 바로 자신이 그들의 오빠라는 것을 깨달았다. 충격을 받은 그는 스스로 목숨을 끊었다.

영국, '민주주의=경제'의, 그리고 '시=연극'과 경제의 언어

'정복왕' 윌리엄 1세는 귀족령 전체에 군역을 강제하는 군사적 봉건제를 확립하였다. 봉건 영지를 구성하는 단위는 장원. 귀족은 많은 장원을 지배하고, 기사는 상대적으로 적은 장원을 지배하였다. 장원 농민 가운데 지대를 납부하고 토지를 경작하는 자유농민도 없지는 않았으나 대부분은 부역을 봉사하고 토지를 경작하는 농노였다. 1086년 8월 윌리엄 1세는 솔즈베리에서 전 귀족의 충성서약을 받고 같은 해 말 전국 영토 현황을 조사하여 책으로 펴내게 하는데, 철저한 세금 징수를 위한 것이었으므로 그 책을 『둠즈데이북』('최후의 심판일 서')이라 부른다. 윌리엄 1세가 죽은 후 네 아들이 치열한 후계 다툼을 벌이다가 삼남 윌리엄 2세(1087~1100) 뒤를 이은 사남 헨리 1세(1100~1135)가 결국 잉글랜드와 노르망디를 모두 지배하는 데 성공, 재정-행정을 정비하고 전국순회재판관을 통해 재판권을 집중하지만 그가 사망하고 잉글랜드 왕에 오른 조카 스티븐(1135~1154)과 헨리 1세의 딸로 앙주 백작과 재혼한 마틸다 세력 사이 내란이 터져 십수 년 동안 이어지고, 귀족들이 세력을 신장하는 한편 안정된 통일왕권에 대한 기대도 커지더니 마틸다 아들 헨리가 스티븐왕과 강화, 스티븐왕 사망 후 헨리 2세(1154~1189)로 즉위하였다. 아버지로부터 앙주 백작 작위를, 외가 쪽에서 노르망디공위를 받았던 잉글랜드 왕 헨리 2세는 1152년 아키텐을 합병, 프랑스 서반부를 아우르는 앙주제국을 건설하고 플랜태제넷왕조를 창설했다. 국왕재판권을 강화하고 봉건 귀족들을 억눌렀으며 교회재판권을 규제하면서 교회와도 충돌, 오랜 벗 켄터베리 대주교를 암살하였다. 영국 민주주의의 기초를 이루게 되는 '마그나카르타(대헌장)'는 그 뒤를 이은 리처드왕과 존왕(1199~1216)의 잇따른 대륙령 경영 실패로 결국 1204년 대륙령 대부분을 프랑스 왕 필리프 2세에게 잃고 잉글랜드 북부 귀족의 반란을 맞고 1209년 로마 교황청으로부터 파문 선고까지 받은 상황에서 귀족들이 왕권 제한을 위해 왕에게 승인을 강요한 문서다. 존왕은 교황과 화해한 후 여러 외국의 원조를 받아 귀족들과 내전을 전개하면서 '마그나카르타'의 효력을 인정치 않았고 헨리 3세(1216~1272) 시대인 1225년 내용이 대폭 수정된 '마그나카르타'가 법적으로 확인되었다. 헨리 3세가 독재 성향이 강했으므로 1258년 몽포르 등 귀족들이 서민 대표들의 지지를 받아 옥스퍼드조항을 내놓고 개혁을 요구하지만 뜻을 이루지 못하다가 1264년 왕군을 격파하지만, 몽포르 파벌정치로 흘러 비판을 받다가 1265년 8월 에드워드황태자의 왕군에게 패하고, 왕정 질서를 회복한 황태자는 에드워드 1세(1272~1307)로 즉위한 후 대대적인 국내 조사를 시행, 많은 법을 제정하고 치안 유지에 힘썼다. 1278~1294년 봉건귀족들의 권리 원천을 조사, 적절한 귀족권 행사를 요구하고 1296년 귀족들 외에 주 및 도시 서민 대표와 하급 성직자 대표를 포함한 '모범의회'를 소집하는데, 그 가운데 귀족과 고위 성직자가 모여 귀족원을 구성하므로 하급 성직자 대표들이 의회를 탈퇴하면서 주 및 도시 대표 기사 및 시민을 규합, 시민원을 구성하니, 의회가 상원-하원의 양원제를 취하게 된다. 에드워드 1세는 웨일스 경영을 강화하고 스코틀랜드를 신하국으로 만들었다. 중세 영국 이야기 하나.

> 에드워드왕 시절 머어시아 공작의 아내 고디바는 남편이 코벤트리 지방 주민들에게 세금을 너무 많이 매기자 그들이 불쌍해서 세금을 내려달라고 남편에게 부탁하고 남편은, 짓궂게도, 대낮에 알몸으로 말을 타고 길거리를 지나가면 그렇게 해주마 했다. 그녀는 주민들에게 모두 집 안에 있으면서 창문을 닫으라고 한 다음, 남편 말대로 했다. 모두 그녀 말을 따랐으나 단 한 명, 톰이 몰래 훔쳐보다가, 눈이 멀어버렸다.

로빈후드도 중세 영국 이야기다.

동유럽-러시아, 슬라브 번영의 명암

동유럽 주요 민족은 슬라브족이다. 원슬라브족은 기원 전후 발트해 연안에서 드네프르강 상류 지역에 걸쳐 살다가 2~6세기 분열-확산, 동슬라브족이 러시아평원 서부에, 서슬라브족이 폴란드-체코-슬로바키아에 정착하고, 남슬라브족은 6~7세기 다뉴브강과 드라바강 너머 발칸반도로 진출하여 슬로베니아인은 동알프스 골짜기, 크로아티아인은 일리리아 북서부, 세르비아인은 같은 지방 남부 쪽으로 뻗어나갔다. 당시 발칸반도에 살던 그리스인-트라키아인-일리리아인 중 트라키아계 다키아인은 BC 1세기 루마니아 지방에 국가를 건설하고 AD 2세기 초 로마제국에 정복되어 라틴어를 받아들였다가 3세기 고트족 침략으로 로마제국이 철수할 때 사방으로 흩어진 상태였고, 일리리아인 일부는 남슬라브족 남하 때 달마티아 남부 산지로 도망가 알바니아인의 근간을 이루었다. 남러시아 쪽에서 남하한 몽골계 유목민 불가리족은 7세기 후반 불가리아 지방에 정착, 1세기 넘게 슬라브족을 지배하면서 국가를 형성하던 중 오히려 슬라브 언어와 문화에 동화했고, 돈강 유역 우랄알타이 계통 마자르인이 점차 서진, 10세기 판노니아 지방에 정착하면서 대체로 중세 및 현재 동유럽의 민족 지도(러시아-폴란드-체코-슬로바키아-유고슬라비아-불가리아) 밑그림을 완성하게 된다. 이들 민족은 모두 로마가톨릭 혹은 정교회를 맞아들였다. 불가리아인-러시아인-세르비아인은 9세기 비잔틴제국 성직자 콘스탄티노스('키릴로스')와 메토디오스 형제가 포교를 위해 그리스문자를 바탕으로 고안한 키릴문자와 정교회를, 독일인의 간섭이 두려웠던 폴란드인-체코인-헝가리인은 10세기 후반 로마가톨릭교회를 받아들였으며 크로아티아인-슬로베니아인도 그 뒤를 따랐다. 이후 정교권과 로마가톨릭권은 심각한 문화적 단층을 초래하게 된다.

분화 이전 슬라브 민족 지배계급 제사의 최고신은 하늘의 번개신 페룬과 땅의 자연신 밸레스였다. 페룬과 밸레스 사이에 싸움이 벌어져 밸레스가 나무 혹은 돌 밑에 숨고 또 가축으로 모습을 바꾸었으나 결국 페룬이 승리하여 비가 내리고 작물이 열매를 맺게 하였다. 988년 키예프러시아의 블라디미르공은 그리스도교를 받아들이며 페룬신상을 드네프르강에 던져버렸다. 이 밖에도 불의 신 스비로그, 태양신 디지보그, 동슬라브족의 가축신 모코시, 출생 혹은 조상신 로드와 출 등이 슬라브 신들이며, '죽음' '운명' '재판' 등 추상명사 여신도 있다. 민화나 민요 등에 전하는 정령들은 슬라브 민족의 생활을 잘 반영한다. 동슬라브족 집의 정령 도모보이, 곡창의 정령 모반니크, 숲의 정령 레시이, 들의 정령 폴레보이 등이 이로운 정령이며, 물의 정령 보디노이, 젊은 여자가 물에 빠져 변했다는 물의 요정 루살카(서슬라브족 빌라) 등이 해로운 정령이다. 슬라브 신화는 크게 약화되었으나 그리스도교 신앙과 합쳐져 이중신앙(도모에베리에)을 이루기도 한다. 이를테면 번개신 페룬은 구약성서 예언자 엘리야와 합쳐져 불수레를 타고 하늘로 오른다. 러시아 북부 전통적인 슬라브 자수 디자인의 중심 모티프는 동부 슬라브에 만연했던 풍요신 숭배의 핵심 여신 마코쉬고, 슬라브 신화의 마녀 바바야가는 돼지를 타고 악어와 맞서며, 막자사발을 타고 날아갈 때 공기를 휘저으며 속도를 올린다. 나이팅게일 더 브리간드는 슬라브 신화의 가장 두드러진 초자연-적대자로, 반은 새고 반은 인간이다. 나무에 살면서 키에프 가는 길을 막고 무시무시한 바람을 일으켜 나무와 꽃을 쓰러뜨리고 인간을 죽이는데, 무롬의 일리아가 나타나 말에게 박차를 가하면서 화살을 겨냥, 그의 오른쪽 관자놀이를 꿰뚫고 그 시체를 등자 가죽끈에 묶어 키예프로 가져갔다.

동유럽 확산 민족 분화 시기 슬라브어도 분화했으나 슬라브어는 오늘날에도 강력한 공통성을 지니며, 폴란드를 제외한 거의 모든 슬라브족이 키릴어를 사용한다. 키릴문자는 원래 43자였는데 오늘날 러시아는 32개, 불가리아와 세르비아는 각각 다른 30개, 그리고 우크라이나는 33개만을 쓰고 있다. 분화 후 슬라브족은 각각 봉건국가를 세우고 흥망을 되풀이했으나 서슬라브족은 유럽 제국의, 남슬라브족은 오스만튀르크제국의 지배를 받은 반면, 9세기 키예프공국을 세운 동슬라브족은 외적의 침입을 물리치고 중앙집권적인 러시아제국을 건설하였다. 18~19세기 슬라브 여러 민족들이 해방운동을 벌여 남슬라브족들이 오스만튀르크제국 쇠퇴를 틈타 독립하고 제1차 세계대전 이후 오스트리아-헝가리제국이 무너지면서 서슬라브족과 남슬라브족이 몇 개의 독립국가로 나뉘었다. 동슬라브족은 혁명을 통해 세계 최초의 사회주의국가를 창건하게 된다. 제2차 세계대전을 전후하여 벌어진 슬라브 민족의 반나치스운동이 동유럽 전체를 사회주의권으로 만들었으나, 1980년대 말 소련의 붕괴와 함께 동유럽 각국은 민주화의 길을 밟고 있다. 소비에트혁명은 크게 로마가톨릭과 그리스정교회를, 동양과 서양을 마르크스주의로 아우르려는 시도였고, 실패한 시도였다.

최초의 동유럽 슬라브 국가인 7세기 보헤미아(체코) 모라비아 지방 사모왕국은 곧 아바르족의 침략을 받고 아바르족을 쫓아낸 프랑크왕국이 서슬라브인과 슬로베니아인-크로아티아인까지 지배하며 서슬라브인은 9세기 프랑크왕국에 항쟁하면서 대(大)모라비아왕국을 건설, 중유럽 판도를 크게 바꾸다가 10세기 초 마자르인에게 멸망당한다. BC 10세기 우랄을 떠나 터키계 여러 민족과 접촉하다가 895년 카르티아분지에 정착한 마자르족은 일곱 부족이 함께 연합국가를 세우고 이중수장제를 유지하면서 유목 기마생활의 씨족체제를 점차 허물고 정주 경작사회로 넘어가던 중이었고, 10세기 말에 이르면 국가 통일과 초대 아르파드 왕조 성립 및 그리스도교 채택이 착착 진행되며, 1000년 이스트반 1세가 로마 교황으로부터 국왕의 칭호를 받게 된다. 봉건적 주종관계가 싹트기 시작하지만, 이스트반이 죽은 후 국내에서 이교 반란이 일고 지방 영주들이 세력을 키우고 대외적으로는 로마-비잔틴제국과 대립하면서 지배체제가 흔들리고 12세기 말부터 대호족들이 나타나자 1222년 국왕은 귀족의 여러 특권을 인정하는 금인헌장을 공포, 대호족에 맞서는 지경으로 된다. 1241년 헝가리 땅에 몽골이 침입하고, 13세기 말 농민이 이동의 자유를 얻게 되자 대호족은 더욱 유리한 위치를 점한다. 소영주-귀족과 국왕의 동맹으로 국토 분열을 겨우 막지만, 대귀족과 중소귀족의 대립이 표면화하고 14세기 중엽 이후 대외적으로 세력이 확장되던 중 국내적으로 대귀족이 강대화, 15세기 전반에 이르면 60여 대귀족이 국토 40퍼센트를 차지하게 된다. 폴란드 땅에 슬라브인이 살기 시작한 것은 늦어도 BC 1000년부터지만 폴인(폴라니에인)의 당이 폴란드의 모체를 이룬 것은 AD 10세기 무렵이다. 폴라니에인이 독일의 억압을 벗으려 996년 그리스도교를 받아들이고 봉건사회를 형성하는 것이 피아스트왕조의 시작인데, 피아스트의 아들 볼레슬라프가 초기 봉건국가를 완성하고 1000년 대주교구가 생기면서 종교적 독립을 이루지만, 1024년 볼레슬라프의 즉위가 왕위계승 문제를 초래하고 몽골이 침략하고, 독일 및 키예프러시아와 전쟁을 치르면서 국력이 쇠퇴하다가 프셰미슬 2세에 이르러 폴란드는 통일되고, 1320~1455년 의회군주국가 시대 카시미르가 중앙집권의 강국을 달성, 문화가 크게 번성한다. 1370~1383년 폴란드와 헝가리가 연방국을 이루고 결혼을 통해 형성된 폴란드-리투아니아 연합이 1410년 그룬발트(타넨베르크)전투에서 독일군을 무찌르고, 그후 여러 차례 전쟁을 치르며 발트해로 통하는 길을 열고 카시미르 4세(1447~1492)가 폴란드 역사상 최전성기를 일구며, 16세기 말 남쪽 흑해와 북쪽 발트해에 이르는 유럽 최대 왕국으로 떠오르게 된다. 체코와 슬로바키아 지역에는 6세기부터 슬라브계 체코인과 슬로바키아인 들이 정착한 후 AD 7세기 사모왕국, 9~10세기 체코와 슬로바키아 민족의 통일국가 모라비아제국을 이루었는데, 11세기 슬로바키아 지방을 헝가리가 점령한다. 러시아는 여러 민족의 서방행 통로였다. 동슬라브인이 '루시'라 불리며 역사에 등장하는 것은 9세기. 그 이전 러시아에 등장하는 것은 모두 비슬라브계 유목민이다. 첫 무대는 흑해 북안과 그 배후 스탭지대로 BC 7세기 이미 그리스 식민시가 설치되고, 5세기 이곳을 지배한 것은 이란계 스키타이인이다.

1877년 아프가니스탄 카타간 지방 옥서스강(현재는 아무다리야강) 둑에서 발견된 것을 통틀어 '옥서스 보물'이라 부르는데, 이중 특히 은제 꽃병 손잡이는 스키타이 미술의 활력을 전형적으로 보여준다. 스키타이제국이 아니라 박트리아에서 출토된 셈이지만 이 시기에는 스키타이 제품이 무역을 통해 넓게 퍼져 있었다. BC 3세기에는 중앙아시아에서 온 이란계 사르마티아인이 스키타이인을 대신했으며, 그 후 핀-고트-훈-아바르-하자르 등 여러 민족이 차례로 우위를 점했다. 훗날 대(大)러시아인-우크라이나인-벨로루시인으로 알려지는 동슬라브인은 이미 스키타이 시대부터 남부와 중부러시아에 살며 하자르인에게 모피 등을 공물로 바쳤다. 노르만-바이킹이 862년 러시아 최초 국가 노브고로트공국을 일으켰다는 설은 다소 전설적이다.

> 동슬라브 여러 부족들이 서로 다투다 지쳐 바다 건너 루시를 향해 말한다. 우리들의 땅은 광대하고 기름지지만 우리가 무질서하니 우리 땅으로 와서 우리를 지배해주시오. 이 요청에 따라 스칸디나반도 바라크인(노르만인) 삼형제가 전 부족을 이끌고 바다를 넘어왔으며 맏형 류리크가 노브고로트에 거처를 정하고 다스리다가 사망한 후 아들 이고리가 너무 어렸으므로 일족 올레그가 정부를 구성, 882년 이고리를 데리고 키예프로 옮겨 키예프러시아의 기초를 닦았다.

러시아 학자들은 노르만인 건국설을 부정하며, 키예프러시아는 그들이 오기 훨씬 전부터 동슬라브 여러 부족이 오랜 세월에 걸쳐 건설한 것이라 주장한다. '러시아' 라는 말이 사용된 것은 15세기 말부터고, 그 이전에는 단지 '루시' 혹은 '루시의 땅' 으로 불렸다. 7~11세기 볼가강 하류에서 카프카스에 이르는 강대한 국가를 건설하고 상업으로 번창하던 하자르인은 10세기 후반 키예프공국에 패한 후 쇠퇴해가고, 키예프러시아의 블라디미르 1세(980~1015)는 비잔틴황제 여동생과 결혼, 그리스정교를 국교로 정하였고, 그의 아들 야로슬라프 1세(1019~1054)가 최전성기를 구가하며 키예프러시아 판도를 드네프르강 유역 중심에서 북쪽 발트해, 남쪽 흑해, 동쪽 오카강, 그리고 서쪽 카르파티아산맥까지 넓혔다.

키예프러시아는 키예프공국 외 몇 개의 공국으로 구성되고, 공 밑에 귀족-평민-노예가 있고, '두마' 라 불리는 귀족회의체를 두었으며, 모든 마을에 설치된 '베체' 는 모든 자유민 호주들이 참석했다. 키예프와 노브고로트 베체는 특히 유명하다. 야로슬라프 1세 사망 후 키예프러시아는 170년 동안 80회에 달하는 내란을 겪고 스텝지대 유목민들의 습격을 받다가 13세기 몽골인에게 무릎을 꿇는다.

프랑스, 미술의 언어와 카페왕조, 봉건사회

카를대제 사망 및 베르됭조약으로 인한 프랑크왕국 분열 후 10세기 말 전사 귀족 로베르 가문의 위그 카페가 카롤링거왕조와의 항쟁에서 승리, 카페왕조(987~1328)를 세운다. 루이 6세와 7세까지 카페왕가 왕령은 파리와 오를레앙 지방 중심의 좁은 영역에 불과하고, 국왕과 봉건관계를 맺은 대제후의 영토, 즉 플랑드르 백작령, 노르망디 공작령, 부르고뉴 공작령, 툴루즈 백작령, 아키텐 공작령이 그것을 둘러싼데다, 국왕 대리인 프레보가 왕령 내 일체 권한을 세습했으므로, 국왕은 일반 영주와 다를 바가 없었으나, 10~11세기 클뤼니수도원 개혁운동을 도화선으로 세속권력으로부터 분리, 정신적 권위가 드높아진 가톨릭교회가 카페왕조와 밀접한 관계를 맺고 왕권에 초월적인 신성함을 부여, 귀족권력보다 우위를 보장하는 가운데 11~12세기 농업 생산성 증대에 힘을 받아 고전 장원기 농노제는 점차 사라지고 유럽 사상 최초로 자연적인 경제 질서가 만들어지고, 영주가 농촌공동체를 통해 농민을 지배하고 공동체 감독과 운영(법과 치안)을 담당하며, 연공(지대)으로 영주경제를 유지하는 중소 영주 권력이 분립-할거하면서 정치적으로 대립하고 경쟁하는 와중 영주들이 자신의 지위 보존 및 안정화를 위해 주군과 신하 사이 상호방위 및 상호안정보장 관계를 국왕과 개인적으로 맺음으로써, (프랑스형) 봉건제는 카페왕조 지위를 더욱 확고히 하고, 그리스도교가 다시 봉건 질서를 더욱 확고히 하는 현상이 벌어진다. 카페왕조는 12세기 말~13세기 초 이후 권력집중을 시작, 루이 7세(1121~1180) 사망 후 왕비 알리에노르 다카텐이 앙주 백작 앙리(영국 왕 헨리 2세)와 재혼, 노르망디와 앙주, 아키텐을 연결하는 광대한 스프랑스 지역이 잉글랜드 왕령으로 되는 사태를 맞은 루이 7세의 아들 필리프 2세(1165~1223)는 봉건법상 상속으로 영국 왕 존한테서 노르망디와 앙주 등을 되찾는 동시에 결혼 상속으로 여러 영토를 획득했으며, 법에 바탕한 평화정책으로 카페왕조 전성기를 연 루이 9세(1214~1270)는 결혼을 통해 툴루즈 백작령을 왕관과 결부시키는 등 왕권을 신장하고, 1259년 파리조약으로 영국왕 헨리 3세와 오랜 분쟁을 해결하고, 1264년 헨리 3세와 영국 귀족 사이 분쟁 및 여러 차례의 외국 분쟁을 중재, 카페왕조 프랑스의 국제 위상을 높였고, 내정에서는 템플기사단에게 재정을 맡겨 국가 공공성을 강화하고, 전문 법률가를 등용하여 왕실 법정을 명실상부한 전 프랑스 항소법정으로 만들고, 법정 결투를 폐지하고 문서와 증언을 판결 증거로 삼게 했으며, 생트샤펠 건축 등 문화사업에도 진력, 파리를 서유럽 문화 중심지로 부상시켰다. 루이 9세는 1218년 십자군전쟁 당시 이집트 원정에 나섰고, 1270년 십자군전쟁 당시 다시 아프리카 원정에 나섰다가 튀니지 진중에서 병사한다. 프랑스가 통일국가로 첫걸음을 내딛는 것은 카페왕조 말기 필리프 4세(1268~1314) 때다.

알-이드리시 지도, 12세기 지중해 아랍문명과 기독교문명의 만남

중세 세계지도, 특히 서양의 그것을 마파문디('세상 지도')라고 한다. 마파문디는 손바닥처럼 들여다보는 세계일 뿐 아니라, 세상보다 더 넓고 깊은 상상의 세속화다. 빈랜드 마파문디는 훗날 조작된 것이라는 설이 있지만, 콜럼버스 이전 시기의 것인데도 '신대륙'을 그리고 있다. 마파문디는 중세의 지리 지식은 물론 정신세계까지 드러낸다. 프톨레마이오스의 『지오그라피아』 또한 고대 그리스 후기 유산이지만, 이슬람 지도 제작에 커다란 영향을 끼치고 서양 중세 후기 워낙 자주 인쇄되었으며, 중세 세계관을 거의 지배했으므로 마파문디로 분류된다. 모로코, 세우타 출신 알-이드리시는 1145년부터 노르만인 시실리 왕 로저 2세 궁전에서 활동한 아랍인 지도 제작자, 지리학자다. 아랍과 그리스의 지리학 지식을 시칠리아인 탐험가들의 직접 체험담과 결합하면서 1154년 그가 제작한 커다란 원반 세계지도('로저의 지도')와 책 『지리학』('로저의 책')은 중세 이 분야의 가장 위대한 작품 중 하나로 꼽히는데 당시 알려진 세계 일체를 새겼던 엄청난 크기의 원반 지도는 소실되었으나 『로저의 책』은 전해졌다. 특히 지중해와 발칸 지역에 대한 설명이 자세하며, 폴란드와 체코를 혼동하고 신라를 다섯 개 섬의 나라로 그리는 등 군데군데 틀린 곳이 (당연히) 있지만, 세계를 70부(7 '기후대=위도' ×10 경도)로 나누고 각 부마다 지도 한 장과 상세한 설명을 붙였다. 알-이드리시는 의학서와 시도 썼고, 그의 지도책이 서양에서 출판된 것은 대체로 20세기 들어서다. 알-이드리시의 세계는 12세기 지중해 아랍문명과 기독교문명의 만남 현장을 가장 생생하고 정확하게 보여준다.

동서 교류, 세월의 정치경제학

국가 사회적이고 거대한 동서 교류 이전 머나먼, 고독한 여행길이 있었다. 특히 13세기 이탈리아인 마르코 폴로의 중국 여행, 그리고 14세기 모로코 이슬람교도 이븐바투타의 세계 여행이 유명하고, 중요하다. 달마티아 쿠르촐라에서 태어난 마르코 폴로는 1271년 보석상인 아버지 니콜로와 숙부 마테오를 따라 중국(원) 여행을 떠난다. 소아시아 사바스→모술→이라크의 경로를 밟고 해로를 이용하려 바그다드에서 바스라로 갔다가 단념하고 육로를 선택한 폴로 일행은 카르만 타브리즈→발흐→파미르고원을 경유, 타림분지에 이르고 타클라마칸사막 남쪽 변두리 여러 도시를 지나 하서 지방 감주에서 일 년 동안 머무르며 숨을 고른 다음, 상도 소재 여름궁전으로 가서 쿠빌라이를 알현하니, 이때가 1274년이고, 마르코 폴로는 중국에 17년 동안 홀로 머무르며 원의 우대와 관직을 누리는 한편 중국 각지를 여행했고, 이란의 몽골 왕조 일한국 칸 아르군에게 시집을 가게 된 원 공주 코카친 일행의 여행 안내자로 비로소 원을 떠났다. 복건성 천주를 출발하여 자바→말레이→스리랑카→말라바르를 경유하고 일행이 이란 호르무즈에 도착했을 때 아르군이 이미 사망한 터라 공주를 그의 아우 가이하투(칸)에게 맡기고 1295년 베네치아로 돌아왔으나, 역경은 끝나지 않았다. 그는 베네치아-제노바 전쟁에 말려들고, 포로로 잡혀, 제네바 감옥에 갇힌다. 그리고, 역경이 역사적인 문헌을 탄생시킨다. 폴로는 감옥에서 이야기 작가 루스티켈로를 만나고 그에게 자신이 동방에서 보고 들은 것을 기록게 하니 이것이 바로 마르코 폴로 『동방견문록』(원제는 '놀라운 세계의 서') 원조본이다. 이 당시 이란-중앙아시아-몽골의 역사 및 지지, 그리고 민속에 관한 한 이보다 더 소중한 책은 없다.

이븐바투타는 1325년 메카 성지순례 후 이라크-페르시아-중앙아시아-인도를 여행하고, 1345년 중국 천주를 거쳐 북경에 이르렀으며, 1349년 바그다드→메카→이집트를 거쳐 고국 모로코로 돌아온 후 이번에는 사하라사막을 여행, 나이저강에 이르렀다. 그는 인도에서 과디(법관)를 지냈고 각지 학자 및 수도사와 친분을 나누었다. 그의 여행 기간은 30년, 거리는 12만 킬로미터에 달하는데 그 모든 것을 기록한 여행기 『도시들의 신기함, 여행의 놀라움 등에 대해 보는 사람들을 위한 선물』(1356)은 14세기 중엽 이슬람 사회에 대한 가장 충실한 보고서다.

카탈루냐 지도, 항해의 아름다운 배꼽

카탈루냐 지도는 원래 반으로 접은 전사포 여섯 장으로 구성되었다가 나중에 접은 부분이 둘로 잘리게 되었다. 첫 두 장은 우주 지리, 천문학 및 점성술 내용을 카탈루냐어로 번역, 공 모양의 지구 등 알려진 세계를 설명하는 한편 조수와 야간 시간 측정법 등 항해사한테 유용한 정보를 주며, 첫 장은 조수 도표와 영구 달력을 곁들였고, 둘째 장은 천문관측의를 들고 있는 천문학자로 의인화한 우주의 중심 지구를 4원소, 7행성(천구 및 그 의인화), 황도 12궁, 달의 위치와 상을 품은 동심원들이 둘러싸며 의인화한 사계절이 각각 한 귀퉁이를 차지한 형상이며, 나머지 네 장이 실제 지도를 이루는데, 서양 쪽은 기독교 도시를 십자 깃발로, 나머지 도시를 돔 깃발로 표시했고, 코르시카와 사르디니아섬을 양쪽에 표시하여 지중해 한가운데를 중첩시키고 아프리카 부분에서 몇몇 군주들을 내세우며, 동양 쪽은 중세 세계지도와 '마르코 폴로류' 여행 기담을 섞으면서 여러 종교 및 신화 사항들을 표시하고, 전체적으로 구도가 대충이지만 많은 인도 및 중국 도시들을 알아볼 수 있고, '마르코 폴로류' 풍습과 사실 혹은 상상의 지역 경제 자원을 설명한다. 자세히 알려진 지중해 세계 동쪽 미지와 신비의, 향료와 비단과 환상적인 재화의 거대한 이들 대륙이 117년 후 콜럼버스의 서쪽 행로를 통한 탐험을 부추기게 된다. 그리고, 항해는 결국 지리의 배꼽이다.

샹송 드 제스트, 영웅적 역사의 문체

12세기 완성된 『롤랑의 노래』는 프랑스 '샹송 드 제스트'('영웅담 노래') 형식의 걸작이다. 프랑스인들이 '고대 프랑스 정신의 현현'이라고까지 칭송하는 이 작품 내용과 연관된 역사적 사실은 이렇다.

> 프랑크 왕 샤를마뉴(샤를대제)는 스페인 이교도에 대한 정벌을 소규모로 몇 번 시도하다가 778년 스페인으로 가서 협정을 맺고 국경을 확정짓고 군대를 철수시키는데, 본진은 비교적 무사히 귀환하지만 후미를 지키던 부대가 피레네 산맥 좁은 길에서 매복중이던 기독교도 바스크인들에게 궤멸된다.

롤랑은 그때 사망한 브리타니 장관이다. 매복 부대를 회교도로 바꾸고, 배경을 십자군전쟁으로 확대하면서 『롤랑의 노래』는 비교적 사소한 역사적 사건을 웅대한 서사문학의 기둥 줄거리로 승격시킨다.

> 샤를마뉴의 봉신 올리비에와 롤랑은 숭고한 우정을 유지한다. 롤랑은 샤를마뉴의 '조카이자 오른팔'이고 유력한 가신으로 90마일까지 들리는 뿔나팔을 갖고 있다. 샤를마뉴는 기독교와 봉건 정신의 상징. 긴 백발 수염에 나이가 2백 살에 가깝다. 가브리엘 천사가 그를 밀착 보호, 결정적인 순간마다 경고와 조언을 아끼지 않는다. 샤를마뉴가 칠 년 동안 스페인을 정복하고, 이제 남은 곳은 이슬람 세력의 사라고사밖에 없었다. 사라센 왕은 샤를마뉴를 스페인에서 철수하게 만들려고 군침이 도는 제안을 하였다. 신하들은 의견이 둘로 엇갈렸다. 롤랑의 의붓아버지 가네롱은 받아들이자는 쪽이었고 롤랑은 반대였다. 결정은 가네롱 쪽으로 나고, 비아냥대는 가네롱이 미워서 롤랑은 그렇다면, 사라센 왕이 특사를 죽일지도 모르는 일인데, 마땅히 가네롱이 특사로 가야 한다고 주장하고, 특사로 파견된 가네롱은 롤랑을 배반, 사라센 왕과 음모를 꾸민다. 돌아온 가네롱은 롤랑에게 듣기 좋은 말로 부추기며 후위 부대 2만 명을 맡게

> 하고, 사라센 군사 40만 명이 그 부대를 공격한다. 롤랑은 지원군을 부르지 않고, 그의 오른팔인 12명의 귀족들이 용감하게 싸우지만 결국 롤랑의 군대는 전멸하고 롤랑도 죽는다. 사태를 알아챈 샤를마뉴는 사라고사로 쳐들어가 사라센 왕을 죽이고 가네롱을 처형한다. 롤랑의 약혼녀는 스스로 목숨을 끊는다.

이 작품은 문체가 간결하고 명징하다. 직설보다는 주로 암시가 구사되고 명상이나 자기분석이 아니라 말과 행동을 통해 등장인물의 성격이 드러난다. 물리적 묘사가 강력하다. 『일리아드』는 180여 군데서 직유를 동원한다. 『롤랑의 노래』는 딱 한 차례다. '마치 사냥개 앞에서 사슴이 뛰듯이'. 『롤랑의 노래』는 분명 문학 표현력의 문명적 발전을 보여준다. 문명적 발전의 침략적인 측면도 보여준다. 『베오울프』가 기독교 정신과 상상력으로 이교도를 포괄했다면 『롤랑의 노래』의 문학적 성취는 이교도 탄압과 정복을 위한, 종교전쟁을 정당화하기 위한, 그렇게 스스로 닫히는 성취다. 그러나, 정치적으로만 그렇다. '종교로 인한' 닫힘이 문학을 통해 '열림'을 위한 매개로 전화한다. '샹송 드 제스트'는 주로 샤를마뉴와 그 부하들(12명)의 영웅담을 다루는데, 원형은 영국의 전설적인 아서왕 이야기다.

로망스, 소설을 향해 흔들리는 교차로

로망스는 대강 '프랑스 이야기'라는 뜻. '소설'을 뜻하는 프랑스어 및 영어 단어 'roman'의 어원이다. 몇몇 다른 영국 왕들, 그리고 동양풍 소재들도 다루지만 아서왕 이야기와 비교할 바는 아니다. 다만, 운문 노래/산문 이야기의 '샹트파블(이야기 노래)' 『오카생과 니콜레트』(13세기 초)는 중세 프랑스 서사예술의 '광택'으로 평가받는바, 소설을 향한 모종의 교차로로 눈여겨볼 만하다.

> 프로방스 성주 아들 오카생과 사라센 출신 포로 니콜레트가 사랑에 빠지자 오카생의 아버지는 그녀를 가두고, 오카생이 그녀를 만나게 해주지 않으면 성

방어전에도 참가하지 않겠다고 하자, 오카생마저 가둔다. 니콜레트가 밤을 틈타 탈출, 오카생이 갇힌 곳으로 와서 자신의 사랑을 노래하다가 성주가 잡으러 오자 숲속으로 달아나 행방불명이 되고, 골칫거리가 사라졌다고 생각한 성주는 오카생을 풀어주지만 오카생은 그녀가 죽었을 거라는 소문을 믿지 않고 그녀를 찾아나서 마침내 찾아낸다. 둘은 배를 타고 톨레로르 성으로 가서 한동안 행복하게 살지만 사라센이 그 성을 공격, 이리저리 쫓기다가 둘은 다시 헤어지게 되었다. 니콜레트는 카르타고로 실려갔는데 그곳 왕은 그녀의 아버지였다. 오카생은 보케르 성 근처에 도착했는데, 아버지가 죽은 뒤라, 그가 성주로 되었다. 니콜레트가 떠돌이 시인으로 변장, 보케르 성으로 오고 그녀 연인과 재결합한다.

줄거리 군데군데 끼어드는 숱한 액자 에피소드들은 중세 로망스에서 빈번히 등장하는 소재들이지만 그것을 다루는 방식은 매우 독창적이다. 등장인물에 대한 집중, 리얼리즘과 유머를 통해 저자는 사랑의 힘과 세상의 아름다움에 대한 확신을 폭넓게 형상화하고 있다. 서정시 막간이 연인의 낭만-모험 분위기를 적절하게 고조시키는 반면 하층계급의 노동과 고통에 대한 묘사가 치밀하고 그 대비는 그야말로 절묘하다. 한편, 오카생과 니콜레트가 적절한 로망스 커플인 데 비해 다른 로망스에서 차용한 중세 기사 모험들은 매우 과장되고 일그러져 있다. 저자의 태도가 이중적인 셈이지만 더 자세히 보면 중세 서사시와 로망스 양쪽을 모두 조롱하는 듯하다. 니콜레트는 기지 넘치는 처녀다. 오카생은 단순히 사랑에 눈먼 철부지. 창의력이 없고 불효자며, 기사가 되려 뇌물을 바치고 죽을 때까지 유산에 얼빠져 있다. 옷차림이 형편없는 절름발이들의 천국보다야 니콜레트와 유쾌한 죄인들의 지옥이 낫다는 게 그의 주장이다. 이 작품은 물경 4백 년 뒤 위대한 세르반테스 장편소설 『돈키호테』(1605)를 예감시킨다. 『돈키호테』의 중세 기사도 희화화가 지독한 것은 스페인 르네상스가 매우 뒤늦고 왜곡된 상태로 진행되었던 것의 반영이다. 같은 13세기 로망스 『샤틀렌』은 이런 내용이다.

한 기사가 버건디 공작의 조카 샤틀렌을 사랑하고, 그녀도 그를 사랑했다. 언제 어디서 만나자는 내용이 담긴 쪽지를 샤틀렌의 강아지가 물고 오고, 둘 사이의 일을 비밀로 하지 않으면 자기를 잃게 될 거라고 그녀는 기사에게 말하곤 했다. 버건디 공작의 부인이 그 기사를 사랑하게 되고, 기사가 자신의 사랑을 받아들이지 않자, 화가 난 공작 부인은 공작에게 기사가 자신을 해코지하려 했다고 무고한다. 공작은 기사에게 변명할 기회를 주었다. 비밀을 꼭 지켜달라고 몇 번씩 부탁하면서 기사는 자신은 샤틀렌과 사랑하는 사이며 공작 부인과는 아무 관계도 없다고 했다. 남편에게서 그 사실을 캐낸 공작 부인이 사람들 많은 데서 그 비밀얘기를 넌지시 꺼내니 샤틀렌은 기사가 배반한 줄 알고 상심하여 죽고, 그 뒤를 따라 기사도 죽는다. 공작은 기사의 칼을 빼어 자기 아내를 죽여버렸다.

중세 산문 로망스 형식은 (르네상스기) 이탈리아와 스페인으로 번져갔다. 두 나라에서 '모험 로망스'라 부를 만한 형식이 발전한다. 마상 시합, 마법, 기사들의 결투, 비밀의 사랑, 방랑 모험에 대한 관심이 높아졌다. 아서왕과 샤를마뉴 이야기가 거대하게 통합된다. 이탈리아의 대표적인 영웅 서사시는 보이아르도 필생의 역작 『사랑에 빠진 오를란도』, 그리고 아리오스토가 쓴 그 속편 『성난 오를란도』다.

예의바르고 마음씨가 너그러운 기사가 있었다. 그는 착한 여자 마법사에게서 이상한 뿔과 책을 받았다. 뿔을 불면 모든 사람이 겁에 질렸고, 책은 알고 싶은 모든 것을 가르쳐주었다. 그는 또, 독수리 얼굴에 날개 달리고 말 몸인 동물을 얻어 타고 세계를 일주했다. 그는 안 가본 데가 없었다. 착한 사람을 구해주고 악마들과 싸우고, 천국에도 가보았다. 제일 희한한 곳은 달이었다. 마차를 타고 갔는데, 달의 계곡에는 지구에서 사라져버린 모든 것들이 찬란한 빛을 내며 고스란히 쌓여 있었다. 달은 그래서 밝은 거로군. 사라진 왕국, 잃어버린 명예, 잃어버린 시간, 그 모든 것들이 그곳에 있었다. 그 속에는, 그의 친구 오를란도의 정신도 있었다. 그래서 오를란도가 미쳤던 거로군. 그는 친구의 정신을 갖고 지구로 돌아왔다. 오를란도는 제정신으로 돌아왔다.

스페인은 훗날 세르반테스『돈키호테』가 조롱해 마지않는 유의 로망스 작품들을 양산했다.『돈키호테』보다 훨씬 더 오래전 이탈리아의 단테와 보카치오, 그리고 영국의 초서가 세계문학사의 한 전성기를 구축하고, 르네상스로의 길을 열었다. 이들, 그리고 한참 뒤 세르반테스야말로 중세 서사문학을 진정으로 계승, 극복한 경우다.

13세기 로망스『장미 이야기』가 궁정의 사랑을 예찬한 2세기 후 궁정 여인 크리스틴(의 아버지는 이탈리아인으로 프랑스 국왕 샤를 5세의 점성술사였다)이『장미 이야기』의 여성 모독을 작품「장미의 시」로 맹공하는가 싶더니 같은 시기, '범죄=시' 의 충격이 온다. 비용. 그는 중세 교회식 교육을 정통으로 받고 21세에 파리대학 석-박사 학위를 취득한 탁월한 학자였는데 곧 라틴 주거 지역 악당 및 도박꾼 들과 어울리며 범죄 행각을 일삼고 살인과 강도 혐의로 몇 차례 체포되고 파리에서 추방되었다가 1451년 특사로 다시 귀환했으나 이듬해 다시 피체, 교수형을 선고받고, 그 이듬해 감형된 후(30세) 전혀 행적을 남기지 않았지만, 시사에 손꼽히는, 그리고 현대시의 선구로 평가되는 작품을 남겼다. 얼핏 가난과 사랑, 그리고 모험의 만족감을 노래하면서도 그의 시는 서로 모순되는 정서를 중첩, 삶의 환락에 깊고깊은 허망감이 스며들고, 알레고리, 금욕주의, 고리타분한 교훈 따위가 완전히 배제되고, 강한 자기부정을 표출하는 점에서도 매우 현대적이다. 대표작은「소유언」(1456)과「대유언」(1462), 그리고「교수형당한 자들의 노래」. 이 '끔찍한' 시들, 특히 교수형에 처해진 시체들이 뜨거운 태양에 그을린 피부의 살점을 새떼에게 뜯어먹히는 장면은 지울 수 없다. 서정시의 끝 간 데, '악의 꽃' 을 우리는 이미 보고 있다. 맬러리가 (겨우)『아서왕의 죽음』을 썼을 때다.당시 프랑스 이야기 두 가지.

장님 셋이 길을 가고 있었다. 짓궂은 학자가 그들한테 "이 돈 받으세요" 그렇게 말하고 실제로는 아무것도 주지 않았다. 장님 셋은 각자 다른 누가 받았겠거니 하고는 식당으로 들어갔다. 학자가 보니 그들은 떡 벌어지게 차린 상을 받고, 밥값을 내야 할 때가 되어서야 아무도 돈을 내지 않으니 서로 멱살 드잡이를 하며 싸우는 거라서, 킬킬 웃다가 곧 그들이 안됐다는 생각이 들었다. 학자는 식당 주인에게 자기가 내거나 신부더러 주라고 할 테니 그들을 그냥 보내주라고 한 다음 식당 주인을 데리고 교회로 가 신부에게만 들리게끔, "신부님. 이 사람이 마귀가 씌었어요. 성경을 좀 읽어주셔요" 했다. 신부가 "알았다"고 하자, 식당 주인은 이제 돈을 받으려니 하고 학자를 보내주었다. 하지만 신부는 돈 달라는 식당 주인 얘기를 마귀가 씌어 그런 것으로 알고 계속 성경을 읽어줄 뿐이었다.

아미와 아미예는 둘도 없는 친구였다. 아미예는 친구가 결투를 할 일이 생기자 그를 속이고 자기가 대신 결투에 나갔고, 그 벌로 문둥병에 걸리게 되었다. 아미는 하늘에 호소했다. 천사가 그의 두 아들을 바치면 친구의 병을 낫게 해주겠다고 말했다. 그는 천사가 시키는 대로 했다. 아미예는 문둥병이 씻은 듯이 나았고, 아미가 이제 두 아들의 시체를 묻어주려고 가보았더니 그들은, 감쪽같이, 곤히 자고 있었다.

터키, 문명의 원초와 비잔틴 그리고 이슬람 그후

터키는 아시아와 유럽을 잇는 지점으로 터키 민족이 들어오기 전 BC 6000년 무렵 아나톨리아 중앙 카탈 후유크에 이미 세계 최초의 원주민 농경취락이, BC 3500년 무렵 동기를 만든 트로이 제1문명이, BC 2000년 무렵 청동기문화가 발달했으며, BC 1650년 무렵에는 인도-유럽어족의 히타이트왕국이 원주민을 정복한 후 세계 최초 철기문화를 열었고, BC 1200년 트로이가 그리스군 앞에서 무너질 무렵, 히타이트왕국도 프라키아에서 들어온 트리기아인에게 멸망했다. BC

11~8세기 그리스 식민정책으로 이오니아인과 도리스인이 에게해와 흑해 연안에 밀레투스-크니도스-시노프 등 도시를 발전시켰고 BC 730년 내륙부에 생겨난 리디아왕국이 BC 546년 아케메네스왕조 페르시아에 의해 사라지고, 그리스 식민도시를 포함한 전 지역이 페르시아 지배 아래 들어갔다. BC 334~333년 알렉산드로스대왕에게 정복되고 그가 사망한 후 페르가몬-카파도키아-셀레우코스 등 왕국이 마구 서고 북동부에 폰토스왕국도 탄생하지만, 모두 로마에 정복당해 3백 년 동안 지배를 받다가 비잔틴제국의 찬란한 수도 콘스탄티노플(비잔티움, 이스탄불)을 품게 된다. 비잔틴제국은 6세기 전성기를 맞고, 517년 공의회가 백성들에게 무엇을 줄 것인가를 선포하는 장식판을 보면 비잔티움의 오락거리들은 원형극장에서의 사자, 표범 사냥, (여인들의) 말 달리기 경주, 어릿광대 익살극과 마임, 그리고 비극 관람 등이었다. 비잔틴이 영원한 신성의 가상현실이라면, 모자이크 예술은 비잔틴의 배꼽이었다. 비잔틴제국은 7세기 사산왕조 페르시아와 이슬람제국의 위협을 잇달아 받았고, 11세기 소아시아를 침입, 비잔틴제국을 제압하고 아나톨리아 대부분을 지배하던 중앙아시아 출신 셀주크튀르크족이 14세기 초 몽골족 침입으로 멸망하는데, 이들이 오늘날 터키에 들어온 최초의 터키(튀르크) 민족이다. 이들은 이슬람 세력이었고 같은 이슬람 세력 오스만튀르크족은 아나톨리아 서부에서 발흥, 14세기 소아시아 외에 발칸반도까지 영토를 확대하더니 1453년 수도 콘스탄티노플을 함락, 비잔틴제국을 멸망시킨 후 마지막 소아시아 왕국 트레비종드(흑해 연안)마저 누르고 콘스탄티노플을 '이스탄불'로 개명, 수도로 삼더니, 오스만제국은 서아시아-북아프리카-동유럽에 걸친 대이슬람제국(완만제국)으로 발전, 16세기 술레이만대제 시대 전성기를 이루고, 19세기 그리스와 이집트의 독립을 허용하면서 빠르게 쇠퇴하다가 제1차 세계대전 때 독일-오스트리아에 가담하여 패배를 맞고, 연합국은 터키 분할을 꾀하고 그리스가 아나톨리아 서쪽을 침입하지만, 1923년 케말 아타튀르크가 탁월한 외교 전략으로 현재 영토를 확보하였다. 케말은 같은 해 앙카라를 수도로 정하고 터키 공화국을 선포하고 초대 대통령에 오른 후 정교 분리, 로마자와 태양력 사용 등 여러 방면으로 근대화를 추진하고 제2차 세계대전에서 중립을 지키다가 전쟁 말기

독일에 선전포고했으며 1952년 나토에 가입하는 등 반공-친서방 노선을 취하였다. 1960년 이후 군부 쿠데타, 테러가 잦더니 1980년 9월 군참모총장 중심의 쿠데타가 국가보안평의회를 설치, 계엄령으로 치안을, 1983년 총선으로 민정을 회복했다. 1991년 걸프전에서 반이라크전선에 가담, 병력을 파견하고 다국적군 공군 발진기지를 제공했으며, 다국적군이 설정한 이라크 내 비행 금지구역 초계비행에도 협력하였다. 2003년 이라크전쟁 때도 터키는 미국의 든든한 동맹국이었다. 1997년 12월 유럽연합 가입대상국에서 제외되자 유럽연합과 대화 단절을 선언했다가 1999년 12월 회원국 후보 자격을 받아들였고, 2005년 10월 유럽연합이 앙카라와 가입 협상을 개시하였다. 그리스와의 해묵은 갈등은 1999년 3만 5천 명이 사망한 터키 이즈미트지진 참사 때 그리스의 인도적 원조를 계기로 많이 누그러진 상태다. 터키 인구는 유럽연합 국가 중 독일 다음으로 2위(7,500만 이상)며, 인구 증가율은 최고(매년 1퍼센트 이상)다. '이스탄불을 지배하는 것은 세계의 반을 차지하는 것' 이라는 17세기 러시아 표토르대제의 말은 지금 상당히 낡았지만 세계경제 양대 축으로 떠오르는 중인 유럽과 아시아를 두루 아우르는 나라는 여전히 터키뿐이다.

몽골과 흑사병, 육체의 반란, 모습을 드러낸 '죽음=신', 그리고 '육체=난해'

여러 몽골족 신화들이 대개 영웅서사시나 전설 속에 단편적으로 존재할 뿐이지만, 부랴트몽골족 신화만은 아주 정리가 잘되어 있고 내용도 아홉 밤을 내리 읊어야 할 정도로 방대하다. 천계는 동과 서로 나뉘고 동에 44명의 나쁜 신격(텡그리)들이, 서에 55명의 착한 신격들이 있다. 어느 쪽에도 속하지 않는 텡그리들의 그 중간부에 있고, 이들을 쟁탈하려고 동과 서의 텡그리들의 싸움이 벌어지고 동천 수장의 시체 각 부분에서 머리가 여럿 달린 온갖 마물들이 쏟아져나와 인간에게 질병과 죽음, 그리고 재앙을 내리니 서천 수장이 여러 신기를 주며 아들을 내려보내 그 마물들과 싸우게 한다. 세계관은 이란 신화의 영향을 받았으나, 아들의 지상 하강, 신기 등은 샤머니즘과 애니미즘에 온전히 속하고, 그렇게 몽골적이다. 지지부진 수차례 벌어지다가 1260년에야 끝나는 십자군전쟁의 와중, 칭기즈칸의 제국은 '육체의 반란'이라고 부를 만한 시기를 거의 전 세계에 도래시켰다. 1206년 칭기즈칸을 황제 자리에 올린 말 탄 몽골 무사들이 역사상 가장 빠른 시간에 가장 광활한 육체의 제국을 건설한다. 문치주의를 표방하다가 문약(文弱)에 빠지면서 극단적인 무신(武臣) 혐오로까지 치달았던 중국 송, 그리고 고려가 몽골 무사들에 짓밟혔다. 북경이 1215년 함락되고 1223년 러시아 군대가 몽골군에 궤멸되고 칭기즈칸제국은 동쪽으로 태평양, 서쪽으로 흑해, 북쪽으로 시베리아 절반을, 남쪽으로 인도 대륙 대부분을 포괄하게 된다. 이 '육체의 반란'은 서양의 중세를 중세적으로 뒤흔들고, 그 후유증이라는 듯, 역시 거대한, 죽음의 반란이 왔다. 1347~1350년 페스트가 유럽 전역을 휩쓸며 총 인구의 4분의 1의 목숨을 앗아가고, '죽음의 춤'이 유행한다. 전쟁, 기아, 질병, 가난에 고통받는 '살아남은 자'들이 묘지에 모여 필사적인 환희의 춤을 춘다. '죽음의 춤' 소재는 후에 연극, 미술, 문학, 그리고 음악의 주제로 자주 등장하게 된다. 그리고, 그렇다. 에로티시즘은 최종적으로 죽음의 충격을 겪고, 죽음의 전화로, 부활한다.

신분제의회, 통일국가의 초석

12, 13세기 생산력이 증대하면서 각지에 상공업도시와 지방시장이 발달하고 장원 농민 일부가 경영 규모를 확대-발전시키면서 농노 신분 해방을 요구하고 장원 영주 지배에 맞서는 이들도 나타나고 도시에서도 유력 상공업자가 길드를 결성, 자치권과 자유영업권을 왕과 귀족한테서 얻어내고 있었는데, 길드 내부에서는 길드장의 규제가 강했으나 14세기 무렵 모직물을 생산하는 농촌 공업이 발전하고 오랜 길드 규제를 싫어한 상공업자들이 농촌으로 가서 자유로이 모직물 공업을 일으켜 도시 길드와 생산을 겨루고, 농촌 공업을 부업으로 하면서 농민 경제력이 한

층 더 강해지니, 14세기 이후 농촌의 장원 영주 지배와 도시의 길드 지배가 차츰 무너지기 시작한다. 중세 초기 유럽 각국 국왕은 때때로 봉신들을 궁정회의로 소집, '자문과 원조의 의무'를 요구했지만, 소집 의무가 있던 것은 아니고, 구성원도 일정치 않았다. 중세 후기 왕권 강화는 국왕의 임무도 증대시키고, 임무 수행을 위해서는 재정 확립이 당연히 필요했으므로, 왕의 영지 수입 및 기타 원조금만으로 유지되던 국왕 재정이 13세기 이후 공공 업무를 위한 일반 과세까지 포괄하게 되지만, 동시에, '모든 사람에 관계되는 일은 모든 사람에게 승인을 받아야 한다'는 것이 봉건법의 기본 정신이므로, 국왕은 과세 때마다 과세 대상인 직속 봉신과 도시 등의 승인을 얻어야 했고, 궁정회의가 점차 회의 조직체로 틀을 갖추고 시민 대표도 참여하는, 신분제 사회를 반영하는 신분제의회가 발전하고, 이것이 봉건국가를 신분제국가로 만들며, 통일국가의 물질적 토대를 이루게 된다. 신분제의회는 성직자-귀족-시민의 세 계급 대표자가 모이는 프랑스 삼부회와 독일(신성로마제국) 영방의회, 고위 공직자 및 대귀족의 '상원'과 기사 신분 하급 귀족 및 시민의 '하원'으로 구성하는 북유럽 여러 나라와 헝가리의 이원의회 두 종류로 크게 나눌 수 있다. 그 밖에 영국의 이원제는 하원 구성원이 각 주 대표성을 지녔으므로 신분제의회보다 근대 대의민주주의 의회에 더 가깝고, 오스트리아 티롤 영방의회는 농민 대표 출석까지 인정했다. 신분제의회는 중요한 기능인 과세승인권을 이용하여 각 신분의 특권 확대를 요구하고 국사 전반에 대한 발언권을 넓혀 왕권을 제한하거나 구속, 왕가 결혼 문제를 영토 문제로 따져 개입하고 승인하는 관행까지 만들었으므로 국가의 공적 성격을 명확하게 했지만, 전 국민의 이해를 대변하는 게 아니라 각 신분의 이해를 대변했던 까닭에 왕이 각 신분 사이 이해 대립을 틈타 왕권을 강화한 경우도 적지 않았다. 유럽 절대왕정은 국왕이 항상적인 조세 및 상비군 설치에 성공하여 신분제의회의 정치적 기능이 크게 약화한 결과다. 절대왕정기 프랑스 전국 삼부회는 한 번도 소집되지 않았고, 왕은 '법'(신분제의회의 구속)으로부터 완전한 해방을 누리게 된다. 프랑스 삼부회는 카페왕조 말기 '미남왕' 필리프 4세(1268~1314)가 영국과 정치·경제적으로 밀접한 관계를 유지하며 독일 쪽으로 진출, 왕령 통일에 가장 큰 장애였던 플랑드르와 귀옌을 점령했으나 영국 왕 에드워드 1세와의 전쟁에서 패하여 통합에 실패하고 전쟁으로 인한 재정난을 해결하기 위해 화폐를 만들고 성직자에게 세금을 징수하려다 교황 보니파티우스 8세와 충돌하자 그에 대항하기 위해 처음 소집하였고, 이 삼부회를 통해 얻은 국민의 지지를 바탕으로 필리프 4세는 교황을 아니니별장에 가두고, 교황이 죽은 후 프랑스인을 새 교황 클레멘스 5세로 옹립, 교황청을 프랑스 남부 아비뇽으로 옮기는(아비뇽교황청, 1309~1377) 등, 독일과 달리 교황청에 대한 국가 우위를 확립할 수 있었다. 필리프 4세는 또 교황 특권으로 왕권 지배를 받지 않던 템플기사단을 1309~1314년 기사단 해산 및 종교재판을 통한 단장 모레 처형, 그리고 단원 체포 및 기사단 소유령과 재산 몰수 등의 순서로 무너뜨렸다. 필리프 4세가 마련한 왕국기본법, 구왕평의회, 그리고 삼부회는 프랑스 국민국가의 기초를 닦은 것으로 평가된다.

백년전쟁과 장미전쟁, 통일국가가 강성해지는 길

백년전쟁은 신분제의회와 이원제의회를 통해 각각 통일국가로 발전한 프랑스와 영국이 '프랑스 내 영국령' 플랑드르와 가스코니 지역 등을 둘러싸고 일으킨, 어찌 보면 당연한 전쟁이지만, 무려 1339~1453년 지속되어 '백년전쟁'이라 불린다. 발단은 프랑스 왕위계승 문제. 몇몇 총신에게 국정을 맡기고 스코틀랜드 전쟁에서도 참패를 당한 영국 왕 에드워드 2세(1307~1327)가 가스코뉴 지방 영유 문제로 프랑스로 건너갔다가, 오빠 프랑스 왕 샤를 4세의 지원을 얻은 영국 왕비 이사벨라한테 쫓겨난 바 있고, 1328년 카페왕조가 단절되어 개최된 프랑스 대제후회의가 에드워드 2세를 이은 에드워드 3세 영국 왕 대신 발루아 가문 출신 필리프를 국왕으로 선출하자, 일단 발루아왕조의 새로운 프랑스를 인정했던 에드워드 3세가 1337년 왕위계승권을 주장하더니 1339년 프랑스를 침략한다. 프랑스는 1340년 슬리뮈스해전, 1346년 크레시전투, 1356년 푸아티에전투 등 거의 모든 백년전쟁 전투에서 영국에게 크게 패하고, 1348년 동쪽에서 크리마아반도에 상륙한 흑사병이 순식간에 유럽 중심으로 전염, 서유럽 인구 5분의 1~3분의 1의 목숨을 앗아가는 와중 1357년 파리에서 열린 전국 삼부회가 '삼부회 승인 없는 조세, 징집, 군대 소집 및 휴전 조인 반대' '삼부회 지명자 왕국평의회 참석 및 국정 참여' '삼부회 주도에 의한 삼부회 개최' 등을 결의하지만, 영국에 볼모로 잡혀간 황태자 샤를의 협력을 거부하고 1358년 파리 시장 마르셀이 주도한 파리폭동 및 자크리 농민폭동으로 파리 시민들이 등을 돌리면서 별무소용으로 끝났고, 볼모에서 풀려난 황태자가 샤를 5세에 오르고 나서야 프랑스 재건이 시작된다. 에드워드 3세는 치안판사제를 발전시키고 전쟁을 구실 삼아 왕권을 강화하지만, 봉건귀족령의 농노제 경영이 어려워지고 14세기 중엽 페스트가 퍼져 농민 인구가 크게 감소하고 농민의 사회적 지위가 높아지던 중 사망하고, 사남 랭커스터공 존 오브 곤트가 조카 리처드 2세(1377~1399)를 왕으로 세우고 독재를 펼치니, 1381년 과도한 인두세 징수를 계기로 일어난 남동잉글랜드 지방 타일러 농민봉기는 겨우 수습되었으나, 리처드 2세가 전제에 나서자 존 오브 곤트의 아들 헨리가 귀족을 모아 군사를 일으키고 왕을 밀어낸 후 헨리 4세(1399~1413)로 즉위, 랭커스터왕조를 열었고, 그러는 동안 프랑스 왕 샤를 5세는 정치, 경제, 법률 전문가를 모아 오늘날의 내각 비슷한 것을 꾸리고 집권 징세조직을 창설, 절대왕정 성립의 토대를 마련하며, 1375년까지 칼레와 보르도 및 좁은 해안지대를 제외한 모든 프랑스 영토를 영국으로부터 되찾았다. 그러나 다음 왕 샤를 6세 아래 프랑스는 다시 혼란기를 맞는다. 영국 왕 헨리 4세가 의회제를 존중하는 듯했지만 사실은 랭커스터가 파벌정치였고, 웨일스 반란으로 곤욕을 치렀고, 프랑스 왕 샤를 6세를 지지하는 부르고뉴파와 샤를 황태자를 지지하는 아르마냑크파 항쟁에 개입, 프랑스 원정을 계획했으나 실패했다. 그러나 그의 아들 헨리 5세(1413~1422)는 매우 짧지만 영광스러운 역사를 일구었다. 프랑스 왕위계승권을 주장하면서 프랑스 여러 파와 교섭을 벌이다 결렬되자 그는 프랑스 각지에서 농민 및 시민 폭동이 일어나고 부르고뉴 공작이 독립왕국으로 나아가는 것을 틈타 1만의 병사를 이끌고 1415년 프랑스를 침략, 아쟁쿠르와 노르망디에서 대승을 거두고, 1420년 파리를 점령한 부르고뉴파가 샤를 6세에게 헨리 5세와의 트루아조약을 강요, 영국 왕의 프랑스 왕위계승을 약속게 하고, 그 첫번째 조처로 헨리 5세가 프랑스 공주 카트린과 결혼한다. 헨리 5세는 얼마 후 사망하지만 그 직후 샤를 6세도 사망하고 헨리 5세와 카트린 공주 사이에 난 어린 아들 헨리(앙리) 6세가 영국과 프랑스 양국의 왕으로 승인받았는데, 샤를 6세의 아들인 (훗날의) 샤를 7세가 부르주로 후퇴하면서 자신이 프랑스 왕임을 주장한다. 그는 연전연패, 곤경에 빠지지만, 1429년 기적을 체험한다. 십대 농부소녀 잔다르크가 프랑스군에 새로운 용기와 애국심을 불어넣고, 주요 전략 거점 오를레앙시를 영국군 포위에서 해방시키고 전통적인 대관식장인 랑스교회에서 샤를 7세가 즉위하게 하는 것. 크게 사기가 오른 프랑스군이 영국군을 압도하고, 영토 문제로 영국과 동맹관계가 깨진 부르고뉴파는 1435년 아라스조약으로 샤를 7세와 화해, 이듬해 샤를 7세가 다시 파리에 입성하고, 프랑스는 노르망디와 귀옌에서 영국군을 쫓아낸 후 1453년 칼레만을 남기고 백년전쟁을 끝낸다. 잉글랜드에서는 왕의 결혼을 주선한 서퍼크공이 전제권력을 휘두르다가 1450년 케이드반란을 초래, 추방당하고, 랭커스터왕조의 전제를 비판하는 세력을 결집한 요크공 리처드가 반란을 일으켜, 1456년 장미전쟁이 시작되었다. 리처드공 사망 후 에드워드공이 요크파를 지도하고 런던 시민의 지지를 얻어 에드워드 4세(1461~1470, 1471~1483)로 즉위, 요크왕조를 열지만 그의 통치 또한 요크파 파벌색이 강하고 요크파 내부도 균열, 한때 헨리 6세의 복위가 이루어지기도 하였다. 뒤를 이은 리처드 3세는 국왕평의회와 지방법원 권한을 강화하여 전단정치를 펴다가 재위 삼 년 만에 헨리 튜더가 이끄는 랭커스터군에게 패하고, 튜더는 헨리 7세(1485~1509)로 즉위하면서 요크파와 화해, 튜더왕조를 연다. 튜더왕조 헨리 7세는 사계법정 집행권을 강화, 절대주의왕권의 기초를 굳히고, 모직물 수출을 추진하고 잉글랜드 해운의 해외 진출을 촉진하였다. 이 무렵 국내 모직물 공업의 발달로 양모 수요가 많아지자 농촌에서는 곡물 생산에서 양모 생산으로 전업하거나 곡물 생산 합리화를 위해 농지를 사유화하는 제1차 인클로저('둘러쌈')가 시작되고 부농과 대상인 들의 활발한 토지 투기가 이를 더욱 촉진시키지만, 그로 인하여 토지에서 밀려나 떠도는 빈민이 급증, 사회문제로 떠오르고, 그 뒤를 이은 헨리 8세(1509~1547)는 정치에 관심이 없어 대법관 월지에게 전권을 부여하지만, 월지가 독일 황제 카를 5세와 결탁하여 프랑스를 공략했으나 실패하고, 왕비 캐서린과 헨리 8세의 이혼을 교황에게 소청했으나 실패하여 물러나자, 영국 국민의 반교회적 풍조를 이용, 켄터베리 대주교의 협력을 얻어 이혼을 결행하고, 1534년 로마가톨릭교회에서 영국 교회를 독립시키는 국왕지상법(수장권)을 반포하면서 이에 반대하던 토머스 모어(『유토피아』의 저자) 등을 처형했다. 수도원 해산을 단행했고, 1536년 이에 반대하며 잉글랜드 북부에서 일어난 '은총의 순례운동'을 억압했고, 광대한 수도원 소유지를 몰수, 그것을 재분배하여 상인-지주층의 토지 집적을 촉진, 농민들의 무산화를 초래하였다. 아일랜드에도 영국 교회를 강요하고 스코틀랜드를 공격했다. 그 뒤를 아홉 살 나이 에드워드 6세(1547~1553)가 잇고, 섭정 서머싯공이 '기도서'를 통일하며 종교개혁을 추진하다가 1549년 켓의 반란을 초래하며 실각하고, 그 뒤를 이어 내정과 외교를 지배한 노섬벌랜드공은 자기 아들을 왕위에 앉히려다 국민들의 반대에 부딪혀 처형되고, 에드워드 6세를 이은 헨리 8세와 캐서린의 딸 메리 1세(1553~1558)는 가톨릭의 부활을 꿈꾸며 '피의 여왕'이라는 말을 들을 정도로 가혹하게 반대자를 처형, 오히려 로마가톨릭과 에스파냐에 대한 적개심만 잉글랜드 국민들의 가슴에 심어놓았다.

합스부르크왕가, 기나긴 멸망의 시간

1226년 형성된 독일기사단이 프로이센에서 리브란트에 이르는 광대한 지역을 기사단령으로 아울러 자유롭고 좋은 토지 보유 조건으로 대량의 농민을 끌어들여 부역에서 해방시키니 지방시장이 소도시로 빠르게 발전, 14세기에 이르러 북독일 도시들과 발트해 연안 도시들의 한자동맹, 남서독일 도시들의 라인동맹 및 슈바벤동맹이 서고(도시동맹), 심지어 도시 영주로부터 해방된 도시도 생겨나 정치-경제적 번영을 누리는 동안 보헤미아 왕 오타카르 2세가 오스트리아를 합쳐 제국 국경을 남북으로 가로지르는 대왕국을 건설하고 빈 황제 자리를 요구하자, 이에 반발한 독일 제후와 교황이 알자스와 스위스 등지에 기반을 둔 합스부르크 백작을 황제 루돌프 1세(1273~1291)로 선출한다. 루돌프 1세는 제국 영토 반환을 거부한 오토카르를 1278년 죽이고 오스트리아를 합스부르크가 영지로 확보했다. 제후들이 합스부르크 가문의 황제 독점을 허락하지 않고, 루돌프 1세 아들이며 초대 오스트리아공으로 독일 국왕으로 선출된 알브레히트(1세)가 1308년 암살된 후 독일 왕위에서 멀어진데다, 14세기 스위스 독립전쟁으로 크게 약화하기도 하지만 합스부르크가는 루돌프 1세 이래 교묘한 결혼정책으로 복잡한 친인척 관계를 구성, 끊임없는 상속 싸움과 계통 분열에 시달리면서도 영토 확장에 주력했다. 여러 왕가 황제를 거친 후 황제위를 세습하게 된 룩셈부르크왕가가 결혼을 통해 보헤미아 왕위도 획득, 카를 4세(1347~1378) 치하 프라하를 중심으로 번영을 누리지만, 카를 4세 자신도 1256년 금인칙서에 묶여 성직자와 귀족 7인으로 구성된 (황제)선거후의 특권 및 영방내 귀족 특권-단결권을 인정함으로써 결국 신분제에 바탕한 영방국가체제가 완성되고, 겉보기의 왕권 강화 사실상의 봉건체제 강화가 이뤄지고, 부역경제가 현물 및 화폐지대 경제로 전환하면서 소상품생산자로 성장하려던 농민, 공장체 초기로 들어서려던 광산 및 금속 수공업자들의 당연한 반발은 장차 시민혁명이 아니라 귀족과 힘을 합친 종교개혁을 낳고 그에 이은 종교전쟁이 독일과 오스트리아를 황폐화하게 되는데, 보헤미아(체코) 농민과 수공업자, 그리고 귀족 및 시민이 로마교회를 비판한 종교개혁자 후스의 화형 집행을 계기로 일으킨 후스전쟁(1419~36) 중 룩셈부르크왕가가 붕괴하고, 합스부르크 가문이 다시 왕가로 복원되지만, 황제에 오른 프리드리히 3세(1440~1493)가 위조한 대특허장을 제국법으로 공인하고 합스부르크가를 신의 은총에 의한 '오스트리아 황가'로 자칭하면서 가문 영토 확장을 적극적으로 추진, 오스트리아를 대공령으로 승격시키고, 역시 결혼을 통해 서방 선진지대 네덜란드에서 알자스-부르군트에 이르는 광대한 부르군트공령을 얻고, 거대한 해외 식민지 및 이탈리아를 포함한 스페인 왕국과 보헤미아-헝가리 국왕 상속권도 획득하고, 1519년 카를 5세(1519~1556)의 신성로마황제 대관으로 합스부르크가가 말 그대로 세계제국을 실현한 것도 잠시, 프랑스와 장기간 전쟁을 치르고 오스만제국의 압력에 밀리며 제후와 타협, 1556년 카를 5세가 스스로 황제 자리에서 물러난 후 합스부르크가는 종교개혁의 소용돌이 속에 스페인계와 오스트리아계로 나뉘어, 오스트리아는 전성기보다 훨씬 더 기나긴 멸망의 시간을, 20세기 제1차 세계대전에서 견디게 된다.

러시아, 타타르의 멍에

1236년 정복군을 중국-페르시아-러시아 세 방면으로 전진시킬 것을 결정한 칭기즈칸이 러시아 원정군 대장에 임명한 자신의 손자 바투는 1240년 키예프를 함락한 후 폴란드와 헝가리로 쳐들어가 서유럽을 위협하다가 1241년 본국에서 오고타이칸이 사망하자 귀국을 서두르지만, 그러는 중에도 볼가강 하류 사라이를 도읍으로 하는 킵차크한국을 세우고 자신에게 협력적인 러시아 공들한테 통치를 맡기는 대신 완전한 복종을 요구, 그후 240년 동안 러시아를 몽골이 지배하게 된다. 이를 '타타르의 멍에' 라 부르는데, '타타르' 는 몽골군에 복종해온 튀르크계 주민들의 자손. '타타르의 멍에' 가 러시아를 아주 짓누른 것은 아니다. 1240년 가톨릭계인 스웨덴의 함대가 몽골 침입을 기화로 서쪽에서 네바강을 거슬러 공국으로 진격해온다는 소식을 접한 노브고로트공 알렉산드르(1236~1251)는 군대를 이끌고 스웨덴군을 급습, 전멸시키고 '알렉산드르-네프스키' 라는 칭호를 얻었으며, 그 직후 독일기사단이 다시 노브고로트공국을 공격해오자 얼어붙은 추트호에서 결전을 벌여 완승, '빙상의 전투' 라는 말을 역사에 남겼다. 그가 몽골에 저항하는 것은 무의미하다고 판단하고 킵차크한에게 충성을 다한 것은 사실이지만, 노브고로트공국은 키예프대공국이 군림하던 시대에도 특히 중요한 지위를 차지했고, 최고의 번영을 누리던 12~13세기에는 한자동맹 여러 도시 및 콘스탄티노플, 더 나아가 동양 국가들과 활발한 무역을 벌였다. 1478년 노브고로트공국을 합병한 이반 3세의 모스크바공국은 수주달공국의 한 마을에 불과

하다가 네프스키의 아들 다니엘 대부터 비로소 공국으로 성장한다. 다니엘의 첫째 아들 유리는 킵차크한의 누이동생을 비로 맞았고, 둘째 아들, 훗날의 모스크바공국 이반 1세(1325~1340)는 교묘한 수단으로 킵차크한의 환심을 사고 시세금 징수 업무를 맡은 후 그 세금으로 토지를 확장시키면서 블라디미르대공 자리를 획득하더니 블라디미르대공국과 모스크바를 합병하고, 키예프에서 블라디미르로 옮겨갔던 주교구를 다시 모스크바로 이전, 모스크바를 러시아 전체의 정치적 종교적 중심지로 만들었다. 이반 1세의 손자 돈스코이가 1380년 쿨리코보 전쟁에서 몽골군을 격파하지만 승리는 잠시뿐이고, 모스크바공국이 '타타르의 멍에'를 실제로 벗은 것은 1480년이다. 이반 3세(1462~1505)는 몽골 승인 없이 대공 지위에 올라 공물도 보내지 않았고, 비잔틴 최후 황제 콘스탄티누스 2세 조카딸을 비로 맞아 스스로 차르('전제군주')를 칭했으며, 두 번에 걸친 몽골 징벌군을 모두 물리쳤다. 그 뒤를 이은 바실리 3세는 많은 사람들이 '제3의 로마'라고 생각할 만큼 모스크바의 판도를 넓히고 1547년 이반 4세(1533~1584)가 사상 최초로 '전 러시아 차르'에 오른다. 이반 4세는 '개혁과 공포'의 군주였다. 차르에게 봉사하지 않는 귀족은 영지를 보유할 수 없게 되고, 이반 4세는 카잔한국과 아스트라한한국을 정복, 볼가강 유역 일대를 복속시켰다. 리보니아 기사단과의 전쟁이 한창이던 1565년 그가 차르 개인에게 속하는 영토 창설 칙령을 내리고 많은 귀족들을 차르령 외곽으로 옮긴 후 그 토지를 친위대원에게 분배한 다음 친위대원을 통해 대귀족 토지를 차례차례 몰수하고 노브고로트와 모스크바 마을에서 숱한 주민을 살해하니, 그를 '뇌제'라 부르는 까닭이다.

숱한 도시와 농촌이 파괴되고 국가와 지주 귀족 모두 경제적으로 궁핍해지자 이반 4세가 농민 이탈 방지를 위해 가을축제일을 전후한 이 주 동안 농민의 자유 이동권을 금지한 것이 농노화를 부추겨 1649년 농노제가 법으로 정해진다. 이반 4세의 뒤를 이은 아들 표도르가 후계자 없이 죽고 왕비 오빠 고두노프(1598~1605)가 전국회의에서 차르로 선출된 후 급사하고 표도르의 가짜 동생이 폴란드와 가톨릭을 등에 업고 차르가 된 드미트리 1세도 일 년을 넘기지 못한 채 살해되고 그를 살해한 대귀족 출신 슈마스키가 차르 바실리 4세(1606~1610)에 오르지만 다시 가짜 드미트리 2세가 출현, 북부 러시아를 지배하기에 이르고, 바실리 4세가 스웨덴의 도움으로 그를 쫓아내지만 얼마 안 가 폴란드군이 모스크바를 함락시키고 약탈과 폭력을 자행하고 모스크바 대주교의 호소에 응답한 국민군이 모스크바를 해방시킨 것. 바실리 4세 사망 후 내내 비어 있던 차르 자리를 성직자-귀족-시민-농민 대표의 전국회의가 구성-소집되어 선출한 로마노프(1613~1645)가 채우고서야, 고두노프 사망 후 계속된 '동란시대'가 비로소 막을 내린다.

종교, '춤 에로틱'

구약성서에는 춤에 대한 태도 변화가 명확히 기록되어 있다. 처음에는 올바른 춤과 잘못된 춤이 있었다. 야훼가 홍해를 닫아 이집트 추격군을 막은 후 모세의 여동생 미리암은 자신이 선도, 살아남은 헤브라이 사람들에게 감사의 춤을 추게 한다(출애굽기 15장 20절). 다윗왕은 하프 연주자고, 시편 작가고, 전사고, 연인이고, 계약의 궤 앞에서 온 힘을 다해 춤을 춘 적이 있고(사무엘 2권, 6장 14~16절), 그의 아내가 그것을 비웃은 죄로 불임(不姙)의 벌을 받기도 한다. 시 149편에는 아예 '그분의 이름을 춤으로 예찬하라'고 되어 있다. 어떤 학자들은 시편 전체가 원래는 춤을 추며 노래 부르도록 된 것이라고 주장한다. 그리고 다른 흐름이 존재한다. 모세가 십계명 판을 들고 시나이산에서 내려왔을 때 벌어진, 황금송아지에게 산 처녀를 제물로 바치는 우상숭배제의는 가장 야만적인 춤을 매개로 자행된다. 이것이야말로 잘못된 춤이다. BC 500년경 씌어진 『탈무드』에서는 천국의 천사들이 춤을 춘다. 유대 율법에 따르면 결혼식에서는 춤을 추는 게 의무다. 유럽 르네상스 초기 유대인 춤 교사들이 사교춤 확산에 중요한 역할을 행했다는 기록도 남아 있다. 유대교 종교의식으로서 춤은 갈수록 그 의미가 축소된다. 춤을 종교의식의 본질적인 부분으로 여기는 '이교도들' 사이에 자신의 종교를 퍼뜨려가면서 이스라엘인들이 종교 '의식=춤'을 야만적이라고 경멸하게 되는 정황이 유대교의 정신주의를 낳았는지, 거꾸로, 유대교의 정신주의가 '육체의' 춤을 경멸하게 만들었는지는, 닭이 먼저냐 계란이 먼저냐에 다름아니고, 다만 구약성서의 기본 방향은 갈수록, 신성(神性)에 접근하는 매개로 육체-동작보다는 말을 더 강조한다는 점이다. 헤브라이족의 하나님은 갈수록, 춤 행위 자체는 물론 신성을 '가시적인' 그 무엇으로 묘사하는 것 자체를 금지시킨다. 말을 통한 말의 상상에 갇혔으므로 유대인들은 예수가 상징하는 '하나님의 육화'에 그토록 적대적이었는지 모른다. 기독교는 한동안 유대교 언어주의 잔재를 벗지 못하다가, 특히 르네상스를 거치면서 예술을 매개로 육체적 가시성을 다시 획득한다. 신약 '살로메 이야기'는 춤에 대한 기독교인들의 시각을 압축한다. 살로메는 헤로드왕의 처제. 세례 요한에게 반했으나 구애를 거절당하자 사랑이 증오로 돌변, 요염한 춤으로 헤로드왕의 얼을 뺀 후 세례 요한의 목을 달라고 한다. 그리고 쟁반에 담긴 세례 요한의 목 앞에서 다시 요염한 춤을 춘다. 이 장면은 표면적으로 정신에 의한 육체의, 언어에 의한 춤의, 이성에 의한 본능의 단죄에 다름아니지만 더 깊은 데서는 육체-춤을 종교가 멸시하는 것에 대한 자아비판도 담겨 있다. 죽음과 춤의 동일시뿐만이 아니다. 세례 요한은 예수를 준비할 뿐 그 자체로 완성된 '신=인간'이 아니다. 육체-사랑에 대한 그의 완고함이 춤의 병적인 기괴화를 초래하는 것이다. 이것은 예수의 경우와 극명한 대비를 이룬다. 예수는 타락한 창녀 혹은 타락한 육체를 저주하지 않고 오히려 사랑으로 감싸면서 사랑의 의미를 육화한다. 예수의 생애가 그렇다. 정신만의 완고함이 육화를 통해 육체와 정신의 총체적인 조화 혹은 동일화를 달성한다. 이것은 죽음에 이르는 춤-예술의 과정에 다름아니다. 살로메가 세례 요한 아닌 예수를 만났다면 어떻게 되었을까? 성경은 춤에 관해, 그리고 종교에 관해 그렇게 질문하고 있다. 그리고 춤도 종교도 더 발전했을 것이라는 암시까지 담고 있다. 이것은 비전(秘傳)이나 비밀 메시지 차원이 아니라, 성경을 문학 차원에서 다시 읽을 때 자연스럽게 드러나는 리얼리즘 진리다. 예수가 직접 '우리는 너희에게 피리를 불었거늘, 너희는 춤을 추지 않았다'(마태복음 11장 17절, 누가복음 7장 32절)고 말했지만 신자들은 오랫동안 그 암시에 주목하지 않았다. 초기 기독교는 박해가 거듭될수록 금욕주의를 더욱 강화했다. 로마인들이 벌이는 육체의 향연에 치를 떨었고 황금송아지에서 살로메에 이르기까지 춤을 혐오하는 구약-신약 구절들을 나열하면서 춤에 대한 경계를 늦추지 않았다. 그러나 춤이 예배의 중심이던 사람들이 기독교로 대거 개종을 하면서 교회 신부들은 춤을 무작정 금지하기보다는 춤에 세례를 베푸는 쪽을 택한다. 예수 이전 신화들을 기독교적으로 해석할 수밖에 없는 정황이 춤에도 적용된다. 그들은 '몸은 성령의 성전이니 네 몸 안의 하나님을 찬미하라' 는 사도 바울의 말을 따르며 춤을 세련되게 하고 정신화했다. 신부들이 인정한 것은 집단무. 남녀로 분리된 그룹이 행렬을 이루며 '하나님에 대한 두려움' 으로 장엄하고 장식적인 동작을 취하는 식이었다. 특히 원무는 천사들이 추는 춤의 지상판(版)으로 여겼다. 찬송가와 시편을 노래 불렀고 박자에 맞추어 손뼉을 치고 발을 구르며 한 발로 뛰기도 했다. 대(大)바실레이오스 주교는 이렇게 썼다. 천사들의 원무를 땅에서 재현하는 것보다 더 축복받은 일이 어디 또 있겠는가. 그러나 곧이어 『참회록』의 저자 아우구스티누스는 자신의 참회를 십분 활용하면서, 찬송을 곁들이더라도 방만의 여지가 있는 춤을 엄금한다. 그는 순교 성자 키프리안을 예로 들었다. 그는 노래를 들었고, 춤추는 자신을 드러냈지만 육체가 아닌 영혼으로 드러냈다. '잘못된 춤' 을 비판하는 기능이 교회 평의회에 추가된다. 물론 춤이 유일한 비판 대상인 것은 아니었다. 6세기 이래 '꼴사나운' 미술과 '너무 윤색된' 음악이 똑같이 도마 위에 오른다. 그러나 교회에서 춤의 위치는 늘 미술과 음악보다 더 불안했다. 잘못된 춤에 대한 교회의 비난은 천 년 이상 지속된다. 이점이야말로 '오류의' 춤이 성행했다는 반증이지만. 춤 금지 조처가 가장 빈발했던 1200~1500년은 사실 '춤의 육체' 가 해방되던 시기다. 춤 욕망이 극단으로 치닫기도 했다. 그리스도와 성모마리아가 페스트 재앙을 막아주기를 기원하는 참회의 신체 학대가 유행하던 1374년 집단 괴질 무용광이 페스트 못지않은 위세를 떨친다. 아아켄, 쾰른 등 라인강 유역을 따라 계층과 남녀를 불문한 수백 수천의 반라(半裸) 군중들이 손에 손을 잡고 광란의 춤을 추었다. 그들은 껑충껑충 뛰어오르며 끔찍한 경련과 발작을 일으켰다. 종종 뜻모를 소리를 내지르며 입에 거품을 물기도 했다. 악령에 사로잡혀 악마의 이름을 부르는 것이다. 사람들은 그렇게 생각했다. 무용광 현상은 11세기부터 산발적으로 보였고, 17세기까지 이어졌다. 사람들이 지랄병에 걸린 듯 몸을 비비 꼬다가 하반신이 부어오르고 입에 거품을 물고 쓰러졌다가는 벌떡 일어나 고함을 지르고 다시 전신을 비비 꼬며 이 거리 저 마을을 싸돌아다닌다. 기진맥진하여 기절하면 잠시 후 멀쩡해졌다. 중세 사가들이 무용광 현상을 맥각(麥角)곰팡이에 오염된 탓으로 돌렸지만 이것은 발작은 몰라도 집단무 현상을 설명해주지 못한다. 무용광은 왜곡된 형태의, 춤을 통한 해방일지 모른다. 괴질과 흉작, 기아가 덮치던 때 위정자 및 방종하고 해이한 성직자에 대한 불만이 이런 식으로 해소되었을 것이다. 여기서 왜곡은 춤에 예술-변증법으로 접근하지 않고 종교-도덕의 선/악 이분법으로 접근했던 결과다. 이 왜곡은 사육제와 사순절의 극명한 대비에서 보편에 달하는데, 사육제는 주인과 노예가 역할을 바꾸며 질탕하고 무질서한 광란을 즐기던 고대 로마 농업의 신 사투른 신년 축제 혹은 그리스 디오니소스 축제가 그 연원이다. 이때 사람들이 추는 야만적이고 방종한 춤에 대해 세비야 주교 이시도르는 이렇게 쓰고 있다. 흉측한 꼴의 술 취한 자들이 떠들며 괴상한 동작을 펼친다. 얼굴을 여자처럼 꾸미고 여자 흉내를 내는 사내들도 있다. 왁자지껄 떠들며 춤을 추고 발을 동동 구른다. 더욱 수치스러운 것은, 원무에서 남자와 여자가 한데 어울린다. 교회가 7세기에 이미 이 행사를 금지하고 스페인에서는 16세기까지 금지시키지만 실효는 없고, 교회 안에서조차 예배를 풍자-조롱하는 신성모독이 행해진다. 이런 행사들은 유럽 전역에서 빈발했고, 거듭되는 금지조치를 비웃듯 계속 이어졌다. 곧바로 이어지는 사순절은 정반대로, 40일 동안 참회의 기도와 단식이 이어진다. 이 대비는 '최악의' 육체/'최선의' 정신 이분법에 다름아니고, 그 속에서 서양 춤예술이 발전한다. 민중은 광대무용을, 귀족은 발레를 발전시켰다. 그 둘은 매우 다르지만, 마임언어를 통해 예술성을 발전시켜간다는 점에서는 같다.

종교, 금욕의 사랑, 호모, 레즈비언

서로마제국은 5세기에 이교도에 의해 확실하게 멸망했지만, 기독교는 더욱 굳건한 뿌리를 내렸다. 기독교라는 문화 충격이 이교도 침략보다 더 컸다. 에로스 혹은 아모르는 죄악이었으며, 유일신-기독교 세상 바깥으로 쫓겨났고, 당연히, 세속 속으로 번지며, 심지어 세속의 성극(聖劇)까지 포르노그래피화했다. 종교에 대한 에로스 혹은 아모르의 반란이자 복수라 할 만하지만, 에로스의 욕구, 더군다나 예술 욕구가 반란으로 충족될 수는 없다. 종교의 중세에 에로스는 특히 '여성적인' 종교음악과 특히 '남성적인' 건축예술로 제 출구를 찾고, 에로스의 복수 없이도, 전에, 에로스를 쫓아낸 종교인 당사자들이 '정신=육체적' 형벌을 자초한다. 아우구스티누스 바로 앞 세대인 달마티아 사제 제롬은 아우구스티누스보다 더 금욕적이고 아우구스티누스를 신랄하게 비판한 바도 있으나, 경각심을 높인답시고 그가 쓴 교훈 글들은 미학이 포르노그래피 그 자체다. 성적 흥분을 일부러 고조시키는 방식에서 보이는, 여성에 대한 그의 에로틱한 환상은 극단적이고, 그렇게 금욕의 훈계와 포르노그래피가 서로를 악화시킨다. 신앙이 돈독하고 교양 있는 처녀가 영적인 지도를 요청하자 그는 악마의 창녀라며 저주했다고 한다. 남자와 여자가 예수그리스도 안에서 하나로 될 수 있다는 점을 그는 받아들일 수 없었다. 그리하여, 초기 중세 시인들이 (남성 사이) 동성애를 예찬하게 된다. 이것은 성경에 근거가 있다. 나는 그대 때문에 마음이 괴롭습니다, 요나단 형제. 그대는 내게 얼마나 즐거운 존재였던지요. 그대의 사랑은 황홀했습니다, 여자의 사랑을 뛰어넘는 것이었어요. 구약 사무엘 2권 1장 26절에서 다윗은 그렇게 읊고 있다. 아미치티아('우정의 열정')는 널리 알려진 감정이다. 영국에서 태어나 샤를마뉴대제의 고문역으로 카롤링거 르네상스를 주도했던 학자, 신학자이자 시인 알퀸이 남긴 글은, 그러나, 남색(男色)을 강력하게 시사한다. 그대의 사랑과 우정은 정말 달콤한 기억입니다, 주교, 당신의 달콤한 목을 내 욕망의 손가락으로 움켜쥘 수 있던 그 사랑스러운 순간을 다시 갈망합니다. 아, 내게도, 하박국에게처럼, 그 순간, 당신에게 옮겨갈 수 있는 기회가 온다면, 당신의 품속에 안길 텐데. 굳게 다문 입술로 당신의 두 눈을, 두 귀를, 그리고 입술을, 그뿐만 아니라 당신의 손가락과 발가락에도 입 맞출 텐데. 한 번이 아니라 여러 번('친구에게 보낸 편지' 중). 금욕주의를 따르면서 중세 스콜라철학의 기초를 닦은 위대한 신학자 성 안셀름도 적나라한 동성애 문서를 남기고 있다. 그의 격렬한 애정 고백은 이렇게 끝맺는다. 서로 헤어진 이후 당신을 얼마나 사랑했는지 알았습니다. 인간은 선과 악을 직접 경험한 후에야 그것을 알게 되는 것이겠지요. 당신의 부재(不在)를 겪어본 적이 없으므로 당신과 함께 있는 게 얼마나 달고 당신 없이 지내는 일이 얼마나 쓴 것이지 나는 몰랐었습니다. 당신은 나와 헤어졌으니 다른 사람을 얻고 그를 나 못지않게, 아니 나보다 더 사랑하겠지요. 나는 당신을 잃었고, 당신 자리를 채울 사람이 아무도 없습니다. 당신은 위로를 받지만 나는 상심만 남았습니다. 부재를 통해 사랑의 존재를 확인하는 것 또한 널리 알려진 경험이지만 그의 완고한 금욕주의는 공의 에로티시즘이 아니라 동성애의 포르노그래피를 결과시켰다. 1093년 막강한 캔터베리 대주교 자리에 오르면서 그가 제일 먼저 취한 조치 중 하나는 잉글랜드 최초의 동성애 금지법 반포를 막은 것이다. 프랑스의 저명한 신학자 아벨라르와 그의 스물한 살 연하 여제자 엘로이즈의 유명한, 언뜻 순정한 사랑 이야기는 기독교 신성 자체의 거세(去勢)-포르노그래피화(化)라고 할 만한 내용을 그 자체로 갖고 있다.

> 아벨라르는 재능 있는 처녀 엘로이즈를 가르치다가 사랑에 빠졌다. 그는 그녀를 유혹했고 둘 사이에 아이가 태어났다. 격노한 그녀 삼촌이 아벨라르를 거세시켜버린다. 아이를 낳고도 자신의 신조 때문에 결혼을 거부했던 엘로이즈는 수녀원에 들어가는 방식으로 아벨라르에 대한 사랑을 표현한다.

여기까지만 해도 벌써 기괴한 성이고, 그 이면(裏面)은 더욱 추하다. 아벨라르는 사실 동성애자였고 엘로이즈는 아벨라르가 그녀를 사랑했다기보다는 욕정의 도구로 생각했다고 비난하는 글을 남겼다. 아벨라르의 다소 노골적인 사랑 행위 묘사와 엘로이즈가 남긴 좌절된 성적 욕망의 고통에 대한 기록을 대비시키면 그녀의 주장이 매우 설득력 있게 들린다.

> 어떻게 내가 그따위 충고에 귀를 기울이고,
> 전쟁터에서 그대 곁을 지키지 않았을까요?
> 나는 정말로 기꺼이 죽어
> 그대와 함께 묻혔을 텐데!
> 왜냐면 그 일이야말로
> 사랑이 할 수 있는
> 최고의 일이므로,
> 그리고 그대 죽은 후에 산다는 것은
> 영원히 죽는 일이므로……
> (죽은 조나탄에게 보내는 아벨라르의 사랑노래 〈그대는 내게 형제 이상입니다〉 중)

(그 소녀의) 삼촌이 그녀를 내게 완전히 맡겼다. 학교 외에 남는 시간 전부를 밤이고 낮이고, 그녀 가르치는 데 써다오. 그는 그녀가 공부에 게으름을 피우면 엄하게 때리라는 부탁도 곁들였다. 나는 그의 단순성에 경악했다. 그것은 게걸스러운 늑대에게 어린 양을 맡기는 것보다 더 어리석은 일이었다. 그녀의 교육뿐 아니라 체벌까지 내게 맡기는 일은 내 욕망을 마음대로 채울 자유를 주는 것과 뭐가 다른가? 말로 되지 않으면 위협하고 때려서라도 그녀를 꺾어도 되는 것 아닌가? 그 방법을 쓸 필요는 없었지만. 그녀와 공부를 핑계로 우리는 단둘이 물러나 사랑의 욕망을 따랐다. 우리 앞에 책을 펼쳤지만 독서보다 사랑의 말이 더 많이 오갔다. 그리고 가르침보다 더 많은 입맞춤이. 내 손은 책보다 그녀의 가슴을 더 자주 만졌다. 사랑은 우리 두 눈을 책보다 서로에게 더 이끌었다. 의심을 피하기 위해 이따금씩 그녀를 때렸지만, 그것은 분노나 성가심이 아닌 사랑과 부드러운 감정에서 비롯되어, 어느 방향(芳香)보다 부드러웠다. 간단히 말해서 우리의 욕망은 온갖 사랑의 행위를 시도해보았다. 새로운 것이 생각나면 기꺼이 그것을 시행했다. 경험이 없는 것일수록 우리는 열심히 달려

들었고 물리지 않았다.
(아마도 1132년, 즉 아벨라르가 나이 쉰세 살이었을 당시 쓴 참회록 「재앙의 경과」 중)

우리가 행했던 모든 행위 그리고 시절과 장소 또한 가슴에 당신의 모습과 함께 각인되어 있어, 저는 당신과 함께 그 모든 것을 다시 살아낸답니다. 잠잘 때도 편안치가 않아요. 어떤 때는 제 생각이 동작으로 드러나거나 느닷없이 말로 튀어나옵니다. 완전히 비참한 처지죠. 나같이 불행한 피조물을, 죽음의 운명을 진 육(肉)으로부터 누가 구원해줄 것인가라는, 고통받는 영혼의 절규가 바로 제 것입니다. '예수님을 통한 하나님의 은총'이 있다면 이 은총을, 진정 사랑하는 이여, 당신은 구하지 않고도 받았습니다. 육체 단 한 군데를 상처내어 당신 영혼의 숱한 상처들을 치유했으니까요. 하나님이 당신께 역경을 주셨지만 사실은 자비를 행하신 겁니다. 치유를 위해서라면 고통을 주는 일도 마다 않는 정직한 의사처럼 말이죠. 하지만 제 경우, 젊음과 열정과 기쁨의 경험, 그토록 환희로웠던 그것들이 육의 고통과 욕망의 그리움을 더욱 극심하게 합니다.
(같은 시기 서른두 살의 엘로이즈가 아벨라르에게 보낸 편지 「그리스도 말고 유일한 그녀의 사람에게, 그리스도 안에서 그의 유일한 사람인 그녀가」 일부)

아벨라르는 계속 성직자의 길을 가며 많은 논쟁에 참여했고 여러 차례 과거 일로 규탄받았다. 아벨라르는 파라클레테('위안자')라는 이름의 새로운 수도원 공동체를 만들었는데, 엘로이즈가 있을 곳이 없게 되자 그곳을 그녀에게 맡기고 수녀원의 규율, 그리고 수녀의 삶을 정당화하는 논리를 마련해주었다. 여기서 그는 문학 공부를 특히 권장하고 있다. 그렇다. 그렇게 문학이다. 1130년대 초반, 위에 대비된 글이 씌어질 당시 둘은 서로 교환한 연애편지와 종교서신 등에 곡을 붙이기도 했다. 엘로이즈는 아벨라르보다 21년을 더 살고 죽었다. 둘은 똑같이 63년을 살았다. 그후 두 사람의 사랑 이야기는 아주 오랫동안 낭만주의 문학-예술 상상력의 거대한 원천으로 작용한다. 포우프는 1717년 연애시 「엘로이즈가 아벨라르에게」를 썼다. 브론테 소설 『제인 에어』(1847), 그리고 하디 소설 『테스』(1891)에서도 그 영향은 뚜렷하다. 거세와 쾌락의 기괴한 결합이 낭만주의 문학의 세례를 받으며 고통의 에로티시즘으로 승화한다. 아벨라르-엘로이즈 시기 사제-수녀들이 남긴 호모/레즈비언 시작품은 숱하고숱하다. 그리고 죄의식이 전혀 없다. 랑네의 주교 마르보는 외모가 아름답고 매력적인, 그러나 '허락하지 않는' '청년'이 자신을 사모하는 모든 사내들을 비웃으며 멸망시키고 있다고 한탄하면서 이렇게 충고(?)한다.

아름다운 얼굴은 건전한 마음을 지녀야 하지,
참을성 있고 또 교만하지 않고 그러면서 이런저런 경우에는 허락해야 하는데
한창 시절이란 매우 짧고 또 빠르게 지나가는 것
꽃은 금방 시들고, 사라지고 다시 피지 않는 것.
이 아름다운 육체, 우윳빛의, 티끌 한 점 없는,
그토록 건장하고, 사랑스럽고, 윤기나며, 그토록 부드러운 —
그것이 추하고 거칠게 변할 때가 올 거야,
젊음으로 팽팽한 이 살갗이 역겹게 변할 때가.
그러므로 그대 꽃필 때, 보다 걸맞은 행동을 취하도록.

같은 12세기 익명의 독일 수녀는 익명의 상대방에게 이런 레즈비언 사랑시를 띄우고 있다.

그녀의 유일한 장미인 g에게
소중한 사랑의 노예인 a가.
내 힘이 얼마나 강하다고, 나더러 견디라 하는가
너의 부재를 어찌 인내심으로 견디라 하는가?
내가 돌처럼 강한 힘을 갖고 있단 말이냐
네가 돌아올 때까지 기다리라니?

나는, 밤낮으로 끊임없이 슬픔에 젖어
마치 손이나 발 하나를 잃어버린 사람 같은데?
즐겁고 기쁜 모든 것들이
너 없으니 발밑의 진흙 같아 보인다.
눈물을 흘리지 가끔 미소지었던 것처럼
그리고 내 가슴은 환한 적이 없다.
그 입맞춤,
그리고 내 작은 가슴을 만지며 해주던 부드러운 말들,
그것을 생각할 때면 죽고 싶구나, 너를 볼 수 없으므로

힐러리는 심지어 양성(兩性) 에로티시즘을 노래했다.

그대를 보는 순간,
큐피드의 화살이 나를 맞추었습니다. 그러나 전 망설였지요,
디도가 저를 붙잡거든요,
그녀의 노여움이 두려웠지요.
오 얼마나 행복할까요 저는
새로운 사랑을 위해
이 평범한 사랑을 버릴 수 있다면

그는 시 후반부에서 그리스 신화 중 가니메데스 이야기를 빌려온다. 가니메데스는 제우스가 홀딱 반한 미색 소년. 제우스는 독수리로 변해서 그를 잡아챈 후 올림포스산으로 데려가 술잔 시중을 들게 했다. 사실 서양의 12세기는 '가니메데스의 승리' 라고 불릴 정도로 남색문화가 교회 내에 창궐했던 시기다. 구약의 '죽을죄' 남색을 뜻하는 소도미타 대신 '가니메데스' 라는 단어가 사용되었다. 여기서 중요한 것은 역시 에로티시즘과 예술. 에로티시즘이 삭제되며 극단적으로 왜곡되어왔던 육체가 그리스 신화를 통로로, 정신과 육체의 변증법을 재개시키

려는 조짐이 보이고, 그렇게 벌이 끝날 조짐도 보인다. 힐러리는 영국 출신 시인으로 파리에 살면서 아벨라르에게 배웠다. 닫힌 육체가 도달한, 도착된 성(性)과 성(聖)을 문학-예술이 에로티시즘을 매개로 구원한다. 그 동안의 왜곡이 너무 심했으므로 구원의 행로는 순탄치 않았다. 그리고 외부-내부로부터 더 거대한 충격이 있게 된다. 아벨라르와 엘로이즈의 연애행각과 글, 그리고 위 시들은 모두 십자군전쟁이 한창이던 때에 벌어지고 씌어졌다. 십자군전쟁을 통해 '기독교=서양'이 이슬람, 그리고 인도-중국과 충격적으로 만나 몸을 섞게 된다. 서양은 이슬람 및 동양 문화의 신비하고 열린, 그리고 죄의식과 무관한 성(性)에 단지 눈을 떴을 뿐만이 아니다. 십자군전쟁은 단지 '헐벗은 육체성'을 사람들의 일상적 사고에 부여했을 뿐만이 아니다. 문화와 문화의 대륙적인 몸 섞음 그 자체가 거대한, 무지막지한 에로티시즘으로 작용한다.

16세기경 아랍 세계는 아랍판 카마수트라를 내놓는다. 튀니지아 알-나프자위의 『감각적 욕망의 향기로운 정원』. 이 책은 수수께끼를 매개로 성교육과 철학, 그리고 과학을 통합하는 식인데, 근대 단편소설의 대가 모파상이 열렬하게 일독을 권했을 정도다. 이를테면 한 사내가 매우 육감적인, 육덕(肉德)이 좋은, 그리고 노골적인 여자에게 구애를 하지만 여자는 이런 시를 읊을 뿐 좀체 몸을 열지 않는다.

산꼭대기들 사이로 나는 굳건히 세워진 텐트를 보았어요,
공중 한가운데에 있는 텐트, 누구나 볼 수 있었지요.
하지만, 오 저런! 텐트를 받치고 섰던 막대가 없어진 거예요.
그리고 텐트는 손잡이 없는 물병처럼 되어버린 거죠,
밧줄이 다 풀어지고, 중심이 가라앉으며 솥 속 같은 구멍을 만드는 거죠.

사내는 결국 먼 곳에 사는 현자에게 찾아가 시 뜻을 풀어달라 하고, 현자는 그녀가 남편이 없으며 육덕이 좋다는 것을 금방 알아맞히더니 사내에게 '물건 크

기가 작다면 그녀를 꿈도 꾸지 말라' 며 시의 뜻을 풀어준다. 텐트, 굳건히 세워진 텐트는 그녀의 성기(性器)다. 거대하고 물이 오른. 산꼭대기는 넓적다리. 텐트를 버티는 중심 막대기는 남편, 동시에 여근 입구를 치올리는 남근을 비유하기도 한다. 손잡이 없는 물병은 걸칠 수가 없는 여성의 음부. 즉, 쓸모없는 음부다. 밧줄이 풀어져 내려앉은, 그렇게 가운데 동굴이 생긴 음부는 버틸 것 없이도 서 있는 아치형 천장보다 못하다. 즉, 완전한 행복을 누릴 수가 없다. 솥을 저으려면 커다란 나무숟갈이 필요하다. 그러므로, 사내의 물건이 아주 크지 않으면 안 된다. 작은 숟갈로 깨작거리면 솥 밑이 타듯 그녀는 그녀 스스로 욕망을 소진시킬밖에 없을 터. 그러므로 위 시의 뜻은, '불을 끌 능력이 없으면 붙이지도 마라' 다. 철학, 그리고 과학이 역시 문제였던가. 『감각적 욕망의 향기로운 정원』은 플라톤 『향연』의 포르노에 다시 근접한다. 『카마수트라』에는 없는, 문학예술성과 무관한 수수께끼 수준의 비유도 문제였다. 육체의 왜곡을 집약적으로 보여주는 것이 성 세바스찬 순교(이야기)를 주제로 한 숱한 중세-르네상스 그림들이다. 세바스찬은 그리스도의 종이고자 했으나 이교도들은 그를 아도니스로 숭배한다. 아도니스라…… 그가 누구인가. 아도니스는 부녀간의 근친상간으로 태어났다. 키프로스 최초의 왕이자 최초 가수-음악가, 그리고 아프로디테의 사제였던 키리나스의 공주 미라가 자신을 비웃은 벌로 아프로디테는 딸과 아버지가 서로 육욕에 눈멀게 만들고, 살을 섞고 난 후 자총지종을 알게 된 아버지가 딸을 죽이려 하자 딸은 도금양으로 변하여 사내아이 아도니스를 낳았다. 그런데, 아도니스의 얼굴이 정말 아름다워, 아프로디테가 그만 첫눈에 반하고 마는 것이고, 아도니스는 어머니를 닮아 육욕을 기피하고 처녀의 신 아르테미스처럼 사냥을 즐기며 아프로디테의 유혹을 뿌리치다가 비극적 최후를 맞는 것이다. 아도니스 과정은 '육욕의 고통' 이 장미(아도니스 피)-아네모네(아프로디테 눈물)의 아름다움을 탄생시키는 과정에 다름아니고, 세바스찬은 드높은 정신에 달하는 가장 극단적인 방법으로 육체-순교의 길을 택했으나 예술가, 특히 화가들은 세바스찬 소재를 육체를 드러내는 통로로 보았고, 그 결과는 아름다운 육체에 가해지는 가학-피학성 잔혹 행위의 극대화, 그것을 통한 잔혹의 황홀경이었다. 여기서 지상의 비참한 색스 행위 자체로 구성된 보슈의 지옥도까지는 그리 멀지 않다. 이것은 기독교에 의한 육의 왜곡에 맞서 싸우며 오히려 상대를 닮아버리는, 반항의 미학의 결과, 즉 왜곡을 왜곡으로 맞선 결과다. 동시에, 이 '왜곡에 의한 왜곡'은 성(性)의, 그리고 아름다움의 '끔찍한' 본질에 새롭게, 경악으로 눈뜨는 계기로 작용하기도 했다. 아름다움이 매우 끔찍하고 잔인한 과정을 통해, 그 '과정=동전의 이면(裏面)'으로서 태어나는 광경이 보인다. 그렇게, 벌써, 아름다움의 현대성이 시작된다. 하지만 그 아름다움의 끔찍함은 원래, 있었다. 그것이 이제 보일 뿐이다. 사실, 아도니스 자체가 왜곡된 육욕의 산물이고 그것에 다시 아프로디테에 의한 왜곡이 겹쳐진다. 아프로디테가 당하는 슬픔 또한 육욕의 난해성을 상징하는 것. 아니, 그 전에 아프로디테는 어떻게 태어났던가. 그녀 또한, 끔찍함의 소산이다.

다성음악, 성과 속의 중첩과 제도화

〈그레고리오 성가〉는 무반주 단선율 성가들로 이루어진 단성음악으로, 하나의 선율이 끝까지, 너무 가파르지 않게 이어지며 음악이 자신의 다채로움을 종교적 거룩함의, 단순성의 깊이 속으로 봉헌하는 광경이지만, 다른 한편, 음악은 음악을 부르고, 음악의 내재적인 화성이 음악의 시간-공간을 부르고, 생애를 부르고, 그 어드메쯤에서 또하나의 가락을 부르고, 그렇게 우선 거룩함의 중첩으로서 다성음악이 생겨나고, 이미 9세기 음악이론서 오르가눔 기법은 〈그레고리오 성가〉 등의 단선율들을 정선율로 삼고 4도나 5도 음정의 맞선율을 덧붙이거나(병행 오르가눔), 정선율을 아래에 깔고 그 위에다 아래 구조를 거꾸로 혹은 비스듬히 덧붙이거나 교차시킨다(자유 오르가눔). 오르가눔은 '오르간'과 연관되는 용어고, 다성음악의 모든 것은, 거룩함을 현현하는 인성(人聲)의 단선율 위에 오르간 선율이 놓임으로써 시작되었다. 파이프오르간은 8세기 말부터 유럽에서 생겨 11세기면 벌써 여러 겹의 파이프를 장비한 윈체스터성당 오르간이 제작된다. 단선율이 거룩함 자체의 현현이므로 거룩함의 중첩은 오래가지만, 아주 오래는 아니다.

음악은 눈물로 세속을 포괄하며 음악 자체의 거룩함을 창조, 거룩함의 중첩마저 생애화하며 그렇게 성(聲, 성부)이 늘어나고 각각의 성이 자신의 시공간과 생애를 갖게 된다. 10세기경 두 개 성이 생겨났다. 여자는 알토와 소프라노, 남자는 테너와 베이스. 카논은 약간의 시간 차를 두고 정선율을 똑같이, 혹은 음정과 박자를 약간 바꾸어 반복, 세속의 뉘앙스를 얹으며, 대위법('음 대 음')은 정선율과 상당히 다른 대위 선율을 첨가, 거룩함 자체가 아니라 거룩함의 세속적인 생애를 중첩한다. 푸가(둔주곡)는 가장 복잡한 대위법이자 대위법의 정수. 주제 선율이 으뜸음조로 제시되면 두번째 성부, 딸림음 혹은 버금딸림음 음정의 같은 선율이 화답하고, 그러는 동안 처음 주제는 대위-주제로 진전하고, 그런 과정이 여러 옥타브 선상에서 반복되면서 온갖 성부들이, 들어서고 겹쳐진다. 마치 음악과 음악사가 스스로 겹쳐지듯. 주제 '엔트리'들이 늘어나고 '에피소드'들로 나눌 수도 있으며, 중간 엔트리들은 보통 으뜸음과 딸림음과 다른 조로, 주제를 짧은 시간 차에 다중적으로 처리하면서, 음값을 높이거나(확대), 줄이거나(축소), 주제 위아래를 뒤집(전도)을 수 있으며, 시작한 주제를 끝맺지 않는 '가짜' 엔트리도 있다. 이 '숫자의 작란'으로, 음악은 눈물의 중력을 딛고 날아오르며 음악의 성경을 쓰기 시작한다. 음악의 형식이 가장 지고지순한 음악을 낳는, 그렇게 형식이 가장 아름다운 내용으로 되는, 그렇게 가장 음악적인 과정에 보인다. '푸가'는, 중세 말기부터 바로크 초기까지 '카논'과 동의어였지만, 결국은 명칭과 결과(작품) 모두 음악의 음악사 그 자체로 된다. 48개 장단조를 모두 구사한 바흐 음악의 교과서 『평균율곡집』, 단일 주제를 14주기 푸가로 탐구한 바흐 음악의 유언 〈푸가의 기법〉, 헨델의 푸가 음악, 모차르트 최후작 〈레퀴엠〉, 베토벤의 위대한 만년작 피아노 소나타와 현악 사중주들, 베르디 만년작 〈레퀴엠〉, 그리고 최후 오페라 〈팔스타프〉의 마지막 장면 푸가 중장 〈세상은 온통 코미디〉, 힌데미트 피아노 음악 〈루두스 토날리스〉, 바르토크 〈현악기, 타악기, 그리고 첼레스타를 위한 음악〉 1악장, 쇼스타코비치 피아노곡 〈24개의 프렐류드와 푸가〉…… 이들 각각은 모두 음악사며, 한 작품에서 다른 작품에 이르는 과정을 응축한, 갈수록 수준 높은 음악사다. 덧붙여, 근대적인 소나타 형식 확립 이후 푸가의 '음악사들' 은 음악이 음악의 근원으로 돌아가는 과정의 내용으로 된다. '바흐로 돌아가라' 는 권고의 핵심 내용이다. 종교음악으로서 다성음악은 교회와 세속의 간섭을 한 차례씩 겪으며, 교회의 간섭은 오히려 다성음악 전성시대를 낳는 반면, 세속의 간섭은 오페라를 탄생시키고, 전성시대 이후 제도화한 다성음악 시대를 끝내버린다. 종교는 그 내용(거룩한 말씀)이 진정 음악적이지만, 세속-형식-관념 없이 스스로 존재할 수 없고, 스스로 제도화를 피할 수 없다. 음악은 세속을 눈물의 성으로 정결하게 육화할 뿐 결코 관념화하지 않는다. '육체적' 없이 음악은 존재할 수 없고, 제도화한 종교는 음악의 과정을 이해할 수 없다. 두 불가능 사이 충돌은 불가피하며, '가톨릭' 이 뜻하는 관념화한 세계성으로 보편언어인 음악의 세속-민족-지방성을 감당할 수는 없다. 이탈리아 제1의 다성-종교음악가 팔레스트리나를 둘러싼 구전이 그 점을 상징적으로 압축한다. 다성음악이 세속의 천박한 노래 선율을 마구잡이로 채용, 난무케 하므로, 성경 말씀(가사)의 뜻이 제대로 전달되지 않는다. 다성음악을 폐하고 〈그레고리오 성가〉 단선율로 돌아가라. 이런 교회의 명령은 얼핏, 일리가 있었다. 팔레스트리나 자신이 속요 선율을 채용할 뿐 아니라 직접 속요 〈마드리갈〉을 작곡하기도 했으니까. 그러나, 교회음악가로서, 교회와 음악 '사이' 를 고민하던 팔레스트리나의 꿈속에 하나님이 나타나 말한다. 너의 음악을 만들어라. 그것은 음악에 밴 하나님의 역사(歷史=役使)를 돌이키려는 '제도화' 를 깨부수는, 하나님이 된 음악의 목소리였다. 그리고 그 말씀에 따라 그가 작곡한 〈마르첼루스 교황 미사〉(1562)는 다성음악을 금지하려 했던 교황을 오히려 감동시키고, 다성음악 시대가 활짝 꽃피우는 계기를 만들었다.

다성-종교음악의 대표적인 두 작곡가는 '르네상스 이탈리아' 의 팔레스트리나와 '반종교개혁의 본거지' 스페인의 빅토리아다. 둘은 서로 쌍벽과 대조, 그리고 동전의 양면을 이룬다. 팔레스트리나를 미켈란젤로에, 빅토리아를 엘 그레코에 비유하듯, 팔레스트리나가 음악의 종교적 합리성과 질서의 아름다움을 추구한다면 빅토리아는 종교적 경건의 신비 체험을 무한 열정으로 발산, 작곡에서는 음악이성의 규제로 광기 직전에서 멈추지만, 듣는 이 상상의 광기까지 제어하지는 못한다. 그의 미사곡, 특히 〈레퀴엠〉(1603)은 엄정하고 아름다운 죽음의 신성을 오늘날도 우리 앞에, 가랑비가 대지를 적시듯 펼쳐 보이지만, 그의 당대에 이미, 종교적 신비 속으로 갇혀들어가는 펼쳐짐이다. 그러나 동시에, 빅토리아가 스페인풍 보수반동-가톨릭이라면, 팔레스트리나는 이탈리아풍 보수반동-가톨릭이며, 둘 다 음악적으로 세계와 민족-지방을 혼동 혹은 동일시한다. 음악이 세계성에 대한 조급한 열망으로 자신의 체취를 잊고 스스로 지우며 종교-제도화, '구분의 결합' 능력을 상실하고 결국 '세속=세계=미래'로의 길을 차단당한다. 빅토리아는 팔레스트리나보다 23년 늦게 태어났고 소년 성가대원이었다가 변성기가 오자 반동 종교개혁을 주도한 핵심단체 예수회에서 아마도 팔레스트리나에게 음악 수업을 받았다. 1580년 스페인으로 돌아온 후 1592~1595년 로마 방문(이때 그는 팔레스트리나 장례식에 참석했다) 말고는 그후 해외를 나간 적이 없다. 세속음악은 일절 쓰지 않고 라틴어 가사만 채용했으며, 1600년 그의 미사곡, 〈마그니피카트〉(성모마리아 송가) 등 32곡이 마드리드에서 화려한 장정으로 출판되었다. 확실히, 〈마르첼루스 교황 미사〉는 걸작 종교-다성음악으로, 중요한 가사들이 명징한 선율에 말 그대로 각인되는 반면 그렇지 않은 가사들은 다성음악 전체의 화려한 분위기에 실려 천상적 배경을 이룬다. 그렇게 음악 속에, 음악으로써, 말씀의 천국이 형상화, 절제와 다양성과 균형과 천의무봉이 한 몸을 이루어 서로 구분되지 않는다. 빅토리아 음악도 그 기법을 따르고 있다. 하지만 이것은 문제의 해결이 아니라 신화화며, 음악은 신화적 천상이 아니라 현실의 지상 속으로만 발전한다. 빅토리아 음악은 보수성의 총화였기에 과거의 완성에 머물고, 절정에 달하는 동시에 제도화, 빅토리아 이후 스페인 다성-종교음악과 마찬가지로 제도로만, 즉 복제로만 융성케 되고, 미래의 지상을 향한 새로운 (종교) 음악의 중심은 이탈리아에서 프랑스-플랑드르(라수스) 영국(버드, 톰킨스, 기번스)으로, 그리고 필경은, '기억(과거 기법)을 통한 미래 지향'으로써 음악의 '지방적이고 질적' 발전을 이룩하는 두 동갑내기 작곡가 바흐와 헨델의 독일로 옮겨간다. 아니, 그 전에, 세속음악이 이미 차고 넘친 상태였다.

제단화, 이어지는 예수의 육체적 생애

12세기 혹은 그 너머까지 살아 있는, 옷을 입은, 죽음과 싸워 상처 하나 없이 말끔하게 승리한 예수 위용이 '십자가 죽음'의 모델로 작용했다. 하늘로 치솟는 건축의 높이와 슬픔의 중력을 파고드는 음악의 깊이가 개입하면서 서로의 변증법을 심화시켜가던 때다. 9세기 비잔틴교회가 보다 사실적이고 인간적인 예수, 허리 싸개만 걸치고 죽어 눈이 감겼으며 허리에서 피가 흘러내리는 형용을 소개한 후부터 진정한 '예수 십자가 죽음'의 회화사는 비로소 시작되고, 음악이나 건축보다 훨씬 더 늦게 르네상스기 절정에 달한다. 그러나 이때 회화는 건축의 높이와 음악의 깊이, 그리고 그 둘의 변증법을 능가하는 것이다. 르네상스 직전, 흡사 회화가 자신의 늦은 과거를 보상받으려는 것 같은, 두치오의 시에나성당 제단화를 둘러싼 얘기가 있다. 1311년 6월 9일, 완성된 제단화가 봉헌되던 당시 상황을 한 연대기 작가는 이렇게 묘사하고 있다.

> 모든 작업장이 문을 닫았고, 주교는 엄청난 수의 사제와 수도사 들을 불러 장엄한 행렬을 이루게 하였다. 구역의 고관 및 주민 전원도 행렬에 가담했다. 시에나의 명예로운 시민 전원이 손에 촛불을 들고 제단화를 둘러쌌고, 여자와 아이 들은 얌전히 그 뒤를 따랐다. 캄포대광장에서 장엄한 행렬을 마친 후 빛나는 영광의 종소리가 울려퍼지는 가운데 그들은 제단화를 성당에 봉헌하였다. 이 모든 것은 그 소중한 제단화를 위한 행사였다. 가난한 자들에게 숱한 자선을 베풀었다. 그리고 우리는 우리의 수호신, 하나님의 성모께 기도했다, 무한한 자비로 우리의 도시 시에나를 온갖 불행과, 반역자 혹은 적으로부터 구해주소서.

원래 크기가 높이 오 미터 길이 오 미터였고, 두 개의 판으로 이루어졌던 두치오 제단화는 봉헌 후 내내 기구한 운명을 겪는다. 패널 전체가 그 교회 최고 제단에 머무른 것은 1506년까지. 그후 다른 데로 옮겨졌고 1711년 제단화를 해체, 두 개의 제단에 나누어 전시한다는 결정이 내려진다. 우선 전체 틀과 계단 그리고 꼭대기 그림들을 해체한 후 톱으로 몸체를 칠 등분했다. 두 개의 계단 그림은 각각 수평으로 놓인 나무조각 위에 그렸으므로 해체가 쉬웠다. 몸체는, 다르다. 전면에 11개 판들이 수직으로 배열되고 그 뒤로는 5개 판들이 수평 배열로 못 박혀 있었던 것. 아교로 붙이고 못을 박아 합친 나무판 2개를 다시 둘로 썰어내기가 쉽지 않았고, 그림 표면, 특히 성모의 얼굴과 의상 부분이 심하게 파손되며, 전체 구조가 일단 파괴되니까 개별 장면 조각들이 박물관이나 소장가 수중으로 넘어가고 어떤 것은 그냥 없어져버린다. 1956년 흩어진 조각들을 사진 합성으로 복원했지만, 완벽은 불가능했다. 틀과 개별 그림 다섯 개가 완전 상실된 상태고, 더군다나, 두 개의 큰 그림과 반대쪽 그림들의 장면 순서에 대해 미술사가들의 의견이 통일되지 않았다. 우리는 이 제단화가 원래 어떤 형용이었는지 대충 짐작할 수 있을 뿐이다. 제단화에, 무슨 일이? 마치, '뒤늦은' 회화가 예수의 '육체적인' 생애를 이어가려는 것 같지 않은가, 르네상스 직전에? 성당이, 르네상스 훨씬 전에, 십자가 죽음의 순교지에 세워졌으므로, 음악이, 르네상스를 향하면서 수난의 인간적 고통을 음악의 구원으로 액정화했으므로, 그것은 더욱 그렇다. 아, (없는) 회화의 육화인 음악, 그러나 다시 그 (있는) 음악의 심화인 회화. (없는) 회화의 사차원 형상화인 건축, 그러나 다시 (있는) 건축의 응집인 회화. 두치오는 비잔틴에서 고딕으로 넘어가는 지점을 대표하는 화가고, 미술의 르네상스는 그의 당대인 조토의 '혁명적' 고딕, 혹은 고딕의 극치에서 발아한다. 육체에 인간 생애의 아름다움을 부여하게 될 르네상스. 그리고 그후, 음악에서 무슨 일이? 안드레아와 조반니 가브리엘리가 베니스 성마가대성당에서 성악의 기악화를 실험하게 될 것이다.

중국, 육체적 '현실=가상현실'

중국은 남경을 수도로 한 (삼국시대) 오, 동진 및 (남조) 송, 제, 양, 진의 육조시대 서역(페르시아)에서 들어온 가무음악(歌舞音樂)이 고유한 가무 잡예(雜藝)

를 자극하면서 연극 전통이 발흥했다. 10세기 무렵 서양 개념의 연극이 도입된 뒤에도 중국 연극은 근대혁명 이전까지 '잡(雜)' 혹은 '곡(曲)' 혹은 '희(戱)' 등 '예능적(藝能的)' 단어와 결별하지 못했다. 송나라 12세기 초 생겨난 남희(南戱)가 본격적인 중국 연극의 시작이며, 이때 배우 유형들이 생겨났고, 그후 몇 세기 동안 골격이 바뀌지 않았다. 남자 역, 여자 역, 얼굴에 물감을 들인 배우, 광대 등등. 몽골족이 중국에 세운 원은 특히 연극 대중화를 장려했다. 눈으로 보고 귀로 들으면 그만인 대중연극이 편했던 것. 이전의 연행 전통이 발전의 토대였으나 몽골족을 통해 수입된 인도 및 아랍 연극 전통이 강력한 자극제로 작용했다. 원대는 무엇보다 연극예술 시대며, 원대 연극이야말로 중국 연극 황금기를 보여준다. 원의 잡극(雜劇)은 남희보다 형식이 엄격해져서 4막, 종종 5막 구조에 짧은 프롤로그 혹은 막간극까지 갖추고, 이민족 지배에 반발하면서 연극 부흥에 기여하지 않았던 대다수 중국 문인들도 나중에는 '원곡' 대본 집필에 열중하게 된다. 각 막은 특정한 기능을 수행하고 마지막 막의 기능은 물론 갈등의 해결과 조화의 회복이었다. 음악 구성도 대체로 유형적이었고, 각 막 음악은 노래 모음 혹은 편곡이었으며, 음계가 동일했다. 사랑에 빠진 귀족 여인, 반군 지도자, 폭군, 타락한 관리, 혹은 신(神)들 등이 주인공으로 등장한다. 역사적 사건, 특히 과거의 전쟁이 단골 소재였고, 뒤집힌 판결 도 빈번히 다뤄졌다. 잡극 주역들은 뒤이은 전통극과 달리 여자들이고, 사교계를 누비는 유명 여배우들의 고급 창녀 행각이 분명해지기 시작한다. 여자들이 남자 역까지 맡았을 것이다. 잡극은 남쪽으로 번져 16세기부터 본격적으로 토착화하는데, 줄거리와 배우 유형, 그리고 무대 기술은 별 차이가 없지만 음악과 언어는 지방마다 달랐고 순회공연단이 각 지방의 예술적 특성을 추출, 혼합했다. 식자들은 이런 지방-대중극들을 혐오했고 배우들의 사회적 위치는 매우 낮았으며 극심한 차별대우를 받았다. 유일한 예외는 곤곡(崑曲)인데, 귀족과 식자층이 즐겼던 이 극형식은 규칙적인 리듬, 동시성(同時性), 그리고 대금 가락이 자아내는 우아한 애조(哀調)가 특징적이다. 대중극은 무명의 스승이 무명의 제자에게 직접 전수하는 것이 상례인 데 반해 곤곡은 창작자의 이름이 명시되고, 매우 길어서 전 작품 공연에 며칠이 소요되기도 하다가 점차 주요 장면만을 발췌 공연하는 관행이 두드러졌다. 대중과 만남 없이 연극이 발전하기는 불가능하고, 중국 연극의 정체성(停滯性)은 그런 '만남'이 중세적으로 결핍했던 결과다. 경극(京劇, 북경 오페라)은 청나라 말기 북경에서 지방 대중연극이 권력을 매개로 수도 상층부문화를 엄습한 결과다. 1779년 남서 지방의 한 여성 역 배우가 자신의 극단을 이끌고 북경 공연을 감행, 센세이션을 일으킨다. 익살과 외설로 가득 찬 작품은 대단한 인기를 누리다가 관의 탄압을 불렀고 1782년 그 배우는 무대에서 추방되지만 만주족 출신의 한 정치 실세가 그와 동성애에 빠져 1785년까지 공연케 해주었고, 1790년 남부 안휘 지방에서 극단들이 올라와 건륭황제 80세 생일 축하잔치에 참가한 후 백 년 동안 북경에 머물게 되면서 '상경한 지방극들'의 의상이 유형화하고, 정교해지고, 점점 더 현란한 색채를 띠고, 분장의 표현력이 심화하면서, 경극이 탄생한다. 특히 얼굴에 물감을 들인 배우 역은 매우 다양한 디자인과 색깔을 구사 '교활' '용감' '충성' 등 인물 성격을 절묘하게 유형-형상화한다. 동작도 매우 유형화했고, 경극의 이같은 발전 경로가 곤곡에도 심각한 영향을 끼치니, 그렇게 비로소 '상하(上下)의 변증법'이 복원된다. 그러나, 이미 늦었다. 서양 근대사상과 함께 서양연극이 물밀 듯 들어오기 시작한 것이다.

중국 직물은 장식미술의 절정을 보여준다. BC 113년 하북 구성에 묻힌 중산정왕 부인 수의는, 놀랍게도, 금 7백 그램을 들여 만든 장식판 2,160개가 달려 있다. 원 회화는 매우 복잡하여 명대에 이르러 절파(浙派)와 오파(吳派) 등이 형성되는 동기로 작용한다. 원의 초기 산수화는 고극공, 조맹부 등의 복고운동에서 출발하지만 황공망, 예찬, 오진, 왕몽의 사대가에 이르러 고도로 지적이고 문학적인 성격의 산수화가 이룩된다. 조맹부가 개발한 송설체(松雪體)는 고려 말 한국에 유입되어 조선시대에 크게 유행하였다. 원대 서정시는 크게 자유로워졌지만 질이 형편없이 떨어졌다. 화문(話文)의 경우는 위대한 서사문학이 탄생할 토대가 광활하게 마련되고, 그렇게 명대는, 소설의 시대며, 나관중 『삼국지연의』(연의는 '부연설명한 책'), 오승은 『서유기』, 백 년 동안 집적-수정된 『수호전』(1580), 작자 미상 『금병매』 모두 서양보다 일찍 장편소설에 달한다. 다만, 이 네 편을 한데 묶어 4대 '기서(奇書)' 라 하는데 이 호칭은 '전기문' 의 다소 완화된 표현이다. 『삼국지연의』는 후한 말 '황건적의 난' 이후 조조의 위(220~265년), 유비의 촉(221~263년), 손권의 오(222~280년) 삼국으로 갈라졌던 중국이 조조의 책략가 사마의의 손자 사마염에 의해 진(265~420년)으로 통일되기까지 약 백년간을 다루고 있다. 실제 역사의 주역은 '시대의 간웅' 조조지만, 소설의 주 무대는 촉. 주인공은 유비-관우-장비 세 의형제와 일세를 풍미한 군사전략가 제갈량 등이다.

한나라 황실의 먼 친척뻘인 유비가 천하통일의 큰 뜻을 품고 관우, 장비와 복숭아밭에서 의형제를 맺고(桃園結義) 군대를 일으킨 후 자신의 군주 신분에 개의치 않고 한참 나이 어린 현자 제갈량을 몸소 세 번이나 찾아가 간청, 그를 군사로 맞이하고(三顧草廬), 제갈량은 탁월한 전술과 화술을 구사하며 연전연승을 거듭, 유비 세력을 확장시키다가 급기야 해전에 강한 오나라를 설득하여 연합전선을 맺고 나서는, 지상전에 강한 대국 위나라를 적벽 아래 강물로 유인하여 대대적인 화공(火功)으로 궤멸시키고(赤壁大戰) 오나라마저 따돌리면서 촉을 건설, 삼국을 정립시킨다. 유비는 백성의 평안을 최우선적으로 고려했으나 인자할 뿐 현실감각이 부족했고, 관우는 의리를 중시하는 충직한 장수의 표본이었지만 너무 정공법만을 고집했으며 장비는 천하의 용장이었지만 성질이 너무 급했다. 관우가 오나라 매복군에 잡혀 처형되고 장비는 보복전을 독려하느라 부하들을 심하게 구타, 그 부하들에게 암살되며, 유비는 실의에 젖어 시름시름 앓다 숨을 거둔다. 제갈량은 유비의 어린 아들 유선에게 출사표를 올리고 대대적인 삼국통일 원정에 나서지만 이상할 정도로 운이 따르지 않고, 적장 사마의가 '하늘이 점지한 인물' 임을 깨달은 제갈량은 비탄에 젖어 병사한다. 촉은 위에, 사마염에게 망하고, 사마염은 국호를 진으로 고치고 오나라를 멸하여 중국을 통일한다.

격변의 역사가 인간 이야기를 통해 구체화하며 인간 이야기가 격변의 역사를 통해 보편성에 달한다. 『삼국지연의』는 숱한 속설을 동원했고 숱한 고사성어와 세속신앙, 특히 관우 숭배를 낳았다. 이 책이 중국권 문화에 끼친 영향은 크다. 하지만 중국-보편성은 역사적으로 발전하지 못하고 점차 유형성으로 전락해간다. 유비-관우-장비는 서양연극의 〈햄릿〉, 서사시의 『오디세이』와 달리, 전형적인 인간으로 자리잡지 못한다. 이것은 그후 중국인의 『삼국지연의』 해석력이 변증법적이지 못했던 때문만은 아니고, 『삼국지연의』의 유비-관우-장비 인물 형상화 자체가 전형화를 가로막는 면도 있다. 『삼국지연의』 작중인물 모두 모종의 유형으로서 격변을 맞을 뿐, 격변을 통해 변화-발전하지 않는다.

종종 중국 최대의 걸작 소설이라고 평가되는 『수호전』은 『삼국지연의』보다 더 질 높은 소설 미학을 구축한다.

> 때는 북송 말 휘종 치세. 환관들이 권력을 잡고 행패를 부려 충신들은 조정에서 쫓겨나고 백성은 도탄에 빠졌다. 정의를 지키려다 부득이 인명을 살상하고 산속으로 숨어든 영웅호걸 의적들이 많더니 관리-지식인 출신 송강을 수령으로 양산박에 108명의 호걸들이 모였다. 하늘을 대신하며 정의를 행한다. 수만의 군대를 모은 이들은 그렇게 선언하고 조정의 간신배들을 통쾌하게 부수지만 그들의 항쟁이 정권 자체를 뒤엎을 수는 없고, 거듭되는 전투로 영웅호걸들이 차례차례 전사하거나 세상 꼴을 비관하여 자취를 감추고, 군대 수효가 줄자 송강은 마침내 임금이 내린 독주를 마시고 죽는다.

108명 영웅호걸의 면면은 물론 영웅(주의)적이지만, 민중적 상상력이 당대의 생활상을 포괄하고, 그것은 역사를 대체할 정도로 거대하고 생생하다. 그러나 다시, 등장인물은 우여곡절을 겪을 뿐 우여곡절을 통해 변화-발전하지는 않는다. '동양적 역사 초탈' 은 엄연하고 108인의 호걸 각각 또한 천계에서 죄를 짓고 쫓겨난 초월적 존재들의 육화다. 『서유기』는 중국과 인도의 문학-상상력이 불교를 매개로 결합한 결과다. 구전 전통에 영향받은 것은 『수호전』과 마찬가지.

『수호전』은 반(半)일상어로, 『서유기』는 온전한 일상어로 씌어졌다. 현실의 시공 개념을 초월하는 불교세계 자체를 소설의 장으로 구현하면서 상상력의 최대치 아니 극한을 한껏 발하는 『서유기』는, 그렇다면 일상적일수록 초월적이라는 뜻? 아니, 중국-동양문화에서 일상은 그 자체로 초월이다? 가상현실을 소재로 한 현대의 어느 공상과학 문학-예술작품도 『서유기』가 보여주는 포스트모더니즘 상상력의 원형을 극복하지 못했다. 『서유기』의 배경은 7세기 당나라 고승 현장의, 불경을 얻기 위한 인도 순례다. 모두 백 장이고, 크게 세 부분으로 나뉜다. 첫 부분은 손오공의 탄생과 마법 획득 이야기.

> 동쪽 바다 위 작은 섬 화과산 바위 사이 돌로 된 알에서 원숭이의 왕이 태어난다. 그는 신선과 함께 도를 닦고 손오공이란 이름을 받았다. 여러 가지 마술을 터득한 그는 천상계로 들어가 갖은 말썽을 부리는데 천제도 그를 어찌하지 못하고 극락의 석가여래에게 부탁한다. 석가여래는 손오공과 달리기 내기를 하는데 속도를 뽐내는 손오공이 근두운을 타고 한참을 달렸으나 결국 석가여래의 손바닥도 벗어나지 못한다. 손오공은 '불교의 고통' 을 부여받고 다시 바위 속에 갇힌다.

두번째 대목은 현장의 서역 여행, 그는 불심은 강하지만 현실 면에서는 심약하고, 그래서 손오공이 필요하고, 그렇게 손오공을 바위에서 구해주고, 여행이 시작된다. 그러나, 불교적으로, 얼마나 많은 여행이 벌써 시작되었던가. 그렇게 이어지는 것은 모험여행일 뿐 아니라 '여행의 모험' 이기도 하다. 현장과 손오공은 그 모험을 통해 단지 악마를 물리칠 뿐만 아니 동료도 얻는다. 재주가 많고 바지런하지만 이해득실을 너무 따지는 손오공에게, 힘세고 역시 부지런하지만 미련한데다 식탐과 색탐 때문에 실수를 연발하는 저팔계(猪八戒, 돼지)와, 말수가 적고 생각이 깊은 반면 대체로 시니컬하고 삶의 의미에 대해 부정적인 사오정(沙梧淨, 물고기 정령)이, 그의 길을 방해하다가 곧, 모험 이야기의 시작 단계부터 협력자로 된다. 손오공의 '인간적 결함' 을 보충하는 알레고리일 터. 3부는 현장과 손오공, 저팔계 및 사오정이 겪는 악마와의 모험 81가지고, 모험의 끝은 물론 성스러운 경전의 획득이다. 그러나 그 전에 불교-세계(관)가 드러난다. 손오공도, 저팔계-사오정도, 아니 무엇보다 그들이 모험중에 만났던 모든 악마들이, 과거에 천상의 존재였으나 모종의 실수 혹은 과도함 때문에 지상으로 쫓겨난 신세였다는 점이 드러나고, 모험 곳곳에 잠복한 악마들이, 자신도 모르게, 할 말이 제일 많다. 대미(大尾)는 불교-세계(관)의 자기-내면화. 천신만고 끝에 인도에 도착하여, 불경을 얻으니 곧바로 시공이 깨지고 '진리의 전망'이 열리는데, 현장의 서역 순례 또한 극락에서 부처 설법 청취에 게으름을 피우다가 받은 벌이었다. 『서유기』의 이러한 결말은, 벤더스 감독 영화 〈베를린 천사의 시〉와 달리, 이승과 저승을 문학적으로 '완벽하게' 일체화한다. 그리고 다시, 완벽은 열리지 않고 닫힌다. 『서유기』는 전 세계를 풍미했던 일본 만화 『드래곤 볼』의 소재로 채택될 뿐, 그 완벽한 상상력의 극한이 '현대의 문제'에 제대로 구사된 적은 없다. 자유분방하고 초월적인 상상력의 구도에 유머 넘치는 문장, 그리고 절묘한 사회풍자까지 갖추고 있지만 우리는 상상력과 유머의 '재주'에 감탄할 뿐, 『서유기』를 매개로 고뇌하거나 아파하기는 힘들다.

『금병매』는 중국 최초의 현실주의 사회소설이고, 『금병매』에서 중국 장편소설이 비로소 민담-설화 요소를 벗으며, 부정한 방법으로 돈을 긁어모은 주인공 서문경이 여섯 명의 아내와 숱한 첩을 거느리고 환락의 삶을 구가한다는 내용은 부패한 사회를 규탄한다는 명분에도 불구하고 성 묘사가 포르노그래피에 가깝다. 서문경의 사랑을 독차지하려는 '아내들'의 음모, 특히 반금련의 음모는 매우 괴기하고 잔혹하게 성적이라서 현대적이다. 분변(糞便)적 요소와 사드 소설을 능가하는 병적 변태적 에로티시즘-포르노그래피가 스토리를 이끌어가는 극적 동력이고, 한편, 이 소설에 얽힌 한 이야기는 에로티시즘과 죽음의 관계에 대한 중국인의 놀라운 통찰마저 짐작하게 한다.

·

『금병매』 저자는 저명한 학자 혹은 그의 학생인데, 그는 이 소설을 펴내면서 책장마다 아주 적은 양의 독을 발라놓고 원수에게 읽혔다. 줄거리가 너무 흥미진진한지라 지은이의 원수는 침을 묻히며 페이지를 넘겨 단숨에 끝까지 읽었고, 그렇게 혀가 독을 자꾸 핥게 되니 책을 다 읽고 나서 죽고 말았다.

이것은 쾌락을 멀리하라는 교훈이라기보다는 에로티시즘과 죽음 충동의 동일시라는 낭만주의 미학의 표현이고, 움베르토 에코 소설 『장미의 이름』보다 더 격조 높은 통찰이다. 『금병매』는 송대 지배 사상으로 굳어진 유교 금욕주의에 대한 적나라한 선전포고인 동시에 원대 몽골족의 육체 반란의 충격을 아직 벗지 못한, 그리고 그렇게, 중세적인 채로 현대성에 달한 경우며, 다른 한편 『서유기』의 포르노화로서, 육체의 상상력이 『서유기』의 불교적 상상력과 쌍벽을 이루지 않고 겨루는 경우다. 하인과 하녀, 벼슬아치, 군인, 장사꾼, 중개업자, 점쟁이, 의사, 도사, 승려, 뚜쟁이 등 온갖 사회계층이 등장하지만 이런 자연주의적 요소들은 대체로 그 주제에 복무할 뿐이다. 그렇게 이 세상은, 지옥이라는 뜻? 아니다. 현재의 부귀영화와 성적 쾌락은 색이고 꿈은 공이다. 천상은 현실의 꿈이되, 현실 또한 천상의 꿈이다. 더 중요한 것은 소설이 태어나는 과정. 이 경우 소설은 에로티시즘을 장르화한 결과에 다름아니고, 이 '기서들'을 거쳐야만 '기'를 온전히 벗은 본격 리얼리즘 장편소설이 가능하고, 그 가능성을 실현하는 것이 또다른 이민족, 즉 만주족이 세운 청나라 조설근 소설 『홍루몽』이다. 이 『홍루몽』에 등장하는 초자연적 요소는 대체로 리얼리즘, 특히 심리적 리얼리즘을 풍부하게 하는 쪽으로 작용하며, 『홍루몽』을 '리얼리즘 너머 리얼리즘' 소설로 만들고, 주연 30명, 조연 4백 명 이상의 생애가 현실과 로망, 심리적 동기와 운명, 일상과 초자연 현상의 결합 속으로 뒤엉켜들면서 한 귀족 가문의 몰락을 재현-재창조하므로 이 작품은 진정으로 동양적인 리얼리즘 소설이라 할 만하다.

청나라 연경 석두성에 귀족 가씨(賈氏) 문중이 번창했다. 그 집에 두번째 아들이 태어났는데 아름다운 구슬을 입에 물고 있으므로 이름을 보옥이라고 했다. 이름 때문인지, 아니면 구슬 때문인지, 곱게 생긴 보옥은 시와 문장에 재주가 있을 뿐 섬약하고 공부를 싫어하며 여자들과 어울려 노느라 정신이 없었다. 어머니와 할머니가 보옥을 어지간히 싸고도는 것도, 딱딱한 유교 도덕으로 무장된 아버지가 끊임없이 가해대는 고루하고 엄한 꾸지람도 그의 섬약한 편집광 기질을 부채질한다.

소설 기둥 줄거리는 그 보옥과 두 여자와의 사랑이다. 임대옥은 청순가련형 비련의 주인공이고 또한 여자 설보차는 성격이 쾌활하고 씩씩한데, 설보차가 결국 보옥의 아내로 되지만 소설 전체의 내적-외적 분위기는 모두 이중적이다. 화려한 귀족생활이 매우 상세하게 묘사되지만 몰락의 황혼 속에 있고 마음의 세세한 움직임, 즐거움과 슬픔의 이중성이 아련한 연기로 피어오른다. 한 세상이 가시적으로 사라지고, 사라짐이 가슴 아플 정도로 아름답다. 『홍루몽』에 이르러 중국 소설 또한, 예술의 궁극적인 목표가 성(性)의 극복이라는 점을 암시하는가, 아니 형상화하는가?

본— '역사=아름다움=혁명'

근대, 역사라는 시간과 공간

1492년 8월 스페인 이사벨라여왕의 지원을 받은 세 척의 돛단배 니나, 핀타, 산타마리아 호는 값비싼 보물과 향료를 찾아 동양행 항로를 개척하기 위해 스페인을 떠났다. 탐험대 총지휘자는 이탈리아인 콜럼버스. 당시 다른 탐험가들과 달리, 그는 (동쪽이 아니라) 서쪽으로 계속 가면(가더라도) 몇 달 안에 인도에 도착하리라 믿었고, 돛을 올린 후 이 개월 후에 육지를 발견, 아시아라고 생각했지만, 그곳은 사실은 카리브군도였다. 그가 사용한 지도에는 아메리카 대륙이나 오스트레일리아, 혹은 태평양 같은 곳이 들어 있지 않았다. 그는 아메리카 대륙을 아마도 최초로 발견한 거였고, 이후 숱한 유럽인들이 아메리카 대륙으로 들어오게 된다. 수천 년 동안 남아메리카 대륙은 다른 지역과 관계없이 발전, 나스카, 치무를 비롯한 거대하고 찬란한 문명이 나타났다 사라졌다. 1532년 남아메리카로 들어온 스페인 군대는 남아메리카 페루 잉카제국과 멕시코 아스텍제국을 간단히 멸망시켰고, 포르투갈 군대는 브라질을 차지했으며, 그후 3백 년 동안 스페인어와 포르투갈어가 이 지역에서 가장 널리 쓰이고, 이곳의 모든 일이 유럽에서 결정되기에 이른다. 아스텍은 2백 년 동안 이어진 인구 1,200만 명의 강력한 제국이었고, 아스텍인은 태양신 후이트질로포츠틀리에게 인간을 바치지 않으면 세상이 끝장난다고 믿었으므로, 다른 도시에서 잡아온 포로들을 어떤 때는 매주 천 명씩이나 피라미드 사원에서 죽여 태양신에게 바쳤으나, 스페인 정복자들은 훨씬 더 잔인하게 눈에 뜨이는 아스텍인들을 모조리 죽여버렸다. 아스텍 수도 테노치티틀란은 '떠다니는 도시'라는 뜻으로, 데스코코호수 위 한 섬에 세워졌고, 육지에 닿기 위해 섬들 사이로 둑길을 쌓고 수로를 냈다. 1808년 스페인이 프랑스(황제 나폴레옹)와 전쟁중인 틈을 타서 볼리바와 호세의 주도로 남아메리카 식민지들이 독립을 선포, 1825년까지 모두 독립을 얻는다. 볼리바는 남아메리카 전체를 하나로 묶고 싶었지만, 많은 사람들이 그의 독재를 싫어했다. 브라질은 1822년 북쪽 기아나만 빼고 포르투갈로부터 독립했다. 기아나가 독립한 것은 1966년이었다. 1600년 외부에 알려지기까지 오스트레일리아 원주민들은 그곳에서 4만 년 이상 삶을 이어왔다. 1606년 오스트레일리아 북쪽에 도착한 덴마크 탐험가 얀즈는 그곳이 어딘지 몰랐고, 그후 해변을 둘러본 덴마크와 영국 사람들이 거대한 섬대륙 오스트레일리아를 비로소 확인하고, 1770년 영국인 선장 쿡이가 그곳 동부 해안을 영국 땅으로 선포한 뒤, 영국은 이 새로운 식민지에 죄수들을 귀양 보내고, 19세기 무렵 죄수 인구가 늘어나고 정식 정착민들이 들어와 시드니를 이루게 된다. 생활은 고되기 짝이 없었으나 1851년 금이 발견되면서 부유해지기 시작, 현재는 가장 살기 좋은 곳 중 하나로 여겨지며, 아직도 시드니는 오스트레일리아 최대 도시다.

신대륙 탐험가, 과학자, 활판 인쇄업자, 왕조 창업자, 그들은 모두 제 이익을 좇았지만 모두 근대로 가는 길을 냈다. 그점이야말로 진정 근대적이다. 신대륙 발견은 지리의 세계화고, 노예제도와 식민지는 근대의 참혹한 정치경제학이다. 근대 4백 년은 역사의 시대며 역사는 인간의 '시간=현실'을 발전시키며 인간의 몸이 제 생애보다 길게 뻗어가는, 몸의 미래 같은 것이다. 근대는 깨우침의 세계화지만 깨달음의 '법칙화'는 늘 뒤늦고, 뒤늦음은 게으른 공식의 독재를 낳는다. 아프리카 노예사냥과 종교개혁은 '자본=제국' 주의의 겉과 속이고 영원의 왕국이 지상의 왕국 속으로 생애의 길을 내는 '세속화 혹은 육화', 아니 '세속화=육화' 과정의 겉과 속이다. 지동설은 세계관을 변혁하지만, 만물의 중심이란 매우 외롭고 위태로운 자리였다. 영국 여왕 엘리자베스 1세가 남자보다 강한 여자라면 셰익스피어는 성(性) 자체를 극복한 위대한 예술가며, 그렇게 영국의 시대가 오지만, '해가 지지 않는 제국'은 국력뿐 아니라 지구가 둥글다는 점도 시사한다. 서세동점(西勢東漸)과 동양 수난시대, 동양 봉건체제 붕괴가 지루하게 진행된다. 능지처사 혹은 능지처참의 '중국적' 형벌을 청제국이 서양 제국주의한테서 받게 되고, 서양의 과학혁명과 자본주의, 그리고 하나님의 삼위는 일체하지 않고, 그 비(非)일체가 서양사를 발전시킨다. 1721년 러시아제국 탄생, 그 이듬해 바흐 『평균율곡집』이 작곡된다. 마치 '음악=만파식적'이 제 가슴속으로 평화의 길을 낼밖에 없다는 듯이. 자본주의가 전모를 드러낸다. 경제가 정치로 외화하는 과정, 경제가 저 스스로 상상력을 키워가는 과정, 그 둘의 합으로서 경제가 인격화하는 과정이 보인다. 그러나 비유는 늘 불충분하고, 닫힌다. 식민지의 거대한 희망인 미국(의 탄생)이 어떻게 더 거대한 제국주의의 토대를 쌓아가는가? 그러나 질문은 양적인 차원으로 그치고, 다시 비유가 불충분하고, 닫히고, 하이든이, 모차르트가 음악을 이어갔을 뿐이다. 프랑스혁명은 뒤늦은, 그러므로 피비린, 뒤늦었으므로 '피비림=정치'가 우위였던 전망의 표출이었다. 베토벤이 음악을 이어가지만, 세상의 길은 음악보다 더 위대하다. 나폴레옹전쟁은 프랑스혁명의 자유-평등-박애 정신을 약소민족에게 전하는 동시에 약소민족을 억압하고, 마르크스/엥겔스 공산주의자 선언은 다시 뒤늦은 깨달음으로, 피비림보다 더 무도한 도식화를 스스로 강제당하고, 그러나, 그리고, 그러니, 비유를 위한 혈투. 마르크스주의는 결의도 전망도, 끝내 분석도 고정화를 벗지 못하고 다만 문학적 비유가 미래를 향해 제 몸을 열고, 아직 움직이지 않는다. 비유의 혈투는 아직 비유의 혈투일 뿐이다. 러시아와 미국의 노예해방은 자본주의를 위한 육체해방이었다. 그러므로 야만적인 육체전쟁을 통해 자본주의 정신을 발전시킬밖에 없는. 화약은 파괴의 발명, 파괴를 통해 세계를 건설하는, 자본주의적으로 왜곡된 에로스('파괴=발명')다. 전화가 사람과 사람 사이를 '파괴=발명'하고, 시간-공간(의 깊이)을 '파괴=발명'하고 외로움을 '파괴=발명'하고, 자본주의도 아직도 여전히 암중모색중이다. 짧은, 거대한, 너무 거대해서 눈에 보이지 않는 암중모색. 내연기관 다음은 자동차, 그다음은 지문 감식이다. 자유의 여신상이 세워지고 남아프리카행 골드러시가 이어지고, 코카콜라가 세계 정복을 시작하는 광경은 살아 움직이는, 자생적인, 그러므로 '신의 손'에 의한, 자본주의 상상력의 광경이다. 제2차 인터내셔널 창설과 시베리아 횡단철도 개통, 자본주의와 사회주의의 대치 이전에, 자본주의를 극복하는 사회주의 이전에, 사회주의를 포괄하는 자본주의 자체를 복합적으로 볼 일이다. 활동사진과 드레퓌스사건과 엑스레이와 전자 발견, 그리고 전쟁이 평화에 이르고 평화가 더 큰 전쟁에 이른다. 새로운 세기는 지나온 억겁의 날들을 새롭게 상상케 하고, 다가올 날들이 모처럼 무겁지 않고 벅차다. 세기가 바뀌는 숫자의 절벽은 사실 너무도 감쪽같은 기적이다. 양자와 라디오 발견, 의화단 반란, 텍사스 오일 발견, 그리고 전면전 시대, 그것보다 더 끔찍한 것은 전쟁이 앞으로 끊임없이, 세계 도처에서, 세계 전체적으로 벌어질 수밖에 없다는 절망적인 예감이다. 아인슈타인 특수상대성원리, 사회주의가 항상 불길한, 끔찍한 예감을 동반하면서, 물화하기 시작한다. 진공관, 미국 영화산업의 메카 할리우드 건설, 사회주의는 전쟁과 불가분의 관계 속에 성장하고, 무엇보다 전쟁을 통한 성장의 상처 때문에 패망하게 될 것이다.

자이레 펜데 부족의 목조-라피아 마스크는 태양과 밤낮을 나타낸다. 15세기 무렵 아프리카 베닌왕국 청동두상들은 당시 최고 수준의 주조 기법을 과시한다. 신을 나타내는 세 개의 상이 아치를 오르는 치무 제의물병은 12~13세기 페루 인디언 세공품의 전형을 보여준다. 남아메리카 인디언 미술은 금속세공, 특히 금세공이 빼어나다. 알래스카 인디언 틀링기트족의 '영혼을 잡는 도구'는 샤먼이 병든 사람의 영혼을 '구하'는 데 쓰는 것이며, 19세기 말 사내 웃옷을 보면 산염소 털로 짜고 수달피로 가장자리를 둘렀다. 틀링기트 미술은 가장 뚜렷한 북아메리카 인디언 미술 전통 중 하나고, 가장 보편적인 소재 중 하나인 갈색곰 얼굴을 반복해서 보여준다. 오스트레일리아 아안험랜드 서부의, 다리가 괴이쩍게 일그러진 나무껍질은 결혼의 법칙을 어겨 마법으로 벌을 받은 여인이다. 뉴질랜드 마오리 미술의 주요한 양상 중 하나인 목각은 표면의 정교한 처리가 특징이다. 한 마오리 추장집 상인방에는 추장을 섬기는 건축가 계급에게만 전수되는 마법 주문과 기법이 새겨져 있다. 폴리네시아 미술의 가장 먼 외곽 포스트인 이스터섬은 거대한 석상이 유명하지만 목각 전통도 존재했다. 섬에는 나무가 드물고, 그래서 목조품은 대체로 아주 작고 완성도가 매우 높다. 목조와 석상은 공히 귀가 현저하게 길다. 파푸아뉴기니, 세피크강 유역 예술의 가장 뚜렷한 양식 중 하나는 문명 영웅상인데, 현란한 채색장식은 조각상의 마법력을 높이기 위한 것이다.

스페인, '신비=몸'의 언어

유럽의 남서쪽 끝 이베리아반도에 위치한 스페인(에스파냐)은 BC 15000년 알타미라 동굴벽화가 구석기 크로마뇽인의 행적을 황홀하게 증거하며, 적어도 BC 3000년대 신석기가 시작되는데, 같은 시기 아프리카에서 동부 및 남동부에 정착한 이베리아족이 그 주체라는 주장이 유력하다. BC 2000년 무렵 타르테수스족도 안달루시아에서 구리문화를 이룩했고, BC 1000년부터 수세기 동안 켈트족이 철기문화를 갖고 프랑스로부터 이주하여 이베리아족과 혼혈, 스페인 민족의 핵심인 갈색 피부와 검은 머리칼의 켈트이베리아족이 생겨난다. BC 10세기 무렵 페니키아인이 카디즈를, BC 6세기 무렵 그리스인이 암푸리아스를, 같은 시기 카르타고가 바르키노(바르셀로나), 카르타고보나(카르타헤나)를 식민시로 건설했다. BC 3세기 카르타고가 교역 아닌 무력으로 타호강 이남을 제압하고 아프리카 북해안에서 지중해로 세력을 떨치면서 로마 공화국 해상활동과 대립, 포에니전쟁이 발발하고, BC 219년 로마 동맹시였던 사쿤툼(현재 발렌시아, 사쿤토)이 한니발의 카르타고군 공격을 받은 것을 계기로 스페인은 2차 포에니전쟁에 휘말리고, BC 209년 카르타고 세력을 몰아내고 스페인의 새로운 지배자가 된 소스키피오가 로마식 지배와 수탈 방식 및 도시생활을 도입하면서 오랜 부족국가 정치-사회제도가 해체되고, 공용어가 이베리아어에서 라틴어로 바뀌었다. 오늘날 사용되는 에스파냐어의 근간도 라틴어다. 기독교, 그리고 게르만 민족대이동도 스페인에 영향을 끼쳤다. 서고트족이 두 차례에 걸쳐(409년, 414년) 침입한 후 5세기 중엽 로마군 및 먼저 온 게르만족을 물리치고 세운 서고트왕국은 6세기 전성기를 맞지만 서유럽 봉건제도 확립, 과도기 종교 및 왕위계승 문제와 맞물려 혼란을 거듭하다가 711년 이슬람 움마이드 왕조에게 멸망당한다. 피레네 너머 프랑크왕국 영토에서 치른 732년 푸아티에전투에 패배했으나 이슬람 세력은 이베리아반도를 그후 장장 8세기 동안 지배하면서 서유럽을 능가하는 문화를 일구게 된다. 관개시설이 건설되고 목화-복숭아-사탕수수 등 새 작물이 재배되고, 톨레도, 그라나다, 알메리아, 코르도바에서 수공업이 발달하고, 코르도바와 세비야는 시장-수출항으로도 번창하는 등 산업이 전반적으로 발전하고, 10세기에는 코르도바도서관 소장 서적이 60만 권에 달하며, 11세기 제지 생산이 이뤄진다. 다른 지역과 마찬가지로 이슬람의 정복은 '수평적'이라서, 공업과 부역, 인두세 징수를 위한 이슬람군 조직이 유지되었을 뿐, 사회-정치-종교체계를 강제적으로 재편하는 일은 없었다. 이슬람 개종자에게 자유민 신분을 주고 조세 부담을 덜어주었으므로 서고트 시대 노예들이 많이 개종했고, 기독교인들은 이들을 배교자라 부르는 한편 공조 등을 바치는 대신 종전의 토지 지배권 및 교회 유지, 서고트 관습법을 근간으로 하는 특별자치구 형성을 승인받으며, 스페인 중세는 이슬람에게 빼앗긴 실지 회복을 꾀하는 기독교도 운동('국토회복운동')으로 시작된다는 점이 서유럽과 근본적으로 다르다. 북부 산지 덕분에 이슬람 지배를 겨우 면했던 아스투리아스와 나바라 지방 서고트 귀족들이 8세기 남하를 시작하고, 각지에 소왕국들이 들어서고, 기독교도들의 탈환 지역 정착을 위해 국왕과 귀족이 레온 및 카스티야 지방을 중심으로 농민에게 토지 개간권과 도시민에 자유 영주 선택권을 주는 등 유리한 조건을 내걸었으며, 이것이 영주의 무제한적 지배를 막는 쪽으로 작용한 서유럽과 달리 귀족이 정복한 토지는 봉토가 아니라 군역의 보수로 여겨져, 국왕에 대한 충성을 신하가 거부해도 토지 몰수가 뒤따르지는 않았다. 이슬람의 종교-문화적 유산을 극복한다는, 국토회복운동의 종교전쟁적 성격 때문에 기독교 신앙이 열광의 신비를 더해가고 교회의 영향력이 비대해지고, 스페인 기독교는 루터 종교개혁 때 가장 보수적인 반동 종교개혁의 거점으로 굳어지고, 스페인 종교재판은 가장 악명 높은 역사적 사건 중 하나로 기록되게 된다. 국토회복운동으로 강대하게 성장, 14세기 스페인을 양분하던 왕국 카스티야 및 아라곤은 1497년 아라곤의 페르디난도와 카스티야 여왕 이사벨의 결혼으로 통일되며, 1492년 스페인의 마지막 이슬람 거점 그라나다가 이들 앞에 무너지면서 국토회복운동은 완성되고 스페인에 절대주의 시대가 오게 된다. 이미 13세기부터 양국 국왕이 반귀족 친왕실 인사들을 도시 대표자로 만들고 신분제의회('코르테스')를 구성하여 통치기관으로 삼아온 터지만, 페르디난도와 이사벨은 더 나아가 신성도시동맹을 결성하고, 동맹도시에 재판권과 경찰권을 부여, 성채를 파괴하고 귀족을 군인 혹은 관료로 임명하는 식으로 부재지주-궁정 귀족화하는 한편, 구귀족을 대신하며 왕권에 충실한 시민 출신 새 귀족층을 양성하였다. 군사제도와 관료통치기구가 정비되고, 15세기 말에는 왕권이 강화하고 코르테스마저 무력화, 절대주의로의 길이 굳어졌다. 콜럼버스를 후원한 것이 바로 이사벨여왕이고, 신대륙 발견으로 스페인이 남북 아메리카 정복 및 식민지 건설을 거의 독점케 되며, 16세기 멕시코와 페루에서 발견된 은광은 원주민의 비참한 강제노동을 겹쳐, 은을 아주 값싸게 대량으로 스페인에 유입시킨다. 아메리카 식민지는 공업제품, 특히 모직물 수출의 거대한 시장으로도 부상, 16세기 중엽이면 카스티야 모직물 공업이 크게 번창한다. 페르난도와 이사벨의 외손자인 합스부르크가 카를로스 1세(독일 황제 카를 5세)가 1516년 즉위, 스페인 본국과 식민지, 독일 합스부르크령, 네덜란드, 그리고 이탈리아령을 통괄하니 '태양이 지지 않는' 스페인제국이 출현하고, 코르테스를 억압하고 1521년 시민반란을 진압하면서 스페인 절대주의가 완성되며, 1556년부터 시작된 펠리페 2세 치세는 스페인 황금시대를 맞지만, 몰락의 씨앗도 잉태된다. 스페인 경제의 기반은 신대륙 무역 독점이고 그 기초는 모직물인데, 국내 모직물 공업이 봉건적인 길드지배 때문에 독립산업으로의 발전이 더디더니, 근세 농촌 자유생산체제에서 발전한 네덜란드 및 영국산 모직물에 밀려나게 되었다. 스페인이 아메리카 식민지 은의 단순 경유지로 전락하고, 국내 산업이 침체하고, 이를 만회키 위해 당시 부가 집중된 네덜란드 세금 징수를 강화한 것이 오히려 네덜란드 독립전쟁을 부르고, 스페인 독주에 도전하던 엘리자베스여왕의 영국이 네덜란드를 돕고, 1588년 영국 공격을 위해 파견한 '무적함대'의 패퇴가 스페인 몰락과 영국의 해상권 지배를 가시화하더니 그후 이어진 30년전쟁, 스페인 계승전쟁은 영국과 네덜란드의 번성을, 스페인의 몰락을 가속화했다. 스페인의 문화적 황금기는 16세기 말 세르반테스에서 시작, 칼테론 및 로페 데 베가의 연극, 엘 그레코, 벨라스케스, 무리용 등의 미술을 포괄한다. 1759년 카를로스 3세가 즉위하고 개화파 귀족정치인들이 계몽전제주의적 개혁을 단행하면서 스페인은 국가체제 재건을 꾀하게 된다. 중상주의 대신 자유경제를 추진하고 공업 원료 수입세를 철폐하므로 카탈루냐에 미국산 원면을 사용한 면직물 공업이 발전한다. 문제는 국내시장. 귀족 및 교회가 대토지를 소유하고 농민 대부분이 조세 봉건지대 등에 시달리는 빈농이라, 면직물 공업 국내시장 확대, 시민계급 성장은 더딜밖에 없었다. 1807년부터 스페인을 지배한 나폴레옹 및 그 협력 귀족들에 대한 저항이 독립전쟁으로 발전하면서 반봉건 기치를 내세우고, 1820년 리에고 대위의 반란이 각지 농민의 반봉건 투쟁과 결합하고, 1821년 봉건적 권리 폐지 법안이 통과되면서 시민혁명 실현을 눈앞에 두었으나 국왕의 법안 비준 거부, 그리고 합법적 개혁을 주장하는 부르주아 계급의 전선 등으로 좌절되고, 1830년대 귀족과 부르주아 계급 동맹의 입헌군주제가 채택된다. 19세기 중엽 카탈루냐 공업 노동자들이 바쿠닌 무정부주의에 자극받은 이래 1869년 카탈루냐와 안달루시아에서 공화주의자 반란이 일어나고 1873년 스페인 최초의 공화국이 성립되지만, 노동자-농민운동이 공화주의 테두리를 벗어나 공장 및 토지 점거로 확대되자 부르주아지가 혁명 진압을 위해 봉건세력과 다시 동맹, 1875년 알폰소 12세에 의해 왕정복고가 이뤄지고, 1876년 헌법은 입헌군주제와 제한선거제를 규정했지만, 정부가 헌법 정지 권한을 가졌다. 아메리카 식민지 태반이 1820년대 이미 독립한데다 1885년 28세로 알폰소 12세가 죽은 후 섭정을 맡은 두번째 부인 오스트리아의 마리아 크리스티나 여왕이 1898년 일으킨 미국-스페인전쟁에서 패배, 쿠바와 필리핀을 잃게 되면서 스페인제국은 소멸되고, 스페인 식민지는 모로코와 아프리카 일부로 줄어들었다. 1902년 친정을 시작한 알폰소 13세는 농업 문제, 노동세력의 공세, 지방독립운동 등이 뒤얽힌 만성적인 위기에 시달리다 리베라 장군의 군사독재를 겪으며, 세계공황에 따른 경제 악화로 군사독재와 함께 군주제도 무너진다. 1931년 4월 성립된, 토지 귀족(사모라 대통령)과 공화파(아사냐 총리) 합작 형태의 '공화국'은 민주정치 실현의 토대인 토지개혁을 실현할 수 없었고, 농민들의 자주-반정부 폭동이 잦은 틈을 타서 왕당파와 교회권력 파시즘 깃발의 세다(CEDA)당이 득세하더니 1933년 극우정권이 서고, 이듬해 10월 세다당원 입각에 무력으로 맞선 아스투리아스 광산 노동자들의 혁명 코뮌이 진압된 후 사회당계 노동총동맹(UGT)과 아나키스트계 전국노동연합(CNT)이 제휴, 1936년 사모라 대신 아사냐를 대통령으로 추대했으나 같은 해 7월 봉건세력이 미는 군부가 반란, 스페인내전이 발발한다. 반란세력 중 전 군사독재자 리베라의 아들이 '협동국가주의' 를 내세우며 급속히 키운 팔랑헤당이 1937년 4월 프랑코 장군 주도 아래 '국가 생디칼리스트 공격단, 전통주의자 스페인 팔랑헤당' 으로 재편되고, 독일과 이탈리아 파시즘 세력의 군사원조를 얻은 프랑코 장군이 수도 마드리드를 제압, 내전의 승리자가 된다. 프랑코는 팔랑헤당의 1당 파시스트 독재체제를 확립하고 국가원수로 취임, 대지주 및 교회세력 대부분, 그리고 군부 및 대자본가의 지지를 받으며 민주의회를 소멸시키고 파업을 금지하였다. 1942년 부활한 코르테스는 국가원수 국무 수행 협력기관에 지나지 않았고, 1947년 왕위계승령으로 스페인이 왕국임을 밝혔으나 프랑크 사망 혹은 집무 불능 경우(에만) 의회 의원 3분의 2의 승인을 얻어야 왕위계승권자는 국가원수에 오를 수 있었다. 1960년대 프랑코는 강력한 '위로부터의 근대화' 를 추진, 권위주의적인 테크노크라시 체제를 통해 급격한 경제성장을 이루고, 그에 따라 경제성장은 서유럽과 접촉하고 유럽공동체와 결속할 필요가 높아지면서 프랑코 시대에 이미 정치체제의 민주화 및 자유화 필요성이 절실해지고, 1975년 11월 프랑코 사망 이후 제도상의 민주화가 급진전을 보인다. 프랑코가 미리 섭정으로 임명했던 부르봉가 후안 카를로스 1세가 국왕에 오르고, 1976년 총리 수아레스 주도 아래 양원제 개혁을 이뤘으며, 1977년 41년 만에 실시된 총선거에서 수아레스의 민주중도연합이 압승을 거두며, 정당활동이 자유화한다. 1981년 1월 군부 비판 및 경제 사정 악화를 맞은 수아레스 총리 사임, 2월 테헤로 대령 주도의 쿠테타 미수 및 치안경비 대원들의 국회 점거 등 위기를 맞고, 수아레스 후임 소텔로 내각의 지방자치권 점진적 확대 시책에도 불구하고 계속되는 바스크분리주의자들의 테러 등 불안 요인이 남았으나 스페인은 소텔로 사임 후 치러진 1982년 총선에서 사회당 곤잘레스가 압승한 후 1993년 8월 총선까지 네 차례 연속 집권하면서, 스페인의 안정을 다졌고, 1996년 총선에서 제1당이 된 민중당 당수 로페스는 더욱 안정된 정책을 추진, 재집권에 성공하였다. 2009년 현재 총리는 호세 루이스 사파테로 상원 208석 중 48명을 국왕이 임명하고, 하원은 350명 전원을 직접투표로 선출하며, 임기는 각각 사 년이다.

포르투갈, '지리=몸'의 언어

포르투갈 원주민은 켈트계 이베리아인으로, BC 12세기 페니키아인의, BC 8세기 그리스인의 영향을 받았고, BC 2세기부터 로마 속주(루시타니아)가 되었으며 고트족 등 게르만계 부족들의 침입과 함께 기독교가 널리 전파되었다. 8세기 이슬람 세력이 국토 대부분을 지배하고 기독교인들의 국토회복운동 와중인 1095년 프랑스 왕족 앙리 드 부르고뉴가 포르투갈 백작에 봉해지고 그 아들 아폰수 엔리케시가 테주강 북쪽을 평정하고 카스티야로부터 독립, 1143년 포르투갈 왕에 올랐고, 현재 영토가 정해진 것은 국토회복운동이 완료된 1249년이며, 종교기사단이 실지회복운동을 주도한 남부는 봉건 귀족령이 세워진 반면 북부는 일찍부터 자유농민이 농업을 집약적으로 경영하였는데, 14세기 주앙 1세 치세부터 왕권이 리스본 상인세력과 결탁, 절대주의에 달하고 영국과 동맹이 시작된다. 주앙 1세 아들인 '항해왕' 엔리케는 새로운 항로 발견에 힘쓰고, 인도항로와 브라질 발견으로 포르투갈은 해양왕국 지위에 오른다. 포르투갈은 식민지 사금과 노예, 그리고 향료 및 농산물 획득에 주력, 리스본이 각지 산물이 모이는 곳으로 번영을 누렸으나 부는 왕실 및 귀족에게 집중되고 이들의 낭비 및 경제정책 실패로 귀금속 등이 국외로 유출됨에 따라 국내 부르주아 형성은 이뤄지지 않았다. 포르투갈의 해외 진출은 군사력을 배경으로 한 무역 및 포교 활동이 거의 전부인 가운데 반동종교개혁의 중심으로서 가톨릭교회 세력이 강화하고, 문화적으로는 이슬람-인도-고딕풍이 절묘한 조화를 이루는 마누엘양식 등에서 보듯, 독자적인 르네상스문화가 꽃을 피웠다. 포르투갈 르네상스 문학의 최대 걸작은 카몽이스 서사시 『우스 루지아디스』로, 호메로스에 비견되며, 바스코 다 가마의 항로 발견 등 포르투갈의 위대한 역사를 다루고 있다. 포르투갈은 1578년 세바스티안왕이 북아프리카 원정 중 사망하고 1580~1640년 스페인 지배를 받다가 부라간사

공(훗날 주앙 4세)이 프랑스-영국과 동맹을 맺어 다시 독립을 쟁취하지만 영국에 대한 포르투갈의 경제 종속이 심화, 1703년 메스엔조약으로 영국 공예제품의 자유로운 포르투갈 수입과 낮은 관세의 포르투갈 포도주 영국 수출을 규정했고, 무엇보다 브라질과 인도 등 식민지가 네덜란드와 영국에 야금야금 먹혀들어갔다. 18세기 후반 퐁발이 시도한 예수회 해산 등 국내 개혁은 너무 서두르다 봉건세력 저항에 부딪혀 실패하였고, 19세기 초 나폴레옹 군대 침략은 왕실 일족의 브라질 망명 사태를 불렀으며, 영국-포르투갈 연합군과 프랑스 사이 전투가 계속되다가 나폴레옹 몰락 후에는 영국 장군이 섭정으로 포르투갈을 지배하였다. 1820년 스페인내란에 호응한 반영(反英)국 입헌파 혁명이 일어난 후 비로소 국왕이 입헌군주제를 복원하지만, 1822년 최대 식민지 브라질이 독립을 선언하고, 프랑스혁명 및 산업혁명이 포르투갈의 근대화를 자극했으나 취약한 국내 산업기반으로 중산층 성장이 어려웠으므로 중앙은행 설립 말고는 별 성과가 없고 오히려 사회적 정치적 혼란만 가중되던 1908년 국왕 카를로스 1세와 그 왕자가 암살된다. 1910년 총선거 후 발발한 공화파혁명으로 공화제가 성립하였으나 쿠데타가 되풀이되고 노동운동이 격화하는데다 제1차 세계대전 참전까지 단행하니 국력이 피폐해지고 경제적 위기가 심화, 1926년 군부 쿠데타 및 코스타 장군의 독재정권을 불렀고, 그마저 경제정책 실패로 실각했다. 1928년 새 대통령 카르무나가 재정 전권을 맡기며 경제 장관으로 기용한 쿠암브라대학 살라자르 교수는 극단적인 디플레이션 정책을 단행, 삼 년 만에 경제를 재건하지만 1932년 자신이 총리에 오른 후 1933년 무솔리니를 모방한 공화제적 조합국가 헌법을 확립하고, 강력한 권한 집중, 비밀경찰, 검열제도, 일당제로 대표되는 독재체제를 구축, 1969년까지 장기 집권하고 이듬해 사망했다. 후임 카에테나는 고조된 국내 반체제파 불만과 국외 아프리카 등 식민지 독립운동에 직면했고 그 운동을 무자비하게 탄압, 여러 차례 국제적 비난의 표적으로 떠오르더니, 1974년 민주화를 바라는 소장파 장교들의 무혈 쿠데타를 맞는다. 40년 이상 계속된 독재정권이 마침내 막을 내렸지만, 혼란은 계속되었다. 민간인 최초의 대통령 당선자는 1986년에야 비로소 나왔고, 1987년 총선에서 단독으로 과반수 의석을 획득한 중도우파 사회민주당이 1991년 10월 총선에서도 압승했다. 1996년에는 사회당 호르헤 삼파이우가 대통령에 당선되고, 1999년 6월 구주회의 의원 선거에서 사회당이 압승했으며, 호르헤는 2001년 재선에 성공했다.

르네상스, 아름다움의 이야기가 펼쳐지다 1

'휴머니즘=과학', '개인=세계'의 거울
종이, 문화의 배꼽
'인쇄=출판', '문명=배꼽'
책, '글자=문명'
건축, '회화=조각=음악=문학'의 총체예술
원근법, '거리=공간'의 가상현실
오페라, '세속=아름다움'의 혁명
음향, '음악=성당'

15세기 이탈리아에서 학자들이 고대 그리스-로마 학문 및 예술을 재발견하고 새로운 세계관(인본주의)을 발전시키고 찬란한 문화예술을 창조하는 흐름이 두드러지고, 자세히 살펴 그 전사와 후사를 합치면 흐름은 거의 2백 년에 이르는데, 이것을 르네상스('재탄생')라 부른다. 특히 인쇄술 발명에 힘입어 르네상스는 유럽 여러 나라로 번지면서 세계사에 엄청난 영향을 끼치게 된다. 화가들은 보다 사실적인, 현실에 가까운 그림을 그리고, 인본주의는 인간을 보다 중요시하며 종교와 신화로부터 해방시키고, 학자-사상가들이 교회 권위에 도전하고, 과학자들은 관념을 벗고 실험을 시작한다. 그렇게 중세가 극복된다. 중세의 응축인 고딕의 최고 절정이자 끝을 형상화한 조토는 화가이자 성직자로서, 그의 파도바 스크로베니성당 '그림의 방' 프레스코화는 '회화=신성'이라 할 만하고, 특히 죽은 예수의 시체를 안고 성모가 비통해하는 〈비탄〉은 비극적 강렬함이 압도적이다. 한 치의 오차도 없는 동작과 표정으로 이야기의 핵심을 표현하는 능력만큼은 어느 화가도 조토를 뛰어넘지 못했다. 네덜란드 출신 대표적인 인본주의자 에라스무스의 탄생에 대해 이런 전설 같은 이야기가 전해지는데, 르네상스에 대해 매우 시사적이다.

15세기 네덜란드에서 이제 마악 신부 서품을 받을 참인 한 사내가 한 여자와 사랑에 빠졌고, 남들이 그렇게도 부러워하는 신부직을 버리는 게 쉬운 일이 아니었으므로 고민이 컸지만 결국 사랑을 택한다. 사내의 아버지는 노발대발했다. 여자 아버지는 더군다나 악마와 사귀고 있다는 의심을 하고 있었다. 아무리 어르고 달래고 겁까지 주어도 소용이 없자 아버지는 아들을 감옥에 가두고, 아들은 겨우 빠져나와 여자와 함께 달아나지만 아버지가 독을 품고 기어이 찾아내니 도무지 살 수가 없어 사내는 고향을 떠난다. 독일과 버건디를 거쳐서 이탈리아로 가는 동안 그는 사제, 장사꾼, 농부, 관리, 그리고 거지까지, 안 만나본 부류가 없고, 성과 도시, 시장과 농촌, 그리고 길거리 여관까지 안 가본 데가 없다. 여자가 죽었다는 소식이 오자 매우 실망한 그는 술과 노름에 빠졌지만 별 위로를 받지 못했고, 기진맥진한 상태로, 모든 것을 포기하고 하나님만 의지하고 살겠다는 생각으로 수도원에 들어갔는데, 한참을 지나 알고 보니 여자는 죽은 게 아니라 그의 아이를 낳고 아주 비참하게 살고 있었다. 사내는 다시 깊은 고민에 빠졌고, 결국 그녀를 찾아갔으나, 수도사 신분으로 그녀를 사랑할 수는 없고, 두 사람은 서로에 대한 사랑을 하나님 사랑으로 드높이며 마음의 평화를 얻었다. 아니, 얻었다고 생각했다. 죽음을 맞으며 여자는 '당신을 너무도 사랑했고, 사랑이 너무도 강렬했다' 고백하고 사내도 똑같이 답한다. 이 두 사람의 아기가 자라 '모든 것이 종교의 굴레를 벗고 인간 중심으로 되어야 한다' 고 주장, 세계를 뒤흔드니 그가 바로 에라스무스다.

단테 『신곡』, 신성을 능가하는 형상화

단테는 서사시 『신곡』으로 중세의 정신을 총화하고 그 총화로써 중세 정신을 극복했고, 보카치오는 중세문학의 소설적 경향을 한껏 강화시키는 방향으로 르네상스 문학을 열었다. 1308년 이전 시작되어 사망 직전에 완성된 『신곡』은 『아이네이스』 저자 베르길리우스가 작품 속 길 안내를 맡고 있지만 단테가 아홉 살 때 만나 평생 동안 영혼의 사랑으로 간직했던 베아트리체(1290년 사망)가 작품의 순정한 육감을 이룬다. 신세대적 육감을 매개로 중세 정신이 액정화(液晶化)하고 중세 너머로 극복된다. 그렇게 정신과 육체가 변증한다. 베르길리우스에게 『신곡』은 지옥-연옥-천국 여행기지만 베아트리체에게는 사랑하는 영혼(과 육체)의 자기 탐구 및 구원기다. 『신곡』의 전체 틀은 일견 매우 단도직입적이다. 어느 날 숲속에서 길을 잃은 단테는 베르길리우스를 만난다. 베르길리우스는 하늘에 있는 베아트리체의 중재로 지상에 왔다. 단테를 죽음 이후 세계로 안내하기 위해서고, 단테가 올바른 길에서 많이 어긋나 있으므로 그렇게 해야만 구원을 받을 수 있기 때문이다. 단테의 여행 기간은 1300년 예수 수난일 성(聖)금요일에서 부활절 일요일 약간 너머까지다. 단테는 자기 앞에 망명의 삶이 놓여 있다는 것을 알게 된다. (글이 씌어진 시기는 망명 이후다.) 이 장치는 단테가 임박한 망명으로부터 이야기를 만들어낼 뿐 아니라 망명이라는 자신의 개인적 시련을 통해 이탈리아의 전반 문제에 대한 해답을 모색하겠다는 암시다. 한 인간의 개인적인 망명 체험이 한 나라가 처한 문제의 소우주로 되고, 보편적인 인간 타락의 상징으로도 된다. 역사의 특수성과 일반성이, 그리고 역사초월성이 그렇게 중첩된다. 베르길리우스는 우선 그에게 지옥을 안내한다. 여기서부터 모든 희망을 버려라. 지옥 입구에는 그렇게 씌어져 있다. 그렇다. 『신곡』은 희망을 찾기 위한 여행이기도 하다. 그 지옥여행은 끝없이 밑으로 내려가는 여행이고 종국에는 지구 한가운데 갇혀 있는 악마를 만나게 되는 여행이며 지옥으로의 하강은 예수의 죽음과 겹치는 동시에 영혼의 죽음을 상징한다. 예수의 죽음과 영혼의 죽음은 벌써 매우 변증법적으로 겹쳐 있다. 같은 차원으로, 지옥은 죄로 뒤덮인 곳이지만 단테와 죄인의 만남 장면은 육체-문학적으로 매우 탁월하게 형상화된다. 하지만 전체적으로 신학과 예술의 수준은 미비하다. 지옥은 진정한 영혼을 회복을 위해 고통스럽지만 필요한 과정이었다. 후에 단테는 베아트리체에게 그렇게 말하는데, 그런 심정의 반영일 것이다. 마지막 사탄과의 만남은 극성(劇性)과 정서가 가장 미약하다. 물론 의도적이다. 단테는 연옥→천국→여행을 따라 미학 수준도 발전하게끔 배려하고 있다. 지구의 중심에서 어떤 지하로가 둘을 연옥으로 안내한다. 연옥은 지옥의 지구 반대편 산에 있고 구조는 대체로 지옥에 상응한다. 사실 연옥은 지옥이 생겨날 때 그 반압(反壓)이 외화한 것이다. 연옥에서 주인공의 고통스러운 영혼 복원과정이 전개된다. 지옥에서 그가 만난 사람들은 일종의 '모델'이었다. 연옥에서 그는 순례자다. 그가 만나는 모든 등장인물이 그렇다. 그러므로 그는 관찰자가 아니고 동참자다. '육(肉) 자체가 죄를 정화하는 순례'가 그렇게 문학적으로 형상화된다. 그러나 이제 죽은 자로부터 시(詩)가 다시 부활하게 하라. 단테는 그렇게 쓰고 있는데, 정말 역사, 정치, 철학적 전망을 응축한 최고의 서정시가 문학의 향연으로 탄생한다. 순례의 장이야말로 문학의 장이라는 듯이. 동시에, 진정한 근대문학 정신의 단초가 창작된다. 플로렌스 귀족 출신이지만 그는 일상어로 작품을 쓰고, 고전문학 전통보다 고향의 전통을 더 높게 평가했다. '순례=문학'의 향연야말로 '여성(性=聖)' 베아트리체와 만나는 통로다. 여기서, 당연히, 베르길리우스는 배제된다. 신학적으로 그가 (예수를 만나지 못했으므로) 천국으로 들어가지 못하는 것이기도 하고 새로운 문학의 장이 열렸기 때문이기도 하다. 그런데, 그러나, 문학의 천국은 무엇일까? 혹시 요한묵시록에 머무는 것 아닐까? 그는 베아트리체와 만난다. 그리고 그의 안내로 달과 해를 포함한 여러 혹성들의 동심(同心)세계와 항성(恒星)들, 그리고 원동력을 거쳐 궁극의 천국에 달하고, 거기서 베아트리체는 떠나고 크레르보의 성버나드의 기도가 단테에게 계시를 보여주는데 일순 삼위일체 자체와 우주 전체가 세세히, 동시에 거대하고 일관된 총체로 드러나고, 단테가 단테를 초월하지만, 누가 천국에 있었을까, 문학은 어드메쯤에서 신학의 황홀경으로 대치되었을까? 정치적 기만도 망명의 슬픔도 청년 시인 단테의, 전망의 시야를 흐리지 못했으나.

보카치오 『데카메론』, '페스트=죽음'을 능가하는 '세속=이야기'

『신곡』은 진가를 인정받는 데 오래 걸리지 않았다. 단테는 이 작품을 콤메디아('희극')라 명명했는데 '해피엔딩'의 뜻이고, 얼마 안 되어 사람들은 그 제목에 형용사 '신적(神的)'을 붙였다. 그래서 『신곡』이다. 그리스-로마 고전기 이후 고전에 달하는 첫 문학작품이 그렇게 사람들 마음속에 자리를 잡는다. 한 세대 이후 단테 전기를 썼고 첫 강의 주제가 바로 『신곡』이었던 보카치오의 『데카메론』 또한 그랬다. 귀족 출신의, 사려 깊고 취미가 고상하고 예의바른 젊은 남녀 10명(여자 7, 남자 3)이 역병 번진 피렌체를 떠나 공기 좋은 시골 별장으로 모인다. 한 사람이 하루 동안 사회를 보고 각자 하루에 하나씩 재미난 이야기를 하자. 그날 사회자가 다음 날 사회자와 이야기 주제를 정하자. 무료한 시간을 때우려 그런 규칙이 세워지고 이야기는 열흘간 백 개에 이르렀다('데카메론'은 '열흘 동안의 이야기'라는 뜻). 하루가 끝나면 꼭 칸초네가 하나씩 추가되는데, 보카치오 시작품 중 최고 걸작에 속한다. 첫째 날은 인간의 악덕에 대한 재치 있는 토론, 둘째 날 운명이 인간을 장난감 다루듯 하지만 셋째 날 인간의 의지가 운명을 조롱하고 박살낸다. 넷째 날 비극적인 사랑 이야기가 두드러지고 다섯째 날 처음에 삐걱거리던 사랑이 해피엔딩에 이르고 여섯째 날 다시 유쾌함이 부상하고 일곱째, 여덟째, 아홉째 날에는 사기, 기만, 그리고 종종 음탕한 이야기들이 고삐 풀린 듯 펼쳐진다. 그렇게 세속이 소설-예술화하고 예술이 세속-소설화하고 소설이 예술-세속화한다. 열째 날에는 이전의 주제들이 고조된다. 장면 장면 묘사가 생생하고, 한 이야기가 다음 이야기로 이어질 때 이야기 바깥 화자들의 대화도 뛰어나다. 이야기를 하는 자의 문화-심리적 개성이 아직 이야기의 미학으로 관철되지는 않는다. 그것은 초서 『캔터베리 이야기』에서야 가능해질 것이다. 하지만 보카치오는 세속으로의 길과 근대소설의 길을 결정적으로 합치시켰다. 무엇보다 그의 문학은 (초서와 달리) 산문정신으로 충만해 있다. 그리고 이야기가 순수한 재미로써 존재한다. 이야기 자체의 미학이 자신의 존재를 두드러지게 드러내는 것. 소설의 영역은 그렇게, 그렇게만 열린다. 역병은 중세의 정신적 육체적 부패를 상징하고, 부패의 충격으로 몸과 마음은 거듭난다. 중세에 어긋났던 정신과 육체의 조화가 예술을 통해, 단지 복원될 뿐 아니라 근대를 향해 열린다. 『데카메론』은 중세의 정신-육체적 부패를 전체틀로 삼고 그 안에서 다종다양한 분위기와 주제, 그리고 장르양식들을 소설 지향적으로 실험한다. 아니, 거꾸로, 다종다양한 실험, 혹은 부패를 극복하려는 '예술적' 실험이 필연적으로 (단편)소설 지향을 굳혀가는 것일 수도 있다. 그것은 귀족사회가 세속 이야기를 통해 내부 붕괴하는 과정의 문학적 반영이다. 단테는 신성의 길을, 보카치오는 세속의 길을 밟았다. 단테는 신학적인 주제를 완성했고 보카치오는 문학을 이데올로기적인 주제의식에서 해방시켰다. 동시에, 단테는 신학과 시정신의 통합으로써 서사시의 '이야기'를 해체하지만 보카치오(그가 이야기의 창조자는 아니다)는 중세 이야기의 이야기 수준을 근대화 혹은 현대화한다. 그렇게 한 차원 높은 변증법이 이탈리아 르네상스 초기에 이룩된다. 보카치오는, 친구 페트라르카와 함께, 고대 그리스 문학의 진가를 알아챈 최초 르네상스 인간 중 하나기도 하다. 프랑스의 여류시인이자 소설가인 크리스틴 드 피장은 보카치오 영향을 받고 여성교육론을 집필했는데 당시 여성 경시풍조에 대한 항의가 엿보이고, 그후로도 계속 여성의 권위를 표현하려 노력했으며 특수하게 여성주의적인 작품을 몇 편 썼다. 말년에 그녀는 여성의 또다른 전범 잔다르크의 출현을 보았고, 그녀의 마지막 작품은 잔다르크 찬가였다. 아버지는 베네치아 출신의 유명한 점성학자이자 의사로, 훗날 프랑스 왕 샤를 5세를 섬겼으며, 그녀는 열다섯 살에 결혼한 남편과 스물다섯 살 때 사별하고 문필 활동에 매진하였다.

페트라르카, '서정=응축'

페트라르카는 단테가 완성시킨 '서사시(의 죽음)'를 서정시로 응축하면서 새로운 서정시 형식을 탄생시켰다. 그의 소네트는 서정시 본연의 응축 지향이 단테-보카치오 변증법에 당대적으로 응답한 결과다. 신성이 형식으로 전화하면서 세속적 사랑(내용)을 형상화한다. 아니, 다시 거꾸로, 그의 위대한 르네상스 휴머니즘 사상이 단테와 보카치오를 자극했을 수도 있다. 그는 단테보다 현실주의자였지만 단테를 추방한 똑같은 훈령의 피해자였다. 그리고 그는 보카치오의 문학과 정신세계에 엄청난 영향을 끼쳤다. 아니 그가 자신의 '소네트 형식'을 통해 문학에 끼친 영향력은 단테와 보카치오보다 더 크고 항구적이다. 무엇보다 격변기 르네상스가 뜻하는 세계주의(그는 당대인 중 가장 시야가 넓은 사람이었다)와 이상주의, 현실주의, 그리고 고전주의(그는 로마 영광을 재현하는 새로운 시대가 열리기를 바랐다)의 갈등과 통합 노력이 여러 형식의 문학적 형상화를 거치다가 다름아닌 서정시 형식에서 미학적 완성도에 달하는 광경은 장차 서정시인들 뿐만 아니라 문학 자체에 강력한 희망으로 작용하게 된다. 단테-보카치오보다 넓고 깊은 사상 내용이 단 몇 행의 서정시 형식으로 응축된다는 것이야말로 문학사에서 가장 위대한 미학적 변증법 중 하나다. 페트라르카는 단테, 보카치오와 함께 근대 이탈리아어를 '창조'한 것으로 평가된다. 페트라르카 작품 대부분이 라틴어로 씌어졌지만 정작 그를 기억하게 만드는 것은 이탈라이어 작품이다. 위엄과 선율이 한데 어울린 그의 이탈리아어가 몇 세기 동안 이탈리아 작가들에게 모범으로 작용했다. 단테 『신곡』이 베아트리체의 영감에서 나왔듯 페트라르카 평생의 시작품은 라우라의 영감에서 나왔고, 두 (남녀)관계의 차이가 문학(=세속)적 차이를 매우 육감적으로 반영한다. 페트라르카는 20대 초반인 1327년 성금요일에 교회에서 기혼의 그녀를 처음 본 순간 희망 없는 사랑, 이루지 못할 사랑에 대한 영혼의 정열을 주요 주제로 삼는 서정시인이 되었으며, 그녀가 21년 후 똑같은 날에 역병으로 죽었다고 밝히고 있지만 백작 부인이라는 설도 있고, 너무 예민하고 순정적으로 묘사된 것으로 보아 영감의 상징일 뿐이라는 설도 있는데, 어쨌거나 페트라르카에게는 라우라 말고 은밀한 여인이 또 있었으며 그 여인으로부터 두 아이를 얻었음에도 페트라르카는 거의 평생 동안 라우라를 위해 시를 쓰고 고치기를 계속했다. 살아 있는 라우라를 위해 썼고 죽은 라우라를 위해 썼다. 총 366편. 이중 대부분이 소네트다. 역사적으로, 첫 연 8행, 둘째 연 6행 총 16연으로 구성되고 마지막 두 행이 결코 (영웅서사시의) 대구(對句)로 끝나지 않으며, 첫 연은 주로 시의 주제 혹은 문제를 제시하고 둘째 연은 태도 변화 혹은 문제의 해결을 제시하는 소네트 형식은 13세기부터 이탈리아에서 발전하다가 페트라르카에 이르러 내용과 형식의 완벽성에 달한다. 즉, 페트라르카 소네트 형식은 시의 근대 지향의 고전적 총화로서 근대 서정시의 선구가 된다. 페트라르카 자신의 번민이 언제나 시의 중심에 있으며, 감각과 영혼, 육체와 정신, 사랑의 육감성과 금욕적 영성 지향 사이 갈등을 매우 섬세하고 복잡한, 결코 외치지 않고 다만 명징한 시적 감성의 영역으로 개진한다. 페트라르카 소네트와 '라우라-아우라' 는 유럽 전역을 휩쓸었고, 이 작품들이 풍기는 분위기, 비유와 은유 표상(表象), 그리고 운율 체계는 몇 세기 동안 유럽 시단을 지배했다고 해도 과언이 아니다. 영국의 셰익스피어는 '페트라르카 소네트 형식' 을 영국화, '셰익스피어 소네트 형식' 을 창조했고 워즈워스는 다시 페트라르카 형식을 채용했다. 키츠, 브라우닝 등도 워즈워스의 선례를 따랐다. 페트라르카 소네트 문학의 내용과 형식, 그리고 그 통합성은 스페인, 포르투갈, 프랑스, 그리고 폴란드를 거쳐 슬라브 문학에까지 서정시의 전범으로 작용한다.

초서, 시를 능가하는 이야기

초서 만년작 『켄터베리 이야기』는 보카치오 『데카메론』과 유사한 형식이다. 초서가 29~30명의 순례자들을 여인숙에서 만나 그들과 함께 켄터베리성당 베케트묘지를 순례하기로 하는데 여인숙 주인이 제안한다. 각자 이야기를 네 개씩, 두 개는 가면서 두 개는 오면서 하고, 내가 최고작을 뽑으면 순례자들이 수상자에게 주연을 베풀자. 초서는 이 작품을 완성하지 못했다. 23명만 이야기를 했고 그나마 지금 남아 있는 것은 완성판 20개, 미완성판 2개, 그리고 고의적으로 중단된(듣는 사람들이 이야기를 중단시킨다) 판 1개다. 각 이야기들은 『데카메론』보다 예술적인 정합성(整合性)이 뛰어난데, 보카치오의 근대적 산문 지향을 영국 문학의 강력한 서정시-미학 전통이 관통한 결과다. 전체 프롤로그에서 초서는 단 몇 마디 묘사로 각 순례자들을 창조해낸다. 늘상 으르렁대며 문을 박차기 일쑤인 방앗간 주인은 코 옆에 혹이 붙었는데 그 혹에서 붉은 터럭이 한 줌씩이나 자랐다. 정강이뼈 궤양으로 통증이 심한 요리사, 성긴 머리칼에 목소리가 가는 면죄부 상인, 결코 수염을 기른 적이 없고 앞으로도 결코 없을 것이라는 시골 유지. 머리칼을 압착기로 누른 것 같은, 옥스퍼드에서 왔다는 자칭 학자는 값비싼 의상보다 아리스토텔레스 책 스무 권이 더 낫다고, 자못 설교조다. 순례자들은 개성적인 동시에 보편적이고 동시에 사회적이다. 초기의 알레고리적 설정은 생생한 체취로 일찌감치 극복되고 이야기가 진전되면서 인물 성격에 대한 묘사도 깊어진다. 초서는 중산층 출신으로 불어, 라틴어, 그리고 근대 이탈리아어에 능통했다. 즉, 그는 영국 르네상스 예술가의 선구다. '켄터베리 이야기' 몇 개.

애인에게 버림받은 한 시인이 책을 읽다가 잠이 들었다. 그는 사냥하는 사람들을 따라가다가 검은 옷을 입은 슬픈 표정의 기사를 만났다. 기사는 자기가 사랑했던 여자는 아주 아름답고 고귀한 공작 부인이었다고, 둘의 사랑은 순결했다고, 그런데 그녀가 죽었다고 했다. 사냥꾼들이 돌아왔고, 시계가 열두시를 쳐서 시인은 잠에서 깨었다. 책이 아직도 그의 손에 쥐여져 있었다. 그렇다. 꿈은 사랑 이야기를 담는 그릇이다.

홍청망청 술주정뱅이 셋이서 자신의 친구를 잡아간 죽음을 찾아갔다. 죽음한테 친구를 도로 내놓으라고 할 참이었다. 이상한 노인네가 그들 앞에 나타나, 이러저러한 나무 밑을 파보면 그가 있을 거라고 말했다. 그들이 그 나무를 찾아 파보니 친구는 없고 그 대신 황금 덩어리들이 쌓여 있었다. 자기 혼자 차지하려고 각자 나쁜 짓을 꾸미다가 그들은 서로를 죽이고 말았다.

태양신 푀부스한테 깃털이 하얗고 말을 할 줄 아는 까마귀가 있었다. 그 까마귀는 툭하면 고자질을 했고 고자질에 재미가 들려버렸다. 어느 날 까마귀는 푀부스의 아내가 다른 남자를 사랑하고 있다고 일러바쳤다. 화가 머리끝까지 치민 푀부스가 아내를 죽여버렸으나, 금방 후회가 되고, 그래서 그는 까마귀한테서 하얀 깃털을 뽑아내고, 말하는 능력을 빼앗고, 멀리로 내쫓아버렸다. 까마귀는 그래서 까만 것이다.

밖에서는 인심을 펑펑 쓰면서 자기 아내한테는 구두쇠 노릇을 하는 상인이 있었다. 그의 아내가 집 안을 꾸미는 장식들을 좀 사려고 신부한테 백 프랑만 꾸어달라고 하자, 신부는 그 상인에게서 돈을 꾸어 그녀에게 주었다. 그녀는 신부에게 매우 고마워하였다. 여행을 갔다가 돌아온 상인이 신부에게 빌려준 돈을 갚아달라 하니, 신부는 그 돈을 당신 아내에게 빌려주었으니 갚은 것 아니냐고 대답했다.

르네상스, 아름다움의 이야기가 펼쳐지다 2

르네상스 미술의 도래를 알리는 것은 15세기 피렌체 성당들이다. 브루넬레쉬가 1419년 기공한 고아병원은 종종 최초의 르네상스 건축물로 평가된다. 로마 건축 형식을 사용하지만 브루넬레쉬는 그것을 과감하게 단순화, 중량감이나 힘보다는 경쾌하고 우아한 느낌을 주었다. 브루넬레스키의 피치예배당 건축은, 신성을 능가한다. 프라 안젤리코 그림 〈수태고지〉는 피렌체 성마가성당 수도사 숙소 장식 프레스코 중 하나인데, 다른 부분은 거의 장식이 없고 프레스코화들이 기적의 환영처럼 벽을 떠다닌 색채는 엷고 단정하다. 구도는 영감받은 듯 단순하고, 전체적으로 시공의 사건들로부터 해방된 듯, 축복 가득한 평온감을 준다. 도나텔로 〈아티스-아모르〉는 바지 한가운데가 벌어져 성기가 드러난 아티스를 보여준다. 두 날개는 아모르의, 뱀을 밟은 것은 아기 헤라클레스의 표식이다. 청동 패널화 〈헤로드의 잔치〉는 그가 다른 세 조각가와 함께 작업한 시에나성당 세례 분수에 설치되었다. 강렬한 정서 전달의 대가답게 세례 요한의 머리가 헤로드왕에게 바쳐지는 그 충격적인 순간, 신하들의 다양한 반응을 절묘하게 포착했다. 〈다윗〉은 르네상스 청동조각 중 손꼽히는 작품으로 고대 고전 시기 이후 최초로 편안한 자세를 취한 누드 입상이며, 헬레니즘 및 고대 로마 시기 헤르메스상을 연상시키고, 〈아티스-아모르〉에 비해 견고와 유연의 결합이 더 자연스럽고 덜 성적이다. 역시 에로티시즘의 르네상스적 승화다. 우첼로 〈산로마노의 패주〉는 피렌체, 메디치궁전을 위해 그린 세 개의 대형 연작 패널화 중 하나. 1432년 피렌체가 시에네와의 전투에서 승리한 것을 기념한 것으로 피렌체 미술에 특징적인 광채와 애국심을 보여준다. 백마를 타고 정교한 투구를 쓴 사람이 피렌체 지휘관 니콜로 다 톨렌티노다. 조반니 벨리니 초기 걸작 중 하나인 〈동산에서 고뇌하다〉는 색채와 분위기에 대한 당대 최고의 감각을 벌써 드러낸다. 장밋빛을 발하는 새벽 어스름 지평선은 특히 아름답다. 십자가에 못 박혀 죽기 전날 밤 예수가 고뇌에 빠져 있다. 만테냐 〈동산에서 고뇌하다〉는 제목 외에 구도까지 앞 작품과 유사한데, 사실, 조반니의 아버지이자 만테냐의 장인 야코포 벨리니의 드로잉을 놓고 두 사람이 같은 날 그린 것이다. 스타일은 매우 다르다. 벨리니 그림이 분위기를 강조하는 반면 만테냐 작품은 울리는 듯한 명징성을 갖는다. 알베르티의 만토바, 성안드레아성당은 본당과 위로 난 장엄한 원형 천장, 그리고 측면 예배당이 고대 로마 건축의 영향을 뚜렷하게 보여준다. 본당 옆에 측면 복도를 두지 않는 '알베르티형 성당'은 유럽 전역에 엄청난 영향을 끼쳤다. 필리피노 리피 제단화 〈성제롬, 성도미니크와 함께 한 성처녀와 아기 예수〉는 피렌체, 산판크라치오교회 중 성제롬에게 헌정된 예배당에 속했던 것이다. 교회가 헌정된 것은 1485년. 리피 특유의 우아함과 부드러움 그리고 디테일에 대한 정감 어린 관심을 잘 보여준다. 보티첼리 〈중상모략〉에서 누드는 진실의 인격화(畵)고, 누드가 그 자체로 주제고 영혼의 한 단계 높은 육화다. 〈신비한 성탄〉은 다소 모호하지만 이미지 상징이 풍부하다. 마구간의 신성 가족 위에서 천사들이 원을 그리며 춤을 추고 있다. 템페라('그림 물감')는 다루기 힘든 매체다. 색깔 종류가 많지 않고 쉽게 혼합되지 않는다. 〈비너스와 마르즈〉가 보여주는 치밀한 효과는 느리게 쌓아가면서 각층의 물감이 다음 층에 계산된 효과를 내게 하는 방식으로 가능했다. 유화만큼 자유자재하지는 않지만 템페라는 오랜 시간이 지나도 잘 변하지 않는 부드러운 표면 효과가 매력이다. 〈봄〉은 르네상스기 가장 아름다운 작품 중 하나지만, 가장 영문 모를 그림 중 하나기도 하다. 16세기 예술사가 조르지오 바사리는 주제를 이렇게 설명했다. 미의 여신 그레이스들이 봄의 상징인 비너스를 꽃으로 장식하고 있다. 그러나 여러 등장인물들의 정확한 의미에 대한 학자들의 논쟁은 지속되어왔다. 다빈치 〈담비를 안은 여인〉은 다빈치의 후원자이자 밀라노 최고 권력자였던 스포르자의 정부(情婦) 갈레라니를 그린 것인데, 이전의 어떤 화가도 인격의 우아하고 정교한 질감을 이토록 생생하고 자신만만하게 포착하지 못했다. 담비는 스포르자의 상징물 중 하나고 그리스어로 '갈렌'이다. 다빈치는 미술과 과학과 신비의 삼위일체를 보여주지만, 레오나르도풍 〈레다와 백조〉는 고대 그리스 및 그레코-로만 시기 고전적 모델을 따른 것으로, 미켈란젤로의 보다 역동적인 동명 작품에 비하면 예술가 자신의, 정욕의 신열(身熱)이 승화하지 않고 날것으로 묻어 있다. 에로티시즘의 이러한 (응축이 아니라) '폭발'은 장차 르네상스 절정기 미학이 매너리즘으로 전화하는 주요 계기가 될 것이다. 라파엘로 〈갈라테아의 승리〉는 다시 에로티시즘의 승화. 이교도적인 주제에 행동과 에너지가 솟구치는 구성이지만 리듬, 색깔, 내용, 이야기-소재, 그런 것들이 하나로 융합하는 광경 속에, 전체 조화 지고지순의 성(聖) 속으로 성(性)이 극복된다. 바티칸 성당 라파엘로 벽화는, 다시, 신성을 능가한다. 라파엘로 〈아테네 학파〉(1509~1511)는 손으로 하늘을 가리키는 플라톤과 중앙의 아리스토텔레스 등 고대 철학자들의 이성적인 진리 탐구를 형상화하는데, 소규모 작업만을 하던 라파엘로가 이 엄청난 크기의 장식화에서 보여주는 자신감은 정말 놀랍다. 소도마는 라파엘 그룹에 속했으나 판타지와 세부 묘사 면에서 고지식한 집착을 벗지 못했다. 그의 〈알렉산드로스의 결혼〉은 라파엘 〈갈라테아의 승리〉에 비해 원근법이 과장되며, 록사나 가슴에서 베일을 걷어내는 큐피드는 '르네상스적'이라기보다 '중세-성적'이다. 라파엘이 '고전주의적'이라면 미켈란젤로는 그보다 매우 과감하고 모험적인 와중 새로운, 보다 역동적인 고전성을 이룩해낸다. 미켈란젤로가 그린 시스틴성당 천장화 중 '술 취한 노아' 소재는 섹스가 환기시키는 두려움과 호기심, 그리고 그 둘 사이 긴장이다. 술 취한 노아가 자신의 성기를 드러내놓고 있지만 장대하게 또 총체적으로 펼쳐지고 구현되는 '미학=세계관' 속에 우리는 소재 자체를 잊게 된다. 시스틴성당 천장화 중심은 〈천지창조〉 중 '아담의 창조' 대목이고, 천장 양쪽은 예수 탄생을 예언한 강력한 남녀 예언자들이, 중앙 양측은 의미가 불분명한 청년 나신들이 지키고 있다. 이 작업을 단 사 년 만에 완료했으니 미켈란젤로의 예술적 천재성은 물론 초인적인 작업량을 미루어 짐작할 수 있다. 시스틴성당 천장화는, 회화가 성당을 능가하는 광경이고, 팔라초 페르네세는 정치를 능가하는 미술 협동의 광경이다. 미켈란젤로가 메디치 가문을 위해 만든 한 쌍의 무덤 중 하나에는 저녁과 새벽을 뜻하는 인물상 위에 로렌초공작이 앉아 있는데, 사실적이라기보다 이상적이다. 미켈란젤로는 고용된 그림 장인이 아니라 천재적인 창조성을 발한 아마도 최초의 예술가였다. 르네상스가 그것을 가능케 했지만 동시에 그가 르네상스를 완성시키기도 했다. 왜 공작의 초상을 그리지 않았느냐는 질문에 그는 이렇게 대답했다. 천 년이 채 지나기도 전에 아무도 그의 생김새를 궁금해하지 않게 될 것이다. 1506년 미켈란젤로는 〈라오콘〉을 자기 식으로 복원했고, 몇 세기 동안 예술가들이 이 작품에서 고대예술이 발산하는 극적인 강렬함의 극치를 보았지만 1960년 원래 자세로 재복원되었다. 미켈란젤로 유파 〈비너스와 큐피드〉는 강력하지만 왜곡된 에로티시즘의 조짐을 보이고 있다. 로마 성베드로 순교지에 세워진 브라만테 〈작은 신전〉은 작은 규모일망정 성(盛)르네상스 건축양식을 완벽하게 구현한다. 고대 이래 로마의 중후함을 이토록 완벽한 형식미로 표현한 건축물은 없었다. 코레지오는 천장 프레스코화에서 〈바구니의 마돈나〉 같은 친근한 내실화에 이르기까지 그야말로 다양한 그림을 다재다능하게 그렸다.

페루치 무대 디자인은 원급법을 사용하며, 로마 콜로세움과 성안젤로 성채가 배경에 보이는 등 궁정 건축물이 압도적이므로 비극 공연도 가능했을 것이다. 건축학자 세를리오가 쓴 『건축』에 수록된 삽화는 당대 무대장치, 희극 장면, 비극 장면, 그리고 사티로스극 장면을 묘사하고 있다. 사티로스극 무대장치는 몇백 년 동안 유럽 극장을 지배했고 세를리오풍 숲과 오두막이 숱한 멜로드라마 무대장치에 등장했다. 비센차, 올림피코극장은 1580년 이탈리아 건축가 팔라디오가 시작했고 그의 사후 제자 스카모치가 완성했는데, 건물 정면이 고대 로마극장 무대

벽을 본떴을 뿐 아니라, 통틀어 위대한 르네상스 예술이 재창조해낸 고대 로마극장이라 할 만하다. 도시 풍경 무대장치는 영구적이고 뒤쪽으로 경사를 올려 놀라운 원근 효과를 거리와 깊이 양면에서 창출해낸다. 원근법은 르네상스 무대 디자인의 주요 혁신이었다. 1585년이면 예수회 수도사들과 함께 이탈리아를 여행중이던 기독교 개종 일본인들이 이 극장에서 관람케 된다. 르네상스기 테렌티우스 희극 공연장 스케치를 보면 공연을 기다리는 학자 관객들을 위해 프로세니움 무대 앞에서 음악가들이 여흥을 제공하는 장면이 나온다. 유명 예술가들이 무대의상을 맡는 일이 종종 있는데, 특히 부온탈렌티는 피렌체 메디치 궁정 연회를 주관하는 팔방미인 예술가로서 온갖 종류의 축제, 연극, 그리고 가장 행렬, 심지어 불꽃놀이까지 제작하고 디자인했다.

스페인 살라만차대학 박공벽은 기본적인 고딕 구조에 르네상스 소재와 무어 미술에 영감받은 장식을 적용하는 '플라테레스크(plateresque)' 양식을 가장 풍부하게 또 찬란하게 보여주는 사례다. 촛대, 기사 문장, 벽기둥, 그리고 원형 초상화 등이 모두 사치스런 구도의 부분을 이룬다. 1560년경 스페인에서 제작된 한 은제 물병은 특히 그로테스크하고 정교한 손잡이가 이탈리아 영향을 반영한다. 당시 스페인 왕 필립 2세는 마드리드 근처에 거대한 왕궁(에스코리알)을 짓기 위해 많은 이탈리아 예술가와 장인들을 초청했고, 이 시기 은제품은 대개 호화롭고 매우 장식적이었다. 당시 주요 지방도시였던 알마그로에 극장이 서 있었으며, 현재도 매년 연극제가 열린다.

16세기 프랑스 '무질서 축제'는 참석자가 대학생들이고 새 복장을 갖춘 무언극 광대들이 등장한다. 1573년 앙주의 앙리 폴란드 왕 즉위 사절로 파리를 방문한 폴란드 외교관들을 위해 열린 〈발레 드 폴로네〉는 대개의 궁정 발레가 그렇듯, 연행자와 관객이 함께 하는 무도회로 이어졌으며, 아폴론과 뮤즈 차림의 음악가들이 '파르나소스산'에서 악기를 연주했다. 1581년 10월 15일 결혼식 피로연으로 거행된 앙리 3세 궁정 무도회에서는 브렌늘 외에, 남자가 여자를 들어올리는 볼타도 추었는데, 영국 여왕 엘리자베스 1세가 좋아했던 춤이다. 공연중에는 황금빛 구름 덩어리가 가수들을 가렸고 무대 중앙 뒤편은 키르케의 정원과 궁, 오른쪽은 판의 숲이었다. 코스타 연주단을 보면 중앙 인물은 두 겹 줄 넷, 한 겹 줄 하나인 류트를 연주하고, 책상에 다른 연주자들의 악기, 작은 깽깽이와 리코더가 놓여 있다. 영국 류트 음악의 탁월성이 유럽 전역에 알려진 상태였고, 르네상스 시기 가장 인상적인 작품 중 하나는 다울랜드 〈라크리메〉였다. 영국 최초 건반악기 음악 악보 〈파르테니아〉 표지에는 젊은 소녀 혹은 '처녀'가 한 쌍의 버지널을 연주하는 모습이 실려 있다. '버지널'은 엘리자베스여왕 시기 처녀들이 많이 연주한 데서 연유한 이름. 독자적인 두 가지 주법이 있었는데, 이탈리아 주법은 두번째, 네번째 손가락에 중점을 두지만, 영국의 버지널 연주자들은 가운뎃손가락을 중시한다. 덴마크 화가 메추의 한 유화에서는 여인이 시턴을 조율하는데, 오른손 엄지와 검지 사이 낀 픽으로 줄을 튕기면서 왼손으로 조율 펙을 이리저리 돌린다. 중세 일부와 르네상스 초기 갖은 형태의 프살테리움이 존재했다. 소리가 꽤 부드러웠고, 종종 비올라, 류트, 플룻, 그리고 드럼과 앙상블을 이뤘다. 카눈 프살테리움은 이집트에서 이라크에 이르는 중동아시아 고전음악에서 주도적인 악기였다. 캠피온 노래 악보를 보면 음성용 보표가 류트 반주용 문자무늬 악보 바로 위에 인쇄되어 있다. 문자무늬 악보의 선은 악기 현 표시다. 문자는 왼쪽 손가락 프렛 위치 표시. 문자무늬 악보는 시턴, 비후엘라, 기타 등에도 쓰였다. 접었다 폈다 하는 슬라이드 트럼펫이 궁정과 교회음악에 쓰였고 짧은 직선형 금관 트럼펫은 경주와 싸움터에서 쓰였다. 르네상스 플룻은 원통에 여섯 개의 바람구멍을 냈고 조(調)가 없었다. 16세기에 이르는 몇백 년 동안 마드리갈은 이탈리아 및 서양의 가정과 공적 행사에서 인기 있는 음악거리였다. 연주자는 순정하고 맑은 목소리로 인간의 가장 심오한 감정을 표현하려 한다.

그리고 (더) 북쪽 르네상스. 플랑드르 화가 얀 반 아이크 〈아르놀피와 그의 아내〉는 일상을 능가하는 회화라 할 만하다. 네덜란드 화가 히에로니무스 보슈의 최대작 〈세속적 환락의 정원〉은 오른쪽이 지옥 광경, 왼쪽이 천국 광경이며, 중앙은 인류의 죄 많은 행동을 묘사한다. 보슈의 그림은 끔찍하고 악몽 같은 괴물로 가득 차 있고, 그래서 초현실주의의 선구자로 평가받기도 하지만, 색채가 아름다운 빛을 내고 기법이 물 흐르듯 유연하다. 독일 화가 그뤼네발트 〈이젠하임

제단화 3부작〉은 〈성모마리아〉(천사들의 합창과 성탄, 부활), 〈수난〉(양옆에 성 세바스찬과 성안토니), 그리고 〈수도원〉(은자 성바오로를 찾은 성안토니)으로 구성된 엄혹한 비장미의 걸작이다. 네덜란드에 체류하며 은필화 드로잉 〈흑인 여자 카테리네〉를 그릴 당시 독일 화가 뒤러의 명성은 대단했다. 카테리네는 포르투갈 정부 요인의 하녀. 독일 화가 알트도르퍼 〈성처녀의 탄생〉은, 생뚱맞게 고딕성당을 무대 삼지만, 바로 그렇게 건축에 대한 자신의 관심과 원근법 기술을 과시한다. 성경에 없는 대목으로, 아기 천사들이 날아오르며 손을 잡고 반지를 구성하는 장면은 알트도르퍼 상상력의 최고 수준을 보여준다. 1480년 독일 란트슈트에서 제작된 무기와 갑옷들에도 '고딕풍' 이란 명칭이 붙었는데, 끝이 뾰족하고 겉면이 주름진 것이 고딕건축을 닮은 것 말고는, 가당찮다. 이 시기 무기-갑옷은 최고 수준의 미학에 달했다. 독일 화가 크라나흐는 여성 누드화 솜씨를 과시하기 위해 '파리스의 판단' 소재를 즐겨 그렸다. 파리스는 그리스 신화의 목동이 아니라 사랑에 빠진 중세 기사로, 세 그리스 여신은 요염을 뽐내는 처녀로 묘사된다. 16세기 플랑드르 미술 최고 거장은 (형) 피터르 브뤼헐이다. 그의 〈이카로스의 추락〉에서, 그리스 신화의, 아버지 데덜루스가 만들어준 인조 날개를 달고 너무 높이 날다가 태양에 밀랍이 녹는 바람에 바다에 떨어져 익사한 이카로스 소재는 아주 작은 일부에 지나지 않는다. 그림이 도해 설명하는 것은 '한 사람이 죽을 때 쟁기 하나도 멈추지 않는다' 는 플랑드르 속담이다.

바로크, 정신의 '육체적', 육체의 '정신적', 역동

그리고 다시 이탈리아, 16세기 베네치아 창녀들은 성적으로 매우 관대했다. 카나텔로의 회화는 예술작품으로뿐만 아니라 당시 베네치아의 풍광을 그린 지지(地誌)로서 비길 데 없는 가치를 지닌다. 1480년경 베네치아에서 제작된 에나멜처리 받침 달린 잔을 보면 베네치아가 투명한 '크리스탈' 유리제품은 물론 이런 색깔 입힌 잔의 아름다움으로도 유명했고, 제조 기법은 엄격한 비밀이었으며, 유리 제작 장인들은 대단한 특권을 누렸지만 다른 한편으로 베네치아 공화국의 포로나 다름없었다는, 심지어 베네치아 밖으로 탈출한 경우 자객을 보내 살해했다는 이야기가 전혀 과장된 것이 아님을 실감케 된다. 베네치아 화가들은 색감을 육감과 결합하였다. 조르조네 〈잠자는 비너스〉는 원작으로 평가받는 몇 안 되는 작품 중 하나로, 당시의 믿을 만한 자료에 의하면 미완으로 남은 것을, 그의 사후 티치아노가 완성시켰다. 아마 풍경을 그가 첨가했을 듯. 이 작품 구도는 정말 대단한 영향을 끼쳤다. 유럽 회화사의 가장 빛나는 화가들 몇몇이 이 구도로 누운 누드화를 그렸다. 티치아노 〈비너스와 큐피드, 그리고 오르간-연주자〉는 스페인 왕 필립 2세가 위촉한 것으로, 젊은 음악가의 시선이 통렬하게 에로틱하고 〈에우로파 겁탈〉 또한 스페인 왕 필립 2세에게 바친 신화그림 연작 중 하나인데, 〈변형들〉에 나오는, 공주 에우로파가 소로 변한 제우스의 등에 올라탔다가 바다 건너 크레타섬으로 납치되는 이야기를 소재로 택했다. 티치아노는 그림 연작 각각을 '시'로 명명, 마법에 취한 황홀경의 분위기를 강조했다. 카라바조 〈세례자 성요한〉은 아직 미켈란젤로 시스틴성당 천장화 누드의 패러디에 그친 면도 있지만 매너리즘의 부황한 꿈 세계를 진지하게 극복하려 노력하며, 그 노력을 통해 르네상스 대가들, 특히 가장 육감적인 코레조와 그 이전 그레코-로만 미술, 그리고 16세기 베네치아 화가들의 색감을 종합, 매너리즘 미술의, 정신/육체 이분법을 극복하는, 세속-종교화 모두에 통용되는 총체적 회화언어로서 바로크미술을 탄생시킨다. 카라바조 〈메두사의 머리〉와 〈골리앗 머리를 쳐든 다윗〉은 자전적일 수 있고, '예술가=메두사' 등식은 '참수=거세' 등식은 물론, 여성으로의 성전환까지 암시하지만 〈류트 연주자〉는 화가 생활 초기 주요한 후원자였던 델몬테 주교를 위해 그린 것으로, 그림 왼쪽에서 빛살을 준 세심한 명암 처리가 돋보이는데, 그의 성숙기 작품의 공통적인 특성이다. 건축적으로는 바로크가 르네상스 말기 로마 교황이 자신의 권력을 과시하기 위해 웅장하고 화려한 성당을 지은 데서 비롯되었다는 설도 있다. 첼리니가 프랑스 왕 프랑시스 1세에게 만들어준 소금 보관통은 금, 에나멜, 그리고 보석으로 이뤄진 화려함의 극치다. 남자는 대양의 신 넵튠, 아름다운 여인은 대지다. 로마, 산타마리아 델라 비토리아 성당, 코르나로예배당의 중심작 〈성테레사의 황홀경〉은 대리석을 다듬어 격렬한 정신 상태를 전달하는 솜씨의 절정을 보여준다. 또한 그의 로마 예수교회 천장화는 웅변을 토하는 듯한 광채, 열렬한 신앙, 역동적인 에너지와 환각 등 바로크미술의 특징을 일부러 종합해놓은 듯하다. 중앙 유화는 베르니니 제자 가울리의 〈예수 이름을 사모함〉(1674~1679)이고, 그것과 절묘하게 결합한 치장벽토상들은 역시 베르니니 제자 라기의 작품이다. 1609년 결혼 기념으로 그린 것이 거의 확실한 루벤스 자화상은 전대미문의 생산력과 국제적인 성공을 눈앞에 둔 예술가의, 잘생기고, 활력 있고, 저돌적이고, 자신만만한 분위기가 기적처럼 생생하게 포착되어 있다. 여자는 안트워프 저명한 변호사의 딸인 첫 아내 이사벨라 브란트다. 〈아르고스의 죽음〉(1611)에서 아르고스는 제우스 연인 이오를 감시하기 위해 헤라가 세운 눈알 백 개의 감시자로, 뒤집힌 프로메테우스 자세다. 헤르메스가 아르고스를 잠재운 후 목을 자르자(거세의 상징) 헤라는 백 개의 눈알을 수습, 자신의 상징새 공작의 날개에 심었다. 〈목신들에게 습격당한 다이아나와 요정들〉(1603~1604)은 '엄숙한' 스페인 왕정 위탁으로 그려졌고 얼핏 신화적이지만 뜨거운 에로티시즘을 발산한다. 장로들이 순결한 수산나를 탐하지만 여의치 않자 오히려 그녀를 음란죄로 무고한다. 구약에 나오는 이 이야기는 전형적인 관음증 사례로 다양한 화가들이 즐겨 에로틱하게 다루었으며, 틴토레토, 루벤스, 렘브란트가 걸작을 냈다.

보로미니가 1638년 기공한 로마, 산카를로 알레 캬트로 폰타네 교회는 그가 단독으로 위임받은 첫 케이스로, 대지가 작고 불규칙하다는 문제를 절묘하게 해결한다. 굽이치는 벽 표면은 그가 건축에 혁명적인 운동감을 어떻게 부여하는가를 전형적으로 보여준다. 베네치아, 산 조르조 마기오레 수도원 계단 홀은, 걸작 산타 마리아 델라 살루테라를 논외로 치면, 그의 가장 묵직하고 독창적인 작품이다. 이 디자인은 중앙 유럽 바로크건축에 커다란 영향을 끼쳤다. 피에터 데 후크 〈델프트의 정자가 있는 마당〉은 17세기 네덜란드 회화가 즐겨 환기시키는 평화로운 행복감을 완벽하게 요약한다. 같은 모델, 사실상 같은 무대, 그리고 같은 가정 행복감이 데 후크의 다른 회화에서도 반복되고 있다. 17세기 네덜란드 장인들은 무역로 상에서 발견된 희귀한 열대 나무들을 사용, 상감술을 새로운 높이로 끌어올렸다. 얀 반 메케렌이 제작한 상감가구는 당시 유명했던 것 중 하나로, 이 시기 양식의 한 특징인 꽃병에 담긴 꽃의 비교적 단순한 윤곽과 풍부한 장식의 대조를 절묘하게 구사한다. 베르메르 〈우유 단지를 든 처녀〉는 베르메르 회화의 전형적인 특징들을 일부러 한데 모아놓은 듯하다. 일상적인 일을 하는 한 명의 인물. 빛을 들이는 왼쪽 창, 노랑, 초록, 회색의 조화, 빛의 정교한 떨림을 암시하는 섬세한, 낟알형 붓놀림 등등. 레이놀즈는 베르메르가 거의 잊혀진 상태였던 1781년 그의 작품을 보고 역사상 최고작 중 하나라고 평했다. 그리고, 그러나, 렘브란트 〈돌아온 탕자〉는 가장 깊은 감정을 평면성으로 심화하고, 그렇게 깊이가 최적의 미적 공간을 얻는다. 건축가의 창조성은 잠재하는 것을 발견하는 것에 있다고 비트루비우스는 말했지만, 건축은 아름다움의 질서를 구현하는 것에서 '아름다움=질서'를 구현하는 일로 또 그 너머로 가야 한다. 그 너머란 어떤 경지인가. 건축이 공간을 조형한다고 하지만 이 그림은 공간 자체를 인간의, 성격의, 생애의, 의미의 신랄한 아름다움으로 전화시키지 않는가. 건축가는 이 작품을 보고 그렇게 찬탄, 한탄하게 된다. 음악의 육체보다 생생한 색과 형태 및 구도의 응축과, 음악의 시간보다 기나긴 영혼 고백록이, 회화의 평면에서 가능하다니. 음악가는 이 작품을 보고 또 그렇게 찬탄, 한탄하게 된다. 출산과 관혼상제를 응집한 공간이 공간 자체로 조각의 질감을 능가하는 대목이기도 하다. 하여, 예술사가 클라크는 이렇게 말했다. 레닌그라드에 있는 〈돌아온 탕자〉 원본을 본 사람은 이제껏 그려진 가장 위대한 그림을 보았다고 주장해도 된다.

도미니쿠스 짐머만이 설계한 바바리아, 디에 비에스 교회 제단은 전형적인 로코코 양식으로, 곡선과 장식들이 까불며 자태를 뽐내는 듯하다. 중유럽의 빼어난 교회들 대부분이 그렇듯 디에 비에스 교회는 형태와 구조가 꽤 똑바르지만 장식이 매우 복잡하고, 최고 수준의 솜씨를 과시한다.

이탈리아, '예술=일상'의 언어

베르됭조약에 의한 프랑크 왕국 삼분 이후에도 이탈리아가 독일 및 프랑스와 역사적으로 밀접한 관계를 가졌을 것은 당연하지만, 남쪽은 827년 튀니스 이슬람 세력이 비잔틴 세력을 몰아내고 시칠리아를 점령, 팔레르모를 중심으로 새로운 재배작물 문명과 독특한 문화를 이루다가 11세기 초 순례용병 혹은 십자군 병사로 온 노르만인의 지배를 받게 된다. 시칠리아 노르만왕조는 서유럽풍 봉건제와 비잔틴풍 관료제, 그리고 아랍풍 문화를 융합했고 시칠리아 왕이 신성로마 황제를 겸하게 된 호엔슈타우펜가 프리드리히 2세 때 번영의 절정을 맞고, 프랑스 앙주가를 거쳐 스페인 아라곤가의 지배를 받게 된다. 본토는 10세기 말부터 활발해진 비잔틴과 교역이 십자군을 계기로 크게 발전, 베네치아, 피사, 제노바 등 여러 도시가 번창했고, 남이탈리아는 아말파, 바리 등 상업도시들이 왕조 집권체제 강화 때문에 오래가지 못했으나 북부와 중부 이탈리아는 기사 계급이 상인 및 토지 소유자 중심의 도시세력과 결탁, 황제 권력으로부터 독립된 '코무네'를 이루고, 12세기 중엽 호엔슈타우펜가 프리드리히 1세가 롬바르디아 도시동맹에 패하면서 코무네가 번영의 계기를 맞으며, 베네치아와 제노바에 덧붙여 피렌체, 밀라노, 루카 등 내륙도시도 발전하는 한편 도시들 사이 대립, 도시 내 일반 상공업자와 토지 귀족(대상인과 토지 소유자) 사이 대립에 황제와 교황 사이 대립까지 얽혀 들고, 13세기에 이르면 이탈리아 도시들은 기벨린파(황제파)와 겔프파(교황파) 사이 격한 항쟁에 시달리고, 도시 질서와 안정을 위해 특정 유력자에게 시정 전권을 위임하는 '시뇨리아' 제도가 세도가를 출현시키며, 공화제 형식을 유지했던 피렌체도 사실상 메디치가의 전재 지배를 받게 된다. 르네상스는 도시 발전, 동방 문화 접촉을 통한 시야 확대, 현실적이고 합리적인 상인 의식 등이 그 토대지만, 특히 화려한 꽃을 피운 것은 궁정과 교황의 후원을 배경으로 메디치가 등 세도가문이 직접 나서서 독려한 덕이 크다. 하지만 이탈리아반도 정세는 독일, 프랑스, 스페인 등 인접 강대국의 간섭을 언제든 부를 수 있는 상태였고, 16세기에 이르면 과연 이탈리아는 외국 세력들의 싸움터로 전락한다. 그리고 신대륙 발견과 오스만튀르크 진출에 따른 상업로 변화는 17세기부터 이탈리아를 경제적으로도 침체시키며 예외적으로 북이탈리아 사보이왕국만 17세기 후반 이후 합스부르크가와 부르봉가 사이 대립을 틈타 세력을 확대, 18세기 사르데냐, 리구리아, 피에몬테 및 롬바르디아 일부까지 차지한다.

나폴레옹은 이탈리아 본토에서 프랑스혁명 정신에 충실, 오스트리아와 스페인 세력을 추방하고 봉건적 특권을 폐지하고 교회 재산을 몰수했으나 나폴레옹 몰락 후 구체제가 부활하고, 각지에서 입헌혁명 혹은 공화제운동이 일고 1848년 유럽 혁명운동이 이탈리아 각지의 무장봉기를 부르고, 봉기는 오스트리아 군대와 나폴레옹 3세의 교황 원조군에 의해 무력 진압되며, 사르데냐 왕국(사보이 왕국 후신)만 입헌헌법을 유지했다가 비토리오 에마뉴엘 2세 때 일약 이탈리아 통일의 중심으로 부상한다. 사르데냐 왕국 총리 카보우르가 국내 자유주의 및 자유무역주의 정책을 펴는 한편 열강의 대립을 교묘히 이용하여 롬바르디아를 오스트리아로부터 해방시키고 토스카나 왕국 및 교황령 등 중부 이탈리아 병합을 추진하는 동안 가리발디의 의용원정군이 두 시칠리아 왕국을 제압하니, 북동부 오스트리아 점령지와 교황 지배 로마를 제외한 이탈이아 통일이 달성되고, 1861년 이탈리아왕국이 선포되며, 토리노, 피렌체에 이어 마침내 로마까지 이듬해인 1871년 로마가 수도로 정해졌다. 통일 후 20년간 자유무역주의를 고수하면서 철도망 건설 및 행정-경제제도 통일을 추진하였으나 결국은 북부 위주 정책과 제도를 남부에는 강요하는 식이라, 부르봉왕조의 식산정책으로 싹튼 남부 근대공업이 쇠퇴하고 전근대적인 토지제도에 묶인 남부 농업의 낮은 생산력은 발목을 잡는다. '식민지' 남부가 북부에 저항하고, 1880년대 말부터 남북 격차 및 대다수 국민 빈곤을 해결키 위해 나선 북아프리카 식민지 경영은 별 성과를 내지 못하고, 이탈리아는 한편으로 사회주의운동의, 다른 한편으로 국가주의운동의 격랑에 휩싸이게 된다.

총동맹파업과 폭동이 각지에서 이는 이 혼란의 와중 제1차 세계대전에 연합국으로 휩쓸려들어간 이탈리아는 전승국으로 아디제강 상류 지역과 이스트리아 지방을 패전국 오스트리아로부터 획득하지만, 불황으로 인한 엄청난 수의 실업자와 달마치아 영토 회복 실패로 각각 사회주의자와 국가주의자의 불만이 팽배하고

1920년 밀라노, 토리노 등 노동자들이 공장 점거와 생산 관리를 단행한 것에 대한 소시민과 농민의 반발을 등에 업은 무솔리니의 파시스트당이 세력을 키우더니 1919년 정국 혼란을 틈타 '로마 진군'을 감행, 무혈쿠데타를 성공시켰다. 분열된 좌익 세력은 이렇다 할 반격을 못 했고, 인민당(현재 기독교민주당)은 훗날 비합법화하기까지 파시스트당 연립 내각에 참여했다. 1929년 이탈리아까지 밀어닥친 세계공황을 맞아 무솔리니는 파산 직전 주요 산업과 은행에 정부 자본을 투입하면서 국내 독재체제를 강화하는 한편 동지중해와 북아프리카 식민지-시장 확보 전쟁을 개시, 1936년 에티오피아를 병합하고 이듬해 일본-독일-이탈리아 방공협정을 체결하고, 1940년 히틀러 독일의 뒤를 이어 영국과 프랑스에 선전을 포고하지만 동지중해와 아프리카 전황이 급속히 불리해지고 국내에서는 비합법화한 인민당과 사회주의자당, 그리고 공산주의자당 중심의 레지스탕스운동이 격화, 무솔리니 정권은 주축국 중 가장 먼저 1943년 7월 붕괴하고, 북이탈리아로 도주한 무솔리니가 독일군과 연합하여 저항을 계속했으나, 밀라노, 토리노 등 주요 도시는 일찌감치 해방되었고, 무솔리니는 1945년 봄 북이탈리아-독일 파시스트군이 항복한 후 다시 스위스로 도주하다가 유격대에 잡혀 처형당했다. 제2차 세계대전 이후 기독교민주당이 제3당 사회주의자당 및 기타 중소 정당과 연립, 내각책임제와 비례대표제를 채택하고 40여 년 동안 장기 집권하지만 이탈리아 정치는 군소 정당 난립과 당내 파벌 사이 알력 때문에 1995년 5월까지 내각이 55회나 바뀌는 극심하고 지루한 몸살을 앓는다. 경제성장 성적표는 괜찮은 편이다. 1950년대 초반까지 농업이 경제 중심을 이루지만(GDP의 20퍼센트) 정부가 철강, 석유화학, 에너지, 통신, 해운, 항공, 도로 등 기간산업과 금융, 서비스 산업에 투자를 집중하고, 지방은 민간-중소기업들이 전통산업을 특화했으며, 1957년 유럽경제공동체 창설에 참여한 후 농업이 발전하고 산업수출이 확대되었으며 1960년대까지 연평균 5.5퍼센트의 고도성장을 기록, 선진국가로 발돋움하는 토대가 마련된다. 북부 산업지역과 남부 농업지역 사이 극심한 소득 격차는 아직까지도 경제발전의 여전한 장애 요소였다. 1969년 학생과 노동자 투쟁 세력을 업고 제1야당으로 올라선 공산주의자당이 1976년 총선에서 승리했으나 미국의 압력 및 극좌파 붉은 여단의 모로 전 총리 납치 및 살해 사건으로 좌파 전반에 대한 혐오 분위기가 확산되는 가운데 치러진 1979년 총선에서는 기독교민주당에 크게 패했고 소련 및 동유럽 공산주의 국가들의 붕괴 이후 존립 자체가 위태로워진 1991년 서구형 사회민주주의 이념의 좌파민주당으로 체제를 바꾸고, 만성적인 경제 위기와 부패정치로 집중적인 비난을 받으며 1983년 6월 총선에서 가까스로 정권을 유지한 기독교민주당은 1992년 정치적 수뢰 사건에 대한 검찰 조사로 기성 정치권 자체가 붕괴되는 사태를 맞고, 1993년 과도내각 출범 및 선거법 개정 이후 1994년 3월 치러진 총선에서 언론 재벌 베를루스코니가 이끄는 전진이탈리아당과 국민연합, 그리고 북부 동맹 등 우파연합이 좌파연합을 누르고 구성한 우파연정이 총리 베를루스코니의 잦은 부패 연루 혐의 때문에 붕괴되며, 1995년 과도내각을 거친 1996년 4월 총선에서 로마노 프로디의 좌파연합이 승리하지만 정치 불안은 계속되었다. 1998년 1월 좌파와 중도우파의 혼합연정, 2000년 4월 과도내각 연정, 2001년 5월 중도우파 연정, 그리고 2006년 중도 좌파 연합이 승리하고 프로디가 다시 총리직에 오르며, 베를루스코니가 추진한, 총리 권한을 강화하고 지방자치권을 확대하는 헌법개정안은 2006년 6월 25~26일 국민투표에서 부결되었다. 이탈리아는 1999년 '유럽단일통화(EMU)'에 가입하는 등 유럽의 정치-경제적 통일에 앞장섰으나, 남북 격차 외에 불법 이민, 조직 범죄, 부패, 높은 실업률, 낮은 경제성장률 등 숱한 국내 현안 문제를 안고 있다.

오페라, 세속의 제도화

오페라('작품')는 얼핏 시와 음악, 연극, 무용을 결합한 총체장르로서 그리스 비극을 부활시키려는 노력의 산물이지만, 본질적으로 르네상스 인문주의와 세속음악의 총화며, 다성-종교음악의 완전한 대척점에서, 거의 적대관계로 출발한다. 오페라는 세속화와 가시화를 지향하며, 두 지향이 서로를 자극하는데도, 언뜻 다성음악보다 단순해 보이는 동성(同聲)음악(호모포니/'같이 울린다'), 단선율 화성음악) 형식을 취하며, 그 모든 것이 모순되기는커녕 '상보적'을 넘어, '상생적'이다. 단성음악이 다성음악의 반대라면 동성음악은 이성(異聲)음악(헤테로포니)의 반대다. 헤테로포니는 (국악 농현에서 보듯) 단선율의 동시 변주 혹은 미세한 어긋남에서 복잡한 대위음악에 이르는 '서로 다른 선율들의 진행'이고, 호모포니는 한 성부가 주선율을 담당하고 다른 성부들의 화성적 반주가 따라붙는 음악, 혹은 모든 성부가 똑같은 율동(화음양식)으로 진행되는 음악이다. 성부들이 제각각 자유롭게 움직이는 다성음악에 비해 동성음악의 표현력은 얼핏 떨어질 것 같지만, 사실은 정반대다. 가락과 화성의 뚜렷한 '구분과 결합'으로써 음악은 속세의 희로애락을 보다 넓고 깊게 표현할 수 있게 되며, 동성-세속음악 입장에서 보면 다성-종교음악 자체가 음악의 제도화에 다름아니고, 세속의 다양한 선율과 화성을 심오한 신앙의 다성의 육으로 전화할 때만 비로소 세속음악에 '고전'으로서 영향력을 행사할 수 있다. 12세기 프랑스 독일 음유시인들의 세속 사랑 노래가 12세기 다성-종교음악의 질적 발전을 자극한 대표적인 결과가 (노트르담) '구예술(ars antiqua)' 음악파 레오넹과 페로텡의 종교음악 형식들, 특히 3 ~4성부 오르가눔이며, 이것을 고전 삼아, 이 형식을 뼈대로 채용하면서 세속음악이 선율과 화성을 한층 더 정교화, 심화하여 종교음악에 다시 충격을 준 결과가 '신예술(ars nova)' 음악이다(비트리 논문 「신예술」, 1322). 『카르미나 부라나』 이후 모테트(무반주 다성성가곡) 형식이 발전한다. 칸티오네 사크레(cantione sacre, '성스러운 노래')라고도 불리는 모테트는 기존의 선율-가사에 새로운 선율-가사를 대위법으로 첨가시키는 짧은, 전적으로 종교적인 무반주 합창음악이었다. 제르베 〈포벨의 로망〉(복사본 1316년)에 실린 13세기 모테트에서 마쇼(1300 ~ 1377)에 이르는 (프랑스) 신예술의 다성종교음악은 위 성부에서도 리듬 패턴을 정기적으로 반복하여 구축감을 주는 아이소리듬(isorhythm, '같은리듬') 모테트 형식을, 세속음악은 프랑스어 가사에 서정적인 다성 선율을 붙인 샹송 등 다양한 노래 형식을 구사하였고, 더 중요하게, 종교음악과 세속음악의 공존을 넘어 상호 자극이 자연스럽고 예술적이라, 이를테면 종교음악의 다성은 구축성을, 세속음악의 다성은 '단성+화음'으로서 동성을 지향한다. 신예술의 최대 거장 마쇼는 종교음악과 세속음악(샹송)을 모두 작곡하고 '시=가사'를 직접 썼으며, 양자를 내적, 미학적으로 통합, 미래로 열린 음악을 창조하였다. 그의 종교음악 대표작 〈노트르담 미사〉(1364)는 미사통상문에 곡을 붙인 최초 미사곡 중 하나로, 네 개 악장은 〈그레고리오 성가〉 선율 바탕에 아이소리듬을 구사하지만, 글로리아와 크레도 악장은 자유롭고, 그의 세속음악은 더욱 모험적인 여러 형식으로 아이소리듬의 구축성을 포괄하면서 극복, 마침내 호모포니에 달하며 조성(음악적 목적지향)의 느낌이 강해지고, 통합적인 리듬 모티프 사용이 보다 뚜렷해진다. 마쇼 음악은 오랫동안, 팔레스트리나에 의한 제도화 이전까지, 새로운 음악의 명징한 국제화 자궁으로 작용했다. 15세기 치코니아를 거쳐 프랑스 작곡가가 뒤페이(1398~1474)에 이르면 세속 선율이 모테트의 정선율로 사용되고 16세기 모테트는 종교음악의 정상을 점했다. 15세기 독일 마이스터징어 및 부르고뉴 음악파 세속 음악은 물론 영국 작곡가 던스테이블(1390~1453)의, 특히 〈정선율 미사〉와 테버너(1490~1545)의, 특히 〈서풍 미사곡〉은 세속음악 선율을 정선율로 하여 보다 응집적이고 벌써 프로테스탄트음악적이다. 플랑드르 작곡가 벵초아(1400~1460)와 오케겜(1410~1497)의 종교음악과 세속음악이 마쇼의 내용과 기법과 방식을 발전적으로, 명징화와 복잡화 과정을 번갈아가며, 계승과 극복의 맥락으로 나타났으며, 팔레스트리나의 다성음악 '절정-제도화' 이후 라수스와 버드의 다성종교음악이 진보적일 수 있었던 것 또한, 음악의 주변국 출신으로서 특히 마쇼를 계승 극복하면서, '민족적=세계적'의 미망에 빠지지 않은 덕분이고, 이런 과정을 거쳐 비로소 독일 바로크 종교음악의 '민족=세계' 등식이 가능해진다.

호모포니의 선율과 반주 형태로 음악 탄생 이래 꾸준히 세속-종교적으로 발전해오다가 팔레스트리나 다성음악의 오랜 '광취=제도화'를 벽으로 느끼면서, 이미 팽배해 있던 르네상스 세속(음악) 속으로 강화-폭발한 직접적인 결과가 바로 오페라다. 오페라 창시자들이 특별히 주목한 모노디(독창가) 양식은 솔로 선율에 치타로네, 테오르보, 하프시코드 혹은 기타 콘티누오(바소 콘티누오, 선율 내내 연주하는(통주) 저음)가 반주로 따라붙는 것으로 크게 반주 바탕음과 음성

선율이 뚜렷하게 대비되고 음성 선율을 정교한 화음으로 장식하는 1)마드리갈(madrigal, '모국어 혹은 세속적인 노래')과, 형식이 보다 다양하지만 1절, 2절, 3절 등 절이 있고 화음 장식은 별로 없는 2)아리아(aria, '양식' '풍') 유형으로 나눌 수 있다. 마드리갈은 서로 영향을 주고받던 중세 세속음악과 종교음악이 특히 (안드레아) 가브리엘리(1533~1618)에 이르러 모험적인 선율과 반음 화성의 결합을 통해 선율과 화성 양쪽을 세속 속으로 심화, 호모포니의 감정 표현 능력을 당대 최대로 확장한 결과며, 팔레스트리나와 라수스, 제수알도가 마드리갈을 썼고, 오페라 탄생 관련자 대부분, 특히 카치니, 페리, 몬테베르디(1567~1643)가 마드리갈의 대가들이었다. 아리아는 16세기 가벼운 시에 붙인 단순한 선율. 16세기 대부분과 17세기 초까지 노래 초안으로서 '아리아'들이 성악용과 기악용으로 출판되었다. 마드리갈에 비해 음악기법이 덜 화려하지만, 그 느슨함이 벌써 음악미학상 광활하고 장구한 펼침을 예견케 하며, 아리아 입장으로 보자면 마드리갈의 화려한 기교 또한 제도화였다. 실제로, '마드리갈'은 오페라 용어에서 사라지고, '모노디'는 오페라 역사 용어로 굳지만 미래로 열린 '아리아'는 오페라의 가장 중요한 내용으로 육화할 뿐 아니라, '세속 속으로'를 기치 삼았던 프로테스탄트 종교음악의 수난곡과 칸타타, 오라토리오, 즉 연기와 무대가 없는 성악곡의, 세속 속으로 흔들리는 성(聖)의 아름다운 격동의 근간을 이룬다. 아니, 오페라 및 바로크음악의 근대적 예술성을 추동하는 것이 다름아닌 마드리갈에서 아리아로의 전환이라는 점이 바로 오페라 논의의 핵심이고, 음악의 아리아와 문학의 이야기 틈새에서 레치타티보(recitativo, 일반 말투를 닮은 노래)가 생겨나고 그것이(음악+문학) 이야기를 단지 이어갈 뿐 아니라 아리아 및 중창-합창과 변증법적 관계를 형성, 이야기의 시공간을 여러 겹으로 펼치고 끝내 이야기가 그 자체로 음악화하는 과정이 바로 오페라의 과정이다.

현존 최초 오페라는 '리누치니 대본/페리 음악'의 〈에우리디케〉(1600년 초연), 같은 대본에 카치니가 음악을 붙인 〈에우리디케〉(1602년 초연) 등이고, 최초 본격 오페라는 몬테베르디 오페라 〈오르페오〉(1606년 초연)다. 오르페오(오르페우스)와 에우리디케(에우리디체) 주제의 반복이 심상치 않다. 오르페오를 음악의 의인화로 본다면 오르페오가 아내 에우리디케를 되살리는 데 실패하고 지상을 헤매다 광란의 디오니소스 추종자들에 의해 갈가리 찢겨 죽는다는 이야기는 태초 음악을 찢고 세속 인간의 연극이 탄생하는 과정의 신화화고, 음악 또한 신화의 경계를 허물고 그 밖으로, 세속 속으로 뻗어나가는 동안 음악 이야기로서 오르페오 주제가 숱하게 등장하면서 역사적으로 해석되어왔지만 최초 오페라의 '오르페오들'은, 오페라야말로 세속의 어린 양으로서 오르페오라는 점을 강하게 암시한다. 만물을 감동시키는 음악은 죽음(과의 소통, 하데스)을 닮았지만, 문제는 인간(아내 에우리디케와, 남편 오르페오)의 마음속이다. 한 길 가슴의 인간 속으로, 세속 속으로 음악이 어떻게 뻗어나가 더 질 높은 아름다움을 이룰 것인가. 페리와 카치니, 몬테베르디의 '오르페오'들은 모두 해피엔딩이지만, 그런 세속적인 처리 때문에 더욱, 그들의 오르페오와 '세속의 어린 양 오페라'를 음악 본능적으로 동일시했을 거라는 추측은 타당성을 갖는다. (오르페오의) 해피엔딩과 (오페라의 세속화) 운명의 조화를 그들은 염원했고, 이제부터 오페라가 음악의 대표로서, 그 운명을 거대하게 떠맡는다. 1637년 사상 최초 공개 오페라극장을 세우면서 상업도시 베네치아가 오페라 중심지로 부상하고, 이 시기 대표작인 몬테베르디 〈포페아의 대관〉(1642)은 잔혹한 로마 황제 네로와 간교한 여인 포페아가 결혼에 이르는 음모와 살육의 줄거리에 참으로 아름다운 선율을 입히는데 이것은 광란의 디오니소스 추종자들에게 갈기갈기 찢겨 죽은 오르페오 장면의 근대화에 다름아니고, 그런 채로 오페라 탄생 불과 수십 년 만에 대도시마다 오페라극장이 세워지고, 흡사 유럽 보편의 음악 사업체 역할을 혼자 떠맡은 듯 오페라가 여타 음악장르를 강박하고, 강박당하는 운명의 슬하에서, 혹은 그 운명에 맞서면서 '안 보이는' 성악곡들이 안 보임 속으로 심화한다. 무엇보다 '울음의 성경'이라 부를 만한 바흐 〈마태수난곡〉, '성악의 아름답고 강한 성'이라 부를 만한 그의 칸타타들은 공간-생애적으로 바흐 바깥 오페라 있음과 바흐 안 오페라 없음의 두 겹 자극 없이 가능치 않았으며, '말씀의 찬란한 음악-햇살화'라 부를 법한 헨델 오라토리오 〈메시아〉는 시간-생애적으로 그 이전 자신의 이탈리아풍 오페라의 영광과 좌절 없이 가능하지 않았고, 덧붙은 시각 장애의 충격 없이는 '〈메시아〉의 더 빛나는 그후' 라 부를 법한 오라토리오 〈솔로몬〉이 가능하지 않았다. 이것만으로도 오페라의 운명 없이 바로크는 가능하지 않았다는 단언이 가능하다. 더 중요하게, 오페라의 가시화 지향이 순수 음악장르, 특히 기악의 예술화로서 안 보임의 심화, '세속화=성화' 를 자극한다. 오페라가 없었다면 '음악=이야기' 로서 소나타 '형식=내용' 은 그 발전이 더뎠을 것이다. 거꾸로, 기악의, 무용 및 반주로부터의 독립 및 해방과 안보임의 심화가 오페라의 파란만장한 외양을 발전시킨 면도 있다.

오페라는 16세기 말 이탈리아 피렌체 문학인, 음악가, 지식인들의 모임 '카메라타' 가 탄생시켰으나 '그리스 비극의 부활' 이라는 당초의 단순한 의도를 훌쩍 뛰어넘어 음악사 최초의, 자본주의 태동과 맞물린, 세속의 전면화이자 제도화 현상으로 자리잡았고, 이 세속의 제도화는, 다성-종교음악의 종교적 제도화와 달리 오랫동안 자본주의와 더불어 창조적으로 발전하는 뼈대, 자본주의 상상력과 예술 상상력이 매우 역동적으로 접합하는(되는) 뼈대로 작용하는 동시에 오페라 내적인 세속화-가시화 지향을 더욱 부채질했고, 호모포니 기법이 갈수록 심화, 종교음악 최고의 기법 푸가까지 포괄하는, 그렇게 세속의 상상력이 종교적 상상력을 세속화하면서 심오화하는 베르디 오페라부파 〈팔스타프〉 마지막 장면에 이르면서 현대음악 이전 오페라 발전사가 완료된다. 그리고 그후, 자본주의 너머 지향을 오페라는 여타 순수 음악장르보다 훨씬 더 힘겨워하며, 자본주의를 단지 비판할 뿐 아니라 그 너머 전망을 자신의 세계 속에 ('보이는 도식' 이 아닌) '안 보이는 아름다움' 으로 구현하는 온갖 진정한 예술장르 속에서 종종 가파른 자기모순에 부딪치고 피흘리고 좌절하면서 '보이는 전망의 비극' 을 스스로 연출한다. 하지만, 세속이 거기서 끝나지 않듯, 오페라 또한 거기서 끝나지 않는다. 현대로 들며 오페라는 더욱 진전된 세속의 제도화로서 뮤지컬이라는 대중예술로 전락하는 추세지만, 그 전에, 모든 순수예술의 총화로서, 현대예술의 요람으로서 (베르디를 포함한) 이탈리아 오페라부파 이야기가 아직 남아 있다.

기악의 탄생, 눈물이자 웃음인 무용의 고전주의

악기의 음악으로서 기악은 석기부터 존재했고, 고대 종교-정치 제의음악 가운데 기악 합주가 많으며 중세 이후 서아시아에서 관악기와 타악기 합주음악이 군악 및 궁중 무용음악으로 다시 성행했고, 성악에서 출발한 힌두교 음악도 이란-터키의 영향을 받아 기악 독주 및 조주(助奏, 오블리가토 obligato) 그리고 합주가 생겨났다. 동남아시아, 특히 인도네시아는 고전음악의 중심이 합주 기악이고, 주제 선율 타악기와 장식 선율 타악기, 그리고 리듬악기 세 가지로 대별되며 5음계(슬랜드로)와 7음계(펠로그) 두 가지로 튜닝된 '오케스트라' 가믈란이 왕실 제례음악과 인형극 및 무용극 음악을 담당하는데, 1889년 파리만국박람회 때 소개된 후 특히 드뷔시 음악을 통해 서양 현대음악에 영향을 끼쳤다. 중국과 한국, 그리고 일본 또한 기악이 고전음악의 중심을 이루며, 구조적 격동이 없는 유현, 그 검은색의 총천연색 깊이를 몇 개의 음으로 발자국 내고 그것을 음색의 스펙트럼으로 전화하면서 드뷔시 음악, 특히 피아노곡 『프렐류드집』 1권 첫 곡은 시작되는데, 그의 음악을 인상주의라고 부르는 주된 까닭이다. 가믈란은 7세기 무렵 생겨난 오케스트라고, 서양은 오래전부터 제의기악이 있었고 9~13세기 다성음악에 기악이 따랐지만 기록과 악보가 남아 있지 않고, 현존 최고의 기악 악보는 13~14세기 단성-다성의 무용음악 오르간 악보인데, 14~15세기 다성 세속음악을 편곡한 오르간 독주 및 기악 합주곡 악보가 많이 보이더니, 16세기 들어 융성한 무용음악이 모음곡으로 모아지면서 그 자체로 동양보다 오히려 먼저 순수기악 형식을 갖추게 된다. 순수기악은 바로크의 역동 속에 반주가 독립하면서 인성의 중첩(다성음악), 음악과 이야기의 중첩(호모포니), 육체와 이야기의 중첩(무용음악), 그리고 중첩들의 중첩을 바로크라는 격동 속으로, 오페라에 반하면서 눈물의 눈물로써 응집, 순수 음악화한 결과며, 이 응집이 기악의 '안 보이는 생애'를 오페라 못지않게, 아니 오페라보다 더 음악 본질적으로, 인간적으로 파란만장하게 하고, 장조/단조 체계와 소나타 형식을 만들고, 고전주의와 낭만주의, 교향곡과 실내악의 그 방대한, 역사를 능가하는 '음악=드라마'를 추동해낸다.

16세기 초 소규모 기악 앙상블(콘소트)이 유행하고 그것을 위한 음악이 씌어졌지만, '성악+문학'이 기악으로 응집하는 과정을 가장 잘 보여주는 광경은 영국 작곡가 탤리스의 40성부 모테트 〈스펨인알리움〉('오로지 당신께만', 1573)과 다울랜드의, 비올라 다섯 대와 류트 한 대를 위한 〈라크리메〉('눈물', 1601)의, 31년이라는 역사-음악 시간-공간을 배경으로 한, 대비-중첩이다. 두 작품 모두 영국적이면서 걸작이고 현대 영국 작곡가 브리튼(1913~1976)이 다울랜드를 기려 비올라와 피아노를 위한 〈라크리메〉(1950)를 쓴 바 있다.

spem in alium nun quam habui praeter in te, deus israel, qui irasceris, et propitius eris, et omnia peccata hominum in tribulatione dimittis. domine deus, creator caeli et terrae, respice humilitatem no st. ram.

오로지 당신께만 제 희망을 둡니다, 오 이스라엘의 하나님, 지금은 분노하시지만 곤경에 처한 사람들의 온갖 죄를 자비롭게 사하여주실 분. 오 주 하나님, 하늘과 땅을 창조하신 분, 비참한 저희 처지를 굽어 살피소서.

〈스펨인알리움〉은 간절한 이 기도를 40겹 아름다움으로 펼치고 펼침이 끊임없이 무한대로 확대-심화하고, 간절한 아름다움이 기도의 소망을 능가하고, 절망을 겪은 희망의 모습이 형상화한다. 그 31년 후 매우 음울한 가사와 선율의 자작곡 〈흘러라 눈물이여〉 주제선율을 7개 변주로 펼치는 다울랜드 〈라크리메〉의 '변주'는 당시 유행과 달리, 그리고 〈스펨인알리움〉과 정반대로, 응축을 통해 음악이 제 안으로 한없이 투명해지는 과정으로서, 40성부 펼쳐짐을 제 것으로 응축하고, 〈흘러라 눈물이여〉 가사를 제 것으로 응축하며, 음악의 투명성이 이야기와 생애보다, 이야기의 생애보다, 그리고 '이야기=생애'보다 깊어지고, 글썽이는 눈물이, 흐르지 않고, 고이고, 투명성이, 깊은 만큼 액체화하며, 그 시야에 묻어나는 모종의 광경은, 이야기가 없으므로 펼쳐나갈 리 없건만, 〈스펨인알리움〉

의 끝없는 펼쳐짐 '그후' 처럼 보이고 들리며, 눈물의, 보임과 들림의 동일성이, 어느 시간보다 길고, 어느 공간보다 넓다, 아니 '음악=인간' 생애의 시간-공간 '너머=그후' 에 '이미' 존재한다. 아직 장조-단조의 확립 이전인데도, '이미=아직' 의, '일치=혼동' 의 '차원=음악' 인 듯, 음악은 한없이 이어진다. 탤리스와 다울랜드의 생애는 영국의 정치-종교 격변기이자 경제-문화 중흥기였던 헨리 8세-에드워드 6세-메리 1세-엘리자베스 1세-제임스 1세 치세에 걸쳐 있고 〈스펨인알리움〉과 〈라크리메〉 사이 31년은 모든 것을 음악적으로 응축한다. 버드는 탤리스의 제자로 마드리갈을 예견케 하는 작품을 작곡하는 등 성악 발전에 크게 기여했지만 다울랜드 음악에 매료된 후 창작 무게중심을 뚜렷하게 기악으로 이전, 놀라운 독창성과 찬란한 대위법을 결합한 버지날 음악으로 기악 독주곡의 전범을 세우고, 숱한 콘소트 음악으로 당대 및 그후 류트 음악에 지대한 영향을 끼쳤다. 다울랜드 〈라크리메〉는 아직 무용곡 흔적이 강하고, '눈물' 은 아직 춤추는 육체와 지고지순한 현들의 악 사이 눈물이며, 이별의 눈물이고 육체의 중력을 아직 슬퍼하는 눈물이고 육체 혹은 악기 혼자서, 육체와 악기 둘이서, 육체들과 악기들 여럿이서, '육체=무용' 으로서 눈물이다. 이런 눈물마저 음악 속으로 씻겨지면, 우선 바흐 무반주 첼로, 바이올린, 건반악기 모음곡, 독주곡 들이 모습을 드러내고, 특히 〈무반주 첼로 모음곡〉과 〈무반주 바이올린 소나타와 파르티타〉는 무용이 음악 속으로 제 모습을 담아, 감추는 순간의 육화-음악화, '무용의 음악' 에 다름아니며, 이때 보이는, 눈물이 아닌 눈물의 '표정' 이 바로 장조-단조의 표정이고, 그의 건반악기 독주곡은 그 표정을 평면화-심화하며, 그 결과가 바로 『평균율곡집』이다. 이 작품은 온갖 장조와 단조로 건반악기를 '조율' 하면서 온갖 피아노 기법으로 피아노 세계의 온갖 구경을 포착하고 전개, 음악세계 전체의 단아한 축도로 종합하며, 그렇게, 연습곡인 채로 걸작에 달하는 음악예술의 가장 본질적인 특성 하나가 소리의 육체를 갖게 되고, 쇼팽과 드뷔시, 쇼스타코비치 등의 '연습곡=걸작' 전통의 바탕을 이루게 된다. 헨델의 합주협주곡들은 무용을 능가하는 표정을 음악의 시간으로 펼치면서 육체의 평화를 담지하는 음악의 무용이며, 음악미학의 한 핵심인 '응집=펼쳐짐' '공=색', 혹은 '구축=흘러감'

의 경지를 천상의 편안함으로 형상화한다. 이 모든 것을 배경으로 현악 위주 이중주(위태로운 부조화조차 끝내 아름다움으로 전화하며 축적해가는), 삼중주(탄생 이전 죽음의 조화), 사중주(삶 현실의 변증법), 오중주(죽음 이후 천상의 조화)가, 피아노 발전과 더불어 피아노 반주의 각 악기 소나타(자아의 통합), 피아노 삼중주(대화와 소통), 피아노 사중주(안정의 깊이), 피아노 오중주(천상과 지상의 소통과 대화)가 탄생, 전개, 중첩된다. 음악의, 모종의 역사 형식, '역사=형식' 이 완성되며, 그 과정이 바로 바로크에서 고전주의로의 이행이고, 이때 완성은 제도화가 아니고, 소나타 내용의 형식화와 소나타 형식의 내용화 그 둘의 변증법이다. 이 변증법 속으로 눈물이 된 춤이 음악의 춤을 추며, '눈물=무용' 의 '음악=이야기' 가 바로 소나타 형식이고, 음악은 끊임없이 이어지고, 앞 세대가 당대의, 당대가 뒤 세대의 시간-운명적이며 공간-전범적인 근거로 작용하는 것은 물론, 뒤 세대의 격렬한 반발조차 필경은 보다 질 높은 무용의 음악으로, 음악의 무용으로 전화한다. 순수기악-무용음악 모음집 〈테르프시코레〉(terpsichore, 뮤즈 중 하나, '춤의 기쁨' , 1612)를 펴낸 독일 작곡가 프레토리우스는 몬테베르디의 칠 년 연상이며, 미사용을 오르간음악 모음집 〈피오리 무지칼리〉('음악의 꽃들' , 1635)를 펴낸 프레스코발디는 16년 연하다. 바흐는 이 음악 악보를 깊이 연구한 후 교회용 프렐류드('서주')들을 썼다. 최초 수난곡은 13세기 도미니크 수도원에서 작곡된 다성음악 〈위대한 생애〉며, 독일 프로테스탄트 작곡가 슈츠가 바흐보다 한 세대 앞서, 기념비적인 〈마태수난곡〉을 썼고, 바흐와 서신을 주고받았던 프랑스 작곡가 쿠프랭의 하프시코드 음악 또한 바흐에게 커다란 영향을 끼쳤다. 헨델 음악은 이탈리아 유학 및 오페라 음악 '사업' 경력과 영국음악 순결성 지향을 결합하며, 한 세대 전 영국 작곡가 퍼셀의 음악, 특히 오페라 〈디도와 아이네이스〉는 헨델로 하여금 사업처를 영국으로 옮기게 한 결정적인, '순결의 거울' 이었다.

덧붙여 한 명. 마드리갈의 대가 안드레아의 조카이자 제자며, 몬테베르디의 선배고, 슈츠의 스승인 (조반니) 가브리엘리는, 뮌헨 궁정음악가로 활동하다가 1584년부터 죽을 때까지 베네치아 성마가성당 오르간주자로 일하면서 성악과 기악의 변증법에 열중, 두 대 이상의 악기 그룹을 위한 칸초네를 대중화하고, 성마가성당 내부 구조를 십분 활용하는 종교음악을 작곡, 한 성부를 여러 합창단들과 악기 그룹들이 연주하게 하였다. 서로 다른 장소에 있는 악기 그룹들의 대비가 분명해지고 음악의 향(響)과 색이, 가시화한다. 삼촌 안드레아 그 이전에 성당 내부를 활용한 음악을 썼고, 성당의 하나님 찬양보다 베네치아 번영 예찬을 더 반겼던, 베네치아 군주가 화려한 (금)관악기를 이미 부른 후였지만, 가브리엘리의, '성악과 기악의 변증법' 은 그 전통을 질적으로 발전시킨다. 공간 분리된 악기들과 목소리들이 서로를 닮으려 하면서 '음색=음향' 의 시간과 공간이, 그것을 가시화하는 '분리=통합' 의 시간과 공간이 심화-확장, 아주 활기차고 현대적인 관악, 자본주의 출현을 반영하는 동시에 자본주의 세속 속으로 성화(聖化)를 이룩하는 관악을 탄생시킨다. 그가 고안한 코리스페차티('부서진 합창') 기법은 팔레스트리나, 빅토리아, 라수스, 바흐 〈마태수난곡〉은 물론 베를리오즈 음악에서도 사용되고, 그의 음색과 음향이 서양음악에 끼친 영향은 몬테베르디보다 더욱 본질적이고 더 베네치아 예술적이다.

소나타에서 교향곡까지, 음악의 생애와 세계

기악의 양대 형식이라 할 소나타와 합주협주곡은 이탈리아에서 발생했고 두 형식을 모두 실제로 완성시킨 이탈리아 작곡가 코렐리(1653~1713)는 당대 최고 바이올린 연주자이자 교사며, 오로지 기악작품만으로 명성을 얻은 최초 인물이고, 코렐리 당대와 그후 '코렐리적인 것', 즉 '교사' 로서의 전범성 및 내용과 형식의 일치성이야말로 이탈리아 기악의, '안 보임의 세계성' 이며, 코렐리를 '안 보임' 의 반석으로 만든다. 결코 많지 않은 그의 작품은 솔로 바이올린 음악과 엄격한 대위법을 조화시키고 진전성(進前性)과 긴박감을 부여하면서 음악 내적으로 보다 분명한 조성을 확립하고, '조성=소나타 형식' 으로 추상적인 교회 어법과 무용적인 실내 어법을 통일한다. 한마디로, 그는 기악의 내용과 형식을, 그리고 '내용=형식'을 완성시키며, 코렐리로 하여 이탈리아 기악은 이탈리아는 물론 유럽 전체 바로크 및 그후 내내 '고전(주의)적' 바탕으로 작용한다.

트리오 소나타는 3성부(상부 2성과 통주저음)로 구성되지만 화음 및 협주 저음까지 첨가되는 경우가 잦았고, 3에서 4로의 트리오 소나타 악기 수 증가를 '음악=이야기' 화한 것이 소나타 형식이라고 할 수 있다. 코렐리는 우선 트리오 소나타를 소악기 그룹과 대악기 그룹이 서로 주고받는 합주협주곡 형식으로 관현악화한다. 헨델은 28개의, 비발디는 12개의, 그 전에 퍼셀은 22개의 트리오 소나타를 썼고, 바흐가 아들 에마누엘을 위해 프레데릭대제에게 써준 〈음악의 헌정〉(1747)이 바로 트리오 소나타 형식이지만 17세기 중엽이면 피아노가 화음-협주뿐 아니라 선율-대위 성부도 맡으면서 피아노 트리오가 트리오 소나타를 대체한다. 비발디는 합주협주곡 형식을 규격화했고 바흐 〈브란덴부르크 협주곡〉(1721)은 합주협주곡 형식이되 (바이올린) 독주 협주곡 쪽으로 흔들려, 종교의, 세속으로의 경건하고 아름다운 흔들림이 음악의 '내용=형식'을 이루고, 오페라 창작 때문에 사제직 수행에 게으름을 피울밖에 없었던 비발디의 〈사계〉 또한 사소하게 그렇다. 코렐리 〈합주협주곡 op. 6〉은 영국에서 특히 대중적 인기를 끌며 19세기까지 헨델 〈합주협주곡〉보다 더 높이 평가되고, 〈바이올린 소나타 op. 5 no. 12〉(1700) 안에 들어 있는 무용음악 '폴리아' 주제 선율 변주는 오랫동안 이어진 '폴리아 변주곡' 전통 중 고전적 정점을 이루어 후대 (폴리아) 변주 기법에 결정적인 영향을 끼쳤다. 헨델의 장엄한 샤콘느(무용음악) 변주곡이 그 연장선상에 있으며, 바흐도 코렐리 〈트리오 소나타 op. 3 no. 4〉(1689)의 한 주제를 차용, 오르간 푸가음악에 썼다. 소나타 형식 이후, 무슨무슨 '소나타'는 물론 교향곡, 현악 4중주 등 여러 악장으로 이뤄진 작품의 각 악장들이 대개 소나타 '형식으로 씌어졌으며, 1악장 구조의, 교향곡 이전 오페라 가시화 지향의 관현악화로서 서곡, 그리고 교향곡 이후 그것의 낭만주의적 '음악=이야기' 화로서 교향시도 그렇다. 소나타 형식은 얼핏, 푸가와 매우 가까운 것처럼 보이지만, 음악의 놀이인 푸가와 달리, 인간의 생애 및 역사와 몸을 섞으며 더욱 아름다운 생애와 역사의 음악사를 써나가는 음악 자신의 음악어법이자 내용이다. 트리오 소나타 직후 소나타 형식은 건반악기 음악에만 적용되고 구성은 3악장으로, '1악장 빠르게(대체로 알레그로, 무용음악의 흔적), 2악장 아리아풍으로 혹은 명상적으로(대체로 안단테, 오페라의 흔적), 3악장 떠들썩한 론도(무용음악의 흔적)' 이었으나, 구성 또한 인간과 역사의 생애를 닮아가고, 소나타 형식과 작품 구성이 온갖 악기를 제 안으로 끌어들이며 장르 형식과 음악 내용을 발전시킨다. 시간의 음악이 음악의 시간으로 발전한다. 제시부와 전개부와 재현부의 반복이 생략되면서 음악의 인간적 시간화를 가속시키고, 그 시간이 다시 '생애=역사=음악' 으로 흐르면서 1악장 알레그로는 느린 전주를 거느리고 스스로 음악 세계 건설의 시작-구상 단계로 고양되며, 2악장 안단테는 눈물의 생애를 시간화하면서 아름다움의 깊이를 탐색하고, 1, 2악장을 바탕으로, 그러나 결정적으로, 3악장은 기존의 론도를 쾌활하고 우스꽝스러운 스케르초('무용=웃음/눈물' 의 흔적)가 대체하는데, '울음=웃음' 의 음악이 심오한 철학을, 심오한 철학이 '웃음=울음' 의 음악을 닮고, 생애를 긍정하는 '음악=철학' 의 순간이 일순, 순간 속으로 유장하고, 음악의 시간이 스스로를 극복, 4악장을 부른다. 3악장 구조가 '되돌아가는 구조' 라면 4악장 구조는 생로병사를 능가하는 음악 자체의 생애를 반영한다. 그러므로, 베토벤 교향곡 3번 〈영웅〉(1803) 전 4악장은 '음악=영웅' 이 소나타 형식, 장조-단조 조성 및 기타 음악언어를 자의식하고 총동원하면서 자신의 역사성과 사회성, 그리고 존재 이유를 고전주의와 낭만주의의 구분-결합으로 의미화하고 주장하는, 역사와 사회를 뛰어넘는 세속성 그 자체의 성화(聖化) 광경이며, 지상의, 고통의 낙원을 위해 모인 악기들의 광경이고, 베토벤 교향곡 9번 〈합창〉(1824)은, 소리가 들리지 않는 영겁 속으로 들어가는 1악장 알레그로가 역사상 가장 심오한, 그리고 유장한 2악장 스케르초를 낳고, 이것이 더 유장한, 유장할수록 아름다운 눈물의 생애로서 3악장 아다지오('느리게')를 낳고, 이것이 음악사 전체의, 성악('聲=聖' 樂)의 대합창인 4악장 알레그로를 낳으면서 마침내, 독일의 기악과 성악이 이탈리아 오페라부파 경지에 필적하고, 안 보이는 기악과 성악이므로, 그것을 음악적으로 능가하게 된다. 이 모든 과정에 속도와 분위기와 연관된 온갖 음악 용어들이 스스로 음악화, 음악의 세계를 이룬다. 교향곡 9번 〈

합창〉은 1악장 알레그로 마 논 트로포, 운 포코 마에스토소, 2악장 몰토 비바체-프레스토-몰토 비바체-프레스토, 3악장 아다지오 몰토 에 칸타빌레-안단테 모데라토-템포 1-안단테 모데라토-아다지오, 4악장 프레스토-알레그로 마 논 트로포-비바체-아다지오 칸타빌레-알레그로-알레그로 모데라토-알레그로 아사이, 그리고 '일순=영원'의 암전(暗電), 그리고 프레스토-레시타티보 "오 친구여, 이 선율들이 아니다!(O Freunde, nicht diese Töene!)-알레그로아사이, '일순=영원'의 암전, 알레그로 아사이 비바체. 알라 마르치아, '일순=영원'의 암전, "기쁨, 아름다운 신들의 섬광(Freude, schöner Götterfunker)", '일순=영원'의 암전, 안단테 마에스토소 "얼싸안기라, 수백만 인류여(Seid umschlungen, Millionen)"-아다지오 마 논 트로포-알레그로 에네르지코, '일순=영원'의 암전, 알레그로 마 논 탄토 "기쁨, 낙원의 딸(Freude, Tochter aus Elysium)", '일순=영원'의 암전, 포코 알레그로, 스트링겐도 일 템포, 셈프라 피유 알레그로-프레티시모 "얼싸안기라, 수백만 인류여"-마에스토소-프레티시모, 그리고 끝. 영원한 암전. '몰토'는 '매우', '비바체'는 '경쾌하게'. '프레스토'는 '더 빠르게'. '템포'는 '빠르기', '칸타빌레'는 '노래하듯이', 즉 부드럽게, 연속적으로, '피유'는 '더욱'. 이 용어들은 음악이 된 인간-역사의 시간과 숨결을 닮았다. '콘 브리오'는 '생기 있게', '크레센도'는 '점점 세게', '다 카포'는 '처음부터 다시', '레가토'는 '매끄럽게', 음이 끊어지지 않게, '스타카토'는 '탁탁 끊어지게'. '마르카토'는 '음 하나하나에 악센트를 주며', 쾌활하게, 힘 있게, '루바토'는 '자유롭게', 느리게, '피치카토'는 '퉁기기'. 작곡과 연주는 하나였다가 자의식으로 갈라졌다가 다시 자의식의 겹으로 합친다. 브람스 음악 또한 베토벤처럼 오페라를 기악으로 관통하지만, 베토벤 음악을 응집하면서 그 고전주의/낭만주의 내용/형식 중첩을 역전하고 열등감을 지독한 자기부정의 예술철학으로 전화, 끝내 베토벤을 능가한다. 다른 한편 바그너 오페라 음악은 시와 음악을 순정하게 일치시킨 글루크 오페라 〈오르페오와 에우리디케〉(1762)에서 출발, 파란만장한 음악-역사-사회적 생애를 겪지만, 결국은 베토벤 교향곡들 자체의 오페라화에 머물고, 그의 '끝나지 않는 노래'는 기악과 성악의 혼동에 머물며, 타인의 육체를 대상으로 한 생체실험이 나치스 파멸을 부른 것과 달리 자신의 음악(의 육체)을 대상으로 한 그의 생체실험은 음악사상 가장 위대한 욕망의 가장 웅장하고 왕성한 장면을 펼치지만, 신생(新生)이 아니라 뮤지컬로 전락하기 직전 상태에 이른 오페라의, 신화화로서 장관에 머문다.

덧붙여, 18세기 독일 남서부 만하임궁전에서 활동했던 만하임음악파 또한 음악에 인간의 호흡을 불어넣었다. 그들의 크레센도('점점 세게')를 들으면 우리는 어언 의자에서 일어나고, 디미뉴엔도('점점 조용하게')에서 어언 다시 자리에 앉게 된다. 만하임오케스트라 연주를 들은 한 청중은 그렇게 썼다. 주로 보헤미아 출신으로, 독일음악 중심지의 엄격한 분위기를 벗을 수 있었던 만하임음악파들에 대해, 모차르트 아버지는 아들에게 보낸 편지에서, 주류 음악인답게, 그들의 촌스러운 자유분방, '너무 타성화한 신기(新奇) 취향'을 못마땅해하고 있지만, 어떻게 보면 그들은 고전적 교향곡 양식의 주요 창시자들이다. '크레센도'는 오페라 세리아 발전에 크게 기여한 좀멜리와 오페라부파 발전에 결정적으로 기여한 갈루피의 오페라 서곡에 이미 있는 것이고, '만하임풍 한숨'으로 불리는 아포기아투라(前打音, 장식음), '만하임풍 로케트'로 불리는, 건너뛰는 듯한 3화음도 마찬가지지만, 이런 서곡 기법들이 일관된 4악장 교향곡 형식을 낳고 '안 보이는 음악'의 인간적 숨결과 체온을 내뿜으면서 다시 교향곡과 오케스트라를 인간의 영역 속으로 인도하게 되는 것은 분명 만하임음악파의 공로고, 아들 모차르트는 만하임오케스트라의 '작곡=연주'에서 배운 것을 바탕으로 고전적 교향곡의 절정을 내용과 형식 양면에서 이룰 수 있었다. 만하임오케스트라의 중심인물이자 음악감독 슈타미츠는 50개의 교향곡, 10개의 관현악 트리오, 숱한 바이올린협주곡과 실내악 작품, 그리고 몇 안 되는 종교음악을 작곡했으며, 이중 교향곡과 관현악 트리오 작품들은 특히 유명하다. 오케스트라에 관악을 추가하고 독립적인 기능을 부여한 것도 슈타미츠다. 만하임오케스트라의 명성은 선제후 카를 테오도르 치세중인 1742~1778년 유럽 최고에 달하였다가, 1778년 뮌헨으로 궁전이 이전되면서 급속히 사라졌다. 성마가성당의 가브리엘리와 만하임오케스트라의 슈타미츠를 중첩한다면 우리는 음악사를 더욱 응집적으로 조망할 수 있다. 그리고, 응집의 미학으로, 만년의 상상력을 펼칠 수 있다.

르네상스, 끔찍함과 끔찍한, 끔찍함의 극복으로서 '아름다움=세속'

르네상스 과정은 서양의 각 종족 연합이 응집, 민족화하는 과정의, 뒤늦은, 바로 그만큼 찬란한 예술적 표현이었다. 예술은 당분간, 가장 세계적인 것이 민족적이고, 가장 민족적인 것이 세계적이다. 뒤러와 브뤼헐 회화는 너무도 독일적이고 그레코의 회화는 너무도 스페인적이며 렘브란트 회화는 뚜렷하게 네덜란드적이다. 셰익스피어는 분명 영국의 셰익스피어고 몰리에르는 분명 프랑스의 몰리에르며, 괴테는 분명 독일의 괴테다. 무용예술은 이탈리아와 프랑스가 서로 용호상박하며 영향을 주고받았고 음악은 독일과 이탈리아 양대 산맥이 두드러졌다. 바흐 칸타타와 수난곡 들은 종교음악의 성경이고, 헨델 오라토리오는 그것을 담은 황금상자다. 베토벤-브람스 교향곡은 강고하고 역동적인 생애의 성(城)이며 슈베르트 예술가곡은 애절한 한숨의 아침이슬이다. 바그너 오페라는 시간으로 지은 가장 거대한 건물이고 이탈리아에서 페르골레지 이래 일상적으로 작곡-향유되던 오페라부파는 베르디 오페라 〈팔스타프〉에서 마침내 이룩된, '비극적일수록 너그러운' '죽음 자체가 흘리는' '웃음의' '웃음=죽음'의 (혹시 음란한) 에로티시즘 경지가 현대로 이어져 현대문학의 예각(銳角)을 벌써 암시한다. 조이스와 프루스트는 물론 카프카와 T. S. 엘리엇 문학세계까지.

종교 '개혁과 전쟁', 죽음이 드러나는 기나긴 '성=세속'의 시간과 자본주의의 두 가지 길

교회에 아무리 돈을 갖다 바쳐도 죄가 없어지지는 않는다, 죄는 오로지 믿음을 통해서만 없어진다. 1517년 독일 신학자 루터의 이런 주장으로 시작되는 종교개혁은 독일 르네상스의 인문-인본주의를 바탕으로 생겨난, 세속화한 종교제도를 버리고 복음 자체로 돌아가자는 운동이지만, 그후 '봉건 세속' 너머 근대-자본주의 대중성에 달하는, 기나긴 과정을 밝게 된다(사실, 그래서 개혁이다). 로마교회의 주요 재원이던 면죄부(돈을 받고 파는 죄 사면 증서) 판매를 신학적으로 격렬히 비난하면서 신부 루터가 재산 몰수 등 구체적인 교회 개혁안까지 제시하고 그 실시를 독일의 그리스도교 귀족에게 위임하자, 독일 농민이 반봉건 독일 농민전쟁(1524~1525)을 전개하는데, 농민단체가 지방으로 분산된데다 부농과 빈농이 대립하던 중 빈농 지도자 뮌처가 하층시민과 연합, 과격화하자 루터가 크게 비난하며 개신교 제후들에게 오히려 진압을 요청하고, 농민, 그리고 귀족을 진압한 개신교 제후들이 교회의 재산을 몰수하여 영방교회제도 틀로 묶고 귀족과 도시의 독립을 빼앗아 영방주권을 확립하지만, 이것은 시작에 불과하고 유럽 각지로 번진 개신교(신교)가 로마가톨릭(구교)과 충돌, 스위스 츠빙글리 종교개혁운동으로 인한 신교와 구교 사이 카펠전쟁(1529~1531), 독일 황제파 도시와 신교파 도시 사이 슈말칼덴전쟁(1546~1547), 프랑스 위그노(칼뱅파 신교도)전쟁(1562~1598), 구교 스페인으로부터 신교 네덜란드의 독립전쟁(1572~1648) 등 종교전쟁이 끊이지 않았다. '오스트리아 황제' 패르디난트 1세(1556~1564)는 농민전쟁 와중 헝가리왕 라요시 2세가 1526년 북상하던 오스만튀르크에 의해 피살된 후 보헤미아와 헝가리 두 왕국까지 물려받았으나 1529년 빈을 포위한 오스만튀르크군을 겨우 물리치고 1531년에야 '독일왕'에 올랐고 헝가리는 북서부만을 지배했을 뿐이며, 1556년 카를 5세로부터 신성로마제국 황제 자리를 물려받지만 종교다툼에는 간섭할 수 없었다. 그가 죽고 합스부르크왕가 상속싸움이 벌어지고, 신교도가 독일인의 90퍼센트를 이루는 판에 가톨릭 제후들이 1617년 페르디난트 2세를 보헤미아 왕(신성로마제국 황제 재위, 1619~1637)으로 선출하고 반종교개혁을 추진하며 신교도를 극심하게 탄압하자 이듬해 최대의, 가장 끔찍한 종교전쟁, 즉 30년전쟁(1618~1648)이 벌어진다. 우선 보헤미아 신교 귀족들이 반란을 일으키고, 반종교개혁은 성장하는 농민계급을 억누르고 자본주의 싹을 없애려는 반봉건정책이기도 했으므로 이 반란이 자본주의 성립을 둘러싼 열강의 최초 국제전쟁으로 비화, 결국 독일을 희생양으로 삼게 되는데, 30년전쟁을 종결시킨 베스트팔렌조약은 황제 권력을 빼앗고 영방주권을 세분화하는 식으로 제국을 분열시키고 도시와 농촌 양쪽의 후진성 혹은 황폐화를 야기, 중세 말 이래 곡물 수출에 기대던 동부 독일은 열강 자본 진출에 직면하여 모노컬처형 경제 종속을 강요당하고, 자기 경영 귀족 영주들은 중앙아메리카 금은 수입에 따른 가격혁명으로 곡물 가격이 폭등한 것을 틈타 농민을 압박하고 부역을 강화하고 특히 영주직영지를 확대하며, 동쪽 대제후들은 귀족영주에게 공권력 대부분을 맡기고 동쪽으로 영토를 확장, 도시를 희생시키면서 영주-농노제 확립을 꾀하게 된다. 농노제를 확립한 군주들의 도움으로 오스트리아 황제에 오른 레오폴트 1세(1658~1705)는 영국과 결탁, 프랑스 루이 14세 침략을 막고 1683년 빈을 포위한 오스만튀르크군을 물리친 후 헝가리 전체를 확보하며 이 합스부르크-도나우제국의 중심으로 빈이 떠올랐다. 1700년 스페인 왕 카를로스 2세 사망 후 벌어진 스페인계승전쟁(1701~1714년)에서 레오폴트 1세의 차남 카를이 계승권을 요구, 카를 6세로 스페인 황제에 오르자 서유럽 열강이 1713년 위트레흐트조약을 체결, 스페인 왕위를 합스부르크가에서 프랑스 부르봉가로 넘기고, 네덜란드와 옛 스페인령 이탈리아를 합쳐 최대 영토를 거느리게 된 카를 6세가 같은 해 국사조서를 제정, 광대한 영토의 영구 분할 금지와 장자 상속을 꾀하지만 위트레흐트체제는 합스부르크왕가와 부르봉왕가의 대립은 물론 영국의 비상과 프로이센 및 러시아의 등장을 결과시켰고, 정작 카를 6세에게 장자가 없어 장녀 마리아 테레지아(1740~1780)에게 왕권을 계승시키면서 카를 6세는 국내-국제적으로 많은 양보를 거듭, 오스트리아계승전쟁(1740~1748년)으로 프로이센에게 슐레지엔을 빼앗기게 된다.

영국과 프랑스, 근대에 이르는 두 가지 길

백년전쟁은 프랑스와 영국 두 나라가 국민국가를 이루는 기본 틀을 제공하였다. 프랑스는 샤를 7세가 샤를 5세 업적을 이어받아 관료제를 정비하고 재정을 개혁, 특히 소금 및 여러 물품 전매세 및 소비세를 제정했으며, 예비군을 창설하고(1439~1445년 기사군단 및 1449년 국민군), 부유한 상층시민과 상업자본가를 중용, 재정을 늘리면서 교회 및 세속의 봉건귀족들을 억누르고, 루이 11세(1423~1483)는 앙주, 프로방스, 부르고뉴, 브르타뉴 등 왕실 친족 영지를 왕령으로 합병함으로써 프랑스 국토를 통일, 절대왕정의 길을 정비했다. 정치적으로 유력 제후의 자립성이 높아져 중앙집권을 이루지 못했으나 경제적으로는 지대금납화(화폐로 지대 납부)를 통한 농민층의 상승 및 자립, 그리고 하급영주의 몰락 및 신흥상인화가 이뤄지면서 영주 권위가 떨어지고 16세기 르네상스, 16세기 중반 종교개혁운동, 특히 칼뱅주의가 도시와 농촌 수공업자 및 농민의 심성과, 왕권 보좌 '가톨릭=대귀족' 한테 불만을 품은 하급귀족의 심성까지 파고들기 시작, 부르봉가 출신 앙리 드 나바르(훗날 앙리 4세)가 위그노(프랑스 칼뱅파 신교도) 세력을 업고 '가톨릭=대귀족' 세력에 맞서게 된다. 발루아왕조는 양파의 균형 위에 왕권을 강화하려는 정책을 꾀하지만 1559년 프랑수아 2세의 외척 기즈 가문이 가톨릭 세력을 확대하면서 균형이 깨지고, 1562년 기즈 공작 쪽의 신교도학살(바시의 학살)을 계기로 1562~1598년 여덟 차례에 걸쳐 위그노전쟁이 벌어지면서 발루아왕조는 정국 주도권을 잃는다. 위그노전쟁은 전국적인 종교전쟁이라기보다 귀족들의 정치전쟁이었던 면이 더 크다. 1572년 양파 화해를 위한 앙리 드 나바르와 샤를 9세(1550~1574)의 누이동생 마르그리트의 결혼이 추진되지만 결혼식 날 오히려 구교세력이 신교세력 학살을 개시(바르톨로뮤 성일 학살), 전국에서 신교도 약 8천 명이 살해되고, 그후 신교도가 저항운동을 누그러뜨리지 않는 가운데 구교도가 분열, 1576년 과격파는 기즈 일당 중심이 구교동맹을 결성하고, 고등법원 관료와 대상인 중심의 온건파는 신앙상 대립보다 왕국통일을 중시, 결국 1585년 시작된 3파전('3앙리전쟁')에서 ('앙리' 드) 기즈 및 '앙리' 3세가 사망하고 1589년 '앙리' 드 나바르가 앙리 4세(1563~1610)로 즉위하니, 부르봉왕조(1589~1792, 1814~1830년)의 시작이다. 국내 분열 중 즉위하여 곧바로 외국, 특히 스페인과 교황청 간섭에 직면하게 되자 앙리 4세는

1593년 아예 가톨릭으로 개종하고, 그렇게 폴리틱파의 지지를 얻어 이듬해 2월 파리로 입성하고 1598년 낭트칙령을 공포, 신앙의 자유를 보장하고 내란 종식 및 프랑스 통일을 이룩한 후 삼부회를 소집하지 않고 권력집중과 경제안정에 힘써 부르봉 왕조 절대왕정의 토대를 탄탄하게 다졌고, 1610년 암살되지만, 앙리 4세를 이은 루이 13세(1610~1643)는 리슐리외를 재상으로 등용, 국내 통일을 방해하는 위그노를 억압하고 농민봉기를 진압하는 한편 각지에 지방장관을 두어 중앙집권을 강화하고 대외적으로는 네덜란드 상인세력에 맞서는 중상주의 정책을 추구, 절대왕정을 더욱 확고히 했다. 프랑스 절대왕정은 루이 14세(1643~1715) 때 유럽의 절정에 달한다. 부르봉왕조기는 절대왕정기며, 프랑스혁명 전까지 앙시앵레짐('구제도') 시대를 이루었다.

여왕 엘리자베스 1세(1558~1603)는 헨리 8세와 앤 불린의 딸. 그녀가 잉글랜드의 황금시대를 구축하게 된다. 국무장관 세실을 중심으로 추밀원을 복원하고, 국왕지상법과 예배통일법을 반포, 영국국교회를 확립했으며, 모범상인조합과 특권상사를 보호했고, 1600년 '동인도회사'를 인가하였다. 국내 모직물 공업 발전에도 관심을 가졌으며, 구빈법을 제정, 빈민 구제와 취업 알선에 힘썼다. 1587년 엘리자베스 1세는 스코틀랜드 여왕 메리 스튜어트를 처형하는데, 자신에게 후계자가 없으므로 그녀가 왕위를 계승할 것으로 생각한 가톨릭 진영의 음모가 도처에서 일어났기 때문이다. 엘리자베스는 롤리와 드레이크 등의 해상활동을 보호, 신대륙 식민지화의 기선을 잡았으며 1588년 에스파냐의 '무적함대'를 격파, 잉글랜드의 해양 진출로를 활짝 열어젖혔다. 엘리자베스 시대는 무엇보다 문화의 시대였다. 온갖 장르의 예술이 만개했으며, 특히 셰익스피어와 말로 등이 활동한 '시=연극' 분야에서 엘리자베스 시대는 세계 최고 수준을 이룩했고, 이 수준은 지금까지 극복된 적이 없다. 엘리자베스 1세는 바다와 남성을 지배한, 남자보다 강한 여자였지만, 셰익스피어는 성(性) 자체를 극복한, 위대한 예술가였다. 청교도들이 엘리자베스 시대 말년 여왕의 독재정책을 강하게 비판하기 시작하고 1603년 여왕 사망 이후 스코틀랜드 왕 제임스 6세(1567~1625)가 혈연 서열에 따라 잉글랜드 왕을 겸하면서 제임스 1세가 되어 스튜어트왕조를 열고, 두

나라는 동군(同君)연합 관계로 들어섰다. 스코틀랜드에서 자라 잉글랜드 실상을 이해 못 했던 제임스 1세는 종교정책에서 국교도를 지지하면서도 정치면에서는 잉글랜드 국법(코먼로, 보통법) 전통에 반하는 왕권신수설을 바탕으로 전제정치를 시도, 의회와 국민의 반감을 사고, 신교도의 북아일랜드 이주로 아일랜드 문제의 단초가 생겨나지만, 이 무렵 청교도들이 북아메리카에 이주하면서 미국역사의 발단이 되기도 한다. 왕과 의회 사이 적대는 찰스 1세(1625~1649) 때 더욱 심화한다. 1628년 의회가 '권리청원'을 내자 왕은 이듬해 의회를 해산한 후 11년 동안 의회를 소집하지 않고 선박세 등 여러 세금을 불법으로 징수하다가 장로주의를 국교로 하는 스코틀랜드에도 영국 국교를 강요, 스코틀랜드인의 반란을 초래했고, 의회를 소집하지 않을 수 없었고, 소집된 의회와 왕권의 대립이 마침내 폭발, 청교도 혁명으로 발전한다. 처음에는 국왕군이 우세하였으나 차츰 의회군이 전세를 장악, 찰스 1세를 사로잡고, 의회파가 독립파와 장로파로 갈리고 군대와 의회 사이 대립까지 빚어지더니 결국 올리버 크롬웰이 이끄는 독립파가 권력을 독점, 1649년 왕을 처형한 후 공화제를 선포하였다. '마그나카르타' 이후 관습으로 지켜져오던 '의회 승인 없는 과세 불가 및 이유 없는 구류 불가' 원칙을 로마법적인 힘의 원리에 따라 무시하려는 왕권이 의회파를 격분시켰고 결국 산업자본가와 근대적 지주를 기반으로 한 청교도혁명을 불렀고, 절대왕권 출현을 저지하는 데 성공한 이 혁명을 바탕으로 군사 독재 권력을 휘두른다. 크롬웰은 아일랜드 원정에서 무차별 학살을 감행했고, 네덜란드 해상권에 도전하고(제1차 영국-네덜란드 전쟁) 스페인과 전쟁을 벌여 자메이카를 점령하는 등 대외적인 국위를 신장했으나 국내에서는 군정관제도를 실시하고 청교도적 규율을 강요, 튜더왕조 이래 무급 치안판사로서 지방행정을 맡고 하원의원으로서 지방과 중앙 연결역을 맡으며 지방사회 실권을 휘어잡고 있던 중소지주층 중심 젠트리의 불만을 샀고, 1658년 크롬웰이 죽자 영국 국민이 망명중이던 찰스 1세 아들을 찰스 2세(1660~1885)로 맞아들이는 '왕정복고'가 이뤄지며, 그를 따라 복귀한 국왕파가 많이 복귀, 청교도 근절을 꾀하기에 이른다. 찰스 2세는 1670년 재정 원조를 조건으로 프랑스 왕 루이 14세와 도버밀약을 체결, 영국에 가톨릭을 부활시킬 것을 약속하고, 1672년 신앙자유선언을 발표, 가톨릭교도 보호에 나서는 한편, 프랑스 편에 붙어 네덜란드와 다시 전쟁을 개시(3차 영국-네덜란드 전쟁)하는데, 당시 영국은 가톨릭이 단순한 종교가 아니라 프랑스 및 스페인 등과 연결된 침략 위험을 뜻하던 상황이라 이런 통치행위는 의회와 국민의 경계심을 크게 자극, 1673년 모든 공직자가 국교도여야 한다는 내용의 '심사령'을 의회가 결의하는 결과를 낳았고, 함께 제안된 가톨릭교도인 왕의 동생 요크공 제임스를 왕위계승권에서 제외하는 법안을 둘러싸고 의회가 휘그당(찬성파)과 토리당(찬성파)으로 갈라져 근대적 정당의 기원을 이루지만 정치윤리가 아주 낮았으므로 아직은 이해타산에 기초한 '집단'에 더 가까운 상태였다.

영국은 자본주의 발전이 가장 앞섰으나 '서정시의 나라'였기에, 단테 『신곡』이 뜻하는 서사시의 '완성=죽음' 이후 오히려 세계 고전에 달하는 서사시 두 편, 스펜서 『요정 여왕』(1609)과 밀튼 『실낙원』(1667)을 출산하지만 더 중요한 것은 둘 사이 '서정과 서사의 변증법'으로서 셰익스피어의, 세계문학사상 가장 위대한 연극(시극)작품들이며, 『실낙원』 이후 영국 서정시는 복잡화와 대폭발을 구가하게 된다.

라블레 『가르강튀아와 팡타그뤼엘』, 사회를 능가하는 풍자

몽테뉴 에세이 탄생 전에 프랑스 르네상스 장편산문 이야기문학의 최대걸작 라블레 『팡타그뤼엘의 아버지 거인 가르강튀아의 엄청난 생애』(1534)가 발표된다. 멍청하고, 마음씨 착하며 몸집이 거대한 왕 가르강튀아와 팡타그뤼엘 부자의 기원, 탄생, 의복 착용, 교육, 그리고 모험으로 이어지는 줄거리는 중세적이고(두 이름 모두 중세에 거인 명칭으로 즐겨 사용되었다), 다른 한편, 세르반테스보다 먼저 중세 로망스를 풍자하지만 더 중요한 것은 줄거리 도처에 넘쳐나는 지문들이 르네상스 정신 그 자체를 형상화하고, 형상화한 왕성한 식욕과 에너지, 지적 호기심과 고전에 대한 학식, 육체와 정신이 온전한 총체인간의 이상, 예술, 자유,

쾌락에 대한 사랑, 문학적, 과학적 및 정치적 현안에 대한 뜨거운 관심 등 '르네상스적' 특징들이, 급기야 줄거리의 육체를 대체해버린다는 점이다. 의학에서 음악, 건축에서 천문학에, 인체 기능에서 항해에 이르는 온갖 학문 경지들이 펼쳐지는 이 대목이야말로 몽테뉴 에세이문학을 탄생시킨 가장 긴박한, 그리고 근본적인 원동력이었을 것이다. 아니, 라블레와 몽테뉴의 변증법이 프랑스 르네상스 문학을 거대하게 포괄한다. 라블레는 르네상스 자체를 형상화했고 몽테뉴 에세이는 르네상스의 문학적 반영-응축이었다. 라블레는 성직자-작가였고 몽테뉴는 샤를 9세의 궁정신하였다. 이 대비도 상당 기간 프랑스문학을 특징지을 것이다. 『팡타그뤼엘의 아버지 거인 가르강튀아의 엄청난 생애』 첫 권 주제는 세 가지다. 하나는 가정교사 포노크라테스를 통한 가르강튀아의 새로운 학문 입문. 중세 교육과 르네상스 교육이 대비된다. 또하나는 그랑구지에와 피크로숄의 전쟁으로, 사소한 일 때문에 사람들이 전쟁을 벌이고 화약을 사용하고 끔찍한 결과를 낳는 과정을 통해 전쟁을 풍자하는데, 휘황찬란한 반어법을 구사하고 심각한 내용을 우스꽝스럽게 희화-형상화한다. 마지막 주제는 종교 수행의 이상향이다. 텔레메수도원은 남녀 모두에 개방되고 규칙이 없고, 아무 때나 들어오고 아무 때나 나갈 수 있다. '내 멋대로 해라'가 모토인 이 수도원에서 펼쳐지는 활동들은 중세 절대주의에 반대하는 르네상스 최고 사상의 요체라 할 만하다. 1권보다 먼저 씌어진 2권도 같은 기조다. 팡타그뤼에('목마르다')는 상대방을 술이 아닌 호기심, 인체의 위엄과 쾌락, 일하고 공부하는 능력, 역경이 있어도 삶은 기쁜 것이라는 깨달음으로 취하게 한다. 팡타그뤼엘이 파리에서 만나 평생 동안 벗 삼게 되는 재치 있는 깡패 악한 팡우르그는 천성이 약간 음탕하지만 '멋쟁이'다. 1, 2권 모두 매우 독창적인 인물들이 등장, 저작의 자유와 정부, 그리고 교육 등 휴머니즘 이상을 설파하고 증거한다. 인간은 천성적으로 선하다. 라블레는 그렇게 믿었다. 3권 전체는 여성 문제에 할애된다. 주인공 팡우르그는 계속 귀가 가렵고, 그건 결혼을 해야 한다는 뜻이고, 결혼을 해야 할 것인가. 마누라가 바람을 피우면 어쩌나, 그런 팡우르그의 고민을 풀어주기 위해 온갖 학문, 풍자, 과학, 천박한 농담, 우화시 등이 동원되는데, 꽤나 외설적이지만 인간성을 비천하게 만드는 외설이 아니고, 삶을 솔직하게, 온전하게, 또 즐겁게 받아들이는 일환이다. 미래 예언 능력을 가진 척하는 사이비 예언자와 점성술사들도 호되게 풍자된다. 4권에서는 팡타그뤼엘, 팡우르그, 그리고 수도사 존이 북서쪽으로 여행, 인도로 간다. 여자 문제에 대한 해답을 '성스러운 병' 의 신탁으로 듣기 위해서였다. 여행 도중 그들이 통과하는 이상한 나라들은 스위프트 『걸리버 여행기』의 효시라고 할 만하다. 마지막, 다섯째 권에서 '성스러운 병' 은 팡우르그의 질문에 알쏭달쏭 'trink' 라 답하지만 수도사 존은 'drink' (술 마셔라)' 로 해석한다. 탁월한 대화기법, 반어적 유머, 수사학, 사실주의 기법과 진보 사상이 숱한 고전과 당대 문헌들을 거대하게 동원하면서 그 자체 거대한 문학적 총체를 구성, '이야기를 극복한 이야기' 의 육성(肉性)을 발한다. 라블레는 수백 가지 책과 게임, 물고기, 포도주, 저명작가, 음악가, 요리, 속담, 별명, 식물, 동물, 뱀 이름을 동원하고, 철학자 디오게네스가 누추한 거처를 옮기는 동작을 무려 61개 동사로 묘사하며, 6백여 단어를 새로 창조했고, 라블레는 자신의 '즐거운 글들' 이 기쁨을 주고 '가르강튀아적' 폭소가 늘 새로운 기쁨과 새로운 위안으로 작용하기를 희망했다. 팡우르그가 말한다. 오 행복한 세상. 행복하고, 세 겹. 네 겹으로 행복한 사람들이 사는 행복한 세상! 삶의 기쁨이 전화한 문학-글쓰기의 기쁨 혹은 거꾸로. 그것이 『가르강튀아와 팡타그뤼엘』이 펼치는 새로운 이야기-경지다. 가장 난폭하고, 가장 유쾌하며, 가장 현세적인, 가장 살냄새 진동하는. 툭하면 술꾼을 예찬하므로 라블레는 종종 '아는 것 많은 익살광대' 쯤으로 치부되고 볼테르 같은 지성조차 그를 '술 취한 철학자' 로, 그의 작품을 '박학의 낭비, 시련과 지겨움의 낭비' 라고 매도했지만 라블레는 자신을 소크라테스로 비유한다. 겉모습은 울퉁불퉁하지만 속은 예지로 가득 찬. 독일 작가 브란트의 풍자시 「바보들의 배」(1494)는, 바보들의 천국을 찾아가는 백 명의 '바보' 들에 대한 가차 없고 따끔한, 그리고 압도적인 풍자로 하여 『가르강튀아와 팡타그뤼엘』의 선구라 할 만하다.

셰익스피어, 연극 '만능=고전'의 기둥

16세기 중엽 시작되는 스페인 연극 황금기는 '연극의 시대'를 예감케 했지만 그 예감을 응집-실현, 당대 정신을 대표할 뿐 아니라 새롭고 미래 지향적인 연극 예술의 지평을 열어젖힌 예술가는 '무대언어'의 마술사, 셰익스피어다. 그는 극작가-시인이고 무엇보다 배우였고, 덧붙여 극단 운영자였다. 스페인 무적함대를 격파하고 대서양의 새로운 주인으로 부상한 영국 엘리자베스여왕 치하. 스페인은 근대소설의 원조 세르반테스를 낳고, 세르반테스는 셰익스피어와 사망 연월일이 같지만, 셰익스피어가 극작-연기하던 공간은 자본주의 혁명이 진행되던 시기 사회 전 계층을 포괄하는, 가장 열린 '무대=공간'이었다. 그리고 그 열림은 고도의 예술 변증법을 강제, 스펙터클 행렬이 무대 뒤쪽에서 화려장대하게 치러지는 반면, 개인의 독백은 오히려 장돌뱅이들이 바닥에 진을 친 마당 무대를 가로지르며 길을 내므로, 고도의 집중을 요하는 문학적 대사와, 연극 미학에 무지몽매한 자를 압도하는 연기력을 요하게 되고, 그런 무대 경험은 셰익스피어 희곡의 가장 시적인 대사를 곧장 가장 무대적인 언어로 절묘하게 제련, 압축적이면서도, 대사의 억양과 분위기와 흐름이 등장인물의 성격과 동작을 품거나 뿜어내거나 형상화하므로, 등퇴장 말고는 별 지문을 요하지 않는 경지에 달하고, 작품 전체는 연극 미학 자체로 현실을 반영-전유함은 물론 새로운 세상을 감지하고 예감하고 형상화하는 데 달한다. 셰익스피어가 역사상 가장 위대한 (연극)예술가로 평가되는 이유다. 물론 이 모든 것이 한꺼번에 이루어지지는 않았다. 1584년 촉망받는 작가로 부상한 그는 16세기 말까지 주로 희극과 사극 들, 그리고 초기 비극 『로미오와 줄리엣』을 쓰지만 기존 연극 관습과 기재를 활용하고 있다. 다만 성격 묘사가 남달리 생생하고 (근대적) 영어 사용이 전례 없이 풍부하고 독창적이다. 하지만 이 작품들만으로는 모종의 예고라고 할 수 없다. 새로운 세기를 맞으며 셰익스피어는 『햄릿』(1600~1601), 『오셀로』(1604~1605), 『리어왕』(1605~1606), 그리고 『맥베스』(1605~1606) 등 비극을 속속 집필하는데 이 작품들은 서양예술 전체의 한 절정인 동시에 심오한 보편이다. 주인공의 '치명적' 결함이 주인공과 주변의 파멸을 야기하는 줄거리 구조는 그리스 고전비극과 유사하지만, 고대 그리스에서 영국 엘리자베스여왕 치세에 이르는 역사 전체가 연극 미학의 인간적 깊이로 전화, 인간 심리의 내면이 심오하게 또 역동적으로 드러나고 그것이 다시 줄거리를 연극 미학적으로 심화하고 심리를 '연극=줄거리' 화하고, 역동이 스스로 흔들리고 흔들림이 영원한 '연극=미학적 진리와 맞닿는 창으로 된다. 『햄릿』은 '삶=난해' 가 주제다.

왕비-어머니는 약한 여자다. 그녀는 시동생의 광포한 유혹을 뿌리치지 못하고, 동생이 형수를 취한다. 예민한 왕자-아들 햄릿은 그런 사태에 연민과 악취를 동시에 느끼고, 아버지 유령과 암살의 진실은 예민함을 더 예민하게 한다. 삽시간에 세상은 난해하다. 햄릿에게는 그점이 가장 중요하고, 그의 예민한 정신이 삶의 난해를 감당하는 쪽으로 온통 기울어 있으므로 사실 그는 복수를 주저하는 게 아니라, 복수를 통해 옛날을 복원하려는 탈(脫)난해의 유혹을 견디고 있다. 그에게 유령은 난해한 진실의 신비화고, 복수는 난해를 정치적으로, 그렇게 대중적으로 범주화 혹은 도식화하는 일이다. 어느 쪽도 진정한 해결(방식)이 아니므로 햄릿은 난해를 난해 그 자체로 받아들이고 고통으로 감내한다. 햄릿이 현대인의 전형이자 신의 어린 양으로, 또 진정한 예술가로, 진정 미래지향적인 인간으로 되는 대목이다. 난해한 진리 혹은 난해의 진리는 오로지 예술의, 열린 고통의 몸으로써만 (이해가 아니라) 포괄될 수 있다. '이해의 창' 마임 공연을 통한 사실 확인. 햄릿에게는 그것이 난해를 포괄하는 유일한 길이다. 그 속에서 '이해의 창' 몇 개가 세계의 본질 속으로 열리고, 난해한 것이 난해한 채로 투명해진다. 『햄릿』의 마임 '극중극' 은 격변기를 맞은 위대한 예술가의 위대한 예술 옹호 선언이다. 예술가는 시대 변화에 정치적으로 보수 입장을 취할 수도 있고 진보 입장을 취할 수도 있으나 정말 중요한 것은 예술의 예술적 내용이다. 햄릿은 자신의 이해력 부족을 탓할 뿐 갈수록 심화되는 현실을 탓하지 않는다. 인간 존재에 대한 이해의 깊이를 심화하면서 심화가 훨씬 더 많은 난해를 낳는다는 점 또한 고통으로 받아들이므로 그는 격변기 대중의 전형이고 그러한 고통의 방식으로써 영원히 당대적이다. 『오셀로』는 다시, '성=난해' 다.

거짓된 외양에 혹하여 이성을 감정의 통제에 내맡기는 구도는 셰익스피어 희곡 대부분의 주제지만 오셀로가 이르는 비극적 결말은 매우 불편하고 오셀로와 데스데모나의 관계는 왜곡된 서정의 극치를 이루지만 흑백미추(黑白美醜) 콤플렉스를 구현하는 오셀로보다 더 복잡한 것은 이아고의 심리다. '인물' 이아고의 형상화를 통해 오셀로는 일상적 사랑에 묻은 의심과 살기, 그것이 저지르는 사랑의 '마음의 지옥' 을 절체절명으로 드러내며 영원히 현대적인 차원에 달한다. 사실 이아고는 오셀로의, 그리고 우리 모두의 분신이다. 『리어왕』은 늙어서 불행한 세대다.

리어왕은 백성을 사랑하고 딸과 사위와 신하들의 말을 곧이곧대로 믿는다. 그가 자신의 '가치' 에 대해 갖는 자부심은 대단하다. 한마디로, 그는 착하고 늙은 왕이었다. 그러나 그것이 불행의 단초가 된다. 그는, 무엇보다, 자신이 늙고 쓸모없다는 점을 모르는, 어리석은 왕이었다. 그리고 세상은, 셰익스피어의 다른 작품에서와 마찬가지로, 격변기였다. 돈이 많고 사람이 어리석고 그랬으므로 딸 셋(그리고 사위 셋)은 분명 화근일 수 있는 시대였다. 죽기 직전에야 비로소 그는 자기를 불행하게 하는 것이 딱히 가족만은 아니라는 것을 느낀다. 그는 딸에서 사위로 이어지는 지어미 살상(殺傷)의 경로를 몰랐다. 신하의 차원에서 적서(適庶)로 갈라지는 골육상쟁의 경로를 그는 알 수가 없었다. 그가 열 수 있는 것은 대책 없고 완고한 착함이 당하는 고통의 길뿐이었다. 햄릿이 난해를 받아들임으로써 고통받는다면 그는 받아들이기를 거부함으로써 고통받는다. 은혜를 입은 자가 뒤통수를 치고, 그는 길길이 뛴다. 이런 배은망덕한 놈들 같으니. 그러나 그의 은혜가 없었다면 비극도 없었다. 그의 은혜는 과도기 은혜다. 역사는 그의 은혜를 입지만 그는, 그의 마지막 예상조차 빗나간다. 더 교활한 배반, 훨씬 더 복잡한 이해집산이 이어지고 교차되는 와중에 찬란하고 튼튼하고 완강한 미래가 탄생한다. 그는 여러 단계의 광증과 깨달음에 달하지만, 그점을 끝내 인정할 수 없었다. 맥베스는 '누추=정치' 의 '예술=유언' 이다. 소재는 운명의 정치학을 다루고, 미학은 정치의 운명을 반영한다.

예언은 맞았는가, 안 맞았는가? 둘 다 아니다. '예언=운명' 은 실천되었다. 그게 정치의 비극적인 운명이다. '예언=운명' 의 굴레 속에 맥베스의 정치적 음모, '정치=음모' 는 누추하고 피비리다. 역사적으로 정치는 음모의 틀을 벗지 못했고 '정치=음모' 는 누추하고 피비린 틀을 벗지 못했다. (레닌의) 혁명도 혹시 그랬던 것 아닐까, 그렇게 질문 혹은 자문하는 시대에 우리는 살고 있다. '맥베스' 는 그렇게 정확히 셰익스피어 시대 인간이면서 '정치=보편' 적 인간이다. 피비린 남루가 찬란한 현실로 전화하는 과정이 진정 아름다울 때까지. 그렇게 '정치=야만' 이 극복될 때까지. 맥베스는 (에스킬로스-소포클레스) 연극의 기원이, 곧장 정치화하는 현장을 보고 있다. 이제 '만년작' 의 시대가 온다. 『폭풍우』가 이렇다.

참회와 용서를 매개로 갈등이, 인생과의 심오한 화해를 통해 비극이 해결된다, 아니 심오한 웃음의 철학으로 다스려진다. 더 중요한 것은 미학적 측면. 『겨울 이야기』와 『폭풍우』는 비극의 미학 자체를 너그러운 희극 세계의 틀로 삼는다. 특히 『폭풍우』는 연극예술가가 세상을 떠나며 남기는 연극예술의, 희망의 유언이다. 에어리엘은 창조적인 형상화 능력을 상징하고 인생은 꿈일지 모르고, 그러나 꿈은 예술의 상상력을 매개로 더 현실적이고 인생의 현실은 꿈을 낳으므로 더욱 가치가 있다. 셰익스피어는 그렇게 마지막 위로와 감사의 말을 무대에 보내고 있다. 『폭풍우』는 이후 숱한 예술장르 만년작, '아름다움의 나이로서 예술' 의 전범으로 작용하고 20세기 희극정신에 곧장 이어진다. 프로스페로가 돌아간다. 우리도 돌아간다. 위대한 셰익스피어 비극의 처음으로. 『로미오와 줄리엣』은 비극의 시작인 동시에 끝이고 그렇게 '죽음=사랑' 이 중세적 공포를 벗고 전율의 아름다움을 입는다. 그리고 영원히 젊다. 『로미오와 줄리엣』은 프로스페로를 매개로 더욱 신세대고 사랑 자체며 미래 자체다. 죽음과 아무렇지도 않게 친근한, '동시에' 아름답고 참신한 사랑의 관계. 그것은 또하나의 관계인 '동시에' 관계의 또다른 겹이고, 현재 모든 것의 역사적 밑바탕인 '동시에' 현재 곳곳에 숭숭 뚫린 미래의 창이다. 이 모든 것은 '햄릿-리어왕-오셀로-맥베스' 고통의 전형성 없이는 불가능하다. 그리고 거꾸로, 그런 순환 속에서 모든 작품들이 각각 역사적이고 영원하다. 이러한 존재방식이야말로 가상현실을 극복하는 예술현실 자체다. 셰익스피어 희곡문학은 영어 '표현이 탄생하는 과정' 을 숱하게 담고 있으며, '자연의 비유' 에서 '인간의 비유' 로 넘어가는 대목이 흥미진진하고, 인간 사회의 온갖 신분, 온갖 직업 및 분야의 현상, 상승 및 타락, 그리고 해체 과정이 당대적으로 생생한 동시에, 근대를 둘러쓰는 중세풍 '이전' 과 현대풍 '이후', 일상성과 비극적 숭고, 그리고 희극성이 교묘하게 살을 섞는다. 특히 『햄릿』에서 빈번하게 '지구' 는 셰익스피어 극이 공연되던 글로브('지구')극장 자체를 가리킨다. 그렇게 극장은 세계다.

스페인 연극 최초의 주요 극작가이자 실질적인 창시자 베가는 셰익스피어의 일 년 연상으로, 무려 1,800편의 희극과 종교극 4백 편을 썼고, 17세기 벽두에 태어난 칼데론은 스페인 연극을 최고 수준으로 끌어올렸다. 17세기 콤바가 재건축한 마드리드, 프린키페극장은 엘리자베스여왕 시기 극장 '안뜰' 관람석과 놀랄 정도로 닮았다. 1644년, 유별나게, 스페인 마드리드시 광장에 특수한 무대가 설치되었는데, 당시 발표된 자동장치극 무대 계획서는 전면에 2층의 관리용 관람대를 마련할 것, 네 개 작품 각각이 공연될 때 마차 두 대를 뒤에 대놓을 것 등을 지시하고 있다. 당시 성체축일 연극용 마차들은 육중한 2층 유화 캔버스 구조물을 싣고 다녔으며, 장식과 장치는 마차 별로 매우 기발하고 다양했다. 성체축일 행렬 중 숱한 거리연극이 공연되었다. 거대한 타라스카(회교도 용신)에 올라탄 기계인형들의 간단한 동작을 그 안에 들어 있는 사람이 조작한다. 1653년 스페인 왕정에서는 왕과 궁정신하들이 무대에 자리를 잡았을 정도로 희극작품들이 아주 간편하게 연출-공연되었다. 벨라스케즈 〈브레다의 항복〉은 칼데론 〈브레다 공략〉 중 한 장면에서 영감을 받은 것이다. 역전의 용사 돈 페르난도는 주르바란(1598~1662) 〈카디즈 방어작전〉에서 통풍으로 발을 절지만 매일 직접 작전 지휘를 고집하는 인물인데, 몬탈반(1602~1638) 자동장치극 〈카디즈 구출〉 전투 중 '신념' 을 돕는 '이해' 는 그를 알레고리화한 것이다. 1680년대 스페인 궁정극장 무대는 그 당시부터 활발하게 활동한 스페인 바로크 건축가들의 영향을 보여준다. 칼데론 작품 공연을 위한 무대 디자인을 보면, 1690년대 이탈리아 양식의 익벽과 배경막이 있고, 배경에 보이는 배는 곧 좌초할 참이다. 앞부분에 큐피드, 에올로스, 바다요정 합창대, 그리고 넵튠과 마르스가 있다. 페르난데즈

제단화 〈세비야의 성처녀〉(1535)는 신세계 항해의 성공을 기원한다. 세비야는 당시 스페인 신세계 교역을 독점했으며, 콜럼버스도 여기서 원정대를 조직했다. 1623년 웨일스공(훗날 영국 왕 찰스 1세)을 맞아 스페인 마드리드에서는 왕가 자손을 환영하는 오래된 전통 행렬이 펼쳐졌다. 1735년 작성된 스페인 극장 기초안은 150년 전과 거의 같다. 스페인 연극사상 가장 웃기는 광대는 '후안라나(개구리)' 라는 별명의 페레즈. 극장과 궁정 양쪽에서 인기를 누렸고, 특별히 그를 위해 희극 막간극이 여러 편 씌어졌다. 벨라스케즈가 그린 '파블로스' 는 필립 4세 궁정광대 중 한 명이었다.

힐리어드는 엘리자베스 시대에 '그림 묘사' 정도로만 알려졌던 초상화 장르의 예술성을 높은 수준으로 끌어올렸고 궁정화가로서 엘리자베스여왕의 초상화를 많이 그렸다. 류트를 들고 있는 그녀 초상화는 특히 유명하다.

연극, 비극과 희극을 능가하는 양자 사이

무대, 생애의 공간화
희곡, 인생의 무대화
연기, 예술현실의 현실화
연출, 현실의 예술화

장터의 배우들과 플랫폼 무대는 유럽 떠돌이 극단들의 보편적인 모습이었다. 엘리자베스여왕 시기 극장문화 중심지는 물론 런던이었다. 셰익스피어가 속했던 킹스맨('왕의 하인들')극단은 몇 년 동안 겨울마다 배우 버비지의 제2블랙프라이어즈('검은 수사들')극장에 머물며 공연했다. 인공 광원을 사용한 증거는 없다. 셰익스피어가 사망하던 1616년 제작된 사우스워크(일명 '뱅크사이드') 전경 판화는 글로브극장을 또렷이 표시하고, 1989년 발굴된 로즈극장 및 글로브극장 초석은 상당 수준으로 사실을 보충해주었다. 로즈극장 마당 콘크리트 철탑 버팀대 두 개는 현대에 지은 것이고, 무대 골격 두 개 중 하부는 1587년 건축, 상부는 1592년 (극장으로) 확장된 것이다. 무대는 학자들이 예상한 만큼 깊지는 않았고, 폭이 점점 좁아지는 형태였다. 찰스 1세 왕궁을 대표하는 두 예술가는 존스와 반 다이크였다. 반 다이크의 존스 소묘는 건축가의 어마어마한 지적 능력이 일순 화가의 눈에 포착되어, 장려한 효과에 달한 결과다. 존스는 뛰어난 의상 디자이너로서 〈여왕들의 가면극〉(1609), 〈오베론, 요정의 왕〉(1611) 등에서 걸작 의상을 남겼다. 〈암흑의 가면극〉(1605) 중 '밤의 딸'을 위한 존스 의상 디자인은 동양적인 사치를 한껏 부리고 있다. 존스의 비극 무대는, 사용된 적은 없지만, 팔라디오풍 아치와 무대장치를 결합할 수 있는 개인 극장용 디자인이었을 것이다. 미들턴 『체스 게임』(1624) 1625년판 표지를 보면 글로브극장 무대가 검은 집과 하얀 집을 아주 세심하게 구분했고, 두 집 명칭을 박스 처리한 것은 무대등장문을 사용했고, 검은 편이 왼쪽에서 등장했다는 암시다. 체스판 탁자를 실제로 연극에서 사용했다는 암시는 없지만 아래쪽 배불뚝이 주교 데 도미니스, 흑기사 곤도마, 백기사 찰스공 의상은 실제 무대의상과 거의 일치한다. 1788년 영국 지방 가설무대 공연 〈맥베스〉 1장을 묘사한 라이트 동판화를 보면 런던 바깥의 '연극' 공연 관행을 조롱하려는 의도가 명백하지만 장면 전체를 관류하는 에너지와 관객의 흥분에 대한 공감도 은연중 드러난다. 지방 가설무대는 점차 공연 용도의 시설 좋은 극장으로 대체되었다. 영국 도어싯가든극장은 왕정복고 시기 최고 시설을 자랑했고, 배를 타고 접근할 수 있는 이점도 있었다. 사치스런 장면 무대와 기계장치 대부분이 파리 스펙터클 홀을 본뜬 것이다. 찰스 2세가 데이브넌트에게 건축 허가를 내주었다. 도어싯가든극장이 공연한 세틀 작품 〈모로코 여황제〉(1673) 첫 장면 묘사화를 보면 화려한 앞무대 아치, 감옥 측면과 아치 경계가 있는 장면 무대, 그리고 감옥 벽을 표현한 배경 슈터(덮개)가 특징적이다. 데이브넌트 〈로데스 공략〉은 무대 전면 커튼이 오르면 수직 암벽 형태의 무대 측면이 드러나고 그 너머로 '번창하던 당시 로데스의 진정한 조망'을 묘사하는 셔터(덮개)가 드러나고, 연극은 두번째 셔터 신과 두 개의 부조 장면을 지나 절정, 즉 로데스 공략에 이르는데, 그 장면이 세번째 셔터에 묘사되는 식이다. 17세기 연극에서 왕의 관람 위치는 무대장치의 원근법 효과를 가장 잘 감상할 수 있는 자리였다. 1709년 라우판 셰익스피어 『헨리 8세』 속표지를 보면 주연급은 헨리 8세 시대 복장이고 조연급은 당대 복장이다. 〈리처드 3세〉 타이틀롤의 쿠크 의상은 영국 왕정복고기 비극 주인공의 깃털 달린 모자와 굽 높은 장화, 그리고 엘리자베스 여왕 시기 꽉 끼는 상의와 긴 양말이 뒤섞였고, 짧은 담비털장식 외투를 걸쳤다.

무대란 연기자의 연기 공간으로, 처음에는 평지였으나 관객이 보기 쉽도록 무대를 높이거나 그 반대로 관객석을 높이게 되었다(고대 그리스 원형극장). 다른 한편 무대는 가설무대에서 상설공간으로, 옥외에서 옥내 공간(극장)으로 발전해갔으며, 크게 관객석 안으로 돌출하고 원칙적으로 막이 없으므로 장면 전환도 관객 앞에서 하는 에이프런(치마) 무대에서, 17세기 초 이탈리아를 필두로 액자 모양의 구조물(프로시늄 아치)로, 무대와 관객석을 분리하고 필요에 따라 막을 쳐서 무대공간을 관객으로부터 완전 차단하는 프로시늄(칸 막음) 무대로 진화했고, 대개 단 하나의 평면으로 구성하지만, 중국 궁정극장 혹은 영국 엘리자베스여왕 시대 극장 에이프런 무대처럼 층을 겹쳐 입체로 하는 수도 있고 20세기 들며 무대와 관객의 입체화를 위한 에이프런 무대 형식 혹은 무대 주위를 관객석이 둘러싸는 방식이 부활하였다. 유럽 중세 신비-도덕극은 '축제차(pageant)'라 불리는 마차 위에서 이동식으로 공연되었다. 무대미술(무대 디자인)은 연극이나 무용 등 무대-공연예술에서 관객의 시각과 상상력을 돕는 분야로 무대장치, 무대의상, 무대화장, 무대조명, 시각효과를 말하며, 음악이나 음향효과 등 청각과 연관된 분야는 대개 포함시키지 않는다. 오늘날 무대 표현 형태가 다양하고, 오페라, 발레, 신극, 뮤지컬, 그리고 텔레비전 및 영화 분야도 '무대미술'도 있지만, 희곡(이야기)과 배우(연기), 그리고 관객의 3요소에 장치, 조명, 의상 등 개개 장르가 직접 연관, 상호 영향을 주면서 연출가 의도에 따라 작품 테마를 '시각화=조형화' 한다는 점에서는 같다. 무대장치는 고대 그리스-로마의 경우 오르케스트라(제사 장소, 무대 면) 안쪽 스케네('장면', 음악실) 출입구나 벽면을 배경 장치로 생각했을 뿐, 극장 건축물 자체가 그냥 막연한 무대장치이지, 딱히 희곡 장면장치라 할 것은 없었다. 중세 종교극이 장면장치를 꾸몄으나 정식 장면 장치의 시작은 이탈리아 르네상스기 극장이 중앙 출입구(아치)를 크게 하면서부터다. 올림피코극장(1584), 파르네제극장(1619)이 아치에

다 원근법을 도입한 배경화를 걸었고, 프로시니엄아치형 극장이 발전했으며 바로크 시대에는 원근법에 의한 병렬장식형 무대장치가 절정에 달하고, 알레오티, 브루나치니, 마우로, 비비에나 등 숱한 이탈리아 저명 장치예술가가 유럽 각지에서 활동하게 된다. 19세기 이후 자연주의 연극이 대세를 이루면서 평면원근법 장치가 입체감 있는 사실주의적 장치로 넘어가고, 그랬단들 그것이 액자에 끼워진 '그림' 이란 사실은 변하지 않으므로 20세기 들며 이차원적 표현을 뛰어넘는, 무대장치를 간소-상징화하고 효과적인 조명을 결합, 삼차원적으로 배우의 육체와 존재감을 살리는 방식이 영국인 크레이그와 스위스인 아피아를 중심으로 시도되어 현대연극의 주요한 흐름을 이루고, 독일인 에스너와 라인할트, 프랑스인 코포 등이 입체성과 표현성을 높였다. 독일 표현주의연극의 추상화한 장치와 혁명 후 러시아인 메이어홀트의 구성주의 무대 무대장치를 혁신하였다. 그리고, 1932년 미국인 휴스의 원형극장운동을 비롯, 프로시니엄 없이 관객석으로 연기공간을 둘러싸는 여러 오픈스테이지가 시도된 이래 다양하고 참신한 무대장치가 개발되었으며, 박스, 샤갈, 피카소, 마티스, 브라크, 유트로리, 듀피, 루오, 칸딘스키, 달리 등 미술 대가들이 직접 무대배경을 그렸지만, 오늘날은 대개 전문 무대장치가가 달라붙는다. 호리존트는 무대 안쪽에 굴곡지게 만든 조명장치용 벽으로, 하늘을 제대로 표현할 수 없다는 바로크류 극장의 가장 큰 약점을 해결키 위해 20세기 초 이탈리아 무대장치가 포추니가 독일 알게마이네 전기회사의 협력을 받아 개발한 것이다. 무대조명은 빛의 종합예술이다. 무대효과를 극대화하며, 빛의 명암, 방향(각도), 변화, 색채, 그림자 배치 등을 통해 크게 연극조명, 음악조명, 무용조명으로 나뉘고, 연출 및 연기 형태에 따라 조명기법이 다르다. 무대가 점차 실내로 옮겨옴에 따라 인공적인 무대조명이 필요해졌고, 초기 인공광원은 기름등불, 초, 석유램프, 가스등 등으로, 오로지 무대를 밝히는 것이 목적이었으나, 1878년 영국인 스완, 이듬해 미국인 에디슨의 탄소전구 발명과 함께 밤낮 구별, 조석 변화, 구름 운행, 유수, 강우, 강설, 화염 등 '이펙트' 까지 가능해졌고, 근대 무대조명 이래 광원은 아크등, 텅스텐램프, 할로겐램프, 크세논램프 순으로, 빛 조절장치는 금속저항식, 변압기식, 진공관식을 거쳐 반도체소자(사이리스터)식으로 발전했으며, 레이저는 매우 복잡다양한 이펙트 조명까지 수행한다. 조명기구 배치는 무대 상부, 마룻바닥, 막 앞부분이 기본이며, 조명설비는 조명을 전반으로 확산하는 푸트라이트(무대 앞 끈 홈), 보더라이트(무대 상부 여러 줄), 호리존트라이트, 스트립라이트(난간, 창박 등), 복스라이트, 스쿠프 등 1)플래트라이트, 텅스텐전구, 할로겐램프(쿼츠), 카본아크, 크세논램프 등 광원의 빛을 평철 혹은 프레넬 렌즈로 한데 모아 한 곳을 집중 조명하는 2)스포트조명, 영사기나 환등기, 혹은 스포트라이트에 렌즈를 붙여 영화나 슬라이드를 배경에 영사하는 3)투영장치로 나눌 수 있다. 무대의상은 연기자의 역할이나 성격을 관객에게 표현해주지만, 역사적인 양식별로 표현 방법이 다르며, 일탈 상징, 추상, 장식 등 무한한 표현 가능성이 있다. 서양의 경우 고대 그리스 연극에서 당시 일상복을 기본으로 비극과 희극의 착용 방법과 색채, 그리고 가면을 상징적으로 구별한 데서 시작되었고, 로마 연극도 비슷했으나 점차 장식이 호화로워졌다. 중세 종교극이 다시 일상복으로 돌아왔지만 서민들이 악마나 동물, 천사 등으로 분장하면서 가면과 의상, 그리고 상징적인 표현에 공을 들였다. 16세기 말 봉건 제후들의 전문극단 고용과 함께 의상은 점차 화려해지고 연극 내용이나 시대배경과 관계없이 당대성을 띠었다. 19세기 근대연극은 시대 고증에 공을 들였지만, 그런 사실주의에 대한 반동으로 20세기 표현주의, 구성주의, 입체주의, 미래주의 의상이 등장했으며 곤차로바, 피카소, 샤갈, 브누아, 마티스 등 숱한 화가들이 예술운동의 일환으로 무대의상을 직접 디자인했다. 무대감독은 무대에서 연출 역할을 대신하고, 공연 전 무대미술-조명-음향 등 분야 디자이너를 통괄하며, 연출의 실제적인 측면을 입안하고 스태프 회의를 소집, 연출 계획을 철저하게 이해시키고, 공연 당일부터 출연자와 스태프를 감독하며 공연 중 최고책임자로 활동한다.

에드워드 2세는 권력 중압감과 동성애로 파멸에 이른 왕이고, 존 올드케슬 경은 쇠사슬에 몸 한중간이 매달려, 산 채로 불에 태워졌으나 숨이 붙어 있는 동안 내내 하나님의 이름을 예찬하면서 죽은 인물이다. 역사적 인물을 다룬 당대 연극은 셰익스피어 작품에 커다란 영향을 끼쳤다. 헨리 8세는 귀족들이 악기 연주에 관심을 갖게끔 손수 독려했고, 엘리자베스 시대 영국인들은 아마추어 음악 연주가로 여가를 즐겼는데, 전문 연주자들 사례를 좇아 악기 구성이 변칙적이었다. 튜더왕조 특유의 변칙적인 악기 배합과, 그것을 둘러싼 환상적인 복장의 가장무도회 참가자들을 위해 모얼리는 『합주단 교육』(1599)이란 연극 대본을 썼다. (벤) 존슨과 (이니고) 존스의 마지막 합작 궁정 가면극 〈클로리디아〉(1631)는 요정 클로리스가 서풍 제피루스와 사랑을 통해 꽃의 여신 플로라로 변한다는 줄거리다. 존슨과 존스는 1605년부터 함께 작업했으나 1631년 불화로 결별했다. 존슨 스펙터클 〈헨리 왕자의 장애물〉(1610)은 저녁 열시에 시작되어 밤새 계속되었는데 막이 오르면 '타락한 기사도의 집' 이 드러나고, 헨리 왕자의 도착과 함께 장면이 변화, 기사도의 재생을 보여준다. 청교도 프린은 1632년 『연극 비판』을 통해 엘리자베스여왕 이후 찰스 1세 궁정의 유약한 사랑놀음과 '가톨릭의 온상' 으로서 궁정연극을 비판한 혐의로 막대한 벌금과 종신형을 받았고 바야흐로 그의, '금욕의 시대' 가 오고 있었지만, 영국 왕 찰스 1세 처형은 17세기 중반의 가장 (연)극적인 사건 중 하나로, 케년에 의하면 '군대의 장엄한 무대연출과 뛰어난 주연배우에 의해 유지된 한편 위대한 바로크 드라마' 였다. 콩그리브 『세속의 방식』에서 보듯, 왕정복고기 희극들은 재치 있고 냉소적이며, 부도덕했고, 얽히고설킨 플롯에 은밀한 간통을 주제로 다뤘고, 멋 부리는 귀족, 교활한 하인, 행동거지가 거친 시골 지주, 성욕이 왕성한 젊은 과부 등이 고정 등장인물이었다. 메싱어 〈옛 빚을 갚는 새 길〉 주인공 역은 19세기 영국 최고 배우 키인의 가장 유명한 배역 중 하나로, 가공할 열정과 긴장을 표출한다.

희곡은 줄거리 전개(드라마)를 염두에 두고 등장인물들의 대화와 독백, 그리고 연출과 연기 및 무대 지시사항(지문)을 글로 쓴 것이지만, 직접 상연을 목적으로 한 극본 혹은 대본과 달리 문학작품으로 '읽힐' 수 있을 정도로 예술성이 뛰어난 작품을 말한다. 중국 송대 및 원대 '희곡' 은 잡극 혹은 잡희의 가곡을 뜻하는 것이었으나 근대 들며 '드라마' 의 번역어로 쓰이게 되었다. 아리스토텔레스 비극론은 줄거리 전개를 주인공의 다툼(아곤) 혹은 자기도취(오만, 히브리스)에서 비롯된 고난(파토스)→깨달음(아나그노리시스)→역전(페리페테이아) 혹은 신의 출현(에피파니아) 단계로 설명한다. 중세에 희곡은 근거 자체를 잃었으나 르네상스 인문주의자들이 고전연극의 전통을 새로이 부활시켰고, 근대극의 바탕으로 작용한다. 엘리자베스여왕 시대 셰익스피어, 스페인 예술 황금기 로페 데 베가 및 칼데론, 그리고 프랑스 고전주의 시대 라신 등에 이르기까지 희곡 대사는 귀족이 운문을, 하층민은 산문을 사용했고, 서사시와 서정시를 종합한 문학의 최고 형태로 희곡을 높이 평가하는 경향도 생겨났으나 18세기 디드로가 종래 비극과 희극의 중간 장르로서 시민극을 제창하고 세력을 얻은 신흥 시민계급의 영향으로 서민 일상이 무대에 올려지게 되면서 산문희곡이 증가, 19세기에 이르면 대세를 이루고, 그 전에, 16~17세기부터 노래 위주 오페라와 무용 위주 발레가 분리되면서 대사 위주 대화극이 독자적으로 발전하고, 대화 형식을 다만 표현 수단으로 이용한 '읽을거리 희곡(레제드라마)' 도 나타났다. 18~19세기 영국 낭만주의 시인들의 극시는 '드라마' 가 모자라고 대사가 지루하여 상연에 적합하지 않은 '레제드라마' 였으나 뮈세의 희곡, 무엇보다 괴테 『파우스트』가 상연을 예상하지 않았지만 집필 후 공연으로 큰 성공을 거둔 '레제드라마' 다. 르네상스 인문주의자들이 아리스토텔레스 비극론을 오해하고 16세기 영국 극작가 벤 존슨 및 17세기 프랑스 고전주의연극이 그 오해를 작품으로 실천했던 '3일치론' (연극은 하루 동안 같은 장소에서 벌어지는 하나의 줄거리를 다뤄야 한다)이 '발단→상승→절정→하강→파국' 의 5단계로 연극 줄거리 구조를 설명한 근대희곡 이론으로 정리되었지만, 복잡한 플롯에 전개 기법이 뛰어난('잘 만들어진', wellmade) 숱한 희곡이 당대 관객의 열렬한 호응을 받다가 사상과 내용의 천박성 때문에 역사의 뒤안길로 사라졌다. 상연성이 문학성을 보장하는 것은 아니고, 거꾸로도 마찬가지다. 무대 메커니즘 및 설비 기계화, 그리고 영화 및 텔레비전의 발전으로 무대가 많이 자유로워졌다고 하나 여전히 공연의 살아 있는 배우가 무대에 직접 등장하여 육성으로 말해야 한다는 공간-육체적 제약을 희곡은 받고 있다. 그것은 중력의 제약과 흡사하다. 희곡의 온갖 등장인물들과 각각의 행동을 하나로 총괄한 것이 플롯이다. 플롯은, 시간적 선후 관계로 사건을 기술하는 내러티브와 달리 인과관계를 더 중요시하며, 등장인물은 언제나 플롯에 의해 움직이고, 희곡작가가 성격을 부여하지 않는 한 꼭두각시에 불과하다.

헨리 8세의 광대 서머즈와 엘리자베스여왕 시대 최고 광대 탈튼은 둘 다 기형에 추한 모습이었다. 동시대인들은 탈튼이 '촌티나는 머리에 단추 달린 모자를 쓰고, 옆구리에 큼지막한 부대를 꿰찬' 사팔뜨기에 납작코였다고 썼다. 광대 켐프는 9일 동안 런던에서 노어위치까지 춤을 추며 여행한 기록을 1600년 책으로 남겼다. 엘리자베스여왕 시기 양대 배우는 엘리인과 버비지다. 영국 청교도혁명 후 극장 폐쇄기에 발행된 커크맨 『위트집』(1673) 속표지에는 유명 희극작품 장면들을 발췌한 익살 소품 모음 주요 등장인물 일곱 명이 나오는데, 가장 유명한 배우는 콕스다. 영국 연극사상 최초 플랫폼 무대 각광 사용 기록도 있다. 소녀 창녀였던 그윈은 1675년 드러리레인극장 무대에 데뷔, 희극 역할에 뛰어났고 드라이든 〈은밀한 사랑〉(1667)의 플로리멜 (남성) 역을 포함하여, 짧지만 요란 굉장한 배우 경력을 거친 후 무대에서 은퇴, 왕정복고기를 연 찰스 2세의 정부가 되었다. 개릭은 1741~1776년 영국 연극계를 주도했으며, 예명 '비올레타 양' 으로 런던 웨스트엔드극장 번화가 헤이마킷에서 춤을 추던 여자와 1749년 결혼했다. 1769년 스트랫퍼드 셰익스피어 기념제 행사 일부가 폭우로 취소되자 그는 셰익스피어 동상에 오케스트라와 합창단까지 완벽하게 구비된 드러리레인극장 무대에서 '셰익스피어 찬가' 를 다시 한번 낭독한다. 1741년 드러리레인극장 공연 셰익스피어 〈베니스의 상인〉 중 샤일록 역 매클린은 누더기가 아니라 엄숙한 정장 차림이었고, 안토니오 역 퀸이 고래고래 악을 쓴 반면 그의 대사는 자연스러웠다. 포샤 역 클라이브는 재판 장면에서 당시 잘 알려진 법조인들을 그대로 재현, 관객들을 포복절도케 했다. 매클린은 개릭의 유일한 경쟁자였다. 1780년 폴스테프로 분한 독일 최초 셰익스피어 배우 슈뢰더는 당대 취향에 맞게 셰익스피어를 각색, 햄릿과 코델리아 등이 죽지 않는 걸로 스토리를 바꾸는 한편 몸에 꽉 끼는 상의, 긴 양말, 비극 주인공의 깃털 달린 모자 등 엘리자베스여왕 시대 차림을 했다. 키인은 1814년 드러리레인극장에서 처음 오셀로 역을 맡은 이래 숱한 오셀로 역을 창조했다. 상당 부분 얼굴 표정에 기대는 강렬하고 열정적인 연기 방식으로 낭만주의 시대 막강한 위력을 발했고, 시인 코울리지는 이렇게 썼다. 키인의 연기를 보는 것은 번갯불에 셰익스피어를 읽는 것과 같다. 엘린은 제임스 1세 대관식 기념 아치에 실물상이 들어 있으며, 배우 최초로 확고한 신사 칭호에 달했다. 어빙은 극도의 위험을 감수하면서까지 셰익스피어의 잘 알려지지 않은 작품을 선택, 커다란 성공을 거두었다. 어빙을 혹평했던 쇼조차도 어빙의 이아키모 연기에 대해서는 이런 칭찬을 아끼지 않았다. 진정한 구현이다. 연기의 아름다움이 끝까지 유지되고 한 치의 착오도 없다. 1783년 햄릿 역으로 런던에서 데뷔한 켐블의 연기 미학을 특징짓는 것은 숭고와 위엄이다. 그는 명배우를 많이 배출한 가문 출신이고, 그의 친누나가 그 유명한 사라 시든스다. 19세기 말 폴란드 여배우 모드예스카는 미국과 영국 무대에서 특히 셰익스피어 배우로 엄청난 성공을 거두었다.

연기는 배우가 극의 진행을 관객 앞에서 구체적인 몸짓과 음성으로 나타내는 행위다. 드라마의 어원인 그리스어 'dran'은 '행동한다'는 뜻이고, 연기는 원래 아무것도 없는 공간-무대에서 관객을 향해 모든 것을 창출해내는 것이므로, 연극의 본질이고 오늘날 영화, 방송 드라마 연기도 있으며, 크게 사실적인 연기와 양식적인 연기로 나눌 수 있다. 재주를 되풀이해서 널리 보여주는 연기, 평소 자신을 감추고 전혀 다른 사람인 것처럼 꾸며대는 '연기', 그리고 (TV)드라마 '액션'은, 고전적인 의미의 연기와 다르거나, 그것을 벗어난다. 인류 최초의 연기는 흉내를 통한 몸짓 신호였고, 재액을 없애고 풍년을 기원하는 주술적 무용이었다. 고대 그리스 비극 합창과 군무 사이 끼워놓은 등장인물들의 대화 장면이 차츰 확대-독립, 르네상스를 거쳐 인간 대립과 갈등을 묘사하는 근대드라마로 발전하면서 연기는 인간의 격한 정열과 복잡한 심리를 사실적으로 표현하는 예술이 되었고, 예리한 인간 관찰력과 재현력을 갖춘 뛰어난 배우들이 숱하게 나왔다. 연기는 단순한 흉내 혹은 자기현시 동작이 아니라 상상의 자극에 반응하고 인물에 생명을 불어넣는 능력으로, '예민한 감수성과 빼어난 지성'(18세기 말 프랑스 배우 탈마)이 기본 조건이다. 1860년 독일 게오르크 2세 대공이 마이닝겐시에 궁정극장을 세우고 극장장을 맡아 종래 주역 중심주의를 집단 앙상블 시스템으로 변화시키고, 앙상블 연기가 주류를 이루면서 성립된 문학가-연출가-배우의 서열조직이 연기를 상급자 지시에 절대복종하며 무대의 한 부품을 이루는 것에 불과한 작업으로 끌어내렸으나 20세기 초 모스크바예술극장 연출가 겸 배우 스타니슬라프가 종래 연기를 정리-연구, 심신 훈련에 기초를 둔 일관된 연기 체계를 찾아내어 오늘날 세계 연기술의 기반을 쌓는 동시에 근대연극의 정점을 이루었고, 그후에도 연기는 다시 크게 변모, 메이어홀트의 '비오메하니카(인간공학)', 아르토의 '잔혹 연극', 브레히트의 '서사극' 이론 등이 각각 이론에 걸맞은 연기 체제를 구축했으며, 미국에서는 심층심리 표출 시도와 맞물린 문학의 포기, 통일된 성격 파괴, 심리주의 타파, 몸짓과 절규 확대, 가면 및 인형 사용, 해프닝 등 무대 위 격렬한 생의 활동을 회복하는 방법이 모색되었고, 최근에는 아예 연극 테두리를 벗은 퍼포먼스, 접신 및 가무 양식, 생생한 인간 정념의 표출 등 역사상 온갖 '연기'들을 총체적으로 부활시키려는 시도도 일고 있다.

'샨도스' 셰익스피어 초상화는 한때 샨도스 공작이 소장했으므로 붙여진 별칭이다. 셰익스피어 극단 스타 배우 버비지가 그렸고, 황금귀고리와 평복 차림 등이 문인보다는 배우-무대감독 분위기를 더 풍긴다. 로우판(版) 『햄릿』(1709) 속 표지의 화장실 장면은 왕정복고기 무대 연출 방식을 보여준다. 유령이 들어오자 의자를 뒤집어엎는 햄릿, 그리고 오필리어가 묘사한 햄릿의, 대님도 없이 차꼬를 늘어뜨린(2막 1장) 긴 양말은 그후 전통으로 굳어졌다. 셰익스피어 『로미오와 줄리엣』은 19세기 청년 낭만주의자들에게 하나의 계시였다. 1778년 베를린, 카를되벨린극단 공연 〈햄릿〉은 당시 엄청난 인기를 누리던 타이틀롤 브로크만이 두드러진 위치를 점했고, '쥐덫' 장면은 사실상 무시되었다. 그러나 1827년 파리 공연 〈햄릿〉의 '쥐덫' 장면은 햄릿 역 켐블이 오필리어 역 스미슨의 다리에 어깨를 기대고 있는데, 햄릿의 일그러진 자세 및 다른 등장인물들, 특히 오른쪽 거트루드와 클로디어스의 얼굴 표정에서 장면의 긴장감이 역력하다. 1905년 베를린, 라인하르트 연출 셰익스피어 〈한여름 밤의 꿈〉은 삼차원 회전무대를 여러 방향으로 돌리면서 각기 다른 장면 무대가 빠르게 설치되도록 하였다. 피트에서 직접 솟아오른 무대 높이 박스석, 두 개의 우아한 발코니 등은 훨씬 전인 18세기 관람석의 전형이다. 포엘은 1893년 런던, 로열티극장 〈이에는 이〉 연출을 통해 엘리자베스여왕 시기 무대를 복원, 이것으로 셰익스피어 희곡 연행의 서사적 흐름을 구현하는 것이 빅토리아여왕 시기 무대의 '억압된' 5막 구조보다 더 탁월한 예술 효과를 자아낸다는 것을 보여주었고 1900년 2월 런던, 카펜터즈홀 공연 〈햄릿〉은 단순화한 무대가 눈에 띄었으며, 포엘 자신이 햄릿으로 분했다. 1970년 왕립셰익스피어극단 브룩 연출 〈한여름 밤의 꿈〉은 서커스, 인형극, 그리고 뮤직홀 등의 거친 마법을 결합하면서 등장인물들이 죽마와 공중그네를 타고 연기한다. 1971년 모스크바, 타간카극장 류리모프 연출 〈햄릿〉은 광대한 커튼을 배경으로 무대 위 강조 공간을 끊임없이 바꾸며 햄릿이 처한 권력 주변 공간을 표현한다. 1974년 왕립셰익스피어극단 굿바디 연출 〈햄릿〉은 강렬하고 불안한 현대판 햄릿을 창조해냈다. 1977년 베를린 아르덴 숲, 슈타인 연출/샤우뷔네 공연 셰익스피어 〈좋을 대로 하시든지〉는 광대한 무대장치 주변에 관객을 '엿듣게끔' 배치했고, 칙바이조울극단 돈넬런 연출/오어메로드 무대 디자인/그린우드 조명의 같은 작품은 색과 차광판을 사용, 하얀 무대에 아예 조명으로 '아든 숲'을 만들어버렸다.

연출은 문학작품-희곡을 연극-무대예술로 새롭게 창조해내는 일이다. 대본을 검토하고 공연을 전체적으로 설계하고 연기, 장치, 의상, 분장, 소도구, 조명, 음악, 효과 등 여러 요소를 일정한 예술 의도에 맞게 종합-창출하며, 공연 직전까지 연출가가, 첫째 날 공연 이후부터는 무대감독이 이 일을 총괄-지휘한다. 근대 이후 연극의 여러 요소가 분화-전문화하면서 연출이 중시되었는데, '연출'은 서구풍 신극 도입 초기 일본에서 번역-창안된 용어고, 영어로는 프로듀스 혹은 스테이지 디렉트, 프랑스어로는 미장센, 중국어로는 도연(導演)이다. 근대 이전에는 상연집단의 작가 혹은 지도적 배우가 연출 기능을 맡았다. 에스킬로스는 합창대장과 배우도 겸하면서 의상, 가면, 장치 등 실제 무대화 작업 및 연습 진행 책임을 맡은 '연출가'였다. 소포클레스는 이 모든 것을 합창대장에게 맡기고 집필에 전념하였다. 중세 종교극 연출은 상연 감독자로서 성직자였으며 르네상스 이후 셰익스피어와 몰리에르에서 보듯 작가와 배우를 겸한 극단 경영자가 연출을 맡았다. 앙상블 연기의 마이닝겐공국극단은 입체화한 무대 조형을 선보이며 1874~1890년 전 유럽 순회공연에서 대단한 반향을 일으키지만, 그 무렵 이미 입센 〈인형의 집〉(1878)을 신호탄으로 자연주의 연극이 각국에서 전개된 결과 무대 기구가 다양화하면서 그 모든 것을 통괄하는 연출 기능이 확립되며, 스타니슬랍스키는 연출가를 단순한 희곡 해석자에서 통일된 예술작품 창조자로 격상시켰다. 영국 출신 크레이그는 연출을 과도하게 강조한다. 극장에서 예술과 기술의 종합은 오직 한 사람, 즉 연출가에 의해 이루어져야 한다. 희곡작가도 연출가 밑이며 배우는 예술에서 추방되어야 한다. 배우란 감정의 지배를 받으므로 그의 연기는 우연에 불과하고, 우리가 배우의 변덕을 믿을 수는 없다. 관객에게는 상징적 동작만을 허용하고, 표정 변화가 없는 가면을 씌워야 하며, 배우 대신 대형 인형을 써야만 배우의 변덕을 추방할 수 있다. 궁극적으로 참다운 무대예술은 장치에 의해서만 가능하다…… 크레이그를 '독재적 예술가'로 부르는 까닭이다.

근대연극은 18세기 말~19세기 전반 낭만주의 19세기 후반 사실주의 연극으로 발전했고, 사실주의가 극단화한 것에 대한 그 반동으로 상징주의 연극이 생겨났다. 19세기 말 시민사회가 해체기로 들어서면서 근대연극 또한 해체될 운명이었기도 하다. 제1차 세계대전 전후 독일에서 현대연극이 시작되고(표현주의, 다다이즘, 서사극 등), 제2차 세계대전 후 부조리 연극과 육체복권 연극 등 다양한 움직임이 생겨났으며, 현대의 인간소외 혹은 언어 전달체계 붕괴, 인간관계의 불확실성을 표현하면서 대사 및 문학성 중심의 희곡 개념은 갈수록 희박해지고 있다.

에세이의 탄생, 이야기의 그전과 그후

소설 지향이 크게 억압당하는 그 와중에 소설의 소설, 이야기의 이야기, 혹은 이야기의 해체, 이야기에 대한 이야기, 혹은 이야기의 그전과 그후, 혹은 이야기의 끝, 혹은 끝과 그전과 그후의 이야기라 할 수 있는 에세이 예술이 태어난다. 영국 베이컨과, 그보다 약간 전 프랑스 몽테뉴에 의해서다. 몽테뉴 에세이('시도해보다')는 마치 『가르강튀아와 팡타그뤼엘』과 대비를 요구하는 것처럼 소박하고 단정하며 간명한 품위로 빛나지만 동시에, 라블레가 이룩한 '이야기의 이야기'를 발전적으로, 응축 지향적으로 계승한다. 일관된 주제는 변화. 그는 인간 성격을 변화 가능한 것으로 보았고, 그의 에세이는 변화하는 자신의 소우주를 관찰하는 과정에서 '변화' 자체가 이야기를 대체-극복한 결과로, 사고의 산보(散步)를 작동시키면서 시공(時空)을 매우 일상적으로, 즉 요란굉장 떨지 않고 넘나든다. 몽테뉴는 단어 몇 마디를 더듬거릴 나이부터 가혹한 교육을 받았다. 프랑스어를 모르는 독일인 교사가 라틴어로만 그와 대화를 했던 것. 어머니도 시종도, 심지어 하녀도 나와 이야기하려면 자신이 알고 있는 라틴어로만 해야 한다는 것이 지상명령이었다, 열 살이 넘었지만 그는 프랑스어에 대해 아랍어만큼이나 무지했다. 그런 그가 어떻게 고전적 프랑스 문체를 이룩할 수 있었을까? 어쨌거나, 그가 라틴어 교육을 강요받았다는 것은 프랑스에도 르네상스 열기가 일었다는 뜻이고 몽테뉴는 프랑스뿐 아니라 유럽 전체에서 새로운 학문을 대표하는 문인으로 성장한다. 서른일곱 살에 '에세이들'을 쓰기 위해 궁정을 물러났고 1580년 에세이집 두 권이 발표되었다. 그후 몽테뉴는 에세이처럼 느긋한 걸음으로 파리, 베네치아를 거쳐 로마에 도착하지만 얼마 안 되어 프랑스 왕이 그를 보르도 시장으로 임명, 프랑스로 불러들였고 다시 에세이를 쓰기 위해 그가 공직을 사퇴하는 것은 1585년, 자신의 탑-서재에 틀어박혀 하루 종일 읽고, 꿈꾸고, 쓰고, 고쳐 쓰기를 계속했다. 『에세이집』 세번째 판은 그의 사후 1595년 출판되었다. 당시 유행대로 고전을 인용하고 자기 생각을 짧게 개진하는 것으로 출발된 글쓰기는 점차 자기 자신을 드러내는 쪽으로 기울고, 마침내 '내면 탐구를 내면화'한다. 누구나 내 글 속에 든 나를 알아본다. 그리고 누구나 내 안에 든 나의 책을 알아본다. 그는 그렇게 썼다. 내 안에 우주가 있다. 그 우주를 탐구할 것이다. 그것이 그가 생각하는 '에세이'의 용도였다. 그의 생각은 옳았고 그는 옳은 생각을 미학적으로 형상화할 능력을 갖추고 있었다. 그렇게 그의 에세이들은 매우 개인적이면서도 위대한 문학의 보편성을 공유한다. 볼테르는 이렇게 그를 극찬했다. 얼마나 멋진 자화상인가. 자신을 그리면서 그는 인간성 자체를 그린다. 몽테뉴가 그린 몽테뉴는, 소심한 동시에 용감하고 이기적인 아버지인 동시에 헌신적인 친구다. 한마디로 인간성의 모순을 포괄한다. 에세이들이 진전되면서 기본적으로 관찰의 재미가 회의주의 세계관의 인격-형상화로 변화-발전하고 다시 변화-발전에 대한 관찰이 회의주의 세계관으로 외화한다. 인간은 변화하는, 기복이 심하고 천차만별한 존재다. 과학도 이성도 철학도 인간을 안내할 수 없다. 인간은 습관, 편견, 자기 이해, 광적 집착에 순종하는 노예며 환경과, 환경이 부여하는 인상의 희생자다. 몽테뉴의, '진보에 대한 회의주의'는 그러나 포괄적 이해력을 무한정 넓힌다. 이것이야말로 에세이의 매력이다. 몽테뉴는 우상파괴자나 풍자 작가가 아니라 문학의 지성이었다. 사상이 아니라 문체로 르네상스를 대변했던 것. 그것 또한 얼마나 '에세이적'인가.

베이컨의 『에세이집』(1601, 1612, 1625)은 몽테뉴의 주관적이고 대화적인 에세이들과 근본적으로 다르게, 개인성을 배제하고 무뚝뚝한 격언을 담고 있지만 엄연히 몽테뉴 '이야기의 이야기'를 계승하고 발전시킨 결과다. 베이컨은 우선 당대 누구보다 논리적이고, 더 나아가, 진리에 도달하는 논리 방식(귀납법)을 글의 주제로 삼는다. 연구 열정, 인내심을 갖고 판단을 보류하며 즐겁게 끼어들고, 동의에 신중하고 끈덕지게 자기 생각을 정리하고, 옛것을 맹종하지 않는 능력, 이 능력 혹은 방법을 통해 과학 과정의 종합화를 꾀하는 와중에 방법론이 곧장 에세이 미학으로 전화하는 것. 그는 고전을 인용하더라도 스스로 보고 듣고 체험한 것에 대한 사실주의적 관찰에서 '판단=미학'의 근거를 찾으며, 그렇게 태어나는 격언들은 매우 정교한 당대의 지혜를 담고 있으면서도 '곧장 속담화'할 정도로 대중적 미학을 내뿜는다. 어떤 책은 맛보라고 있고, 어떤 책은 삼키라고 있다. 그리고 몇몇 책은 꼭꼭 씹어 삼키고 소화를 시키라고 있다. 독서는 온전한 인간을, 회의는 준비된 인간을, 글쓰기는 정확한 인간을 만든다. 그는 이런 말도 했다. 내가 관심을 갖는 것은 단순한 추론술이 아니고 실제 효용과 인류의 행운이다. 중요한 것은 지상의 삶이며 모든 연구는 그 삶을 개선하는 데 기여해야 한다는 르네상스 이념을 그는 완벽하게 받아들였고 정치적 마키아벨리즘의 신봉자로서 법 결정과 도덕, 그리고 윤리 이상을 분리해서 사고했다. 그의 과학 논문은 발견과 발명을 통한 자연의 지배를 꾀하고 『에세이집』은 사회적, 공적 삶에 대한 통찰을 추구한다. '논문'을 통해 그는 역사상 가장 위대한 과학자 중 하나가 되었고 '수필'을 통해 그는 어느 누구도 넘볼 수 없는 간명함의 미학적 극치를 이루었다.

이탈리아 르네상스도 걸작 산문을 배출했다. 마키아벨리 『군주론』은 르네상스 유럽 전반의 정치학뿐 아니라 문학에도 커다란 영향력을 행사했다. 그리고 보다 더 문학적으로, 몽테뉴 첫 에세이집보다 52년 먼저 출간된 이탈리아 외교관-궁정신하(몽테뉴와 같다!) 카스틸료네의 산문대화체 『궁정신하의 서書』(1528)는 막강한 '산문적' 영향력을 행사했다. 스포르자 공작 궁전에서 자라나 여러 유력자들의 궁정을 전전하면서 그리스와 로마, 그리고 이탈리아 시인-음악가-화가들을 공부했고 라파엘이 초상을 그릴 정도로 용모와 지적 능력이 뛰어났던 카스틸료네는 1504년 우르비노 공작 신하로 들어갔는데, 궁정에 대규모 도서관이 구비되어 전세계 학자-예술가들이 모여들었으므로, 문필가로서 결정적인 계기를 맞게 된다. 그후 외교관으로 영국을 방문했고 교황 자문역, 신성로마제국 주재 교황 대사를 지내다가 1527년 신성로마제국 군대가 로마로 쳐들어왔을 때 근거 없는 반역죄를 뒤집어쓰고 사망했다. 『궁정신하의 서』는 우르비노 공작 궁정생활이 토대를 구성, 이곳에서 그가 만났던 휴머니스트들이 나흘 동안 이상적인 귀족 신사상에 대해 극히 세련되고 우아한 산문 문체로 토론을 벌이는데 용모가 잘생기고 기품이 있어야 하며 태도는 공손하고 교양이 배어 있어야 한다. 가식이나 거드름은 금물이다. 여가는 전투와 스포츠로 보내고 대화는 힘 있고 명료한 문장을 구사하고, 현학을 피한다. 고전과 당대의 학문을 섭렵하고 용기와 명예, 그리고 재치를 지니고 무지와 이기를 피해야 한다. 음악, 시, 회화, 그리고 건축에 조예가 깊어야 한다. 궁정신하는 국가와 군주를 위해 자신의 덕목과 기량을 쌓아야 한다. 신하 역할은 한마디로 계몽자 역할이다. 좋은 통치가 소리를 듣는 것이야말로 최고의 상찬임을 군주에게 주지시켜야 하는 것. 이 책은 그 밖에도 여러 지적인 문제를 다룬다. 순수한 이탈리아 언어란 무엇인가, 농담의 본성, 여성은 짐승인가 천사인가, 플라토닉 사랑 등등. 각 토론자들의 견해 차이가 사실적으로 묘사되고 이야기가 군데군데 삽입되고 종종 순발력 있는 반론이 제기되어 전혀 지루하지 않고, 내용이 문체를 닮고 문체가 내용을 닮는 유려의 육체성이 휴머니즘 이상을 형상화한다. 『궁정신하의 서』는 스펜서, 셰익스피어, 그리고 밀턴의 시작품에까지 심대한 영향을 미쳤다.

장시(長詩)

스펜서 『요정 여왕』은 중세 기사도 알레고리 기법으로 영국과 영국 여왕 엘리자베스를 예찬하는 서사시다. 아서왕의 12명 기사가 12가지 도덕 덕목을 대표한다…… 그의 계획은 그랬지만 실제로 한 명은 여자고 작품은 6권(그러니까 여섯 명)에서, 미완으로 끝났다. '장엄'의 아서왕이 각 권 일정 지점에 출현, 작품 전체에 통일성을 부여하고, 1권 적십자 기사는 성스러움을, 2권 기온은 자제를, 3권 여성 전사 브리토마트는 순결을, 4권 트리아몬드와 캠벨은 우정을, 5권 아트골은 정의를 구현한다. 각각은 단 한 번 서로 동떨어진 모험을 겪지만 그것에 이르는 동안 숱한 도전을 받는다. 거인과 용, 마법사들이 그들의 최종 모험길을 방해하고, 숙녀도 구해야 하고, 오류, 자만, 질투, 절망, 기만, 교활, 탐욕 등등이 또한 격퇴된다. 스펜서의 알레고리는 당연히 매우 복잡하다. 기독교 윤리를 설파할 뿐 아니라 아리스토텔레스 선악(善惡)체계와 플라톤 이상세계는 물론 당대의 다종다양한 정치-종교-윤리-교육의 층위를 덧붙이는 것. 그러나 가장 중요한 것은, '시적' 요소가 '이야기적' 요소를 해체한다는 점이다. 『요정 여왕』은 서정성이 저 스스로 심화하고 그것 자체가 이야기를 대체하는 장시(長詩)의 목전에 와 있다. 탁월하게 서정적인 장면 묘사 때문에 이 작품을 '세계에서 가장 훌륭한 그림책 중 하나' 라고 부를 정도다. '근대의 가장 위대한 서사시' 라고까지 평가되는 밀턴 『실낙원』은 어떤가. 시의 힘이 성경 이야기를 낭만적 액정화로 추동한다. 구약 창세기의 한 장면을 줄거리로 삼고 있지만 정말 심오하고 방대한 주제가 시의 힘에 의해 개척되고, 규모는 우주를 닮고 깊이는 하나님과 인류의 관계에 가닿는다. 최초의 인간 아담과 이브가 하나님의 말을 듣지 않고 뱀의 유혹에 넘어가 지식의 사과를 먹은 벌로 에덴동산에서 쫓겨난다. 이야기는 그것뿐이지만 시속에 인간 경험 전체와 역사, 신학, 신화, 열정과 규율, 사랑과 증오, 오만과 겸손 그 모든 것이 포괄되고 시육화(詩肉化)한다. 작품은 서두부터 곧장 우리를 가장 결정적인 장면으로 인도한다.

하나님에게 반란을 꾀하다 불타는 지옥에 떨어진 옛 천사, 사탄과 그 무리들은 하나님과 다시, 간접적으로 싸우기로 마음먹는다.

모든 것을 잃은 것은 아니다. 정복당하지 않은 의지,
그리고 복수에 대한 연구, 불멸의 증오,
그리고 결코 복종하거나 항복하지 않는 용기

가 남았다고 사탄은 선언한다. 첫 네 권은 사탄이 지옥에서 죄와 죽음을 지나 지구에 도착하는 장면으로 끝난다. 중간 네 권은 그 이전 사건으로의 전환, 천사들의 반란 및 지구와 인간의 창조를 재현한다. 마지막 네 권은 사탄이 새로 창조된 에덴동산으로 들어와 이브와 아담을 꼬드겨 금단의 열매를 먹게 하고 아담과 이브는 에덴동산에서 쫓겨나는 이야기다. 인류는 그렇게 낙원을 잃는다. 그러나 희망이 주어진다. 장차 하나님의 아들이 죄를 대속하고 인류를 원죄에서 구원하리라(낭만주의). 시정신이 모험을 감행한다. 사탄은 장엄하고 영웅적이다.

천국에서 노예로 사느니

지옥에서 군주로 살리라…… 마음은 그 자체 하나의 공간, 그리고 그 마음속에서 지옥이 천국 되고, 천국이 지옥 되나니……

등등의 포효는 매혹적이고 감동적이다. 그러나 이 매혹과 감동은 다시 시적으로, 하나님의 미학을 한 단계 더 높은 수준으로 추동한다. '영웅' 사탄이 비천한 뱀 형용으로 변하는 장면은 단절적이 아니라 연속적이며, 미학적으로 타당하다. 아담은 고대 그리스 비극 주인공처럼 자신의 오만함 때문에 몰락하지만, 역사(구원받으리라는)가 희망의 깊이를 심화한다. 이야기-소재만 보자면 밀턴은 보편성을 위해 아서왕은 물론 호메로스-베르길리우스의 '서사적' 보다도 더 오래 옛날의 창세기로 돌아갔다. 하지만 시의 힘이 복고주의를 역전시킨다. 이 놀라운 시의 힘은, 내용적으로, 고대 그리스 로마 최고의 서사시와 비극 들, 성경뿐 아니라 유대교 율법사 전통, 교회 신부들, 이탈리아와 프랑스 르네상스 시인들, 영국 극작가들, 그리고 스펜서 등등, 한마디로 문학사 전체를 동원하고 종합하고 응축한 힘이다. 그 힘이 다시 르네상스와 종교개혁 정신의 절묘한 조화, 고전주의 정신과 낭만주의 정신의, 그리고 사상과 문학 열정의 절묘한 조화를 담아내는 광경이 바로 『실낙원』이다. 고전주의와 낭만주의라. 그렇다. 『실낙원』으로 하여 우리는 문학-예술의 고전 걸작들이 사실은 고전주의와 낭만주의의 절묘한 결합을 그 공통점으로 하고 있다는 점을 '근대적으로' 인식하게 된다. 덧붙여, 『실낙원』은 매우 정치적인 작품이다. 인류가 영적인 순수성과 낙원을 잃는 이야기는 그의 당대가 경험한 공동체 이상의 상실에 대한 거대하고 감동적인 알레고리다.

총 154편에 이르는 셰익스피어 소네트들은 그의 희곡작품에 비하면 매우 겸손해 보인다. 그러나 서정시사에서 그의 소네트들이 차지하는 위치는 연극사에서 희곡이 차지하는 비중에 결코 뒤지지 않는다. 총 14행, 'abab, cdcd, efef, gg' 의 정해진 각운 틀 속에서 내용과 형식이 르네상스적인 통일을 이룬다. 한마디로, 셰익스피어 소네트들은 『요정 여왕』과 『실낙원』 중간에, 그 시 힘의 와중에 열린 근대적 서정시로의 통로다.

셰익스피어 직후 영국 서정시는 던의 '형이상학적' 기법에 의해 극단적으로 도시-현대화하는 충격을 겪었다. 풍자시, 소네트, 노래, 그리고 비가 등 던의 세속시는 벌써 자본주의의 양면을 내화-반영한다. 지식과 이미지의 작란(作亂)이 진행되고, 페트라르카식의 이상주의가 통렬하게 파괴되면서 보다 복잡미묘하고 지지부진한 사랑의 일상적인 의미가 세속적으로 심화된다. 또 느닷없고 기발한 비유가 언뜻 경박한, 그러나 사실은 철학, 심리학, 신학 등 학문 체계의 뿌리를 뒤흔들고 착종시키는 효과를 자아낸다.

> 그대 벼룩을 죽이지 마라 벼룩이 내 피와 그대 피를 빨아먹었으니 벼룩은 우리의 잠자리요 결혼의 사원 아니겠는가.

기존의 비유체계를 충격적으로 무너뜨리는 이런 비유들은 단순한 재치에 끝나지 않고 새로운 비유의 총체성을 간단하게 구축한다. 던의 사랑시는 낮은 차원에서 육체와 정신의 이분법이 통렬한 풍자정신을 낳지만 높은 차원에서는 정신이 육체를 그리고 육체가 정신을 정교한 상상의 차원으로 상승시킨다. 던의 풍자시 기법은 포우프와 드라이든 등에 지대한 영향을 끼쳤고, 그후 코울리지, 브라우닝, 그리고 홉킨스, 그리고 영국 현대시의 대가 엘리엇까지도 그의 영향을 매우 심각하게 받게 된다.

콤메디아델라르테, 대본을 뛰어넘는 '즉흥=전문' 연기의, 생로병사를 닮은 '죽음=웃음=가면'

'콤메디아델라르테'는 16세기 중반 이탈리아 베네치아와 롬바르디아 교외에서 발생한 '무용+음악+연극'의 즉흥가면극이다. 말뜻은 '직업배우가 연기하는 희극'. 귀족이나 문인 등의 아마추어 연기에 의한 희극(콤메디아에루디타)과 다르다는 점의 강조다. 구성 얼개가 미리 짜여 있다는 뜻의 '아소게토', 배우들이 그때그때 대사를 즉흥으로 때운다는 뜻의 '알임프로비소', 하인광대극이라는 뜻의 '데이진니', 가면극이라는 뜻의 '데이마스케레' 등 별칭이 여러 개다. 콤메디아델라르테 직업배우들은 대부분 중세 거리 곡예사 혹은 광대 들의 후손이었다. 교회에서 파문당하고 공동체에서 소외되고 문맹의 처지였던 그들은 완결되지 않고 뻔한 줄거리만 대강 잡아놓은 '시나리오' 만으로, 관객 반응과 상황을 살피면서 즉흥적으로 연기하고, 노래와 무용, 팬터마임, 광대짓, 풍자를 적절하게 섞으며 서민 일상현실의 생로병사를 웃음으로 쓰다듬었다. 특히 프랑스에서 활동한 이탈리아 공연단이, 프랑스어를 몰랐으므로 마임을 도입, 전통마임 수준을 크게 높였고, '전문' 의 예술성과 '희극' 의 세속성을 절묘하게 결합, 한 가지 역할을 전문으로 하는 배우들이 정형화한 가면을 쓰고 특정 배경과 의상, 희극적인 동작과 과장된 몸짓을 통해 전통적인, 혹은 문학작품에 등장하는 인물들을 실제 상황에 맞게 변형하여, 유형화하고 이 유형인물들이 즉흥적인 동작과 시사적인 농담으로 극의 성패를 좌우하면서 점차 사회적 상징으로 자리잡게 된다. 베네치아 상인 '판탈로네' 는 엄숙하고 인색하며 꽤나 진지한 체하면서 장광설 훈계와 불평을 늘어놓지만 오히려 걸핏하면 속아 넘어가는, 여자한테 시시한 수작이나 걸다가 수모를 당하는 호색한이다. 볼로냐 출신 '도토레' (발로아르도 혹은 발란초네 박사)는 이탈리아어와 라틴어를 현학적으로 섞어 쓰면서 법률, 철학, 천문학 등에 관한 자신의 엉터리 지식을 떠벌리는 학자, 혹은 욕심 많고 여자라면 사족을 못 쓰는 돌팔이 의사로, 당시 볼로냐대학 법학부 교수의 캐리커처다. '잔니' 는 엉뚱하고 교활하며 짓궂은 장난이 특기지만, 속이는 만큼 속임을 당하는 일도 많을 정도로 바보스럽다. '트루팔디노' 와 '브리겔라' 는 권모술수에 능하며 자주 사건을 일으키고, '아를레키노' (아를르켕, 할리퀸)는 바보스러운 듯 영리하고 때로는 무정하다. '풀치넬라' (폴리쉬네유, 펀치넬로, 펀치)는 게으름뱅이며 그 변형인, 멍청하지만 정직한 페드롤리노는 서커스 혹은 팬터마임의 단골 주인공 '피에로' 의 원형이다. '카피타노' 는 당시 이탈리아를 지배하던 스페인군에 대한 엽기적인 풍자로, 자신의 무공을 자랑하지만 진짜 위험 앞에서는 도망치는 겁쟁이인데, 17세기 명배우 피오렐리가 '스카라무슈' 로 정형화, 미묘하고 섬세한 마임(무언극)의 경지를 연 이래 카피타노는 가장 친근한 콤메디아델라르테 등장인물 중 하나지만 해를 거듭하면서 이미지가 종종 복잡한, 우울하고 실연당한 인물에서 광대로 변해갔다. 원래 이미지는 좀더 세련된 스카라무슈가 맡게 된다. 사랑에 빠진 연인 '인아모라토'와 늙은 사내의 과보호에 시달리는 젊은 아내 혹은 딸 '인아모라타', 연인 '렐리오', '리코보니', '레안드로'(남성)와 '이사벨라' '베아트리체' '실비아'(여성), 색정적이며 수다스러운 시녀 '콜롬비나'와 '코랄리나' 등이 그 밖의 주요 전형인물들이다. 콤메디아델라르테가 프랑스에 전파되어 크게 인기를 끈 것은 1570년 무렵. 1578~1590년 무렵 나바르의 헨리궁정을 방문한 콤메디아델라르테 순회극단을 묘사한 기록은 가면을 쓴 잔니가 판탈로네 머리에 솟아난 '오쟁이진 뿔'을 가리키고 있다. 이 밖에 남아 있는 16세기 말 자료들은 판탈로네가 아를레키노 및 두 하인을 거느리고 인아모라토에게 세레나데를 바치는 장면, 아를레키노가 인아모라타에게 예를 표하는 장면, 성난 판탈로네를 인아모라타가 상대하는 장면 등을 보여준다. 잔니 가면들은 가죽으로 만들었다. 1600년 그려진 한 템페라화 속 베네치아 사육제를 보면 희극에 출연하는 듯한 여자가 발이 젖지 않게끔 굽 높은 나막신을 신었고 연인과 잔니로 분한 사내가 그녀를 부축하고 있다. 16세기 말 『포사르 모음집』에는 앙리 3세 치하 프랑스의 이탈리아 극단이 나오는데, 판탈로네가 여자에게 세레나데를 부르고, 아를레키노와 오쟁이진 잔니가 그를 돕는다. 17세기 들며 콤메디아델라르테는 전성기에 달했으며, 안드레이니와 페델레 같은 훌륭한 배우 겸 탁월한 극작가-번역가를 배출했다.

1618년 칼로의 동판화를 보면 판탈로네는 셰익스피어 〈좋을 대로 하시든지〉의 '비쩍 마르고 신간 편한 판탈루운'을 거쳐 영국 하얼퀸 어릿광대극의 멍청한 노인네로 되고, 1621년 동판화는 연극 공연중인 야외무대에서 춤추는 라줄로(기타)와 쿠쿠루쿠 등, 이동식 콤메디아델라르테 무대가 어떤 형태였는지 보여준다. 광대가 광대를 때리는 장면은 콤메디아델라르테 대본에서 통상적이며, 그것이 일종의 '우스갯거리'로 프랑스 희극에, 그리고 아마도 몰리에르의 초기 희극에 스며들었다. 1630년 파리, 부르고뉴호텔극단의 프랑스 배우들 그림을 보면 무대 위에 튀를뤼팽, 콜티에-가르귀이으, 그로스-기욤 등이 있는데, 흥미롭게도 이탈리아 콤메디아델라르테의 아를레키노, 판탈로네, 페드롤리노, 혹은 풀치넬라를 연상시킨다. 1639년 부르고뉴호텔극단 익살광대극 장면 중 오른쪽 세 등장인물은 콤메디아델라르테의 흔적이 묻어 있지만 훗날 진정 프랑스적인 희극인물로 발전한다. 맨 왼쪽 '허풍쟁이 병사'는 종종 스페인 사람으로 묘사되지만 역시 이탈리아 출신인데, 프랑스에서 성공적으로, 이를테면 코르네유 〈희극적 환상〉 중 마타모레 역으로 연행되었다. 1642년 베르텔리 동판화에는 칼라브리아 출신 코비엘로와 기타 치는 시칠리아 친구가 나오고, 코비엘로는 노인네, 판탈로네의 친구 역으로 종종 나오고, 잔니 역으로 풀치넬라와 함께 다니기도 하는데, 풀치넬라와 유사한 점이 많다.

1697년 코메디 이탈리안느 배우들이 〈비뚤어진 요조숙녀〉 공연으로 멩트농 부인의 심기를 크게 자극, 파리에서 추방되고, 이듬해 루이 14세가 공연단 일체를 추방할 때까지 콤메디아델라르테는 프랑스적인 인물과 특성을 가미하는 한편 프랑스 문화에 상당한 영향을 끼쳤고, 다른 한편 유럽 각지로 확산되면서부터는 이탈리아 방언의 풍요로운 유머가 외국인 관객에게 제대로 전달되지 않자 몸짓에 절대 의존케 되고 사건들이 틀에 박히게 되므로 인물들이 실생활을 반영하지 못하고 반복과 관객에 대한 아첨으로 일관, 이탈리아 특유의 활력을 잃게 되는데, 이것 또한 프랑스 문화의 영향이 컸다. 1716년 제작된 람브란치 동판화에는 춤추는 풀치넬라 외에 무대 아래 작은 풀치넬라가 또 있고, 무대 위 익벽 네 쌍과 배경막이 흥미로운데, 익벽과 배경막은 17세기에 생겨나 오늘날까지 오페라 및 발레 극장에서 쓰이고 있다. 18세기 시민계급의 등장과 함께 콤메디아델라르테는 프랑스에서 1762년 오페라코미크에 흡수되며 이탈리아에서도 새롭고 사실적인 희극 양식을 창출한 골도니의 연극 개혁으로 설 자리를 잃게 된다. 고야 〈떠돌이 광대들〉(1793)은 할리퀴네이드(어릿광대짓)에 등장하는 인물들을 보여준다. 다이아몬드무늬 의상의 할리퀸은 콤메디아델라르테의 가장 두드러지는 등장인물 중 하나로, 발랄하고 힘차며 재치 있고, 걸핏하면 사랑에 빠진다. 콤메디아델라르테는 프랑스 몰리에르와 그 전에 영국 셰익스피어 연극, 프랑스와 영국의 팬터마임, 18세기 말~19세기 초 빈 폴크스뷔네(인민극장), 채플린 영화에 심오한 영향을 끼쳤으며, 오늘날에도 비심리적 연극의 원형으로 작용한다. 그러나, 가장 중요한 것은, 콤메디아델라르테가 이탈리아 오페라부파에 끼친 영향이다. 외적으로 콤메디아델라르테의 등장인물들은 예술 국제화를 상징하며 내적으로 그 인물-상황 유형화는 연행 기법상 즉흥을 위한 토대지만, 우선적으로 사회화 지향의 당연한 결과다. 그들은 웃음의 시각으로 본 사회의 총체고, 더 근본적으로, 이 유형화는 웃음의 방만한 무방향성을 일단 응축하면서 더 폭발시키기 위한, 닫힘이 아닌 열림의 매개다. 음악을 만나면 더욱 그러한데, 그것이 바로 이탈리아 오페라부파며, 그것을 통해 유형화가 열림 자체를 유형화하고, 응집 지향의 비극을 포괄하고, 비극이 희극의 열린 창으로 되고, 육체-존재 비극성의 표현 영역을 또한 폭발적으로 넓혀가며, 인물 유형화의 도구였던 가면은 죽음을 포괄하는 웃음, 혹은 삶을 포괄하는 죽음의 웃음 그 자체로 되고, 오페라부파는 현대마임과 현대무용의 폭발적인 웃음을 내장, 현대예술 전 분야의 경지를 열어젖히게 된다. 무용과 음악의 변증법이 웃음의 철학성을 심화-확대하고, 그 틀로 대가들의 예술정신을 자극하고, 특히 음악과 무용의 고전주의와 낭만주의를 탄생시키고, 끝내는, 고전주의 및 낭만주의의 파탄 이후까지 감싸 안는 '비극적 파경=웃음'의 세계관에 달하는 것이다.

소설 『돈키호테』, '이야기=해체'

근대 프랑스어는 라틴어를 꾸준히 토착화한 결과다. 근대 영어가 확립되는 데는 셰익스피어 문학과 킹 제임스판 성경의 역할이 결정적이었다. 근대 독일어는 아마도 루터판 성경에서 시작, 괴테에 이르러서야 문화어로 인정받기에 이른다. 러시아는 더 늦게, 푸슈킨을 문학과 언어의 아버지로 하여 확립되기 시작한다. 그러나, 그리고, 그후부터는 소설장르가, 자본주의 시민정신의 미학적 대변자로서 각국의 국어를 발전시키게 된다. 이런 지점 혹은 형편에, 한쪽 발은 중세에 담근 채 그 발을 스스로 절단하는 다소 부정적인 방식과 예감으로 스페인 작가 세르반테스 소설 『돈키호테』(1부 1605, 2부 1615)가 놓여 있다. 그는 셰익스피어보다 17년 전에 태어나 그와 같은 해에 죽었다. 『돈키호테』가 씌어지던 시기는 셰익스피어가 '영원한 문제작' 『햄릿』의 봉우리를 넘고 『오셀로』 『리어왕』 『맥베스』 등 비극예술의 절정을 이룩한 후 낭만주의 희비극 『겨울 이야기』를 거쳐 만년-최후작 『템페스트』(1611년경)까지 써내던 시기와 겹친다. 스페인 세르반테스는 프랑스의 몽테뉴, 그리고 영국의 셰익스피어와 함께 르네상스의 최대 성과물이고, 동시에, 가장 뒤늦은 그에 의해 르네상스가 종료되기도 한다. '뒤늦은 기존의' 중세 기사도 로망스의 내용과 형식을 패러디-풍자하는 소설 『돈키호테』의 이야기 얼개는 이렇다.

나는 프랑스의 열두 귀족과 아홉 명사들을 합친 것보다 위대하다, 내가 벌일 모험은 그들의 모험 모두를 합친 것보다 더 위대할 테니까. 그렇게 허풍을 떨며 실제로 모험을 떠나는 시골의 말단 귀족 알론소 키하도('등잔-턱'). 우선 그의 몰골이 정말 목불인견이다. 껑충한데다 너무 야위어서 뺨이 입속에서 서로 입을 맞추는 듯하고 목은 길이가 반 야드는 될 것 같고. 중세 기사도에 관한 책을 읽다가 마법, 전투, 도전, 구애, 고뇌의 세계로 빠져들면서 완전히 정신이 나가 그는 자기도 기사가 되어 세상을 떠돌리라 결심한다. 중무장을 하고 위험을 감수하며 세상에 만연한 일체의 악을 제거, 만방에 이름을 떨치리라. 불의를 척결하는 자, 여성을 보호하는 자, 거인들이 두려워하는 자, 전투에서 승리하는 자. 자신의 이름을 '돈키호테'로 바꾸고 우선 이상의 여인을 만들어냈다. 둘치네아. 그녀는 억세디억센 시골 처녀로 그가 맨정신이었을 때는 말 한마디 걸지 않았던 여자였다. 뼈만 남은 그의 조랑말은 로시난테로 명명했다. 시종도 있다. 산초 판자. 그는 체구가 땅딸막하고 정직한, 아니 현실적인 사람이다. 그렇게 모험 여행을 떠난 돈키호테는 풍차를 거인으로 착각, 풍차에 돌진하는가 하면 양떼를 적군으로 착각, 돌진했다가 양치기들에게 죽을 정도로 얻어맞는다. 마법사들의 농간이로다. 착각이 불행을 낳는 악순환이 거듭된 끝에 돈키호테는 새장에 갇혀 집으로 실려온다.

1부는 그렇게 끝난다. 여기서 아주 끝났더라면 『돈키호테』는 기법에서나 사상에서나 그리고 (부정적이고 풍자적인) 태도에 있어서나 라블레의 『가르강튀아와 팡타그뤼엘』에 못 미치는, 뒤늦은 르네상스의 뒤늦은 표현에 그친 듯 보였을 것이다. 그러나 2부는, 다르다. 10년 동안의 창작기를 거치면서 미학과 사상 각각의 수준과 그 결합도가 한 단계 질적 발전, 현상 뒤에 숨은 실재에 대한 심오한 탐구 영역을 개척하는 것. 이 영역은 삽시간에 근대는 물론 현대까지 포괄하는 영역으로 되고, 그것을 바탕으로 돌이켜보면 1부 또한 이상과 현실의 관계에 대한 새로운, 매우 진지하고 기발한 변주곡으로 드러난다. 자신을 '사자의 기사'로 개칭했지만 2부의 모험은 '인간' 돈키호테가 견딜 수 없는 성질의, '실존적'인 것이다. 돈키호테는 자신이 미쳤음을 인정하고, 그 인정이 상심의, 그리고 죽음의 원인으로 된다. 인물 성격 묘사가 심오해지는 '동시에' 도덕, 정부, 사회 등등 일반적인 문제에 대한 시야가 넓어진다. 구성미가 완벽해지는 '동시에' 당대 스페인 사회의 총체상이 다채롭게(북적대는 항구, 전원 풍경, 침실, 사냥, 정원 축제) 드러난다. 이 '동시에'의 기적은 그러나 평지돌출한 것이 아니다. 1부에서 벌써 우리는 허무맹랑한 이상의 현실적인 참패를 목도하면서 우스꽝스러움의 비애를 겪게 되는 것이다. 돈키호테와 산초 판자의 대비도 흥미롭다. 돈키호테는 이상주의적 몽환가면서 행동주의자지만 산초 판자는 말로 설득 혹은 만류하는 자다. 동시에, 돈키호테의 시야는 몽환 속으로 닫혀 있는 반면, 산초 판자의 그것은 실용적이고 교정적이면서도 현실 속으로 열려 있다. 그리고 산초 판자의 시야가, 예술의 그것처럼 발전하면서 돈키호테의 환상을 포괄한다. 처음에 산초 판자는 모든 경험 각각이 자신이 추구하는 목표, 한 섬의 지배자가 되는 목표를 향한 진일보일 수 있다고 여긴다. 그러나 점차, 돈키호테가 스스로 결정한 개혁운동의 미덕을 드러내면서, 산초 판자는 이해-포괄력이 넓어지고 돈키호테의 전망에 좀더 관용을 갖게 되고 급기야는 존경하고, 현상 너머의 진리, 혹은 가치 전도를 깨닫게 된다. '현명한' 사람들이 사실 바보에다 도덕적으로 열등한 존재일 수도 있다. 오로지 옳은 일만 하려는 사람은 미친 사람 취급을 받는다. 돈키호테는 단순하다. 미덕이란 누구나 다 아는 것이고 패배할 까닭이 없다. 이 단순성이 산초 판자의 현실성을 거치면서 꿈과 경험의, 숭고한 이상과 비천한 현실의, '목적=순수성'과 (비현실적 행동이 낳는) 혼란스런 '과정=결과'의 영원한 갈등으로 변화 발전한다. 그리고, 그러나, 이 현혹의 우주에서 최종적으로 중요한 것은 이상이구나. 산초 판자가 그런 깨달음에 달할 때 희극은 다시 비애를 머금고 스스로 한없이 의미 깊어진다. 『돈키호테』는 『햄릿』만큼이나 다양한 현대적 해석을 요하는 작품이다. 동시에 『햄릿』보다 더 대중적이다. 이 작품은 성경을 제외한 어떤 작품보다도 여러 나라 말로 번역되었다.

소설, '근대=이야기=' 해체'와 그 너머

고전주의, 내용의 형식화와 형식의 내용화
낭만주의, 정신에 달하려는 육체의 아름다움과 비극 그리고 '죽음=아름다움'의 완성
리얼리즘, 세계의 전유-개인화
모더니즘, 개인의 전유-세계화

이야기의 형식과 내용이 고대와 중세를 거치며, 특히 광범한 독자층과 냉철한 분석적 이성이 가능했던 르네상스에 이르러 일치되기 시작한다. 서양소설은 근대 시민사회가 그 흐름과 현상을 예술적으로 응축한 결과물이며, 소설의 압도적인 산문성은 문학의 귀족 취향을 최종적으로 하향-심화한다. '이성=근대=소설'의 등식은 동시에, 처음부터 소설 '예술' 자체의 반발을 초래한다. 즉, 소설은, 소설이므로, 처음부터 비이성적인, 환상적인, 엉뚱한 이야기를 추구하려는 본능이 있으며 이성의 중력과 반발의 비상력 혹은 상상력 사이 미학적 변증법 속에서 걸작이 탄생할 것은 당연하다. 스페인 작가 세르반테스 『돈키호테』가 웃음의 비극으로 중세를 무너뜨리고 소설이 표준 문학장르로 자리잡은 이래, 작품을 통해, 프랑스 작가 발자크가 말 그대로 이 세상의 모든 것을 집어삼키고, 러시아 작가 도스토옙스키가 우주보다 드넓고 깊고 복잡한 인간 심리 세계를 파고들며, 톨스토이가 세상보다 드넓은 생애를 펼치면서, 소설은 19세기 말 '근대=이야

기' 의 최적 매체로, 가장 국제적인 '이야기=장르' 로서, 지배적인 문학장르 위치를 확고히 하였다. 현대는 근대장르인 소설의 위기를 초래했으나, 아일랜드의 조이스, 프랑스의 프루스트, 독일의 카프카 등 '현대작가' 들의 작품에 힘입어 '형식=미학' 이 이야기를 오히려 추동하는 단계로 넘어가고, '이야기를 해체하는 이야기' 의 경지를 아직 심화하는 방식으로, 순수문학에서도 계속 주도적인 자리를 지키고 있다. 소설문학사는 '이야기의 이야기' 의 역사며, 그것을 따라가다보면 우리는 우선 연애소설, 모험소설, 환상소설 등의, 그다음은 역사소설, 악한소설, 통속소설, 고딕소설, 심리소설, 풍속소설, 서간체(書簡體)소설, 전원소설, 교양소설, 컬트소설, 환상소설, 예언소설, 프롤레타리아소설 등의 파란만장한 영역 구분에 접하지만, 구분이 타당하다는 것은 영역이 좀체 겹치지 않는다는 뜻이고, 그것은 구분을 무효화하는 걸작을 좀체 찾아보기 힘든 시기 구분법이라는 뜻이다. 왜냐면 걸작 '이야기의 이야기' 는 이야기를 좁히기는커녕 이야기의 미로를 심화-복잡화, 모든 것을 포괄한다. 작가 상상력을 따라 구분이 가지치기를 하는 게 아닌 것이, '상상력' 은 온갖 구분을 능가하면서 총체적이다. 근대가 본격적으로 작용하면서 낭만주의, 사실주의, 자연주의, 표현주의, 초현실주의, 그리고 전위주의, 그리고 1950년대 이후 아예 '반(反)소설' 영역도 생겨나고, 물론 구분의 내용이 질적 발전하지만, 걸작은 다시 이 모든 구분을 무효화한다. 모든 걸작 소설은, 다른 어느 장르보다 풍부하게, 온갖 '주의' 들을 '총체=아름다움' 속에 아우르며, 예외 없이 반소설적 요소를 품는다. 등장인물은 반(反)등장인물적 요소를, 줄거리는 반(反)줄거리적인 요소를 언제나 그 안에 품고 있으며 어느 시기 어느 순간 역사와 긴밀한 예술적 교감 속에 반줄거리가 줄거리를 대체하고 반등장인물이 등장인물을 대체한다. 역사가 진보적일 때 그 과정은 대체로 진보적이다. 아니, 그 과정조차 진보적이어야만 우리는 그 역사가 진정 본질적으로 진보한 것이라고 말할 수 있다. 소설은 이전의 어느 문학장르보다 강하게 삶의 현실에 개입하지만, 이전의 여느 장르와 마찬가지로, 정치적 선전선동의 내용으로 개입하는 것은 아니며, 다만 소설 미학은 이전의 어느 문학장르보다 '대중내 예술' 적이다. 소설에서 '대중적' 과 '예술적' 사이 갈등은 광활하지만 이미 내적이고 광활한 미학적 품음을 전제하며, 그래서 가장 대중적이면서도 예술적이고, 의미의 미학적인 혁명이 최고의 선전선동이다. 그리고 마침내, 줄거리 혹은 반줄거리가, 등장인물 혹은 반등장인물의 내면 변화-발전 양상이, 세속적이므로 예술적인 존재 일상의 궁극을 파고들며, 이야기가 죽음을 삶으로 전화하며, 그때 소설은 신화에서 해방된 시민시대의 '일상=신화'로, '신화=거룩한 이야기'로 된다. 소설을 단편과 장편으로 가르는 것은 매우 유효하다. 당연히 '짧은 이야기'가 '긴 이야기'보다 먼저 생겨났고, 어떻게 보면 문장과 단어가 생기기 전에도 짧은 이야기는, 이를테면 번뜩이는 아이디어쯤으로 존재했지만, 소설적 응축 미학의 결과로서 단편소설은 장편소설보다 매우 늦게, 정확히 19세기 붐을 이룬 정기간행물 지면과 더불어 결정(結晶)되었고, 단편소설 정의와 미학 논의는 19세기 말 본격적으로 시작되어 아직도 진행중이다. '신들의 전쟁' '최초 인간 이야기' '하늘의 활' '잊어버린 왕'. 『길가메시』가 탄생하던 무렵 중동 지역을 떠돌던 이야기 제목은 그랬다. 산문은 이야기를 세속화한다. 이집트인들은 '짧은 이야기'를 아주 일찍부터 산문으로 기록했는데, 가장 오래된 산문 이야기 중 하나 「두 형제 이야기」(BC 3200년)에서 보듯, 신화가 바야흐로 영화적 상상력에 가닿는데도 지독하게 교훈 일색이지만, 그후 인간의 세속 삶과 잡담이 중단되지 않았듯, 산문으로 씌어진 '짧은 이야기' 흐름은 끊긴 적이 없으며, 이솝우화는 특수한 형태의 짧은 산문 이야기고, 구약 중 다니엘서, 요나서, 루스기가 산문이며, 중세 『아라비안나이트』가 더 산문적이고, 르네상스 『데카메론』은 더더욱 산문적이다. 17세기와 18세기 장편소설 및 대중매체용 기행문의 범람 속에 '짧은 산문 이야기'가 눈에 띄게 줄면서 생기는 공백이 오히려 단편소설 미학 심화를 위한 잠복기로 작용하고, 성격 묘사, 총체성, 흥미를 쌓아가는 방식, 절정, 결말 등 소설의 온갖 구성요소가 장편소설 경향에 맞서 산문미학적으로 응집, 심화하는데, 장편에서 단편으로의 소설적 이행은 그 이전 서사시에서 장편소설로 이행한 현상의 '역전'이 아니라 진보적이며 현대적인 '완성'으로서, 향후 단편소설이 세속을 응축-심화하면서 장편소설보다 더 먼저 소설 미학의 끝에 달하고 막다른 골목 자체를 새로운 생명 연장의 바탕으로 삼고, 현대시와 살을 섞으며 만신창이 혹은 자해의 미학으로 자본주의 폐해를 반영하거나 그것에 맞서게 된다. 『돈키호테』 이후 스페인 국력이 급속히 쇠퇴하고 황금기에 대한 감상적 향수가 황금기 자체를 압도하며, 벌써 프랑스 고전주의가 밀어닥쳤으므로 스페인 장편소설 전통은 19세기에 이르러서야 다시 개화하고, 독일에서는 그림멜스하우젠의 뒤늦은 르네상스 걸작이자 때 이른 장편소설 『심플리치시무스』(1669)가, 16세기 스페인풍 피카레스크('악당') 소설을 떠오르게 하면서도 뭐랄까, 30년전쟁중 순진무구한 소년이 꾸려가는 삶이 주제지만, 치밀한 줄거리와 세심한 관찰력, 난폭한 유머와 지독한 비판 등 모든 것이 흡사 전쟁과 황폐화, 잔학과 두려움의 거처로서 독일에 맞선 한 영혼의 투쟁 과정을 형상화하는데 오로지 동원되는 그 모양새가, 독일 문학의 미래 자체를 예견케 하며, 과연 『심플리치시무스』의 속편 사기꾼-떠돌이 여인 '억척'(1670)이 약 3백 년 후 독일 시인-극작가 브레히트의 유명한 희곡 『억척 어멈과 아이들』(1941)로 번안되면서, 독일의 뒤늦음과 영혼의 반짝임이라는 구도 혹은 운명을 독일 문학이 3백 년이 지난 후에도 완전히 벗지 못했다는 점을 웅변하게 된다. 어쨌거나, 독일 장편소설은 괴테에 이르러서야 부흥을 맞으며, 독일 현실의 뒤늦음은 마르크스주의에 이르러서야 정치-경제-철학 '이론'의 선구로 전화하게 된다. 시와 연극 전통이 매우 강했던 영국 또한 장편소설 발전이 더뎠고, 소설에 대한 작가들의 태도가 오랫동안 유쾌한 아마추어 수준에 머물렀다. 기법만으로 보자면 디포 『로빈슨 크루소』(1719)는 허구 예술이 아니라 자전-실화에 가깝고, 스위프트의 걸작 『걸리버 여행기』(1726) 또한 어른을 위한 동화에 가깝다. 리처드슨의 『파멜라』(1740)에 이르러서야 영국 장편소설은 시적인 요소를 여전히 머금어 다소 완만한, 그러나 역동적인 모습을 드러낸다.

파멜라의 여주인이 사망하자 여주인 아들 'B씨'는 부드럽고 끈질긴 접근으로 파멜라를 꼬드기지만 실패한다. 몸이 단 그가 강압적으로 그녀를 유괴한 후 겁탈하려 하지만 그것도 여의치 않자 결혼을 해주겠다면서까지 그녀 몸을 노리는데 파멜라는 그의 집요한 혼전 섹스 요구를 다시 지혜롭게 물리치고, 마침내 'B씨'가 그런 그녀에게 감동, 정말 그녀와 결혼을 한다.

'순정하고 영리한' 하녀의 교묘한 계책이 주인의 질투를 부르고 그렇게 자신의 질투를 못 이긴 주인이 하녀와 결혼하게 되는 콤메디아델라르테-오페라부파 기조가 다소 '영국화-교훈화'하지만, 그런 채로 꽤나 낭만적인 줄거리 얼개와 분위기를 낳고, 같은 얘기로, 유혹 혹은 구애를 둘러싼 교훈과 낭만의 시적 응집이 소설적 줄거리를 자아낸 면도 있었다. 프랑스와 정반대로 낭만주의 경향이 두드러지는 영국이지만, 프랑스와 달리, 특히 소설의 경우 낭만주의가 격한 고전주의적 반발을 좀체 부르지 않는데, '격함'과 '고전주의'가 걸맞지 않는 것보다 더, 영국 낭만주의는 어느 정도 고전주의를 품기 때문, 아니 애당초 고전주의를 시화(詩化)한 결과였기 때문이다. 독일의 경우 고전주의와 낭만주의의 대립은 불쑥불쑥 낭만주의의 악화를 초래한다. 프랑스 장편소설 전통은 르네상스 풍자작가 라블레의 '과도함=이야기'를 몽테뉴 산문의 단아함이 제련한 결과로 시작되며, 비극적 서정은 물론 광포하고 음탕한 웃음까지, 음탕할수록 더욱 엄격하게 질서-체계화하는 프랑스 고전주의 전통이 다른 나라보다 오랫동안 프랑스 예술 전체를 지배하다가, 더 격렬하게 낭만주의적인 반발을 초래한다.

17세기 영국 침대걸이 털실자수 디자인은 종종 인도 면직류에 영감을 받았고, 다양한 색을 풍부하게 천연물감으로 구사하였다. 삽화 150장으로 나뉜 코메니우스 〈그림으로 보는 세계〉 영문판(1672)이 아동용 북 일러스트레이션 역사에 한 획을 그었고 대부분의 유럽 국가는 물론 아랍, 터키, 페르시아, 그리고 몽골어로까지 번역되었다. 장 타주는 위대한 프랑스 철물 장인으로 영국에 살던 1688~1712년 크리스토퍼 렌 경을 위해 많은 작업을 했는데 햄튼 궁정 울타리도 그중 하나다. 그의 철물제품은 아직까지 가장 휘황찬란한 것에 속한다. 1693년 그의 디자인 책이 출간되어 영국 철물 장인들 사이에 그의 양식을 널리 전파시켰다. 옥스퍼드출판사 창설자 존 펠 박사는 학술서적 대부분이 네덜란드, 독일, 그리고 프랑스에서 인쇄되던 시절 로마, 그리스, 아랍, 헤브류 알파벳 활자

일습을 암스테르담에서 옥스퍼드로 가져왔고, 그의 투박하고 불규칙적인 수공 활자가 다음 세기 대부분 동안 영국 인쇄 양식을 규정지었다. 노어포크, 홀컴 홀은 영국에서 가장 웅대한 팔라디오 주택지 중 하나로 1734년, 윌리엄 켄트가 라이스터공 토머스 코우크를 위해 기공했으며, 팔라디오 양식의 특징인 거대한 중앙 주랑(柱廊)현관을 한껏 과시한다. 18세기 영국 정원미술은 세계 최고 수준에 달했고, 그 전범 중 하나인 윌트셔, 스타워헤드공원은 1741년 은행가 헨리 호어 2세가 아버지로부터 저택을 물려받아 대지를 조성하고 일련의 호수와 동굴 하나, 그리고 사원을 들인 것으로, 1762년 소설가 호레이스 월폴은 이 공원을 가리켜 '세상에서 가장 그림 같은 장면'이라 했다. 워위크셔, 컴프턴 위니아츠 또한 가장 그림 같은 사례 중 하나다. 장미빛 벽돌 축조, 무르익은 석공술, 그리고 불규칙적인 구성이 들쭉날쭉한 총안, 모여 있는 굴뚝들이 다양한 형태와 크기의 유리창과 어울려 따스한 정적감을 자아낸다. 미들섹스 소재 시온가(家) 실내장식은 영국 건축가 아담의 작품 중 가장 화려하다. 인조 대리석으로 마루를 깔고 기둥을 얼룩덜룩한 초록 대리석으로 세운 후 기둥머리에 금을 입혔다. 하워드성의 큰 홀은 반부르그의 가장 인상적인 실내장식 중 하나로 두 층을 통해 천장으로 이어지는데, 영국 시골 저택이 이토록 장려한 바로크 실내장식을 한 예는 그 이전에 없었다. 장식물의 질도 적절하게 높은 수준이었지만, 1940년 화재로 크게 훼손되고 숙련된 베네치아 화가 펠레그리니가 그린 천장화는 파괴되었다. 한나 테일러가 1774년 열한 살 때 만든 자수는 그녀의 가족, 그들의 뉴잉글랜드 가장, 그리고 어린 시절 자주 보던 나무와 동물 들을 묘사한다. 일체의 단순성에도 불구하고 자수는 미적인 즐거움뿐 아니라 질서, 구조, 그리고 지속성에 대한 감각까지 제공한다. 디자인책 『가구 제작 및 장식 가이드』(1788)에 수록된 한 침대 도안은 우아한 선과 점점 가늘어지는 '에플화이트 양식'을 전형적으로 보여준다. 『가구 제작 및 장식 가이드』는 독창적인 내색이 전혀 없이, 당대 기호를 요약하고 있다. 토머스 세러튼 『가구제작자-실내장식업자 드로잉북』 1802년판의 서문에는 '가구의 현재 상태를 보여주고, 또 제작자들이 그 일부를 제작하는 데 약간의 도움을 주기 위해 이 책을 마련했다'고 씌어 있다. 우아한 형태와 세련된 장식이 그가 구사하는 양식의 전형적인 특징이다. 영국 섭정기(1811~1820) 건축양식의 최첨단 대변자는 존 내시. 그의 가장 야심만만한 작업이 런던, '섭정공원' 개발이었다. '초승달 공원'(1812년 시작)은 이 계획의 첫 부분. 오늘날 우리가 보는 것은 원래 계획의 절반뿐이다. 그는 초승달형 건물을 한 채 더 지어 원형이 되게 하려 했다. 그랬다면 바스 소재 우드 원형 건물보다 더 컸을 것이다.

태양왕, '정치권력=예술'의 화려하고 어두운 절정

'대왕' 또는 '태양왕'으로 불릴 정도로 절대왕정 전성기를 구가했던 루이 14세는 사실 개인적으로 불행했던 왕이다. 다섯 살 때 즉위, 모후가 섭정을 했고, 재상 마자랭이 왕권절대주의 강화에 힘쓰던 열 살 때 대귀족과 일부 시민계급이 영국혁명에 자극받아 파리고등법원 간섭을 반대하며 일으킨 프롱드난을 맞아 파리를 탈출, 불안과 공포에 떨며 국내를 전전하던 기억에 평생 시달리며 귀족과 고등법원을, 그리고 파리를 싫어하게 된다. 프롱드난을 진압한 마자랭은 루이 14세가 성인이 된 후에도 실권을 계속 장악, 1659년 스페인 공주 마리아 테레사와 왕을 정략결혼시키고, 1661년 마자렝 사망 후 비로소 친정을 시작한 왕은 왕의 권력을 최고 수준으로 끌어올린다. 그는 스스로 정한 '왕의 업무'에 규칙적으로 임하고, 인간을 불신하여 특정 재상한테 정치를 일임하지 않았으며, 명문 귀족을 피해 등용하고 서로 견제시켰다. 친정 초기 재무장관 콜베르는 국가재정 수립, 그리고 생산, 유통, 소비의 정체, 역병 유행 및 주기적 흉작으로 인한 불황 탈피를 위해 해양식민제국 구상을 내걸며 동인도회사를 설립하여 무역 진흥과 산업 육성, 식민지 개발 및 더 많은 간접세 징수를 꾀하다가 선진국 네덜란드에 고관세 정책으로 도전, 네덜란드전쟁(1672~1678년) 패전으로 좌절하지만, 루이 14세는 오히려 그것을 활용하여 태양왕 전성기의 막을 올린다. 1682년 베르사유로 왕궁을 옮긴 그는 대내적으로 많은 제후들에게 봉사-궁정생활을 강요하고, '국왕의' 행정관료가 신분과 직업 및 지역 특권을 축소하고, '국왕의' 프랑스아카데미가 문화의 규격화와 서열화, 그리고 언어 통일을 추진하므로 '짐은 곧 국가다' 라는 말이 어울리는 정치상황 속에 1675년 고유 문화전통을 이어가던 브르타뉴 주민이 '인지세 봉기' 를 일으키고, 대외적으로 '대륙제국' 을 실현하기 위해 민병제로 육군력을 강화하고 합스부르크 세력과 일전을 불사하므로 '나는 전쟁을 좋아한다' 고 선언한 루이 14세 친정 54년 중 31년이 전쟁(1667~1668년 플랑드르전쟁, 1688~1697년 네덜란드전쟁 및 아우구스부르크동맹전쟁, 1701~1714년 스페인계승전쟁)으로 얼룩지게 된다. 더욱 심각한 것은 그의 종교정책. '유일한 종교' 를 목표로 그는 우선 얀센주의자(인간의 자유보다 하느님 은혜를 중시하는 교파)를 억압하고 1680년대 위그노 탄압을 시작한 후 1685년 신교도 신앙 자유를 약속한 낭트칙령을 폐지, 내외 여론의 격렬한 비판을 받았고, 신교를 믿던 수공업자들이 다수 망명하자 상공업이 쇠퇴하고, 남프랑스 위그노 농민들은 '라미자르 대반란' (1702~1709년)을 일으킨다. 스페인계승전쟁은 1700년 왕손 앙주 공작이 스페인 왕위를 계승하자 이듬해 일어난 반프랑스전쟁이니, 루이 14세 베르사유궁정은 발레(무용+음악) 및 고전주의 연극, 그리고 바로크미술을 하나로 융합, 유럽 최고의 예술로 정치권력 절정을 상징했으나 황금기가 반란과 전쟁에 추위와 기근까지 겹쳐 비참하게 끝나고, 다만 미술이 앞으로 프랑스 예술을 대표, 세계 최고 수준에 달하게 된다.

프랑스 고전주의와 몰리에르, 비극보다 더 비극적인 희극

셰익스피어 활동기에 곧이어 코르네유와 몰리에르, 그리고 라신의 프랑스 고전주의 연극시대가 열린다. 장소는 '태양왕' 루이 14세의 왕궁. 이들은 왕가의 직접 후원을 받으며 정통 프랑스 문예 전통을 구사하고 확립했다. 코르네유는 희극과 비극을, 라신은 비극만을 썼다. 몰리에르는 오페라부파 정신을 이어받으며 비극보다 비극적인 희극을 작품을 통해 희극정신을 셰익스피어 낭만주의 너머로 일상화했다. 코르네유와 라신은 희극과 비극예술을 귀족적으로 양분하지만, 몰리에르는 전후(前後) 두 작가의 귀족성을 희극-일상성으로 포괄-극복한다. 스무 살이 되기 전에 희극 한 편을 무대에 올리고 그후로도 일련의 희극을 발표하던 코르네유가 그리스 고전풍 비극 작품에 대한 당대 요구에 대한 응답으로 발표한 〈메데아〉(1635)가 고전적 통일성을 과시하였고, 이 년 후 발표된 희비극 〈르시드〉는 오늘날 프랑스 연극사상 가장 중요한 작품 중 하나로 손꼽히지만 당시 엄청난 대중적 성공과 함께 문학논쟁을 촉발시켰고, 결국 '극적인 박진감이 없고 도덕적 결함이 있다'는 연극아카데미의 평가 아래 공개 공연이 금지되기에 이르렀다. '르시드(주군)'는 카스텔로냐 군대 지휘관으로 스페인 민족 영웅인 로드리고의 애칭. 코르네유는 〈르시드〉에서 고전적 통일문법을 지키지 않는 대신, 방만한 주제 처리를 생략하고 열정적인 사랑과 혈연 의무, 그리고 명예 사이 운명적인 대립과 갈등에 집중한다. 그리고 이 집중은, 귀족주의적 이분법의 당연한 결과로서, 우아한 문장으로 피범벅의 운명을 묘사하는 모순을 낳는다. 당시 아카데미는 귀족 기호의 대변자였으나 그 모순의 원인과 결과를 알지 못했다. 왜냐면, 코르네유의 모순은 라신의 '순정 비극'을 곧장 탄생시킨다. 코르네유는 〈르시드〉 이후 로마풍 비극 등에 전념하다가 1644년 몰리에르 이전 최고 걸작 희극 〈거짓말쟁이〉로 성공을 거두고 1647년 아카데미 회원 자격을 얻고, 라신 등장 이전까지 프랑스 비극예술계를 풍미하게 된다. 그는 뒤늦은, 그래서 활동 영역을 양분당한 셰익스피어였고, 1636년, 서른 살 나이에 미리 연극적 유언을 남겼다. 〈희극적 환상〉의 줄거리는 이렇다.

아들을 내쫓아버린 아버지가 몇 년 후 마법사를 찾고, 마법사는 아들이 살아온 길을 마법의 공으로 보여준다. 첫 장면에서 아들은 허풍쟁이 장사꾼 대리인 노릇을 하고 있다. 아버지는 혀를 끌끌 찼지만 아들이 매우 반가웠다. 다음 장면에서는 아들이 경쟁자들을 물리친 후 한 여자의 마음을 사로잡고, 아버지는 그가 자랑스러운 듯 미소를 머금고, 이어지는 장면에서는 아들과 여자가 모험을 하다 모두 목숨을 잃으니, 아버지는 슬픔 때문에 몸을 가누지 못하지만 마지막 장면에서는 여러 배우들이 모여 그날의 수입을 분배하고 있다. 알고 보니 두 남녀는 연극배우였고, 앞 장면은 그들이 공연한 비극의 한 대목이었다. 그 후, 아버지는 연극 구경을 열심히 다니게 된다.

이 '유언'은 셰익스피어 『템페스트』보다 일상적이지만, 아기자기한 만큼 웃음이 천박하다. 반면, 몰리에르는, 작품 줄거리 얼개가 콤메디아델라르테 틀을 크게 벗어나지 않는데도, 연극적으로 정교한 대사들이 웃음의 폭과 깊이를 무한 심화-확장, 일상적인 웃음의 깊이를 끝 간 데 없이, 비극적으로 파고들며 셰익스피어 너머, 아니 연극사상 가장 위대한 희극의 경지를 구축한다. 몰리에르도 셰익스피어처럼 배우를 겸했다. 아버지는 왕가의 공식 가구제작자였고, 그는 훌륭한 교육을 받다가 1643년 배우가 되기 위해 집을 떠났으며, 1645~1658년 순회극단 단원으로 프랑스 전국을 떠돌면서 희곡을 쓰고 직접 연기했다. 그의 희곡은 모두 무대용이다. 출판은 '표절' 방지용일 뿐이었다. 경쟁과 생존을 위한 투쟁이 몰리에르 연극 평생의 모토였다. 자신의 배우와 관객을 지키려는 그의 노력은 무자비한 수준이었다. 그의 대표작은 〈현모양처 수업〉(1663), 〈사기꾼〉(1669), 〈염세족〉(1667), 〈수전노〉(1668), 〈부르주아 신사〉(1671) 등. 〈현모양처 수업〉의 남자 주인공 아놀프는 현학 취미가 심한 청년이다. 세상 여자에 질겁한 아놀프는 자기가 보호중인, 속세의 때가 전혀 묻지 않은 처녀 에이뉴와 결혼하기로 결심, '현모양처 수업'을 시작한다. 에이뉴의, 관습을 전혀 모르므로 더욱 또렷하게 드러나는, '여자로 되는' 과정에 대한 섬세한 묘사, 사랑의 대화를 시도하는 아놀프의 서투른 동작 묘사가 일품이며, 그러는 동안 에이뉴한테 첫눈에 반한 청년 오라체가 새 친구 주세 씨에게 그 사실을 고백하는데, 주세 씨는 바로 아놀프다. 독실한 척하지만 사실은 악당인 〈사기꾼〉의 주인공 타르튀프는 부유한 오르곤 가문에 초대를 받자 가족의 정신-도덕적 함향을 책임지겠다는 구실로 갖은 악행을 자행, 가족을 거의 파멸로 몰아가다가 오르곤 아내 엘미르에게 정체를 들키며, 아첨과 위선으로 가득 찬 사회를 도저히 견딜 수 없는 〈염세족〉의 주인공, 예의범절이 번듯하지만 고지식한 신사 알세스트는 교태가 철철 넘치는 셀리멘과 절망적인 사랑에 빠져, 결국 구혼하지만, 그녀는 '당신의 그 단순하고 무료한 삶의 방식을 버린다면 결혼하겠다' 고 대답, 그가 경멸해 마지않던 그 위선적인 사회에 같이 머물 것을 요구한다. 〈수전노〉는 돈과 사랑의 고전적 갈등을 이중으로 다루고 있다.

> 아르파공은 딸 엘리스를 돈 많은 노인 안셀름에게 시집보내어 지참금을 아끼려 하지만 엘리제는 빈털터리 청년 발레르와 사랑에 빠졌고 아르파공 자신은 가난한 처녀 마리안에게 눈독을 들였고 아들 클레앙트도 그녀를 사랑하는데, 발레르와 마리안은 사실 안셀름이 옛날에 잃어버렸던 아들과 딸임이 드러나고, 각각 아르파공의 아들딸과 행복하게 결합하며, 수전노 아르파공은 결혼 경비를 모두 부담하라는 자신의 요구를 안셀름이 들어준 것이 흡족하기만 하다.

줄거리는 해피엔딩이지만 초점은 아르파공의 구두쇠 기질에 맞춰지고 〈수전노〉는 즐거운 희극이 아니라 앞뒤가 맞지 않는 인간 존재 여러 측면에 대한 통찰을 담은 심오한 부조리극에 가깝다. 아르파공은 돈에 대해 너무도 비인간적인 동시에 자신에 대해 존경과 사랑을 요구한다는 점에서 너무도 인간적이거나, 그 거꾸로다, 즉 너무나 인간적으로 돈을 밝히고, 너무나 비인간적으로 존경과 사랑을 요구한다. 사실 〈현모양처 수업〉 이래 그의 모든 작품이 이중적이다. 몰리에르는 고전연극 전통을 벗지 않고 새롭게 한다. 정상과 비정상을 상호화, 삶에 대한 통찰을 여러 겹으로 중첩하는 방식, 도식화하지 않고 오히려 활성화하는 방식으로 그는 비정상을 포괄한다. 2천 년 전 고대 그리스연극의 진실이 셰익스피어 너머, 2천 년만큼의 거리를 연극화-심화하면서 현실에 적중한다. 그렇게 새로운 시대 새로운 고전이 탄생한다. 〈부르주아 신사〉의 주인공 주르댕은 자기 혼동이 더 심하다. 스스로 신사인 줄 알지만 누구 보더라도 가식뿐인 속물-출세주의자인 그는 장사로 떼돈을 벌면서 음악, 무용, 펜싱, 철학 종목 가정교사를 따로따로 고용하고 유명 재단사를 후원하며 쾌활한 듯 얼이 빠진, 진솔한 듯 멍청한 그의 행동을 통해 그의 어리석음이 여러 겹으로, 매우 철학적이면서 반성적으로 드러난다. 〈부르주아 신사〉는 이탈리아 출신 프랑스 왕실음악 총감독 륄리의 음악을 입고 오페라로 발전, 이탈리아 오페라부파 전통을 프랑스화한 걸작이다. 몰리에르는 오랜 떠돌이 극단생활을 거쳤고 왕정예술가가 된 후 세속권력과 종교권력의 협공을 당하면서도 세속과, 광활한 만큼 섬세한 풍자의 경지로 온갖 장애를 포괄, 프랑스 문학과 연극의 가장 심오한 영역을 파고드는 동시에 위대한 음악전통의 미래로 가닿는 것이다. 몰리에르의 최후-유언작 〈상상 환자〉(1673)의 주인공 아르강은 죽음과 의사를 두려워하는 우울증 환자다. 연극은 상투적인 의료 어투와, 자족적인 전문가주의를 강력하고도 예민하게 풍자하지만, 더 놀라운 것은 멍청한 의사와 그에 대비되는 젊고 섬세하고 멀쩡한 여인들, 그 사이 우울증 환자가 이루는, 아득하고 애매한, 그러나 절묘한 아름다움의 아픔과 혼미의 조화. 아르강은 몰리에르 자신이며, 〈상상 환자〉는 위대한 희극정신이 스스로를 해부하고 위로하는 현장이다. 몰리에르는 이 작품 공연 초기 주인공 역을 직접 연기했으며 그러다 무대 위에서 쓰러졌고 그날 밤 숨을 거두었다. 그 또한 셰익스피어처럼 가상현실을 극복하는 예술현실을 꿈꾸었고 셰익스피어보다 더 연극예술가답게 죽었다. 몰리에르는 완벽한 극장인으로 작가, 배우, 연출가-무대감독을 겸하며 거의 혼자 힘으로, 그때까지 하찮게 여겨지던 프랑스 희극을 연극 사상 최고 수준으로 끌어올렸다. 그러나 몰리에르는 비극배우로서 별로 성공하지 못했고 종종 가차 없는 비판에 직면하기도 했다. 몰리에르가 연기를 할 때면 우리는 희극뿐 아니라 비극에서도 웃음이 나왔다. 당시 문헌은 그렇게 적고 있다. 몰리에르 〈현모양처 수업〉은 여러 면에서 중요한 작품이지만 플라우투스까지 올라가는 실외 무대장치 전통을 여전히 따르고 있다. 그러나 다음 작품 〈현모양처 수업 비판〉(1663)은 구체적인 '실내'를 무대로 채택한다. 물론 그는 이미 1659년 작품 〈어리석은 귀부인〉에서 이런 무대를 상당히 혁신적으로 채택했었다. 하지만 〈염세족〉과 〈아는 척하는 여자〉(1672)를 거치면서 '구체적인 실내' 무대는 핵심적인 작품 요소로 작용하게 된다. 그렇다. 이때 프랑스 희극은 정말 실내로 들어갔고 말짱한 일상 자체를 웃음으로 전화했다. 자칭 귀부인들의 '학문 숭배'를 조롱한 〈아는 척하는 여자〉는 부르고뉴호텔의 낡은 '동시' 무대장치를 폐기되고 단일한 실내에서 모든 사건을 진행시킨다.

라신은 코르네유와 몰리에르의 성과를 바탕으로, 프랑스 왕정의 고대 그리스 비극 취향에, 마침내 프랑스적으로, 역사적으로 적확하게 응답한다. 1671년 라신과 코르네유가 같은 소재 비극 〈베로니체〉를 각각 무대에 올리자 관객은 라신을 '떠오르는 태양' 이라는 환호로 맞으며 코르네유 시대에 종언을 고했다. 몰리에르는 1664년 우울한 분위기와 피바람이 고풍에 머문 라신의 최초 비극 〈테베드 혹은 적敵이자 형제〉를 무대에 올려 자그마한 성공을 거두고 이듬해 다시 라신의 두번째 비극 〈알렉산드로스대왕〉을 올렸다. 사랑과 영광을 주제로 한 이 작품은 천박한 유희풍이었지만 라신은 아마 이때부터 몰리에르의 비교적 자연주의적인 연기철학이 자신의 비극 역량 분출을 가로막고 있다고 느꼈을 것이다. 그는 대본을 몰래 다른 극장으로 빼돌리고 몰리에르가 그를 제명하고 몰리에르의 스타 여배우 뒤파르크가 라신을 쫓아가더니 그의 정부로 눌러앉으며 〈안드로마크〉(1667) 주연을 맡고, 라신이 즐겨 다루는 열정적인 사랑의 우매와 맹목성 주제가 비로소 제대로 형상화, 엄청난 성공을 거두는데, 이것은 라신이 코르네유를 완전 제압하기 사 년 전 일이고, 싸움과 관계없이 라신은 몰리에르 (연기가 아니라) 작품의 고전주의에 힘입어 코르네이유의 '피범벅' 을 씻어낼 수 있었다. 〈안드로마크〉 이듬해 몰리에르는, 아리스토파네스 〈말벌〉을 재치 있게 번안한 라신의 유일한 희극 〈소송을 건 사람들〉을 다시 무대에 올린다. 라신이 이듬해 발표한 〈브리탄니쿠스〉는 〈베로니체〉 같은 로마풍 비극으로 폭군 네로가 음모를 꾸며 배다른 동생 브리탄니쿠스를 제거하는 내용인데, 드높은 비극미를 발함에도 불구하고 코르네유가 초연 관람 후 공개 비난, 라신과 코르네유의 한 판 승부를 예고했던 작품이다. 〈베로니체〉의 주제는 삼각관계. 로마 새 황제 티투스와 그의 친구인 코마게네 왕 안티오쿠스 둘 다 팔레스타인 여왕 베레니체를 사랑하지만 모두에게 상황이 불리하게 돌아가고 결국 세 사람이 따로따로 제 갈 길을 간다. 라신 〈베로니체〉는 감정 절제의 미학이 오히려 심금을 더 울리는 걸작이다. 〈바야제〉(1672)는 코르네유에 승리한 후 라신이 무대에 올린 첫 작품으로 모처럼 그리스-로마풍을 벗으며 터키 역사를 다루지만 숭고한 비극적 품격을 그대로 유지한다. 1630년대 터키 수상 아코마는 자신의 위치가 불안해지자 술탄 아무라트의 동생 바야제를 술탄 자리에 앉히려 음모를 꾸미고, 아무라트의 애첩 록산느도 음모에 끼어들고, 바야제의 연인 아탈리데는 자신도 모르게 연루되고, 음모가 발각되고 아코마가 달아나고 아무라트가 바야제와 록산느를 처형하자 아탈리데는 스스로 목숨을 끊는다. 〈미스리다트〉(1673)는 늙어가는 아시아 폭군과 그리스 여성의 대립이 갈등의 축이고, 〈이피게니〉(1674)는 에우리피데스 작품을 번안한 것이지만, 새로운 사랑 이야기를 삽입했고 결말을 원작과 달리 해피엔딩으로 했다. 그리고, 라신의 최고 걸작이 이제 등장한다. 〈페드르〉(1677). 역시 에우리피데스를 번안했지만, 남성이 아닌 여성 주인공에 초점을 맞춘 이 작품은 라신의 작품 중 가장 비극적이고 심오하며, 가장 시적이며 성공적이다. 이것이 '번안작가' 라신의 유언 방식이었다. 라신은 신화적 상상력을 현실-연극 속으로 열거나 발전시키지 않고 완벽의 미학으로 닫아버리고 프랑스 고전주의 연극시대를 완벽하게 구분짓는다. 그리고, 그의 여생은 행복했다. 1672년 프랑스아카데미 회원, 1674년 명예귀족이 되었던 그는 〈페드르〉 초연 팔 개월 후 상업무대와 완전 결별을 선언하고, 지적 능력이 모자라지만 신앙심이 깊은 젊은 여자와 결혼했다. 그리고 친구이자 평론가-풍자작가 브왈로와 공동으로 루이 14세 통치 시대 공식 역사 집필역을 맡았는데, 이것은 당시 문학인 최고의 영예였다. 그의 마지막 두 작품 〈에스터〉(1689)와 〈아탈리〉(1691)는 프랑스 왕비 의뢰로 씌어졌으며, 그리스 희극풍 합창대 막간극을 삽입하였다.

테니스 코트를 극장으로 만든 첫 선례 이후 17세기 내내 숱한 테니스장들이 극장으로 쉽고 싸게 전용되었고, 18세기까지 프랑스 극장은 길게 늘인 직사각형 형태를 띠었다. 17세기 중반 프랑스 극장 내부는 무대가 작고 박스형이며 객석이 길고 좁았다. 1630년대 부르고뉴호텔 실내장식가 마흘로가 남긴 47장의 스케치 중 하나에 프랑스 비극작가 비오의 〈피라메와 디스비〉(1622) 무대가 그려져 있는데, '구획지어진' 무대의 비교적 후기 단계로, '도시적' 요소들(왕궁과 피라메-디스비 집 등) 양옆에 '교외' 요소(뽕나무, 사자 동굴, 샘물, 니누스 무덤 등)가 들어서 있다. 그후 '구획지어진' 무대는 좀더 발전, 따로 떨어진, 그러나 연관된 부분들이 원근법으로 조화를 이루며 균질한 총체를 구성한다. 1641년 개관된 프랑스 팔레-카르디날('주교궁')은 최초의 공연 전용 (리슐리에) 개인 극장으로 훗날 팔레-르와얄('왕궁')로 명칭이 변경된 후 몰리에르극단의 보금자리가 된다. 매우 우아하지만 기본적으로 역시 테니스 코트 형태다. 1670년 그려진 한 유화는 1630년대와 1660년대 프랑스 배우들을 뒤섞고 있다. '30년대 배우' 중 몇몇은 콤메디아델라르테 등장인물 복장이고 '60년대' 배우 중 몰리에르와 프와송이 들어 있다. 1670년 무렵 그려진 저자 미상 프랑스 회화는 왼쪽 맨 끝에 몰리에르를 세우고, 나머지는 한 세대 뒤 어릿광대와 가면배우 들로 채웠다. 코르네유 스펙터클 〈안드로메다〉(1650) 무대 디자인은 모두 여섯 개(프롤로그 하나, 각 막 하나씩)를 설정했는데, 마자렝 주교가 이탈리아에서 들여온 1647년 토렐리 〈오르페오〉 무대장치를 일부 다시 사용했다. 자동장치를 사용하는 무대에서 이탈리아풍 무대 디자인이 쉽게 확립되었다. 몰리에르는 한동안 스카라무슈극단과 같은 건물을 썼었다. 17세기 말 코르네유 〈신나〉 재공연 스케치는 무대 위 관객이 비극 공연에 얼마나 방해가 되었는지를 암시한다. 사교계 청년들은 복장과 자세에서 배우들과 맞먹었고, 숫자로는 압도했다. 1666년 부르고뉴호텔 희극 공연을 관람하는 무대 위 사교계 남성 관객들은 약 40명에 이른다. 당시 공식 '무대좌석 최대 32석이었다. 몰리에르-코르네유-퀴노 공동 대본/륄리 음악 비극-발레 〈프시케〉 초연은 1671년 1월 튀일러리 궁 스펙터클 홀에서 이뤄졌고 몰리에르 아내 베자르가 출연했으며 루이 14세와 신하들이 지켜보았다. 1674년 베르사이유궁 야외무대 공연 몰리에르 〈상상 환자〉도 루이 14세와 신하들이 지켜보았고, 찬란한 장식에 다섯 개 샹들리에가 조명을 밝힌 거대한 무대가 프롤로그와 막간 발레용으로 마련되었다. 라신 〈브리타니쿠스〉 중 네로 역을 맡은 탈마(1763~1826)는 당대 의상, 혹은 국적과 시대가 불분명한 킬트(남성용 짧은 스커트) 대신 토가(고대 로마 시민 겉옷)를 입고 로마인 역을 연기한 최초의 프랑스 배우다. 19세기 최고의 프랑스 비극 여배우는 라헬. 그녀가 맡은 라신 〈페드르〉 타이틀롤과 코르네유 〈호레이스〉 중 카미유 역은 자세가 정적인 채로, 페드르의 팽팽한 의기소침, 그리고, 카미유의 선 및 균형 해체의, 긴장이 역력하다. 이 당시 희극 대본 동판화 속표지들은 기록적 가치가 크고 순정하다. 비극의 경우 삽화가들의 환상이 꼭 개입하였다. 1625~1635년 파리 부르고뉴호텔극단 아디 〈코르넬리〉 공연을 위한 마흘로 무대 디자인은 나무와 거리, 그리고 집이 있는 동시 무대였다. 보케는 로코코 양식의 무대 디자이너로, 베르사유와 퐁텐블로의 오페라 및 궁정 여흥 무대도 디자인했다. 베네치아 출판업자들은 1591, 1592년 공연된 여러 정규 희곡 소개용으로 31개의 목판화를 사용하였다. 1602년 알레오티 동판화는 베네치아 공연 과리니 〈독실한 양치기〉 각 막 장면을 동시에 보여주는데, 전면에서 배경으로 사건이 전개되고 인물이 등장할 때마다 적시된다. 공간 관계가 시간 흐름을 뜻하고 이 동판화가 주요하게 드러내는 것은 플롯 구조지 무대 위 스펙터클이 아니다. 이탈리아 비비에나 가문은 대각선형 무대장치를 태동시키며 백 년 이상 유럽 무대 디자인을 지배한다. 알레오티가 디자인한 파르네세극장(1618~1619년)은 스카모치 디자인의 사비오넷타극장과 함께 유럽 오페라극장의 선구가 되었다. 제자 토렐리(1608~1678)가 원래의 고정된 아치로를 무대 양쪽 익벽과 배경막으로 대체했다.

궁정발레, 중력과 비상 사이 1

알루스트가 도합 여섯 점을 그린(두 점은 실종) 1615년 브뤼셀왕가 결혼식 경축행렬은 서양 가장행렬 전통이 절정에 달했던 당시 스페인령 네덜란드 총독 대공비 이사벨라에게 바쳐진 것이다. 다이아나 여신과 요정들은 코번트리가 헨리 8세에게 보여준 아홉 단계 천사들과 다르지 않고, 아폴론과 아홉 명의 뮤즈들, '여러 아름다운 부인들', 그리고 해마가 끄는 마돈나와 아기예수 선박은 처음 출현했던 1558년 찰스 5세 장례식 때 너무도 강렬한 인상을 주었기 때문에 그후 매년 등장하게 된 것이다. '브뤼셀 가장행렬'은 14세기부터 매년 열렸다. 알스루트 〈이사벨라의 승리〉를 보면 '수태고지' 가장행렬을 다이아나 여신과 요정들이 뒤따르고, 지붕에 한 천사가 내려앉은 '아기 예수 탄생' 행렬이 그 뒤를 잇고, 전설적인 아프리카 왕이 앵무새 따위로 분장한 소년들에게 둘러싸여 있고, 중세 수

공업 조합과 종교단체 외에 거인, 용 장식을 한 이동식 무대차 등이 참가하고 있다. 음악, 춤, 스펙터클을 한데 묶은 궁정발레는 17세기 내내, 대대로 프랑스 왕들의 후원을 받으며 번창했는데 대부분, 이국적인 장면과 익살 장면을 도입했다. 1581년 공연된 최초의 궁정발레 〈루이제여왕 발레 코미크〉는 마임과 곡예도 무용에 섞었고 장치는, 특히 여왕과 열한 명의 나이아드(물의 요정) 역 귀부인들을 실어나른 탈것의, 촛불 백 개를 밝히고 향수 분무를 뿜어대는 3단 금은 분수대가 화려의 극에 달했으며, 그후 머큐리(신들의 사자) 역 신하-무용꾼이 천둥소리와 함께 '구름'을 타고 천장에서 내려와 '독수리'를 탄 주피터(신들의 왕)를 인도하고 주피터가 프랑스 군주에게 예를 표한다. 아테네, 판(목신), 드리아드(나무의 요정), 덕의 여신 역과 사티로스(여덟 명)까지 등장한 이 공연은 350만 황금 프랑이 들었으며 관객은 만여 명의 귀족이었다. 〈루이제여왕 발레 코미크〉는 기본적으로 궁정 알레고리와 가장행렬을 왕립 시-음악 아카데미 미학 원칙에 맞추어 결합-재구성한 것이며, 훗날 아카데미가 그 대본을 출판하기도 했다. 1617년 루이 13세 궁정에서 공연된 〈르노의 구출 발레〉는 루이 13세(당시 16세)가 성장했으므로 모후의 섭정이 불필요하다는 내용을 알레고리로 담고 있다. '기괴한 춤' 장면에서 마녀 아르미다가 불러온 괴물들이 우스꽝스러운 늙은이들로 변하는데, 이것은 궁정 발레의 장려한 위엄과 뚜렷한 대비를 이루는 것이다. 왕 발레 〈빌레바오의 상속녀 대무도회〉(1626)에는 '어리석은 손님들' 중 하나로 낙타를 탄 아시아 군주가 등장하며, 〈진지하고 기괴한 발레〉(1627)의 점성술사는 12궁 표시를 온몸에 둘렀다. 갈수록 귀족-아마추어 무용꾼의 시대는 가고 전문 무용꾼들이 등장하기 시작한다. 왕의 시대는 더욱 강화했다. 17세기 후반까지 유럽에서는 극무용과 사교무용의 구분 자체가 거의 없었고, 루이 13세는 두 살 때 이미 바이올린 음악에 맞추어 온갖 춤을 추고, 네 살 반 때 가면을 쓴 채 부왕(앙리 4세)을 위해 발레를 했으며 왕위에 오른 후에도 남자와 여자 역, 비극인물과 희극인물 역을 골고루 맡았고, 대본 집필을 거들기도 했다. 훗날 전문 무용꾼과 아마추어를 명확히 구분하는 것이 루이 14세다.

루이 14세, '예술=권력'의 태양왕

탄생년 '떠오르는 고울의 태양'이라 새겨진 기념주화를 받았던 루이 14세는 아버지보다 더한 무용광으로 글쓰기보다 무용 연습에 더 열을 올렸다. 네 살 때 왕위에 올랐으나 정치는 특히 수상 마자랭에게 18년 동안 맡겼다. 1649년 자신을 겨냥한 파리 시민의 폭동을 피해 어린 왕을 변장시켜 파리를 빠져나갔다가 반란 진압 후 파리로 돌아온 마자랭은, 젊은 군주 루이 14세의 광휘를 전 유럽에 과시하고 프랑스 반항 귀족의 기를 꺾을 목적으로 화려하고 웅장한 궁정발레를 조직한다.

사육제 기간 중 여러 차례 반복된 궁정발레 〈밤의 발레〉에서 루이 14세가 맡은 역할 중 단연 두드러진 것은 아폴로(태양의 신) 역이었다. 루이 14세 주변을 가면 쓴 신하들이 위성처럼 둘러쌌으며, 이 상징이 15년 전 기념주화에 새겨진 '떠오르는 태양'을 상기시킨다는 것을 모르는 관객은 한 사람도 없었다. 1651년 궁정에서 거행된 〈바쿠스 축제 발레〉는 장엄한 내용 사이사이 익살 및 그로테스크풍 도입무가 삽입되었으며 루이 14세가 술 취한 협잡꾼, 점쟁이, 얼음인간, 바쿠스 광신교도, 뮤즈 역을 순서대로 성공적으로 치러냈고, 1654년에는 루이 14세 앞에서 장장 네 시간 동안 스펙터클 왕발레 〈펠레우스와 테티스의 결혼〉이 공연되었는데, 최초의 오페라-발레 중 하나로 꼽히며, 이탈리아 출신 토렐리의 화려한 바로크 무대 디자인이 돋보였다. 좌우 대칭은 궁정발레의 중요한 안무장치 중 하나였다. 루이 14세는 1661년, 스물세 살 때부터, 부왕 루이 13세의 사냥터였던 베르사유에 오기 시작했을 것이다. 1665년 궁정발레 의상의 루이 14세는 이미 자신의 상징인 태양 모형을 들고 있다. 오늘날 우리가 알고 있는 장대한 성곽을 짓는 대개축이 시작된 것은 1668년. 그해 피에르 파테가 그린 조감도는 이곳을 방문하는 왕의 마차, 그리고 왕비의 마차행렬을 그려놓고 있는데 이때만 해도 성은 그만그만한 규모의, 방 20개와 기숙사 한 채 정도를 갖춘 시골 저택 수준이었다. 그리고 그가 지은 몇 개의 우아하고 화려한 궁전, 특히 유럽 최고의 예술문화를 구사한 베르사유궁전은, 변덕스러운 파리 시민으로부터 11마일 떨어진, 그리고 귀족 천 명과 하인 4천 명을 수용할 수 있는, 그리고 주변에 인구 20만의 신도시가 건설된, 예술권력의 지성소였다. 치세 말기에 이르면 루이 14세는 정말 태양왕으로 신격화, 마치 천하 우주가 자신을 중심으로 도는 것처럼 말하고 행동하게 된다. 왕을 첫번째 귀족쯤으로 여겼던 자들은 모두 제거되거나 태도를 바꾸었다. 그것은 그가 자신을 '신성한 순수예술가'로 보았으므로 더욱 절대화한 권력이었다. 일체 신성한 기능을 이 지상에서 행사하려면 온갖 잡스러운 혼란은 없애야 한다. 그는 자신의 비망록에 그렇게 썼다. 왕이 참석한 가운데 춤을 출 수 있다는 이유로 도시귀족들은 누구나 궁전에서 살려고 기를 썼으며, 왕은 인품 혹은 무자비한 정치권력 장치, 종종 상벌제도까지 영리하게 구사하면서 지방 귀족들을 베르사유로 끌어들여 사실상 볼모로 삼았다. 행정은 시민층에서 뽑은 각료들이 맡고 귀족들은 왕이 툭하면 벌이는 전쟁에서 전투를 맡았으며 평화 시에는 귀족들이 왕과 가까운 자리를 차지하려 서로 싸웠다. 왕이 침대에 들 때 촛불을 받쳐주는 역할이 선망의 대상이고, 베르사유 궁전 방에서 쫓겨나는 것은 치명타고, 왕이 참석하는 무도회 초청장은 출세의 청신호였다. 루이 14세는 일곱 살 때 처음 공개 무도회에 출연했고, 마흔한 살 비만의 몸으로 마지막 무용 회전을 기록한다.

베르사유 무도회는 케플러 천체 운행 법칙만큼이나 엄격한 서열 배치와 순서로 진행된다. 첫번째 2열 무도 브렌늘은 남자들이 왕 뒤로 여자들이 왕비 뒤로 늘어서 한 커플씩 무도회장을 한 바퀴 돈다. 브렌늘은 원래 프랑스 전역에 존재하는, 종종 노래도 곁들이는 민속무용이지만 루이 14세 브렌늘은 커플별로 진행되고 종종 마임을 곁들이므로 현대 브렌늘의 선구라 할 수 있다. 스트라빈스키 오페라 〈아곤〉에 현대 브렌늘이 등장한다. 두번째 교대식 2인무도 엄격한 순서에 따라 커플로 춘다. 왕과 왕비, 왕비와 서열 1위 귀족, 서열 1위 귀족과 서열 1위 귀부인, 그런 식이다. 루이 14세는 청년 시절 2인무 대신 장중하고 위엄 있는 쿠랑트를 추었는데, 쿠랑트는 원래 마임을 강조하다가 점차 빠른 3박자 무용으로 바뀌었다. 루이 14세는 쿠랑트를 특히 좋아하여 하루 몇 시간 동안 계속 여러 사위를 연습했고 궁정 어느 신하보다도 더 잘 추었다. 하지만 유행의 중심으로 되면서 프랑스 궁정은 끊임없이 새로운 것을 추구, 매년 네 가지 무용이 도입된 적도 있으며, 1690년대 이르면 새로운 유형의 조직 무용 콘트라댄스를 유행시킨다. 17세기 중반 영국 민속무용의 열과 원 요소가 뒤섞이면서 발전한 사교무용콘트라댄스가 프랑스 궁정을 통해 전 유럽을 강타하고 18세기 들며 더욱 유행, 콰드리유, 코티용, 앙글레, 독일 콘트라탄즈, 프랑스 콩트르당세의 다섯 가지 변종을 낳는다. 콰드리유는 남녀 네 쌍이 한 단위로 추는 영국 광장무용의 일종으로 나폴레옹 궁정에서 프랑스 전역으로 퍼졌다가 1816년 영국으로 귀환, 신드롬을 일으키는데, 반주음악은 박자가 각각 다른 악절 다섯 개며, 1796년부터 알려지기 시작한 코티용은 무도회 피날레 장식무용으로 한 커플이 무용을 이끌지만 그 파트너가 무수히 바뀌는 식이다. 샤브리에 음악 발란쉰 안무 작품 〈코티용〉(1932)에 대해 한 평론가는 이렇게 썼다. 상심한 무도회의 부드러운 환희. 숙명이 짓누르기에 더욱 필사적인 환희의 순간. '앙글레(영국풍)' 는 18세기 영국에서 유행하다가 훗날 빠른 2박자의 사슬무용으로 발전한 것이며, 3박자일 경우 에코세스('스코틀랜드풍')라 부른다. 콩트르당세 유행 당시 쿠랑트 대신 브렌늘 뒤를 잇게 되는 미뉴에트('작은 걸음')는 원래 프와투 지방 농민무용이었으나 루이 14세 때 가장 인기 있는 궁정무용으로 변형되어 유럽 전역으로 번지다가 1789년 프랑스혁명이 나기 전 대표적인 귀족무용으로 자리잡았다. 3박자. 서두르지 않고 은근히 다가가고, 스쳐지나고, S자 혹은 Z자 모양으로 물러나는 동작을 반복하는 정중한 구애의 2인무로서, 무용 선생한테서 귀족 품위에 걸맞은 자세와 동작은 물론 펜싱과 에티켓까지 지도받아야 하며, 몸통을 '고요=무게' 중심으로 물 흐르듯, 몸 어느 부위도 상대방과 부딪치는 일 없이, 우아하게, '육체의 결합' 보다 아름다운 '무용의 결합' 속으로 들어간다. 미뉴에트는 더 느리게, 더 고요하게, 더 틀에 박힌 형식으로 변해가다가 특히 합스부르크왕가 말기 궁정의 퇴폐와 유약을 상징하는 대표적인 풍물로 비난받게 된다.

민속과 사교, 중력과 비상 사이 2

브뤼헐 〈결혼식 춤〉(1566)에 나오는 남녀 춤동작은 명백히 도덕적이고, 춤이 육욕을 부채질할 수 있다는, 당시 만연한 걱정을 반영하고 있다. 맨 앞 사내 세 명의 춤-흥분이 다소 과하여 지워졌다가 금세기 들어 복원되기도 하였다. 18세기 궁정무도회에 정확한 스텝의 춤과, 그 스텝을 가르치는 춤선생이 등장한다. 무용 교과서 『새로운 춤가락 모음집』(1604)을 펴낸 네그리는 뛰어난 춤 솜씨를 발휘, 1571년 레판토해전 승리 후 전함에 올라 경축 춤을 추는 진기록을 남겼다. 플레포드 『영국 춤 선생』(1651)은 엄격한 청교도 크롬웰 통치기에 출판되었지만 춤이 얼마나 좋은가를 노골적으로 주장한다. 영국 컨트리 댄스는 남녀가 두 줄로 마주 보고 서서 추는 춤이고, 사랑의 신 큐피드가 이 춤을 주재한다. 미뉴에트는 루이 14세 때 도입된 4분의 3박자의 위엄 있는 춤이다. 크뤼크샹크 춤 학습(1835) 삽화는 어린아이들에게 춤을 가르치는 일이 특히 중요했다는 것을 보여준다. 춤 선생의 작은 바이올린에 맞추어 소년과 소녀가 미뉴에트를 추고, 그 뒤의 한 소녀는 상자 위에서 턴아웃을 연습하고 있다. 빈 무도회 열풍은 2백 년 이상 지속되었고, 오늘날에도 매년 열리는 빈 오페라 무도회에 6천여 명의 참석자들이 밀려든다. 셰이커는 18세기 미국으로 건너온 종교집단으로 남자와 여자가 엄격하게 독신의 삶을 살지만, 예배의 한 형태로 춤을 출 때는 함께 뒤섞여 정교한 구성을 이룬다. 이슬람 세계에서는 희귀하게, 매우 복잡한 안무의 춤이 숭배의 매개 역할을 한다. 한가운데 세이크('가부장') 주변을 빙빙 도는 식이다. 예멘 사람들 대다수는 어떤 부족의 일원이고, 예멘 사내라면 바라 춤을 추는 행위 자체가 부족에 속한다는 뜻이다. 전쟁 춤은 아니지만 바라를 제대로 추려면 최소한 칼 한 자루, 종종 총 한 자루가 필요하고, 칼(총)을 휘두르는 방식은 부족마다 다르다. 용기와 협동심 등 부족의 가치관을 구현하며 결혼식이나 중요한 부족 행사, 그리고 안식일 때 춘다. 1980년대 들어 바라는 국가로서 예멘의 한 상징이 되었다. 서아시아 여러 지역에서 여러 이름으로 불리는 악기 카눈은 현이 여든 개 이상이므로 상당한 기술 숙련을 요구한다. 터키 코냐 더비쉬, 마울라위단 예배의식에서 음악은 매우 중요하다. 폴카는 4분의 2박자로, 보헤미아 민속 춤에서 유래, 18세기 초 무도회장에서 선보이기 시작한, 활력 넘치는 춤이다. 1860년 10월 12일 뉴욕음악원에서 열린 영국 웨일스공 미국 방문 기념 대 무도회는 4천 명이 입장한 후 다시 천여 명이 문을 부수고 쇄도, 바닥이 붕괴하자 주최 측은 허겁지겁 보수한 후 그날의 주인공을 맞았다. 유럽의 이주민들이 '신세계'로 들여온 쌍쌍 춤은 다양한 출신지의 취향과 가치관을 반영했다. 흑인으로 분한 백인 연기자들이 농장 흑인 노예들을 풍자한 민스트럴쇼는 남북전쟁 이전 엄청난 인기를 끌었다. 1890년대 미국 사교 춤 무도장에서 폭발적인 인기를 끌었던 케이크워크의 한 원천은 옛 남부 흑인 농장 춤 브레이크다운이다. 엇박자의 점잔빼는 걸음걸이는 백인 단체 춤에 대한 흑인들의 패러디였다. 윌리엄스는 1875년 워커와 함께 케이크워크 팀을 구성, 이 춤을 크게 유행시키며 명예와 돈을 거머쥐었다. 워커는 1909년 은퇴하고 윌리엄스는 1910~1919년 지그펠트 〈우스꽝 쇼〉에 고정 출연, 탁월한 박자 감각과 판토마임 능력으로 보드빌 사상 가장 재미있는 장면 몇몇을 연출하지만, 늘 자신의 피부 색깔을 기억해야 했다. 미국 삽화가 리언데커가 제작한 애로 셔츠 광고는 당시 유럽과 미국의 이상적인 댄스 커플을 구현한다. 남자는 강하게 이끌고 여자는 수줍은 듯 남자를 따른다. 규율과 연습이 19세기 초 사교춤의 전제 조건이었다. 사교춤 교사 머리는 1924년 뉴욕으로 옮긴 후 춤 사업을 출판 쪽으로도 확장, 자신이 고안한 스텝 도표를 활용한 우편 지도 시스템을 정착시키고 1960년대에 이르면 3백 개 이상의 머리 춤 스튜디오를 거느리게 된다. 루스벨트 여사, 윈저공, 록펠러 등이 그의 제자들이다. 캐슬 부부는 20세기 1분기 미국 사교 춤의 표준을 세웠다. 광포한 '짐승' 춤을 길들이고 사회적 기호를 올바르게 세운다. 두 사람은 자신들의 사명을 그렇게 정의했다. 1930년대 미국에서 흑백을 막론하고 유행한 '린디 홉'(일명 지터버그)을 이전 춤과 가르는 것은 곡예에 가까운 '공중 스텝'이었다. 1980년대 이르면 청년 히피와 부자 유명 인사 구분 없이 빽빽이 홀을 메우고 로큰롤 음악에 맞추어 제멋대로 몸을 흔드는 엄청난 춤 클럽 인파가 19세기 무도회 전통을 완전히 대체한다.

발레, 중력과 비상을 극복하는 그 사이 그리고 무용의 상부구조화

루이 14세의 '예술=권력'을 떠받친 기둥은 보샹과 륄리, 그리고 발로다. 보샹은 궁정 전문 무용꾼을 키우기 위해 루이 14세가 1661년 설립한 왕립무용원 원장으로 발 기본 자세 다섯 가지를 강조, 고전발레 동작의 바탕을 일구었으며 그가 고안한 발랑스('균형', 4분의 3박자에 맞추어 몸 균형을 한 발에서 다른 발로 옮기는 동작), 앙트레샤('깡총거림', 몸을 공중에 띄운 상태에서 두 발을 앞뒤로 겹치는 동작)는 오늘날도 발레 용어로 쓰인다. 보샹은 나름의 무보도 개발하였다. 이탈리아 출신 춤꾼이자 작곡가였던 륄리는 왕과 함께 무용을 추며 무용음악도 작곡했고, 바이올린 연주자로서 소규모 오케스트라를 조직했으며, 최초의 지휘자로 불리기도 한다. 1661년 왕실음악감독, 1672년 왕립음악원 원장에 임명되며 왕의 총애를 독점, 1672년부터 1687년 사망 때까지 파리 오페라를 지배하면서 프랑스 문화계의 정치적 실세로 군림했지만 발레와 음악에 대한 그의 기여는 보다 순정하게, 무용 '언어'를 위한 음악 '육체'의 기여였고, 그의 기여로 프랑스 발레와 오페라가 단순한 궁정 여흥에서 전문 예술로 전환케 되며, 륄리를 통해 보샹의 기본 발레 동작들은 정형-박제화하지 않고 오히려 음악의 육체를 받아들이는 통로가 된다. 코르네유, 라신, 몰리에르 등 비극과 희극을 막론한 프랑스 고전주의 연극 전통 거의 대부분이 륄리-보샹의 대본으로 망라되었다. 발로는 1700년 무렵부터 루이 14세 발레를 안무하기 시작했는데, 이탈리아 출신 발레리나 카마르고가 그의 안무 작품을 통해 데뷔했고, 그의 이름에서, 경쾌하고 편안한 도약을 뜻하는 발레용어 'ballon'이 나왔다는 설이 있다. 궁정의 무용과 음악이 그렇게 서로를, 경국지색화하기는커녕, 예술화한다. 루이 14세가 감행한 민속과 궁정예술의, 그리고 무용과 음악의 혼융은 무용이 예술화하는 과정을 역동화하고, 무용은 마임 및 발레언어는 물론 음악언어까지 제안에 육화하게 된다. 무용 반주음악이 (성악이 아니라) 기악의 원류로 되면서 무용의 육체가 '음악으로써 열린 응축' 과정을 겪는다. 라모가 콩트르당세 형식의 기악을, 바흐가 쿠랑트 형식의 기악을, 하이든, 베토벤, 모차르트가 콘트라탄즈 형식의 기악을 작곡한 것은 기악 발전사에서 매우 중요한 일이었다. 더 중요하게, 그런 기악 현상이, 육감과 추상의 절묘한 조화가 다시 무용예술 언어 형성에 지대한 영향을 끼쳤다. 그것은 무용에서 나온 음악이 악기를 입고 다시 '무용-육' 화하는 이중의 예술 과정이었다. 이때 서양음악은 폭발적으로 발전하며, 무용은 완벽하게 예술로 전화한다.

발레는 무용이 서양 왕실과 궁정의 의식-예술화 과정을 밟은 결과며, 세속의 '정신의 육체주의' 에 대비되는 '육체의 정신주의' 로써, 지고지순한 아름다움을 추구하지만 두 '주의' 혹은 과정은 본질적으로 연관된다. 모든 예술, 특히 무용예술은 정신과 육체의 이분법을 처음부터 실재하지 않는, 그야말로 관념적인 것으로 인식하며 육체의 정신주의와 정신의 육체주의 사이 갈등으로 계급 사이 갈등을 포괄하면서 그 너머, 보다 우월한 예술세계를 연다. 의식적인, 그러므로 정신과 육체를 관념적으로 이분화할 경향이 짙은 상부구조 예술 '운동' 과, 정신을 육체의 하수인쯤으로 생각할 경향이 짙은 하부구조 예술 '자생' 이 서로를 자극한다. 무엇보다, 양자의 예술 '언어' 가 같으며, 언어는 그 자체 관념이거나 실재가 아니라, 둘 사이 매개다. 르네상스 무용 또한, 음악과 미술, 문학 등 전반적인 예술장르가 그랬듯, 인문학의 영향을 받으며 발전하였다. 고대 그리스 비극이 이룩한 '시+음악+무용' 의 삼위일체의 재현에 바쳐진 르네상스 인문학자들의 노력이 프랑스로 옮겨오면서 폭발, 최소 1444년 무도회 댄스 교본이 출판되고, 궁정 잔치 가장행렬에서 신하들이 종종 그리스 고전조각들의 자세를 의식적으로 모방하고, 그렇게 다시 신화가 무용정신의 육체 혹은 무용육체의 정신 속으로 스며들며 무용의 '정신=육체' 를 이루고, 르네상스 무용예술 언어가 생겨났다. 메디치가의 카테리느는 장려한 잔치행렬을 즐겼던 우르비노 공작 로렌조 2세의 딸로 1533년, 훗날의 앙리 2세와 결혼하면서 이탈리아의 정교한 궁정 잔치행렬 취향과 조직 및 구성 방법을 프랑스로 고스란히 옮겨왔고, 앙리 2세 및 그후 세 아들 치세 30년 동안 프랑스 정치의 실세를 누렸으며, 당시 프랑스 정황도 궁정 잔치행렬이 발전시키는 데 맞춤하였다. 왕조 및 종교전쟁, 그리고 내전이 프랑스와 유럽 전역을 휩쓴 후 각 유럽 왕가들이 자신을 진정한 패자로 과시하느라 궁정 위용을 경쟁적으로 드높였다. 얼마 안 되어 각 왕가들은 재산을 축내면서까지 더욱 화려한 궁정 잔치행렬을 연출하느라 열을 올리고, 그 궁정행렬을 궁정발레(발로(무용)의 낮춤격)라 부르게 된다. 궁정발레의 표본은 1581년 카트린의 아들 앙리 3세가 총신 조이외 공작의 결혼식을 축하하는 뜻으로 프티부르봉궁에서 베푼 〈루이제여왕 발레 코미크〉 공연으로, 키르케신화를 소재 삼아 대본, 음악, 무대장치, 연출(안무, 무용 구성 및 무대감독) 등 모든 분야에서 왕궁 전속 예술가들을 동원했으며, 출연의 영광을 안은 귀족들은 이 주일 동안 연출한테 지도를 받았고, 낭송과 노래와 무용을 결합, 밤 열시부터 새벽 세시 반까지 진행되었다. 연출을 맡은 보조 이외는 이탈리아 출신으로 파리에 정착, 궁정 축제 조직을 맡다가 카트린의 개인비서로 뽑힌 바이올린 연주자이자 작곡가였는데, 그의 안무는 프랑스와 이탈리아 무도회 무용을 원용한 엄격한 기하학 형태에 각 형태마다 상징적 의미가 있었고(이를테면 한 원에 두 정삼각형은 최고 권력), 이 형태들이 훗날 발레 동작언어로 발전한다. 발레 동작언어는 화려함을 육체적으로 (폭발시키지 않고) 응축한 결과다. 응축지향은 모든 무용예술에 내재하는 것이지만, 특히 발레에서 의식적으로 추구되었고, '의식적' 은 어느 정도 무용의 예술화를 보장하였다.

마술(馬術)은 발레와 마찬가지로 이탈리아가 기원이며, 이 두 예술이 결합, 르네상스기에 트리온피('승리들')라는 노천 볼거리가 생겨났는데, 고대 로마 승전축하 공연 '트리움프' 와 비슷하다. 가장 유명한 프랑스 마상 발레는 1662년 루이 14세의 첫아들 탄생축하 공연 대 캐러젤. 왕과 그의 동생, 그리고 최대 궁정귀족 세 명이 각각 기마부대를 이끌고 창을 겨루었다. '캐러젤' 은 훗날 '회전목마' 라는 뜻으로 쓰이게 된다. 영국 에딘버러성 앞에서 거행되는 군사 분열 행진은 '대 캐러젤' 전통을 곧장 이으며 지금도 유럽에서 행해지는 궁정 스펙터클 중 하나고, 미국의 공휴일 퍼레이드, 축구시합 하프 타임 볼거리 등은 유럽 르네상스 궁정의 집단안무 전통을 이은 것이다. 루이 15세가 황태자 결혼축하 행사로 베르사유궁 거울의 방에서 개최한 가면무도회는 역사에 '주목(朱木)무도회' 로 기록되어 있다.

'양식=용어', 시대정신의 형식과 '예술=장르'가 된 '언어=이론'

음악용어, 음악이 된 '언어=이론' 미술용어, 미술이 된 '언어=이론' 문학용어, 문학이 된 '언어=이론' 연극용어, 연극이 된 '언어=이론' 무용용어, 무용이 된 '언어=이론'

'바로크'는 포르투갈어 바로코('울퉁불퉁한 진주')에서 나왔다는 설이 있지만, 에라스무스와 몽테뉴는 중세 후기 논리학의 쩨쩨한 현학풍을 낙인찍는 형용사로 썼고, 생-시몽도 나쁜 뜻으로 썼으며 19세기 미술사학자 부르크하르트(1855)가 비로소 미술사 및 비평용어(형용사이자 명사)로 자리매김하고, 역시 미술사학자 뵐플린이 『르네상스와 바로크』(1888)에서 최초로 문학에도 적용했다. 미술사학자 뵐플린은 르네상스와 바로크를 서로 대립되는 '선적/회화적' '평면적/입체적' '폐쇄적/개방적' '다양함/단일함'의 미학체계로 보았다. 미술사의 바로크는 매너리즘과 로코코 사이, 16세기 말~18세기 초 성행한 양식을, 문학의 바로크는 르네상스 쇠퇴기와 계몽 발흥기 사이, 1580~1680년 성행한 양식을 뜻하고, 일반적으로 서양 17세기를 의미, 바로크 시대, 바로크 정치학, 바로크 과학 등의 용법을 가능케 하며, 오늘날 양식모방 혹은 혼성모방의 뜻으로 널리 쓰이지만, 르네상스의 타락으로서 매너리즘이 1539~1590년 특히 로마에서 성행하자, 1580년대 이에 맞서 우세해진 양대 흐름, 카라바조 등의 자연주의 경향과 카라치, 도메니키노 등의, 특히 미켈란젤로와 라파엘로한테 돌아가려는 고전주의 경향을 결합하고 여기에 다시 티치아노 중심의, 거의 그대로 살아 있는 베니스 전통의 풍만한 색과 빛을 합치면서 화가 루벤스가 최초로, 빼어나게 창조한 이래 '이탈리아 바로크' 미술은, 건축 공간 상호 관통과 회화 색채 및 명암 대비 자체를 조각화하면서 완벽한 자연주의 기법으로 고도의 심리내용을 표현, 바로크를 심화-응축한 베르니니의 조각작품에서 절정에 달하고, 17세기 중반 완성된 이탈리아 바로크를 기준으로 보면 바로크는 자주 웅변적이지만 본질적으로 균형, 무엇보다 총체성을 지향하는 양식이고, 당대인 벨로리가 비유하듯 온갖 목소리들이 어울려 조화를 이루는, 어떤 특정한 소리가 두드러지는 일 없이 뒤섞임과 전반적인 흐름과 내용이 즐거운 대합창이며, 성(盛)르네상스 및 17세기 고전주의가 부분들의 완벽한 균형을 추구하는 것과 달리 부분들이 전체에 기여하는 조화를 지향한다. 그 와중에 회화와 조각이 건축에 종속되는 듯하지만 거꾸로 건축이 원래 고착성을 벗고 생동적인 조각감을 띄거나 조각과 한데 어울려 회화의 명암감을 띠기도 하는 등 예술장르 사이 의사소통이 오히려 활발하고, 더 완벽한 조화 속으로 예술장르들을 빨아들이므로 아무리 화려한 기법도 기교 과시로 좀체 떨어지지 않으며, 연극 혹은 스펙터클 등 총체예술이 관객의 장을 마련하듯, 특히 명암 및 꽉 참 텅 빔 대비와 강력한 대각선 및 곡선을 구사, 평면을 예상 밖으로 분리하는 방식으로 주제와 관객의 극적인 결합 공간을 창출하고, 로코코가 에둘러 말하듯 장식 선에 집착하는 것과 달리, 질감이 주장과 확신에 차 있다. 로마와 나폴리 외 이탈리아 지역은 바로크가 산발적이며, 요소 차용 사례는 숱하지만, 만개하지 못했다. 루벤스는 1608년 안트워프로 돌아가 이탈리아 바로크에 필적하는 유일한 성(盛)바로크 미술을 벨기에에 선사했고, 반 다이크도 벨기에 출신의 걸출한 바로크 화가다. 네덜란드는 대체로 바로크의 영향을 받지 않았으나, 단 한 명, 위대한 화가 렘브란트가 〈야경〉(1642)에 이르는 10년 동안의 작품 활동을 통해 바로크를 인간화하면서 심오화하며, 자경단 회관을 꾸미기 위해 렘브란트(당시 36세)에게 이 그림을 부탁한 암스테르담 유력자 17명은 자신들의 모습이 위풍당당하기는커녕 어둠 속에 '움직이는 그림자 조각' 으로 처리되었다는 이유로 강하게 반발, 그림을 대폭 수정하거나 아예 새로 그릴 것을 요구했으나 렘브란트는 일언지하에 거절했고, 그 앙갚음으로 유력자들이 모든 주문을 봉쇄하고 무명과 가난을 렘브란트한테 강요했다는, 일화는 거꾸로 바로크 미술 최고 경지에 대한 소설적 헌사에 다름아니다. 〈야경〉은 야경꾼의 밤 행렬이라는 언뜻 단순한 구도 속에 가장 인간적인 존재의 드라마를 명암과 색채의 깊이로 구현하며, 그후 렘브란트에게 닥친 잇따른 불행은 인간 고뇌를 통한 바로크 자체의 성화(聖化) 과정을 잉태하고, 최후 작품 〈돌아온 탕자〉는 그 '목적지=절정' 이었다. 고전주의의 나라 프랑스는 루벤스 작품과 베르니니 방문에 '반작용' 했고, 1680년대 루벤스 붐이 일지만, 곧 말기 바로크를 거쳐 로코코로 넘어가고, 유일하게 일관된 바로크 조각가 퓨제는 정작 파리 활동 경력이 없고, 다만 고전주의와 바로크를 독창적으로 결합한 베르사유궁은 유럽건축에 지대한 영향을 끼쳤다. 스페인 조형 분야는 사실주의로 기울다가 1630년대 제한적인 바로크 기미를 드러내고 벨라스케스가 보다 자유로운 바로크를 구사하지만 일관성이 없고, 1660년 무리요 등이 루벤스 영향으로 무절제한 후기 바로크 세계를 펼치며 그라나다와 세비야 지역 종교 목상들이 바로크를 스페인적으로 발전시켰다. 영국 왕실은 루벤스와 반 다이크에게 작위를 수여했으나 바로크미술은 늦고 이렇달 게 없고, 독일과 오스트리아도 마찬가지였다. 바흐와 헨델 음악의 심오한 종교/세속 바로크는 다른 장으로 전화되지 않았다. '바로크' 에서 보듯 미술 용어는 미술이 된 '언어=이론' 이며, 음악 용어는 음악이 된 '언어=이론' 이고, 무용 용어는 무용이 된 '언어=이론' 이고, 연극 용어는 연극이 된 '언어=이론' 이고, 문학 용어는 문학이 된 '언어=이론' 이며, 따로 또 같이 펼쳐지고, 스며들고, 혹은 어울리고, 혹은 뒤섞여 예술이 된 '언어=이론' 을 이룬다.

미술, 현실과 초현실을 능가하는 양자 사이

미술은 '아름다움을 재현 혹은 표현하는 여러 재주' 이므로 원래 예술과 동의어였으나 1648년 루이 14세가 왕립 회화-조각 아카데미를 세우면서 특히 프랑스에서 회화와 조각을 뜻하게 되고, 당시 건축은 실용적이라는 이유로 제외되면서도 '건축은 응결된 음악이며 음악은 보이지 않는 건축' 이라는 시적 정의를 행정적으로 얻었다. 영국은 1767년 옥스퍼드 영어사전에 단어 '미술(fine art)' 이 같은 뜻으로 처음 수록되고 이듬해 왕립아카데미가 창설된다. 오늘날 더욱 대규모화하고 학제적으로 된 건축을 미술에 포함시키지 않는 풍조는 당연하지만, 미술의 개념과 범주가 혁명적으로 확산되었으므로, 건축과 미술을 뚜렷하게 구분하기가 갈수록 힘들어지는 사정 또한 엄연하다. 공예는 회화-조각의 순수미술에 대비되는 응용미술에 속한다. 미술은 시대를 반영하지만, 미술 걸작품은 시대

정신의 표상으로 된다. 동양미술과 서양미술은 개념과 특성이 크게 다르다. 서양 회화는 합리적으로, 대상을 있는 그대로, 정교한 묘사 기술로 그려내려는 경향이 짙은 반면, 동양회화는 대상물 자체의 정신을 표현하는 데 집중하며, '그림이 곧 사람' 이라는 자각으로 화가의 인격 도야를 강조한다. 서양화하는 종교화, 역사화, 신화화 등으로 왕후, 귀족, 영웅, 장군 등의 초상화를 그리는 것이 주류지만, 동양회화는 인물조차 자연의 일부로 구성하는 산수화가 주류다. 동양미술과 서양미술이 오랜 세월에 걸쳐 끊임없이, 매우 활발하게 교류하며 아름다움의 보편성을 증거해온 것은 사실이지만, 동시에 미술만큼 각 민족의 특성을 간결하고 명확하게 표출하는 것도 드물다. 한마디로 세계미술사는 가장 가시적인 아름다움의, 보편과 특수의 변증법을 통해 발전해왔다고 할 수 있으며, 현대미술이 평면 조형으로서 회화와 입체 조형으로서 조각 개념 자체를 혁파한 이래, 동양미술과 서양미술의 관계 또한 폭발적 증대와 혁명적 심화를 겪게 된다.

회화, 자연과 추상이 평면 속으로 색의 살을 섞는 이야기

회화는 사용되는 재료와 기법에 따라 프레스코, 엠페라, 모자이크, 스테인드글라스, 유채, 수채, 소묘, 판화, 콜라주, 몽타주, 수피화(나무껍질), 수묵, 담채 등, 주제와 소재 혹은 양식에 따라 종교화, 풍속화, 역사화, 초상화, 풍경화, 산수화, 정물화, 영모화(새와 짐승 그림) 등으로, 그리고 표현 방법에 따라 구상회화와 추상회화로 나눌 수 있고, 20세기 회화의 주요 양식인 추상회화를 다시 서정적 추상과 순수색채추상, 기하학적 추상, 추상표현주의로 나눌 수 있다. 건축 혹은 조각과 달리 깊이 없는 공간, 즉 평면에 존재하므로 화가들은 색채(색상, 명도, 채도)와 형태로, 원근법과 명암법, 그리고 질감을 구사하며 실재의 환영, 혹은 예술 현실을 창조한다. 채집과 사냥과 일원론의 구석기 라스코 및 알타미라 동굴벽화는 뛰어난 자연주의 화가들의 작품이지만 정착 및 농업 생산이 이뤄지는 신석기에는 인간의 힘으로 통제할 수 없는 가뭄과 홍수 등 자연현상의 '신령한 존재'를 상정하는 추상적인 이원론 세계관(원시종교, 애니미즘)에 따라 단순하고 추상적인 벽화가 나타나고, 농업에 실용적인 공예가 장식 그림을 발전시킨다. BC 6000년 무렵 아나톨리아 카탈후유크에 오늘날 지도와 풍경화 중간쯤 되는 그림이 벽화로 그려지고, 문명을 태동시킨 문자는 회화의 추상 능력과 자연주의 묘사력 사이에서 양자를 폭발적으로 증대시켰고, 이집트 회화는 삶과 죽음 사이에 놓이며 그리스 회화는 남아 있는 것이 많지 않지만, 조각에서 보듯 자연주의를 이상적인 차원으로 끌어올렸으며, 로마 귀족들은 풍경화와 정물화, 초상화, 그리고 음란화 등으로 자신의 집을 장식하였고, 그레코로만 양식을 낳았고, 박해를 피해 카타콤에서 모임을 가졌던 초기 기독교인들은 예수와 성인들의 기적 및 교의를 상징적이고 단순한 그림으로 표현했으며, 이것이 훗날 형상을 우상숭배라는 이유로 배격했던 중세 종교회화의 주류로 발전한다. 중세 회화는 비잔틴 건축의 모자이크 벽화(라벤나 및 하기아소피아성당), 성상(아이콘), 카롤링거왕조와 오토왕조 전통을 따른 11~12세기 로마네스크 건축 내부 장식 프레스코화-템페라화, 고딕건축의 스테인드글라스, 그리고 후기 고딕시대 필사본 삽화(랭부르 형제의 〈매우 호화로운 베리공의 기도서〉)로 나뉜다. 힐데스하임성당(1015) 브론즈 문은 오토왕조 미술의 가장 야심만만한 기념물이다. 두 문짝 각각이 한 틀로 주조되었는데 대규모의 정교한 조각이 이런 방식으로 제작된 것은 로마 이래 처음이다. 각 문짝은 창세기와 예수의 생애 중 장면들을 묘사한 여덟 개 패널로 구성되어 있다. 로마네스크 회화가 대체로 평면적이고 직선적이며 중량감이 없고 고도로 양식화한 반면 12세기 북유럽에서 발생한 고딕양식은 현실세계로 눈을 돌려 자연주의의 싹을 틔우고, 13~15세기 유럽 건축 및 조형미술 일반을 규정짓게 된다. 고딕회화는 서정적 세련미를 추구, 낭만적 삽화의 등장을 재촉하였다. 12세기 이탈리아 회화는 안테펜디움(제단 앞 장식)과 레타벨('계단 뒤 가리개') 등 제단화가 융성했고, 성상 전통은 동방정교회에 큰 영향을 끼쳤으며, 〈매우 호화로운 베리공의 기도서〉의 풍속화들은 르네상스 회화의 출현을 예고한다. 르네상스의 회화 분야는 피렌체의 치마부에와 조토로부터 시작되고, 시에나의 두초와 마르티니를 거치며, 1417년 건축가 브루넬레스키가 선원근법 및 소실점에 과학적으로 접근한 후 마사초가 기법상 가장 중요한 원근법(공간 표현 원리)과 명암법(양감 표현 기법)을 크게 발전시키며, 다시 건축가 알베르티가 그의 회화를 바탕으로 원근법 이론서 『회화론』(1436)을 발표하고, 마사초의 제자 안젤리코가 입체적 조형의 인물상을 그려내고, 만테냐가 보다 풍부한 현실성을 구현하며, 델라프란체스카가 수학 비례를 회화에 적용하고, 보티첼리가 신화를 회화 알레고리로 해석하면서 원근법을 더욱 발전시키더니 마침내 다빈치, 미켈란젤로, 라파엘로, 티치아노 같은 천재들이 등장, 해부학 발전과 동전의 양면을 이루는 정신-종교적 자연주의 최고의 경지를 이루며 르네상스 회화는 완성된다. 거친 템페라 화법보다 투명성과 광택이 뛰어난 유화 화법이 점차 일반화, 대세를 이루고, 북유럽에서도 르네상스가 발전, 이를테면 네덜란드 반 아이크 형제의 〈겐트의 제단화〉는 종교적 인물과 정경을 그렸으되 유화의 특질을 잘 발휘, 훗날 인물화, 풍경화, 실내화, 정물화로 분화하는 근대회화의 요소들을 이미 두루 섞고 있으며, 원근법과 명암법은 20세기 입체파 등장 때까지 서양회화를 지배한다. 미켈란젤로의 시스티나성당 천장화 중 〈최후의 심판〉에서 이미 조짐이 보이지만, 전성기 르네상스 이후 형상을 기이하게 일그러뜨리는 틴토레토, 브론치노, 파르미자니노, 그레코 등 화풍이 나타나 마니에리스모(매너리즘)라 명명되는데, (이상적인 르네상스 미의) '잘못된 모방'이라는 뜻이지만, 사실은 종교개혁, 프랑스와 스페인의 로마 침입, 독일 왕 카를 5세의 로마 약탈 등으로 르네상스적 조화와 안정이라는 허구가 깨어지는 종말적 시대 상황을 맞은 회화예술이 다시 종교적 추상성과 주의 속으로 심화하는 광경이며, 르네상스의 타락이 아니라 새로운 세계관의 반영으로서, 바로크에 이른다. 독일 등 서구-변방에서 조짐이 보이지만 진정한 매너리즘 미술은 피렌체와 로마, 즉 르네상스 최전성기 고전주의 미술의 중심지에서, 고전주의 전통의 전락 혹은 변종으로 태어났다. 중세적 알레고리-환상은 매너리즘의 일반적인 특징이다. 브론치노 〈비너스, 큐피드, 어리석음과 시간〉은 온전한 매너리즘 회화라 할 만하다. 미켈란젤로 〈비너스와 큐피드〉와 분명 유사하지만 큐피드는 더이상 비너스의 아들-소년이 아니고, 청년인 그가 비너스에게 퍼붓는 입맞춤의 자세가 매우 음탕하다. 바로크회화 자체는 반종교개혁의 선봉을 자처하던 이탈리아-스페인 궁정에서 활동한 카라치 가족, 루벤스, 벨라스케스 등의 가톨릭-귀족 경향과, 중유럽 화가 렘브란트, 할스, 베르메르 등의 프로테스탄트-시민 경향으로 크게 나뉘며, 이탈리아 카라바조와 스페인 리베라, 프랑스 라 투르 등이 중간에 위치한다. 플랑드르 화가들의 색채 표현 및 형상-재질 묘사가 정교함의 극치에 달하며 근대적인 실내화, 장물화, 풍경화가 탄생했다. 17세기 프랑스 절대왕정은 프랑스를 유럽 미술의 중심지로 우뚝 서게 했고 고전주의 회화를 탄생시켰으며 18세기에 이르면 이것이 귀족적이고 우아한 로코코양식으로 전화하고(와토, 샤르뎅, 프라고나르), 같은 시기 영국에서는 레이놀스와 게인즈버러 등이 영국 귀족 취향을 반영하고 호가스는 도적 풍속화 전통을 연다. 프랑스혁명과 산업혁명을 통한 근대 시민사회 형성으로 시작된 19세기 회화는 로코코를 벗고 엄격한 고전주의 화풍을 복원한 다비드와 앵그르 등의 신고전주의가 혁명의 공식 미술로 인정받다가 나폴레옹 제정을 맞으며 어용회화로 전락하고, 혁명이 성취한 자유 이념을 실천하려는 사조로서 낭만주의가 발흥, 들라크루아, 제리코 등이 개인의 주관적인 감정과 풍부한 상상력을 통한 표현의 자유 문제에 집중하고, 그것에 맞서 쿠르베는 현실의 진짜 모습을 객관적으로 반영하는 사실주의 회화의 기초를 닦았다. 스페인의 화가 고야는 궁정화가지만 낭만주의 화풍을 보이며, 영국 시인 블레이크는 신비주의적 낭만주의를 선보였다. 블레이크는 밀턴 「그리스도 탄생의 아침에」에 영감을 받아 1809년 여섯 개의 연작 일러스트레이션을 그렸는데, 그중 하나는 열여덟번째 시 중 '땅 아래 늙은 용(악마)이…… 자신의 왕국이 무너지매 격노하여/겹쳐진 꼬리의 그 비늘의 공포를 채찍질하며……' 대목이다. 독일 화가 프리드리히는 슈베르트의 낭만적 서정을 반영하는 그림을 그렸다.

분필을 다채롭게 사용하고 잉크로 강조하는 기법을 통한 세련되고 치밀한 성격묘사는 영국 궁정 시절 홀바인 초상화의 특징이다. 란프란코(1582~1647) 〈침대 위 청년〉은 고양이, 그리고 어깨 너머를 바라보는 교태 어린 시선으로 보아 모델이 동성연애자다. 단디니 〈뚜쟁이〉는 내용이 충격적이지만 17세기 피렌체에서 흔히 보이던 풍경을 담은 것이다. 코벤부르그 〈흑인 여자를 겁탈하다〉(1632)는 매우 솔직하지만 종교화 전통이 여전히 남아, 겁탈자 동료들의 자세가 성경을 악의적으로 왜곡 인용하는 악마를 연상시킨다. 사실 부활한 그리스도는 나체였고 두 여자, 즉 막달레나 마리아, 마르타의 여동생 마리아만 부활을 목도했다. 우이텐브뢰크 〈강의 신 알페우스에게 쫓기는 수풀 요정 아레투사〉(1626)는 신화의 세속-농촌판이라 할 만하다. 슈토메르(1600~1650) 〈로마의 자비〉는 감옥에 갇혀 굶어 죽게 된 아버지(로트)에게 자기 젖을 물리는 딸들 이야기가 소재지만 성적 암시가 분명하다. 렘브란트 〈요셉과 포티파의 아내〉(1634)는 음탕한, '모든 것을 집어삼키는' 이집트 여성과 그 손아귀에서 벗어나려 애쓰는 고결한 이스라엘 남자를 묘사하는데, 관객의 시선이 곧장 포티파 아내의 엄청난 성기로 향하게끔 화면을 구성, 이집트 여인의 지독한 성욕을 강조하고 침대 끝 둥근 꼭지 버팀목은 그만 한 크기의 남근이라야 질을 채울 수 있음을 암시한다. 푸생 〈뱀에 물려 죽은 사내가 있는 풍경〉(1648년경)은 문학적 근거 자료는 없는 듯하고, 동시대 푸생 전기작가에 의하면 이 그림의 주제는 공포의 효과다. 시체를 발견한 사내의 충격이 팔을 내뻗은 여인에게 그리고 그 너머의 어부에게 지그재그로 전해진다. 클로드의 〈이삭과 레베카의 결혼이 있는 풍경〉(1648)은 구약 장면을 그대로 따르지는 않는다. 화가의 진짜 관심은 자연의 아름다움. 중거리에 위치한 건물을 따서 이 작품을 〈방앗간〉이라 부르기도 한다. 메추의 〈편지 읽는 여자〉(1665년경)는 초기작 중 하나로 17세기 네덜란드 사회에서 미술이 차지하는 위치를 보여준다. 편지를 건넨 하녀가 그림을 덮은 천을 걷어내고 찬찬히 들여다본다. 이 시기 네덜란드에서는 그림이 정말 넘쳐났고 부자나 특권층의 소장품이 아니라 벽에 걸어놓고 사회 구성원 누구나 즐길 수 있는 대상이었다. 샤르댕은 18세기 가장 위대한 정물화가. 초기 작품은 대개 단순한 음악들과 몇 개의 가정용품을 소재로 했지만 1760년부터 보다 위엄 있는 소재로 전환했다. 코이펠(1694~1752) 〈레다와 백조〉는 제우스(=백조)의 허리 아래를 사람으로 그렸다. 와토 〈키티라섬 행 선박에 오르다〉는 1717년 왕립 미술 및 조각 아카데미 입회작인데 관습적인 범주에 들지 않았으므로 그를 위해 특별히 '쌍쌍파티 화가'

라는 범주가 마련되었다. 지중해 키티라섬은 사랑의 여신 비너스가 바다에서 탄생한 후 상륙한 섬으로 연인들의 순례지였다. 〈요정과 사티로스〉는 사티로스의 몸짓뿐만 아니라, 양자의 살색 대비가 에로티시즘을 고조시킨다. 와토 제자 파테는 전원 파티 주제를 더욱 넓혔다. 〈공원의 목욕 파티〉 중앙의 여인 엉덩이가 강조된 것은 이 시대 회화의 전형적 특징이다. 트라베르시(1722~1770) 〈상처 입은 사람〉은 바랄로 〈천사들이 돌봐주는 성세바스티안〉(1620~1630)의 세속판이다. 페르모세르 〈유진 공公의 신격화〉(1718~1721)는 미켈란젤로 〈승리〉와 흥미로운 연관이 있는 조각인데, 조각가 자신이 스스로 터키인 포로가 되어 전승장군의 발에 짓밟히는 것이, 명백히 마조키스트적이다. 겁탈당한 후 자살한 로마 여인 루크레티아 이야기는 섹스와 폭력을 (사디스트-마조키스트적으로 왜곡) 형상화하는 기회를 화가들에게 주었다. 부셰 〈헤라클레스와 옴팔레〉(1730)를 보면 헤라클레스의 근육질이 완화했고, 곧 옴팔레 때문에 여자 옷을 입게 될 참이다. 초상화 〈마리-루이스 오뮈르피〉(1751)는 색정광이었던 프랑스 왕 루이 15세 애인 중 한 명을 그린 것이다. 〈매력적인 마을 처녀들〉은 레즈비언을 은근히 암시한다. 〈오줌 누는 여자〉는 동시대 에로소설과 마찬가지로 우중충한 사실주의와 우아미, 비단옷 사각이는 소리와 뜨뜻한 오줌 냄새를 결합한다. 〈스커트를 올린 여자〉(1842)의 부셰는, 변태-에로 작가 사드 백작과 마찬가지로, 여성 엉덩이에 매료된 상태다. 그뢰즈 〈다이아나의 목욕〉은 라이벌 부셰가 즐겨 그리던 소재에 도전한 작품이다. 프라고나르 〈목욕하는 여인들〉(1765)은 로코코미술 절정의 화려함을 과시한다. 여성의 살(肉)과 물감의 색을 혼연일체화. 로코코는 루이 15세 시기 양식이며, 18세기 고전주의로 회귀하지만 프라고나르의 〈불꽃놀이〉(1777년 이전)에서 불꽃은 처녀들을 경악시켜 정숙함을 잃고 선정적인 자세를 취하게 하는, 오르가슴 폭발에 대한 은유다. 〈욕망했던 순간 혹은 행복한 두 연인〉은 어린아이 상태를 방금 벗어난 커플을 그리고 있다. 그는 18세기 프랑스 화가들 중 성에 대해 가장 솔직했다. 보두엥 〈아침〉은 잠든 처녀의 가랑이가 다 보이고, 방에 들어서는 수도사 차림의 남자를 소년이 가로막으려 한다. 이런, 순결이 강조되는 동시에 범해지는 호색성을 당시 프랑스 그림 애호가들이 몹시 즐겼다. 다비드 〈호라티우스 가문의 맹서〉(1784)는 신고전주의 엄정한 형식과 드높은 이상을 구현한 가장 순전한 사례 중 하나. 애국과 개인감정의 갈등이 주제다. 로마의 젊은 무사 호라티우스 형제들이 적국 알바의 지도자 큐리아티 가문 세 형제를 물리치겠다는 맹서를 아버지께 올리고 있다. 오른쪽에서 여동생들이 울고 있다. 그중 한 명은 큐리아티 형제 하나와 사랑에 빠진 상태다. 다비드는 프랑스혁명 발발 직전 루이 16세의 악명 높은 호색한 동생 아르토와 백작에게 〈파리스와 헬레네의 사랑〉(1789)을 그려주었으나 혁명 직후 국민의회에 들어갔고 루이 16세 사형 찬성표를 던졌다. 퓨젤리의 〈벽난로〉(1798)는 낭만주의 이후 성(性)의 현대적이고 병적이며 끔찍한 무의식 세계를 신고전주의풍 시각언어로 형상화한다. 알레이하딘호가 건축한 마토진호 '선한 예수교회'(1801~1805)는 여러 입상들이 부착된, 라틴아메리카 바로크 시대 걸작이다. 길레이 풍자화 〈타락한 직업〉(1805)에서 섹스는 형벌이고 섹스를 묘사하는 것이 섹스를 벌하는 일이다. 탈리엔 부인과 조세핀 보하르네(훗날 황비 조세핀)가 두 여인의 연인 집정관 바라스 앞에서 나체로 춤을 추고, 나폴레옹이 커튼 뒤에서 엿보고 있다. 〈미련퉁이의 구멍, 쪼개진 요르단〉(1791)은 숱한 동화-동음이의(同畵同音異義) 익살로 가득찬 풍자화. '쪼개진(crackd)'과 '구멍(hole)'은 성기를 뜻하는 은어고 요르단은 영국왕 조지 3세의 아들 클래런스 공작(훗날 윌리엄 4세)이 첩으로 취한 여배우 이름인 동시에 속어로 '침실용 변기'를 뜻하기도 했다. 앵그르의 가장 인상적인 여성 누드화 중 하나인 〈목욕하는 발펭송〉(1808)은 정확한 윤곽선과 티끌없고 부드러운 처리가 분명 신고전주의 경향을 특징적으로 보여주지만, 주제에 대한 육감적 응답은 전적으로 앵그르 것이다. 〈루지에로와 안젤리카〉(1819)에서 괴물은 '모든 것을 집어삼키는 여성'의 형상화다. 〈노예와 오달리스크〉(1842)는 노예의 시선도 아랑곳하지 않고 자신의 나신을 만끽하는 하렘의 미녀를 보여주며 〈터키탕〉(1863년)은 검둥이 내시가 시중을 드는, 전형적인 19세풍 하렘 풍경 속 여체의 영광에 바치는 찬가에 다름아니다. 카노바의 이탈리아 신고전주의는 프랑스의 그것보다 절제가 덜 엄격하다. 그의 〈이탈리아풍 비너스〉(1812)는 보호 본능을 '성적으로' 자극한다. 〈큐피드와 프시케의 포옹〉(1787~1793)은 로댕 조각 〈입맞춤〉의 저본으로 작용했다. 드베리아 〈하렘〉은 19세기 초반 동양풍 주제를 극단으로 몰고 간 작품이다. 1810~1814년 고야가 제작한 65개의 연작 부식동판화는 〈전쟁의 재앙들〉 양쪽 편에서 저지르는 잔혹상으로 묘사한 가장 강력한 반전 작품 중 하나로, 당대 관습과 달리 고야는 영웅적인 행위나 영광을 그리지 않고, 절단, 고통 및 죽음만을 그렸다. 제리코의 가장 독창적인 면모 중 하나는 시사적인 사건에 서사시적인 중후감을 입히는 취향이었는데, 〈메두사의 뗏목〉은 정치적 센세이션을 결과시켰다. 정부의 무능 때문에 난파의 재앙이 야기되었다고 많은 사람들이 생각했다. 〈남성 누드〉 습작은 프랑스 미술원 입학 자격시험 출품작. 발레리노 누레예프가 한때 소장하기도 했다. 프리드리히 〈구름 위로의 여행〉은 풍경 자체에 영적인 의미를 입히는 낭만주의의 경향을 다른 어떤 예술가보다 더 명징하게 예시한다. '예술가에게는 자신의 감정이 바로 법' 이라는 그의 발언은 이 운동을 한마디로 요약한다. 안개에 휩싸인 극적인 산 절정에 선 고독자. 자연 속으로 사라지고 싶은 개인의 희구가 극단화한다. 들라크루아 〈묘지의 고아 소녀〉는 1822년 그리스의 대(對) 터키 독립전쟁 중 발생한 잔혹상을 애도하기 위한 거대작 〈치오스의 대학살〉(1824)을 준비하는 동안 그린 여러 장의 유화 습작 중 하나고, 〈모로코의 유대인 결혼식〉은 1832년 모로코를 방문, 유대인 결혼식 도중 한 여성 연행자가 하객들 앞에서 토착 춤을 추는 것을 목격한 후 칠 년 만에, 〈알제리의 여인들〉(1834)은 북아프리카 방문중 이슬람의 규방 여자를 무척 보고 싶어하던 그가 알제리의 지인을 통해 마침내 소원을 이룬 후 이 년 만에 그린 그림이다. 아름답구나! 마치 호메로스 시대 같아! 들라크루아 그는 그렇게 탄성을 질렀고, 자신의 그림에 대해 이렇게 썼다. 이것이야말로 내가 이해하는 바의 여성이다, 세상의 삶 속에 내던져진 게 아니라 그 심장으로 물러난, 세상의 가장 은밀하고, 달콤한, 감동적인 실현으로서 여성. 보들레르는 〈마제파〉(1824), 〈사르다나팔루스의 죽음〉(1827)에 두드러진 들라크루아와 회화의 낭만주의에 대해 이렇게 썼다. 그의 작품 속은 모든 것이 황량하고, 모든 것이 인류의 영원한, 치유될 수 없는 야만성을 증거한다. 불타며 화염을 내뿜는 도시, 목을 따인 희생자들, 정조를 유린당한 여인네들, 말발굽에 짓밟힌 아이들, 넋이 나간 어머니가 칼로 찔러 죽일 참인 아이들. 그의 작품들은 운명과 고통에 바치는 끔찍한 영광의 찬가다. 모리소 〈레토를 찾아간 아폴론, 부셰 원화에 의거〉(1811~1895)는 여성 화가가 에로틱한 장면을 그리는 것이 사회적인 금기로 여겨지던 당시, 신화가 소재인데다 노대가의 원작을 채용했으므로 반응이 좋았다. 마네 〈풀밭에서 아침식사〉는 라파엘 원화에 따른 레이몬디 동판화를 저본으로 했고, 사생활이 별로 깨끗지 못했던 나폴레옹 3세까지 이 그림을 직접 비난을 하고 나섰지만, 그림의 누드-선정성이 당대 작품에 비해 특별히 강해서가 아니라, 사회-성적 관계를 정장의 남자와 알몸의 여자로 드러내면서도 고전주의적 평정을 유지했기 때문이다. 부식동판 기법은 동판 위 밀랍 표면을 긁어 판 후 인쇄하는 것으로 파머 〈가축 우리를 열다〉는 종이 못지않게 정교한 효과를 내는, 영국 미술사상 가장 시적인 장면 중 하나다. 로세티 〈베아타 베아트릭스〉(1864~1870)는 1862년 아편 과다 복용으로 사망한(자살) 아내 시덜을 추모한 그림으로 제목은 단테가 흠오했던 여인 베아트리체를 연상시킨다. 로세티가 주도한 '라파엘 이전(以前)파'의 중세풍에서 강렬한 영성(靈性)이 하나의 특징으로 된다. 쿠르베 〈잠〉(1877)은 이집트 고객이 주문했고, 고객도 화가도 동성애와 무관했지만 레스비아니즘을 다룬 가장 유명한 서양화로 자리잡았다. 1847년 쿠르베가 그린 보들레르 초상은 화가의 친구였던 시인의 시적 침울과 격정을 절묘하게 포착하고 있다. 이 보들레르 초상을 어떻게 마무리해야 할지 모르겠군. 그는 매일매일 달라 보이니…… 쿠르베는 그렇게 말했다. 아리스토파네스 〈리시스트라타〉 원작은 이성 사이 성문제를 다루지만, 1896년 출간본에 삽입된 비어즐리 삽화 '전령을 검사하다'는 동성 사이 문제를 복선으로 깔고 있다. 상징주의자 로프스는 세기말 데카당트-악마주의 텍스트에 삽화를 그리면서 비어즐리보다 한 걸음 더 나갔다. 〈그리스도 십자가 고난〉에는 남근을 닮은 악마가 예수 대신 십자가에 매달려 있고 〈성 마리아 막달레나〉는 십자가 처형 당하는 남근을 황홀경으로 쳐다보며 자위를 하고 있다. 이런 삽화들은 다소 풍자적이지만 태초 진흙구덩이 속에서 남근을 닮은 짐승떼가 태어나는 것을 묘사한 〈괴물들 혹은 창세기〉는 시적인 것을 꾀하므로, 그를 초현실주의 미술의 한 선구자로 보기도 한다. 고갱 〈테 아리히 바히네〉(1896)는, 가까이는 마네 〈올림피아〉, 멀리는 앵그르 〈오달리스크〉를 의식한 작품이다. 로트렉은 파리 몽마르트 유곽 지대에서 살며 매춘부들을 즐겨 그리다가 그들끼리의 동성애 장면에 매료되었고, 이 당시 대표작이 〈두 친구〉다. 제르베(1852~1929) 〈롤라〉는 창녀와 열정적인 밤을 보내고 자살을 기도하려는 청년을 묘사한 그림으로 1878년 첫 전시 때 커다란 물의를 일으켰다. 익사한 헤로의 시신을 알몸의 바다요정들이 건져내는 〈헤로와 레안더〉 장면은 바로크미술의 세속 '피에타' 라고 할 만하다. 드가 〈여자 누드들〉(1879)은 유곽 풍경 연작 중 하나로, 로트렉의 '레즈비언' 화를 예견케 한다. 아브릴이 포르베르크의 에로소설 『존경받는 분』을 위해 그린 연작 삽화 중 〈고대의 시간〉은 상상 속 로마 섹스축제 장면을 묘사하고 있는데, 빅토리아여왕 시대 말 '점잖은' 사회 풍토의 검열망을 고색(古色)으로 교묘히 빠져나가고 있다. 스칼베르 〈목욕하는 여인들〉은 19세기 말 프랑스 살롱 전시회 그림의 전형으로, 여인들의 자세가 당시로서는 꽤 꼿꼿하고, 신화와 연계가 전혀 없다. 역시 프랑스 살롱 화가인 코메르 〈백조의 승리〉는 '레다와 백조' 의 지상판으로, 두드러진 연극-조명 효과가 1895년 발명된 영화에 영향을 끼쳤다. 모로는 마티스와 루오의 스승이고, 19세기 말~20세기 초 유럽을 풍미한 아르누보운동의 창시자다. 루오 〈두 창녀〉(1906)는 '낭만주의적' 사디즘이 마조키즘으로 전화한 경우라 할 만하다. 1900년 무렵 거울을 사용한 독일 합성사진은 적나라하게 사실적인 모델들이 그리스 신화의, 세계를 떠받치는 아틀라스 역을 맡았다. 쉬엘레는 통렬한 에로티시즘의 대가고, 그가 즐겨 그린 모델 노이질은 스타킹과 블라우스가 강력한 효과를 낸다. 〈누드〉(1911)는 선정적인, 그리고 새로 발견한 성적 자유의 몸짓이다. 〈서로 껴안은 두 처녀〉(1915)는 제1차 세계대전중 제작된, 가장 야심적인 작품 중 하나로 사실주의 요소를 줄였고, 아르데코를 예견케 한다. 〈자위하는 소녀〉는 광포할 정도로 솔직하게 성욕을 묘사하면서도 탁월한 구성과 고급의 미적 질을 담보한다. 베게네르 삽화 〈에로스의 즐거움〉(1917)은 아르누보에서 아르데코로의 전화를 보여준다. 요테 〈레다〉(1930)는 '레다와 백조' 현대판이자, 양차 세계대전 사이 태양-일광욕 붐과 지중해 열정을 보여주는 사례이기도 하다. '칼리스토의 임신 사실을 알아채는 다이아나' 주제는 야외를 배경으로 여러 여자 누드를 한꺼번에 그릴 수 있다는 장점이 있었다. 묵화는 윤곽선을 사용하지 않고 묵의 면 만으로 대상의 형체를 표현한다

조각, 모성 속으로 운동하는 입체의 '중력=고통'

메리메 중편소설 『청동 비너스상』(1837)은 이런 얘기다.

신랑이 결혼식장으로 가다가 테니스를 치게 되었는데, 제 손가락에 끼고 있던, 신부한테 줄 반지 때문에 테니스 채를 잡기가 불편했으므로 반지를 빼내어 그 옆에 있던 실물 크기의 청동 비너스상 손가락에 끼워두었다. 청동 비너스상은 얼마 전 땅에서 파낸 것으로 아름답기는 했지만 어딘가 잔인한 데가 있었다. 테니스 경기를 이긴 신랑은 반지를 깜빡 잊고는 그냥 식장으로 달려갔다. 식을 끝내고 반지를 찾으러 와보니, 놀랍게도 비너스상의 손가락이 오므라진 상태라 반지를 빼낼 수가 없었다. 두려움에 덜덜 떨면서 신랑은 한 친구 말고는 아무한테도 그 얘기를 하지 않았다. 다음 날 아침 신랑이 죽은 시체로 발견되었는데, 얼굴 표정이 고통으로 가득 찼고 어떤 쇳덩어리가 그를 껴안은 것처럼 허리께가 으스러진 상태였다. 신부가 겁에 질린 벌벌 떠는 말투로, 어젯밤 이상한 손님이 다녀갔다고 더듬거렸다.

조각은 '평면에 그려진' 회화와 달리 '삼차원 공간에 조형된' 입체며 형태와 질, 그리고 양 등이 여러 감각을, 심지어 (양감의) 촉감까지 자극하지만, 그것들이 생명을 지닌 새로운 존재로 인식될 때 비로소 조각이라 부를 수 있으며, 현대 조각은 점토, 브론즈, 돌, 나무 등 전통적인 재료와 철강, 알루미늄, 플라스틱 등과 더욱 새로운 감각 재료들을, 갈수록 파격적인 방법으로 사용한다. 현대조각의 가장 뚜렷한 특징은 공간 인식으로, 이를테면 환조(완전 입체)의 처리 방편으로

만 여겨지던 부조(표면 입체)가 현재 환조와 대등하게 인식되며 환조의 경우 틈과 구멍, 면과 선으로 이루어진 공간이 환조 재료 자체와 상관없이 추상적이고 자유분방한 질과 형태의 표현력을 발하게 된다. 조각 기법은 점토, 납, 옻, 석고 등 부드러운 재료를 붙이는 1)모델링과 주조, 나무, 돌, 상아, 뼈 등 단단한 재료를 깎아내는 2)카빙으로, 혹은 표현 형태에 따라 1)환조, 2)부조, 3)모빌(삼차원 공간에 '움직임=시간'을 더한 사차원), 그리고 4)오브제와 5)아상블라주로 나눌 수 있으며, 점토 모델링 기법인 소조는 균열 방지를 위해 식물섬유 등을 점토에 섞어 그대로 말려서 보존하는 a)소상, 유약을 바르지 않고 저온에서 굽는 b)테라코타 및 브론즈 주조가 있다. 조각 또한 선사시대부터 있어왔으며, 첫 문명을 장식했고, 각 문명 고전기를, 특히 건축의 일부로 이룩했으며, 고대 그리스 페리클레스가 통치하던 BC 5세기 전후 파르테논신전에서 조화와 균제의 이상적인 아름다움에 달하였다. 헬레니즘 조각은 제우스, 아폴로 등 가까이 하기 힘든 자연신보다는 아프로디테, 디오니소스, 니케 등 보다 더 인간의 정서를 대변하는 신들을 역동적으로, 절대 우주의 추감각적 질서로서 균제가 아닌 감각적 질서로서 율동과 대비를 통해 그리며, 〈라오콘 군상〉이 대표적이고, 로마 조각은 그리스의 순한 청동조각을 대리석으로 복제했고, 장식이나 권력, 재산, 교양을 과시한다는 실용의 차원에서, 사실주의적으로 변화시켰으며, 실물 초상조각을 통해 우리는 아그리파, 카이사르, 부루투스, 티투스, 칼리굴라 등 로마 황제나 귀족이 어떻게 생겼는가를 실제로 알 수 있게 된다. 〈티베리우스의 개선문〉과 〈콘스탄티누스의 개선문〉에 새겨진 부조, 그리고 각종 주화에 새겨진 조각상 또한 매우 실용적이다. 기독교가 유럽 정신세계의 중심이던 10~12세기 로마네스크성당 내부를 강한 인내와 박력의 신비주의 혹은 상징주의 부조(독일 발데스하임대성당 청동 문짝, 프랑스 베즐레 상트아드리누성당 문짝 입구 등)로 장식하면서 조각은 다시 빠른 속도로 발전하기 시작한다. 고딕조각은 프랑스 아미앵, 샤르트르, 랭스 대성당 정면 기둥 위 예수상, 십자상이 대표적이고, 르네상스 조각은 1401년 기베르티가 피렌체 산조반니세례당 제2청동 문짝을 만들면서 그 부조에 원근법-투시법을 사용했으며 도나텔로의 〈다비드상〉〈수태고지〉〈헤로데의 향연〉

등은 고전 정신과 리얼리즘을 융합, 르네상스 양식을 창시할 뿐 아니라, 건축에 종속되지 않고 독자적으로 땅에 발을 딛고 선 조각을 선포한다. 다빈치 스승 베로키오는 일찌감치 다빈치의 천재성을 인정하고 조각에만 전념, 르네상스 조각의 거장으로 거듭났다. 미켈란젤로 〈계단의 성모〉 〈모세〉 〈피에타〉 〈론다니니의 피에타〉 등은 르네상스 양식을 최고 단계로 완성시키면서 새로운 양식을 잉태한다. 미켈란젤로 조각은 내용의 진폭이 매우 크고, 외로운 영혼 편력의 극적인 궤도를 보여준다. 15세기 말 인문주의자 폴리치아노가 쓴 예술백과사전 『판에피스테몬』에 '조각가' 란 용어가 처음 등장하는데, 돌, 금속, 나무, 점토, 밀랍 다섯 가지 재료 별로 구분되고, 이중 '나무조각가(sculptores)' 가 점차 조각가 전반을 지칭하는 용어로 된다. 1564년 미켈란젤로가 죽은 후 이탈리아 르네상스 조각은 급격히 쇠퇴하고, 시스티나성당 천장화 완성 직후 그가 제작한 〈죽어가는 노예〉의 '격렬한 체념' 의, '미완성=아름다움' 의 확고하고 단순한 안정화가 결국 매너리즘 조각을 부르며, 첼리니가 프랑스와 1세를 위해 만든 '황금의 소금상자' 는 과도기 미적 취향을 최대한으로 응축-발산한 것이었다. 바로크 조각 재료는 화려한 색대리석이며, 한 작품에 여러 자료를 결합하기도 했다. 베르니니 〈성녀 테레지아의 황홀경〉, 산피에트로대성당 주 제단 등은 뛰어난 기교와 역동적 구성으로 몽환을 형상화, 바로크조각의 절정을 이루고 우동의 〈다이아나〉는 자유로운 곡선으로 우아하고 관능적인 서정을 부각, 로코코조각의 정수를 보여주며, 다시 고전주의, 그리고 낭만주의 조각이 성행하고 19세기 후반 로댕은 그 모든 특징을 집대성하면서 권력 혹은 건축 장식으로부터 조각을 해방시켜 독립된 예술로 확립, 근대조각의 시조라 불리게 된다. 〈코가 찌그러진 남자〉 〈청동시대〉 〈발자크상〉, 그리고 〈생각하는 사람〉이 새겨진 〈지옥의 문〉은, 중력을 벗고 인간의 고통 속으로 심화하는 무용의 온갖 표정을 닮았다. 아니, 무용이 '심화' 의 동작이라면, 조각은 모성 속으로 심화하는 '중력=고통' 의 입체화다. 클로델과 무니에, 그리고 클링거 등도 같은 시기 활약하면서 근대 조각예술 확립에 기여하였다. 미래주의 조각은 면과 선으로 물체를 연속시켜 역동을 구성했으며 표현주의 조각가 렘부르크는 인체 부위를 극도로 확장하면서 독특한 감상을 자아냈고, 다다이스트-초현실주의자 아르프는 ('형태') 자체에 자연생명력이 깃든 작품을 창조했다. 20세기 조각 또한 추상 경향이 두드러진다. 브랑쿠시는 〈새〉 등 순수한 형태의 포름에 신비로운 명상을 담은 연작으로 20세기 추상조각의 한 방향을 결정지었고, 합성수지판이나 선(線)재 재료를 사용하면서 감각-감정적 호소보다 조립의 정밀성을, 물체 면보다 공간 선을 더 강조한 페브스너와 가보 형제, 모빌과 스테빌 영역을 개척한 칼더 또한 그렇다. 입체파 회화 자체가 조각적이므로 '조각의 조각'을 꾀하면서 입체파 조각가가 뒤샹, 로랑스, 리프치츠는 순수한 면의 조합으로 인체 등을 각각 개성적으로 만들었다. 제2차 세계대전 이후 유기적인 반(半) '구상=인체'로 인간 내면을 표출한 아르프와, 양감과 볼륨을 강조한 '인체=풍만'의 무어와, 정반대로 양감과 볼륨을 배제한 앙상한 '인체=깡마름'의 자고메티와, 전통을 새로운 감각으로 부활시키려 한 이탈리아 마리니, 만주, 그레코 등의 소상이 일반의 공감을 얻지만, 뒤샹의 '오브제' 작업이 전통적인 장르 개념으로서 조각 자체를 위협한다. 그의 '기성품(오브제)'은 '만든다'는 행위의 신비를 선택의 신비로 바꾸어놓았고, 뒤샹 이후 조각 제작 과정의 물리적 조건과 전제로서 손 기술과 노동 시간 또한 근본적으로 변화하며, 특히 테크놀로아트의 등장으로 조각 개념은 더욱 와해된다. 다른 한편 1950년대 말부터 미국 중심 팝아티스트 조각이 두드러졌다. 세자르는 폐품을 압축했으며, 시갈은 인체에서 곧바로 인형을 본떴다. 팅겔리와 쇠페르의 키네틱아트 조각, 물질성을 배제하고 채색하는 미니멀아트 조각, 물건, 빌딩, 거리 등을 천으로 싸거나 덮는 랜드아트, 행위와 미디어를 도입한 조각 등 오늘날 조각 개념 변화는 회화 못지않게 파격적이고 혁명적이다.

건축, 입체가 '일상=역사'의 '내면=외면' 속으로 인간화하는 이야기

차고는 건물이고 대성당은 건축이다. 인간이 쓰기에 충분한 넓이를 갖춘 것은 모두 건물이지만, 그중 미적인 감동을 목표로 설계된 것만 건축이라 할 수 있다.

건축가 페프스너는 그렇게 말했지만 건축의 예술성은 공공적이며, 건축은 딱히 건축주의 것도, 건축가의 것도 아니고, 주변 환경과 어우러지고 역사적 조건을 반영하는 사회문화적 존재로서, 그리고 기능으로서 예술작품이며, 대개 '착상→분석→종합→전개→이상화' 단계를 밟아 작성되는 건축 설계도는 아주 복잡한 교향곡 악보와 같고, 건축 구조공학만 보더라도 수학과 역학에서 출발하여 응용역학, 재료역학, 구조역학을 포괄한다. 구석기 동굴주거에서 신석기 취락주거로 이행하면서 빠르게 발전한 구조 기술은 청동기 목재 가공법 및 맞춤법으로 나아가고, 고대 이집트는 나일강 연안 석회암, 사암, 화강암으로 돌구조물을 쌓았으며, '고즈 몰딩(gorge molding, 장벽축조)', 연속된 버팀기둥 (역役의) 경사진 벽체, 그리고 기하학주, 식물주, 조각주 세 기둥을 고안해냈다. 메소포타미아, 히타이트, 페니키아, 팔레스타인, 페르시아 등 서아시아는 흙벽돌, 소성벽돌 및 유약 칠한 벽돌을 발명하고, 아스팔트를 접착제와 방수층에 썼다. 벽돌 사용은 원형아치, 첨두아치, 그리고 반원형 아치를 발전시키게 된다. 남아메리카 마야, 잉카 문명은 이집트문명과 마찬가지로 석조건축 문명이었다. 그리스 지역에 풍부한 대리석은 아름답고 오래가며, 절단이 정확하고 정교한 표현에 알맞은 재료였고 그리스 건축은 엄격한 도리아식에서 아름다움이 선명한 이오니아식으로, 다시 섬세하고 화려한 코린트식으로 발전했으며, 도리아식인 파르테논신전 건축은 건축 조형의 한 표본으로 여겨진다. 그리스 건축이 심오하고 세련된 예술성을 보인다면 로마 건축은 방대한 규모와 호화로움을 자랑하며, 대리석만으로 불가능하여 테라코타, 돌, 벽돌 등을 함께 사용하였고 주재료는 로마 근처에서 나는 석회암이었고, 석회와 화산재를 섞은 콘크리트를 썼다. 볼트 구조법을 체계화, 반원 볼트, 교차볼트, 구면 돔 등 특별한 기술로 발전시켰다. 초기 기독교는 로마 바실리카를 본떠 교회당을 짓고 양식화하였으며, 로마 신전 기둥을 그대로 이용하는 등 조화와 형식에 별 관심이 없었으나 비잔틴제국이 4세기 초부터 사각형 혹은 다각형 평면 위에 돔을 구축하는 '펜던티브'를 특징적으로 선보였고 로마 콘크리트 및 벽돌 구조법을 물려받았으나 표면을 대리석으로 포장하고, 색을 달리하며 벽을 쌓아 횡선을 만들었다. 큰 돔을 중심으로 작은 돔 혹은 반원 돔들을 높이가 다르게 구성한 것은 비잔틴건축에서만 볼 수 있는 아름다움이다. 중세 초기 서유럽건축이 로마와 비잔틴의 영향을 받으면서도 게르만의 낭만적 심성으로 기독교 영적 원리에 응답한 결과가 바로 로마네스크, 그리고 훗날의 고딕건축이다. 6세기 성베네딕투스가 확립한 서유럽 수도원 제도는 8세기 말 카를대제 때 건설된 캔투라의 산리키에수도원을 출발점 삼아 장려한 로마네스크 양식의 수도원 예술을 꽃피우는데, 석조의 견고한 벽체 위에 돌천장을 설치, 통형볼트를 교차볼트로 발전시켰는데, 그 중후함으로 로마네스크 교회는 신의 보살핌을 상징하는 성채로 되고, 위쪽을 향하게 한 구성은 교회를 '하늘에 이르는 문' 으로 만들어주었으며, 이 상징성은 훗날 고딕 교회당 조형에서 표현의 절정에 달한다. 로마네스크 교회는 점차 아치가 발달하고 규모가 커지고 변화가 풍부해졌으며, 본당과 분리된 종탑이 창안되고, 둔중한 교차볼트 대신 리브('갈비')와 파넬식 볼트 구성으로 나아가면서 기둥머리에 다채로운 변화를 주고, 기둥이 아치 가구법(고가에서 구성)과 더불어 갈수록 복잡해지고, 모서리에 원기둥 혹은 반원기둥을 첨가, 여러 줄기를 모으는 식으로 되어갔는데, 프랑스의 로마네스크가 다양하고 의미심장한 지방 형식으로 변주되던 12세기 후반~13세기 초 파리 주변이 특히 부르고뉴 및 노르망디 건축 및 순례로 교회당에서 많은 것을 채택하면서, 그러나 독창적으로 창조-육성한 것이 바로 고딕건축이다. 고딕건축의 창시자라 할 생드니대수도원 원장 스게리우스는 '빛의 공간' 을 추구하였고, 그가 창조한 돌의 골조와 스테인드글라스의 '스스로 빛나는 벽'(샤르트르대성당 1194년 착공 부분)은 물질계를 비추는 '신의 빛' 이었다. 프랑스 고딕대성당 공간은 신의 나라(거룩한 공간)에 이르는 문이며 통로이자, 지상과 천상의 연결고리로서 움직이는 공간이며, '프랑스 대성당의 여왕' 랭스대성당(1211년 착공)은 첨두아치와 리브가 달린 교차볼트, 그리고 비량(플라잉버트레스, '나는 받침대', 버팀벽) 등을 통합한 시각논리로 성당 내 비물질적 영적 공간을 형성하는 식의, 외부 조형-역학 구성이 내부를 완벽하게 형상화하는 건축예술의 극치다. '고딕' 은 고전적 질서만을 판단 기준으로 했던 르네상스 평론가 바사리가 중세 기독교건축 전반을 '고트풍(야만족풍)' 이라 부른 데서 나온 호칭이지만, 첨두아치와 비량은 피어, 버팀기둥, 아치, 리브, 볼트 등이 서로 얽히며 수직력과 수평력을 동시에 받아 균형과 안정을 이루는 구조다. 르네상스 건축은 셀리니, 기베르티, 도나텔로, 브루넬레스키, 알베르티, 브라만테, 라파엘로, 비뇰라, 미켈란젤로 등 장인과 예술가의 협력으로 이룩된 예술 자체의 공간화 시도라 할 만하지만 정적이고, 내부 공간과 정면의 유기적 일체성은 대부분 무시되고, 교회당 정면이 자기 완결적인 예술작품으로 조형되고, 기능적인 장축('타원 긴 지름')의 라틴 십자형 평면에 돔을 걸치는 것이 과제로 된다. 이를테면 14세기 건설된 바티칸 교황청 산피에트로대성당 개축은 브라만테가 그리스 십자형 평면 계획으로 착공, 미켈란젤로 설계의 대돔을 얹은 것으로 1590년 일단 완성되지만, 다수 신자를 수용해야 하는 교회당 기능에 맞지 않으므로, 17세기 마데르나가 신랑부를 확장, 장축식으로 개조하였으며, 다시 베르니니가 당 전면에 장려한 타원형 광장을 건설하였다(1656~1667). '베르니니광장'은 르네상스가 기독교 정신과 갈등하고 결국 프로테스탄트 종교개혁운동을 야기했으므로 바로크예술의 지주로 나선 교황청이 밀어붙인 것이지만, 타원형은 르네상스 건축의 정적 구심성에 동적이고 격정적인 생명을 불어넣었으며, 이 또한 곧바로 로마 바로크건축을 특징짓게 된다. 보로미니에가 설계한 산카를로 알레콰트로 폰타네성당(1638~1641)의 종축(와이축) 타원형은 장축의 구심 평면인 동시에 구심의 장축 평면으로 로마바로크의 결실이며, 역시 그가 설계한, 별 모양 육각형 기하도형에 바탕한 산티보델라 시피엔차교회의 극적인 공간 표현은 그 절정이다. 로마 바로크는 구아리니를 거쳐 토리노로 옮겨가는데, 바로크조형은 사실 유럽 게르만 성격에 적합한 것이었다. 바로크건축은 17~18세기 반동개혁과 전제정치가 주도한 문화운동의 매우 활발하고 성대한 문화운동의 결과지만, 중상주의 및 도시문화 발전, 시민계급의 경제적 성장, 자연과학 지식의 확대, 철학이론 심화 등 진보적인 면 또한 당연히 반영하며, 구조와 장식이 단일한 건축적 표현을 위해 구사되고, 전체와 부분 모두 양감과 감각이 강조되고 규모는 르네상스보다 더 커진다. 세속건축, 특히 팔라초(이탈리아 저택)와 궁전, 저택의 전성기가 진행된다. 바로크의 '양감'은 건축을 흡사 거대한 조각으로 응축하지만, 바로크건축은 프랑스 루이 11세 치세 때 전성기를 맞은 후 세련되고 화려하고 아름다운, 여성적인 곡선이 두드러지는 로코코로 넘어가 프랑스 궁전 살롱에서 성행하다가 베르사유궁전에서 절정에 달한다. 그후 건축 또한 고대 그리스 양식을 채용한 신고전주의(프랑스 개선문과, 마들렌성당, 독일 베를린 왕립극장)와 나폴레옹 몰락 후 낭만주의(중세 고딕양식의 근대화, 채용. 런던 국회의사당), 그리고 여러 양식들을 기호에 따라 섞는 절충주의를 겪다가 근대를 맞는데, 산업혁명과 더불은 기술 발전과 사회 변혁은 건축을 가장 거대한 변화 속으로 밀어넣었다. 빅토리아 시대 건축에서 두드러지는 것은 철도역이다. 가장 장려한 런던 유스튼역은 하드위크의 '그리스 부흥 대문'과 그 아들의 '대전당'이 특히 유명했지만 르네상스 궁정 광채를 복원하려는 의욕이 넘쳐 과불급, 둘 다 1963년 철거되었다.

발레리나와 안무, 아찔한 중력의 미학과 심리학

1671년 파리오페라 개관(책임자 보샹과 륄리)으로 궁정 무용은 성문화(成文化)에 이어 공공 전시관까지 갖추게 되고, 프랑스 귀족이 계급으로서 목적과 활력을 잃어가고 '고상한 무용꾼' 들이 그리스-로마 신화 영웅 혹은 신 들을 유형적으로 묘사, 이상적인 궁정 신하상을 본격적인 오페라-발레 무대로 구현하고, 궁정 아마추어 공연에서는 종종 소년이 여자 역을 맡고 그러던 1681년 최초의 전문 여성 무용꾼 라퐁텐이 파리오페라 공연 륄리 오페라 발레 〈사랑의 승리〉로 데뷔, 우아한 동작으로 관객들의 박수갈채를 자아내면서 순식간에 무용의 여왕으로 떠오른다. 조역으로 참가한 파농과 롤랑, 그리고 르펭트르도 전문 여성 무용꾼들이었다. 아마추어도 상류계급도 아닌 전문 여성 무용꾼, 즉 발레리나의 화려한 역사가 그렇게 시작된다. 라퐁텐은 10년 동안 무용을 하다 수녀가 되지만, 1699년 륄리 작품 〈아티〉로 데뷔한 프레보는 30년 동안 프랑스 프리마('최초') 발레리나의 영광을 누리며 '발레리나' 라는 말을 대중의 뇌리에 깊이 새겼다. 그녀는 무용음악이 아닌 기존 음악에 맞추어 춤을 춘, 무용이 단순하게 음악의 박자에 기대는 수준에서, '무용의 마음'으로 '음악의 마음'에 응답하는 예술로 가는 단계를 열어젖힌, '최초' 중 한 명이기도 하다. 프레보는 가볍고 우아한 '동작'뿐 아니라 의미와 감성의 '표현'에도 뛰어나 명성이 높았으며, 초기 발레리나 사에서 쌍벽을 이루는 카르마고와 살레를 직접 키워냈다. 1712년 루이 14세 사망 후에도 베르사유 중심 정치체제는 어느 정도 존속되지만, 프랑스 궁정은 귀족층을 갈수록 왕가의 단역배우 정도로 격하시키는 한편 중산층 및 하층계급의 분노와 좌절에 노출되다가 1789년 유독 피비린 프랑스혁명으로 막을 내린다. 그러나 루이 14세 궁정예술은 회화, 조각, 오페라, 그리고 발레 예술 속으로 뿌리를 내렸다. 애당초 그것이 루이 14세의 소망을 현실화하는 유일한 장이었다. 프랑스에서 무용은 음악을 품고 발레예술로 성장하며, 프랑스와 독일에서 음악은 무용의 흔적을 지우며 기악을 발전시킨다. 다른 한편 콤메디아델라르테는 무용의 육체적 희극 정신을 연극과 음악 속으로, 음악의 희극 정신을 무용과 연극 속으로, 연극의 희극 정신을 무용과 음악 속으로, 폭발시킨 결과지만 갈수록 무용은, 음악은, 연극은 스토리의 뻔함을 비극보다 심오한 웃음의 깊이로 전화하느라 자기 언어의 미학적 질을 한 단계 높이게 되므로, 이탈리아에서 희극 정신 자체가 음악화, 오페라부파가 탄생하는 것이다. 콤메디아델라르테는 특히 프티파, 포킨, 마신, 리파르 등 쟁쟁한 러시아 출신 안무가들에게 다양한 영향을 끼치고 깊은 영감을 주었다.

랑크레는 카마르고가 스무 살도 채 되기 전에 네 개의 〈춤추는 카마르고〉를 그렸다. 카마르고는 보다 간편한 의상을 대중화하였다. 전통적인 발레 의상의 치마 길이를 줄여 행동을 보다 자유롭게 했고, '카르마고풍' 슈즈를 유행시켰다. 프랑스혁명 이후 제국기 유행한 흘러내리는 가운 덕분에 여성 육체는 당분간 공식 복장의 거추장스런 스커트 테를 벗을 수 있었고, 최소한 발레리나한테는 이 추세가 돌이킬 수 없는 것으로 되었다.

장조와 단조

바흐 『평균율곡집』은 24개 장-단조를 c장조부터 차례대로(홀수는 장조 짝수는 단조)를 모두 구사하며, 건반악기를 조율하는 형식이지만 그 조율 행위 속에 피아노 세계의 온갖 구경(究境)이 포착되고 전개된다. 프렐루드(서주) 24곡에 이어 24개의 푸가(둔주곡)가 같은 형식으로 진행되면서 피아노 세계의 구경에 음악 기법의 모든 것이 중첩된다. 그리고 건반악기음은 단아하다. 그렇게 음악 세계 전체의 단아한 축도가 그려지고, 연습곡인 채로 걸작에 달하는, 음악예술의 가장 본질적인 특성 혹은 진리적 하나가 소리의 육체를 갖게 된다. 쇼팽-드뷔시-쇼스타코비치 등의 연습곡 걸작 혹은 '연습곡=걸작'의 경지가 모두 바흐 『평균율곡집』의 전범을 따라 이룩된 것이다. 두 개 이상의 음을 한데 묶어 울리게 한 것을 화음(chord)이라 한다. 여러 화음 중 가장 잘 어울리는 것은 3화음(triad). 3도, 5도 위의 음을 쌓아올린다. 밑음(root)-제3음-제5음의 구성이다. '도(으뜸음, tonic)' '파(버금딸림음, subdominant)' '솔(딸림음, dominant)'을 각각 밑음으로 한 3화음이 으뜸 3화음(tonic triad), 딸림 3화음(dominant triad), 버금딸림 3화음(subdominant triad) 등 주요 3화음이고, 그 밖의 것은 보조역인 부수 3화음이다. 주요 3화음 중 '솔'을 밑음으로 한 딸림화음 위에 다시 5도 간격의 음 '파'를 쌓아올려 딸림 7화음(dominant seventh chord)이라 하는데 이 화음은 밑음 '솔'보다 7도 높으므로 결국 불협화음(discord)이고, 불협화음은 안정된 화음, 특히 으뜸화음으로 가려는 욕구가 강하다. 그것은 자체 해결 지향이자 평화 지향이다. 스스로 마지막에 달했다는, 음악의 유언 순간이기도 하다. 화음을 어떤 선율의 음 하나하나에 맞추어놓은 것을 통틀어 화성(harmony)이라고 한다. 악보를 보면 선율은 선적으로 이어지면서 시간의 세계를 음악화한다. 화음은 수직으로 뻗어 공간의 세계를 음악화한다. 선율과 화성의 합은 청정한 슬픔의 세계를 세계의, 아름다움의, 조화의 광경으로, 죽음의 평화로 액정화한다. 박자(rhythm)는 그 모든 것의 박동이고 원동력이지만 스스로 선율을 입고, 그렇게 박자조차 눈물을 닮아가고, 반음계(chromatic scale)는 한 옥타브 내 12개 반음(간격)들을 모두 쓴다는 것. 12음계(twelve-tone scale) 는 12개 반음들을 대등하게, 즉 으뜸-버금-딸림 구분 없이 똑같이 중요하게 다룬다는 뜻이며, 이때 조가 해체된다. 온음계(whole-tone scale)는 c-d-e+f#-g#-a#-c 등 온음만으로 이뤄진 음계, 5음계(pentatonic scale)는 c-d-e-g-a-c로 이뤄진 음계. 어쨌거나, 각 음계, 그리고 조 들은 어느 정도 인도 음악의 라가와 마찬가지로 막연하나마 어떤 감정과 연관되어 있다. 그러나 인도 라가의 연관성이 감정의 깊이를 규격화하는 반면, 서양 음악 장-단조의 그것은 출발점으로, 혹은 시간예술이 시간을 통해 극복하는 대상으로 작용하고, 그 과정의 역동성 속에서, 특히 시민혁명의 음악적 반영으로서, 음악의 음악 이야기, 즉 소나타 형식이 창조되는 것이다.

이탈리아 오페라부파, 소나타의 미래 전망

시와 음악 사이 거리는 분명 가깝지만, 깊다. 그 관계는, 현대에 들어설수록, '가까울수록 깊은' 어떤 일촉즉발 긴장상황 같은 관계며, 그러므로, 자칫 혼동되는 순간 시의 역사가 몇천 년 퇴보할 수 있고, 그 퇴보가 시의 원래 목소리를 되찾은 것으로 오해되기도 한다. 그러나, 처음부터 시는, 음악과 공존했으므로 더욱, '말=의미' 적이고, 음악을 배경으로 더욱, 사회적이었다. 오늘날 '시의 무의미' 가 '의미 너머' 이지 '의미 이전' 일 수 없는 까닭이다. 자기체계 안으로 스며드는 음악을 시는 끊임없이 고도의 시적 '언어 너머' 체계로 전화한다. 제 몸속으로 파고드는 시를 음악은 끊임없이 '의미 너머' 몸으로 전화한다. 시는 언어체계이므로 끝내 '몸' 이 될 수 없고 음악은 끝내 '의미' 가 될 수 없다. 그리고 그 두 전화 사이 거리는 시와 음악 사이 거리보다 더 가깝고, 가까울수록 깊이가 긴박하다. 두 전화의 만남이 이룬 기적이, 무엇보다, 이탈리아 오페라부파 예술이다. 음악은 의미를 닮은 등장인물 이름을 음악화하고 희화화하며, 반복을 심화한다. 육체의 무용이 음악화하면서 '낮고 비천하며 우스꽝스러운' 베이스/높고 고상하고 서정적이며 비극적인 테너 이분법의, 그리스 고전 비극 및 희극 이래 지배계층 예술 질서가 전복된다. 그리고 부파 테너 청아성이 균열하면서, 유구하며 잡다한, 일상적이며 난해한 삶의 희로애락을 닮고 그것을 감싸며, 부파 베이스 중력성은 '죽음의 너그러움'을 닮는다. 음악은 정해진 혹은 상투적인 이야기틀까지 음악화, 생로병사(의 반복)를 쓰다듬는 죽음의, 더욱 치열하게 너그러운 시선, '비극적일수록 너그러운 웃음' '죽음으로서 웃음' '죽음=몸'의 웃음을 창조한다. 이것이 바로 이탈리아 오페라부파 예술의 핵심이다. 오페라부파는 오페라부파로 끝나지 않는다. 이 모든 것이 '시=대본' 없는 기악으로 전화, 마침내 소나타를 탄생시킨다. 소나타는 음악 '의미'의 '형식=내용', 혹은 음악이 음악에 대해 음악하는 음악언어다. 모차르트 〈진혼곡〉은 이탈리아 오페라부파 수준에 이르지 못한 자신의 오페라부파 작품에 대한 '오페라부파'적 진혼곡이고 베토벤 교향곡 9번, 특히 2악장 스케르초는 이탈리아 오페라부파 정신의 기악적 완성이며, 이탈리아 오페라부파 예술 최대 걸작, 베르디 〈팔스타프〉는 비극예술의 파경이라 할 만하다. 그리고 음악화한 팔스타프 웃음은 '파경의 음악-체계화'라고 할 만하며, 그렇게 오페라부파는 현대 12음 음악으로 곧장 이어진다. 이탈리아 오페라부파는 기악을 능가하는 성악의 소나타를 능가하는 무용의 고전주의에 달했다. 그리고 이 '음악으로의 전화'는 동시에 시를 언어 너머 체계로 전화, 마르셀 프루스트, 제임스 조이스 및 프란츠 카프카의 현대소설, 그리고 T. S. 엘리엇의 현대시로 연결되었다.

오페라세리아 막간에, 원래 무용이 있던 자리에, 막간극이 생겨난다. 무용은 보이는 음악(반주)과 한몸일수록 세속-육체적이며, 육욕적이며, 안 보이는 음악(기악)에 비해 '육욕=무용'의 생로병사는 슬프고, 우스꽝스럽고, 비극적으로 우스꽝스럽다. 처음엔 음악과 무용이 결합, 음악이 보이고 무용이 안 보이거나 거꾸로거나 둘 다 보이거나, 둘 다 안 보인다. 너무 밀접한 무용(=육체는 눈물과 웃음의 뒤범벅이다)과 반주(=음악은 웃음의 눈물화거나 눈물의 웃음이다) 사이는 그렇다. 반주가 기악으로 독립, 비가시화할 때 무용은 자신의 우스꽝스러운 비극성의 가시화에 깜짝 놀라지만, 동시에, 기악을 닮으려 하고, 오페라세리아의 가시화 지향이 그것을 더욱 부채질한다. 내적으로, 기악에 묻은 무용의 기억과 무용에 묻은 기악의 기억이 결합, 매개로 작용하면서 '육체=무용' 과 '순수=기악' 의 변증법으로 심오한 희극 정신의 음악화 혹은 음악 정신의 희극화로서 '음악=이야기' 가 생겨나고, 오페라부파로, 육체성으로 가시화한다. 육체의 생로병사는 대동소이하고, 대동소이한 오페라부파 줄거리와 등장인물이 기악을 닮으며 연주되고 변주되며, 변주가 웃음을 심화하고, 음악은 가시화한 죽음이 흘리는 조롱과 더 깊은 위안의 웃음을 액정화하며, 영원히, 고전주의 속으로 혁명 혹은 폭발한다.

코렐리의, 처음부터 일치된 내용과 형식, 처음부터 확고한 '전범=교과서' 고전주의는 그 자체로 닫힌 채 제도화할 위험이 없지 않았고, 마치 그 위험을 막으려는 듯, 기악이 무용 정신을 자기 내부로 응집시키며 독자적인 예술장르로 발전하는 과정에, 오페라의 색(色)에 맞선 무용 및 기악의 공(空) 지향의 합으로 '기악=무용=이야기' 가 증폭하고, 원래 장막 본격('세리아') 오페라의 '막간=웃음=무용' 극으로 존재하던 것이 그 과정을 '겪음=주도' 하면서 독자적인 오페라, 즉 오페라부파로 발전하고, 앞뒤 오페라세리아와 대별되고 대별이 다시 변증법적으로 발전하면서 급기야 부파가 세리아를 극복, 미래로 열린, 아니 미래를 지향하는 고전주의를 잉태한다. 무용음악이 음악의 정신적 거처인 기악을 닮으면서 급기야 성악을 압도하는 이탈리아부파 탄생과정은 아름답고 신비하며, 찬란하고, 말 그대로 음악적이지만, 더 정확하게, 더 세속적이고(오페라부파의 소재는 아주 사소한 일상이다), 더 역사-계급적이므로(오페라부파는 하층계급이 탄생시킨 예술이다) 더 보편적이고, 더 음악-예술적이며, 그렇게 온갖 진보적인 예술의 핵심이자 미래 희망 담지체로, 사회적 전망구성체로, '눈에 보이는' 전망으로 되면서도, 사소한 일상 주제의 변주 발전사라고 할 수 있을 그 과정의 의미가, '줄거리=가시화' 가 크게 변치 않기 때문에 더욱, 너무 심오하고 광대해서 육안에 보이지 않는다. 바흐는 오페라 음악에 아예 손을 대지 않았고, 영국에서 이탈리아풍 오페라 세리아를 양산하던 헨델에게 충격과 실명을 안긴 계기는 정확히, 짜기운 노래와 대사가 번갈아 있는 영국풍 발라드 오페라 〈거지 오페라〉의 대중-상업주의적 대성공이었으니, 이탈리아 오페라부파의 진가를 제대로 알았다고 할 수 없다. 〈거지 오페라〉는 스타를 낳고 스캔들을 낳고, 여배우 스타와 귀족의 결혼을 낳았으며, 엄청난 입장료 수입으로 코벤트가든 극장 건설을 가능케 했으므로, 모든 면에서 현대 상업뮤지컬의 효시다. 현악 사중주 등 기악 형식들을 혁명적으로 창조, 고전주의의 튼실한 토대를 쌓아올렸던 하이든도 오페라부파 창작에서는 흉내에 그쳤다. 모차르트는 정말 본격적으로 이탈리아 오페라부파에 도전하지만, 처음부터 벽에 부딪힌다. 그의 〈돈조반니〉(1787)는 오페라사상 가장 위대한 작품 중 하나지만, 동시대 이탈리아 작곡가 가차니가의 같은 해 오페라부파 작품 〈돈조반니 테노리오〉 대본을 그대로 쓰고 가장 오페라부파적인, 인명이나 목록을 나열하며 아리아를 만들어가는 '카탈로그 노래' 기법을 이 작품에서 따오는 등 가차니가에게 너무 많은 빚을 지며, 더 근본적으로, 그렇게 이탈리아 오페라부파를 표방하면서도 정작 지향하는 것은 오페라세리아, 비극예술의 귀족 미학이고, 이점에서(만) 탁월하다는 점이다. 이탈리아 오페라부파의 핵심은 처음부터, (바리톤이나 베이스가 아닌) 테너 청아성을 일상적 웃음의 깊이로 균열시키고 그 틈새로 삶의 육체와 허무를 안온하게 감싸안는, '균열=포옹'의 미학이다. 최초의 오페라부파 작품인 페르골레시 〈마님이 된 하녀〉(1733)가 그랬고, 1752년 이 작품이 파리에서 공연되면서 야기한, '이탈리아 오페라의 우월성'을 둘러싼 왕과 왕비의, 정치가와 예술가의, 민족파와 국제파의 논쟁('광대전쟁')이 전면적으로 그랬다. 하지만 모차르트는, 가차니가 〈돈조반니 테노리오〉의 '테노리오'에도 불구하고, 〈돈조반니〉 테너 파트를, 〈피가로의 결혼〉과 마찬가지로, 비장하거나 서정적인 선율로 채웠을 뿐이고, 낮은 희극 일상이 여전히 베이스와 바리톤에 머물며, 희극의 '높이=깊이'를 구사할 길이 영영 닫힌다. 모차르트의 '오페라부파'는 대사와 노래를 영국풍 발라드 오페라 형식을 지고지순한 예술로 육화한 독일풍 장슈필로 끝난다. 〈마적〉은 최고의 걸작 오페라로서, '죽음=명경지수'의 광경 그 자체를 음악화하지만, 오페라부파로부터 더욱 멀다. 그의 미완성 〈레퀴엠〉은 모차르트 자신을 위한 진혼곡으로 된 사정이다. 검은 가면을 쓴 사람이 모차르트에게 이 작품을 위촉했고 모차르트는 죽음의 환각과 공포에 시달리며 작곡을 하다가 결국 때 이른 죽음을 맞았다는 전설의 그 '검은 가면' 은 죽음의 웃음, 즉 이탈리아 오페라부파의 가면이었을지 모른다. 페르골레시에서 로시니에 이르는 이탈리아 오페라부파는 종교음악의 테너성까지 웃음으로 균열시키며 거룩한 아름다움의 극치에 일상성의 깊이를 단지 부여할 뿐 아니라, 종교보다 더 멀쩡하므로 더 위안적인, 더 죽음에 가까우므로 더 낯익은, 삶과 삶의 바깥, 죽음과 죽음의 바깥을 동시 경험하는, 청아한 찢어짐의 희극성 경지를 열어 보이고, 이 경지를 이탈리아적 세계성의 절정으로 승화하는 것이 바로 베르디의 작품 두 편, 즉 종교음악 〈레퀴엠〉(1874)과 오페라부파 〈팔스타프〉 사이 20년에 걸친 만년의 생애적 관계였다. 〈팔스타프〉의 심오한 희극성은 가장 현대적인 음악과 소설의 지평을 열었고, 현대예술의 거의 전 분야에 걸쳐 오페라부파화가 진행된다. 원초적인 무용정신이 그렇게 세속 속으로, 종교보다 더 숭고하게 다시 발현된다. 그렇게 예술은 한 바퀴를 돌았다. 대중음악에서, 원초의 아프리카음악이 팝 혹은 재즈라는 미국 의상을 입고 다시 전 세계 대중음악을 지배하는 것처럼.

그러나 강조하거니와, 이런 사실들은 모차르트와 하이든을, 그리고 바흐와 헨델을 결코 폄훼하지 못한다. 오페라부파의 결핍은, 기악 소나타 형식의 발전을 크게 자극했고 이들은 소나타 형식을 '이탈리아 너머 독일' 형식으로 완성하면서 독일적 세계성에 달한, 바로크와 고전주의의 대가들이다. 그리고 베토벤 교향곡 제9번 〈합창〉 2악장 스케르초는, 다시 강조하지만, 이탈리아 오페라부파를 극복한 독일 기악의 뚜렷한 상징이다. 악기가 우주를 흉내낸 음악의 '귀=동굴' 이라면, 바흐 음악은 결국 '바로크=동굴' 이고 헨델 음악은 '물=동굴' 이며, 하이든 음악은 '이야기=동굴', 모차르트 음악은 '아름다움=동굴', 베토벤 음악은 '청각=동굴', 슈베르트 음악은 '슬픔=동굴', 슈만 음악은 '문학=동굴', 브람스 음악은 '예술=동굴', 쇼팽 음악은 '비애=동굴', 바그너 음악은 '불=동굴', 베르디 음악은 '드라마=동굴', 드뷔시 음악은 '색=동굴', 차이코프스키 음악은 '감상=동굴' 이다.

발레닥시옹, 피그말리온 조각의 온기

영국은 희곡작가 존슨과 건축가-디자이너 존스가 영국판 궁정발레인 가면극을 발전시키지만, 크롬웰의 청교도혁명은 찰스 1세와 가면극 전통의 목을 동시에 자르고, 영국풍 발레는 1930년대 이르러서야 비로소 다시 꽃을 피우는데, 다만, 위버(1673~1760)의 영국 팬터마임이, 마지막으로, 프랑스 발레 발전에 크게 기여한다. 무용꾼, 안무가, 무용 교사 및 이론가였던 위버는 무용 동작과 마임 언어를 결합, 무용이 무언인 채로 무용 이야기를 스스로 펼치게 하였는데, 그 '이야기'가 '이야기의 총체성'에 달한 결과로서 발레닥시옹('행동의 발레')이 궁정발레를 밀어내기 시작한다. 발레닥시옹은 안무예술과 무용이론의 외적인 대립과 내적인 결합(의 변증법)을 통해 발전하였다. 발레리나 살레와 카마르고 사이, 무용꾼-안무가-교사-이론가 노베르와 앙지올리니 사이 치열하고 적대적인, 신경질과 질투로 가득 찬 대립이 양쪽 각각의 무용작품 내부에서 발전적으로 결합된다. 스페인과 이탈리아인 피와 음악가 기질을 물려받고 브뤼셀에서 태어난 카마르고는 1726년 파리오페라 단원이 된 후 최초로 4회 앙트레샤를 해냈으며, 카브리올('염소 도약', 허공에 다리를 뻗은 자세에서 아래쪽 다리로 위쪽 다리를 가격, 또 한 차례 도약한 후 아래쪽 발로 착지)도 자유자재였으며, 대중 스타처럼 살다 1734년 은퇴 후 귀족의 정부 노릇도 했으나, 1741년 다시 복귀한 후 10년 동안 78개 작품에 출연하면서 한 번도 실패한 적이 없는 당대 최고의 테크니션이었다. 화가들이 그녀를 그렸고 그녀를 위한 오페라와 발레가 창조되고, 귀부인들이 카마르고풍을 흉내내고 요리사는 그녀 이름을 딴 메뉴를 개발했다. 하지만 노베르는 그녀의 기교주의가 탐탁지 않았다. 살레는 프랑스인 곡예사의 딸로 카르마고보다 세 살이 많지만 어릴 적 런던 팬터마임에 오빠와 함께 출연하고 카마르고보다 일 년 늦게 파리오페라에 데뷔, 1734년 〈피그말리온〉에서 화려하고 요란굉장한 바로크풍 무대의상 대신 그리스풍 모슬린(옥양목) 블라우스를 입고 나와 센세이션을 일으켰다. 살레는 기교가 카르마고보다 못했지만, 무용예술의 극적인 감수성을 크게 드높였고, 륄리와 몰리에르의 코미디 발레에서 최고의 성공을 거두었으며, 개릭(당시 영국 최고 배우), 볼테르, 헨델, 그리고 노베르가 그녀의 친구였고, 볼테르와 포프(영국 시인), 게이(영국 극작가) 등이 그녀를 소재로 시를 썼다. 음악가의 딸이 오히려 대중적인 인기를 업고 기교주의로 굳어지는 것을 가로지르며 곡예사의 딸 살레는 자신의 기량 부족을 표현력 상승으로 채우면서 발레닥시옹의 가장 실천적인 선구로 되었다. 살레의 그리스풍 의상은 던컨보다 175년 앞선 것이며, 그녀가 파고든 무용 동작의 감정 깊이가 1740년 그녀 은퇴 후에도 계속 심화, 무용의 고전주의와 낭만주의를 낳고 필경 비그만과 그래엄의 현대무용에 달하게 된다. 살레의 성공작 〈피그말리온〉의 주인공은 고대 그리스 신화 키프로스의 전설적인 왕이자 조각가. 여자를 우습게 보고 멀리하다가 아프로디테의 벌을 받아, 다름아닌 자신이 조각한 여인상과 사랑에 빠져버린 그는 '이 조각상처럼 아름다운 여인을 제게 아내로 주십시오' 소원을 빌고, 아프로디테는 조각상에 생명을 불어넣고, 그가 '조각=여인' 갈라테아와 결혼을 한다…… 아름다움(아프로디테)의 도움을 받아 예술의 꿈을 (가상현실적이 아니라) 예술현실적으로 이루는 것이 피그말리온 이야기의 주제다. 쇼의 희곡 〈갈라테아〉는 신화 줄거리를 당대에 맞게 번안한 것이다.

> 음성학자 히긴스가 꽃 파는 시골 처녀 엘리자의 사투리 억양을 육 개월 만에 고쳐 공작 부인 행세를 시킬 수 있다고 큰소리를 치자 친구들끼리 내기가 벌어지는데 엘리자는 재치 있고 근면한 처녀로 히긴스의 고된 훈련을 견뎌내고 감수성과 고상한 취미를 갖춘, 상류사회에서도 인정하는 사랑스러운 여인으로 바뀌지만, 자신을 성공적인 실험의 결과라고만 생각하는 히긴스의 비인간적인 태도를 거부하고 상류사회와 하층사회 어느 쪽으로도 들어가지 않는다.

연극예술의 사회적 상상력은 피그말리온 주제를 이렇게 인간 보편의 계급 주제로 확대시키지만 무용예술에서 피그말리온 주제는 우선 '죽은' 조각상이 온기를 머금으며 '살아' 나는 광경을 표현한다는 흥미로운 과제와 연결되고, 더 중요한 것은 무용언어 자체의 온기며, 피그말리온 또한 무용 자체의 예술화 단계를 암시한다. 살레 이후 발레 발전사의 거장 대부분이 피그말리온 주제를 다루었고, 생래옹의 〈코펠리아〉, 포킨 〈페르투쉬카〉는 같은 주제의 변주에 다름아니다.

노베르는 카르마고와 함께 춤을 춘 적도 있지만 일찍부터 살레를 이상적인 무용가로 생각하였고 살레의 영향을 받았다. 1743년 파리오페라에 데뷔했으나 각지를 전전하다가 1754년 파리오페라코미크 감독직을 맡으며 〈중국식 축제〉로 대성공을 거둔 후 같은 해 더욱 극적인 〈청춘의 샘〉, 그리고 이듬해 〈플랑드르의 환희〉를 발표한 후 발레닥시옹에 대한 그의 집착은 돌이킬 수 없는 것으로 된다. 게릭의 초대를 받아 런던에서 올린 〈중국식 축제〉는 너무 프랑스적이라 성공을 거두지 못했지만 게릭은 노베르를 '무용의 셰익스피어'로 숭배했으며 게릭의 후원 아래 노베르는 비밀 발레 선생으로 영국에 머물며 발레닥시옹 이론을 체계화, 1759년 말 발레닥시옹 선언문 『무용에 관하여』를 리용과 슈투트가르트에서 동시 출판하고, 집필 기간 및 그후 1766년까지 슈투트가르트에서 감독직을 맡아 일련의 작품들을 무대에 올렸는데, 제목부터가 발레닥시옹적으로, 소설적 스토리가 아니라 무용예술 언어(의 발전)을 암시하기에 족하다. 〈갈라테아의 변덕〉(1758~1759), 〈비너스의 화장실〉(1758~1759), 〈아트메트와 알케스트〉(1761), 〈헤라클레스의 죽음〉(1762), 〈프시케와 아모르〉(1762), 〈메데아와 이아손〉(1763), 〈오르페우스와 유리디케〉(1763), 〈히페드메스트라〉(1764), 〈클레오파트라〉(1765), 〈찬가축제〉(1766), 〈프로세르피나의 겁탈〉(1766).

앙지올리니는 이탈리아 태생으로 이탈리아에서 활동하다가 1758년 오스트리아 빈으로 옮긴 후 오스트리아 희극배우 가문 출신의 힐베르딩에게 배웠는데, 힐베르딩 또한 발레닥시옹의 선구자였고, 앙지올리니는 특히 글루크 오페라 음악 및 자신의 음악을 안무하면서 발레닥시옹을 예술적으로 한 단계 높이다가 1772~1773년 베네치아, 밀라노, 튜린, 베로나 등지를 돌아다니며 노베르 비판에 앞장섰다. 노베르의 발레닥시옹 이론은 힐베르딩과 내 이론을 표절한 것이다. 노베르와 앙질리오니의 격렬한 논쟁은 국제적인 관심을 불렀지만 그 자체로는 생산성이 없었다. 앙지올리니는 이탈리아 콤메디아델라르테 전통을, 노베르는 영국 팬터마임 전통을 기반으로 프랑스 궁정발레를 극복했다는 점이 다르며, 둘

다 카마르고와 살레의 경쟁을 그대로 반영했을 뿐이다. 하지만, 논쟁은 두 사람 모두의 무용예술을 크게 발전시켰다. 힐베르딩과 앙질리오니, 노베르 모두 피그말리온 주제로 작품을 만들었으며 앙지올리니는 장광설의 프로그램 노트를 혐오하고 양식 통일을 주장하면서 행동과 동작의 긴장과 응축을 강조했다. 그는 음악적 감수성이 뛰어났으며 음악과 무용의 종합을 늘 추구했고, 악보법을 모방한 무보법을 고안하려 애썼으며, 성페테르부르크에서 활발하게 활동한 후 이탈리아로 돌아와 프랑스혁명 사상을 고취, 1797년 투옥된다. 노베르는 1775년 자신의 가장 중요한 '신발레작품'을 발표한 후 1776년 파리오페라 감독으로 취임, 온갖 적대에도 불구하고 가장 성공적인 작품 〈안네트와 뤼벵〉(1778), 모차르트 음악에 맞춘 〈극소품〉 등을 올리며 1780년까지 버텼고, 연금 혜택과 함께 물러난 후 다시 영국으로 건너가 런던왕립극장에서 제2의 무용인생을 개척, 가르데, 브루농빌(앙투안, 오귀스트의 아버지), 귀마르, 베스트리스, 디델로 등 쟁쟁한 무용가들을 출연시키며 숱한 걸작들을 만들어내고 1807년에는 한층 더 성숙한 발레닥시옹 이론서 『모방예술, 특히 무용에 대하여』까지 출판한다. 슈투트가르트, 빈, 파리, 런던을 중심으로 한 노베르의 무용예술 활동은 이발리아와 러시아를 주무대로 한 힐베르딩과 앙질리오니의 그것을 압도하며 노베르는 발레사상 가장 교양 있고 지성적인 인물 중 하나로 남게 된다. 노베르의 발레닥시옹으로써 발레는 궁정의 '유희-에피소드 모음'의 굴레를 완전히 벗었고, 훗날 포킨, 라반, 유스 등, 무용의 극화를 강조하는 안무가들은 대개 노베르를 선구자로 보았다.

18세기 영국 소설, 시정신의 소설 미학화

영국 '명예혁명'은 제임스 2세로 겨우 즉위한 요크공이 더욱 심한 전제지배와 가톨릭 정책을 추진하므로 1686년 의회 지도자들이 왕의 맏딸 메리와 그녀의 남편인 네덜란드의 오렌지 공 윌리엄을 추대, 제임스 2세가 프랑스로 망명하고 두 사람이 공동 통치자 윌리엄 3세(1689~1702) 및 메리 2세(1689~1694)로 즉

위한 것을 말한다. 의회가 왕위 공위를 선언했고 새 국왕 부처는 의회가 기초한 '권리장전' 을 인정한 뒤 즉위했으니 명예혁명은 왕권에 대한 의회권력의 완전한 승리를 뜻하며, 이후 영국은 다른 나라보다 앞선 의회정치체제를 구축하고, 눈부신 경제 및 문화 발전을 맞게 된다. 빠른 속도로 식민지가 늘어난다. 네덜란드 통령을 겸한 윌리엄 3세는 프로테스탄트 세력 지도자로서, 가톨릭국가 프랑스 패권을 꺾으려 노력했고, 프랑스 지원으로 왕위 재탈취를 시도한 제임스 2세를 아일랜드에서 격파하고 그곳을 식민지로 삼았다. 메리 2세 뒤를 이은 여동생 앤(1702~1714)은 에스파냐 계승전쟁에서 프랑스-에스파냐와 싸우고 신대륙 식민지를 확대하였다. 그리고 1707년 잉글랜드와 스코틀랜드가 합쳐져 그레이트브리튼 왕국이 탄생한다. 앤 여왕 뒤를 이으며 하노버왕조를 연 독일계 조지 1세(1714~1727)는 양당제 의회정치 및 의회내각제를 차츰 정착시키는 정책을 펼쳤고 조지 1세 및 아들 조지 2세(1727~1760) 치세 반세기는 휘그당의 전성기였으며, 특히 20년 동안 정권을 맡은 월폴 아래 내각제도가 정비되었다. 오스트리아 계승전쟁과 1756~1763년 7년전쟁, 그리고 식민지 북아메리카와 인도 등지에서도 프랑스와 싸워 캐나다와 미시시피강 동쪽을 획득, 대식민지제국과 해상패권의 기초를 닦았다.

프랑스 최초 정통 장편소설인 라파예트 부인의 『클레베 공주』(1678) 이래 프랑스 고전주의는 소설 완성도를 높이며 점차 발전하다가, 프레보 소설 『마농 레스코』(1731)의 비극적 낭만주의조차 제련, 정교한 심리묘사를 가능케 한다. 귀족 출신으로 감수성이 매우 예민한 신학 대학생이, 부도덕한 매춘부지만 고급스러운, 섬세하고 연약한 타락의 매력과 마력을 내뿜는, '치명적인 여인' 마농과 사랑에 빠졌다가 결국 속죄양으로 몰락하는 과정을 그리고 있는 이 소설은 줄거리를 형상화한다고 해도 과언이 아닐 정도로 심리의 얽힘이 중층적이며, 전편을 감도는 페이소스와 숙명감이 작품의 통일성을 규정할 정도지만 동시에 둘 다 17세인 두 주인공 심리 형상화가 너무도 싱싱하고 압도적이라 독자는 그들의 행적에 완전히 공감하게 되는데, 이 격정과 파멸의 스토리를 감싸는 것이 놀랍게도, 노년(老年)의 고전주의적 세계관인 것이다. 한 노인이 오래전 낯선 사람에게 들은 사랑 이야기를 이야기하는 방식으로 『마농 레스코』는 전개되며, 거리가 창조되고 감정이 자제됨은 물론, 반어(反語)적 비유 등 고전주의 기법들이 작품의 통일성을 오히려 심화한다. 그것은, 이토록 강력하고 아름다운, 모든 것을 정복해버리는 사랑을 추잡한 돈이 가로막고 있다는, 자본주의에 대한 낭만주의적 반감이 매우 강한데도 그렇다.

『마농 레스코』는 영국 소설가 리처드슨의 낭만주의 경향에 자극받아 씌어진 작품이다. 영국 소설가 필딩의 첫 작품 조셉 『앤드루스』(1742)는 리처드슨 『파멜라』의 패러디지만 『톰 존스』(1749)는 독창적인 걸작으로, 형식이 느슨한 대로 영국 소설 미학이 시의 도움을 받아 우연 및 즉흥과 마침내 흔쾌하게 화해했다는 점을 탁월하게 반영하며, 매우 다양한 인물군을 동원, 상류층과 하층민의 삶을 두루 포괄하면서 엄청난 희극 정신의 풍만과 격동을 과시한다. 시골 대지주 올워시('모두 가치 있는')는 양자로 들인 톰 존스가 하인 제니 존스의 서출이 아닌가 의심하며, 톰은 어렵사리 자라 청년이 된 후 아름답고 정숙한 이웃 처녀 소피아 웨스턴과 사랑에 빠지고, 온갖 역경을 견딘 후 결혼에 성공한다. 중세 로망스풍 줄거리는 분명 뒤늦은 영국을 상징한다. 그러나 여러 유형의 등장인물이 서로 쫓고 쫓기며 이곳저곳을 전전하는 가운데 톰과 소피아가 역경을 겪는 장들은 18세기 중엽 영국 생활상을 그 어느 작가보다 생생하게 그려내고, 뒤늦음이 영국적으로 역전되면서 영국형 소설 미학이 창조되는바, 이 광경을 라블레 풍자 코미디 전통의 일상화-소설화라고 부를 만하다. 나는 새로운 글쓰기 영역을 개척하고 있으며, 나 좋은 대로 법칙을 만들 것이다. 필딩 스스로 그렇게 밝히고 있거니와, 현실을 포착하는 그의 상상력의 법칙이 워낙 다양하고 날카로워서, 이야기가 툭하면 옆길로 새는데도 전혀 이상하지 않을 정도다.

스턴의 『트리스트럼 샌디』(1759~1767)는 정통 소설 기법 혹은 원칙이 대체로 위반되기는커녕 오히려 심화하던 시기 발표되었으나, '이야기가 해체되는 이야기'의 선구로 온갖 소설규칙을 파괴한다. 화자 샌디가 잉태될 때 시작되어 끝없는 여담(餘談), 난데없는 이야기, 이야기 속 이야기, 기타 등등으로 한없이 곁가지를 뻗어나가면서 초점 또한 샌디 자신의 운세에서 가족들, 환경, 그리고 유전으로 바뀌고, 섄디가 묘사하는 가족은 인간 존재의 관계 없음과 불연속성을 점점 더 극명하게 드러내며, 화자 섄디는 자신의 프라이버시 속에 고립되어, 의심한다. 내가 아무리 나 자신이라 하더라도, 어떻게 나에 대해 많은 것을 알 수 있다고 확신하겠는가. 사건 전개의 시간적 순서는 물론 어떤 이야기는 중도에 끝나버리고, 페이지 전체가 텅 비었거나 기호만으로 꽉 차 있다. 총 아홉 권 중 두 권이 출판되자 스턴은 일약 유명 인사가 되지만, 정작 섄디는 3권에서 비로소 태어난다. 물론 난해하지만, 문장 문장에 집중하면 읽는 재미가 통상 스토리 소설을 능가한다. 그는 재미 자체의 재미를 추구했으나, 심리소설의 대가로 되었다. 리차드슨 『파멜라』, 필딩 『톰 존스』, 스턴 『트리스트럼 섄디』에다, 스위프트 『걸리버 여행기』(1726)를 보태면 18세기 영국소설 4대 걸작이라고 부를 만하다. 모두 영국적으로, 시정신을 소설 미학화한 결과다. 『걸리버 여행기』는 『파멜라』보다도 먼저 발표되었지만, 진지하게 접근하면, 저널리즘 기행문 형식을 소설화, 기발한 상상력으로 해체하고 통렬한 사회풍자로 다시 뼈대를 세운 결과인데, 가장 상상력 풍부한 아동용 모험소설에서 가장 신랄한 성인용 사회비판서에 이르기까지 매우 다중적으로 읽혔으나, 사실 그 둘의 합보다 더 많은 것을 담고 있다.

> 의사 걸리버는 세계의 먼 곳까지 여행을 하다가 신비한 나라를 방문한다. 처음 배가 난파한 릴리푸트는 사람들의 키가 6인치밖에 안 되는데, 이 소인국에서도 인간사는 마찬가지라 이웃끼리 죽기 살기로 전쟁을 벌이고, 분쟁은 더욱 잦고 사람들은 허영에 들떠 있다.

소인국에서 벌어지는 왜소한 패악들은 정말 어처구니없는 어리석음에 물든 인간사를 오히려 확대경으로 보게 한다. 두번째 난파한 곳은 거인국(브로브딩나그). 사람뿐 아니라 곤충과 식물도 같은 비례로 커서 걸리버를 공포에 떨게 하지만, 거인국 사람들은 실용적인 문제에 집착할 뿐 도무지 추상을 이해하지 못한다. 세번째 방문지는 '날아다니는 섬(라푸타)'과 근처 대륙(라가도)인데, 그곳의 소위 '학자'들은 고유한 가상 영역에만 몰두, 인생의 다른 영역에 대해서는 백치나 다름없다. '마법사의 섬(글루브두브드립)'에서 걸리버는 과거 위인들과 만나 대화를 나누며 역사의 거짓말들을 듣는다. 스트룰드브루그스는 영원히 죽지 않아서 완벽하게 비참하고, 마지막 장은 모든 것의 파탄이다. 후이흔흔음스에서는 말(馬)들이 학식과 덕을 갖춘 지식인이며, 야만적인, 더럽고 퇴화한 짐승 야후가 그들을 섬기는데, 그들은 인간을 닮았다. 『걸리버 여행기』는 당대 사회풍자를 위한 숱한 장치를 마련하지만 풍자는 순정한 상상력 뒤로 숨고, 스타일은 단순한 듯 단순하지 않으며, 화자 걸리버의 단순성은 저자 스위프트의 무표정한 교묘함을, 평이한 문체는 애매함의 반어법을 돋을새김하며, 걸리버와 스위프트가 언뜻 혼동되고 언뜻 분리되고, '혼동=분리'가 인간사 및 인간 정체성이라는 보편적 문제를 폭넓게 포괄하면서 예리하게 파헤치며, 포괄이 파헤쳐지고, 파헤쳐짐이 포괄되고, 저자는 광인 취급을 받지만 작품은 세계(문학) 전체를 길어올리는 그물망, 인터넷으로 된다. 어쨌거나, 『트리스트럼 섄디』 이후 영국 소설 전통은 일단 끊기고 본격적인 시의 낭만주의 시대가 오고 소설 전통을 계승-발전시키는 것은 프랑스며, 그 기초를 닦은 것은 프랑스혁명의 사상적 선구자들, 특히 고전주의자 볼테르와 낭만주의자 루소다.

볼테르와 루소, 노년과 젊음의 명징과 난해

볼테르는 명징한 노년의 상징이다. 나이들수록 명석(明晳)과 까다로움이 깊으며, 육체는 늙고 찌들지만 외모를 압도하는 지성의 견고함이 눈에 보인다. 그의 사상은 예리하며 늘 질문을 품고 매우 회의주의적인 동시에, 회의하는 이성에 대한 믿음이 확고하며, 종종 빈정대는 표정이 얼굴에 서린다. 과학과 사상 발전이 빠르게 이뤄지던 시기 그는 독자 사상을 세우지 못했으나 편협과 미신에 맞서 줄기차게 싸우고, 새로운 사상들을 한데 어우르고 총명한 틀을 부여했다. 문학사상 가장 투명한 프랑스어를 구사하고 우아미가 극치에 달한 시를 쓴 탁월한 계몽가이자 시대의 대변자, 지도자였고 개혁가였으며, 거의 평생을 망명자로 떠돌다 마침내 봉건군주들이 우러러 받드는 가부장이 되었다. 음악의 하이든이 그와 같을까? 볼테르의 '균형감각=내용'은 프랑스 고전주의의 복잡화, 세련화, 당대사회화에 다름아니다. 루소는 이상한 영감을 받고 결정적인 시기 인류를 대변하는 목소리로 된다. 위험한 사상을 전파했다는 이유로 투옥된 백과전서파 친구 디드로를 면회가던 중 한 신문에서 디종아카데미 논문 모집 광고 제목 '프랑스에서 예술과 과학은 풍속을 개선하고 정화했는가'를 본 순간 그의 머릿속에 잠재했던 생각들이 불쑥불쑥 들고 일어나 거대한 총체를 이루기 시작한다. 그의 회고는 이렇다. 갑자기 반짝이는 불꽃 수천 개가, 숱한, 생생한 아이디어들이 머릿속을 꽉 채워 나는 술에 취한 듯 비틀거렸다. 정신을 차려보니 모르게 흘린 감동의 눈물로 외투 겉면이 흥건했다. 그가 응모한 논문은 최고상을 받은 후 유럽 전체를 뒤흔들고, 루소는 딱히 철학자도 문학가도 아니고 그냥 떠돌이 잡학 지식인-작곡가였던 처지에서 영감을 힘으로 일약 18세기 혁명적 민주주의 열망과 낭만주의 문학-예술운동의 대명사로 떠오르게 된다. 풍자적인 분석가 볼테르와 예민한 감성주의자 루소는 당연히 논쟁을 수차례 벌였고 루소는 격렬했고 볼테르는 점잖게, 그러나 정곡을 아프게 찌르고 비꼬았다. 루소 저서 『불평등의 기원에 대하여』(1753)를 받은 볼테르의 답장은 이랬다. 선생이 보낸 책 잘 읽었습니다. 인류에 맞서 새로 펴내신 그 책 말입니다. 감사를 표하구요. 인간을 멍청한 동물로 폄훼하려고 이토록 많은 지식을 동원한 사례는 아마 없을 것 같군요. 영국 망명 삼 년 동안 볼테르는 문학과 철학, 과학, 그리고 정치제도 등 당시 영국이 앞서 있던 분야 온갖 지식을 폭넓게 흡수하고 명징하게 정리하여 프랑스에 소개한 후 점차 범위를 유럽 각 나라 선진 분야로 확대, 흡수 및 정리를 계속하다가 마침내 총체화하면서 역사의 개념 자체를 변혁하게 된다. 역사는 왕의 생애나 장군들의 전투만이 아니라, 시대정신을, 인간의 온갖 관심사를 다뤄야 한다. 특히 문학예술적 관심사를 그는 강조했고 경제에 대한 관심도 촉구했다. 그가 남긴 저서는 70권. 이중 가장 지속적인 가치를 갖는 『캉디드』(1759)는 고전주의 균형감각을 예술적으로 활용, 위험한 '철학적 이야기'를 소설형식으로 안전화하는 동시에 재미를 통해 독자들의 경박한 사고를 심각한 차원으로 끌어올린다.

세상을 순진하게, 놀란 눈으로, 또 근시안적으로 바라보는, 예의범절이 반듯하고 판단력도 좋지만 성품이 아주 단순소박한 청년 캉디드('솔직한')가 독일 베스트팔리아 소재 '선더-텐-트론크' 성에서 백작 딸 퀴네공드와 함께 자란다. 선생 팡글로스는, '모든 것은 가능한 최선의 상태로 존재한다' 는 라이프니츠식 낙천주의에 물든 상태. 그리고 캉디드 또한 낙천적으로, 가능한 최선의, 맑고 밝고 행복한 세계를 꿈꾼다. 하지만 일은 전혀 다르게 풀려 그는 사랑하는 퀴네공드를 함부로 대했다는 이유로 성에서 쫓겨나 불가리아 군대에 강제 입영되고, 탈영하여 네덜란드로 갔다가 꼴이 말이 아닌 팡글로스를 만나고, 팡글로스는 베스트팔리아 '온갖 가능한 최선의 성' 에 살던 사람들이 모두 뿔뿔이 흩어졌다는 소식을 전해준다. 네덜란드인 재(再)침례교회 목사가 캉디드와 팡글로스를 고용하여 스페인 리스본으로 데려가지만 그 유명한 지진이 발생한데다 두 사람 모두 종교재판에 회부되어 팡글로스는 교수형에 처해지고 캉디드는 마침 리스본에 와 있던 퀴네공드가 가까스로 구해준다. 퀴네공드를 본국으로 송환하려는 유대인과 대(大)종교심판관을 죽이고 캉디드와 퀴네공드는 아르헨티나 부에노스아이레스로 떠나지만 그곳도 종교재판관들의 추적이 심하므로 캉디드는 퀴네공드와 헤어져 파라과이 예수회 속으로 몸을 숨기는데, 당시 파라과이는 스페인-포르투갈과 전쟁중이었고 캉디드가 어떤 군대 대령-사제를 죽이고 보니 퀴네공드의 오빠라, 다시 식인종 오레이용의 땅으로 도피한다. 그는 이상향 엘도라도왕국에 얼마간 머물다가 엄청난 보물을 얻은 후 이동을 계속, 프랑스에서 투옥 위험에 처하고 영국에서 빙 제독 총살 장면을 목격하고, 왕년의 자유국가 베네치아에서 각국의 쫓겨난 왕들이 벌이는 축제를 구경하고, 마지막으로 터키 콘스탄티노플에서, 놀랍게도, 헤어진 혹은 사망한 사람들을 모두 만난다. 퀴네공드는 추하게 늙었다. 팡글로스는 교수대 밧줄이 목에서 미끄러져 내리는 바람에 살았고, 퀴네공드의 오빠는 원래 부상만 당한 거였다. 이들은 결국 함께 농장에 취직하는데, 불굴의 낙천주의자 팡글로스가 말한다. 거 보라구. 우리에게 일어난 사건들은 가능한 최선으로 연결되었던 거라구.

소설 줄거리의 모든 것이 취소되는 이 마당을 캉디드가 정리한다. 옳은 말씀이시지만, 이젠 밭을 갈아야죠. 『캉디드』는 스위스 제네바에서 출판되자마자 곧바로 격렬한 비난에 접했고, 볼테르는 '그런 애들 장난 같은 책이 나하고 무슨 상관인가' 라며 시치미를 뗐고, 책은 곧 파리와 다른 유럽 국가에서도 읽히며 볼테르 생전에만 40쇄를 찍었고, 그후 세계 거의 모든 나라 언어로 번역되었다. 이 작품은 단편소설의 개념조차 없었던 때 씌어졌고 장편구조가 뚜렷한데도 이 작품을 문학사상 가장 위대한 단편소설로 꼽는 사람들이 적지 않다. 『캉디드』는 당시 유행하던 '철학소설' 류를 조롱하려는 목적이 먼저고 라이프치히의 낙천주의 철학에 대한 통렬한 비판은 그다음 문제였으나, 네거티브한 의도를 문학예술로 순화하면서 인간 사회의 악과, 악을 극복하는 합리적 방법에 대한 심오한 탐구를 펼치며, 군데군데 눈에 띄는 염세풍에도 불구하고, 끝내 미래 희망을 과학적으로 설계할 수 있는 지성의 능력을 예찬한다. 루소는 어려운 환경 속에 자라났다. 열살 때 시골 목사의 도움으로 조판공 도제가 되었다가 도망치고, 근처 카톨릭 신도 마을의 워랑부인이 그를 튜린으로 보내지만 그는 종교를 버리고 하인 노릇이나 해볼까 하다가 결국 떠돌이생활로 접어든다. 스위스와 프랑스 등지를 들락거리다가 워랑 부인을 다시 찾아가 후견인과 연인, 그리고 재산관리인 노릇도 해주고, 워랑 부인은 루소에게 음악교육을 받게 하며, 훗날 루소는 유명한 음악이론가, 괜찮은 오페라 작곡가가 되고 위대한 교육철학자로 부상하지만 그 전에, 1741년 파리 정착 후 디드로와 사귈 당시 무지한 식모와 살림을 차려 애를 다섯이나 보았으며, 다섯 모두 고아원에 보냈다. '위대한 영감' 이 온 것은 1749년, 당선 논문 『과학과 예술에 대하여』(1750) 중 충격적인 것은 '자연으로 돌아가라' 는 슬로건이었고, 『불평등의 기원에 대하여』는 파급 효과가 대중적이며 혁명적이었으며, 그 사 년 후 발표된 연애소설 『줄리, 혹은 신新 엘로이스』는 뭇 여성들을 책방으로 쇄도케 했다. 볼테르에게서 한 세상의 끝을, 루소에게서 새로운 세계의 시작을 보았다. 괴테는 그렇게 말했다. 디드로 및 후원자들과 결별하고 시골 오두막에 은거하며 루소가 쓴 교육소설 『에밀』은 『엘로이스』 완성판(1761), 『사회계약론』(1762)과 함께 루소 3대작을 이룬다. 『사회계약론』은 자연인을 이상화하면서 인간의 진정한 본성을 찾으라 주장하고, 봉건 귀족제도가 파생시키는 사악한 사회를 규탄하며, 위대한 인권선언을 감행한다. 어느 시민도 다른 시민을 팔 만큼 부유할 수는 없다. 그리고 어느 시민도 자신의 몸을 팔 만큼 가난할 수는 없다. 『사회계약론』은 심장의 언어를 구사하며, 논리 허점은 있으나, 설득력은 완벽하다. 『에밀』은 『사회계약론』을 교육론으로 전화하고 다시 성장소설로 형상화하는데, 그 과정에서 논리적 허점이 놀랍게도 문학적 감동의 계기로 된다. 사내아이가 젖먹이에서 청년에 이르는 과정을 면밀하게 검토하면서 『에밀』은 자연적 본성이 자유롭게 발현토록 하는 것이 교육의 요체라고 설득한다. 아기는 모유를 먹어야 하고, 갓난아기에게 거추장스러운 옷은 자유로운 몸동작을 방해하므로 금물이고, 사랑과 헌신으로 아이를 대하는 것은 물론이며, 사회가 성인 남자에게 부과하는 의무 때문에 아버지가 부모 역할을 제대로 수행할 수 없으므로 적절한 가정교사가 교육을 맡고, 의사는 될 수 있는 한 피하고 자연 스스로 돌보고 치유케 한다. 사실, 인간은 자연이 어느 정도 치유할 수 있는지 알 수 있을 만큼 자연을 그냥 내버려둔 적이 없지 않은가. 대화로써 심성이 발전케 하며, 교사들이 일련의 실험을 준비, 아이의 눈과 감각과 상상력을 키워야 하며, 벌을 주면 안 되고, 파괴는 오로지 파괴자의 불편을 초래할 뿐이라는 점을 아이 스스로 깨닫게 한다. 스스로를 의존케 하고, 넘어지거나 머리를 부딪치더라도 난리법석 피우지 않는다. 아이는 사고를 당하면서 인생의 고통을 배운다. 마음대로 운동하게 하고, 자연과 소통하게 하고, 감정을 경험하게 할 것. 어느 정도 일을 시켜 육체노동의 존엄성을 배우게 할 것. 많은 양의 말을 한꺼번에 퍼붓거나 공부를 반복 암기시키면 안 된다. 맨발로 다니게 하라. 물론 길바닥에 유리 조각이 깔려 있지 않은지 조심할 일이다. 첫 권은 그렇게 『로빈슨 크루소』의 일상화-심화지만, '아기=로빈슨 크루소'는, 갑자기, 아기로 하여금 인류 역사 전체를 살게 한다는 의미가 심장하다. 이제 지리학 등 여러 과학을 가르치고 아이 심성에 존재의 경이가 스며들게 한다. 과학은 인류 역사 전체의 종합이고, 존재의 경이는 그 너머로의 모험이다. 하나님을 믿고, 삶의 전 영역에서 그분을 보아야 하는데, 책도, 교회도, 사제도, 제의도 그쪽으로는 하나같이 쓸모가 없다. 루소는 교회 도그마를 자연신 사상으로 대체한다. 그의 여성교육론은 매우 편협한 남성 우월주의의 소산이지만, 『에밀』이 개진하는 아이의 심리 탐구는 성별에 관계없이 적용될 수 있을 만큼 예리하고 보편적이다. 『에밀』이 현대 아동교육의 가장 기본적인 교과서 중 하나로 된 까닭이다. 평생 격렬하고 거대하게 대립하면서 시대 사상의 두 축으로 우뚝 섰던 볼테르와 루소는 같은 해 죽었고 명예의 전당에 나란히 묻혔고, 그 11년 후 프랑스혁명은 일어났다. 볼테르와 루소의 대립은 프랑스혁명 준비기의 격동을 총체적으로 자극하고 그 격동에 의해 스스로 총체 에너지화한 것이지만, 문학예술을 통해 질적으로 결합하고, 그 결합이 프랑스혁명을 추동하며, 프랑스혁명으로 결합의 질이 다시 고양된다. '볼테르, 루소, 프랑스혁명' 의 삼위일체는 모든 위대한 문학예술이 달하는, 고전주의 '지향' 과 낭만주의 '지향' 의 변증법적 결합과 역사-총체화에 다름아니다. 모든 낭만주의 걸작에서 낭만주의적인 것은 결합의 지향뿐이고, 모든 고전주의 걸작에서 고전주의적인 것은 결합의 지향뿐이다. 거꾸로, 프랑스혁명 실패 이후 '정치적' 실패의 문화예술적 반영으로서, 고전주의와 낭만주의는 (지향적이 아니라) 내용적으로 분리, 아카데미풍 고전주의와 보수적 낭만주의로 전락해버리고, 프랑스 고전주의와 낭만주의 '걸작' 이 더이상 불가능해진다.

미국, 매스컴의 언어 1

미국은 17세기 초부터 약 170년 동안 영국 식민지였고 독립한 지 2백여 년에 불과하며 독립 후에도 주로 유럽, 특히 영국인이 이주해오므로 근본적으로는 영국-유럽 사회 및 문화를 이식-연장-확대한 나라지만 다른 한편 중세를 겪지 않고 독립과 동시에 민주주의 성문헌법(1787년)을 세계 최초로 갖춘, 근대 역사가 가장 오래고, 광대한 서부 개척정신으로 국부를 크게 키운 나라다. 역사상 흑인 노예제도 및 아메리칸인디언 학살이 악명 높지만 가장 선진적인 공업국이고 세계 제1의 농업국이자 낙농국, 그리고 세계 4위의 어업국으로서, 1, 2차 세계대전 모두 뒤늦게 참가, 막대한 물자와 자본을 공급하고 전쟁을 승리로 이끌면서 방대한 자본 축적에 성공하고 합리주의와 기능주의에 기반한 대량생산-대량소비를 미덕으로 보는 새로운 가치관을 창조했으며, 동양 정신문명과 매우 다른, 화려한 물질문명을 구가하면서 동구권 사회주의 몰락 후 세계 유일 최강국 자리를 굳히고, 역사상 가장 강력한 제국주의 정책으로 세계화, 세계의 미국화, 팍스 아메리카나('미국에 의한 평화') 전략을 추진중이다.

영국의 아메리카 대륙 식민활동은 스페인 및 프랑스보다 늦고 1580년대 해적 롤리의 계획은 선구적이었으나 실패했으며, 1607년 비로소 버지니아에 최초로 영속적인 식민지가 건설되었다. 하지만 1664년 네덜란드령 뉴암스테르담 점령에 따른 뉴욕 등 중부 식민지 건설을 거쳐 1732년에 이르면 캐나다와 플로리다 사이 대서양 연안을 따라 13개의 영국 식민지가 생겨나는데, 이토록 빠른 증가는 아메리카 식민지가 영국 상업자본의 투자처인 것은 물론 영국 내 종교 문제의 출구 역할도 했던 결과다. 메이플라워호를 타고 바다를 건너온 청교도('순례자 조상들'), 그리고 회중파-가톨릭-퀘이커교도가 신앙의 자유를 찾아 각각 플리머스-매사추세츠-메릴랜드-펜실베이니아로 이주했는데, 영국인은, 스페인인과 달리 원주민 포교나 정복 혹은 재부 약탈이 아니라 각자 신앙을 누릴 수 있는 순수 식민사회를 건설하는 것이 목표였으며, 영국은 이들 식민지가 본국의 경제 발전을 돕는 유용한 생산기지였다. 이같은 사정은 영국과 식민지의 경제를 눈부시게 발전시켰으나 원주민의 존재 자체를 거부하며 학살하거나 오지로 쫓아보내는 사태가 되풀이되고, 관계가 더 악화하는 폐단이 있었다. 18세기 중엽까지는 본국 중상주의 정책의 규제가 느슨했고 식민지 측은 독자적인 대의제의회 등 상당한 자치권을 누리며 남부는 플랜테이션(대농장) 방식으로 담배-설탕-쪽-목화 등 상품작물을 생산하고 중부는 곡물 생산 및 해운과 약간의 수공업을, 북부는 조선-해운-어업을 크게 발전시켰다. 식민사회 노동력 부족은 특히 남부에서 심각하여 원주민 혹은 본국 빈민들을 데려와 강제 노역을 시켰으며 이미 1619년 흑인 노예 수입이 시작된 후 노예제는 플랜테이션 경제의 필수적인 기반이 된다. 북부 식민지 또한 럼주로 아프리카 흑인 노예를 사들여 서인도제도와 남부 플랜테이션에 매각하는 삼각무역 방식으로 막대한 이익을 거두었다. 식민지의 문화적 수준이 비교적 높아 하버드대학 등이 설립되고 계몽주의 당시 유럽 첨단 사상도 지도층에 널리 수용된 상태였다. 주변 지역 원주민과 적대 관계가 계속되고 원주민이 영국인보다 프랑스인과 더 가까웠기 때문에 안전 문제가 심각하고, 1754년 급기야 방위 협력을 위한 식민지대표자회의가 소집되지만, 1763년 프랑스-인디언 전쟁에서 영국이 승리하고 프랑스가 북아메리카에서 퇴각했으므로 영국령 식민지에 대한 중대 위협은 사라지고, 영역은 캐나다와 미시시피강 동쪽 연안까지 확대된다. 그러나 본국 정부가 원주민과 관계 개선을 위해 식민지인의 서쪽 진출을 금지하고, 재정상 어려움을 타개하기 위해 중상주의정책을 강화하면서 식민지와 본국의 관계가 악화하고, 특히 1766년 인지세법은 본국 상품 불매운동 등 식민지의 조직적인 반대를 야기시켰다. 인지세법 및 잇따른 타운센드법을 둘러싼 위기는 본국 정부 양보로 수습되지만, 식민지 지도자 사이 자치령 구상이 명확해지고, 일부에서는 조기 독립을 주장하는 급진파가 대두하고 1773년 급진파가 야기한 '보스턴 차 사건'으로 식민지와 본국 사이가 급속히 악화하고, 식민지대표자들이 대륙회의를 열고 전체 결속을 꾀하면서 권리를 주장하는 한편 화해를 청원했으나 본국 정부가 거부하고, 결국 1775년 4월 독립전쟁이 발발한다. 토머스 페인 『상식론』 등의 영향을 받아 여론이 독립 쪽으로 돌아서는 가운데 1776년 7월 4일 '생명-자유-행복의 추구'를 위한 여러 권리를 천명한 독립선언문이 발표되고 공화정을 채택한 13개 주가 탄생하며, 이 주들이 연합 규약을 제정, 지방분권 성격이 강한 연합 조직을 만들었다. 조지 워싱턴이 이끄는 독립군이 처음에는 영국군에 밀렸으나 사라토가 전투에서 승리한 후 프랑스와 통상조약 체결에 성공, 프랑스군의 지원을 받아 요크타운 전투에서 결정적으로 승리했고, 미국은 1783년 파리평화조약으로 독립을 승인받았으며 서쪽 미시시피강과 남쪽 에스파냐령 플로리다까지 영토가 확대되었다. 독립 초 주연합의 중앙정부 연합회의가 성립되었으나 과세권과 통상규제권, 그리고 상비군 보유를 인정받지 못한 약체라 경제적 곤란과 치안 유지에 효과적으로 대처할 수 없었으므로 북부 상업 자본가와 남부 대농장주 경영자 중심의 보수적인 사회층에서 강력한 중앙정부 수립 요구가 높아지고, 1787년 필라델피아에서 헌법제정회의가 개최되어 북부와 남부, 큰 주와 작은 주의 이해 조정을 꾀하면서 중앙집권적 연방국가 실현을 지향하는 합중국헌법이 제정되었다. 이 헌법은 강한 반대에도 불구하고 연방파의 활발한 활동으로 비준을 받고 1789년 워싱턴이 초대 대통령에 선출되고 미국이 정식으로 건국되지만, 연방파 재무장관 해밀턴이 주도한 정부시책들이 주로 북부 상업자본가에게 유리한 것이었으므로 남부 대농장주-농민-수공업자 등이 토머스 제퍼슨을 중심으로 공화파를 결성한다. 해밀턴이 공업 육성 및 통상 확대 등 자본주의적 발전을 지향하는 쪽으로 헌법을 확대 해석한 반면 제퍼슨은 농본주의 입장에서 농업사회 발전과 서부로의 영토 팽창을 중요시하고 연방 정부 권한 확대에 신중한 입장을 보이니, 일찍부터 있어온 지역-경제적 이해 대립이나 사회발전 비전, 정치관의 차이 등이 건국 직후 2개 정치 당파로 나타나고 프랑스혁명의 진전에 따라 영국에 접근하는 연방파와 프랑스에 접근하는 공화파 사이 균열이 심화되던 중 워싱턴은 1793년 프랑스혁명에 대한 중립을 선언하고 1796년 '고별연설'에서 해외분쟁 불개입과 중립주의를 미국 외교정책 지침으로 강조하였다.

프랑스혁명, 좌우가 생겨나다

농민경제 상승과 농촌공업 발달로 프랑스 자본주의가 아래에서 성장, 봉건경제를 파괴시키는데 왕정은 여러 차례 전쟁 실패와 화려한 궁정생활 낭비로 인한 재정 적자를 메우기 위해 지폐를 남발하고 투기를 조장하므로 1730년대부터 절대왕정은 빠른 속도로 무너지고, 산업혁명 이후 빠른 발전을 이룬 영국에 비해 프랑스의 후진성이 분명해진 18세기 후반 몽테스키외('3권분립론'), 볼테르('권위와 종교로부터 인간정신 해방'), 루소('사회계약론'), 디드로(『백과전서』 편찬) 등 계몽사상가들이 구체제 비판 및 민주주의 설계에 나서, 혁명의 이론적 토대를 마련했다. 1774년 즉위한 루이 16세(1754~1793)는 스스로 구제도 개혁을 시도하지만, 너무 늦은데다 적임자도 아니었다. 중농주의 정책으로 재정을 절감하고 성직자와 귀족의 면세특권을 폐지하는 등 전반적인 내정 개혁을 그가 추진하지만 귀족 반대로 실패하고, 미국 독립전쟁 원조에 따른 재정 파탄을 막는 최후 수단으로 귀족 과세를 위한 명사회를 소집했으나, 귀족은 국가 재정문제가 삼부회 사항임을 주장, 1615년 이후 최초 삼부회가 1789년 5월 베르사유궁전에서 열리게 되는데, 성직자와 귀족이 연합하자 제3신분 대표들은 자신이 국민의 대표라고 주장하며 따로 국민의회를 구성했고, 곧 성직자 대부분과 귀족 일부가 국민의회에 합류하므로 왕은 어쩔 수 없이 국민의회를 인정하고 국민의회는 헌법제정에 착수하던 중 다시 왕이 군대를 동원, 의회 위협을 시도하자 동요한 파리 시민들이 같은 해 7월 14일 정치범 수용소 바스티유감옥을 습격하면서 혁명이 발발한다. 무거운 세금으로 고통받던 농민들이 바스티유감옥 습격 소식을 듣고 봉기하자 국민의회는 8월 26일 라파예트가 기초한 자유와 평등, 박애의 '인권선언'을 결의한 후 교회 재산 국유화, 제도 개혁, 길드 폐지, 도량형 통일을 단행하고, 1791년 9월 새로 제정된, 왕권을 축소하고 봉건적 특권 일체를 폐지했으나 하층민 정치 참여는 인정하지 않는 입헌군주제 헌법하에 선거를 실시, 단원제 입법의회를 구성하는데, 처음에는 입헌군주파가 1당이었으나 얼마 후 지롱드파(중산층 중심 온건파), 그리고 자코뱅파(마라, 당통, 로베스피에르 등이 이끄는 소시민 노동자와 농민 중심 급진파)가 부상했고, '프랑스 왕실 털끝 하나라도 건드리면 파리를 불태우겠다'는 오스트리아와 프러시아 양국의 위협에 맞서 1792년 8월 10일 파리 민중과 의용군이 아예 왕궁을 습격, 왕을 유폐시키자 입법의회는 새로운 헌법제정의회를 구성하는데 이것을 (국민)공회라 한다. 공회는 21세 이상, 거주 기간 1년 이상 남자에게 선거권을 주는 보통선거제를 확립하고 8월 21일과 9월 2일 전국적인 초급선거회 및 의원선거회를 개최, 749명의 의원을 선출한다. 대소상공업자와 법률가가 많고, 노동자는 단 두 명이었다. 공회가 의장석에서 보아 왼쪽에 혁명 급진파를, 오른쪽에 보수파를, 그리고 중간파를 한가운데 앉혔으므로 '좌익' '우익' 용어가 처음 사용되고, 좌익(몽타냐르, '산악파')은 파리 자코뱅파를 중심으로 약 2백 명, 우익(지롱드파)은 남부 및 서부 상공업부르주아 대표를 중심으로 약 160명이고, 중간파(늪지파와 평원파)가 약 4백 명이었다. 개최일인 1792년 9월 21일 왕권 폐지를 선언한 공회는 그후 1795년 10월 26일까지 주도권을 잡은 각 파에 따라 보수-자유주의적인 지롱드공회, 진보-사회민주주의적인 몽타냐르공회, 그리고 반동적인 테르미도르파공회의 3시기로 나뉜다. 지롱드파와 몽타냐르파의 투쟁은 공회 개최 다음 날 혁명력을 채택하고 26일 당통이 '프랑스공화국은 하나며 나눌 수 없다'는 선언과 함께 시작된다. 자코뱅파는 9월 헌법위원회 구성과 함께 국왕 재판 문제로 논란이 불거지자 무산계급과 농민의 지지를 얻어 1793년 1월 국왕을 처형하고, 그것에 격분한 오스트리아 프러시아 등이 제1차 대불동맹을 맺어 경제 봉쇄를 취하고 왕당파 반란을 지원하는 등 혁명이 위기에 빠지자 다시 혁명적 분위기를 고양시킨다는 명분으로 상퀼로트(하층 노동자)의 지지를 끌어들여 대외 방어와 대내 치안 유지 강화용 공안위원회, 보안위원회, 혁명재판소 등을 설치하는 무리한 방식으로 세를 확장, 경제위기와 국내반란, 그리고 대외전쟁 위기에 자유정책으로만 일관하던 지롱드파를 추방한 후 독재정권을 수립하지만, 1793년 6월 24일 '사회적 민주주의' 성격의 헌법 제정 후 최고가격법('물가 통제'), 망명자법('망명자 토지 몰수 및 가난한 자에게 무상분배'), 불환지폐(정부 지폐) 강제 통용, 물자 징발, 집단 징병 등 강경 조치들을 실시하면서 공안위원회가 일체 행정권을 장악하고 급기야 같은 자코뱅파 에베르와 당통을 처단, 공포정치로 돌입하고, 공포정치는 오래갈 수 없었다. 자코뱅파의 세력을 확장시키고 공포정치로 치닫게 했던, 위기의 연속, 즉 혁명전쟁 패배 위기가 공포정치의 성과로 사라지자, 공포정치의 수명은 다한다. 1794년 봄부터 정국이 안정되고 혁명전쟁 승리가 전망되자 국민공회 온건파와, 자코뱅 공포정치를 지지했던 사회층이 연합, 테르미도르(혁명력 '열월', 7월), 로베스피에르 일파를 체포, 처단한다. 이것이 테르미도르반동이며, 그후 구성된 테르미도르공회는 보수 지주, 부르주아층 중간파, 지롱드-몽타냐르 우파가 지배했다. 불환지폐가 엄청나게 늘어 경제 혼란이 계속되고 부르주아 정치세력이 커지는 가운데 테르미도르공회는 혁명파 노선 봉쇄와 독재 방지라는 양대 목표하에 '공화제 3년 헌법'을 제정하고 1795년 10월 26일 해산되었다. 신헌법은 행정권을 총재정부에, 입법권을 양원제 의회에 맡기고 550명의 원로로 원로원을 구성케 했다. 총재정부는 각 대신과 군사령관 임명 및 군대 출동권, 그리고 외교권을 지니며, 발언권, 거부권, 의회 해산권은 없고, 하원에서 선거한 열 명의 총재후보자 중 다섯 명을 원로원이 뽑게 했다. 토지재산 소유자만 피선거권을 가지며, 2중선거제가 계승되었다.

고전발레, 도약과 총체 파괴, 그리고 반영

무용언어는 사실성을 머금고 표현을 구체화하지만, 단순한 현실 모방은 무용언어 발전 변증법을 오히려 느슨하게 한다. 모든 예술이 그렇듯 무용 또한 무용에 고유한, 무용-존재적인 현실주의미학으로 현실을 관통하고 파악한다. 그것은, 난해한 자연의 폭력에 직면한 원시사회 인간 무용이 마법성을 띄게 될 때부터, 아니 그 이전부터 그것은 그렇다. 단순 효용 차원을 넘어 무용 미학 차원으로도 난해를 포괄하는 무용예술의 방식이 바로 마법성이었다. 그것은 원초적이고 무의식적인 미학 방식이었으며, 사냥무, 태양숭배무, 생로병사의 의식무, 풍요기원무(파종-수확무) 등 사회적 효용이 강조되는 무용에서도 '무용적 반영'의 측면은 훼손되지 않는다. 아니, 원시무용의 사회적 효용은 무용적 반영의 자연스러운 결과 혹은 동전 양면이었고, 무용적 반영이 사회 효용 쪽으로 훼손되는 현상은 계급 출현과 더불어 비로소 두드러지기 시작, 노예제 사회 지배계급 사제들이 오히려 무용을 마법의식으로 활용하는 동시에, 노예주들의 환락을 위한 남녀 노예들의 육체 향연이 숱한 유형의 무용으로 발전한다. 유럽뿐 아니라 동양에서도 궁정무용이 수준 높은 세련미에 달하던 시기 발전한 발레닥시옹은 서툰 마임 소설쯤 된다. '무용=이야기=총체'의 등장 속도는 아주 더디고, 그점이 무용예술의 희망이기도 하다. 무용이 보다 쉽게 이야기화했다면 무용예술은 아예 가능하지 않았다. '악시옹', 즉 (행동) 이야기는, 육체에서 비롯된 무용의 야만성을 단지 통제할 뿐 아니라 아주 미세하게, 미세한 무용언어로 제련시키며, 그 언어들이 동작에 묻어나고 스며들며, 공간을 시간화하면서 무용 세계로, 무용 총체성의 세계관으로 재구성한다. 발레닥시옹 이후 고전발레, 즉 낭만주의와 고전주의의 발레는 '통제'를 최고 경지로 발전시키지만, 스펙터클과 동작, 리듬 각각의 전문화로써 무용 총체성을 오히려 제한하고, 고도의 기교가 이야기를 '벗어나' 총체성을 파괴하지만 이 '벗어남'은 중력에 맞서는 도약이고 총체 파괴는 창세신화보다 더 질 높은 총체로 무용이 넘어가는 데 필요불가결한 면도 있었다. 현대무용은 낭만주의 및 고전주의 총체 단계를 극복, 일상에 밴 존재의 의미 혹은 비극성 혹은 공포를 육체로 표현하고, 끝내 극복하게 된다. 동시에 무용은, 장르-존재적으로, 언어(무언), 목소리, 표정, 음악 및 운동의 통일을 지향하며 이 지향의 끝은 역사의 파경 너머에 있다. 무용이라는 욕망 자체가, 육체의 웃음에서 비극성을 넘어, 비극을 포괄하는 웃음으로 흔들리려는 욕망, 현실 너머 보편 총체를 향해 흔들리려는 욕망에 다름아니다. 프랑스혁명의 기운으로, 노베르 수제자인 도브발이 안무한, '리얼리즘'이 더욱 강화한, 신이나 영웅 귀족이 아니라 평범한 사람들의 일상 이야기를 소재로 한 최초 발레 중 하나 〈보호자가 없는 처녀〉가 혁명 발발 이 주 전 보르도에서 초연되었다. 고전-아카데미풍 무용은 물론 그 굴레를 벗어난 온갖 전통민속무용, 중세장인길드무용, 민속무용, 희극적인 무용, 성격무를 버무린데다 당시 프랑스 유행가요들을 짬뽕하여 무용음악으로 썼으니 발레판 〈거지 오페라〉라고 할 만하다.

> 리스와 콜라는 서로 사랑하는데, 과부 시모네가 딸 리스를 멍청한 부자 알랭에게 시집보내려 하자, 침대에 같이 누운 장면을 연출, 시모네 부인의 고집을 꺾는 데 성공한다.

무용적 반영의 수준을 역사적으로 드높이는 것은 물론 무용예술가다. 도브발의 '리얼리즘 발레'는 프랑스혁명 흐름을 분명 반영하고, 아직 반영 수준이 미흡하고 소재적이지만, 혁명은 무엇보다 존재의 절체절명에 달하는 육체 극한의 순간을 무용예술가로 하여금 감지케 하는 식으로 무용언어 자체 또한 혁명한다. 도브발의 '리얼리즘 무용'을 구호적 긴장 완화로부터 구원한 것은 '노베르-앙질리오니-도브발'의 예술적인 삼각관계다. 도브발은 심정적으로 적대했던 노베르의 발레닥시옹 이론을 받아들였고, 삼각관계는 유럽 혁명의 격변을 무용으로 머금었으며, 삼각관계의 제자들이 유럽 전역으로 흩어져 스승의 복음을 전파, 비가노와 블라시스가 밀라노를, 디들로가 성페테르부르크를, 그리고 갈레오티와 부르농빌이 코펜하겐을 장악하고 서로 발레 무용의 완벽성을 경쟁하고, 이 과정이 1831~1832년 파리오페라를 향해 절정에 달하면서, 상호자극과 종합을 통해 최초 고전발레를 탄생시킨다.

부르농빌, 발레의 합리주의자

발레 중심지를 파리에서 덴마크 코펜하겐으로 옮기게 되는 부르농빌은 프랑스 무용인의 사생아로 태어나 당대 최고 무용교사 디델로와 페로, 베스트리(마리의 교사) 등에게 배웠으며, 마치 자신의 태생을 거역하듯 〈공기요정〉 〈지젤〉 〈코펠리아〉 삼각관계를 예술관계로 드높이는 튼튼한 토대를 세우게 된다. 1773년 발레작품 〈엔디미온〉 중 아모르 역으로 첫 성공을 거둔 아버지 부르농빌은 무섭도록 빠르게 유럽 제일의 남성 무용꾼으로 떠올랐으며 1781년 런던 공연 때는 관람을 위해 국회 일정이 중단될 정도였고, 1789년 프랑스혁명 직후 런던으로 달아난 후 노베르 발레작품에 출연했는데, 노베르는 부르농빌 무용의 '기교=표현'력에 감탄을 금치 못했다. 1793년 파리로 개선, 신세대 남성 무용꾼들의 견제에 시달리면서도 1816년까지 무용을 추고 코펜하겐으로 옮겨 은퇴할 때까지 역시 무용을 추다가 이 년 후 휴가를 받고 다시 파리로 와서 파리오페라 단원이 되었으며 마리가 그를 상대역으로 즐겨 택했다. 다른 유럽 대도시에서도 공연을 하다가 1830년 1월 1일 덴마크 왕립극장 감독 및 안무가에 오른 아들 오귀스트 부르농빌은 빈 체류 일 년 스톡홀름 체류 삼 년을 제외한 나머지 생애 동안 코펜하겐을 지키면서 덴마크 발레예술을 당대 최고 경지로 가다듬는다. 출산 며칠 후 아내와 이혼할 정도로 성격이 괴팍하고 우쭐하기 일쑤였으며 작은 키에 양 무릎 아래가 밖으로 굽은 기형이었지만 그는 무용 기교를 질적으로 발전시켰다. 그의 발은 엄청나게 컸고 도약은 환상적이며 피루에는 눈을 의심케 할 수준이었다. 엄청난 기교 때문에 예술가라기보다는 위대한 스승으로 인식되기도 하지만 정확히 부르농빌은 국제 극장문화에 정통하고 도덕적 총체성과 사회적 사명감이 투철하며, 조직력과 교육 능력을 갖춘 당대 최고의 지식인이자 예술가였고, 발레운동가로서, 낭만주의 발레의 어두운 면을 이성으로, 태양빛으로 순화, 삶의 기쁨과 아름다움을 발레의 화두로 세웠다. 같은 덴마크 출신 동화작가 안데르센과 절친했고, 그가 무용의 안데르센이기도 하다. 부르농빌은 프랑스발레를 국제적인 동시에 분명 덴마크적인 발레로 발전시키면서, 무용꾼들이 최고 예술가로 존경받는 사회를 건설하겠다는, 국제 발레 시민으로서 자신의 꿈을 예술적으로 실현한다. 조화를 향한 그의 열정은 치열하며, 전 유럽이 여성 발레리나에 열광할 때 그만이 고집스럽게 남자와 여자의 조화를 추구, 남성 무용꾼들에게 여성과 똑같은 수준의 기교를 요구했고, 그의 발레작품은 모두 조화와 평정을 향해 유연하게 흐르고, 유난스런 동작을 위해 무용꾼이 스텝을 멈추는 경우가 없으며, 유연한 부분들이 유연의 총체를 이룬다. 부르농빌 발레의 이 모든 점은 고전주의 발레로 가는 통로에 다름아니다. 부르농빌 사망 후 그의 발레작품들은 매우 조심스럽게 덴마크에서만 보존되다가 1930년 '부르농빌 르네상스' 이후 덴마크 왕립 발레의 뼈대를 형성하고, 1956년 유럽 전역에 알려지고, 오늘날 전 세계 발레 애호가들의 사랑을 받고 있다. 오늘날 공연되는 〈공기요정〉은 사실 부르농빌판이다. 〈공기요정〉(1836) 외에 〈나폴리〉(일명 '어부와 신부', 1842), 〈무용학교〉(1849), 〈옛날이야기〉(1854) 등이 대표작이며 훗날 러시아 발레 단장 디아길레프는 부르농빌 〈공기요정〉을 기리는 의미에서 포킨 발레 제목을 '쇼팽 모음곡'에서 '공기요정들'로 바꾸게 된다. 외국 여행은 부르농빌 발레 창작을 자극하는 중요한 원천이었는데, 〈나폴리〉는 1841년 관객들이 부르농빌의 전 애인인 무용수 그라안을 다시 코펜하겐으로 불러들이라며 공연을 방해하자 부르농빌이 공연 계속 여부를 물으려 국왕 자리로 다가갔다가 다음 날 국왕범접죄로 피체, 육 개월 추방형을 받고 떠난 이탈리아 여행 경험을 바탕으로 만든 여러 발레 중 가장 유명한 작품이다. 해적에게 납치되어 카프리 푸른 동굴에 갇힌 애인을 구해내는 한 어부의 이야기로, 구출을 자축하는 마지막 막의 절정 타란텔라 무용 연작은 부르농빌 발레의 가장 행복하고 찬란한, 환상적인 볼거리 중 하나고, 〈나폴리〉 전체가 낭만주의의 어두운 측면에 밝게 접근하는 부르농빌 방식의 한 전범이다. 〈무용학교〉는 그가 베스트리 제자로 무용을 배우던 시절을 재현하며 스승의 프랑스-이탈리아풍을 예찬하지만, 동시에 자신의 교습법도 예시하고, 그가 고안한, 일요일을 뺀 매일 교육은 1950년대 중반까지 덴마크의 유일한 무용교육 방식이었고 오늘날까지 시행된다. 〈옛날이야기〉는 〈지젤〉 및 〈공기요정〉보다 10년도 더 지난 시기 작품으로 낭만주의의 초현실성과 아주 미지근한 연관이 있을 뿐 동화적 낙관성으로 가득 차 있다. 아니, 돌이켜보면, 〈지젤〉은 〈나폴리〉보다 초연이 겨우 일 년 빨랐다. 낭만주의 발레가 프랑스혁명의 뒤늦은, 보수적인 반영이었다면 부르농빌 발레는 프랑스혁명의 본뜻인 합리주의를 상당히 일찍 반영한 셈이다. 하지만 낭만주의 발레의 병적인 우울성에 예술적으로 직면했으므로 부르농빌이 발레 합리주의에 더 일찍 달할 수 있었다는 점도 있다. 합하면, 발레언어가 육체와 정신 사이에서 정신을 육체적으로 지향하면서 태어난다는 기본적인 진리를 확인해주는 것이 부르농빌 발레다.

신성로마제국 오스트리아와 프로이센, 계몽의 음악과 시민의 철학

룩셈부르크가로부터 브란덴부르크를 사들인 후 동프러시아를 합치고 30년전쟁 당시 군사력을 유지하면서 대선거후 프리드리히 빌헬름이 열강 대립을 틈타 영토를 확대하다가 스페인계승전쟁 때 급기야 프로이센 왕호를 얻게 되는 호헨촐레른가는 1740년 왕위에 오른 프리드리히 2세가, '국가 제일의 심부름꾼(왕)'이 '행복의 보금자리(국가)' 안녕과 발전을 위해 강력한 군대를 직접 장악하고 귀족을 장교로 군대에 편입시켜 약화하고, 도시를 종속시켜 산업을 육성하고, 군사력의 기초인 농민을 보호하는 계몽전제정권 프로이센을 완성, 오스트리아 왕위계승전쟁 및 '7년전쟁'(1756~1763)에서 승리하며 슐레지엔을 프로이센 영토로 굳힌다. 프리드리히 2세가 마리아 테레지아의 상속을 인정하는 조건으로 슐레지엔을 요구하며 점령하자 프랑스의 지원을 받는 바이에른 군주 카를 알베르트도 계승권을 주장하여 벌어진 것이 오스트리아 계승전쟁이다. 프라하를 점령한 알베르트는 1742년 독일 제후들에 의해 황제 카를 7세로 뽑히지만 오스트리아의 반격에 사망하고 1745년 프리드리히 2세는 드레스덴조약으로 슐레지엔을 확보하면서 마리아 테레지아의 상속과 남편 프란츠 1세의 황제 등극을 승인했다. '7년전쟁'은 그후 마리아 테레지아가 국내개혁(군과 행정 등)을 단행하고, 수 세기 동안 앙숙이었던 프랑스와 동맹(1756년 외교혁명)도 성사시킨 후 슐레지엔 탈환을 위해 벌인 전쟁으로, 러시아까지 끌어들여 프리드리히 2세를 궁지에 몰아넣었으나 오히려 헝가리 귀족과 타협한 결과 러시아의 유럽 진출과 프로이센 발흥만 돕고, 결국 러시아 정변으로 뜻을 이루지 못한다. 마리아 테레지아는 전후 산업육성, 농민보호, 교육개혁 등 계몽정책을 추진했고 아들 요제프 2세(1765~1790)는 합리적이고 급진적인 계몽군주로 1781년 관용령과 농노해방령을 선포하고 수도원을 해산하고 세제를 개혁하는 등 잇따른 개혁을 추진했으나 독일어 사용 강요와 중앙집권화 정책이 여러 민족과 귀족의 반발을 사던 중 1789년 프랑스혁명이 일어나고 그것을 우려한 국제 반동 세력이 창궐하던 1790년 요제프 2세가 사망하고, 더욱 철저한 계몽군주였던 동생 에로폴트 2세(1790~1792)도 반동화를 막지 못하니, 1806년 나폴레옹전쟁에서 패한 후 신성로마제국은 1806년 공식 해체되었다.

독일은 영국 경험론 철학과 프랑스 계몽사상을 모두 계몽전제주의로 포괄하지만, 17세기 말에 이르면 경제 재건을 직접 담당하는 독일 시민층 또한 새로운 목소리를 내고, 독일적으로, 경제발전이 늦었으므로 오히려 더, 위대한 음악과 철학 전통을 이룩한다. 바흐, 하이든, 모차르트, 베토벤, 그리고 브람스로 이어지는 독일 음악 전통은 대체로 귀족의 후원에서 자유롭지 못했으되 가장 위대한 시민적 내용을, 칸트와 헤겔, 그리고 마르크스로 이어지는 독일 철학 전통은 가장 세계적인 내용을 담고 있다. 바흐는 비이성적인 게르만 민족성을 숭고한 종교음악의 아름다운 이성으로 승화하며, 라이프니츠는 합리주의 철학을 세웠다. '질풍노도' 운동은 계몽주의를 먼저 받아들인 프로이센 체제의 절대주의에 대한 저항의 폭발로, 레싱이 고전주의 연극이론을 세우고 헤르더는 민족의 생명력에 깊은 관심을 보였으며 괴테와 실러는 반이성주의적 경향을 보이다 프랑스혁명의 현실에 환멸, 정치적 격동을 초월한 보편적인 독일시민 정신의 고전주의문학을 완성한다.

실러와 괴테, 질풍노도와 『파우스트』 사이 | '진보적'

18세기 말 미국독립전쟁과 프랑스혁명의 자유, 평등, 평화와 민족을 기치로 한 진보적 낭만주의 시대가 유럽에서 폭발할 당시 극장은 애국심을 고취하는 중요한 수단이었다. 하층계급에게 극장 문이 열리고 하층계급이 객석을 가득 채우고 하층계급을 위한 공연장이 숱하게 신축된다. 낭만주의 연극은 기존 규범을 과감하게 탈피, 개성적이고 열정적인 표현으로 주관적인 상상력을 펼쳤으며 보편적 주제 대신 자연주의적 소재를 택했다. 거의 모든 시인이 극작에 손을 댔고, 영감의 원천인 셰익스피어 작품이 유럽 전역에서 번역출판-공연되었는데, 낭만주의 연극이 최대 결실을 맺는 것은 독일에서다. 철학으로서 낭만주의가 독일적 산물이기도 하지만, 영국은 셰익스피어 유산을 제대로 계승하지 못했고, 프랑스 또한 몰리에르-라신을 계승-발전하는 데 실패했고, 두 나라의 부르주아지 모두 계급 명칭에 걸맞은 연극 전범을 만들어내지 못했으며, 소위 '중산층 연극'이란 앞선 전범의 '대중화=전락'에 지나지 않았다. 정치-경제 분야에서 영국과 프랑스에 전반적으로 뒤졌던 독일은 빠르게 배우는 한편 정치경제적 약점을 문학예술적 장점으로 전화, 프랑스 고전주의로 닫힌 신화-예술 정신에 민족 고유의 전승-설화로 길을 내주고, 그렇게 태어난, 태생적으로 '민족=중세'의 한계를 갖는 낭만주의가 외적인 정치혁명에 자극받으며 발전한다. 이성주의는 혁명을 낳지만 혁명은 낭만적 정열을 낳고 낭만적 정열은 비이성을 예찬한다. 야만성의 정화과정 자체를 미학원리로 삼는 (연극)장르가, 셰익스피어를 통해 프랑스 고전주의로부터 해방되고, 영국과 이탈리아에서 들어온 콤메디아델라르테류 대중연극과 상하의 변증법을 뒤늦은 만큼 강하게 치르면서, 초자연적 민요-동화-농촌성을 사회변혁의 강력한 에너지로 끌어올리려다, 결국은 중세적인 '사랑=죽음=아름다움'의 등식으로 '후기화'한다. 1760년대 '이성주의자' 레싱의 작품에서 이미 조짐이 뚜렷한 독일 낭만주의연극은 괴테 첫 희곡 〈베를리킹엔의 괴츠〉(1773)와 함께 '질풍노도' 단계로 들어서고, 만개한다. 〈베를리킹엔의 괴츠〉는 15세기 중반~16세기 중반 한 중세 기사가 여러 봉건영주들과 벌인 전투를 셰익스피어 드라마 기법 거의 그대로 그리고 있는데, 당대 정치 행태를 은근히 비판하려 쓴 것이지만, 꽤나 어긋난 방향으로 효과를 발휘, 중세풍으로 관객을 매료시키고, 그후 '역사물'이 홍수를 이루고 특히 영국에서 중세 과거를 이상화하는 고딕풍이 크게 유행하며, 환상을 빚는 무대 시각효과에 대한 관심이 크게 고조된다. '질풍노도'는 계몽주의 이성 숭배에 대한 반란으로서, 괴테 장편소설 『젊은 베르테르의 슬픔』(1774)이 그 총체적인 구현이다.

감수성이 풍부하고 예민하며 사랑, 예술, 사회, 사상 어느 면이든 절대-순수를 지향하는 청년 베르테르는 내면적이고 시적인 자신의 환상과 이상을 일상적인 삶의 요구와 화해시키는 데 어려움을 느끼고 마음의 평정을 되찾으러 시골로 휴양을 갔다가 친구 약혼녀 샬로테를 무도회에서 보고 첫눈에 반하고 둘은 행복한 나날을 보낸다. 일 년 반 후 친구가 돌아오자 베르테르는 샬로테 곁을 떠나 공사판에 취직하지만 적응치 못하고 퇴직, 샬로테를 향한 사랑의 번뇌에 시달린다. 그녀의 결혼 소식이 날아오고 그가 그녀를 찾지만 샬로테는 단순하고 순정한 성격으로 베르테르를 열렬히 받아들이지도 않고 단호히 물리치지도 못하다가 결국 다시는 만날 수 없다고 선언, 베르테르는 이루지 못한 사랑과 풀지 못한 욕망의, 날로 뜨거워지는 지옥불의 고통을 견디지 못하더니, 끝내 샬로테의 남편이자 자신의 친구에게 빌린 권총으로 이마를 쏘아 스스로 목숨을 끊는다.

『젊은 베르테르의 슬픔』은 출간 즉시 전 유럽을 눈물의 홍수 속에 빠뜨리며 '질풍노도'의 파고를 드높였다. 하지만 더 정확히, 문학예술적으로, 프랑스 자연주의, 특히 루소 철학을 셰익스피어 연극미학의 틀로 담아내려는 독일적 노력에서 시작된 것이 '질풍노도'라는 점을 감안한다면, 그 핵심은 실러 연극이다. 뷔르템베르크에서 태어나 13세 때 군사학교 강제 입대를 경험하고 '내면 영혼의 자유는 신체 결함이나 물질적 장애를 극복한다'는 모토를 지녔던 실러의 첫 희곡 〈도적떼〉(1781)는 숨 막히는 인습과 상층계급 부패를 통렬하게 풍자한 '연극=질풍노도'다.

16세기 독일. 형 카를과 동생 프란츠는 둘 다 인습 도덕을 거부하면서도 서로에게 적대적이며, 프란츠가 아버지를 꼬드겨 카를을 내치게 하자 카를은 무법자들을 모아 수풀에서 살고, 프란츠가 아버지를 가두고 학대하며, 아버지는 카를이 도적이라는 사실을 알고 숨을 거두고, 카를이 도적떼들과의 동지서약을 결코 깨지 않을 것을 아는 카를의 연인 아말리아는 '당신이 없으면 저는 살 수 없어요'라며 자신을 죽여달라 애원하고, 카를은 그녀를 죽인 후 당국에 자수한다. '테러와 범죄 행위가 불의를 해결하는 적절한 방법은 아니다'라고 선언하면서.

권력 부패는 물론 사회 전체를 저주하는 공연 내용에 충격을 받은 관객은 그 자리에 얼어붙었고 뷔르템베르크 당국은 집필 금지령을 내렸으나 실러는 곧바로 고향을 버리고 도주, 투링기아에 임시 거처를 마련하고 시민비극 〈음모와 사랑〉(1784)을 썼으며 삼 년 후 발표된 최초 주요사극 〈돈 카를로스〉는 무운시(無韻詩)를 독일사극에 걸맞은 문체로 격상시켰다. 훗날 낭만주의 예술 전체의 절정, 즉 베토벤 교향곡 9번 〈합창〉 4악장 가사로 채택되는 '환희의 송가'(오 벗이여, 이전의 것을 모두 걷어치우고 환희의 송가를 부르자……)도 이 시기 씌어졌는데, 실러 '질풍노도'의 심경 그대로다. 1789년 예나대학 역사학 교수로 취임, 학자로서 명성을 꾸준히 쌓는 한편 자신의 미학을 정식화하고 시작에 몰두하면서 실러는 보다 고전주의적인 형식을 구사하지만 '질풍노도' 자체를 누그러뜨린 적은 없으며, 1788년 교수자격 검증용 논문으로 제출된 역사서 『스페인 정부에 맞선 통일 네덜란드 독립투쟁사』, 그리고 1791~1793년 집필된 『30년전쟁사』가 실러 최대작 〈발렌슈타인〉(1800)의 토대로 작용하고, 그러는 동안 '질풍노도' 전반이 제련되어 그 자체 고전 혹은 고전주의에 달하며, 실러는 〈발렌슈타인〉으로 희곡 창작을 본격적으로 재개, 스코틀랜드 여왕의 도덕적 재생을 다룬 〈마리 스튜어트〉를 같은 해에 썼고, 이듬해 발표된 잔다르크를 다룬 〈오를레앙의 처녀〉가 낭만주의 비극인 반면, 〈메시나의 신부〉는 그리스 고전비극풍이다. 그리고, 이제, 만년작이 탄생한다. 합스부르크왕가 폭정에 맞선 스위스 산간 지방의 저항을 다룬 〈빌헬름 텔〉(1804). 이 작품은 가장 질풍노도적인 내용을 가장 고전주의적인 형식으로 녹여낸, 진정한 걸작이다. 괴테는 실러보다 먼저 태어나 더 오래 살면서 실러 생애를 자신의 생애로 품는다. 실러보다 먼저 '질풍노도'를 일으켰고, 실러보다 훨씬 일찍 질풍노도의 광란에 식상, 오랫동안 폭발적이었던 실러와 달리 일찍부터 고전주의 지향을 보였다. 그의 2부작 교양소설 『빌헬름 마이스터의 수업시대』(1795~1796)와 『빌헬름 마이스터의 방랑시대』(1829)는 베르테르 감상주의를 제련하는 매개였고, 필생의 희곡 〈파우스트〉는 낭만주의의 고전주의 지향이 미학적으로 완벽하게 상호관통, 극화한 결과다. 〈파우스트〉 제1부(1808) 집필기에 괴테는 독일 문호이자 언론인, 화가, 극장 감독, 정치가, 교육학자, 자연철학자로서 르네상스적인 전인격에서 '세계=현대'인으로 변화한다. 하나님과 악마 메피스토펠레스의 내기(프롤로그)는 햄릿의 고민을 천상화한 것인 한편, 창조 전 과정에서 하나님의 종 역할을 하는 것이 바로 메피스토펠레스 자신이므로 긴장은 너무 극성이 모자라지만, 메피스토펠레스가 그점을 깨닫지 못하는 반면, 괴테는 알고 있었다. 1815년 괴테는 이렇게 썼다. 자연이란 하나님이 연주하고 악마가 바람통을 부는 거대한 오르간이다. 결론은, 복잡하지만, 이미 나 있다. '파우스트의 욕망과 야망을 싫증날 정도로 채워주면 메피스토펠레스는 파우스트의 영혼을 취할 수 있다'는 악마와 인간의 계약 내용 또한 극성이 없다. 인간은 결코 만족하지 못하고 그 너머, 다시 그 너머를 바라는 속성이 있고, 완전한 만족감에 달하는 순간 인간은 인간이 아니므로 계약 내용은 동어반복이다. 더군다나 파우스트는 자신이 갈구하는 것이 육체적 쾌락이나 추상적 지식이 아니라 인간 경험의 전 영역임을 분명히한다. 〈파우스트〉 전체의 대미, 파우스트를 천상으로 들어올리는 천사들의 합창 '열정적으로 무언가를 추구하는 자라면 누구든/우리 천사들이 구원할 수 있다'는 벌써 예정되어 있다. 하지만 천상-프롤로그의 갈등(의 미흡함)을 주인공 파우스트 '속으로' 인간화하면서 괴테는 미흡함을 오히려 보다 열린 현대적 연극구조 심화를 위한 과정으로 전화하며, 그 속에 인간이 자신의 추구와 업적을 통해 영혼을 구원받는 과정이 정말 길고 지난한 과거와 현재, 그리고 미래의 인류문명사 과정 자체로 펼쳐지는 동시에 '극적으로' 응축된다. 실러보다 오랜 세월을 거치며 괴테는 스스로 낭만주의를 포괄하며 다스리는, 한 단계 높은, 난해의 연극 미학화로써 현대에 달하는 '고전=연극'의 그릇으로 된다. 괴테는 실러의 단순한 역전이 아니라 심화-확산이며, 〈파우스트〉는 (낭만주의) 내용의 (고전주의) 형식화라는, 역동적인 균형의 결과였다. 두 사람은 아주 늦게, 정확히 1794년 처음 만났고, 서로 매우 달랐지만 문학사상 희귀한 우정, 매우 연극적인, 즉 대립과 갈등을 끊임없이 해소하고 끊임없이 새로 창출하는, '과정으로 깊어지는' 우정을 쌓았다. 그리고, 괴테와 실러의 문학과 함께 독일은 문화적으로 거대한, '뒤늦은/이른', 그러나 '뒤늦음'과 '이름'이 완벽하게 일치된 배경을 이루게 된다. 파우스트와 하나님의 화해를 시도한 첫 독일 작가는 레싱이지만 미완으로 끝났고 괴테 이후 문학예술에서 파우스트는 당대의 가장 전형적인 인간 중 하나로 끊임없이 재창조되지만 파우스트의 '행복'은 괴테에서 끝나고, 낭만주의와 고전주의가 반동-교조화하고, 세기말과 20세기 양차 세계대전을 겪으며 역사 진보에 대한 (비극적) 낙관이 점차 힘을 잃으면서 파우스트는 갈수록, 난해한 삶의 고통과 절망, 인간의 자의식과 정체성 위기의 상징으로 변해갔다. 가장 '20세기적'인 파우스트는 만의 소설 『파우스트 박사』(1947)다. 괴테는 탁월한 작가일 뿐 아니라 썩 괜찮은 아마추어 배우였고 오랫동안 바이마르 궁정극장 감독을 맡았다.

마임, 응축의 응축

그리고, 파우스트 정반대편에, 피에로가 있다. 콤메디아델라르테 페드롤리노를 가장 유명하고 현대적인 피에로로 발전시킨 것은 프랑스 마임예술가 드뷔로. 그는 여느 광대와 달리 가면을 쓰지 않고 백분을 바른 얼굴 형용만으로 단순-멍청한 하인 광대를 애처로운, 상심한 연인으로 전화하였다. 피에로는 어린애이자 왕자며, 시인이고, 실패를 거듭하면서도 희망을 잃지 않지만, 여전히 광대다. 아름다운 콜롬비나를 망연자실 영영 지켜보는 창백하고 슬픈 광대 피에로는 '슬픔=웃음'을 '몸=예술'로 응축한다. 음악의, 선율로 응축하듯이. 피에로 마임은 현대예술의 단말마, 예술의 절대-난해로의 파탄을 막는 최후의, 육체적인 보루다. 드뷔로는 장장 20년 동안 피에로를 공연했고, 그의 공연을 보러 파리 시민들이 구름처럼 몰려왔고 모든 평론가들이 그의 예술을 극찬했다. 보헤미아 곡예사 집안에서 태어나 곡마단 환경 속에 자란 그는, 그도, 자신의 생애를 문명의 과정, 문명의 나이 그 자체로 예술화했으며, 그것은 오랫동안 마임이 '무용=음악'을 제 안에 응축해왔던 결과다. 드뷔로의 마임예술은 마르소의 현대 마임예술로 곧장 이어진다.

'음악=세상' 속으로

C장조는 치솟는 승리의 환희와 축제를 내포하지만, 체르니의 땀내 나는 피아노 연습곡 대부분 또한 C장조다. 베토벤은 교향곡 1번, 피아노 협주곡 1번 등에서 장대한 출발 신호로 C장조를 쓴 후 교향곡 5번의, 운명과 비극적 대면을 거친 피날레에서도 같은 장조를 사용, C장조 자체의 음악 생애를 구현하며, 같은 장조의 모차르트 교향곡 41번 〈주피터〉는 별명답게 우아하고 웅장하지만, 깊고 깊은 음악의 유언을 품고, 바그너는 자신의 유일한 희극 오페라 〈뉘른베르크의 대가수〉 서곡에 C장조를 사용, 장조의 생애를 다시 중세 속으로 연장시킨다. 슈트라

우스 교향시 〈차라투스트라는 이렇게 말했다〉의 C장조는 우울이 엄숙하고 선언적이며, 스크리아빈 교향시 〈황홀의 시〉 종결 53마디 C장조는 황홀경이 위협하는, 흔들리는 음악의 이성을 명징화한다. 일단 검은 건반을 신경쓰지 않아도 되므로, 피아니스트들이 C장조를 좋아할 것이 당연한 반면, 무조음악, 12음계 작곡자들은 조성이 너무 분명한 C장조를 음악어휘사전에서 아예 지워버리고 싶어하며, 무조음악혁명 수행 당시 쇤베르크 작품은, 현대음악의 운명이 우울과 불안, 그리고 파경이라는 듯, 순정한 C장조 화음을 좀체 사용하지 않고, 그의 제자 베르크는 오페라 〈보체크〉 중 레치타티보 '다시 돈이야, 마리' 에 C장조를 구사, 돈의 천박한 본질을 강조하는, 파경의 장조로 만들어버리지만, 그보다 훨씬 전 모차르트의 C장조 현악 4중주 K. 465에 붙은 '불협화' 라는 부제는, 독일 이성주의 혹은 낭만주의의 비극을 너무도 명징하게, 햇빛 쨍쨍하게 응축한다. C단조는 C장조와 분위기가 사뭇 달라, 비장하고 숭고하며 철학적 사색을 담지만, 동시에, 언제나 C장조를 예감케 한다. 단조는 대개, 죽음처럼 음산하고, 가련하고 또 정신분열적일수록 더욱, 장조 분위기를 심화-확대하는 준비이자 약속인데, 가장 유명한 사례로 베토벤 교향곡 5번 〈운명〉은, 작품 첫 부분 '운명이 문을 두드리는 소리' 가 C단조 제5음(딸림음)에서 제3음으로 떨어지는 바로 그 대목이 웅장하고 비장한 환희의 피날레를 약속하고, 시간으로써 창조하며, 이때 시간과 운명, 음악과 희망은 하나다. 브람스 교향곡 1번은 같은 과정을 보다 새롭고 복잡하게, 표나지 않게, 미세하게 진행, 보다 현대적인 심리의 C장조 피날레를 '구축' 해간다. C단조 혼자 슬픈 사색의 경지를 파고들기도 한다. 풀리지 않는 슬픔이 깊어지면서 스스로 반음조(半音調)의 다채로운 색깔 속으로 깃들며 그것을 위안 삼는다. 모차르트 피아노 협주곡 1악장(들)의 '명랑의 우울성' 을 자아내는 핵심 비밀이 바로 C단조고, 그후 비극성이 열정을 입으며 노골화, 베토벤 교향곡 5번 〈운명〉에 이르고, 맹위를 떨치며, 베토벤 피아노 협주곡 3번의 장중한 정서 스케일, 피아노 소나타 〈비창〉 도입부의, 열정의 깊이를 느리게 쌓아가는 비극성이 모두 C단조에서 비롯되고, 이때 C단조는 이미 음악의 '역사=생애' 를 품고 있는 '세계=사상' 틀이다. 슈베르트 교향곡 4번 〈비극적〉은 같은 C단조지만 베토벤의 비극성에 미치지 못했고, 그래서 비극적이기도 하지만, 그의 마지막 교향곡 9번 〈위대한〉은 위대한 C장조며, 슈베르트 사후 악보를 찾아낸 슈만이 이 작품에서 낭만주의의 영감을 얻으면서, 작품 길이가 '천상적'이라고 극찬했는데, 슈베르트 개인의 음악적 비극이 스스로 죽음을 머금고, 베토벤과 다른 위대함에 달했다는 뜻이다. 브루크너에 이르면 C단조는 신앙의 강박으로 되어, 그의 교향곡 1번, 2번, 8번이 모두 C단조고, C단조로 하여 지극히 겸손한 신앙심이 또한 지극히 웅장한 규모를 거느리지만, 종교가, C단조가, C단조인 종교 혹은 종교인 C단조가 음악을 능가, 8번이 '지옥의 길이'로 늘어나고, 그 신앙심의 지옥은 말러 교향곡 2번에서, 기나긴 채로, 현대적이고 병적인 '불안의 고통'을 펼치며, 길이가 나아가지 않고 심연을 이루고, '살기 위해서 죽어야 한다'는 결말은 희망과 절망의 경계를 무너뜨린다. 생상 교향곡 3번 〈오르간〉, 라흐마니노프 피아노 협주곡 2번이 매우 대중적이지만 걸작이라고는 할 수 없는 것은, C장조 피날레에 이르는 C단조의 과정이 매우 안이하기 때문이다. 슈트라우스 교향시 〈죽음과 변신〉은 죽음이 부패하는 C단조와 변신의 C장조가, 혼탁한 부패와 영롱한 변신이 보다 음악적이지만, 진정한 음악은 죽음이 영롱하고 그 자체가 변신이다. D장조는 하이든과 모차르트의 장조, 즉 고전주의 음악의 핵심 키다. 하이든과 모차르트 및 다른 고전주의 음악가들의 D장조 작품이 사실 많은 것은 아니라고 하더라도 그것은 그렇다. 내용과 형식, 절도와 힘의 합일이 명징하게, 명징한 음악으로, 음악성으로써 표현되고, 그게 '귀의 눈'에 보이는 듯한 까닭이다. 모차르트의 〈프라하〉 교향곡과 〈하프너〉 교향곡의 D장조는 그렇게 음악을 만드는 기쁨에 대한 음악이고 하이든 교향곡 104번의 D장조는 문명의 나이와 음악을 일치시키는 음악이며, 둘 다 음악의 음악이다. 프로코피예프가 하이든과 현대적으로 맞서볼 작정으로 쓴 작품 또한 D장조 '고전적' 교향곡이다. D장조의 성격은 현악기 세 자매, D장조 으뜸음과 딸림음을 맨 줄로 내므로 음계 연주와 빠른 세 화음 연주가 간편하고 자연스러운 바이올린, 비올라, 첼로에 의해 새롭게 열리고, 낭만주의적으로 발전한다. 하나씩뿐인 베토벤, 브람스, 차이콥스키의 바이올린 협주곡이 모두 D장조며, 바이올린의 흐느낌의, 흙을 닮은 섹슈얼리티가 베토벤 음악의 남성적이고 둔중한 중력을 찢고, 내처 브람스 음악의 여성적이면서 철학적인 고뇌를 한껏 고조시키다가 차이콥스키 음악에서 온전한 바이올린의 여체(女體)를 드러낸다. 브람스 음악을 끔찍이도 싫어해서 새로 지은 보스턴 심포니홀 출입구에 '화재 시 비상구' 라 쓰는 대신 '브람스 음악 연주 시 비상출구' 라 쓰자는 의견까지 글로 발표한 적이 있는 한 미국인 음악평론가가 브람스 교향곡 2번 'D장조' 를 듣고는 그 의견을 취소했다는 일화가 유명하거니와, 2번 교향곡은 네 개 교향곡 중 가장 온화하하고, 대중적이다. 고전주의와 낭만주의의 결합, 내용과 형식의 결합, 아니 고전주의(형식)의 낭만주의 지향과 낭만주의(내용)의 고전주의 지향의 정교하고 아슬아슬한, 난해한 결합을, 난해의 명징성으로 유리창처럼 드러내는 브람스 D장조의 위력을 그가 뒤늦게나마 느꼈든가, 아니면 난해의 명징성과 듣기 쉬운 음악을 혼동하는 천박한 대중추수자에 불과했든가, 둘 중 하나다. 가장 위대한 D단조 음악은 베토벤 교향곡 9번 〈합창〉이다. D단조는 억압된 열정의 모태며, 교향곡 9번 1악장은 모든 것이, 숱한 음(音)들이 제 속으로 들끓을 뿐 아무것도 분명하지 않은 상태로 시작되고, 지상의 소리와 음악이 끊긴 바로 그 상태를 토대로 새로운 음악이 탄생하는 과정, 애매함이 스스로를 심화시키고, 도저히 참지 못하는 과정의 결과가 과정의 애매함을 찢어발기는 모습으로 새로운 음악이 탄생하고, 이어진다, 지루하게, 지루함의 의미가 아름다움으로 전화할 때까지, 지루함과 재미의 경계가 무의미하고 무의미가 아름다울 때까지, 도레미파솔라시도 음계가, 음계의 모습이 시간 순서로 드러나며 걸작보다 위대하게 들릴 때까지, 그리고 그 음계가 하나님의 손바닥, 아니 박수갈채를 닮은 대합창에 이를 때까지. 모든 음악이 이 경지를 탐했으나 달하지 못했다. 슈만이 자신의 마지막 교향곡 4번을 D단조로 잡았지만, 인생과 음악의 체념 상태로 마무리했으며, 브루크너 교향곡 3번, 말러 교향곡 3번이 D단조지만 죽음을 닮은 새로움의 파란만장은 고사하고 정서의 현대성조차 베토벤 〈합창〉에 이르지 못하고, 프랑크 교향곡, 멘델스존 피아노 3중주 1번이 D단조를 원래대로, 열정 통제의 틀로 원상복구했을 뿐이다. 하지만, 베토벤 〈합창〉 교향곡 이후 절제라면, 위대하고 폭발적인 절제다. D♭장조는 광활한 표현공간 그 자체고, 피아노에 그리 걸맞을 수가 없다. 음계 안에 검은 건반 다섯 개가 모두 들어가고 남은 흰 건반 두 개의 위치도 다양한 표현 욕구를 자극하는 듯, 전략적이다. 리스트의 D♭장조 연습곡은 피아노의 표현 능력을 탕진시킨다. 왼손이 오른손과 겹쳐지고 피아노 선율이, 채 음악이 되기도 전에, 아름다움의 육체로 흘러가고, 빈 자리 또한 아찔하게 아름답다. 정반대편에서 드뷔시 피아노 소품 〈달빛〉이, 맑고 고요한 거울 속을 스스로 이루고, 자연스러운 인공성(人工性)을 반짝여댄다. 차이콥스키 피아노 협주곡 1번 1악장은 명목상 b♯단조지만 분위기 혹은 뒷받침이 명백하게 D♭장조적이고, 그렇게 피아노의 표현공간을 순식간에 교향곡 수준으로 확장시키며, 라흐마니노프 〈파가니니 주제에 의한 광시곡〉 중 18번째 변주는 주요 A단조 주제가 D♭장조로 전환되는 바로 그 장면이 절정이라 우리 가슴이 광활한 감동에 젖으며, 강물이 흐르듯 우리의 생애도 흐르는 그 벅찬 감동은, 더 광활하기를 바랄 수가 없을 정도다. D♭장조는 정작 최대 장르인 교향곡에는 쓰이지 않았고, 단 하나, 미야스코프스키 작품이 있는데, 그가 쓴 25번째 교향곡이고, 실패작이다. E장조는 고전주의에 걸맞지 않은 악기 사정으로 부진하다가, 낭만주의 시대 영적인 변신을 상징하는 키로 떠올랐다. E장조 교향곡 중 가장 길고 구상이 원대한 브루크너 7번은 바그너의 광포한 음악 정신에 매료당한 종교세계 자체에 다름아니다. 바그너 자신이 E장조를 좋아했으며, 오페라 〈탄호이저〉 서곡이 E장조다. 브루크너는 혼탁한 바그너 '쪽으로' 영적 변신하든 바그너 '로부터' 영적 변신하든, 흔들림이 경건하며, 7번 2악장 C♯단조 아다지오는 바그너의 죽음을 예견한다. E단조는, 이를테면 고요한 명상의 음악틀인데, 혼미(混迷) 속으로 사라질 가능성이 있으므로 대개 E장조의 엄격한 뼈대를 세우는 방식으로 종결되며, 가장 낭만주의적이면서도 아름다움의 극치를 위해 너무도 약소(弱小)한, 보물의 미학을 성취하는 멘델스존 바이올린 협주곡이 그렇고, 차이코프스키 교향곡 5번과 말러의 가장 고요한 교향곡 7번이 그렇다. 하이든, 모차르트, 심지어 베토벤까지도 E단조를 소홀히했지만, 브람스 교향곡 4번에 이르면 E단조가 베토벤 〈합창〉 교향곡을 능가하는 장면을 담아내는데, 베토벤 9번의 D단조에서 E단조로 과감하게 한 음 높여 시작한 결과가 물론 아니고, 자신의 음악과 더불어 내면 음악의 벽을 키우고 그 벽 앞에 늘 열등감을 느끼며 겸손의 깊이를 갈수록 심화한 브람스 특유의 예술가 기질이 음악(악기)문화의 역사적 발전과 절묘하게 만난 결과다. 스메타나 교향시 〈나의 조국〉 중 '몰다우' E단조는, 강물이자 귀가 먼 자의 기억이므로 혼미로 흩어지지 않는다. 드보르작 교향곡 9번 〈신세계〉가 그리움의 E단조로 흐르고 림스키-코르사코프 교향적 모음곡 〈셰에라자드〉는 이야기의 E단조로 흐르지만, 혼미로 흩어지지 않는다. 아니, 이야기는 정말 미로(迷路)인데도, E단조는 흩어지지 않고 오히려 솔로 바이올린이 등장하여 연주하는 A단조 선율조차 제 것으로 만들어버린다. 모차르트와 베토벤의 음악적 강성기(强盛期, 이것이 육체적 젊음과 딱 맞아떨어지는 것은 아니다) 모험정신을 주도하는 것은 E♭장조다. 정통 금관악기 대부분이 E♭장조 혹은 B♭장조로 조율되며, 두 장조가 축제 분위기의 야상곡, 군대행진곡, 그리고 장엄한 교회 합창곡에 걸맞게 된다. E♭장조는 영웅적이고 애국적이며 종교적인 주제에 걸맞다. 음악의 감성이 수천 년 음악 문명의, '기억의 나이'를 머금은 감성이므로, 음악의 모험이 미래를 머금는, 죽음 속으로의 모험이므로, 내용과 형식이 모두 혁명적이면서도 장례행진곡을 제안에 머금은 베토벤 교향곡 3번 〈영웅〉은 E♭장조가 아닐 수 없다. 음악이 최초로 자신의 존재 의미를 음악으로서, 음악으로써 설명하는 내적인 혁명과, 세계 혁명에 기여하고자 스스로 용틀임하는 외적인 혁명의 합, 그것의 완벽한 형상화로서 '음악=혁명'이 바로 E♭장조 〈영웅〉 교향곡이며, 같은 시기 씌어진 우람하고 화려한 피아노 협주곡 5번 〈황제〉 또한 E♭장조다. 이 장조는 종종 풍경 묘사에도 쓰이는데, 라인 지방의 거리 풍경, 특히 마차 소리 왁자한 교통 상황을 묘사하는 슈만 교향곡 3번 〈라인〉이 그렇고 베토벤 피아노 소나타 26번 〈작별〉은 아예 마부의 출발신호(호른 5도 음정)로 시작된다. 브루크너 교향곡 5번 〈낭만적〉은 B♭장조, 말러 교향곡 8번 〈천 명의 교향곡〉은 E♭장조다. 흑, 백, 백, 흑, 흑, 백, 백, 흑으로, 좌우 대칭으로 흑백 건반이 배치되는 까닭에 E♭장조는 수천 개의 피아노 작품을 남겼고 대부분 평이하지만, 리스트 피아노 협주곡 1번은 3화음을 곧장 드러내지 않고 박자를 슬쩍 당겼다가 놓으며 으뜸음에서 딸림음으로 하강, 화려하고 아름다운 공간의 현기증을 유발시키는 걸작이며, 슈트라우스는 자전적인 교향시 〈영웅의 생애〉에서 E♭장조의 바이올린 솔로 선율을 구사하는 허영심을 드러내는데, 바로 그렇게, E♭장조는 한마디로 위대한 독일음악의 자존심일지 모른다. 저명한 지휘자로서 아내 코지마를 바그너에게 빼앗기고 한때 찬(贊)브람스/반(反)바그너 음악 전쟁의 선봉에 섰던 음악평론가 폰 뷜로우는 어떤 조(調)를 가장 선호하느냐는 질문에 "E♭장조다. 베토벤 교향곡 3번 〈영웅〉의 조니까. 그리고 바흐, 베토벤, 브람스가 3B 아닌가"라고 답했는데, 정통의, 대표적인 독일 작곡가 세 명의 첫 이니셜 'B'와 E♭장조의 'b'를 동일시할 정도로 E♭장조는 독일적이고, 그러므로 음악적이고, 그러므로 독일음악적이다. E♭단조는 검은 건반이 여섯 개나 사용되므로 피아노 연주 기교를 과시하는 조쯤으로 치부되지만, 음악의 숫자는 기적을 일으키고, 통상의 화음을 무시하는 기교주의에서 통상의 조를 무시하는 현대음악으로의 길을 바로 이 조가 열게 된다. 어쨌거나 교향곡에는 적합지 않은데, 미야스코프스키가 또 드문 예를 제공했다. 그는 모두 27개의 교향곡을 썼는데, 설마, 모든 장-단조마다 하나씩 교향곡을 써서, 바흐 『평균율곡집』을 뛰어넘으려 했을까? 그랬다면 딱한 사람이다. 원대한 꿈에 비해 재능이 못 미쳤다는 얘기가 아니다. 그가 그랬다면, 그는 음악예술의 역설을 까먹은 것이다. F장조는 자연스럽고, 서정적이며, 농촌 및 자연 묘사적이다. '자연스러움'과 자연 '묘사'가 혼동되면, 늘 그렇듯, 예기치 않은 곳에서 감상주의로 빠질 수 있는데, 베토벤 교향곡 6번 〈전원〉은 자연 묘사를 통해 철학의 서정을 드높이는 방식으로 그 위험을 정면 돌파한다. 루빈슈타인 〈멜로디 F장조〉는 자연 묘사적이 아니고, 묘사적도 아니고, 도회적이며 매우 우아한데도 다소 감상적이지만, 브람스 교향곡 3번은 낙관주의로, 바흐 〈2성 인벤션〉은 근면한 음악의 즐거움 그 자체로 감상을 극복한다. F단조는 서정적인 회상에 우울이 스며드는 형국으로, 역시 낭만적이고 피아노적이며, 쇼팽 피아노 협주곡 2번과 슈베르트 피아노 독주곡 〈악흥의 순간〉 3번, 5번이 그렇다. F♯장조는 오케스트라곡이든 합창곡이든 피아노곡이든 대작에 사용되는 경우가 드물고, 다만, 검은 건반 다섯 개가 모두 사용되므로 연주 초보자들의 흥미와 재미를 유발한다. 쇼팽의 '검은 건반' 연습곡이 F♯장조며, F♯단조는 섬세하고 시적인 감성을 담보, 하이든 교향곡 〈이별〉

의 그 유명한 이별 장면을 낳았다. 음악을 연주하는 사람들이 하나씩 둘씩 무대를 떠나고 제1바이올린 주자 한 명이 남아 이별의 슬픔을 음악의 부재로써 강조하는 과정, 고전주의미학 자체를 슬픔으로 만드는 과정이 F#단조 품속에서 전개된다. G장조는 매우 보편적이고, 고전주의와 낭만주의, 과거와 현재, 작곡가와 청중 모두에게 낯익고 친근하며, 그런데도 지루하지 않다. 하이든 교향곡 92번 〈옥스퍼드〉와 94번 〈놀람〉, 모차르트 〈소야곡〉, 베토벤 피아노 협주곡 4번, 드보르작 교향곡 8번, 말러 교향곡 4번, 현대음악가 파데레프스키의 미뉴에트 G장조 등등, G장조 교향곡 숫자는 숱하고 숱하다. G단조는 진지한 명상의 장이며, 모든 현악기의 현 두 줄이 G단조 으뜸음과 딸림음에 맞추어 조율되고, 목관과 금관악기는 자연스러운 조바꿈이 가능하다. 가장 위대한 G단조 교향곡은 모차르트 교향곡 40번, 하이든 교향곡 83번 〈암탉〉이며, 가장 '대중적인' 고전음악 중 하나인 브루흐 바이올린 협주곡 1번도 G단조다. G#단조는 너무도 친근해서 피아노소품에 안성맞춤이다. 미야스코프스키조차 G#단조 교향곡은 쓸 엄두를 내지 않았고, 가장 유명한 작품은 리스트 피아노 독주곡 〈캄파넬라〉다.

A장조는 봄과 태양, 그리고 청명한 지중해 바다 혹은 이탈리아를 연상시키므로 멘델스존 〈무언가〉 중 '봄노래', 교향곡 4번 〈이탈리아〉, 차이콥스키 〈이탈리아 광상곡〉, 베토벤의 '가장 즐거운' 7번 교향곡을 낳았고, 체념의 A단조는 '염세적인' 말러의, '죽음의 운명과 씨름하는' 교향곡 6번과 시벨리우스의, 전혀 시벨리우스답지 않은, 심약한 4번 교향곡을 낳았고, 그리그와 슈만이 가장 행복했을 때 작곡한, 각각의 유일한 피아노 협주곡 또한 A단조로, 슬픔을 아름다운, 아름다움의 힘으로 전화하는 음악이므로, 행복이 슬프다는 역설 또한 안다는 것을 증거한다. 하지만, 가장 전형적인 A단조 작곡가는 차이콥스키고 가장 전형적인 A단조 작품은 '어느 위대한 예술가를 그리며' 라는 부제를 붙인 그의 피아노 3중주다. 첼로가 시작하는 A단조 선율이 가장 빠른 속도로 인간의, 여성의 흐느낌을 닮아가고, 흐느낌은 동시에 동성애의 고통을 '성(性) 자체의 극복' 으로써 극복하려는 필사적인 몸짓으로 되지만, 그 몸부림이 다시 흥건히 뿜어내는 체취, 남성

과 여성이 혼재하고 혼동되는 색(色)과 향(香)과 땀내의, 혹시 추악할수록 아름다운, 마각(魔脚)이 보인다. A^{b}장조는 기쁨에 들뜬 경축과 헌신의 장이며, 현악기보다는 건반악기에 걸맞고, 브람스 교향곡 1번 3악장, 슈만 피아노곡 〈사육제〉의 축제 분위기, 리스트 〈사랑의 꿈〉이 모두 A^{b}장조다. B장조 또한 피아노적이고, 좀체 어울리지 않지만 스트라빈스키 발레음악 〈불새〉가 그점을 교묘히 활용, 모종의 통념을 진보주의적으로 무너뜨린다. 17세기 프랑스 작곡가 샤르팡티에는 B단조를 가리켜 '고독하고 우울하다' 했으며, 우울하다가 급기야 우울이 홍수 지경에 이르는 차이콥스키 교향곡 6번 〈비창〉, 그리고 멘델스존 〈핑갈의 동굴〉, 림스키코르사코프 〈셰에라자드〉 2악장 바순의 솔로 선율, 슈베르트 교향곡 8번 미완성 1악장이 B단조다. B^{b}장조는 보편적일 뿐 아니라 일상적이고 편재적이다. 전기 모터, 선풍기, 세탁기 등등이 내는 온갖 소음이 B^{b}장조에 상응하고 오케스트라의 조 옮김 악기, 특히 트럼펫과 클라리넷류 거의 전부가 B^{b}장조로 조율되어, 피아노가 C장조를 연주하는 속도로 팡파레를 울린다. 구노 오페라 〈파우스트〉 중 '병사들의 합창', 베르디 오페라 〈아이다〉 중 라다메스의 개선 장면, 비제 오페라 〈카르멘〉에서 돈 호세를 병영으로 소환하는 나팔소리와 아이들의 행진 장면이 모두 B^{b}장조며, 무엇보다 국가의 표준 조율이 바로 B^{b}장조로, 〈성조기여 영원하라〉가 그렇고, 〈라마르세예즈〉가 그렇다. 너무 대낮처럼 맑고 밝았으므로 말러는 자신의 교향곡에 B^{b}장조를 한 번도 주요하게 쓰지 않았다. B^{b}단조는 쇼팽이 좋아했던 음악틀이다.

나폴레옹전쟁, 혁명의 제국주의화

총재정부 수립으로 '프랑스의 혁명'은 사실상 종결되고, 국제적으로 고립된 프랑스 내외 정세는 매우 불안했지만, 이제 '프랑스혁명'이 공세로 전환, 유럽으로 퍼져나가기 시작한다. 나폴레옹전쟁은 그 담지자였고, 나폴레옹의 탁월한 전술 전략과 각국의 혁명 열망이 만나 '프랑스혁명'이 유럽 전역을 물들이고, '종교=세월=죽음' 의 모습을 드러내던 전쟁이 모처럼 '희망' 의 얼굴을 하지만, 전쟁은 끝내 제국주의전쟁으로 변질된다.

16세기 제노바령이던 코르시카에 이주한 보나파르트 가문 출신으로 18세기 코르시카 독립운동에 참가하고 제노바가 코르시카를 프랑스에 양도하자 다시 저항운동을 벌이다가 결국 프랑스에 귀순한 아버지 샤를의 차남으로 1769년 태어난 나폴레옹은 프랑스 국왕 장학금으로 본토 브리엔군사학교를 다녔고 1784년 파리사관학교로 전학했으며 혁명 당시 코르시카 국민병으로 활약하고는 1793년 마르세유로 이주, '혁명프랑스' 에 운명을 맡긴다. 영국과 스페인함대가 봉쇄한 툴롱항을 포격, 해방시키고 왕당파 반란을 진압하는 등 승승장구하던 그는 1796년 27세 때 조세핀과 결혼하고 총재정부 이탈리아원정군 사령관에 임명된다. 원래 이탈리아 지역 오스트리아군을 견제하기 위해 편성한 이 원정군은 장비와 규율이 엉망이었으나 나폴레옹은 군 기동력을 높이고 병력을 집결시켜 중앙 돌파하는 특유의 전술로 약 1년 동안 여러 곳에서 승리를 거두고 프랑스정부에 5천만 프랑과 미술품을 보냈고, 라인강 왼쪽 연안 및 이탈리아 여러 지역 지배권을 확보했으며, 병참을 극도로 절감하고 현지 자급을 원칙으로 한 나폴레옹 전술은 문명권 농업지역 전투에서 크게 위력을 발하게 된다(스페인 독립전쟁의 산악전투, 모스크바 원정 도중 러시아 평원전투에서는 통하지 않았다). 이집트 원정은 총재정부가 영국에 맞서 인도항로를 차단하기 위해 마련된 것으로, 나폴레옹은 원정군을 이끌고 1798년 툴롱을 출발, 알렉산드리아에 상륙하여 '피라미드전투' 에서 승리를 거두지만 프랑스함대가 아부키르만에서 영국함대에 전멸하고 유럽에서 2차 반프랑스대동맹이 결성되자, 군대를 남겨두고 1799년 프랑스로 귀국, 부르주아세력과 보수세력 양쪽의 공격으로 휘청거리던 총재정부의 총재와 결탁하여, 11월 의회에서 쿠데타를 일으키고, 입법기관을 4원제로 약화하고 제1집정 행정권을 거의 전제 수준으로 강화한 통령정부를 수립한 후 스스로 제1집정에 올랐고 혁명의 사회적 성과인 부르주아 사회의 안정을 위해 프랑스은행 설립, 행정, 사법 제도 개혁, 경찰력 강화 등 강력한 조치를 취했다. 1800년 국내 상황이 안정되자 프랑스 민법전(나폴레옹법전)을 편찬(1804년 완성)케 하는 동시에 오스트리아에 맞선 이탈리아전쟁을 일으켜 승리를 따내고 로마교황과 종교협약을 맺은 나폴레옹은 1802년 영국과 아미앵조약을 맺은 후 종신집정에 오르며, 국내 왕당파를 탄압하고 자신의 지배가 스위스 및 독일 제후에까지 이르자 1804년 5월 국민투표에 의해 황제로 추대된 후 이탈리아 왕을 겸하고 12월 2일 노트르담에서 대관식을 거행한다. 영국이 오스트리아 및 러시아 등과 제3차 반불동맹을 결성하자 또다시 원정에 나선 나폴레옹은 1805년 트라팔가해전에서 넬슨 제독이 이끄는 영국해군에 패하여 영국 본토 상륙에 실패하지만, 오스트리아-러시아연합군을 격파하여 3차 반불동맹을 무너뜨리고 이탈리아와 네덜란드에 왕국을 건설했으며 스위스와 나폴리를 속령으로 만들고 1806년 남독일 및 라인강 오른쪽 여러 지역을 포함한 라인동맹을 조직, 이에 맞서는 유럽 각국 군대를 쳐부수며 베를린에 입성하고, 러시안군을 추격하여 폴란드로 침입, 바르샤바대공국을 세운 후 1807년 러시아와 탈지트조약을 맺기에 이른다. 하지만 이제 몰락이 온다. 영국 산업제품 및 식민지 산물을 수입하는 대륙시장을 폐쇄, 경제유통을 영국 기점의 북→남 흐름에서 프랑스 기점의 서→동 흐름으로 바꾸기 위해 내린 대륙봉쇄령을 포르투갈이 어기자 나폴레옹이 벌인 포르투갈 원정은 스페인 독립전쟁을 유발했고 나폴레옹은 고전을 면치 못했다. 1810년 말부터 러시아가 반프랑스 정책을 취하고 나폴레옹은 국내 경제불황 때문에 출정을 미루다 1812년 6월 동맹국군을 합친 50만 병력으로 러시아 원정을 떠나 9월 모스크바에 도착했으나 러시아의 초토작전에 휘말렸고 10월 퇴각을 시작했으나 엄청난 추위에 병사 대부분을 잃었다. 러시아 원정 참패는 그에게 치명타였다. 민족해방을 위한 제6차 반프랑스대동맹이 결성되고 라이프치히전투에서 크게 이긴 동맹군이 1814년 파리를 함락하며 4월 나폴레옹을 엘바섬으로 유배 보낸다. 왕정이 복고되고 왕에 오른 루이 16세 동생 루이 18세가 반동적인 정치로 부르주아와 농민의 신망을 잃자 나폴레옹은 1815년 3월 엘바섬을 탈출, 다시 황제에 오르지만 빈회의에 참가중이던 여러 나라들이 즉각 군대를 출동시켜 워털루전투에서 나폴레옹군을 격파하니 그의 두번째 제정은 백일천하로 끝나고 그는 헬레나섬에 유배되어 죽었다. 나폴레옹의 프랑스 군대는 근대적 국민군대였다. 프랑스혁명은 국민을 봉건제에서 해방시키고, 국민의 90퍼센트 이상을 차지했던 농민을 주축 삼은 개병제로 대군을 출현시켰다. 오스트리아, 러시아, 프로이센 등은 부자유농민을 강제 조직하고 용병을 도입한 봉건적인 군대였다.

빈체제와 자본주의, 반동과 발전의 역사

1810년 오스트리아 황녀 마리아 루이지와 나폴레옹의 결혼을 추진하여 국난의 위기를 넘긴 오스트리아 재상 메테르니히는 나폴레옹이 몰락하자 교묘히 반프랑스전쟁 주도권을 장악, 빈회의(1814~1815)를 통해 복고-정통의 반동체제를 국내 국제적으로 확립한다. 경직된 신분제 때문에 국민이 국정에서 완전히 분리된 상태로 프랑스혁명을 맞은 프로이센은 18세기 말부터 반프랑스동맹에 참가하고, 3회에 걸친 폴란드 분할에도 끼어들다가 나폴레옹 1세에게 패한 1807년 영토의 반을 잃고 많은 배상금을 치르고 대영무역 금지와 프랑스군 주둔을 받아들이는 등 사실상 나폴레옹 지배를 받으며 국가 위기를 맞지만 슈타인과 하르덴베르크 등이 국가 사회 근대화를 위한 일대 개역을 단행하면서 반나폴레옹전쟁에 중심적인 역할을 담당, 빈회의에서 베스트팔렌과 라인란트 등 새 영토를 얻고 대국의 지위를 되찾았다. 하지만, 나폴레옹 1세 지배로 여러 봉건 관계를 벗은 서부독일에서 자본주의가 두드러지게 발전하고 특히 라인지방에서 부르주아가 대두하며, 봉건영주제도(구츠헤르샤프트)가 엄연한 동부독일에서도 융커(지주귀족)들이 농민해방을 시행하면서 위로부터의 자본주의화를 강요하고, 반나폴레옹전쟁을 주도한 것도 프로이센 융커들이었던 터에, 이제 반동화한 빈체제가 개혁을 정체시키고 관료절대주의가 자유주의 독일 통일운동을 억압하므로, 자유와 통일을 요구하는 국민운동 및 혁명의 기운이 고조되다가, 1848년 프랑스 2월혁명의 영향으로 3월혁명이 일어나고, 메테르니히는 망명길에 올랐다. 3월혁명은 한때 라인란트 시민을 중심으로 하는 내각까지 성립시켰으나 혁명 전면에 하층시민(프롤레타리아)이 부상한 것에 겁을 먹고 혁명에서 이탈한 산업시민층

(부르주아)이 프로이센-오스트리아 양국 정부 군대를 불러들임으로써 10월 말 반혁명이 성공했으나, 그럼에도 불구하고, 흠정헌법이 탄생하고 농민해방이 정착되며 1848년 프로이센이 주도한, 오스트리아를 제외한 독일 전 지역을 묶는 관세동맹 덕분에 특히 프로이센을 중심으로 산업혁명이 일어나 철과 석탄을 기반으로 자본주의적 번영을 이루게 된다. 프로이센과 대립한 오스트리아도 프로이센과 마찬가지로 산업혁명이 전개되지만 영토가 중유럽과 동유럽에 걸친 전형적인 다민족국가로서 혁명 이후 여러 민족의 독립운동을 맞았다.

영국, 산업혁명과 낭만주의-워즈워스와 콜리지, 키츠와 셸리 그리고 바이런

영국 왕 조지 3세 치세(1760~1820)는 토리당이 우세했고, 왕이 의원을 매수하며 내각과 국정을 농락했으며 1770년대 북아메리카 식민지 반란을 맞아 미국 독립전쟁에서 패했지만 미국 승인 직후부터 20년 동안 국정을 지도한 피트가 토리당을 근대정당으로 탈바꿈시키고 반프랑스대동맹을 주도, 나폴레옹의 위협에 대처하고, 넬슨과 웰링턴 등의 활약으로 결국 나폴레옹을 몰락시킨, 내실의 시대였다.

더 중요한 것은 산업혁명의 진전이다. 신흥 면공업에서 시작된 기술혁신이 석탄-철 등 여러 공업 분야에 영향을 끼치고 증기기관 발명 및 철도 보급으로 영국 공업생산력이 크게 향상된다. 농업 또한 중세 이래 존속하던 개방경지가 제2차 인클로저로 사라지고, 지주의 영리주의 농업 경영이 진행된다. 애덤 스미스와 데이비드 리카도의 자유주의 경제이론이 유력해지고, 1840년대면 곡물법과 항해법도 폐지되기에 이른다. 이 모든 자본주의적 진전의 실현이 낳은 여러 사회문제들이 각종 사회개혁을 부르게 된다. 영리주의 경영은 노동자를 혹사하고 이에 맞서 오언 등이 인도주의운동을 벌이고 노동조합이 처우 개선을 요구함에 따라 공장법 및 10시간 노동법이 제정되었다. 공업화로 성장한 산업자본가 등 중산층이 정치적 발언권을 요구한 결과 1832년 선거법이 개정되며, 여기서 제외된 노동자들이 차티스트운동을 벌이고, 몇 번의 선거법 개정 끝에 선거권을 획득했다.

자유주의 개혁이 차례차례, 적극적으로 추진되는 가운데 즉위, 오랜 기간 왕위를 지킨 빅토리아여왕(1837~1901)은 19세기 후반 20년 동안 영국의 최전성기를 맞는다. 토리당과 휘그당의 후신인 자유당과 보수당이 주도권을 다투고 자유당이 우세한 가운데 정당정치가 더욱 발전하며 1861년 런던에서 세계 최초 '만국박람회'가 열려 '세계의 공장' 영국을 과시하고 엄청난 경제력을 배경으로 1840~1842년 아편전쟁과 1856~1860년 애로호 사건을 통해 중국에 진출했으며, '세포이항쟁'을 진압하면서 인도를 완전 식민지화, 전 세계에 걸치는 대식민지 제국을 건설, 영국은 '해가 지지 않는 제국'이라는 별명을 갖기에 이른다. 하지만 이 별명은 영국의 국력이 거의 전 세계를 지배한 결과일 뿐 아니라, 지구가 둥글다는 사실 확인의 결과기도 했고, 둥근 지구의 여러 나라, 즉 미국-독일 등도 본격적인 공업화를 추진하면서, 독점 형성이 뒤늦었던 영국을 위협, 제국주의 시대를 불렀다. 1870년대 이르러 독주가 불가능해지면서 만성 불황에 빠져든 영국은 식민지의 중요성을 새삼 인식, 인도를 빅토리아여왕 황제 아래 인도제국으로 재편하고, 수에즈운하주식회사 주식을 매수한 것을 계기로 이집트를 보호 아래 두면서 남쪽 수단에서 케이프타운에 이르는 지역을 경략하고 1898~1902년 보어전쟁을 일으켜 남아프리카연방을 구축하였다. 백인 식민지는 1867년 캐나다를 시작으로 제국 내 자치령 정책을 차례차례 실시하고, 1887년 이래 '식민지회의'(훗날 '제국회의')를 개최, 자치령과 영국의 결속을 꾀하였는데, 오래전부터 지배층을 이루던 지주와 신흥 실력자로 떠오른 산업자본가의 해외 투자를 위한 식민지체제 강화는 영국의 최대 목표였다.

18세기 말과 19세 초 유럽을 풍미하며 다른 나라 지식인-예술가들의 찬탄과 콤플렉스를 자아냈던 영국 낭만주의 시문학은 자본주의-시민혁명이 반동화하기 직전 마련된 전원풍 안식처다. 시민혁명을 프랑스보다 일찍, 프랑스와 달리 무혈로 치른 영국의 자본주의와 '시=낭만주의' 사이 대립은 다른 곳보다 일렀으며, 낭만주의 시문학이 일찌감치 보수화하지만, 격렬한 반동화, 이를테면 파시즘에 쉽사리 빠지지도 않는다. 하지만 이점은 필경 영국시의 위상을 낮추게 된다. 훗날 영국 현대시는 예이츠와 파운드, T. S. 엘리엇에서 셰이머스 히니에 이르는 대가들을 거느리겠지만, 자본주의 및 그후에 대한 문학-예술적인 모색은 프랑스, 독일, 미국에 비해 치열함이 훨씬 덜하다.

'위대한' 영국 낭만주의 시문학의 폭발적인 조짐을 보인 것은 괴테의 8년 연하 블레이크로, 단테 『신곡』과 구약 욥기 등에 삽화를 그려 생계를 꾸리면서 자신의 시집을 직접 제작했는데 우선 동판 삽화가, 대부분 악마에 시달리며 내적 신성(神性)을 추구하는 등장인물을 화려한 색깔과 괴이한 소재로 처리한 것이, 요한 묵시록의 회화적 형상화라고 할 만하다. 신의 얼굴이 창문틀로 그를 엿보고, 천사들이 그 곁에 앉아 있다. 정원에, 나무들의 그림자처럼, 잎새와 꽃 사이 휴식을 취하면서. 악마의 형용은 더욱 괴기스러우면서 더욱 신성으로 넘친다. 블레이크는 이성의 시대 인습과 전통의 굴레를 벗으려 직관을 실천했고('분노의 호랑이가 교훈의 말보다 더 현명하다'), 외적인 조화보다 내적 연관을 더 중요시했다. 동시대는 그를 광인으로 대했다. 블레이크는 '안식처' 이전의 불안한 아이였으며, 혁명적 유토피아주의자로서 프랑스혁명을 계시로 받아들였고, 유토피아 사상-실천가 고드윈 및 미국독립운동의 아버지 페인과 친교를 맺었지만 정신적으로 신비주의자였고, 매우 현대적인 상징주의-초현실주의 미학 덕분에 현대로 접어들며 영국의 다른 낭만주의 시인들보다 더 높은 평가를 받게 된다. 시집 『순진의 노래들』(1789)과 『경험의 노래들』(1794)은 형식적으로 대립하지만 내용적으로 연속되고 통일성을 이룬다. 특히 첫 시집의 『양』 및 『흑인 꼬마 소년』과 뒤 시집의 『호랑이』 및 『굴뚝 청소하는 소년』은 아이들의 꾸밈없는 말투와 어른의 지혜를 벼락같은 시적 직관으로 결합한다. 『시적 스케치들』(1783)이 그 전에, 『천국과 지옥의 결혼』(1790)이 그 사이에 있다. 번스는 스코틀랜드 시골의 가난한 농부로 잠시 수세리(收稅吏)를 겸한 것이 경력의 전부며, 루소의 '영국=시인' 화라고 할 만하다. 친구들과 대화를 즐기면서 두서없이 책을 읽던 번스는 수백 편에 달하는 스코틀랜드 구전 발라드와 노래들을 고쳐 쓰고, 선율만 남은 것은 직접 가사를 붙여가면서 독창적인 서정시 영역을 개척했고, 그렇게 모아 펴낸 『시들, 주로 스코틀랜드 방언으로 씌어진』(1786)은 출판되자마자 센세이션을 일으켰다. 나 자신과 시골 이웃의 내면 감정과 버릇을 다루었을 뿐이다, 라고 그는 말했지만 그의 시가 묘사하는, 행동으로 포착된 인간상은 뭔가 눈감아주듯 유쾌하고, 부드럽고 혹은 풍자적이며, 감정은 놀랄 만치 솔직하고 다양한 동시에 언제나 강렬하고 생생하고 정직하고 노래에 가깝다. 그의 시어는 가장 세련된 시작 기법조차 달성하기 힘든 노래의 기억을 간직하고 있으며, 이것이야말로 '루소의 기적' 이다. 시의 주제가 일반적인 평등, 우애, 애국심, 자연 예찬 등에서 구체적인 노년의 권위, 환상과 유머, 기괴한 누추, 위선에 대한 풍자 등에 이르기까지 무척 다양하지만 가장 번스다운 작품은, 그가 정말 '까무러칠' 정도로 좋아했던 '숱한' 처녀들에게 바쳐진 일련의, 농촌적으로 활달하면서도 부드럽기 짝이 없는 사랑 노래들이다.

그러나 영국 낭만주의 시문학을 본격적이고 만족스러운 궤도에 올린 것은 프랑스혁명 구 년 후 출판된 워즈워스와 콜리지 2인 공동시집 『서정적 발라드집』(1798)이고, 환상과 서정이 공존하는 완벽한 전원 안식처가 이 시집에서 마련된다. 워즈워스는 1791~1792년 프랑스에서 살면서 서자를 세 명 낳았으니 그의 젊은 날은 루소를 닮았고, 귀국한 지 얼마 안 되어 영국이 프랑스에 선전포고하자 매우 상심했을 정도로 프랑스혁명을 지지했으며 그런 태도를 내내 유지하다가 프랑스혁명이 공포정치로 접어들고 나폴레옹 제국주의로 낙착되자 그의 시적 서정이 다분히 보수화하던 와중 누이동생 도로시의 정신적 애인 콜리지의 병적이고 섬약한 상상의 환각력에 매료된 결과 태어난 것이 『서정적 발라드집』이다. 시에 대한 두 사람의 태도는 보수적으로 달랐고, 둘의 보수적 대립이, 볼테르/루소의 대립보다 더 문학적으로 영국 낭만주의 시문학을 역동해낸다. 시는 강력한 감정이 자발적으로 흘러넘친 결과며, 그 감정은 평정 속에 재수집된 정서다. 시어는 인위적이거나 가공적이 아니고 생생한 마음의 격동을 반영하는 진짜 언어에서 골라야 한다. 워즈워스는 『서정적 발라드집』 2판(1800) 서문에 그렇게 썼는데, 이때 그는 루소의 시적으로 해설하면서도 미학적 절제 규범(평정, 재수집, 고름)을 매우 자연스럽게 구사, 루소보다 더 강력한 영향력을 현대문학 감성에 끼치며, 워즈워스와 콜리지가 전개한 매우 민감한 시미학 논쟁은, 전통/현대, 보수/진보의 단순 이분법을 극복하므로, 근대 및 현대시학의 얼개를 구성한다 해도 과언은 아니다. 이를테면 워즈워스는 시의 운율이 이미 시 안에 자연발생-내재하므로 불필요하다고 본 반면 콜리지는 필요하다고 보는데 이것은 언뜻 워즈워스의 진보성과 콜리지의 보수성을 뜻하지만, 콜리지의 매우 현대적인 운율론으로 논쟁은 무한 심화한다. '운율은 시의 유기적 본질이지, 단순한 감각의 반영이거나 인위적 양식이 아니다' 라고 주장하면서 콜리지는 운율이 야기하는 기대 혹은 실망의 심리 효과를 다음과 같이 정교하게 설명한다.

> 즉자적으로 다시 대자적으로 작용하는 한 운율은 감정 일반과 관심도 양쪽의 생동감과 감수성을 증진시키는 쪽으로 나아간다. 놀람의 흥분을 지속시키는, 빠른 상호작용을 통해 호기심을 만족시키고 다시 긴장시키는 식으로. 이 효과는 아주 미세하기 때문에 그 당장 뚜렷하게 인식되지 않지만, 쌓여가면서 상당한 영향을 끼칠 수 있다. 활기찬 대화 중 포도주처럼, 그것은 눈여겨보지 않아도 매우 강하게 작용한다. 그러므로, 고조된 관심과 감정에 상응하는 음식과 적절한 거리가 없을 경우 실망할 것은 분명하다. 서너 계단쯤 남았겠지 했는데 계단 끝 어둠에 봉착할 때처럼.

그렇게 시론이 시 작품을 시적으로 능가하고, 워즈워스 최고작이 세계 시문학 최정상에 달하지만 태작 또한 많은 것에 대해 콜리지는 다시 정확하게 언급한다. 그는 종종 자신의 시작법을 위반한다. 그리고 그의 최고작 중 몇 편은 자신의 이론을 어긴 결과고, 최악의 것은 시작법을 너무 의식적으로 따른 결과다. 하지만 더 본질적으로, 워즈워스 시문학은 '자연=자유' 와 '인위=당위' 의 변증법을 완벽하게 형상화할 때 최고작을 낳는다. 이를테면, 「어린 시절의 회상에서 불멸성을 언뜻 느끼다」(1807) 중

> 전적인 망각은 아니고
> 완전한 헐벗음은 아닌 속에서

그러나 영광의 구름을 따라 우리는 온다
하나님으로부터, 우리의 집 하나님으로부터

이 대목이야말로 그가 평생을 꿈꿔왔던, 본능적인 절제감으로 형상화한 '시의 순간'이다. 나이를 먹으면서 빛은 희미해진다.

마침내 인간은 감지한다 그것이 사라지는 것을
그리고 일상의 빛 속으로 잦아든다.

하지만 이 비탄은 빛남을 머금고, 어른 됨의 의미를 역설적으로 또 이중적으로 예술화한다. 어른이 되지 않았다면 어린 날의 찬란한 빛에도 비탄의 깨달음에도, 도달하지 못했을 것이다. '나는 구름처럼 외롭게 떠돌았네, 그러다 보았네'로 시작되는 시 「수선화」는 떠돎(나이 먹음)과 아름다움(의 순간)을 시적으로 완벽하게 일치시키고 있다. 「늙은 선원의 노래」(1798), 「쿠불라칸」(1797), 「크리스타벨」(1797~1800) 단 세 편으로 일약 위대한 시인 자리에 오르게 되지만 콜리지는 신경통 때문에 평생을 마약과 술에 취해 살면서 몽환과 시를 구별할 수 없었다. 젊은 시절 루소의 만민평등지배 이념을 몽환적으로 실천, 친구 사우시와 유토피아 사회 건설을 약속한 후 각 구성원이 아내를 거느려야 한다면서 친구 제수와 덜컥 결혼을 하여 문학사상 가장 불행한 결혼 사례 중 하나를 남겼으며, 유토피아 환상이 깨진 후 강의와 잡문 집필, 삼위일체를 인정치 않는 유니테리언교 목사 일 따위로 생계를 겨우 꾸려가다가 애인 도로시의 오빠 워즈워스를 만나면서 단 이 년 동안의 문학 황금기를 맞아 쓴 것이 위의 세 작품이며, 그후 다시 아편과 술, 그리고 독일 이상주의 철학에 쩔어 지냈고, 순례와 존경의 대상이었으나 작품은 태작에 그나마 미완성이었다. 다만, 『문학적 자서전』(1817)은 시문학사상 매우 중요한 문서다.

『문학적 자서전』의 시론은 이렇다. 초자연적인 것을 다루면서 나의 시는 불신을 흔쾌히 거둘 만큼 진실의 외양을 마련한다. 상상력의 그림자가 일순 시적 진실을 구현하도록. 그의 '단 세 편'은 그 시론의 적확하고 풍요로운 형상화다.

'신성한 두려움으로 눈을 감으라
왜냐면 그는 꿀-이슬을 들었다
그리고 천국의 우유를 마셨다'

「늙은 선원의 노래」의 이 구절은, 신천옹 새를 죽인 죄에 대한 벌로 평생 바다를 떠도는 늙은 선원이 바로 콜리지 자신이라는 것을 암시한다.

「쿠불라칸」은 아편의 몽환 그 자체를 기록한 것이지만 콜리지의 방대하고 심오한 독서 경험이 그 몽환에 매우 명징한 이미지와 통일성을 부여한다.

크사나두에 쿠불라칸은 지었네 장엄한 궁전을
야만적인 곳, 동시에 성스럽고 마법적인
지는 달 아래 흐느끼는 여인
자신의 악마-연인을 위해 흐느끼는 여인의 장소처럼 성스럽고 마법적인

개인적인 일로 누가 찾아오는 바람에 몽환은 사라지고, 「쿠불라칸」은 54행에서 끝났다. 「크리스타벨」은 이런 줄거리다.

밤이 이슥하여 주위가 음산하고 승냥이 소리도 들리는 수풀에서 약혼자를 위해 기도를 드리고 있던 크리스타벨이 어디선가 여인의 슬피 우는 소리를 듣고, 서러운 울음으로 더 아름다운 그녀를 크리스타벨은 백작 아버지에게 데려간다. 여인은 '낯선 사내 다섯이 나를 잡아왔다' 하고, '지금은 사이가 나쁘지만 우리 아버지는 당신과 친구였다' 고도 하고, 그날 밤 크리스타벨이 여인을 자기 방에서 재워주는데, 여인은 사람으로 변한 뱀이었고, '뱀=여인'이 그녀에게 마법을 걸고, 다음 날 마법이 걸린 크리스타벨이 백작 아버지에게 여인을 내쫓으라고 외치지만 말이 나오지 않고, 손짓 발짓으로 겨우 의사가 통하지만

> 아버지는 손님을 쫓으라니 무슨 말이냐며 호통을 치고, 여인은 여전히 아름답지만, 소름끼치고, 아버지는 여인이 내뿜는 뱀 기운을 느끼기는커녕 그녀를 달래기만 하고.

줄거리보다 분위기가 훨씬 더 중요하다. 애매하고 끔찍한 분위기를 위해 줄거리와 이미지, 암시, 그리고 운율 등 모든 것이 동원되고, 급기야 분위기가 등장인물을 희박화하며 등장인물 대신 들어서면서, 시론이 시를 능가했듯, '이야기=시'가 '시=이야기'를 능가한다. 콜리지 시는 블레이크 시보다 더 현대적이다.

바이런은 워즈워스와 콜리지의 종합이자 확대며 셸리와 키츠는 각각 콜리지와 워즈워스의 미학적 응축이라 할 만한데, 특히 키츠는, 26세에 죽지만, 영국 낭만주의 시미학의 절정에 고전주의로써 달한다. '아름다움은 진실이고 진실은 아름다움'이라는 명제를 위해 시를 쓰고 시로써 그 명제를 형상화했는데, 일련의 찬가들은 말 그대로 워즈워스 찬가들의 '순간=액정'화고, 그가 1819년에 쓴 「잔인한 미美부인」「가을에」「게으름 예찬」「나이팅게일 예찬」「그리스 도자기 예찬」「우울 예찬」은 그의 대표작 거의 전부를 이루며, 이 작품들이 수록된 『라미아, 이사벨라, 성 아그네스 전야, 기타』(1820)가 그의 마지막 작품집이다. 「잔인한 미부인」은 여인에게 바치는 중세풍 기사도 연시 형식을 고전주의적 절제로써 '당대=낭만주의'화한 결과고, 「게으름 예찬」은 어느 날 아침 고대 그리스 복장을 한 세 인물이 나타나 물레 도자기 고대화처럼 스쳐지나간 시적 영감을 절대적 고전미로 응축, 사랑, 야망, 시가 의인화하면서 시화하고, 그들의 덧없는 사라짐이 시인에게 근래 게으름을 일깨우는 동시에 게으름이 있었기에 시인이 그 덧없는 사라짐의 순간을 포착할 수 있었다는 깨달음이 시의 존재 이유 자체를 형상화한다.

> 아름다움이란 것은 영원한 기쁨
> 그 사랑스러움은 결코
> 헛되지 않고

그의 첫 야심작 〈엔디미온〉(1818)은 그렇게 시작되며, 영국 낭만주의 시문학의 가장 위대한 성취 중 하나로 꼽히는 〈그리스 도자기 예찬〉은 그리스 도자기에 그려진 전원의 사랑 풍경을 묘사한 후 사랑의 덧없음과 예술의 영원성을 대비시키는 데 그치지 않고 더 나아가 예술은 사랑의 덧없음을 영원의 형식으로 담아낸다는 점을 스스로 형상화, 연인은 영원하기 위해 자신의 정열을 불태우지 않고, 덧없음이야말로 영원의 감각적 통로로 되며, '아름다움=진실'의 등식이 완성된다. 육체가 육체인 채로 영혼의 순정성에 도달하려는 욕구(와 그 실패)의 에너지가 낭만주의를 낳지만, 키츠 시는 낭만주의의 열정이 고전주의 아름다움의 이상 자체를 지향하는 단계를 보여주므로, 낭만주의라기보다는 예술 일반의 최고 단계며 가장 진보적인 단계라 하겠다. 무도회가 끝난 후 차가운 방에서 '체온이 스민' 보석 장식들을 하나씩 끌러내는 여인을 묘사하는 「성 아그네스 전야」는 키츠 시 미학 자체의 장면화에 다름아니다. 키츠 시에서 거의 모든 감각이 기존의 상투성을 벗고, 감각끼리 위치를 옮기는 (푸른 종소리식의) 공감각(共感覺) 차원이 본격적으로 전개되며, 감각 경험의 탁월한 수집-조직 전달자로서 시인의 존재가 뚜렷해진다. 그의 목숨을 앗아간 것은 폐결핵과, 결혼 실패로 인한 상심이었다. 키츠 이전의 셸리, 그리고 셸리 이전의 바이런은 키츠보다 혁명적인 '정신'의 소유자지만, 벌써 낭만주의의 미학적 타락을 예감케 한다. 바이런은 귀족 집안에서 절름발이로 태어나 용모 준수하고 감수성이 극히 예민한 반항아로 자랐고, 대학 시절 엄청난 빚을 지며 동료와 플라톤적 동생애에 빠졌으며, 상원의 원직을 물려받은 첫 연설에서 공장노동자를 옹호했고, 장시 「차일드 헤럴드의 순례」(1812~1818) 중 첫 두 편은 그를 하루아침에 영국에서 가장 유명한 문인으로 만들었으며, 그는 계속 명성과 악명을 동시에 쌓아갔다. 귀부인들은 그에 대해 환호했고 그는 의붓 자매와 사랑을 즐기는 등 반(反)사회적 연애를 일삼고 1815년 엉뚱한 여인과 결혼하더니 첫딸을 낳고 결별한 후 영국을 떠나 다시 돌아오지 않았다. 그가 정착한 곳은 스위스 제네바, 셸리가 사는 곳 근처였고, 둘은 곧 친해졌는데, 셸리 또한 비슷한 처지로, 유부남이면서도 고드윈의 외동딸 메리 고드윈과 두번째 사랑의 도피를 감행한지 얼마 안 된 상태였다. 메리는 이때 소설 『프랑켄슈타인』을 썼고, 셸리와 메리가 영국으로 떠났을 때 동행한 메리의 이복동생은 이듬해 1월 바이런의 딸을 낳지만, 그해 10월 바이런은 다시 로마로 떠나고 이때 받은 인상이 「차일드 헤럴드의 순례」 네 편의 분위기를 이룬다. 그리고, 바이런의 최고 걸작 「돈 후안」(1819～1824)이 집필되는 중에 우연히 만난 백작 부인이 바이런의 인생을 완전히 뒤바꿔놓는데, 바이런은 1821년 백작 부인을 따라 피사로 가서 셸리와 교제를 다시 시작하며, 1822년 초여름 르보르노로 가서 셸리와 함께 과격 잡지 『리버럴』을 펴내고, 7월 8일 셸리가 익사하지만 잡지는 계속 간행되고, 터키에 맞서 독립전쟁을 벌이던 그리스 민족의 애국주의에 크게 고무되어 동분서주하다가 1824년 그리스 전장에서 열병으로 사망한다. 바이런은 혁명적 반항아였고 대외적으로 셰익스피어 이래 가장 유명한 영국 문인이었으며, 그의 행태와 작품과 다양한 장르실험 모두 인습을 거부하면서 당대 사회에 문학 내외적으로 지대한 영향을 끼쳤고, 자유-독립-해방 정신의 상징이자, 그리스의 국가영웅이었다. 하지만 이 모든 것에도 불구하고 그는 귀족적 낭만주의자의 한계를 벗지 못했고, 「돈 후안」은 사회에 대한 통렬하고 위대한 풍자지만 새로운 서정에 달하지 못하며, 바이런의 영웅적 주인공(들)은 인류 경멸에서 비롯되는 우주적 절망감을 끝내 극복하지 못한다. 1819년 10월 25일 한순간에 씌어진 셸리 「서풍 예찬」은 키츠보다 앞선 시기에 키츠 이후 낭만주의 서정의 폭과 깊이를 보여주었다. '파과자이자 보존자'인 서풍의 정신을 창작 생명력의 불꽃으로 명명하는 이 시는 열정적 언어와 상징적 이미지를 형식의 새로움과 일치시킨다. 내용이 형식을 파괴하고 파괴된 형식의 미적 응집력이 다시 내용을 추동하고 추동된 내용이 다시 형식을 파괴하고, 그렇게 파괴를 통한 새로운 총체성의 추구가 낭만주의 예술의 진보를 담보하며, 추구의 총체성 속에 예민한 개인 정서와 사회 정의감이 상호 상승적 관계에 놓인다. 셸리의 걸작은 바로 그점을 보여주었고, 그래서 혁명적이다. 그의 할아버지는 거부였으며 그의 스캔들은 바이런 못지않았다. 대학 재학중 무신론을 옹호한 논문을 써서 퇴학당했고 1811년 런던 여관집 주인 딸과 사랑의 도피 행각을 벌였으며, 그녀와 결혼한 이 년 후 첫 주요작 「매브 여왕」을 발표하더니 일 년 후 메리와 다시 사랑의 도피를 감행하였다. 셸리는 인류의 완벽성에 대한 신념과 철저한 무정부주의적 자유관을 고드윈에게서 물려받았고, 바이런과 정치적으로 또 문학적으로 행복했던 여름에 걸작 「지적인 아름다움 찬가」와 「몽블랑」을 썼으며, 메리와 함께 영국으로 귀환한 후 아내가 자살하자, 메리와 정식 결혼식을 올린다. 1818년 바이런과 다시 합류하면서 셸리는 플라톤 『향연』을 번역, 자신의 이상주의를 더욱 심화하고 심화를 시화하고 바이런과 문학 대화를 계속하는 한편 인간 본성과 운명을 천착하며 자유정신을 장엄하게 예찬하는 시극 「해방된 프로메테우스」(1막만 완성)와 낭만주의-비극적 낙관주의로 가득찬 시 「자유 예찬」 「구름」 「종달새에게」, 그리고 예의 「서풍 예찬」을 썼다. 그러나 이 작품들이 보여주는 혁명적인 파괴와 창조의 미적 긴장은 계속 유지될 수 없었다. 유약한 몸과 감성이 스스로 저지르는 사랑과 정치 스캔들에 갈수록 압도되고, 구호주의 위험에 놓이며, 요절한 키츠 추도시 「아도니스」(1821) 단 한 편만, '키츠=죽음' 에 대한 명상의 직관 혹은 응축 덕분에 그 위험을, 그것도 가까스로 벗어난다. 그는, 문학적으로는 매우 다행스럽게도, 완전한 구호주의 파탄 속으로 함몰하기 직전, 터키 지배를 떨치고 일어난 그리스 민족봉기를 기념하는 시극 「헬라스」를 완성하고 내친김에 「삶의 승리」 집필 작업에 달려들던 중 『리버럴』 공동 편집자로 내정된 친구 헌트를 마중나갔다가 돌아오는 길에 풍랑을 만나 익사했다. 헌트는 시인이라기보다는 당대 강성 자유주의 논객이었고, 키츠는 그와 친하다는 이유만으로 영국 평단의 미움을 샀으며, 그것이 그의 때 이른 죽음을 재촉한 면도 없지 않은 인물. 평론과 시의 상호 상승적 만남은 참으로 어렵다.

영국 여성, 소설의 비단결과 광포

낭만주의 시문학의 절정 및 파탄 이후 영국문학은 스콧의 '낭만주의' 시와 소설들, 특히 『호수의 여인』(1805), 『웨버리 연작소설』(1815~1819), 『아이반호』(1819) 등이 국제적이고 대중적인 인기몰이를 했지만, 시의 파탄을 소설화한 것에 불과하고, 주로 여성 소설가들이 파탄을 감지, 자신의 작품에 감성의 비단결을 입히거나 광포한 격정을 펼쳤다. 오스틴은 발자크보다 훨씬 전에 심리 사실주의 기법을 선보인다. 1811년 그녀가 익명으로 발표한 『감각과 사려』(원제 '엘리노어와 마리안')는, 몰락한 대시우드 가문의 두 자매 중 개방적이고 열정적인 동생 마리안은 윌러비와 사랑에 빠졌으나 낭만적인 척하면서도 실제로는 재물에 환장한 윌러비가 결국 돈 많은 상속녀와 결혼하자, 착실하게 정착한 독신남 브랜든 대령과 우여곡절 끝에 결혼하고, 조신하며 현명한 언니 엘리노어는 연인 페라스에게 몇 차례 감정상 곤욕을 치르지만 끝내 성실한 자세로 대처, 결혼에 성공한다는 줄거리인데, 감각보다 사려가 낫다는 뜻인 듯, 여러 인생이 있다는 뜻인 듯, 혹은 어떤 경로를 거치든 인간은 사려 깊음에 달(해야)한다는 뜻인 듯, 세태와 등장인물 심리 묘사가 매우 정교하고 세밀해서 어떤 도덕적 단정도 무색하게 만드는 애매함의 미학이 탁월하다. 이 년 후 역시 익명으로 발표된 『오만과 편견』(원제 '첫인상들')은 『감각과 사려』의 속편 격으로, 심리 감각들이 벌이는 말짱함의 잔치가 더 긴밀하면서도 다채롭고 깊다. 두 남녀의 '교제'를 묘사하면서 오스틴은 인습적인 '첫인상들'을 역전시켜 나간다. 귀족 출신의 부유한 지주 다아시는 자신의 지위 및 재산에 대한 오만과 상대방의 대수롭지 않은 가문에 대한 편견 때문에, 시골 유지 딸 베넷은 자존심의 오만과 다아시에 대한 편견 때문에 둘이 서로를 멀리하지만 점차 각자의 오만과 편견을 극복하고 상호 이해와 사랑에 달한다. 샬럿과 에밀리 브론티 자매는 발자크 사망 삼 년 전 동시 등장, 낭만주의 소설의 시적 경지를 한 단계 더, 매우 현대적으로 드높였다. 샬럿 브론티의 『제인 에어』(1847)는 의지가 강한 소녀 고아의 성장기다.

고아학교의 비참한 현실을 겪은 제인 에어는 후견인인 신비한 사내 로체스터 집 가정교사로 들어갔다가 로체스터와 사랑에 빠지고, 결혼식을 올리기 직전 로체스터가 기혼남인데다가 광증의 아내를 다락에 가둬두고 살았다는 끔찍한 사실을 알고는 그를 떠나지만 로체스터 아내가 사망한 후 다시 결합한다.

에밀리 브론티 『폭풍의 언덕』(1847)은 18세기 말 요크셔 지방 산간벽지가 배경이다.

> 언쇼 가문에 들어온, 성격이 매우 광포한 고아 사내아이 히스클리프를 언쇼는 친아들 힌들리와 친딸 캐시 못지않게 잘 보살펴주지만, 언쇼가 죽자 힌들리가 히스클리프를 천대하고 히스클리프는 자신과 비슷한 성격의 캐시를 사랑하는데 캐시 또한 그를 능멸하기 일쑤이므로 앙심을 가득 품고 집을 나가 큰돈을 벌고 돌아온다. 그러나 캐시는 린튼과 결혼했고, 질투에 사로잡힌 히스클리프는 양가(兩家)에 복수할 것을 결심하며, 복수는 집요하게 진행되고, 캐시가 출산 중 사망한 후에도 히스클리프는 그녀에 대한 강박에서 해방되지 못하고, 성공적인 복수로 양가의 전 재산을 차지하지만, 캐시의 망령을 좇아 폭풍의 언덕으로 오르는 광기의 질풍노도 끝에 모든 것이 허무하다는 것을 깨달으며 조용히 숨을 거둔다. 언쇼와 린튼가 후예들이 결혼식을 올리고 마을에 평화가 찾아온다.

엄혹한 자연, 엄혹한 심성, 엄혹한 운명이 낭만주의적으로, 광포하게 난무한다. 마치 오스틴의, 보석처럼 빛나는 멀쩡함의 감성이 모종의 폭풍전야였다는 듯이. 『폭풍의 언덕』은 '소설의 『리어왕』'으로 불릴 정도로 광란이 극적이지만, 서술의 긴장이 팽팽하고 상상력이 견고하며 구성미가 탁월하고, 아주 주관적인 감정의 드라마를 펼치면서도 저자의 간섭이 철저하게 배제되며, 이 '객관=시'적인 경지는 현대시로 곧장 이어진다. 발자크 사후 활동을 시작한 (조지) 엘리엇은 유부남 작가-편집자와 불륜 때문에 당대 명성을 크게 훼손당했으나, 여성 작가 발군의 능력을 과시했고, 『아담 비드』(1859) 『홍수가 덮치는 방앗간』(1860) 『사일러스 마너』(1861) 등이 대표작이며, 마지막 작품은 걸작이다.

> 마너는 도둑 누명을 쓰고 고향을 등진 후 15년 동안 라블로우에서 아마포를 짜며 상당량의 금을 모은다. 라블로에서 영향력이 가장 큰 지주 캐스에게 두

아들 가드프레이와 던스턴(던시)이 있는데, 가드프레이는 낸시에게 반했으면서도 경솔하게 또 은밀하게 마약중독자 몰리와 결혼한 상태고, 던시는 아무짝에도 쓸모없는 놈팡이로 형의 비밀 결혼 사실을 눈치채고 형에 대한 중상모략을 일삼다가 마너의 금을 훔친 후 종적을 감춘다. 결혼 사실을 밝히려 지주 저택을 찾아가던 몰리가 눈 덮인 벌판에서 숨을 거두고, 가드프레이와 몰리 사이에 난 어린 딸 에피가 아장걸음으로 어미 곁을 떠나 마너의 움막 현관으로 오고, 외로운 마너에게 에피는 잃어버린 금보다 더 소중한 존재가 된다. 가드프레이와 낸시가 결혼을 하고 16년이 흐른 후 새로 파낸 돌구덩이 속에서 던시 해골과 마너의 금이 발견되자 '모든 것은 드러나게 마련'이라고 생각한 가드프레이는 낸시에게 에피가 자신의 딸임을 고백하고, 아이가 없는 두 사람은 에피를 다시 데려오려 하지만, 마너도 에피도 헤어지기를 원치 않으므로 소용이 없고, 에피는 신분 높은 윈스럽과 결혼하고 윈스럽 가문은 일개 아마포 직공 마너를 가족의 일원으로 받아들인다.

『사일러스 마너』는 이야기가 인상적인데다 시골풍 유머가 그윽하며 성격 묘사도 강력하다. 하지만 플로베르, 보들레르, 그리고 도스토옙스키가 모두 그녀의 2년 연하니, 그녀의 작품은 말 그대로 '홍수가 덮치는 방앗간'이다.

성품이 소탈하고 마음씨가 따듯했던 스콧은 애보츠포드 저택 시골 신사로 최고의 인기를 누렸고, 매우 일찍 잠에서 깨어나 몇 시간 동안 집필, 엄청난 생산력을 과시했다. 프랑스 여성 상드는 평생 동안 약 80편의 장편소설을 썼고 문명을 얻었지만 인습을 거부하고 철학과 정치관이 맞는 예술가들과 열린 관계를 맺으며 그들에게 영감을 준 것으로 더 유명하다.

1820년 제작된 비더마이어 양식의 한 독일 '비서용' 책상은 책장과 서랍, 그리고 쓰게판을 하나로 합쳤다. 호두나무와 자작나무 뿌리 합판에 청동장식을 달았고, 디자인과 재질이 어울려 비더마이어풍 가구 특유의 견고함과 소탈한 위엄을 발산한다.

윌리엄 모리스의 옥스퍼드셔, 켈름스코트 저택은 시골 실내장식 분야 그의 작품 특성들을 종합적으로 보여준다. 모리스 자신이 쓰던 침대는 엘리자베스 시대풍이지만 걸개들은 모리스가 직접 디자인하고 그의 딸, 메이가 수를 놓았다.

러시아, '인민=수난=대자연'의 언어

러시아제국과 근대를 여는 것은 표도르 1세(1682~1725). 앞선 서유럽 여러 국가를 따라잡는 강력한 근대화 및 부국강병 정책을 추진하는 한편 전쟁에 치중, 특히 스웨덴과의 대북방전쟁을 22년 동안 치렀고, 전쟁중 핀란드만으로 흐르는 네바강 하구에 전진 신도시 체르부르그를 건설했으며 대북방전쟁에서 승리한 후 원로원으로부터 '황제' 칭호를 받고, 이때부터 러시아는 러시아제국으로 불리게 된다. 표도르 1세 사망 후 37년 동안 즉위한 여섯 명의 차르는 모두 평범했고 정치는 측근 혹은 총신 몫이었지만, 아버지 표도르 3세를 쫓아내고 즉위한 여제 예카테리나 2세(1762~1796)는 표도르 1세의 정책을 계승하고 전제정치와 농노제를 양대 축으로 한 동유럽형 절대주의 확립을 목표로 하였다. 치세 전반에는 약간의 개혁을 하였으나 크림한국을 합병하고 오스만튀르크제국과 2회에 걸친 전쟁으로 '신러시아'를 획득하고 프로이센 및 오스트리아와 공모하여 폴란드를 분할, 동쪽 절반을 러시아령으로 하면서 그녀가 농노제를 정비하고 농민에 대한 지주귀족의 지배를 강화하므로 푸카초프가 이끄는 대규모 농민반란(1773~1775)이 일어나고 정부는 간신히 진압한다. 예카테리나 2세 뒤를 이은 파벨 1세는 신하들한테 암살되고, 그의 아들 알렉산드르 1세(1801~1825)가 자유주의자 측근을 두어 개혁검토위원회를 설치하고 헌법 초안까지 만들게 했으나 나폴레옹 1세와 전쟁으로 결실을 맺지 못했고, 1805년 오스트리아와 연합으로 나폴레옹군과 싸우다 크게 패했으며 2년 후에는 굴욕적인 틸지트조약을 강요당했다. 1812년 64만의 대군을 이끌고 모스크바 원정을 감행한 나폴레옹의 프랑스군이 모스크바에 입성했음에도 불구하고 러시아의 겨울을 못 견디고 철수한 것이 나폴레옹 몰락으로 이어지자 빈회의(1814~1815)에서 발언권이 크게 강화한 러시아 알렉산드르 1세가 '신성동맹'을 제창하지만 국내 문제에 대해서는 무심하다가 1825년 급사하며, 제위 계승을 둘러싸고 러시아 정세가 혼란을 거듭한다. 둘째 동생 니콜라이가 즉위하지만, 새 차르에게 충성을 맹세하기 위해 원로원 광장에 집결한 수도군 중 약 3천 명의 장병들이 선서를 거부하고 반란 태세를 취하니, 이것을 데카브리스트('12월파')반란이라고 한다. 데카브리스트 지도자들은 대부분 나폴레옹전쟁에 참가했던 근위사관들로 1816년 이래 러시아개혁을 위한 비밀결사를 조직, 전제정치와 농노제를 폐지해야 한다는 믿음을 키우고 있었다. 니콜라이는 사태를 진압, 주모자 다섯 명을 교수형에 처하고 120명을 시베리아로 유형시켰으나 데카브리스트반란은 전제에 대한 최초의 무장봉기 기도로서, 이후 혁명운동의 선구적인 모델로 자리잡게 된다. 니콜라이 1세의 30년 치세(1825~1855)는 러시아 19세기 중 가장 어두운 시대였다. 비밀경찰과 헌병대를 겸한 황제 보안 제3부가 온갖 불온사상을 단속하고 국외에서는 1849년 헝가리혁명을 무력으로 탄압, '유럽의 헌병'으로 불렸다. 그러나, 러시아 사상계는 억압에도 불구하고 활발한 움직임을 보였다. 러시아의 과거와 미래를 놓고 슬라브주의자(호먀코프, 키레예프스키)와 서유럽파(벨린스키, 게르첸)의 논쟁이 뜨겁게 펼쳐졌으며 시인 푸시킨과 소설가 고골 및 레르몬토프 등이 활약했고, 도스토옙스키와 톨스토이의 초기작들이 비상한 관심을 끌었다.

푸시킨과 고골, 러시아의 모국어와 살풀이

푸시킨은 러시아문학뿐 아니라 모국어의 아버지로 칭송받는 인물이다. '러시아의 바이런'으로 불리기도 하며 바이런보다 더 파란만장한 삶을 살았다. 옛 귀족 출신이지만 완강한 자유주의 신념 때문에 외무부에서 쫓겨나 유배와 다름없는 삶을 강요받았고 여성 편력이 돈주앙적이라 32세 때 '눈부시게 아름다운' 113번째 여자와 결혼했는데 여자 또한 남성 편력이 심했고, 푸시킨은 결혼 육 년 뒤 아내의 정부와 벌인 결투에서 사망한다. 1825년 발표된 시극 「보리스 고두노프」는 그의 표현을 빌리면 '우리들의 아버지 셰익스피어'의 역사극 패턴을 따랐고 1833년 발표된 『예프게니 오네긴』은 바이런 「돈 후안」을 염두에 두었다.

페테르부르크 생활에 환멸을 느껴 시골 저택으로 거주지를 옮긴 귀족 오네긴은 이웃 지주-시인 렌스키를 통해 낭만적이고 꾸밈없는 여인 타티아나를 만나고, 그녀는 첫눈에 오네긴한테 반하지만 오네긴은 그녀의 사랑을 거부하고, 별 뚜렷한 이유 없이 렌스키와 결투를 벌여 그를 죽이고 마을을 떠나며, 타티아나는 사랑하지도 않는 사내와 결혼을 한다. 몇 년 후 오네긴과 타티아나가 다시 만나고 이번에는 오네긴이 그녀에게 사랑을 고백하지만 이미 러시아 상류층 일원이 된 타티아나가 '비록 당신을 사랑하지만 결혼서약을 어길 수는 없다' 하자 상심한 오네긴은 다시 그녀를 떠난다.

이 작품은 시로 씌어졌지만 등장인물 및 장면 묘사가 사실적이고 구성의 안정감이 진하므로 러시아 최초 근대소설이라고 부를 만하다. 시적 낭만주의가 곧장 사실주의 소설의 동력으로 전화하는 '러시아적' 특수성을 보다 확고하게 굳히는 것은 고골이다. 단편 「광인일기」(1835)와 희곡 「검찰관」(1836), 장편 『죽은 혼』(1842)과 다시 단편 「외투」(1842) 등을 통해 고골은 위대한 러시아 리얼리즘소설의 주춧돌을 놓았다. 「광인일기」는 서기관 포프리쉬친이 점차 미쳐가는 과정을 1인칭 일기형식으로 기록한다. 포프리쉬친이 겪는 좌절과 굴욕을 단도직입적으로 묘사하고 그의 위엄을 모독하는 여러 사례들을 합리화하면서 일기는 점차 이성을 잃고 미혹에 빠진다. 부서 상관의 초롱초롱한 딸과의 간헐적인 만남도 희망을 주기는커녕 강박을 더욱 심화하고 포프리쉬친은 급기야 '저자는 희망이 없어' 어쩌구 하는 개들의 대화를 엿듣고, 결국은 자신이 적들의 음모 때문에 추방당한 스페인 왕이라는 환각에 스스로 안주하며, 그 환각이 그의 궁극적인 존재이유로 된다. 멀쩡한 이성의 장이 드문드문 출몰하는 가운데 정신이상이 더욱 깊어지는 대비가 충격적인 이 작품은 위대한 러시아 사실주의를 위해 고골이 감행한 모종의 '러시아적' 정신병의 살풀이였다. 『죽은 혼』은 해직된 공무원 치치코프의 사기행각을 다루고 있다.

> 새로운 인구조사가 행해져 노예가 죽더라도 지주는 명단이 삭제될 때까지 노예에 매겨진 세금을 내야 하는 판이므로 치치코프는 죽은 노예들을 사서 지주들의 세금 부담을 덜어주는 동시에 그 노예들을 저당잡혀 융자를 받을 속셈으로 몇몇 영향력 있는 자주들을 꼬이지만 결국 수상한 소문이 번지고 음모가 발각되고 그는 체포되기에 이른다. 하지만 치치코프의 영악한 변호사가 지주들이 연관된 온갖 추문을 들먹여대니 당황한 관리들은 마을을 떠나만 준다면 모든 일은 없었던 것으로 하겠다 제안하고 치치코프는 그 제안을 흔쾌히 받아들인다.

『죽은 혼』의 풍자는 세계적인 수준이고, 등장인물 희화화는 러시아 전체 계층을 망라, 다양하고 생생하며, 풍자와 희화화야말로 '시적인 것'을 리얼리즘 소설화하는 통로다. 그리고, 「외투」는 벌써 사회풍자와 디테일 묘사가 미학적으로, 완벽하게 결합한 걸작이며, 러시아 단편문학의 백미다.

> 볼품없고 남의 눈에 잘 띄지도 않으며 봉급도 형편없는 서시관 아카키는 오래되고 낡은 외투를 바꾸기로 어렵사리 결심하고 몇 달을 절약해서 외투 값을 마련하고 겨울철이 다가올 무렵 마침 좋은 외투를 짓는 재단사를 발견하여 새 외투를 장만하지만 처음으로 그 외투를 입고 파티에 참석한 후 돌아오는 길에 불한당 두 명의 습격을 받고 빼앗긴다. 경찰에 호소해봤지만 경찰은 들은 체만 체고 동료들이 '어떤 요인(要人)'을 찾아가보라고 귀띔해주지만 요인은 대뜸 거절이고 아카키는 외투 없이 거리를 방황하다 독감에 걸려 며칠 후 숨을 거둔 얼마 후 유령이 행인들의 외투를 벗겨간다는 소문이 떠돌고, 그러던 어느 날 밤 '어떤 요인'이 정부 청사를 찾아가는 도중 외투깃이 들리더니 외투가 벗겨졌다. 그후 유령은 다시 나타나지 않았다.

마르크스와 엥겔스의 「공산주의자 선언」(1814)은 '유령이 유럽을 떠돌고 있다, 공산주의라는 유령이' 로 시작되지만 그 전에, 「외투」는 풍자가 극렬할수록 사회성의 미적 차원이 심화-확산-보편화하는 경지를 능란하고 완강하게 열어젖힌다. 이제 곧 도스토옙스키와 톨스토이의 '러시아 산문문학 시대' 가 열리게 된다. 그리고 단편소설은 물론 장편소설도, 자본주의의 진보성을 넘어 벌써 그 파탄을 완성도 높은 미학으로 형상화하게 된다.

단편과 장편, 근대의 사실주의 너머 응축과 낭만주의 너머 확산

근대 단편소설은 독일, 미국, 프랑스, 그리고 러시아에서 거의 동시에, 근대적 국제화의 산물로 발생하지만, 탄생과 더불어 근대와 현대를 잇는 미학적 매개고리로 작용하거나, 아예 현대성의 난제를 부여받게 된다. 독일의 경우 1795년 보카치오를 염두에 두고 쓴 일련의 '이야기들' 을 실러가 운영하는 잡지에 기고하면서 괴테는 '단편소설' 이란 말을 쓰지 않고 독일 여행자를 위한 읽을거리쯤으로 짐짓 치부했으며, 그 뒤를 이어 출간된 슐레겔의 '짧은 이야기 형식' 에 대한 논의 또한 보카치오를 집중 조명하지만, 새로운 유형의 짧은, 꾸며낸 이야기가 탄생하고 있는 것만은 분명했다. 1827년, 즉 '읽을거리' 발표 32년 후 괴테는 새로 모습을 드러내는 이야기와 옛 이야기를 이렇게 구분한다. 단편소설이란 무엇인가? 비록 이제까지 듣거나 본 적이 없지만, 발생한 사건 아니겠는가? 독일에서 단편소설로 불리는 대부분은 단편소설이 아니고 그냥 이야기일 뿐이다. 괴테는 자신의 소설을 리얼리즘의 진경 속으로 펼치지 못했고 실러는 소설 자체를 쓰지 않았다. 그리스 고전운문 양식을 독일화한 횔덜린의 대표작 『히페리온』(1794)은 실로 아름다운 그리스문명 예찬이지만 전체적으로 프랑스혁명 이후 반(反)정치적 '순수문학' 의 유미주의에 함몰되며, 기독교 도그마를 벗지만 은둔적이다. 하지만 클라이스트와 호프만의 '이야기들' 이, 괴기의 낭만주의로 가득 찬 채 단편소설 개념을 좀더 긴장시켰고, 자신의 시문학이 주옥같은 서정시와 혁명적 낭만주의에 물든 구호-정치시로 정신분열되던 1829년 하이네가 펴낸 단편소설 모음집 서문에서 티크는 그때까지 평단의 주조와 달리 사실주의를 단편소설의 결정적인 요소에서 배제한다. 인과(因果)의 연속 관계가 인물 및 환경과 전적으로 맞아떨어진다면 단편소설은 리얼리즘의 외형을 입지 않아도 되는 것이다…… 티크는 단편소설을 역설적인 전도의 장으로 규정지으며, 실제 작품으로 보여준다. 내면적이고 종종 기괴한 실재와 질서를 추구하는 길을 열고, 당대 미국인 포처럼 화자의 의식과 심리적 태도에 의해 모양지어지고 의미를 부여받는 소설미학을 제시함으로써 그는 비언론적 현대소설의 지평을 열었다. 슈토름의 단편들은 모처럼 단정하지만 지방주의 차원을 벗지 못했다. 하지만 이제 곧 토마스 만과 카프카의 단편 및 장편 시대가 공포와 경악으로 들이닥치게 된다. 낭만주의 시문학의 타락은 혁명의 실패를 맞은 프랑스 시단에서 가속화했다. 숱한 '혁명시인' 들이 출몰하다 사라진 후 뒤늦게 고티에와 위고가 겨우 명맥을 유지하지만, 고티에는 시보다 무용평론이, 위고는 시보다 연극과 소설이 낭만주의의 진수를 담아내며, 그런 채로 프랑스 낭만주의 시문학은 곧장 보들레르 시집 『악의 꽃』(1857)의 충격과 경악 속으로 실종된다. 감성 자체가 자본주의적으로 파탄하는 현대성의 충격 속으로. 하지만 소설은, 다르다. 프랑스(혁명)는 안정과 타협한 진보의 장르, 혹은 '진보적' 자본주의미학의 본격장르인 장편과 단편소설 분야에서 위대한 리얼리즘 및 낭만주의 시대를 맞게 된다. 대표적인 리얼리즘 소설가는 발자크, 낭만주의 소설가는 스탕달과, 발자크 사망 12년 후 대작 『레미제라블』(1862)을 발표하는 위고다. 서양의 어느 나라건 단편과 장편의 예술적으로 행복한 공존이 현대문학 초기까지 유지되었다.

독일제국과 오스트리아-헝가리 이중왕국, 철혈과 혼란의 역사

헝가리 토지귀족의 독립운동을 러시아군대의 힘으로 빌려 1849년 진압했으나, 체코의 오스트리아슬라브주의가 여러 민족에 영향을 끼치고 급기야 1859년 이탈리아독립운동에서 패배를 맛보자 오스트리아는 여러 민족의 요구를 참작하여 1860년 10월 '연방주의 칙서', 이듬해 '이원제 의회 헌법'을 반포, 부르주아 권력 강화를 꾀하다가, 1866년 프로이센-오스트리아전쟁에서 완패한 후 헝가리 토지귀족의 왕국을 인정, 이듬해 오스트리아-헝가리 이중왕국을 성립시켰다. 1849년 프로이센 왕이 프랑크푸르트 국민의회의 입헌군주제 황제 추대를 거부한 이래 1861년 자유파가 진출한 프러시아 의회가 몰트케 군대개혁을 둘러싸고 분열되며, 1862년 압도적 다수를 이룬 진보당이 군개혁비를 삭제할 무렵 등장한 프러시아 철재상 비스마르크는 의회를 무시하고 군비확장을 단행한 후 노동자조직 지도자 라잘과도 연합, 대내적으로 의회를 견제하고 대외적으로 강력한 힘의 외교를 표방하면서, 1865년 덴마크전쟁, 1866년 프러시아-오스트리아전쟁을 승리로 이끌며 오스트리아를 아예 독일에서 제외시키고(독일연맹 해산과 북독일연방 건설), 1870년 프로이센-프랑스전쟁에서 나폴레옹 3세를 사로잡고 파리를 포위, 역시 승리를 쟁취한 후 1871년 베르사유궁전에서 군비확장파 빌헬름 1세 대관식을 치른 후 독일제국 연방 성립을 선언한다. 프로이센은 제국 영토의 3분의 2를 차지하는 실질적 지배세력으로 서남독일의 반프로이센주의를 억압했다. 오스트리아-헝가리 이중왕국은 슬라브 여러 민족의 반발을 억압하다가 1873년 공황을 맞으며 1879년 독일-오스트리아동맹에 이르지만, 민족주의운동과 더불어 노동운동도 성장하고, 이해 '모든 민족과 정당을 대표하는 황제 내각' 성립으로 인한 독일인과 체크인의 민족 대립을 완화하기 위해 보헤미아에서 '언어령'이 되풀이되지만, 대립은 날로 격화, 일상화하고 1888년 결성된 사회민주당이 1907년 보통선거제를 실시했음에도 불구하고 1909년 민족 분열과 민족주의 고양을 맞고 발칸 진출로 범슬라브주의와 충돌, 1914년 제1차 세계대전을 터뜨리는 도화선, 즉 오스트리아-헝가리 왕국 황태자 페르디난트 대공 부부가 사라예보에서 대세르비아주의자들한테 피살되는 사건을 맞게 된다. 프로이센을 비롯한 25개 연방국가 연합체였던 독일제국은 황제한테 권력이 집중되고 재상이 의회에 책임을 지지 않으므로 결국 자본주의가 국가권력과 유착하고 비스마르크는 프로이센-프랑스전쟁 배상금을 중공업과 화학공업에 집중투자, 독일자본주의 생산력을 비약적으로 발전시키고 번영에 들뜬 부르주아를 여당으로 자유주의 개혁도 추진, 1871년 반프로이센 성향의 가톨릭 세력에 맞서 문화투쟁을 벌였으나, 1873년 경제공황, 1877년 농업공황이 그의 발목을 붙잡으면서 노동자계급 운동이 강화하자 1878년 사회주의자진압법으로 탄압하는 한편 부르주아와 융커의 요구에 따라 보호관세정책으로 돌아선다. 대외적으로는 제국 건설을 위해 유럽 열강 사이 세력 균형에 의한 평화를 요구하면서 프랑스를 고립시키는 동맹체계를 완성했다. 1878년 베를린회의로 국제전쟁이 그치지만 발칸을 둘러싼 오스트리아와 러시아 대립이 격화하면서 러시아는 프랑스에 접근하고 독일은 1879년 오스트리아와, 1882년 이탈리아와 동맹을 맺는다(3국동맹).

독일 자본주의가 일찍이 독점 단계로 발전하고 보호관세와 국내 물가를 함께 올려 국내시장을 좁히고 급속하게 외국시장으로 진출, 식민지 획득에 주력하면서, 즉 독일 자본주의가 제국주의화하면서 비스마르크 체제는 한계에 이르고 재정개혁을 둘러싼 다툼에서 의회에 굴복하고 1890년 사회주의진압법 갱신안조차 부결되면서 비스마르크는 실각한다. 석탄은 물론 철강 생산량까지 영국 두 배로 키우며 군비 확장과 해군 건설을 지탱하던 중공업 중심의 독점 자본가와, 군대 및 관료 사회를 장악한 융커가 결합한 상태였고 황제 빌헬름 2세(1888~1918) 마저 같은 해 1890년 팽창정책을 내세우며 비스마르크 외교 유산인 러시아와의 재보장조약(1887) 갱신을 거부하는 한편 오스트리아와 함께 발칸에서 튀르크 손을 뻗치니 1894년 러시아와 프랑스 동맹, 1902년 프랑스-이탈리아협상, 1904년 영국-프랑스 협상, 1907년 영국-러시아 협상으로 3국동맹이 느슨해지고 독일-오스트리아가 고립화하고 발칸에서 범게르만주의와 범슬라브주의가 충돌, 사라예보 사건과 제1차 세계대전이 일어났다. 비스마르크 탄압을 물리친 후 사회민주당을 성장시켜 대전 전야 의회 제1당으로 민든 노동자계급은 제국주의 전쟁이 발발하자 조국방위를 위해 전쟁에 협력하자는 다수 우파와 노동자를 위해 반전평화로 나아가자는 소수 좌파로 갈리고, 1917년 러시아혁명이 일어나자 좌파인 독일공산주의자당(스파르타쿠스단)이 동맹파업과 봉기를 일으켜 황제를 퇴위, 망명시키고 독일제국을 패전시키지만(독일혁명), 사회민주당은 스파르타쿠스단의 봉기를 진압한 후 의회제 민주주의 바이마르공화국을 세운다. 제1차 세계대전으로 오스트리아-헝가리 이중왕국은 해체되고, 프로이센도 독일제국이 무너진 후 바이마르공화국 일부로 된 후 제2차 세계대전 종전과 더불어 완전히 소멸했다.

사회주의, 혁명과 운명의 시작

프랑스 왕 루이 18세를 이은 샤를 10세가 귀족과 가톨릭교회를 노골적으로 옹호하는 한편 인기 만회를 위해 1830년 알제리 원정을 일으키자 성장하던 중산계층 중심 자유파가 3월 의회에서 정부불신임과 1814년 신헌법 준수를 결의하고 왕은 즉시 의회 해산을 명하고 총선거에 극단적으로 개입했으나 자유파가 다시 다수 의석을 차지하고 7월 왕이 칙령으로 의회를 다시 해산하고 반대당을 제거하니 격분한 파리시민들이 봉기, '7월혁명'을 일으킨다. 혁명은 오를레앙 공작 루이 필리프를 추대하면서 선거권과 의회 권능을 확대하는 헌법을 만들고, 7월혁명 영향으로 전유럽에서 자유주의와 민족주의 운동이 폭발했다. 신흥중소자본가들을 대표하는 자유주의자들이 참정권을 요구하고, 무정부주의, 그리고 사회주의운동도 빠른 속도로 발전한다. 루이 필리프 왕정의 왕당파 내각이 부르봉 왕조 부활을 꾀하며 자유를 제한하고 반정부운동을 탄압하자 파리 시민은 다시 무기를 들고 봉기, 이틀간의 시가전 끝에 승리한 것이 1848년 2월혁명이며, 이 혁명으로 대통령제 공화정(제2공화국)이 수립되지만, 12월 대통령 선거에서 농민층의 지지를 받아 당선된 나폴레옹의 조카 루이 나폴레옹이 1851년 12월 의회와 충돌하자 쿠데타를 감행, 공화파를 쫓아내고 국민투표를 통해 압도적인 표를 얻으며 황제(나폴레옹 3세)로 선출되면서 다시 (제2)제정이 시작된다. 나폴레옹 3세는 국내산업 육성과 노동자 생활 개선, 그리고 프랑스의 국제적 지위 향상에 노력했으나 인기를 노려 크리미아전쟁, 이탈리아 통일전쟁에 참가하고 미국 남북전쟁을 틈탄 멕시코 출병이 크게 실패, 유산시민과 노동자들의 공격을 받았고, 1867년 선거, 언론, 출판의 자유를 인정하면서 자유제정으로 전환을 꾀하지만, 다시 프로이센-프랑스전쟁을 일으켰다가, 세당전투에서 항복한다. 이때 파리에서 폭동이 일어나 제정을 폐지하고 파리 시민, 노동자, 공화파, 부르주아 중심의 국민방위정부 '파리코뮌' (1871년 3월 18일~5월28일)을 수립했고, 이듬해 1월 프러시아군이 파리에 입성하고 프러시아 재상 비스마르크가 급진적인 파리코뮌 대신 온건공화주의자들의 베르사유임시정부와 강화조약을 맺자, 격분한 국민군과 소시민, 노동자 들이 반란을 일으켜 실권을 장악했다. 파리코뮌은 블랑키 등 사회주의자를 지도자로 하여 역사상 최초 사회주의혁명을 추진했으나 비스마르크의 원조를 받은 임시정부군의 공격으로 와해, 2개월 남짓한 수명을 다했다. 마르크스는 파리코뮌을 '마침내 발견된, 노동의 경제적 해방을 완수하기 위한 정치형태' 라 평가했고 마르크스-레닌주의자들은 러시아혁명에 선행하는 '프롤레타리아독재 혁명정부' 라 했으며, 무정부주의자는 '국가의 부정' 으로 이해했다. 파리코뮌 이후 군주정치 부활 기도가 있었으나 공화파가 우세, 1875년 삼권분립과 보통선거제를 근간으로 하는 공화국 헌법을 마련하고 1879년 제3공화정이 수립되면서 프랑스는 프로이센-프랑스전쟁 이후 비스마르크 외교에 눌리면서 겪었던 국제적 고립을 벗고 점차 안정화 산업이 발전하며, 본격적으로 제국주의화, 광대한 식민지를 갖게 된다. 파리코뮌 이후 사회주의운동이 크게 발전, 1879년 프랑스사회주의노동자연맹, 1895년, 의회주의를 부정하고 총파업 등 직접 행동으로 혁명을 실천하려는 생디칼리즘 기조의 노동총동맹이 결성되었다.

발자크/플로베르 리얼리즘, 모든 것을 집어삼키고 샅샅이 파헤치다

발자크는 푸시킨과 동년배다. 그의 리얼리즘 소설문학은, 독일 혹은 러시아 경우와 달리, 영국문학에 크게 영향받지 않고 프랑스혁명의 여파-흐름을 매우 '역동=안정' 적으로 종합하면서 유럽 소설시대의 반석으로 자리잡으며, 거대한 근대성을 미학적으로 표출하고 단편소설의 기로를 형상화했다. 소르본대학 법과를 다니며 변호사 서기를 지내던 17~19세 때 익명으로 희곡과 소설 작품 몇 편을 발표했는데, 이때 '익명' 은 그가 자신의 진정한 재능을 철저히 인식했고, 이 작품들이 단지 돈벌이용일 뿐 자신의 재능에 비해 형편없는 질이라는 점을 그가 분명히 했다는 뜻이며, 이 작품들이 생각만큼 돈을 벌지 못하자 발자크는 사업을 벌였다가 파산, 거대한 빚더미에 올라앉게 되고 그후 그의 생애는 빚을 갚기 위한 하루 14~16시간의 초인적인 소설 쓰기 작업으로 점철된다. 1829년 실명으로 발표한 첫 소설인 스코트풍 「마지막 슈앙 사람들」과 오쟁이진 남편을 풍자한 『결혼의 생리학』이 출판되면서 문학적 성공의 가능성이 보였고, 이듬해 발표된 여섯 개의 단편소설 모음집 『사생활 장면들』은 그의 성가를 한껏 높였다. 명예와 재산, 그리고 사랑에 굶주린 인간 발자크의 면모가 드러나기 시작하며 엄청난 돈을 벌어 환상적으로 쓰겠다는 꿈을 그가 노골적으로 좇지만, 꿈 자체는 대체로 사치스러운 어머니에 대한 반항에서 비롯된 것이었다. '돈' 이라는 주제가 발자크 작품 전체에 편재한다. 평민 출신임에도 자기 이름에 귀족 출신임을 뜻하는 'de' 를 붙였으나 근본적으로 발자크는 창조적 지식노동자였고, 마침내 혹은 비로소 소설로 발언하는 소설예술가였다. 1832~1835년 20편이 넘는 작품을 쓰면서 프랑스문학에 전혀 새로운 풍자와 과장, 그리고 사실적인 당대 세태 연구를 선보이는데 이 중 대표작은 『으제니 그랑데』(1833)와 『고리오 영감』(1835)이다.

1819년 소읍 소뮈르. 돈 많은 구두쇠 그랑데와 그의 부인, 딸 으제니, 그리고 충직한 하인 나농이 사는 병적으로 검소한 집안에 낭비벽 심한 멋쟁이 사촌 샤를이 예고 없이 찾아오고 곧이어, 샤를 아버지가 사업에 망한 충격으로 자살했다는 파리 소식이 날아든다. 알거지가 된 샤를이 돈벌이를 찾아 인도로 떠나는데 그와 사랑에 빠진 으제니는 아버지가 생일 때마다 선물로 준 금덩이를 건네주고 그 사실을 안 아버지가 노발대발하자 어머니는 자기 남편의 비인간적인 탐욕에 몸서리를 치다가 몸져눕고 결국 세상을 떠난다. 아버지는 점점 더 잔혹한 탐욕으로 으제니를 괴롭히다가 그도 병들어 죽고 유산을 물려받은 으제니는 일편단심 샤를을 기다리지만 샤를은 다시 돈을 벌게 되자 으제니를 버리고 다른 여자를 택하지만, 샤를 아버지의 채권자였던 그녀 아버지는 빚 갚기를 요구하고 그가 거절하자 딸을 줄 수 없다며 버티고, 그런저런 소식을 들은 으제니는 샤를 아버지의 빚을 모두 갚은 후 영수증과 함께 행복을 비는 편지를 샤를에게 보내고 충직한 하인 나농과 함께 사뮈르에서 자선을 베풀며 단순 소박하게 사는 쪽을 택한다.

풍자와 과장, 당대 세태 연구 같은 요소들이 앞으로 거대하고 풍부하고 심오하게 혼융하면서 사회적 신분 상승과 돈을 좇는 인간의 자본주의적 욕망을 철저하게 해부 및 형상화, 프랑스-발자크 리얼리즘의 장구하고 위대한 대하를 이룬다. 리얼리즘이란 한마디로, '인간=일상'을 미학적 의미 추구의 최적 매개로 보는 예술정신이며, 리얼리즘의 승리는 '인간=일상' 진보의 승리에 다름아니다. 『고리오 영감』에 이르면 발자크 리얼리즘 기법과 정신은 한층 더 심화한다. 프랑스혁명 이후 부르주아지 사회의 병폐에 대한 비판적인, 비관적인, 아니 거의 염세적인 성찰로 가득 찬 이 작품의 주인공은 야심만만하지만 돈 한 푼 없는 청년 라스티냐크와, 자식을 위해 모든 것을 희생하는 고리오 영감 두 사람이다.

법학을 공부하러 파리로 온 라스티냐크는 파리 사회 정복의 꿈을 불태우고, 그의 후미진 하숙집에는 수수께끼 사내 보트랭과 은퇴한 상인 고리오 영감도 살고 있는데 보트랭은 라스티냐크에게 출세를 하려면 온갖 수단, 심지어 범죄까지도 주저하면 안 된다고 충고하면서 돈 많은 상속녀와 결혼하기 위한 살인계획까지 밝히지만 라스티냐크가 그 계획에 동조하려 할 즈음 보트랭의 정체가 드러나 경찰에 체포되고, 고리오 영감은 옷차림과 몰골이 형편없는데도 자신의 큰딸은 백작 부인이고 작은딸은 공작 부인이라 떠벌려대서 하숙집의 조롱거리였으나, 어느 무도회에서 고리오 영감의 작은딸을 만나 고리오 영감 말이 사실이며, 고리오 영감이 자신의 거대한 재산을 두 딸에게 모두 주었는데 두 딸은 이제 아버지를 창피스러워하고 더 뜯어낼 것이 있을 것 같을 때만 아버지를 찾는다는 것을 알게 된 라스티냐크는 불쌍한 마음이 들어 고리오 영감과 친하게 지내는 동시에, 출세 수단으로 첫째 딸을 정부 삼고, 고리오 영감은 둘째 딸의 빚을 갚아 추문에서 구하려고 마지막 안간힘을 쓰다 치명적인 병에 걸려, 처량하게 딸을 찾지만 딸들은 오지 않고, 라스티냐크와 의학도 비앙숑만 자리를 지키고, 고리오 영감이 사망하자 라스티냐크는 시계를 팔아 초라한 장례식을 치러준다.

사실적인 세부 묘사에도 불구하고 소설은 능란한 속도 조절로 미학적 긴장을 쌓아가다가 고리오 영감의 파국에 달한다. 고리오 영감은 리어왕처럼 자신의 과도한 사랑 때문에 두 딸에게 버림받고 죽음을 맞으며, 고리오 영감의 죽음은 리어왕과 달리 비극적 장엄성을 띠지 않지만, 바로 그점이 리얼리즘의 승리를 예견케 한다. 셰익스피어 낭만주의는 어느새 예술의, 현실도피적 피난처로 보이고, 묘지 언덕에서 내려다보니 파리가 가장 비인간적인 투쟁을 통해서만 정복이 가능한 괴물 같았다는 소설 말미에서 그런 느낌은 더욱 분명하다. 삶의 현실을 피하지 않는 소설, 하지만 끝내 (정치적으로가 아니라) 리얼리즘 예술적으로 삶에 도전하는 소설의 결과로, 『고리오 영감』은 소설 속에 세계를 짓고 세계 자체를 소설화한다. 낡아 빠진 하숙집에 모인 일곱 명의 빈털터리들, 퇴폐적인 옛 귀족과 신흥 계급이 들락거리는 호화살롱, 정략결혼, 열정적인 사랑, 크고 작은 돈사기와 국제 규모의 금융조작, 19세기 초반 파리 생활의 파노라마가 소설 뼈대로 들어설 뿐 아니라, 리얼리즘이라는 예술 및 시대정신으로 영원히 생동한다. 문학 예술정신이 시대를 포식하기 시작하고, 『고리오 영감』을 쓰던 1834년부터 발자크는 자신이 이왕 쓴 작품과 앞으로 쓸 작품 전체에 어떤 통일된 계획을 부여하려는 모종의 권력 의지에 사로잡혀 우선 자신의 소설을 세 종류, 즉 인간 삶과 사회를 다루는 1)분석적 연구, 인간 행동을 결정짓는 원인을 드러내는 2)철학적 연구, 원인이 자아내는 효과를 보여주는 3)풍속의 연구로 나누고, 이중 3)을 다시 사생활, 지방생활, 파리생활, 정치생활, 군대생활, 전원생활의 여섯 장면으로 분할, 백과전서파 정신의 소설-미학화를 겨냥했으며, 계획에 따라 1834~1837년 모두 12권의 소설집을 출간하고, 그 전에 써놓은 더 많은 작품을 합쳐 1840년 마침내 자신의 미래판 전집을 통틀어 『인간희극』이라 명명하는데, 단테 『신곡』(‘신의 희극’)에 견주겠다는 속내였고, 1842~1848년 17권이 나오고, 발자크 사망 한참 뒤인 1869~1876년 총 24권으로 마무리된, 『인간희극』 결정판은 1789년 프랑스혁명에서 1848년 혁명 전야에 이르는 시기를 소설의 세계로 완벽하게 창조해내면서 소설과 리얼리즘의 근대적 승리를 방대하게 입증한다. 변화를 추동하는 변하지 않는 원칙이 변화 속으로 스며들며, 교조화하지 않는다. 변화가 원칙의 육을 이루며, 아나키화하지 않는다. 그런 변화와 원칙의 변증법, 리얼리즘 미학을 통해 발자크 소설은 변화하는 세계 속 인간 진리의 더욱 심오하고 광활한 지평을 포착해냈다. ‘분석/철학/풍속’은 도식화한 범주가 아니라 포괄적으로 넘나들기 위한 경계며, 한 작품 속에 정치와 경제, 사회가 두루 혼융하고, ‘장면들’도 마찬가지다. 『으제니 그랑데』는 파리 생활 장면들의 주요 구성부분이며, 『고리오 영감』은 사생활 장면들의 중추를 이룬다. 『사라진 환상』(1839~1847)은 지방 생활의 주요 장면 중 하나다.

젊고 잘생기고 매력 있고 지적인 시인 뤼시앵이 어머니 성을 따고 명성을 좇아 파리로 오지만, 그가 접하는 것은 썩은 문단이다. 돈이 평가를 좌우하고 평론가들은 천재를 마구 조롱하다가 다음 날에는 칭찬을 퍼부울 정도로 뻔뻔하다. 파리의 악에 물들어 집안을 황폐화한 뤼시앵이 자살을 결심할 즈음 만난 스페인 수사 카를로스가 뤼시앵에게 출세를 보장해주겠다고 나서지만 그의 정체는 탈옥한 후 진짜 수사를 살해한 보트랭이었다.

뤼시앵 이야기는 『고급 창녀와 저질 창녀』(1843~1847)에서 계속된다.

'카를로스 수사'를 따라 파리로 재입성한 그는 동행자의 정체를 곧 알아채지만, 보트랭이 야심과 환락의 세계를 제공하므로 망설임을 애써 누르며 지내다가, 극장에서 마주친 고급 창녀 에스터에게 첫눈에 반해버린다. 뤼시앵을 부자로 만들 수 있다는 보트랭의 꼬임에 넘어간 에스터는 백작의 정부가 되었다가 백작의 너무도 사악한 인간성에 충격을 받고 자살하는데, 에스터에게는 자신도 모르게 엄청난 유산이 상속되어 있었고, 에스터를 살해한 혐의로 체포된 뤼시앵은 공포에 질려 보트랭과 연루된 혐의를 인정하고 감옥에서 스스로 목을 맨다.

보트랭은 발자크의 또다른 몇몇 소설에도 등장한다. 그의 생애를 따로 정리해보면, 보트랭은 별명이 '죽음의 트럼펫'이며 원래 사기죄 누명을 쓰고 파리로 도주, 도적 대장 노릇을 하다가 라스티냐크를 만나고, 도적협회에서 나오는 돈으로 뤼시앵을 도와주며, 뤼시앵이 자살한 후에는 범죄 생활을 완전히 청산한다. 당시 유명한 범죄자 비도크의 『회고록』이 널리 읽혔고 보트랭뿐 아니라 위고 『레미제라블』의 장발장과 자베르 형사도 비도크를 모델로 한 것이지만, 발자크의 보트랭은 단순한 범죄자가 아니라 『인간희극』 전체의 계획-집행자며, 프랑스 자본주의를 생체실험하는 발자크 자신이기도 하다. 끊임없이 글을 썼으므로 발자크한테 만년작이란 말은 어울리지 않고 최후 걸작은 『사촌 베트』(1846)와 『사촌 퐁스』(1847)다.

보스게 출신 여자 농사꾼 '사촌 베트'는 욕심과 질투가 너무도 사납고 심하여 사촌 아델린이 아름답고 덕망이 높은데다 윌로백작과 화려한 결혼생활을 누리는 사태를 도저히 참을 수가 없고, 윌로백작은 루이 필립 치하 존경받는 정부 관리지만 성욕 때문에 몸과 마음이 피폐해진 상태다. 사촌 베트는 폴란드 청년 예술가 스타인보크 공작을 집 안에 얼마 동안 모셔두고는 투박한 애정 공세를 펴고 있는데 조카와 공작이 우연히 만나 사랑에 빠지고 결혼 절차가 마련되자 차마 노골적으로 분노를 드러내지는 못하고 조카를 파멸시킬 계획을 은밀히 추진, 우선 월로 백작의 최근 정부 마네프 부인과 연대를 맺는데, 마네프 부인은 탐욕스럽고 비정한 요물이자 고급 창녀로 월로 백작의 정부면서 부유한 전직 상인이자 월로 백작 아들의 장인인 크레벨과 관계를 맺는가 하면 브라질 출신의 돈 많은 정부(情夫) 눈에 먼지를 던지며 표독을 부리는 와중에도 탁월한 계략으로 젊은 공작을 유혹해내고, 사촌 베트는 감쪽같이 자신을 위장하여 모든 친척들이 자신을 유일한 구세주로 믿게 만든다. '마네프 부인과는 친한 척할 뿐' 이라는 사촌 베트의 말을 친척들이 정말로 믿으며, 복수심과 야욕에 사로잡힌 사촌 베트는 월로 백작의 형 마레샬과의 결혼에 거의 성공할 뻔하지만, 동생 월로 백작이 공금 횡령죄로 해직되었으나 아무 거리낌도 없이 악덕을 저지르다 종적마저 감춘 상태라는 사실을 알고는 마레샬이 충격으로 사망하자 월로 백작에게 은밀히 돈을 보내어 그의 타락을 가속화하고, 그러는 동안 과부가 된 마네프 부인은 돈 때문에 크레벨과 결혼했다가, 그녀의 브라질 출신 정부한테 새 남편과 함께 독살당하고, 크레벨의 재산이 그의 딸과 사위, 즉 자신이 파멸시키려했던 월로 백작 아들에게 상속되는 것을 본 사촌 베트는 좌절과 실의에 빠져 오한에 떨며 죽어간다.

질투와 무절제한 방종이 자아낸 엄청난 혼란(의 마무리)을 발자크는 고의적으로 희화화한다. 월로 백작은 언뜻 개과천선하고 귀가하지만 사실은 월로 부인의 죽음을 기대하면서 부엌 하녀에게 청혼하고, 그 현장을 엿들은 월로 부인이 충격으로 죽고, 심신이 황폐해진 백작이 하녀와 결혼식을 올리는 것이 소설 끝 장면이다. 『사촌 퐁스』는, 『사촌 베트』와 달리 주인공이 남자고, 피해자지만 기조는 비슷하다.

수집벽과 요리벽이 있는 초라한 음악가 '사촌 퐁스' 는 부모에게 물려받은 재산을 수집으로 몽땅 날리고 부자 친척들 집을 전전하면서 때론 굴욕까지 감수하며 좋은 요리를 탐닉한다. 그는 헌신적인 독일인 친구 슈무케와 함께 사는데, 그 또한 음악선생이다. 젊은 조카와 돈 많은 프레데릭의 결혼을 주선하지만 실패한 일 때문에 친척들이 '우리 가문을 뭘로 보는 거냐' 며 마구 비난을 퍼부어대자 사촌 퐁스는 심한 병에 걸리고, 그의 수집품이 사실 엄청난 가치가 있다는 것을 발견한 관리인 시보 부인이 말을 퍼뜨리는 바람에 여자들의 육탄공세와 인간성의 가장 어두운 측면에 슈무케와 함께 시달리고, 죽어가는 사촌 퐁스의 병상을 시보 부인과 의사, 1층에 세든 중고업자, 수상한 구혼자, 그리고 친척들의 온갖 음모술수가 어지럽히고, 사촌 퐁스는 온갖 방해에도 불구하고 죽기 직전 슈무케에게 수집품을 물려주지만 사촌 퐁스의 죽음으로 상심이 큰 데다 워낙 세상 물정을 모르는 슈무케는 결국 변변찮은 돈을 받고 수집품을 내주고, 그도 숨을 거두고, 친척들은 툭하면 '사랑하는 퐁스 사촌' 얘기다.

『사촌 베트』와 『사촌 퐁스』는 파리 생활 장면들의 중추다. 발자크는 끝까지 파리를 떠나지 않는다. 그는 혁명 이후 프랑스 자본주의 실상에 환멸과 매혹을 동시에 느꼈으며, 매료와 환멸 사이 긴장 혹은 균형과, 그의 문학 생애를 관통하는 필사적인 리얼리즘 글쓰기는 동전의 양면이었다. 1850년 과로로 인한 뇌일혈로 사망하지만, 자신이 창조한 등장인물 대부분과 달리, 발자크는 자신의 엄청난 열정을 낭비하지 않았다. '문학은 생활과 같은 것이 결코 아니다' 라는 자신의 주장을 발자크는 소설로 명확하게 뒤받침했으며, 발자크 『인간희극』으로 근대소설은 되돌아갈 수 없는 강을 건넜다. 생활에서 발자크는 돈과 명성으로 여자들을 취하고 끊임없이 돈 많은 과부를 찾아다니고 화려한 옷치장에 값비싼 골동품 취미를 즐기며 거드름을 피우고 허풍 떨고 뻔뻔스런 야심을 노골적으로 드러내고, 자신이 엄청난 사람이라고 광고하고 다녔다. 발자크는 자신을 생체실험했던 것인지 모른다.

플로베르는, 발자크 이후, 특히 보들레르와 도스토옙스키 사이에서 너무 늦었지만, '절대적으로 올바른 표현을 위한 절대적으로 올바른 단어' 라는 자신의 모토를 그대로 실현, 프랑스 리얼리즘 소설미학을 발자크와 정반대 방향으로, 그리고 정반대 규모로 심화하였다. 사적인 세계의 단순한 묘사에 머무르지 않고 보다 깊고 보다 완벽한, 완벽주의적인 현실 형상화를 추구했던 그의 대표작 『보바리 부인』(1857)은 1849~1851년 이집트, 팔레스타인, 시리아, 터키, 그리스, 이탈리아 여행 후 집필에 착수한 지 오 년 만에 완성, 잡지에 연재되었는데 줄거리는 단순히, 사는 게 지루하고 '불행한' 중산층 부인 에마 보바리가 갖은 연애 공상을 즐기다가 직접 불륜을 실행하고 결국 비극적인 파국을 맞는다는 것이지만 불륜의 과정이 매우 심도 있게, 리얼하고 적나라하게, 강렬한 공감을 자아내게끔 그려졌으므로 파리 사회를 격분시켰고, 플로베르는 기소되고, 가까스로 실형을 면했다. 사랑, 열정, 행복 등 추상적인 개념을 구체적인 현실로 껴안으려 함으로써 보바리 부인은 자신의 삶을 스스로 파괴하고, 돈으로 상징되는 물질적 현실을 무시함으로써 재정 파탄 및 자살에 이른다. 플로베르의 정교한 사실주의는 평범한 불륜 소재를 심오한 인간성 탐구의 '문학=매개' 로 승화시키며, 최적의 표현에 대한 확고한 신념과 노력으로 『보바리 부인』의 문체는 매우 간결하고 절제되어 있지만, 동시에 시적으로 생생하며, 겉보기에 단순하고 직접적이지만 의미가 영롱하고 깊다. 시골 읍내 풍경이 매우 상세하게 또 사실주의적으로 그려지며, 등장인물은 살아 움직이는 듯하고, 저자의 객관적 시각에도 불구하고 등장인물들의 정서가 독자 마음속으로 육박해들어온다. 이 모든 효과들은 따로따로 작용하지 않고, 아니 장편소설에서 보기 드문 기조와 형식의 통일성을 이루며, 거꾸로 상투적이고 대단할 것도 썩 중요할 것도 없는 '현실=상징' 적인 시골 읍내 인간 사회가 통일성을 위해, 보편적 의미를 띠면서 내내 흥미로운 세계로 변해가고, 촘촘하게 그려지는 등장인물의 사소하고 값싼 욕망들이 인류 열망에 대한 뒤틀린 풍경화로, 이 정도 목표도 달성할 수 없는 무능력은 삶의 역설적인 비극으로 전화한다. 발자크처럼 글쓰기에 필사적이었지만, 플로베르는 발자크와 달리 '필사적' 을 끝없이 응축했고, 낭만주의적 충동이 오히려 절제미학을 강화하는, 소설미학의 보석 세공 경지를 열었다고 할 수 있지만, '소설가=보바리 부인' 의 완성 또한, 너무 늦었다.

스탕달/위고 낭만주의, 모든 것을 정반대로도 펼쳐버리다

발자크 리얼리즘 문학을 반석으로 그의 열여섯 살 연상 스탕달과 세 살 연하 위고, 그리고 네 살 연하 대(大) 뒤마의 소설세계가 장대하게, 역동적으로, 그리고 낭만주의적으로 펼쳐진다. 스탕달 문학은 매우 복잡하고 독창적이다. 위트와 관습 파괴적인 언행 때문에 파리 사교계의 총아로 부상한 그는 1823, 1825년 논문 「라신과 셰익스피어」를 발표했는데 '역사적인 시기 각각은 당시로서는 낭만적이었으며, 낭만주의는 모든 문화적 시기 절대 필요한 요소다'는 주장을 담고 있으며, 이 글은 프랑스 최초의 낭만주의 선언문 중 하나로 꼽힌다. 그는 대표작 두 편을 남겼는데, 그중 『적과 흑』(1830)은 왕정복고 시기(1814~1830) 프랑스 사회를 다루고 있다.

예민하고 숭고한 정신과는 담을 쌓고 계산과 야심으로 자신을 가득 채운 쥘리앵은 나폴레옹 군대(赤, 공화~자유주의)에 가담해서 영예를 좇을 수도 있겠으나 태생도 재산도 형편없으므로 현재 출셋길은 교회(黑, 반동)밖에 없다. 음모와 위선을 수단 삼은 출세 작전 첫 단계로 그는 베리에레시 시장 아이들 가정교사가 되고 급기야는 정숙한 시장부인을 유혹하는 데 성공하고 추문을 피해 시장 집을 나와 브장송 소재 신학교에 입학한다. 인기는 없었으나 탁월한 성적 덕분에 후작 비서로 내정되어 파리로 보내진 그는 다시 역경을 딛고 후작의 신임을 획득, 집안사람과 방문객들의 사랑을 받다가 마침내 시건방진 후작 딸 마틸드의 관심을 끌고 그녀를 유혹한다. 마틸드가 점점 더 사랑에 빠지며 결혼을 요구하고, 추문을 피하기 위해 후작은 쥘리앵을 귀족신분에 올리고 군에 입대시키면서 결혼식도 준비하지만 이때 '쥘리앵은 출세를 위해 여자를 유혹하는 괴물'이라는 내용의 시장부인 편지가 도착하고, 냉혹한 분노에 사로잡힌 쥘리앵은 베리에레시로 귀환, 교회에서 기도중인 시장부인에게 총을 두 발 발사하고 체포된다. 치명상을 면한 시장부인이 마음을 바꾸어 선처를 호소하고 마틸드도 백방으로 노력하지만 소용없이 효수형이 선고되고 쥘리앵은 '운명과 싸움에서 나는 졌다' 며 후회를 거부하고 당당히 효수대를 향해 걸어간다. 시장부인은 상심으로 죽고 마틸드는 쥘리앵의 머리를 수습하여 성대한 장례식을 치러준다.

기괴하고 우스꽝스러운 대미는 스탕달 낭만주의가 발자크 리얼리즘에 너무 완강하게 반발한 결과로서 시대착오다. 또다른 대표작 『파르마의 수도원』(1839)은 발자크가 극찬했지만, 찬사의 내용은, 본의 아니게, 스탕달의 시대착오를 꿰뚫는다. 마키아벨리가 19세기 이탈리아에서 추방되었다면 아마 이 작품을 썼을 것이다. 위고 시극 「에르나니」(1830)는 프랑스 낭만주의 선언이고 『레미제라블』(1862)은 완성이다. 「에르나니」는 당시 들끓던 신구문학논쟁에서 젊은 낭만주의자들의 승리를 확인시켜주지만, 이듬해 발표된 소설 『파리의 노트르담』은, 다시 불길하게, 중세풍이다.

15세기 파리 놀량패한테 인기 만점인 집시 처녀 무용꾼 에스메랄다에게 넋을 빼앗긴 노트르담성당 부주교 프롤로는 꼽추 성당 종지기 콰지모도를 살살 구슬려 에스메랄다를 납치해오게 하고 피랍 도중 근왕 궁수대장 푀뷔에게 구출된 에스메랄다는 망나니 허풍쟁이에 불과한 푀뷔를 영웅으로 착각하고 사랑에 빠져 그와 비밀리에 만날 약속을 하는데 둘의 밀회 장소를 추적한 프롤로가 에스메랄다 눈앞에서 푀뷔를 칼로 살해한 후 도망치고 현장에서 체포된 에스메랄다는 살인죄 누명을 쓰고 사형선고를 받는다. 하지만 그녀가 보인 하찮은 친절에 감동하여 그녀의 순정한 노예가 된 콰지모도가 교수대에서 그녀를 구출, 성당 내 성소에 옮겨오고, 프롤로는 에스메랄다 패거리, 집시, 거지, 악한들에게 그녀 은신처를 가르쳐주며 구해가라 꼬드기고, 패거리들이 한밤중에 성당을 공격하고 콰지모도가 혈혈단신으로 막아내고 그러는 중 프롤로는 변장을 하고 에스메랄다를 설득하여 함께 도망치려 하다가 어느 순간 에스메랄다가 그의 정체를 알아차리고 손길을 뿌리치자 그녀를 집시 여인에게 맡기고 궁수대 장교를 부르러 간다. 몇 년 전 어린 딸을 유괴당하고 반쯤 넋이 나간 상태였던 집시 여인은 에스메랄다의 부적을 보고 그녀가 바로 잃어버린 딸임을 알게 되지만, 궁수부대를 이끌고 도착한 프롤로가 에스메랄다를 끌고 가던 중 죽고, 며칠 후, 노트르담성당 탑 위에서 콰지모도가 저 아래 교수대에 매달린 채 바람에 흔들리는 에스메랄다 시체를 절망적인 표정으로 보고, 그의 시선에 잡힌 프롤로가 그녀 시체를 히죽 웃으며 바라보고, 콰지모도가 프롤로를 뒤에서 떠밀고 프롤로는 자갈길 위로 떨어져 즉사한다. 그리고 한참 후 처형당한 죄수들 시체가 내팽개쳐진 지하실. 에스메랄다 옆에 콰지모도의 해골이 발견된다.

『파리의 노트르담』은 중세 파리 풍경을 생생하게 재현한다. 성당이 모든 등장인물과 사건의 중심무대라는 점에서 그것은 정신적으로도 그렇고 에스메랄다 패거리들의 성당 야습 장면은 매우 극적이지만, 이 작품의 낭만주의는 역시 과거지향적이고 발자크 소설의, 특히 보트랭과 연관된 우연들이 자본주의 혹은 악의 편재를 상징하는 반면, 이 작품의 우연들은 전근대적인 소설미학의 잔재다. 하지만, 위고 낭만주의는 발자크 리얼리즘과 무관한, 별도의 흐름은 아니며, 그의 『레미제라블』은 낭만주의의 위대한 걸작으로 1841년 예술원 회원 피선, 1843년 딸과 사위 익사로 인한 슬픔의 충격, 1851년 쿠데타 발발 후 근 20년 동안 망명 생활 등 그의 역정의 반영인 동시에, 『파리의 노트르담』이 발자크 리얼리즘의 세례를 받은 결과다.

좀 둔하기는 하지만 마음씨 착한 농부 장발장은 굶주린 조카를 위해 빵 한 조각을 훔친 죄로 19년 징역이라는 가혹한 형을 치르고 1815년 출소, 거친 범죄 행각을 벌이던 중 물건을 훔치러 들어간 집 주인 뮈리엘씨의 고결한 영혼과 친절한 마음씨에 감복하여, 마음이 누그러지기 시작하지만 불행하게도 또 한 차례 도둑질을 하게 되고 수배와 종신형 위협에 처하자, 마델린씨로 행세하면서 북프랑스 소읍내에서 장사를 시작, 크게 번창하고 시장 자리에 올라 읍내 은인으로 존경받기에 이른다. 그는 불행한 여자 팡틴을 보살펴주는데 그녀의 유복녀 코제트가 양아버지한테 모진 학대를 받으며 사는 것을 알고는 코제트

> 를 양부모로부터 구해주겠다고 약속했다가 현상수배범 장발장이 잡혔다는 소식이 들리자 양심의 가책에 사로잡혀 재판을 방청하고, 급기야 자기정체를 밝히고, 줄곧 장발장을 의심해온 비정한 형사 자베르에게 체포되어 다시 감옥에 수감된다. 장발장은 약속을 지키기 위해 일 년 만에 신비스럽게 탈옥, 감호 당국은 그가 사망한 것으로 추정하고, 공포에 질린데다 거의 굶어 죽을 지경이던 코제트를 구출한 장발장은 파리에서 은둔 생활을 시작한다. 코제트가 과거를 일체 잊고 장발장이 아버지라고 철석같이 믿으며 걱정 없는 아이로 자라던 어느 날 우연히 장발장과 마주친 자베르가 장발장의 정체를 알아차리고, 숨 막히는 추격전이 벌어지고 장발장은 수녀원으로 숨어들어 정원사로 일하고 코제트는 수녀들에게 교육을 받는다. 몇 년 후 장발장은 '존경받는 포셰르방씨' 로 행세하며 다시 세상에 나오고, 이제 코제트는 아름다운 처녀고 장발장은 존경받는 시민이며, 예전에 숨겨둔 돈으로 장발장이 부유한 삶을 마련해주지만 코제트는 민주주의 신념을 좇는 젊은 청년 마리우스와 사랑에 빠지고, 6월혁명이 일어나고 중상을 당해 의식을 잃은 마리우스를 장발장은 맨홀 뚜껑 밑 파리 하수도 속으로 숨겨 복잡한 미로를 천신만고 헤맨 끝에 마리우스 할아버지 집에 옮겨놓고 사라진다. 마리우스 할아버지는 코제트가 '포셰르방씨의 딸인 줄 알고 마리우스와 결혼을 승락하지만 결혼식이 끝난 후 장발장은 마리우스에게 자신은 전과자며 코제트는 자기 딸이 아니라고 고백하고, 전체적인 정황과 장발장이 자신을 구했다는 사실을 모르는 채 충격을 받은 마리우스는 신혼부부를 떠나려는 장발장을 말리지 않고, 결국 모든 사실을 알게 된 마리우스가 장발장을 찾지만 장발장은 삶의 의욕을 잃고 죽어가는 중이었다.

『삼총사』(1844), 『몽테크리스토 백작』(1844~1845) 등을 쓴 대(大)뒤마는 19세기의 가장 인기 있는 프랑스 소설가였지만 낭만주의 미학의 깊이에서 위고에 미치지 못한다. 그의 아들 소(小)뒤마는 베르디 오페라 〈라트라비아타〉 원작자로 유명하다.

문학과 정치, 불화하는 동전의 양면 그리고 러시아 산문시대

발자크는 왕당파를 자처했으나 발자크 소설의 리얼리즘적 진실성은 그의 문학을 진보적이게 한다는, 엥겔스의 '리얼리즘의 승리' 선언은 문학예술과 정치의 차이를 올바르게 규정짓지만, 더 자세히, 마르크스와 엥겔스가 처했던 당시 (독일) 환경은 음악의 바그너에서 보듯 낭만주의가 그리스-로마 고전 대신 북구신화를 후광 삼아 심하게 반동화하고 철학의 니체에서 보듯 탈이성화한 상태였다. 바그너와 마찬가지로 자신의 예술욕망을 끝까지 신뢰하고 밀어붙이고 생체실험했지만, 발자크 리얼리즘은 (자본주의) 현실에 대한 현실적인 응전의 결과며, 자본주의와 친근한 소설 미학이다. 마르크스가 이룩했던 이성과 계몽의 절정으로서 '(영국)정치경제학, (독일)철학, (프랑스)혁명이론' 의 삼위일체는 독일의 낭만주의적 후진성을 진보성으로 역전시키려는 필사의 절규로 인한 각질화를 말끔히 벗지는 못했고, 엥겔스의 말은 문학에 대한 혁명가의 매우 유연한 입장이지만, 충분하다고 할 수는 없다. '혼돈에서 우주가 나왔다' 는 믿음은 정치의 토대지만 예술의 입장에서 그 믿음은 방관이다. 예술가는 자기 내부와 궁극의 우주를 일치시키기 위해 평생 동안 혼돈의 미로를 헤매며 스스로 '우주의 창조' 보다 '창조의 우주' 를 더 탐내고, 그래서 정치적으로 위험하지만, 모험이 아름다운 건축미학을 낳고 그 속에 정치가 거처를 마련한다. 정치의 '오해' 가 더 위험하다. 엥겔스와 발자크는 불충분하게 만났으며, 장차 레닌과 현대문학은 서로를 치명적으로 오해하게 된다. '모든 러시아 단편소설은 고골의 「외투」에서 나왔다' 고 도스토옙스키는 말했고, 사실주의와 인상주의를 절묘하게 중첩시킨 「외투」의 영향력은 (인상주의적으로) 도스토옙스키 「지하 생활자의 수기」(1864)와, (사실주의적으로) 톨스토이 「이반 일리치의 죽음」(1886)에 이르지만, 고골과 발자크를 합하더라도 도스토옙스키와 톨스토이의 러시아 산문문학 시대 전사를 모두 해명할 수는 없고, 끊어진 고리를 이은 가장 주요한 인물은 당시 가장 진보적이었던 러시아 문학평론가 벨린스키와 소설가 투르게네프다. 포와 고골, 그리고 테니슨의 이 년 연하, 스토 부인의 동년배, 디킨스와 브라우닝의 일 년 연상인 벨린스키는

1832년 모스크바대학에서 퇴학당한 후 언론 기고로 생계를 꾸리다가 1834년 창간된 잡지 『망원경』에 「문학적 꿈들」을 연재하는 식으로 본격적인 평론 활동을 시작하는데, 이때 그는 셸링 이상주의에 빠져 있었다. 페테르부르크 체류 시절 투르게네프 등 진보적인 작가 및 언론인 들과 어울리며 특히 연재물 「조국에 대한 소묘」를 통해 그는 러시아 지식인의 문학-사회적 견해를 형성하는 데 앞장서다가 마침내 '러시아문학은 러시아 현실을 정직하게 반영해야 하며, 예술은 예술적 질은 물론 사회적 질까지 담보해야 한다'는, 근대 러시아 문예비평을 압도하게 될 신념을 기초했을 때 그는 '한 나라의 예술과 역사는 밀접한 연관이 있다'는 헤겔의 견해에 결정적으로 고무된 헤겔 이상주의자였으며, 장차 러시아의 정치-경제적인 낙후성을 문학적 진보성으로 역전시키는 데 결정적인 이론을 잇달아 제공, 러시아 급진파 지식인의 아버지라고 불리게 된다. '러시아문학은 자연 상태의 민요시 형태를 극복하고 더 나아가 아직 태아 상태인 러시아 국가를 성숙한 문명사회로 만드는 데 기여해야 한다'는 일반론이 투르게네프, 푸시킨, 도스토옙스키 등 주요 러시아 작가, 특히 고골 작품의 역사-미학적인 분석-평가로 구체화, 승화한다. 투르게네프는 마르크스의 동년배로, 언뜻 고골과 정반대 작가처럼 보인다. 그의 「사냥꾼 일기」(1852)는 문체가 단순하고 절제되어 있으며, 속도가 평정하다. 그러나 투르게네프 또한, 고골과 마찬가지로, 정교한 플롯을 구축하는 대신 인물과 장소의 질을 잡아챈다. 투르게네프 소설문학을 대표하는 시적 리얼리즘의 걸작 장편 『부자父子들』(1861)은 투르게네프 당대, 즉 농노해방 이전 러시아 지식인들을 등장시키며, 과학적 유물론, 노예제 문제, 사회개혁, 그리고 근본적 허무주의 철학 등 당대를 풍미한 사상들이 전편에 걸쳐 토론되지만 제목이 시사하듯 주제는 '사상들'이 아니라 부모와 자식 사이, 견해가 다른 세대 사이 갈등이고, '사상들'은 갈등의 추상적인 한 단면에 지나지 않는다. 가문과 환경이 다른 '아들' 둘이 있다. 비타협적인 과학적 공리주의자 바자로프는 인습과 격식, 그리고 인간 감정을 혐오하고 가차 없는 자기비판을 수행하지만 결국 귀족과 사랑에 빠지고, 그의 친구 아르카디는 본질적으로 바라조프의 추종자지만 주변을 얼쩡대는 자칭 자유주의자들보다 훨씬 진지한 인간이다. 자칭 자유주의자들이 정말 무자비하게 희화화하지만, 바자로프라는 인물의 소설적 형상화는 탁월하다. 스스로 세운 엄격한 기준에 맞추어 살 수 없다는 바로 그점 때문에 바자로프는 더욱 신빙성을 갖게 되며 바자로프 집안보다 아르카디 집안을 더 많이 다루는 것은 처음부터 독립적인 태도를 취하는 바자로프보다는 평소 순종하던 아르카디의 '의식화'와 행동이 일으키는 평지풍파가 소설적으로 더 중요하기 때문이다. 벨린스키를 '사회성/예술성'의 이분법으로 받아들이는 순간 『부자들』은 물론 벨린스키 문학론에 대한 온전한 이해 자체가 불가능해진다. 벨린스키의 『부자들』론은 이렇다.

> 소설은 사회적 이슈보다 개인들 관계에 미학적으로 더 집중하고 작가는 어느 한쪽 입장을 대변하지 않으며, 두 명의 주인공과 숱한 조연들은 간접적인 방식으로 강력한 '성격'을 부여받고, 작가는 좀체 그들의 동기를 설명하거나 분석하지 않고 그냥 행동하게 할 뿐, 각 등장인물이 다른 등장인물에 끼치는 영향이 읽는 이의 미학적 태도 혹은 감동을 자아낼 뿐이다. 소설 막바지에 바자로프가 발진티푸스로 사망하는 것은 개혁운동이 이슈 없이 소멸될 것이라는 암시, 혹은 아둔한 전통주의자가 이상주의자를 파멸시킨다는 주장과 아무런 연관이 없으며, 갈등에 대한 탐구가 미학적으로 완료되었으므로, 즉 소설이 끝날 때가 되었으므로 발생하는 사건일 뿐이다.

이것은 예술지상주의적 평가가 결코 아니다. 예술성은 사회성을 통해 발현되고 사회성은 예술성을 통해 고조된다. 예술성과 사회성 사이에는 물론 갈등이 존재하지만 갈등은 새로운 차원의 '구분과 결합'을 매개하는 갈등이다. 투르게네프는 비현실적인 것을 애써 피했다. 리얼리즘 장면에 유령 '이야기'가 등장할 수는 있지만, 유령을 직접 등장시키지는 않았다. 효과로 보자면 투르게네프는 편견 없는 관찰자에 머무는 쪽이었다. 마르크스의 대사상에 비추어 러시아 지식인 벨린스키의 진보성은 정말 미미해 보이지만, 이제 곧 러시아 산문문학이 선진적인 유럽의 문학은 물론 지적 풍토까지 압도하게 될 것이다. 도스토옙스키는 마르크스의 삼 년 연하, 톨스토이는 십 년 연하였다.

도스토옙스키, 우주보다 드넓고 복잡한 인간 심리세계

도스토옙스키 소설은 사실주의라는 말이 왜소하게 들릴 정도로 인간의 마음 가장 어두운 곳을 꿰뚫어보는 심리학적 통찰이 압도적이며, 바로 이 통찰이 20세기 현대소설 전반에 심대한 영향을 끼친다. 도스토옙스키는 중산층 가정에서 태어났으나 아버지가 집안 농노에게 참살당하는 끔찍한 경험에 청소년 시절을 난자당하고 내내 악몽에 시달렸으며, 군사기술학교에서 뛰어난 성적을 내고도 의무 복무 2년을 채운 후 글을 쓰기 시작했고 『가난한 사람들』(1846)로 대단한 성공을 거두고, 곧이은 『이중성』(1846)은 반응이 덜했는데, 바로 이 작품에서 그가 평생 동안 심화해갈 주제, 분열된 인격 혹은 자아의 주제가 처음 등장한다. 병적으로 예민하고 허세가 있는 점원 골리아드킨은 직장 일이 가하는 사회적 억압과 여인에 대한 자신의 짝사랑 때문에 이미 치료를 요하는 상태인데, 소설이 진행되면서 갈수록 피해망상에 시달리다가 급기야 자신과 외모가 꼭 같은, 자신을 없애려는 무리의 우두머리와 마주치고, 마주침이 잦아지면서 결국 정신병원에 수용된다. 이 존재는 어떤 때는 확연하게 거울에 비친 골리아드킨 자신의 모습이고, 어떤 때는 자신의 공격적 상상력의 구현이고, 어떤 때는 그냥 우연히 외모가 비슷하고 이름이 같은, 기분 나쁜 보통사람이고, 또 어떤 때는, 모종의 초자연적인 경로를 통해, 자기 자신이다. 『이중성』이 발표될 무렵 도스토옙스키 유토피아 건설을 꿈꾸는 급진적 지식인 토론 그룹에 참여하기 시작하다가 1849년 정부 전복 음모 혐의로 피체, 총살형 선고를 받고 형 집행 직전 시베리아 유형으로 감형되면서 악몽이 악몽을 다시 난자한다. 악몽의 유토피아와 유토피아의 악몽을 겪고, 단지 악몽을 풀기 위해 글을 썼다면 무척 재능 있는, 그리고 진보적인 사상을 품은 작가쯤으로 끝났을 것이지만, 그는 악몽 속에 살면서 악몽 속으로 악몽을 더욱 심화하는 쪽을 선택, 자신이 정말 중죄를 지었다고 믿고 형벌을 당연하게 생각하며 시베리아 수용소 강제 노동 4년과 군대 4년 세월을 참회하는 마음으로 보내면서 유일하게 접할 수 있던 서적 신약을 통해 독실한 기독교 신자로 되었고, 그렇게 악몽이 종교와 짝을 이루고, 이 상태는 그에게 구원을 가져다주지 않았고, '유토피아=악몽' 보다 질적으로 더 높게, 종교사상과 악몽이 서로를 심화하는 전대미문의 광경이, 그리스도를 대신하는 '문학=수난' 의 경지가 펼쳐질 토대가 마련된다. 1854년 석방 후 동생과 잡지를 창간하고 과부와 불행한 결혼생활을 시작하고 잡지 폐간 후 또다른 잡지를 창간하는 번잡한 문단 생활 중 씌어진 「가족의 적」(1859) 「모욕당한 자와 상처받은 자」(1861) 「죽음의 집」(1861~1862) 「지하생활자의 수기」(1864)는 결코 태작이라 할 수 없지만, 1864~1865년 아내와 동생의 죽음, 잡지 도산, 엄청난 부채, 그것을 갚기 위해 시작했으나 병으로 도진 노름벽, 몇 차례 연애 실패 등 엄청난 정신-재정 압박에 시달리는 '현실=악몽' 상태에 이르러서야 도스토옙스키 소설은 비로소 도스토옙스키만의, '고통=숭고' 의 육을 빚는다. 그는 돈을 벌겠다는 일념으로, 엄청난 속도로 첫 걸작 『죄와 벌』(1866)을 쓰고, 자신의 속기사 안나와 행복한 결혼 생활 중 『노름꾼』 등 '불행의 걸작' 들이 이어지고, 고도의 '미학=사상' 을 갖추며, 1868~1869년 『백치』가, 1872년 『악령』이 출간된다. 『죄와 벌』은 다중인격, 애매하고 혼란스런 인간 행동 동기 작용에 대한, 범죄소설처럼 호흡이 빠른 관심과, 고통을 통한 도덕적 속죄에 대한, 참회록처럼 진정성의 미학을 갖춘 심오한 믿음을 결합한다.

고독하고 지적이며 까다로운 학생 라스콜리니코프는 '우월한 인간은 일상의 법도와 도덕적인 기준 위에 존재한다' 는 논리를 탁월하게 전개한 논문을 쓰고 스스로 우월한 인간이라 애써 자부하다가 학비가 떨어지고 집에서는 그만 독립하라고 성화를 해대자 전당포 노파를 살해한다. 가난한 사람들의 피를 빨아먹고 사는, 사회에 전혀 쓸모없는 노파 아닌가, 노파 돈으로 사회에 좋은 일을 하면 될 것 아닌가, 그의 생각은 얼핏 그랬으나 처음부터 동기가 분명치 않고 다중적이며, 실제 살인도 일종의 백일몽, 라스콜리니코프 자신도 좀체 믿을 수

> 없는 백일몽 속 계획이고, 충동적으로, 거의 기계적으로, 교묘함과 머뭇댐이 뒤섞인 채 얼떨결에 실행되고, 아파트를 찾느라 문 닫는 것을 까먹고 거의 공황에 사로잡혀 처음에는 돈도 별로 챙기지 못한다. 라스콜리니코프의 병적인 성격은 경찰의 의심을 한껏 고조시키다가 바보를 만드는 등 일종의 게임을 벌이다가 제대로 된 상대 포르피리 형사를 만나고, 범죄 현장에 대한 잡다한 분석보다는 혐의자의 복잡한 심리작용 속에 사건 해결 실마리가 있음을 간파한 포르피리는 의심과 암시를 던지면서 라스콜리니코프가 자백하거나 자기 꾀에 빠지게끔 몰아간다.

동시에 『죄와 벌』은, 라스콜리니코프가 자신의 행동을 이해하기 훨씬 전부터, 아니 거의 소설 첫 부분부터 심오한 도덕적 갱생을 주제 삼으며, 거꾸로, 라스콜리니코프는 자백 후 한참이 지나서야 자신의 논리가 부당하다는 것을 수긍할 수 있게 되고, 그 전에, 그가 자백하는 근거 자체가 이미 논리 부당성보다 훨씬 더 심오하고 복잡하며 범죄 동기만큼이나 혼란스럽다. 끊임없이 거짓말하고 두려워하고 신경을 곤두세우는 삶 자체를 혐오하면서 정신적 파탄에 달하는 그는 가해자로 역전, 소설화한 피해자 햄릿에 다름아니다. 여기서 벌써, 『죄와 벌』은 희곡보다 역사적으로 더 발전한 소설장르의 장면화 자체다. 성스러운 창녀 소냐가 남을 돕는 순정하고 필사적인 자기희생 노력을 통해 견뎌내는 악의 삶은 라스콜리니코프로 하여금 자신의 허위의식을 깨닫게 하는 매개고, 소냐가 라스콜리니코프에게 베푸는 인간적인 측은지심은 라스콜리니코프가 자신의 오만 때문에 다른 사람한테서 받을 수 없었던 것이며, 그의 고백을 가능케 하는 것은 사실 소냐가 그에게 보여주는 믿음이다. 『죄와 벌』에 삽입된 몇몇 다른 에피소드들, 라스콜리니코프의 가족과 친구 라주미힌, 소냐의 불쌍한 가족, 경찰서의 몇몇 인물들, 라스콜리니코프 여동생을 유혹하려던 사내와 그녀의 불학무식한 약혼자 등등은 19세기 후반 러시아 하층 및 중산층의 삶을 역사적으로 포괄하며, 이 역사적 포괄은 주제 집중력을 흩뜨리지 않고 오히려 복잡화, '집중=복합' 의 차원을 미학적으로 달성하고, 숱한 문제를 진지하게 생각하게끔 독자를 몰아가고, 어느 한 문제도 일도양단을 허락지 않으며, 문제의 문제성을 심화해간다. 등장인물 중 완벽하게 선한 인물은 겉보기에 타락한 창녀 소냐뿐이고, 완벽하게 사악한 인물은 겉보기에 가장 존경받을 만한 라스콜리니코프 여동생 약혼자뿐인데, 이 둘은 (복잡함이 아니라) 단순함의 양극단이고, 양극단 사이 복잡함의 스펙트럼이 펼쳐지면서 그 둘이 정반대라는 판단조차 심각하게 흔들리고, 돈, 사회적 지위, 말짱한 정신과 그 반대, 그리고 마침내 죄와 벌의 경계가 허물어지는 과정이 상투적인 이성의 무장을 매우 설득력 있게 해체하고, 독자는 복잡성의, 혼란의 '감동'에 사로잡힌다. 『죄와 벌』은 우리를 '현대=지옥' 속으로 진입시켰고, 약간의 당의(糖衣)를 사용했지만 앞으로는 그럴 필요가, 그럴 수가 없을 것이다. 『죄와 벌』 이후 도스토옙스키에게 '현대=지옥'은 이미 마음자리다. 『백치』는 가치 전복 의도가 보다 분명하고, 다소 외적이고 우화적이며 그만큼 교훈적이다.

매우 세련되고 보수적인 예판친 가족과 친구들을 방문한 '원시적' 군주 미시킨은 곧 찬탄의 대상이 되고, 예판친 가족의 감각적 쾌락과 탐욕, 그리고 죄악에 물든 실상이 드러나고, 미시킨은 예판친 가족이 시도하는 온갖 도덕적 심성 시험에 가식 없이 온화한 태도로 대하지만 그의 봉사와 동정, 그리고 형제애는 의사소통에 실패하면서 결국 백치 상태가 되고 만다.

그러나 『악령』은, '정치(조직)=지옥'을 주제 삼으면서도, 그 모든 것을 소설-미학으로 내화하고 심화하고 혼돈화한다. '러시아의 영혼은 혁명가들의 악령에 사로잡혔으며, 그리스정교 신앙과 순수한 민족주의 신념을 갱신하지 않으면 러시아는 벼랑 아래로 떨어질 것이다'라는 도스토옙스키의 선언은 물론 반혁명적이고 신비주의적이지만, '정치혁명주의'의 근원적이고 운명적인 경박성을 통찰하며, 『악령』은 인간의 악마성 자체를 심오하게 파헤친다.

선하고 숭고한데다 강하고 친화력까지 있는 수수께끼 스타브로긴은 자유주의자 지식인 흉내를 내는 자신의 가정교사 베르코벤스키와 그의 혁명가 아들

> 표트르, 그리고 여타 과격파들을 자기 진영에 끌어들이지만 방향성이 없고, 남에 대한 믿음을 잃는 순간 자신도 다는 이해할 수 없는 어떤 야만적 욕망에 사로잡혀 결국 스스로 목을 매면서 그것이야말로 자비로운 행위라고 믿으며, 베르코벤스키는 교회로 받아들여진다.

그러나 도스토옙스키의 하나님은 매우 난해하고 현대적인, 인간 이성으로 이해할 수 없는 하나님이며, 실존주의적인 하나님이다. 『악령』 발표 이듬해인 1873년 저명한 친구들이 그에게 보수적인 주간지 『시민』 편집 기회를 마련해주고, 도스토옙스키는 일 년 후 편집장직을 사임한 후에도 1876년부터 『시민』지 연재 칼럼들을 모아 월간물 『작가일기』로 내기 시작, 시사논평, 문학적 회상과 문학비평, 그리고 종종 짤막한 스케치와 단편소설까지 수록하면서 일 년 이상 펴내지만, 이제 만년작, 도스토옙스키가 죽기 몇 달 전 완성한 도스토옙스키 문학의 최대 걸작 『카라마조프가 형제들』(1879~1880)이 온다. 현대 스릴러물을 능가하는, 촘촘히 맞물리고 정교하게 엮인 사건과 서스펜스를 자랑하는 이 작품의 기본 주제는 역시 선과 악, 그리고 구원으로 가는 방편으로서 고통과 믿음이지만, 시각과 접근법이 근본적으로 더 깊고 더 광활해졌다. 가장 중요한 에피소드는, 이반이 쓰려는 시 '종교재판소장 이야기'. 이 종교재판소장은 동료 인간들을 믿지 못하여 그들로부터 진리를 숨기려는 유형의 인물이며, 그에 맞서는 '이단자'가 바로 예수고, 그가 인간의 영혼을 믿으며 자유라는 선물을, 비록 그것이 고통과 파멸을 뜻할망정, 인간들에게 주려 한다. 카라마조프 노인은 탐욕스럽고 여자를 밝히는 폴스테프형 인간으로, 소녀와 결혼을 했는데 소녀가 달아나자 성미가 고분고분한 고아 소녀와 다시 결혼한 경력이 있고, 그의 맏아들 드미트리는 도스토옙스키 특유의 '선악' 이중성격자로, 제멋대로인데다 음탕하지만 자신이 저질이라는 자의식에 시달리고 종종 고도의 종교적 믿음과 자비심에 달하며, 둘째 아들 이반은 라스콜리니코프의 '살인자=영웅' 기질을 연상시키면서, 감성적이라기보다는 지적이고 뒤틀린 심성의 미로 속을 헤매는데, 두 사람 모두 자신을 구원해야 하는 '길 잃은 영혼'이고, 셋째 아들 알로샤는 시골 수도원에서 영적인 삶을 추구하지만 카라마조프 가문의 피가 그것을 가로막는, 사실은 형들 못지않은 세속적 인간이고, 넷째 아들 스메르디야코프는 카라마조프 노인이 술에 만취한 상태로 긴가민가 여자와 동침을 했다 얻은 사생아로, 논리적이고 계산적이고 끔찍한 그의 악마성은 형들의 그것을 총괄한 듯하다. 네 아들 모두 도스토옙스키 특유의 여성들과 연루되어 있고, 아버지를 죽이는 것은 스메르디야코프지만 모든 정황증거가 드미트리를 가리키고, 이반은 아버지 살해의 논리적 배경을 자신이 본의 아니게 제공했다는 점을 깨닫고 자신을 범죄 교사자로 치부, 라스콜리니코프적인 고백 욕구에 내적으로 시달리다가 고백 전 악마와 논쟁을 벌이고, 악마는 길고 정교한 논리로 선에 맞서는 악의 필요를 옹호하고, 이반은 결국 자기 문제에 직면하는 도스토옙스키 자신의 성격 분열을 형상화한다. 풍부한 배경이 줄거리 뼈대를 무르익히고 육화하며, 농부들, 상인들, 수도원, 재판정, 변호사들의 세계가 생생하게 또 성숙한 소설미학으로 그려지고 그 속으로 카라마조프 인물들의 성격과 그들이 저지르는 끔찍한 범죄가 스며든다. 『카라마조프가 형제들』로써 도스토옙스키는 그 옛날 아버지 피살 악몽과 재회하고, 악몽에 보편적인 의미를 부여, 아버지 살해 악몽을 인류의 원죄로 역사화하는 동시에 현대 속으로 내화했다.

톨스토이, 세상보다 드넓은 생애

톨스토이는 도스토옙스키의 7년 연하지만 아무도 그를 도스토옙스키보다 더 어리다고 생각하지 않는다. 도스토옙스키는 영원히 치열하게, 병적으로 젊고 톨스토이는 일찍부터 원숙하며, '늙은' 사실주의를 맑디맑은 노년 경지의 미학으로, 세상보다 더 넓은 생애를 촘촘히 엮어가는 자수 기법으로 전화했다. 도스토옙스키와 톨스토이라는 선배와 후배의, 젊음과 노년의 변증법이 질적으로 복잡한 역동성을 띠며, 그 결과 톨스토이 대표작 『전쟁과 평화』(1865~1869) 『안나 카레니나』(1875~1877) 『부활』(1899)은 장편소설이 달할 수 있는 최고의 경지를 펼쳐 보인다. 귀족 가문 태생으로 카잔대학에 입학했으나 교육 내용에 불만을 품고 1847년 야스나야 폴리야나 저택으로 귀향한 후 1851년 코카서스에 사는 동생 니콜라이와 합류했다가 이듬해 군에 입대, 몇몇 소규모 전투를 치르고 크리미아 전쟁중 세바스토폴 공격에 가담한 그는 1857년 프랑스, 스위스 및 독일 등지를 방문하고 돌아와 농민 자녀들을 위한 학교를 야스나야에서 시작했고, 1862년 중산층 출신 소냐와 결혼할 즈음 단편 및 장편 작가로서 상당했던 명성을 『전쟁과 평화』 출간으로 확고히 했다. 이 작품 배경은 나폴레옹 침공 당시 러시아다. 나폴레옹은 불과 몇 차례 등장하지만 그의 인격이 소설 전반에 스며들고 등장인물들의 생각 대부분이 그를 화두로 전개된다. 주인공은 한두 명이 아니다. 돌로코프는 두려움이 없고, 세상에 대한 냉소로 가득 찼으며, 바실리 공작 아들 쿠라긴은 소설사상 가장 그럴듯한 탕아 중 하나다. 노(老)공작 볼콘스키는 생활이 규칙적이고 원칙에 충실한 인물이지만 임박한 운명의 아우라가 그의 아들 안드레이 주변을, 승리에 도취한 순간에도 포위하고, 교착 상태에 빠진 보로디노전투에서 모습을 드러내며, 영웅적으로 싸우지만 치명상을 입고 하릴없이 자신의 모든 잠재력을 운명에 몰수당하는 안드레이의 죽음은 끔찍한 인생론을 풍긴다. 니콜라이와 피에르는 친구 사이지만 성격이 판이하다. 과감하고 외향적인 성격의 니콜라이는 군인의 삶을 만끽하며 부유한 공작부인, 불운한 안드레이의 여동생 마리아와 결혼하고 가정에 안착, 저택 경영으로 자신의 에너지를 분출한다. 내향적이고 못생겼으며, 올바른 가치를 더듬더듬 추구하는 피에르는 베주코이 공작의 사생아이자 공작 작위 및 엄청난 재산의 합법적 상속자로서 마음씨 착한 바보 취급을 받으면서 러시아 최고 귀족에서, 프랑스군의 마수를 벗어난 누더기 군중에 이르는 온갖 계급과 계층 인간들과 뒤섞이다가 결국 니콜라이 여동생 나타샤와 연애결혼에 성공, 자존과 만족을 찾는다. 전쟁으로 시작된 '세상=소설'이 그렇게 평화에 달하고 피에르 가족이 니콜라이 가족 시골 저택을 방문하는 장면으로 소설은 끝난다. 전쟁은 기존 주제를 점차 도드라지게 하는 배경이며, 나타샤는 피에르와 결혼하여 아이 엄마가 되는 것으로 인생 최고의 의미를 실현한다. 『전쟁과 평화』가 많은 부분을 할애하는, 자유의지를 무시하고 필연을 강조하는 톨스토이 역사관은 매우 단순하고 어둡고 또 보수적이지만, 부차적이며, 더 주요한, 무수한 미세 장면들이 덩어리를 이루고 덩어리들이 전체를 이루는 구축 과정과 결과는 한마디로, 마르크스의 정치적 전망과 쌍벽을 이루는 문학적 전망의 형상화라 할 만하다. 일부 평자들에 의해 세계 최고의 소설이라는 평가를 받는 이 『안나 카레니나』는 그 파노라마를 내면화하며, 『보바리 부인』처럼 한 여인의 불륜과 파멸이 주제다.

> 카레닌의 아내 안나와 젊은 총각 브론스키 백작이 사랑에 빠진다. 카레닌은 둘의 관계를 눈치채지만 자신의 공적 이미지가 훼손되지 않는 쪽으로만 신경을 쓰고, 남편과 아이를 위해 삼갈 것을 약속했다가 덜컥 브론스키 아이를 임신하게 된 안나는 태어난 아이를 데리고 우선 이탈리아로, 다시 러시아의 브론스키 저택으로 옮기는데, 남편과 그녀 사이에 난 아이를 보러 브론스키 몰래 여행을 다녀오는 일이 잦아지면서 안나는 점차 브론스키에 대해 악감정을 키우다가 결국 그를 부정(不貞)한 인간으로 간주, 절망감에 사로잡힌 채 역 진입 기차에 충동적으로 몸을 던진다.

사랑의 파멸과 평행선을 달리는, 키티와 레빈 두 남녀가 복잡하게 꼬인 과정을 거쳐 의미 충만한 결혼에 달하면서 레빈이 영적으로 거듭나는 에피소드는 톨스토이 자신의 경험과 유사하다. 『안나 카레니나』는 세계관이 역시 어두우며, 비극적 운명의 필연성이 안나와 브론스키 주변을 늘 맴돌고, '복수는 나의 것, 나는 되갚고 말겠다' 는 주조가 소설 전편에 깔리며 줄거리를 추동한다. 두 연인 모두 사회의 점진적인 보복을 견딜 만큼 강하지 못한 데서 생겨나는 『안나 카레니나』의 비극은 고전비극의 높이에 달하지 못하지만 톨스토이가 펼쳐내는 심리의 지도 혹은 손금은 어느 현대소설보다 정교하고 심오하며, 이것을 통해, 도스토옙스키와 전혀 다른 방식으로, 인간 실존의 궁극적 의미와 목적을 설파한다. 1884년 출간된 『고백』에서 톨스토이는 삶의 의미를 찾으며 겪었던 자신의 정신적 위기를 기록하고 있는데, 역정의 끝은 기독교적 무정부주의다. 그후 사회개혁에 투신했고 사회개혁을 다룬 희곡을 몇 편 썼으며, 『어둠의 힘』(1888)이 대표적이다.

『고백』 14년 후 『예술이란 무엇인가?』를 출간, 예술에 종교-도덕적 기능을 부과한 톨스토이가 이듬해 다시 쓴 장편소설이 바로 『부활』(1899)이다. 종교-도덕과 문학예술의 조화로운 일치, 지주로서 책임과 사회개혁 의무의 일치를 이루었다고 볼 수는 없지만, 그것은 애당초 불가능하지만, 그가 만년을 보내던 시골 저택은 온갖 저명인사들이 찾아와 인생에 대해 또 정치에 대해 자문을 구하는 '작은 정부' 였고, 그러나, 1910년 어느 날 밤 톨스토이는 한밤중에 그 저택을 떠났으며, 며칠 후 그의 시체가 멀리 떨어진 철도역에서 발견되었다. 도스토옙스키와 톨스토이의 변증법은 톨스토이의 동년배 평론가-소설가이자 프랑스사회주의 신봉자 체르니솁스키를 통해 정치적으로 가속화, 결국 소설이 정치 수단으로 전락하지만, 거꾸로, 1862~1883년 혁명 활동 참가 혐의로 인한 시베리아 유형중 그가 쓴, 명백한 선전선동 소설 『무엇을 할 것인가』(1864)에 비하면, 도스토옙스키의 문학성이야말로 진정 정치적이고, 톨스토이의 정치성이야말로 진정 문학적이라는 점이, 더욱 분명해진다. 체르니솁스키가 정말 가속화한 것은, 레닌의 혁명이었다.

톨스토이는 방탕한 청년기를 보내다가 엄혹한 자기 탐색을 통해 기독교 금욕주의자로 거듭났다. 농업 노동의 위엄이 그의 이상이었고 정치권력에 대한 비폭력 저항을 가르쳤다. 1901년 러시아 정교회에서 파문당한 후 오히려 도덕적 등대로 세계적인 명성을 얻었고 그의 사상은 간디 같은 차세대 지도자들에게 심오한 영향을 끼쳤다.

낭만주의 발레, 죽음에 이르는 육체언어의 온기

1831년 마이에베어 오페라 〈악마 로베르〉 중 '수녀들의 장면' 을 발레로 꾸며 센세이션을 일으킨 탈리오니가 이듬해 3월 12일 자신의 딸 탈리오니 주역의 발레 〈공기요정〉을 통해 그 탄생 선언을 완료하는 낭만주의 발레는 프랑스혁명에 대한 무용예술의, 뒤늦은 바로 그만큼 근본적인 응답이었고, 그만큼 열광적인 반응을 불렀다. 처음의, 제임스 옆에서 공기요정이 취한 자세는 숱한 종류의 판화로 재생되고 우편엽서에조차 실렸고, 마지막, 반듯이 누운 공기요정을 여동생 요정들이 떠받치는 장면의 천상적인 아름다움은 가히 극장사상 일대 쿠데타라 부를 만했다. 제임스를 위해 요정 여동생들이 추는 일련의 지속적인 '앙프왕트'는 공중을 떠다니는 정령의 모습을 도저히 지상에서는 불가능한 이상적인 여성상으로 구현한다. 〈공기요정〉은 발레예술을 근본적으로 변혁, 역사상 최고의 인기를 누리게 하였다. 육체가 육체로서 영혼의 순결성을 지향하는 에너지가 진보적 낭만주의의 동력이라면 사랑이 죽음으로써 완성된다는 미학은 보수화한 낭만주의의 표징이다. 〈공기요정〉은 낭만주의의 진보성이 보수성으로 낙착되는 과정을 무용 고유의 미학으로 보여준다. 육체는 중력을 거부하면서 이상에 도달하려 하지만 육체적 만짐은 곧 죽음이다. 제임스와 공기요정이 최초로 또 유일하게 살을 맞대는 것은 죽음의 장면에서다. 이상은 죽어 하늘로 오르고 육체는 땅에 엎어져 악마의 지배를 받는다. 유럽에서 나폴레옹이 패퇴하고 산업혁명이 시작되면서 낭만주의 보수화 경향이 가속화, 안개 낀 신비 영역에 점점 더 몰두하는 경향을 부채질한 것은 산업혁명의 가시적인 비인간성에 대한 혐오와, 산업혁명이 가능케 해준 무대장치 발전이라는, '모순의 짝'이었다. 1822년 파리오페라에 설치된 가스등은 '신비화 경향을 혁명적'으로 강화한다. 환상적이고 기괴한 달빛 분위기를 자아내는 가스등 효과는 기존 촛불에 비해 정말 환상적이었다. 어쨌거나, 그렇게, 〈공기요정〉 다음은 죽음에 이르는 무용, 〈지젤〉(1841)이다. 프랑스 낭만주의 시인 고티에가 대본을 쓰고 아당이 음악을 붙인 이 작품은 불과 90분가량의 '육체예술'로써, 낭만주의의 여러 모순을 총괄-응축한다. 사라져버린 옛날의, 단순성의 행복과 도달할 수 없는 사랑의, 우울한 재앙 사이 모순. 육체와 영혼, 사랑과 죽음 사이 모순. 육체를 매개로 한 성과 무용과 죽음의 '모순=합일'. 〈지젤〉에도 무중력 상태와 고난도 테크닉 등 육체의 반란이 혼재하지만 더 중요한 것은 '육체 언어의 온기'다. 영혼이 사랑으로써 육체성을 얻어가는 과정이 무용예술 언어 발전에 결정적인 계기로 작용한다. 〈지젤〉은 문학적으로 〈공기요정〉보다 더 보수적이지만, 무용적으로 더 예술적이다. 원래 창조의 현현이었던 무용이 죽음에 이르는 무용으로 역전된 것을 의미하며, 다시 이 '문학적 무화(無化)'가 무용예술 언어를 정말 화려하게 발전시키고, 무용의 특성에서 비롯된 '창조=죽음'의 방정식이 무용예술의 의미 자체를 현대화한다. 무용은, 정말, 몸의 예술이다. 〈지젤〉에서 니진스키의, 죽음에 이르는 무용으로 봄을 부르는 〈봄의 제전〉까지는 매우 가깝고 깊다. 세번째 낭만주의 발레인 생-레옹 안무 〈코펠리아〉(1870)는 다시 피그말리온 주제다. '창조=죽음'으로의, 그리고 피그말리온 주제로의 끊임없는 순환-회귀. 무용은 정말 제 숙명에 스스로 겨워하고, 마치 기꺼워하는 듯, 숙명의 길을 따라 제 언어를 발전시키며, 육체의 회귀 본능에 '죽음=창조' 과정을 겹치고 펼치며 현대-일상화로의 탈출구를 찾지만, 〈코펠리아〉에게는 그 일이 아직 무겁고, 그러므로 육체가 다시, 희극에 몸을 맡긴다. 정통 민속무용 앙상블이 마을 공터 분위기를 생생하게 재현하지만 어둠의 힘에 대한 진지한 성찰 혹은 절망적인 탐닉은 없고, 안무자는 초자연적인 것과 해맑은 농담을 주고받을 뿐이며, 고도의 기술을 요하는 유일한 역할 코펠리아도 진지한 연기보다는 장기자랑 성격이 강한 것이, 프랑스 낭만주의 전통의 이상과 윤리가 쇠락했다는 뚜렷한 반증이며, 실제로, 초연 당시 파리오페라 발레리나들은 거의 대부분 부유한 남성들의 정부로 전락하고, 발레예술은 남성들의 '여성 취향'에 무분별하게 야합한 상태였다. 프란츠 역할은, 물경 1958년까지, 남장 여성이 맡았으며, 프랑스-프러시아 전쟁 딱 일주일 전 파리에서 초연된 후 전쟁 기간 동안 안무가와 스와닐다 역 발레리나를 잃은 것은, 웃음으로 도피 혹은 전락한 〈코펠리아〉에 대한 '무용예술=역사'의 복수처럼 보인다. 〈공기요정〉〈지젤〉〈코펠리아〉는 '노베르-앙질리오니-도브발' 삼각관계의 완성이자 해체로서, 인간의 변증법을 복잡화하면서 예술화한 것이지만, 뒷얘기는 더 화려하게, 또 구체적으로 삼각관계의 예술 영감 효과를 보충설명해준다. 〈공기요정〉 안무가 탈리오니는 1794년 피사에서 여성 역으로 첫 출연, 유약 취향을 보였고, 1799년 파리로 왔다가 1803년 스톡홀름 발레 감독을 맡고 스웨덴 가수와 결혼, 훗날 최초의 현대적 발레리나로 평가받게 되는 딸 마리를 얻고 유약 취향이 더욱 강해졌으며, 〈공기요정〉은 마리를 위한 마리의 발레였다. 1805년 빈에서 '죽음에 이르는' 달리기 시합 소재의 〈아탈란타와 히포메네스〉로 첫 안무가 신고를 한 후 탈리오니는 유럽 전역을 돌아다니며 활발한 활동을 통해 딸 마리의 발레리나 경력을 가꾸는 데 몰두했고, 숱한 발레작품을 남겼지만 그의 예술 창조력이 절정에 달한 것은 역시 〈공기요정〉 전후며, 우아한 가벼움, 휘발성, 날아오를 듯한 분위기, 정결한 순수성 등이 그의 발레미학의 요체로, 종종 신비하고 종교적인 분위기마저 풍긴다. 마이어베어, 아당, 오베 등 그랜드오페라 작곡가들이 그의 발레음악을 맡았으며, 탈리오니 발레는 그랜드오페라의 요란굉장한 장면에 묻어나는 아름다움의, 육체적 숨결이었다. 그의 아내는 정신병으로 사망했다. 1822년 빈에서 아버지 작품 〈테르피코레 궁정에 초대받은 젊은 요정〉으로 데뷔할 당시 마리는 18세, 처음부터 예술의 요정이었다. 아버지가 딸을 자신의 이상에 맞는 발레리나로 키웠다고 하겠으나 거꾸로인 면도 있다. 고난도의 기량으로 전혀 다른 세계의, 미망(迷亡)인 듯한 광경을 연출해내는 그녀의 무용은 관객들을 열광시켰다. 〈공기요정〉 이전에 이미 그녀의 무용은 오베가 안무한 로시니 오페라 〈잠자는 숲 속의 미녀〉와 〈윌리엄 텔〉(1829), 그리고 탈리오니가 안무한 오베 오페라 〈신神과 무희들〉과 마이에베어 오페라 〈악마 로베르〉에서 환호를 받았다. 하지만 그녀를 완벽한 시적 영혼성의 액정화 그 자체로 만들어주는 것은 역시 〈공기요정〉이며, 이 작품을 통해 그녀는 발레의 섬세함을 육화하는 보편적 이미지로 오늘날까지 남게 된다. 그녀(와 요정 여동생들)의 발레 슈즈는 오늘날과 달리 발가락을 버텨주는 버팀뭉치가 없었다. 마리는 정말 발가락 끝으로 곧추서서 무용을 추었고, 그녀로 인해 발레리나가 최초로 발레예술 중심에 서며, 그녀로부터 발레리나 컬트가 시작되고, 발레리나에 상응하는 발레리노가 등장하는 것은 백 년도 더 지난 후 누레예프에 이르러서다. 〈공기요정〉의 해 귀족과 결혼하고, 불행했고 1844년 이혼하는 와중에도 마리는 숱한 작품에 출현했고, 혜성처럼 나타난 신예 발레리나 엘슬러와 파리에서 치열한 인기 경쟁을 벌였지만 여타 유럽 지역에서 그녀 인기는 확고했으며 1837~1842년 마리를 향한 관객들의 사랑은 광적인 수준에 달했다. 마리는 1847년 은퇴, 이탈리아에 머물다 1860년 자신이 안무한 유일한 발레 〈나비〉를 오펜바흐 음악으로 무대에 올리기 위해 파리로 돌아왔는데, 참으로 적절한 유언이었고, 1870년까지 파리오페라 발레 감독을 맡으면서 숱한 유명 발레리나들을 직접 길러내고 현재까지 전통이 유지되는 파리오페라 시험 체계를 최초로 도입하는 등 만년도 훌륭했으나, 나비로 사라지려는 그녀의 예술 소망은 너무 무거운 현실 때문에 이루어지지 못했고 그녀는 1870~1871년 프랑스-프러시아 전쟁 때 전 재산을 잃고 런던에서 사교무용 강습으로 끼니를 연명하는 말년을 맞았다. 마리는 조수를 둔 최초의 발레리나였고 기교 자랑에 불과했던 앙프왕트 자세가 그녀를 통해 숭고한 시정신을 표현하는 무용예술 언어로 전화하였다. 엘슬러는 오스트리아 출신 하이든 시종의 딸이다. 고티에는 탈리오니를 '기독교적' 발레리나로, 엘슬러를 '이교도적' 발레리나로 구분했는데, 육체가 표현매체라는 것을 감안한다면 매우 광활하고 황홀한 이분법이다. 어쨌거나, 파리와 런던의 낭만주의 발레 열풍은 20년을 못 넘기고 그랜드오페라에 먹혀버린다. 탈리오니 발레는 무용이 자신의 존재조건, 즉 육체성을 극단적으로 극복하려 한 결과로서 사라짐의 미화 혹은 육화였으며, 그랜드오페라는 음악이 자신의 존재조건, 즉 비육체성을 극단적으로 극복하려 한 결과로서 가시성의 최대화였다. 이 두 '결과'는 그 자체로는 바람직하다거나 예술적이라 할 수 없고, 중요한 것은 지향 과정의 '광경=예술'화다. 두 '지향'이 오랫동안 서로 길항하거나 만남을 유지했다면 무용도 음악도 제 언어를 더욱 심화했을 것을 생각한다면, 그랜드오페라의 (파리와 런던) 낭만주의 발레 포식은 아쉬운 일이다.

발레리나, 무용언어의 창조자이자 파괴자

프랑스 출신 페로는 곡예사로 키워졌으나 아홉 살에 공연 데뷔, 삼 년 후 파리로 옮겨 대중극장의 총아로 떠올랐으며 이때 성공적인 역할 중 하나는 조난당한 배에서 아이를 구하고 다이아몬드가 숨겨진 곳을 찾아준 후 해적들에게 피살되는 원숭이 팬터마임 역이었다. 그 또한 베스트리를 만나 무용의 길로 접어든다. 1830년 런던 왕립극장 수석 무용수가 되고 같은 해 파리오페라 무대에 데뷔, 일

년 안에 최고 대우를 받고 곧 마리의 고정 상대역을 맡지만 페로의 곡예적 발동작이 마리의 명성을 자칫 갉아먹을 상태에 이르러 마리가 함께 추기를 거부하자 파리오페라를 떠나 유럽 각지를 전전하다가 1834년 나폴리에서 17세 발레리나 그리시와 조우, 페로는 전적인 후원자 겸 애인으로서 그녀를 마리에 맞먹는 스타 발레리나로 키워냈다. 밀라노와 나폴리 등지에서 작품을 공연하다가 둘은 1840년 파리로 입성하고 이듬해 〈지젤〉을 무대에 올린다. 페로는 체구가 좀 어색했지만 고티에에 따르면 하체가 '그리스 고전조각처럼 완벽' 하고, '여성적인 완만함' 을 풍겼다. 공식 안무가로 팸플릿에 적히지는 않았지만 그는 〈지젤〉 초연 독무 안무를 도맡았다. 또한, 〈공기요정〉에서 마리가 그랬듯, 그리시의 태생적인 아름다움이 페로 안무를 자극하기도 했다. 아니, 그 전에, 그리시에 대한 고티에의 사랑이 낭만주의의 주요 모순 두 가지를 한 인물로 통합, 형상화한 〈지젤〉의 대본을 가능케 했다. 발레는 육체의 아름다움을 여타 장르에 열어주면서 발레 고유의 언어를 발전시켜간다. 그리시는 가수와 춤꾼을 왔다 갔다 하다가 페로를 만나 춤꾼의 길을 택했고 우선 성격무를 통해 이름을 알렸다. 그녀는 신체조건이 '정통' 에 미달했지만, 그러므로 더욱 풍부한 표현력을 발했으며, 다시 고티에 말을 빌리자면, 그녀의 무용은 힘과 가벼움, 풍성함과 독창성으로 가득 찼다. 오랫동안 페로의 정부 노릇을 하고 고티에의 구애를 받은 그녀가 정작 사랑한 것은 고정 상대역 프티파, 훗날 고전주의 발레의 화려한 장을 여는 마리우스 프티파의 형이다. 그녀는 발레의 미래를 사랑했고, 페로 또한, 프티파의 고전주의 발레 길을 인도했으므로, 그렇다. 진정한 예술가는 모두 발레의 육체를 사랑하며, 발레의 미래를 더 사랑한다. 부르농빌의 과도한 애정을 피해 코펜하겐을 떠났던 그라안은 파리오페라의 〈공기요정〉으로 엘슬러와 인기를 다투다가 1843년 성페테르부르크에서 모습을 보이더니 페로의 요란굉장했던 런던 작품 〈4인무〉(1845)에 출연한 후 극우 독일 민족주의에 심취하여 1848~1849년 독일-덴마크 전쟁 때 독일을 옹호하다가 덴마크 동족들의 비난을 샀고, 끝내 바그너의 '음악의 파시즘' 속으로, 오페라 〈탄호이저〉 중 바쿠스 광란제의 '무용=세계' 속으로 실종한다. 그라안은 바그너오페라 〈라인의 황금〉과 〈뉘른베르크의 대가수〉 무대 제작을 도왔고,

죽기 전 재산을 뮌헨시에 기증했다. 무용과 음악이 함께 정치적 파시즘으로 치닫기 직전 후기 낭만주의의 상징적인 장면이다. 그 전에, 페로 〈4인무〉는 화려하고 거대한 예감이다. 영국으로 돌아와 〈지젤〉과 그리시의 인기를 업고 1842~1848년 왕실극장 발레감독으로 있으면서 20여 발레작품을 무대에 올린 페로는 빅토리아여왕과 부군을 위한 행사용으로 〈4인무〉를 제작하면서 영국 왕실 권위를 동원, 마리와 그리시, 그라안, 그리고 (생-레옹의 아내) 체리토를 출연시켰다. 참으로, 낭만주의 발레 여성미의 정수를 모았다고 할 만한, 화려한 출연진이었다. 페로는 발레리나가 개성과 기교를 최대한도로 드러내는 독무로 가는 과정 구성을 맡았는데, 육체적 아름다움에 탐닉한 '발레리나 발레'의 어리석음이 작업 초기부터 드러난다. 중심역과 피날레의 영광이 마리에게 주어진 것에는 대체로 이의가 없었으나, 여타 순서와 배합을 놓고 발레리나들끼리 경쟁과 견제가 격화하고, 작업 분위기가 순식간에 냉랭해진다. 페로는 발레예술의 미몽 속을 헤매고, 대신 총기획자가 발레리나들의 육체적 어리석음을 간파했답시고 '나이 순서대로, 나이 제일 많은 사람이 맨 마지막'이라고 한마디 툭 던졌는데, 발레리나들이 각각 자기가 제일 젊다며 앞 순서를 다투고 다음 순서를 '언니들'에게 미루는 촌극을 부른다. 어쨌거나, 난리통 끝에 정해진 순서는 그라안→그리시→체리토→마리. 공연은 대성공이었으며 마리를 중심으로 젊은 발레리나 세 명이 핑크빛 의상에 장미를 머리에 꽂고 무릎을 꿇는 첫 장면은 시대의 상징으로 자리잡았다. 여왕은 흡족해했고, 작가들은 춤꾼들의 미덕을 기렸고, 단 4회 공연인데도 수입금이 엄청났다. 하지만 〈4인무〉의 화려함은 낭만주의 발레 자체의 마감을 앞당기게 된다. 페로는 영국 활동 이후 1851~1858년 러시아 시대를 다시 여는데, 그의 창조력이 가장 일관된 영향력을 발하는 시기다. 어린 시절 대중극장 경험을 살려 대중성이 뛰어난 작품들을 무대에 올리면서 이국풍에 대한 대중 취향에 한껏 기대지만 페로는 발레 육체를 화려한 장면과 정교한 스토리의 결합 속으로 열고, 마임과 무용동작의 혼합으로 분위기와 성격을 결합, 발레언어의 서사 육체성을 한 단계 드높였고, 그 직접적인 영향으로 프티파의 러시아 고전주의 발레, 그 아름다운 위용이 형성되는 것이다. 프랑스 출신으로 아버지에게 무용을 배운

생-레옹은 바이올리니스트로 데뷔한 이듬해 결국 무용꾼의 길을 선택, 1843년 페로 〈물의 요정〉에 훗날 아내가 될 체리토와 함께 출연하고 같은 해 자신의 첫 안무 작품을 로마 무대에 올린 후 다시 페로 〈에스메랄다〉(1844)에서 춤을 추고 체리토와 함께 유럽 전역을 돌다 1845년 체리토와 결혼한다(육 년 후 이혼). 1847년 피그말리온 주제 〈대리석 처녀〉가 대성공을 거두며 '안무가 생-레옹'의 파리 입성을 알린 후 〈악마의 바이올린〉(1849), 〈별 혹은 밀수꾼〉(1850) 등 성공작이 잇따랐으며, 생-레옹은 파리오페라 발레 연습 선생, 1859~1869년 성페테르부르크 황실극장 발레감독(페로 후임), 1863~1870년 파리오페라 겸임 발레감독을 지내고, 그가 유언 비슷하게 안무한 작품이 바로 〈코펠리아〉인데, 페로와 달리 고전주의 발레로 향하지 않고 낭만주의 발레 파편들을 모아 희극화한다. 음악과 무용을 겸한 그였지만, 음악언어가 무용에 스며들기는커녕 오히려 무용을 단편화한다. 파리오페라 발레 연습 선생 시절 그가 맡은 역할은 발레닥시옹 이전 유희 모음 수준의 무용작품 및 오페라 제작이었고 러시아 시절에는 도브발 〈보호자가 없는 처녀〉를 공연했다. 음악에 의한 무용의 단편화는 그의 무용미학을 끊임없이 복고화한다. 한마디로, 그는 카르마고-엘슬러의 안무판(版)이며 복고판이다. 그는 종종 바이올리니스트와 무용꾼의 2중역을 맡았고 종종 자신의 발레에 직접 음악을 붙였다. 발 도약이 유명한 무용꾼이었고, 발레작품 속에 민족무 혹은 성격무를 솜씨 있게 채용하는 것으로 명성이 높았고, 성격무를 통해 신체 결함을 극복한 대표적인 경우였고, 〈코펠리아〉는 헝가리 차르다스, 폴란드 마주르카 등 민속무용을 극적으로 사용한 최초 케이스지만, 아니 사실 〈코펠리아〉 이전 그의 〈곱사등이 말〉(1864)이 벌써 최초로 러시아적 주제를 도입하면서 러시아 각 종족의 민속무용들을 포함시키지만, 생-레옹의 성격무는 음악과 이분화, 발레언어를 파편화했다.

영국 자본주의, 일상의 깊이

테니슨과 브라우닝은 가장 영국적인 동시에 세계에서 가장 농익은 낭만주의 시세계를 펼쳐 보이지만, '농익은' 은 거꾸로 역동성의 상실이며, 이들의 작품이 그 이전 약소국 폴란드 민족시인 미키비에츠의 애국적 낭만주의에 비해서도 진보적이라고 보기는 힘들다. 예술이 예술 본연으로 돌아가는 광경의 형상화로서 만년작 경지는 있지만, 19세기 영국소설은 자본주의의 요람 속에서 자본주의를 비판하는 바로 그만큼 휴머니즘적이고 낭만주의적이다. 빅토리아 시대 영국 상류층의 허영과 허위의식을 갈파한 새커리가 그렇고 보다 중요하게, 빈민층이 처한 현실을 뜨거운 분노와 익살 섞인 눈물로 형상화한 디킨스가 그렇다. 디킨스 아버지는 해군 경리국 서기로 월급이 많았는데도 종종 가계를 파탄시키더니 1824년 디킨스 형들이 빚쟁이 감옥에 수용되고 디킨스 자신은 학교를 그만두고 공장 강제노동을 시작한다. 감옥 광경과 의지가지없는, 가난하고 억압받는 어린 아이가 디킨스 소설에 자주 등장하는 까닭이다. 청년 시절 런던신문사 기자로 법원과 국회를 출입한 이래 디킨스는 언론에 대한 애정과 법조계 및 국회에 대한 경멸을 지속적으로 유지했으며, 1833년 작가 경력을 시작, 단편소설과 수필을 쓰고 3년 후 결혼하고 이듬해 장편 『피크위크 페이퍼스』를 발표하면서 일약 당대 최고의 인기작가로 부상했다. 『피크위크 페이퍼스』는 느슨하고 손쉬운 여행담 구조에 다양한 인물들이 기발한 희극 정신을 펼쳐내는 군데군데 보다 더 의미심장한 기조의, 디킨스 특유의 풍자력을 암시하는 소설이다. 국회의원 출마자 슬럼키와 피츠킨의 기괴한 행동은 디킨스가 부패한 선거 관행에 정통하다는 것을 보여주기에 족하고, 정신없고 쓸데없는 소리를 뇌까리는 위선자 스티긴스 대목에서는 복음종교에 대한 디킨스의 경멸이 적나라하고, 소설 마지막 부분 법 제도와 연관된 인물들은 디킨스 후기 소설이 탐구하게 될 더 어두운 세계관을 예감케 한다. 곧이은 장편소설 『올리버 트위스트』(1839)와 『니콜라스 니클비』(1839)는 디킨스를 본격 장편작가로 확립했다.

올리버 어머니는 거의 죽은 상태로 길거리에 내팽개쳐져 있다가 소년원으로 옮겨진 후 올리버를 낳고 죽는다. 올리버는 아홉 살 때까지 소년원 분원 맨 부인에게 맡겨졌다가 교구 관리 범블씨에 의해 다시 본원으로 보내지는데, '감히 음식을 더 달라' 요구하다가 교정당국의 호된 벌을 받고 장의사 도제로 쫓겨간 후 도주, '꾀 많은 미꾸라지'를 만나 런던 슬럼가 파긴의 소굴로 가게 된다. 파긴은 일단의 소년들에게 도둑질을 가르치는 악당이며, 추잡하고 포악한 강도 사이크스와 창녀 낸시가 한패다. 올리버는 인자한 라우씨에게 구조되지만 도적떼들이 사악한 수도승의 사주를 받고 올리버를 유괴, 특별 감시하다가 사이크스와 함께 보내 어떤 집을 털게 하는데 도둑질이 발각되고 집주인 메일리 부인이 쏜 총에 올리버가 맞지만 메일리 부인은 부상당한 도둑이 어린애인 것에 경악, 수양딸 로즈와 함께 극진히 간호하여 올리버의 건강을 되찾아주고, 그러는 동안 낸시는 수도승이 올리버 출생에 관해 무언가 숨기려 하는 기색을 알아차리고 로즈를 방문, 수도승이 파긴에게 뇌물을 주어 올리버를 못된 길로 끌어들이려 하고 있으며 로즈와 올리버 사이 어떤 연관이 있다는 귀띔을 해주고, 라우씨의 도움으로 조사가 진행되고, 배신행위가 발각된 낸시는 사이크스에게 피살되고, 잇따른 고함과 비명의 와중 사이크스가 사고로 목이 매달리고 파긴 일당이 체포된다. 라우씨가 수도승을 심문하자 마침내 비밀의 전모가 밝혀지는데, 수도승은 올리버의 배다른 형제로 올리버 유산을 가로채려는 꿍꿍이였고, 로즈는 올리버의 이모였다. 파긴은 교수형에 처해지고 올리버는 라우씨 양자로 입양된다.

『피크위크 페이퍼스』를 마무리할 무렵 씌어졌지만 『올리버 트위스트』는 주제 선명도와 긴장 유지 능력이 질적으로 높아졌다. 당시 범람하던, 범죄자를 영웅화하는 범죄소설 관행을 극복하기 위해, 그리고 1834년 공포된 빈민법의 비인간성을 규탄하기 위해 디킨스는 뒷골목 혹은 지하세계의 암울하고 비참한 현실을 그리는데 진력했고, 소설미학적으로 두 가지 목적을 모두 달성, 고발은 통렬하고 인간의 온기는 감동적이다. 하지만 결말은 상부구조가 원상복구되는 해피엔딩일 뿐 자본주의 자체의 비인간성에 대한 심오하고 근본적인 비판은 보이지 않는다. 이후 디킨스는 정력적으로, 동시적으로 장편들을 써내면서 휴머니즘 물씬한 문체와 줄거리 구성 능력을 발전시켰다. 1843년 단 몇 주 만에 씌어진 『크리스마스 캐럴』은 출간 즉시 현대의 신화로 자리잡았고, 그후 디킨스는 장단편 형식의 크리스마스 이야기를 연례행사처럼 쓰게 된다. 1840년대 씌어진 디킨스 소설들은 천박과 악습이 횡행하는 사회에 대한 비판의 목소리를 높이면서도 낙천성을 잃지 않고 있는데 이 공존은 그의 자전적 대표작 『데이비드 커퍼필드』(1850)에서 가장 순정하게 구현된다. 원제는 매우 길다. '블런더스톤 루커리 집안의 동생 데이비드 커퍼필드, 그가 개인적으로 보내고 겪고 본 것들, 어떤 경우에도 출판하지 않으려 했던'.

데이비드가 자신의 어린 시절과 청년 시절을 되새긴다. 홀로된 어머니가 머드스톤씨와 재혼하고 결국은 세상을 떠나자 그는 런던의 한 공장에서 가혹하고 비참한 노동 현실을 겪다가 런던을 탈출, 도버에 사는 이모 베시에게 몸을 의탁하고 정규교육을 받고 잠시 법조계에 몸담은 후 소설가가 된다. 도라와의 결혼은 불행하지만 그녀가 일찍 죽자 데이비드는 정신적인 황폐감에 시달리고 제임스와의 우정도 제임스가 어부 페가티씨의 조카 에밀리와 사랑의 도피행각을 벌이자 똑같은 혼란을 초래한다. 느리지만 차츰차츰 자신이 겪는 '경험'의 의미를 파악하면서 데이비드는 마음의 평정을 찾아가고 결국 신실하고 정숙한 아그네스와 맺어져 행복을 찾는다. 아그네스는 어렸을 적부터 데이비드와 친했으나 그녀 아버지 부하직원 우리아의 간계에 휘말려 미래를 망칠 뻔했던 여자다.

디킨스는 『데이비드 커퍼필드』를 '내가 사랑하는 내 새끼'라 했고, 이 작품 이후 디킨스 문학에서 낙천성이 눈에 띄게 줄어들고 빅토리아 시대 산업사회의 야만적인 측면에 대한 묘사가 압도적으로 되며, 유머가 풍자로 뒤바뀐다. 통틀어, 디킨스 문학은 사회악 및 부당한 사회 제도 비판, 시사성, 백과사전적인 런던 지식, 페이소스, 음산함과 섬뜩함 취향, 크리스마스 기쁨 저변의 자비와 온화, 그리고 무진장한 성격 창조 및 특징적인 대화 포착 능력과 강력한 이야기 충동 등으로 특징지어지며, 산문 양식은 종종 코믹 매너리즘에 과도하게 의존하지만, 매우 개성 있고 창의적이다. 디킨스 소설이 영국 산업혁명 속으로 제 몸을 열며 자본주의를 비판-풍자하는, '자본주의를 닮은 진보'의 결과라면, 하디 소설은 영국 소설문학의 영화를 되살리려는 안간힘이라는 점에서 결국 자본주의에 반하는 영국 귀족층의 마지막 자존심을 미학적으로 반영하며, 하디 문학의 절정『테스』(1891)는 비극적인 줄거리 속에 서정적인 농촌과 무자비한 도시의 대비를 녹여내고 도처에서 고전적 비극성에 달하는, 황혼의 위엄이라 할 만하다. 세계관은 당연히 어둡고 염세적이지만, 위대한 영국 소설전통의 마지막 자존심으로 남으려는 그의 꿈은 실현되었고, 그의 시작춤은, 유난스럽지 않게 현대적이다. 동성연애자 와일드의 문학은 하디 귀족주의의 세기말적인 극단화며, 대표작인 고딕풍 소설『도리언 그레이의 초상』(1890)은 괴테『파우스트』의 퇴폐화다.

도리언은 부도덕한 쾌락을 좇는 이기적인 인물 위튼 경의 유혹에 넘어가 아름다움과 젊음을 유지하기 위해 영혼을 팔고, 자신의 '착한 천사'인 초상화가 홀워드를 살해한다. 상류층의 번지레한 겉과 사악한 속을 대비시킨다는 표면적인 의도에, 죄진 자가 벌을 받는 결말까지 갖추었지만『도리언 그레이의 초상』은 농익다 못해 물러 터진, 세련된 듯 타락한 탐미-관능주의가 모든 것을 압도하고 흘러넘친다. 도덕적인 책이나 부도덕한 책이란 건 없다. 잘 쓴 책과 못 쓴 책이 있을 뿐이다. 그는 서문에 그렇게 썼지만, 발자크와 정반대로, 미학과 도덕을 극단적으로 이분한다. 와일드는 랭보와 동년배. 랭보야말로 '진보/반동'의 경계 자체를 예술적으로 뛰어넘으며 현대예술의 한 특성을 확립하지만, 와일드의 유미주의, 혹은 '예술을 위한' 예술은 현대에 견주어서도 이반에 속한다.

『테니슨 시선집』 서문에서 오든은 이렇게 쓰고 있다. 테니슨은 몸집이 크고 사지가 느슨했다. 이마는 높고 좁았으며 벽돌공처럼 손이 두꺼웠다. 청년 시절에는 집시, 나이 들어서는 지저분한 늙은 수도사처럼 보였다. '지저분한 수도사'는 1869년 선구적인 사진작가 캐머런이 찍은 테니슨 사진을 놓고 테니슨 자신이 한 말이기도 하다.

보들레르, 그후 프랑스 상징주의

플로베르 및 도스토옙스키와 동년배인 보들레르의 시작품은, 포의 영향이 크지만, 놀랍게도, 현대시의 거의 전 영역을 예감케 한다. 마르크스-도스토옙스키-톨스토이-레닌은 서로 갈등하며 통합하지만 이 갈등-통합 흐름은 보들레르와 내내 불화를 면치 못한다. 정치혁명은 대중성을 지향하면서 정치 자체를 천박화하지만 시는 스스로 날카롭게 균열하면서 미지의, 비명의 영역을 탐구하기 시작한다. 현대시의 비극과 사회주의의 비극이 동시에 시작되는 대목이다. 첨예한 현대성이 장편소설의 보수적인 용해력(容解力)을 균열시키는 데는 참 오래 걸렸다. 그러나 시의 경우 균열의 신음 소리가, 심지어 운명적인 위악이 일찍부터 뼈대를 이룬다. 해골이 복잡한 소년. 삶의 공포와 황홀 모두에 민감한, 그리고 영원히 고독하게끔 운명지어진. 자신을 그렇게 표현한 보들레르는 파리 출신이다. 안정된 가정이었다. 단, 아버지가 60세였던 데 반해 어머니는 26세였다. 1827년 아버지가 죽고 어머니가 재혼한다. 어머니를 숭배했던 그로서는 충격이었다. 군인(당시 대령, 후에 장군)이었던 계부는 보들레르를 리옹 군사학교에 보냈고 보들레르는 '촌스런' 군사학교 선생이 너무도 싫어서 가능한 그와 정반대로 행동하려고 기를 썼다. 자식의 시인 기질을 우려한 부모는 인도 캘커타로 그를 보내지만 보들레르는 배를 탈출, 인도양 마우리티우스섬에서 몇 주를 보내며 열대의 삶에 매료되었다. 그때의 감각적 인상은 그의 '도회지 시'에 종종 구원의 표상으로 출몰하게 된다. 21세에 유산을 물려받은 보들레르는 파리 라틴 구역에서 보헤미안 생활을 탐닉한다. 자기 숭배, 엄격한 규율 의식, 독창적이고, 정서적으로 절제될 것, 친척, 친구, 혹은 국가 등과 사회적 연관을 일체 벗을 것, 부르주아지들의 잡담을 혐오할 것. 그는 유산을 급속도로 탕진하지만 예술혼도 불타기 시작했다. 1846년 포의 글 몇 편을 읽은 것을 계기로 시작된 그의 단편소설 번역작업은 17년 동안 이어지는데 그 자체로 걸작이다. 스웨덴의 신비주의 철학자 스웨덴보리에 심취하기도 했다. 문학은, 여타 모든 것보다 우선이다. 굶주림보다, 쾌락보다, 심지어 내 어머니보다도 우선이다. 그는 그렇게 썼다. 초기에는 평론을 주로 집필했는데 감수성의 향연이라 할 만하다. 문제의 시집 『악의 꽃』이 출간된 것은 1857년 고티에에게 헌정되었고, 4년 후 제2판이 나왔는데 대폭 증보되었지만 첫 판의 시 여섯 편이 검열에서 삭제되었다. 삭제된 시들은 1866년 벨기에서 선을 보였으나 프랑스에서는 1949년까지 출판이 허용되지 않았다. 이 여섯 편을 제외한다면 1868년 출간본이 결정판이다. 6부로 나누어 각 부를 한 주제로 통일한 『악의 꽃』의 방식은 프랑스 시에서 새로운 것이고, 인간을 둘로 찢어버리는 악과 선의 적대가 시집 전체를 관류한다. 1부 '울화와 이상'은 이상화한 아름다움에 대한 전대의 기준을 폐기처분하고 삶의 끔찍한 실재에서 시의 마법을 끄집어내려 한다. '삶의 공포와 황홀' 다음의 세 부('파리 장면들' '술' '악의 꽃')는 파리의 거리와, 신비하고 숨겨진 삶, 심지어 악 그 자체에서 영감을 받고 그 주변을 배회하면서 거의 신비주의적인, 격렬한 감각 흥분을 느끼고 있다. 보들레르는 자신을 병적으로 해부-분석하고 저주받은 느낌에 시달리고 반역과 신성모독 쪽으로 좌절하지만 그것만으로 신을 능가할 수는 없다. 5부 '반역', 그리고 6부 '죽음' 막바지에 그는 '죽음=피안'의 발견을 염원하고, 그렇게 시를 매개로 인간의 끝 간 데를 체험, 아니 생체실험하고, 인간을 매개로 시가 자신의 끝 간 데를 생체실험한다. 시와 인간의 주객이 구분되지 않는다. 『악의 꽃』은 예술적 성취인 동시에 예술비판이고 가장 풍부한 창조의 원천 중 하나로 된다. 보들레르가 자연을 감각적 흥분의 원천이자 영혼의 세계를 여는 열쇠로 본 것보다 더 중요한 것은 무기력과 무감각에 대한 절망, 감동의 결핍에 대한 절망, 죄를 짓지 않으려는 의지를 가로막는 감동-결핍에 대한 절망이다. 그렇다. 그를 추동하는 것은 '희망을 위한 과거지향'이 아니고 절망을 관통하는 과정의, 치열한 불확정성의 미학이다. 모든 것이 이분화하지만 이분화가 가파르고 심오하고 마침내 현대-감각적이다. 자연에 대한 희망, 반쯤 체험한 통일감 혹은 신성한 사랑의 반영으로 온전하게 창조된 우주에 대한 희망이 한편에 있다. 인간과 자연의 법칙을 침해하는 행위를 충분히 깊게 느끼지 못하는 까닭에 침해 행위를 막지 못하는 무기력이 다른 한편에 있다. 둘은 첨예하게 대립한다.

11월은 도시 전체가 울화통 터져
자신의 항아리에서 검은 추위를 쏟아낸다
인근 묘지의
창백한 주민들 위에
쏟아붓는다 필멸성을 안개 자욱한 교외 위에

울화는 시인이 자신으로부터 빠져나올 수 없는 무능력, 난관의 중심으로부터, 노예화한 육체로부터 영혼을 떼어낼 수 없는 무능력의 소산이다. 아니 '소산' 은 옳지 않다. 울화는 무능력이다. 그리고 시인의 불완전한 의욕과 권태가, '부재=부정' 인 채로, 통제할 수 '없는' 경지로 발전할 수 '없다'. 어디까지 갈 것인가, 갈 수 있을 것인가. 시가 시 스스로를 생체실험한다. 보들레르의 '이상' 은 종종 항해로, 바다 여행에의 초대로 비유되고 '울화' 는 닫힌 방 혹은 감방으로, 닫힌 두뇌 혹은 닫힌 육체로 비유된다. 웅변과 인상을, 추상과 강력한 육체성을 빠르게 넘나들며 양극단을 혼융시키면서 보들레르는 진부와 참신을, 산문과 선율을 첨예하게 조화시키고 양극단의 상호의존성을 아스라이 예감케 한다. 그가 시에 주입한 새로운 맥은 부패를 포함하는 아름다움에만 응답하는, 악화한 감수성의 현대적 형태였다. 그의 산문은 고전적 완성미를 과시하지만 시는 색과 냄새와 소리의 상징적인 상응을 감지함으로써, 프랑스어의 음악적 가능성을 탐구함으로써, 무엇보다 환기력으로써 현대성에 달한다. 한 구절, 혹은 한 단어만으로 그는 열정, 우울, 혹은 열망의 무한성을 암시할 수 있었다. 『악의 꽃』은 음란과 불경 혐의로 기소되고 저자, 출판사 사장과, 인쇄업자까지 유죄판결을 받았고, 몇 세대 동안 '악의 꽃' 이 타락, 비정상, 그리고 음란을 지칭하는 말로 쓰였다. 보들레르는 실패와 환멸과 절망을 갈수록 느끼며 어두운 삶을 살았고, 걸작들이 씌어졌지만 출판된 것은 극히 일부다. 1862년이면 재정 상태가 최악에 달하여 빚쟁이도 피할 겸 벨기에 순회강연에 나서지만 실패로 끝났고, 확실히 그는 자기 파괴 충동이 있었다. 방탕했고 술이 과했고 아편과 해시시를 실험 삼아 피웠다. 1866년 벨기에에서 치명적인 병을 얻은 보들레르는 파리로 돌아와 이듬해 8월 어머니 품에 안겨 숨을 거둔다. 무명인 채로. 그리고 20세기에 이르면 그는 현대시의 조상으로 추앙받게 된다. 그의 이미지는 분명한 채로 암시의 마법을 지향하고, 현대 지식인의 복잡한 감수성을 표현하는 '내용=양식' 을 만들어내면서 그의 시는 프랑스 상징주의문학의 선구로 되었다. 그는 가식 없이, 질겁하여 물러나지 않고, 자신의 내부를 들여다본다. 자신의 타락을 부정하거나 고통을 완화시키지 않고, 있는 그대로 연구하고 끈질기게 이해하고 표현하려 노력한다. 자신의 내부에 대한 보들레르의 시적 통찰은 강렬한 정직성으로 인간성 전반의 내부에 대한 통찰에 달하고, 그의 시는 복잡한 문명의 비참과 절망, 그리고 부패에 대한 실물-훈련 혹은 알레고리로 읽힐 수도 있다.

말라르메는 베를렌과 함께 프랑스 상징주의운동을 창시하고 지도자로 나섰다. 말라르메 초기 시는 보들레르에게 영향받은 바 크지만 곧 독창적인 스타일을 창조한다. 보들레르가 본질적으로 정서적이고 감각적이었던 반면 말라르메는 지적인 성향이 강했다. 단어의 관습적인 의미보다 중요한 것은 음악(소리+막연한 연상)이다. 그렇게 고정보다 배회가 더 낫고, 암시와 함축이 언명보다 더 낫다. 말라르메 시론의 요체는 그랬다. 상징주의가 인상주의의 안개로 퍼져가는 대목이다. 자신의 문학적 견해를 다룬 그의 몇몇 짧은 산문들은, 말라르메 시작품 대부분이 그렇듯 거의 불가사의하고 막연하게 자극적이다. 그 다음은, 완벽한 '소리=형식' 자체로서 시. 실재 너머에는 아무것도 존재하지 않지만 이 허무 속에 완벽한 형식의 핵심이 놓여 있다. 시인의 과제는 이 핵심을 감지하고 액정화하는 것이다. 1868년 말라르메는 그렇게 선언했고 그후 죽을 때까지 이 이론을 실천하는 '거대 작업' 에 몰두했는데, 이 와중 걸작 『목신牧神의 오후』(1876)가 태어난다. 드뷔시의 동명 무용음악, 그리고 니진스키 안무 및 무용으로 더욱 유명해진 이 작품은 목신의 나른한 권태를 막연한 안개처럼 흐릿하고 종잡을 수 없는 그러나 그만큼 암시가 육감적인 언어로 표현한다. 말라르메는 급기야 활자 간격,

크기, 그리고 모양의 정확한 사용에 표현 효과를 크게 의존하는 시를 실험하기에 이르고, 통틀어, 말라르메가 보여준 것은 순정한 형식미로써 더 다양한 감각을 전달하는 방법이다. 그가 세계의 사물을 통찰하는 능력은 놀랍다. 형식으로 이루어진 세계, 형식들의 순정한 관계를 창조해내는 세심하고 정확한 솜씨 또한 놀랍다. 잡다한 의미를 벗고 순정한 의미, 아니 의미의 전라성(全裸性)만 남은 그의 시어들은 때론 은은하게, 때론 폭발적으로 빛을 발하고, 아무리 까다로운 독자라도 이 순정성에, 순정성의 관계가 자아내는 환기력 때문에 다중적인 반응을 보인다. 이때 말라르메는, 보들레르보다 더욱, 사회 예언자가 아니고 언어 마법사다. 그리고 그만큼 현대의 차원이 깊어진다.

시문학사상 가장 충격적인 인물 중 하나인 랭보는 16세에 대표작을 발표하고 베를렌과 잠시 동성애 관계를 유지하다 20세 전에 시를 때려치우고 독일, 동인도 제도와 이집트 등지를 전전하다가 아비시니아에서 무기 밀거래를 겸하는 커피-노예무역상으로 자리잡았고, 37세에 오른쪽 다리 절단수술을 받고 죽었지만 현대시에 가장 많은 영향을 끼친 시인 중 하나로 추앙받는다. 유쾌한 삶을 주제로 한 더 초기 작품도 있으나 폐기되었다. 어쨌거나 이때 랭보는 흔한 신동 중 하나였는데, 프랑스-프러시아전쟁 중 민병대 활동을 잠시 하다가 프랑스 북부와 벨기에를 전전, 경찰에 의해 강제 귀가 조치된 후 다시 가출했고, 한 달 후쯤 자진 귀가했을 때 그는 완전히 달라져 있었다. 아주 격렬하고 불경스런 작품들이 인생에 대한 혐오, 순수 세계로 도피하고 싶은 욕망, 그리고 선과 악 사이의 갈등을 표현한다. 시인은 무한을 통찰하는 자, 관습적 인격 개념을 구성하는 억압과 통제를 무너뜨리고 영원의 소리를 위한 도구로 되어야 한다. 그의 시인론은 그랬다. 정말 약관의 16세 때. 랭보 시에 매료된 베를렌은 차비를 보내 랭보를 파리로 불러들였고, 이때 자신감에 도취된 랭보가 쓴 작품이 대표작 「술 취한 배」다. 승무원들은 모두 살해되고 시인만 살아남았다. 키도 없이 배가 빛나는 바다 위를 표류하다가 폭풍우에 휩쓸려 새도 없는 하늘로 내팽개쳐진다. 그리고 그것이 혼돈에 처한 시인 영혼을 상징하게 된다. 보들레르의 영향이 자못 크지만 그는 분명 새로운 세대의 보들레르였다. 언어를 다루는 솜씨가 탁월할 뿐 아니라 이미지와 은유가 놀랄 정도로 당돌하고, 끊임없이 변천하는 와중, 언뜻언뜻 환영의 명징성을 발한다. 베를렌 부부와 삼 개월 동안 지내면서 랭보는 당대 내로라하는 문인들을 거의 모두 만나는데 시건방지고 막돼먹은데다 음탕하기까지 해서 모든 사람을 적으로 만들었고, 단 한 명, 베를렌만이 그런 그를 더욱 사랑했다. 1872년 6월 베를렌은 아내를 버리고 랭보와 사랑의 도피를 감행했다. 점차 랭보는 시들해지고 베를렌은 병적으로 집착한다. 이듬해 프랑스로 돌아와 랭보가 쓰기 시작하는 『지옥에서 보낸 한 철』은 운문과 산문시가 뒤섞인 심리적 자서전이다. 그가 발표한 유일한 작품이기도 하다. 이 글을 쓰는 도중 랭보는 베를렌과 결별을 선언하고 베를렌은 심리 상태가 더욱 악화, 랭보에게 총을 쏘는 사태가 발생했다. 랭보는 총상을 입었고 베를렌은 피체, 수감된다. 1875년. 둘의 마지막 만남은 격렬한 싸움으로 끝났지만 랭보를 향한 베를렌의 사랑은 여전하고 끝내 순정했다. 랭보는 문학을 떠났고, 베를렌의 지속적인 소개가 없었다면, 충격의 함몰 속에 파묻혀버렸을지 모른다. 베를렌이 편한 랭보 산문시집 『환영들』은 랭보 문학의 충격을 결정적으로 영구화했다. 환영과, 순정과 영구화라. 결국 그들은 문학의 명령대로 생애를 살았던 셈이다. 랭보 출현은 한마디로 환영의 '언어=육체' 화다. 베를렌은 말라르메와 더불어 상징주의 지도자로 꼽히지만 순정한 눈물의 서정시인에 머물렀다. 그러므로, 둘 다 영원하기 위해 파란만장한 사랑이 필요했던가, 성의 극복에 이르러야 했으나 동성애에 그치고 만 그 사랑이? 아니 베를렌의, 눈물의 동성애는, 랭보의 '성의 극복' 을 끝내 위한 것이었던가. 왜냐면, 랭보 이야기는, 베를렌과 달리, 현대로 이어진다. 보들레르 『악의 꽃』이 19세기 후반기에 그랬듯 랭보 작품은 20세기 40년 동안 시문학의 심리적 나침반 역할을 했다. 랭보의 최단(最短) 문학생애가 랭보 작품을 최적 수준으로 응축한다. 랭보의 삶은 정말 고도의 문학이었다. 「술 취한 배」는 랭보 삶의 첫 비전, 광포한 순수를 시적으로 재현하고, 『지옥에서 보낸 한 철』은 비전이 상당 부분 제거되고, 시인이 자신의 과거, 기독교에 대한 반항을 이해하려 노력, 결국 실패에 대한 고백론에 달하며, 『환영들』은 실패에 대한 신비주의적 입문 경험을 배경으로 태어난다. 그렇게 다시 랭보의 드라마가 드러난다. 나는 단순한 환영에 나를 길들인다, 이

중, 삼중의 환영으로 나아가기 위하여. 랭보에게 중요한 것은 단 하나, '절대=진리'의 확실성이었고, '문학=생애'의 응축성으로 그는 그것을 행해 내닫지만 '응축=명징성'이 드러내는 것은 진리의 복잡성 혹은 불가해성이다. 그렇게 삶에 의해 야기된 '깊고 영원한 상처'가 중심 메타포 주변을 둘러싸는 가파른 이미지로 문학화한다. 랭보 드라마는 매우 복잡한 광기와 낭떠러지를 포괄한다는 점에서 시대를 통튼 인간 드라마의 현대판이다. 동시에, 명징하다는 점에서, 프랑스적이다. 그렇게 그는 현대 프랑스 문학의 '운명=배경'이 되는 것이다.

프랑스적 명징성. 클로델은 랭보 문학의 영적 의미를 규명한 최초의 시인으로, 언뜻 반항과 신성모독으로 가득 찬 랭보 작품에서 심오한 종교적 드라마를 발견했을 뿐 아니라, 그것을 '시=육'화, 스스로 천주교에 다시 귀의하는 미적 계기로 삼았다. 랭보 문학을 통해 세상은 시인의 찬미를 받아 마땅한 신의 창조물로 변모했다…… 클로델 시문학의 '대(大)환희' 주제가 그렇게 생겨난다. 유일한 실재인 환희. 예술작품을 만드는 유일한 필요인 환희. 클로델은 말라르메에게 배우기도 하였다. 발레리는 20대 초반 말라르메에게 매료되었지만, '새로운 시는 음악에 속한 것을 음악으로부터 되찾아오려는 것일 뿐'이라는 말로 상징주의를 정리하고 말라르메 이후 영역을 개척, 고전적 시작법을 되살렸고 고수했다. 음악을 위해. 음악언어가 재발견되고 재창조되려면 음절의 소리, 단어 들, 그리고 단어절 및 그 결합의 의미-소리에 대한 장구한 연구가 이뤄져야 한다. 발레리는 그렇게 말했다. 보들레르, 말라르메, 랭보, 클로델, 발레리. 이들의 프랑스적인 변증법이 현대시를 탄생시킨 현대의 악취를, 현대시의 괴로운 아름다움의 형식으로 전화한다.

베를렌의 서정시 한 편이 돌연 제2차 세계대전을 끝내는 태풍의 눈 속에 모습을 드러냈다. 1944년 6월 5일 밤 프랑스 레지스탕스 세력은 다음 날 새벽 유럽 해방 연합군 상륙 작전 개시 암호와 함께 다음 시구를 들었다.

가을 비올롱의
오랜 흐느낌이

지리한 단조로움의
내 가슴을 아프게 하는……

고전주의 발레, 백 년 동안의 잠과 교향곡

프랑스 출신 프티파는 생-레옹의 성격무들을 특히 차이콥스키 음악(의 남성적 여성성)과 결합하면서 고전주의 발레 총체성의 계기를 마련한다. 안무와 대본 작업 병행으로 총체성이 더 풍성해지고 심화한다는 점에서도 그는 생-레옹과 다르고, 그의 사실상 최후 걸작 〈백조의 호수〉(1895)는 백조에서 사람으로 변하는 피그말리온 주제, '지그프리트' 라는 이름과 비극적 결말이 암시하는 후기 낭만주의의, 특히 바그너 음악의 '죽음=사랑의 완성' 주제(오페라 〈방황하는 화란인〉 〈트리스탄과 이졸데〉, 그리고 〈반지〉 연작 중 '지그프리트')가 얼핏 두드러지지만 더 중요한 것은 같은 발레리나가 1인이 연기하는 백조와 흑조 2역 연기가 무용 언어를 심화-발전시킨다는 점이다. 이것을 우선적으로 유도한 것은 분명 차이콥스키의 우울하고 화려한, 우울이 화려한 음악이었다. 1877년 볼쇼이극장 초연 대본은 남아 있지 않고, 프티파가 안무자도 아니었는데, 이때는 '백조=오데트' 가 동료 백조들과 석궁을 든 지그프리트 왕자 사이로 몸을 던지며 '제발 큰 새는 쏘지 마세요' 라는 애원의 동작을 펼치지만, 프티파(와 그의 조수 이바노프)가 안무한 1895년 정식 초연에서는 흑조 역 발레리나가 다리를 무릎 안팎으로 바르르 떨며 비스듬히 미끄러지는 푸에트 동작을 서른두 번이나 연속하면서 육체적 유혹의 장관을 연출, 지그프리트 왕자를 마치 지남철처럼 끌어당긴다. 전자가 마임이라면 후자는 매우 고혹적인 '육체=무용=언어' 다. 이 '질적 발전' 은 우선 프티파 초연 당시 서른두 개 연속 푸에트를 실제로 해낼 수 있는, 이미 1892년 그 기량을 선보였던 이탈리아 출신 발레리나 레냐니가 있었으므로 '양적으로' 가능했고, 더 중요하게, 프티파는 동성연애자였던 차이콥스키의 음악에 내재한, '성의 극복' 을 향한 염원의 육체성, 그리고 '교향성' 에 매우 예민하게, 또 적절하게 응답, 보다 총체적이고 순정한 고전주의 미학으로 형상화함으로써 '질적으로' 가능했다. 1877년 비(非)프티파 초연은 부조화스러웠고 비평가들, 그리고 춤꾼들조차 차이콥스키 음악을 '과도하게 교향적이고 비(非)무용적인 것'으로 매도했으며 안무가는 표절꾼에 불과했고, 우울하고 상처받기 쉬운 성격의 차이콥스키는 작품을 완전 실패로 보았고, 볼쇼이극장은 최소한 두 차례의 안무 수정 노력을 기록으로 남겼다. 지그프리트가 로스바르트와 싸워 이기고 마법을 푸는 해피엔딩판도 있고, 오데트와 그녀 친구들이 호숫가에서 꽃을 모으는데 로스바르트가 달려들어 그들을 백조로 변형시키는 장면을 프롤로그로 넣는 판도 있다. 음악의 육체성이 발레언어로 전화하는 과정을 배경으로 프티파의 생애를 돌이켜보면, 프티파 또한 베스트리에게 배우고 〈지젤〉 〈보호자 없는 처녀〉 등을 거쳤으며 1845년 스페인무용을 연구하며 스페인풍 작품들을 무대에 올리지만 1847년 정작 성페테르부르크가 그를 크게 환영한다. 종종 엘슬러와 함께 춤을 추었고 1850년 〈지젤〉 재공연 때 '윌리들' 장면을 개작, 그것이 훗날 〈윌리들의 군무〉(1881)로 되지만 최초 안무 성공작 〈파라오의 딸〉(1862) 이후 〈돈키호테〉(1869), 〈카마르고〉(1872), 〈무용 추는 처녀들〉(1877) 등 잇따른 화제작들을 내놓는데, 모두 진정한 고전주의 발레의 씨앗을 품고 있는 작품들이다. 〈돈키호테〉는 세르반테스 소설 자체보다 성격무 연기에 역점을 두고 여관주인 딸 키트리나와 읍내 이발사 바실의 사랑이, 터무니없는 멋쟁이한테 딸을 주려는 아버지의 고집에도 불구하고 결국 승리한다는 줄거리에 집중하며, 희극과 환상, 그리고 스페인풍의 잡탕찌개지만 두 연인의 결혼식을 장식하는 놀라운 군무는, 훗날 32연속 푸에트를 예술 차원의 2인무로 승화하는 흑조-왕자 2인무를 예견케 하며, 〈무용 추는 처녀들〉은 가장 유연한 인도풍 군무와 3인무, 독무 등의 이음새가 교향곡처럼 완벽하여 무용을 주제로 한 교향적 변주곡이라 부를 만하고, 특히 서른두 명의 여성 무용꾼이 무대에 한 명씩 등장, 아라베스크무늬를 증폭시키며 무대를 채워가는 장면은 장관 중 장관이다. 이 모든 것들이 마침내 차이콥스키 음악에 반응하며 자극받고 고전주의 이상적인 결합을 이루는 첫 광경이 〈잠자는 숲 속의 미녀〉다. 한 명씩 나와 오로라 아기 공주에게 은총, 매력, 아름다움 등 선물을 바치는 마법

요정의 독무들은 음악의 육체를 닮으며 짧고 적절하게, 능란하고 정확하게 은총, 매력, 아름다움 자체를 무용언어화하고, '죽음의 저주'를 '백 년 동안의 잠'으로 바꾸어주는 요정은 무용 자체로 된다. 처녀로 다시 생일축하를 받는 오로라공주는 청혼한 네 명의 왕자가 4인무를 추며 그녀에게 꽃을 바치는 동안 일련의 앙프왕트로 섬세함과 복잡한 균형을 결합, 편안한 발걸음 동작을 연출해야 한다. 발레사상 가장 표현이 어려운 '로즈 아다지오' 장면이다. 잠이 성을 덮치고 모두 잠에 빠져드는 장면은 주제상 피그말리온의 역전이지만, 잠의 무용언어가 이중으로 심화한다. 동화나라 등장인물들이 총집합하는 마지막 장면은 '무용=축제'의 총화며, 특히 '파랑새와 플로린 공주'의 2인무는 남성 발레리노에게 브리스볼레(한 발 앞으로 뛰다가 허공 중 다리를 가볍게 부딪쳐 동작을 깨고 두 다리로 착지하는 동작을 앞뒤로 하는)를 24회 연속으로 두 차례나 요구하지만, 완벽한 형식미로 모방 차원을 극복하고, 오로라공주와 왕자의 대(大)2인무는 우아함의 극치다. 차이콥스키 교향악의 조화와 루이 14세 궁정 광경을 결합하면서 프티파는 고전주의 발레의 위계를 형상화, 발레리나를 왕정 절대군주의 자리에 올렸다. 아름다움의 위계질서야말로 고전주의 발레미학의 핵심이고, 낭만주의 발레(리나)와 달리 드높은, 더 총체적인 예술적 아름다움을 지향하는 핵심이다. 하지만 더 중요한 것은 다시 발레언어. 동화적 환상의, '백 년 동안의 잠'이 육체 속으로 스며들며 발레 언어가 원초화하지 않고 문화화한다. 꿈속에서 육체-욕망-본능은 아름다움의 본질에 다름아니며, 〈잠자는 숲 속의 미녀〉는 꿈같은 이야기일 뿐 아니라 꿈을 닮은 이야기기도 하고, 발레의 육체성이 꿈을 매개로 극복되면서 동시에 차이콥스키 음악의, 모종의 흐느낌을 아름다움의 의상으로 제련해낸다. 이 '의상=육체' 성의 언어로 발레는 아름다움의 숭고한 외화(外化) 자체에 달하고, 발레의 지위는, 땀에 전 발레 슈즈조차 아름다움의 상징으로 만드는, 가시화 예술에서는 정말 희귀한 지위로 된다(음악의 연습곡도 물론 희귀한 경지지만, 음악은 비가시화 예술이다). 〈백조의 호수〉를 보조 안무했고, 〈호두까기 인형〉(1892)을 단독 안무한 이바노프는 프티파의 '영원한 2인자'로서, 전 생애에 걸친 그의 안무 협력 혹은 갈등이 '프티파 안무예술' 형성에 결정적인 도움을 주었다. 이바노프는 평생 동안 자신이 러시아 태생이기 때문에 성페테르부르크 황실발레 세계에서 홀대와 평가절하, 그리고 억압을 당한다고 생각했으며 일찍부터 부르농빌의 격찬을 받았으나 첫 안무 작품이 〈보호자가 없는 처녀〉(1885)였고 그후 보로딘과 림스키코르사코프 오페라 삽입 무용을 안무하기도 했다. 프티파와 그의 야릇한 관계는 1858년 이미 시작되었다. 무용꾼 프티파가 예기치 않은 부상을 당했을 때 이바노프가 단 한 번의 리허설을 거쳐 프티파를 대신했고 두번째 작품에서는 아예 리허설 없이 대역으로 나섰으며, 프티파는 1869년 황실극장 감독직에 부임하면서 이바노프를 수석무용수로, 1882년 리허설 감독으로 1885년 공식 조수로 임명했고 이바노프는, 1892년 덜컥 병에 걸린 프티파 대신 〈호두까기 인형〉을 안무하면서 세인의 주목을 끌기 시작한다. 〈호두까기 인형〉은 〈코펠리아〉와 마찬가지로 호프만 이야기에서 소재를 따왔고, 이바노프 안무는 대단원 2인무만 전해지며, 우리가 알고 있는 〈호두까기 인형〉은 발란쉰판이지만 '눈송이 왈츠' 장면은 이바노프 안무를 최대한 복원했는데, 일군의 여성 발레리나들이 점점 휩싸듯 휩쓸리듯 소용돌이를 이루면서 겨울 눈보라를 형상화하다가 일순 그런 채로 천상의, 조화의 극치를 발하는, 발레사상 가장 독창적인 안무 중 하나다. 하지만, 여기서 끝이다. '눈송이 왈츠'는 잔혹한 현실을 매개로 아름다움에 이르는 차이콥스키 음악의 육체지향을 그대로 무용언어화하지만, 발란쉰판으로 볼 때 작품 전체는 성격무들을 조합한 발레닥시옹, 아니 그 이전 궁정발레 유희모음을 향하고, 이점은 이바노프가 분명 프티파보다 음악적 감수성이 더 예민하고 '눈송이 왈츠'가 말 그대로 '발레교향곡'에 다름아니되, 파편화한 줄거리가 그의 발레닥시옹 기질을 부르고 그것이 다시 차이콥스키 음악을 파경화(破鏡化)화했을 것이라는 짐작을 낳을 만하다. 〈호두까기 인형〉의 '무용 모음'적 성격은 그후 특히 누레예프와 바리쉬니코프 등 신기(神技)의 '소비에트 출신' 춤꾼들을 유혹, 장기자랑식 〈호두까기 인형〉이 여러 편 속출하게 되는 계기로 작용했으며, '무용 파편성'은 크리스마스이브 어린이 행사용이나 월트 디즈니류 '음악만화'에 걸맞은, 잘못된 대중화의 길로 〈호두까기 인형〉을 내몰기 십상이었다. '눈송이 왈츠'가 보여주는 그 직전의 오묘한 조화는 〈백조의 호수〉에서 다시 한 번, 아니 더 질 높은 수준으로 빛을 발한다. 거꾸로, 프티파의 견제가 그토록 예술적이었다는 뜻이다. 프티파는 1막과 3막의 화려한 장관을, 이바노프는 신비의 영역, 특히 호숫가 백조 장면을 안무했으며, 프티파는 흑조의 반짝이는 광택을 모조리 형상화했고 이바노프는 백조의 가슴속을 정서적으로 파고들었다. 오데트와 친구 백조들의 무용은 백조의 자연스러운 동작을 시적 발레언어로 전화한다. 그리고 백조 오데트의 우아하고 시적인 비극성과 오딜의 능수능란한 기교를 동시에 소화(해야)하는 '백조=흑조' 역의 발레리나의 육체가, 프티파와 이바노프의 통합을 아름다움으로 강제한다. 얼핏, 이바노프가 예술에, 프티파가 기교에 더 가깝고, 단편 안무만 보자면 이바노프가 프티파보다 더 음악적이며 시와 공간미학에서 프티파에 필적하지만, 더 복잡하게, 이바노프는 무용보다 음악에 더 가깝고 프티파는 총체적 무용예술언어에 더 가까우며, 결국은 이바노프의 음악/발레닥시옹, 심지어 음악/유희모음 이분법이 프티파와의 합작으로 극복된다. 이탈리아에서 육성된 기교파 발레리나들의 기교를 예술언어로 전화한 것은 프티파며, 마임이 무용예술언어로 전화하는 과정을 이바노프의 이분법에 적용, 극복을 유도하는 것도 프티파고, 프티파를 통해 제련된 이바노프가 급기야 프티파조차 능가할 참이지만, 이바노프 안무 '백조의 막'은 바야흐로 19세기 발레예술언어 최고봉을 구현하지만, 전체를 아우르는, 구성과 안무를 번갈아 아우르는, 고전주의 미학으로 낭만주의적 피안 세계를 담아내는 프티파의 예술 총체감각의 경지는 베토벤의, 더 나아가 브람스의, 고전주의 형식과 낭만주의 내용의 결합에 비견될 만하다. 〈백조의 호수〉는 예술사조를 넘어 예술 본연의 고전에 달하며, 발레가 몸의 예술이므로 음악보다 더욱, 고전주의 발레는 낭만주의 발레의 연장인 동시에 종합-극복이고, 프티파의 예술 총체감각을 통해 러시아 고전주의 발레는 낭만주의 발레 고전들을 유지-온존하면서 그것을 바탕으로 발전했다. 실제로, 우리가 알고 있는 〈지젤〉은 프티파가 페로의 원작을 편찬-확대한 결과다. 이바노프는 내내 프티파 그림자에 가리고 프티파에 좌지우지되며 무용 인생의 거의 전부를 러시아 황실 발레에 바치고 1901년 가난하게 죽지만, 이바노프 없는 프티파의 여생 또한 마찬가지로 불행했다. 〈백조의 호수〉 이후 고전주의정신은 퇴색하고 그는 후배들한테 구세대 공룡쯤으로 여겨지다가 1903년 강제로 밀려 은퇴한다. 발레감독 월급을 계속 지급받은 것이 그나마 다행이었다. 프티파가 활동하던 황실극장은 러시아 황실 살림의 일부였다. 모든 발레 학생과 연행자 들이 황제의 직접 지원을 받았고 객석의 3분의 2 이상이 항상 궁정 귀족들 차지였으며, 그런 채로 프티파-러시아 고전주의 발레는 발레 자체와 동일시되고 황실극장은 전 유럽 발레의 원천으로 자리잡았다. 귀족 취향에 호소하는 동시에 그 취향을 드높여주던 발레의 고전주의 시대는 그러나, 프티파 은퇴와 함께 완전히 막을 내리고 황실극장은 전 유럽의 발레 기량학교로 변하며, 러시아는 발레를 결국 서유럽, 특히 파리로 역수출하게 되는데, 그 선봉장이었던 발레 루스의 단장 디아길레프는 발레예술을 자본주의 상상력과 결합시킨다. 프티파-이바노프 고전주의 발레는 왈츠 이래 다양하게 생겨난 사교무용과 예술무용의 분명한 구분을 가속화했고, 사교무용은 급속히 대중화하면서 더 세분화하지만, 이제 민속무용, 특히 가장 원초적인 아프리카 민속무용이 거꾸로, 서양의 사교-대중무용은 물론 현대예술에까지 큰 영향을 끼치게 된다. 그리고, 현대무용은 현대판 세상창조신화를 제 '언어=몸'으로 품게 된다.

'연극=음악=무용=세계=레퍼토리'

메디오('막간극')는 16세기 이탈리아 고전연극 막 사이 삽입되는 짧고 가벼운 음악 여흥으로 발생한다. 기록상 첫 인터메디오는 1539년 피렌체에서다. 바로크 기타는 다섯 개의 두겹선(짝)을 손가락으로 뜯으며, 울림통을 구멍난 양피지로 덮었고 울림통과 목부문 가장자리에 가느다란 흑단 및 상아 줄 장식을 박았다. 바로크오페라는 정교한 무대효과가 음악 못지않게 중요하다. 윈치, 기어, 그리고 로프를 조작, 천상의 구름이나 지옥 불을 연출하는가 하면 무대가 화산 분출이나 물밑 전투로 흔들리기도 했다. 베네치아, SS 지오반니 & 파올로 극장은 1639년 오페라극장으로 건축된 후 현재까지 골격을 유지하고 있다. 1645년 무렵 그려진

〈아들 아우구스크 공작과 그 가족〉에는 현악기들(베이스 비올라 다 감바와 테너 비올라 다 감바, 'gamba'는 '다리') 연주단과 하프시코드 반주자가 보인다. 17세기 그려진 한 독일 무대 스케치를 보면 익벽, 배경막, 매달린 샹들리에가 있지만 각광은 없다. 성(盛)바로크 시기 오르간 제작은 중유럽에서 절정에 달했다. 바이마르, 프라하, 그리고 라이프치히 등 도시는 물론 작은 마을 교회와 성당에도 장려한 오르간이 들어선다. 고전음악의 경우 17세기면 카논 전성기가 끝나지만 대중음악에서는 종교/세속 분야를 막론하고 카논이 여전히 성행했다. 1681년 로마에서 초연된 코렐리 〈교회 소나타 op. 1〉은 스웨덴 크리스티나 여왕에게 헌정된 것이다. 1689년 〈디도와 아이네이아스〉를 작곡, 영국에 오페라 전통을 도입한 퍼셀은 다른 많은 작품을 작곡했지만 극히 일부만 널리 알려졌고, 안 알려진 노래와 찬가 및 교회음악 속에 숱한 보물이 숨겨져 있다. 18세기에 이르면 장르 간 경계가 다시 불분명해진다. 이를테면 '기악이 있는 클라브생 협주곡'을 오케스트라가 아닌 여덟 명의 앙상블이 협연한다. 1700년대 처음 사용된 포이의 무보는 무용수의 동작선을 그린 것인데 이 시기 극 및 사교춤의 재구성에 필수적이다. 와토 〈컨트리 댄스〉(1715년)에 나오는 경쾌한 스텝이 18세기 말 발레의 동작언어를 살지우게 된다. 독일 비평가-극작가 고트셰드와 아내 빅토리아가 카롤리나 노이버 극단을 위해 프랑스 고전희곡들을 함께 번역-번안한다. 노이버는 독일 최초의 유명 여배우-극장 지배인으로, 독일 연극 개혁을 위해 노력했지만 당시 유행하던 국가-대사건극의 대중적 인기를 넘어서지 못했다. '국가-대사건극'은 고위층의 극적인 사건을 다루는 막과 막 사이 하얼퀸/한스부르스트광대극을 삽입했다. 독일산 광대 한스부르스트는 관객들에게 상스러운 논평을 전하는 역할이다. 1740년 무렵 그려진 튜린왕립극장 스케치에서 보듯 이탈리아 극장 무대장치는 극히 정교했고, 관객은 웨이터들이 제공하는 음료를 마시며 연극을 관람했으며, 여타 유럽과 마찬가지로 질서 유지용 무장경계병을 세웠다. 1740년대 비비에나 무대 디자인 스케치는 실제 창조된 공간-거리감에 대해서는 아무것도 가르쳐주지 않지만, 18세기는 물론 그 너머 시기에도 충분히 이상적일 만큼 거대 규모라는 것을 보여준다. 18세기 말 귀족 개인극장의 세련미와 광휘를 유감없이 보여준 체코슬로바키아, 케스키크룸로브성극장은 비비에나 가문 전통의 무대장치 영향이 뚜렷하다. 암스테르담극장 엘베르벨트(1700~1781) 〈가장家長〉 공연 스케치를 보면 부르주아 복장, 감정 가득 찬 몸짓, 온전한 무대 깊이 활용 등을 통해 사실적 느낌이 살아나지만, 관람석은 난장판으로 악명 높은 네덜란드 시민들이 모자를 쓴 채 앉아 있는 등, 공연을 완전히 무시하고 있다. 사각형 피아노포르테는 아주 간편한 악기로 1740년대 초 발명된 후 영국과 미국에서 가정용 건반악기로 굉장한 인기를 끌다가 1830년부터 직립형으로 대치되기 시작한다. 직립형은 사각형보다 더 인기였고, 시골 집에도 흔하게 널렸으므로 '오두막 피아노'라는 별명을 얻었다. 라모 희극 오페라-발레 〈플라테아〉(1745)는 주피터가 부인 주노의 질투를 잠재우기 위해 못생긴 강여신 플라테아를 사랑하는 척하는 내용이다. 힐베르딩은 파리 유학 시절 살레의 춤을 보았을 것이다. 그의 안무는 무용수에게 몸 전체로 감정을 표현할 것을 요구한다. 1741~1756년 세워진 비엔나 최초 시민극장은 18세기 런던 및 다른 지역 극장에 비해 객석 장식이 정교하고, 말굽형이 아닌 3면 배치며 영국식 프로시니엄 문 대신 작은 앞무대에 박스를 달았다. 18세기 떠돌이 극단은 공연 여건이 여전히 조잡했지만 의상은 당시 궁정의상을 본떠 우아했다. 시장터에 볼거리가 많았으므로 그래야만 손님을 끌 수 있었다. 헨델은 생애 내내 높은 명성과 어느 정도 성공을 누렸다. 사망 후에도 그의 음악이, 그가 선택한 조국 영국에서는 특히, 정말로 유행에 뒤떨어진 적은 없다. 여타의 숱한 '천재' 예술가들과 다른 점이다. 리치는 게이와 합작으로 통속 정치풍자 발라드 오페라 〈거지 오페라〉를 제작하여 대성공을 거두고 그 이익금으로 코번트가든극장을 설립, 초대 지배인이 되었다. 1763년 영국 코번트가든극장 소란 중 관객 일부가 소규모 오케스트라 구역을 넘어 무대로 뛰어드는 장면을 그린 스케치가 있는데, 무대 위 조명용 샹들리에, 무대 전면 양측 관람석, 그리고 프로세니엄 아치 양측 무대 아래 출입문이 특이하다. 1766년 마드리드, 프린키페극장 가장무도회 스케치를 보면 1세기 전 관람석이 영국 엘리자베스여왕 시기 극장을 모방한 것과 달리, 이탈리아 오페라-극장 풍이 완연하다. 1775년 공연 보마르셰 〈세비야의 이발사〉는 사실적인 가구와 버팀대, 그리고 배우들의 자연스러운, 흐르는 듯한 자세가 두드러지고, 반세기 전 와토 그림의 딱딱한 공식성은 온데간데없어졌다. 이때 리얼리즘은 진보 혹은 혁명과 동의어였다. 드러리레인극장은 1672년 세워졌으나 1775년 아담 형제가 설계를 대폭 변경했다. 시버는 새로운 양식을 구사한 극작가이자 드러리레인극장 지배인이었다. 셔리던 시절 드러리레인극장 감독 루터부르크는 조명 효과와 무대 장면 분야에서 '차단' 등 주요 개혁을 이루었고, 1781년 그가 무대 디자인한 해변 풍경은 사실적 표현에 측면을 사용한 깊이 연출이 혁신적이었다. 1775년 무렵 한 칸타타 공연 스케치는 루터교. 가수 세 명, 현악기 연주자 네 명, 관악기 연주자 여섯 명, 클라브생(통주 저음) 연주자 한 명, 종이를 둘둘 말아 지휘봉 대신 쓰는 지휘자 한 명의 공연팀을 보여준다. 노베르는 1776년 파리오페라 수석 발레마스터로 취임한 후 당시 파리오페라의 전통적인 남성 복장 톤늘레(짧은 후프 스커트) 착용을 강력히 반대했고, 결국 폐지시켰다. 1776년 독일 극작가 클링게르 〈쌍둥이〉 중 '거울 장면' 은 현란하고 연극적인 질풍노도 연기와 무대 밖 조명을 구사했다. 1776년 완공된 스웨덴 드로트닝크홀름극장은 궁정과 관람석 선이 무대로 이어지며 배우와 관객이 공유하는 조화로운 공간을 형성, 진짜냐 가짜냐 상관할 필요가 아예 없게 만들어버린다. 1769년 부르고뉴호텔 공연 스케치에서 보듯 18세기 후반이면 관객들이 보다 많은 리얼리즘을 요구하게 된다. 진짜 물레와 의자, 그리고, 그려지긴 했지만 세부 묘사가 정교한 배경막 등이 필요했다. 1778년 3월 30일. 코메디-프랑세극장 볼테르 〈이레네〉 여섯번째 공연이 끝난 후 볼테르 '신격화' 행사가 치러졌고, 볼테르는 무대 오른쪽 맨 위 박스석에 앉아 있었다. 베이트맨과 그녀의 1년 연하 여동생은 일찍부터 배우로 출세하였다. 스크리브가 여덟 살짜리 베이트맨과 그녀 여동생을 위해 〈아이들의 결혼〉을 〈어린 부부〉로 각색했으며, 둘은 포샤와 샤일록, 맥베스와 맥베스 부인, 리처드 3세와 리치몬드 등 셰익스피어 주요 등장인물과 대적인물도 연기하게 된다. 1780년 바이올리니스트 레오폴드 모차르트와 아내 마리아 사이에 난 일곱 명의 아이 중 볼프강 아마데우스와 여동생 난네를 둘만 살아남았다. 모차르트가 난네를에게 보낸 편지 내용 때문에 모차르트의 성품에 대한 논의가 분분했지만 사실 당시 잘츠부르크와 프라하에서는 음탕한 내용의 편지투가 유행이었다. 모차르트와 슈베르트 사이는 두 세대가 채 되지 않지만 그 사이에 교회와 귀족의 전통적인 후원이 끝났다. 호가스 풍자판화집 〈시대를 매혹시킨 사람들〉(1782)에는 당시 인기를 누리던 두 기교파 무용수 라 바르바리나와 데스노예도 들어 있다. 높은 도약을 점선으로 암시했다. 18세기를 이끈 두 남성 무용수 중 베스트리스는 게타노의 아들로 풍부한 기교를 과시했고, 비가노는 이탈리아 발레닥시옹 혹은 안무극 대표 주자로, 가벼운 복장과 평평한 신발이 혁신적이었다. 1791년 바르샤바국립극장은 무대, 객석, 오케스트라 피트를 모두 촛불로 밝혔다. 미국 희극배우 위그넬이 1793년 런던 출신 극단 수용용으로 지은 필라델피아, 체스넛거리극장은 미국 최초로, 런던 드러리레인극장보다 먼저 가스등을 사용했고 곧 '올드 드러리'라는 애칭으로 불리며 연극 명소로 자리잡았다. 소녀 (세라) 캠블은 영국 연극 명문가 출신의, 가장 위대한 비극 여배우 중 하나였으나 1794년 셔리단이 개축한 드러리레인극장을 '황량한 벌판'이라며 겁냈고, 광대한 객석이 배우 동작 극대화와 목소리 증폭을 요구했으므로 연기력이 크게 손상될 수밖에 없었다. 켐블 가문의 맏아들이자 세라의 남동생인 (존 필립) 캠블은 위엄을 갖춘 정통 배우로 비극적이고 무거운 배역에서 최고 기량을 보였다. 1809년 캠블이 신코번트가든 극장을 개장할 때 케이픈은 역사극용 '만능' 무대장치를 설계해주었다. 코번트가든과 드러리레인을 위해 케이픈이 해준 숱한 무대장치는 화재로 두 극장이 각각 파괴되면서 모두 사라졌다. 1794년 폴란드 극작가 보구슬라브스키 희극 오페라 〈크라코우와 고지대 사람들〉은 민족 주제를 다루며 농부들의 분쟁을 매우 솜씨 있게 다루어 관객들의 폭발적인 반응을 이끌어냈다. 작가는 인간 감정을 능란하게 다루는 훌륭한 극작가인 동시에 탁월한 애국자다. 당시 한 공연평은 그랬다. 약수터 근처 옛 연주회장에 세운 새들러스웰즈극장은 훗날 〈거지 오페라〉 각색자 펠프스가 지배인을 맡으면서 유명 극장으로 떠올랐다. 튈러리 왕궁에 밀어닥친 군중들이 열광적으로 불렀던 〈라마르세예즈〉는 나폴레옹 통치 및 부르봉 왕가 통치 때 얼마 동안 금지되었지만 오늘날 프랑스 국가다. 1799년부터 죽을 때까지 실러는 괴테와 함께 바이마르 궁정극장 감독직을 맡았다. 1808년 무렵 리옹에서 무르게가 공연한, 실이 아니라 손가락으로 조정하는 인형극 〈기뇰와 그냐프로〉는 인민의 권력 비판정신을 상징하는 두 친구 이야기다. 1811년 코번트가든 크리스마스 공연 팬터마임 〈할리퀸 파드마나다, 혹은 금붕어〉는 광대 그리말디가 개구리 껍질을 뒤집어 쓰고 오페라-모자 및 기타 유행 액세서리를 달고 나타나 벌이는 '개구리뜀 게임'으로 대단한 인기를 끌었다. 1814년 창설된 스테이리브릿지 올드 밴드가 영국 최초 브라스밴드다. 미국은 1836년 보스턴 브라스밴드가 창설되고 독일어권은 19세기 중반쯤 거의 시마다 하나씩 '악대'를 갖게 된다. 1817년 밀라노, 스칼라극장 공연 비가노 비극발레 〈프살미, 이집트의 왕〉 중 '멤피스의 정원' 장면 무대디자인(산퀴리코) 삽화를 보면 원근법을 최대한 활용하며 요란하고, 스탕달에 의하면 비가노풍 마임발레는 무대디자인을 남용하면서 장면을 막마다, 심지어 장마다 바꾸는 데 인기를 크게 의존했다. 아니, 극장 자체가 그 옆에 붙은 도박장 수입에 재정을 의존했다. 오늘날 비가노의 발레 작품은 요란한 무대디자인 삽화 말고는 흔적이 없다. 가르데는 1787년, 노베르가 파리오페라를 떠난 6년 후 파리오페라 수석 발레마스터로 취임하여 1820년까지 머물렀다. 만년에 그의 보수주의는 파리오페라를 동맥경화와 동의어로 만들게 된다. 베버 〈마탄의 사수〉(1821)는 최초의 독일 낭만주의 오페라다. 피아노를 치는 리스트 캐리커처의 제목은 '화성의 악마가 연주한 반음의 질주'였다. 동생들에게 남긴 유서에서 베토벤은 청각 상실에 대한 절망감, 예술에 대한 열정, 그리고 운명을 감수하려는 의지를 감동적으로 기록하고 있다. 1822년 뉴욕, 파크극장에서 보듯, 전형적인 19세기 초 관람석은 앞무대 출입문을 여전히 쓰고 우아한 박스석 곡선이 앞무대로 와닿고 배우와 피트 관객들이 매우 가까웠다. 배우들은 관객과 접촉하고 각광 및 관람석 조명을 최대한 받기 위해 무대 앞으로 나왔다. 미국 1세대 배우 포리스트(1806~1872)가 맡았던 가장 유명한 역은 버드(1806~1854) 〈검투사〉의 주인공 스파르타쿠스다. 낭만주의 발레 이전 탈리오니를 춤꾼으로 출세시킨 작품은 〈다니나, 혹은 브라질의 원숭이 조코〉(1826)로, 다니나 역의 탈리오니가 원숭이 조코를 뱀한테서 구해주고 후에 조코는 다니나의 아들이 유괴되는 것을 막아준다는 내용이다. 〈지젤〉(1846) 이후 〈다니나, 혹은 브라질의 원숭이 조코〉는 흔적조차 찾아보기 힘들게 된다. 탈리오니 상대역을 했던 부르농빌은 탈리오니를 자신의 이상적인 무용가로 여겼고, 1836년 그가 준비한 〈공기요정〉 코펜하겐 초연은 그 자신과 그의 18세 제자-애인 그라안을 주인공으로 세우기 위해서였다. 코랄리 〈독거미〉(1839년)는 독거미에 물린 약혼자 루이지를 고쳐준다는 늙은 돌팔이 의사의 꼬임에 넘어가 그와 강제 결혼할 위기에 이른 약혼녀 로레타가 온갖 기지를 짜내고, 심지어 독거미에 물린 시늉까지 하면서 결혼식을 미루다가 결국 루이지가 돌팔이 의사의 아내를 찾아내고 그를 마을에서 쫓아낸 후 로레타와 마침내 결혼을 하게 된다는 내용으로, 이 작품 중 가장 중요한 대목은 1막 로레타의 '타란텔라(독거미 춤)' 장면이다. 엘슬러가 춘, 매우 활기찬 남부 이탈리아의 타란텔라는 독거미에 물리면 찾아오는 광란을 고쳐준다고 믿어졌다. 〈집시 소녀〉는 아버지 탈리오니가 1838년 성페테르부르크에서 딸 탈리오니를 위해 만든 것을 이듬해 구에라가 런던에서 다시 안무한 작품이다. 탈리오니가 분한, 귀족 출신이지만 어렸을 때 집시가 유괴한 소녀 역은 공기요정과 정반대 성격이다. 아니, 작품 자체가, 엘슬러에 맞서, 딸 탈리오니도 '활기찬 춤'을 얼마든지 출 수 있음을 과시하기 위한 목적이었다. 음악 대부분은 러시아 관객에게 낯익은 마주르카풍이지만 하일라이트는 카추샤풍 스페인 춤, 즉 엘슬러의 장기였다. 결과는 탈리오니의 판정승. 탈리오니의 카추샤춤은 유럽과 미국을 열광시켰다. 프랑스 낭만주의 연극을 선포한 위고 〈에르나니〉 초연(1830)은 프랑스 연극사상 가장 유명한 한 장면을 촉발시켰다. 전통주의자 관객들이 비싼 좌석을 꽉 채우고 공연을 망치려 기를 썼으나 젊은 화가-음악가-작가 등 위고 숭배자들의 환호와 박수갈채에 눌렸다. 〈에르나니〉는 커다란 성공을 거두며 프랑스 낭만주의 연극시대의 도래를 알렸다. 〈에르나니〉를 위해 위고는 자신이 직접 무대디자인과 기본 계획을 통틀어 명상적인 고딕풍이 강한 수채화로 그렸는데, 이것은 작품 분위기 및 당시 시대에 앞선 프랑스 연극인들의 취향에 맞는 것이었다. 〈악마 로베르〉 중 죽은 수녀들의 발레 장면은 당시 유행하던, 달빛 비친, 무덤이 열지은 수도원의 섬뜩한 분위기가 다시 관객을 소름 끼치게 했다. 로열 덴마크 발레 란테르판 〈코펠리아〉는 안무뿐 아니라 (부르농빌을 연상시키는) 등장인물을 극적으로 드러내는 감각, 그리고 세심한 민속 춤 처리가 돋보이는데, 1막 민속 춤 장면은 들리브 음악의 가장 아름다운 장면이 펼쳐지는 대목이기도 하다. 피아노 연주자가 되고자 했던 슈만의 꿈은 1847년 손가락 강화 훈련 중 오히려 손가락이 훼손되는 바람에 꺾였고, 전업 작곡가의 생애 또한 가혹하고 어려웠다. 좀더 탄력적이었던 아내 클라라는 남편이 정신병으로 무너진 후 순회 연주회로 엄청난 성공을 거두었다. '슈베르트를 위한, 슈파운 백작과 함께하는 밤' 이 슈베르트 사망 20주년에 열렸다. 19세기 극장 관람석은 대극장인 경우에도 현재보다 훨씬 더 왁자지껄했다. 무대와 객석의 소동은 연극에 대한 관객의 참여가 매우 친밀했다는 뜻이다. 미국 서부극 멜로드라마는 틀에 박힌 전투 장면과, 미국 군대가 적절한 때 도착하여 인디언들로부터 요새를 구출하는 내용이 대부분이고, 집단적이며 강한 동작을 얼마나 솜씨 있게 구사하느냐가 성패의 관건이었다. 자연주의는 '박스 세트' 를 필요로 했다. 양식화하기는 했으나 '1페니짜리 흑백 인쇄물' 과 '2페니짜리 천연색 인쇄물' 은 19세기 중반 영국 멜로드라마 연기 현황을 잘 보여준다. 테일러(1817~1880) 〈떠나는 개찰구〉에 연극사상 최초로 형사(혹쇼)와 런던 레스토랑이 등장한다. 앙비그-코미크 초연 뒤칸주 〈엘로디〉 2막을 위한 다게르 무대디자인은 디오라마(實景)와 파노라마(全景)의 기본 원칙을 도입, 무대를 두 개 구역으로 나누고 조명의 강도를 달리함으로써 상당한 깊이를 느끼게 한다. 도미에 〈아모르와 어머니〉(1853)는 꿀이 엉망인 무대 뒤 아이와, 아이가 곧 연기해야 할 동화풍 광상극 등장인물 역할의 대비가 절묘하게 날카롭다. 도미에는 극장에 매료되었고 극장에서 인생의 어리석음 그 자체를 보았다. 미국 여배우 쿠시먼(1816~1876)은 키가 크고 외모가 평범한데다 목소리마저 탁했기 때문에, 오래고 고된 역경 끝에 비로소 빛을 보지만, 엄청난 재능을 발휘하게 된다. 1860년경 극장 배경화가 텔빈의 팬터마임 공연 드로잉은 빅토리아여왕 시대 연극 장면 변환을 보여주는데 아마도 가상극장이겠지만 활주형 판막이, 상단 및 하단 바퀴홈, 가스 활대, 익벽 조명, 석회광 등등 무대 테크놀로지가 풍부하다. 부스는 국제적인 명성에 달한 최초의 미국 배우였고, 역시 배우였던 그의 동생이 연극적 정신 이상으로 미국 대통령 링컨을 암살하고, 로트렉

〈베일의 춤을 추는 로이에 풀러〉는 유명한 연행자의 양식과 인격의 정수를 포착해내는 것에 종종 편집광적으로 집착한 로트렉을 잘 보여준다. 풀러는 몇 폭의 망사와 그 위에 비치는 무쌍한 색깔 변화만으로 화염, 안개, 혹은 거품의, 흐리멍덩한 짐승 형용을 구현한바, 어떤 사진도 이 그림만큼 그 '희미함의 역동' 효과를 제대로 포착해내지 못했다. '페퍼의 유령'은 무대 아래 오케스트라 피트에 배우를 세우고 빛을 비추어 관객과 무대 사이 유리판으로 영상이 뜨게 함으로써 유령 효과를 내는 연극 장치로, 1862년 페퍼가 처음 사용했다. 1863년 런던 이스트엔드, 파빌리온극장 포스터는 인근 노동자 및 중하류층 관객용 멜로드라마의 내용과 연기 양식을 특징적으로 보여준다. 1864년 도미에가 그린한 유화는 멜로드라마 관중-관객의 강력한 몰입에 의한 '무대=관객' 동일화를 충격적으로 포착한다. 하우프트만 〈방적공들〉(1892)에서는 기계 베틀 도입에 맞서는 실레지아 방적공 집단 전체가 주인공이다. 바그너는 음악 못지않게 극장에도 관심이 많았으며 바이로이트오페라극장을 통해 오페라 연출 및 무대장치의 온갖 측면을 개혁할 수 있었다. 이탈리아 발레리나 주키는 미모와 극적 재능에다 기교까지 갖추어 유럽 전역에 명성이 자자했다. 〈코펠리아〉 초연 당시 스와닐다 역을 맡았던 10대 발레리나 보자키는 프랑스-프러시아전쟁 당시 비극적으로 이른 나이였다. 드가가 〈발레 무대리허설〉(1873)을 그릴 당시 파리오페라 발레는 거의 전적으로 스타 발레리나와 젊은 처녀들의 집합소였고 남자 무용수가 전혀 없을 때도 있었다. 오랫동안 세계 최고의 권위를 자랑하던 파리오페라 발레는 19세기 중반부터 줄곧 하강곡선을 그리다가 1914년 슈타츠를 발레 선생으로 맞고 나서 다시 수준을 높이기 시작한다. 1876년 드가가 그린 〈파리오페라 발레 학습〉 선생이 바로 페로다. 페로는 그리시와 함께 폴카 유행에도 크게 기여했다. 1874년 콘카넨(1835~1886)이 그린 영국 뮤직홀 드로잉은 예술적 허구지만 사실에 가깝다. 먹고 마시는 게 우스개 노래 연주자에 귀를 기울이는 것 못지않게 중요하다. 의사봉을 든 사회자도 보인다. 만초티 〈더 높이〉(1881)는 인간 문명의 발흥을 빛의 영혼과 어둠의 영혼 사이 투쟁으로 묘사한 작품이다. 19세기 관객들은 이런 작품들이 펼치는 거대하고 화려한 볼거리를 즐겼다. 1881년 레핀이 그린 무소륵스키 초상은 알코올 중독으로 사망하기 며칠 전 작곡가의 모습이다. 무소륵스키가 창작력과 재능의 절정에서 죽었다. 한 사망 기사는 그랬다. 위도가 지휘한 바흐 탄생 2백 주년 기념 파리음악원 〈마태수난곡〉 연주회는 바흐 음악을 대중에게 널리 알리는 계기가 되었다. 죽기 이틀 전 부르농빌이 그의 등장을 반겼던 젊은 무용가 베크(1861~1951)는 아주 오랫동안 살았고 그 또한 죽기 전에, 완벽하고 고전적인 부르농빌무용의 대변자 부룬의 출현을 반길 수 있었다. 1888년 빈 신(新)시민극장에서 보듯 19세기 후반 극장 관람석은 건축의 웅장함과 장식의 화려함을 점점 더 증대시켰다. 무대 위 시골 장면 배경막, 거대하게 휘늘어진 전면 커튼 또한 이 시기 극장의 특징이다. 자연주의는 사회 극빈층 생활 환경이 무대로 진입하는 계기를 마련했다. 1890년 성페테르부르크, 마린스키극장 〈잠자는 숲 속의 미녀〉 초연(1890)에서 사악한 요정 카라보세 역을 맡았던 체케티는 발레사상 가장 위대한 교사 중 하나로, 파블로바, 바가노바, 포킨, 그리고 니진스키가 그에게 배웠다. 메세러 〈발레 학교〉(1903)는 발레 훈련의 온갖 흥분과 열망을 표현한다. 19세기 말까지 현악 4중주는, '매우 내밀하고 심각' 하게 여겨졌으므로 공공 연주회장에서 연주되는 일이 드물었다. 오케스트라의 새로운 악기 배합에 관심을 기울이며 써낸 베를리오즈의 작품은 매우 과감하고 독창적이다. 옛날 오케스트라 지휘자는 막대기로 박자를 맞추었다. 벨 에포크('아름다운 시절', 19세기 말) 발레의 퇴폐성을 상징하는 남자 역 여배우 전통은 파리오페라에서 1920년까지 존속했으며 영국 무언극 주인공 소년과 마찬가지로 1950년대까지 유행했다. 1893년 베를린, 독일극장에서 초연된 하우프트만 〈비버 코트〉는 쩨쩨한 프러시아 관료들이 말 빠른 베를린 노동자계급 여성에게 당하는 과정을 풍자한 자연주의 희극이다. 1895년 성페테르부르크 초연 〈백조의 호수〉는 50세 게르트가 지그프리트 역을 맡았기 때문에 발레리나들을 실제로 떠받쳐줄 인물로 왕자의 친구 벤노 역이 불가피하게 추가되었다. 프티파는 〈잠자는 숲 속의 미녀〉를 위해 만든 보석 같은 몇 개의 독무들은 각각 내용이 추상적이라 이름을 자유롭게 바꿀 수 있었으며, '부리가루 요정 춤' 은 훗날 '체리꽃 춤' '마법의 정원 춤' '명예 혹은 자비의 춤' 등으로 개명되었다. 디킨스 원작 〈두 도시 이야기〉는 1899년 초연 즉시 대단한 성공을 거두었다. 인도 왕자, 사제의 딸, 그리고 사원 무용수들이 출연하는 프티파 〈춤추는 처녀들〉(1900)은 엄청난 폭풍이 사원을 파괴하고 무대 위 모든 사람을 죽이는 장면에서 절정에 달하지만 압권은 4막 '그림자들의 왕국' 장면이다. 주인공 솔로르는 약을 먹고, 죽은 연인 니키아와 함께 지하세계에 있는 꿈을 꾼다. 사원 무용수들 유령이 그를 둘러싸고 있다. 1901년 브뤼에는 검열에 대한 항의로 관객을 앙투안극장으로 초대하여 자신의 작품을 직접 읽어주었다. 1901년 브레디가 스펙터클풍으로 연출한 스토 〈톰 아저씨의 오두막〉은 엘리자가 노예상들의 추적을 따돌리고 얼어붙은 오하이오강을 건너 자유의 땅에 닿는 장면에 하늘 경계선, 도려낸 캔버스 나뭇가지들, 그리고 그림으로 그린 배경막 등을 썼다. 테리는 1908년 데뷔 이래 벤크로프트 집안과 어빙 아래서 무대 수업을 받았다. 1909년 바그너 오페라를 위한 아피아 무대디자인은 단순한 형태와 미묘한 조명 효과를 결합, 3차원 공간을 창출한다. 직접 연출한 경우는 별로 없지만 크레이그의 숱한 계획과 디자인 들은 완고를 벗은 무대 디자이너들에게 엄청난 영향을 끼쳤다. 라반 무보의, 이를테면 b, c1, c2, c3, c4로 표시된 2중의 수직선은 다섯 무용수를 위한 것이고, 대각선은 무용수 c3가, c1의 앞 두마디 동작을 되풀이한다는 뜻이며, 무대 위 무용수의 위치와 동작을 가르치는 도식도 있다. 강화된 프왕트 슈즈가 나타나기 시작한 것은 1860년대고 이것을 유행시킨 다닐로바는 성페테르부르크에서 배우다가 마린스키(현재 키로프)발레에 들어간 후 18세인 1922년 솔로로 나섰으며 발란쉰과 함께 러시아를 떠나 서양에서 오랜 경력을 쌓게 된다. 대본이 엉성한 반면 음악이 너무 매혹적이라 〈호두까기 인형〉은 초연 이후 숱한 안무가 행해졌는데 그중 가장 완성도가 높다고 평가받는 것은 그리고로비치판 볼쇼이 발레 공연(1927)이다. 2막 2인무를 막시모바와 바실리에프가 완벽하게 소화하였다. 1931년 베일리스가 같은 장소에 지은 제2새들러스웰즈극장은 현재도 사용중이다. 1939년 새들러스웰즈 발레 초연 〈잠자는 숲 속의 미녀〉 중 '장미 아다지오' 장면에서 폰테인이 찬란하게 연기한 오로라공주 역은 내내 후대 전범으로 작용했다. 파리오페라 라코르 안무 〈코펠리아〉는 프란츠 역을 남자 무용수에게 맡긴 것 말고는 생 레옹 원작 안무(현재 잊혀졌다)를 복원하려 노력했다. 부르농빌 〈겐차노의 꽃 축제〉(1858)는 2인무만 전하여, 별도 공연된다. 이탈리아를 대표하는 발레리나 프라키와, 부르농빌발레 전통을 계승한 덴마크 발레리노 브룬의 조화가 특히 일품이다. 부룬은 초기에 왕자의 품격으로 경탄을 자아냈지만 스트린드베리 동명 희곡/쿨베르크 안무 〈줄리 양〉(1950)의 배신꾼 집사 같은 극적 역할도 훌륭하게 소화해냈다. 〈보호자가 없는 처녀〉는 1960년 애시튼이 전혀 새롭게 안무, 걸작 희극발레로 재탄생시키게 된다. 1968년 코번트가든 로열 발레 공연 누레예프 안무 〈호두까기 인형〉은 특히 호두까기 '인형=왕자'와 드로셀메이어 역을 결합, 동화적 요소를 줄이고 심리학적 분석을 덧붙였다. 이를테면 기분 좋은 파티 참석자들이 그후 주인공 꿈에 끔찍한 박쥐 떼로 나타난다. 재공연된 페로 〈4인무〉에서 마르코바가 탈리오니 역을, 다닐로바가 체리토 역을 맡았다. 롤랑 프티 안무의 〈코펠리아〉는 등장인물 관계를 근본적으로 재정립, 매혹적인 프랑스-현대판을 만들어낸다. 영원한 삼각관계 구조가 구축된다. 코펠리우스는 스와닐다를 스와닐다는 프란츠를 프란츠는 코펠리아를 사랑하는데, 코펠리아는 코펠리우스가 스와닐다를 본떠 만든 인형이다. 직접 코펠리우스 역을 맡으며 프티는 프랑스적 위트와 나이의 깊이를 작품에 부여했다. 1976년 런던페스티발 발레 공연 하인드 안무 〈호두까기 인형〉은 원래의 동화풍을 살려 극 연기의 설득력을 높였고, 어린이 무용수들도 등장시켰다. 스웨덴 안무가 쿨베르크의 아들 에크가 1982년 안무한 〈지젤〉은 전통적인 유령의 숲을 정신병원으로, 윌리스를 원혼들이 아닌, 흰 가운 차림의 병원 환자들로 바꾸어버렸다. 덴마크 무용가들이 140년 넘게 대대로 핵심을 전수해왔으므로 부르농빌발레 안무와 기법은 아주 생생한 전통이다.

프랑스 자연주의 문학, 에밀 졸라와 그후

졸라는 자신이 논구한 자연주의 이론에 스스로 고문당한, 전형적인 지식인 작가로, 그의 작품은 대체로 그의 이론과 어긋나는 선에서 좋은데, 그가 이론에 집착한 것은 1865년 이후, 이야기 모음집 『니농 이야기』(1864)와 최초 전작소설 『클로드의 고백』(1865)을 쓰고 문학예술 평론으로 생계를 꾸리며 사실주의소설 『테레즈 라캥』 및 『마들렌 페레』를 집필중이던 1868년 즈음이다. 그의 자연주의 이론은 정말 이론적으로 탄생하며, 테느 철학, 루카스 「자연 유전의 철학적 및 생리학적 측면」(1847~1850), 베르나르 「실험 의학 입문」 등을 종합한 자신의 소설 이론을 예시하기 위해 그는 20편 연작으로 1871~1893년 제2제국 치하 한 가문 5대에 걸쳐 (주로 사악한) 품성이 유전되고 발전되는 '자연-사회사'를 추적하면서 자신의 모든 것을 쏟아붓고 통틀어 루공/마카르가(家)라 명명했다. 첫 권 『루공의 재산』(1871)은 적통 루공가와 서출 하층계급 마카르가의 여러 인물과 세대를 소개한다. 정신이 멀쩡하지 않은 루공가 할머니 아델이 술주정뱅이 밀수업자와 눈이 맞는 바람에 생겨난 가문이 마카르가며, 그렇게 유전 문제가 처음부터 전면에 부상하고, 1848~1852년 가상의 시골 읍 플라상을 무대로 적의와 계급투쟁, 그리고 음모가 뒤섞이고 펼쳐진다. 1851년 '쿠데타' 기간 동안 적통 피에르와 펠리시테 부부는 피에르의 방종한 서출 동생 앙투안을 은밀하게 꼬드기고 사태를 활용하며, 권력과 사회적 지위를 획득하는 데에 성공하고, 『외젠 루공 각하』(1876)에서 그들의 아들이 제국의회 상원의원 자리에까지 오르며, 연작이 진행되면서 장면이 도처로 이동하고 사회계급을 오르내린다. 『이권 쟁탈』(1872), 『사랑의 한 페이지』(1878), 『살림』(1882), 『여인의 행복』(1883), 『은銀』(1891)은 무역 및 금융업자들의 부르주아세계가 무대고, 『파리의 한복판』(1873)은 거대한 식량공판장 레 할레를, 가장 대중적인 『목로주점』(1877)과 걸작 『제르미날』(1885), 『짐승 같은 인간』(1890)은 파리 슬럼가의 빈민, 광산 및 철도 노동자를 묘사하며 산업화의 어두운 측면을 부각시킨다. 『나나』(1880)는 창녀가, 『외젠 루공 각하』는 정치가들이, 『걸작』(1886)은 예술가들이 주요 등장인물이다. 『파탄』(1892), 『플라상 정복』(1874), 『무레수사의 과오』(1875)는 교회와 군대 문제를 정면으로 다루고 『대지』(1887)는 농촌 사람들의 탐욕과 호색, 그리고 야만성을 지리할 정도로 집요하게 묘파, 졸라 동시대 젊은 작가 5인이 음란성을 규탄하는 소동을 야기했고, 『삶의 기쁨』(1884)과 『꿈』(1888)은 농촌에 대한 시선이 보다 더 따스하다. 의사들의 세계를 파헤치는 연작 마지막 『의사 파스칼』(1893)은 파스칼과 젊은 여조카 클로틸드의 사랑 이야기가 표면적으로 주된 플롯이지만 사실은, 당연히, 연작의 유전학적 총정리로, 앞부분에 족보가 나오며 각 이름마다 간단한 약력 혹은 유전력이 소개되는데, 이것을 모아놓은 파스칼은 전도유망한 의사 작업을 버리고 자기 가문을 참고 삼아 유전을 주제로 한 대작을 쓰기로 마음먹은 상태다. 앙투안(마카르)은 술에 취해 잠든 상태로 불타 죽고 마루에 기름 자욱과 약간의 재만 남는다. 『루공/마카르가』는 분명 발자크 『인간희극』을 겨냥한다. 덧붙여, 파스칼은 졸라며, 파스칼이 쓰려고 마음먹은 소설이 바로 이제까지 읽은 『루공/마카르가』고, 이 환원 구조는 얼마 후 출간되어 프랑스 현대소설의 지평을 열게 될 프루스트 『잃어버린 시간을 찾아서』를 예감케 한다. 『루공/마카르가』는 그렇게 발자크와 프루스트 사이에 있지만, 징검다리는 되지 못했다. 졸라의 '의식성'은 발자크의 '생체 실험'이 '부르주아지적인 부르주아지 비판'이라는 한계를 벗지 못한 것으로 보았겠으나, 문학과 사회 의식 사이 공통점과 차이점을 구분/결합하는 총체적인 의식성이 아니라 단편적이고 지식인적 의식성이었고, 발자크가 프랑스혁명의 진정한 후예라면 졸라는 그 혁명의 과격화 혹은 의식화라 할 파리코뮌을 어느 정도 반영한다. 혁명에서 중요한 것은 과격성이 아니라 역사 진보에 진정으로 기여했는가고, 문학에서 중요한 것은 진정으로 문학예술의 심화에 기여했는가다. 억울한 간첩 혐의를 뒤집어썼던 유대인 장교 드레퓌스의 무죄를 밝히는 「나는 고발한다」(1898)를 신문에 게재, 망명의 고통을 치르면서 졸라가 프랑스군부의 반(反)유대주의를 규탄하는 지식인운동의 선봉장으로, 진보적 지식인의 귀감으로 된 것은 타당하고 소중한 일이지만, '드레퓌스 사건'이 졸라 문학의 문학성을 더욱 의식화하고, 발자크보다 허술한 총체성을 더욱 각질화하고, 결국은 과학성마저 저열화하는(왜냐면 총체성은 과학성과 혈연관계다) 진보-대중화의 운명을 반복한 것 또한 사실이다. 사악과 비참에 대한 생생한 묘사, 서정적인 자연 풍경, 그리고 파리의 활기찬 거리를 한눈에 조망하는 솜씨 등 그의 장점은 자연주의/지식인 이론과 무관하게, 무관할수록 성취된다. 졸라가 발자크를 '콤플렉스' 없이 계승했다면 『잃어버린 시간을 찾아서』가 예술적인 동시에 의외로 좌파적이라는, '예술의 좌파' 적이라는 점을 장차 소비에트문학이 쉽게 간파할 수 있었을 것이다. 프랑스뿐 아니라 영미와 독일에서도 사정은 그렇지 못했고, 체호프와 고리키를 거쳐 레닌과 그후로 이어지는 소비에트문학의 구도는 분명 새로운 구도였으되, 러시아적인 구도에 한정되고 곧장 운명적인 한계에 봉착하며, 스탈린에 이르면 소비에트는 '현대' 와 곧장 적대하게 된다.

도데의 단편소설은 프랑스 남부를 배경으로 우수와 유머를 독특하게, 프랑스적으로 결합하고, 그것을 징검다리 삼아 모파상은 진정 프랑스적이므로 세계적인 단편문학 세계를 펼친다. 프랑스-프러시아전쟁 당시 군에 지원했다가 1871년 파리코뮌 진압 때 저질러진 학살에 충격을 받고 탈영한 도데는 세련되고 여리고 감성적인 문체로 약자의 설움을 녹여냈고, 역시 프랑스-프러시아전쟁 참전 경험이 있는 모파상은 프랑스적 명징성의 깊이를 단편소설의 감각적 깊이로 전화, 전쟁 경험으로 단편문학사의 최고 걸작 몇 편을 빚어냈다. 어머니의 친구 플로베르가 1871년부터 모파상을 직접 가르치고, 졸라, 투르게네프, 제임스 등 당대 대표작가들에게 소개하고, 지방 잡지에 드문드문 단편을 발표하던 모파상은 1880년 6인 공동 소설 모음집 『메당의 밤』에 「비곗덩어리」를 기고하면서 전기를 맞는다. 「비곗덩어리」는 전쟁을 다룬 단편소설의, 그리고 모파상 단편소설의 최고 걸작 중 하나로, 프러시아군에 점령된 루앙 지역이 무대다.

일단의 프랑스인들이 마차를 타고 프랑스 지역으로 가려 하는데 창녀('비곗덩어리')가 한 명 끼어 있고 나머지는 겉보기에 점잖은 사람들이다. 마차를 세운 프러시아 장교는 창녀가 몸을 한 번 안 주면 마차를 통과시키지 않을 참이고 창녀는 완강하게 거부하다가 다른 사람들을 돕는다는 마음으로 몸을 허락하고 음식도 얻어오고, 사람들은 그런 그녀에게 고마움을 표하고 그녀 말을 귀담아 들어준다. 하지만, 몇 차례 같은 일이 되풀이된 후 마차가 목적지에 닿고 더이상 죽음과 굶주림을 두려워할 이유가 없게 되자, 그녀를 대하는 사람들의 태도는 돌변한다.

그 흔한 전투 혹은 학살 장면 하나 없지만 「비곗덩어리」는 전쟁 상황 속에 드러나는 인간의 위선을 족집게로 아프게 파헤치고, 문체는 간결하지만, 너그럽고 생각이 건전한 창녀와 천박하고 마음이 차가운 부르주아들을 대비시키는 예리한 각도에 우울이 깊고 또 깊다. 이 작품은 모파상에 대한 프랑스 문단의 관심과 모파상 자신의 창작열을 폭발시켰고, 이후 단 10년 동안 그는 무려 단편소설 3백여 편, 장편소설 여섯 편, 여행기 세 권, 시집 한 권, 산문집 몇 권을 출간하는데, 단편소설들은 수준이 고르고 소재는 다양한데다 참신하며 프랑스-프러시아전쟁, 노르만 농민 생활, 여러 계급 사이 심리적 갈등에서 환각, 망상 등 비현실 영역에까지 이르고, 문체와 미학은 갈수록 심화, 1870~90년 프랑스 '총체'를 놀랄 만치 정교하게, 심오하게, 그리고 구체적으로 윤곽잡는다. 1892년 1월 2일 모파상은 면도날로 목을 그어 자살을 시도했고, 미수에 그친 후 정신병원에 유폐되었다가 이듬해 7월 사망하는데, 이것은 전통적인 방식의 소설이 모종의 한계에 부딪쳤다는, 그가 현대의 마각을 보았고 그것에 부딪혔다는 것을 암시하며, 돌이켜 읽으면 그의 단편소설들은 섬뜩하다.

롤랑과 지드는 장편작가다. 지드는 종교-도덕 심리를 집요하게 통찰하면서, 롤랑은 예술 자체를 소재로 삼으면서 현대의 마각을 다스리는 식으로 전통소설의 수명을 다소 연장시켰으며, 둘 다 정치적 진보주의자, 문학적 보수주의자였다. 지드 대표작 『부도덕한 자』(1902)와 『배덕자』(1909) 모두 고전적인 구성과 단순하고 순결한 문체미학을 결합하는데, 『배덕자』는 니체 철학에서 받은 영감과 자신의 동성애 기질을 매개 삼아, 자아에 대한 관심이 타인 배려 바탕의 도덕으로 대치되는 지점을 묘파하며, 『좁은 문』은 금욕 및 자기희생을 향한 열정과 성적인 욕구를 대비시킨다. 제1차 세계대전으로 '세계 고뇌'가 더욱 심화한 지드는 신을 향한 탐구일지를 기록하지만(1916년 출간) 종교적 딜레마를 풀지 못하고 자기 나름의 윤리를 결심하고 자서전 기록을 결심, 문학사상 가장 위대한 고백록 중 하나로 평가되는 『만약 그것이 죽는다면』(1924)을 펴냈고, 이것이 지드에게 어느 정도 마음의 평화를 가져다주지만 1918년 그의 동성애 때문에 가정이 심각한 위기에 빠졌고, 그의 동성애 옹호론이 가장 친한 친구의 비난을 불렀고, 상관없이 그는 1920년대 진보적 지식인의 최전방에서 제도적 희생자, 소외된 자를 위해 싸우고 여성 평등과 죄수 처우 개선을 주장하지만, 제2차 세계대전으로 지드의 사상은 180도 변화, 전통의 가치를 깨닫고 과거를 재음미하기 시작한다. 절대자유는 개인과 사회 양자를 모두 파괴한다. 1940년대 초 그렇게 선언하면서 그는 자신의 삶과, 그리고 자신의 문학과 화해했다. 롤랑의 대표작 『장 크리스토프』(1904~1902)는 구성이나 분위기, 혹은 분량 등 모든 면에서 현대의 대서사시라고 부를 만한 작품으로, 베토벤을 무척이나 닮은, 다른 한편으로는 롤랑의 분신인 한 천재 음악가 자신의 천재-예술성 때문에 직면하는 일련의 위기를 시적인 문체로 철저히 파헤친다. 천재 예술가가 자신의 광포한 천재성 때문에 겪는 좌절의 시련과 그 극복 과정은 소설이 소설로서 겪는 시련과 그 극복 과정에 다름아니다.

인상주의, '빛=색'의 현실주의
표현주의, 심리의 '빛=색'

눈에 보이는 세계의 모습은 단일한 빛의 반영이 아니라 물체 사이 빛의 교류에 상호 의존한다는 것을 로코코 화가 샤르댕이 발견한 이래 사실주의 화가 쿠르베, 그리고 마네가 자연광에 주목하면서 야외 햇빛 아래 순간적 인상을 화면에 옮기려 한 인상주의 회화가 성립, 회화의 자율성 획득이라는 과제를 달성하고 19세기 후반 유럽 회화를 지배하게 된다. 영국 풍경화가 터너와 컨스터블의 작품이 선구지만 주력은 마네, 모네, 드가, 쇠라, 로트렉 등 프랑스 (활동) 화가들이다. 관전에서 떨어진 작품들을 모아 연 '독립전'에서 '인상주의'라는 (당시로서는) 멸칭을 야기한 모네 〈해돋이—인상〉은 빛과 색을 지나치게 강조, 형태가 무너질 정도지만 마네는 보다 사실적이고, 드가는 무용수 운동감을 포착하는 데 많은 관심을 보이고, 쇠라는 보다 과학적인 점묘법을 실천했고, 로트렉은 물랭루즈 술집 풍경을 주로 그리는 등 인상주의 화가들은 양식과 경향이 서로 달랐으나 부르주아 취향에 대한 분노와 새로운 미학을 향한 열정을 공유했으며, 자연의, 도시의 순간-유동적인, 찰나적 인상을 즐겨 그렸다. 후기 인상주의는, 우울한 고뇌의 초상에서 작열하는 남프랑스 태양과 자연을 강렬한 정신착란의 노란색 에너지로 형상화한 고흐의 표현주의, 타히티의 원초적 아름다움에 매혹된 고갱의 상징주의, 보다 견고한 형태 구축을 위해 노력한 세잔이 입체주의를 엶으로써, 20세기 현대미술로 가는 징검다리를 놓게 된다.

터너 후기 양식의 극단적인 자유를 보여주는 〈호수 위로 지는 해〉(1845년경)는 빛과 색깔, 그리고 분위기로 뒤덮이면서 그림의 진정한 주제를 창조해낸다. 그는 색깔 있는 증기로 그림을 그리는 것 같다. 그렇게 덧없고 공기 같다. 콘스타블은 그에 대해 그렇게 썼다. 드가 〈머리 빗는 여인〉(1885년경)은 그가 즐겨 다루는 소재다. 1886년 인상주의 전시회에 그는 '목욕하는, 닦는, 말리는, 수건으로 닦는, 머리 빗는 여성 누드' 라는 제목의 연작 10점을 내놓았다. 그것은 자신에 몰두한 인간 동물이다, 자신을 핥는 고양이와 같은. 이제까지 누드화는 관객이 있다는 것을 당연시하는 포즈로만 그려져왔다. 그는 그렇게 썼다. 인상주의의 가장 헌신적인 대표자였던 모네는 1892~1895년 루앵 성당을 연작으로 그렸다. 루앵 성당 옆 이동 스튜디오를 사용하고 지베르니에 있는 자신의 작업실에서 그림을 마무리하는 식으로 그는 하루의 여러 시간대, 그리고 여러 날씨 조건별로 성당 모습을 재현, 빛에 따라 장면의 외양이 바뀌는 것을 보여주었다. 고갱의 최대작이자 중심작 〈우리는 어디서 왔는가? 우리는 무엇인가? 우리는 어디로 가고 있는가?〉는 1897년 타히티에서, 병들고, 쪼들리는데다, 딸의 사망 소식에 정신이 황폐해져, 자살 직전 유언 격으로 그려진 것이다. 그는 약을 먹었으나 죽지는 않았다. 오른쪽 아기에서 왼쪽, 죽음을 생각하는 늙은 여자에 이르는, 인간 삶과 운명에 대한 알레고리가 그 내용이다. 생레미 정신병자 수용소에 있을 당시 고흐가 그린 〈상록침엽수가 있는 밀밭〉(1889)은 같은 소재의 그림이 몇 개 더 있는데, 고흐는 이제껏 아무도 상록침엽수를 그릴 마음이 없었던 점에 놀랐다. 그 자태의 선과 균형은 이집트 오벨리스크 못지않게 아름답다. 그는 그렇게 말했다.

뵈클린, 로제티, 르동, 사반느, 모로는 내면의 신비와 신화적 몽환을 낭만주의적 상상력으로 형상화, 형상의 마술적 힘을 문학성과 결합했다.

20세기 들며 숱한 현대 화풍들이 폭발한다. 마티스와 그랭, 루오 등의, (주지적이 아니라) 주정적인 야수파, 피카소, 브라크, 그리스, 레제 등의 큐비즘(입체파), 삶을 경악의 비극 그 자체로 형상화하며 추상과 구체를 일치시켜버리는 뭉크, 그리고 키르히너, 코코슈카, 마르크, 클레, 놀레 등 주로 독일-오스트리아 출신 화가들의 표현주의, 바이마르공화국 사회를 비판한 그로스, 딕스, 베크만의 신즉물주의(반표현주의), 그림 속에 속도를 표현하려 했던 보초니, 발라, 카라 등의 미래주의, 전통을 거부하고 우연-즉흥에 기댄 아르프, 뒤샹, 피카비아 등의 다다이즘, 그것을 계승하면서 무의식에 잠재된 욕망을 자동기술법으로 표현하는 키리코, 에른스트, 달리, 마그리트, 미로 등의 초현실주의, 칸딘스키와 몬드리안의 자유로운 추상회화, 말레비치, 로드첸코 등 러시아 아방가르드, 멕시코 혁명기 시케이로스, 리베라, 오로스코와 미국 공황기 벤샨 등의 표현주의, 호퍼 등의 미국 사실주의 등등. 제2차 세계대전 중 뉴욕으로 건너간 많은 유럽 화가들이 미국 화가들과 어울리면서 뉴욕이 새로운 현대회화 중심지로 떠오르며, 추상회화가 대상의 재현이라는 회화의 전통적인 역할 자체를 부정, 순수시각적이고 평면적인 회화 세계를 펼치는 시금석으로 되며(그린버그, '평면성의 원칙'), 표현하는 행위 자체를 중시하는 추상표현주의 '액션페인팅'이 유행하고(폴록), 1950년대 초 그에 대한 반동으로 팝아트가 성행, 흔히 발견되는 일상 이미지나 물체 자체를 작품화하고, 1960년대 후반 다시 팝아트의 상업주의에 대한 반발로 추상회화가 다시 등장하는 한편 최소한의 조형수단으로 작품을 제작하는 미니멀아트도 추구되며, 유럽에서는 일상 현실을 매우 생생하고 완벽하게 묘사하는 극사실주의가 독일 중심 유럽에서 일어나고, 미래주의 및 다다이즘에서 파생한, 움직임을 중시하는 키네틱아트도 황금기를 이룬다. 독일 '제로그룹'은 새로운 소재와 자연/인공 광선을 이용하며, 프랑스 '시각예술탐구그룹'은 운동과 빛에 의한 조형을 추구하는데, 1970년대 들면 물, 안개, 불 등 생물 요소를 포함하는 생태학적 방법론으로 급속히 전하는 한편, 첨단시술과 연관되어 비디오아트, 레이저아트, 홀로그래피 작품도 나타났다. 키네틱아트가 발전한 테크놀로지아트는 보다 단순하고 안정적인, 대중이 이해하기 쉬운 것을 추구한다.

건축, '기능=합리'와 '침묵=언어'의 예술

건축은 대규모 공장, 창고, 철도역, 고층빌딩을 짓는 것은 물론 도시계획 및 주택 문제 같은 새로운 과제에 접하는 동시에 주철, 선철, 강철, 그리고 철근 콘크리트 같은 신재료를 수중에 넣게 되면서, 수공업 기술 쇠퇴 및 노임 상승으로 전통기술 유지 및 응용이 곤란해졌으므로 더욱, 새롭고 원대한 미학을 구상한다. 모리스 등이 1860년부터 단순-솔직한 표현을 존중하는 공예개혁운동을 통해 주택 합리화를 유도하고 그 영향으로 1890년대 벨기에에서, 새로운 양식을 창조하려는 시도로서 아르누보 '신미술' 운동이 일어나 각국으로 번졌으나, 시대와 사회의 요구 및 기술 발전 방향과 결합하지 못했으므로, 표면적인 것에 그쳤고, 미술양식으로서도 아르누보는 동시대 세잔, 고갱, 고흐에 비해 피상적이었다.

미국 상업건축의 철제 고층건물, 이를테면 제니가 설계한, 하부 6층 연철 대들보, 상부 4층 강철 대들보의 10층 건물 인슈런스빌딩(1884~1885)이 선을 보이고, 1889년 파리 만국박람회를 위해 건설된 에펠탑이 새로운 철기 과학적인 구조 기술과 새로운 공간조형을 과시하고, 베렌스가 설계한 베를린 A. E. G. 터빈공장(1907)은 새로운 철기의 근대건축을 기념비적으로 구현했다. 철골이 뚜렷하게 드러나고 측면을 벽으로 막는 대신 교묘하게 구획지은 거대한 유리로 채웠고, 모서리에 돌을 사용하면서 디자인을 기하학화, 거대한 건물의 중량과 강도를 돋을새김했다. 그후 프랑스 건축가 페레가 철근 콘크리트 골조 건축양식을 창안, 축조의 양감 덩어리 대신 수평재와 수직재의 경쾌한 구조가 건축 조형 원리로 되었고, '형태는 기능에 따른다'는 생물학 원리에 따라 표면장식을 건축의 주된 위치에서 끌어내린 선진적인 건축가 설리번이 시카고 고층빌딩을, 라이트가 새로운 로마 주택을 건축하고, 베렌스의 수석 조수였던 그로피우스가 모든 것을 계승-종합, 근대 디자인의 방법과 방향을 체계화한다. 그의 파구스 제화공장

(1911) 및 쾰른 독일공작연맹 전람회 모델공장(1914)은 콘크리트와 유리를 사용한 자유로운 기하학적 구성의 건축기법 기본을 결정적으로 보여주었다. 1920년대 독일 표현주의건축이 미흡한 이론 때문에 단기간밖에 유지되지 못하는 상황에서 그로피우스는 자신의 수법을 발전시켜 데사우에 바우하우스 교사(1926)를 완성하였다. '예술의 유일한 주인은 필요성' 이라 주장하면서 아르누보에 맞서 근대건축운동을 출발시키고, '새로운 재료, 새로운 구조법, 새로운 인간생활 요구가 새로운 양식을 낳게 한다' 는 선언을 남긴 바그너 및 그의 영향을 받고 힘차게 활동하던 빈 공방들의 온갖 합리주의 경향들이 그로피우스의 바우하우스 운동으로 수렴되고 절정을 맞는다. 건축의 본질은 그것이 충족시킬 기능에 있으며 건축의 형태는 기능에서 나온다. 그로피우스의 그런 견해가 국제적인 평가를 받으며 건축의 합리주의가 기능주의로 인식되고, 그것으로 근대건축이 '국제양식' 이라는 건축조형을 얻게 된다. 기능주의 건축의 취지는 그 본질적으로 휴머니즘 사상에 바탕한 것으로, 건축 형태가 일체 기능에 따라 규정된다는 게 아니라, 인간과 건축에 대한 강한 신뢰에 근거, 껍질만 남은 양식주의로부터 인간을, 그리고 예술을 되찾자는 내용이었다. 르코르뷔지에는 『새로운 건축의 다섯 가지 요점』(1926)에서 공간의 연속성과 자유로운 흐름을 가능케 하는 1)필로티(건물을 지면보다 높이 받치는 기둥), 건물 밑에서 잃은 대지를 되찾는 2)옥상정원, 3)자유로운 평면, 4)자유로운 파사드, 그리고 골조와 벽면의 분리에 따른 5)연속창을 근대건축의 특성으로 강조한다. 그는 기하학적 추상회화 미학을 주택에 적용, 조형성을 풍부하게 했고, 베렌스 등이 1907년 예술-공업-공예의 협력을 통한 조형의 단순화와 합리적 즉물성 확립을 기치로 설립했던 '독일공작연맹' 이 1927년, 바스셀로나 박람회 독일관(1919)을 설계하며 건축 조형의 철저한 순수화를 추구, 기능주의와 기하학적 추상미학을 결합했던 로에 등 당대 우수 건축가들을 모아 개최한 슈투르가르트 주택박람회 '바이센호프 지들룽('주거')' 은 '침묵=언어' 건축의 결정을 보여주었으며, 미국에서는 라이트의 유기적 건축이 대지에 뿌리를 내리고 유럽에도 큰 영향을 주었다. 1927년 제네바 국제연맹본부 설계 경쟁에서 르코르뷔지에의 근대건축안 대신 전통양식이 채택되자 그 이듬해 기디

온과 르코르뷔지에를 중심으로 근대건축국제회의(CIAM)가 결성되고, 이 단체가 1933년 발표한 기능적인 도시계획론 '아테네헌장'은 이후 건축운동에 강한 영향을 미치게 된다. 근대건축 확립기인 1930년대 앞의 3인과 핀란드 알토, 스웨덴 아스프룬트, 미국 노이트라의 활동이 두드러지고 다른 한편 독일 나치즘과 소련 사회주의리얼리즘이 국제주의 양식을 억압한다. 제2차 세계대전 후에도 르코르뷔지에와 로에가 여전히 주도적으로 활동, 전자는 작풍을 평탄하고 매끄러운 면이나 판 조형에서 보다 유기적인 곡면 혹은 거친 면으로 쌓인 매스('덩어리') 조형으로, 과격하게 옮겨가면서 마르세유 아파트(1946~1952) 등에서 보듯 철근 콘크리트를 보다 자유로운, 조소성과 힘이 강한 재료로 변혁시키고, 후자는 시카고 아파트, 일리노이공과대학 예배당(1952), 뉴욕 시그램 빌딩(1958)에서 보듯, 근대공업 고도의 가공 정밀도를 시공 정밀도로 전화, 완벽한 비례의 고전적 완성미를 갖춘, 거의 이상화한 순수기하학적 근대건축을 구체화하니, 현대건축은 양자 사이에서 전쟁 전 국제주의를 눈에 띄게 지역-전통화하는 동시에 보다 자유롭고 개성적인, 그리고 다면적인 형태로 발전, 근대건축의 바로크적 양상을 보이고, 건축 활동의 지도 중심은 유럽과 미국으로 양분되며, 미국에서는 다시 로에와 라이트(1950, 존슨왁스연구소, 1946~1959, 구겐하임미술관 설계)를 양극으로 존슨(자택, '유리의 집'), 칸(1957~1961, 펜실베이니아대학 의학연구소), 사리넨(1956~1962, T. W. A. 공항터미널 빌딩, 1958~1962, 댈러스공항 건물), 루돌프(1959~1963, 예일대학 예술학부) 등이 다양한 첨단기술을 건축에 활용하고, 유럽에서는 르코르뷔지에의 롱샹 교회당(1950~1954), 네르비의 스포츠전당(1956~1957), 브로이어의 유네스코본부(1955~1958), 샤론의 베를린필하모니오케스트라 콘서트홀(1956~1963) 등이 대표적인 건축으로 떠오른다. 근대건축운동과 나란히 건축구조학도 착실히 발전, 철근 콘크리트 영역에서 셸구조와 곡선모양 골조구조가 새로운 조형을 가능케 했고, 이탈리아 구조기술자 네르비는 피렌체 경기장(1932)에서 스포츠전당(1958~1960)의 아름다운 리브모양 그물코 구조에 이르기까지 구조학과 조형의 탁월한 결합을 과시하였고, 프리스트레스트(freestressed) 콘크리트 기술은 곡선 사용 없이도 방대한 가구가 가능케 해주었고, 프리캐스트(freecast) 콘크리트와 부재 공장 생산이 상호 작용, 건축산업 자체를 근대화하였다. 강철구조 분야에서는 스페이스프레임(입체 골조구조)에 의한 방대한 가구가 가능해졌고, 강과 경금속 골조의 돔구조 연구가 활발하며, 건축 부재의 규격화와 고품질, 저가격, 대량생산이 매우 진전된 상태지만 조형과의 결합은 아직 충분치 못한 상태다. 근대건축의 가장 큰 특징 중 하나는 전 세계 선진국은 물론 중진국, 심지어 후진국에까지 빠른 속도로 전해지고 일반화한다는 점이다. 르코르뷔지에가 설계한 인도 상디가르 종합도시계획(1950), 그리고 리브구조면서 바람에 부푼 돛 혹은 조개 껍데기 모양으로 기술과 예술의 결합을 과시하는 웃존의 시드니 오페라하우스(1956), 니마이어의 브라질 종합도시계획(1956) 등이 국제적인 관심을 모았다. 건축의 구조뿐 아니라 기능과 조형도 다양화했다. 오늘날 가장 시급한 건축 과제는 생활 환경 재구성과 쾌적성 회복이다. 1956년 스미슨 부부, 바케메, 캔딜리스 등 청년 건축가들이 결성한 '팀텐' 은 유동하는 사회에 대응하는 생활공간과 건축을 지향, CIAM을 제10회 회의(1959)에서 무너뜨렸다.

체호프와 스타니슬랍스키, 따스하게 슬픔을 보듬는 현대의 악몽 직전

체호프는 줄거리를 최대로 단순화하는 대신 성격 묘사와 분위기, 그리고 저변에 깔린 사회적 의미 구현에 치중, 줄거리보다 우세한 분위기가 삶과의 내적인, 얼핏 수동적인 싸움을 극화하는 방식을 구사하며, 앞뒤가 맞지 않는, 산만한데다 툭하면 옆길로 새는 대화투도 분위기 조성에 기여한다. 요란굉장한 장면이나 영웅적인 주인공은 없고, 전통적인 의미의 전개-절정-대단원 구조가 해체된다. 이 모든 '암시기법' 으로 그는 망국(亡國) 러시아의, 몰락하는 삶의, 일상 핵심을 절묘하게 포착, 모파상에 비견되는 단편작가로서, 그리고, 더 중요하게, 러시아의 가장 위대한 희곡작가로서 명성을 쌓았다. 체호프 단편은 모파상의 그것처럼 간명한 묘사와 사소한 것을 통해 삶의 비극적 진리를 발현하지만, 모파상의 미학적 본질이 프랑스적 우아미(優雅美)의 '절망적 절정'인 것과 달리, 삶의 비극을 껴안기 위해 따스하게 열리며, 체호프 희곡은 따스하게 삶을 보듬는 현대의 악몽 직전이라 할 만하다. 그의 희곡 전체가 만년작 분위기를 풍기며, 거꾸로, 그래서 암시 기법이 요구된 면도 있지만 특히 「갈매기」(1896), 「세 자매」(1899), 「바냐 아저씨」(1902), 「버찌농장」(1904)은 자타가 공인하는 체호프의 대표작이자 만년작으로, 줄거리에 일정한 시작과 끝이 없고, 삶의 진실은 드러나는 듯 가려지고 가려지는 듯 드러나며, 그것이 급작스럽기도 하고 조용하기도 하고, 어쨌든 비(非)극적이고, 어떤 판단이나 도덕을 강요하지 않고, 덧없는 일상 속에 빛과 어둠이 미세하게 교차되고 웃음이 신음에 달하고 미소가 눈물을 머금는데, 이런 사소한 것들이 모여 혁명 이전 러시아의 사회상황을 '열린 총체'로 파악하며, 그렇게 사회비평과 연극미학이 절묘하게 결합한다. 시점은 주로 하릴없이 몰락하는 귀족계급의 게으른 탄식이다. 아들의 죽음으로 받은 충격과 슬픔을 달래기 위해 라네프스키 부인이 파리에 5년 동안 머물다가 러시아로 돌아오면서 「버찌농장」은 시작된다.

그녀는 빚에 쪼들리는 상태로 모든 재산을, 아름다운 명소로 소문난 버찌농장까지 처분해야 하는 신세고, 돈은 많지만 교양이 없는 로파킨은 버찌나무를 뽑아내고 땅을 개발하라고 꼬드기다가 결국에는 자신이 버찌농장을 사들여 직접 개발, 주택을 지어 분양하는 쪽을 택하고, 라네프스키 일가가 침울한 표정으로 농장을 떠나는데, 농장에서는 톱으로 나무들을 쓰러뜨리는 소리가 들린다.

체호프는 이 작품을 '희극, 어느 대목은 심지어 익살광대극'이라고 당대 평론가들에게 강변했을 만큼 희극이 비극을 포괄하는 20세기 현대성의 도래를 감지했으며, 그것에 스스로 기여하고자 했고, 『버찌농장』으로 자신의 바람을 매우 예민하게 실현시켰다. 『버찌농장』은 '만년작의 만년작'이라 할 만큼 기법이 농익었다. 이를테면 클라이맥스에 해당되는, 로파킨이 농장을 사는 대목은 그냥 언급되고 아무렇지도 않게 받아들여질 뿐이지만, 이런 반(反)클라이맥스가 오히려

주인공들이 처한 무능한 상황을 더 적확하게 형상화한다. 선과 악, 성공과 실패, 그런 것을 인간이 구분할 수는 없다는 체호프의 심오한 통찰이 그대로 연극화하는 대목이다. 체호프의 등장인물은 관념적 당위가 아니라 현실적 실재고, 평가의 대상이 아니라 동감의 대상이며, 진실의 폐부를 아름다운 감동으로 빚어내는 매개고 그들을 통해 '버찌농장'이 단순한 이미지에서, 러시아 과도기 온갖 사회-경제-문화 문제를 복잡하게 총괄하는 미학상징으로 전화, 라네프스키 부인 같은 봉건적 토지소유 계층에게는 러시아 자체로, 노예들에게는 영혼을 빼앗는 제도로 되고, 노예들이 모든 나무줄기에서 주인의 흔적을 볼 정도인 '버찌농장=러시아'에 변혁의 물결이 일고, 이상주의자 청년 지식인 친척 페테르는, 버찌농장이 아니라 '러시아 전체가 우리의 정원'이라고 누이들을 설득하며, 부르주아지 로파킨은 '기생충과 다름없는' 토지소유 계급한테서 버찌농장을 구입하여 땅을 제대로 굴리는 것이 훨씬 더 타당한 일이다. 체호프는 옛 전통을 옹호하지 않고 새로운 세대를 비난하지 않으며, 보수주의자도 혁명론자도 아니고, 다만 삶의 빛나던 순간들, 사라지는 순간들을 '안타까운 애정'으로 따스하게 감쌀 뿐, 그뿐인데도, 체호프의 포옹 속에 순간의, 순간적인 아름다움이 영원의 틀로 새겨지고, 그렇게 보다 근원적으로 혁명적인 예술 경지가 이룩된다. 늙고 외로운, 잊혀진 농노가 죽어간다. 그는 평생 동안 버찌농장을 가꾸어왔다. 이제, 그냥 죽어갈 뿐, 그가 할 수 있는 일은 없다. 그러나 그는 비극예술 '속으로' 죽어간다, 영원히.

체호프는 1884년 모스크바대학 의학부를 졸업했을 때 이미 신문 자유기고가로 또, 익명으로 발표한 짧은 「우스개 이야기」 작가로 집안 살림을 꾸리는 처지였고, 1888년 권위 있는 문학잡지에 전재된 긴 분량의 소설 「평원」으로 푸시킨상을 받으면서 일약 촉망받는 작가가 되었다. 이 시기 의사 겸 작가로서 그는 심오한 비극성이 담긴 '인물 연구'도 몇 편 집필했는데 특히 「지루한 이야기」(1889)는 죽어가는 노(老)의학교수의 심경을 갈파한 걸작이다. 고매한 인격의 적극적인 인도주의자로서 그가 1890년 초 러시아 제국 유형지 사할린을 방문하여보고 느낀 것을 기록한 「사할린 섬」(1893~1894)은 여행기의 고전일 뿐 아니라 러시아 행형제도 연구의 필독서로도 꼽히며 결국 러시아 수형제도를 개선시켰다. 의사로서 그는 두 종의 콜레라 전염병을 퇴치하는 데 기여하였다. 사할린 여행 전후 희곡 집필이 왕성하게 시작되지만 동시에, 1892년 멜리코보 시골 저택을 사들이면서 결정적으로, 단편 걸작 「이웃」(1892), 「검은 수사」(1894), 「살인」(1895), 「아리아드네」(1895), 「농민」(1897) 등등이 집필되었다. (사실 분명한 멜리코보 시절 희곡은 「갈매기」(1897)뿐이다.) 이중 특히 「농민」은 러시아 농촌에 대한 간결하고 뼈아플 정도로 적절한, 감상을 일체 배제한 묘사로 러시아를 들끓게 했지만, 보다 문학적인 걸작은 「검은 수사」다.

2류 과학자 코브린은 어느 날 엄청난 환각을 겪게 된다. 너는 초인적인 능력을 갖고 있다. 그 능력으로 인류를 영원한 삶과 영원한 진리로 이끌라. 그것이 너의 운명이다. 환각 속에서 검은 수사는 그렇게 그를 독려하지만 환각은 곧 깨진다. '영원한 진리'가 과연 무엇이냐는 코브린의 질문에 검은 수사가 만족스런 답변을 하지 못하고 영영 사라졌다. (제 능력에 대한) 환각과 (사라져버린) 현실 사이 절망한 코브린은 아내와 가족을 버리고 자신의 사라진 환상을 좇아 헤맨다. 그리고 결국 하릴없이 죽고 만다.

그는 한동안 톨스토이의 소박한 삶, 그리고 악(惡)에 대한 무저항주의 사상에 경도되었었다. 「검은 수사」는 톨스토이 (사상은 물론) 문학과 (자살에 이른) 삶으로부터 아주 멀리 와 있다. 「검은 수사」 2년 전 발표된 단편 「제6병동」은 지방 정신병동에서 벌어지는 환자 이반과 정신병원 감독 라긴 박사 사이 철학 논쟁을 다루고 있는데 , 벌써 톨스토이와 사상적 결별 선언이 분명하다.

그로모프는 불의를 볼 때마다 규탄을 일삼는 반면 라긴 박사는 불의 및 다른 악을 모르는 체할 것을 주장하고, 부분적으로 그런 사고방식 때문에 정신병동의 엉터리 시설을 고치는 일도 게을리한다. 자기 자신이 직접 문제가 되었을 때 비로소 박사는 악에 정면으로 맞서야 한다는 것을 깨닫지만, 이미 늦은 상태다.

여기서 정신병동은 러시아 자체고, 박사는 러시아 문제를 정면으로 다루지 않고 멀찌감치서 방관하는 상류층이다. 이 작품은 커다란 반향을 일으켰고 그런 와중 톨스토이 무저항주의가 철저하게 비판되었다. 그런데, 체호프에게 중요한 것은 탈(脫)톨스토이 문학보다 (톨스토이) 문학의 현대화 아니었을까? 그는 톨스토이보다 진보한 사상을 톨스토이보다 더 현대적으로 (그리고 더 정교하게) 형상화할 능력을 갖고 있었다. 그렇다면, 「검은 수사」는, 무슨 뜻일까? 체호프 문학의 미래가, 미래의 현대성과 진보성의 결합이, 이미, 불가능해졌다는 뜻이다. 그의 단편문학은 염세적 긴장을 유지한 채 연극예술로 이어졌고, 「갈매기」「세 자매」「버찌농장」 등 체호프 연극예술은 연극사에 획을 긋지만 그의 현대지향의 염세성은, 벌써부터, '현대지향=염세성'으로서, 진보성을 차단당했다는 뜻이다, 연극이라는 고전-정통장르로 하여 더욱. 그는 러시아 독자들의 사랑을 독차지한 작가로 숨을 거두지만, 국제적 명성은 제1차 세계대전 이후, 즉 러시아혁명 이후 혁명 이전 러시아에 대한 서방의 향수와 깊게 연관하여 획득되고, 체호프 작업을 혁명에도 지속한 스타니슬랍스키조차 결국 같은 운명으로 낙착된다. 이점을 고리키도, 심지어 레닌도 제대로 이해했다고 할 수 없다. 고리키는 체호프의 8년 연하고, 적확한 당대적 계승-발전이고 희곡 대표작 「빈민굴」을 34세 때인 1902년, 즉 체호프 「세 자매」와 「버찌농장」 사이 발표하고 체호프 스타니슬랍스키 그룹에 합류하지만, 동시에 그는, 체호프의 역(逆)파탄으로 그는 체호프만큼 현대적인 촉각을 소유하지 못한 채 혁명의 와중 진보적 소재 속으로 휩쓸려 들게 된다. 레닌의 (정치관은 아니지만) 문학관에서 그 둘의 합을, 그리고 스탈린에서 그 합의 정치화를 우리는 보게 된다.

체호프 연극 및 체호프 당대 러시아 연극 전체의 부활은 스타니슬랍스키의 연기 및 연출미학에 힘입은 바 크다. 배우이자 연출가, 교사였던 그의 연극예술론은 러시아제국 멸망을 넘어 소비에트 초기 연극문화에도 결정적인 영향을 끼쳤고, 그로 인해 러시아 연극예술은 정치적 단절을 예술적 단절과 단순동일시하지 않고 혁명의 제 문제를 선동적이 아니라 연극미학적으로 수렴할 수 있었으며, 그렇게 소비에트 연극예술은 다른 장르와 달리 예술적 현대성에도 비중 있는 기여를 하게 된다. 아니, 그가 창조한 연기 시스템은 서양 연극사상 가장 강력한 영향력을 연기 분야에서 발하게 된다. 배우의 내적인 등장인물 경험과, 육체 및 목소리를 통한 무대 표현의 균형을 강조하면서 그는 이렇게 썼다. 상상력을 돕는 '마법의 가정(假定)' 과 '감정을 통한 기억' 을 배우-실재와 등장인물-실재 사이 교량으로 사용하고, 주의를 요하는 고리로서 배우 힘에 집중하고, 개별 단위와 목표들로 구성된 '행동의 관통선' 을 배역에 맞게 짜야 한다. 스타니슬랍스키 연기 체계는 실제 연기 경험을 바탕으로 심리 분석에서 출발, 분명하고 정확한, '장기간 훈련을 위한 초안(草案)' 을 제공하고 있다. 그는 부유한 자본가이자 진보적인 예술후원자였던 아버지와 프랑스의 전설적인 배우 후손인 어머니 사이 태어나 일찌감치 발레, 연극 및 이탈리아 오페라 세계에 뛰어들고 당시 유행하던 과장된 영탄조 연기와 비현실적 무대의상 및 무대장치, 판에 박은 유형별 배역에 진저리를 치며 현실을 완벽하게 재현하는 단순하고 진실된 무대를 추구, 1897년 '모스크바예술극장' 설립을 주도하는데, 기치는 협동예술, 건전한 시민정신, 그리고 공공교육의 최고 이상 구현. 자연스러움, 단순성, 명징성, 그리고 역할 바꾸기 전통 철폐, 상세하고 개성적인 희곡 세계 실현 등이었고, 극장 설립 직후부터 체호프 작품 연출을 독점하고 직접 출연, 「갈매기」의 트리고린 역을 맡고, 마샤 역은 그의 아내가, 아르카디나 역은 체호프의 장래 아내가 맡았다. 체호프와 스타니슬랍스키의 연극 관계가 그렇게 운명적으로 되었으며, 그후 스타니슬랍스키는 「바냐 아저씨」「세 자매」를 초연부터 교과서적인 연출로 무대에 올리고, 「바냐 아저씨」 아스트로프, 「세 자매」 베르시닌, 「버찌농장」 가에프 역을 고전적으로 창조하고, 특히 「버찌농장」을 '서정적' 드라마로 해석, 음악으로 공감대를 형성하면서 체호프의 언뜻 수동적이고 암시적인 대사가 사실은 등장인물의 내면 심리 전개를 매우 정교하게 반영한다는 점을 외적 단순성으로 증거하는, 체호프 작품의 기적적인 무대화를 이룩하는바 이때 그는 '체호프의 체호프' 에 다름아니고, 거꾸로, 체호프는 스타니슬랍스키 연출론의 정당성을 입증할 최적 작품을 생산하는, '스타니슬랍스키의 슬랍스키' 에 다름아니다. 그리고, 체호프가 연극에 갇히지 않았듯, 스타니슬랍스키도 체호프에 갇히지 않았다. 체호프 작품 중간중간에 셰익스피어와 입센 및 당대 러시아 작가들, 특히 러시아혁명의 '징후' 고리키의 「빈민굴」(1902)을 연출하고 연기하였다. 스타니슬랍스키는 커튼을 오르내리지 않고 좌우로 갈랐다.

'고리키=러시아'와 그후, 대륙보다 넓고 깊은 인민의 고통과 '혁명=현대=악몽'의 등장

「빈민굴」 배경은 19세기 말 사회로부터 버림받은, 절망적인 부랑자들이 살고 있는 찌그러진 간이숙박소다.

> 어느 날 새로 입주한 루카가 같은 방 사람들 얘기를 귀담아 들어주고 충고도 해주면서 그들이 환상과 희망에 부풀게 하더니 다시 어느 날 불쑥 사라진 후 영영 나타나지 않고, 빈민굴로 밀려드는 황폐한 현실은 '희망의 맛'을 알게 된 사람들에게 견딜 수 없을 정도로 고통스럽고, 도둑질을 업으로 삼은 한 부랑자가 집주인을 살해, 경찰에 붙잡혀 가고, 알코올 중독자 배우는 목을 맨다.

「빈민굴」은 혁명 선전선동극보다 현대 부조리극에 더 가깝다. 이렇다 할 줄거리가 없고 인물 성격도 별반 발전하지 않으며, 사회 찌꺼기들이 모인 합숙소에 죽음, 지저분한 말싸움, 알코올 중독자의 정신 이상, '치명적인 사랑'을 꿈꾸는 창녀의 한숨 소리, 그리고 인간 사이 사기와 기만이 일상으로 있을 뿐이고, 루카는 진실과 거짓을 적당히 섞어가며 사람 마음을 사로잡고 인간의 가치를 가르치지만, 가치를 염원하는 부랑자들은 비극적이다. 정치혁명에 가닿는 동시에 그것을 넘어서는 「빈민굴」은 체호프를 혁명적으로, 새로운 세대로서 계승하며, 고리키는 스타니슬랍스키의 모스크바예술극장과 긴밀한 관계 속에 소비에트 혁명정신을 대변하는 작가로 급부상하고, 그의 또다른 희곡 「적들」(1906)은 관제가 아닌, 진정한 사회주의리얼리즘 연극의 효시라 할 만하다. 1905년 러시아혁명이 일단 실패로 끝나고 반동적 분위기가 사회 전반을 지배하면서 스타니슬랍스키는 한편으로 마테를링크 상징주의 연극에, 다른 한편으로 고전연극의 새로운 연출 방식에 깊은 관심을 갖고 예술 '속으로' 모험을 감행한다. 스트린드베리의 극단화이자 현대화라고 할 마테를링크 작품은 그에게 맞지 않았다. 대표작 〈펠레아스와 멜리장드〉(1892)는, 1902년 드뷔시가 오페라로 만들면서 현대 오페라의 본격적인 등장을 알리는 동명 작품의 원작이지만, 줄거리는 중세 상상의 섬을 배경으로 펼쳐지는 펠레아스와 형수 멜리장드 사이 비극적 사랑을 다루고, 체호프 작품처럼 분위기가 줄거리를 압도하지만 침묵과 의미 없는 대사 반복이 대화 대부분을 이루면서 상징주의가 자연주의를 압도하고 신비한 힘이나 무지-맹목 등 삶을 종잡을 수 없게 만드는 영역에 몰두하며, 명상, 완전한 침묵과 활동 정지를 통해서만 그 영역을 가시화할 수 있다는 주장을 담고 있다. 마테를링크 작품 대부분이 갈등조차 암시적이고 특히 초기 작품은 훗날 부조리연극과 정확히 이어지는데, 마테를링크가 난감하고 그 난감함에 매료되었던 스타니슬랍스키는 몇 작품 연출 이후 그를 포기했다. 고전연극 분야에서는 성과가 매우 컸다. 배우겠다는 입장에서 다른 유명 연출자를 초대, 크레이그가 셰익스피어 『햄릿』을, 베노아가 몰리에르와 골도니 작품을, 마이어홀트가 마테를링크 『탄타길레스의 죽음』을 연출하면서 최고의 기량을 발휘한다. 그리고, 소위 '명연 배우' 들의 연기가 자신의 기대에 미치지 못하자 스타니슬랍스키는 결국 자신의 예술본능을 믿기로 결심하고 직접 시험에 나선 결과가 바로 그의 연기체계였다. 1917년 러시아혁명 직후 그가 직접 연출한 셰익스피어 〈12야〉는, 사회혁명에 응답하는 예술적으로 올바른 방식으로서 고전연극 미학의 당대화 수준을 과시, 대단한 성공을 거두는 것이다. 연극이야말로 그 본질이 정치적이며, 예술적일수록 정치적이라는 그의 태도는 지속되고 그는 새로운 세대의 '혁명극' 과 어느 정도 거리를 두고 볼쇼이 극장 오페라스튜디오를 터전 삼아 고전연극을 실험하면서 모스크바예술극장의 유럽 및 미국 공연을 준비했고, 이 순회공연은 어느 소비에트 선전선동극보다 더 감동적으로 혁명의 대의를 소비에트 바깥세상으로 전파했으며, 그의 연극미학은 특히 미국에서 굳건한 뿌리를 내렸다. 1935년 마지막으로 몰리에르 『타르튀프』

를 연출하고 이듬해 소비에트연방 인민예술가 칭호를 받고, 1938년 사망한 이래 그의 연기론은 내내 러시아연극의 기조를 이루었으며, 온갖 '사회주의리얼리즘' 기치에도 불구하고 그의 연극예술을 뛰어넘은 소비에트 연극 작품은 없다.

고리키의 어린 시절은 불행했다. 대체로 헐벗고 굶주렸고 여덟 살 때부터 돈을 벌며 허다하게 매를 맞았다. 필명 '고리키'는 '쓰디쓰다'란 뜻. 청소년기 자살을 시도했고 21세 때 부랑자로 나서 남부 러시아 지역을 돌며 온갖 괴상한 직업을 경험했다. 그루지아 트빌리시에 살며 지방지에 단편을 발표하던 그는 1895년 성 페테르부르크 유력 잡지 『러시아의 부』에 「첼카슈」를 게재, 유망 작가로 떠오르고, 떠도는 영혼, 거칠고 뻔뻔스러운 도둑, 그리고 그가 도둑질에 끌어들이는 유순하지만 욕심이 많은 시골 소년을 다룬 이 작품을 시발로 사실주의와 낭만주의를 결합하며 러시아 '찌꺼기들'을 묘사하는 고리키 '부랑자 문학 시기'가 열리게 된다. 빵공장의 어려운 작업 환경을 묘사한 「사내 스물여섯과 처녀 하나」(1899)가 아마도 이 시기 대표작이자 고리키 단편문학의 최고봉이다.

> 그는 침모로 일하는 시골 처녀 타냐를 매일 찾아가는 것이 비참한 생활 중 유일한 낙이다. 빵공장 직원들은 점차 그녀를 숭배하게 된다. 그러나 그녀가 근처에서 일하는 청년의 꼬임에 넘어갔었다는 사실을 알게 되자 사내들은 그녀에게 욕을 퍼붓는다. 처음엔 영문을 몰라 당황하다가 사태를 알게 된 그녀는 화를 내며 그들을 비난한다. 왜 남의 사생활에 간섭하느냐. 누가 나를 숭배하라 그랬느냐. 그녀가 그들을 영원히 떠난 후에야 공원들은 자기들이 진정 상실한 것이 무엇인지를 깨닫는다.

평론가들의 호평이 이어졌다. 공원들의 심리 묘사가 탁월하고 공감을 자아낸다. 산문이 리드미컬하다. 빵공장 공원들이 부르는 민요는 특히 정서가 풍부했고 민중적 정서와 진보적 성향, 그리고 현대적 심리묘사가 어우러졌다. 희곡 「빈민굴」(1902)은 그 경지의 심화였다. 주제가 진보적이면서 심리 묘사가 현대적이다. 그러나 벌써, 톨스토이적이고, 그런 채로 혁명문학이 오고 혁명이 온다. 러시아 혁명문학을 대표하는 고리키 장편소설 『어머니』는 1906년 씌어졌다.

변방, '육체적'

폴란드 소설가 시엔키에비치가 대표작 『쿠오바디스』('주여 어디로 가시니이까?')를 쓴 것은 1896년. 폭군 네로 치하 로마가 배경이다. 당시 로마 생활상 속에 천주교도들이 당했던 박해가 실감나게 묘사된다. 그러나, 아무리 훌륭하더라도 역사소설로는 동구문학이 서구문학의 탈출구로 되지 못할 것이다. 인도 시인 타고르는 1902~1907년 아내와 아들딸을 잇따라 잃은 슬픔을 종교적으로 승화, 시집 『기탄잘리』('노래로 바침')를 펴냈다. 힌두교 특유의 종교적 육감이 슬픔의 에로티시즘을 예술로 전화한다. 그러나, 아무리 육감적이고 신비하더라도 종교문학으로는 동양문학이 서구문학의 새로운 경지로 되지 못할 것이다. 이탈리아 소설가 단눈치오는 1894년 『죽음의 승리』를 발표, '죽음의 탐미주의'를 선포했다. 그는 여배우 두제와 열애를 할 때만 해도 예술가였겠으나, 결국 군인으로, 열렬한 파시스트로 생을 마감했다. 단편작가 오 헨리는 미국의 모파상이지만, 모파상만 못하다. 영국 소설가 골즈워디 『포사이트 사가』(1906~1921) 연작은 디킨스와 새커리 소설보다 소재가 더 현대적이지만, 미학이 진부하다. 버넷 『늙은 여편네들 이야기』(1908)는 완전히 미국화한 영국문학. 이런 상황에서, 러시아 리얼리즘-사회주의소설문학이 대안으로 떠올랐던 것은 당연하다 할 것이다. 그러나 이 구도는 현대성을 드러내는 동시에 은폐한다. 러시아 리얼리즘-사회주의소설 문학 선구자는, 연극에서와 마찬가지로, 체호프와 고리키다.

스위스, 흰 눈 덮인 산의 언어

스위스 지역은 켈트계 헬베티아족이 거주하다가 로마제국에 속했는데 AD 5세기 중반부터 게르만족이 침입, 서부지역 부르군트족이, 북동지역 알라만족이, 남부지역 랑고바르드족이 정착, 현재 스위스 언어 분포를 이미 이루고, 1032년 콘라트 2세의 신성로마제국 지배를 받게 된 후 동스위스를 거점으로 일어난 합스부르크가가 가령을 확대하면서 1200년 무렵 개척된 생고타르 고개에 이르는 교역로를 노리고 호엔슈타우펜 왕조의 신성로마황제들도 이탈리아 경영을 위해 이 고개에 주목, 1231년 그 북쪽 입구 우리에, 그리고 1240년 이웃 슈비츠에 신성로마제국 자유(자치) 특허장을 주고 직할지로 삼으므로 두 지역이 중간 권력 합스부르크가로부터 자유를 얻었고 1273년 합스부르크가 출신 루돌프가 황제로 선출되어 위기를 맞게 되자 1291년 8월 1일(오늘날 스위스 건국기념일) 우리와 슈비츠는 니트발덴(훗날 옵발덴과 합쳐 운터발덴)과 영구 동맹을 맺고 외적에 함께 맞서 무상 원조한다는 서약('원초 3주 동맹')을 맺으며, 1315년 합스부르크가의 스위스 원초 3주 무력제압 시도에 맞선 전쟁을 슈비츠가 승리로 이끈 후 '슈비츠'가 스위스서약동맹 전체를 가리키는 명칭으로 되고, 1332년 루체른, 1351년 취리히, 1362년 (합스부르크가 지배를 받던) 클라투스와 추크가, 1363년 베른이 '슈비츠'에 가입, 8주 동맹이 태어났다. 옛 영토 회복을 노린 합스부르크가는 1386년과 1388년 전투에서 패하고 공세로 전환한 8주 동맹이 오히려 1415년 합스부르크가령을 점거, 스위스 최초 '공동지배지'로 삼았는데, 여러 주가 서로 대립하면서 1436년 취리히 내란이 일어나고 열세인 취리히가 합스부르크가와 동맹하자 나머지 주가 합세, 승리함으로써 서약동맹 분열 위기를 가까스로 벗는다. 그리고 이때까지 서로 다른 내용의 동맹 여섯 가지로 8개 주가 느슨히 묶인, 원초 3주만 여섯 개 동맹 모두에 핵심으로 참여할 뿐이었던 연합체 '스위스' 8주는 스스로를 '제주(여러 주)'라 칭하고 나중에 가입하는 주를 '종속주'로 구별, 보호를 약속하면서 비상 시 병력을 제공받는 식으로 1460년 합스부르크가 세력을 라인강 왼쪽 지대에서 완전히 축출, 오늘날 북부 국경을 확정지었다. 독일과 프랑스 사이 중간 국가 형성을 꾀했던 부르고뉴공을 1477년 낭시전투에서 전사시켰으나 스위스는 도시주와 농촌주 사이 대립으로 영토 확장을 이루지 못하고 1481년 슈탄스조약으로 대립을 겨우 극복하면서 프리부르와 졸로

투른 두 도시가 종속주에서 정식 멤버로 승격되고, 15세기 말 합스부르크가가 도르나흐전투에서 패배하면서 스위스 독립을 사실상 허용하고, 1501년 바젤과 샤프하우젠이, 1513년 아펜첼이 다시 서약동맹 정식멤버로 승격하면서 생겨난 13주 동맹은 1798년까지 그 틀이 유지되며, 스위스는 16세기 초 이탈리아전쟁에 참가, 한때 밀라노공국을 보호하기도 했으나 1515년 마리냐노전투에서 프랑스왕 1세에게 패배당한 후 팽창 정책을 단념하고 오늘날 이탈리아어권 스위스땅을 '공동지배지'로 얻었다. 취리히에서 시작된 츠빙글리 종교개혁이 1528년 베른을 거쳐 스위스 전역으로 빠르게 전파되자 특히 '공동지배지'에서 두 차례 종교전쟁이 일어나고 서약동맹이 분열 위기를 맞으며 츠빙글리가 전사하지만 1535년 제네바에서 시작된 칼뱅의 종교개혁이 1566년 무렵 개혁파교회('제2스위스신조')를 이루고 이것이 서양세계 전반의 정신적 문화적 발전은 물론 사회적, 정치적, 그리고 경제적 발전에도 이바지하게 된다. 어쨌거나, 신구 양파 분열은 스위스 중립정책의 가장 중요한 원인이 되었다. 스위스는 30년전쟁 때 중립을 지켰으며 1640년 국경방위군 창설과 1647년 각 주 '방위군사협정' 체결로 스위스무장중립 원칙을 출발시킨 후 1848년 베스트팔렌조약 때 신성로마제국으로부터 완전 독립을 법적으로 인정받고 1674년, 프랑스왕 루이 14세가 일으킨 네덜란드전쟁(1672~1679)의 와중 스위스서약동맹회의에서 무장중립을 외교기본정책으로 천명했다. 13주 동맹이 다수의 종속주와 '공동지배지'를, 그리고 각주가 독자적인 '신하지배지'를 거느린 상태였던 스위스에 프랑스혁명의 자유 및 평등 이념은 커다란 영향을 끼쳤고, 1798년 나폴레옹 군사력을 배경으로 '스위스혁명'이 발발, 프랑스 '1795년 헌법'을 바탕으로 헬베티아공화국이 수립되지만 중앙집권형이라 5백 년에 걸친 스위스의 지역주의 전통에 맞지 않자 나폴레옹이 이를 조정, 종속주와 공동지배지 6주를 자립시켜 19개 주의 나폴레옹 체제 위성국 '스위스연방'을 만들었으나 나폴레옹이 물러나자 곧 붕괴하고 스위스는 옛 체제로 돌아가면서, 나폴레옹의 직접 지배를 받던 프랑스어권 3개 주 제네바, 발레, 뇌샤텔을 참가시켜 22개 주 연방이 되고, 메테르니히 보수반동 체제하에서 유럽 열강은 스위스의 영세중립을 국제법적으로 승인한다. 1830년 프랑스

7월혁명의 영향으로 도시주 중심의 자유주의운동이 일고 급진주의가 고개를 들면서 보수주의와 심하게 대립하고, 수도원 해산 문제, 루체른예수회 교육권 문제로 대립이 격화하더니 보수주의 7개 주가 분리동맹을 체결하고, 유럽 보수체제 여러 나라 원조를 받아 내란을 일으켰다가 패배한 후(분리동맹전쟁) 1848년 제정된 새 헌법은 스위스를 소수 연합체제에서 22개 주 연방체제로 단결시켰으며, 독일과 이탈리아 통일에 영향을 받아 중앙집권 강화 움직임이 생기면서 1874년 개정된 헌법이 오늘날 스위스 국가제도의 기본틀이다. 제1차 세계대전은 딱 백주년을 맞은 스위스 영세중립을 커다란 시련에 빠뜨렸고, 스위스가 직접 공격을 받지는 않았으나 독일어권과 프랑스어권 스위스인이 서로 적대하는데다, 이웃 여러 나라가 전쟁터로 변해 식량 및 원료 공급이 중단되자 노동자들이 총파업을 벌였다. 그러나 스위스는 영세중립을 포기하지 않았다. 전후 '연대에 의한 평화'를 주장한 국제연맹에 가입하지만, 경제제재만 참가할 뿐 군사제재에는 참가하지 않는다는 조건을 인정받았고, 국제연맹의 집단안전보장 기능이 사라지자 1938년 절대중립을 선언하면서 사실상 국제연맹을 탈퇴했다. 제2차 세계대전 중에도 스위스는 무장중립을 유지했고, 그러면서도 전화를 입지 않은 것에 대해 '20세기의 기적'이라는 평가와, 나치스의 전쟁범죄에도 중립을 지켰다는 비난이 엇갈린다. 전후 국제연합은 스위스 영세중립에 특별한 배려를 하지 않았고, 스위스도 국제연맹 가입 경험을 되새겨 '전통적인 중립 원칙과 일치하지 않는다'고 판단, 가입하지 않았으며, 1986년 3월 16일 연방정부가 국민투표에 부친 가입안은 모든 주에서 부결되었다. 프랑스어 가톨릭 지역인데도 독일어 프로테스탄트 베른주에 편입되어 19세기 이래 분쟁이 그칠 날 없던 쥐라 지방은 1970~1978년 여러 단위의 직접민주제 주민투표를 거듭한 결과 1979년 쥐라주로 독립, 스위스는 23개 주 연방제가 되었다. 2009년 현재 인구 750만 명, 1인당 GDP 약 3만 2,900달러다.

스웨덴-노르웨이-덴마크, 바이킹 후예들의 얼음언어와 따뜻한 성과 복지

스웨덴은 13세기 전반까지 왕위를 둘러싼 내전이 계속되는 중에도 지방마다 법전 편찬이 시작되고, 14세기 전반이면 국가기구가 상당히 정비되며 1350년 전국적인 법전이 제정된다. 한자동맹을 비롯한 독일인 세력이 진출하면서 북유럽은 다시 혼란에 빠졌다. 1389년 북유럽 3개국 통합 왕에 오른 에리크가 한자동맹과의 전쟁, 그리고 덴마크인 관료들을 통한 압제로 스웨덴인의 불만을 사더니, 1434년 엥겔브레크트가 이끈 광부-농민 반란이 즉시 전국으로 번졌고, 이듬해 1월 그가 소집한 전국 집회는 그후 의회의 원형으로 되지만, 이듬해 그가 피살되자 스웨덴 귀족 일부가 덴마크 측과 타협, 농민을 억압했고, 1471년 이후 덴마크와 형식적인 통합 속에 스웨덴인 섭정이 통치하는 체제가 정착되지만 16세기 초 스웨덴 섭정들의 항쟁을 빌미로 덴마크는 다시 1520년 스웨덴을 제압하고 그후 이 년에 걸친 반덴마크항쟁이 있고서야 스웨덴은 덴마크로부터 독립한다. 왕위에 오른 항쟁지도자 구스타프 1세가 재정 확보를 위해 교회재산을 몰수하고 농민반란 또한 철저하게 탄압하므로 1540년까지 국내정세가 계속 불안한 중에도 재정과 함께 정세도 안정되고 중앙정부 힘이 상당히 강해졌다. 16세기 초면 중앙관제(콜레기움제)가 정비된 상태고 의회도 자주 열렸으며 1634년 헌법으로 의회 권한이 확립되기에 이른다. 1630년 스웨덴은 30년전쟁에 개입, 국왕 구스타프 2세가 전사하지만 1648년 베스트팔렌조약으로 북독일 영토를 차지하며, 1657~1660년 덴마크와 전쟁으로 발트해 및 연안에 패권을 확립했다. 하지만 관료 기구가 비대화하고 재정이 악화하면서 왕의 영지가 대량으로 귀족에게 넘어간다. 1680년 카를 1세가 의회를 이용, 귀족 세력을 누르고 토지 대부분을 회수하고 왕권을 강화하지만, 발트해 지배를 둘러싸고 1700년 러시아-덴마크-폴란드 등과 (대북방) 전쟁을 치르게 되고, 처음에는 우세했으나 곧 밀리기 시작, 국왕 카를 12세가 전사하고 스웨덴은 많은 영토를 잃고 헌법 개정으로 왕권이 약화, 의회권력이 강화하고, 의회를 거점으로 귀족 세력이 권력을 잡고 그후 의회의 두 당파가 교대로 정권을 손에 쥐는 '자유시대'가 반세기쯤 지속된다. '자유시대'가 당파 정쟁으로 빛을 잃던 1772년 쿠데타로 왕권을 다시 강화한 구스타프 3세는 계몽전제통치를 펴며 산업 및 문화 보호에 힘썼고, 1792년 그가 암살된 후 아들 구스타프 4세는 프랑스혁명의 영향을 막기 위해 전제정치를 강화한 후 1805년 나폴레옹전쟁에 개입했으나 패배를 거듭, 북독일 영토를 잃었고 1808년이 핀란드가 러시아에 점령당하자 1809년 3월 국내 혁명이 일어나 그를 추방한다. 1810년 실권을 장악한 카를 13세 양자 요한은 1812년 반나폴레옹진영에 가담, 1814년 노르웨이를 합병했다. 1818년 스스로 왕위에 오른 요한은 대외 협력 정책으로 국력을 회복시켰고 국내 정치는 반동이었으나, 자유주의 개혁 요구가 계속되면서 1840년 내각 제도가 개선되고 1862년 지방자치제, 1866년 양원제 의회가 성립되었다. 19세기 후반 광공업이 발달하고 도시 인구가 늘었으며 1896년 다이너마이트 발명가 노벨의 유언으로 노벨상이 제정되어 세계에서 가장 권위 있는 상 중 하나로 자리잡았다. 20세기 초 보통선거와 정당내각 제도가 성립했으며 1905년 노르웨이가 평화적으로 독립했고 1, 2차 세계대전 때는 철저히 중립을 지켰다. 사회민주당이 1932년부터 1976년까지 계속 정권을 유지하는 동안 스웨덴은 세계 최고의 복지-민주주의 국가로 성장한다. 사회민주당은 1982~1991년 다시 집권했으며, 1994년 이후 오늘날(2006년)까지 계속 집권 중이다. 정치제는 의회민주주의(단원제)와 삼권분립을 철저히 지키는 입헌군주제고, 왕위는 남녀 구분 없이 첫아이한테 세습된다. 중립 외교 원칙을 철저히 지켜 NATO에도 가입하지 않았다. 국민총생산 1퍼센트를 원조비로 지출한다는 목표를 1977년 달성하였다. 극작가 아우구스트 스트린드베리, 영화감독 잉마르 베리만, 영화배우 그레타 가르보와 잉그리드 버그먼이 스웨덴 출신이다. 신문구독율이 세계 최고이며 2009년 인구 약 9백만 명 1인당 GDP 2만 9천 8백 달러다.

1536년 종교개혁은 덴마크의 노르웨이 지배를 더욱 강화했고 가톨릭 대주교 망명으로 노르웨이 구교 세력은 힘을 잃고 만다. 하지만 한자무역이 쇠퇴하면서 영국-네덜란드를 상대로 한 노르웨이 무역이 경제적 번영을 불렀고 1687년 크리스티앙 5세의 '노르웨이' 법은 노르웨이 중앙집권화를 불렀다. 해운국이자 중립국 노르웨이가 유럽전쟁을 틈타 더욱 번영하면서 독립 기운이 고조되고, 덴마크가 나폴레옹전쟁에서 패하자 노르웨이는 덴마크로부터 해방되지만, 다시 스웨덴에 합병되고, 자유주의적 헌법과 연합법상 외교와 방위를 뺀 자치권만 얻었다. 덴마크문화 계승층과 노르웨이문화 재건층의 대립이 지식인과 농민의 대립으로, 그리고 우파와 좌파의 대립으로 드러나더니 1884년 좌파정권이 들어서고 1898년 보통선거를 확립하고 1905년 독립을 이루고, 1913년 여성 참정권을 인정했다. 덴마크 왕실에서 카를왕자를 맞아 호콘 7세로 즉위시켰다. 제2차 세계대전 중 나치스독일이 중립 원칙을 강제 파기했으며 전후 중립을 유지하면서도 1949년 NATO에 가입했다. 무역으로 높은 생활수준을 지탱한다. 극작가 헨리크 입센, 작곡가 그리그, 화가 뭉크가 노르웨이 출신이며 1960년부터 정부가 신간 소설을 1천 부씩 사들인다. 2005년 인구 약 460만 명, 1인당 GDP는 3만 7천 달러다.

덴마크 왕 크리스티안 4세(1588~1648)는 30년전쟁에 참전하고 스웨덴과 전쟁을 치르면서도 중상주의 정책을 펼치며 르네상스를 꽃피웠고 프레데릭 3세(1648~1670)는 1659년 스웨덴군이 수도를 공격하자 시민과 함께 방어한 것을 기회 삼아 귀족들의 국무원을 폐지, 왕권세습제를 확립하고 절대왕정을 폈다. 페스트와 곡물 가격 하락으로 농촌 인구가 줄자 농민을 농지에 얽어매는 법률이 시행되었고 영국-프랑스전쟁에 중립을 취하면서 계속 중상주의 기조를 지켰고, 크리스티안 7세(1766~1808)의 중병을 치료한 독일인 의사 슈트루엔제가 추밀원 최고 고문관에 오르면서 급진자유주의 시대가 열렸으나 궁정 쿠데타로 슈트루엔제 정권은 무너지고 프레데릭 6세(1808~1839)가 농민해방 및 농지개혁을 단행하지만 나폴레옹전쟁 때 프랑스 편에 섰다가 덴마크는 노르웨이를 잃고, 독일파와 민족파의 투쟁에 휩싸인다. 1848년 코펜하겐에서 무혈혁명이 일어나 절대왕정을 무너뜨리자 칼의 독일파들이 임시정부 수립을 선언하고 이어 벌어진 독일과 전쟁에서 덴마크는 슬레스비를 잃지만 특히 공동조합 활동을 통해 곡물농업에서 낙농업으로 전환하는 데 성공하고 산업혁명으로 수도를 대도시화, 근대산업국가의 길을 걷게 되며, 1872년 도시화를 통해 성장한 노동자계급이 사회민주당을 성립하고 의석 과반수를 차지하더니 1901년 좌파 내각을 구성하고, 그러는 동안 복지국가의 기초가 다져지고 평화주의가 내외정치를 물들이게 된다. 1915

년 헌법 개정으로 상-하원 차별이 철폐되고 여성참정권 및 비례대표제가 확립되었다. 1963년 상원이 폐지되고 여성 왕위계승권을 인정했으며 1972년 여왕 마르그레테 2세가 즉위하였다. 2001년 11월 총선에서는 중도우파 야당연합이 집권 사회민주당을 누르고 승리, 70년 만에 우파가 다수당이 되는 사태가 빚어졌다. 1949년 NATO에 가입했다. 철학자 키르케고르, 동화작가 한스 안데르센이 덴마크 출신이다. 2009년 현재 인구 약 550만 명, 1인당 GDP는 3만 4,600달러다.

아이슬란드-그린란드, 나라의 끝

아이슬란드는 1402년 페스트가 번져 인구가 3분의 1로 줄었다. 알싱크('국회')는 1800년 폐지되었다가 1843년 조건부로 부활되고, 아이슬란드는 그 뒤에도 덴마크 지배를 받다가 1918년 덴마크연합국의 일원이 된 후, 1944년 공화국으로 독립하였다. 제2차 세계대전 이후 미소 대립이 깊어지면서 전략 요지로 부상, NATO군이 주둔하지만, 자체 군대는 없다. 아이슬란드 민족서사시 '에다-스칼드'(산문 사가)는 세계적인 수준의 중세문학으로 북유럽뿐 아니라 유럽 전체에 커다란 영향을 끼쳤으며, 1인당 출판 활동은 오랫동안 세계 최고다. 2009년 인구 약 30만 명, 1인당 GDP는 3만 5천 달러다.

그린란드는 1721년 덴마크-노르웨이 연합왕국의 지배를 받다가 1814년 아이슬란드 및 페로제도와 함께 덴마크령으로 되는 동안 에스키모인과 유럽인의 혼혈족 그린란드인이 주민 대부분을 이루게 되었다. 미국전략공군기지와 군사기상관측소가 있다.

핀란드, 아시아 부족의 끝

덴마크-노르웨이-스웨덴 동맹에서 자립한 핀란드 구스타프 1세(1523~1560)

는 종교개혁을 단행하면서 핀란드 북방으로 세력을 넓혔으며 1581년 요한 3세는 핀란드를 대공국으로 격상시키는 방식으로 러시아에 맞섰고 카를 9세는 1599년 무거운 세금이 초래한 핀란드 농민봉기를 이용, 핀란드 귀족을 모조리 몰아내고 왕원을 확립했으며, 1617년 구스타프 2세의 강력한 스웨덴이 동칼리아와 인그리아, 에스토니아, 그리고 폴란드와 리보니아까지 장악하면서 발발하는 러시아와 북방전쟁에서 가장 용감히 싸운 것이 핀란드인이다. 1640년 튀르크대학이 설립되었다. 그러나 1709년 대참사가 벌어진다. 표도르 1세의 러시아군과 싸워 대패한 카를 12세의 스웨덴군이 철수하고 러시아인의 핀란드 침략을 온몸으로 막았던 주민 30만 명이 전사 혹은 아사했다. 나폴레옹은 러시아를 영국 봉쇄에 끌어들이기 위해 러시아의 핀란드 점령 및 스웨덴 압박을 묵인했고, 핀란드는 스웨덴 원병 없이 선전했지만 1808년 전국토를 점령당했고 이듬해 정식으로 러시아의 영토가 되었다. 처음에 핀란드의 자치를 허용하던 러시아가 1835년 핀란드 의회 입법권을 정지시키고, 1902년 핀란드군을 병합하고 러시아를 공용어로 강제하므로 독립 기운이 높아지더니 1904년 러시아 총독이 암살되고 1917년 러시아혁명이 발발하자 핀란드는 독립을 선언하고 이듬해 공화제를 실시, 최초로 독립된 통일국가를 이룬다. 독립과 동시에 벌어진 백군(도시 자산계급과 농민)과 적군(노동자와 소작농) 사이 내전은 백군의 승리로 끝났고 그후 20년 동안 평화가 이어졌다. 핀란드는 제2차 세계대전이 벌어지면서 방위 거점을 요구하며 침략한 소련의 50만 대군을 막아내지만, 1941년 소련과 전쟁을 시작한 나치스독일을 돕다가 전세가 불리하자 1944년 소련과 휴전조약을 맺은 결과 상당한 토지를 내어주고 국민소득의 10퍼센트에 이르는 거액을 배상금으로 지불하게 되었으나 핀란드는 전후 놀랄 만치 빠른 속도로 경제 부흥을 이루고 공산권과 우호를 유지하면서 서방 진영에 접근하는 정책을 썼으며 1994년 2월 최초의 직선제 대통령 선거에서 사회민주당 후보를 선출했고, 2000년 2월 대선에서 최초의 여성 대통령을, 그리고 2003년 6월 의회에서 최초의 여성 총리를 탄생시켰고, 대통령과 총리 양쪽을 여성이 맡는 세계 최초의 나라가 되었다. 작곡가 시벨리우스, 소프트웨어 엔지니어 리누스 토르발스가 핀란드 출신이다. 2009년 인구 520만, 1인당

GDP는 3만 9백 달러다.

북구 연극, 우울한 염세와 끔찍한 공포

영미와 프랑스 리얼리즘 연극은 자연주의와 혼재하지만, 북구와 러시아의 그것은 운명주의적 심리극 혹은 사회주의적 원초극으로 발전한다. 노르웨이 극작가 입센은 사회적인 문제를 첨예하게 혹은 혁명적으로 다룰 때조차 염세적 운명관을 풍기는 북구 연극 전통의 전범을 세웠다. 치밀하게 재현된 중산층 환경을 배경으로 간명한 행동선과 통찰력 넘치는 대사를 구사하면서 수준 높은 도덕적 문제를 제기하지만 그의 세계관은 엄혹으로 닫혀 있고, 그의 첫 작품 「카틸리나」(1850)가 펼치는, '사회에 반항하는 주인공과 그를 파멸로 이끄는 여자' 주제는 평생 유지된다. 자유로운 창작활동을 옭죄는 편협하고 후진적인 문화풍토를 혐오한 그는 노르웨이를 떠나 두 차례 짧은 귀향을 빼고는 장장 27년 동안 망명 생활을 택하지만, 망명 후 첫 작품 「브란트」(1866)는 목자로서 자신의 사명을 광적으로 수행하여 가족은 물론 신도들에게까지 버림받는 주인공을 통해 북구적 극단성의 한 전형을 창출, 스칸디나비아 반도 전체의 심금을 울렸으며, 1년 후 발표된 「페르귄트」(1867)는 노르웨이 전설을 토대로 한 민족주의 연극이다.

> 페르귄트는 매력적이지만 막되어먹은 농촌 청년. 홀로된 어머니를 두고 일확천금을 꿈꾸며 고향을 떠난 그는 기고만장으로 가는 곳마다 말썽을 일으키다가 이제 막 결혼식을 치르려는 신부 솔베이그를 유혹한 후 버리고 세계 각지를 돌며 신기한 일을 겪고 돈과 명성을 얻지만 도무지 행복을 느끼지 못하다가 환멸을 깨달은 노인이 되어서야 노르웨이로 돌아오는데 솔베이그가 그를 아직도 기다리고, 그녀를 통해 페르귄트는 행복과 구원을 얻는다.

연극 「페르귄트」는 '북구판 파우스트'라 불릴 정도로 유명해졌지만, 입센을

'연극의 문제아' 로 선포한 작품은 「사회의 기둥들」(1877)이다. 입센 최초로, 산문으로 씌어진 이 작품은 사회문제에 대한 자신의 신념을 피력하는 미학으로서 리얼리즘을 구사하면서 인간 존재의 외적 행동은 물론 내적 갈등까지 충실하게 묘파하고, 자칭 공동체 지도자들의 위선을 폭로하고 기본적인 부패상을 드러내고, 사회의 진정한 기둥은 자유와 진리라는 점을 강조, 입센 후기작 대부분을 예견케 한다. 우리 사회는 본질적으로 허위고, 전통이라는 거짓말로 유지되고, 가식을 드러낼 온갖 가능성을 주도면밀하게 차단한다. 입센은 끊임없이 이 주제로 돌아가며, 갈등이 줄거리를 압도하는 점도 내내 이어진다. 대표작 『인형의 집』(1879)은 결혼과 순종에 대한 한 여인의 환멸을 일체의 감상 없이 그려나가는데, '여성의 가출은 정당한가' 라는 질문은 전혀 중요하지 않고, 상대방을 독립된 존재로 인정하지 않을 때 남녀관계가 얼마나 끔찍해지는가가 심오한 여성해방의, 그리고 남성해방의 철학으로 설파된다. 비극적 (낙관론이 아니라) 운명론이 계속 저류를 흐르지만, 구성은 탄탄하고 이야기 전개는 빠르며 연극 자체의 행동반경은 좁지만 매우 보편적인 의미를 담지, 좁은 의미의 사회(고발)극 수준을 극복한다. 대단한 센세이션과 분노를 부른 『인형의 집』보다 훨씬 더 격렬한 소동을 야기한 것이 악과 매독 문제를 솔직하게, 본격적으로 다룬 『유령들』(1881)이다. 경계를 허물 때가 된 것 같다, 친구한테 보낸 편지에서 입센은 이 작품에 대해 그렇게 썼다. 「유령들」에서 유전된 매독은 오래된, 낡은 사고를 상징하며, 등장인물들의 온갖 사고와 행동에 출몰한다. 알빙 부인은 말한다. 그리고 그때, 우리는, 우리 모두, 빛을 그토록 끔찍하게 두려워하지. 알빙 부인은 유령들과 끊임없이 맞서지만, 그녀도 행동할 용기는 없고, 그녀가 가까스로 아들 오스왈드에게 아버지의 진실(방탕한 삶과 매독 유전)을 밝힌 것은 그녀와 아들의 삶이 이미 파탄 상태로 접어든 때고, 매독의 고통을 겪으며 아버지의 죗값을 대신 치르는 신세대 오스왈드는 어둡고 음울한 집안 분위기를 두려워하며 빛을, 햇볕을, 그리고 삶의 기쁨을 갈망하다가 막이 내릴 무렵 미쳐버리고 만다. 자유주의자 알빙 부인과 천박한 위선자 목사 만데르스의 논쟁이 극을 논리적으로 이끈다. 만데르스는 신의 섭리를 믿지 않는다는 공공의 비난이 두려워 고아원 설립을 반대하고 고아원이 불탔을 때 오로지 신문과 여론이 뭐라 수군댈까만 걱정하며, 남편에게 돌아가라고 알빙 부인의 등을 떠밀며 그렇게 알빙 부인과 자신의, '삶의 아름다움'을 삭제하면서도 그것을 '내 삶에 대한 승리'라 주장한다. 하지만 알빙 부인에게 그것은 '우리 둘 다에 대한 범죄'고, 만데르스 이론은 '당위'와 '뻔한 의무들'일 뿐이다. 그녀가 말한다. 당신 주장의 틈새가 보였죠. 저는 얽힌 곳 한 군데만 풀려고 했어요. 그런데 거기를 푸니까 모조리 무너져내리더군요. 기계에 불과했던 거예요. 「유령들」에서는 분석이 행동을 대신한다. 막이 오르면 사건은 이미 거의 완료상태다. 「유령들」에 대한 노르웨이 식자들의 비판은 매우 거셌고, 입센은 보수당과 자유당 양자의 비난에 직면했다. 비난에 대한 응답으로 나온 작품 「인민의 적」(1882)은 고민할 줄 모르는 불특정 다수를 통렬하게 비판하는 내용인데, 역시 염세적이고, 주인공 스토크만 박사는 영웅적 희생자인 동시에 자신의 핏줄 깊숙이 파괴 본능을 지닌 자다. 「야생오리」(1884)는 쓸데없이 파괴적인 진실을 강요, 하릴없고 죄 없는 가족을 파멸로 몰아가는 줄거리이고 「로스메르숄름」(1886)은, 염세주의의 유언인 듯, 「브란트」풍 '파괴적 성자'와 「페르귄트」풍 인간적 악한이 (재)등장하며, 그후 작품들은 보다 자기 분석적이며 상징적이고, 만년작 「우리가 죽어서 깨어날 때」(1899)는 자신의 능력이 무너져내리는 것을 뼈저리게 깨닫는 늙은 조각가 성격화가 압도적이다.

입센에 이어 북구 및 유럽 연극을 주도한 스웨덴 출신 스트린드베리는 입센과 마찬가지로, 입센보다 더 전방위적으로 사회비판을 감행했다. 아니, '불만'이 가장 주요한 작가적 특성이며, 일찌감치 염세주의가 그의 미학틀로 들어서고, 꾸밈없는 대사, 화려하지 않고 굵직굵직한 무대장치, 상징적인 소품 등 자연주의적 묘사기법과 특유의 심리 분석 내용을 결합, 그는 표현주의연극으로 나아간다. '삶의 광경, 그토록 짐승 같고, 그토록 냉소적이며, 그토록 무정한'이라는 구절이 서문에 들어 있는 「줄리양」(1888)은 성적(性的) 남녀관계의 내면을 다루는데, 말 그대로 폭탄선언이다. 귀족 출신 처녀 줄리가 집사가 풍기는 육체적 유혹을 견디지 못하고 몸을 허락한 후 수치심과 굴욕감에 사로잡혀 집사의 면도날로 자신의 목숨을 끊는다. 인간은 육체적, 사회적, 심리적으로 예정된 운명의 사슬을 결코 벗지 못한다는 주제를 형상화한 「줄리양」에서 여주인공의 심리환경은 작가의 심리환경이고 작가도 주인공도 시대의 희생자며, 더 나아가, 스트린드베리는 자신을 자연의 불운한 자식으로, 운명과 환경과 유전의 비극적 희생양으로 간주, 자신의 내면을 과도하게, 의식적으로, 즉 표현주의적으로, 정신분열적으로 드러낸다. 세상을 증오하고 앙심을 품었던 그는 어떤 때는 하나님의 겸손한 종이다가 어떤 때는 스스로를 하나님과 대등하다 여겼고, 기괴한 방법으로 사회변혁과 신성파괴를 일삼았으며, 아마도 귀족과 결혼한 하녀였던 어머니 영향 때문에, 여성을 극도로 혐오했고, 아버지가 신분 낮은 여자와 결혼했다는 점, 자신이 하녀의 아들이라는 점을 평생 자의식했고, 1886년 자전적인 작품 「하녀의 아들」을 썼었다. 그에게 여자는 필요악이며, 그는 자주 결혼했고 늘 불행했고, 여성이란 증오해야 마땅하지만 동시에 한데 얽매일 수밖에 없는 존재였다. 「줄리양」 전해 발표된 「아버지」에서 여자는 남자와 거의 전쟁을 치르며, 여성과 연약함과 아들 등 자신의 무기를 총동원, 자기보다 자연적으로 더 우월한 남편을 노예로 만들려 한다. 사랑은 남자가 사로잡혀 파멸에 이르는 덫이다. 그가 이 선언에서 끝나지 않고 예술을 계속한 것이 정말 다행이다. 「죽음의 무용」(1901) 또한 성(性) 전쟁을 소재로 하지만 남편이 아내보다 더 파괴적이며 스트린드베리는 어느 편을 들기보다는 인간 존재에 보편적인 공포의 차원으로 문제의식을 심화시킨다. 그렇다 하더라도, 이 작품이 풍기는 처참과 공포는 역시 자전적이다. 인생은 그토록 낯설었고, 그토록 생각과 정반대였고, 그토록 잔인했다. 어릴 적부터 곧바로. 사람들은 너무 잔인했고 그래서 나 또한 그렇게 되었다. 어쨌거나, 아직은 매우 부정적인 의미에서만 그럴망정, 예술가가 예술을 '사는' 시대가 그렇게, 바야흐로 도래한다. 알코올 중독 상태였던 스트린드베리는 1894~1896년 몇 차례 정신발작 증세까지 보였고, 악령에 시달리자 신비주의로 도피하지만, 심오한 위기 끝에 통렬한 회개와 심화한 총체성의 시대가 마침내 오는데, 「다마스커스 3부작」(1898~1904)은 이를테면 연옥의 정화(淨化)다. 스트린드베리가 직접 이방인으로 등장, 자신의 과거를 재구성하면서 스스로 공포를 제거하고 영혼의 평화를 찾아 방황하다 '숙녀'와 궁극의 목표에 달하고, 연금술 및 접신학에 빠졌던 그의 경험이 재연되고 정화된다. 「다마스커스 3부작」은 표현주의 연극의 명실상부한 첫 걸작이며, 마지막 (여배우와) 결혼 또한 결별로 끝나지만 '유언작' 에 필요한 마음의 평정을 주기는 했다. 「꿈놀이」(1902)는 스트린드베리 최고 걸작으로, 「다마스커스 3부작」의 기법이 원숙해지고 응축되며, 소재 혹은 주제가 현실을 포괄하면서 현실을 능가한다. 「다마스커스 3부작」이 프루스트적 현대의 단초를 연다면 「꿈놀이」는 카프카적 현대의 단초를 열고 있다.

> 잠긴, 비밀의 문이 있다. 한 청년 장교가 내내 기다리고 내내 궁금해한다. 그가 기다리는 것은 상상의 처녀고 그가 궁금해하는 것은 영원히 닫힌 문 내부의 비밀이다. 결과는 환멸. 처녀는 그의 것이 아니고 문 뒤에는 아무것도 없다.

이 작품을 통해 스트린드베리가 남기는 유언은 프로스페로의 그것을 닮았다. 삶으로 가는 문을 강제로 열 경우, 누구나 환멸을 맞게 된다. 그냥 오색찬란한 꿈의 광경인 듯 삶을 그냥 쳐다볼 뿐, 판단해서는 안 된다. 이것은 단순한 식물적 달관이 아니고, 극심한 슬픔과 절망 연극 미학 통로를 지난 후 더욱 명징해지는 삶의 의미의 참신성이다.

하지만, 벨기에 출신 상징주의 시인이자 극작가 마테를링크에 이르면 불안과 공포가 더욱 정체불명으로 만연하고, 화해의 유언 자체가 불가능해진다.

베네룩스(벨기에-네덜란드-룩셈부르크왕국), 한자동맹의 중세적 '상업=생산' 을 능가하는 자본주의적 '물류=금융=문화=국제'

한자('집단')동맹은 중세 북유럽 상권을 장악했던 북독일 중심 도시 무역상인들의 조합이다. 정식 명칭은 독일한자. 이미 11세기 런던에서 쾰른 상인이 조합 집회소를 운영했고, 12세기 중엽 함부르크-뤼베크 상인도 조합 결성을 허가받았으며, 이들 본국의 여러 도시 조합이 합체, 런던에서 독일인 한자가 형성되었고, 상인한자의 거점은 동독 식민운동의 진전으로 건설된 발트해 연안의 숱한 상업도시로 확산, 발트해 중심 북유럽 상권을 이루고, 그와 함께 노브고로트-베르겐-브뤼주 등에도 상인한자 주요 거점이 설치되고, 상관이라 불리운다. 북유럽 상권을 최초로 장악한 것은 고틀란드섬 비스비를 거점으로 활동한 고틀란드 상인이지만, 13세기 말부터 뤼베크 상인이 지도권을 빼앗고 훗날 한자동맹의 맹주로 떠오를 기반을 갖추며, 도시한자, 즉 한자상인들의 본국 도시 사이 동맹으로서 한자동맹이 이 상인한자에서 생겨난다. 이미 13세기부터 몇몇 도시 사이 개별 동맹이 체결되기도 하지만, 1356~1358년 브뤼주 상관 거점 한자상인과 플랑드르 지방 현지 상인 사이 싸움이 격화하고 한자상인이 본국 도시로 원조를 요청하자 뤼베크의 제창으로 한자 여러 도시 의회가 열리고(한자총회), '독일 한자의 여러 도시' 라는 이름으로 대 플랑드르 경제 봉쇄가 선언되고, 1363년 외지 상업 특권은 독일한자 가맹도시 시민만 누릴 수 있다는 사실이 확인되어 독일한자의 도시동맹 성격이 한층 분명해진다. 하지만 한자동맹 내 결합은 비교적 느슨했고, 가맹도시 대표들로 구성된 한자총회에서 결정을 내렸으며, 훗날 가맹도시 분담금 제도가 만들어졌으나 성문화한 규약도 실질적 집행기관도 없었고, 가맹도시 공식 리스트조차 작성된 적이 없었다. 동맹의 핵심은 약 70개 도시며, 그 밖에 130개 도시가 가담하였고, 도시 외에 독일기사단도 들어 있었다. 중세 말~근세 초 영국을 비롯한 강력한 국민국가들이 중상주의 정책을 취하기 시작하고 특히 네덜란드 상업 자본이 발트해 무역에 진출, 주도권을 장악하므로 한자동맹은 쇠퇴했고, 가맹도시도 크게 줄어 1669년 마지막 한자총회에는 뤼베크-함부르크-브레멘-쾰른-브라운슈바이크-그다니스크 정도가 참가했을 뿐이다. 다만 뤼베크-함부르크-브레멘은 이미 1630년 이후 긴밀한 상호원조동맹을 결성한 상태로, 한자동맹이 없어진 후에도 19세기 이전까지 한자도시 전통을 유지했으며 제2차 세계대전 이후 독일연방공화국(서독)에서 함부르크와 브레멘은 다른 일곱 주와 같은 자격으로 연방 구성원이 되었다. 서로 인접한 벨기에-네덜란드-룩셈부르크 3국은 1948년 관세동맹을 발족, 3국 사이 상호 관세를 철폐하고 다른 나라로부터 수입품에 대한 공동의 관세를 설정한 후, 경제-사회정책 조정, 공동 통상 정책 수립 및 역내 자본과 노동의 자유 이동 실현에 힘썼고, 1960년 베네룩스 경제동맹을 출범시켰으며 그러는 동안 각국의 국제적 위상이 크게 높아졌다. 한마디로, 베네룩스 3국 동맹은 한자동맹의 중세적 '상업=생산'을 물려받는 동시에 자본주의적으로 극복 상업을 '물류=문화=국제' 차원으로 끌어올리면서, 유럽연합 추동의 원동력이자 모델로 된다. 16세기 말 네덜란드가 공화국으로 독립할 때까지 '네덜란드'(낮은 땅)는 벨기에와 룩셈부르크 그리고 북프랑스 일부를 합쳐 부르는 지명이었다. 국토의 절반이 해면보다 낮은 네덜란드(혹은 홀란드) 주민들은 둑을 쌓고 배수로를 만들어 물의 침입을 막고 호소 지역을 간척지로 바꾸며 경작지를 확대해나가다가 중세 말 국제무역 중심지로 떠오른다. 1083년 시루크 5세한테서 백작 칭호를 부여받은 홀란트 가문은 동쪽 암스테르란트와 울덴, 북쪽 서(西)프리슬란트를 빼앗고 젤란트 방면으로도 영지를 확대하다가 13세기 말 외척 에이노백작이 홀란트 및 젤란트 백작을 겸하고, 14세기 중엽 바이에른가가 그 뒤를 이었다. 겔더란트공령은 1096년 독일 바센베르크 게랄트 2세가 헤를러 백작을 칭한 데서 비롯, 북부네덜란드 중앙부를 통합해나갔다. 1363년 프랑스왕 장 2세로부터 프랑스 동부 부르고뉴공령을 하사받은 아들 '굳건하고 용감한' 필립공이 플랑드르 백작의 딸 마르가레테와 결혼하면서 플랑드르-아르투아-프랑슈콩테를 물려받고, '낮은 땅' 지방 진출 기회를 잡게 된다. 네덜란드 지방은 영국-프랑스 백년전쟁에 휘말려 들지만 부르고뉴공국은 독일 프랑스 사이 강국으로 성장했으며 '착한 사람' 필립공은 영방 및 도시의 뿌리 깊은 자치 및 지방주의를 억누르고 특히 네덜란드 각 주 대표로 전국의회를 개최, 주민의 일체감과 통일 의식을 강화하였다. 필립공의 손녀 마리가 오스트리아 합스부르크가 신성로마황제 막시밀리안 1세와 결혼하고, 그녀가 나은 아들 '단아하고 장려한' 필립공이 네덜란드를 이어받고 필립이 에스파냐왕국 여자 상속자 후아나와 결혼하여 둘 사이에 난 아들 카를이 다시 네덜란드 및 에스파냐를 물려받으면서 1516년 카롤루스 1세가 되고, 1519년 할아버지 막시밀리안이 사망한 후 합스부르크가령 오스트리아를 이어받아 신성로마황제 카를 5세가 되었다. '낮은 땅' 북부 여러 주를 정복-병합, 네덜란드 전 영역을 지배하게 된 카를은 브뤼셀 집정 아래 추밀-재무-국무 3회의를 설치하고 각 주에 총독을 두고 부르고뉴가 이에 추진해 온 중앙집권 통치를 더욱 발전시키지만 1517년 독일 종교개혁 풍파로 동쪽에서 루터파와 재(再)세례파가, 북프랑스에서 칼뱅주의가, 특히 플랑드르 지방으로 스며들고 1521년 카를 5세가 신교를 금하고 신교도를 처형한다는 포고를 냈지만 엄하게 지켜지지는 않고 오히려 신교도들이 늘어갔다. 게다가 카를 5세의 광대한 중압집권 통치가 네덜란드 여러 도시에 무거운 재정 부담을 강제하므로 16세기 후반 네덜란드인은 지방 특권과 개혁파 신앙을 옹호하면서 스페인 왕족에 맞서기 시작한다. 네덜란드 및 스페인 왕위를 물려받은 펠리페는 스페인령 '낮은 땅' 지방에 대한 이해와 애착이 부족했고 네덜란드에 신교가 퍼지는 것을 그대로 두고 보지 않았다. 펠리페의 네덜란드 통치를 처음 항의한 오렌지공 등은 1566년 수백 명의 중하급귀족을 모아 종교재판 폐지를 청원하다가 '제고이젠'('바다의 거지단')을 결성하고, 귀족 청원에 고무된 칼뱅파 민중이 야외 설교집회를 열고 가톨릭교회와 수도원을 약탈하고 성상을 파괴하는 양상을 보이자 이듬해 알바공이 병력 1만을 이끌고 네덜란드에 도착, '소란' 용의자를 처형하고 망명자 재산을 몰수하는 등 공포정치를 펴고 다시 이듬해 독일 망명중이던 오렌지공과 그의 아우 루트비히가 네덜란드로 쳐들어갔다가 패하고 쫓겨나면서 네덜란드 독립전쟁(1568~1648, 80년전쟁)의 막이 열린다. 영국 항구로 망명한 제고이젠은 1572년이면 젤란트와 홀란트 양주의 도시 대부분을 점거하고 오렌지공 빌렘 1세를 주 총독으로 모셔 반란군 지도자로 삼았다. 1576년 윌리엄은 반란 2개 주와 에스파냐 지배 여러 주 사이 '겐트의 화약'을 맺고 네덜란드의 통일과 평화를 실현하지만, 1579년 저지 남부 귀족들이 신집정 팔마공의 회유에 따라 아라스동맹을 체결하자 북부 7개 주가 스페인에 맞선 철저한 항전을 결의하면서 위트레흐트동맹을 체결, 1581년 스페인왕에 대한 순종거부를 선언하고 스페인군 공격이 계속되고 1584년 지도자 오렌지공이 암살되지만 올덴바르네펠트의 탁월한 외교 정치, 오렌지공의 아들인 총독 마우리츠의 군사적 활약, 그리고 영국 여왕 엘리자베스 1세의 도움 등이 합쳐져 북부 7개 주는 군사적 해방에 성공, 1609년 스페인과 12년 휴전조약을 맺고 실질적 독립을 달성하였다. 휴전 조약이 끝난 1621년 전쟁이 재개되지만 네덜란드공화국은 마우리츠를 이어 총독에 오른 동생 헨리크가 전쟁을 유리한 쪽으로 이끌고 1648년 베스트팔렌조약에서 정식으로 독립을 승인받는다. 17세기 네덜란드는 해상교통의 요충지로, 특히 국제중계무역 시장 암스테르담이 번영하면서 유럽 제1의 해운국가 위치에 오르며 17세기 중엽이면 공화국의 경제 및 문화 국력이 절정에 달한다. 이미 16세기 중엽 발트해를 떠다니던 선박의 과반수가 네덜란드 선박이었고 16세기 말 네덜란드인은 곡물-목재 등 부피가 큰 화물 수송에 알맞은 플라이트선을 건조하고 수송비를 인하했으며 1602년 설립한 연합동인도회사는 아시아 후추 무역을 독점하던 포르투갈인과 경쟁에서 승리, 네덜란드령 동인도 식민지를 건설한 터였다. 네덜란드인은 신앙심이 깊지만 해상 상업을 키우고 번영을 유지하려면 평화와 상업의 자유, 그리고 외국인 장사꾼에 대한 관용 등이 중요했고, 독립전쟁 기간 중 남네덜란드 출신 이주자, 포르투갈 출신 유대인, 그리고 낭트칙령을 폐지한 프랑스의 위그노 교도들도 숱하게 받아들였다. 17세기 후반 네덜란드 해상 패권은 영국-프랑스 양국의 극심한 도전으로 무너지게 된다. 헨리크의 아들인 총독 빌렘 2세가 일찍 사망하면서 정치 지도권이 의회파 수장 위트에게 넘어갔고, 1672년 남쪽에서 강력한 프랑스군이 침입, 네덜란드군을 격파하자 위트는 패전을 책임지고 사퇴했다. 네덜란드는 젖먹이 총독 빌렘 3세를 모시고 프랑스군을 간신히 격퇴했으나, 빌렘 3세 및 아내 메리가 1688년 명예혁명을 치른 영국 의회에 초대되고 이듬해 영국 왕 윌리엄 3세로 등극하는 과정에서 경제적 번영을 유지하지만 점차 활력을 잃고, 18세기 영국과 프랑스가 눈부시게 발전하자 무력화하다가 1795년 프랑스군의 침략을 받아 무너지고 프랑스군과 국내 혁명 세력은 바타비아공화국을 건설, 주주권과 영주권, 도시 특권과 길드제 등을 폐지했고 1806년 나폴레옹 1세가 아우 루이를 네덜란드 국왕에 임명하더니 1810년 네덜란드를 프랑스에 병합했다. 나폴레옹 몰락 후 빈회의는 네덜란드와 벨기에를 통합한 네덜란드왕국을 탄생시켰다. 빌렘 6세가 새 헌법을 제정하고 국왕 빌렘 1세로 즉위했는데, 네덜란드 주민 이익을 우선시했으므로 2세기 반에 걸쳐

다른 길을 걸은데다가 네덜란드인이 주로 칼뱅교도인 반면 가톨릭교도가 많고 절반이 프랑스어를 사용하던 벨기에 주민들의 불만이 점차 커졌고, 프랑스 7월 혁명(1830)에 자극받아 벨기에가 독립전쟁을 일으키자 런던회의는 벨기에의 독립과 영세 중립을 승인하였다. 1848년 프랑스 2월혁명을 계기로 토르베케가 자유주의 헌법을 제정하고 의회민주주의로의 길이 열리자 네덜란드는 다시 활력을 찾는다. 자유당 전성기가 계속되고 1880년 무렵 산업혁명이 달성되었다. 동인도 식민지 강제 재배제도 등 이윤 착취가 네덜란드 공업화를 돕기도 하였다. 세기말과 제1차 세계대전 사이 세계적인 호황을 바탕으로 네덜란드 자본주의는 크게 발전하며 광범한 노동자계급 형성으로 선거권이 확대되고 사회민주노동당이 성립되고 사회입법이 제정되면서 노동자계급 해방 및 보통선거 요구가 높아지던 중 제1차 세계대전을 맞고 네덜란드는 전시체제로 들어갔으나 다행히 독일군이나 연합군의 침략을 받지 않고 종전을 맞은데다 대전 말기(1917년) 보통선거제(남자)와 비례대표제가 승인되고 1918년 1일 8시간 노동제, 1919년 부인 참정권 등이 실현된다. 대전 후 네덜란드는 국제연맹에 가입했으며 헤이그 평화궁 소재 국제재판소가 국제연맹의 한 기관으로 되었다. 제2차 세계대전 때 엄정 중립을 선언했으나 1940년 5월 10일 독일군 공격을 받고 여왕과 내각이 영국으로 망명하고 대전이 끝나는 1945년까지 독일 지배를 받게 되자 네덜란드는 전후 중립 정책을 버리고 NATO에 가입했으며 임금과 물가를 엄격하게 통제하는 계획경제 및 공업화를 강력하게 추진, 1950년대부터 1960년대까지 정치적 안정과 노사협조로 놀라운 경제 성장을 이룩하고 1960년대 거대한 매장량의 북해 연안 천연가스 개발을 추진, 국내 에너지 소비를 거의 충족시켰다. 1970년대 후반 세계적 불황으로 네덜란드 또한 대량 실업과 스테그플레이션을 맞지만 곧 무역수지가 상당한 흑자를 이루게 된다. 외교 기조는 해운통상국으로서 해공 항행의 자유와 통상 자유 견지, 인도주의 옹호, NATO 체제 견지와 유럽 통합 추진이다. 국제연합 중심의 국제 긴장 완화 및 군비철폐, 모든 형태의 인종차별 및 인권 침해 철폐를 적극 지지하면서 냉전시대 붕괴 이후 병력을 크게 줄였고 1996년 징병제를 폐지하고 직업군인제를 채택했다. 생활 및 복지 수준은 스웨덴과 더불어 세계 최고 수준이며 예술은 17세기 렘브란트를 중심으로 한 회화 말고도 거의 모든 장르에서 최고 수준의 전통을 갖고 있다. 상업방송 규제가 매우 엄격하여 1일 몇 분간 몇 시에 방송한다는 상세한 규정이 있을 정도고, 민간방송단체는 회원 회비로 운영되고 회원 수에 따라 방송시간이 할당된다.

4세기 로마제국 멸망과 함께 플라망어 사용 게르만 민족이 북부에, 로망스어계 왈론인들이 남부에 살게 된 이래 벨기에 지역 민족과 언어 분포는 오늘날까지 거의 변하지 않았다. 십자군을 계기로 원격지 무역이 활발해진 12~13세기 왈론인 금속공, 플랑드르 모직물공 등이 길드를 통해 봉건영주와 대항하면서 자치도시가 발달했고, 한자동맹에 참가하기도 했으며 그후 도시와 농촌 대립 등으로 분쟁이 계속되자 플랑드르 직공들이 영국으로 이주하면서 모직물공업 중심도 따라 이동하고, 이것이 백년전쟁을 일으키는 한 원인으로 작용했다. 14세기 말~15세기 프랑스 부르고뉴공의 지배를 받게 되면서 당시 경제-문화적으로 가장 번영했던 벨기에땅은 국가로 통합될 기초를 갖게 되며 그후 합스부르크가 및 프랑스혁명정부군의 지배와 네덜란드로의 합병을 거쳐 독립하고 1840년 무렵 유럽 대륙 최초의 산업혁명을 일으켜 공업국으로 발돋움, 1870년대부터 러시아-이집트-중국-멕시코 등의 철도건설과 제철공업에 진출하고 1885년에는 벨기에 영토 70배 면적의 콩고를 식민지로 갖게 된다. 벨기에령 콩고는 1960년 자이르가 독립할 때까지 벨기에에 숱한 이익을 가져다주었다. 영세중립국이지만 1차, 2차 세계대전 독일에 점령당했던 벨기에는 심각한 국내 민족문제에도 불구하고 유럽연합과 NATO 원가맹국으로서 유럽통합과 국제 협조에 적극적이다. 1836년 브뤼셀-메헬렌 유럽대륙 최초 철도가 건설된 이래 철도망 밀도는 세계 제일이며, 1978년 재개정 헌법은 플랑드르(네덜란드어), 왈론(프랑스어), 브뤼셀 3개 지역 자치권을 확대, 중앙집권에서 각 언어 지역 자치에 바탕한 연방제로 변화하였다. 룩셈부르크가 창시자 아르덴 백작 지크프리트는 963년 오늘날 수도에 성채를 구축하며 독립했고, 1060년 그의 자손 콘리트가 룩셈부르크 백작 칭호를 얻은 후 룩셈부르크가는 14~15세기 황금시대를 누리면서 네 명의 신성로마제국 황제, 네 명의 보헤미아 왕, 한 명의 헝가리 왕, 그리고 숱한 선제후를 배출하지만, 가령 확대로 재정 파탄이 오고 가문 수장 쟁탈전까지 벌어지던 1443년 가령이 부르고뉴가에 팔린 후 에스파냐-프랑스-오스트리아-프로이센의 지배를 차례로 받았으나, 언덕 위 견고한 룩셈부르크 요새를 중심으로 국민의 통일성과 독립성은 유지되다가 1815년 빈회의를 통해 룩셈부르크공국이 대공국으로 승격되면서 대공위가 네덜란드 국왕에 속하는 동시에 독일연방의 일원이 되는 복잡한 상황을 맞더니 1839년 런던조약으로 영토의 서쪽 반이 네덜란드에서 벨기에로 할양되면서 오늘날 룩셈부르크의 영토가 확정되고, 다시 1867년 런던조약으로 프로이센과 프랑스 사이 완충국으로서 대공국의 중립이 보장된다. 독일은 1차, 2차 세계대전 당시 룩셈부르크의 중립 또한 무시했고, 독일군 점령을 겪은 룩셈부르크는 1948년 NATO 원가맹국으로 가입, 중립을 포기했다. 룩셈부르크는 정부-경영자-노동조합 3자 협의 및 협력틀로써 60년대 파업과 혼란을 극복했고, 유럽연합 주요 산업 지역과 가깝다는 지리적 이점, 발달한 교통망, 영어-독일어-프랑스어에 능통한 국민의 국제성을 감안, 세금우대 및 기업규제 완화 조치를 단행한 결과 1970년 이후 독일을 위시한 각국 은행이 급격히 진출하여 룩셈부르크를 거대한 국제금융시장으로 만들었으며, 은행 법인세가 국가 수입의 약 10퍼센트를 차지하게 되었다. 1995년 상태르 전 총리가 유럽연합 집행위원회 위원장에 선출되고, 수도 룩셈부르크는 '1995년 유럽의 문화도시'로 선정되었다. 2009년 인구 약 47만 4천 5백 명, 1인당 GDP는 5만 5천 6백 달러로, 세계 1위다.

미국, 오래된 자연과 새로운 인간 혹은 거꾸로

1800년 대통령선거에서 승리한 제퍼슨은 1803년 미시시피강 서쪽 광대한 루이지애나를 프랑스로부터 사들여 미국 영토를 단번에 두 배 가까이 늘렸다. 통상권을 둘러싸고 영국과 알력이 증대되는 마당에 서부 팽창론자들이 캐나다와 플로리다로 진출을 주장하므로 일어난 1812년 대영전쟁에서 미국이 에스파냐령 서부 플로리다를 빼앗고, 1819년 동부 플로리다를 구입하면서 국민의 민족주의가 고양될 즈음 산업혁명이 일어난다. 꾸준히 계속된 서부 개척은 아메리카인디언들을 무차별 학살하고 1830년에 이르면 미시시피강 동쪽의 인디언 거주를 전면적으로 금지하는 '인디언 강제이주법'이 제정되며 남부 노예주와 북부 자유주가 인디언 문제에 공조를 유지했다. 서부 개척으로 인한 미국 사회 팽창 발전은 일반 서민의 정치 참여와 기업 활동의 자유를 증진, 1820년대 말 잭슨 정권 때 보통선거권이 확립되고 정당 전국대회 및 당원 임용제도가 마련되고 특권적인 합중국은행이 해체되고 노동운동이 고양되는 등 전반적으로 자유경제와 기회 및 경쟁을 중시하는 민주화 현상이 뚜렷하고 초월주의 등 사상 활동과 유토피아적 사회 개량운동도 일어나지만, 흑인과 인디언에 대한 착취와 억압은 한층 강화하였다. 독립한 지 얼마 안 된 라틴아메리카 여러 나라에 대해 유럽 반동세력이 재식민지화를 기도하자 미국 대통령 먼로가 1823년 표명한 유럽과 미국의 상호 불개입 및 재식민지화 반대 원칙('먼로선언')은 미국의 고립주의 외교 자세를 보여주는, 동시에 전제주의 체제인 유럽과 달리 민주적인 공화제 사회를 구축한 미국의 자부심 또한 엿보게 한다. 미국은 가장 좋은 문명의 기수로 남북아메리카의 지도자며, 서부로의 영토 팽창은 신이 내린 사명이라는 의식이 국민 사이에 깊게 뿌리내리고, 실제 서부로의 팽창 움직임이 더욱 활성화, 1836년에는 멕시코령 텍사스에 살던 미국인이 독립을 선언하고 1840년대 오리건 지방으로 대이주가 시작되고, 1844년 대통령에 당선된 팽창주의자 포크가 이듬해 텍사스를 병합한 후 1846년 영국과 협정으로 오리건 남반부 단독 영유를 확정하고, 텍사스-멕시코 국경 분쟁을 틈타 일으킨 멕시코전쟁(1846~1848)을 통해 캘리포니아에 이르는 광대한 영토를 획득하니, 말 그대로 대서양과 태평양을 양쪽에 거느린 대륙국가 미국이 출현한다. 캘리포니아 금광을 향한 골드러시로 서부 개척이 더욱 촉진되는 한편 늘어난 영토에 노예제를 실시할 것인가 아닌가를 놓고 남부와 북부의 지역 대립이 표면화하더니, 내전을 부른다. 남북전쟁(1861~1866)은 크게 보아 노예(제)가 필요했던 농업지역 남부와 해방된 노예, 즉 노동자가 필요했던 공업 지역 북부가 무력으로 충돌한 결과다. 남부는 문화도 북부와 다르고, 정치적으로 지방주의 전통이 강했다. 1850년 캘리포니아가 자유주로 연방에 가입할 때는 도망 노예의 단속 강화 등 양 지역 사이 타협이 가능했지만, 주민투표 제도가 생기고 1845년 캔자스에서 노예제 옹호파와 반대파 사이 유혈 사건이 터진 후 노예제 반대 세력을 결집한 공화당이 창설되고, 최고재판소가 노예제를 옹호하고 브라운이 과격한 노예 봉기를 일으키는 등 여러 사건을 겪으며 지역 대립이 깊어가는 가운데 1860년 공화당 후보 링컨이 대통령에 당선되자 남부에서 연방 탈퇴 움직임이 일고, 연합을 결성한 남부와, 탈퇴 승인을 거부하는 북부가 충돌한다. 1863년 링컨이 노예해방을 선언하면서 남북전쟁은 남부 사회의 근본적 변혁을 재촉하게 되며 북부 산업자본은 전시 붐으로 번영을 구가하면서 고율 관세 정책과 국법 은행제도 수립, 대륙횡단철도 건설 계획 등 유리한 정책까지 실현시켰다. 북부의 승리로 국민경제권이 구축되어 눈부신 발전의 토대를 이룬다. 남북전쟁 후 공화당 급진파들이 남부 재건 정책을 추진했고, 헌법이 수정되어 노예제 폐지는 물론 흑인의 공민권-참정권이 승인되고, 더 나아가 흑인의 정계 진출 지원도 이뤄지지만 토지 재분배 등 흑인의 경제적 자립을 보장하는 조치가 이뤄지지 않았으므로 1870년대 후반 남부로 경제적 진출을 하던 북부가 인종 문제에서 손을 뗀 이후 흑인은 더 엄격한 인종차별제도에 묶이게 된다. 1867년 미국 정부는 알래스카를 러시아로부터 사들였다. 남북전쟁이 끝나면서 미국은 농업국을 탈피, 비약적인 공업 성장을 이루고 19세기 말 공업 생산력이 영국을 능가, 세계 최대에 이른다. 철도-철강-석유를 비롯한 여러 산업 분야에서 거대 독점기업이 출현하고, 노동력 수요가 크게 증가하면서 주로 남유럽-동유럽계 이민이 크게 늘어났다. 서유럽-북유럽계보다 가난하고 정치-종교적 이질성이 강했던 이들은 미국 국민의 민족적 다양성을 풍부하게 하지만, 빈민가 발생 및 소외 등 새로운 문제를 미국사회에 떠안기게 된다. 대자본과 정계 유착으로 금권정치가 발생하고, 독점기업 지배의 폐해가 뚜렷해지면서 농민 중심 반독점운동이 일더니, 1890년대 정치 개혁을 표방한 인민당이 출현하고, 노동기사단의 지도로 격렬한 노동 쟁의가 일어났으나 점차 계급 협조주의 노선의 미국노동총동맹(AFL)이 주도권을 장악했다. 대륙횡단철도 건설은 서부 개척에 한층 박차를 가했고, 1880년대 인디언에 대한 군사행동도 거의 끝나고 거주구역 지정 정책이 채택되었다.

1890년대 이르면 서부 대부분이 개척되고, 엄청난 산업 발전으로 심각한 과잉생산 공황이 일어나 노동쟁의가 격화하는 가운데 이제껏 미국의 순조로운 성장을 가능케 한 개척의 대상이 없어졌다는 위기의식은 대외 진출을 통한 팽창 욕망을 부르고, 제국주의 정책을 부른다. 1899년 미국은 제1회 범아메리카회의를 소집하고 라틴아메리카로의 경제 진출 의사를 명백히 밝히며, 태평양 방면에서 오아후섬 진주만 조차에 이어 1893년 하와이 원주민 왕국 타도에 나서고, 1895년 베네수엘라 국경 분쟁에 즈음하여 미국이 남북아메리카의 주인이라는 주장을 좀더 분명히 하는 한편, 1898년 쿠바 독립운동을 빌미 삼아 스페인과 전쟁을 치른 후 쿠바를 보호령으로 만들고 푸에르토리코-괌-필리핀을 영유, 삽시간에 카리브해에서 서태평양에 걸친 광범한 식민제국을 이룩하고, 곧이은 1899년 중국에 자유주의적 문호 개방을 강요하고, 1903년 강제로 파나마운하 지대를 점령하고 이듬 해 라틴아메리카에 대한 내정간섭권을 주장하면서 '달러 외교'를 추진하였다. 독점자본이 과잉생산에 따른 경제적 곤란을 이러한 대외 팽창전략으로 해결하는 동안, 미국 내에서는 독점자본 지배 확대의 폐해를 막기 위해 정부 권한을 확대-강화하려는 도시 중산계급 기반의 개혁운동(혁신주의)이 벌어져 19세기 후반부터 몇몇 대도시와 주에서 정치개혁이 실현되고 20세기로 접어들며 연방정부가 적극적인 독점 규제책을 강구, 시어도어 루스벨트 정권이 트러스트의 부당 행위 적발, 철도 규제 강화, 정부의 노동쟁의 조정, 자연자원 보호, 소비자 보호를 위한 약품과 식품위생 관리 조치를, 우드로 윌슨 정권이 은행제도 개혁, 반트러스트법 정비, 농업융자기관 설립, 약간의 노동보호입법 조치를 취했다. 이 조치들은, 사회주의 지향과 정반대로, 연방정부의 적극적인 개입으로 자유경쟁을 유지시키는 내용이었다.

미국 문학, 대중문화와 매스컴의 언어 2

대영제국에서 독립한 신대륙 미국에서 호손은 독특한 미국풍 청교도 (비판)

미학을 소설장르에 구현, '같은 영어를 쓰지만 미국문학'이라는 별도 호칭이 가능하며 또한 필요하다는 것을 입증한 최초의 소설가다. 알레고리와 상징에 능하며 단편과 양쪽 모두 대가의 솜씨를 보였다. 대표작 『주홍글자』(1850)의 무대는 17세기 보스턴.

젊은 여인 헤스터가 사생아를 품에 안고 감옥 문을 나선다. 그녀의 나이든 영어학자 남편은 2년 전 그녀를 보스턴에 먼저 보내 보금자리를 마련케 했으나 그녀도 모르게 인디언들에게 사로잡혔다가 이제 방금 도착, 아내가 간통죄로 마을 사람들 앞에서 오랫동안 모욕을 당하고 평생 동안 가슴에 주홍색 A자(adultery(간통)의 첫 글자)를 달고 다니는 벌을 받는 장면을 목격한다. 마을 사람들이 아무리 다그쳐도 헤스터는 아기 아버지 이름을 밝히지 않지만, 아기 아버지는 놀랍게도 그 지역에서 가장 존경받는 인물 중 하나였던 젊은 성직자 딤스데일이다. 매우 양심적이었던 그는 급한 화를 모면한 후 심한 죄의식에 시달린다. 세월이 가면서 헤스터는 새로운 환경에 적응, 굴욕과 수모를 견디면서도 다른 불행한 사람과 사회부적응자들을 도우면서 보스턴 사회 내 의지 곧고 유능한 여자로 자리를 잡는데, 다만 그녀 딸 펄이 짓궂은 꼬마요정처럼 자기 아빠와 주홍글자에 대해 종종 날카로운 질문을 던져 그녀 아픔을 꼬집고, 그러는 동안 헤스터 남편은 칠링워스라는 가명의 보스턴 의사로 정착, 헤스터에게 자신의 정체를 발설치 않겠다는 맹세를 시키고 정작 자신은 아내 정부의 정체를 캐내는 데 광적으로 집착하다가 어느 날 밤 헤스터와 펄, 그리고 딤스데일의 대화를 우연히 듣고 딤스데일이 바로 헤스터의 정부며, 그의 건강 악화가 죄의식 때문이라는 것을 알아채고는 치료를 빙자, 죄를 넌지시 암시하는 식으로 그의 영혼을 고문한다. 그러던 어느 날 헤스터는 숲 속을 산보중인 딤스데일에게 유럽으로 도망가서 함께 살자 애원하며 주홍글자를 떼내버리고, 딤스데일은 마음이 크게 흔들리지만 결국은 도피를 또하나의 유혹에 굴복하는 것으로 간주, 읍내로 돌아와 선거일 설교문을 완성하고, 헤스터는 칠링워스가 그녀의 도피를 가로막으려 같은 배편을 예약했다는 것을 알게 되고, 딤스데일은 강력한 설교를 마치고는 헤스터와 펄에게 칼을 쓰고 자신한테 오라 하고는 마침내 자신의 죄를 공개적으로 고백한 후 연인 헤스터의 품에 안겨 숨을 거두고, 자신의 사냥감을 잃어버린 칠링워스는 비명을 지르고, 헤스터와 펄은 억압으로 각질화한 사회규범을 벗어던지고 보스턴을 떠나지만, 펄을 유럽에 정착시킨 후 다시 보스턴으로 돌아와 자진해서 주홍글자를 달고, 참회의 생애를 계속한다.

『주홍글자』의 초현실주의는 유럽 고딕소설 기법을 많이 채용했지만 무겁고 낡은, 낙후한 도덕윤리와 신대륙 특유의 생명력이 부딪치면서 더욱 파란만장하게 전개되는 심리미학은 온전히 호손의 것이며, 대륙과 현대성이 미학적 정체성을 비로소 갖추게 된다. 고골과 동년배인 포는 현대성과 정체성을 시와 단편소설 두 영역에서 더욱 심화-응축했다. 그의 시작품은 기조가 낭만(주의)적이지만 극도의 압축과 상징기법을 구사하고, 걸작에 이르러 소리를 절묘하게 활용하며, 그의 단편소설은 『주홍글자』처럼 고딕풍이고 더군다나 공포물이지만 시를 능가하는 응축미학과 상징의미 구현으로 현대 단편소설 문학의 선구를 이루고, 시와 소설을 합한 것보다 분량이 많은 그의 문예평론은 상당 부분 서평인데다 평가의 정확성이 일관되지는 않지만 매우 중요한 일반론, 즉 '교훈이라는 이단'(문학의 도덕주의)에 대한 공격을 담고 있으며, 콜리지의 섬세한 낭만주의미학과, 포 이후 성행한 세기말 유미주의('예술을 위한 예술')를 매우 명료하고 타당하게 잇는다. 그의 주장에 의하면 시는 '아름다움의 율동적 창조'인 반면, 교훈, 자연과학, 논리학 등 진리는 '지능의 만족'으로서, 시에서는 부수적이며, '장시'란 말 자체가 모순이고, 시에서 중요한 '통일된 인상'을 갖추려면 한 번에 다 읽을 분량을 넘어서는 안 되는 까닭이고, 동일한 논리로, 단편소설은 장편소설보다 더 우월한 문학장르다. 포는 현대문학의 밭에 가장 근본적인 씨앗을 뿌린 사람 중 하나다. 보들레르가 포의 미학이론과 작품 형상화를 열광적으로 예찬하면서 직접 불어로 번역한 이래 베를렌, 말라르메 등 프랑스 상징주의 시인 대부분이 포의 반교훈주의 미학사상과 암시적 불확정성, 음악 및 청감 혼동에 매료되었으며, 도스토옙스키 또한 포의 환상적 리얼리즘에 깊은 인상을 받고 그의 작품을 직접 번역하여 러시아에 소개하였다. 포 문학으로써 과학소설과 탐정소설이 장르 정체성을 튼실하게 할 수 있었고, 그보다 더 중요하게, 비정상적 정신 상태와 잠재적 자아를 집요하게 탐구한 그의 문학혼은 현대문학 흐름의 한 원형이다. 흑인문제를 대중화한 스토 부인 소설 『톰 아저씨의 오두막』(1851~1852)은 포와 정반대편에서 미래 미국문화의 한 단면을 예감시킨다. 링컨은 바로 이 소설이 남북전쟁을 일으켰다고 말했거니와, 장차 유럽보다 더 경박함에도 불구하고 정치-사회적 영향력이 더 건강하고 더 폭발적인 미국식 대중문학과 대중문화가 그렇게 임박한다. 멜빌과 휘트먼은 모두 (조지) 엘리엇과 동년배, 투르게네프의 1년 연하다. 멜빌은 비극적 운명과 그것을 극복하려는 의지를 소설화하면서 신대륙적 미학을 호손보다 더 의도적으로 펼쳤고, '의도적'의 형상화에서도 한 발 더 나아갔다. 아니, 그의 대표작 『모비딕』(1851)은 미국적이며, 미국적이므로 빛나는, 세계소설사 최초의 '미국=고전' 장이다. 구약과 신약, 밀턴과 괴테와 바이런, 무엇보다 셰익스피어 연극 세계에 대한 깊은 이해를 바탕으로 『모비딕』은 새로운 세계관과 고양된 문체를 결합하고 있다. '내 이름은 이슈마엘(방랑자 혹은 부랑자)'로 소설은 시작되는데, 이슈마엘은 화자일 뿐 사건 주인공은 아니다.

> 바다로 나아가기로 결정한 이슈마엘은 넨터킷으로 가는 도중 사우스시의 아일랜드 출신 작살꾼 퀴이케그와 친해지고('조지 워싱던의 야만화', 즉 '숭고한' 야만인 유형), 둘은 함께 고래잡이 배 페쿠오드(백인에 의해 멸종된 첫 인디언 부족명)호 선원으로 승선하며, 돛을 올리기 전 선원들은 엘리야(구약 예언자의 이름)라는 사내에게서 이번 항해가 재앙을 가져올 것이라는 알 듯 모를 듯한 경고를 받고, 메이플 신부는 고래 배 속에 들어갔다 나온 예언자 요나에 대해 설교하며, 페쿠오드호 선장 아합(구약 북이스라엘의 일곱번째 왕. 그의 아내 에제벨이 가나안 신 바알을 숭배하므로 예언자 엘리야가 규탄했으며, 아합은 전쟁중 피살되고 개들이 그의 피를 핥았다)은 배가 바다로 나온 며칠 후 나타나 '모비딕을 잡고 말겠다'는, 이번 항해의 목적을 밝히는데, 모비딕은 선

원들 사이 널리 알려진, 지난 항해 때 아합의 다리 한쪽을 베어 먹은 공포의 향유고래로, 선원들이 경악하지만, 일등항해사 스타버크가 아합의 행위를 신성모독인데다 돈을 따져보더라도 미친 짓이라 여기며 쭈뼛댈 뿐 2등항해사 스터브와 3등항해사 플래스크는 아합 선장의 꼬임에 쉽게 넘어가는 등 점차 아합의 웅변력에 설득되고 모두 아합의 복수에 동참할 것을 맹세한다.

선원 세계는 쫓겨난 자와 피해 온 자로 구성된, 그 자체 인류사 전체의 미시세계며, 사쉬테고는 동성애자 인도인이고 다구는 아프리카 사람이다. 고래 떼와 첫 번째 조우 때 선원들은 아합이 자기만의 선원들을 따로 숨겨놓았었다는 걸 알게 되는데, 그 우두머리 페달라는 조로아스터 신자며 점성술사다. 어떤 때는 자연주의적으로 어떤 때는 환상적으로 이야기가 펼쳐지면서 애매한 우화세계를 구축하고 고래에 대한 자연과학적 사실과 고래잡이 사업의 역사 및 세부사항이 지리하게 나열되기도 하고 종종 요란할 정도로 복잡한 중에 정작 극적인 사건은 느리게 진행되지만, 그렇게 심오한 우화가 일상을 거느리며, 선원들은 모비딕을 잡는 일에 몰두하지만, 종종 벌어지는 일반적인 고래사냥, 폭풍우, 혹은 다른 배들과의 만남이 기나긴 여행을 툭툭 끊어치면서 일상의 의미를 더해간다.

선원들이 다른 향유고래를 잡기도 하며, 흑인 심부름꾼 꼬마 피르가 작살 줄에 걸려 거의 익사할 지경이 되자 모두 넋이 나가고, 키를 잡은 이슈마엘이 조는 바람에 페쿠오드호가 침몰할 뻔하고, 그러다가 다른 고개잡이배가 아합에게 최근 모비딕을 보았다는 소식을 전하고, 열병으로 죽을 고생을 하던 퀴이케그는 자신의 관을 짜게 하고, 벼락이 돛대 꼭대기를 내리치자 아합은 선원들에게 연설하고, 그제야 선원들은 아합의 집착에 묻어나는 끔찍한 광기를 깨닫고는 공포에 사로잡히고, 스타버크는 하나님이 아합을 노여워하실 것이라 경고하고, 마침내 모비딕이 모습을 드러내며, 절정을 이루는 3일간의 대추격이 전개된다. 첫째 날 모비딕은 보트 한 척을 박살내고 페달라를 사망 직전에 이르게 하며 둘째 날은 아합의 작살끈으로 페달라를 끌어내 죽이고 아합의 의족을 절단내며 셋째 날, 작살 세례를 받은 모비딕이 페쿠오드호를 향해 돌진, 배 옆구리를 박살내고, 포경선에 탔던 아합이 최후의 치명타를 모비딕에게 먹이지만 자신도 작살끈에 뒤엉킨 채 모비딕과 한몸이 되어 바닷속으로 가라앉는다. 페쿠오드선이 침몰하고 모든 선원이 급류에 휘말리고 이슈마엘 혼자만 솟아오른다. 퀴이케그를 위해 짰던 관을 구명배 삼아 그가 유일하게 살아 남았다.

전반적인 '미국풍 고딕' 분위기에 엘리야의 경고에서 페달라의 예언에 이르는 불길한 징조들이 넘쳐나고, 특히 페달라 예언은 셰익스피어 『맥베스』의 마녀를 연상시킨다. 긴박과 공포가 절묘하게 고양되는가 하면 예민하고 폭넓은 유머가 자연스럽고 문체는 힘이 가득하다. 더 중요한 것은 성격 창조와 의미 구현. 정말 독특한 인물군이 생생하게 창조되고, 잠깐 등장하는 인물들조차 결코 허수아비가 아니며, 스타버크, 스터브, 플래스크는 개성이 뚜렷한데다 박진감까지 있고, 이 기독교도들을 도와야 하는 '이교도' 퀴이케그는 이해와 계시형 인물의 전범이라 할 만하다. 더 본질적으로, 이슈마엘은 낭만적 '주인공' 아합의 불안과 잔혹을 공유하면서 뛰어넘고, 단순한 도피주의자 혹은 염세주의자가 아니며, 스스로 우울증세를 보이면서도 처음에는 그도 맹세의 홍역에 사로잡히지만 결국 그만이 비애에 대한 아합의 집착이 광기라는 것을 알아차리고 굳건한 의지로 광기를 반대한다. 다소 아나키스트적으로 사회와 권력자를 거부하던 그가 점차 진정한 민주주의자로, 인간 삶의 비밀에 대한 외경과 통찰로 가득 찬 인간으로 성장, 신자와 악당을 공평한 눈으로 보고, 인간의 권위와 우정이 절대적으로 필요하다고 확신하게 되는데 뒤집어보면 이 모든 것이 '이슈마엘=이야기'의 존재 이유다. 아합은 (그리스신화) 프로메테우스, (밀턴) 사탄, (괴테) 파우스트, 그리고 (셰익스피어) 리어왕을 연상시키는 동시에 문학사상 가장 독창적인 인물 중 하나로, 사탄이자 십자가에 못 박힌 예수 표정을 짓고, 모종의 강력한 비애가 달한 압도적인 권위를 뿜어내며, 고독과 오만, 복수에 대한 광적인 집착, 자기 자신에 대한 전적이고 배타적인 의존, 그리고 신성모독 등으로 고전비극의 주인공에 달하는 동시에 매우 현대적이다. 아합의 모비딕은 심오한 인간 내면을 갉아먹는 온갖 악의 육화며, 악 자체의 인격화고, 그것을 향해 아합은 '아담 이래 인류 전체가 느꼈던 온갖 분노와 증오'를 퍼붓지만, 이슈마엘의 모비딕은 소름 끼치는 백색으로 세계의 악마성, 눈에 보이는 사랑과 보이지 않는 공포의 합, 그리고 납골당을 암시한다. 아합의 모비딕이 구약적이라면 이슈마엘의 모비딕은 신약적이고, 그렇게 다시, 장편소설의 『악의 꽃』으로, 현대의 장이 열린다. 아메리카 대륙은 문명의 거대한 재생을 상징하는 동시에 거대하고 심오하게 불길하다.

휘트먼은, 이미 천연의 미국성을 아예 타고났으며, 순정하고 광활한 미국대륙 정신의 진정한 발화로서 자유시의 새롭고 광활한 경지를 펼쳤다. 때 묻지 않은 자유가 때 묻지 않은 자연을 입고, 거꾸로도 마찬가지지만, 멜빌의 불길함과 무관할망정 휘트먼 시문학이 단순명쾌한 것은 아니고, 발표 당시 호된 비평적 시련을 겪기도 했다. 1848년 오하이오, 미시시피, 뉴올리언스, 대호수, 허드슨강 등을 여행하면서 미국적 자연과 풍물을 '자아발견' 한 휘트먼이 7년 후 펴낸 대표작이자 필생작 『풀잎』 초판본, '제목 없는 시 12편 모음'은, 사고와 양식이 근본적으로 새로웠으므로, 거의 야만적인 비난 세례를 직면, '범죄적 괴물' '고슴도치가 수학을 모르듯 예술에 문외한'으로 매도당하고 심지어 '공개적으로 태형을 가하라'는 주장까지 감수해야 한다. '수학'을 모르는 휘트먼은 그후 37년 동안 『풀잎』을 여섯 차례 증보-수정, 세 차례 재출간하면서 미국대륙의 아름답고 광활한 자연과 남북전쟁의 비극을 절묘하게 결합, 비극적 아름다움을 심화한다. 초판 수록 시 제목은 훗날 '내 자신의 노래' '전기처럼 짜릿한 내 몸을 노래함' '잠자는 사람들' 등으로 되었고, 1856년 2판에 새로운 시 20편을 추가했으며, 1860년 3판에 명시 「요람 밖으로 끊임없이 흔들며」를 수록하고, 1867년 4판에는 2년 전 별도로 출간된 시집 『가벼운 북소리』와 『속 가벼운 북소리』를 합본했다. 『가벼운 북소리』는 남북전쟁 중 부상자를 간호하면서 본 참상을 시화했고, 『속 가벼운 북소리』에 실린, 암살당한 링컨 대통령을 위한 추도시 「마당에 라일락이 마지막으로 피었을 때」는 '아메리카 진혼곡'이라 불리울 정도로 숭고한 비극미로 가득 차 있다. 훗날 힌데미트는 이 시를 텍스트로 동명의 케네디 대통령 추모곡을 작곡했는데, 현대 진혼곡의 최고 걸작 중 하나로 꼽힌다. 1871년 출간된 5판은 『가벼운 북소리』를 『풀잎』 목차에 삽입했고 「인도로 가는 길」을 부록으로 덧붙였고, 1881년 제6판은 그것마저 합체했다. 1891~1892년 출간된 소위 '임종판' 은 1881년판을 재출간하면서 「일흔 살의 모래밭」과 「잘 가라 나의 공상이여」를 추가했다. 휘트먼 시문학은 내용과 형식 모두 혁명적이다. 기어가는 듯 풀어헤친 행의 흐름, 목록을 물 흐르듯 나열하는 기법, 상스럽고 불경스러우며 심지어 음탕한 어휘를 구사하면서 일상을 심화시키는 그의 시작품과 시사상은 엄청난 영향을 끼쳤다. 나는 진정으로 미국적인 시를 쓰려 한다. 우리의 대륙, 대륙에 사는 강력한 종족, 대륙의 엄청난 역사적 사건들, 대륙의 거대한 대양과 산맥, 그리고 무제한의 평원들에 걸맞은 시를. 그는 그렇게 썼고, 그의 시는 '위대한 미국성' 마저 뛰어넘어 자연과 풍요, 그리고 필멸성이라는 보편적 주제로 심화하였다. 나는 지옥을 예상했고 예상대로 지옥을 겪었다. 그는 훗날 그렇게 회고. 오늘날 휘트먼은 자유로운 시풍과 노골적인 성적 소재 때문에 자주 공격을 받았지만 오늘날 미국의 가장 위대한 시인으로 평가되며, 그의 시집 『풀잎』은 전통과 근본적으로 결별하면서 주제와 소재, 그리고 양식 면에서 새로운 경지를 연, 미국문학사상 가장 영향력 있는 작품 중 하나로 손꼽힌다. 미국 여성 시인 디킨슨은 매우 특이하고 현대적이며 심지어 '여성주의적' 이지만, 삶과 시 모두 고립-유폐성을 벗지 못했고, 국지성을 매개로 해서만 보편성에 달한다. 미국 소설가 트웨인은 '성장=모험' 소설 단 두 편, 『톰 소여의 모험』(1876)과 『허클베리 핀의 모험』(1884)으로 미국문학사뿐 아니라 세계문학사에 명성을 확고히 했다. 어린아이를 주인공으로 한 아동문학 형식이지만, 어른용으로도 걸작인 두 작품은 전혀 미국적인 성장과 전혀 미국적인 모험을 곧장 세계화하고, 또한 신대륙 미국의 '미국적 문화력' 이, 자신에 대한 서구의 호기심을 대담하게 활용, 작품의 대중성을 세계적인 수준으로 증폭하면서, 자신이 장차 세계에서 차지하게 될 위치를 미리 과시한다. 두 작품 모두 대중적이고, 역시 미국적으로, 대중성에 대한 콤플렉스가 전혀 없다. 반면, 서구인들이 두 작품에 바친 경탄과 찬사는, 최소한 물질문명과 대중문화에서만큼은 미국의 세계 주도가 결정지어졌다는 자인을 콤플렉스로 반영한다. 미국문학은 장차 더욱, 혹은 영영, 자신의 대중성에 콤플렉스를 느끼지 않을 것이다.

반면 서구문학은 장차 더욱, 혹은 영영, 미국의 대중문화를 깔보지 못하게 될 것이다.

영국은 1860~1880년대 중반 자유당의 글래드스턴과 보수당의 디즈레일리가 번갈아 정권을 맡아 전형적인 양당제를 실현하지만, 1880년대 노동자 선거권이 인정되면서 미숙련 노동자 조직화가 진행되고, 1900년 이들과 사회주의 단체 및 페이비언협회 등이 합쳐 노동대표위원회를 결성하고 1906년 노동당으로 개칭하면서 3당 체제가 시작되던 시기 영국은 신생 독일제국에 맞서 1902년 영일동맹을 맺었고, 곧이어 영국-프랑스 협상 및 영국-러시아 협상을 통해 3국협상을 결성, 3국동맹(독일-오스트리아-이탈리아)과 대립한 결과 1914~1918년 제1차 세계대전이 일어난다. 1830~1833년 크림전쟁에서 러시아가 오스만-프랑스-영국에 패한 원인이 단순히 군사적인 것이 아니라 자국의 뒤떨어진 근대화로 인한 공업력과 철도-도로망 취약에 있다고 판단한 알렉산드르 2세(1855~1881)와 일부 지배계급이 1861년 농노해방령을 공포하고 지방자치회(젬스트보라)를 설치하고 1864년 사법재판제도 개혁을 단행하고 군제-국가재정-교육 분야에서도 개혁이 이루어지지만, 이러한 '위로부터의 개혁'은 보수적인 지주 귀족과, 농노해방령 내용에 불만을 품은 농민과 러시아 사회 전체 개혁을 주장하는 인텔리겐차의 양면 공격을 받는다. 농노해방령 공포 직후 각지에서 일어난 농민소요를 정부가 무력으로 진압하자 당시 런던으로 망명했던 게르첸은 농민해방령의 기만성을 폭로하면서 청년들의 농촌 계몽선전 활동을 호소했고, 이에 응하여 조직된 적지 않은 청년 비밀결사가 차츰 과격 양상을 보인다. 1874년 여름 최고조에 달한 브나로드('민중 속으로') 운동이 농민의 호응을 얻지 못하고 실패로 끝나면서 일부 과격파들이 테러리즘 전술을 채택, 알렉산드르 2세는 '민중의 의지' 단원에게 피살되고, 알렉산드르 3세(1881~1894)가 즉위 직후 임시조치령을 공포, 혁명운동 단속을 강화했다. 젬스트보라와 사법-교육제도를 개악하고 유대인 등 소수민족 차별을 강화하고, 곡물 등 원료 수출과 외국 자본 도입으로 공업을 육성한 결과 1890년대 들며 전례 없이 높은 경제성장을 이루지만, 농민과 노동자 대중의 불만은 날로 높아가고, 프랑스와 프로이센을 왔다 갔다 하던 대외정책은 발칸반도 슬라브인 해방을 명분 삼아 오스만제국과 벌인 전쟁(제6차 러시아-터키전쟁)에서 승리, 발칸반도로 뻗어나가는 듯하다가 비스마르크의 독일에 제지당했다. 러시아 제정은 중앙아시아로 원정군을 자주 보내 부하라-하바한국을 보호령으로 삼고 코칸트한국을 병합하고 극동에도 진출, 아무르강 유역 영토를 확보하고 블라디보스토크를 건설하고 일본과 조약으로 쿠릴열도를 양도하는 대신 사할린 영유권을 획득하지만 결국 한반도를 놓고 일본과 충돌하며, 러일전쟁이 일어나던 1905년 1월 9일 바로 그날 생활 향상과 전쟁 중지를 요구하던 페테르부르크 시민 15만 명에게 발포('피의 일요일'), 스스로 끝장을 재촉한다.

세기말, '시간=수' 앞에서의 공포

세기가 끝나가면서 세계 몰락에 대한 공포가 예민한 예술심성을 자극하고, 확고한 문학사조를 갖지 않은 군소 시인들 대부분이 현실도피와 퇴폐 경향에 빠져드니, 이것을 '세기말'이라고 한다. 프랑스에서 시작, 1890년대 유럽 각국으로 퍼진 회의주의, 유물주의, 염세주의, 찰나-향락주의 일체를 모두 세기말이라고는 할 수 없는 한편, 19세기를 주도한 낭만주의, 사실주의, 자연주의, 상징주의와 포, 호프만, 보들레르, 네르발의 작품에 이미 그 싹이 들어 있었다고 볼 수도 있다. 세기말의 전형이라 할 위스망스 『전도』(1884)는 인간 속 야수성을 강조하면서 염세적 색조를 점점 더해가던 자연주의와 언어세계로 몰입하며 현실세계 외면 경향을 점점 더해가던 상징주의 사이에서 탄생했다. 19세기 말 시민사회 성숙 및 물질문명 개화에 따른 속물 횡행에 맹렬히 반대하면서 위스망스는 미적인 중세 생활의 부활을 꿈꾸며, 릴라당 『악셀』(1890)은 금전만능 세계를 저주한다. 그보다 먼저 모로 그림 〈살로메〉(1876)가 화가와 시인 들에게 충격을 던졌고, 그보다 먼저 하이네가 장편서사시 「아타 트롤」(1843)에서, 말라르메가 서정시 「에로디아드」(1868)에서, 그보다 후에 플로베르는 단편소설 「에로디아스」(1877)에서 '치명적인 여인'을 그렸다. 이민족 침략군 대장 홀로페르네스에게 몸을 바친 후 그가 잠든 틈을 타 머리를 참수해오는 이스라엘 애국 처녀 유디트를 소재로 한 세기말 작품에서 그녀는 거세에 대한, '거세자=여성'에 대한 남성의 잠재적인 공포를 표출하고, 그와 비슷한 세례자 요한의 목을 요구하는 살로메 이야기는 그 안에 담긴 사디즘과 매저키즘, 그리고 지독한 퇴폐성으로 세기말 인간 심리를 사로잡았다. 르동, 비어즐리, 슈투크, 뭉크 등이 살로메, 혹은 살로메풍 '치명적인 여인'을 그렸고, '성애=죽음' 등식이 두드러졌다. 1893년 발표된 라포르그 단편소설 「살로메」(1893)와 와일드 희곡 「살로메」(1893)는 '숙명의 여인' 전통을 최고 경지로 이끌며, 악마적인 것을 탐미한다. 영국에서 공연 금지된 와일드 「살로메」는 1894년 파리에서 전설적인 여배우 베른하르트가 여주인공 역을 맡아 대성공을 거두었다. 영국 화가 비어즐리가 와일드 희곡을 바탕으로 일련의 삽화를 그렸고, 1905년 슈트라우스가 동명의 오페라를 작곡, 세계를 경악시켰으며 곧 영화제작자, 그리고 현대무용가들이 앞다투어 살로메를 소재로 삼기 시작한다. 미국 무용수 알렌이 살로메를 추고, 무성영화 스타 바라가 1918년 살로메 영화를 만들었지만 1923년 비어즐리 삽화를 발렌티노 아내 람보바가 각색하고 나지모바가 주인공 역을 맡은 작품이 가장 흥미롭다. 미국은 세기말적 경향이 거의 없고 낙천주의가 두드러졌으며, 비어스 『악마의 사전』에서 약간의 냉소-회의주의를 볼 뿐이다.

제임스와 콘래드, 영미와 유럽의 중첩

(헨리) 제임스는 미국 태생이지만 미국과 영국 '문화의 중첩'을 파고들며 새롭고 독특한, 그리고 괴팍한 현대 심리 영역을 리얼리즘 기법으로 형상화하다가 1915년 결국 영국 귀화를 택했다. 어릴 적부터 외국 여행이 잦았고 하버드법대 재학중 이미 문학에 뜻을 굳혔으며, 21세에 첫 소설집을 냈고, 26세부터 본격적인 외국 여행을 시작, 30세 무렵 영구 해외 거주를 결심했고, 그 결심의 첫 결실은 여

행기와 소설 모음집이고, 1875~1876년 파리 체류중 『뉴욕 트리뷴』 지에 문예-시사문을 기고하면서 『미국인』(1877)을 쓰고 1876년 후반 런던으로 이주, 중기 대표작들을 집필한다. 미국인 바람둥이의 로마 경험을 그린 『데이지 밀러』(1879)가 그에게 국제적인 명성을 안겼고 곧 이은 『유럽인들』(1879)이 그 명성을 확고히 하는데, 이 시기 제임스 소설은 한마디로 유럽 가치에 직면한 미국 처녀들 각각에 대한 사례 연구다. 자립심 강한 젊은 처녀, 순진무구하고 용감하고 당돌한 미국 처녀가 유럽 사회 속에서 자신의 가치 기준을 고집하면 어떤 일이 벌어지는가. 『한 여인의 초상』(1881)은 그 주제 혹은 소재를 다룬 최고 걸작이다.

뉴욕 알바니가에 사는, 고아 출신에 빈털터리지만 쾌활하고 이지적인 미국 처녀 이사벨이 돈 많은 숙모 리디아의 양녀로 들게 되어 영국으로 건너가는데 숙부 루체트는 은퇴한 은행업자고 두 사람에게는 결핵을 앓는 아들 랠프가 있다. 랠프는 아버지를 설득, 이사벨에게 많은 유산을 남기게 하고, 루체트 사망 후 부자가 된 이사벨은 숙모 및 숙모 친구 머얼 부인과 함께 유럽으로 건너가고, 머얼 부인은 피렌체에서 이사벨을 어린 딸 팬지가 딸린 중년 홀아비 오스먼드에게 소개하며, 자유를 누리기 위해 이제까지 돈 많은 청년 캐스퍼와 루체트 가의 영국인 이웃 워버튼의 청혼을 거절했던 이사벨은 오스먼드의 심미안과 언뜻 초탈한 듯한 지성미에 이끌려 청혼을 받아들이지만, 사실 오스먼드는 이기적이고 황폐한 자로 돈과 모종의 음모 때문에 청혼한 거였다. 랠프의 임종 소식을 들은 이사벨이 영국으로 떠나려 하자 오스먼드가 가로막고, 파경이 예감되는 가운데 이사벨은 머얼 부인이 팬지 어머니며, 팬지를 좋은 집안에 시집보내기 위해 이사벨과 오스먼드의 결혼을 직접 배후 조종했다는 사실을 알게 된다. 머얼 부인과 마지막 대면 후 이사벨은 영국으로 가 랠프의 임종을 지키고 캐스퍼가 다시 청혼하고 이사벨은 그에게 매력을 느끼지만 결국 물리치고 이탈리아로, 오스먼드와 팬지에게 돌아간다.

줄거리보다 내면 심리 묘사가 더 중요하고, 이사벨의 투명한 내면에 대한 매우 복잡하고 정교한 묘사가 오히려 줄거리를 이끌어가고, 더 나아가 소설은 이사벨 내면의, 미국적으로 순진한 투명성이 유럽인들의 문명화한 복잡성을 비춰내는 식으로 곧장 주제를 형상화한다. 『한 여인의 초상』을 통해 제임스는 진정으로 세계적인 작가 반열에 올랐다. 투르게네프 특유의, 인물 성격이 스스로 줄거리를 만들어가게 만드는 기법과, (조지) 엘리엇 특유의, 꽉 짜인 논리적 혹은 유기적 구조감을 『한 여인의 초상』은 매우 자연스럽게 융합한다. 『한 여인의 초상』이 당대적 국제성은 물론 역사적 국제성 또한 형상화한다는 뜻이다. 사회개혁가와 혁명가들을 다룬 『보스턴 사람들』(1886)과 『카사마시마 공주』(1886)는 태작. 연극 욕심이 소설 부진에 일조한 결과이므로, 런던과 파리 미술 스튜디오 및 무대를 그린 「비극적인 뮤즈」(1890) 역시 태작이지만, 『워싱턴 광장』(1880)에서 이미 보듯 제임스는 극작가가 되려던 계획이 실패로 돌아간 후 드라마기법을 소설에 활용하는 실험을 계속했는바, 그게 최상의 현안이 되어 그의 소설작법을 본질적으로 재편, '그림' 과 연극 장면을 번갈으며 주어진 시선 각도에만 집착하고 등장인물들이 보는 것만 독자에게 제시될 뿐 다른 정보는 주지 않는 글쓰기 방식이 기어코 『비둘기 날개』(1902), 『외교관들』(1903), 그리고 『황금사발』(1904) 등의 걸작을 낳게 되는데, 보다 더 흥미로운 것은 변화의 와중 씌어진 『나사의 회전』(1898).

한 여자가 영국 블라이 지방 외딴 저택에 두 아이 플로라와 마일스의 가정교사로 가게 되고, 그녀를 고용한 두 아이 삼촌은 아이들 교육이나 행동거지에 대해 시시콜콜 귀찮게 보고하지 말라 하고, 두 아이는 귀염성 있고 똑똑하지만 무언가에 시달리고 어딘가 은밀한 데도 있어 보인다. 얼마 후 그녀는 예전에 저택에서 일한 집사 피터 퀸트와 전(前) 가정교사 제슬양을 목도하지만 곧 그 둘은 이미 죽은 사람이라는 걸 알게 된다. 아이들도 그 유령을 보는 거라고 그녀는 확신하지만 아이들은 놀라운 솜씨로 유령에 대한 질문을 회피하고, 아이들이 유령의 나쁜 힘에 지배받고 있다는 그녀의 확신은 점점 더 굳어지고, 그녀가 플로라에게 단도직입적으로 들이대니 소녀는 감정이 폭발, 발작을 하다

앓아눕고 그녀가 다시 마일스에게 들이대려는 찰나 창문으로 피터 퀸트의 모습이 보이고 그녀는 마일스를 악령에게서 지키려 안간힘을 쓰지만 마일스는 공포에 질려 발광을 하다가 그녀 품에서 숨을 거둔다.

이야기는 전적으로 가정교사 시각에서만 진행되고 독자를 혼란에 빠뜨린다. 무엇보다 그녀 이야기가 과연 믿을 만한 것인가, 그녀가 본 것은 실제 유령인가 아니면 환영에 불과한 것인가. 제임스는 심리적 리얼리즘 기법만으로 실제와 가상의, 정체성의, 그리고 문학적 정체성의 혼돈까지 형상화하는 것이다.

콘래드는 제임스의 내적 전복이고 동전의 양면이며 역사적 후예다. 우크라이나 폴로디아에서 태어난 그는 러시아의 폴란드 지배에 항거했던 부친(폴란드 귀족)의 영향으로 러시아 군대 징집을 피해 바다를 선택했고 20년 동안 프랑스와 영국 선박 선원으로 서인도제도, 스페인, 아프리카 콩고, 오스트레일리아, 시드니, 인도 봄베이, 타일랜드 방콕, 싱가포르 등지를 항해하며 국제적이고 파란만장한 경력을 쌓던 중 1878년 자살을 기도했고 1889년 영국에 귀화했다. 선원 경력은 그대로 콘래드 소설의 원형을 이루며, 그렇게 보는 것을 싫어했던 콘래드 자신도 전성기 마무리용 회고록쯤으로 쓴 『개인적인 기록』(1912)에서 작가와 선원을 병치시키고 있다. 초기 대표작 『나시서스호의 검둥이』(1897)는 1884년 나시서스호를 타고 봄베이에서 던커크까지 항해했던 경험이, 걸작 『어둠의 심연』(1902)은 1890년 콩고강을 오르내리는 기선 선장 노릇을 했던 경험이 바탕이다. '현대의 묵시록'으로 불리는 『어둠의 심연』은, 베트남전쟁을 다룬 코폴라 감독 영화 〈지옥의 묵시록〉(1979)의 원전이기도 한데, 화자 말로가 네 명의 친구에게 해주는 이야기다.

아프리카 내륙의 강을 오르는 유럽 상아무역회사 화물선 선장에 임명된 그가 배를 찾아가보니, 이전 선장은 검은 암탉 두 마리를 놓고 싸우다 원주민에게 살해되었고, 아프리카 오지 밀림은 가도가도 끝이 안 보이고 교역소와 중앙역에서 서양 문명인들을 만나지만 모험은 점점 불길하고 비현실적으로 되어가고, 원주민 노동자들이 서양인에게 잔혹한 고통을 당하고 동료들은 오로지 상아에만 관심이 있고, 그러다가 말로는 상아에 관한 한 타의 추종을 불허한다는 회사 대리인 커츠의, 언뜻 온화한 교양인이자 이상주의자다운 명성을 듣게 되고, 자신의 배가 좌초한 것을 알고 도움도 받을 겸 커츠에게 접근할 핑계를 만든다. 커츠는 중병에 걸린 상태였고, 회사 관리들이 배 띄우는 것을 방해한다는 사실과 진정한 이유를 알고 말로는 놀라지만 더 경악스러운 것은 커츠의 진실이다. 기대했던 대로 서양식 이타(利他)정신을 베풀기는커녕 스스로 원주민의 신으로 행세하면서 원주민의 제의를 자신의 제의로 만든 커츠의 권력은 악마적이고, 끔찍하고, 피비리다. 외곽 깊숙이 위치한 커츠 거처에 당도한 말로는 기둥 위에 사람 머리통들이 잘려 쌓여 있는 것을 발견하고, 말로에 의해 강 아래로 운반되면서 커츠는 때론 오만하게 때론 허망한 투로 자신이 한 짓을 구도 및 계시 행위로 호도하지만 임종을 맞으면서는 '무서워! 무서워!' 비명을 내지르고, 말로는 자신의 황폐성, 어둠의 심연과 직면한 자가 내지르는 절망의 절규라고 생각하면서도 커츠에 대해 형언할 수 없는, 도무지 이해할 수 없는 경탄을 느낀다.

이해할 수 없는 경탄과 두려운, 필사적인 죄의식 혹은 자각이 겹치면서 다시 현대의 장이 열린다. 『로드 짐』(1900)은 『어둠의 심연』을 예고한 작품이고, 『노스트로모』(1904)와 『비밀 첩자』(1907) 또한 대표작이지만, 1910년부터 재정적인 안정을 다소 누리면서 전성기는 끝났다. 극심한 신경통에도 불구하고 그는 1912년 『뉴욕 헤럴드』지에 「승리」를 연재하는 등 글쓰기를 계속했고, 1924년 기사 작위를 거부했으며, 같은 해 숨을 거두었다.

디아길레프와 발레 루스, 발레의 자본주의적 상상력

러시아 노브고로드 출신 디아길레프는 1890년 법학을 배우러 성페테르부르크에 왔다가 곧 젊은 예술가 모임에 들고, 훗날 혁명적인 의상디자이너 박스트, 베노이스 등과 사귀면서 1899년 진보적인 잡지 『예술세계』를 내는 동시에 마린스키극장(혁명 후 국립아카데미 오페라-발레극장으로, 1935년, 전해 피살된 레닌그라드 공산주의자당 총서기 이름을 따서 키로프극장으로 개명) 예술자문역으로 연감 편집 및 오페라 기획을 맡았으나 '튀는' 기획 때문에 1901년 보수적인 마린스키극장 운영진과 결별, 독자 행로를 모색했으며, 1904년 잡지가 중단되자 러시아 예술전시회를 성페테르부르크와 파리에서 조직하는 데 역량을 집중했고, 1908년 그가 기획한 무소륵스키의 러시아풍 오페라 〈보리스 고두노프〉 파리 공연이, 특히 타이틀롤을 맡은, 역사상 가장 위대한 베이스 샬리아핀의 등장을 알리면서 커다란 성공을 거두자, '러시아=이국' 풍이 파리 귀족 및 시민계층에게 예술적으로 또 대중적으로 먹혀든다는 것을 간파했다. 그는 전위성과 색다른 맛을 결합하면 할수록 더욱 대중이 환호하는 적당한, 최적의 고리를 보았고, 잡았고, 죽을 때까지 놓치지 않았다. 이듬해 파리에서 러시아 발레 및 오페라 시즌을 준비해달라는 요청이 오자 그는 성페테르부르크와 모스크바 최고 무용꾼들을 조직했고, 5월과 6월 공연의 힘 있고 감각적이며 압도적으로 새로운, '러시아풍' 짙은 향기가 파리를 매료시키는 경험을 만끽한 후 수차례 파리를 오가며 발레 루스('러시아 발레') 창단을 준비하다가, 역시 역사상 가장 위대한 남성 무용꾼 니진스키를 끌어들이면서 성페테르부르크 발레 당국에 독립을 선포한다. 보수적인 당국에 진저리를 치며 발레 혁명을 꿈꾸던 젊은 러시아 반항아들로 구성된 발레 루스의 파리 입성은, 파리오페라가 겉멋 든 귀족들의 저녁식사 동행 발레리나 점고용으로, 런던무용이 싸구려 음악회 프로그램의 일부로 전락하는 등 쇠퇴의 기운이 역력하던 유럽 발레에 새로운 총체성과 진지함을 부여하면서 발레를 다시 연행예술의 중심으로 세우게 된다. 니진스키는 물론 스트라빈스키, 피카소 등 각 장르 대표적인 현대예술가들 대부분이 발레 루스의 광휘를 이루고, 이 모든 것을 디아길레프가 주재, 스스로 무용꾼도 안무가도 무대디자이너도 아니지만 자본주의적이면서 예술적인, 그렇게 전형적인 20세기 예술기획가로서, 자본주의적 공(空)의 예술적 육화로서, 그가 당대 최고의 예술 재능을 섞어 매우 독특하고 참신한, 그리고 대중적 성공을 보장하는 '총체예술 발레'를 기획하고, 그와 작업한 예술 대가들이 거의 모두 그의 기획을 통해 대중적 입지를 다지고, 그 전에, 대부분 그의 '기획=예술 지도'를 통해 초기 예술세계를 형성하게 된다. 스트라빈스키의 신고전주의 음악 시기는 전적으로 그의 아이디어에 의해 열렸고 더 나아가 끊임없는 모험으로 늘 파산 위험에 시달리면서도 예술적 확신에 가득 찬, 대중이 보기에 전지전능한 이미지를 스스로 연출, 발레 루스를 발레사상 가장 인기 있는 발레단으로 확립한 그의 예술경영 기법 자체가 특히 스트라빈스키와 피카소의 예술혼이자 방법론으로 전화, 두 사람을 자본주의 매스컴의 총아로, '심오한'(?!) 대중 스타 예술가로 만들었다고 해도 과언은 아니며, 발레리나 카르사비나, 체르니셰바, 로포코바, 스페시브체바, 소콜로바, 다닐로바, 두브로프스카, 발레리노 볼름, 보이지코프스키, 돌린, 리파르, 안무가 포킨, 마신, 니진스키, 발란친, 무대디자이너 베노이스, 박스트는 물론 화가 마티스, 로랑생, 드랭, 브라크, 위트리요, 데 키리코, 작곡가 프로코피예프, 라벨, 드뷔시, 사티, 파야, 미요, 풀랑 등의 신예 혹은 실험 창작 시절이 모두 그의 생애 속으로 포괄되고, 1929년 그가 죽은 후에도 그의 생애를 이어가며, 발레 예술화한다.

포킨, '절충적'

니진스키에 대한 디아길레프의 편애 때문에 일찍 발레 루스를 떠나지만, 포킨은 발레 루스 최초의, 가장 과감한 안무가였다. 마린스키극장 수석무용수로 활동하던 1904년 그가 극장 당국에 제출한 발레 〈다프니스와 클로에〉 대본은 발레의 극 양식과 방향적 총체성, '대본, 무용, 음악, 무대장치'의 통일성을 높이기 위해 필요한 발레 개혁을 역설하면서 프티파 유산을 '몇 가지 틀거리 정식화' 정도로 폄하, '당국'과 정면으로 맞서는데, 이 당시 그가 하루 저녁에 생상 〈동물의 사육제〉 중 '백조'에 맞추어 완성한 독무 〈백조의 노래〉는 이바노프의 백조를 한 단계 더 영혼화하고 이바노프/프티파 이분법을 극단적으로 몰아가면서 백조의 죽어가는 동작 자체를 여성 발레의 정수 그 자체로 전화, 짧지만 온갖 독무 중 으뜸으로 꼽히게 된다. 마린스키극장 프티파 발레는 기교와 화려-장관을 너무 중시, 진정성을 훼손당하고 예술혼을 상실했다. 발레예술은 주어진 소재를 가능한 한 최대로 밀착 묘사하고, 동작도 무대장치도 주어진 시간과 장소를 정격(正格) 반영해야 한다…… 당국은 포킨의 그런 주장을 부도덕한 신세대의 철모르는 소리로 몰아붙였고, 그렇게 미학논쟁이 세대논쟁으로 잠시 왜곡-변질되지만, 1907년 〈에우니케〉 초연 당시 그가 모든 무용수들에게 맨발로 춤추라고 요구하자 충격을 받은 당국이 타협안을 제시하고, 신발은 신지 않아도 좋으니 대신 무릎 덮개와 발레슈즈가 그려진 타이츠를 신으면 어떻겠느냐는 타협안을 포킨이 수용하는데, 사실 절충이야말로 포킨 안무를 이해하는 데 관건적이다. 포킨은 프티파 고전주의 발레 기조를 벗어난 적이 없으며, 〈에우니케〉 초연 당시 함께 무대에 올려진 〈쇼팽 모음곡〉(후에 '공기요정' 으로 개명)이 벌써 고전주의발레 훈련 원칙에 대한 사랑과 존경으로 가득 차 있고, 그 스스로 '혁명가' 가 아닌 '개혁가' 를 자처했으며, '현실 밀착' 주장에도 불구하고, 고전주의 발레의 환상적이고 현실 초월적인 분위기를 자신의 안무 작품에서 완전히 씻어낸 적은 없다. 〈공기요정〉(1909)은 쇼팽 피아노 음악 자체의 여성 육체화다. 무대는 달빛에 흠씬 젖은 숲 속 호숫가, 사내 한 명(종종 시인)과 세 명의 여성, 그리고 여성 집단이 등장하는데, 여성들은 낭만주의 발레의, 복사뼈까지 내려오는 치렁한 튤을 입고, 대부분의 공연에서 거미줄처럼 미세한 날개를 달았으며, 이야기는 없고, 음악은 야상곡, 왈츠, 그리고 마주르카, 안무는 섬세한 유연미(柔軟美) 자체를 표현한다. 이 완벽한 낭만주의는 얼핏 구태의연하지만, 포킨은 음악의 육화지향과 발레의 음악지향을 변증법으로 결합하면서 발레언어를 발전시키는 항구한 과제를 되새기고 있으며, 이 철저한 되새김이 그의 '개혁 발레' 를 신기한 것 이상의 예술로 발전시키게 된다. 〈장미의 정령〉(1911)은 그 항구한 과제를 이중으로, 〈공기요정〉과 〈백조의 노래〉와 대비되게, 남성 무용 위주로 되새긴다. 음악으로 쓰인 베버 〈무도회 초대〉는 무도회 초대권을 받지 못한 가난한 아내에게 써주었다는 속설을 상기시키는 '권유→무용→인사' 의 표제(발레닥시옹)적 순서를 밟는 동시에, 없음을 색으로 채우며 시간을 액정화하는 음악의 본질을 그대로 형상화하고, 안무는 음악의 음악으로서 무용-육화 지향을 형상화하며, 그 위에 전혀 다른 '육체=이야기'를 중첩시킨다.

한 소녀가 무도회에서 장미 한 송이를 가져와 의자에 앉은 채 잠이 들고 장미의 정령과 무용을 추는 꿈을 꾸고, 장미의 정령이 창문 밖으로 사라지고 그녀는 잠이 깨서도 여전히 꿈과 현실을 구분하지 못한다.

창문 밖으로 사라지는 정령의 놀라운, 정말 날아오르는 듯한 도약을 해낸 것이 바로 니진스키고, 이 놀라운 기교가 오히려 호도하지만, 〈장미의 정령〉이 발레로 형상화하는 진실은 없음이 음악을 내고 음악의 육이 꿈/현실 구분 없는 공의 공지점에서 발레언어로 된다는 점이다. 포킨 낭만주의는 음악적 사고가 강하면서도 이토록 정교하고 강건하게, 프티파 고전주의를 다시 한 차원 높은 낭만주의 발레로 끌어올린다. 디아길레프가 1909년 파리 공연 준비중 포킨을 수석안무가로 고용하면서 완벽한 낭만주의 지향과 자본주의(기획) 상상력이 결합, '러시아적' 남성미와 '음악적' 여성미로 충만한 작품들이 탄생하여 파리 관객들을 열광시키는데, 첫 성공작 〈불새〉(1910)와 대표작은 〈페트루슈카〉(1911), 모두 스트라빈스키 음악이다. 유일하게 앙프왕트를 추며 날카롭고 끊어치는 리듬과 속도와 도약으로 새의 반짝이는 비상(飛上)을 표현하는 불새가 〈불새〉 전편을 관류한다.

방황하던 왕자가 마법의 정원에서 불새를 두 팔로 사로잡고, 불새는 달아나려 기를 쓰다가 소용이 없자 마법의 깃털을 하나 뽑아주고, 불새가 날아간 후 왕자는 공주와 시녀 둘이 정원에서 뛰어노는 환영을 보고, 황금사과를 던지고 받는 놀이를 하고 있는 그들의 무용은 경쾌한 러시아 민속무용풍이다. 왕자가 공주에게 반하지만 공주 및 시녀들은 사악한 마법사 카스트케이의 주문에 걸린 상태고, 왕자가 모르는 사이 카스트케이와, 벌레처럼 생긴 종종걸음의 그 부하들이 쇄도, 왕자를 공격하지만 왕자가 마법의 깃털로 허공을 치자 불새가 그를 구하러 오고, 괴물들을 잠재운 후 카스트케이의 영혼과 힘이 달걀 안에 담겨 있다는 사실을 알려주며, 왕자가 달걀을 깨부수면 무대는 갑자기 어둠 속으로 곤두박질쳤다가, 금관악기가 연주하는 화려한 찬가에 맞추어 점차 황금빛으로 차오르면서 탑이 있는 도시를 드러내고, 요란한 행렬이 왕자와 공주의 결혼 및 대관식을 알린다.

러시아 민담에서 소재를 따왔다지만 〈불새〉의 '발레=이야기'는 마치 '프티파=이바노프'의 고전주의 '발레=이야기'들을 총합한 듯, 고전주의 발레의 총합이 바로 낭만주의 발레의 진정한 완성에 이르는 첩경인 듯하고, 그러므로 〈불새〉는 디아길레프 예상대로 대성공을 거두기는 했으나 예술적으로 고전주의 발레보다 더 나아간 바가 없을 뿐 아니라, 그 이전으로, 발레언어의 마임화 수준으로 치닫는 면까지 있으며, '러시아풍'을 빙자한 요란굉장한 이국풍 무대장치, 그리고 벌써, 맨 처음 작품부터, 디아길레프 못지않은 자본주의적 상상력을 과시하는 스트라빈스키의, '적당히 새로운' 음악이 대성공의 주된 요인이다. 파리 시민들은 러시아대륙의 원초성에서 위험요소를 삭제한 발레 루스풍에 편안하게 열광했고, 지식인은 러시아혁명에 대한 콤플렉스를 또한 열광적으로 달랬으며, 포킨의 안무예술은 갈기발기 찢기고, 실제로 〈불새〉는 스트라빈스키 '무용음악' 밖에 남지 않는 험한 사태를 맞게 된다.

'페트루슈카=니진스키', 피그말리온

〈페트루슈카〉는, 다시 피그말리온 주제면서도, 디아길레프의 더 활발해진 자본주의적 상상력이 포킨의 안무예술을 한 단계 더 높은 차원으로 끌어올린 결과다.

1830년대 식육(食肉) 화요일 장터 기간 중 성페테르부르크 광장에서 개성적으로 생긴 사람들이 모여 늙은 흥행사의, 발레리나와 무어인, 그리고 말 못 하

> 는 페트루슈카가 등장하는 인형극을 보고 있다. 페트루슈카는 발레리나의 관심을 끌려고 무어인을 공격하지만 소용이 없고 장면이 바뀌어 무대 뒤 자신의 방에서 페트루슈카는 헐렁한 경련 동작으로 슬픈 광대의 의기소침과 고독을 표현하고, 흥행사가 발레리나를 페트루슈카에게 데려다주지만 페트루슈카는 자신의 열망을 말로 표현할 수 없고, 발레리나는 왈칵 성을 내며 사라진다. 더듬는 듯 어기적대는 페트루슈카와 달리 동작이 비단결 같으면서도 자부심에 가득 차 있는 무어인이 등장하고, 발레리나가 다시 나타나 무어인과 수작을 벌이고, 난폭하게 달려드는 페트루슈카를 무어인이 쫓아내고, 다시 시장이다. 사람들이 모두 유쾌하게 떠들고 노는데 인형극 무대 뒤에서 소란이 일더니 페트루슈카가 무대 박스 바깥으로, 군중 속으로 뛰어들고 손에 언월도를 든 무어인이 뒤를 쫓다가 칼로 페트루슈카를 내리치고 놀란 군중들이 경찰을 부르려 하지만 흥행사는 '인형일 뿐' 이라며 지푸라기만 가득 찬 페트루슈카 배 속을 보여주고, 다시 경악한 군중이 자리를 떠나고, 날이 어두워져서도 늙은 흥행사는 페트루슈카 잔해와 함께 광장에 남아 있고, 페트루슈카 혼령이 무대 박스 지붕에서 솟아나와 그의 주변을 떠돌며 그를 위협한다.

마지막 장면에서 우리는 세 번, 산 페트루슈카에 대해, 죽은 페트루슈카에 대해, 그리고 혼령 페트루슈카에 대해 놀라지만, 페트루슈카는 발레예술 언어 그 자체고, 번지레한 기교의 무어인을 물리치고 사랑(표현)을 얻으려 하는 발레예술 언어가 비극적 행로를 품으며 더 질 높은 언어로 발전한다. 극중극은 영국 익살인형극 〈펀치와 주디〉를 모방한 것이며, 그렇게 무용정신에서 파생한 (오페라) 부파정신이 이번에는 안무예술의 출발점으로 작용한다. 〈불새〉와 달리 〈페트루슈카〉는, 마임으로 전락하기는커녕 마임에서 시작하며, 마임이 발레언어로 되는 과정이 재현되면서 '발레=이야기' 속으로 녹아들고, 현실과 꿈의 구분이 없는 곳에서 발레언어가 이룩되며, '인생은 모두 무대예술에 불과했느니, 요는 그 예술이 얼마나 아름다운 것이었는가' 라는 마지막 무대 고별인사 의미도 담고 있다. 요는, 이 황당한 '발레예술=이야기 총체' 속으로 마임, 민속 주제, 고전주의 발레가 통일되고 분위기, 등장인물, 무용언어가 자연스럽게 녹아들고, 소설 리얼리즘과 다른 발레 리얼리즘('현실 밀착' 발레)이 한 단계 더 드높은 차원에서 달성되어 우리가 그 속으로 흠뻑 빠져든다는 점이다. 페트루슈카 역은 '장미의 정령' 역과 달리, 니진스키를 진정한 무용예술가로 만들었다. 1914년 『타임스』 지에 게재된 편지에서 포킨이 밝힌 자신의 창작 원칙 다섯 가지가, 1)새 작품마다 주제와 시대와 음악에 따라 새로운 동작을 창조하고, 이미 굳어진 스텝과 동작 틀에 집착하지 않는다, 2)극적 상황의 표현으로 전화하지 않은 무용과 마임은 아무 의미가 없다, 3)관습적인 제스처들은 발레 양식상 필요할 때만 쓰며, 그 밖의 경우 손짓을 몸 전체 동작으로 바꾸고, 무용은 머리부터 발끝까지 표현적이어야 한다, 4)군무는 장식 이상의 것으로, 새로운 발레는 손짓과 표정의 표현력에서 시작, 몸 전체가 표현수단으로 되고 거기서 육체 그룹의 표현력으로, 그룹 집단무의 표현력으로 나아간다, 5)새로운 발레는 단언컨대 음악 혹은 무대장치의 노예가 되기를 거부하며 여타 (협동)예술과 완벽하게 대등한 위치를 추구한다였으니, 〈페트루슈카〉는 포킨 자신의 자화상이었던 셈이다. 하지만, 니진스키의 시대가 이미 와 있었다. 디아길레프의 니진스키 편애는, 동성애와 무관하게, 예술적으로 또 자본주의적으로 옳은 것이었고, 그에 대한 동성애가 오히려 그 결과였을지 모른다. 포킨은 발레 루스를 떠나 러시아로 돌아갔다가 혁명이 나자 스칸디나비아를 거쳐 미국에 정착하지만, 발레 루스 이후 만든 숱한 작품들은 발레 루스 당시 작품과 비교할 수 없는 수준이다. 동양인풍 넓적한 얼굴에 몸이 땅딸막한 근육질 체구였던 니진스키는 무대 바깥에서 수줍음을 타는 내성적 성격이었지만 본능적인 무대감각과 희귀한 분장 능력, 그리고 동물적 순발력과 초특급 스타 기질의 소유자였고, 정신병 때문에 무용 경력이 급격히 중단된 것은 '니진스키 전설'을 오히려 부추겼다. 서커스 무용수 부모의 순회 여행중 태어났고, 학생 시절 이미 마린스키극장 포킨 작품에 남자 주역으로 출연하면서 파블로바 등 당대 최고 발레리나들의 단골 상대역으로 급격히 부상, 〈공기요정〉의 시인 역, 〈셰에라자드〉의 이국적인 황금노예 근육질 동작, 〈장미의 정령〉의 무중력 비상 동작 등을 발레 역사의 한 페이지로 만들고, 〈페트루슈카〉를 통해 진정한 예술가로 무르익은 후 안무가 활동을 시작했는데, 특히 〈목신의 오후〉(1912, 말라르메 시/드뷔시 음악)와 〈봄의 제전〉(1913, 스트라빈스키 음악) 두 작품은 좋은 의미와 나쁜 의미 양면에서 '발레 루스 이야기'의 정점이고 총화다. 니진스키 안무가 원전 그대로 살아남은 유일한 작품 〈목신의 오후〉는 파리예술계를 경악시켰다.

> 목신이 바위 위에서 게으르게 졸고 있는데, 그리스 처녀들이 등장하고 목신이 그들을 놀래고, 처녀들이 허둥지둥 놀라 달아나고, 그중 한 명이 스카프를 떨어뜨리고, 목신은 그것을 주워 바위 위 보금자리로 다시 돌아와 펼치고 그 위에 자기 몸을 겹친다.

니진스키가 엉덩이를 쳐들고 암시한, 스카프와 섹스하는 동작은 무용이 자신의 연원인 에로티시즘을 들여다보는 장면이지만 니진스키의 강건한 기교주의 때문에 더욱, 선언의 노골성이 충격적이었다. 니진스키는 처녀들 동작을 고대 그리스 프리즈(띠모양 조각)에서 그대로 따왔고, 기존 발레 관행과 다르게 샌들을 신은 무용수들이 2차원 공간에 스스로를 가두어 흡사 두 개의 거울 사이 응축된 듯했고, 무용의 한계를 더욱 한계화하겠다는 듯, 팔과 다리가 관객과 직각을 이루며 프리즈 평면성을 양각한다. 음악과 무용의 관계 또한 특이하다. 드뷔시 음악의 '박자'가 아니라 분위기를 작품 얼개로 삼았는데, 음악으로부터 무용이 해방된다는 것 자체가 우선 박자로부터 해방을 뜻하고 해방이 당위로 된 지 오래지만 그 당위를 본질적으로, 초미의 과제로 재인식하고, 박자-본능의 무용 대신 오래 연습을 통해 분위기를 익히는 '의식(意識)의 무용'이 계획된 것은 처음이며, 니진스키는 공연시간이 20분 남짓인 이 작품을 준비하는 데 무려 120회가 넘는 리허설 과정을 거쳤다. 물론 이것은 과하고 가치전도일 수 있다. 어떻게 보면 박자가 의식과, 분위기가 본능과 가까운 것일 수 있고, 니진스키가 이 작품을 통해 자신의 기교주의를 에로티시즘으로 자학하고, '곰을 부리는' 혹은 자신을 동성애 대상으로 삼는 디아길레프에게 응답하는, 혹은 '포킨=페트루슈카'로서 반항하는 것일 수 있다. 두번째 작품 〈시합〉 또한 드뷔시 음악을 쓰며, 테니스를 치러 온한 소년과 두 소녀가 우연히 정원에서 만나고 소년은 두 소녀 모두에게 수작을 걸지만 누구를 선택할지 우물쭈물하고, 그들은 각각 다른 방향으로 흩어진다. 당대적인 소재에 일상 동작을 채용하면서 남녀 사이 영원한 삼각관계, 그리고 니진스키 자신의 동성애 경험까지 형상화, 충격을 안겼지만 〈시합〉의 무용미학은 발레닥시옹으로 회귀한다. 그러나, 다음 작품 〈봄의 제전〉(부제 2부로 구성된 야만기 러시아 풍경)은 디아길레프(와 스트라빈스키)의 자본주의적 예술 상상력과 니진스키의 육체적 상상력이 절묘하게 맞아떨어진 걸작이다. 스트라빈스키음악이 러시아풍을 자본주의 상품으로, 정말 능수능란하게 포장하면서 현대음악의 새 장을 열며, 선사시대 러시아 부족이 봄을 맞기 위해 처녀를 위안의 제물로 바치고, 처녀는 기진맥진하여 죽을 때까지 춤을 춘다. 음악은 야만의 맥박을 둥둥 울리며 흩어졌고, 아니, 야만의 박자만 형태가 있을 뿐 나머지는 전위적 혼돈 자체였고, 니진스키는 고전주의 발레 기본자세들을 뒤집어 야만과 원초를 표현, 다리를 안에서 밖으로 벌려 발가락을 맞대고 발뒤꿈치를 양끝에 두는 제1기본동작이 발가락을 거의 맞대는 안짱다리 동작으로 뒤집혀서, 중력 거부 및 비상과 정반대로 중력의 무거움을 응축했으며, 군무는 연행자 그룹들이 서로 다른 리듬 패턴에 따라 움직였는데, 이 대위리듬이야말로 니진스키가 만들려 했던 '제의발레' 의 핵심이다. 〈봄의 제전〉 공연은 관객들한테 경악을 넘어 모욕감을 안겼고, 첫 공연 날 객석 분위기가 지지자와 반대파 사이 난투극 직전까지 갔고, 너무 소란스러워 무대 위 무용수들이 스트라빈스키 음악의 그 요란한 박자를 거의 들을 수 없었고, 니진스키가 무대 옆 위자에 앉아 '하나, 둘, 하나, 둘' 을 고래소래 소리 질렀고, 화를 참지 못하고 일어났던 스트라빈스키는 군중의 분노에 질겁, 남자화장실 좁은 창문을 빠져나갔고, 오케스트라 지휘자 몽퇴는 미친 듯이 지휘봉을 휘두르며 계속 연주를 독려했고, 그러나 디아길레프는, 최대치의 전위적 충격이 최대치의 성공을 보장하는 순간이었으므로, 회심의 미소를 지었다. 이 장면에서 진정한 예술가는 니진스키와 몽퇴며, 니진스키의 안무예술 본능을, 그리고 몽퇴의 연주예술 본능을 자극한 것은 '죽음에 이르는 무용(혹은 예술)' 소재가 품은, 무용에 대한 '원초=현대' 적인 '질문=답변' 이었으나, 참담하게도, '안무=

언어'가 갈수록 '박자=숫자' 화하는 동안, '악명=상업성'이 높아간다. 스트라빈스키는 다르다. 그는 애당초 '박자=숫자'에 의존하면서 나머지 부분을 자본주의 혹은 아나키스트 상상력에 맡겼고, 자신의 〈불의 제전〉이 악명과 재정적 성공을 부르는 동시에 현대음악의 선구로 자리매김될 것을 처음부터 어느 정도 예상하였고, 그렇게, 니진스키는 끊기고, 스트라빈스키가 이어진다. 1913년 자신이 익사할 것이라는 예언을 집시 여인으로부터 듣고 께름칙했던 디아길레프가 발레 루스 남아메리카 순회 공연에서 빠진 것을 틈타 니진스키가 부유한 헝가리 귀족 출신 발레리나 로몰라와, 서로 말도 안 통하는 상태로 전격 결혼식을 올리고, 질투에 사로잡힌 디아길레프는 두 사람을 모두 해고했으며, 제1차 세계대전 발발 후 니진스키는 러시아 국적 소유자로 부다페스트에 억류되었다가 미국의 주선으로 풀려나 곧 미국 무대에 〈틸 오일렌슈피겔〉(1917)을 올리지만, 정신분열이 왔고, 스위스 요양원에서 고통에 가득 찬 예술가의 내면일기를 남겼고, 1919년 워크숍 공연을 마지막으로 무대에서 영영 사라졌고, 다시 요양소를 전전하다 1950년 사망했으며, 아내 로몰라는 끝까지, 헌신적으로 그의 곁을 지켰다. 결별은 니진스키뿐 아니라 디아길레프에게도 치명적이었다. 니진스키 해고 후 포킨이 다시 왔지만 재회는 매우 짧았고, 그후 선택된 마신은 10대 시절 이미 디아길레프가 포킨 〈요셉의 전설〉(1914) 주역으로 발탁한 스타 무용수로, 콕토, 사티, 풀랑, 피카소, 샤넬 등 프랑스 초현실주의 및 입체주의 전위파들을 자신의 안무예술 세계로 끌어들일 수 있었으나 성과는 20년대를 풍미하게 될 실험발레의 선구로 볼 수 있으되 대체로 미비, 회화와 음악, 그리고 아이디어, 이를테면 관객 세계를 직접 반영하는 콕토의 동작 코미디 아이디어 속으로 사라지며, 1921년 디아길레프가 서방에 소개한, 화려의 극치에 달했던 프티파 〈잠자는 숲 속의 미녀〉는 근거 없이 낡은 것으로 치부되던 프티파 발레의 역사적 중요성과 보편타당성을 확립시켰지만, 상업적 성공을 거두지 못했고, 발레 루스 재정이 존폐 기로에 설 만큼 악화되었으며, 다만 몬테카를로가 발레 루스를 영주(永住) 초청, 해체 시기를 뒤로 미뤄주는데, 이때 주요 안무가는 니진스키의 막내 여동생 니진스카야와 훗날 미국 발레의 아버지 발란친이며, 여자와 결혼한 마신은 니진스키와 같은 꼴을 당했고 리파르가 디아길레프의 마지막 스타 무용수 역을 차지했고, 디아길레프는 당뇨로 고생하다 베네치아 여름 휴가 중 사망, 성미셸레 섬 묘지에 묻혔다. 40년 후, 지상의 온갖 영광을 누린 스트라빈스키가 소원하여 그 옆에 묻히지만, 어쨌거나, 몬테카를로 시기를 대표하는 니진스카야 안무, 스트라빈스키 음악의 〈결혼〉(1923)은 니진스키 〈봄의 제전〉처럼 제의무용인데, 작업 경과 및 내용으로 보아 '예술의' 디아길레프 추모 성격이 강하다. 음악은 합창단, 네 명의 솔로 가수, 네 대의 피아노, 그리고 대규모 타악기를 위한 슬라브풍으로, 제1차 세계대전 중 스위스에서 디아길레프를 위해 씌어져, 러시아 향수에 젖은 그의 눈물샘을 자극했던 작품이니, 음악적으로 〈결혼〉은 〈봄의 제전〉 이전(以前)의 감상적인 이후화고, 1)신부를 축복함, 2)신랑을 축복함, 3)신부, 부모의 집을 떠남, 4)결혼식의 4장으로 구성된 안무는 특히 니진스키 〈봄의 제전〉의 원초적 언어를 채용, 점차 열광과 광란으로 치닫는 농촌 결혼식 축제 장면을 그리는 동시에 프티파의 육체 집단 미학을 구사하며, 신랑과 신부 및 그들 가족의 몸으로 안정감 있는 관망의 건축물을 쌓는데, 점차 광란의 집단무도 모종의 커다란 덩어리처럼 움직이고, 신랑과 신부 및 가족의 건축물이 마치 태풍 속 고요 같고, 작품 전체 얼개가 어언 성(聖)과 속(俗)의 구분 및 결합에까지 이르는 것이 흡사, 이것이야말로 디아길레프가 자신의 화려한 자본주의적 상상력에 너무 경도되지 않았다면, 니진스키가 디아길레프의 경도에 좌우되지 않았다면 프티파 고전주의 발레를 상업주의-모더니즘으로 비켜가지 않았더라면, 고전주의의 극복으로써 현대의 차원을 진지하고 치열하게 천착했다면 도달했을 경지라고 니진스키가 '예술의 추도사'를 읊는 듯하다. 실제로 그 경지에 도달한 것은 아니고, 니진스카야의 다음 작품 〈사슴〉(1924)은 여성적 부드러움에 대한 예찬에 불과한 터이지만 〈결혼〉은 그레이엄의 현대무용으로 가는 교량 역할을 충분히 수행한다. 니진스카야는 발레 루스 원년 멤버로 〈목신의 오후〉 초연 때 출연하고, 〈봄의 제전〉 주역으로 예정되었지만 임신으로 출연치 못하고, 니진스키가 해고되자 자신도 발레 루스를 떠나 러시아에서 자기 학교를 꾸리다가 1921년 다시 돌아와서, 육체적 매력이 소진한데다 니진스키 정신분열에 충격받고, 오로지 그의 유지를 잇겠다는 거대한 예술충동에 사로잡힌 상태에서 〈결혼〉을 안무했고, 복잡하고 난해하며 심오한 현대무용의 교량 역할을 바로 그렇기 때문에 할 수 있었다.

발란친, '그후=신대륙'

발레 루스의 마지막 안무가 발란친은 니진스카야의 그후를 감당할 능력을 고루 갖추고, 포킨의 요란한 이국풍이나 마신의 희극 이야기를 모두 거부하면서 프티파 유산에 변증법적으로 접근했으며, 음악에서 직접 안무 영감을 얻었으나, 완벽의 조화에 갇혀 고전주의 발레의 현대적이고 미국적인 완벽화를 지향했을 뿐 현대무용으로 나아가지는 못했다. 그가 시도한 '음악의 발레화'는 숱한 진경을 개척하지만, 음악 분위기를 무용 분위기로 전화하는 데서 그칠 뿐 음악의 육화지향을 무용예술 언어로 질적 발전시키지 못한다. 어머니와 함께 무용 오디션을 받으러 가는 누나를 따라나섰다 누나 대신 발탁되고, 1919년 〈호두까기 인형〉 주역을 맡고도 뭔가 마뜩잖아하더니 1921년 국립아카데미 오페라발레 극장 입단 즉시 학생용 작품을 안무하고, 1924년 서너 명을 데리고 해외 순회 공연을 해도 좋다는 허락을 혁명정부로부터 받고, 실패로 끝난 순회 공연 후에도 소련으로 돌아가지 않고 파리에 남아 아사 위기를 맞은 상태에서 디아길레프의 부름을 받은 그는 기민하게 오페라발레 동작들을 만들어내고, 스트라빈스키와 만남을 통해 신고전주의 안무예술을 개척하는데, 첫 작품 〈아폴론〉(1927)은 발레 줄거리 자체가 스트라빈스키 〈음악의 왕 아폴론〉(1927)에서 비롯된다. 젊은 아폴론이 시, 마임, 그리고 무용의 뮤즈 각각에게 창조력의 불꽃을 심어준 후 대지를 떠나 파르나소스산 신전에 오른다는 매우 간략한 줄거리지만, 간략한 바로 그만큼 안무가 '예술에 대한 예술' 성격을 띠게 된다. 독무, 2인무, 3인무, 4인무가 '음악의 무용' 혹은 '무용의 음악'을 펼치며, 군무는 없고, 안무선(線)이 약간씩 각진 채로 더할 나위 없이 산뜻하며, 발레리나들이 엉덩이를 앞뒤로 흔드는 것은 분명 당대 재즈 문화의 반영이지만, 과장되고 중뿔난 동작조차 고전발레 기법 룰을 벗어나지 않는다. 발란친은 생애 내내 〈아폴론〉을 전환점으로 생각했고, 생애 내내 개작했으며, 안무선이 갈수록 간결해지면서 본질적인 핵심에 가닿았다. 스트라빈스키 신고전주의 음악 때문에 나는 안무가 최소한의 필수불가결한 동작만으로 이루어지는 예술이라는 점을 깨닫게 되었다. 〈아폴론〉에 대해 발란친은 내내 그렇게 말했으며, 결국은 초연 때의 환상적인 무대와 의상 대신 텅 빈 무대에 튜닉 및 타이츠만을 쓰게 된다. 〈아폴론〉 이래 50년 가까이 지속된 발란친과 스트라빈스키의 합작이 20세기 발레사를 살찌운 것은 사실이고 스트라빈스키 〈바이올린 협주곡〉 자체를 무용음악으로 쓰면서 발란친은 '이 음악을 듣다가 율동과 선율, 화음은 물론 악기 음색까지 무용으로 표현하고픈 마음이 생겼다' 고 말했지만, 신고전주의 음악이 그렇듯, 그가 달성한 고전과 새것의 결합, 혹은 '새것으로서 고전' 은 비역사적이고 매우 형식적이며, 그가 도처에서 개발한 의외적인 악센트의, 엇박자 리듬 동작은 찬탄을 자아내지만 무용언어 발전과는 무관한 '무(無)시간 속 행방불명' 으로서 신기에 머물 운명을 처음부터 지니고 있었다. 소련 귀국을 모색중이던 프로코피예프가 음악을, 루오가 무대디자인을 맡은 〈탕자〉(1929)에서 실종은 더욱 분명하다. 한 청년이 집안의 속박을 벗고, '먼 나라' 에서 '행각' 을 벌이고, 주연이 벌어지고, 청년은 세이렌에게 유혹당했다가 버림받은 후 집으로 돌아온다. 유일한 발레리나 역 세이렌은 루오가 직접 제작한 엄청난 높이의 가발을 올리고 앙프왕트 자세로 행진하는데, 동상 같고, 세이렌의 기괴한 사내 동료들은 종종 다리를 웅크리고 일사분란하게 움직이면서도 좌우로 어기적대고 어슬렁대는 것이, 인간지네 같다. 추의 포르노그래피를 집대성한 세이렌이 노골적인 성교 자세를 취하며 길고 붉은 망토로 순진한 청년을 사로잡고 전 재산과 입은 옷가지마저 빼앗고는 내팽개치며, 세이렌 패거리들이 주연 테이블을 뒤집어엎으면 선박이 되고, 그 위로 올라탄 그들의 손이 배 젓는 노로 변하고 세이렌은 뱃머리로 변하여 망토를 돛처럼 펼친다. 마지막, 귀향 장면에서 아버지 집으로 돌아온 탕자는 무릎을 꿇고 아버지 팔에 아기처럼 안기며, '아버지=육체' 가 '가부장=일반' 으로 된다. 최후의 순수 발레 루스 작품으로 디아길레프 사망 3개월 전 초연되었지만, 〈탕자〉는 디아길레프에 대한 증언 혹은 (본의 아닌) 규탄에 근접, '발레 루스=디아길레프' 예술을 발레닥시옹과 포르노그래피 선정주의로 양분, 증폭, 악화하면서 결국 과거와 현대의 예술 외적인 공존 혹은 중첩으로서 신고전주의 전체를 추문화(醜聞化)하며, 이 작품 이후 발란친은 이야기가 아닌 은유로서 발레에 정열을 집중하게 된다. 사티 음악의 서커스발레 〈퍼레이드〉는 장막을 피카소가 그렸다. 제1차 세계대전중이라 재정 형편이 매우 어려웠지만 디아길레프는 형식상 여러 관례를 깨부수고, 타자기, 권총 등을 악기로 오케스트라에 편입시키는 등 과감한 파격을 시도했고, 평론가들의 격렬한 찬반논쟁을 불렀다. 아폴리네르는 이 작품 초연 프로그램 노트에서 '초현실주의'라는 용어를 썼고, 사티는 작품을 혹평한 비평가에게 경멸과 조롱 일색의 우편엽서를 보낸 죄로 8일간의 구류형에 처해졌다. 박스트는 〈셰에라자드〉(1910) 공연으로 의상디자인 및 실내장식에 새로운 유행을 불러왔다. 특히 강한, 보석을 닮은 색감이 널리 유행했다. 〈백조의 노래〉는 파블로바라는 이름과 영원히 짝지어질 것이다. 1931년 무용예술가로서 생애를 마감할 때까지 그녀는 이 독무를 추었다. 발란친은 1974년 〈코펠리아〉를 뉴욕시티발레 고정 레퍼토리에 첨가했지만, 전통적인 고전의 자취가 별로 없었다. 리파르 〈이카로스〉(1935)는 '비상(飛上)의 추락'이라는 매우 무용적인 소재를 다루고, 음악 선율에 안무를 맞추는 게 아니라 무용수의 동작을 타악기 리듬이 따르며, 리파르 자신이 출연했다. 바그너 음악/달리 무대디자인/마신 안무의 초현실주의 발레 〈바쿠스 축제〉(1939)는 바그너를 후원했던 '미친 왕' 루드비히 2세의 환각을 묘사한 작품이다. 1910년 〈불새〉에서 의상디자이너 박스트는 불새를 투투(허리에서 수평으로 펼쳐지는 발레용 짧은 스커트) 차림이 아닌 동양풍의, 유혹하는 여자로 그렸다. 박스트는 발레 루스 초기 무대디자인 거의 일체를 담당했으며, 야성적인 색감을 통해 이국적이고 신비한 분위기를 구사한, 세계무용사상 가장 위대한 무대디자이너 중 하나다. 무대장치와 의상디자인을 하나로 통일시킨 박스트의 혁신적인 작업은 파리에서 센세이션을 일으켰다. 곤차로바는 남편 라리오노프와 함께 디아길레프의 주요 디자이너 중 하나로 되었다. 박스트는 18세기 자료를 열성적으로 찾은 반면 곤차로바의 〈결혼〉 의상디자인은 농민 삶의 힘과 역경을 날 것으로 전달하려는 니진스카야의 노력을 반영, 근엄함을 풍긴다. 발란친은 글루크 오페라 〈오르페우스와 에우리디케〉의 같은 음악을 여러 차례 썼지만, 1976년 뉴욕시티발레 초연 〈샤콘느〉(1976)가 그중 최고작이다. 로저스 뮤지컬 〈발가락으로 서라〉(1936)를 위해 발란친이 만든 '10번가의 살인' 발레는 단순 삽입물이 아니라 필수불가결한 구성 부분이다. 1974년 런던 페스티벌의 〈퍼레이드〉 재공연 리허설 때 마신의 나이는 70대 후반이었다. 마신 작품은 대략 〈파리의 환락〉(1938)류 '성격 발레'와 차이콥스키 교향곡 5번을 음악으로 한 〈징조들〉(1933)류 '심포니 발레'로 나눌 수 있다. 〈파리의 환락〉은 다닐로바의 요염한 아름다움과 열정에 힘입어 커다란 대중적 성공을 거두었다. 1930년대 발란친은 〈일곱 가지 죽을 죄〉(1933, 바일 음악), 〈세레나데〉(1935, 차이콥스키 음악) 등을 안무하였다. 뉴욕시티발레 수석 무용수로 발란친 안무/스트라빈스키 음악 〈아곤〉(1957)에 출연했던 미첼은 1968년 고전발레를 지향하는 미국 최초의 흑인무용단 하렘무용극장 창립자 중 하나로 되고, 뉴욕시티발레는 거의 50년 동안 발란친 작품을 공연하게 된다. 〈사상四相〉(1946, 힌데미트 음악) 중 2인무는 1951년 뉴욕시티발레 공연 때 폐기되었다. 1972년 뉴욕시티발레 '스트라빈스키 축제' 중 첫 작품은 발란친 안무의 〈바이올린 협주곡〉(1941)이었다. 〈공기요정〉은 인기가 매우 높지만 춤추기가 아주 까다로운 작품이다. 이 작품에는 군무가 없다. 모두 솔로들이다. 포킨은 그렇게 말했다. 1976년 마르코바는 런던페스티벌 발레 공연 〈공기요정〉을 안무하면서 이 작품의 세 가지 기본 요소, 즉 왈츠, 마주르카, 프렐류드 발레리나 각각을 포킨과 함께 연구, 포킨이 말했던 '낭만적인 몽상' 분위기를 절묘하게 포착하여 당대 최고의 〈공기요정〉을 창조해냈다. 1979년 베자르 안무 〈장미의 정령〉은 특별히 엘빈 에일리 흑인무용단의 '검은 영양' 제미슨을 위한 작품이었다. 파리오페라무용단 공연 베자르 안무 〈불새〉는 러시아 동화의 마법세계 대신 불새를 억압에 맞서 싸우는 인간 영혼의, 혁명적 열정의 상징으로 재해석했다. 등장인물들은 파르티잔들이다. 일련의 '파드부레' 동작으로 이루어진 〈백조의 노래〉 독무는 너무 섬세해서 1급 무용수가 추지 않으면 금세 감상으로 전락한다. 파블로바 이래 가장 완벽한 〈백조의 노래〉 독무를 보여준 발레리나는 플리세츠카야다.

다시 디아길레프, 그후

디아길레프는 1917년 사회주의혁명 이후 조국 러시아를 한 번도 들르지 않았다. 러시아에서 공연을 일절 하지 않았고, 러시아 출신 예술가들의 귀향을 앞장서 막았다. 그와 사회주의의 불화(不和)는 그의 업적보다 더 거대한 아쉬움을 남긴다. 사회주의 '육체' 예술의 가능성을 기피한 그의 자본주의적 '정신'은 결국 오늘날 포스트모던 대중문화의 선구로 되었을 뿐 예술 자체를 발전시키지 못했다. 고전과 현대를, 선정주의와 전위를, 아름다움과 포르노그래피를, 성(性)의 극복(=예술)과 동성애를 혼동하면서, 육체의 무용예술을 급기야 추한 경국지색(傾國之色)으로 전락시키는, 무용사상 가장 요란한 에피소드 중 하나로 남았을 뿐이다. 디아길레프 '기획'은 총체에 달했으나, 디아길레프 예술은 기존 총체에 대한 반란, 아니 작란(作亂)일 뿐, 새롭고 더 드높은 총체에 대한 지향이 애당초 없었다. 거꾸로, 사회주의예술 또한 디아길레프 기획과 '정치적으로' 절연됨으로써 막대한 가능성을 상실했다. 그가 예술을 위해 발휘한 자본주의적 상상력 중 '자본주의적'이 아니라 '상상력'을 사회주의 육체예술에 원용했다면, 사회주의 예술은 민중을 빙자한 손쉬운 총체성과 낡음의, 낡은 육체의 무게를 벗고 스스로 진정한 사회주의적 해방에 가장 먼저 달하면서 끝내 현실사회주의를 예술적 실패로부터 완전히, 그리고 정치적 실패로부터 어느 정도 구원할 수 있었을지 모른다. 디아길레프 사망 후 발란친은 가장 바쁜 발레감독으로 각지를 전전하다가 1933년 부유한 자산가의 초청을 받고 미국으로 건너가 뉴욕시티발레를 창단, 거의 혼자 힘으로 이 발레단의 예술성을 세계 최고 수준으로 끌어올린, 발란친 무용예술 언어 또한 더 나아가지 않았다. 니진스키, 마신의 작품들, 그리고 발란친 〈아폴론〉과 〈탕자〉에 출연했던 리파르는 60년대 중반까지 정력적인 안무 활동을 펼치고 1935~1967년 저서를 무려 25권 출간, 파리 무용계 대부로 존경받지만, 마찬가지다. 발란친은 1983년, 리파르는 1986년 사망했다. 이미 스타 발레리나로 디아길레프 발레 루스에 가담했던 파블로바는 디아길레프의 '모더니즘 발레'에 맞서 고전주의적 아름다움 속으로 파고들면서 점점 더 보수화, 〈불새〉 음악이 추하다는 이유를 내세워 출연을 거절한 후 자신의 무용단을 이끌고 거의 20년 동안 노상을 전전한다. 발레 루스의 현대적인 개혁은 발레보다 서커스 무대에 더 적합하다. 그녀의 결별사는 그랬다.

'예술=장', 삶에 열린 '영원=이해'의 창과 아름다움의 몸
장르, '아름다움=몸'을 능가하는 집
고전, 근대장르의 완성과 예술가 '세계'의 시작

서유럽에서 18세기 중엽부터 문학, 연극, 미술, 음악, 무용 등을 한데 묶어 예술('아름다운 기술들', 영어fine arts, 프랑스어beaux-arts, 독일어schone Kunste)이라 불렀다는 것은 '예술'이 예술의 본질은 아름다움이라는 근대적인 사고의 소산이라는 뜻이다. 고대 그리스인들에게 예술은 모방(mimesis)의 기술(techne)이었고, 중국『후한서』의 예술은 학문과 기예를 합한 것이었다. 백 년 전에는 사진과 영화가, 최근에는 컴퓨터아트가 '예술이냐 아니냐' 논쟁을 불렀지만, 모두 예술의 개념을 확장시켰다. 예술의 개념은 역사적으로 변하지만, 대체로 기술과 지식, 그리고 작품의 삼위일체로 예술은 달성된다. 예술은 개별을 통해 보편보다 우월한 총체를 직감하고 담아내는 기술이자 지적 활동이다. 예술작품은 일용품이나 도구, 기계 등과 달리 쓰임새가 한정되지 않고 총체적인 미적 체험을 제공하는 것이므로 기술이 모험정신을, 지식이 직감력을 동반하면서 일체를 이루고 보다 드높고 보다 깊고, 독창적인 작품 '세계'를 만들어내며, 그 세계는 그 작품의 직접 체험 아니고서는 맛볼 수 없는 세계다. 이 세계는 작가의 개성적인 세계지만, 걸작은 끝내 작가의 의도조차 초월, 독자의 다양한 해석을 자율적으로 자아내며, 독자의 감상을 통해 완성된다. 작품은 진과 선, 그리고 성스러움 등 온갖 가치 내용을 담아내지만, 끝내 그 내용을 작품의 질로, 미적 세계관으로 체계-총체화한다. 이것이 현실보다 우월한, 그리고 가상현실이 끝내 모방하는 예술현실이다. '장르'는, 아리스토텔레스가 소재, 제재, 문체에 따라 문학을 분류한 것이 고전적인 사례고, 키케로가 문체상 세 가지 양식을 '화법의 종류(genera dicendi)' 라고 부른 것이 첫 용례지만, 근세까지도 양식과 혼동되어 쓰이다가, 격조의 통일성을 중시한 고전주의가 엄격한 장르 구분을 요구하고 18세기 후반에 이르러 '예술' 개념이 도입되면서, 문학은 물론 다른 예술 분야까지도 정리되기에 이르렀다. 문학장르가 시, 희곡, 소설 장르로 그리고 다시 시가 세분하여 서사시와 서정시 장르로 갈라졌듯, 회화장르는 역사화, 초상화, 풍속화, 풍경화, 정물화 장르 등으로, 음악은 성악과 기악 장르 등으로 나뉘고, 세분화가 계속 진행되었다. 그러나 20세기 후반부터 전혀 새로운 예술영역을 개척하려는 예술가들의 노력이, 특히 컴퓨터 발달과 함께 두드러지면서, 장르 경계는 빠른 속도로 무너지고 있다. 고전('오래된 전적')은 중국 5경(『시경』『서경』『주역』『예기』『춘추』) 혹은 고대 그리스-로마의 뛰어난 예술작품들을 가리키는 말이었으나 오늘날에는 그냥 오랜 세월이 지난 후에도 여전히 널리 영향력을 발하는 걸작을 뜻하며, 일시적인 베스트셀러와 구분된다.

'과학=예술=민주주의' 장, '천지=인간=사회'의 대우주와 소우주를 파악하고 세우고 아름답게 하다

중세 유럽 대학의 교과목은 크게 신학, 의학, 법학, 예술 네 가지였고, 예술은 다른 과목보다 지위가 낮았다. 19세기 말 대학이 세속화하면서 각 나라 언어 및 문학, 물리학과 화학, 생물학, 그리고 공학이 추가되고 1910년대 교육학, 사회학, 심리학 등이 대학 교과목으로 자리를 잡았다. 오늘날 인간이 '인간=자연'의 '대우주=소우주'를 파악하고 더 나은 것으로 만들고, 제 것으로 소유하는 얼개는 크게 다음과 같다.

					자연과학					
인권		테크놀로지								예술
		↕			↕			전체-, 학제-, 응용과학		
↕	⇔	인문학	⇔	수학	↔	컴퓨터과학	⇔	↕	⇔	↕
		↕			↕			인지과학		
혁명		공학								민주주의
					사회과학					

테크놀로지는 기본 도구들(농업, 축산, 매장, 요리, 옷, 주거, 불, 경사면, 도기, 쐐기, 바퀴, 지레, 도르래, 나사, 채광, 금속 가공, 글, 법, 교역, 무기, 천문학, 마이크로, 디지털)과 운동-레크리에이션 도구(스포츠 용품 등등), 예술/언어 도구(그래픽, 음악, 영상, (텔레)커뮤니케이션), 전기 기기(발전 및 송전-변전-배전-축전, 저항기, 유도회로, 모터, 전구), 매체(오디오와 비디오), 정보 장치(진공관, 반도체 등 전자기기, 컴퓨팅 하드웨어 및 소프트웨어, 암호), 응용과학 기술(에너지, 나노, 핵) 등등을 발전시켰다. 인문학은 고전 및 민간전승, 역사, 언어, 문학 및 문화, 지역(문화), 종교(신화), 철학, (여)성, 소수자, 박물관, 문헌 등을 연구한다. 공학은 농업, 임업, 광업, 축조, 건축, 토목, 구조, 화재예방, 요리, 교통, 수송, 화학, 음향, 오디오, 광학, 광전 변환, 조경, 측량, 제조, 산업, 환경, 생태, 하수, 안전, 군사, 종이, 석유, 플라스틱, 가공, 광물 가공, 전기, 기계, 기기, 전자(마이크로, 반도체), 전자기계, 기계전자, 신소재(세라믹, 금속, 중합체), 행동, 신뢰, 품질, 언어, 가치, 시스템, 커뮤니케이션, 컴퓨터, 소프트웨어, 제어, 로봇, IT, 원거리통신, 생명, 생물학, 생화학, 생물질, 생자원, 유전자, 마이크로시스템, 나노, 핵, 법의학, 재정, 지구기술, 지구과학 등 분야 발전을 '공학'(설계-건설)하였고, 공학물리학 분야를 탄생시켰다. 자연과학 중 물리학은 음향, 광학, 역학, 동역학, 정역학, 천체 역학, 액체 역학, 응축 물질, 고체, 저온, 차량 동역학, 농업, 생명, 분자, 핵, 미립자, 컴퓨터, 신소재, 중합체, 플라스마(고도 전리 가스), 수학 등 분야로, 천문학은 천체 위치 측정, 천체 물리학, 우주론, 은하계, 은하계 바깥, 은하계 형성 및 진화, 행성, 항상 진화 및 형성 등으로, 화학은 무기

물, 유기물, 분석, 이론, 생명, 열, 분광, 전기, 신소재 과학, 물리, (원자)입체, 양자, 환경, 컴퓨터 등 분야로, 지구과학은 지구 모양과 크기, 지리, 지질, 기상, 해양, 고생물, 호소, 지진, 토양, 퇴적, 환경학, 지형, 지구물리, 빙하, 수리, 수리 지질, 광물, 행성학 등 분야로, 생물학은 동물과 식물, 그리고 기생충, 미생물과 바이러스, 낯선 생물, 고생물, 조직, 신경, 분자, 유전자, 질병, 면역, 해부, 세포, 생리, 내분비, 생체 리듬, 병리, 독물중독, 진화, 발생, 분류, 형태, 생태는 물론 생명이 있을 법한 온갖 공기와 물과 땅으로, 그리고 천체생물학, 생명화학, 생명정보과학, 생명물리학, 물리인류학, 개체동역학, 생명구조학 분야로 연구 영역을 넓히는 동시에 각 영역을 깊이 파고들었다. 수학(산술, 기하, 대수)과 컴퓨터과학은 게임이론, 확률론, 정보이론, 통계학, 위상기하학, 알고리즘(컴퓨터 산법), 인공지능, 암호학, 프로그래밍, 로봇공학, 시각 문서 등을 발전시켰다. 사회과학은 인류학(생물, 언어, 고고학, 문화, 역사)과 인구학, 경제학(계량경제, 게임이론, 인간개발이론, 노동, 미시, 거시), 지리학(문화, 경제, 환경, 인간, 물리), 정치학(국제관계, 공공정책, 시정, 철학, 선거), 심리학(행동, 행동분석, 생명, 인지, 인지과학, 임상, 범죄, 발달, 교육, 실험, 건강, 인간성, 산업 및 조직, 뉴로, 인격, 계량심리, 종교, 정신물리, 감각과 인식, 사회, 차이, 진화, 개인 내 커뮤니케이션, 일, 심리 너머, 정신분석), 기호학, 그리고 사회학(도시, 농촌, 순수, 공공, 집단행동, 컴퓨터, 환경, 상호작용, 경제, 경제발전, 여성주의, 기능주의, 미래 연구, 인간 생태, 산업, 미디어, 의학, 정치, 프로그램-프로젝트 평가, 과학, 과학과 테크놀로지, 사회변화, 인구, 사회 불평등, 사회운동, 사회이론, 사회생물학, 문화, 갈등, 이상행동, 재앙, 가족, 시장, 종교, 스포츠, 시각) 등으로 뻗어나갔다. 전체-학제-응용과학은 의식주, 건강과 농업, 환경, 교육, 법, 군사, 공무 및 지역-사회 봉사는 물론 사업, 커뮤니케이션, 언론/매스커뮤니케이션, 인간공학, 그리고 디자인(도시계획, 산업, 생산품, 그래픽, 인터페이스, 건축, 인테리어, 조경) 등 인간 삶의 전 영역을 포괄하는 동시에 총체화한다. 인지과학은 뉴로과학, 심리학, 뉴로심리학, 심리언어학, 컴퓨터과학, 컴퓨터언어학, 사이버네틱스(인공두뇌학), 정보과학, 도서관학, 전체체계학 등으로 발전하였다.

테크놀로지와 공학은 '기술=상상력'과 천지창조 직전이고 기계공학은 스스로를 능가하는 기계의 상상력이며 전기공학은 일상을 변혁하는 전기의 상상력이며 전자공학은 기적을 낳는 전자의 상상력, 자동제어와 인공지능은 통계의 예측화와 인간화, 우주공학은 거대한 과학의 건축, 나노테크놀로지는 '인체=우주'를 탐사하는 미세공학, 바이오테크놀로지는 '생명=건축', 정보통신기술은 과학의, 내용을 능가하는 형식, 환경공학은 '사회=건축'이다. 인문학은 인간 '문화=과학'이고 사상은 '철학=몸', 가르치고 따지고 분석-종합한다. 기능주의는 역할을, 구조주의는 구조를, 실용주의는 쓰임새를, 명분론은 이름 몫을, 공리주의는 최대 다수의 최대 행복을, 이성론은 이치에 맞는가를, 경험론은 경험에 맞는가를, 현상학은 논리를 떠나 의식에 나타난 현상의 직관을, 실존주의는 따로따로 떨어진 인간 삶의 '실존=부조리'를, 실재론은 참으로 있는 것을, 관념론은 생각 속에 있는 것을, 유물론은 결국 물질이 정신을 결정한다는 것을, 회의론은 진리는 끝내 알 수 없다는 것을, 낙관론은 진리는 끝내 알 수 있는 것임을, 실증주의는 과학으로 얻은 지식만을, 논리실증주의는 과학이 수학, 논리학, 이론물리학의 합이며 진리는 진리를 진리이게 하는 경험들의 합이라는 것을, 가르치고 따지고 분석-종합한다. 역사학은 인간이 그린 자연의, 철학은 두뇌가 그린 인간의, 미학은 심장이 그린 자연의, 종교학은 마음이 그린 우주의, 시공간 지도 작성법이다. 이성론과 경험론 철학이 근대를 출발시키며 현대철학은 의식의 블랙홀을 생의 실존으로 채우고, 정보과학과 수학은 서로를 '논리=디지털'화하며 현실을 능가한다. 좌표와 방정식은 곡선의 디지털이며, 미분과 적분 그리고 해석은 곡면과 '노동=예술'과 극한의 디지털, 비유클리드기하학은 우주의 디지털이다. 집합은 사회를 닮은 숫자고, 위상은 위치의, 화법은 모양의, 확률은 가능성의, 통계는 미래의 숫자다. 상대성이론은 시간과 공간이, 질량과 에너지가 동전의 양면임을, 양자역학은 극미세계 속에서 원인과 결과의 관계가 무너짐을 가르친다. 화학결합은 물질의 건축적 상상력을 구현하며 음양이온 결합은 사랑을, 전자쌍 공유결합은 계약을 닮았다. 물리학은 대우주에서 소우주 속으로, 화학은 소우주에서 대우주 속으로, 천문학은 대우주의 소우주 속으로, 지구과학은 '대우주=소우주' 속으로, 생물학은 '대우주=소우주'의 생명 속으로 나아가며 서로 만나 한 덩어리를 이루고, 전체론은 직관과 통찰의 몸이고, 학제는 경계와 겹침과 심화-확산의 상상력이며, 응용과학은 '응용=과학'이고, 의학은 눈에 보이는 생명의 지도며, 농학은 중력으로 돌아가는 상상력, 교육학은 역사와 미래 연결의 상상력, 인지과학은 인식을 인식하는 인식의 상상력, 기호학과 기호논리학은 숫자와 언어 그리고 논리 '사이'를 능가하는 상상력이다. 이소메리는 분자 구조가 같으나 성질이 다르고, 메소메리는 분자 구조가 다르나 성질이 같으므로 서로 부부를 닮았다. '경관'은 한눈에 보고, '기술'은 본 대로 적고, 화법은 본 대로 그리는 논리며, 유형은 비슷한 틀로 나누는, 계통은 일정한 순서로 이어지는, 비교는 같은 계통에서 견주는, 대조는 다른 계통에서 견주는 논리이고, 계량은 양으로 재는, 계면은 한계에 달하는 논리다.

'민주주의=장', 정치와 경제를 능가하는 '자유, 평등, 평화' 문화의 '형식=내용'

자유는 목적지에 이르는 가장 아름다운 길이고 평등은 최소한의 사회적 인간 선언이고 박애는 아름다운 사랑의 의무고, 차이는 같음의 배꼽이고 비판은 희망의 마지막 방법론이며 인권과 사회보장은 인간과 사회가 서로를 완성하는 첫걸음이고 권리는 의무보다 무거운 기쁨이고 의무는 권리보다 자유로운 기쁨이다. 정당은 다수와 소수의 변증법, 선거 유세와 공약은 미래 시뮬레이션, 투표는 총체를 겪는 정치 일원의 순간, 여론은 더 많은 일원들의 생각, 입법-사법-행정 삼권 분립은 견제 너머 구분과 결합이며, 다원성은 가장 풍요로운 생각의 '내면=방식'이고 통일성은 세상보다 넓고 깊은 핵심이다. '경제 자유 지수'는 정부의 통상 정책, 재정 적자, 경제 간섭, 통화 정책, 그리고 자본 흐름 및 외국인 투자, 은행 및 금융, 임금과 물가, 재산권, 규제, 비공식 시장 활동을 바탕으로 정했다. '인간개발지수'는 수명 및 건강 지식 및 학력, 그리고 1인당 GDP 및 구매력을 바탕으로 계산한 것이다. 2006년 7월 27일 영국 레스터대학 교수 화이트가 조사 발표한 세계 각국 '행복지도'는 평균수명과 GDP, 교육 기회의 세 가지 요소를 토대로 하고, '생태학적 발자국', 즉 인구 유지 및 에너지 소비(공해)를 감당하는 데 필요한 토지 면적 개념을 활용한다. 한 국가가 국민 건강과 생활 만족을 위해 자원을 얼마나 적절하게 쓰고 있는지를 중시, 소득이 높고 평균수명이 길더라도 환경 훼손이 심한 국가는 순위를 낮추고, 자국 문화 및 전통에 대한 국민의 만족도가 높으면 올렸다. 덴마크, 스위스, 그리고 오스트리아가 1, 2, 3위, 부탄이 8위, 미국은 23위, 일본은 90위, 그리고 콩고민주공화국이 최하위인 178위를 기록했고, 북한은 '자료 없음'으로 분류되었다. 한국은 102위, 가까스로 불행을 면한 단계다. 봉사는 남을 위해 내 몸을 쓰는 것이고, 적십자는 봉사에 나선 사회, 구세군은 봉사에 나선 종교, 그린피스는 환경보호에 나선 열혈, 앰네스티는 정치범 석방에 나선 지식인 단체다.

캐나다, 깨끗한 허파의 언어

캐나다는 혹독한 기후 조건 때문에 처음부터 농업식민지가 육성되지는 못했다. 16세기 초 캐나다 땅에 살던 원주민은 이누이크(에스키모) 포함 22만 명 정도인데 수렵이 주요 생업이었으므로 최대한도 수였고, 보다 온화한 기후와 해산물 혜택을 누리던 서해안 인디언이 토템폴이나 세련된 조각을 남겼을 뿐 대체로 문화를 발전시킬 여유가 없었다. 프랑스인 탐험가 카르티에 일행이 괴혈병에 걸렸다가 인디언의 치료로 나은 이래 캐나다 이주 프랑스인들은 대체로 인디언과 협조 관계를 유지하였다. 17세기로 접어들며 프랑스 정부가 본격적인 식민지 경영을 시작, 국왕 앙리 4세가 파견한 샹프랭이 1608년 퀘벡에 성채를 쌓았고 뉴프랑스 식민지 거점으로 삼았으며 육식을 하지 않는 가톨릭이 대부분이었던 식민지 프랑스인은 거대한 대구 어장에 눈독을 들였고 북아메리카 내륙 한랭지 모피도 탐냈는데, 인디언 협력 없이 모피를 구하기란 불가능했다. 미시시피강을 타고 내려가다가 그 주변 땅을 '루이' 지애나로 명명한 것 또한 루이 14세가 보낸 프랑스 모피상인이었다. 1615년부터 프랑스는 원주민 포교를 시작한다. 뉴프랑스 남쪽 영국 식민지가 확대되면서 북아메리카대륙에서도 영국과 프랑스 충돌이 잦게 되는데 농업과 정주 위주였던 영국 식민지에 비해 프랑스 식민지는 교역과 포교가 중심이라 점과 선 형태였으므로 끊어지기가 쉬웠고 1713년 노바스코샤와 허드슨만 주변이 영국령으로 되며 1583년 영국이 점유했던 뉴펀들랜드도 정식 영국령으로 인정받는다. 북아메리카대륙에서 영국과 프랑스가 최후로 벌인 1754년 프랑스-인디언전쟁은 수적으로 약세였던 프랑스가 인디언의 협력에도 불구, 완전 패배하고, 1759년 퀘벡, 1760년 몬트리올이 함락되면서 160년 동안 진행되어온 프랑스 통치시대가 막을 내린다. 1763년 강화로 영국은 퀘벡 식민지를 차지하고 뉴펀들랜드와 노바스코샤에 보태고, 나머지 광대한 지역은 영국 국왕 칙허를 받은 허드슨만회사가 관할케 하다가 곧 식민지 독립항쟁을 맞게 되자 노바스코샤와 퀘벡을 항쟁 진압군 주요 거점으로 삼고, 특히 인구가 많고 경제력도 갖춘 퀘벡을 적극 포용, 1774년 프랑스 민법 적용, 가톨릭 신앙의 자유, 장원제도 보존 등 퀘벡인에 맞는 퀘벡법을 제정하는 식으로 퀘벡의 독립혁명 참가를 사전에 방지했다. 미국 독립혁명은 캐나다 영토를 확정짓고 문화 수준 높은 '왕당파' 중산계급 4만 명을 이주케 해주었고, 그 결과 영국령 북아메리카에 1784년 뉴브런즈윅과 1791년 어퍼('높은 쪽') 캐나다가 증설되었다. 퀘벡 주요 부분은 로어('낮은 쪽') 캐나다로 재편되고 1812~1814년 영국과 미국의 전쟁이 주로 벌어졌던 어퍼 캐나다의 왕당파들은 원래 미국 독립에 반대했지만 자치제도에 익숙해져 영국을 지지하지는 않고 오히려 식민정치의 민주화 요구를 총독 및 영국 국교회 대상인 중심 '가족맹약' 과두정치에 대한 저항으로 전개하고 로어 캐나다에서는 체제 쪽 '성채벌족' 영국계에 대항하는 프랑스계가 민주화뿐 아니라 민족해방도 요구하는, 복잡한 양상이 빚어진다. 1820년대 이후 민주화 요구가 무르익으면서 1837년 어퍼 캐나다와 로어 캐나다 양쪽에서 봉기가 일어나고, 서로 연결되지 않은 채 가볍게 진압되지만, 결코 작지 않은 영향을 끼쳤으며, 반란 조사차 파견된 더럼 총독이 1839년 영국의회에 제출한 '더럼보고서'가 제국과 식민지의 관할 사항 분리, 대폭적인 자치 부여, 어퍼-로어 캐나다 통합을 통한 프랑스계 캐나다인 동화흡수를 주장하고, 1841년 연합 캐나다 식민지 성립 및 1848년 책임정부 실현을 보게 된다. 연해 식민지 정치 민주화도 진전, 특히 노바스코샤는 1848년 캐나다보다 3주 앞서 책임정부를 수립했다. 19세기 중반 캐나다를 둘러싼 국제 환경이 빠른 속도로 변한다. 1846년 영국에서 곡물법 폐지로 자유주의자가 승리를 거두고 식민지에서 손을 떼자는 소영국주의 여론이 일었으며 북아메리카대륙 교통혁명으로 민간 왕래 및 생산물 교환이 늘고 영국의 경제적 보호를 받지 못한 영국령 북아메리카 전(前)식민지들이 1854년 미국과 호혜통상조약을 맺지만 남북전쟁 후 북진하는 미국은 커다란 위협이었다. 1850년대 말 이러한 변화에 대응하는 한편 내부 정치 침체를 벗고 시장 확대 요구를 수용하기 위한 식민지 통합이 모색되고, 1867년 7월 1일 노바스코샤-뉴브런즈윅-온타리오-퀘벡 네 개 주의 캐나다 자치령이 탄생한다. 오랫동안 각기 독특한 역사적 발전을 이뤄온 식민지 이해관계를 최대한 조절하기 위해 연방제도를 채용했으며, '영국령 북아메리카' 법으로 다시 연방정부와 주정부 관할 사항을 분할, 교육 등 시민생활과 밀접한 분야는 주정부에 맡겼다. 남쪽 미국에 맞서기 위해서는 '바다에서 바다까지' 걸치는 대륙국가를 건설하는 일이 필수적이었는데, 영국정부 개입으로 서부 브리티시컬럼비아 식민지가 가입하고 이곳과 동부 여러 주 사이 허드슨회사 영유지 양도는 쉽게 실현되지만, 회사 영유지 가운데 19세기 창설된 이후 메티스(프랑스계와 원주민 혼혈)들의 주민들이 줄곧 영국령 북아메리카 식민지 정치-경제 변화와 무관하게 살아온 레드비버식민지가 대륙횡단철도 부설에 반대하며 궐기, 1870년 메티스들의 요구를 대폭 받아들인 통치원칙의 매니토바주가 설립된다. 궐기를 주도한 리엘은 미국으로 도피했다가 1884년 대륙횡단철도 완공이 임박하여 인디언과 메티스가 서부에서 쫓겨날 위험에 처할 당시 돌아와 다시 봉기를 일으키지만 곧 체포되어 처형당하는데, 프랑스어가 모국어인 그를 영어로 재판한 것에 프랑스계 캐나다인들은 크게 분노했고 리엘은 프랑스계 캐나다의 순교자가 되었다. 건국 후 1895년까지 단 5년을 제외하고 계속 집권한 보수당은 1879년 보호관세 채용, 1885년 대륙횡단철도 부설 등으로 캐나다 경제발전 노선을 확립하지만 1871년 워싱턴회의가 캐나다 주권은 여전히 영국에 있음을 확인한 이래 외교상 주권 확립이 여-야당을 막론한 목표로 된 상황에서, 1880년대부터 연방정부와 주정부 대립이 두드러진다. 특히 1890년 매니토바주가 종파별 학교제도를 폐지하기로 결정하자 매니토바주 소수민족 프랑스계와 메티스계는 커다란 충격을 받고 파문이 캐나다 전국으로 확산, 소수파 권리를 옹호해야 한다는 보수당과 교육은 주 사항이므로 연방정부가 간여할 수 없다는 자유당 사이 투쟁이 자유당 승리로 돌아가고, 이후 연방정부 권한을 축소하려는 경향이 한층 강해졌다. 1905년 서스캐처원 및 앨버타 두 개 주를 추가한 캐나다는 외교 자주권을 확립하는 것 외에 인구를 증가시켜야 한다는 과제를 안고 있었다. 19세기 후반기 캐나다 이민은 연이은 미국 재이민으로 인구 증가에 별 보탬이 되지 못했다. 미국의 프런티어 종식 선언과 함께 적극적으로 세계 각지에서 이민을 모집하고, 밀 개량을 비롯한 기술 혁신으로 한랭지 거주를 가능케 한 결과 캐나다는 1913년 40만 명이 넘는 이주자를 맞게 되며, 외교상 자치 획득 또한 1899년 보어전쟁 무렵부터 보다 분명하게 추진하고 국력 성장 및 제1차 세계대전 중 협력으로 가시적인 성과를 앞두게 된다. 제1차 세계대전 후 캐나다는 독자적 화단 '7인 그룹' 활동과 1922년 캐나다 역사학회 성립 등에서 보듯 국가로서 문화적 성숙을 이루고 근대국가 소산으로 개혁-노동-농민운동이 활발해지고 특히 1919년 위니팩 총파업은 선구적이며 1921년 총선거에서 농민 중심의 전국진보당이 자유당에 이은 제2당으로 진출하였고 위니팩 총파업의 숨은 주역 우드워스는 1920년대 개혁운동을 이끌다가, 외자도입국-무역상대국을 영국에서 미국으로 바꾼 캐나다가 1929년 대공황의 영향을 한층 심각하게 받은 후 1932년 협동연방당 당수로 영입된다. 협동연방당은 신민주당으로 변신, 연방 정치 차원에서 힘을 발했으며, 같은 시기 창당된 사회신용당-민족연합당은 주 정치 차원에서 힘을 발하였다. 보수당에 의한 캐나다판 뉴딜이 성공을 거두지 못한 채로 캐나다는 1939년 9월, 미국보다 2년 먼저 제2차 세계대전에 참전한다. 대전중 캐나다를 이끈 자유당의 킹은 1920년대 캐나다 '민족주의' 시절 정권을 맡았으나 공황 때 보수당에게 정권을 넘겨준 인물인데, 국내 여론을 영국계와 프랑스계로 분리하지 않았고, 징병 해외파병 찬성을 국민투표로 이끌어냈으나 양자 대립이 심각했으므로 쉽게 실시하지 않았다. 대전중 캐나다는 인적 자원 피해도 컸지만, 연합국의 무기고-식량창고 역할을 통해 일약 선진국 대열에 들게 된다. 1949년 뉴펀들랜드주가 캐나다에 참가하면서 연방이 완성되고, 경제 번영 및 1957년 총선 보수당 대승리로 인한 정치적 안정을 누리던 캐나다는 1960년대 커다란 변동을 겪게 되었다. 프랑스계 캐나다인 80퍼센트 이상이 몰려 있는 퀘벡주는 가톨릭이 지배하는 전통적인 농촌사회에 머물다가 제2차 세계대전 이후 근대화가 빠르게 진전되고 60년 동안 퀘벡주 정치를 요리하던 보수당에 승리한 자유당이 '조용한 혁명'을 시작, 주 경제 공영화와 교육 개척에 적극적으로 나서자 이에 맞서 연방정부도 공용어법을 제정하고 다문화주의 채용을 발표하지만 퀘벡의 프랑스계 캐나다인 기대에 못 미치고, 1976년부터 퀘벡의 분리-독립을 강령으로 하는 퀘벡당이 주 정권을 장악했다. 1968년 이후 9개월을 제외한 15년 동안 연방정부 정권을 담당한 자유당 트뤼도가 퀘벡 문제를 연방-주 관계 수정, 즉 '영국령 북아메리카법'의 개정으로 해결하려 노력하고 1982년 4월 '1982년 헌법'으로 새로운 캐나다상을 제시하지만, 퀘벡주는 동의하지 않았으며, 1980년 이래 정권이 바뀔 때마다 실시된 국민투표에서 퀘벡 독립은 늘 부결되었지만, 앞으로도 현안이 될 가능성이 얼마든지 있다. 캐나다는 영토가 미국보다 넓고 인구는 미국보다 훨씬 적은, 공업화했으되 가장 깨끗하고 고요한, 그리고 문화 및 생활 수준이 높은, 가장 이민 가고 싶은 나라 중 하나다. 국가의 모토는 '바다에서 바다로'.

블랙홀, 멀고 가까운 우주의 배꼽 속 무너져내리는 시간과 공간, 빅뱅, '이후=이전'

일반상대성이론상 별이 폭발할 때 극단적인 수축으로 밀도와 중력이 빛조차 묶어두는 수준으로 증가한 천체가 블랙홀('검은 구멍')이다. 빅뱅-우주탄생 당시 물질들이 뭉쳐 무수한 '덩어리=블랙홀' 을 생성했다는 설도 있는데, 이것을 따로 원시블랙홀이라 한다. 평상시 별은 중심부 열핵반응의 열에너지의 압력으로 자체 중력을 지탱하지만 핵연료를 모두 소모해버리면 중력 때문에 수축하기 시작하고, 태양 정도 질량의 별은 대개 백색왜성으로 일생을 마치지만 질량이 태양 수 배에 이르면 폭발을 일으키고 초신성으로 되면서 바깥층 물질이 우주로 날아가는 반면 중심 물질은 내부를 향해 찌부러진 중성자별이 된다. 별의 밀도가 커지면서 수많은 전자가 좁은 영역에 갇히므로 양자역학적인 반발력이 생기고, 수축이 더욱 진행되면 별 속의 원자핵이 녹아 중성자 '가스=덩어리' 로 되는 것. 태양 열 배 이상인 경우 찌부러진 후에도 중력을 이기지 못하여 더욱 수축, 임계 반지름에 이르러서야 정지하는데, 이때 물질 '부피 거의 0/밀도 거의 무한대' 현상이 나타나고 중력이 모든 힘을 지배, 빛을 포함한 모든 물질을 흡수하고 외부와 전혀 연결되지 않은, 독립된 세계를 이룬다. 만일 블랙홀로 된다면(될 수 있다면) 지구는 0.9센티미터, 태양은 2.5킬로미터 이내로 반지름이 줄어들며, 실제 블랙홀은 대개 반지름이 수십 킬로미터인 반면, 중력은 지구의 1백억 배 이상이다. 은하단의 중심에 태양 질량의 1,014배에 달하는 거대블랙홀이 있을 것으로 생각되며, 원시블랙홀 중 빅뱅 후 아주 짧은 시간 동안 충격파로 생겨난 크기 10～37센티미터/질량 10～11그램 정도의 아주 작은 미소블랙홀은 시간이 지남에 따라 질량을 잃고 증발한다. 블랙홀은 빅뱅 이후의 빅뱅 이전이다.

본—오늘

INDIA
Gouros
EXTRA
GAN
GEM
INDIA
INTRA
GANGE
M. nunc
DELLI
DECAN
GOLFO
PEGU
CHINA
QUICHIU
PAR
QUAN
COCHINCHINA

'현대적', 블랙홀

캔자스의 한 소녀 도로시는 어느 날 폭풍에 몸이 실려 마법의 땅 오즈로 날아갔다. 마법사의 신비한 힘을 빌리면 다시 집으로 돌아갈 수 있을 것 같아서 그녀는 그가 하라는 대로 온갖 재주를 용감하게 부렸으나, 사실은 그도 재주를 부리는 서커스 단원일 뿐이고, 그곳 사람들에게 자신이 마법사라고 감쪽같이 속이고 있었다. 그녀에게는 친구가 세 명이 생겼는데, 하나는 허수아비, 그는 생각할 수 있는 머리를, 두번째는 양철 인형, 그는 슬픔을 아는 심장을, 셋째는 겁 많은 사자, 그는 용기를 갖고 싶어했다. '마법사'는 그들에게 각자 원하는 것을 주는 체했지만 사실은 그들이 몰랐을 뿐이지 그들 안에 이미 있던 거였다. 마침내 마법의 신을 신고 캔자스의 고향으로 돌아와, 도로시는 부모의 품에 안겼다.(1900년, 봄 동화 『오즈의 마법사』)

왕이 가장 살찐 사람 백 명을 뽑고 모든 결정을 그들에게 맡기겠다 하고, 그 중 40명은 야당으로 정하여 왕의 생각에 무조건 반대하는 역할을 맡겼다. 첫번째 회의가 열렸는데, 왕의 생각에 반대하는 사람이 하나도 없어 화가 난 왕은 한 번만 더 그러면 모두 죽이겠다고 하자 40명이 모두 지레 배를 가르고 죽었다. 할 수 없이 왕은 그들 배 속에 지푸라기를 채우고 썩지 않게 한 다음 의자에 앉히고 못을 박아 바로 세웠다. 그 뒤로 회의 때마다 반대 40표가 어김없이 나왔고 나라는 잘 돌아갔다. 그러나 어느 날, 혹이 난 사람에게 벌금을 물리자는 의견에 반대가 65표나 나왔다. 살아 있는 사람 중 25명이 반대표를 던진 것이다. 자기 생각대로 할 수가 없게 된 왕은 화가 머리끝까지 치밀어 군대를 동원, 그들을 쫓아내고 그러고도 성이 안 차 아예 자기 나라까지 없애버렸다.(1906년, 비어스 『악마의 사전』 중 '가아가루 이야기')

인간들이 너무 못살게 굴자 가축들이 화가 나서 농장 주인을 쫓아내고 스스로 농장을 해나가기로 했다. 돼지가 꿀꿀대고 닭이 홰치고, 소가 음매대는 와

중 대장으로 뽑힌 것은 돼지였고, 처음에는 잘되어나갔고 채소도 제값을 받았지만 날이 지나면서 돼지들이 인간보다 더 심한 독재를 하기 시작한다. 모든 동물은 평등하다. 하지만 어떤 동물은 다른 동물보다 좀더 평등하다. 돼지들의 말이었다.(1945년, 오웰 『동물농장』)

1950년 인류학자들이 덴마크의 한 토탄 늪에서 깜짝 놀랄 만한 것을 발견했다. 약 2천 년 전에 죽은 사람이 원래 모습 거의 그대로 남아, 살갗이 가죽신처럼 딱딱했고, 마지막 먹은 음식 우유죽도 배 속에 흔적이 분명한 것이, 그는 현실보다 더 현실적인 2천 년의 가상현실이었다. 토탄 늪 이름은 톨런드 모세. 그를 톨런드맨이라 부르는 이유다.

현대는 불확정성이 천지 인간 사회의 극미와 극대를 꿰뚫는 장이다. 양자 장은 간섭할 수 있는 '세계=장' 이며, '불확정성=몸' 이고, 불확정성은 '난해=몸' 이다. 현대사회가 극미세계를 극미세계가 현대세계를 닮아가고 양자역학은 '신화=이야기' 와 역사 사이에 있고, 블랙홀은 무너지는 시간과 공간, 멀고 가까운 우주의 배꼽이고, 인간의 마음속이며 20세기 문명은 파괴하고, 무신론은 '신=블랙홀', 니체는 '무신론=블랙홀', 마르크스는 '혁명=블랙홀', 프로이트는 '성=블랙홀' 이고, 마르크스주의와 정신분석학 용어를 합하면 '정신=육체' 의 세계화가 가능하며, 블랙홀은 현대의 자궁이고 시공(時空)의 혼돈 속에 모든 것이 다시 한 번 빅뱅하고, '자본주의=블랙홀' 에로티시즘이 먼로를 20세기 아프로디테 혹은 '20세기=아프로디테' 로 탄생시키는 사이 프로이트가 히틀러로 이어진다. 멸망한 소련과 동구권 체제는 바야흐로 컴퓨터 시뮬레이션을 매개로 한 가상현실의 현실화를, 그리고 DNA 인간 복제를 매개로 한 현실의 가상현실화를 실질적으로 추동하고 있다. 인간의 상상력은 삭제할 수 없는 인간 현실의 일부 가상현실은 상상력의 극대화지만 궁극적으로 삶의 의미를 말살하고, 그 비(非)인간화(영원한 삶을 산다고 '착각' 하는 것은 동-식물적) 현상에 정치의 의미는 아직 혹은 이미 속수무책이고, 예술-에로티시즘은 상상력의 현실 속으로 인간 존재를 드높이므로 보다 드높은 예술에로티시즘의 역할이 역사발전뿐 아니라 인간 존재의 보존에 관건적으로 되고, 가장 위대한 것은 클래식 시디가 5천 개쯤 있는 무덤의 미학. 죽음과 삶이 서로 옥죄지 않고 포개진다. 반지를 끼면 모든 시간이 복제된다. IMF 체제의 가난은 에로티시즘을 더욱 승화했을까? 여기까지 왔다. 그리고, 전과 다른 밤을 노래해야 한다.

현대 80년 1, 형상화

현대 80년은 정치-경제의, 형상화 시대다. 2천 년의 나이를 깨닫는다면 성공도 실패도 형상화의 성공이거나 실패였다. 거대한 재편을 더 거대한 재앙이 동반하고, 평화회담이 가장 거대한 재앙을 낳는다. 건설이 붕괴하고, 붕괴가 건설한다. 도식화한 현실이 가상현실에 패배한다. 라디오가 귀의 세계를 열고, 텔레비전이 '귀=눈'의 세계를 열지만 사회주의적 편재능력 실현 이전 자본주의적 가상현실의 대중화 수단으로 전락하고, 신문과 TV 등 매스미디어가 '대중문화=배설'의 놀라운 생명력을 보여주지만 방송과 매스커뮤니케이션이 민주주의의 '정보=예술' 망에 달하지 못하고, 언론이 칼보다 강한 붓과 칼보다 위험한 장난감 사이를 오가고, 언론자유운동이 경제를 능가하는 '말=보석'의 유통을 가능케 하지만 언론재벌 황색저널리즘 앞에 속절없이 무너지고, 영화 '예술'이 할리우드 스타시스템 앞에 속절없이 무너지며, 록음악이 반항하는 정신의 육체에 머물고 만화와 애니메이션이 풍자 및 환상의 정치학에 미치지 못하고, 영화의 배꼽을 이루지 못하고, 광고가 총체를 겪는 사회 일원의 순간을 창출하지 못한다. 제1차 세계대전은 죽음의 무용, 제2차 세계대전은 '죽음=무용', 그리고 세계대공황은 그 무용의 배꼽이었다.

1929년 10월 뉴욕 증권시장 주식 가격이 폭락하고 투자자들이 많은 돈을 잃으면서 향후 10년 동안 전 세계에 악영향을 끼치는 경제공황은 시작된다. 사람들이 공포에 떨고 자신감을 잃고, 미국 경제가 무너지고, 은행이 대출을 중단하고 공장이 문을 닫은 그 결과, 미국인 1천 3백만 명의 일자리가 없어지고 미국 돈을 빌려 제1차 세계대전 피해를 복구하려던 다른 나라 경제가 무너지고 실직자들이 무더기로 쌓이고, 생산이 수요를 앞지른 유통 동맥경화 결과건만 비참과 가난이 전 세계에 득실거리고, 미래에 겁먹은 사람들이, 독일 히틀러 나치스와 이탈리아 무솔리니 및 일본 군사 파시스트 독재에 열광하고 이 세력들이 제2차 세계대전을 일으킨다. 미국인이 1932년 여름 압도적인 표차로 대통령에 선출한 프랭클린 루스벨트는 소아마비로 다리를 절었으나, 13년이라는, 미국 대통령 중 가장 오랜 재임 기간 기록을 남기게 된다. 그의 뉴딜정책은 파시스트의 독점자본 지원과 달리 여러 사회 개혁 및 거대한 집단공사 계획을 세워 실업자에게 일자리를 주는 내용이었고, 많은 효과를 보았으나 경기 회복에는 실패했다. 루스벨트는 결국 군사화 길을 택한다. 영국-프랑스-러시아-미국의 자유주의 세력이 독일-일본-이탈리아 파시스트 세력을 물리친 제2차 세계대전은 미국이 군수산업 노동자들의 일자리를 늘리고, 경제공황을 끝내게 했다. 루스벨트는 틈나는 대로 라디오 방송을 통해 국민들에게 직접 정부 정책을 설명했으며 미국이 가장 어려웠을 때 이렇게 말했다. 우리가 두려워해야 할 단 한 가지는 두려움 그 자체다. 그러나 공포의 진정한 내용은 자본주의적이었는가, 사회주의적이었는가? 소비에트 집단농장화와 숙청 희생자는 제1차 세계대전 희생자 수를 능가하고, 제2차 세계대전 희생자 수에 필적할 참이었고, 야만은, 파시즘과 스탈린주의만의 몫이 아니다. 영국은 1924년 노동당이 잠시 정권을 잡았다가 1929년 단독 제1당으로 되고 맥도널드가 내각을 조직, 그해 일어난 세계공황에 대처하지만 워낙 심각한 경제 곤경 속에 밀려 내각이 와해하고, 1931년 맥도널드가 새로 조직한 거국일치 내각은 금본위제를 폐지하고 1932년 오타와회의에 근거한 블록경제 정책을 펼치면서 국력 회복에 노력하지만 1937년 총리가 된 보수당 당수 체임벌린이 세계공황의 대혼란 속에 대두한 독일 히틀러 파시즘에 유화 정책으로 일관하다가 이듬해 뮌헨회담에서 히틀러의 요구를 받아들였고, 그 유화 정책마저 허사로 돌아간 상태에서 제2차 세계대전을 맞는다. 1930년 발표된 반(反)물질 이론은 모든 미립자들이 그 반대 입자를 둘 수밖에 없다는 내용이다. (+)전자는 모두 각각 하나씩의 (-)전자를, (=)양자는 모두 각각 하나씩의 (-)양자를 두므로, 이들을 양전자, 반양자, 반중성자라고 부르며 통틀어 반미립자라고, 명명하자는 것. 물질과 반물질은 이론상 가까이 있을 경우 서로 무화하면서 엄청난 에너지를 내고, 퀘이사(Quasar)들은 물질과 반물질 충돌의 결과로 여겨지고, 중국 마오쩌둥 대장정, 스페인 내전과 학살, 소비에트 학살, 전쟁적 형상화가 평화적 형상화를 실패시키는 과정, 형상화 실패가 인류 역사상 최대-최악의 전쟁에 이르는 과정은 인류 야만의 수천 년 역사가 외화-종합화하는 과정이다. 사회주의자로 왕당파에 피살당한 로르카의 아름다운 시 한 편이 스페인내전을 양차 세계대전의 또하나 배꼽으로 만든다.

그래서 난 그녀를 강으로 데려갔죠
처년 줄 알았죠,
한데 이미 남편이 있더라고요
성제임스축일 밤이었구요
거의 불가항력이었다 봐야겠지요.
제등은 꺼졌고
귀뚜라미들이 신났어요.
가장 머나먼 거리 귀퉁이에서
잠든 그녀의 젖가슴에 손을 댔더니
그것이 제게 열리더군요 갑자기
히아신스 꽃망울처럼.
그녀 프리코트에 먹인 풀이
내 귀에 사각거렸죠
열 개의 나이프로 찢은
비단조각처럼요.
잎새에 은빛이 흐르지 않으니
나무들은 더 커졌죠

그리고 개들의 지평선이
짖어댔어요 강 건너 아주 멀리서.

검은 딸기 숲을 지나,
갈대밭과 산사나무 숲을 지나
그녀 머리 타래 밑에
나는 대지를 파냈죠
내가 타이를 풀어헤쳤고,
그녀는 옷을 벗었어요.
나는, 권총이 달린 혁대를,
그녀는, 네 벌 조끼를.
나르드도 조개 속 껍질도
그렇게 피부가 근사할 수는 없어요,
은세공 유리잔도 그렇게 찬란할 수가 없어요.
그녀의 넓적다리가 나한테서 미끄러지는데
놀란 물고기 같았어요,
반은 불로, 반은 냉기로 가득 찬.
그날 밤 저는 달렸죠
가장 좋은 길을 골라
진주층 암말을 타고
고삐 등자도 없이.
사내로서, 난 반복하지 않을 거예요
그녀가 내게 말한 일들을.
이해의 빛이
저를 보다 사려 깊게 만들었죠.
모래와 입맞춤으로 범벅이 되어
난 그녀를 강에서 데려왔어요.

백합의 칼날들이 공기와 전투를 벌였죠.

난 생긴 대로 행동했어요,
영락없는 집시처럼요.
그녀에게 커다란 바느질 바구니를 주었어요,
지푸라기색깔 공단으로 만든,
하지만 사랑에 빠지지는 않았어요
그녀는 남편이 있으면서도
내게 처녀라고 말했거든요 그녀를 강으로 데려갈 때에
(로르카, 「바람난 아내」 전문)

파시즘은 신화를 역사화하고 역사를 야만화하고 동시에 자본주의는 파시즘과 동전의 양면을 이룬다. 콰지모도는 신비주의 성향을 보이다 자국의 파시스트 범죄를 반성하는 사회시로 방향을 바꾼 이탈리아 시인이다.

여전히 그 바람이 있다 내 기억에
말갈기들을 불태우는, 달리는,
경사지는, 평원을 가로질러,
그 바람 사암을 얼룩지게 하고 닦아내는,
그리고 우울한 원주들의 심장, 남자모양 기둥들,
풀밭에 내팽개쳐진. 고대인들의 정령, 앙심으로 희끗한
그들이, 바람 타고 돌아온다,
깃털처럼 가벼운 이끼를 들이마신다
하늘이 내던져버린 그 거인들을 뒤덮은 이끼를.
여전히 그대 것인 우주 속에 얼마나 외로운가!
그리고 더 큰, 그대의 고통, 그대 듣는다면, 다시 한 번,
소리, 움직이는, 먼 데서, 바다를 향해 움직이는 소리,

헤스페루스가 아침으로 하늘에 줄무늬를 넣는 바다를 향해:
유대 하프 울려퍼진다
마부의 입속에서
그가 달빛 언덕을 오를 때, 느리게,
사라센 올리브 숲 설렁대는 언덕을 오를 때
(「아그리겐툼의 거리」 전문)

영국 태생의 미국 시인 오든은, 아래 시에서 보듯, 이 시기 가장 열렬한 사회주의자 시인이었다. 그러나 그의 문학에 비해 일체의 '주의'는 너무 좁다.

일체 시계를 멈추라 전화를 끊으라,
왕성한 턱뼈로 개가 짖는 것도 막으라,
피아노를 중단하고 덮개 씌운 북으로
관을 내오라, 조문객들을 들이라.

비행기가 머리 위를 맴돌게 하라 신음 소리를 내며
하늘에 휘갈기게 하라 그가 죽었다는 메시지,
공공 비둘기들의 하얀 목둘레에 보타이 상장,
교통순경도 검은 면장갑을 끼게 하라.

그는 나의 북쪽이었고, 남쪽이었고, 동쪽이었고, 서쪽이었다,
나의 일하는 평일이었고 나의 일요일 휴식이었다,
나의 정오였고, 한밤중이었고, 나의 대화였고, 노래였다;
사랑은 영원할 거라고 생각했다: 내가 틀렸구나.

별들은 지금 필요 없나니; 모두 빛을 끄라;
달을 짐 꾸리고 해를 옷 벗기라;

대양을 쏟아버리고 나무를 쓸어버려라;
지금은 아무것도 소용없나니.
(「장례 블루스」 전문)

제2차 세계대전이 끝나기 전에 핵시대가 시작되고, 제2차 세계대전을 완전히 끝낸 것이 핵폭탄이다. 원자력은 평화/전쟁, 문명/야만의 동전 양면이 바로 탄생의 배경이고, 영원한 존재조건이고 전쟁은 자본주의와 사회주의 진영 양자의 승리로 끝나지만, 전쟁에 취한 사회주의 '진영'이 전쟁과 사회주의를, 육체와 사회주의를, 빨치산과 사회주의를, 굶주림과 사회주의를 혼동하고 자본과 자본주의를, 급기야 경제와 자본주의를 혼동한다. 국제연합은 나라들이 이룬 마을이었으나.

노동의 자본화와 자본의 노동화

그리고 사회주의와 자본주의는 20세기 배꼽의 양면이다. 노동운동은 삶의 질을 높이는 노동이고 역사관은 열린 미래의 뼈대며 보수는 더 나빠지지 않겠다는 약속, 진보는 더 좋아질 수 있다는 약속이다. 자본은 생산의 인격, 자본주의는 경제의 배꼽, 사회주의는 '노동=생산'의 배꼽, 공장은 생산의 '형식=몸', 기업은 공장의 '형식=몸', 주식은 기업의 인격, '유통=화폐'는 생산을 능가하는 생산의 배꼽, '금융=은행'은 화폐를 능가하는 화폐의 배꼽, 투자는 '은행=금융'의 날개, 보험은 현실을 능가하는 가상현실이다. 부동산은 봉건제의 배꼽, 부동산투기는 자본주의의 암세포지만 독점과 반독점은 자본주의의 양자 장, 다국적기업은 세상을 능가하는 '자본주의=형식', 초국적기업은 세상을 능가하는 '자본주의=배꼽'이다. 세계화는 '자본주의=사회주의'의 덫이고 군산복합체는 20세기 문명의 흑백사진이고 현대무기는 '현대=죽음'이고 컨스피러시이론(음모론)은 '자본주의=가상현실'의 배꼽이다. 식량이 무기, 무역이 전쟁으로 되고, 관세는 '무역=전쟁'의 '열쇠=자물쇠'다. 러시아혁명은 과학의 꿈으로 시작되었으나 유토피아의 중력을 이기지 못했고, 소비에트 멸망은 '경제=반체제' 가 '정치=체제' 를 무너뜨린, '소비에트 이후 자본주의 혁명' 이라 할 만하다.

현대 80년 2, 공간화

정보시대가 가상현실 세계를 심화-복잡화하는 동시에 보편화하는 판에, 미국이 주도하는 서방 자본주의 진영과 소련이 주도하는 동유럽 사회주의 진영 사이 냉전이 시작되고, 크게 보아 30년 이상 지속된다. 냉전('차가운 전쟁')이란, 직접 총을 들고 싸우지는 않지만 끊임없이 상대방을 의심하고 심리전을 벌이는 전쟁으로, 크게 보아 30년 이상 계속되었다. 미국은 전후 국제평화기구 수립을 주도하고 국제연합을 실현하지만 제2차 세계대전 말기부터 전후에 걸쳐 동유럽 공산화 및 원자폭탄 국제 관리 문제를 둘러싸고 소련과 대립을 심화, 1947년 그리스-터키 원조 문제를 계기로 사실상 냉전을 선전포고하고 경제-군사적 우위를 바탕으로 전 세계적인 반공 봉쇄 정책에 나섰다. 서유럽 자본주의경제 부흥을 위한 대규모 경제원조 정책 '마셜플랜' 에 착수한 후 1949년 북대서양조약기구(NATO)를 설립, 반공 군사동맹을 본궤도에 올리고 국내 정치도 뉴딜정책을 계승하는 한편 공무원 충성 심사, 국가안전보장회의 설치, 국내 치안법 제정 등 반공 체제를 강화했다. 1949년 중국이 공산화하고, 1950년 터진 6·25 한국동란은 최초의 열전(뜨거운 전쟁), 즉 미제 무기와 소련제 무기가 맞붙은 전쟁이었다. 식민지들이 세계전쟁에 말려들기 시작한다. 양 체제 공존과 경쟁 속에 1953년 유전정보가 담긴 DNA 구조가 발견되고, 이듬해 로큰롤 광풍이 서양을 휩쓸고 우주시대가 열리고, 영역은 보이는 것 속으로, 그리고 바깥으로 확대되지만, 안과 밖은 아직 질적은 아니고 양적이었다. 카스트로가 쿠바혁명을 성공시키던 1959년 집적회로가 발명되고, 컴퓨터 가상현실 세계가 심화-복잡화하는 동시에 보편화한다. 냉전은 정치적 전쟁에서 출발하지만, 정치적 전쟁의 승리로 완고해지는 사회주의를 자본주의가, 무엇보다 발랄한 경제적 상상력으로 덮친다. 디지털이 눈에 안 보이는 숫자의 욕망을 펼치고, 인터넷이 눈에 보이는 숫자의 전망을 펼치고, 육안에 가장 안 보였던 경제의 얼굴이, 보임/안 보임의 구분 자체를 끝없이 무력화하고, 인터넷 혁명이 두뇌의 배꼽을 자처하고, 인터넷 '정보=사회' 가 생명을 닮아가려 한 그것은 가상현실이었는가, 그것이 가상현실이었는가. 1956년 스탈린의 뒤를 이은 후르쇼프가 탈스탈린시대를 선언, '제국주의와 전쟁은 불가피하다' 는 스탈린 명제를 버리고 평화공존 원칙을 마련하자, 폭발한 민중 소요가 소비에트 체제 비판으로 치닫고 동유럽 국가들이 소련으로부터 이탈을 서두르고, 1961년 '베를린 장벽 축조', 이듬해 소련의 중거리 미사일 쿠바 설치를 미국이 봉쇄한 '쿠바 미사실 위기' 등은 미국과 소련을 오히려 전쟁 직전까지 치닫게 만들었고 후르쇼프는 현실적인 정치를 펴며 미국 및 서유럽과 관계 개선에 계속 힘쓰고 1963년 미국과 핵실험금지협정을 체결하고, 1960년대 데탕트시대를 열고, 소련 및 중국의 핵무기 개발 및 인공위성 발사 성공으로 인한 미국 독점 우위 붕괴, 핵의 상호 억제 혹은 '공포의 균형' 상태가 낳은 미국 주도권의 상대적인 저하, 과도한 군사비 및 경제 원조비 지출과 마구잡이 민간 대외 투자로 발생한 달러 위기, 쿠바혁명 성공과 베트남 등지 민족해방세력 집권 사태 등을 맞아 미 대통령 케네디가 새로운 원조 정책('진보를 위한 동맹')을 세우고 대게릴라전을 중시하는 등 유연 반응 전력으로 대처하므로 데탕트는 오래갈 듯 보였으나, 케네디가 암살당하고, 후르쇼프가 대외 중소대립 및 국내 농업정책 실패로 권좌에서 밀려나면서 끝이 났다. 미국은 일본과 단독강화를 강행하면서 군사동맹 망을 확대하고 베트남-이란-과테말라 혁명운동에 개입, 반공정권 수립 및 지원에 힘쓴다. 제3세계는 흑백의 이면이고 제3세계 해방운동은 역사를 능가하는 '정신=육체' 고 베트남은 케네디 후임 존슨이 감행한 베트남-미국전쟁에서 끝내 승리, 백 년에 걸친 반제국주의 전쟁사를 감동적이고 위대한 '인간=가치' 승리의 기록으로 승화하고, 미국은 국제 위상을 크게 손상당하지만 서서히 라틴아메리카, 마약에 빠져들고 유대-이스라엘, '미국=자본주의' 에 빠져들고 이슬람, 종교전쟁에 빠져들고 중동, 테러에 빠져들고 아프리카, 굶주림에 빠져든다. 존슨 정권의 미국은 국내적으로 1950년대 후반 이후 불붙은 흑인 인종차별 철폐 요구 공민권운동, 기타 소수민족 지위 향상 및 여성운동, 그리고 소비자운동 등 새로운 사회개혁과 민주화운동이 활발하게 전개되는 한편 인플레이션과 불황이 겹치는 심각한 경제위기로 백인 중산층이 두드러지게 보수화하고 대외 정책에서도 강경파가 득세하는 추세였다. 1963년 8월 미국 앨라배마주 몽고메리의 흑인 목사 마틴 루터 킹이 25만 명을 이끌고 워싱턴으로 행진, 군중들에게 말한다. 언젠가 이 나라가 떨쳐 일어나, 모든 인간은 하나님 앞에 평등하다는, 너무나도 당연한 그 진리를 실천하는 광경을 보는 것이 나의 꿈이다. 그는 자신의 꿈을 실현하는 일에 일생을 바쳤다. 당시 흑인들은 투표권이 없고 백인과 같이 버스를 타지 못했으며, 시설이 열악한 흑인학교가 따로 있었고, '흑인과 개 출입 금지' 팻말이 도처에서 번득였다. 그는 폭력을 사용하지 않았다. 폭력은 폭력을 부른다. 오만한 백인들이 그를 미워했고, 폭력적인 흑인들이 그를 못마땅해했으므로 그는 적이 많았고, 1968년 암살당했다. 말콤 X는 보다 과격한 방법을 주장했고, 그 또한 암살당했다. 그리고, 흑인의 '울음=절규'를 흔들림으로 승화한 흑인음악이 미국 대중음악의 알맹이와 얼개를 이루고, 세계로 뻗어나가기 시작한다. '중국 문화대혁명'은 강제로 가시화한 문화의 얼굴이 사회의 야만보다 더 야만적이며 끔찍하다는 것을 보여준다. 1976년 중국 마오쩌둥이 사망하고 '문화대혁명'을 주도한 4인방이 몰락할 때까지 중국이 겪은 인명 및 전적 손실 및 정신적 상처의 깊이에서 진시황 분서갱유 수준을 능가했다. 후르쇼프 뒤를 이은 브레즈네프 집단지도 체제는 우주 및 무기공학, 철강산업 분야 발전을 가속화하는 한편 1965년 미국의 베트남전쟁 개입 비난, 1968년 체코슬로바키아 침공 이후 보수 성향을 전반적으로 강화했으나 핵무기를 사용하는 제3차 세계대전은 곧 인류 공멸을 뜻했으므로 1969년 3월 중국과 대규모 무력충돌을 고비 삼아 1970년 독일 국경선 불가침 인정을 거쳐 1972년 두 차례에 걸친 전략무기 제한협정(SALT) 체결, 1975년 유럽안보협력회의 결의서(헬싱키합의서) 서명 등 서방과 긴장 완화조치를 취하게 된다. 존슨을 이은 닉슨 정권은 베트남전쟁 실패를 인정하고 핵전력 중심의 군사력 강화에 힘을 쓰는 한편 대외 지원 및 개입 축소와 미국 부담 경감, 베트남전쟁의 베트남화, 공산주의 진영과 교섭 및 거래 촉진 등을 내용으로 하는 '닉슨독트린'을 표방하고 중국과 국교 정상화, 베트남 철군 등 업적을 쌓다가 재선 캠페인 중 워터게이트 선거사무실 도청 사건으로 탄핵 받기 직전 사임했다. 그리고, 유대인 세계 체제에 맞선 중동 아랍권의 대서방 석유 무기화 조치에 따른 오일쇼크에서 시작된 경제 세계화가, 서방이 아닌 소련과 동구권 등 친(親)아랍권에 오히려 치명적으로 작용한다. 달러권으로 강제 편입된 소련 및 동구권에 달러가 없었다. 1980년대 들며 '생명 과잉=죽음'의 암이 창궐하고, 사랑 없는 섹스 혹은 동성애를 벌하듯 '성 과잉=죽음'의 에이즈가 발병하고, 소비에트가 개혁을 시작하지만 뒤늦은 개혁이자 모든 역사적 뒤늦음의 뒤늦은 정치-경제적 종합이고, 1987년 미국 대통령 레이건과 소련 대통령 고르바초프 사이 중거리 핵무기 감축 협정이 맺어지고 냉전이 완전히 끝나는가 싶더니 동구권과 소련이 붕괴하고, 독일이 통일되고, 모두 준비된, 당연한 과정이자 결과였으나, 당분간 무너진 것은 더 거대한 역사진보의, 의미의 희망이었다. 그리고, 유일 강대국주의에 빠져든 미국이 전 세계 반미 세력과 전쟁을 시작하고, 그런데, 1991년 미국과 이라크의 걸프전쟁은 갈수록 정말 컴퓨터게임처럼 보이고, 그래서 더 냉혹하고, 같은 해 소비에트연방이 해체되고, 공산주의 정권이 몰락한 유고슬라비아에 참혹한 종족 말살 전쟁이 터지고, 고전적인 영화의 한 장면 같고, 영화 〈터미네이터〉는 원인과 결과의 관계 붕괴를 영화화하고, 1992년 로스앤젤레스 흑인폭동이 일어나고 빅뱅이론을 뒷받침하는 유력한 근거가 발견되고, 당분간, 폭발한 것은 더 거대한, 현실 사회주의 붕괴 후유증이었다. 1993년 1월 유럽 통합은 자본주의의 중세, 혹은 사회주의의 미래, 아니면? 같은 해 미국 민주당 대통령 후보로 나서 섹스 스캔들에도 불구하고 색소폰을 불며 대통령에 당선된 전후 신세대 빌 클린턴은 미래전망으로서 '예술=에로티시즘'이 아니라 '전투적' 세일즈맨이고 그 뒤를 이은 공화당 대통령 조지 부시는 세일즈를 재래식 전쟁으로 환원시켰다. 세계 유일 초강국 미국이 9·11 무역센터 빌딩 테러, 건국 이래 최초의 공중 대륙 본토 공격을 겪고 아프가니스탄, 이라크 등 전 세계 반미 세력 혹은 국가와 무차별 전쟁을 감행하고, 전쟁은 경제적이든 군사적이든 가상현실을 닮았으나 현실화한 게임보다 훨씬 더 잔혹하고, 복제의 시대, 영화 〈주라기 공원〉과 현실의 복제양 돌리가 앞서거니 뒤서거니 인간 복제를 기정사실화하고, 가상현실이 현실화하고 현실이 가상현실화하고 가장 거대한 삶의 경계가 무너지고 복제가 유전자를, 그리고 생명을 능가한다. 중국-일본의 동양자본주의와 서양자본주의의 대결이 첨예화기도 전에, 산업혁명과 더불어 파괴되기 시작한 지구 환경이 전 세계 도처에서 인간 문명에 대재앙을 내리며 복수를 꾀하니 20세기, 아니 21세기 가이아(어머니 대지)의 출현이다. 환경을, 위협하는 산성비와 이산화탄소 둘 다 쓰레기에서 생겨난다. 모든 비는 약간 산성이고, 그래서 석회암 건물과 동상을 갉아먹을 수 있지만 발전소, 공장, 자동차 등에서 뿜어내는 쓰레기 가스(그을음 연기)를 바람이 멀리 몰아가면 농도가 옅으나마 황산 혹은 질산비로 내리고, 이런 산성비가 점차 호수와 개울을 오염시키고 생명을 위협하고, 공중에 생겨난 이산화탄소가 담요로 작용, 태양열 일부를 가둬버리면 그 온실효과 때문에 지구는 해를 거듭할수록 따뜻해지고, 빙하기가 아닌 오늘날 지구온난화는 무엇보다 빙하를 녹여 엄청난 '물의 재앙'을 부른다. 자연환경은 생명의 어머니고, 사회 공해는 죽음의 찬 입김이고, 쓰레기는 어머니 입을 막고 산성비와 지구온난화는 숨통을 막는다. 길은 옛날로, 무엇보다 동양의 무위자연으로 돌아갈 수밖에, 없는가, '돌아간다'는 것이야말로 정말 무모한 가상현실 아닌가. 우리가 예술-에로티시즘의 '시각=길'을 잃어버렸지, 그 상실을 위대한 공(空)으로 전화할 수 있을까? 그러기 위하여, 시각을 공간화, 더욱 공간화, 갈수록 공간화. 미크로토날리티(미세음 조정)가 '소리 속=우주'를 담아내듯 페미니즘은 '여성=우주'를 담아낼 수 있을까, 스포츠는 성스러운 중력의 놀이가 될 수 있을까, 놀이는 대화의 몸이 될 수 있을까, 취미는 인간적인 몸의 표정이 될 수 있을까, 하이퍼미디어와 미디어아트 그리고 인터랙티브는 언어를 능가하는 '예술=소통'의 배꼽이 될 수 있을까, 역사는 아름다움을 능가할 수 있을까, 예술현실은 죽음을 능가할 수 있을까, 유전자는 생명을 능가할 수 있을까, 문명은 파괴를 능가할 수 있을까, 제3세계 해방운동은 육체를 능가할 수 있을까? 1948년부터 남아프리카공화국은 국민을 흑백에 따라 아예 갈라놓는 아파르트헤이트('분리') 정책을 강행, 소수 백인에게 권력을 주고 다수 흑인의 권리를 짓밟았으나 1990

년, 민주적인 세계 여론에 밀려 흑인들의 민족주의 운동 '아프리카 국민의회'를 인정하고, 그 지도자 넬슨 만델라를 27년 만에 석방했다. 〈토탈리콜〉이 '가상현실=현실'을, 〈매트릭스〉가 '기계=하나님'을 영화화하고 자멸(自滅)혹은 자궁(子宮), 거대한 한 시기가 끝나고 있다는 가장 첨예한 증거는 자멸 행위가 곧바로 자궁 역할을 하는 그 지점이다. 시민사회의 농익은 대중문화는 정치의 '위험=장난'을 극복할 수 있을까, 정치는 시민사회의 농익은 대중문화의 '장난=위험'을 극복할 수 있을까, 평화는 가장 아름다운 목적지가 될 수 있을까, 소비에트 멸망은 희망을 변혁할 수 있을까? 그러기 위하여, 시각을 공간화, 더욱 공간화, 갈수록 공간화.

전래동화, 일상의 '끔찍함=블랙홀'을 다스리다

전래동화는 대개 일상의 끔찍함과 블랙홀을 다스리는 정화제다. 괴물은 목이 잘리고, 역경은 극복되고 비로소 삶은 살 만한 것으로 된다. '하멜른의 피리 부는 얼룩덜룩 사나이' '푸른 수염' 그리고 '피터팬'의 '공간=이야기'는 끔찍함의 블랙홀을 정화하는 데서 더 나아가 '액자=운명'화한다. 온전한 것은 공간과 시간이 분리되는 동화의 악몽뿐이라는 듯이. 정화는 그리스시대 '종교=예술'의, '액자=운명'화는 신약 이후 현대 '예술=종교'의, 증표다.

중세 독일 도시 하멜른에 쥐들이 들끓어 도무지 살 수가 없고, 갖은 수를 다 써보아도 소용이 없자 시장이 공언한다. 누구든 쥐들을 처치해주면 큰 상을 주겠다. 얼룩덜룩 차림의 이방인이 마을로 들어와 하멜른에서 쥐들을 몰아내겠다고 하더니, 밤이 되자 피리를 불며 쥐들을 집과 광 밖으로 꼬여내서는 강물로 끌고 가 모두 물에 빠져 죽게 하였다. 그런데 시장이 말을 바꾼다. 피리를 불었으니 상을 줄 수 없다. 시장이 피리 부는 사나이를 아예 마을에서 쫓아내지만, 며칠 후 사내는 마을로 들어와 다시 피리를 불며 이번에는 아이들을 마을 밖으로 꼬여낸다. 아이들이 모두 그를 따르고, 그와 아이들이 마을 밖 산에 다다르자 갑자기 동굴이 열리고 모두 그 안으로 들어가고 동굴이 닫히고 그후 아이들이 하멜른에서 영영 사라진다.

하멜른은 하노버 북서쪽 항구도시로 고대 색슨족 주거지였다가 750년 기독교 포교 전초기지가 되었다. 1200년 도시 권리를 인정받은 후 영주가 여럿 바뀌었으나 대체로 독립적 지위를 누렸고 1426~1572년 한자동맹 일원을 거쳐 1814년 하노버, 1866년 프로이센에 귀속되었다. 14세기 세워진 초기 고딕풍 교회, 1568년 생겨난 선술집, 1610~1617년 건립된 결혼 예식장(현재 시청사) 건물보다 더 유명한 랜드마크가 바로 1602~1603년 마련된 '쥐 잡는 사람의 집' 이고, '하멜른의 피리 부는 사람' 전설을 프레스코화로 그려놓았다. 1284년 실제로 하멜른의 어린이들이 이곳을 떠났다. 1212년 소년 수천 명을 이끌고 십자군 원정을 나섰던 쾰른의 소년 니콜라스가 바로 '피리 부는 사람' 이었다는 설도 있고 지진과 역병, 그리고 독일 젊은이들의 동부 개척과 연관된다는 주장도 있다. 1997년 괴팅겐대학 언어학과 교수 유르겐 우돌프가 고찰했듯, 웨스트팔리아에서 포메라니아에 이르는 직선로에 힌덴부르크라 불리는 마을이 다섯 개나 있으며, 동부에 '스피겔베르크' 가 세 곳이고 하멜른 남쪽 베베룽겐에서 베를린 북서쪽 베베링겐(오늘날 폴란드)까지 지명의 어원학적 자취가 이어진다. '이야기' 가 생겨난 것은 16세기다. 1384년 '피리 부는 사나이' 가 처음 언급되고, 1557년 연대기 작성자가 쥐들을 보탰으며, 1605년 영국인 여행기 작가가 '얼룩덜룩' 을 꾸며 붙였다. 괴테가 '피리 부는 사나이' 를 바람둥이 사내로, 브레히트는 웅변의 마법으로 독일인을 유혹하는 히틀러로 변화시켰으나 하멜른 이야기는 아스라한 유년 상실의 이야기로, 상실의 '동굴=액자=운명' 화로, 형상화 자체를 통한 예술의 잔인한 위로로 들린다. 시간은 손에 잡히지 않고 귀에 들리지 않고, 눈에 보이지 않으면서 모든 것을 상실케 하고 상실을 망각게 한다. 시간이 상실의 아픔을 치유한다지만 망각의 주체인 시간이 보여주는 것은 망각의 결과뿐이다. 시간이 치유하는 것은 공공화한 아픔뿐이다. 흐르는 시간이 흘러가며, 사라지면서 쌓아놓은 추억은 이성의 조작을 벗지 못하며, 나만의 상실을 기억하는 것은 정작 시간을 보지 못하고 듣지 못하고 손에 잡아보지 못한 감각이고, 감각은 착각되기 쉽다. 개인 성장사의 끊어진 사슬은 진화론의 그것과 그대로 겹치면서 오히려 심화하고, 대개의 학문은 그것을 규명하면서 공공화하고, 대개의 동화는 그것을 정화하면서 공공화하며, 괴테와 브레히트는 그것을 변형하면서 공공화한다. 공공화는 대개 천박을 부르며, 사적인 공간은 터무니없이 깊고, 미분되지 않는다. 미분되는 시간과 공간은 끔찍하다. 느리게 비 내리는 일상 속으로 스며드는 의미의 빛. '발걸음=길'이 없다. 음악도, 공간도, 음표의 미분을 능가하는 이어짐이 없다. 내용과 형식이 연속적으로 어울리는, 전망과 실현이, 단속과 연속이 연속적으로 어울리는 문화가 없다. 하멜른의 아이들은 어디로 갔을까. 어디로 갔을까 내 유년은? 이것은 물, 이것은 책상, 이것은, 내 생애 명명은 언제 어떻게 시작되었을까, 명명은 명명되었을까, 언어는 언제 어떻게 시작되었을까, 구성은 명명되었을까? 세계를 느끼는 감각이 이미 스스로를 느끼지 못한다. 세계를 종합-분석하는 이성이 이미 스스로를 종합-분석하지 않는다. '이미' 이전이 있었는지조차 느낄 수 없고, 알 수 없다. 이것만 해도, 유년은 참으로 엄청난 상실이고, 하멜른 이야기는, 마지막 '동굴=사라짐'이 '유년=상실'의 '공간=예술'화 같고, 예술의 위로처럼 들리고, 그때 예술은 공간의 응축이며, 미분되지 않고 적분할 수 없는 동굴 자체의 충만이라는 것을 알고 있다는 이야기다.

돈 많은 귀족 푸른 수염은 험악한 인상에 난폭한 행동이 무시무시한데다 그와 잇따라 결혼한 아내 일곱 명이 살았는지 죽었는지 도무지 알 수가 없으므로 동네 처녀들이 평소에 그를 피하고, 그가 다시 청혼하러 딸 많은 집을 찾으니 손위가 손아래한테 계속 떠넘기고, 결국 아주 어린 처녀 하나를 겨우 설득하여 그가 예식을 올리고 자기 성으로 데려온 지 며칠 안 되어 여행을 떠나면서 새 아내에게 성 열쇠를 모두 맡기며 말한다. 작은방 하나는 절대 문을 열어보면 안 된다. 그가 떠나자마자 아내는 그 방 안에 뭐가 있는지 너무도 궁금하고 때마침 놀러온 언니들이 옆에서 마구 부추기고 마침내 비밀의 문이 열리고, 열린 방 마루에 피냄새가 역겹고 전 부인들의 시체가 벽에 걸려 있고, 겁에 질린 그녀가 문을 잠그지만 씻어도 씻어도 열쇠에 묻은 피가 씻기지 않고 느닷없이 들이닥쳐 사태를 금방 알아챈 푸른 수염이 분노에 몸을 부르르 떨고 그 자리에서 아내 목을 자르려 하니, 아내는 언니들과 함께 제일 높은 탑에 숨고 푸른 수염이 마침내 문을 부수고 들어서려는 찰나 그녀의 두 오빠가 도착, 달아나는 푸른 수염을 죽여버린다. 아내는 자식 없는 푸른 수염의 엄청난 재산 일체를 물려받고 일부를 언니 결혼 비용으로, 일부를 오빠 진급 비용으로, 일부를 자신의 결혼 비용으로 썼고, 상대는 그녀의 끔찍한 경험을 잊게 해준 훌륭한 신사였다.

15세기 부르타뉴 연쇄살인범 질드레는 귀족이었고, 푸른 수염 '이야기'는 판도라의 상자와 아담과 이브 등 '금단'을 포함한 '에로스와 프시케' 주제를 거의 모두 담고 있는 그 악몽판이며 해피엔딩은 셰익스피어 유서 못지않게 구체적이고 일상적이고 지리멸렬하다. '유년=상실'의 후유증은 심각하다. 유년을 상실한 육체는 영혼을 느낄 수 없고 영혼은 육체를 이해할 수 없다. 육체는 영혼이 추상적으로 난해하고 영혼은 육체가 구체적으로 부재하다. 영혼은 너무도 생생한 육체를 의심하고 육체는 너무도 아득한 영혼을 궁금해한다. 사랑으로 영혼은 모처럼 육을 입고 육체는 모처럼 휘발을 지향하고 모처럼 영혼과 육체가 몸을 섞지만 의심과 궁금증 또한 몸을 섞고 갈수록, 어른이 된다는 것, 깨닫는다는 것은 미분과 적분일 뿐 연속이 아니다. 악몽이 악몽을 들여다본다. 들여다보는 악몽이 들여다보이는 악몽을 심화하고 거꾸로도 마찬가지지만 멈출 수 없다. 푸른 수염은 의처증 얘기가 아니다. 궁금증과 의심은 사랑 혹은 신혼과 함께 끝나고, 다행히 사랑은 짧고, 신혼은 더 짧고, 다행히 일상은 지리멸렬하고 오래될수록 의심은, 줄지 않고 지쳐 시들고 체념한다. 다행히 새끼가 태어나고 귀찮은 살림이 늘고, 귀찮은 것이 자연스러워진다. 귀찮지 않은 것은 자연스러운 것이 아니다. 얼마나 많은 것이 사라졌는가. 돌이켜보면 망각과 상실, 그리고 망각의 상실은 우리가 안심하는 이유고 궁금하지 않은 이유고, 난해가 난해하지 않고 불편하지 않은 이

유다. 다행히. 서로의 끔찍한 경험을 잊게 해준 신사와 숙녀가 마침내 서로 편안하다. 하지만 예술은 의심한다. 삶을 궁극적으로 긍정한다는 것이 정말 이런 다행한 뜻일까, 일상의, 개인과 보편의 모순과 통합은 사실 가장 강력한, 그러므로 가장 천박한 공공화 아닐까, 이런 예술적인 의심의 순간은, 예술만의 공간일까?

> 유모차에서 떨어져 길에 버려진 아이들이 사는 나라 네버랜드, 그곳의 대장 피터팬은 영영 자라지 않는 소년이고, 요정 틴커벨이 그를 사랑하지만, 현실 세계를 돌아다니다 소녀 웬디에게 마음을 빼앗긴 피터팬은 웬디와 웬디 동생들에게 나는 법을 가르쳐준 후 네버랜드로 데려오고, 웬디는 네버랜드 아이들의 어머니가 되고, 네버랜드에서 모험이 계속되고, 틴커벨이 죽을 뻔하고 외팔이 후크 선장과 부하 해적들이 피터팬과 아이들을 쫓지만 선장을 외팔이로 만든, 시계를 집어삼킨 악어가 똑딱똑딱 초침 소리를 내며 선장을 노리고, 피터팬은 결투로 후크 선장을 물리치고 악어가 선장을 집어삼키고 결국 네버랜드에 평화가 오고, 웬디와 동생들은 가족 품으로 돌아오고 다른 아이들도 모두 가족과 재회하지만 피터팬은 네버랜드를 떠나지 않고 그곳에서 늙지 않고 죽지 않고 영원한 소년으로 머문다. 그는 몸무게가 없고, 요정이 아니면 만져지지 않았다.

아동연극 〈피터팬〉을 1902년 무대에 올린 배리는 성격이 우울했고, 자신과 친하게 지냈으나 맺어질 수 없었던 이웃 부인 아이들이 등장인물의 모델이었다. 우울한 행복 혹은 행복한 우울의 분위기를 끝내 벗지 못하는 '피터팬 이야기'는 영원과 유년을 중첩시킨 '죽음=공간=이야기' 그 자체에 다름아니다. 이토록 명징한 죽음이 우리 안에 없다면 역사의 미분과 적분은 극복되지 않는다.

앙리 루소는 40세까지 파리 세관 직원으로 근무했고, 루이 비방은 우체국 고용원으로 61세까지 근무했으며, 원예사 앙드레 보샹은 40대 그림에 전념하였다. 카미유 봄브와는 소작농, 순회 서커스 투기사, 도로 인부, 인쇄공, 지하철 공사판 인부를 거쳐 40세에 비로소 화가가 되었고, 가정부였던 세라핀은 늘그막의 고독

속에 그림에 전념했다. 이들은 모두 소박한 화가, 일요화가, 민중화가로 불리지만 마음의 직관은 전래동화 정신과 맞닿아 있다. 유고슬라비아에는 이미 풍부한 순진예술 전통이 존재하며, 이반 게네랄리크는 이 장르의 숱한 대표화가들이 그렇듯 공식교육을 별로 받지 못하고 초등학교를 중퇴 아버지의 농사를 도왔는데 그때 종이를 갖고 가 틈날 때마다 스케치를 했다. 2차 세계대전 이후 게네랄리크의 고향 마을 흘레비네는 유고슬라브 농민화의 중심지로 되었다. 소농의 아들인 베위크도 독학 출신. 일체의 드로잉 자료 없이 판석이나 집 화덕에다 분필로 끼적대다가 오빙엄 마을 사람들 오두막 벽에 일상적인 농촌 삶 풍경들을 그리게 되면서 그는 깃 펜과 검은 딸기 수액을 사용한 식각 판화로 나아갔다. 오늘날 그의 천재성은 널리 인정받고 있다.

현대예술, 난해를 통과하는 그물망 혹은 더욱 끔찍한 동화

현대예술에서 형식은 내용을 능가하는 내용의 결과며 내용은 형식을 능가하는 형식의 결과다. '예술적' 은 언제나 '논리적' 보다 논리적이고 '역사적' 보다 역사적이다. 햄릿이 그렇듯 당대예술은 언제나 당대 난해를 포괄한다. 몽타주가 차원을 섞는다면 오브제는 겹치며, 앙가주망은 실존을 능가하는 참여고 표현주의는 육체를 능가하는 욕망이고 미래주의는 몸을 능가하는 속도, 예술현실은 죽음을 극복하는 '문명사=아름다움' 의 대안을 제시하고 전위, 맨 앞에 서고 다다이즘, 무너뜨리고 초현실주의, 뒤집어엎는다.

'그녀=현대무용', 중력 너머 인간의 고통 속으로

그녀가 있다. 아름다운 그녀. 그녀가 무용을 춘다. 아름다운 무용. 그녀와 무용은 하나다. 아니 무용을 매개로 그녀의 영혼과 육체는 하나이다. 무용이 있으므로, 그녀의 몸을 사랑하는 것과 그녀의 영혼을 사랑하는 것, 그리고 그녀의 무용을 사랑하는 것은 하나다. 육체를 매개로 슬픔과 기쁨은 하나다. 무용은 성과 사랑의 성과 속 사이 아름다움의 당대적 육화로 존재한다. 한계를 해방의, 매개를 목적의, 계기로 만들며. 고전주의 발레 아름다움의 총체성은 바로 그런 논리와 미학을 토대로 세워진 것이다. 정서를 입은 동작과 리듬의 시간 및 공간으로 무용예술 언어가, 무용 이야기가 펼쳐지고 그것이 쌓이면서 무용예술 역사가 제 몸을 드러내고, 사회-공동체적인 무용 경험이 양식화를 낳고 양식화한 무용이 다시 사회-공동체 아름다움의 수준을 높인다. 발레 루스의 무용은 모종의 총체성에 관한 한 왜곡이고 심지어 책임을 도외시한 위험한 작란이었다. 전통적 조성이 파괴되던 당시 새로운 현대적 총체성에의 길을 모색한 것은 스트라빈스키 신고전주의, 즉 '시간과의 작란' 이 아니라 쇤베르크 무조음악의 12음열 작곡기법이었다. 무용 총체성의 파경(破鏡)을 넘어서는 새로운 총체성을 향해 나아가는 진정한 노정은, 아직은 험란한 고통의 절규 위주지만 특히 그레이엄 이래 현대무용이다. 그녀를 통해 무용은 비로소 육체 안에 저장된 수천만 년의 기억을 되찾고, 수천 년 기억의 육체를 현대의 난해 속으로 펼친다. 지상을 떠났던 육체가, 인간의 고뇌야말로 가장 광대하고 심오한 영역임을 깨닫고 고뇌 속으로 제 몸을 펼친다. 육체 내부로부터의 혁명, 육체에 쌓여온 난해한 욕망의 역사와 정면 대결이, 육체로써 육체를 극복하는 유일하게 가능한 길이라는 듯이. 현대무용은 고전주의 발레를 정면으로 거부하는 것에서 출발하고 현대무용의 선구들은 디아길레프보다 먼저 활동했고 어떻게 보면 디아길레프 '발레' 자체가 점증하는 현대무용의 기세에 맞서 '발레' 를 지켜내려는 노력의 소산이었고, 디아길레프 '모던 발레' 의 실패가 현대무용에 심각한 타산지석으로 작용한 면도 있다. 미국의 덩컨, 데니스, 숀(의 데니숀무용학교)과, 유럽의 라반, 비그만 등 현대무용 선구자 중 특히 중요한 인물은 덩컨과 비그만이고, 두 사람의 변증법적 합의 발전이 그레이엄 현대무용을 낳는다. 데니숀무용학교는 덩컨 영향을 받아 주로 현대무용을 가르치며 미국 각지에 분교를 둘 정도로 막강한 영향력을 행사했고 그레이엄, 험프리를 비롯한 현대무용 예술가 대부분이 이곳을 거쳐갔지만 데니스-숀 부부의 무용이론 자체는 현대무용판(版) 발레 루스, 미국식 쇼비즈니스에 더 가까웠고 1931년 두 사람이 결별하면서 데니숀은 기능이 정지된다. 라반은 안무예술가보다는 무용이론가로, 무용이론가보다는 무보(舞譜) 기록법을 고안한 사람으로 더 유명하고 그게 마땅하다.

덩컨은 1927년, 디아길레프 사망 2년 전 자동차 바큇살에 휘감겨든 스카프가 목을 조르는 바람에 질식사했다. '스카프 사망'의 비극은 그녀의 짧고 파란만장한 예술 생애를 총체적으로 집약한다. 출발 당시 무용은 최악 상황, 그녀는 1900년 런던 첫 공연을 저속한 대중 홀에서 줄타기 광대 곡예사 그리고 '발가락 무용꾼'들과 함께 치렀는데 니진스키가 아직 무명이고, 훗날 그녀 때문에 무용 인생을 결심하게 되는 애슈턴과 발란친은 아직 태어나기 전일 때다. 덩컨의 춤예술은 고대 그리스 고전예술과 중요한 연관을 갖는다. 1903년 부양할 가족 전원을 데리고 새로운 무용 인생을 찾아 미국에서 유럽을 향한 그녀는 기존 발레 복장과 기법 일체를 거부하고 맨발로, 고대 그리스여신의 아름답고 자유로운 의상을 제 몸처럼 흩날리며 춤을 추었고, 그녀 무용은 관객에게 충격적인 해방감을 선사하며 그녀를 유명 인사로 급부상시켰다. 신과 자유와 아름다움, 그녀 무용을 통해 자유로운 몸이 보이고 그 너머 몸의 자유가 보이고 마침내 '자유=몸'의 아름다움이 언뜻언뜻 광채를 발하고 전보다 더 질 높은 변증법을 통해 '몸=무용'이 음악언어를 무용언어로 전화한다. 그녀는 글루크, 쇼팽, 슈베르트, 그리고 바그너, 바흐, 베토벤의 대작들까지 무용음악으로 쓰면서 음악을 기억하는, 그러나 음악 너머의 무용언어 혹은 무용세계를 펼쳤고, 목표는 무용의 궁극으로서 자유로운 정신의 자발성을 형상화하였다. 25년 후의 할리우드 스타 못지않게 대중의 '자본주의적' 사랑을 받았지만 그녀의 삶은 무용예술 그 자체였고, 육체예술가로서 젊은 소비에트에 호감을 느끼고 모스크바에 학교를 차리고 소련 시인 예세닌과 결혼했고, 그후 유럽에서의 명성에도 불구하고 미국은 그녀를 받아들이지 않았다. 그녀의 기존 발레 비판과 새로운 무용전망은 혁명적이다. 예세닌의 자살, 그리고 아버지 잃은 자식 둘의 비극적 사망 또한 덩컨 육체예술의 비극을 예감케 한다.

그레이엄 '존재=무용', 육체를 능가하다

가장 독창적이고 영향력 있는 현대무용 춤꾼이자 안무가, 그리고 교사 중 한 사람인 그레이엄은 작은 체구로 오히려 무대를 지배하고 역동시켰다. 선구자들의 업적을 모두 제 것으로 만들면서 현대무용을 작품과 이론 양면에서 거대한 건축물로 세운 그녀 작품은 기존 발레와 본질적으로 다르게, 춤 언어로 복합적인 정서-심리상황을 탐구-표출한다. 인간의 내면 풍경을 묘사하는 무용언어. 그레이엄은 자신의 예술을 그렇게 표현했다. 왜, 하필 육체를 매개로 내면 풍경을 묘사하는가. 그러나 불가능에 대한 도전이야말로 예술행위에 가장 본질적이다. 그녀는 또 이렇게 말했다. 오늘날 삶은 불안하고 날카롭고 꾸불꾸불하다. 내가 무용에서 목표하는 것은 그 삶이다. 1916~1923년 데니숀무용단에서 춤을 추고 독자 선언 후에도 데니숀 무용 이국풍을 벗지 못했으나 1929년 호어스트를 음악감독으로 맞고부터 데니숀 계통과 대비되는 안무예술을 선보이기 시작했다. 독무 〈무용〉(1929)은 '선언'의 무용적 실천으로, 발을 전혀 움직이지 않고 몸 나머지 부분을 일그러뜨리는 것으로 무용을 대신했고, 자신이 창단한 여성무용단을 위해 안무한 작품 〈이교도〉(1929)는 피아노 편곡된 열 마디짜리 브리타니 지방 민요가 계속 반복되고 반복될 때마다 자신의 결백을 호소하는 흰옷 차림 주인공 동작이 단순하지만 매우 웅변적이다.

> 검은 의상에 위협적인 동작을 취하는 열두 명 심판관들은 그녀의 호소를 매번 거부하면서 듣기 싫다는 뜻으로 쿵, 발로 마루를 친 후 다시 무릎을 뻣뻣하게 세워 유죄 선고 자세를 취하고 마침내 '이교도'는 마룻바닥에 쓰러지고 승리감에 도취한 '정파신도들'이 주변을 둘러싼다.

〈이교도〉는 매우 분명한 흑백 대비를 구사하고 절묘한 '흑백사진=장면'들이 우리를 내면 풍경 속으로 인도하는 '매개=깊이'로 작용한다. 이 작품 이후 그레이엄은 더 응축했고, 이듬해 초연된 코다이 음악 〈애도〉(1930)는 그레이엄 무용의 도래를 만방에 알리는 걸작이다.

> 얼굴과 팔, 그리고 맨발을 제외하고는 두건 달린 검은 의상을 수의처럼 걸친 여자가 내내 나무 벤치에 앉아 있다. 그녀는 이쪽에서 저쪽으로 재빨리 몸을 움직이고, 자기 몸을 유폐시킨 의상을 손으로, 팔꿈치로, 무릎으로, 어깨로 잡아당기고 끌어당기고 밀고, 그러나 의상을 벗으려는 동작이 아니고, 위안 없는 세계 속 슬픔에 으깨진 몸을 누일 안식처를 새기려는 동작이다.

〈애도〉는 육체를 매개로 한 '존재=슬픔'의 형상화고, 폭발과 응축 사이 긴장에 관한 연구다. 연행자는 제 몸을 각지게 일그러뜨리며 펼치고 찔러대고, 각진 일그러짐은 옷감을 팽팽하게 잡아당기는 긴장으로 더욱 강조된다. 육체-무용-예술의 근원적 문제를 다루는 이 작품에서 고전발레 언어 자체가 모조리 뒤집히고, 현대무용 언어가 펼쳐진다. 고전발레가 몸을 곧추세운 상태에서 깨끗하게 또 길게 팔다리를 뻗어나가는 반면 그레이엄 무용은 모든 것을 명치 쪽으로 끌어당기며, 훗날 그녀는 이렇게 말했다. 이 사이로 숨을 한껏 내쉴 경우 어깨와 골반, 그리고 등에 가해지는 현상이 '수축(contraction)'이다. 숨을 들이쉴 때 등이 꼿꼿해지고 중심을 잡는 것이 '풀기(release)'다. 그녀의 '수축'은 척추를 밀어올리는 위장 근육을 날카롭게, 빠르게 조이는 동작이고, '풀기'는 윗등을 구부려 몸이 제 몸을 감싸도록 만드는 동작으로, 밖을 향해 흐르는 에너지를 방출한다. 호흡 행위와 별도로 행해지는, 긴장 이완과는 전혀 무관한 이 두 가지 근육 기본동작을 익히는 데 약 10년 동안 훈련이 필요하다고 그레이엄은 말했다. 이 훈련을 마치면 무용꾼의 몸은 축을 중심으로 빙빙 돌거나 치켜든 무릎에 얼굴을 거의 맞댄 채 몸을 구부린 자세로 도약할 수 있게 된다. 얼핏 매우 단순한 이 무용언어는 사실 고전발레 언어의 거대 낭만주의를 거부하고 일상 속으로 육체언어를 넓히는 동시에 일상언어로 인간의 신화적 심연을 더욱 현대적으로 표출하는, 조이스 『율리시스』의 소설혁명에 맞먹는 무용언어 혁명이고, 남성주의적인 '무용=육체=아름다움' 대신 여성주의 시각의, '모태=자궁'을 포괄하는 아름다움 개념을 선포한 것에 다름아니다. 그레이엄의 다음 작품, 자신과 열두 명 여성 합창단을 위한 호어스트 음악 〈원시적 신비들〉(1931) 미국 남서부 사막 강렬한 태양에서 영감을 얻었고, 세 개의 가혹한 제의장면으로 구성되며, 규모상 '응축의 폭발' 이지만 무용언어로는 '응축의 심화' 다. 안무와 무대장치 그리고 의상이 의도적으로 근엄하고, 성처녀 역 그레이엄은 흰옷 차림이다. 1934년부터는 기존 음악에 기대지 않고 코플랜드, 힌데미트, 바버 등 당대 음악 거장들에게 무용음악을 의뢰하기 시작했고, 1935년부터 저명한 조각가 노구치를 무대장치가로 끌어들였는데, 수수께끼 같은 노구치 무대장치는 그레이엄 무용의 일부가 되었다고 해도 과언이 아니다. 1930년대 말 남성 무용수, 특히 고전발레 출신 호킨스와 커닝햄을 고용했다. 그레이엄 무용의 '미국 소재 시기' 대표작은 호어스트 음악의 독무 〈프론티어〉(1935), 디킨슨 시/존슨 음악 〈세상에 보내는 편지〉(1940), 호어스트 음악 3인무 〈회개자〉(1940), 그리고 코플랜드 음악 〈애팔래치아의 봄〉(1944) 등인바 이 시기 그레엄의 명성은 높아지지만 소재주의로 인해 무용 언어 창출 과정의 긴장이 다소 이완된다. 〈프론티어〉는 원래 2부작 〈전망〉 중 1부로 계획되었는데 2부 〈행진가〉가 폐기되었다. 서부 공간을 개척한 사람들의 용기와 인내를 예찬하는 내용이고, 공간을 개척하는 무용언어가 부재한다. 〈회개자〉는 〈원시적 신비들〉을 잇는 멕시코 가톨릭풍 작품. 그레이엄, 호킨스, 그리고 커닝햄이 출연, 원시 형태 도덕극을 연행하는 떠돌이 광대 역 중 '성처녀=막달레나=성모', 회개자, 예수 역을 각각 맡았다. 대규모 집단을 위한 그레이엄의 첫 안무 작품 〈세상에 보내는 편지〉는 뉴잉글랜드 출신으로 생전 고향을 떠난 일이 없는 디킨슨의 사후 출간 시집에 담긴 여성적 내면을 무용으로 형상화한 걸작. 두 디킨슨(춤추는 디킨슨과 말하는 디킨슨)이 등장하며, 바로 이 작품이, 신화를 통해 여성의 현대적 내면을 탐구하는 1940년대 중반~1960년대 그레이엄 '그리스 소재 시기' 작품들의 토대로 작용한다. '미국 소재 시기' 대표작은 〈애팔래치아의 봄〉이다. 19세기 초반 서부 변경의 농가 마당. 무용행렬이 입장하며 등장인물들을 소개하면서 작품이 시작된다. 결혼을 하고 새집을 마련한 젊은 부부가 부흥회 목사, 그를 따르는 네 명의 노망든 여성 신자들, 초기 미국 정착민의 금욕적 자립

의지를 총합한 듯한 뚝심의 서부 여인을 초대, 봉헌 경축 분위기의 춤잔치를 벌이고, 주요 등장인물들이 각각 독무를 펼치면서 자신의 속마음을 드러내고, 나머지 사람들은 자기 생각에 잠겨 수동적인 자세를 취하지만 배경으로서 울림이 크고, 괄괄한 외향 성격의 남편은 새로 차지한 땅을 보란 듯이 자랑하고 젊은 신부(그레이엄이 자신을 위해 안무한 가장 부드러운 역할 중 하나다)는 눈앞에 펼쳐지는 새로운 경관에 마음이 설레지만 남편과 달리 확신이 서지 않고, 부흥회 목사가 가장 두드러지는 독무를 펼치고, 온갖 요란굉장한 저주의 말로 축사를 대신, 분위기를 끔찍하게 만들고, 서부 여인의 축복이 어두운 분위기를 누그러뜨리지만 없애지는 못하고, 무도회 행렬이 퇴장하고 무대에 신랑과 신부만이 남고, 여자는 흔들의자에 앉고 남자가 그 옆에 서고, 손을 그녀 어깨 위에 얹고, 서부 개척 시대 전형적인 사진 자세로 둘은 지평선 너머 함께 살 그들의 미래를 응시한다.

이제 현대무용사의 그리스 고전기라고 할 만한, 그레이엄의 '그리스 소재 시기'가 시작된다.

'골반=침대=관'

그레이엄은 그리스신화 중 여성이 여성으로서 받는 존재적 고통을 천착한다. '무용연극'이라 명명한 데서 보듯 극 성격이 더 강조되지만 응집-확산되는 무용언어가 매우 무용예술적으로 극성을 감당하고, 그리스신화가 눈앞에 펼쳐지지만 육체-무용을 매개로 '신화=이야기'가 고통받는 자, 전형적 인간 혹은 무용예술가 그레이엄의 내면 풍경에 적중, 유한하기 짝이 없는 예술 매질 육체가, 가장 위대한 매질로 변혁되는 순간이 빚어진다. 이 시기 대표작 (윌리엄) 슈만 음악 〈밤여행〉(1947)은 자신도 모르는 채 아버지를 죽이고 어머니와 결혼한 그리스신화 오이디푸스 이야기를 '어머니=아내' 조카스터의 자살 직전 관점에서 펼치고 있다. 어떻게 삶은 스스로 죽음의 지경에 이르는가. 회상 속에 혼동되고 시간과 공간이 혼동이 안겨주는 깨달음은, 괴이하지 않고 일상적으로 씁쓸하다. 조카스터가 목을 매려는 올가미가 거미줄로 변하여 남편과 아내를 사로잡는고, 올가미는 동시에 어머니와 아들을 잇는 탯줄이기도 하고, 사랑-희열의 신음소리가 얼핏 어머니 목소리처럼도 들리고, 중첩-혼동이 가중되고, 수천 년의 역사가 육체 안에 일순 응축된다. 오이디푸스가 거들먹거리며 나이든 여자를 유혹하는 동작은 어떻게 보면 눈을 떼지 않는 어머니 앞에서 젠체하는 아들의 그것을 닮았고 후에 두 남녀가 사랑을 나누는 동작을 수놓는 것은 아이를 흔들어 재우는 어머니 동작이다. 삽시간에 신화의 끔찍한 야만성이 우리 일상의 뇌리 속으로 뿌리를 내린다. 노구치 무대장치도 경악 자체다. 경사지게 들어올린 플랫폼이 뼈 구조물을 떠받치는데 골반처럼 생겼고, 그것이 침대로, 왕좌로, 그리고 관가(棺架)로도 기능한다. 노구치 무대장치가 또하나의 무용이거니와 무용이 풍경을 지향하고 풍경이 무용을 지향한다. 여성 정신의 힘과 상처받기 쉬운 면이 예리한 동시에 유구한 빛을 발하는 이 무용 궁극의 경지는 그레이엄 자신이 고안한 서양 무용언어만으로는 가능하지 않았고 아시아의 우주적 무용언어들, 특히 일본 노와 가부키, 중국 경극 등에서 숱한 무용언어들이 채용됐고, 특히 유효했던 것은 시-공간 혼동을 감당하는 무용언어다. 몇 발자국이 여행을 의미하고 몇 초 동안이 몇 년의 세월을 상징하는 무용-육체 본연의 상징성을 아시아 무용에서 배웠으니, 그녀는 무용의 처음을 끝으로 배운 것이다. 다른 그리스 소재 시기 작품들 중 〈어두운 풀밭〉(1946)은 영원 탐구 여행에 수반되는 신비를 다루고, 바버 음악 〈마음의 동굴〉(1946)은 아버지를 배반하고 남자를 따라나섰으나 남자가 배신하자 질투에 사로잡혀 둘 사이에 난 자식을 죽이는 잔혹 마녀 메데아가 주인공이며, 메노티 음악 〈미로 속으로 심부름〉(1947년)은 미로 속에 유폐된 반인반수 괴물 미노타우로스와, 미로로 들어가 미노타우로스를 죽이고 다시 미로 밖으로 빠져나오는 방법을 테세우스에게 가르쳐주었던 아리아드네가 추는 2인무고, 〈클리템네스트라〉(1958)는 남편이 딸을 바다신에게 제물로 바친 것에 격분, 전쟁에서 승리하고 막 돌아온 남편을 정부와 짜고 살해하는 아내 이야기다. 어떤 무용언어가, 어떤 무대장치가 동원되었을까. 그레이엄 후기 대표작 〈천사의 대화〉(1955)는 잔다르크가 주인공이다. 잔이 제단 창문 앞에 무릎을 꿇고 있다. 노구치가 정교하게 조각한, 거대한 장식창 격자가 잔의 '사랑하는 목소리들', 즉 성미카엘, 성캐서린, 그리고 성마거릿을 상상케 한다. 세 여자가 두툼한 벨벳 외투 차림으로 들어오고, 각각 처녀 잔, 전사(戰士) 잔, 그리고 순교자 잔을 의미한다. 처녀는 경쾌한 독무를 추다가 처음 목소리가 들리자 급히 멈추고, 두려움이 환희로 바뀌면서 그녀가 머리 두건을 획, 벗어 들고 깃발처럼 뒤흔들며, 성자들이 장식창 격자 일부인 칼을 전사에게 건네주고, 성미카엘이 자기 자리에서 내려와 그녀를 전장으로 이끌고, 그의 격려에 고무된 그녀가 그의 등에 올라타 그를 군마처럼 부리고, 이번에는 순교자에게 장식창 격자 십자가가 주어지고, 그녀의 고통이 십자가를 목발로 바꾸고 그녀가 목발을 질질 끌며 무대를 지나가고, 마지막에는 잔이, 황금빛을 흩뿌리면서 제단에 올라 조각 속으로, 하늘로 들어가고, 성미카엘이 그녀를 수호신처럼 보호한다. 소리와 조각 사이, 보이는 것과 안 보이는 것, 들리는 것과 들리지 않는 것 사이, 죽음과 생애의 응축 사이, 조각과 하늘 사이, 육체가 있고 무용이 있다. 가장 마땅하게. 이 작품은 그레이엄의 유언이라 할 만하다. 지상을 떠나 인간의 고뇌 속으로. 그레이엄 무용예술로 이 명제는 완성되었다. 그레이엄으로 하여 현대무용은 현대음악보다 더 효과적으로 대중의 뇌리 속에 길을 낼 수 있었다. 그레이엄은 숱한 제자를 키웠고 제자들 일부는, 그녀가 그랬듯, 곧 제각각 다른 길을 갔고 제 영역을 새로 열었지만 그레이엄은 여전히 완벽한 건축물이다. 그레이엄 무용 기법은 전 세계로 퍼져나갔고 마사 그레이엄 무용단이 바로, 흑인-백인-황인을 아우른, 세계 최초로 '세계적인' 무용단이었다. 그녀는 이렇게 썼다. 무용은 제의에서 기원했고, 제의란 불멸성을 허용하는 존재와 결합하고픈 욕망을 형태화한 것이다. 이제 그레이엄 무용 직전과 이외와 이후가 펼쳐진다. 육체는 결국 제 몸을 벗어나지 못할 것이면서 도대체 어디까지 펼쳐질 것인가, 그리고 스스로, 인간 해방의 가장 직접적인 표상으로 깊어질 것인가.

'현대무용=세계'

1898년, 21세 때, 덩컨은 아직 맨발이 아니고, 어머니의 레이스 커튼으로 만든 옷을 입고 춤을 추었다. 소녀 덩컨이 살던 집 벽에 보티첼리 〈봄〉 인쇄본이 걸려 그녀에게 커다란 영향을 주었다. 현대무용의 동작 해방 정신은 낡은 미술 관습을 타파하고자 했던 현대 미술가들에게 강력한 영감을 주었다. 미국 무용가 루스 데니스의 무용예술혼을 일깨운 것은 1904년 뉴욕 버펄로 약국에서 본 '이집트 신들' 담배 광고 포스터였다. 그해 후반 샌프란시스코에서 찍은 데니스 무용 사진은 그 포스터의 의상과 자세를 연상시킨다. 데니스는 학교에서 학생을 가르치고, 영화 장면 무용수들도 지도했으며, 자신의 초기 춤 원천을 찾아 숀과 함께 인도를 방문하기도 했다. 데니스와 숀은 여러 문명에서 춤 소재를 따왔다. 이를테면 〈라다〉(1906)는 힌두 사원 춤을 미국적으로 재현하며, 2천 5백 회 이상 공연된 〈재탄생 춤〉(1916)은 고대 이집트풍이다. 숀 〈동역학 몰페〉(1935)는 남성의 힘을 주제로 11장(투쟁, 반대, 용매溶媒, 역동적 대비, 탄력, 연속, 펼침과 접음, 만가, 연옥, 파동, 신격화)에 걸쳐 펼쳐지며 미국 남성에게 가치가 있다고 그가 생각하는 행위들을 찬양한다. 숀 〈크호키틀〉(1920)에 출연할 당시 그레이엄은 26세였고, 어떤 평론가는 이 작품에 대해 '야만적으로 피비린 일련의 그림들'이라고 평했다. 1927년 덩컨 사망 후 독일 포츠담에 건립된 이사도라 덩컨 무용학교는 프러시아 황제 프레데릭 2세 궁정터에 세워졌지만 덩컨 생전에 건립된 다른 학교들과 마찬가지로 파산했다. 애쉬튼의 첫 발레 작품 〈패션의 비극〉(1926)은 패션디자이너의 시련과 역경을 그린 작품이다. 청년 시절 덩컨 춤을 직접 보았던 애쉬튼은 놀라운 관찰과 기억 및 이해력으로 덩컨 춤을 복원, 〈이사도라 덩컨풍으로 추는 다섯 개의 브람스 왈츠〉를 만들었다. 험프리 〈떠는 자들〉(1931)은 성적 억압과 종교적 환희가 복합적으로 드러나는 제의 춤이다. 차부키아니 〈라우렌치아〉(1939)는 유명한 고난도 기교의 6인무 말고는 서방에서 공연된 적이 없지만, 15세기 스페인 농민반란이라는 소재 때문에 초연 이래 줄곧 소비에트 레퍼토리에 들어 있었다. 무용-안무가이자 인류학자 던햄 〈열대 레뷔〉(1942)는 재즈-댄싱에서, 원시 제의 춤을 재창조한 '라라 통가'에 이르는 다양한 흑인 춤을 선보였다. 프리머스 또한 무용-안무가이자 인류학자로서 서인도 제도 및 아프리카 춤을 활용, 흑인 주제를 다룬 강력하고 독창적인 무용작품을 창조해냈다. 그의 팡가 춤은 대추장을 환영하는 리베리아 춤을 기초로 한 것이다. 드밀 〈로데오〉(1942)에는 손뼉과 부름에 맞추어 추는 완전 미국풍 스퀘어 댄스 장면이 나온다. 드밀이 로저스 & 햄머스타인 뮤지컬 〈오클라호마!〉(1943)를 위해 만든 '꿈 발레'는 여주인공 로리가 구혼자 커얼리에 대해 갖는 감정을 명료화, 줄거리를 진전시킨다. 슐렘머 〈3화음 발레〉는 인간 몸체에 동역학-기하학 기법을 적용한 대표적인 추상무용 작품으로, 의상은 나선형 및 철사 몸체의 이중적 노출 등으로 종종 무용수의 인간성 자체를 부인하는 듯하다. '추상'은 위협적인 환상의 상이다. 1940년대 영국 발레 대표작이라 할 헬프만 〈햄릿〉(1942)은, 특히 햄릿과 어머니 거트루드 사이 관계를 프로이트 정신분석학적으로 다루며, 애쉬튼 〈교향적 변주곡〉(1946)은 폰테인을 주역으로 세운, 절대 고전적 순수미를 구현하는, 줄거리 없는 발레다. 로빈스의 첫 안무 작품 〈팬시 프리〉(1944)는 아메리칸 발레 시어터를 위해 만든 것이다. 음악을 쓴 번스타인과 로빈스 둘 다 당시 26세였다. 로빈스는 드물게 발레와 뮤지컬 두 장르를 모두 기획-안무했고 〈팬시 프리〉는 역시 드물게 영화로 또 뮤지컬로 성공했다. 주인공은 보통 사람들이다. 뉴욕에 정박한 배 선원 셋이 술집에 들어가 각각 여자를 꾀려다 모두 실패하지만 실패 과정의 재미는 이 작품을 발레 사상 가장 행복한 작품 중 하나로 만들 정도다. 아스테어는 주로 미국 코미디 뮤지컬에 출연했고, 여전히 전 세계 무용 애호가들에게 남성적 세련-우아미의 축도며, 발란친은 그를 당대 가장 흥미롭고 창의적인 춤꾼으로 평가하였다. 로열 덴마크 발레 공연 란데르 〈연습곡〉(1948)은 체르니 피아노 연습곡을 무용음악 삼아 음악의 연습곡을 능가하는 안무의 연습곡을 창조하려는 노력이었다. 니콜라이스 〈잡아 늘일 수 있는 연루〉(1953)는 특히 '가면, 버팀대, 모바일 작품들' 대목에서 무대조명과 소품을 안무와 같은 비중으로 다루어 놀라운 효과를 내고, 무용단은 인체 형태를 강조하지 않고 오히려 인간 및 세상과 무관한 것으로 변형시켰으며, 몇몇 평론가들은 이 작품을 무용으로 보지 않았고, 혹자는 무용수들이 자루 속에 갇혔고 그들 동작에 따라 자루 형태가 변했을 뿐이라 했다. 라반의 '합창'은 숙달된 무용수와 아마추어가 조화를 이루며 함께 움직이는 경험을 주기 위해 개발된 동작이다. 테일러 〈오레올〉(1962)은 사랑과 빛으로 가득 찬 즐거운 세계를 창조한다. 파리 오페라 공연 로빈스 안무 〈목신의 오후〉(1953)에서 무대는 발레 스튜디오로, 목신은 발레 연습이 무료해진 소년으로, 요정은 연습하러 들어오는 소녀로 바뀌었다. 프로시니엄 입구를 스튜디오 네번째 거울벽으로 설정하고 상대방에 대한 소년과 소녀의 의식이 거울벽을 통해서만 전달되게 함으로써 기발하고 깊은 효과를 냈다. 둘은 거울벽을 들여다보며 함께 연습하지만 소년이 그만, 아주 부드럽게, 소녀 입에 자기 입을 맞추고, 그렇게 마법이 깨지고 소녀가 퇴장하면 소년은 다시 무료하게 누워 몽상에 빠진다. 사티 음악/커닝햄 안무 〈7중주〉(1953)는 사티 음악에 너무 묶여 있기 때문에 오늘날 비커닝햄적으로 분류된다. 엘빈에일리무용단 공연 〈계시〉(1960)는 흑인 영가의 희망과 공포, 우울과 환희를 표현한다. 세례와 영적인 씻음 이미지가 물을 상징하는 길고 새하얀 장식 리본에 의해 고조된다. 로열 발레의 '건축자' 발로아가 안무한 〈외통수〉는 죽음과 삶이 벌이는 체스 게임이 죽음의 대리인 검은 여왕의 계교 때문에 죽음의 승리로 끝난다는 내용이다. 애쉬튼 〈한여름 밤의 꿈〉(1964)은 로열발레가 위촉한 셰익스피어 대본의 발레 작품 세 개 중 하나로 멘델스존의 동명 무대음악을 썼고 오베론 역 도웰과 티타니아 역 시블리가 거의 화학적인 결합을 보여주었다. 프로코피에프 음악/애쉬튼 안무 〈신데렐라〉는 애쉬튼의 최초 장막 발레일 뿐 아니라, 영국 발레사의 위대한 이정표다. 베자르 〈모호한 밤〉(1968)은 '십자가의 성 요한'의 글을 대본으로 썼고, 배우 카사레가 베자르와 공연했다. 1959년 타츠미는 살아 있는 닭을 죽이는 자신의 춤 공연에 비난이 빗발치자 전(全)일본예술무용협회를 탈퇴하고, 카즈오 등 동료들과 함께, 극단적인 안무를 통해 일본 사회 실상을 일본인에게 경악으로 깨우치는 안코쿠 부토('암흑무용', 줄여서 부토) 운동을 시작했고, 부토는 그후 보다 유연해져서 본래의 기괴와 함께 서정, 심지어 유머까지도 포함하게 되었다. 카즈오 춤 인생 출발에 영감을 준 스페인 무용가를 그린 작품이 〈라 아르헨티나를 경배하며〉(1985)다. 일본 산케이 주쿠(山海 스튜디오) 남성 부토단 워싱턴 광장 공연 〈매달린 조각〉(1985)은 아주 높이 매달린 단원 다카다가 떨어져 사망하는 사고를 맞았고, 다카다 추모 공연 〈킨칸 쇼넨〉이 마련되었다. 튜더 〈그림자 놀이〉(1967)는 오랜 세월 미국에 살다 1967년 고향 런던으로 돌아온 튜더가 코번트가든 로열발레를 위해 최초로 만들어준 작품으로, 성장 및 정체성 문제에 직면하는 청년 역을 파크가, 청년이 싸워야 하는 '천상의 존재' 역을 더웰이 맡았다. 레이너 〈트리오 a〉(1966)는 현대 무용 레퍼토리 중 가장 영향력 있는 작품 중 하나다. 1967년 조프리가 안무하고 스스로 '사이키델릭 발레'라 명명한 〈아스타르테〉에는 문신투성이 '사랑 여신'과 그녀에게 좌지우지되는 '필멸 인간'이 나온다. 발레 랑베르 공연 렌 테틀리 안무 〈호랑이를 껴안고 산으로 돌아가라〉(1968)는 중국 태극권에서 따온 동작이 동양적인 맛을 낸다. 셰익스피어 원작 슈투트가르트 발레 공연 크렌코 안무 〈말괄량이 길들이기〉(1969)는 끝까지 희극 분위기를 성공적으로 유지하는, 드문 장편발레다. (무용은 일관된 희극이 비극보다 훨씬 더 힘들다.) 모리스 〈어느 매혹적인 밤〉은 흡혈귀를 다루고, 팔코 〈다채로운 풍경〉은 무용언어가 다소 인습적인, 세 사람 사이 애정 다툼을 다룬 초기작으로 네덜란드무용극단이 초연했다. 슈토크하우젠 음악/프로망제 무대디자인/발레-테아트르 콩탕포렝 공연 〈애국가들〉(1971)은 민족주의 깃발 아래 선 인간이 드러내는 공격성이 주제인데, 무려 다섯 명의 안무가들이 공동창작했다. 1972년 뉴욕시티발레 스트라빈스키 페스티벌 출품작인 로빈스 〈덤바튼 오크스 협주곡〉은 테니스 파티장이 무대고 등장인물 분위기가 얼핏 1920년대 뮤지컬에 나올 듯싶지만 춤은 로빈스의 기지와 위트를 총동원하고 있다. 1974년 로열 발레 공연/조플린 음악/스펄링 의상디자인/클라크 안무 '레그타임 무용' 〈엘리트 신코페이션〉 중 독무는 특별히 콜먼을 위한 것이다. 할렘 무용극단 공연 노스 안무 〈트로이 게임〉(1974)은 등장인물 전원이 남성이다. 뮤지컬 〈코러스 라인〉(1975)은 쇼 무용수들의 생애를 유머러스하게 또 통렬하게 그려, 브로드웨이 뮤지컬 역사상 최장기 공연 기록을 세웠다. 오디션 합격 연기자들이 앞에, 실패한 연기자들이 뒤에 일렬로 서 있는다. 사프 〈슈의 다리〉(1975)는 그녀와 그녀 단원들이 여러 무용 테크닉, 특히 발레, 현대무용 및 재즈무용 기법들을 뒤섞는 식이다. 카터 〈스쿠메이〉(1975)는 신랑을 죽인 세 명의 자객에게 차례로 복수하는 신부가 주인공이고, 일본 이야기(物語)가 원전이다. 드뷔시 음악/킬리안 안무 〈피묻은 성당〉(1975)은 혼란스러운 관계에 빠진 남녀 두 쌍을 다루고 있다. 드뷔시 음악/코헌 안무 〈수선화들〉은 화가 모네가 캔버스에 색으로 잡아냈던, 수면에 작용하는 빛의 끊임없는 변화를, 춤으로 포착해낸다. 런던 컨템퍼러리 댄스 시어터 공연 코헌 안무 〈물 없이 수영하는 방법 강의〉는 많은 수영 동작이 동원되지만, 동시에, 발레가 벌어지는 곳은 정기여객선의 물 빠진 수영장이다. 몽크 〈채석장〉(1976)에서는 전쟁으로 찢긴 유럽의 슬픔이 고통받는 아이로 상징된다. 사프 〈난폭하게 밀치다〉(1976)는 아름다운 춤과 위트를 결합한 작품으로 바리슈니코프와 체르카스키, 쿠도, 그리고 아메리칸 발레시어터 단원들이 초연을 맡았다. 〈이것은 노래다〉(1976) 이후 회전은 로라 딘 안무 작품의 트레이드마크가 되었다. 머스 커닝햄 무용단 공연 〈교환〉(1978)에서 커닝햄은 발레 루스 전통을 좇아 동시대 주요 미술가들, 특히 라우센버그, 존스, 그리고 워홀 등과 함께 작업했다. 1979년 발레 랑베르 공연 셰익스피어 원작 〈템페스트〉는 테틀리 안무/바일리스 무대디자인/노르트하임 음악이 삼위일체를 이뤄 호평을 받았다. 바우슈 〈아리엔〉(1979)은 작은 못 안에, 하마도 살 수 있다는 것을 충분히 논리적으로 보여준다. 무용극단 부페르탈의 오랜 리더로 독일 신(新)표현주의의 여성 맹주라 할 바우슈의 안무는 늘 격렬한 찬반(贊反)을 야기시키지만 대체로 현대사회의 부조리를 흥미롭게, 때로 도발적으로 규탄하면서 점점 더 극-무용을 향해 나아가고 있다. 1980년 공연 조프리 안무 〈목신의 오후〉는 니진스키판 안무에 가장 충실하다. 애쉬튼 안무 〈랩소디〉(1980)는 러시아 무용수 바리슈니코프의 숨 막히는 기량을 전시하는 진열창 격이었다. 테일러 〈아든 궁정〉(1981)은 특히 민첩하고 강건한 사내와 발이 날아오를 듯한 여인의 조화가 일품이며, 유머와 서정의 조화도 빼어나다. 커닝햄 〈채널/인서트들〉(1981)은 서로 다른 여러 관심 포인트가 무대에서 동시적으로 전개된다. 처텀 음악/아미티지 안무 '펑크 무용' 〈와토 2중주〉(1985, 원제 '-p=dh/dg')에서 아마티지는 프왕트 슈로 고전발레의 우아한 무중력 상태를 표현하기는커녕 그것을 '난폭한 원더우먼' 의 위험한 무기로 바꾸고 있다. 고든 〈들판, 의자와 산〉(1985)은 국가 안무 계획 기금으로 아메리칸 발레시어터가 위촉한 작품이다. 발레단체가 현대무용가에게 작품을 위촉하는 사례는 점점 늘고 있다. 클라크는 1980년대 가장 혁신적인 안무가 중 하나며, 피겨 선수 출신으로 아이스 스케이팅과 무용을 한데 뒤섞은 커리는 사프, 맥밀런, 마틴스 및 로라 딘 등과 공동 작업했다. 하트 〈죽음과의 춤〉은 에이즈를 다룬 모던 발레다.

테크놀로지와 예술적 상상력; 사진, 영화예술의 배꼽

사진과 영화, 그리고 TV 드라마는 테크놀로지의 발전과 함께 근-현대에 들어서야 그 실현이 가능했던 장르다. 'motion picture-movie-film'(영국, 미국), 'cinématograph-cinéma'(프랑스), 'cinematografia-cinema'(이탈리아), 'kinematographie-kino'(독일), 'cine'(스페인), 'кино'(러시아), 'biograf'(북유럽), 電影(중국) 등등 영화를 뜻하는 모든 나라의 명칭은 테크놀로지와 밀접한 연관을 갖고, 그런 채로, '영화' 는 말이 누구에게나 (대중)예술을 직접 연상시킨다. 그것 또한 영화가 처한 운명의 반영이고, 컴퓨터-가상현실 시대를 맞아, 테크놀로지가 테크놀로지의 상상력을 무한하게 키워나감에 따라, 역전의 조짐조차 보인다. 그러나 특히 예술적 상상력의 면에서 보자면 테크놀로지는 언제나 실현을 '가능케 하면서 제한' 하는 경향이 있다. '무엇을 어떻게 할 것인가?' 의 질문, '어떻게 할 것인가?' 의 질문에 '(테크놀로지가) 할 수 있는 것은 무엇인가?' 가 어느 틈에 끼어들고, 테크놀로지의 능력이 신비화하고 그 신비주의가, 테크놀로지의, 컴퓨터의 2진법이 극적으로 상징하듯, 사실은 매우 단순한 '예술적' 상상력이 인간-예술의 무한한 상상력을 어이없게도 종속화, 이를테면 '컴퓨터로도 그림을 그릴 수 있다' '컴퓨터로도 사진을, 영화를 찍을 수 있다' 로 낙착되는 경우는 숱하다. 중요한 것은 테크놀로지의 상상력을 단순노동력으로 부리면서 인간-예술적 상상력의 '순정한' 최대치를 구현하는 일이고, 이제까지 예술사에서 진정한 예술정신은 늘 그 '가능케 하면서 제한' 하는 경향을 관통, 한층 더 높은 수준으로 발전해왔다. 실물을 완벽하게 닮은 그림이 생겨나고 그, 사진이 움직이고 기차가 달릴 뿐 아니라 실제로 칙칙폭폭 소리를 내고 이야기가 영화화하는 '1차적 가상현실' 의 신기함에 예술가들이 속수무책으로 경악했던 시기는 매우 짧았다. 사진은 현실적이므로 초현실적인 예술 내용을 '당연히' 갖추기 시작하고, 영화는 가장 총체현실적이므로 시간과 죽음이라는 예술내용을 '당연히' 갖추기 시작하며 그 내용으로써 각기 사진 '만의', 영화 '만의' 독특한 내용=형식을 갖추어간다. 컴퓨터가 (아직은) 사탕발림으로 약속하는 총체적 가상현실을 사진-영화 예술은, TV 방송드라마는 어떻게 관통할 것인가? 또 어떻게? 초기 영화기법들은 거의 모두 사진에서 영향받은 것이고, 그때 그 '사진' 이 예술이었는가, 아니면 테크놀로지였는가에 따라 영화에 대한 기여도는 상반된 방향으로 나타난다. 사진은 언제 어떻게 '예술' 로 되었을까? 사진 '기계' 로 말하자면 그 원조가 11세기 아라비아, 혹은 그 이전까지 올라가고 그후 르네상스정신을 대표하는 화가 레오나르도 다빈치도 연루되며, '어두운 방' 으로 명명된 그 기계는 사진기가 나오기 직전까지 사물을 베끼는 그림도구로 쓰였지만, 이런 사진의 역사는, 사진을 이해하는 데 도움이 되기보다는 방해가 되는 면이 더 많다. 테크놀로지로 볼 때, 사진기는 판에 찍힌 그림자가 (일일이 베낄 필요 없이) 그대로 인화되게끔 만들 뿐이고, 이 '뿐' 이 당분간은 실로 엄청난 소란을 야기했지만, 미술가들의 실직 사태가 속출하고 한 독일 신문 복제양 돌리가 탄생하기 약 백 년 전에 벌써, 사진을 '신에 대한 모독' 으로 단죄하고, 파리 화가들이 사진의 금지를 정부에 진정했을 때 그 선봉에 앵그르가 서지만 그는, 그도 사진의 힘을 인정했고, 그것을 근거로 그림도 그렸으며(〈샘〉, 1856). 쿠르베, 세잔, 루소, 피카소, 그리고 특히 드가와 로트렉에게 사진은 매우 유용한 기초자료였다. 사진. 포토그래피. 포토. 빛 'photo=빛' 은, 광전지의 'photo=빛' 과 같은 단어다. 빛의, 전기로의 죽음. 전기의, 빛으로의 죽음. 사진은 빛의 죽음, 그리고 숫자의 죽음과 처음부터, 운명적으로 얽혀 있었다. 사진예술은 영화는 물론 TV 방송드라마 예술의 발전에도 바탕을 이룬다. 이 당연한 이야기는 그러나 매우 복잡하고 정교한, 삶과 죽음의 현실과 예술을 심층적으로 응축한다. 영화와 TV 방송드라마는 위의 '자유롭지 않음' 을 자신의 존재 조건으로 전화, '자유 너머' 를 지향하는 점에서만 예술적이고, 사진은, '완벽한 모사' 라는 장점을 활용하기는커녕 단점으로 전화시킨 후 그것을 존재 조건 삼고, '존재 너머' 를 지향하는 점에서만, 숱한 아마추어 현상에 보듯 일상적이고, 숱한 아마추어 현상에도 불구하고, 이중으로 예술적이다. 사진이 순간성을 영원성으로, 초상을 '죽음=불멸' 자체의 '형식이자 내용' 으로 전화할 수 있는 까닭이다. 그러나 정작 사진을 찍는 사람에게 사진은 무엇이었던가. 아마추어 작품이든 작가 작품이든 모든 초기 사진에는 죽음이 안온한 시간의 모습으로 혹은 시간이 죽음의 안온한 모습으로 묻어난다. 사진예술은 대상을 단순히 찍지 않고 대상의 겉과 속을 모두 드러낼 뿐 아니라 대상과 대상 바깥을 구분한다. 공간적으로뿐만 아니라 시간적으로도 삶과 죽음을 혼동-구분하는 것인지 모른다. 죽음이 단지 시간적으로 삶 '이후 혹은 이전' 일 뿐만 아니라, 공간적으로 '삶 바깥, 삶-상상력의 바깥' 이기도 하다는 것을 초기의 사진은 흑백으로 언명한다. 아니 언명 그 자체를 형상화한다. 거리의 풍경보다는 인물의 풍경, 즉 초상화에서 더욱 구체적으로, 사진은 삶의 세계 속으로 인화된 죽음의 모습 혹은 거꾸로, 아니면 그 둘의 상호상승을 통한 끝없는 통로의 '표면-제록스' 화며. 그렇게 사진은 마침내 삶과 죽음 사이 아름다운, 혼미(混迷)의 세월을 닮는 동시에 세월성 그 자체를 아름다움의 '묻어난 자리' 로 만든다. 조선 말기 우리 조상들이 옳았는지도, 모른다. 사진기가 정말 영혼을 빼앗아가는 것인지도 모른다. 조상들은 알지 못했던 것은, 사진이 영혼을 정말 빼앗아간다면 그것은 오로지 영혼보다 더 아름답고 의미 있는 것을 위해서라는 점뿐이다. 아직까지 사진은 영혼을 빼앗은 일은 없다. 영혼보다 더 나은 것을 만들지 못한 까닭이다. 이 모든 초상화 이야기는 사진에 찍히는 자의 영원불멸 욕망과는 상관이 없다.

영화의 컷백은 같은 시퀀스에서 쫓기는 자와 쫓는 자의 서로 다른 공간-장면을 교대 컷으로 이어가는 연출기법, 플래시백은 컷백 공간 처리에 반해 현재진행형 이야기 전개 속에 과거(혹은 미래)의 이미지를 끼워넣는 기법. 사진 '예술' 을 안다면 이것은 정말 엄청난 '기법' 일 것이다. 중단 없이 촬영한 일련의 필름을 컷 혹은 쇼트라 하고, '컷=쇼트'가 모여 신을 이루고 신이 모여 시퀀스 혹은 에피소드를 이루고 30~50개의 시퀀스로 영화는 구성된다. 사진 '예술'을 안다면, 이것은 정말 엄청난 가능성의 세계다. 그러나 이 모든 가능성은 1차적으로, 사진 '예술'에서 왔다. 영화예술의 1차적 성공은, 총체주의의 비극을 피한 데서 왔다. 하지만 총체주의에 희망은, 정말 희망이, 없을 것인가? 그 질문으로 영화의 길이 계속된다. 영화의 '예술성'을 높이려는 움직임은 일찍부터 시작된다. '활동사진'의 창시자 뤼미에르 형제가 영화를 기록 재현의 수단으로 본 것에 맞서 멜리에가 자택 정원에 유리 무대를 세우고 온갖 트릭을 궁리, 〈달세계 여행〉(1903)을 찍은 것은 영화가 현실 이상의 것을 담아낼 수 있다는 선언이지만, 영화 '언어'는 환상장난으로 환상장난을 위해 생겨나지 않으며, 대중적인 희극이나 활극에선 전통 무대극을 문학-예술인들이 통조림한 '예술영화'들이 프랑스에서 제작되지만 영화언어는 연극언어와 말 그대로, 같아 보이는 바로 그만큼 다르고, 그러나, 그렇게 '이야기'와 '무대'와 '드라마'를 포괄하면서 넘어서는 영화의 표현영역이 탐구되기 시작하고 그렇게 무성영화의 황금기가 열린다. 무성영화 황금기 그리피스 감독 영화 〈국가의 탄생〉(1915)과 〈인톨러런스〉(1916) 등을 통해 전(全)화면 클로즈업, 야간 촬영, 야외 촬영, 페이드아웃, 파노라마 롱숏, 크로스커팅 등 기법이 개발되고, 그 뒤에 예이젠시테인 감독 영화 〈동맹파업〉(1924)과 〈전함 포톰킨〉(1925), 그리고 푸돕킨 감독 영화 〈어머니〉(1926)는 무엇보다 몽타주 기법을 창안하거나 크게 발전시켰다. 〈전함 포톰킨〉 중 몽타주 '오데사 계단' 장면은 영화사에서 가장 자주 인용되는 것 중 하나다. 이 장면으로 그의 명성이 확고해졌다. 필름을 몽타주(조립)하는 것은 필름에 리듬을 주는 것에 다름아니다. 예이젠시테인의 이 유명한 명제는 특히 소비에트 영화예술의 발전에 커다란 전기를 마련했고 '리듬=몽타주'는 소비에트혁명 영화뿐 아니라 영화의 소비에트적 혁명성에도 기여하기에 족했다. 하지만 혁명이 구호화하고 '내용이 형식을 낳는다'는 사회주의적 원칙이 구호화하면서 예술이 기법화하는 기현상, 아니 당연한 현상이 나타난다. 몽타주는 기호로서 성격이나 세계의 해독을 시도하고 관객의 의식변혁을 의도한다. 명제는 '몽타주=리듬'을 '몽타주=세계관'의 영화적 생애로 이끌어 올리려는 노력이었지만 대비 및 폭로 효과에 집착, 사진을 예술에서 '자료 혹은 기법'의 차원으로 전락시켰고, 1930년을 전후하여 유성영화가 배급되었을 때 소련 몽타주론자들은 음성-음악과 영상의 관계야말로 '시각과 청각의 대위법적 조합'이라는 명제를 신속하게 제출하지만, 이 명제를 실현한 예이젠시테인 〈알렉산더르 넵스키〉(1938)는 내용주의와 기법주의의 공허한 절충에 다름아니다. 영화에 대한 사진 '예술'의 기여, 진정한 의미에서 '사회주의적' 기여의 완성은 오히려 웰스 감독 영화 〈시민 케인〉(1941)에서 이루어진다. 특히 오페라 가수의 꿈을 좌절당한 케인의 두번째 아내(커밍고어 분)가 조각그림 맞추기로 무료한 일상을 보내고 케인(웰스 분)이 하릴없이 그것을 쳐다보고 그 뒤로 넓은 공간이 황량한 장면은 영화(기술이 아니라) '예술'이 무엇을 표현할 수 있는가를 충격적으로 보여주었다. 장심도(pan focus, deep focus) 촬영기법 등 그의 '영화로 된 사진예술' 기법과 '안티몽타주' 이론을 통해 영화가 온전히 영화의 한 부분으로 된 사진 '예술'의 깊이를 영화 속으로 흡수하게 되며, 이 역전 현상은, 현실사회주의가 건설 과정에서 오히려 사회주의적이 아니라 스탈린주의적이라서 실패할 것이라는 예감을 최초로, 영화적으로 표현한 것이라 할 만 하다.

바야르 〈정원 도구들과 밀짚모자〉(1843)는 음화로 제작한 최초의 사진 중 하나고 탤벗 〈파리 거리 풍경〉(1843)은 칼로타이프 네거티브로 제작한 솔트프린트고, 브라운 〈사슴과 들새가 있는 정물〉(1865)은 콜로디온을 입힌 유리 원판으로 제작했다. 커티스 〈아파치 정물〉은 〈북아메리카 인디언〉 첫 권(1907)에 그라비야 사진으로 수록되었다. 랑 감독 작품 〈메트로폴리스〉(1927)는 랑이 창조한 미래전망을 채울 육중한 장치를 요했고 영화 제작자를 파산시켰지만, 영화사의 한 이정표를 세웠다. 후에 랑은 할리우드에서 대부분의 유럽 출신 영화감독보다 더 성공적이었지만, 독립성을 잃은 것에 자주 좌절감을 느꼈다. 대공황 시기 한 눈먼 소녀가 주인공 덕분에 시력을 되찾는 줄거리와, 우스꽝스러운 사회풍자 및 비판이 결합된 채플린 영화 〈도시 불빛〉은 굉장한 인기를 끌었다. 1960년대 영화배우 먼로가 부여받은 현대의 사랑 여신 역할은 개인이 감당하기에 너무 무거운

짐이었다. 그녀는 곧 빈 섹스 심벌 이미지를 극복하는 데 실패했고 비극적인 최후를 맞았다. 버호벤 감독 영화 〈원초적 본능〉(1992)의, 성관계를 맺은 후 상대방을 죽이는 여주인공은 '모든 것을 집어삼키는' 신화 여성의 현대판이다. 은막의 여신 그레타 가르보는 인기 절정에서 은퇴한 후 은둔의 삶을 살았다. 스필버그는 나이 서른 전에 이미 현존하는 가장 유명한 영화감독 및 제작자 중 하나가 되었다. 그의 두번째 빅히트작 〈제3종과의 접촉〉은 미국에 도착하는 외계인을 다루며 그가 직접 시나리오를 썼고 특수효과에도 정통한 솜씨를 과시하였다.

현대음악, '동굴=거울=파경' 혹은 응집의 응집과 '일상=블랙홀'을 다스리는 '이야기'
12음열기법, 불안의 '계단=음악'
2차 빈악파, 파경의 좌우
총체음열주의, 불안의 '독재=민주화'

약 5백 년 동안 서양음악을 지배했던 조성 법칙과의 결별이 1908년 이뤄졌다. 그것을 선도한 사람은 작곡가 쇤베르크. 이 결별 상태는 겨우 10년 남짓 이어졌다. 하지만 '겨우'란 말이 걸린다. 이 사이 도대체 무슨 일이 벌어졌을까, 혹시, 무엇보다 음악의 본성상, 역사-음악사의, '응집의 응집'을 통한 질적 전화로서, '시공이 혼동되는' 현대가 음악에서 제일 먼저 '가시화'한 것 아닐까? 하지만, 벌써, '본성'과 '역사'와 '현대'의 언뜻 당연한 연속선상이 마음에 걸린다. 그러나 이 '걸림'으로 나는 이미 이 장의 결론을 말했다. 1908년 자신의 두번째 〈현악 4중주〉 한 중간에서 쇤베르크는 마침내 무조(無調)음악의 영역 속으로 들어갔다. 조성이 없다. 이것은 이성적으로 음악의 전통적 의미 맥락을 벗는 해방이자 탈구조화지만 음악 감성적으로는 의미의, '난해 속으로의' 해방이었다. 한 옥타브 내에 존재하는 온음과 반음(도합 12음, 피아노의 흰 건반과 검은 건반 전부)은 서로 공평한 자격을 갖는다. 즉 으뜸음-딸림음-버금딸림음의 종속 관계가 해소된다. 조성이 없다는 것은 표면적으로 바로크 이전 중세음악으로 귀환을 뜻하지만 중세음악의 형식이 하나님의 평화를 '눈보다 생생한' 귀의 광경으로 펼치는 신앙미(信仰美, '하나님의 질서는 아름답다'—토마스 아퀴나스)의 장이었다면, 쇤베르크-무조음악은 어지러운 현대 도시의 불안 그 자체를 뼈대로 새운, 불안이 완강한 계단이다. 5백 년의, 시간보다 더 구체적인 음악이 중첩되고, 그렇게 탄생하는 '음악=시간'의 블랙홀 속으로 난 유일한, '탈법칙=법칙'의 이 계단. 이론적으로 음악을 모르는 어린애조차 작곡이 가능하다는 보편평등주의 선언이지만, 음악 감성적으로 마르크스 역사 법칙을 구약성서의 그것으로 되돌리는 음악의, 현대적인 '신의 어린 양' 선언이었고 쇤베르크는 마르크스주의자 못지않게 사명감에 가득 차 있었지만, 동시에 마르크스주의자와 정반대로, 스스로 공포에 가득 차 있었다. 아니, 여기서도, 그는 정치적 마르크스주의자에 비해, '예술의 좌파'였는지 모른다. 마르크스주의자들은 현실의 법칙을 현실적 자유로 실천하면서 느꼈던 내면의 공포를 스스로 억압했고 그것은 훗날, 특히 스탈린 공포정치로 왜곡-외향 폭발한다. 쇤베르크는 스탈린주의보다 더 먼저 공포를 예술로 형상화하고 그렇게 파경 이후 공포를 포괄한 현대의 세계관을 상정했다. 현실화 과정에서 마르크스주의자와 '예술의 좌파'가 한몸인 채로 어긋나는, 혹시 골육상쟁하게 되는 대목이다. 둘은 아마도 무명-망명 시절 허름한, 지식인-예술가들이 즐겨 찾던 선술집에서 만났겠고, 레닌에게 쇤베르크 음악의 공포는 자신의 그것이(었)기에 더욱 비겁해 보였을 것이고, 쇤베르크에게 훗날 레닌의 확신은, 자신의 그것이(었)기에 더욱 천박해 보였을 것이다. 쇤베르크 무조음악은, 중세 이후에도, 오랜 음악사가 쌓인 결과다. 아니, 모든 걸작 음악의, '조성=의미'를 쌓는 과정은 '탈의미' 혹은 '의미 너머'로서 무조의 계기를 동반한다. 바로크음악의 흔들림, 모차르트 음악의, '1천 년 나이의 장난기', 베토벤 음악의 '낭만주의적 전화, 오페라부파의 가장 희극적인 대목이 무조의 계기를 품고, 리스트-바그너에 이르면 반음 사용이 포화 상태에 이르러, 조성 바깥으로 넘쳐난다. 프로코피예프 첫 피아노 협주곡과 스크리아빈 피아노 음악, 그리고 스트라빈스키 발레 음악 〈봄의 제전〉에도 무조의 계기가 존재한다. 아니, 형식이 아니라 내용으로 보자면 대중음악 선정성의 계기가 바로 무조의 계기다. 그러나, 중요한 것은 법칙의 의식화와 의식의 음악화고, 이것에 이르기까지 쇤베르크는 음악사를 세기말의 입장에서 재경험했다. 마치 어른이 되면서 우리가 이제까지의 인류사를 우리 생애의 입장에서 재경험하듯이. 1874년 노쇠한 합스부르크 왕가의 본거지 빈에서 유대인으로 태어난 쇤베르크는 어려서 첼로와 바이올린을 배우지만 16세 때 아버지가 죽자 은행원으로 취직, 생계를 꾸리는 한편 아르바이트로 대중가요를 편곡하고 오페레타 악보를 오케스트라 편곡하면서 '선정=무조'의 계기에 몸을 내맡기는 한편 쳄린스키한테서 대위법을 배우기 시작했다. 쳄린스키는 뛰어난 음악교사였고, 잠재적인 '현대' 작곡가였고, 스스로 자신의 현대성을 '의식' 하지 못했던 사람이다. 쇤베르크는 그의 누이와 결혼했고, 그의 잠재성을 현실화했다. 1897년 쇤베르크는 자신의 첫번째 현악 4중주 D장조를 썼고 이 곡은 이듬해 공연되었는데 이때 씌어진 두 개의 노래(피아노 반주)가 그의 op. 1이다. 그리고 1899년, 새 세기를 1년 앞두고 그는 최초의 걸작 〈정화된 밤〉을 쓴다. 성모마리아의 '성스러운 잉태의 불안' 을 현대화하면서, 현대화로써 불안의 '현대=아름다움' 을 창출해내는 이 작품은 '망(望)20세기' 바그너 격이다. 브람스 음악이 고전적 법칙에 충실하면서도 낭만주의의 고전주의적 전화로 미래전망의 고전주의적 '전유=형상화' 에까지 이른다면 바그너 음악은 현대적 기법의 예감으로 가득 차 있지만 음악 정신의 복고주의, 더 나아가 신화적 파시즘의 '웅혼한 (새벽이 아니라) 황혼' (드뷔시의 표현, 하지만 드뷔시도 자신의 표현을 스스로 극복하지 못했다) 속으로 심화한다. '망20세기 바그너' 란 브람스와 바그너의 (신화적이 아니라) 현대적 응집이라는 뜻이다. 이론에서 의식화의 전제가 종합이라면 예술에서 그 전제는 미학적 응집이고, 쇤베르크 무조음악은 '응집의 응집' 이다. 응집에서 응집의 응집으로 가는 과정은 이렇다. 1901년 그는 베를린으로 옮겼고, 그렇게 노쇠의 문명을 벗어났다. 그는 여러 예술가들과 함께 예술가 선술집 '위버브레틀' 을 꾸렸고 카바레 연주용 음악을 작곡했다. 불안한 현대 세기의 벽두, 브람스가 마르크스-레닌과, 바그너가 대중문화와 혼동-심화-확산되던 시기다. 쇤베르크는 리하르트 슈트라우스를 만났고 슈트라우스는 그에게 장학금과 선생 자리를 마련해주었다. 슈트라우스는, 그도 현대음악을 담지했고 그것을 알았지만, 의식(화)하지 '않' 았고, 훗날 '뒤늦은 모차르트' 로 자족하다가 결국 파시스트들의 총아로 전락한다. 쇤베르크는 1903년 다시 빈으로 돌아와 당시 빈 음악계를 주름잡던 말러와 친교를 맺었고, 말러는 물심양면으로 쇤베르크를 돕지만 훗날 쇤베르크 음악에 대해서는 이렇게 말했다. 이해는 안 되지만, 그가 옳은 것 같다. 아니, 그게 문제가 아니고, 쇤베르크 스스로 이때 왜곡된 폭발을 겪는다. 〈구레의 노래〉. 다섯 명의 성악 연주자, 화자, 남성합창단 세 그룹, 8부 혼성합창단, 그리고 매우 거대한 규모의 오케스트라를 요하는 이 작품은 슈트라우스나 말러를 능가하려는 야심작이었으나, 1901년 봄에 처음 2부가 작곡된 후 10년이나 지나서야 나머지 부분이 작곡되었고, 기껏해야 뒤늦은 바그너쯤으로 끝났다. 하지만 이 작품 창작 과정은 바그너를 끈질기게 체화하고 끈질기게 극복하는 계기로 작용했을 것이다. 1905년 쇤베르크는 쳄린스키와 함께 '새로운 음악' 공연을 격려하기 위한 '협회' 를 조직하고 이 협회 후원을 받아 직접 지휘봉을 잡으며 교향시 〈펠레아스와 멜리장드〉를 공연-발표하는데, 드뷔시 오페라 〈펠레아스와 멜리장드〉가 한 차례 회오리를 일으킨 지 몇 년 후지만, 아니, 그러므로, 이 작품은 '망20세기의 바그너' 격인 〈정화된 밤〉의 복원이자 발전인 동시에 '망현대의 드뷔시' 격이다. 대중음악의 영향으로 트롬본 글리산도(활주) 기법이 사용되었다. 1907년 초연된 〈실내교향곡 op. 9〉는 '응집의 응집' 직전. 전통적 조성 화음이, 사라지고, 불협화음들이 단절된 채로 '출몰' 하는데, 그것뿐인데도, '실내' 라는 말이 상징하듯, 브람스적 엄격성이 더 강화한다. 청중과 비평가들이 경악한다. 언뜻, 음악이 아니건만, 뇌리를 바늘로 찌르는 이 낯익은 일상성의 가청화(可聽化)는, 뭐지? 이때 그는 그림에도 손을 댔는데, 결과는 표현주의. 이 표현주의적 가시화는, 모든 가시화가 그렇듯, 쇤베르크의 음악정신을 드러내는 만큼 감추기도 한다. 그 스스로에게도? 그 스스로에게도. 어쨌거나, 그의 '가시화한' 음악 '이론' 은 베베른과 베르크, 그리고 아이슬러 등 진보적인 제자들을 그의 주변에 끌어모으고, 1908년 무조음악이 출몰하고 이듬해 〈피아노 소품 op. 11-1〉에서 온전한 무조음악 체계가 확립되었다. 불협화음의 해방.

쇤베르크는 자신의 무조음악 혁명을 그렇게 표현했다. 불협화란 없다. 무한한 표현의 가능성과 필요성이 있을 뿐이다…… 이것은 그가, 기존 음악문법 혹은 언어법칙을 두려움으로 해체했으되 결코 해체주의자-아나키스트는 아니었다는 뜻이다. 진정한 예술가는 모두, 더 포괄적인 총체성을, 최소한 그 예감만이라도 창출하기 위해 기존 총체성의 뼈대를 허물고, 그런 점에서 혁명가며 그런 점에서 내용 우선주의자다. 물론 음악은 끊임없이 형식을 내용화하고 현대로 들어설수록 다른 장르가 음악의 그런 특징을 닮아가는 추세지만(이것이 '모든 예술은 음악을 지향한다' 는 명제의 본뜻이다), 그것은 내용 우선주의를 '내용이 된 형식' 우선주의, 혹은 '내용=형식' 우선주의를 '청출어람' 시킬 뿐, 형식 우선주의는 갈수록 역사적 진보의 음악적 내용과 거리가 멀다. 포즈가 아닌 내용으로서 두려움 또한 진정한 예술가의 몫이다. 쇤베르크는 '무조' 음악이라는 용어를 극도로 싫어하면서 '범조(汎調)' 라는 말을 썼다. '불협화는 없다' 는 메시지에 상응하는 용어다. 그리고 '응집의 응집' 이 아름다움의 불확실성이고, 불확실성의 아름다움을 끊임없이 심화한다. 1910년 빈 음악원 교수로 취직한 그는 1911년 『화성론』을 출판하는데 말러에게 헌정된 이 이론서는 전통적인 화음과 함께 자신이 구사한 새롭고 과감한 기법들을 총망라하고 있다. 1911년 다시 베를린으로 왔고, 1912년 런던에서 초연된 그의 〈5개의 관현악 소품〉은 정말 혁명적이며, '의식적으로' 혁명적이고, 각 악장이 음악적 '조직' 의 실험이다. 청중들은 난해하다고 수군대면서도 호기심이 더 강했지만 그의 곧바로 이어진 작품 〈달빛의 피에로〉는 둑을 터뜨리고 말았다. 21개의 노래(오케스트라 반주)와 21개의 '멜로드라마' 로 구성된 이 작품은 대화성(sprechstimme)이라는, 음정이 확실치 않고 일상 대화에 가까운 기법을 구사하며, 기법 자체는 훔퍼딩크가 로스메르 희곡 「왕의 아이들」(1897)에 붙인 극음악이 먼저지만, 쇤베르크는 이 기법을 '불안=아름다움=일상' 의 매개 그 자체로 삼아버렸고, 40여 차례 리허설을 거치고 공연된 이 작품에 대한 반응은 열광하는 추종자와 거의 쌍욕을 비평에 도입한 반대자들로 격렬하게 갈라졌다. 그 와중에, 난해의 일상 속으로 함몰되는 일은 화려하고, 간편하고, 또 대중적이지만, 그러나, 그 이분법의 벽을 꿰뚫고 불확실성을 끝까지 의식화하는 것, 그 불확실성의 의식성을 아름다운 문명의 나이로 전화시키는 것, 그것은 어디까지 가능할 것인가. 계단이 불확실한 사다리로 전화되고 사다리가 더 불확실한 계단 사이 '공(空)'으로 사라지고, 그러나 불확성의 육(肉) 혹은 색(色)의 '열린 질서' 혹은 '열림=질서'가 유지되거나 혹은 최소한 예감되는 그 예술적 '본능=이성'의 심화상태가 어디까지? 1921년 쇤베르크는 독일음악의 우위를 향후 천 년간 보장할 '방법'을 창안했다고 선언한다. 12음열기법. 피아노 흑백-건반 12개 음을 모두 사용, 어떤 순서를 정한 다음, 그것을, 마치 조(調)처럼 사용한다. 그렇게 다시 사다리가 복원되는가? 이 음열을 네 가지 특수한 방법, 즉 전진, 후진, 상하 역전, 그리고 상하 역전 후진 방법으로 변주한다. 이것은 푸가 기법으로 음악화한 스탈린-복고주의? 선언의 과장성, 그리고 기법의 복고성은 의구심을 배가시킨다. 실제로, 쇤베르크는, 최소한 의식적으로는 이것이 '무조음악의 아나키즘'을 극복하는 길이라 생각했고, 또 숱한 반대자들이 그것을 전체주의적이며 파시스트적인 발상이라고 매도했다. 하지만, 작곡가의 의식 너머에서 음악(본능)의, 응집의 기적이 벌어진다. 12음열기법은 진정한 음악 해방을 너머 현대 '파경의 광경'의 미학적 틀로, 불안한 불안의 조화를 이루는 열린 미학틀로 자리잡는다. 베베른은 이 원칙을 음뿐 아니라 리듬, 역동 및 악기 선택에까지 적용, 1945년 이후 발흥한 총체-음열주의의 선구자가 되었다. 베르크는 음열기법을 원칙적으로 받아들였지만, 그것을 음악적 자유 그 자체로 전화시켰다. 아이슬러는 독일노동자-사회주의 운동에 투신, 대중적인 합창곡을 작곡하지만 대중적 진보성이 천박에 함몰될 위험을 느낄 때마다 12음열기법으로 귀환했다. 그렇다. 그에게 (그리고 훗날 쇼스타코비치에게) 12음열기법은 사회주의예술의 진정한 현대성으로 된다. 무조-12음열기법을 '의식적으로' 거부했던 스트라빈스키마저 1950년 초 죽음의 진지한 깊이를 구현하는 매개로 12음열기법을 채택함으로써 이 기법은 현대 음악 전체, 그리고 현대 예술 전체의 '진지함의 그릇'으로 된다. (그리고 서양에서 오히려, 특히 불레즈(1925~2000)를 통해 전체주의적 경향을 보이게 된다. 불레즈는 12음열기법을 적용하지 않는 현대의 '전통' 음악은 전부 쓰레기라고 규정, '음악의 레닌주의자'라 불린 적이 있다.) 그것은 쇤베르크의 질서가 '응집의 응집' 너머로 펼쳐진 질서였기 때문에 가능했다. 그 질서는 현대적인 난해의 심연을 들여다보는 깨진 거울, 더 나아가 깨어짐의 거울, 더 나아가 '깨어짐=거울' 로 되었다. 스탈린주의는 인민의 '쉬운 대중성' 을 참칭하며 파경을 삭제하고 민요적 서정을 그대로 거울화, 그 거울이, 마치 동화의 잔혹성처럼, 수천만 인민의 학살을 비출 수밖에 없었다. 예술의 좌파(쇤베르크)와 사회주의의 미래가 현실 속에서 현실적으로 결합했다면, 그것이 현실적으로 가능했다면, 얼마나 엄청난 일이 또한 가능했을까? 이 질문은 20세기를 넘어, 그리고 현실 사회주의의 멸망 때문에 더욱, '문화예술의 새천년' 에서 매우 긴박하고 흥미로운 주제로 될 것이다. 12음으로 주제를 구성한 예는 리스트 〈파우스트 교향곡〉와 슈트라우스 〈차라투스트라는 이렇게 말했다〉의 '과학' 부에서도 나오지만 두 사람 다 자신의 기법의 내용적 '의미' 를 이해하지 못했다. '응집의 응집' 너머에서 쇤베르크가 자신의 '상태' 를 의식하지 못했던 것은, 정치와 예술이 다른 만큼, 아나키스트적이 아니고, 다행이다. 그의 의식은, 자기 음악의 더 크고 더 열린 의식성을, 의식하지 못했다. 그가 끝까지 치열한 예술가였던 한에서, '못함' 이 '열림' 을 보장해준 것인지 모른다. 그는 명확한 자기주장과 심오한 자기부정을 한데 어우른 인격이었다. 1차 세계대전 당시 전투부대원으로 징집된(전투에 직접 가담한 적은 없지만) 그에게 '당신이 바로 그 악명 높은 모더니스트 작곡가냐' 고 한 검사관이 묻자 그는 이렇게 대답했다. 누군가가 그래야 했다. 나는 그 누군가 중 하나다. 나치스를 피해 미국으로 망명한 후 그는 '현대음악의 소개자' 를 자처하는 보스턴심포니오케스트라 지휘자 쿠세비츠키가 왜 자기 곡은 연주하지 않느냐고 그의 전 비서에게 물었다. 그냥 이해를 못 하겠다고 합디다. 전 비서가 그렇게 시큰둥하게 대답하자 쇤베르크는 더욱 의아하다는 투로 말했다. 아니, 브람스는 연주하면서. 쇤베르크 12음열 작곡기법은 난해에 질서를 부여하려는 음악-필사적인 노력이지만 그의 음악에서 여성이 삭제된다. 그가 쓴 미완의 최후-대표작 〈모세와 아론〉은 음악이 남성화하는 과정인 동시에 삭제된 여성이 포르노-야만화하는 과정을 보여주는데, 그것이 성의 극복일 리 없고, 쇤베르크 이래 현대 오페라는 정결한 집이 아니라 갈가리 찢긴 성(性)의

의상으로 되었다.

흑인음악, 미국을 정복한 옛 노예의 슬픔

미국에서 흑인이 작곡한, 소박한 민요에서 재즈, 스윙, 록은 물론 클래식까지 포괄하는 음악을 통틀어 칭하는 '흑인음악'은 5음 음계 선율, 강한 당김음 등 아프리카음악적인 특징과 서양 교회음악 및 찬미가 특징을 결합, 서양 대중음악의 근간을 이루고 있다. 첫 흑인노래로 기록된 것은 1801년 볼티모어에서 출판된 카아 편곡 〈니그로송〉이며, 1799년 보스턴에서 흑인 의상 및 분장의 백인 배우 라이스가 노래 〈짐 크로〉 등을 부르며 흑인 흉내를 내는 '민스트럴쇼'를 최초로 공연하고, 19세기 중반에 이르러서도 숱한 민스트럴 흥행단이 활약했으되 노래는 여전히 대부분 백인이 작곡한 것이었으나 얼마 후 햄프턴, 켄터키 등에 흑인 학교가 창립되면서 학생합창단도 생겨나 연주 여행으로 흑인영가 중심의 '니그로 노래'를 북부 전역에 알리고, 20세기 들며 '니그로 창법'이 매우 입체적인 발전을 보게 되는데, 특히 종교집회용 '가스펠송'에 화려한 피아노 반주가 따라붙고, 독창과 합창이 율동적으로, 즉흥적으로 상응한다. 목화를 따며, 옥수수 껍질을 벗기며, 철도 보선 혹은 말뚝박기 작업을 하며, 배에 짐을 실으며 흑인들이 부르던 농민 및 노동자 민요는 대개 아프리카음악으로 분류, 따로 다루고, 흑인음악은 인종 혼혈 정도에 따라 북미와 중남미 발달 과정이 다르거니와, 북미는 노예들의 생활고와 개종 기독교음악이 결합, 흑인영가와 블루스, 가스펠송 등 음악 양식을 만들던 중 재즈라는 새로운 스타일이 발생, 미국 백인을 포함한 전 세계 인종들에게 널리 전파되고, 록을 포함한 팝뮤직과 전위음악에까지 영향을 끼친 반면, 중남미는 옛 아프리카음악을 그대로 물려받은 곳도 없지 않지만 전반적으로 라틴계 유럽, 특히 스페인과 포르투갈 음악과 융합, 특히 쿠바, 아이티 등지에서 라틴아메리카음악의 일부를 형성하였다.

재즈, 기나긴 성의 즉흥

재즈에서 사용되는 악기와 선율은 유럽 전통에 속한 것이지만, 재즈 특유의 리듬(오프 비트로 인한 스윙감), 블루스 하모니, 으뜸음-딸림음-버금딸림음의, 서양 장조에 비해 제3도와 제7도가 약 반음가량 낮아진 선법, 즉흥으로 인한 창조성과 활력, 그리고 연주자 개성을 강조하는 프레이징과 사운드는 아프리카 및 미국 흑인의 음악감각의 결과다. 'Jazz' 어원에 대해서는 여러 설이 있으나 외설적인 대목이 많고, 제리 롤 모튼이 1902년 자신의 피아노 연주 스타일을 재즈라 부르며 재즈의 창시자를 자처했으나 확실한 근거는 없고, 다만 1917년 녹음된 사상 최초의 재즈 레코드 레이블은 '…Jass Band' 라고 지시했으며 1910년대는 jazz가 아니라 jass 또는 jaz, jas 등이었다. 블루스는 19세기 말 해방된 흑인 노예들이 사생활의 애환을 표현한 소박한 형식의 노래에서 발전했고, 재즈의 또하나 모체라 할 수 있는, 율동적인 피아노 음악 래그, 혹은 래그타임은 노예 해방 이후 흑인 및 크리올(흑인과 프랑스인 혼혈)이 사회적인 예능인으로도 어느 정도 인정을 받게 된 이래 19세기 말부터 남부 흑인 피아니스트들이 개발했으며, 이 무렵 남북전쟁에서 패한 남군 군악대 악기들을 흑인들이 싼값으로 사들이면서 특히 루이지애나주 뉴올리언스에서 흑인 브라스밴드가 많이 출현했고, 처음에는 백인 밴드를 본뜨던 이들이 점차 시 퍼레이드 혹은 장례 행사에 참가하면서 흑인 특유 감각의 행진곡과 래그타임 연주를 선보이고, 가곡 블루스도 연주하니 이들이야말로 재즈를 탄생시킨 당사자라고 할 만하다. 악보를 읽지 못하지만 원곡 멜로디 하모니를 외우고 쉽게 편곡한 것을 연주하는 이들이 나타난 것도 이 무렵이며 전설적인 트럼펫 연주자 바디 볼덴이 특히 유명하다. 19세기 말~20세기 초 트럼펫-클라리넷-트롬본 3관 편성의 집단 즉흥연주와 독특한 앙상블 진행 스타일이 크게 두드러지는데, 이것이 바로 '뉴올리언스 재즈' 고, 백인들이 같은 스타일로 연주할 경우 딕실랜드 재즈라 불렀으나, 요즘은 굳이 구별하지 않는 것이 대세다. 1917년 뉴올리언스가 군항이 되면서 홍등가가 폐쇄되자 주로 홍등가 스토리빌에서 일했던 뉴올리언스 재즈맨 중 트럼펫 연주자 올리버를 비롯한 상당수가 시카고로 옮겨 뉴올리언스 재즈를 연주하고, 그 영향을 받은 젊은 백인 재즈맨들이 세련미를 가미, '시카고 스타일'을 탄생시키는데 이때 중요한 두 인물이 흑인 암스트롱과 백인 바이더백으로, 암스트롱은 1922년 시카고로 와서 솔로(독주) 재즈를 확립했고, 바이더백은 '흑인만의 재즈'라는 징크스를 깨고 시카고 백인 재즈의 중심인물로 떠올랐다. 올리버는 1920년대 초반 재즈 예술가로서는 유일하게 숱한 음반을 녹음했는데, 대부분 재즈의 고전이 되었다. 그가 조직한 '크레올 재즈 밴드'는 올리버가 트럼펫을, 암스트롱은 u자형 트롬본을 맡았으며, 피아니스트 하딘은 훗날 암스트롱과 결혼했다. 시카고 흑인 재즈맨들이 피아노로 연주하는 새로운 블루스 연주법 부기우기를 창안하는 동안 뉴욕에서는 뉴올리언스 재즈 영향으로 '빅밴드 재즈'가 성행, 바야흐로 재즈음악이란 단어가 성립되고, 흑인 거주지구인 할렘에서 헨더슨, 엘링턴 등이 독특하게 편곡한 재즈 스타일을 선보이고, 존슨과 월러 등이 래그타임계 피아노 재즈의 새로운 스타일을 창조하는 동안 뉴욕 빅밴드 재즈 발전이 재즈 전체의 발전을 촉진케 된다. 대공황 회복기였던 1936년 백인 베니굿맨이 구성한 악단은 명랑하고 세련된, 그리고 신선한 스윙재즈를 댄스음악으로 선보이며 엄청난 인기를 모았고, 그 뒤를 이어 쇼, 밀러 등 백인 빅밴드가 스윙재즈 시대를 구가하고, 굿맨 악단 드럼 연주자 등 숱한 시카고 스타일 재즈 스타들이 계속 활약했으며, 빅밴드에서 픽업한 소편성악단(콤보)의 레코드 취입용 재즈, 즉 콤모재즈가 유행하고, 솔로 연주야말로 재즈의 백미라는 생각도 널리 퍼지기 시작하였다. 1920년대부터 중부 미주리 주 캔자스에서 활약하던 흑인 밴드 모턴 악단의 후신인 카운트 베시 악단 또한 스윙재즈 유행을 타고 주목을 끌지만, 뉴욕으로 진출한 후에도 곡 머리 부분을 간단하게 편곡, 자유로운 분위기를 풍기는 캔사스시티 재즈 연주 및 프리스타일을 유지하였다. 1940년대 스윙재즈가 매너리즘에 빠지자 젊은 재즈맨들이 새로운 재즈를 탐구, 뉴욕 52번가 클럽 민턴하우스 등 잼세션(악보 없이 하는 즉흥연주 혹은 연주 그룹)에서 크리스티언, 길레스피, 파커 등이 탄생시킨, 종래 재즈 하모니 및 리듬 제약을 무시하고 코드를 특이하게 진행시키는 비밥(혹은 밥) 스타일이, 처음에는 상당한 비난을 받았으나 얼마 안 되어 모던 재즈의 모체로 된다. 비밥은 데이비스, 게츠 등의, 내성적이고 정적이며 솔로와 앙상블의 균형이 절묘한 쿨스타일 재즈와, 트리스타노의, 유럽 현대음악과 접목한 실험 재즈를 낳게 되고, 비밥을 빅밴드 재즈에 적용한 모던 빅재즈 밴드는, 우디허먼 악단, 스턴켄튼 악단의 로저스, 멀리건 등 백인 재즈맨들이 1950년대 들며 주로 서해안 로스앤젤레스에서 지적인 재즈를 구사, 웨스트코스트 재즈를 탄생시키지만, 1950년대 중반 뉴욕-동해안 지역에서 활동하던 흑인 재즈맨들이 즉흥 솔로 중심 연주를 '그룹 조화' 수준으로 끌어올리면서 '하드밥' 혹은 '펑키'를 표방, 웨스트코스트파를 압도하며, 블레키, 호레스실버, 멍크, 데비이스, 롤린스 등이 이스트코스트 재즈를 대표하게 된다. 쿨재즈와 유럽음악 영향으로 루이스의 지적인 실내악단 '모던 재즈 4중주단'도 창설되었다. 1950년대 말부터 알토색소폰 연주자 콜먼이 멜로디와 하모니, 그리고 리듬 일체를 뿌리부터 뒤엎으며 독자적인 재즈를 창안하고, 콜트레인이 새로운 선법을 탐구하고, 자유로우면서도 강렬한 색채를 뿜어내는 색소폰 연주자 아일러가 활약하면서 전위 재즈가 큰 관심을 끌었다. 오늘날 재즈는 여러 가지 스타일과 수법이 서로 영향을 주고받으며 세계 음악의 기능을 다하고 있다.

쇤베르크가 자신의 제자 베르크를 그린 유화 초상이 있다. 베르크는 자신의 대표작 열두 편 중 네 편을 헌정할 만큼 쇤베르크를 존경했지만 음악 자체는 점차 쇤베르크의 엄격한 무조기법과 매우 다른, 씁쓸하면서 감미로운 낭만주의 경향이 강화했다. 거슈윈 오페라 〈포기와 베스〉는 사우스캐롤라이나, 찰스턴 선창가 '캣피쉬 로'('메기 동네', 가난한 흑인 구역)에서 벌어지는 사랑 이야기를 재즈와 '진지한' 음악의 절묘한 결합으로써 펼쳐간다. 이 작품을 위해 백인 거슈윈은 실제 현장에서 여름을 보내며 흑인음악 전통을 연구했다. 버르토크와 코다이는 녹음장비를 갖추고 헝가리 지방 민요를 만 곡 이상 수집-연구, 버르토크 현대음악의 토대로 썼다. 아스테어와 로저스가 함께 만든 뮤지컬 총 열 편은 가장 중요하고 인기 있는 작품에 속한다. 아스테어는 탭, 볼룸, 발레를 독창적으로 결합, 언뜻 힘이 하나도 들지 않는 독창적인 춤을 창안했고 로저스의 춤과 거의 화학적인 결합을 이뤘으며, 그의 가창력은 커언, 거슈윈, 벌린 등 노래 작곡가들의 최고작

몇 점을 탄생시켰다. 블루스 가수 겸 기타리스트 '리드벨리'(본명 레드베터)는 오랜 감옥 생활 중 엄청나게 많은 곡을 만들었고, 1933년 그를 발견한 음악인류학자 로맥스는 많은 노래를 녹음하여 미국 의회 보고관에 비치했으며, 리드벨리는 만년에 백인 재즈 팬을 열광시키며 상업적 성공을 거두었다. 파리음악원 수업 시절부터 새소리의 광범한 음역에 관심을 가졌던 메시앙은 새소리를 채집 녹음한 후 몇몇 작품에서 그대로 전사해 썼다. '프랑스 6인조'는 미요, 오리, 뒤레이, 타이으페르, 풀랑, 오네게르를 가리키며, 콕토가 이들의 대변자였다. 이들은 함께 모여 함께 작업하는 게 낙이며, 학파가 아니고 운동이다. 내가 늘 자랑스럽게 그들의 대변인을 자처하는 이유다. 독일음악 영향으로부터 자유로운 양식을 창조하려는 그들의 노력을 옹호하면서 콕토는 그렇게 말했다. 대중음악 연행자는 대개 변화하는 패션/스타일을 창조 혹은 반영한다. 자유로운 동작과 강한 자기주장, 모종의 날랜 근육질을 강조하는 마돈나 스타일은 몸체를 드러내기보다는 넌지시 암시하는 정도였던 전통적 유혹 복장을 거부하고 1980년대 패션을 창조했다.

스트라빈스키 신고전주의, 노년보다 더 늙고 소년보다 더 천진한 웃음의 광경

스트라빈스키는 러시아 성페테르부르크에서 출생, 스위스, 프랑스에 살다가 미국으로 귀화했으며, 행동반경보다 훨씬 폭넓고 결정적인 영향을 20세기 예술에 끼쳤다. 마린스키극장의 유명 베이스 가수였던 아버지의 권유대로 관리가 되기 위하여 법대에 진학했지만 20세 때 림스키코르사코프에게 작곡을 사사하고 오년 후인 1907년 4악장 구조 〈교향곡 E장조 op. 1〉를 발표하더니 이듬해 〈환상적 스케르초〉와 〈불꽃〉으로 디아길레프를 사로잡았고, 발레 루스는 두 사람의 콤비로 많은 성공작을 내게 된다. 3대 발레음악 〈불새〉 〈페트루슈카〉 〈봄의 제전〉 모두 파리에서 초연되었고, 모두 러시아 전통민화 소재에 맞추어 했으며, 러시아 민요풍 5음 혹은 6음 선율을 썼으며, 특히 〈봄의 제전〉은 마디를 무시한 복잡한 리듬, 격렬한 원색적 색채감이 파괴력을 배가하는데다 대편성 오케스트라의 참신한 연주까지 겹쳐 파리 및 유럽 음악계에 찬반이 격론하는 일대 센세이션을 일으켰고, 그는 일약 전위파의 기수로, 사교계의 명사로, 그리고 흥행 보증수표로 떠올랐다. 러시아혁명을 피해 고국을 떠나 스위스 각지를 떠돌며 그는 〈여우〉(1916), 〈병사의 이야기〉(1918), 〈11개의 악기를 위한 래그타임〉(1918)을 작곡하는데, 앞의 두 작품은 이전 작풍과 전혀 다른, 신고전주의 음악 작곡을 위한 연습곡이고, 마지막 작품은 재즈에 대한 관심을 보인 것이었다. 스트라빈스키는 앞으로 재즈는 물론 탱고-왈츠 등 대중음악 전반을 자신의 음악세계로 끌어들이게 된다. 신고전주의는 바그너, 말러, 부르크너 등의 후기낭만주의 음악에 팽배한 무거운 반음계 화성, 그 극단인 표현주의 음악의 과도한 주관적 감정 표출, 인상주의 음악의 모호한 음악 내용 및 형식에 대항, 페르골레시, 바흐, 하이든, 베토벤, 모차르트 등 바로크 및 고전파 음악의 형식미와 음악 이성, 즉 형식감과 조성감 회복을 위해 온음계적 사고방식, 명확한 선율선, 합주협주곡이나 모음곡 형식 채택 등을 강조하는 사조로, 프랑스의 '바흐로 돌아가자' 운동, 부소니 『희극 서곡』(1897)과 『음예술의 새로운 미학제요』(1907)가 신고전주의 음악 각 분야 효시지만, 결국 스트라빈스키 발레음악 〈풀치넬라〉(1919)와 〈결혼〉(1912~1923), (콕토 대본) 오페라 오라토리아 〈오이디푸스왕〉(1927), 〈무사의 신을 거느리는 아폴론〉(1927~1928), (차이콥스키 주제에 의한) 〈요정의 입맞춤〉(1928)을 거쳐 〈시편교향곡〉(1930) 등을 통해 대표되고, 완성되며, 스트라빈스키의 경우 제2차 세계대전 이후 〈에보니협주곡〉(1945)과 〈난봉꾼의 행각〉(1948~1951)으로까지 이어지고, 신고전주의는 양차 세계대전 사이 20년간 유럽음악의 주류로 떠오른다. 풀랑크, 미요, 오네게르 등 프랑스 6인조 외에 힌데미트, 블로흐, 말리피에로, 프로코피예프도 같은 경향을 보였고, 당대 음악미학자 아도르노는 이러한 고전 회귀를 '유아적 퇴행'이라 비판하였다. 〈풀치넬라〉가 페르고시 음악을, 〈방탕한……〉이 모차르트 음악을 그대로, 베끼듯 사용하므로 스트라빈스키는 훗날 포스트모던 혼성모방의 선구로 여겨지기도 한다. 독일 문학사조로서 신고전주의는 1900년 전후 당시 주류였던 자연주의와 호프만슈탈의 신낭만주의를 부정하는 입장에서 출발, 실러와 헤벨을 규범으로 삼았고 특히 희곡에서 반자연주의적 자세를 명확히 하였지만, 대표적인 이론서인 에른스트 『형식에의 길』(1906)과 루브린스키 『현대문학의 종국』(1908) 외에, 정작 희곡작품은 살아남은 것이 없다. 스트라빈스키는 1934년 프랑스 국적을 취득, 피아니스트 혹은 지휘자로 레코드와 자동피아노 녹음을 위해 자신의 작품을 활발하게 연주하다가 제2차 세계대전이 발발하자 하버드대학 강의를 계기로 연인 베라와 함께 미국 서해안 영주를 결심하고, 작품 개정판의 미국 출판에 힘을 쏟고 많은 작품을 편곡하였으나, 이 시기는 분명 침체기였고, 제2차 세계대전이 끝난 후 비로소 〈3악장의 교향곡〉(1945)과 〈미사〉(1948) 등으로 재기 조짐을 보이다가 1948년 만난 젊은 작곡가 겸 지휘자 크라프트를 조수로 삼고 그의 영향하에 쇤베르크 12음 작곡기법에 관심을 갖고, 쇤베르크가 사망한 1951년 이후 그 기법을 엄격하게 구사하면서 제2의 전성기를 맞는다. 〈칸타타〉(1952), 〈칸티쿰 사크룸〉(1955), 〈트레니〉(1958), 〈설교, 설화, 기도〉(1961), 칸타타 〈아브라함과 이삭〉(1963), 〈레퀴엠 칸티클즈〉(1966) 등은 12음 작곡기법에 따른 종교음악 걸작들이다. 그는 세계 각국을 돌아다니며 자신의 각품을 지휘했고, 명반을 남겼다. 1965년 암살당한, 사적으로 그의 친구였던 미국 대통령 케네디를 위해 합창곡 한 편을 쓰고 1971년 4월 6일 뉴욕에서 사망, 베네치아, 디아길레프 무덤 옆에 묻혔다. 〈칸티쿰 사크룸〉은 베네치아에 헌정되었던 곡이다. 저서로 『내 생애의 연대기』(1935)와 하버드대학 강의록 『음악의 시학』 등이 있다.

릴케와 토마스 만, 끔찍하게 아름다운 거울의 파경과 광경

독일 현대문학을 연 시인 릴케와 소설가 만은 동갑내기지만 만이 릴케보다 30년가량 더 살았다. 릴케는 독일의, 고전주의로 전화한 보들레르다. 그 역시 파리의 현대적 파경과 환멸을 보았지만 릴케는 보들레르 비명소리를 끔찍한 아름다움의 거울로 액정화하고 그에 이르러 시는 개인적 종교로 된다. 〈기도서〉(1899, 1901, 1903)는 프랑스 및 독일 낭만주의의 정화이자 극복이지만 러시아 여행 경험(1899, 1900)이 깊게 각인되어 있다. '명상하는 슬라브 영혼'을 보았다고 릴케 스스로 술회하고 있으며 신과 인간, 그리고 자연의 관계에 대한 그의 통찰과 감각은 매우 주관적이면서도 명징성이 심오하다. 그는 잠시 로댕 비서를 지냈고, 로댕 조각예술에 심취, 「로댕론」을 썼는데, 릴케 시론에 다름아니고, 시가 대상 혹은 상관물을 매개하는 언어를 넘어 로댕의 조각처럼 물(物) 자체가 되는 경지를 그는 바랐다. 『신시집』(1907)과 『또다른 신시집』(1908, 로댕에게 헌정)은 '사물시' 경지를 보여준다. 릴케는 이렇게 썼다. 로댕은 내게 예술이 단지 감정을 쏟아붓는 것이 아니라 한 사물, 느낌, 혹은 경험이 응집되고 정확히 전달되는 매개기도 하다는 것을 가르쳤다. 그런데, '로댕=릴케'는 착각하고 있는 것 아닐까? 시는, 정말 '물 자체로서 시'가 되려면, 조각의 물질적이고 가시적인, 볼륨을 갖춘 자족성을 오히려 버리고, 릴케 시에 담긴 심오한 명징성 그 자체를 세계관이자 미학이자 주제로 형상화해야 했던 것 아닐까? 가시성을 언어 등 비가시성 차원으로 전화, 삶의 비가시적인 풍부함과 섬세함을 눈에 보이게 만든다. 릴케 자신의 시론은 그러했으나, 그의 가시성/비가시성 구분은 시적이라기보다는 조각적 아니었을까. 릴케는 언어-위기에 처한다. 언어의 주관 영역과 세계 영역 사이 '조화=시'가 깨졌고, 릴케는 그후 13년 동안, 짧은 시 모음집 『성모의 생애』(1913) 말고는 아무것도 출판하지 않고, 침묵 속에 침묵의 언어로 침묵의 시를 위해 싸웠다. 『신시집』을 뛰어넘는 걸작 장시가 최초로 씌어지기 시작한 것은 1912년, 당시 그가 머물고 있던 곳이 트리에스트 근처 두이노성이었으므로 훗날 '두이노 비가'라는 제목이 붙게 된다. 1915년쯤이면 일련의 새로운 시작품들과 함께 네번째 두이노 비가가 씌어졌고, 두이노 비가 연작이 완성된 것은 1922년, 그리고 같은 무렵 느닷없이, 거의 저절로, 55편의 걸작 연작시 「오르페우스에게 바치는 소네트들」이 씌어졌다. 『두이노 비가』와 『오르페우스』 두 시집은 사물의 세계가 해체되면서 죽음의 명징성을 닮은, 독특한 시적 세계로 재구성되는 광경이다. 언어 자체가 시적 탐구의 대상으로 되고, 한계를 통찰하는 그 통찰로써 한계를 극복하는 힘을 갖게 된다. 그렇다. 죽음의 명징성은 언어의 명징성을 닮았다. 이것은, 아니 이것이야말로 릴케가 만을 넘어서는 대목이다. 아니 처음부터 그렇다. 릴케는 예술적 세계관으로 역사와 사회를 이해했고 응축했고 극복했다. 그 세계관은 치밀하고 투명해서 아름다움에 대한 예술의 본능이 파시스트화할 여지가 원래 없었다. 그가, 만처럼, 파시스트 집권을 실제로 겪었다면 어떻게 되었을까? 시든 장미로 죽었을 것이다. 그는, 파시스트 집권 전, 장미를 너무 사랑하다가 장미 가시에 찔려 죽었다.

어디인가 이 내부의
외부는? 어떤 고통 위에
이런 아마포를?
무슨 하늘이 비치는가 그 안에
열린 장미의
그 안의 호수에,
근심을 모르고, 보라:
그것, 느슨함 속에 느슨하게
놓여 있는 그것, 마치 결코
떨리는 손에 겁먹지 않는 것처럼.
그것은 스스로를 거의
유지할 수 없지: 많은 것이 스스로
넘치고
넘친다 내부공간으로부터
대낮 속으로, 그 대낮은 언제나
충만 또 충만으로 완결되고,
여름 전체가 하나의 방으로
꿈속의 방으로 될 때까지
(「장미꽃 속」)

내게 다오, 오 대지여, 순수한
흙, 그것으로 존재의
눈물 항아리를 빚으리라, 부어다오 포도주,
네 안에 엎질러진 포도주를.

관계가 풀어지며
잘 짜인 그릇 속에 녹아들도록.
나쁜 것은 오로지 '어디에도 없음' 뿐
모든 존재는 적합하다.
(「오 대지여」)

어떻게 내가 내 영혼을 내 안에 간직하겠는가, 그것이 당신의 영혼을 건드리지 않도록?
어떻게 내가 그것을 충분히 높게 들어올리겠는가, 그대를 지나, 다른 것들에게로?
그것을 간직하고 싶다, 머나먼 사라진 것들 속에,
어느 어둡고 고요한 곳 그대의 깊이가 울려퍼질 때
공명하지 않는 곳에.
하지만 우리, 그대와 나를 건드리는 모든 것
모든 것이 우리를 함께 데려간다 바이올린 활처럼,
두개의 현에서 한 목소리를 끄집어낸다.
어떤 악기에 우리 둘은 걸쳐져 있는가?
그리고 어떤 연주자가 우리를 장악하는가?
오 가장 달콤한 노래여.
(「사랑노래」)

오라 그대, 마지막 그대, 내가 그대를 알아보나니,
이 육체의 짜임새를 관통하는 참을 수 없는 고통을:

내가 나의 영혼 속에 불탔듯이, 보라, 이제는 그대 안에서 불타노라:
다가오는 불꽃을 오래오래 거부했던 나무
그대가 끊임없이 너울거리게 했던 그 불꽃, 나는 이제
그대를 살찌우고 그대 안에 타노라.

부드럽고 온화했던 나의 존재가 그대의 잔혹한 분노를 통해
바뀌었노라 맹렬한 지옥으로, 지상의 것이 아닌.
아주 순수하게, 미래 계획에 전혀 매이지 않고, 나는 올랐다
나의 고통을 위해 세워진 뒤엉킨 화장 장작더미 위를,
물론 장례 물품은 살 필요가 없다,
내 마음에 저장된 보유분은 침묵했고.

그것은 여전히 난가, 거기서 온갖 인식을 지나 불타는 자가?
추억을 움켜쥐고 내 안으로 들이지는 않겠다.
오 삶이여! 오 살아 있다는 것! 오 바깥에 있다는 것!
그리고 나는 불꽃 속에, 그리고 이곳에 나를 아는 자 아무도 없고.
(「죽음」)

보라 어떻게 그들의 혈관 속에 모든 것이 영혼으로 되는가:
상대방 속으로 그들은 무르익으며 자라난다.
선(腺)처럼, 떨리는 듯 궤도 형태의,
그 주변으로 소용돌이치는, 황홀하게, 발개지며.
갈망, 그리고 그들은 마실 것을 받는다,
주목, 그리고 보라: 그들이 광경을 받는다.
서로에게 가라앉게 하라
그들이 숨김없이 서로를 견딜 수 있도록.
(「연인들」)

내 눈을 끄소서 당신 그래도 저는 당신을 볼 수 있습니다
내 귀의 소리를 박탈하소서 당신: 그래도 저는 당신을 들을 수 있고
발이 없어도 저는 당신에게로 갈 수 있고
목소리가 없어도 저는 당신을 부를 수 있습니다.

내 두 팔을 자르소서, 그래도 저는 당신을 붙잡습니다
온 마음으로, 한 손으로와 같이,
제 심장을 멈추게 하소서, 그래도 제 두뇌가 계속 고동칩니다,
그리고 당신의 불이 마침내 제 두뇌를 태워버리실 양이면
제 피가 흐르며 당신을 실어나를 겁니다.
(「내 눈을」)

음악: 조각상들의 호흡. 아마도:
침묵, 회화의. 당신의 언어, 온갖 언어가
끝나는 곳에서의. 그대의 시간
필멸의 심장박동 위에 수직으로 서 있는.
누구를 위한 느낌? 오 그대 변형,
감정의, 무엇으로의?: 귀에 들리는 풍경으로의.
그대 낯선 자: 음악. 그대 마음-공간 자라난. 우리 안의 가장 깊은 공간,
그것이 우리 위로 떠오르며 제 갈 길 헤쳐가는,
거룩한 떠남:
우리 안에 가장 내적인 지점이
바깥에 설 때, 가장 실용적인 거리로, 공기의
저쪽 편으로:
순수한,
무한한, 더이상 그 안에 거주할 수 없는
(「음악에」)

오로지 입(口)만 우리일 뿐. 누가 노래하는가 멀리 떨어진 심장
만물의 중심 속에 안전하게 존재하는 그 심장을?
그의 거대한 심장소리는 우리 안에서 어긋난다
사소한 맥박 속으로. 그리고 그의 거대한 슬픔은
그의 거대한 환희와 같이, 너무너무
거대해서 듣지 못하지. 그리고 그렇게 우리는 스스로를 떼어내지,
그에게서 시시때때로, 남은 것은 오로지
입뿐. 그러나 느닷없이 또 은밀하게
그 거대한 심장소리가 우리 존재를 파고든다,
그래서 우리는 비명을 지른다—,
그리고 변형된다 존재와 안면이.
(「심장소리」)

어떻게 제 몸이 온갖 혈관으로부터 꽃이 우는지
보다 향그럽게, 당신이 제게 나타나신 뒤로:
보셔요, 저는 이제 더 날씬하게 그리고 더 꼿꼿하게 걷습니다,
그리고 당신이 하시는 일은 기다림뿐—: 그렇다면 당신은 누구십니까?

보셔요: 저는 느껴요 제 움직임을
나의 낡은 삶을 내가 한 잎 한 잎 벗는 것을.
오로지 당신의 미소만 순전한 별처럼 펼쳐질 뿐이죠
당신 위로 그리고, 금방 이제, 내 위로.

제 유년을 가로지르며 빛나는 모든 것들
여전히 이름 없고 물처럼 희미한 것들을,
저는 명명하겠어요, 당신을 따라 제단에서,
당신의 머리칼로부터 찬란하게 불타오르는 제단에서

당신의 가슴으로 부드럽게 장식된 그 제단에서.
(「산 제물」)

만의 이름을 세상에 알린 장편 『부덴부로크 일가』(1901)는 사라져가는 옛 부르주아지의 미덕을 아파하는 부드러운 엘레지지만, 다행히, 그의 문체, 유머와 아이러니가 깊고 서술기법이 매우 다층적이고 곧이어 1903년 발표된 두 개의 단편 「토니오 크뢰거」와 「트리스탄」 중 특히 전자는 (반동적 후기 낭만주의 정신의 미학적 핵심인) 과거지향을 현대에 대한 근대적 예감이라 할 시대 초극의 예술미학 지향으로 바꾸려는 시도를 담은 걸작 단편이다.

한스는 금발의 쾌활한, 누구에게나 사랑받는 소년이고 토니오는 공상과 음악 그리고 시를 좋아한다. 댄스를 연습하던 토니오는 금발의 미녀 잉게에게 반하고, 사랑의 괴로움을 느끼기 시작한다. 토니오 아버지가 죽고 어머니는 재혼하고, 토니오는 고향을 떠나 문학에 열중, 점차 유명해지지만 쓸쓸하고 불행하며, 평범한 인생이 그립기까지 하다. 덴마크로 휴양을 떠나는 도중 해수욕장에서 어른이 된 한스와 잉게를 만난 그는 평범하고 건강하고 즐거워 보이는 두 사람의 삶과, 괴롭고 쓸쓸한 자신의 예술세계를 아프게 비교하지만 결국 향수를 극복하고, 예술가 생애를 계속하리라 다짐한다.

예술지상주의 아닐까? 그러한 소지가 없지 않다. 그러나 만이 지향한 것은 정치-사회-역사에 반대하는 예술지상주의 예술이 아니고 정치를 극복하는 예술세계관으로서 소설미학이랑 역사와 사회 속에 존재하는 예술(가)의 근본 모순을 끝내 소설미학으로 극복하려는 노력은 보다 더 음침한 소재를 다루면서 훨씬 더 심오한 예술미학을 구사하는 『베니스에서의 죽음』(1912)에 이르러 비극성을 극한 응집케 되는데 이 소설은, 벌써, 현대소설 자체의 위대한 비극이라 할 만하다.

엄격한 스타일과 문체의 완성도로 정평이 난 존경받는 작가 아셴바흐가 베니스 여행중 한 호텔에 묵었다가 매우 잘생긴 10대 폴란드 청년 타드지오를 만나고 이 미소년에게 이끌리면서 자기 내부에 존재하는, 아름다움을 향한 검은 욕망을 발견한다. 처음엔 말도 못 하고 쳐다보기만 하다가 그는 결국 소년에 대한 애욕에 굴복하고, 베니스에 콜레라가 돈다는 경고에도 불구하고 떠나지 않고, 자신의 명성과 재부를 포기하면서 미소년이 구현하는바 아름다움의 직접 체험에 자신의 모든 것을 바친다. 타드지오가 떠나기로 예정된 날 아센바흐는 소년과 의미심장한 시선을 주고받으며, 얼마 안 되어 콜레라에 걸려 죽는다.

문학-예술 궁극의 목표는 인간 존재의 마지막 모순인 성을 아름다움으로써 극복하는 것이지 성의 혼동으로서 동성애는 아니다. 그러나 이 작품에서 동성애는 소재일 뿐 주제가 아니며, 그리스 고전 비극과 신화에 기댄 문학-예술사적 상징들이 현대적으로 적절하게 구사된다. 문학-예술사 전체의 깊이가 작품 속에 새겨져 있다고 할 수는 없다. 만에게 작가와 사회의 관계는 대립적일 뿐 아직 변증법적이 아니고, 실제로 그는 자신의 설익은 견해 때문에 곤욕을 치르게 된다. 1918년 만이 발표한 정치 논문 「한 비非정치적 인간의 곰곰 생각들」은 내용이 말 그대로, 파시스트적 예술지상주의였다. 민주주의를 누르고 권위주의 국가를 세워야 한다. '진부한' 이성주의를 누르고 창조적인 비이성주의를 세워야 한다. 도덕주의 문명을 누르고 내적인 문화를 세워야 한다 운운. 1919년 바이마르공화국이 수립되면서 만은 정치적 자유가 진작시키는 예술적 상상력의 맛을 느끼기 시작했고, 그의 견해가 수정되어가던 과정의 역동성과 예술정신이 맞물려 그의 최고 걸작이자 성장소설사의 최고봉 『마의 산』(1924)이 탄생한다.

스위스 다보스의 결핵 요양소로 사촌을 찾아간 독일 청년 기사 카스토르프는 자신도 결핵 증세가 있는 것을 알고 요양소에 제1차 세계대전 발발 때까지 머물게 되고, 그 7년 동안 일상적인 삶을 버리고 질병과 검사, 그리고 죽음이 풍기는 풍부한 마력에 자신을 맡기는 한편 다른 환자들과 대화를 통해 20세기 유럽을 지배하는 정치적, 문화적, 그리고 과학적 사상들을 점차 점차 인식하고 흡수해간다.

요양소는 실제 세계로부터 격리된 동시에 실제 세계의 가능성과 위험성을 반영하고, 마법과 현실 사이 거리를 품고, 그 거리 속으로 예술이 세속 현실과 몸을 섞으며 세속성을 매개 삼아 위대한 예술현실을 달성한다. 한마디로 만은, 예술과 현실의 변증법이 개시되고 심화 발전하는 과정 자체를 소설화했다. 질병과 죽음의 분위기는 세계대전 전야 암울한 유럽 상황을 상징하지만 동시에 아름다움의 신비스러운 매질로 인식되기도 하고, 카스토르프 주변 인물들은 유럽의 고전적인 인본-자유주의를 옹호하는 쪽(특히 세템브리니)과 감각의 삶을 추구하는 쪽(특히 피퍼코른)으로 대별되지만, 소설의 '미학 과정' 자체가 그것을 종합하는 과정과 겹쳐지고 그 보조장치랄까 소재적 외화(外化)가 유대인 출신 예수회 수사로, 격렬한 모순들로 가득 차 있는 래오 나프타와, 정신분석, 최면술, 그리고 심령술 등에 심취한 크로코프스키 박사며, 이들이 '소재적'으로 대변하는, 예술에 필요한 삶의 신비스럽고 퇴폐적이며 비의적이고 미학적인 측면을 빨아들이면서 『마의 산』이 미학적으로 무르익어가고, 다만, 카스트로프가 깨달음의 극에 달하는 장면은, 신약성서 묵시록처럼, 가시성(可視性)으로 닫혔다. 눈 속에 길을 잃은 그에게 떠오르는 내면의 계시 속에서 그는 우선 아름답고 깬 사람들로 둘러싸인 고전적 신전을 본다. 하지만 신전 안에는 두 명의 마녀가 어린아이를 갈기갈기 찢어 먹고 있다. 문명은 야만을 포괄하고 인간의 두 지향, 즉 계몽-구성 지향과 미신-파괴-퇴폐 지향은 서로 분리될 수 없다는 뜻인가? 이제껏 구축되어온 소설 언어의 건물이 그렇게 미술화하면서 릴케의 '시=조각'보다 더 중대한 파탄에 이른다. 그래서, 어떻게 되는가? 카스토르프는 몸과 마음의 건강을 되찾고 요양소를 나오지만 때는 제1차 세계대전기, 수백 명의 청년 동지들과 함께 집중 포화를 맞고 전사했다. 계시의 천박성은, 만의 사상 전향이 충분한 예술 미학적 심사숙고와 단련을 거치지 못했다는 뜻이고, 만은 그후 문학에만 전념했고 숱한 명작들을 낳았지만 모두 『마의 산』을 넘지 못했다. 히틀러가 권좌에 오르자 만이 일단 스위스로 망명했으나, 그가 파시스트 예술관을 완전히 극복하지 못한 상태였던 만큼 망명 또한 예술-사상적 심사숙고와 단련의 계기로 작용하지 못했다는 뜻일 것이다. 왜냐면 『마의 산』 또한 망명이었다. 만의 만년 산문들과 「괴테론」(1949), 「체호프론」(1954), 「실러론」(1955) 등은 작가의 도덕적이고 사회적인 책임을 강조하고 있는데, 제2차 세계대전이 종결된 지 오래니, 매우 뒤늦은 강조다.

아일랜드 문학, 변방의 세계화 1
예이츠, '영원=형식'에 달하는 '노년=내용'과 '수난=내용'

정치적 주변부면서 20세기 문학에 본질적인 영향을 끼친 나라는 단연 아일랜드다. 쇼(희곡)와 예이츠(시)는 당대 문학의 가장 튼튼한 주류 중 하나를 형성했고, 조이스(소설), 베케트(희곡)는 각 장르의 현대적 운명을 규정지었다. 그리고 셰이머스 히니는 현재 가장 영향력 있는 시인 중 하나다. 이들의 영향력은 새천년에 더욱 위력을 발하게 될 것이다. 아일랜드 민족주의야말로 파시스트화할 소지가 많(았)다. 아일랜드 켈트신화는 바그너가 심취했고 그 심취로써 파시스트 경향을 보였던 북구신화의 중요한 구성부분이다. 그리고 아일랜드가 영국으로부터 받은 박해는 역사상 유래를 찾기 힘들다. 그런데, 어떻게 이중의 극복이 가능했을까? 아일랜드의 피비린 약소민족성은 우선 스위프트의 풍자문학, 그리고 버클리(1685~1753)의, 역사상 가장 유니크한 관념론 혹은 '현실=하나님=가상현실' '철학=신학'을 낳았고, 그 얼개는, 최근의 가장 기발한 가상현실 영화 〈매트릭스〉 줄거리를 대번에 표절쯤으로 낙착시켜버린다. 아일랜드 작가들은 그것을 가상현실화하지 않고 '예술현실'화했다. 예이츠는 더블린 앵글로-아일랜드 프로테스탄트 가정에서 태어났고 두 살 때 가족과 함께 런던으로 옮겼다가 15세 때 다시 더블린으로 돌아왔다. 예술학교를 다니며 짧은 서정시 두 편을 발표했는데, 반응이 신통찮았지만 1887년 직업작가의 길로 들어섰고, 여전히 신통찮았다. 블레이크 예언시에 감명받고 플라톤, 신플라톤주의자들, 그리고 스웨덴보리 등의 계시문학 전통에, 심지어 연금술에까지 심취했고, 초기 시집 『오이신의 방황 및 기타 시편』(1889)은 언뜻 언뜻 아름답지만 모호하고 부족하다. 이해 예이츠는 런던 문단 세계에 발을 디디는 일방 아일랜드의 아름다운 열혈 여성 모드 곤한테 홀딱 반했고, 짝사랑으로 끝났지만 이때 감정이 예이츠의 '아일랜드 정신'을 크게 부채질, 산문집 『켈트의 황혼』(1893) 집필의 동력으로 작용한다. 이 책은 켈트족 민간전승 모음집이지만 제목 자체는 게일족 문화부흥 혹은 19세기 아일랜드 문예 르네상스와 동의어다. 고딕적으로 신비하고 초자연적인 마법이 풍미하며 낭만적이고 우울한 분위기를 풍기는 아일랜드신화-전설을 특히 강조하는 이 운동은 낭만주의와 아일랜드 민족주의가 복고적으로 결합한 결과로, 이때 예이츠 성향은 파시스트적이었을 것이다. 그러나, 아일랜드 민족운동에 사실주의 문예(부흥이 아니라) 운동 시기가 오자 예이츠는 다시 그것에 휩쓸려들면서도 그 흐름에 예술-변증법적으로 대응, 놀랍게도, 자신의 복고 취향을, 영원한 '아름다움=형식'을 추구하는 매개로 전화한다. 1898년, 아일랜드 서쪽 지방 전승을 이미 수집중이었던 그레고리 부인 등을 만난 예이츠는 그녀 집에서 여름휴가를 보내고 급기야 근처 폐허가 된 노르만족 고성(古城)터까지 사들이는데, 이 성의 구조가 '북구 고전주의'의 한 원형 상징으로 자리잡게 된다. 예이츠는 그레고리 부인 등과 1899년 아일랜드 문예극장을 설립하고 민족극운동에 계속 관여하지만 끝내 아일랜드 민족주의를 더 깊은 인류보편성으로 관통하고 상투적인 '진보적 계급론'의 천박성을 문명의 '나이=아름다움'으로 극복한 말년 시집 『탑』(1928)에서 문학의 진경을 펼쳤다.

거긴 노인네들 살 데가 아니지. 젊은것들
서로 껴안고, 새들 수풀에서—그 죽어가는 세대들—지저귀고.
연어-폭포, 고등어 운집한 바다,
물고기들, 살(肉), 혹은 날짐승, 칭송한다 여름 내도록
새끼 까고, 태어나고, 그리고 죽은 것들 일체를.
그 육감의 음악에 사로잡혀 모두 무시하지

나이들지 않는 지능의 기념물들을.

늙은 건 하찮다고.
지팡이 위에 누더기가 걸친 꼴. 혹시
영혼이 손뼉을 치며 노래 부르고, 또 더 크게 노래 부른다면 모를까
필멸의 옷에 난 매 누덕 자욱마다 노래 부른다면.
노래 학교도 없고 다만 자신의
격조의 기념물을 공부할 뿐인데;
그러므로 나는 바다를 건너서
왔네 비잔티움 성도(聖都)로.

오 하나님의 신성한 불 속에 서 있는 성자들
그 벽의 황금빛 모자이크 속에 말야.
오라 신성한 불로부터, 소용돌이 물레여,
와서 내 영혼의 노래 선생이 되어다오.
내 심장을 소멸시키라; 욕망으로 병든
그리고 죽어가는 짐승에 묶인
심장은 제가 무엇인지 모르나니; 모두어다오 나를
영원의 고안(考案) 속으로.

자연을 벗으면 나는 다시는
어떤 자연물로도 내 육신의 형태를 취하지 않으리
그러나 이런 형태 그리스 금세공인들이
황금을 망치로 두들기고 에나멜로 입혀
졸린 황제들을 깨어 있게 하는 이 형태;
아니면 황금 나뭇가지 위에 앉아 지저귀는 이 형태
비잔티움의 귀족과 귀부인들에게

지난 것, 아니면 지나고 있는 것, 아니면 올 것에 대해 노래하는.
(「비잔티움의 항해」 전문)

육신의 욕망이 '지능의 기념물'로 되기를 바라는 것은 누구나 당연하다. 그러나 후자의 '육체'를 인간의 그것보다 더 생생하면서도 동시에 유구하게 형상화하는 일은 위대한 시인에게만 허락된다. 이 욕망의 예술-육체화를 통해 예이츠의 아일랜드-독일주의, 혹은 파시즘이 극복된다. 아니 더 나아가, 다음과 같은 시는 신화주의에서 출발한 예이츠가, (바그너와 달리) 신화의 야만에 함몰하지 않고 오히려 신화의 육체를 예술-육체의 황홀한 떨림으로 전율케 하고 있는 경지에 달했음을, 전율의 일순으로 보여주기에 족하다.

일격: 거대한 날개가 여전히 쳐대는
그 아래 비틀거리는 처녀, 그녀의 넓적다리를 포옹한
검은 털, 부리에 잡힌 그녀 목덜미,
그가 그녀의 하릴없는 가슴을 자기 가슴에 품는다.

어떻게 그 겁에 질린 멍한 손가락들이 밀쳐내겠는가
깃털의 영광을 그녀의 흩뜨러지는 넓적다리에서?
그리고 어떻게 육체가, 그 새하얀 공세에 놓여,
느끼지 않겠는가 그 이상한 심장의 존재가 뛰는 것을?

떨림, 음부 안의 떨림이 거기에 낳는
무너진 담, 불타는 지붕과 탑
그리고 죽은 아가멤논.
그렇게 사로잡혀
그렇게 하늘의 야성의 피에 지배되어
그녀는 입었는가 그의 지식을 그의 권능으로써

무심한 부리가 그녀를 방울져 떨어지게끔 놔두기도 전에?
(「레다와 백조」 전문)

아일랜드문학의 고전시대는 그렇게 열린다. 정말, 민족적이므로 세계적으로. 히니는 예이츠 이후 최고의 아일랜드 시인으로 평가되며, 산문 능력도 뛰어나고, 다른 작가 작품 및 시작기법 성격에 대한 그의 언급은 시사하는 바가 많다. 그리고, 그러나, 히니 또한 '영원=형식'에 달하는 '노년=내용'과 '수난=내용'이다.

미국시, 변방의 세계화—프로스트, 현대의 소음 너머

아주 고유한 '미국적 국제성'의 확고한 증거로, 다음 시를 미리 염두에 둘 필요가 있다.

담을 좋아하지 않는 부류가 있나보다,
담 밑에 언 땅을 파헤쳐놓고,
윗부분 둥근 돌들을 햇빛에 흘린다;
그리고 심지어 두 사람이 나란히 통과할 만큼의 틈도 낸다.
사냥꾼들 짓거리는 다른 문제지:
나는 그것들을 쫓아왔고 수선을 했다
그들이 돌 위에 돌 하나를 남겨놓지 않은 곳,
하지만 그들은 토끼들의 은신처를 발칵 뒤집어
컹컹 짖는 개들을 즐겁게 해주고 싶었던 게다. 내가 말하는 틈이란,
누가 그러는 걸 본 적도 없고 생겼다는 걸 들은 적도 없는데,
봄에 담을 고치는 때가 되면 눈에 띄는 그런 틈이다.
나는 이웃에게 언덕 너머를 알려주었다;
그리고 어느 날 우리는 만나 선상을 걸으며

우리 사이에 벽을 다시 한 번 놓았다.
가면서 우리는 우리 사이 벽을 유지했다.
각각에게 떨어진 둥근 돌들은 각자에게로.
그리고 어떤 것들은 빵 같고 어떤 것들은 거의 공에 가까워
우리는 그것들을 균형 잡느라 주문을 외어야 할 정도였다:
'우리가 등을 돌릴 때까지 제자리에 서 있을 것!'
돌들을 다루느라 우리 손은 엉망이 되었다.
오, 또다른 유의 야외 놀이일 뿐이다,
한 편에 하나. 그 이상일 게 뭐 있겠는가:
놀이가 있지만 사실 우리는 담이 필요 없다:
그는 전부 소나무고 나는 사과나무밭.
내 사과나무가 경계를 넘어
그의 소나무 솔방울을 따 먹지는 않을 것 아닌가, 나는 그에게 그렇게 말했다.
그는 이럴 뿐이다, '담장이 좋아야 이웃도 좋아지지요.'
봄은 내 안에 악동, 그리고 나는 모르겠다
내 생각을 그에게 어떻게 주입시킬 수 있을지:
'왜 좋은 담장이 좋은 이웃을? 그건
소를 기를 때가 그런 것 아닌가요? 여긴 소가 없는데.
담을 짓기 전에 생각을 해봐야죠
무얼 담으로 쳐내고 무얼 담으로 쳐들인다는 건지,
그리고 누구한테 내가 적대감을 표시하려는지 말이에요.
담을 좋아하지 않는 부류가 있거든요,
담이 무너졌으면 하는 부류들이.' 나는 그에게 '꼬마요정들' 이라고 해도 좋았다,
그러나 정확히 꼬마요정들은 아니고, 또 나는
그가 스스로 그 말을 하기를 바랐다…
(프로스트, 「담을 고치며」(1916) 중에서)

위 시는 언뜻 소박한 '농촌의 진실' 을 담고 있는 듯하면서도 시행의 호흡이 원대하며 세계적이고 정교한 동시에 자유자재하고 요란한 현대시의 소음 '너머' 를 어느새 지향한다. 첫 행 '담을 좋아하지 않는 부류가 있나보다' 는 미국의 '지방시' 가 지방적이므로 세계적인 차원을 열 것이라는, 느긋한, 동시에 긴박한 예언처럼 들린다.

러시아혁명, 피로 빚은 우울의 보석

'피의 일요일' 소식이 전국으로 퍼져 각지에서 항의 파업이 발생하고 그 과정에 노동자대표조직 소비에트가 자연발생한다. 9월 러시아가 러일전쟁에 패하고 10월 2백만 명이 참가한 노동자 총파업이 발생, 러시아 전 산업이 마비되고 니콜라스 2세가 할 수 없이 시민 자유와 국회 설립을 약속하지만 페테르부르크 소비에트회의가 제안을 거부, 무기한 파업을 결의하고, 모스크바 노동자가 무장봉기했다. 정부가 군대를 동원하여 파업을 무산시키고 봉기를 진압했으나 1914년 제1차 세계대전이 일어나고 러시아는 연합국 일원으로 참가하는데, 전선과 후방에서 전쟁 혐오 분위기가 만연하고 1916년 페테르부르크 노동자 6만 명이 다시 파업에 들어가고, 이듬해 2월이면 파업의 물결이 전시 러시아를 휩쓸고 병사들이 반란을 일으켜 장교를 죽이고 정치범을 석방하며, 노동자들이 결성한 노동자소비에트 임시위원회에 병사들도 참가, 혁명에 결정적인 역할을 하게 될 노동자병사 소비에트가 생겨났다. 국회에서도 임시위원회가 만들어지므로 이중권력 상태가 발생하는데, 로마노프 왕조가 무너지고 국회 임시위원회가 임시정부를 조직하지만 망명지 스위스에서 급히 귀국한 사회주의혁명가 레닌이 임시정부 아닌 소비에트 지지를 호소하고, 임시정부가 전쟁을 계속한다는 방침을 밝히자 대중의 불만이 고조되어 1917년 노동자와 병사가 대무장시위를 벌이고, 정부는 전선의 기병사단을 급히 귀환시켜 겨우 진압하고, 레닌은 다시 핀란드로 망명했다가 자유주의자 반란이 간신히 진압된 10월 10일 다시 귀국, 혁명을 조직했다. 군의 지휘권을 완전히 장악한 페테르부르크 소비에트 군사혁명위원회(위원장 트로츠키)는 10월 24일 저녁 약 3만 명의 볼셰비키 군대를 일제히 봉기시켰고, 거의 저항을 받지 않고 작전상 요소를 점령했으며, 이튿날 밤 네바강에 떠 있던 순양함 오로라호의 공포를 신호로 겨울궁 공격을 개시, 몇 시간 만에 정부군을 일소하고 각료들을 체포하였다. 이것을 러시아 10월혁명이라고 부른다.

사회주의리얼리즘

대표적인 고리키 소설 주인공 유형 '삶의 의미를 찾는 자'는 러시아 자본주의 발흥에 관심을 갖고 사회의식화한다. 1899~1906년 고리키는 주로 성페테르부르크에 살면서 마르크스주의자로 또 볼셰비키로 성장해갔다. 국제적 명성도 따랐다. 1901년 혁명시 「폭풍우 바다제비의 노래」를 발표한 후 피체되지만 곧 석방, 결핵 치료를 받았고, 1905년 러시아혁명 때 참가했다가 이듬해 다시 피체되었으나 다시 이내 석방되는데, 부분적으로는 세계 여론 때문이었다. 『어머니』는 그러한 시기 축적물이다.

> 공원 파벨은 사회적 불평등에 대한 불만이 고조해가던 중 사회주의 서클에 참가하면서 귀가가 늦어지고 어머니는 그게 걱정스럽지만, 어느 날 아들과 그의 동지들이 하는 말을 엿들으면서 아들이 옳다는 생각을 갖게 된다. 사태가 진전되어 공원들에게 부담을 지우며 늪을 매립하려는 공장 측 계획이 알려지면서 공원들은 파벨의 주도하 모종의 행동에 돌입하고 공장과 공원들 사이 대립이 격화되는 와중 파벨이 체포되고 어머니가 아들 대신 삐라를 살포한다. 자식은 풀려났지만 공장과 공원들 사이 계급투쟁이 갈수록 격화하고 풀려났던 아들이 다시 체포되고, 어머니도 법정에서 자식의 정당함을 항변하다 체포된다. 진실의 불꽃은 꺼지지 않는다. 어머니가 이렇게 외치면서 작품은 대단원의 막을 내린다.

실제 벌어졌던 일을 토대로 한 고리키 『어머니』는 1906년 12월 뉴욕 애틀턴 매거진에 우선 영어 연재되고, 러시아어판은 1907~1908년 즈나니에 문집에 발표되었다. 이 작품을 대담하게 각색한 동명의 푸돕킨 감독 영화(1926)는 무성영화사상 걸작이고, 그것 아니라도 『어머니』는 훗날 스탈린이 주창하는 사회주의리얼리즘의 걸작으로 칭송받게 된다. '역사를 단순 반영하지 않고 역사 속 역사의 발전을 형상화한다'는 사회주의리얼리즘은 기치 자체야 탓할 게 없지만, 적용 방법이 매우 단선적이고 교조적이라 천박한 소재주의를 거쳐 급기야 손쉬운 '민요적 대중성'을 작가들에게 강요하는 지경으로 악화한다. 예술은 과연 인민의 것으로 되지만 인민의 예술이 근대성을 돌파하지 못하고, 소련 노동자들이 싼값에 무시로 볼쇼이극장 발레를 관람하고 톨스토이-도스토옙스키의 문학에 해박하지만 자본주의가 엄존하는 세계의 현대적 복잡성은 알지 못하고 느끼지 못하게 된다. '낙원'이 창세기 에덴동산을 뜻하는 것이라면 소비에트 사회가 지상낙원이 아니라고 할 것은 없지만, 현대적 인간 왜곡을 극복하면서 동시에 그 너머 전인적(全人的) 총체 인격에 인간이 달한 상태를 뜻하는 말이라면 소비에트 사회는 그 가능성을 애당초 봉건적으로 봉쇄하고, 소비에트 인민은 톨스토이-도스토옙스키보다 그 전의 '서정적' 푸시킨을 더 좋아하게 되고 소비에트 관영 음악원은 차이콥스키 음악 너머를 가르칠 능력을 상실한다. '부랑아'를 소재-주제로 했을 때 고리키 소설은 사실주의적이면서 현대성 쪽으로 열려 있었다. 『어머니』 또한 관변적이거나 교조적인 작품은 아니다. 하지만 사실주의미학이, 르포르타주(기록문학) 쪽으로 어느 정도 타락하고, 그렇게 사실과의 미학적 거리 혹은 긴장이 어느 정도 해이해지고, '혁명을 고취'한다는 '목적성'이 채 미학화하기 전에 영웅-낭만주의(적 단순화)를 불러일으킨다. 이런 점들은 모두 같은 사실의 다른 측면들이다. 소설가 고리키와 혁명가 레닌은 친구 사이였지만 1917년 볼셰비키혁명이 성공하고 레닌이 정치권력 수반에 오르면서 점차 불편해지는데, 레닌 '문학이론'이 고리키보다 덜 문학적이서가 아니다. '이론'적으로는 오히려 레닌이 더 문학적이고 '과학적'이었다. 고리키는 레닌의 '독재'를 비난했지만 스스로 일체 부르주아예술을 삭제한 노동자문화 운동 '프롤렛쿨트'에 합류한 반면, 레닌은 인류 역사상 진보적인 고전 유산들의 총화와 새로운 노동자 경험의 변증법적 합으로 노동자문화, 그리고 고전전통의 유일한 계승자로서 노동자계급을 정책으로 제시했다. 하지만 레닌의 '감수성'은, 당연히, 고리키보다 덜 문학적이고, 그러므로 덜 현대적이었다. 레닌은 톨스토이를 최고 예술가로 평했고, 그렇게 진정한 '소비에트=미래' 예술의 가능성을 정치적으로는 탄압하지는 않았으되(볼셰비키혁명 직후는 예술사상 가장 실험적이었던 시기 중 하나다), 정치적으로 탄압하지는 않았지만, 톨스토이 너머를 고리키에게 미학적으로 제시할 수 없었다. 1919년 이후 고리키는 레닌과 협력 관계를 복원하고 그러는 동안 자전적 3부작 『나의 유년시절』(1913~1914)-『세상 속에서』(1915~1916)-『나의 대학』(1923)이 출간되는데, 걸작이지만 과거로, 자신의 생애 속으로 회귀한 걸작이다. 고리키가 사회주의리얼리즘의 전범으로 칭송되는 것은 레닌 사망 후 집권한 스탈린이 온갖 소비에트=현대적 실험을 '부르주아적' 잔재로 몰아붙이며 탄압하고 사회주의리얼리즘 예술을 '인민이 쉽게 이해할 수 있는' 대중예술로 강령-천박화하고 때맞추어 프롤렛쿨트 이론가 보그다노프가 작가-예술가들을 권력 하수인쯤으로 조직해가던 와중이었고 스탈린은 해외 거주중이던 고리키를 국내로 불러들여 온갖 명예를 부여했지만 1936년 고리키가 수술중 사망하자, 스탈린에 의한 암살설이 파다히 퍼지게 된다. 사회주의리얼리즘은 소련 예술 전반에 재앙적인 결과를 낳았다.

제1차 세계대전, 죽음의 무용

제1차 세계대전 때 미국은 당초 중립을 선언했지만 연합국 측과 경제적 유대를 공고히 하다가 1917년 참전하였고 윌슨 대통령은 14개 조항의 평화원칙을 제창, 국제연맹 설립을 주도하고 전후 국제질서 재건에도 지도적 역할을 하였다. 대전을 통해 미국은 채무국에서 채권국으로 전환했으며, 국제연맹에는 가입하지 않았으나 유럽 부흥에서 불가결한 역할을 맡았고, 대외 투자 활동도 대규모로 전개하였으며, 국내 경제도 보기 드문 번영을 이루었다. 소비에트정부는 사유재산 폐지, 경작농민에 대한 토지 분배, 교회와 국가 분리, 남녀평등, 계급특권 폐지 등 전면적인 개혁정책을 내놓았고 반소비에트 백군과 내전을 치르면서 레닌의 '민주집중제' 원칙 아래 당 권한이 크게 강화하였다. 대규모 공장 전면 국유화를 시작으로 곧장 계급 없는 공산주의 이상사회로 전환하려는 전시공산주의정책이 실패로 끝나자 레닌은 1921년 국가자본주의로 당분간 후퇴하는 신경제정책(NEP)을 선포, 화폐경제와 시장경제가 복구되고 대부분의 무역과 소규모공업이 사유화하고 소기업가 계급이 생겨나면서 농업과 공업 생산이 신속하게 회복되지만, 미래 계획 방식을 둘러싼 논쟁이 부상하는 가운데 레닌은 과로로 사망하고 레닌의 뜻과 다르게 스탈린이 정권을 장악한다. 영국은 제1차 세계대전 개전 이듬해 애스퀴스 주도 아래 자유-보수-노동 3당 연립내각이 이루어지지만 지도력이 부족했고, 이윽고 등장한 조지가 강력한 전시내각을 조직, 독일의 무제한 잠수함작전에 따른 위기를 극복하고 승리를 거두지만, 이 전쟁이 끝났을 때 영국은 미국의 채무국으로 되고 세계 금융 중심도 런던 롬바드가에서 미국 뉴욕, 월가로 옮겨지는 등 국력과 국제 지위, 그리고 영향력이 눈에 띄게 떨어진 상태였다. 전쟁 기간 중 식민지에서 민족주의 독립운동이 고조되는데, 1916년 아일랜드의 부활절 봉기나 1919년 인도 암리차르사건 등을 가혹하게 무력 탄압하지만 영국은 1922년 아일랜드를 자유국으로 인정하고 연방에 머무르게 하는 선에 그치며, 1931년에는 자치령의 독립성을 인정하는 '웨스트민스터헌장'을 만들게 된다. 전쟁은 영국 노동자 지위를 크게 향상시켰고 1925년 보수당 볼드윈 내각의 금본위제 복귀 정책으로 불황이 닥치자 이듬해 탄광노동자를 중심으로 총파업이 벌어지고, 자유당이 쇠퇴하면서 노동당이 세력을 크게 넓혔다.

'프랑스적', 감각의 명징과 세련 그리고 총체

클로델과 발레리는, 고전주의와 낭만주의의 변증법을 현대의 불안 혹은 참상

속으로 심화하는 동시에 명징화하고, 가장 폭발적이었던 시의 '반란 혹은 혁명' 내용이 그 자체로 '의미 너머'를 구성하는 투명한, 투명성의 뼈대를 이루고, 고전주의 자체에 현대적 미래 혹은 미래적 현대 혹은 '현대=미래'로의 창이 열리고 그렇게 클로델과 발레리는 몽테뉴-몰리에르가 대표하는 프랑스 고전주의 정신의 현대적 계승자로 된다. 클로델은 극-형식 작품을 많이 썼지만, 극의 역동성조차 시성(詩性), 혹은 투명성의 깊이를 심화할 뿐(!)이다. 발레리는 더 미세한 창을, 클로델보다 더 멀리, 비(非)대중적으로 열었다.

> 거대한 고요가 내게 유의하고 그 속에서 나는 희망에 귀 기울인다.
> 꺼져버린 원천의 비밀들 속에서.
> 배우기가 두려운 비밀들 속에서.
> (「매력」(1922) 중에서)

총체성보다 예리한 단편성 혹은 창, 그것들이 이루는, 질적으로 전혀 새로운 총체성의 예감을 발레리의 시는 생생하게 전달한다. 온갖 문예사조가 앞으로도 출몰하겠지만 시가 시 속으로 깊어지는 광경의 응축도가 여기서 더 나아갈 수 있을까, 그런 자문을 당대와 후대 시인들에게 강제하는 수준에 두 사람의 시작풍은 달한다. 그리고 10년 연하 아폴리네르에서 벌써 원초 서정으로 돌아가는 초현실주의 시가 발생하고, 10년 연하 콕토의, 예술장르를 넘나드는 총체-실험주의를 겪으면서 프랑스 시문학은 유럽 주도 프랑스문화의 요란굉장한 꽃으로 만개하지만 정작 진정성에서 우위를 빼앗기게 된다. 클로델과 발레리의 프랑스적인 명징성의, 예리한 깊이를 매우 현란하고 너그러운 웃음으로 풀어내는 것이 프루스트 대작 소설 『잃어버린 시간을 찾아서』(1913~1927)다. 1909년 6월 프루스트는 소설을 쓰기 위해 자신을 세상과 단절시켰고 1912년 9월 첫 권 『스완의 방식』 출간이 두 차례 거부되는 우여곡절 끝에 1913년 11월 자비출판되었는데 이때 그는 앞으로 두 권을 더 낼 것이라고 말했다. 이 작품은 서로 연관된 일곱 개 부분으로 구성되고, 여러 겹의 1인칭 화자 마르셀이 자신의 행복했던 유년 시절을 회상하는 것으로 시작된다.

> 1909년 1월 마르셀은 차에 적신 마들렌 과자를 맛보다 어렸을 적 기억을 자기도 모르게 떠올린다. 마르셀이 자신의 생애를 언급하는 동안 인상 깊은 인물들을 소개된다. 스완. 그는 창녀 오데트와 말썽 많은 관계를 맺게 되고, 스완 딸 질베르, 그녀를 마르셀이 사랑하게 되고, 귀족 게르망 가문과 만남이 펼쳐지고, 방탕한 샤알뤼 백작과 조카, 그리고 알베르틴이 소개되고 마르셀은 알베르틴에게 미친 듯 빠져든다. 마르셀의 세계가 점차 확장, 인간 사회의 교양문명뿐 아니라 부패한 면까지 포괄하고, 인간의 어리석음과 비참을 통째로 겪으며 마르셀은 절망에 빠지고, 생애 최저점에 달하여 시간을 잃어버렸다고 느낀다. 내가 추구하고 획득한 모든 것에서 아름다움과 의미가 사라졌다. 그는 자신이 언젠가는 쓰겠노라 늘 희망했던 책을 포기한다.

제1차 세계대전 기간 중 그는 자신의 소설 나머지를 수정했다. 감정, 문체, 구성 등이 풍부해지는 동시에 의미 깊어졌다. 특히 사실주의적 요소와 함께 풍자가 깃들고, 그러는 동안 소설 길이가 세 배로 늘어나면서 『잃어버린 시간을 찾아서』는 소설문학사상 가장 풍요롭고 너그러운 웃음의 상상력을 갖추게 된다. 감각적 이미지의 육체 환기력을 통해 섬세한 아픔이 갈수록 예민해지면서 예민함이 웃음의 너그러운 깊이를 얻게 되는 것. 그것은 해탈한 웃음이 아니고 날카롭게 현대적인 동시에 뼈아프게 과거지향적인 웃음이다. 즉, 웃음의, 영원성의 광경이다. 1919년 6월 『움트는 나무숲에서』가 『스완의 방식』 재판과 함께 출간되고 12월 『움트는 나무숲에서』가 공쿠르상을 받으면서 프루스트는 세계적인 명성을 얻었고, 그가 살아 있는 동안 두 권의 책이 더 나왔는데 『게르만가의 방식』(1920)과 『소돔과 고모라』(1921)다.

> 전쟁이 끝난 후 한 리셉션 장에서 화자는, 일련의 우연한 무의식적 기억의 연속을 통해, 그가 과거에 겪었던 온갖 아름다움이 영원히 살아 있다는 것을

깨닫는다. 시간이 다시 회복되고 그는 소설을 쓰기 시작한다. 다가오는 죽음을 맞이하는, 아니 죽음에 항거하는 제의로서.

그런데 그 소설 내용이 바로 이제껏 읽어왔던 내용이다. 이중 혹은 다중 화자가 『잃어버린 시간을 찾아서』에서 처음 등장한 것은 아니고, 모든 소설은 설령 자전적이 아니더라도, 화자가 최소한 이중적이지만 『잃어버린 시간을 찾아서』에서 최초로 이중성이 소설의 의식적인 주제로 되고 의식성이 명징성을 낳고, 명징성과 주제가 구분되지 않는다. 즉, 이 소설은 소설에 대한 소설일 뿐 아니라, 소설 자체의 미학화다. 집필 과정과 생애가 뒤섞일 뿐 아니라 삶과 문학이, 기억과 현재가, 현실과 추억이 뒤섞이고 '의식의 흐름'이라는 자유 연상기법이 활용된다. 매우 복잡하다. 그리고 난해하다. 그러나 난해는 내용이 아니고 형식이다. 아니 내용/형식의 이분법을 비웃듯 투명하면서 의미심장하다. 그가 죽고, 작품은 남았고, 우리는 이제 화자와 작가의 생애를 구분하지 않아도 된다. 프루스트가 죽은 후 『잃어버린 시간을 찾아서』의 나머지 세 권이 나왔다. 『사로잡힌 자』(1923), 『사라진 알베르틴』(1925), 그리고 『다시 회복된 시간』(1927). 이 작품들은 여러 번 수정 과정을 거쳤겠지만, 작가의 마지막 수정은 받지 못했다. 전체를 묶은 정본 『잃어버린 시간을 찾아서』가 나온 것은 1954년. 이후 『잃어버린 시간을 찾아서』는 프랑스 현대소설의 거대한 보루이자 모태로 되었다. 세계문학의 보루이자 모태가 되기에는 걸림돌이 하나 있었다. 프루스트 문체는 몰리에르와 셰익스피어에게 많이 기댄 바로 그만큼 과거지향적이다. 아일랜드 소설가 조이스 『율리시스』는 과거를 거슬러 아예 신화에 가닿지만 과거지향이 없고 문체가 미래 모험(의 파탄) 앞에서 균열된 거북 등 같다.

현대문학, 파탄의 총체화

영국 울프, 아일랜드 조이스, 체코슬로바키아 카프카, 이 세 사람이 현대소설의 새로운 장을 열었다. 이들의 작품으로 소설은 19세기 근대 삶의 영광을 예찬 혹은 회상하는 지도에서 '현대=끔찍함'의 '고통=실존'에 동참하는 명징한 시간의 통로 자체로 된다. 프루스트 소설의 '온화=복고 지향'이 극복된다. 길이와 관계없이 시와 소설 경계가 무너진다. 시는 '현대=서사' 속으로 자신의 육체를 마구 내팽개치면서 감성의 의식적 첨예화를 향해 치닫고 소설은 내면심리 영역을 서사 영역으로 바꾸어내는 동시에 끊임없이 '난해=서정성' 속으로 응축해 들고, 그렇게, 영국 엘리엇과 독일 고트프리드 벤의 현대시가 위 현대소설에 조응한다. 그 파란을 위한 조용한 서장으로 이미지스트 파운드가 1913년 발표한 「지하철 역에서」가 적당할 것이다. 전문이다.

군중 속에 이런 얼굴들의 환영
젖은, 검은 나뭇가지 위 꽃잎들

이 시는 현대 대도시의 절망과 희망, 아니 전도된 절망과 희망, 아니 희망의 절망과 절망의 희망을 가깝게는 '젖은'과 '검은'의 '대비=겹침'으로, 멀게는 '환영'과 '꽃잎들'의 '대비=겹침'으로, 정말 이미지만으로 형상화한다. 사실 현대문학에서는 희망과 절망이 전복되고, 그 관계가 전복되고 남성과 여성이, 남성적 여성과 여성적 남성이 전복되고, 그 관계가 전복되고, 모든 것의 모든 관계가 전복된다. 이것들은 아직 (모든 것의 극복으로서) 성의 극복이 아니라 성의 파경, 난해 속으로 심화한 파경이다. 울프는 출생 연도와 사망 연도가 조이스와 같고, 내적 독백과 의식의 흐름을 구사하는 등 소설 기법도 닮았지만 조이스보다 훨씬 더 여성 속으로 심화하며, 시적 상징에 가득 찬 문체와 시간 자체에 대한 집착이 조이스보다 더 강함에도 불구하고 그녀 작품이 덜 현대적으로 느껴지는 것은 성 자체에 대한 현대적 혼동이 조이스-카프카보다 덜 치열하기 때문, 즉 소재적이기 때문(남녀추니 화자 등)이다. (영국 소설가 로런스는 성의 극복 자체를 소설 주제로 삼지만 주제로 끝났을 뿐, 소설미학은 여전히 19세기적이다.) 울프는 생애가 복합적인데다 문서 정리가 잘 되어 있기 때문에 셰익스피어보다 더 많은 주목을 전기작가들한테 받았다. 울프에 조응하는 벤의 첫 시집 『시체안치소, 기타』(1912)에서 끔찍할 정도로 정밀하게 인간의 죽음과 질병을 바라보는 '의사=신'의 시선은 분명 엄혹한 남자의 그것이고, 시론 「서정시의 문제」(1915)에서 개진되는, 일체의 교훈-정치-공리-신학 내용에 반대하는 '서정=절대형식' 시는 남성신의 자기 거세에 다름아니다. '완벽한 논리' 자체가 남성의 허구기도 하다. 엘리엇 초기시 〈J. 앨프리드 프루프록 연가〉(1917)는 조이스 소설 『젊은 예술가의 초상』(1914)과 비교하며 읽을 때 더 흥미롭다. 전반부다.

그러면 가자, 너와 나
저녁이 펼쳐진 하늘 바탕에
마취당한 수술대의 환자 같은 때,
가자, 반(半)은 사막인 어떤 거리들을 지나,
투덜대며 물러나는
값싼 하룻밤 여인숙의 잠 못 이루는 밤
그리고 굴껍질 나뒹구는 톱밥
교활한 내용의
지리한 논쟁처럼 이어지는 거리들
이어져 우리를 당혹스런 질문에로 이끄는 거리들.

오, 묻지 마라, '그것이 뭐냐?' 고……

위 시가 도달하는 질문은 존재적이고 이중으로 절망적이지만('묻지 마라') 그것에 이르는 리듬은 숭고한 것과 하찮은 것, 시적인 것과 일상적인 것의 (질서의) 전복, 충격적인 비유, '일상=충격' 의 비유를 통해 추동되면서 '질문=절망' 의 등식을 '일상=난해' 의 희망으로 전화해낸다. 이 희망은, 벌써, 논리적으로 설명될 수 있는 것이 아니고 난해를 언어-명징화함으로써 끊임없이 삶을 문학화하고, (가상현실과 다른) 예술현실의 창조를 통해 삶으로 되는 희망이다. 이 희망의 '경향'은, 특히 소비에트 사회주의 문학의, 언어와 육체를 과도하게 동일시하는 경향에 반하여, 갈수록 언어주의 경향을 띠게 된다. 『젊은 예술가의 초상』은 아담의 타락에서부터 구원에 이르는 인간 영혼의 순례를 생애 동안 소설로 형상화한다는 조이스 계획의 두번째 작품이다(첫번째, 단편 모음집 『더블린 사람들』(1914)은 한마디로, 자연주의 단편미학의 정수를 보여주었다). 19세기 말 아일랜드의 온갖 멍에(고리타분한 전통과 관습, 가족에 대한 의무, 낡은 로마가톨릭 교조, 아일랜드 민족주의)를 지고 태어난 '젊은 예술가' 디덜러스(『율리시스』의 주요 등장인물이기도 하다)는 아일랜드가 의미하는 온갖 끈적하고 답답한 그물망과 제 앞에 넓게 펼쳐진 자유로운 창작열과 상상력의 하늘 사이 불화를 조정하면서 진정한 예술가로 성장해간다. 소설언어는 체험에 가장 밀착해 있으면서도 상징이 풍부하고, 자신의 경험을 반추하는 작가의 시선은 동참과 거리, 그리고 역설을 적절하게 구사한다. 그리고 이미 『율리시스』를 예상케 하는 능란한 의식의 흐름 기법이 주관과 객관의 변증법을 오히려 농익게 만든다. 실제로 '아일랜드'는 평생 조이스를 가만두지 않았고, 조이스는 망명 생활을 죽을 때까지 계속했다. 『더블린 사람들』에서 죽음을 감싸안는 명징한 자연주의문학의 수단이었던 언어는 유년의 단순명료한 문체에서 (더블린을 떠나 파리로 가는) 결단기의 난해한 문체에 이르면서 '젊은 예술가'를 물먹이기도 하고 영감을 주기도 하며, 『율리시스』(1922)에서 신화로써 심화한 일상과 동의어로 되고, 『피네건의 초상집 밤샘』(1939)에서 언어 너머 '일상=신화' 세계를 제 혼자 힘으로 펼쳐내게 된다.

엘리엇 대표작 『황무지』(1922)는 조이스 『율리시스』에 조응한다. 황무지는 총 5부(1부 죽은 자 매장, 2부 체스 게임, 3부 불의 설교, 4부 익사, 5부 천둥이 한 말)로 구성되고 '더 나은 장인 에즈라 파운드에게' 라는 헌정사 앞에 시빌 프롤로그가 붙어 있다.

나는 내 눈으로 보았다 시빌이 항아리 속에 매달려 있는 것을, 그리고 아이들이 '원하는 것이 무엇이냐' 물었고 시빌이 대답했다. '나는 죽기를 원한다.'

시빌은 제우스가 소원을 묻자 '영원히 사는 것'이라 대답했던 마녀요정인데, 그녀는 영원한 삶만을 원했지 젊음을 미처 원하지 못했다. 그리고, 젊음이 없는 영원히 늙어가는 삶은 갈수록, 영원보다 더 기나긴 삶의 저주다. 하지만, 이런 내용과 달리 『황무지』에 내재한 '리듬=미학'은 문명의 나이, 지리함의 일상 자체를 '의미의 아름다움'으로까지 승화시킨다. 그리고, 만년작에 값하는 4개의 4중주(1943)는 카프카 소설의 문체뿐 아니라 괴상한 줄거리까지 명징-음악화한 결과다. 종교적이고, 이때 종교는 끔찍하고 엄정하지만 '끔찍=명징=아름다움'은 일상적이면서도 위안보다 더 투명한 필멸 존재의 '영원=가치'를 우리 삶에 부여한다. 조이스 『율리시스』가 '신화=일상'이라면, 『피네건의 초상집 밤샘』(1939)은 '언어=신화'다.

> 더블린의 선술집 주인 어위커는 자고 있었다. 그의 아내 플루라벨도, 두 아들과 샤운도, 딸 이사벨도 자고 있었다. 그들은 꿈을 꾸고 있었다. 따로따로 자는 다섯 사람의 꿈이 잠 속에 서로 뒤섞였다. 신혼여행의 단꿈, 어렸을 때 들은 옛날이야기, 과거와 현재와, 미래의 꿈, 그런 것들이 서로 뒤섞여 음악이 되었다. 그 음악소리를 그들도 꿈속에서 듣고 있을까? 그들은 그들의 꿈이 한데 뒤섞였던 것을 깨어나서도 알까?

'예술적' 장편소설은 끝내 '시간=길이'의 심화로 끝나고, 『율리시스』는 단편미학 자체를 장편화했다. 카프카의 악몽은 소설적인 악몽을 명징한 거울 표면 그 자체로 응집한다. 이들이 구현한 파경과 광경의 건강한 긴장 혹은 변증법적 관계는, 그러나, 특히 양차 세계대전에서 확인된 인간의 야만에 대한 절망을 매개로 해체되고, 파경의 광경과 광경의 파경이 따로 심화하게 되었다.

프랑스 시인들은, 요란한 '주의 선언'과 함께, 영국-독일적인 사회-철학성 대신 시문학에 감각을 보탰다. 아폴리네르는 다다의 영향을 받고 양차 세계대전 기간 중 태동한 프랑스 초현실주의를 10년 넘게 선구했다.

내 집에는 이런 게 있으면 좋겠다:
말짱한 여자 하나,
책 사이로 지나가는 고양이 하나,
그리고 어느 계절이나 친구들,
그들 없이 나는 살 수 없으니.
(「고양이」 전문)

브르통은 1924년 「초현실주의 선언」을 직접 작성한 핵심 인물로, 1930년대 공산주의자 당에 들어갔다가 탈당했으나 마르크스주의를 계속 신봉했다.

그 말을 하는 데 드는 것보다 더 짧은 시간, 죽는 데 드는 것보다 더 적은 눈물; 모든 것을 고려해봤어, 그렇다구. 돌들의 숫자를 조사해봤어, 내 손가락 그리고 다른 손가락들 약간보다 더 많더군; 식물들한테 팸플릿을 나누어주었지, 하지만 모두 기꺼이 받는 건 아니었지. 음악과는 1초 동안만 벗했을 뿐이고 지금 나는 더이상 몰라 자살을 어떻게 생각해야 할지, 내가 정말 나 자신으로부터 떨어지려면, 출구는 이쪽이거든, 그리고 짓궂게 덧붙이네만, 입구, 재입구는 다른 쪽이거든. 너는 알지 네가 아직 해야 할 일을. 시간들, 슬픔, 그런 거 난 제대로 고려 안 해; 난 혼자야, 난 창밖을 내다봐; 지나가는 사람 아무도 없어, 아니 아무도 지나가지 않는달까(지나가에 밑줄). 이 사람 모르나? 똑같은 씨. 마담한테 마담을 소개해도 될까? 그리고 그들의 아이들. 그런 다음 나는 내 발걸음에 등을 돌려, 내 발걸음도 등을 돌리고, 하지만 정확히는 모르지 그것들이 누구한테 등을 돌리는지. 난 스케줄을 참조한다; 읍 이름들이 대체되었군 내게 아주 가까웠던 사람들의 이름으로. A로 갈까, B로 돌아와, X에서 바꿀까? 그래야지, 물론. 난 X에서 바꿀 거야. 지겨움과의 접속이 그립지만 않다면! 거기 있어 우리는: 지겨움, 아름다운 평행선, 아! 신의 수직 아래 평행선은 얼마나 아름다운가!
(「보다 더 짧은 시간」 전문)

중국과 미국, '신예=대륙'

포크너는 조이스의 현대소설 기법에 강력한 중력감을 주는 방식으로 그것을 미국=토착화했다. 그의 첫 대표작 『음향과 분노』(1929)는 20세기 초 미시시피 주의 가상 마을 요크나파토파를 배경으로 귀족 콤슨 가문의, 암묵적으로는 사회 전체의 쇠망 과정을 서로 다른 네 개의 시선으로 묘사한다. 이중 세 시선은 콤슨의 세 아들('백치' 벤지, 자포자기적인 하버드대학 초년생 틴, 그리고 첫째 아들 제이슨) 각각의 그것인데 모두 결혼하여 집을 떠난 누이에게 주로 초점이 맞추어져 있다. 네번째 시선은 세 아들을 보는 흑인 하인의 시선. 인내가 주요 덕목인 그들의 시선에 가문의 도덕적 타락이 포착된다. 1949년 노벨상을 받기 전까지 궁핍이 극심하여 할리우드 영화 대본 집필계약을 해야 할 정도였으나 그는 3류 원작 소설을 토대로 1류 영화 대본을 창조해냈다. '미국남부와 인간 운명에 대한 우화' 요크나파토파 연작은 1959년에야 마무리된다. 1920년대 재즈 시대를 대변하는 미국 소설가 피츠제럴드의 대표작 『위대한 개츠비』는 심오하게 미국적이다. 프랑스 휴양지 리비에라에서 미국인 망명객들(거트루드 스타인, 에즈라 파운드, 어니스트 헤밍웨이 등)과 어울린 후(이 경험은 훗날 『부드럽다 밤은』으로 소설화된다) 파리로 옮겨와 집필을 완료한 『위대한 개츠비』는 천박한 동시에 미래전망이 찬란한 미국에 대한 작가의 이중감정을 절묘하게 드러내고 있다. 그의 소설은 자전적이고, 소설에서 묘사한 것과 똑같은 유형의 삶을 피츠제럴드는 살았다. 성적 매력, 명성, 그리고 성공과 향락을 그는 과도하게 추구했고 상습적인 알코올 중독에 시달리다가 때이르게 심장마비로 죽었다. 헤밍웨이는 미국적으로 국제적인, 그리고 국제적으로 (자유)민주주의적이고 실천적인 작가였다. 고등학교를 졸업하자마자 기자 생활을 시작했고 1차 세계대전 당시 미국 적십자단 앰뷸런스 기사로 활동하다가 오스트리아-이탈리아 전선에서 부상, 무공훈장을 받았고, 다시 파리 특파원으로 활동하며 스페인내란 때 반파시스트 연합전선을 위해 동분서주했던 경력을 갖고 있는 그의 문체는 짤막하고 간결하고 엄정하며 단단하다, 그리고 비정하다. 대표작은 스페인내란이 배경인 장편소설 『누구를 위하여 종은 울리나』(1940)와, 쿠바의 늙은 어부 산티아고가 고기잡이에 허탕만 치던 중 거대한 물고기를 낚아 사흘 동안 사투를 벌이다가 가까스로 고기를 배에다 묶는 데 성공하지만 상어들을 만나 고기살을 모조리 빼앗기는 줄거리의 단편 「바다와 노인」(1952)이다. 다른 어부들은 거대한 고기 뼈에 놀라고 노인은 지쳤지만 흡족한 미소가 그의 얼굴에 감돈다. 허무의 의미와 거친 아름다움이라는 주제에 헤밍웨이 문체가 최적으로 들어맞는 기쁨을 우리는 만끽할 수 있지만, 강인한 문체만으로 버티기에는 삶이 너무 어둡고 무거웠을까, 1960년 카스트로의 쿠바혁명 이후 쿠바에서 밀려난 그는 불안과 우울증에 시달리다가 권총자살했다.

독일 헤세와 프랑스 마르탱 뒤 가르, 오스트리아 츠바이크 등이 장-단편소설 문학에서 괄목할 만한 작품들을 썼지만 대체로 토마스 만의 '뒤늦은 그후' 인 채로 유럽문학이 '세계문학' 의 무게 중심으로 급속히 자리를 잡을 때 영국과 미국은 사회주의소설 흐름이 대세를 이루었다. 드라이저, 런던, 싱클레어 등등. 이들의 소설작품은 현대문학의 발전보다는 사회주의운동에 더 커다란 영향을 끼쳤고, 사회주의운동의 와중에 소설문법과 문체미학이 19세기로 회귀하므로, '승리한 사회주의' 소설의 미학적 비극을, 더 나아가 사회주의와 현대문학-예술의 비극적 불화를 예언하는 셈이다. 중국 혁명소설은 정치혁명에 훨씬 더 직접적으로 영향을 끼치는데, 대표적인 것은 '중국 현대문학의 아버지' 루쉰의 중편소설 『아큐정전』(1921)이다.

> 최하층 날품팔이 농사꾼 아큐는 자신의 본명을 어떻게 쓰는지도 모를 정도로 어리석지만 스스로 훌륭하다고 자부, 지주 조영감이나 전영감도 전혀 두려워하지 않고, 싸움을 하다 얻어맞아도 대인 행세다. 그놈 참 귀엽군. 맞아주지 뭐. 세상은 거꾸로니까…… 자신은 항상 우위에 있고 그렇게 상대방에게 이긴 것으로 치부한다. 기분이 좋지 않을 때는 '그냥 잊어버리' 는 비법도 있다. 어느 해 혁명당이 마을로 쳐들어온다는 소문이 퍼져 마을 사람들이 심란해하고 있는데 아큐는 거리에서 혁명당을 보았다며 떠벌리며 마을 사람들의 귀를 독차지하고, 그러던 어느 날 지주 집에 도둑이 들고 아큐가 도적 일당으로 몰려 잡

혀가게 되고, 그는 여러 가지 심문을 받고 서류에 이름을 쓰는데, 글자를 모르므로 열심히 동그라미만 그리고, 다음 날 아큐는 거리를 이리저리 끌려다닌 끝에 총살당하고 만다.

겉멋 든 중국인의 자기 기만성을 가차 없이 파헤친 『아큐정전』은 중국의 자주-근대화운동에 강력한 한 촉발제로 작용했고, 현대문학의 한 단초로서 비극적 코미디의 씨앗을 품고 있기도 하지만 그 씨앗은 섬광으로 끝났다. 수필과 단편소설 경계를 넘나든 루쉰 '잡감문(雜感文)' 은 사회주의 내용과 다양한 형식실험의 결합이라는 긍정적 측면과 함께 단편소설의 미학적 완결성에 미치지 못한 봉건적 한계를 반영하는 부정적 측면도 갖는다(중국 판화운동에 대한 루쉰의 기여도 마찬가지다). 루쉰은 중국 혁명가 대열에서 점차 배제되지만, 루쉰의 한계는 중국 혁명의 한계를 벌써 대변한다고 보아도 과언이 아니다. 어쨌거나 서양적 의미에서의 중국 '소설' 은 선충원(沈從文, 1903~)의, 지방 풍물 묘사가 일품인 중편소설 「변성」쯤으로 수습된다.

차동 마을 변두리 나루터에서 한 50년 동안 나룻배를 저어온 노인에게 아름다운 13세 소녀 쯔이쯔이가 있다. 어느 날 쯔이쯔이는 뱃도가집 둘째 아들 얼라오에게 마음이 끌리고 둘은 서로 사랑하게 되는데 2년 후 얼라오 형 다아라오도 쯔이쯔이에게 반해, 중매쟁이를 통해 청혼하고, 노인은 기뻐했으나 쯔이쯔이는 아무 말이 없었다. 얼라오는 지방 관습에 따라 노래 시합 승자가 쯔이쯔이와 결혼하기로 합의하지만 형은 동생에게 이길 수 없음을 알고 절망, 마을을 떠나 장삿길에 나섰다가, 배가 뒤집혀 죽고 만다. 노인은 그제야 쯔이쯔이 본심을 알아채고 얼라오와 맺어주려 하지만 그것이 오히려 얼라오의 오해를 사게 되고, 얼라오는 먼 도회지로 여행을 떠난다. 노인은 비바람 거세게 부는 날 숨을 거두고, 쯔이쯔이는 외롭게 혼자 얼라오를 기다린다. 그 사람은 영원히 돌아오지 않을지 모른다. 그러나 어쩌면 내일이라도 올지 모른다. 그렇게 생각하면서.

미국은 아직 세계문학 중심부에 들어오지 못한 상태다. 1차, 2차 세계대전을 경과하면서 부유한 초강대국으로 급부상하고, 유럽 지식인-예술가들이 파시즘과 스탈린주의라는 현대의 '페스트'를 피해, 전쟁이 없고 풍요로우며 진보적인 분위기의 미국 본토로 망명-피란을 온 연후에야 미국은 정치적 지위에 걸맞은 문화-예술적 내용을 갖추게 된다. 1923년 발표된 라이스 연극 「계산기」는 이런 줄거리다.

0씨는 정직하고 성실하게 살아온 장부계원이었다. 나이 50줄의 그에게는 아내도 있고 좋아하는 여자도 있지만 집에서는 아내가 돈을 못 번다며 구박하고, 직장에서는 그가 좋아하는 여자와 일 때문에 서로 다투고 25년 동안이나 일한 그에게 주인은 계산기만도 못한 놈이라며 쫓아내겠다고 했다. 0씨는 1씨 부부와 2씨 부부 등 따분한 사람들과 집에서 저녁을 먹다가 자기가 주인을 죽였다고 말했고, 0씨는 사형을 당해 하늘나라로 갔고, 데이지도 스스로 목숨을 끊고 그를 따라갔다. 데이지는 0씨를 만나 이제까지 미적미적했던 태도를 버리고 자신의 사랑을 고백할 참이지만 0씨는 거대한 계산기에 빠져 그녀를 거들떠보지도 않는다. 하늘나라의 관리가 그녀에게 말했다. 세상을 대청소하고 난 후 0씨는 지구로 다시 돌아가서, 인정머리 없고 제 욕심만 아는 계산기 담당자가 될 것이다.

'정치적', 자살

마야콥스키는 러시아혁명이 낳은 가장 위대한 시인이지만 자살로 생을 마감했다. 현실화한 사회주의의 어떤 대목이 이상적인 정치적 사회주의자의 문학을 자살로 몰아갔을까? 엄청나게 쏟아진 선전선동시들보다는, 다음의 숱한 '무제' 전문들을 읽으며 사태의 본질을, 그 전과 그 결과 그 후를 더 예리하게 감지할 수 있을 것이다.

그리고 하루 종일, 자신의 신음 소리에 질겁하며,
군중은 움직인다 죽음 같은 고통 속에,
그리고 강 건너 애도의 깃발 위에서
음산한 해골들이 웃고 있다.
그게 내가 노래하고 꿈을 꾸었던 이유다,
그들은 내 가슴을 둘로 갈랐다
얼마나 고요해졌던가 일제 사격 직후에:
죽음이 자신의 순찰병을 안마당에 풀어놓았다.
(아흐마토바)

야생 꿀은 자유의 향내가 나지,
먼지는 태양 광선의
어린 소녀의 입은 바이올렛,
그리고 금은 아무 향기가 없다.
물, 목서초,
그리고 사과 향기는, 사랑의,
그러나 우리는 배웠다 영원히
피는 단지 피냄새가 날 뿐이라는 것을.
(아흐마토바)

폭풍에 멍한 빗방울이
향긋한 내음의 나뭇가지 위에 흔들리며
달아난다 꽃잔에서 꽃잔으로,
어둠 속에 그 넥타를 마시며.
잔에서 잔으로 굴러내리며
빗방울은 그중 두 개를 따라 미끄러진다, 그리고 양쪽으로부터
커다란 마노 방울이

매달린다, 반짝이며, 떨며.
비록 바람이 톱니꼬리조팝나무 사이로 불며
그 작은 방울을 괴롭히고 납작하게 엎어뜨리지만,
하나임은 깨지지 않는다. 그중 두 개가
여전히 서로 입맞춤하며 서로를 들이마신다.
깔깔대며 끌어당기며
둘은 전처럼 소원해지려 하지만,
그러나 방울은 그들 혓바닥을 달아나지 않는다,
그리고 둘은 헤어지지 않을 것이다, 당신이 둘을 잘라내더라도.
(파스테르나크)

우리는 발밑 지구를 모르고 산다,
우리가 말하는 것 열 발짝 거리에서 들리지 않지, 그러나 대화 비슷한 거라도 있게 되면
크렘린의 산 사내가 언급된다.
그의 두터운 손가락들은 살찐 벌레 같다
그리고 그의 말은 도량형이다. 그는 윗입술 바퀴벌레 콧수염을 통해 웃는다,
그리고 그의 장화 꼭대기는 윤기가 번쩍인다.
하지만 그 주변은 살갗 두꺼운 잡동사니 당 지도자들이다.
그는 그 반인반수들에게 은총으로 요술을 부린다.
말편자처럼 칙령 또 칙령을 만들어내며—
이놈들은 이마를 쏴버려, 저놈들은 가슴을, 눈을, 넓적다리를.
매일매일 그는 처형할 일이 있다—왜냐면 우리의
가슴 넓은 그루지아인*에게 그건 산딸기 줍는 거나 마찬가지니까.
*스탈린은 소비에트 그루지아주 출신이다.
(만델스탐)

예세닌은 농민 출신으로 러시아혁명을 열렬히 지지했고 1920년대 소비에트 인민의 시인으로 불릴 만큼 대중적인 인기를 누렸으나 기본적으로 상징주의와 이미지즘 영향을 받은, 그리고 술과 도박을 즐기는 보헤미안이었으며 1921년 15살 연상의 무용가 이사도라 덩컨과 결혼, 파격적이고 혁명적인 보스턴 공연(인터내셔널 주제가에 맞추어 예세닌이 러시아어로 연설을 하고 덩컨이 무용을 추었다)으로 세계를 경악케 하고 러시아로 돌아온 후 결혼이 곧 파경에 이르자 광적인 외로움에 시달리다가 1925년, 마야콥스키보다 5년 먼저 자살했다. 면도날로 손목을 긋고 흐르는 피로 쓴 마지막 시의 다음 구절은 그의 인생과 문학을 응축한다. 죽는다는 게 색다르다고 할 수는 없겠지—하지만 살아 있다는 것도 색다르지는 않다.

1929년 디아길레프 사망 후 2년이 채 안 되어 파블로바도 죽고, 두 사람의 발레단이 해체되고 단원들은 서양 전역으로 흩어져 스스로 발레단을 세웠다. 그리고 발레 태동 및 흥성기에 이탈리아-프랑스 발레예술가들이 했던 일을 이제 그들이 하게 된다. 1930년대 각국에서 형성된 고전주의-민족-현대 발레전통은 거의 전부 디아길레프-파블로바 후예들이 노력한 결과다. 소비에트 정부는 고전발레를 귀족 사치품으로 죄악시하던 초기 태도를 바꾸고 초대 교육위원 루나찰스키의 '발레를 민중의 것으로' 기치 아래 고전발레를 원형 보존하는 한편 민중의 투쟁을 소재로 한 발레작품을 양산했다. 하지만 발레 이야기는 여기서 그쳐도 된다. 더 위대한 기교와 예술혼과 스타 기질과 완벽한 형상미, 그리고 더 기발한 모더니티가 창조되었다는 말로 족하다. 그렇다. 디아길레프 계승은 대체로 반복과 단절의 계승이다.

독일 사회주의 교훈 '시=극'

19세기 말과 20세기 초 아일랜드에서 진행된 문예부흥운동은 민족주의를 기치로 삼고 켈트족 신화와 전설 혹은 전승의 당대적인 부활을 꿈꾸었는데, 연극에서도 괄목할 만한 성과를 거두었다. 예이츠 외에 싱과 오케이시 등이 고전에 달하는 희곡작품들을 남겼다. 그러나, 오케이시가 사회주의적 성향을 보였음에도 아일랜드 문예부흥운동은 정치적 민족주의의 망령을 끝내 극복할 수 없었다. 쇼(연극), 조이스(소설), 그리고 훗날 베케트 등 20세기 세계문학을 대표하는 아일랜드 출신 작가들은 아일랜드의 비극적 상황과 어느 정도 거리를 둔, 변증법적 망명 상태에서 성장한다. 그것은 스타니슬랍스키가 택했던 국내-예술적 거리두기의 해외판에 다름아니다.

독일 사회주의 노동운동을 매개로 발전한 브레히트 연극예술에 이르러 연극에서도 망명의 변증법이 어느 정도 이룩되고, 민족주의 망령이 극복된다. 정치적 선전선동과 예술 사이 모순 또한 어느 정도 극복된다. 연극의 장르적 특성 때문에 그는, 자료를 받아 간접체험으로 작품을 썼던 사회주의 '소설가', 그리고 시와 구호를 혼동했던, 해도 되었던 사회주의 '시인'과 달리, 노동현장 속에 직접 작업하면서(도) 기존 부르주아 연극예술 수준을 한 단계 뛰어넘는 작품을 쓰고 연출할 수 있었다. 그의 서사연극은 인간의 사회적 행동을 지배하는 원칙들을 밝히고 개선하려는 실험으로, 전통적 사실주의연극 환상을 깨는 한편 여러 장면을 편집하고 낯설게 하는 소외 효과를 구사, 감정이입을 줄이고 이지(理知)와 직접 대면시키는 방법으로 관객이 줄거리를 비판적으로 받아들이게 한다. 모든 것이 하루아침에 달성되지 않았다.

공전의 성공을 거둔 바일 음악 〈서 푼짜리 오페라〉(1928) 대본은 영국 프롤레타리아 작가 게이 원작 영국 「거지 오페라」를 번안한 것인데다 무정부적이었고, 피스카토르에게 영향받고 마르크스주의에 심취, 배우와 관객의 계급의식을 고취시킬 목적으로 짧고 도식적인 줄거리에 공산주의 내용을 담은 교훈극들은, 바일, 힌데미트, 아이슬러 등 독일음악 거장들의 곡이 붙었으나 또한 걸작이라고 할 수 없고, '대중 진보' 라는 미명으로 '대중 천박화' 에 빠지는 함정을 모면한 품위를 갖추었을 뿐이지만, 1933년 나치스를 피해 망명길에 오르고 1941년까지 스위스, 덴마크, 핀란드 등지를 전전하다가 미국 캘리포니아에 안주하면서 브레히트의 걸작 서사극들이 창조된다. 정치적 메시지는 간접화하고 공산주의 가설들은 연극 구조 속에 깊이 뿌리를 내리며, 미학을 얻게 된다. 그 전에 시 한 편.

> 내 어린 아들이 내게 묻는다: 수학을 배워야 하나요?
> 뭐 하러, 나는 이렇게 말하고 싶다. 두 조각
> 빵이 한 조각보다 많다는 얘기가 고작일 텐데.
> 내 어린 아들이 묻는다: 불어를 배워야 하나요?
> 뭐 하러, 나는 이렇게 말하고 싶다. 이 나라는 망하는 중이야.
> 그러니 손으로 배를 문지르며
> 신음 소리를 내면, 무슨 말인지 금방 알아들을 텐데.
> 내 어린 아들이 내게 묻는다: 역사를 배워야 하나요?
> 뭐 하러, 나는 이렇게 말하고 싶다. 땅속에 머리를 처박는
> 법만 알면, 살아남을 수 있을 텐데.
> 그럼, 수학을 배워야지, 나는 아들한테 그렇게 말했다.
> 불어도 배우고, 역사도 배워야지

〈억척 어멈과 아이들〉(1941), 〈갈릴레오의 생애〉(1943), 〈제추안의 착한 여자〉(1943), 그리고 〈코카서스의 분필원圓〉(1948)은 모두 우화기법을 쓰고 있음에도 불구하고 현대 문제를 연극미학으로 첨예하게 형상화한다. 30년전쟁이 배경인 그리멜스하우젠 악한 소설 「심플리치시무스」를 12개 장면으로 번안한 「억척 어멈과 아이들」은 반전(反戰)사상을 통렬하게 연극미학화하고 있다. 한 여인이 있다. 그녀는 전쟁을 생계 수단으로 삼는다. 적의 포화에도 눈 하나 깜짝하지 않고 자기 물건을 냉정하게 챙기므로 사람들은 그녀를 억척 어멈이라 부른다. 세 아들이 하나씩 죽어가지만 그녀는 전쟁을 통해 폭리를 취하는 모리배 짓을 멈추

지 않는다. 브레히트는 「억척 어멈과 아이들」을 1949년, 이번에는 드소 음악을 붙여 베를린 소비에트 구역에서 무대에 직접 올렸다. 그는 비로소, 망명을 끝낸 것인가. 망명지에서 쓴 망명의 작품으로 「제추안의 착한 여자」는 제1차 세계대전과 2차 세계대전 사이 중국이 무대다.

가난하지만 마음씨가 따스한 센테는 세 명의 신이 방문했을 때 유일하게 기꺼이 쉴 곳을 마련, 신들에게서 돈을 선물로 받고 그 돈으로 담뱃가게를 차리지만 친척과 손님 들이 그녀의 착한 마음씨를 악용하므로 장사를 망치지 않기 위해 또하나의 그녀를 연출, 남자 복장의, 거칠고 셈이 빠른 사촌 쉬타로도 행세한다. 쉬타는 담뱃값을 제대로 꼼꼼히 챙겨 받고, 쉬타 역이 너무 잦아지자 사람들은 쉬타가 센테를 죽였다고 고발하고, 결국 '극=재판'의 절정에서 그녀는 센테와 쉬타가 동일인이라는 것을 밝힌다.

「제추안의 착한 여자」는 자본주의와 참된 인간성의 불일치를 적절하게 연극적으로 드러낼 뿐만 아니라 인간 정신의 분열성을 치유하는 연극의 원래 효용을 발하기도 한다. 「코카서스의 분필원」은 우화가 이중적이다. 원래 이야기는 아이를 둘러싼 재판 비화였다.

13세기 중국 농민 반란기 아이를 버린 행정관 아내와, 아이를 구해 키워준 젊은 하녀가 아이를 놓고 서로 자기 아이라고 우기는데, 판관은 엉뚱한 지시를 한다. 분필로 원을 그리고 그 안에 아이를 놓아라. 그리고 각자 아이를 잡아당겨라. 자기 쪽으로 끌어당기는 편이 임자다. 생모는 우악스럽게 아이를 잡아당겼으나 양육모는 아이가 아파할까봐 손을 놓고 마니, 판관은 아이를 양육모에게 주었다. 낳은 정보다 기른 정이 더 간절했던 것.

브레히트 「코카서스의 분필원」은 이런 이야기를 토대 삼아 제2차 세계대전 이후 소련의 두 공동체 마을이 같은 땅을 놓고 벌인 분쟁의 맥락을 절묘하게 파헤치고 있다. 「억척 어멈과 아이들」「갈릴레오의 생애」「제추안의 착한 여자」「코카서스의 분필원」은 브레히트의 실질적인 만년작으로, 그의 이전 어떤 작품보다 더 폭넓고 심오한 인간 이해를 연극미학으로 구현하는 동시에 연극문체의 '잔혹한 서정'이 카프카의 현대성에 필적한다. 하지만, 스스로 '신발보다 더 자주' 망명지를 바꾸었다고 말했지만, 브레히트는 조이스보다 더 우월한 망명의 변증법을 구사할 수 있었으되, 가능성을 실현하지 못했다. 소비에트 현실과 거리를 두고 독일 노동운동 부상기 예술가로 활동했지만 그 거리를 변증법적으로 활용하지 못했고, 동독 귀국 후 정치와 거리를 변증법적으로 활용하지 못했다. 브레히트의 실패 또한 사회주의예술의, 아니 현실사회주의 자체의 실패를 상징한다. 브레히트 이후 '진보적' 사회주의예술은 천박의 운명을 벗지 못했고, 스탈린주의는 그 운명을 더욱 가속화했다. 위대한 비극이 가능한 바로 그 지점에서 가능성이 차단된다.

미국 연극, 왕성한 비극의 장

신대륙 미국은 왕성한 비극의 영토였을 법하다. 오닐은 미국 최초의 비극작가이자 아직까지 가장 위대한 희곡작가고 오로지 비극적 인식 속에서만 삶의 의미, 그리고 희망의 의미를 발견할 수 있다고 공언했지만 그리스비극을 현대에 복원하려는 그의 노력은, 특히 프로이트 잠재의식 개념과 고대 그리스비극 운명관을 동일시하는 방식 때문에 자연주의적 원초성에 머물고 만다. 에스킬로스 「오레스테스」 3부작을 현대적으로 번안한 「느릅나무 밑 욕망」(1924), 「이상한 막간」(1926), 「상복이 어울리는 엘렉트라」(1931)는 본능의 인과 관계가 적나라하고 자연 욕망의 무(無)시간적인 도착이 유별날 뿐, 극 구조가 복잡한 당대-현대성을 담보한다고 보기 힘들다. 오데츠 '레프티(좌파)'를 기다리며는 고리키를 잇는 프롤레타리아 연극이다.

미국 대공황기. 택시기사 조합 집회장. 조합원들이 그들의 대표 레프티를 기다리고 있다. 그가 도착하면 파업을 결정하는 투표가 벌어질 것이다. 여섯 명의 노동자들이 각각 자신의 살아온 경험을 얘기하면서 그것을 토대로 파업의 정당성을 역설한다.

오데츠는 '노동자들'을 관객 속에 배치, 관객 참여도를 높였다. 그러나 그렇게 연극과 파업의, 그리고 관객의 변증법적 관계가 파괴된다. 공연장 내 관객들의 승리-도취감은 공연장 바깥 엄혹한 현실 앞에 너무도 초라한 낙천주의다. 미국 프롤레타리아 연극정신은 대체로 오데츠의 한계를 벗지 못했고, 대공황과 제2차 세계대전이 끝나면서 미국연극은 스타니슬랍스키와 체호프, 그리고 프로이트 영향을 심화하면서 점차 비극정신 대신 미국인 특유의, 자기분석과 자기표현이 강한 심리극을 발전시켰다.

1930년대 씌어졌으나 1956년 초연된 오닐의 자전적 희곡 『밤으로의 긴 여로』는 타이런 부부와 두 아들의 지리멸렬한 일상을 하루 동안 추적하는데, 이 작품이 당대-전형성을 획득한 미국 희곡문학의 걸작으로 된다. 쇠락한 배우 제임스는 성품이 터무니없이 쩨쩨하고 삶이 살 만한 가치가 없다고 생각하는 아내 메어리는 아편을 피우며 몽환 세계를 떠돌며 장남 제이미는 지독한 알코올 중독자, 둘째 아들 에드먼드(오닐 자신)는 폐병에 걸렸고, 아버지는 아니라 우기고 어머니가 몽환과 광기 속으로 빠져들자 아버지와 아들은 서로를 직면하고, 그때 그들의 숨겨진 동기와 상호 의존이 메마르게 드러난다. 그리스 고전비극 복원 망상의 시대착오성이 자신의 내면을 들여다보는 정직성으로 극복된다. 그리고, 그러나, 비극성이 복잡화하는 동시에 소시민-왜소화한다. 게다가, 등장인물들은 아직 프로이트 영향에서 자유롭지 않다. 그들은 모두, 에드워드조차, '죽음에 대한 소망'을 갖고 있다. 진정 '비극적'으로 되기에는 너무 '비관적'인 것. 비극정신의 핵심은 인간 가치에 대한 비극적 낙관성인데, 오닐의 곧이은 작품 「얼음장수 오다」는 죽음 소망이 더 진해졌다. 오닐은 『밤으로의 긴 여로』 속편으로 「사생아를 위한 달」(1952)을 썼지만 실패작이다.

스탈린은 비러시아계 공화국을 강제하여 소비에트연방을 수립하고 강력한 당의 통제하에 중앙집권적 계획경제 체제를 구축하였다. 노동조합과 공장지배인의 자율성이 상실되고 소규모공장도 다시 국유화했으며 농민을 강제 이주시켜 집단화하고 토지-농기구-가축 등을 사회자본화했다. 집단농장화가 1936년 사실상 달성된다. 국민생활의 온갖 영역이 심지어 예술행위조차 전체주의적으로 규격화한다. 1936년 명목상의 '스탈린 헌법'이 채택되지만 공산주의자당의 권력 독점 및 대대적인 내부 숙청, 기근, 학살 등 참혹한 상황이 계속되었다. 숄로호프는, 소비에트 체제를 비판한 파스테르나크나 솔제니친을 제외하면, 서방에서 가장 평가받는 혁명적 소련 소설가다. 그의 예술적 생애는, '소비에트 음악가' 쇼스타코비치와 정반대로 정치적으로 순탄한 길을 밟았으나 문학, 특히 대표작 「고요한 돈강」은 어느 소비에트소설보다 예술 본연의 미학에 충실하다. 국내 문제와 국제 문제가 중복된 전쟁 속에 코사크족 그레고르 멜레코프는 남의 아내와 열렬한 사랑에 빠지는 팔팔한 연인에서 적군 병사로 다시 코사크 민족주의자로 변해가지만 전쟁은 도덕을 애매하게 만들고 우리는 혁명에 휩쓸린 인간들이 뿜어내는 엄청나고 심오한, 그리고 자연으로 넘친 인간미학의 일대 파노라마와 접하게 된다. 러시아 인민 생활의 역사적인 시기를 묘사함에 있어 예술적인 힘과 정직성을 보여주었다. 1965년 그가 노벨문학상 수장자로 선정되었을 때 선정 이유는 그랬고, 거꾸로 매우 정치적인 이유로 숄로호프가 수상을 거부하지만, 「고요한 돈강」은 전쟁이 끝나지 않는 한 위대한 전쟁소설의 전통도 톨스토이 『전쟁과 평화』에서 끝나지 않는다는 강력하고 방대한 증거다.

마임, 시간을 조각한 광경, 무용의 희망

머리가 벗겨진 고무 마스크를 쓴 외교관들이 원근법 형태의 녹색 테이블을 가운데 두고 논쟁을 벌인다. 몸을 간질이듯 번져가는 피아노 선율에 맞추어 말다툼과 협상을 벌이므로 그들의 모습은 더욱 번드레해 보인다. 그리고 암전.

다시 불이 켜지면 외교관들 대신 해골 형태의 모자와 의상을 차려입은 거대한 죽음의 모습이 드리워져 있다. 주먹을 움켜쥐고 발을 쿵쿵 구르는 행진 음악이 반복 주제로 쓰이고 그때마다 죽음이 나타나 희생자를 요구한다. 군인, 가수, 늙은 여자, 여성 빨치산 등등. 어느 시점에서는 죽음이 온화한 천사로 변해 젊은 처녀를 병사들 유곽에서 꺼내오기도 한다. 절정은 그후 이어지는 '전쟁의 여파'. 유령이 꾸불꾸불 이어지는 희생자 대열을 이끌고 무대를 지나가는데, 중세 '죽음의 무용' 같다. 마지막 장면은 첫 장면의 재현. 외교관들은 사기투성이 협상을 계속한다. 아무것도 변한 게 없고, 아무것도 해결되지 않는 것.

주스 안무 작품 〈녹색 테이블〉(1932)은 육체를 가면 속으로, 또 동화적 단순성 속으로 응축시키는 방법으로 전쟁의 야만성과 공포를 폭발시킨다. 주스는 포킨과 마찬가지로 고전발레를 버리지는 않았으나 이 작품은 어느 현대무용 작품보다 더 현대무용적이다. 이 발레 지향의 현대무용성은 주스 무용의 본질적인 철학적 일상주의에서 기인한다. 주스의 '발레리나' 들은 한 번도 앙프왕트 자세를 취하지 않고, 〈대도시〉(1926)에서 무용꾼들이 종종 집단적으로 움직이지만, 동시에 개개인들의 몸짓은 일상적이고 자연스럽다. 주스는 마임으로 마임의 한계와 중세성을 극복하고 현대성에 달하는 일이 가능하다는 것을 보여준 〈녹색 테이블〉은 초연년 개최된 파리 무용 국제 문서보관소 주최 안무 경연대회에서 1등상을 받았고, 주스 발레단은 1934년 나치스에 의해 독일에서 추방되어 영국에서 자리를 잡았다가 1949년 에센으로 돌아왔다. 오늘날에도 쓸모없는 전쟁에 대한 저항으로서 〈녹색 테이블〉의 예술적 가치는 여전하다.

에드워드 왕조 시대 가든 파티장. 사람들이 캐롤라인과 그녀 약혼자의 약혼을 축하하고 있다. 나머지 주요 등장인물은 '그녀의 연인' 과 '사내의 과거 여자'. 이 네 사람이 일련의 친밀한 계기들을 통해 서로 섞여들며 내밀한 몸짓을 펼친다. 캐롤라인은 '그녀의 연인' 과 마지막 만남을 갈구한다. '사내의 과거 여자' 는 딴 여자와 약혼한 사내를 윽박지르지만 사내가 그녀를 매몰차게 내친

> 다. 모두 아무 소용이 없다. 사회규범과 필요를 받아들여야 하는 숨 막히는 답답함이 만연할 뿐. 진정한 감정은 사회적 의무감 때문에 방해받고 억눌림 당하고 심지어 말살되고, 그러다가 극적인 클라이맥스가 온다. 사실이 폭로될 위험에 처하자 캐롤라인은 장래 남편의 두 팔 속으로 기절하고, 갑자기 모든 사람의 동작이 굳어버리고 캐롤라인만이 기절 상태를 벗고 잠시 동안 현실로부터 휴식을 누린다. 다른 사람들이 모두 굳은 동작으로 서 있는 동안 그녀는 그들 사이를 방황하다가, 슬프게도 자신의 원래 기절 자세로, 장래 남편의 품 안으로 돌아가고. 그렇게 자신의 행복을 위한 싸움을 포기한다. 그녀 약혼자가 그녀를 파티장에서 데려오고 그녀는 자신이 진정 사랑하는 남자에게 마지막 작별 인사도 미처 하지 못한다. 둘이 떠나기 직전 '그녀의 연인' 이 정원에 핀 라일락 가지를 그녀 손에 건네주는데, 그녀가 이 꽃을 영원한 기념물로 간직할 것인지 아니면 시궁창에 버릴 것인지 애매하고, 신랑과 신부는 웃고 떠드는 잔치 분위기를 뒤로하고 무대를 떠난다.

튜더 안무 작품 〈라일락 정원〉(1936)이다. 이 작품은 그레이엄의 원초적 여성 심리를 더욱 현대적으로 일상화하지만, 역시 발레형식으로 만들어진 현대무용이다. 캐롤라인을 제외한 나머지 등장인물 명칭은 도덕극 등 중세풍의 차용. 인물 성격 뼈대화가 오히려 육체언어 풍부화를 야기하고, 가장 내밀한 사랑 감정이 '무용=육체' 를 입는다. 육체-무용의 꿈은 시간의 차단, 시간의 공간화, 그 공간 속으로 영원하고 진실된 육체의 아름다움을 펼치는 것이지만, 역설적으로, 가장 감동적인 부분은 캐롤라인이 시간의 공간화인 꿈을 스스로 포기하고 현실 제약 속으로 몸을 맡기는 장면이다. 튜더는 손가락으로 꼽을 정도로 소수 작품을 남겼지만 영향력은 기념비적인 동시에 편재적이고, 발레를 인간 심리 세밀-풍경화의 장으로 만든 그의 공로는 현대발레에서 독보적이다.

스타인벡은 숱한 작품을 남겼지만, 1930년대 대공황이 덮친 프롤레타리아들의, 대륙처럼 거대하게 비참한 삶을 그린 장편 『분노의 포도』(1939) 단 한 편으로 미국의 지식인적 양심과 문학적 자부심을 지켰다. 그의 문체는 포크너 못지않게 무겁고 기법은 헤밍웨이보다 더 유장하다. 퓰리처상과 노벨문학상을 수상했지만 그는 자신의 재능에 대해 겸손했다. 몇 년 전 나는 깨달았다. 내가 위대한 예술가가 될 그릇은 아니라는 것을. 그리고 그후 그냥 일을 하고 보상을 받는 것에 더 행복했다. 하루의 정직한 노동에 대한 보상. 그는 그렇게 말했다.

제2차 세계대전, '죽음=무용'

1939년 독일 탱크와 폭격기가 폴란드를 침공하면서 제2차 세계대전은 시작되고 제1차 때보다 훨씬 더 넓은 영역으로 번져갔다. 히틀러는 1년 안에 유럽 대부분을 굴복시켰고, 영국이 홀로 맞서 싸웠으며, 1939년 체결된 독소불가침 조약을 깨고 1941년 히틀러가 소련을 침공하자, 소련인들은 용감하게 싸웠고, 소련은 혁명전쟁 및 숙청 참사에 이어 군인과 민간인 2천만 명이 또다시 죽고 광대한 영토가 파괴되었다. 군사력을 키운 일본이 독일과 이탈리아 쪽에 가담하고 1941년 12월 미국 진주만을 전투기로 공습한다. 나치스독일의 대두로 유럽 정세가 불안해지자 1933년 소련을 승인했으나 적극적인 집단 안전보장으로는 나아가지 않았고, 제2차 세계대전이 벌어지자 다시 중립을 선언하면서도 반파시즘 진영에 선다는 점을 명확히 하고 무기대여법으로 군사원조 정책을 실시하는 한편 영국과 더불어 대서양헌장을 발표했던 미국은 일본의 진주만 공격을 계기로 참전, 막강한 군사-경제력으로 연합국 측 승리를 이끌었다. 1945년 6월 미국-소련-영국군이 유럽 전역에서 승리하고, 일본은 같은 해 8월 항복한다. 전쟁은 유럽 국가 대부분을 황폐화했지만 제2차 세계대전은 어쨌든 평화와 민주주의를 사랑하는 모든 국가와 민족이 뭉쳐 싸운 전쟁이었고, 결과적으로 민족해방 전쟁이었다. 사회주의 소련은 독소불가침 조약 대가로 독일에게 넘겼던 폴란드 일부, 그리고 발트해 연안국 리투아니아-라트비아-에스토니아를 합병했고 동프로이센 일부 지역, 서부우크라이나, 카르파티아우크라이나, 그리고 극동의 몇몇 변경을 추가했으며, 무엇보다 폴란드-체코슬로바키아-헝가리-루마니아-알바니아-불가리아-

유고슬라비아 등 사회주의혁명을 치른 동유럽 국가들이 소련의 위성국으로 정렬, 사회주의 소련이 미국과 어깨를 겨루는 강국으로 부상한다. 전쟁 발발 이듬해 보수당 강경파 처칠이 이끄는 거국일치내각을 수립한 영국은 중반까지 고전했으나 미국 참전 이후 전세가 역전되고, 처칠은 공업력과 군사력이 압도적으로 우세한 미국과 대등하게 협상하면서 전쟁을 승리로 이끌었다.

미국 소설가 헬러의 『캐치-22』는 한 참전 미국 공군 조종사가 처한 블랙코미디 상황을 그리고 있다.

> 폭격을 나가는 게 임무였으나 자신이 떨어뜨린 폭탄에 사람들이, 적군뿐만 아니라 죄 없는 민간인들까지 죽어가는 걸 보는 일은 정말 죽어도 싫은 일이었던 그는 미칠 지경이었는데 부대 규정을 보니 '미친 사람은 폭격을 안 나가도 된다' 였고, 그는 정말 미치고 싶었고, 미친 척하려 했고, 누가 보아도 또 어느 모로 보나 그는 미친 것이 분명해 보였고, 자신이 미쳤다는 걸 상관한테 얘기하면 폭격을 안 나가도 될 참이었다. 그런데, 그가 상관한테 자기가 미쳤다고 이런저런 증거를 또박또박 대면, 그건 자신이 미치지 않았다는 증거가 된다. 자신이 미쳤다고 상관을 설득하려면 스스로 미치지 않았다는 내색이 필요하다. 더이상 폭격을 나간다는 것이야말로 정말 미친 짓이고, 폭격을 나가지 않아야 마땅했으나 폭격이 미친 짓이라는 걸 안다면 그건 정신이 멀쩡하다는 얘기다. 의무니까, 폭격을 나가야 하고 폭격을 나가면 미친놈이고, 그러니까 나갈 필요가 없는 놈이고, 폭격을 안 나가면 그는 정신이 멀쩡한 사람이고, 그러므로 나갈 의무가 있는 사람이다. 자, 이게 어떻게 된 일인가?

프랑스 시인 엘뤼아르 또한 초현실주의자였으나 스페인전쟁 이후 초현실주의를 버리고 제2차 세계대전 때 활발한 레지스탕스 운동을 전개하면서 1942년 프랑스 공산주의자 당원이 되었다. 그의 시 「여인 사랑」 전문이다.

> 그녀는 서 있네 내 눈꺼풀 위에

그녀 머리칼은 내 머리칼 속에
그녀는 내 눈 색깔을 하고 있지
그녀는 내 손 내 몸을 하고 있다
내 그림자가 집어삼켰다
하늘이 돌멩이 하나를 집어삼키듯

그녀는 결코 눈을 감지 않을 것이고
나를 잠자게 두지 않을 것이고
꿈을 꾸지 환한 대낮에
태양을 무산시킨다
그리고 웃게 만들지 나를 울고 웃게 만들지
아무 할 말도 없는데 말하게 만들지

튜더 안무 작품 〈불기둥〉(1942)은 모든 면에서 〈라일락 정원〉을 능가한다. 줄거리는 두 가지 이야기를 겹쳤다. 하나는 무용음악으로 쓰인 쇤베르크 〈정화된 밤〉에 담긴 이야기. 이 음악이 대본으로 삼은 상징주의 시인 데멜의 동명 시작품은 이런 줄거리다.

한 여자가 죄의식과 공포에 사로잡혀 있다. 그녀는 달빛을 받으며 연인과 함께 걷고 있다. 그녀가 말한다. 저는 다른 남자의 애를 가졌어요. 그러나 남자가 대답한다. 사랑이 우리를 깨끗하게 해줄 것입니다.

여자는 뒤집힌, 현대의 성모마리안가, 깨끗하게 해주는 것은 달빛인가, 달빛처럼 흐르는 음악인가. 그렇기에는 달빛이, 음악이 너무 음산하다. 원죄의식과 임신 사이 음악도 달빛도 있다. 음악의, 달빛의 힘은 임신을 지우지 않고 임신의 육감(肉感)을 달빛의 색감(色感)으로, 음감(音感)으로 꾸준히 풀어낸다. 종교와 음악의 다른 점이다. 음악의 육감과 육체의 음감, 음악의 육체성과 육체의 음악성,

그 둘의 교차와 결합, 신앙이 아니라 그것이, 기독교뿐만 아니라 모든 종교의 원죄의식을, 지우지 않고 살풀이할 수 있다. 〈정화된 밤〉은 음악적으로, 무용을 향해, 그렇게 말하고, 그런 〈정화된 밤〉 위로 〈불기둥〉이 중첩된다.

세기가 바뀌던 무렵 조그만 읍내. 하가는 위로 엄격한 독신 언니에게 눌려 지내고 아래로 더 예쁜 동생을 질투하는 평범한 처녀다. 자신이 사랑하는 남자(일반명사 '친구')가 사내를 잘 꼬이는 동생의 유혹에 빠져드는 듯하자 그녀는 좌절감, 그리고 자기도 언니처럼 노처녀로 늙을지 모른다는 공포에 사로잡힌다. 거의 자포자기 상태로 하가는 반대편 집 '청년'을 찾아가고 둘의 2인무는 뭐랄까, 갈등하는 동시에 굶주린 성욕을 절묘하게 표현한다. 청년은 노골적으로, 동시에 아무 일도 아니라는 듯 여자의 몸을 원하고 하가는 뭔가 우물쭈물대는, 그러나 더 격렬한 갈구다. 결단과 허락의 순간, 하가는 청년에게 몸을 날리고 청년은 비상 도중 그녀를 사로잡는다. 그런 채로 동작이 정지되는데 마치 청년의 팔이 새장처럼 그녀를 가둔 형상이다. 하가는 그를 따라 집으로 들어갔다가 얼마 후 혼자 나오는데, 청년에게 몸을 허락했으나 육체 결합이 전혀 만족스럽지 않았다는 표정과 동작이 완연하고, 이제 죄의식에 사로잡힌다. 그녀만의 비밀을 모든 사람이 알게 되고 그녀는 모두에게 따돌림당한다. 제 잘난 표정으로 시민들이 그녀를 꾸짖듯 정면으로 쳐다보고 마치 그녀가 존재하지도 않는 것처럼 지나가고 그럴 때 '친구'가 그녀에게 돌아오고 수치심 때문에 그녀는 그를 받아들이지 않으려 하지만 '친구'는 솔직한 사랑을 호소, 그녀 마음을 움직인다. 둘이 폐쇄공포증의 읍내를 빠져나가면서 막이 내린다.

이제 화해인가. 예술을 통한 정화의, 음악보다 한 단계 높은 현대-일상화다. 두 개의 소설적 이야기는 그런 무용-예술 언어로의 응집-심화-확산을 위해 필요했다. 〈불기둥〉은 발레를 통한 사랑-성 심리 풍경화의 정교한 절정이고, 맥밀런 등 숱한 안무가들이 튜더 방식을 채용했지만 부활한 교향곡에 달했을 뿐 튜더의 실내악적인 정교성을 뛰어넘지 못했다. 튜더는 주스와 더불어 현대발레의 비

(非)발레적 희망을 담보하는 두 축이고, 두 사람 모두에게 배운 바우슈에 이르면 희망이 폭발하면서 새로운 진경이 열리게 된다. 동기 없는 동작이란 게 말이나 되는가. 험프리는 그렇게 선언하고 그레이엄보다 몇 년 뒤 데니숀무용학교를 떠났고, 그녀가 이 선언을 백 퍼센트 실천했던 것은 아니지만 〈예리한 상승〉(1931)과 작품에서는 〈두 개의 황홀경 주제〉(1931)의 엄격한 형태 연습에서 〈파사칼리아와 푸가 C단조〉(1938) 같은 인본주의적 음악의 시각화, 그리고 사회적 메시지 등 소재가 다양한 그녀 작품 중 특히 〈지상의 나날〉(1947)은 자신의 선언을 실천한 걸작이다. 이 작품은 어떤 마임적인 이야기 구조가 없고, 무대장치도 전혀 모종의 설명과 무관하고, 무용꾼들이 앉아 휴식을 취하는 정육면체와 헝겁 한 폭이 무대장치 전부고, 사내 한 명, 여성 두 명, 그리고 아이 한 명이 등장인물 전부인데도 노동과 사랑, 결혼, 가족, 죽음과 세대를 통한 재생을 펼쳐 보이고, 그것은 정말 몸이 시간을 조각하는 광경이라 할 만하다.

무용을 시작하는 사내가 정육면체에서 일어나 무대를 직선으로 가로지르고, 그의 과감한, 팔을 밀어대는 동작이 뿌리고, 심고, 거두는 동작을 암시한다. 쾌활한 처녀가 껑충껑충, 가벼운 도약 발걸음으로 사내 일을 방해하고 둘은 즐겨 함께 놀지만 사내가 다시 자기 일로 돌아가고, 또 한 명의 여자가, 보다 무겁고, 진중한 동작으로 그에게 다가서고 두 사람의 2인무는 상호 동작의 유사성으로 진정한 결혼을 암시한다. 정육면체 쪽으로 움직이면서 둘이 헝겁 폭을 마루에서 들어올리면 아이가 드러나고 '새로운 부모'는 아이와 행복한 무용을 추고, 각자 제 일로 돌아간다. 아이가 무대를 떠나면 어른은 깊은 슬픔에 사로잡히고 사내는 여자를 위로한 다음 더 강렬하게 일에 몰두한다. 여자는 천천히, 부드럽게 헝겁을 개어올린다. 세 명의 여성 무용꾼들이 일하는 사내 뒤에 늘어서서 정육면체 쪽으로 행진해 간다. 마지막 장면은 첫 장면의 뒤집음이다. 아이가 정육면체 위에 홀로 앉아 있고 어른들은 몸을 누이고 자기 몸 위로 헝겊을 끌어올린다.

무용꾼들은 손을 함께 잡는 동작조차 보이지 않는다. 죽어감의 고통을 '형용' 하는 어떤 동작도 없다. 아이는 그냥 존재할 뿐이다. 그런데, 그렇게 무용동작이 간략해질수록 슬픔이 짙어진다. '육체=시간' 의 고전주의다. 한마디로, 무용의 눈으로 본 인간의 일생이고, 추상과 현실 사이 존재하는 '육체=무용' 이 소설보다 더 많은 이야기를 공간적으로, 우리의 육체 속으로 펼쳐낸다. 조각을 지향하는 육체가 뿜어내는 이야기의 풍경. 풍경을 끊임없이 정제하는 육체. 정제가 다시 뿜어내는 '이야기=본질' 의 풍경. 이것은 무용의 희망에 다름아니다.

중국과 인도, 보이는 희생양과 보이지 않는 희생양

서서히 진행되던 서세동점이 19세기 급물살을 타고, 영국과 독일, 러시아, 이탈리아 등 서양 여러 나라가 중국을 협박, 무역권과 치외법권을 따내고 중국을 케이크처럼 한 쪽씩 갈라 먹고, 한반도를 놓고 반세기 동안 중국과 으르렁댔던 일본도 뒤늦게 중국 본토를 노린다. 만주족이 지배하던 부패하고 무능한 청 조정은 1911년 신해혁명을 맞고 1912년 공화국 선포와 함께 사라졌다. 국민당을 창당하고 중국 현대화에 앞장서 국민의 신망이 높았던 쑨원이 공화국 초대 대통령에 올랐으나 그의 권위는 오래가지 못하고 중국이 다시 혼란에 빠지고 1931년 일본이 중국 자국민을 자신들이 암살하고는 중국에 죄를 덮어씌우는 식으로 만주를 점령하더니 1937년 본토까지 침략, 중국인들을 무참하게 학살하며 중국을 제2차 세계대전의 격랑 속으로 끌어들였고, 중국의 제2차 세계대전은 일본과의 전쟁이었다. 마오쩌둥의 중국공산당은 장제스의 국민당과 함께 일본의 침략에 맞서 함께 싸우다가 1934년 국민당의 기습 공격을 받은 후 10만 명의 군사와 그 가족을 데리고 장장 9천 7백 킬로미터 이상을 1년 넘게 걸려 이동했고, 이 '대장정' 에서 살아남은 사람은 3만 명에 불과했으나 일본 침략에 맞서 장제스 국민당과 다시 힘을 합치고, 합작이 깨진 후 다시 국공내전이 벌어지고, 썩을 대로 썩은 국민당은 미국의 강력한 지원에도 불구하고 마오쩌둥 군대에 번번이 패하더니

1949년 장제스가 대만으로 피신, 그곳에 정부를 세우고, 마오쩌둥은 중국을 인민공화국으로 선포하고 그가 주도하는 중국공산당이 모든 것을 국가 통제 아래 두게 된다. 마오쩌둥은 죽을 때까지 신처럼 떠받들여지며 중국을 지배하였고 사망한 지 오래된 지금도 중국 사람들의 우상이다.

마하트마 간디는 영국 식민지의 부유한 집안에 태어나 영국에서 변호사 자격까지 취득하였으나 인도 내에서 벌어지는 영국 정부의 식민지-인종차별 정책을 보고 인도 독립이 필요하다는 것을 깊이 깨달았다. 하지만, 폭력은 싫었고, 폭력으로 영국을 이길 수 없는 것도 사실이었다. 그는 비폭력 저항을 신념으로 삼고 인도가 독립할 때까지 줄곧 인도 민족운동을 이끌었다. 마하트마는 인도말로 '위대한 영혼'. 그만큼 그는 성자에 가까운 존경을 받았고, 청렴, 결백, 용기, 믿음 그런 모든 면에서 그를 따르는 사람들의 기대를 저버리지 않았다. 1947년 인도가 독립하고, 인도로부터 파키스탄이 다시 분리하면서 종교적 혹은 민족적인 이유로 50만 명 이상이 피살되고 1년 후 간디는 힌두교 광신자에게 피살되었고 그의 죽음은 흔히 예수의 죽음에 비유된다.

현대연극, 무대를 능가하는 '부조리=실존'

오닐 『밤으로의 긴 여로』의 진정한 속편은 아서 밀러 『세일즈맨의 죽음』(1949)이다. 2막과 진혼곡 한 편으로 구성된, 미국의 꿈을 위해 자신의 삶을 바친, 아니 팔아버린 한 사내를 다룬 비극. 밀러는 자신의 『세일즈맨의 죽음』을 그렇게 평했다.

> 방문 세일즈맨으로 숱한 세월을 길에서 보낸 윌리는 어느 날 문득 자신이 아버지로 또 남편으로 실패한 인생임을 깨닫는다. 두 아들 해피와 비프는, 남의 호감을 사는 게 중요하다는 그의 기준에서든 다른 기준에서든 성공한 인생이 아니다. 회사에서 구닥다리 취급을 받으며 윌리는 이상화한 과거 회상 속으로 도피한다. 클라이맥스는 비프가 집을 떠날 채비를 하면서 윌리와 말다툼을 벌

이는 대목. 전 3개월 동안 철창신세를 졌어요. 그렇게 비프는 아버지의 '미소'와 '번쩍 구두' 환상을 짓밟고, 윌리는 상심을 견디지 못하고 자살한다.

이 작품은 짙은 사회성을 풍기는 동시에 등장인물 심리를 보다 복잡하게 구현하고, 그러는 동안 소시민계급성도 더 분명해진다. 『세일즈맨의 죽음』 2년 전 발표된 테네시 윌리엄스 『욕망이라는 이름의 전차』는 남부 출신 '요조숙녀' 블랑슈의 정신-도덕적 와해와 파멸 과정을 추적한다. 그녀는 선병질적으로 우아함을 최소한 가장이라도 하려 애쓰지만 짐승 같은 형부 스탠리에 의해 무참히 짓밟힌다. 이 작품의 심리 묘사는 『세일즈맨의 죽음』보다 치밀하지만 과도하고, 스탠리는 가혹한 현실을 상징하지만 『욕망이라는 이름의 전차』는 사회성과 심리성을 그대로 직결시킴으로써 '세련된' 오닐쯤으로 낙착한다. 윌리엄스의 대표작들은 후덥지근한 미국 남부 분위기를 풍긴다. 더이상 존재하지 않는 과거의 기억에 집착하는 지극히 예민한 여성들, 빛나는 대사, 감정이 강렬하게 고조된 장면들을 그는 창조했고, 그것은 오래도록 남을 것이지만 대체로 『욕망이라는 이름의 전차』 수준을 넘지 못했다. 만년의 윌리엄스는 알코올 중독과 수면제 과다복용으로 병원 신세를 지는 일이 잦았다. 어쨌거나, 『세일즈맨의 죽음』도 『욕망이라는 이름의 전차』도 비극이라기에는 페이소스가 너무 진하다.

유럽에서는 비극(적 낙관주의)에 대한 근본적인 회의가 '부조리=실존' 철학을 통해 표현되었다. 인간은 비이성적이고 의미 없는 우주 속에 살며 질서를 찾는 노력은 우주와 갈등을 일으킨다. 부조리철학의 요체는 그랬고, 프랑스가 진원지였다. 1942년 발간된 『시시포스 신화』에서 카뮈는 인간이 처한 상황을 본질적으로 부조리하며 목적 없는 것으로 규정했다. 카뮈 및 그와 8년 연상 사르트르 희곡 주인공들은 자기 자신의 가치를 스스로 창조할 것을 요구받지만 실제 세계와 인간 이상의 격차는 너무도 크고, 인간 상황은 앞뒤가 맞지 않는다. 더 나아가 부조리연극은 절대 절망과 패배, 절대 희생일 뿐 구원 가능성이 전혀 없는 인간 상황과 직면케 된다. 대표적인 부조리연극 작가는 아일랜드 출생 베케트(1938년부터 파리 거주)와 루마니아 출생 이오네스코(프랑스 귀화), 프랑스 출생 주네,

러시아 출생 아다모프(프랑스 귀화), 미국 출생 올비, 영국 출생 핀터 등. 이들은 모두 희망을 잃고 당혹과 불안에 빠진 인간의, 스스로 목적성을 찾고 운명을 통제하려는 헛된 노력을 다루고 있다. 전통극 논리구조 대부분이 폐기되고, 극적 행동 자체가 별 의미를 갖지 못하며, 등장인물이 어떤 행동을 하더라도 등장인물 존재의 무의미를 강조할 뿐이다. 이중 선구자는 이오네스코였다. 1950년 발표된 『대머리 소프라노』 등장인물들은 그냥 앉아서 빤한 소리를 되풀이해서 지껄이고, 그들의 대화가 끝내 무의미에 달한다. 통로는 단 하나. 목적 없는 행동과 우스꽝스러운 대화가 결합하면서 언뜻언뜻 눈부신 희극성이 발현되고, 그것이 편재하는 현대적 불안과 공포를 들여다보고 감당하는 창이다. 베케트는 부조리연극의 처음과 끝이고, 극복이고, 그렇게 셰익스피어-몰리에르 비극/희극 정신을 진정 현대적으로 계승하며, 1953년에 발표된 '희비극' 『고도를 기다리며』는 그 점을 확인시킨 걸작이다. 『고도를 기다리며』에는 플롯이 없고, 모든 것이 순환하고, 그러므로 시간이 없다.

블라디미르와 에스트라공은 신비한 존재 고도를 기다린다. 고도는 계속 온다는 연락을 보내지만 결코 나타나지 않고, 그러는 동안 둘은 짐지워진 채 억압당하는 럭키와 채찍을 휘두르는 포조를 만나고, 삶의 신비와 자신들의 제비뽑기 같은 운명을 논하다가, 목을 매고 자살할까 궁리도 하지만, 고도는 끝까지 나타나지 않고 둘이 그냥 기다리는 자세로 막이 내린다.

블라디미르와 에스트라공은 외형상 거지 부랑자지만 본질적으로 자신이 왜 지구상에 놓여졌는지를 모르는 인간 전형이다. 자신들이 존재하는 데 설마 무슨 뜻이 있겠지 하면서 그들은 고도에게 해명을 요구한다. 그들의 대화는 언뜻 쓸모없고, 고도는 끝까지 오지 않지만, 쓸모없는 대화는 끝내 거대한 공(空)의 그물이 되어 사회-정치-경제의 제문제를 낚아채고, 기다림 자체가 숭고한 의미로 되고, 이유와 방향과 희망이 없지만, 이유와 방향과 희망보다 더 의미가 위대한 기다림으로 된다. 오데츠의 '정치적' 기다림은 정치에 묶여 천박한 낙천주의를 낳았다.

블라디미르와 에스트라공의 존재적 기다림은 정치적인 비극적 낙관주의마저 무의미화하고 예술 자체의 비극적 낙관에 달하는 길을 공(空)이 된 연극의 육체로 형상화한다. 그것은 분명 정치적으로 닫힌 문이지만 예술이 정치의 죽음 혹은 '정치=죽음'을 아주 조금씩, 한 발 한 발 대체해간다. 무의미한, 무의미의 말, '무의미=말'이 행동을, 예술이 예술가 존재를 조금씩 대체하듯이. 이 과정의 끝이자 부조리 예술의 끝, 그리고 '부조리예술=끝'은 베케트 작품 「호흡」(1970). 단 30초 동안 지속되는 이 작품은 대사 없이 갓난아이 탄생 첫 울음에서 죽어가는 사람의 마지막 헐떡거림까지 삶을 압축 포괄한다. 어떻게 이런 일이 벌어졌을까? 예술의 죽음 혹은 '예술=죽음'.

'햄릿=고도'

연극의 결론은 다시 햄릿. 햄릿은 자기 앞에 다가온 세계가 전과 질적으로 다르다는 것을 본능적으로 감지했다. 그에게 그것은 도처에 있었고 대중적이었고 난해했다. 그러나 보다 분명해지기 위해서 과거를 그리워하거나 미래를 도식화하는 우를 햄릿은 범하지 않았다. 아프게 그것을 껴안았고, 난해한 것을 난해한 채 투명하게 만드는 이해의 창 몇 개를 세계의 본질 속으로 열었다. 그것은 두 세계가 중첩됐기 때문에 가능한 창이었다. 햄릿에게 들이닥친 세계를 후대가 완전한 이해로 포착하는 일은 물론 가능하지만 세상이 발전한 만큼 후대 또한 후대의 난해를 맞는다. 햄릿은, 자신보다 진전됐지만 그 속에 자신이 이미 들어 있는 그런 세계와 정황을 맞아, 인간 역사의 시간적 흐름과 공간적 깊이를 동시에 보는, 현실에 있으나 아직은 현실주의적이지 못한 격변기 대중의 전형이고 영원히 당대적인 인물이다. 그는 자신의 이해력 부족을 탓했을 뿐, 갈수록 깊어지는 현실을 탓하지 않았다. 자기 눈앞에, 이미 자기보다 앞서 간 시대를 본다는 것, 그 사이 인간 존재에 대한 이해가 심화한다는 것, 심화가 훨씬 더 많은 난해함을 낳는다는 것을 그는 괴롭게 받아들인다. 이제 와 보면 그는, '분명함의 이상주의'가

누추한 과학인 동안 영원히 과학보다 더 현실적이고, 과학보다 더 난해하고, 동시에 과학보다 더 대중적일 노동자대중의 전형이었다. 고도, 그것은 햄릿이 4백년 동안, 과거로 돌아가지 않고 기다린, 이상주의화하지 않은 미래였다. 그것은 또한 시간이 갈수록 난해하고, 시간이 갈수록 대중적인, 그러므로 현실에 있을 수 없는 어떤 것이다. 그게 그에게 최대 모순이고, 과거지향이 되지 않은 기다림 자체가 가장 난해하고 가장 대중적인 것으로 되고, 대중에게 가장 대중적인 것은 자본주의고 노동이고 대중에게 가장 난해한 것은 자기 자신의 소외고, 갈 길이다. '햄릿=고도'의 갈 길은, 그것이 있어야 할지 없어야 할지 자체가 모호할 정도로 난해하다. 물론 뒤 세대 난해에 비하면 앞 세대 난해는, 난해하지 않고 분명하다. 난해의 차이가 역사적 분명함의 발전을 낳는다. 착취가 그랬고, 모순이 그랬다. 동시에 그것은, 각 세대 미래가 갈수록 더 난해해져야만 가능한 것이었다. 대중은 자신이 겪는 '난해'를 '분명'히 설명해줘야 '과학'으로 인정하지만 그렇게 '과학'은 400년 동안 가능할 수 없었다. 고도를 기다렸던 두 사람에게 갈수록, 분명해지기 위해 역사를 거슬러 올라가는 행위처럼 난해한 것은 없다는 점이 분명해져간다. 고도는 오지 않고 이렇게 말한다. 니들이 오지 않으면 내가 가지 않는다. 그러나 그때 이미, 니들은 없다. 그리고 니들이 없으면, 나도 없다. 사르트르와 카뮈는 실존주의 문학과 철학을 주도하며 활발한 사회 참여('앙가주망') 운동을 전개, '세계적 지식인'에 달했고 앙드레 말로는 드골 정부 문화장관으로 예술 정책의 모범을 전 세계에 선보였으며, 로브-그리예는 플롯과 등장인물 없이 반복되는 이미지들만으로 구성된 누보로망('새로운 소설', 反소설) 형식을 창조했다.

'연극=현대'

1990년 신축된 영국, 리드스, 서 요크셔 연극관은 공연장이 둘이다. 하나는 땅과 같은 높이의 무대 주변과 위를 객석이 휘감는 형태의 대극장이고 다른 하나는 그보다 작은 대신 공간을 자유자재로 쓸 수 있다. 1963년 프라하 국립극장 공연 소포클레스 〈오이디푸스왕〉에서 체코 무대디자이너 스보보다는 30피트 너비 반투명 계단이 오케스트라 피트 바닥에서 솟아 프로시니엄 무대를 거쳐 한 걸음에 그리드로 연결되게 했다. 계단 아래 연주자들이 배치되고 계단에 뚫어놓은 구멍들을 통해 음악이 전달된다. 1930년 케임브리지 축제 극장 공연 〈오이디푸스〉의 무대디자이너 그레이는 이동 가능한, 중립 톤 혹은 내부 빛이 이글거리는 기둥들(크레이그풍)과, 계단이 있고 여러 겹 주름 잡힌 로스트라(예스너풍)를 결합, 유럽 대륙 표현주의를 독창적으로 소화한 영국 무대를 창조했다. 1920년 잘츠부르크축제에서 라인하르트가 연출한 호프만슈탈 〈보통사람〉(1911)은 읍이 무대로 변하고 성당 앞에서 연회 장면이 펼쳐지고 중세 성 높은 곳에서 죽음의 북소리가 섬뜩하게 울려퍼지는 등, 축제 연극의 원형을 창조하였다. 1920년은 잘츠부르크 축제가 정례화, 확대된 해이기도 하다. 스위스 출신 아피아는 영국 무대디자이너 크레이그와 함께 유럽과 미국 연극 무대디자인을 혁신했는데 부분적으로 극동아시아 연극에서 영향받았다. 트리스탄 차라의 다다이즘 연극 〈우부 왕〉 초연은 의상디자인도 자라가 직접 하였는데, 특히 아버지 우부 역의 경우 괴상한 인형 분위기를 강조, 인물의 아동적 잔혹성을 표현했다. 하크니는 팝아트 풍의 무대디자인을 선보였다. 나치스가 독재 도구로 개발한 집단제의는 연례 뉘른베르크 집회에서 가장 온전한 표현에 달했다. 세심하게 무대 연출된 이 집회를 괴벨스는 '피와 영혼을 갖춘 사물-개념' 이라고 자찬했다. 이탈리아 극작가 피란델로는 걸작 단편도 몇 개 있지만 연극이 주요 분야다. 평생 극장을 사랑했으며, 1925년 로마에 직접 극장을 짓고 극단을 꾸려 유럽 및 미국을 순회 공연했다. 체코슬로바키아 배우 보스코베치와 베리크는 늘 콤비를 이루었으며 죽은 후에도 한곳에 묻혔다. 1953년 블랭이 초연한 베케트 〈고도를 기다리며〉는 가짜임이 분명한 나무 한 그루가 전부인 무대 맨바닥에서 펼쳐지는 광대의 형이상학이었다. 1962년 개장한 치체스터 축제극장(감독 올리비에)은 6각형 건물 돌출 무대 주변에 1,394석이 배치되어 있고 어느 좌석도 무대에서 65피트 이상 떨어져 있지 않다. 여름 시즌 공연 작품 중 대부분이 런던에서 재공연된다. 본드 〈구원받다〉(1965)

중 마지막, 유모차 아기를 향해 잔혹한 돌팔매질이 가해지는 장면은 억압 사회의 제도화한 폭력을 상징하지만, 검열에서 삭제당했다. 게데의 단테 〈신곡〉 무대디자인 프로젝트는 종교적 상징주의와 묵중한 합창단, 그리고 바흐 〈마태수난곡〉 무대화 구상의 엄청난 계단-탑을 결합, 거대-기념비적 무대를 추구했으나 어떤 극장에서도 실현될 수 없었다. 쇼 〈피그말리온〉(1916)을 각색한 1956년 뉴욕, 마크 헬링어 극장 초연 러너 대본/뢰베 음악/비튼 의상/스미스 무대디자인 뮤지컬 〈마이 페어 레이디〉는 역사상 가장 성공한 뮤지컬 중 하나다. 1960년대 대표적인 전위연극인 리빙 시에터 공연 〈지금 이곳의 천국〉이 극단적인 즉흥연기와 관객 동참, 섹스 및 마약과 무정부주의 정치학을 결합하며 펼친 저돌적인 전망은 당대 청년들에게 엄청난 호소력을 발했고 열몇 개의 소규모 '대안 연극' 그룹들이 생겨나 그 뒤를 따랐다. 그로토우스키 연출 〈마음이 변치 않는 왕자〉(1966)의, 신비주의적 황홀경에 도달하기 위한 육체 고행 초월 충동이야말로 1960년대 급진 연극의 동인(動因)이다. 투우장 형태의 무대와 '고문자'의 투우사 포즈가 그로토우스키 미니멀리즘의 핵심을 보여주며, 미국연극의 대안으로서 '가난한 연극'의 전범이라 할 만하다. 1968년 도르스트가 극화한 극작가 톨러의 생애는 다큐멘터리 양식을 패러디, 플래카드를 늘려 슬로건주의적 측면을 폭로하고, 배우들을 단순한 선전-선동 꼭두각시로 왜소화하며, 톨러를 톨러 자신의 작품 맥락 속에 위치시키기는 자기-참조적 연극이기도 하다. 1979년 런던, 왕립 궁정극장에서 공연된 처칠 〈구름 아홉〉은 페미니즘 연극으로 흑인 역을 백인 배우가, 여자 역을 남자 배우가, 어린 꼬마는 인형이 연기한다. 우리는 무엇이 되기를 원하는가 혹은 강요받는가를 보여주려는, 의도된 미스캐스팅이다. 싱의 가문은 앵글로-아일랜드계로, 조상 존 밀링튼의 목소리가 너무도 아름다워 헨리 8세가 '싱'이라는 성을 하사했다고 주장한다. 삶의 환상과, 현상을 인식하려는 인간 노력의 무망을 다룬 피란델로 연극은 1920년대와 1930년대 환멸 세대에 심오한 영향을 끼쳤다. 그를 부조리연극의 효시로 보기도 한다. 윌슨 〈마 레이니의 검은 밑바닥〉(1984)은 1927년 미국을 배경으로 '블루스 어머니'의 힘과 생애를 그렸다. 베를린, 독일극장 공연 브레히트 〈억척 어멈과 아이들〉에서는 타이틀롤을 브레히트 아내 바이겔이 맡았다. 브레히트는 연극이 '실재의 환상'을 폐기해야 한다고 주장했고, 매우 양식화한 연극문법을 요구했다. 1940년 헐리웃에서 공연된 라인하르트 중세극 〈보통사람〉 연출노트를 보면 대사가 겨우 40여 단어고 그나마 4분의 1이 반복인 반면 동작, 몸짓, 음향과 조명 효과 세부사항이 일일이 각각 다른 색 잉크로 씌어져 연출 우위를 실감케 한다. 〈점보〉(1935)는 서커스를 브로드웨이풍 스펙터클로 변형한 것이다. 근대 이후 두드러진 연극 특징 중 하나는 다른 유의 여흥을 제 안으로 끌어들인다는 점이고, 보다 세련된 형태로 마그리트 회화와 심포니오케스트라 전체를 채용한 스토파드 작품 등 사례들이 이어졌다. 남아프리카, 시장 극단 공연 엔게마 〈우리는 무일푼〉(1985)은 감옥에 갇힌 사람들 이야기를 노래와 춤과 마임의 주마등으로 펼쳐간다. 유키오 〈사슴이 우는 홀〉(1956)은 1880년대 서양식 댄스파티에 열광하는 일본 선량들을 다루면서 귀족들의 위선을 꼬집고 있다. 무절제한 남녀 사랑과 음모를 잘 다루는 미시마 재능에 걸맞은 소재였다. 소잉카 〈죽음과 왕의 마부〉(1975)는 식민지 시절 나이지리아 사건들을 요루바 형이상학으로 해석한다. 폴란드 극작가 비트키에비츠 〈부조리의 절벽을 따라서〉(1921)는 드레스 리허설 후 검열에 걸려 공연이 금지되었다. 미래주의 연극은 논리 없는 행동, 존재에 대한 기계적 전망을 반영, 다차원 공간 속을 움직이는 기하 형태로 배우들을 삭감했고, 구체적 재현으로는 무대를 영적 추상의 사원으로 변형하려 했다. 러시아 전선 오락부대는 사기를 진작하는 일과 괴로운 현실을 잊게 만드는 일을 쉽게 혼동, 전후 가벼운 오락 취향을 형성하는 계기가 되었다. 코포 이래 전통형태 공연 부활 노력은 연극 갱생에 중추적 의미를 갖는다는 것이 드러났다. 1986년 슈타인이 연출한 오닐 〈털투성이 원숭이〉는 일그러진 원근법과 불안정한 조망 등 1920년대 사회적 억압을 환기하기 위해 표현주의양식을 다시 살리고 있다. 와일더는 미국판 피란델로다. 그의 〈우리 읍내〉(1938)는 무대 위 무대. 말 그대로, 무대장면 뒤 삶을 파고든다. 셰익스피어 배우로 가장 잘 알려져 있지만 올리비에는 매우 다양한 역할을 소화했고 영화와 현대연극에도 숱하게 출연했다. 뉴욕, 지그펠트 극장(1926)은 영화용 관객석과, 무대조명 발전을 활용한 원형 파노라마를 결합시켰다. 밀러 희곡은 가족과 사회의 중압감과 인간관계 실패를 강렬하고 진지하게 다룬다면, 윌리엄스 원작/잔 감독 영화 〈욕망이라는 이름의 전차〉는 미국풍 자연주의와 '심리=우주'의, 내적 세계와 외적 세계를 중첩한다. 6·25전쟁을 무대로 한 북한 연극 〈진정한 당의 딸〉은 장치가 정교하고 의상이 사실주의적이다. 런던, 로얄코트 극장 공연 오스본 〈분노로 돌아보라〉(1956)는 당시 영국 무대를 풍미했던 우아한 분위기와 충격적인 대조를 이뤘고, 다림질판은 새로운 사회적 리얼리즘을 상징하는 물체가 되었다. 1976년 개장된 맨체스터, 로열익스체인지 극장은 7백 석 규모에, 무대 주변으로 좌석이 배치되는 원형 무대며, 돌출 무대로 전환도 가능하다. 영화와 라디오 등장 전 유일한 대중매체였으므로 연극은 늘 선전-선동의 잠재적 원천으로 인식되어 검열을 받았다. 검열에 맞선 싸움은, 쇼가 20세기 초에 이끌었지만, 본드 〈구원받다〉(1965)를 무대에 올렸다는 이유로 왕립 궁정극장이 기소되자 전면에 부상했고, 그후 발생한 대소동 결과 영국의 연극 검열은 1968년 폐지되고, 새로운 발전의 길이 열렸다. 한트케 〈카스파르〉(1968)는 언어가 어떻게 개인을 정신분열적 순응 속으로 세뇌시키는가를 원형 광대의 정치학으로 보여준다. 1983년 런던, 국립극장 공연 헤어 〈세계 지도〉는 봄베이 호화 호텔 개최 세계 빈곤 퇴치 국제회의를 다루는 영화 제작 과정을 보여주며, 카메라, 조명, 뒷패들이 모두 무대에 출연했다. 1973년 런던, 로얄 코트극장 공연 후가드 〈시즈위 벤지는 죽었다〉는 흑백분리정책을 통렬하게 규탄한 작품으로, 후가드가 직접 연출했다. 광대극은 가장 오래 살아남은 대중연극 형태다. 프라텔리니 형제는 각각 전통적인 하얀 얼굴 광대에서 채플린 유형에 이르는 고유 역할을 갖고 있으며 그들의 서커스-공연은 상당한 범위의 미니 드라마를 구사한다. 리틀우드 〈오, 얼마나 사랑스런 전쟁인가〉(1963)는 전통적인 노동계급 여흥을 번안, 1960년대 영국을 사회주의적으로 비판하며, 논쟁적인 피에로들이 1914~1915년 징집용 쇼를 재현한다. 그라스 〈평민들, 반란을 리허설하다〉는 브레히트의 쉬프바우에르담 극장을 재생하는데, 자기 반사적인 원(原)연극은 현대연극의 두드러진 특징 중 하나다. 스토파드 〈점퍼들〉은 대학 캠퍼스가 무대며, 올드빅 국립극단 초연에는 회전무대가 사용되었다. 르콩트 연출/우스터 그룹 공연 〈럼스틱 로(路)〉(1977)

는 서로 다른 세 개의 장소에서 동시에 포커스를 유지할 수 있는 '3중 조망 연극'이다. 엠누슈킨 연출/태양극단의 〈아트레우스가〉는 에우리피데스 『아울리스의 이피게니아』와 에스킬로스 『오레스테스』 3부작을 합친 내용으로 총 열 시간, 2~3일 연속 공연되는데, 아시아 무용, 연극 및 분장이 에우리피데스 대본 요구에 들어맞았다. 1987년 런던, 국립극장 공연 에이크번 〈사소한 가업〉은 똑같은 다단계 세트를 써서 각각 다른 집을 표현했다. 이 집들은 같은 가문에 속하며 복잡하게 꼬인 가족회사로 생계를 꾸린다. 해리슨 〈신비들〉은 영국 중세 신비극 세 개를 한데 엮은 것으로, 1985년 런던, 국립극장 관객들 사이에서 연기가 진행되었다. 오튼 〈슬로언씨 즐겁게 하기〉(1964)는 노인을 살해한 한 난폭한 청년이 협박에 못 이겨 노인의 '명망가' 아들 및 딸의 성적 노리개로 전락하는 내용으로 초연 당시 격렬한 찬반 양론을 야기시켰고 동성애자였던 오튼은 애인에게 무참히 살해되었다. 1928년 피스카토르 연출 하세크 〈착한 병사 슈바이크〉(1927)는 병렬의 컨베이어벨트로 슈바이크와 장교-인형을 서로 지나치게 했다. 1924년 메이어홀드 연출 오스트로프스키 〈수풀〉(1871) 마지막 장면은 무대장치와 마찬가지로 연기도 강한 리듬감을 구현했다. 1965년 류비모프가 각색한 리드 〈세계를 뒤흔든 10일〉(1919)은 사회주의 혁명에 대한 불경을 담았다는 이유로 언론과 당국의 비난을 샀지만 결국 가장 오래 공연된 그의 작품 중 하나가 되었다. 빛, 어둠, 사육제 가면의 영화적인 몽타주가 혁명 선전-선동에 기괴하게 복무한다. 육체미를 무대상품화한 첫 케이스가 독일 장사 잔도브 경우였다. 무화과 잎새가 어떻게 붙어 있을까. 그것이 생식기만 살짝 가린 그의 누드를 둘러싼 당대인의 논란거리였다. 1911년 런던 올림피아, 라인하르트 연출/훔퍼딩크 음악의 폴뮐러 크리스마스 무언 스펙터클 〈기적〉은 광대한 홀을 고딕 성당으로 변형하고, 관객을 측면에 앉힌 후 중앙에서 연행이 이뤄지게 했다. 한 수녀가 수녀원에서 도망쳤다가 오랜 세월 후 돌아왔더니 성모마리아가 자기 자리를 차지하고 있더라는 전설에 바탕한 내용이다. 1922년 소비에트 작품 〈타를레킨의 죽음〉 연출 당시 마이어홀드 구성주의 무대는 산업 디자인과 건축에서 따온 목조의, 기계적인 형태들의 3차원-상호작용적인 움직임을 바탕으로 하고 있다. 1919~1924년 코포/주베가 마련한 뷔에-콜롱비에 극장 재건축 디자인은 뒤로 플랫폼에 가닿는 계단이 엘리자베스여왕 시기 극장 라인 위에 치켜올려진 구역을 만들어내고, 행동반경을 종종 플랫폼 아래 배경막으로 가늠하는 구조다. 1927년 피스카토르가 각색한 〈라스푸친〉의 도표는 열두 개 내부 연기 공간을 보여주면서, 피스카토르가 만든 거대하고 완벽한 기계화 반구(半球)를 돌리거나 열어젖히는 등 조작법과 배경 투사 필름 통합법을 지시한다. 이를테면, 황제비가 민중봉기 소식을 조롱하는 장면 위로 러시아 황가 학살 필름이 돌아가며 충격적인 효과를 자아낸다. 1927년 그로피우스가 설계한 피스카토르 '총체 극장'은 완벽한 건물 기계화에 힘입어 연행중 연기 공간이 프로시니엄에서 돌출무대 혹은 다중무대로 변형되고, 객석은 회전의자며, 벽 전체와 객석 천정에 필름을 투사, 관객을 온전히 감싼다는 구상이었다. 미국 연방극장 프로젝트 작품, 특히 〈트리플 A를 파헤치다〉 중 '살아 있는 뉴스'는 다큐멘터리 방식으로 문제를 규정하고 특수한 행동을 촉구하는 독특한 연극적 발상이다. 1982년 나이지리아, 일로브고에서 공연된 백인 풍자 가면극은 이렇게 비웃는다. 당신네들 참 이상한 족속들이야, 춤이 아니라 글로 마음을 표현하다니. 쯧쯧. 1984년 레소토 국립대학 극장 공연 〈뭉치는 것이 힘이다〉는 지역 개발 프로젝트의 일환으로, 농업협동조합이 헤쳐나갈 여러 문제를 다룬다. 광대 포포브는 모스크바 서커스 단원으로 미국과 유럽 등에도 잘 알려져 있으며, 그가 연기하는, 거친 세파와 악전고투하는 마음씨 착한 소인(小人) 역은 채플린을 닮았다.

'시=현대'

전쟁이 끝난 직후 처칠은 선거에서 노동당에게 패하고 애틀리 노동당정부는 잉글랜드은행과 주요 산업 국유화를 통해 공업 재건을 도모하고 '요람에서 무덤까지'라는 목표 아래 광범한 사회복지 정책에 힘을 쏟은 결과 경제가 순조롭게 회복되었다. 1950년대 초 처칠이 다시 정권을 잡고 1952년 엘리자베스여왕 2세

즉위 후 수년간 완전고용이 실현되는 등 번영을 구가하지만 1956년 수에즈전쟁 중 미국과 소련의 간섭에 굴복하여 철군함으로써 영국의 국제 지위 저하를 만천하에 드러냈다. 1957년 성립된 유럽경제공동체(EEC)에 처음에는 유럽자유무역연합(EFTA)으로 맞서다가 결국 1963년 EEC 가입을 신청했는데, 당시 프랑스 드골 대통령에게 가입을 거부당한 것 또한 그렇다. 영국은 1973년 비로소 EC가입을 허락받았으며, 영국 식민지는 종전 후 몇 년 사이 인도 및 여러 아시아 나라들이, 1960년대 아프리카와 서인도제도 나라들이 독립, 영국과 식민지 관계가 완전 소멸되지는 않았으나 지도상으로 대영제국은 해체되었다.

마르크스주의자며 외교관으로 1953년 레닌평화상을 받은 칠레 시인 네루다 또한 프랑스 초현실주의 영향을 받았다.

나는 갈구한다 그대의 입을, 그대의 목소리를, 그대의 머리칼을.
말없이 그리고 굶주리며, 나는 거리를 어슬렁거린다.
빵이 필요한 게 아니다, 새벽은 나를 균열시키지, 하루 종일
나는 사냥한다 그대 발걸음이 액화한 치수를.
나는 굶주린다 그대의 매끄러운 웃음을,
거친 추수 색깔의 그대 손을,
굶주린다 그대 손톱 중 가장 창백한 것을
먹고 싶다 통째 알몬드 같은 그대 살갗을,
먹고 싶다 사랑스러운 그대 몸 속 너울대는 햇살을,
그대 오만한 얼굴에 붙은 지극히 높은 코를,
먹고 싶다 그대 빈정댐의 덧없는 그림자를,
그리고 나는 천천히 주위를 걷는다 배가 고파, 황혼을 들이 쉬며,
그대를, 그대의 뜨거운 심장을 사냥하며,
퀴트라튀에 황량한 벌판의 한 마리 퓨마처럼.
(「연가 11」 전문)

미국 시인 스티븐스는, 국제적으로 인정받은 것은 1954년 『전집』 출판 및 사망 이후지만, 어느 누구보다 더 첨예하게 '미국적이므로 세계적'이다. 분명 프랑스 상징주의와 영국 낭만주의, 특히 워즈워스와 콜리지 시에 영향받았지만, 변호사 출신으로 20년 넘게 유력한 보험회사 부회장직으로 있으면서도 그는 현대 자본주의 감성의 가장 폭넓고 난해하며 심오한 한 영역을 시로 형상화해냈다. 상고르는 네그리튀드(아프리카 흑인 경험의 문학-예술적 표현) 운동을 선도하며 2차 세계대전 중 프랑스 레지스탕스에 참여했고 1960년 세네갈 독립 직후 만장일치로 대통령에 추대된 사회주의자다.

벌거벗은 여인, 검은 여인
살이 단단한 익은 과일, 검은 포도주의 검은 황홀,
내 입에 음악을 주는 입
명료한 지평선의 사반나, 열렬한 포옹에 몸을 떠는 사반나
동풍의, 둥둥 북소리의 조각, 펼쳐진 북가죽
정복자의 손 아래 신음하는
너의 깊은 콘트랄토 음성은 영가다
사랑받는 자의
(「검은 여인」 10~19행)

파즈는 마르크스주의, 초현실주의, 실존주의, 불교, 그리고 힌두교 등 사상 편력을 거친 멕시코 외교관 시인이다.

만져다오
내 손을
열어다오 그대 존재의 커튼을
입어다오 그대 그 이상의 적나라를
드러내다오 그대 몸의 몸들을

내 손이
그대 몸 대신 다른 몸을 만들어내리니
(「만져다오」 전문)

질긴 비명 소리를 닮은 재즈음악이 도시적인 긴장감을 고조시키고, 무대 위 여덟 명의 무용꾼들은 바깥세상으로부터 완전히 단절되어, 세상에 어떻게 적응해볼 능력이 없거나 너무 겁에 질려 시도조차 못 하고 있다. 조명이 들어오면 각각은 의자에 앉아 있는데 의자가 각각의 생애선(生涯線)이 되고 각각 분리된 방이 되어 등장인물을 감옥처럼 효과 있게 유폐시킨다. 무뚝뚝하고 각진 동작이 불안을 팽팽하게 하고 긴장을 격렬하게 고조시킨다. 팔을 뻗는 동작, 머리를 옆으로 풀썩, 떨어뜨리는 동작, 앞뒤로 몸을 흔드는 동작이 모두 옥죄는 듯한 좌절감을 표현한다. 이 노이로제 환자들은 각각 제 스스로 만든 쳇바퀴 속에 갇혀 있고, 그들이 추는 덫무용이 일련의 개성적인 계기를 통해 관객에게 노출된다. 각 부 제목은 좌절의 여러 측면을 보여준다. '홀로' '꿈(악몽)' '도피' '가버리기' '욕망' '공황(恐慌)' '백일몽' '끝' '도피'는 한 여인이 두번째 빈 의자에서 연인을 상상으로 불러내어 그와 성적 결합을 환상하려 애쓰는 내용. '가버리다'는 활동성이 격한 사내가 한 곳에 유폐된 상태로 표현된다. '욕망'은 서로 연결되지 않은 세 쌍이 상대방을 만지고 싶은 욕구를 배가하지만 상대방을 볼 수조차 없는 상태. '백일몽'에서는 세 여자가 모양을 내며 자세를 뽐낸다. 작품은 등장인물들이 첫 장면 '홀로' 자세로 돌아가 굳어버리고 음악이 폭발하면서 끝난다.

마사 그레이엄 무용단 창단 멤버 쇼콜로프 작품 〈방들〉(1955)이다. 무용언어는 우선적으로 마임이지만 공간이 매우 유효한 마임언어로 전화하고, 보다 근본적으로 마임언어가 소외를 형상화하는 와중 무용언어는 몇 겹으로 심화한다. 마사 그레이엄 무용단에서 독립한 후 쇼콜로프는 역사-사회의식이 뚜렷한 작품 경향을 고수했다.

나는 은을 칠했고 정확하다. 선입견이 전혀 없다.
무엇을 보든 그 즉시 삼켜버린다
있는 그대로 바로, 사랑 혹은 혐오에 흐려지지 않고.
잔혹하지 않다, 정직할 뿐—
작은 신의 눈, 사각형의.
거의 온종일 나는 반대편 벽에 대고 명상한다.
그것은 핑크빛이다, 얼룩이 묻었고. 너무 오래 쳐다보아서
내 마음의 일부 같다. 하지만 그것은 깜박인다.
얼굴들과 어둠이 우리를 자꾸자꾸 갈라놓는다.
지금 나는 하나의 호수다. 웬 여자가 내 위로 몸을 굽힌다.
내 영역을 뒤지며 그녀의 실재를 찾는다.
나는 그녀의 등을 본다, 그리고 충실하게 그것을 비춰준다.
그녀는 눈물로 또 손을 뒤흔들며 내게 보답한다.
나는 그녀에게 중요하다. 그녀는 오고 간다.
아침마다 그녀의 얼굴이 어둠을 대체하는 것이다.
내 안에 그녀는 어린 소녀를 익사시켰다, 그리고 내 안에 한 노파가
그녀를 향해 일어선다 날마다, 끔찍한 물고기처럼
(플라스, 「거울」 전문)

플라스는 소외와 고독, 그리고 죽음을 노래한 여성주의 시문학의 선구자로, 자살했다.

안개는 온다
작은 고양이 발로
그것이 앉아서 바라본다
항구와 도시를
조용히 쪼그리고

그런 다음 움직여 간다
(샌드버그, 「안개」 전문)

샌드버그는 휘트먼의 후예고 사회민주당 조직책과 밀워키 주지사 비서를 지냈다. 그런데, 어떤 여백이, 오히려 항구 전체를 보이게 하는가. 그 여백은 혹시 움직임 아닐는지? 이 시의 어떤 미학 구조가 이 시를, 광활한 인생-예술론으로 읽히게 하는가? 1965년 런던, 알버트홀에서 대중 시낭독회를 개최한 이래 시인 긴스버그는 비트 운동의 중심인물로 급속히 떠올랐고, 1960년대에 이르면 비트파들의 사고방식과 생활태도, 특히 물질만능주의와 호전주의 사회에 대한 환멸은 미국 바깥으로 퍼져나가 히피 같은 문화집단의 생활양식으로 흡수된다.

육체와 포스트모던, 그리고 '육체=의미'에 이르는 통로

쇤베르크 음악 테틀리 안무 〈달빛에 젖은 피에로〉(1962)는 콤메디아델라르테 등장인물 피에로, 콜룸비네, 브리겔라 셋을 등장시켜 순진무구함과 인생경험 사이 기본 갈등을 그리고 있는데, 한마디로 무용언어 탄생 과정 자체를 무용언어화하면서 현대 인간의 본질적인 문제에 '육체=핵심'적으로 접근하고 있다. 현대무용 또한 소비에트와 접점을 찾지 못했고, 그 폐해는 소비에트 무용 못지않게 심각했다. 자본주의 세계에 안주하던 현대무용은 점차 규격화하거나 발레화하여 창조성을 상실해가다가 '현대무용 이후'를 부르짖는 포스트모던 무용의 충격을 맞게 되는데, 포스트모던 무용은 크게 보아 자본주의 정치-경제보다 앞선 자본주의 예술의 파탄 자체를 형상화한 것에 다름아니다. 1962년 브라운, 차일즈, 고든, 던, 킹, 몽크, 레이너, 와링, 펙스튼, 포티, 그로스, 서머즈, 네빌, 에머슨, 헤이가 구성한 저드슨무용단 출현과 더불어 모습을 드러낸 포스트모던 무용은 음악과 음악 아닌 것 사이의 경계를 허물어뜨린 전위음악가 케이지의 이론을 그대로 무용에 적용한다. 그레이엄의 제자였다가 1944년부터 케이지와 공동작업을 해왔던 커닝햄은 '무용은 오로지 춤추는 행위에 대해서만 춤을 춘다'라는 말로 무용과 무용 아닌 것의 경계를 허물 단초를 제시했다. 파괴적인 자기방기로서 무용 해방이 운위되고 예측 불가의 무용, 무용기법을 습득할 필요가 없는 무용이 주장되고, 총체가 거부되는 대신 순간 즉흥이 강조되지만 포스트모던은 사실 디아길레프-스트라빈스키 공(空)예술의 뒤늦은, 그리고 매우 반동적인 복고 및 과장 수준을 벗어나지 못하고, 공(空)을 과도한, 그리고 비(非)무용적인 존재론 혹은 철학 논쟁으로 채우고, 결국 자본주의 예술 전위 역을 자처하면서 자본주의적 대중문화로서 고전발레 붐을 병발시키는 권력 배분을 수행하고, 이론적으로 온갖 전위파들에게 영향력을 행사하면서도 작품적으로는, 아이러니하게도, 스스로 무화(無化)하려 했던 육체성과 역사성 바로 그것으로 그나마 창의성과 에피소드적 잔명을 유지하게 된다. 이야기와 역사를 무화하려다 오히려 역사의 에피소드로 자리잡고, 무용언어 창출의 변증법을 초월하려다 육체의 미로 속에 갇히는 신세가 되는 셈이고, 같은 얘기다. 포스모더니즘 자체가 디아길레프-스트라빈스키 이래 더욱 자본주의 대중문화의 근본적인 방법론 중 하나라는 사실을 감안한다면, '포스트모던=전위'의 등식은 자본주의가 도달한 예술-정신의 막다른 골목을 상징하기도 한다. 하지만 예술행위는 계속되고, 희망도 계속되고, 정말, '시간은 오래 지속되고, 진정한 예술은 끝내 좌파이다. 저드슨 무용단 활동은 1966년까지만 유지되었다. 소비에트 또한 현대무용과 접점을 찾지 않았다. 1968년 모스크바 볼쇼이극장에서 초연, 대성공을 거두며 서방의 이목을 집중시킨, 압제에 맞서 반란을 일으킨 로마제국 실존 노예 스파르타쿠스의 해방투쟁 과정을 다룬 소비에트무용 작품이다. 그리고로비치 발레 〈스파르타쿠스〉는 온갖 볼거리로 가득 차 있고, 거대하고 다양한 집단 군무(오리걸음으로 행진하는 군인들, 귀족들의 퇴폐적인 향연, 장렬하게 봉기한 노예들, 비참한 패배의 슬픔에 짓눌린 군상 등등) 군데군데 주요 등장인물들(스파르타쿠스와 아내 프리기아, 타락한 로마 장군 크라수스, 사악한 궁정신하 아에기나)의 독무, 2인무 등이 끼어들지만, 이 작품이 목표로 하는 '육체'적 해방을 향한 인간 투쟁 정신의 웅장한 육체 서사시적 기념비-형상화야말로 진정 소비에트무용 예술적인 과제라 하겠으나, 결국 절충 수준을 벗지 못했다. 거대한 군무 장면은 종종 대중 쇼와 구분이 불가능하고, 역동을 강조하는 동작은 결국 기교 과시로 낙착되며, 프리기아는 성스러운 고통을 표출하는 바로 그 순간 고전발레 발레리나로 낙착된다. 스파르타쿠스와 프리기아 사랑의 2인무는 혼돈 혹은 절충을 그려내는 아름다운 창으로, 얼핏 애절하지만 피비림을 극복하지 않고 그냥 당의(糖依)를 입힐 뿐이다. 강건한 육체와 정신의 양 차원과 질 차원을 혼동한 것이 문제의 발단이고 핵심이며, 현실사회주의의 근본적인 문제를 무용으로 은폐하는 동시에 더 본질적으로 반영한다. 디아길레프와 접점을 찾지 않은 것보다 더 심각하게, 그레이엄 이래 현대무용과 접점을 찾지 않았다. 그리고리비치는 4반세기 동안 볼쇼이극장을 지배하다가 1970년대 말 비로소, 뒤늦게, 새로운 사조를 가로막고 레퍼토리를 독점한다는 비난에 접하게 된다. 베리오 〈신포니아〉를 음악으로 한 모리스 〈그것이 쇼다〉(1971년 초연)는 줄거리가 없고 음악이 채용한 낭송 메세지들(인류학자 레비스토스 논문 「날 것과 익힌 것」, 흑인 운동가 루터 킹 목사 이름, 조이스 소설, 발레리 시, 1968년 프랑스 학생 봉기 슬로건, 베케트 소설 「이름 지을 수 없는 것」 등)과, 말러–라벨–드뷔시–쇤베르크–베토벤–스트라빈스키 등 음악 선율들이 19세기 낭만주의적 총체성의 파경을 넘어선 20세기 악몽의 총체성을 드러내는 '악몽의 악기들' 로 전화하면서, 소리가 의미를 대체하는 절대 음악의 과정을 아연 무용으로 형상화하려 했다. 「날 것과 익힌 것」은 시련–고행 및 궁극의 죽음을 통해 불과 물의 기원을 설명하는 브라질신화 2백여 개의 유사성을 밝히는 내용이고, 「이름지을 수 없는 것」은 육체에서 분리된 화자가 구두점 없는 독백을 계속하고 독백만이 존재 지속성을 담보한다는 내용이다. 이 두 '이야기=내용' 을 제 몸으로 통합할 수 있다면 무용은 원초적 총체를 회복하는 동시에 궁극에 달할 것이다. 그렇다면, 〈그것이 쇼다〉는 무용예술 언어가 생겨나는 과정의 무용–예술화 노력에 다름아니다.

1964년 노동당이 정권을 잡을 무렵 영국은 번영이 끝나고 인플레이션이 진행중이었으며, 그후 파업이 빈발하고 인플레이션과 실업률이 계속 상승하면서 영국 경제를 만성적으로 악화, '영국병' 이라는 말이 나올 정도였고, 1970년 북해 유전 발견도, 1973년 EC 가입도 영국 경제를 회복시키지 못했으나 1979년 영국 최초 여성 총리로 부임한 보수당 당수 대처가 강력한 자유주의 정책으로 경제를 회복기로 돌려놓는 한편, 1982년 포클랜드 전쟁을 승리로 이끌었다.

절대무용과 단순동작을 혼동한 결과로서 포스트모던 무용이 의미하는 함정에서 무용예술을 구원한 사람이 스토리에 대한 태도가 좀더 유연했던 주스와 튜더 전통의 종합-계승자 바우슈라는 점은 해결의 근본성에 미리 회의를 갖게 하지만 일단은 당연하다 하겠고, 바우슈는 다행히도 무용예술에 단지 소설적 이야기를 첨가한 게 아니라, '현실=이야기'와 무용의 변증법을 회복시켰다. 1975년 12월. 루어계곡에 젖은 흙 수천 톤을 쏟아부어 만든 무대에서 바우슈의 부페르탈 무용극단이 공연한 스트라빈스키 음악 바우슈 판 〈봄의 제전〉은 커다란 사건이었다. 무용꾼들은 젖가슴을 노출한 채 진흙탕 속을 뒹굴며 야만과 광란의 장면을 연출했는데, 흡사 형해화한 포스트모던 무용에 진지함의 육체를 입히려는 혼신의 노력처럼 보였고 미국과 유럽에 큰 반향을 일으켰다. 바우슈는 그후, 다시 다행히도, 스트라빈스키 보다 더 진지하고 보다 '현대적인' 음악을 사용하면서 만남의 변증법을 심화했고, 그렇게 그녀와 부페르탈무용극단은 디아길레프 발레 루스 이래 가장 보편적인 영향을 유럽 무용에 끼치게 된다. 정신분석과 희극, 그리고 순전한 공포를 혼용시킨 장대한 스케일을 구사하는 바우슈 무용예술은 현대인간이 느끼는 단절감을 적나라한 육체미학으로 형상화한다. 바우슈의 인간은 상대방뿐 아니라 자기 자신으로부터도 소외되어 있고 부페르탈 단원들은 작품을 통해 자신의 은밀하고 추잡한 내장까지 일체 솔직하게 드러낸다. 그러나 바우슈 작품의 위대한 미학적 특징은 역시 일상의 위대한 '신비=깊이' 탐구다. 등장인물은 대개 빤한 일상복 차림이고 외양도(실제의) 직업 무용꾼이라기보다는 (고도로 연기되는) 일상인에 가깝고 일상적인 동작의 반복을 통해 심오한 의미에 도달한다. 마침내 '일상=육체'가 '의미=아름다움'에 이르는 통로로 된다. 〈푸른 수염〉(1977)은 한 사내가 버르토크 오페라 〈푸른 수염 공작의 성〉 녹음테이프를 강박에 사로잡힌 듯 껐다 켰다 반복하고 한 사내가 한 여자를 끊임없이 질질 끌며 무대를 가로지르고 몇 겹의 옷을 거듭거듭 입혀 그녀를 질식시킨다. 〈산맥에서 비명 소리가 들렸다〉(1984)는 일단의 사내들이 한 사내와 한 여자를 강제로 입맞추게 하기 위해 끈질긴 추적을 벌이고, 그렇게 일상 동작의 반복을 통해 선사시대 이래 역사가 육체화하고, 그렇게 역사화한 육체가 다시 각 개인 사이, 그리고 남성과 여성 사이 의사소통 불가 상태 및 감정 결핍 등 현대의 근본 문제를 표출한다. 바우슈 작품은 매우 연극적이지만 전통발레와 닮은 점이 거의 없고, 이를테면 〈산맥에서 비명 소리가 들렸다〉는 무용수들이 흙바닥에서 연행을 하고 흙 때문에 동작이 제한되고, 무용기교 과시보다, 동작 제한 속에 드러나는 현대 삶의, 갇힌 폭력과 좌절의 강력한 이미지가 바우슈에게 더 중요하다. 그러나 바우슈도, 희망과 전망의 예술가는 아니다. 아니, 그녀의 세계관은 이제껏 다룬 어느 예술가보다도 어둡다. 그녀에게 무용은 종말을 염원하는 육체의 번제의식과 같고, 어떻게 보면 그보다 더 어둡다. 그녀 자신이 매우 애착을 가졌던, 그래서 아직도 직접 출연하는 작품 〈카페 뮐러〉(1978)의 '주인공=그녀'는 얇고 하얀 속옷 차림의 몽유병 환자고 그녀가 의자와 탁자 사이로 걸음을 질질 끌며 다니는 동안 다른 등장인물들(아마도 그녀 상상의 허구, 유년 시절의 기억)은 온갖 형태의 거절을 당한다.

한 여자가 계속해서 몸을 사내 품속으로 던지지만 사내는 여자를 거들떠보지 않고, 여자를 붙들어주지 않고 여자는 사내 팔에서 스르르 미끄러져내려 바닥에 떨어진다. 여자는 똑같은 동작을 되풀이하고 그때마다 똑같이 바닥에 떨어진다. 여자는 진실을 알려 하지 않거나 알 능력이 없고 갈수록 병적으로 동작을 빨리 할 뿐이다. 마침내 여자는 사내 품에 안기려는 동작조차 포기하고 사내 발아래 엎드려 사내의 몸을 타고 기어오르고 풀썩 내려앉고 그런 동작을 최대한 빨리 반복한다.

그렇게 번제의식조차 실패한다. 그러나 실패에 대한 현대적이고 비극적인 인식이야말로 진정으로 예술적인 희망의 씨앗 아닐까? 딱히 위대함이 아니라 보다 더 밝은 미래를 위한 에필로그로 한 명을 소개하자면 '저드슨-포스트모던' 출신의 몽크가 있다. 그녀는 작곡가로도 무용가로도 현대예술계에서 자리를 굳힌, 이야기로 회귀하는 동시에 상징주의를 심화-풍부화하고 자신의 작품을 '오페라'라 부르며 자신을 안무가가 아닌 극장예술가로 불러주기를 바라는 그녀의 작품 분위기는 괴기스러운 동시에 청명하다. 작품 제목도 〈쥬스〉(1969), 〈배〉(1971), 〈여자아이 교육〉(1971), 〈채석장〉(1976) 등 대체로 앙증맞다. 괴기의 앙증화. 급기야 '소리의 안무가' 로까지 불리는 그녀는, 장미화로 핀 바그너. 그러나 상상하라. 생명이 계속되는 육체의 길도 영영 끝나지 않을 것이다.

중국 개방, 내 안의 봇물

1984년, 마오쩌둥 사망 8년 후 중국 공산주의자 당은(당도) 기우는 경제를 살리기 위해 무척 과감한 자유시장경제 도입을 선포한다. 국가 시설을 임대한 공장 경영자들은 자신의 원칙에 따라 공원을 고용하거나 해고하고, 스스로 임금 액수를 정하고, 스스로 생산을 결정하고, 이윤을 추구할 수 있다. 정부 가이드라인은 국가의 생산수단 소유 및 인플레이션 통제, 그리고 철강, 석탄, 수송 등 기간산업 직영 등이었다. 개혁정책이 더디게 수행되고 1989년 정부의 민주화운동 탄압으로 잠시 중단되기도 했지만 1990년대 초에 이르면 중국 남부는 세계에서 가장 빠르게 경제를 성장시킨 곳 중 하나로 떠오르고, 중국의 개방-개혁 정책은 그후 갈수록 빨라지고 있지만, 경제성장이 필연적으로 부를 인민들의 민주화 요구에 정부 당국이 어떻게 대처할 것인가가 여전히 관건이다.

콜롬비아 작가 가르시아 마르케스는 라틴아메리카문학의 마술적 리얼리즘을 대표한다. 환상과 현실이 대등한 자격으로 교차하면서 펼쳐지는 광경은 '문학 작품이야말로 하나의 세계' 라는 명제를 입증하기에 족하다. 많은 후기 작품들이 포크너의 경우처럼 가상의 콜롬비아 마을 마콘도를 배경으로 하고 있다. 르 클레지오는 누보로망 작가로 출발했으나 훗날 개성적인 스타일을 구사, '작은 모험들' 세계의 현실을 우화로 표현하는데, 세계와 인간의 불화뿐 아니라 인간성 내부의 불화까지 명백히 드러낸다. 철학자 들뢰즈는 니체에서 보였던 철학과 문학의 살 섞음, 그리고 프로이트에서 보였던 (정신)의학과 문학의 살 섞음을 프랑스-미학적으로 총체화했다.

'현대=미술'

초현실주의 운동의 중심 과제는 대체로 입체파-미래파-추상파의 합리주의에 맞서 비합리주의를 실현하는 것이다. 광대한 자연을 평면 화면에 표현하려는 회화 표현은 모두 추상화 혹은 일루전 작업이다. 샤갈 〈하얀 예수 십자가〉는 관습적인 종교화가 아니고 당대 사건에 대한 언급이다. 십자가는 당시 나치스에 의해 핍박받던 유대인들의 고통을 상징한다. 왼쪽에서 집들이 군인들의 습격을 받고 오른쪽에서는 유대교회가 불탄다. 도처에서 사람들이 도망치거나 통곡하고 있다. 팝아티스트 앤디 워홀은 상투적인 잡동사니들을 비싼 상품으로 변형시켰다. 그에 대한 평가는 큰 폭으로 갈라진다. 몇몇 평론가들에게는 영감에 찬 현대미술의 총아로서 미국 중산층의 가치를 예찬하고 조롱한 자였고 다른 몇몇 평론가들에게는 영악한 출세 지향자에 지나지 않았다. 스미스 〈허드슨강 풍경〉(1951)은 1940년, 뉴욕주 북부지방으로 이사한 후 허드슨강 상류 계곡의 휩쓸리는 듯한 전경과 바위 울퉁불퉁한 수풀을 암시하는 조각이다. 툴루즈 로트렉은 석판기법을 대표하는 가장 위대한 화가 중 한 명으로 판화뿐 아니라 포스터에도 그 기법을 구사한다. 몽마르트 대중 카바레 '디반 야포네' 광고 포스터를 보면 당시 유명 무용수 제인 아브릴이 음악평론가 에두아르드 뒤야르뒤와 함께 앉아 있다. 크고 밝은 색깔의 이미지를 싼값에 제작하게 만든 석판기법으로 포스터 예술이 크게 발전했다. 피카소는 양식의 다양성이나 작품 수량에 있어 타의 추종을 불허한다. 호안 미로는 초현실주의의 가장 치밀하고 시적인 대표자다. 그의 작품은 언제나 예측 불가다. 1933년 그는 이렇게 썼다. 나는 내 그림에 대해 말하기 어렵다. 그것은 나의 책임이 전혀 없는 이런저런, 주-객관적인 충격이 야기하는 환각

상태에서 태어난다. 〈달빛 속의 여자들과 새〉(1949)는 침묵과 꿈의 시간인 밤 주제에 그가 매료되었던 것을 반영한다. 자코메티 〈가리키는 사람〉(1947)은 조각가 특유의 길어진, 뼈대만 남은 상을 잘 보여준다. 그는 큐비즘, 구조주의, 그리고 초현실주의 방식을 모두 실험하고, 실패한 연후에야 성숙한 자기 스타일에 도달했다. 러시아 태생의 루베킨은 영국에서 현대 미술운동을 확립하는 데 가장 기여한 사람 중 하나로, 군더더기 없이 깨끗한 형태가 이 운동의 전반적인 특징이지만 〈펭귄 연못〉(1933)의 맞물린 경사로(펭귄이 산책로 혹은 다이빙 발판으로 쓰는)는 까다로운 디자인 문제를 새롭게 해결한, 매우 독창적인, 발상이다. 묘한 표정, 상대방을 무장해제시킬 정도로 단순한 외양, 그리고 색채의 정교한 아름다움은 클레의 치밀하고, 시적이며, 상상력 풍부한 양식의 전형적인 특성이다. 그는 아이들의 드로잉에서 보이는 시선의 직접성에 경탄을 금치 못하곤 했다. 러시아 미술의 가장 괄목할 만한 시기 중 하나, 화가-조각가들이 혁명적 이상의 들끓음 속에 있었던 시기 말레비치 작품 〈추수하는 여인들〉(1912)은 농민을 소재로 다루면서 전통적인 러시아 주제와 서양 모더니즘, 특히 페르낭 레제의 '관(管)' 형태에서 받은 영향을 결합, 매우 개성적인 양식을 창조해낸다. 알펠트-안-데어-레이네 소재 파구스 공장(1911)은 그로피우스의 첫 주요작품이자 혁명적인 작품이다. 벽을 떠받치는 구조가 뒤로 물러나 있어서 창들이 건물을 둘러싼 투명한 살갗처럼 보이는 이 방식은 현대건축의 한 기본 패턴으로 된다. 루오 〈거울 앞에서〉(1906)는 썩어가는 사회의 상징으로서 창녀를 주제로 한 강력한 작품 중 하나다. 무대는 음울하고 전달되는 느낌은 분노와 역겨움이다. 많은 루오 작품이 그렇듯, 이 작품도 수채화다. 찰스 레니 매킨토시가 설계한 두 시골집 중 하나인 헬렌스버러, 힐 하우스 계단 및 현관(1902)은 기능주의 특유의 자제와 엄숙한 우아미를 구현했다. 양은 화젓가락과 포크에 이르기까지 모두 그가 설계했다. 토머스 이킨스 〈애그뉴 클리닉〉(1889)은 발표 당시 피비린내 나는 주제를 사실적으로 다뤄 반감을 일으켰으나 현재는 미국 회화사에서 가장 강력한 작품 중 하나로 꼽힌다. 쿠르베 〈안녕 쿠르베씨〉(1854)는 몽펠리에 소재 브뤼에 저택 첫 방문 때 쿠르베 자신(오른쪽)이 그의 후원자 알프레드 브뤼아와 그 하인의 영접을 받고 있는 것을 표현하고 있다. 사실주의의 주요 대변자였던 그는 이런 일상사에 역사, 신화, 혹은 종교에서나 가능할 위엄과 진지성을 입혀 당대 사람들을 곤혹스럽게 했다. 쇠라 그림 〈그랑 자트 섬의 일요일 오후〉(1884~1886)는 한 평론가로 하여금 '점묘주의(pointillism)'라는 신조어를 만들게 한 작품으로 적당한 거리를 유지하면 색점들이 서로 녹아들지만 이렇게 말하는 것이 좀더 정확하다. 그것들은 빛의 약동으로 여전히 눈에 보이며, 강렬한 햇빛 속에서처럼 아지랑이 비슷한 효과를 낸다. 브뤼셀 소재 타셀호텔 계단은 호르타가 1893년 설계한, 가장 용감하고 영감에 찬 수준의 아르누보 작품이다. 꽃과 잎새는 떼어버리고, 줄기는 그대로 둔다. 호르타는 그렇게 말했다고 빌딩 세세한 곳까지 직접 디자인, 통일성을 기했다. 1900년 펜실베이니아 주 포트 카본 출신 퀘이커교도 라헬 분 윈터스티인이 제작한 '씌우게(장식 덮개)'는 미국 쪽모이 세공의 비범한 사례다. 무딘 검정 공단에 비단, 능라로 부채꼴을 넣었다. 시카고학파의 중심인물 루이스 설리번이 설계한 걸작 게런티(현재 프루던시얼) 건물(1894~1896)이 뉴욕 주 버펄로에 있으며, 디자인이 강하고 투명한데 장식 또한 일품으로 전면에 세련된 테라코타(붉은 진흙의 설구이)를 입혔다. 칸딘스키 목판화를 표지로 1912년 출간된 『청기사 연감』은 2호가 계획됐지만 전쟁 발발로 영영 나오지 못했다. 이 연감은 산문과 삽화를 모은 것으로, 삽화 중 많은 부분이 칸딘스키와 그 동료들의 폭넓은 예술적 공감대를 보여준다. 이를테면, 어린애들의 드로잉과 아프리카 조각도 실려 있다. 프랭크 로이드 라이트가 지은 1930년대 개인 주택 중 두드러진 것 중 하나인 펜실베이니아, 카우프만 저택이다. 외팔보가 자연의 폭포 위에 극적으로 놓여 있다. 르코르뷔지에 〈스위스관〉(1930~1932)은 파리 시립대학 스위스 학생 기숙사로 지어졌고, 앙바틈한 시멘트 기둥 위로 올려진 직각의 석판 형태는 세계 전역에 걸쳐 유사한 집단거주지의 전범으로 되었다. 미스 반 데어 로에가 필립 존슨, 칸, 그리고 야콥과 함께 1958년 설계한 뉴욕, 시그램 빌딩은 그가 미국에서 설계한 작품 중 대표작. 여윈 듯 응집된 우아미가 그의 건축의 특징이다. 제임스 스털링 설계 슈투트가르트, 국립 갤러리 신축 건물(1980~1983)은 형태가 과감하고 색채가 강렬한 이 건물은 포스트모더니즘 건축의 두드러진 사례인데, 여타 포스트모더니즘 건물보다 역사적 준거들이 더 치밀하다. 이를테면 구도가 뭐랄까 로마적이다. 훗날 그는 런던, 테이트 갤러리 확장 포스트모더니즘 관을 설계하기도 했다. 뭉크, 〈삶의 춤〉(1899~1900) 연작화 '삶의 소벽(小壁)'-'삶과 사랑과 죽음의 시' 중 하나. 춤추는 쌍은 육체적 욕망을 대변하지만 비통한 표정의 인물(오른쪽)이 성적 쾌락의 덧없음과 열정 한가운데 존재할 수 있는 외로움을 상기시킨다. 뭉크는 전례 없이 날카롭고 치밀한 시각으로 강력한 성적 욕망과 공포를 결합, 뒤틀린 정신적 갈등을 자아냈다. 〈소용돌이파 화가들, 1915년 봄 에펠탑 레스토랑〉은 1961~1962년 소용돌이파 미술의 주도자 중 한 사람인 윌리엄 로버츠가 그린 것이다. 런던의 단골 레스토랑에서 전 동료들과 만났던 것에 대한 애정 어린 회상으로, 에즈라 파운드가 왼쪽 맨 앞에 다리 걸친 자세로 앉고 그 옆에 로버츠가 두 손을 포개고 앉아 있다. 그리고 중앙 모자 쓴 사람이 윈덤 루이스다. 막스 베어봄의 만화는 1890년대 가장 유명한 몇몇 예술가와 작가 들을 포착하는데 스케치 솜씨가 형편없는 약점을 그는 오히려 활용, 세기말 런던 문예사회에 대한 재치 있고 변덕스러운 일침을 자아낸다. 〈23번〉(1948)은 종이 위에 물감으로 그린 잭슨 폴록의 추상표현주의 기법을 드러내는 초기작이다. 그는 1947년부터 물감을 캔버스나 종이에 팔 동작으로 떨어뜨리거나 들이붓는 방법을 썼다. 팔동작은 즉흥적이지만 그림은 상당한 정도의 총체미를 이룬다.

현대미술, 대우주를 능가하는 소우주

세잔, 미술을 능가하는 '입체=색=형태' 야수파 마티스, 미술을 능가하는 색. 입체파 브라크와 피카소, 미술을 능가하는 평면과 근대를 능가하는 원시. 베이컨, 일상을 능가하는 왜곡. 무어, 모성을 능가하는 화강암. 반 데어 로에와 르코르뷔지에, 많은 것을 능가하는 적은 것과 자연을 능가하는 건축. 추상미술, 구상의 '미로=전망'. 키치와 트렌드 그리고 팝아트, 무거운 것을 능가하는 가벼움. 비디오아트, '비디오=시간=세상'

고정된 미의 개념에서 탈피하여 새로운 것을 창조하는 것이 미술 본래의 사명이라면 어떤 시대에도 전위적 작품이 있을 것은 당연하고 또 엄연하다. 회화만 보더라도 1950년대 액션페인팅과 앵포르멜이 유행하다 지나갔고, 1970년대 후반에는 '인스터레이션' 이라는 공간조형이나, 눈의 착각을 이용한 착시의 추상예술 옵아트 등이 나타나 미술 개념의 범위를 넓혀놓았으며, 새로운 것을 창출하는 기폭제가 급속도로 팽창, 미술의 장래는 예측하기 힘들게 되었다. 인간 생활의 정념을 형상이나 색으로 표현한 것을 미술이라고 정의한다면, 이러한 현대미술 현상은 긍정적으로 보아야 마땅하고, 이것들이 미술작품으로서 시간을 견디는지 일과성에 그치는지를 미리 가치판단할 수도 없고, 다른 한편 미술을 옛것과 새것의 개념으로 파악할 때, 시대의 변화, 사회기구의 다양화로 인해 미술이 포함하는 범위가 확대, 사진·영화·텔레비전·비디오 등은 이미 회화·조각과 같은 지위에 올라 있고, 미술 자체가 미래에 대한 커다란 전망을 제시하는 '영상' 장르에 포괄된 지 이미 오래이기도 하며, 디자인이 '도안' 으로서 하여 회화와 가까운 관계였던 것 또한 과거의 일로, 오늘날 디자인은 도시계획이나 과학기술 분야에까지 진출하여 미술의 범주를 넘어서 과학과 미술을 종합한 독자적인 세계를 형성하고 있다. 역사적으로 보면, 옛날에는 왕후·귀족의 권위를 상징하거나 또는 종교활동 수단의 하나로서 문화의 일익을 담당하던 미술, 즉 특권계급에 의해 보호육성되어 일반 서민과 거리를 두면 둘수록 귀한 것이라고 여겨지던 미술은 현대사회에 들며 이 관계가 역전되었다고도 말할 수 있다. 현대에는 미술이 친근한 사회 공유물로 되는 동시에 작가의 개성을 보다 더 혁명적으로 표출할 것을 요구받는다. 오늘날 눈에 보이는 전 세계에 편재하고, 전 세계를 장식하고, 전 세계를 재구성하는 미술이다. 피 흘림을 거친 미의 창조가 기성 방식을 무너뜨리고 친근한 것으로 받아들여지게 되었다. 지금까지 문화현상의 각종 장르 중 미술이 가장 실질적인 교류를 담당했음을 서술했는데, 이러한 사실은 현대에 이르러서도 변함이 없다. 미술교류가 각 민족, 각 지역 발전에 뛰어난 효과를 초래했던 것도 사실이다. 그러나 미술의 세계성·국제성을 현대의 시점에서 반성해보면, 상호교류보다 민족성·지역성이라는 독자적 성격을 확립하는 일이 크게 요망되고 있다. 작가의 인생·생활·인간성이 표출되는 데서부터 뛰어난 작품이 창조되듯이 그

나라, 그 민족의 전통이나 역사를 외면하고서는 그 나라 미술, 그 민족의 미술은 있을 수 없다. 현대미술은 폭넓은 사회 속에 바탕을 두고 있다. 사회생활, 개인의 일상 속에 마음의 안정을 주고 또 활력의 원천이 되는 그것을 아름다움이라 간주한다면, 미술은 미술관이나 화랑 또는 아틀리에만이 아닌 사회의 모든 분야에 존재한다고 할 수 있다. 미술은 시대를 반영하는 거울이다.

에셔 〈데생하는 손〉은 '손을 데생하는 손'으로, 논리의 막다른 골목을 그림화한다. 피카소는 평생 동안 에로화를 그렸고, 극단적인 단순성이 에로티시즘을 더욱 통렬하게 만든다. 유펭의 〈삶을 위한 노동〉(1990)은 남자와 여자의 관계, 특히 여성의 역할을 비꼬고 있다. 하크니 〈이안과 나 4〉(1983)에서 일요일 아침 섹스는 께느른하고 장난스럽지만, 그럼에도 불구하고 비극적이다. 윌리엄스의 〈함께 있음 1, 2〉(1996)는 몸이 뒤얽혔으되 생생한 살빛이 섹스 이후 외로움과 슬픔, 그리고 존재 단절감을 충격적으로 부각시킨다. 브라운의 설치 작품 〈건물 측면을 걸어 내려가는 사내〉(1970)는 이제까지 방치되어왔던 여러 공간을 활용하고, (에릭) 길의 〈가장 소중한 장식〉(1937)은 자신의 성기에 매료된 화가가 긴 가운을 걸쳤으되 속옷을 입지 않고 열린 계단 위에서 작업, 논란을 불러일으킨 작품이다. 〈예술과 어리석음〉의 화가 클로츠는 심한 우울증 때문에 자해, 정신병원에 수용되었다. 프랑스 건축가 레두가 데생한 '건축가의 눈'은 구조주의의 상징으로 되었다. 훌륭한 건축가가 되려면 두 눈의 분석만으로는 충분하지 않다는 뜻이다. 스미스 〈허드슨 강 풍경〉(1951)은 화가가 1940년 뉴욕주 해변에서 멀리 북쪽으로 이사한 후 제작한 조각 혹은 '공간-드로잉' 연작 중 하나로, 허드슨강 상류 계곡의 휩쓰는 듯한 조망과 바위 울퉁불퉁한 수풀을 연상시킨다. 브라크 〈병과 물고기들〉(1909~1912)은 큐비즘의 추상화 진행 정도를 보여주는바, 대상을 아직 알아볼 수 있지만 형태가 근본적으로 단편화했고, 드물게 무거운 칠로 보아 여러 해에 걸쳐 그려진 듯하며, 마티스 〈붉은 방 혹은 사막: 빨강 속 조화〉(1908~1909)는 과감한 데생, 생생한 색깔, 그리고 강한 장식감으로 집약되는 마티스 회화의 특징을 잘 보여준다. 마티스는 자기만의 장식-구상 스타일을 개발했고, 큐비즘 이론 일체를 거부했다. 다다이즘(그리고, 그후 초현실주의)

작품 대부분이 인습을 파괴하는 과정에서 생겨나고 또 사라져버리기 때문에 잡지는 다다이즘 사상을 전파하는 데 중요한 역할을 수행했다. 드사우, 바우하우스 교수진에는 그로피우스 말고도 칸딘스키, 무헤, 클레 등이 섞여 있었다. 니콜슨 〈벤의 가게〉(1958~1973)는 실제로 니스에 있는 가게 물건들을 재료로 사용했다. 테라오카 〈무색해진 쿠니사다〉(1995)는 호쿠사이풍이지만 비율은 역전, 사람이 크고 파도가 작고, 처녀 엉덩이가 바다 혹은 하늘의 그 무엇보다 더 빛난다. 중국 화가 류 웨이의 〈돼지고기를 좋아하세요?〉(1995)는 중앙 누드를 여러 겹 고기조각으로 둘러싸, 성욕의 본질을 드러냈다. 클레멘테 그림 〈나는 듣는다〉(1988)는 꽃을 강력한 성적 상징으로 만들고, 뭉크 〈사춘기〉는 자기 내부의 낯선 느낌과 감정에 놀라 겁에 질린 소녀를 그리고 있다. 보즈나로비츠 〈소년들, 전쟁터로 가다〉(1984)는 동성연애주의자의 반전 미술이라 할 만하다. 웨슬먼 〈헬렌〉(1966)은 구체적인 인격 사항을 모두 애매모호하게 만들고 성적 표지에만 시선을 집중, 길고 검은 스타킹을 거쳐 곧바로 여성기와 대면케 한다. 커비 〈자화상〉(1987)의 여자 옷은 불분명한 성적 정체성을 암시하고, 자이드멘 〈레다와 말들〉(1993)은 백조를 말들로 바꾸어, 종종 음탕한 말로 나타나는 제우스 동생 포세이돈과의 관계를 암시한다. 뭉크 〈오메가와 곰〉(1909)은 자작 산문시 「알파와 오메가 이야기」 중 이런 대목에 붙인 삽화다. 곰의 부드러운 털이 몸에 닿을 때마다 그녀는 몸을 떨었다. 곰의 목을 휘감은 그녀의 양팔이 부드러운 털 속으로 사라졌다. 헤두올링의 〈뒷창문, 제3번〉(1996)은 중국과 일본의 전통적인 관음증을 비꼬고 있다. 피슐 〈몽유병자〉(1979)는 유년의 물장난통에 자위를 하는 소년이 주변적인 동시에 초현실적이다. 키르히너 〈두 연인〉은 어색한 자세 때문에 성적 책임감이 느껴지고 상대방이 대등한 파트너로 된다. 피카소 〈포옹〉은 섹스의 기쁨보다 책임감을 더 강조한다. 절정이 지난 지 오래고 여자는 배가 상당히 불렀다. 우울이 땅에 박힌 두 사람을 압도한다. 〈여자 누드와 꽃〉(1971)은 쿠르베 〈잠〉을 토대로 했으나 전혀 새로운 생명력을 창조했다. 그로스즈 〈두 연인〉(1923)은 화가 자신과 아내를 그린 것이다. 웨이 동의 〈청대 초기 풍경〉(1995)은 눈을 가리고 몸에 문신을 새긴 여인이 돌팔이 의사에게 치료를 빙자한 성추행을 당하고 있는 장면이 소재다. 배경은 17세기풍이지만 17세기에 청진기는 없었고 오른쪽 사람이 읽고 있는 것은 마오쩌둥 『홍서』 소책자다. 커밍즈 〈무제〉는 찬란한 보석색, 궁정 연애 문학 전통, 벽으로 둘러싸인 비밀 정원 등이 14세기 문서 삽화를 환기, 현대 에로티시즘의 중세 지향을 단적으로 보여준다. 마티스가 말라르메 동명시집 삽화로 그린 〈목신의 오후〉(1933)와 피카소 〈네 개의 도기〉(1962) 모두 의식적으로 신고전주의 회화언어를 구사, 고대 그리스 꽃병이나 폼페이 벽화의 에로틱한 장면들이 지닌 '이교도적' 단순성을 환기시킨다. 뤼스텡 〈여기서 나는 행복하지 않아〉(1988)는 여성의 자위행위를 야수의 공격적인 행위로 전화, 헐벗은 존재의 고뇌와 방황과 상실감을 환기시키고, 마그리트 〈오케아누스〉(1943)는 곧추선 남근을 자그마한 여성 누드로 전화하며, 아르헨티나 화가 키날리(1948) 〈무제〉는 자위행위를 무대극화하는 이미지 배치가 마치 연극을 관람하는 듯하고, 벨머(1902~1975) 〈인형들〉은 육체 총체성 상실을 처녀성 상실과 동일시하고, 데이비 〈새소리 제3번〉(1963)은 자유연상으로 그려진 것이지만 결국 전통적인 남근과 '깨무는' 여성기를 드러낸다. 웨이 동 〈장수를 위한 바람〉(1966)은 의도적으로 '고풍'을 구사하고, 치글러 〈젊은 과부〉(1922)는 제1차 세계대전의 후유증 속에 근조(謹弔)의 검은색으로 도착된 에로티시즘 효과를 창출하고, 콜럼비아 화가 카발레로 작 〈무제〉(1978)는 신문에 실린 피살 사진 이미지와 동성애적 폭력의 느낌을 결합한다. 마그리트 〈표현〉은 여성 토르소에 꽉 끼는 그림틀을 씌워 실재와 그림 이미지의 관계를 문제삼고 있다. 사우디아라비아 건축가 칸이 스키드모어, 오윙스 & 메릴사 위촉으로 설계한 제다 하즈 터미널은 현대 감각(기술)과 이슬람 (텐트) 전통을 절묘하게 결합, 매년 수백 만 메카 순례자들이 이곳을 불편 없이 거쳐 가게 하였다. 뒤샹 〈계단을 내려가는 누드, 2번〉(1912)은, 대중은 물론 종종 동료 화가들까지 분노케 만들었던 그의 (첫) 작품이다. 1913년 미국에서 처음 열린 본격 현대미술 전시회 아모리쇼에서 최고의 악명을 떨쳤고, 한 평론가는 '널빤지 공장의 폭발'이라고 깎아내렸다. 매우 생동감 있는 형태 중첩은 고속 셔터 카메라 연작에서 암시를 받았다.

'음반 = 세계', 응집이 확산하는 '해체 = 중심'의 광경

연주 또한 예술이므로 명연주 명반에 대한 음악 애호가의 판단은 각각 다를 수밖에 없다. 그러나 30장이 넘을 경우 연주 또한 예술이므로, 20장가량은 겹치기 마련이다.

쇤베르크가 자신의 〈달빛의 피에로〉를 지휘 녹음했다(Sony). 그의 지휘를 통해 새로움이, 해체가 나이를 먹으며 고전화한다. 만년의 스트라빈스키가 자신의 무용음악 〈봄의 제전〉을 지휘, 녹음한다(Sony). 그의 지휘를 통해 원초-잔혹성의 리듬이 아연 문명의 나이를 머금은, 늙은 시간의 신의, 늙음의 이빨 빠진 장난으로 화한다. 베베른이 베르크 〈바이올린 협주곡〉을 지휘, 녹음했다(Continum). 쇤베르크의 두 제자. 낭만주의적인 '일탈 혹은 복고'로 현대음악에 대중성을 가능케 했던 베르크와, 스승보다 더 엄혹하고 철저하게 그리고 전면적으로 법칙적이었던, 그렇게 지성 자체를 음악화했던 베베른. 그러나 이 두 극단의 의사소통을 통한 흔들림의 법칙화 혹은 '법칙=흔들림'이야말로 쇤베르크 음악의 미래전망이다. 쇤베르크는 그것을 알고, 두 사람의 관계 사이가 바로 자기 자신이기를 바라지만 늘 그 사이에 끼고, 그렇게 두 사람이 양분되고 그렇게 불완전해지는 그런, 비(非)음악적 삼각관계를 구성한다. 그가 시기하는 것은 베르크의 자기보다 나은 대중성도 베베른의 자기보다 나은 원칙성도 아니고, 바로 자신의 '사이=위치'를 끼임의 그것으로 만드는 두 사람의 관계지만 그에게는 현실과 전망의 관계가 있고, 그것을 두 제자는 정말 잘 알고 있는 것 아닌가. 그 모든 현대음악 원초의 질문과 대답이 이 음반에 녹아든다. 쇤베르크는 작곡의 법칙을 두 번씩이나 혁명한다. 스트라빈스키는 율동에 내재하는 가치를 총체음악화하고 역사의 음악을 초월하는 음악사의 음악을 쓴다. 바르토크는 그런 유난을 떨지 않지만 그가 현대음악에 끼친 영향은 두 사람 못지않게 크다. 그는, 이를테면 민요 속에 담긴 비명소리를 현대의 난해성으로 일상화한다. 그가 재즈 클라리넷 연주자 굿맨, 그리고 같은 헝가리 출신의 '어둡고 철학적인' 바이올린 연주자 시게티를 위해 쓰고 함께 연주한, 피아노와 바이올린, 그리고 클라리넷을 위한 〈대비들〉(Sony)

은 언뜻 시골 탭댄스 풍이지만, 우리는 '스탈린-단순성-민요' 주의에 수천만 명이 희생되어가는 비명소리와, 현대 자본주의 문명에 인간성이 박제화되는 비명소리의 중첩을 언뜻언뜻한 일상의 자취로 느끼는, 파경의 감동에 사로잡힌다. 파경의 비극을 극복하는 파경의 '충격=감동'. 불레즈가 자신의 〈브루노 마데르나 추모 제의〉를 직접 지휘, 녹음했다(Sony). '현대음악의 레닌주의자'를 자처했으나 결국은 현대음악을 스탈린주의, 심지어 파시스트적으로 강요하는 맥락에서 쇤베르크 12음열기법을 편애, 스트라빈스키 작품 연주회장에서 항의 집회를 열다가 베베른이 12음열기법을 소리뿐 아니라 길이, 간격, 율동 등 음악의 온갖 요소에까지 적용하는 총체 음열주의로 나아가자 '쇤베르크는 죽었다' 선언하고 베베른의 열렬한 추종자가 된다. 이 원칙에 복무하지 않는 작곡가는 스스로를 작곡가라고 부를 자격이 없다. 그에게 차이콥스키와 베르디는 '열등한' 작곡가고 통틀어 1900년 이전의 음악은 향수에, 브리튼과 쇼스타코비치는 보수주의자에 불과하다. 프랑스 음악계의 엄청난 권력으로 부상한 그는 '정치적 좌파' 사회주의자고, 1966년 '덜 급진적인' 작곡가(란도우스키)에게 음악 행정을 맡긴다는 정부 결정에 반발, 망명을 선포하고, 우파 대통령 퐁피두는 그에게 물경 9천만 프랑을 투자하며 달랜다. 국가가 한 작곡가에게 이토록 많은 액수를 지원한 사례는 바그너뿐이고, 엄밀히 말하면 바그너 후원자는 정부가 아니라 넋 나간 봉건 군주였다. 불레즈는 이 돈을 IRCAM(음향/음악 연구 및 협동소)에 모두 쏟아붓는 동시에 지휘자의 길로, '전략적으로 뛰어들며 파리와 런던, 필하모니아와 BBC 오케스트라를 장악하고 '낡은' 애창곡들을 연주회장에서 몰아내기 시작한다. 드뷔시에서 쇤베르크를 거쳐 베베른에 이르는 '선구적' 혹은 '고전적' 현대음악, 위대한 동료 작곡가들의 현대음악에 대한 그의 연주-해석은 모두 결정판이지만, 그의 교조적인 현대음악 운동 때문에 오히려 현대음악의 창조적인 계승발전이 위협받고, 처음에 젊은 작곡가와 청중이 몰리던 무대와 객석은 갈수록 지리멸렬하고, 텅텅 비고, 후원단체들이 후원을 철회한다. 링컨 센터는 불레즈를 보수적인 지휘자 메타 등으로 교체하고, 무엇보다 불레즈 자신의 창작력이 갈수록 메마른다. IRCAM은 음악의 미래를 위한 과학자, 기술자 그리고 음악가들의 연구 및 창작공동체지만, 생산품 중 의미 있는 작품은 손꼽힐 정도다. 아니, 어이없게도, 음악보다 수중전 군사기술에 기여한 바가 더 컸다. 〈부루노 마데르나 추모 제의〉는 그의 몇 안 되는 걸작 중 하나다. 불레즈의 걸작은 대개 획기적인 동시에 두뇌에서 비롯된 것이지만 〈부루노 마데르나 추모 제의〉는 다르다. 1975년 때이른 죽음을 맞은 선배-음악혁명가 마데르나를 기리는 슬픔이 두뇌를 강타하고 점차, 슬픔의 뇌신경의, 소리가 보인다. '보임' 은 매우 복잡하지만 '느낌' 은, 놀랍게도 원시적인, 폴리네시아 장례음악 같다. 앙상블이 여덟 개 그룹으로 나뉘고 총 15부로 구성되지만 끊어지지 않고 이어진다. 아니 시간을 넘어선, 응집 그 자체의, 명징성 그 자체의 아름다움. 그것이 '죽음=아름다움' 의 순간 아니었을까, 친구의 죽음이, 음악 대신, 음악의 현대와 본성, 아니 영원한 현대적 본성을 느끼게 해주었을 것. 현대음악의 '해체' 가 가능한 것은, 여타 예술장르보다 더욱, 고전이 낡음이 아니라 새로움과 연관된다는 점, 즉 위대한 음악의, 기억의 요람 속에서만 모든 해체가 가능하고 모든 예술은 해체를 예술성으로 응집할 뿐, 해체도 응집도 교조화될 수 없다는 점, 해체의 응집이야말로 예술의 중심성이고, 그뿐이라는 점, 동시에, 그 '뿐' 은 위대한 죽음에 맞설 뿐 아니라 다가올 죽음을 미리 삶 속에서 대체해버리는 '뿐' 이라는 점에서 비롯된다. 아르메니아 출신 미국 메조소프라노 버버리안은 인간의 목소리야말로 가장 현대음악적이라는 점을 입증한 성악가다. 3옥타브 음역을 자유자재로 구사하며 무궁무진한 표현력과 실험정신을 자랑하는 그녀의 성악 예술은 '우연성 음악' 의 케이지, 벨기에 전위음악 기수 푸쇠르, '대중적 좌파' 현대음악가 헨체, 그리고 스트라빈스키 〈J. F. 케네디를 위한 엘레지〉에 영감을 주었다. 아니, 무엇보다, 그녀의 예술은 남편 베리오의 현대음악 실험에 길잡이로 작용했다. 베리오는 쇤베르크 전통을 이탈리아에서 이어가는 두 거장 중 하나. 다른 한 명 노노는 쇤베르크의 사위고, 이탈리아 공산주의자 당의 열혈 당원으로, 다소 구호적이지만, 현대음악의 난해성과 공산주의를 동일시했다. 마데르나가 그의 스승이다. 베리오는 '캐시' 와의 결혼생활 동안(1950~1966, 실제 이혼은 1968년) 그녀를 위해, 아니 그녀 덕분에 〈민요집〉(1964), 〈모속곡 3〉(1966) 등을 썼는데 특히 후자는 그의 대표작으로 기침, 흐느낌, 웃음 그리고 입을 쩝쩝대는 소리가 콜로라투라(화려한 기교의 소프라노)로 구사되면서 사소한 것이 언뜻 거대한, 중세적이고 여성적인 공포의 동굴(그녀 목소리)의 깊이와 울림을 '입고 극복' 하며 존재의 비의, 동시에 '비의=일상' 으로 개진된다. 중세-스릴러 『장미의 이름』을 통해 대중적으로도 유명해진 이탈리아 기호학자 에코 또한 베리오에게 큰 영향을 끼쳤고, 그가 시문학에서 의미가 아닌 혹은 의미를 넘어서는, 그 외형 이상인 의성(擬聲)에 대해 음악적으로 관심을 갖게끔 권고했고, 베리오는 그에 답하여, 〈조이스에게 바친다〉(1958)를 썼으며 이 작품은 전자음악 작곡 분야를 개척한 걸작으로 꼽히지만, 원천은 역시 캐시다. 그녀가 3개 국어로 낭독한 조이스 소설 『율리시즈』 중 몇 구절 녹음테이프를 컴퓨터로 변조했는데, 이를테면 푸코 철학이 자유와 해체를 기치로 하고 있음에도 불구하고 기조는 오히려 음울한 역사-존재적 숙명론을 벗지 못하는 것은, 그가 '캐시' 의, 중세 동굴의 울림과 깊이를 (예술가와 달리) 아직 '입고 극복' 하지 못하고 (철학-이론가로서) 다만 해석하기 때문이 아닐까 싶고, 해체주의가 해체의 논리를 해체하지 못한다는 약점이 있으며 해체주의가 말 그대로 (해체) 논리의 모순이라는 것을 스스로 깨닫지 못할 정도로 그 약점이 치명적인 반면 음악은 육체적 명증성으로 해체와 중심의 관계 혹은 동전 양면성을 매개하며 모든 예술이 장르적으로 각각 그렇고, 해체주의는 그렇게, 철학 속으로 길을 잃은 '예술=사슴' 한 마리라는 느낌을, 이 음반에서 '캐시' 가 주고 있다. 어쨌거나, '캐시' 는 몬테베르디 오페라에서 소련 국가 〈인터내셔널〉까지, 그리고 비틀즈 노래까지 자유자재로 불렀고, 그 모든 것에 자신의 동굴을 입혔다. 그리고 이미 악기로 된 그녀가 이제 당연히, 자신의 몸을 연주하는 작곡을 하기 시작한다. 아마도, 이것이 결정적인 이혼 사유였다. 별거하던 해 발표한 〈스트립소디〉는 신문만화를 음악화한 것이고 〈모르시캐시〉(1971)는 피아노 독주곡이다. 그녀를 통해 목소리 자체가 현대적인 육체의 예술로 되고, 조안 라 바바라를 거쳐 몽크의 , '목소리의 안무예술' 로서 오페라에 달한다. 캐시의 모든 것이 음반 〈마그니피캐시〉(wergo)에 실렸다. 이제 '요란굉장한 무덤' 인 일상으로. 캐시와 이혼한 후 베리오는 일본 심리학자, 그리고 이스라엘 음악학자와 재혼 3혼했지만, 1972년 〈캐시를 위한 협주곡〉으로 캐시 예술의 동굴을 명예의 전당화했고 캐시가 사망한 후 1984년 〈레퀴엠〉에서 제 음악을 캐시 목소리처럼 찢었다. 이 모든 것도, 캐시의 것이(었)으므로, 위 음반에 실려 있다. 슈토크하우젠이 자신의 전자음악 〈청년들의 노래〉를 연주 녹음했다(Chrysalis). 말러가 쇤베르크를 차세대 주자로 지목했다. 베베른의 총체음열주의를 보다 세련되게 다듬은 프랑스 현대음악의 선구자 메시앙이 1958년 미래의 담지자로 지목한 사람은 불레즈와 슈토크하우젠이었다. 슈토크하우젠은 불레즈와 사뭇 다르다. 불레즈 못지않게 이론적이지만, '이성으로 음악을 재단해서는 안 된다' (아도르노와 논쟁)는 주장으로 이론적이고 불레즈 못지않게 허풍과 자원낭비가 심하지만 불레즈와 달리 그 낭비를 작품 안으로 내재화하며 음악은 오히려 단순하고 보편적이어서 음열기법을 모르는 사람들한테도 낯설지 않지만 감성주의로 하여 필경 동양신비주의에 빠져들고 말 운명이었다. 〈청년의 노래〉는 콜로뉴 성당 소년합창대가 부르는 〈모든 주님의 피조물들, 주를 찬미하라〉를 변조-변형시켜 전자음악 트랙에 입힌 것인데, 그렇게 태어난, 사람을 닮은 전자음악, 혹은 전자음악을 닮은 사람의 '목소리=음악' 은 1956년 5월 30일 전파를 탔고, 정말 가사 출처 구약 다니엘서의 정황대로, 용광로 속에 내던져진 청년의, 두뇌의 백열 상태를 음악화한 듯했고, 그렇게 시대의 귀에 음악의 불도장을 찍었다. 그런데 이 방송은 또 한 명의 위대한 현대음악 작곡가를 극적으로 탄생시킨다. 그때 부다페스트 작업실 창밖 거리에 진주한 소련군 탱크를 불안하게 바라보던 33세의 헝가리 작곡가 리게티가 이 방송을 듣고 크게 감동하여 월경을 감행, 불과 몇 년 만에 현대음악의 새로운 기수로 떠오르게 된다. 훗날 이 두 사람은 격렬하게 갈라졌다. 슈토크하우젠의 고질적인 동양신비주의와 '예술적 허풍' (바그너의 대규모주의를 닮은)의 억지 혼합을 리게티는 '사기' 로 보았고 현대음악의 모든 기법을 섭렵한 리게티의 '보다 인간적인 음악' 선언은 슈토크하우젠에게 배신 혹은 전향이었던 까닭이다. 그렇게 위 음반은 모종의 기로에 대한 예감이다. '들리는' 음악의, 그리고 무언가 의미를 (음악 내적으로든 음악 외적으로든) 지향하는, 아니 스스로 갖(게 되)는 음악의 기로. 케이지가 자신의 〈피아노와 준비된 피아노를 위한 작품〉을 녹음했다(wergo). 1938년 어느 날 그는 음악을 파괴하기 시작한다. 그리고 사람들이 그것을 음악이라고 부르기 시작한다. 아니 그때만 해도 케이지의 음악은 무언가를 지향했다. 어떤 발레 공연단을 위해 피아노용 반주곡을 쓰는데 뭔가 박자감이 모자라 끙끙대다가 그는 갑자기 희한한 생각을 하게 되었다. 일순, 나는 뭐가 문제인지 깨달았다, 내가 아니라 피아노가 문제군. 그래서 피아노 내부에 실험을 시작, 잡지, 신문, 재떨이, 프라이팬 등등을 끼워넣어보았더니 모든 것들이 내가 원하는 대로 소리를 바꿔주는 듯 했다. '준비된 피아노'는 그렇게 태어났고, 그때 소리는, 인도네시아 전통악기 가믈란(드뷔시를 매료시켰던)과 비슷하게, 약간 우스꽝스럽고 대체로 지루했다. 그래서 그랬을까, 얼마 안 되어 피아노는 '준비' 되지 않고 '파괴' 된다. 그리고 '파괴'가 음악으로 명명된다. '준비된 피아노' 이후 20년 동안 케이지의 우연성(aleatory) 음악, 침묵의 음악, 텅 빈 무대의 음악, 악보 없는 음악 등등을 통해 음악의 '새로운 경지'가 속속 개진되고 그것이 세간의 이목을 집중시키지만, 음악이 새로워진 게 아니라 음악과 비(非)음악의 경계가 음악화 혹은 비음악화했다. 사람들은 음악작품 그 자체보다 그것에 대한 이야기를 더 즐기고 그렇게 음악의 매질을 요란한 매체가 곧장 대체하는 과정이 가속화한다. 소용돌이가 어느 정도 잦은 1961년 케이지는 이렇게 말했다. 음악작품을 쓰거나, 듣거나 연주하는 일로 달성되는 것은 하나도 없다. 그리고 20년 동안, 즉 1958~1978년 그는 '연주자 숫자가 아무래도 좋고 악기 구성이 아무래도 좋은' 〈변주곡들〉을 써냈는데, 투명한 플라스틱판에 몇 가지 지시만 적힌 것이 악보였다. 여기서 더 나아갈 수 있다. 그 한참 뒤, 케이지의 제자 비디오 아티스트 백남준이 말한다. 예술의 반은 사기다. 여기서 더 나아갈 수 있다. 컴퓨터 멀티미디어의 가상현실이 모든 예술은 사기다, 라고 말하고 있지 않은가, 이제는 대중매체를 동원할 필요도 없이, 스스로 대중매체성 자체를 예술화하면서? 케이지는 자신의 음악 '이론'으로 인도의 '종교=음악' 사상, 그리고 중국의 『역경』을 동원하고, 그렇게 음악의 기로와 음악 아닌 것의 기로가, 만나는 것인가? 서양문명의 동양신비주의가, 동양정신이 원래 그런 것이었던가? 불쌍타 동양정신. 그러나 한탄보다 더 중요한 것은 위의 현대음악 과정, 심지어 가상현실 과정조차도, '나날이 새롭게 해석될 수 있는' 고전의 요람 속에서만 가능했고, 또 가능하며, 스스로 그 요람의 일부로 되어야만 가능할 것임을 깨닫는 일이다. 마치 삶이, 현실이든 가상현실이든, 죽음이라는 거대한 요람 위에서 잠깐 흔들리는 것이듯. 동시에, 그 흔들림의 진정한 예술적 상상력은 오래된 죽음보다 더 위대할 뿐 아니라, 궁극적으로 죽음의 의미까지 구현하는 것이듯, 위 현대음악들의 흔들림, 아니 자체균열을 애당초 가능케 하고 그것이 끝내 음악일 가능성을 담보하는 것은 수천 년 이어져온 고전음악 전통에 대한 인간(작곡자든 연주자든 청중이든)의 음악적 기억이라는, 죽음의 아름다움에 근접한 요람 때문이다. 작곡이든 연주든, 감상이든. 슈트라우스가 자신의 교향시들을 지휘-녹음했다(DG). 라벨이 자신의 무용곡 〈볼레로〉를, 라흐마니노프가 자신의 피아노 음악과 편곡작품을(BMG), 힌데미트가 자신의 〈화가 마티스 교향곡〉을(DG), 메시앙이 자신의 오르간곡을(EMI), 그리고 브리튼이 자신의 오페라 〈피터 그라임즈〉를(DECCA) 지휘 녹음했다. 이것들은 작품 자체가 현대의 목전에 와 있지만, 무엇보다 작곡가 자신의 창조적인 해석이 음악을 시간 이상의 요람으로 만든다는, 이제는 유현한 증거들이다. 토스카니니가 바버 〈아다지오〉와 드뷔시 〈바다〉(BMG)를, 탈리히가 야나체크와 수크의 작품을 (Supraphon), 불트가 홀스트 〈천체들〉을(EMI), 그리고 호렌슈타인이 말러 〈교향곡 9번〉을(Music&Arts), 클렘페러가 말러 〈대지의 노래〉를(EMI), 라이너가 바르토크 〈오케스트라를 위한 협주곡〉을(BMG), 그리고 클라이버가 슈트라우스 오페라 〈장미의 기사〉를(DECCA) 지휘 녹음했다. 이것들은 작품의 근대성이 위대한 지휘자의 당대적 노력에 의해 요람으로 전화하는, 벌써 유현한 증거들이다. 하이페츠 연주 〈시벨리우스 – 월튼 바이올린 협주곡〉(EMI), 루빈스타인 연주 〈라벨 – 쉬마노프스키 – 스트라빈스키 피아노 작품들〉(BMG), 그리고 메뉴힌 연주 〈엘가 바이올린협주곡〉(EMI, 작곡자 지휘)도 마찬가지다. 오이스트라흐 연주 〈쇼스타코비치 바이올린 협주곡〉(EMI), 리히테르 연주 〈프로코피에프 – 스크리아빈 피아노 소나타〉(DG)는, 그에 덧붙여, 소비에트-스탈린주의를 엄정하고 영롱한 연주 미학으로 반영하면서 동시에 극복하는 차원을 열었다. 호로비츠 연주 〈바버 피아노 소나타〉(RCA), 〈바흐-부조니 편곡〉(DG), 그리고 로즈데스트벤스키가 지휘한 쇼스타코비치 및 슈니트케는 동-서방의 정치적 대립을 극복하는 연주미학의 경지를 열었다. 독일 레냐가 해석한 〈바일 오페라들〉(Sony)은 사회주의 대중음악 예술의 가능성을, 그리고 미국 거슈윈 〈랩소디 인 블루〉와 번스타인 뮤지컬 〈웨스트사이드 스토리〉 및 〈캉디드〉(DG), 코플랜드 무용음악 〈아팔라치아의 봄〉(Sony) 작곡-지휘는 미국 대중음악예술의 가능성을, 고전음악인 채로 막강하게 키웠다. 이것들은 모두, 유현하면서도 살아 생생한, 그렇게 고전적인 고전의 요람, '고전=요람' 들이다. 그러나 더 거대하고 더 본질적인 요람은 고전적 전통의 나날의 새로운 해석 그 자체, 그렇게 CD 음반 그 자체다. 우리의 죽음도 CD 음반처럼, 응집이므로 더 아름다운 음악의 집일 수 있기를. 크로노스 현악 4중주단이 연주한 라이히 〈서로 다른 기차들〉 및 크럼 〈블랙 엔젤Nonesuch〉은 가장 흥미진진한 음반 중 하나다. 논의는 현악 4중주 자체에 대한 논의로 이어진다.

*이 글 중 음반 목록 자체는 Norman Lebrecht 〈The Companion to 20th Century Music〉 부록 Discography를 참조했다.(Simon & Schuster, 1992)

페레스트로이카, 동유럽권 몰락의 기적

1982년 브레주네프의 뒤를 이은 안드로포프 서기장은 다소 개혁적이었으나 체르넨코 서기장의 등장으로 소련 사회는 다시 보수화한다. 미국 대통령 레이건의 전략방위구상(SDI) 및 나토의 지상발사 쿠르즈미사일 및 퍼싱 Ⅱ 탄도미사일 배치로 긴장이 고조되지만 곧이어 재개된 핵무기 감축협상과 특히 1985년 고르바초프 서기장의 등장으로 화해 무드가 절정에 달했고, 1986년 제27차 소련공산주의자당 전당대회가 페레스트로이카('개방', 경제 탈중심화)와 글라스노스트('공개', 표현의 자유')를 결의, 경제와 제도개혁 및 사회개방을 강조하고 당과 관료 및 군부 고위층 개편이 이뤄지고 일부 개인기업이 합법화하고, 숱한 반체제 인사들이 징역 혹은 유배형에서 풀려났으며 거의 모든 동유럽 국가에서 소련군이 철수하였다. 경제발전이 자본주의 나라들에 크게 뒤졌던 사회주의권이 크게 흔들리고, 동유럽 여러 나라가 자유경쟁 제도로의 복귀를 선언하며 1990년, 둘로 나뉘어 있던 동-서독이 서독 쪽으로 흡수-통일되고 소련은 1990년 3월 대통령제를 도입, 초대 대통령 고르바초프의 주도하에 헌법을 개정하면서 1당독재를 폐기했고 같은 해 6월 전략무기감축교섭(START) 기본 합의와 유럽통상전략교섭(CFE) 촉진 등을 명시한 미소공동성명이 발표되었다. 이러한 추세는 결국 소련 자체를 무너뜨리게 되고, 소수민족문제가 표면에 떠올라 아르메니아와 아제르바이젠이 충돌하고 그루지아-우즈베크-몰도바 등에서 폭력 사태가 발생한다. 1991년 6월 러시아공화국 선거에서 압승한 옐친은 8월 부통령 등 보수주의자(공산주의자)가 일으킨 쿠데타를 3일 만에 무너뜨리고 정국을 장악했으며 같은 달 고르바초프가 공산주의자당 해체를 선언하고, 9월 발트해 연안 에스토니아-라트비아-리투아니아 3국이 소련을 탈퇴, 독립하고 11월 고르바초프가 신연방조약(주권국가연방안) 조인에 실패하고 12월 러시아연방 대통령 옐친이 11개 공화국으로 구성되는 소독립국공동체를 출범시키니 소련이 해체되고 12월 고르바초프가 소련연방 대통령직을 사임한다. 1992년 러시아-우크라이나-벨로루시 등이 독립국가연합(CIS)을 결성하고 소련을 공식 계승했다. 자본주의가 홀로 남았지만, 자유 경쟁이 무한대로 벌어지면서 생겨난 여러 사회문제들은 여전히 해결되지 않고, 사회주의가 무너지면서 자본주의의 문제점을 해결하려는 노력도 함께 사라져버릴 듯한 시대에 우리는 살고 있지만, 그런 상태는 잠시일 것이다. 희망은 벌써부터, 낡은 틀을 벗으면서 동시에 자본주의를 그 안에서 넘어서는 그 무엇, 21세기를 향한 새로운 정신과 문화, 새로운 사회를 만들려는 노력을 부르고 있다.

헝가리-폴란드, 어두운 번영과 '수난=예술'의 언어

1458년 중소귀족의 지지를 업고 국왕에 오른 헝가리 마티아스 1세는 대귀족을 누르고 중앙집권화를 추진했으며 대외적으로도 성공, 중부 유럽에 제국을 세우지만 그가 죽자 국내는 다시 혼란에 빠지고 1514년 오스만과 전쟁을 치를 십자군을 모으는 중 농민전쟁이 일어나고 전쟁에 패한 농민은 이동의 자유를 빼앗기고 부역을 강요당했으며 약화한 헝가리군은 1526년 오스만제국군에게 패배, 중앙헝가리가 17세기 말까지 오스만제국의 지배를 받고, 헝가리 서부는 합스부르크가의 소유로 된다. 동부 트란실바니아는 오스만제국의 보호 아래 독립을 유지했으며 종교적으로는 가장 탄탄한 신교의 요새였다. 독립전쟁 패배 후 헝가리는 합스부르크가의 세습왕제를 인정하고 제1차 세계대전까지 지배를 받으며 독일화하지만, 경제가 발전하면서 18세기 말 농민이 다시 이동의 자유를 얻고 19세기 나폴레옹전쟁과 서유럽의 여러 개혁의 영향 아래 중류귀족 지지를 받은 코슈트의 1848년 혁명이 농노를 해방시켰다. 혁명이 진압되고 합스부르크 절대주의가 부활하지만 1867년 안팎으로 위기에 빠진 합스부르크가는 오스트리아와 헝가리를 이중 왕국으로 묶고, 이 체제 속에서 헝가리는 경제적인 번영을 이루었고, 제1차 세계대전이 끝나면서 이중 왕국이 무너지는 와중 다시 혁명이 발발, 1918년 11월 창건된 공산주의자당이 인민공화국을 선포하고 이듬해 소비에트공화국이 성립되지만, 국제적인 반혁명 기운과 국내 정책 실패로 4개월 만에 무너지면서 권위주의 지배체제가 다시 들어서고, 경제가 침체하고 몰락 중류 귀족층을 기반으로 파시즘이 크게 힘을 얻으며, 외교정책에서도 친이탈리아-독일파가 실지 회복운동을 빌미로 우위를 점하면서 헝가리는 제2차 세계대전에 추축국 쪽으로 참전했고, 패전국이 된 후 소련군의 점령하에 여러 개혁을 치르고 1948년 사회민주당과 공산주의자당이 합작, 공장 국유화, 농업 집단화 등을 진행시키면서 사회주의정권을 출범시켰다. 헝가리는 동유럽 국가 가운데 가장 활발한 민주화 개혁을 추진하더니 1989년 1월 동유럽 최초로 복수정당제를 도입하고 10월 공산주의자당을 공식 해체하고 사회당으로 바꾸면서 다당제와 시장경제 도입 등을 주요 내용으로 한 신강령을 채택했고, 다당제와 대통령제 개헌안을 통과시켰으며, 국명도 인민공화국에서 공화국으로 바꾸었다. 그리고 1990년 5월 비공산연립정부를 수립하고 6월 바르샤바조약기구를 탈퇴하고 1999년

NATO, 그리고 2004년 5월 유럽연합에 정식 가입하였다. 작곡가 프란츠 리스트와 벨라 버르토크, 바이올린 연주자 조지프 시게티, 첼로 연주자 야노스 슈타르케르, 지휘자 유진 오먼디, 안탈 도라티, 게오르크 숄티, 문예비평가 게오르크 루카치 등이 헝가리 출신이다.

15세기 중엽~16세기 말 동방진출을 꾀하며 벌인 전쟁, 17세기 발트해를 둘러싼 스웨덴과의 전쟁 그리고 튀르크와의 전쟁으로 폴란드는 국력이 점점 약화하고, 프로이센-오스트리아-러시아가 점차 침범, 1795년 완전히 분할되고 그후 1918년까지 나폴레옹의 바르샤바공국 시대를 빼고는 3국의 지배를 받으며 수난의 시대를 겪었다. 숱한 투쟁과 봉기가 벌어졌으나 모두 실패했으며 숱한 인명피해를 치렀고, 1731년 11월 봉기로 이어진 독립투쟁이 실패로 끝나면서 대량의 국외 망명자가 생겨났다. 제1차 세계대전 이후 독립한 폴란드는 1920~1921년 러시아와의 전쟁으로 영토를 흡수하고 이민족을 흡수하면서 대국이 되지만 심각한 인플레이션과 국토 황폐화 및 실업 문제에 부딪히고, 1925년 통화 및 토지 개혁이 대지주의 저항에 부딪히고, 1926년 쿠데타가 철도노동자의 지지를 얻지 못해 실패하면서 프랑스와 협력 관계가 독일과 협력 관계로 바뀌며, 1926~1935년 겉보기에 의회민주주의를 유지하는 듯했으나 결국 권위주의 체제가 들어섰다. 폴란드 정부는 1932년 소련, 1934년 독일과 불가침조약을 맺었으나, 1939년 9월 1일 나치스 독일이 침입하면서 서부는 독일, 동부는 소련에 점령되고, 망명정부는 파리에서 활동하다가 파리 함락 이후 런던으로 옮기고 국내 게릴라 활동 단체는 망명정부 지휘를 받으며 국내군과 함께 저항운동을 펼치고, 63만 명이 아우슈비츠 등 수용소로 끌려가 살해되며, 1944년 8월 국내군의 무장 '바르샤바봉기'로 시민 24만 명이 죽고, 독일과 불가침조약을 맺었다가 다시 연합국 쪽에 가담한 소련이 1944년 7월 폴란드에 진주, 12월 친소파 '국민해방위원회'가 임시정부를 세웠다. 1945년 5월 독일이 항복하고 6월 런던 망명 정권을 일부 포함한 통일정부가 서지만 정부 내 노동자당이 치안상의 이유로 주요 부서를 장악했으며, 농민당과 사회당은 독립정당으로 무장저항운동을 시작, 2년 동안 게릴라전이 벌어지고 1948년 다시 소련 지휘에 따라 노동자당이 사회당을 흡수, 폴란드 통일노동자당을 만들고 1952년 신헌법을 채택, 이웃 공산국가들과 조약을 체결하였다. 폴란드 또한 지속적인 민주화운동을 펼쳤으며 1989년 12월 국명을 인민공화국에서 공화국으로 바꾸었다. 1990년 11월 자유총선거에서 자유노조지도자 바웬사가 대통령에 당선되었고, 1995년 11월 대선에서 민주좌파연합이 바웬사를 눌렀으나 1997년 총선에서 자유노조 후신 자유노조행동연합이 민주좌파연합을 다시 눌렀다. 1996년 OECD(경제개발협력기구), 1999년 3월 NATO, 그리고 2004년 5월 유럽연합에 정식 가입하였다. 동유럽 국가 중 가장 급진적인 시장경제체제를 도입, 1992년 공업생산이 전년 대비 10퍼센트 증가했고, 실업자 수도 1990년 이후 처음으로 2만 5천여 명 감소했다. 소설가 헨릭 센케비츠, 시인 츠비그녜프 헤르베르트와 체슬라프 밀로즈, 작곡가 프레데리크 쇼팽과 크르지초프 펜데레츠키, 연극 연출가 예르지 그로토프스키와 타데유츠 칸토르, 영화감독 로만 폴란스키와 크리지스초프 키에슬로프스키, 교황 요한 바오로 2세 등이 폴란드 출신이다.

체코-슬로바키아, 어둠의 응집인 빛

체코는 1620년부터 오스트리아 지배를 받았으며 오스트리아-헝가리 제국이 붕괴하고 보헤미아와 모라비아 그리고 슬로바키아를 합쳐 체코슬로바키아공화국을 세운 1918년 이후에도 독일-소련 등의 지배를 받다가 1948년 공산주의자당이 실권을 장악하면서 국호를 인민사회주의공화국으로 바꾸었다. 주도권을 쥔 체코인들이 엄격한 중앙집권 체제로 슬로바키아인을 차별하다가 1960년에 명목상 동등한 권리를 부여했다. 1968년 자유화운동 '프라하의 봄'은 바르샤바조약군 침입으로 좌절되고, 1969년 체코와 슬로바키아 2개 공화국의 연방제가 채택되었으나 1989년 소련 붕괴 때 '벨벳 혁명'을 일으키고 1990년 최초의 자유선거로 재야단체 '시민포럼' 중심의 비공산연립정권을 출범시켰으며, 민주화 투사이자 저명한 극작가 하벨을 대통령에 선출했다. 1992년 6월 체코와 슬로바키아

공화국 대표자 합의로 1993년 1월 1일부터 두 공화국이 분리, 독립하였다. 체코는 1998년 6월 총선에서 중도좌파인 사회민주당이 74석을 얻으며 제1당에 올랐고, 민주화 이후 체코 정치를 주도해온 중도우파 사민민주당이 63석으로 그 뒤를 따랐다. 소설가 프란츠 카프카, 밀란 쿤데라, 극작가 카렐 차페크, 작곡가 카를 체르니, 안톤 드보르자크, 레오스 야나체크, 철학자 에드문트 후설 등이 체코 출신이다. 체코는 1999년 NATO, 그리고 2004년 5월 1일 유럽연합에 가입했으며, 슬로바키아는 2004년 NATO와 유럽연합에 가입했다.

발칸반도, 화려한 고대와 처참한 현대

발칸('산')반도는 유럽 남동부 지중해 동쪽으로 튀어나온 삼각형 모양이며 동쪽 흑해와 마르마라해 및 에게해, 서쪽 아드리아해 및 이오니아해와 접한다. 유고슬라비아는 동구권 해체 이후 크로아티아-보스니아헤르체고비나-슬로베니아-마케도니아가 독립하여 세르비아와 몬테네그로만 남았다. 고대그리스 고전문화가 이곳에서 꽃을 피웠고, 알렉산드로스대왕 원정으로 세계화했다. 로마제국이 수도를 콘스탄티노플로 옮기면서 비잔틴제국의 중심을 이루고 남슬라브족의 진출로 비잔틴제국이 쇠퇴하면서 불가리아제국(10~14세기), 세르비아왕국(12~14세기), 헝가리왕국(12~16세기)이 번창했고 1453년 비잔틴제국 멸망 이후 이슬람 터키족의 오스만제국이 4백 년 동안 지배한다. 17세기 말부터 오스만제국은 쇠퇴하기 시작하고 민족주의가 팽배, 1830년 그리스가, 1878년 세르비아-루마니아-몬테네그로가, 1908년 불가리아가 독립했다. 대불가리아주의, 대그리스주의, 대루마니아주의, 대세르비아주의가 기승을 부리는 한편 유럽 열강들이 반도 내 터키령 귀속을 놓고 수차례 전쟁을 벌이면서 여러 민족 사이 갈등이 더욱 심화하고 반도가 '유럽의 화약고'라는 별명을 얻더니 결국 제1차 세계대전이 폭발하는 도화선으로 되고, 전후 대공황을 겪으며 독일 경제에 편입되고 왕정 때 발달한 의회민주주의가 파시즘 경향을 띠는 가운데 제2차 세계대전이 일어나고 전후 각국이 대개 친소 혹은 독자노선을 표방했고, 소련 붕괴 후 대개 친서방 외교를 펴고 있지만, 최악의 민족주의가 좌우로 나뉘어 서로를 '인종청소' 하는 장면이 드물지 않은 지역으로 전락했다.

유고슬라비아-세르비아몬테네그로-크로아티아-보스니아헤르체고비나-슬로베니아-마케도니아, 민족문화에 저질러진 종교와 문명의 제국주의, 그리고 민족주의의 끝장

1992년 4월 세르비아 몬테네그로가 기존 유고슬라비아를 계승한다는 신유고슬라비아연방공화국 창설을 선포하고 12월 말 밀로셰비치 대통령이 정권을 장악했고, 신유고연방이 보스니아헤르체고비나 및 크로아티아 내전에 개입, 각 지역 거주 세르비아인들에게 무기 등을 지원하며 내전을 격화하자 유엔 안보리는 경제제재 조치를 결의, 내전 종식을 압박하였다. 신유고연방은 국제 고립을 견디지 못하고 세르비아계 지원을 중단하지만, 1998년 코소보 알바니아계 반군에 대한 밀로셰비치 정권의 강경하고 잔학한 탄압('코소보 사태')으로 국제사회에서 완전히 고립되고, 신유고연방은 유엔 평화안을 받아들인 코슈투니차 대통령 취임 후 비로소 유럽안보협력기구 회원 자격을 회복하고 8년 만에 유엔으로 복귀했으며, 2003년 2월에는 신유고연방이 '세르비아몬테네그로' 라는 이름의 국가연합으로 바뀌어 몬테네그로가 세르비아와 대등한 권력을 갖게 되었다.

유고슬라비아 지역은 아주 오래전부터 동서 문명의 접점이었다. 남슬라브족이 발칸반도에 정착한 것은 7세기 전반. 10세기 전반~12세기 남슬라브 최초 국가 크로아티아왕국이 형성되었다가 헝가리제국 지배 아래 놓였고 남동부 세르비아인은 비잔틴제국의 영향을 받고 정교회를 받아들였으며 1168년 네마니치 왕조가 일어나 2백 년 동안 존속했다. 1389년 코소보전투에서 세르비아가 패배, 오스만튀르크의 발칸 진출이 확정되고, 1459년에 이르면 세르비아는 완전히 오스만튀르크령이 되며, 세르비아 뒤를 이어 세를 확대하던 보스니아도 15세기 후반

오스만제국에 굴복하고 같은 세기 말 산악지대인 몬테네그로도 오스만제국령이 된다. 15~16세기 남슬라브족 여러 지방이 오스만제국 혹은 오스트리아 합스부르크제국 영토로 편입되는데 1683년 오스트리아와 오스만제국의 전면-대리전에서 오스만제국이 패배하고 합스부르크제국이 발칸에 대폭 진출, 중유럽 대국으로서 발판을 구축하고, 그 결과 양국 변경 지방 거주 남슬라브인의 귀속이 크게 바뀐다.

18세기 들어 양국은 세 차례 전쟁을 치르고 오스만제국은 더욱 줄어들고, 오스만제국의 변경이 된 베오그라드는 군사적으로 여러 영향을 받으며 이것이 세르비아 민족운동에 중요한 의미를 갖게 된다. 1804년 세르비아인에 의한 발칸 반도 최초의 반오스만제국 봉기가 가능했던 것은 합스부르크제국 쪽 세르비아인으로부터 경제-문화적 영향뿐 아니라 합스부르크제국 자체로부터 군사적 영향 또한 받고 있었기 때문이다. 1차 봉기는 실패로 돌아갔으나 1815년 2차 봉기는 성공, 1830년 세르비아는 완전 자치공국으로 되고, 러시아-튀르크 전쟁 후인 1878년 몬테네그로와 함께 독립을 승인받고 근대적 민족국가로 태어났다.

1908년 오스트리아-헝가리제국이 보스니아와 헤르체고비나를 합병하자 특히 오스트리아에 대한 세르비아의 감정이 극도로 악화하고, 1912~1913년 제1차, 제2차 발칸전쟁에서 승리를 거두며 세르비아가 바야흐로 남슬라브족 통일의 기수로 떠오르던 1914년 6월, 합스부르크군 사열을 위해 사라예보를 방문한 오스트리아 왕위 계승자 페르디난트 부부가 '청년 보스니아' 대원에게 사살되자('사라예보 사건'), 제1차 세계대전이 일어난다. 대전 발발과 동시에 남슬라브족 통일운동은 구체적인 정치운동으로 전화하지만 지도부 견해는 양분된 상태였다. 세르비아 왕국 총리 파시치는 세르비아인 거주 전역을 통일하고 바다로 나아가는 출구를 확보하는 '대세르비아' 실현을 주장했고, 오스트리아-헝가리 영내에서 망명한 크로아티아 지식인들은 유고슬라비아위원회를 창설, 합스부르크제국 해체와 남슬라브족 전체의 통일을 내걸며 영국-프랑스-러시아 등과 협상 쪽으로 접근한다. 양파는 1917년 7월 세르비아 왕조 아래 입헌군주국을 세우는 내용의 코르푸선언을 발표, 통일국가 초석을 세우지만 1918년 여름 합스부르크제국 붕괴가 명백해진 후에야 움직이기 시작하고 같은 해 12월 통일국가 '세르비아-크로아티아-슬로베니아인 왕국'(1929년 '유고슬라비아왕국'으로 개명) 성립이 선언되었으나 세르비아 중심의 중앙집권국가였으므로 연방-분권화를 주장하는 크로아티아의 강력한 반대를 안고 있는 상태였으며 세르비아와 크로아티아 사이 반목은 전쟁 기간 내내 유고슬로비아사를 관류했고, 1934년 10월에는 마르세유에서 국왕 알렉산더가 분리주의자한테 암살되는 사태가 벌어지고, 1939년 협정으로 크로아티아-슬로베니아-달마티아-보스니아 일부를 포함한 크로아티아 자치주가 창설되고서야 비로소 수면 아래로 가라앉는다.

제2차 세계대전에서 유고슬라비아 정부가 중립을 취하다 1941년 3국동맹에 가입하자 친서유럽파 쿠데타가 발생하고, 독일 중심 추축국의 공격을 받아 쿠데타 정부가 항복하고 국왕과 정부 요인들이 국외로 망명하며 유고슬라비아가 분할되는 상황에서 크로아티아 출신 티토가 이끄는 공산주의자당이 저항운동을 주도한다. 세르비아민족주의를 표방하는 저항집단 체토니크가 결국 추축군에 협력하자 티토의 파르티잔부대는 독자적으로 싸웠으며 1943년 인민해방-반파시스트회의 제2차 대회는 티토를 임시정부 의장으로 선출, 임시정부가 망명정부를 대신하였고, 1945년 티토 망명정부 대표 3인을 포함한 유고슬라비아민주주의연방 임시정부가 국제 승인을 얻고 11월 제헌의회 선거에서 압도적인 의석을 점한 인민전선이 국왕의 모든 권한을 박탈하고 유고슬라비아연방인민공화국 건국을 선포한다. 유고슬라비아는 소련과 거리를 유지하면서 사회주의 이론을 밑바닥부터 재검토, 독자적인 노동자 자주관리형 분권주의적 사회주의를 탄생시켰고 비동맹주의 외교 노선을 채택하였다.

7세기 중반 남슬라브계 크로아티아인이 사바강 상류 주변에 정착, 9세기 최초로 '크로아티아인'이라 불린다. 925년 최초의 왕국-통일국가가 형성되어 2백년 동안 존속했고, 11세기 후반 크레시미르 4세 때 황금시대를 누리며 달마티아까지 지배하지만 1102~1527년 헝가리 지배를 받는 동안 1202년 베네치아가 달마티아 일부를 차지했고 1242년 몽골 침입이 있었다. 크로아티아는 1918년까지 합스부르크제국 영토였고, 1918년 세르비아-크로아티아-슬로베니아왕국으로 독립했으나 제2차 세계대전 때 크로아티아 민족주의단체 '우스타샤'가 세르비아인 수십만 명을 학살한 것에서 보듯 세르비아공화국과 적대 관계를 유지하다 그런 채로 1945년 유고슬라비아 사회주의연방공화국의 하나가 되었다.

보스니아와 헤르체고비나에 슬라브인이 정착한 것은 6세기 후반부터. 10세기 보스니아가 세르비아왕국의 일부가 되고 960년 무렵 크로아티아왕국으로 넘어갔다가 1018년 이후 비잔틴의 지배를 받았고, 1368년 튀르크가 보스니아를 침략, 1463년 튀르크령이 되면서 많은 보스니아인들이 이슬람교로 개종하였다. 16~17세기 튀르크와 합스부르크가 사이 베네치아전쟁 때 보스니아는 중요한 전초 기지였다. 1875년 튀르크 지배에 반대하는 농민 반란이 번져 러시아-튀르크 전쟁의 도화선으로 되고 전쟁 후 보스니아와 헤르체고비나는 오스트리아 행정 관리를 받다가 1908년 오스트리아-헝가리제국에 합병되고 이에 세르비아가 보스니아-헤르체고비나 일부 할양을 강력히 요구하고 오스트리아는 대세르비아 침공을 경고하는 상황이 심각한 국제 긴장 사태를 촉발, 결국 제1차 세계대전이 일어나게 된다. 1918년 세르비아-크로아티아-슬로베니아 왕국 일부로 세르비아에 합병되고 1946년 북쪽 보스니아와 남쪽 헤르체고비나 지방이 합쳐 유고슬라비아연방공화국을 구성하는 공화국 중 하나로 되었다.

슬로베니아는 627년 남슬라브 여러 민족 최초로 독립국을 이루다가 748년 프랑크 왕국에 합병되고, 9세기 프랑크 왕국 분할 당시 독일 영토로 배정되었던 곳이다.

동구권 해체 이후 1990년 실시된 자유선거에서 민족주의자들이 공화국 대통령으로 등장하고 제각각 갈라지면서 참혹한 민족분쟁이 벌어진다. 세르비아가 유고슬라비아를 강력한 중앙통제연방국가로 묶고 주도하려는 패권주의 정책을 펴자 1991년 6월 크로아티아와 슬로베니아가 각각 독립을 선언했고, 세르비아는 슬로베니아 독립은 인정했으나 크로아티아 독립은 인정하지 않았다. 1991년 5월 크로아티아 거주 세르비아인과 크로아티아인 사이 민족분규가 벌어지자 유고슬라비아 연방군이 세르비아인 보호를 명분으로 개입, 9월 전면전에 돌입한다. 11월 정전협정이 체결되고 1992년 1월 여러 유럽 기구와 국가들이 크로아티아 독립을 인정하고 4월 유럽평화유지군이 배치되지만 충돌은 계속되다가 크로아티아가 5월 국제연합에 가입하고 7월 세르비아와 전쟁 종결을 선언, 1996년 신유고연방과 분쟁을 끝내고 1999년 7월 보스니아와 국경 협정에 서명한다.

보스니아헤르체고비나공화국은 공화국 내 세르비아인들이 독립에 반대, 1991년 10월 주권국가 선언을 계기로 내전이 시작되었다. 1992년 2월 세르비아인이 불참한 가운데 이슬람교도와 크로아티아인 지도부가 국민투표를 통해 3월 독립을 선언하자 4월 세르비아인 세력은 북부를 중심으로 보스니아-세르비아인공화국 수립을 선언하고 5월 국제연합에 가입하였다. 1993년 8월 크로아티아인 세력은 헤르체고비나-보스니아-크로아티아인 공화국 수립을 선언하고 1994년 3월 이슬람교도와 크로아티아인 양 세력이 연방국가 수립에 합의하고, 1995년 5~7월 세르비아인의 공세를 막기 위해 나토군이 세르비아인 거점을 공격했다. 11월 미국 공군기지에서 내전 당사국 대통령들이 모여 이슬람계와 세르비아계가 각각 독립성을 갖는 이슬람-크로아티아연방과 스르프스카공화국을 구성하고 이 둘이 외형상 한 나라를 이루며 세르비아계가 51퍼센트, 이슬람-크로아티아계가 49퍼센트 영토를 갖는다는 내용의 평화협정에 가조인이 이뤄지고, 12월 NATO가 6만 명의 보스니아평화이행군 파견을 승인했으며, 12월 14일 파리에서 보스니아평화협정이 공식 조인되었다.

마케도니아인의 조상은 남부 알리아크몬강 상류에 거주하다가 BC 1100년 무렵 북진, 아이가이를 수도로 정하고 왕국을 세운 후 도리스인, 일리리아인, 트라키아인 등 여러 민족의 침입을 겪으며 혼혈민족을 형성한다. 언어는 그리스어 일파. BC 5세기 페르시아전쟁과 펠로폰네소스전쟁을 틈타 세력을 확장하고 필립포스 2세(BC 359~336년) 때 군사-경제적으로 그리스 세계 최강국에 올랐으며, 그의 아들이 바로 알렉산드로스대왕이다. 로마-비잔틴-오스만제국의 지배를 받다가 19세기 그리스 독립운동의 일익을 담당하는데, 마케도니아 귀속 문제를 둘러싸고 제2차 발칸전쟁이 발발하며, 제1차 세계대전 후 마케도니아는 불가리아-그리스-세르비아 3국에 분할되고, 1944~1945년 해방-재편성된 유고슬라비아의 일부가 되고, 1946년 유고슬라비아 공화국 중 하나가 되었다. 1991년

9월 국민투표에서 95퍼센트가 찬성하여 독립을 선언했으므로 다른 공화국들과 달리 내전을 치르지는 않았으나 이웃 그리스와 국명, 국기 등을 둘러싸고 날카롭게 대립했고 2001년 마케도니아정부군과 알바니아계 반군이 무력 충돌, 9월 나토군이 파견되었다.

불가리아, '공산주의=관료제'의 종말

기록상 가장 오래된 불가리아 주민은 인도유럽어족 트라키아인이다. 6세기 전후로 슬라브인이 남하, 정착하면서 트라키아인과 피를 섞었다. 7세기 말 중앙아시아의 튀르크계 불가르인이 침입, 슬라브인과 연합하여 비잔틴군을 무찌르고 681년 불가리아 왕국을 세웠으며, 남쪽으로 세력을 뻗쳐 크룸칸(803~814) 때는 콘스탄티노플에 육박하는 세력을 떨치기도 하였다. 처음에는 수적으로 우세한 슬라브인을 불가르인이 지배했으나 점차 슬라브화가 진행되고, 보리스 1세(852~889) 때인 864년 그리스도교(정교)로의 개종은 슬라브화를 결정적 추세로 만들었다. 보리스 아들 시에몬(893~927)은 불가리아를 프랑크 왕국과 맞먹는 대국으로 성장시키지만, 비잔틴제국과 오랜 전쟁으로 나라가 피폐해졌고 시에몬 사망 후 불가리아가 빠르게 쇠퇴하면서 반봉건 경향의 이단 보고밀파가 퍼지는 경향을 이용하여 발칸 지배 재건에 착수한 비잔틴이 1018년 불가리아를 완전히 지배하게 된다. 1187년 봉기를 통해 2차 불가리아 왕국이 서고 영토 확장과 문화 부흥이 이뤄지지만 1242년 몽골 침략으로 다시 쇠퇴하다가 1396년 오스만제국의 지배하에 들어가고 19세기가 되자 불가리아에서도 민족해방투쟁이 격화했다. 1876년 봉기는 실패로 끝났고 불가리아는 1877~1878년 러시아-튀르크 전쟁의 결과로 반독립국인 불가리아공국으로 승인받으며 러시아의 영향력 아래 놓이게 된다. 터키령으로 남았던 불가리아인 거주 동(東)무벨리아도 1885년 불가리아로 통합된 후 불가리아공 알렉산더가 반러시아 세력과 관계를 강화하자 친러시아파 쿠데타가 발발, 그를 퇴위시켰고, 1887년 즉위한 페르디난드는 친터키파 총리를 해임시키고 큰아들을 동방정교로 개종시키며 러시아와 관계 개선에 노력했으나 국내적으로 특권층을 육성하고 세금을 과도하게 부과하니 농민 폭동이 자주 일어났다. 제1차 발칸전쟁에서 불가리아는 튀르크와 싸워 많은 영토를 얻지만, 제2차 발칸전쟁에서 패배, 1차 전쟁 때 얻은 영토 대부분과 남도브루자까지 잃고, 제1차 세계대전 때는 독일-오스트리아 편에 섰다가 다시 많은 영토를 잃고 거액의 보상금까지 지불했으며, 1920년 내각을 조직한 농민동맹 스탐볼리스키는 보수파의 쿠데타로 살해당했다. 1923년 공산주의자당 봉기가 실패하면서 테러가 잇따랐고, 보리스 3세는 이 혼란을 틈타 1935년 국왕 독재체제를 구축한다. 제2차 세계대전 때 추축국 편으로 참가하고, 1942년 노동자당이 '조국전선'을 결성, 반파시즘 파르티잔 운동을 전개하고 1944년 9월 소련이 불가리아에 선전포고하며 불가리아 영역으로 침입하던 9일 '조국전선' 쿠데타가 성공하여 파시즘 체제가 무너지고 1946년 군주제가 폐지되었다. 같은 해 인민공화국을 선포하고 디미트로프를 내각 수반으로 선출한 불가리아 공산주의자당은 1956년 소련에서의 스탈린 비판 영향으로 총리가 실각하고 지프코프를 중심으로 한 공산주의자당 지배가 계속되어오다 1989년 11월 드높은 민주화 요구로 지프코프가 사임했고, 1990년 6월 자유선거에서 옛 공산주의자당인 사회당이 과반수를 획득하지만 11월 나라 이름이 불가리아공화국으로 바뀌고, 1991년 총선에서 중도우파 민주세력동맹이 제1당에 올랐다. 1992년 정부와 노조-야당의 대립이 심화, 12월 무당파 중심 내각이 구성되고, 1994년 총선거에서 다시 사회당이 과반수를 획득한다. 1996년 대선에서 민주세력동맹 후보가 당선되고, 1997년 4월 총선에서도 민주세력동맹이 승리하지만, 2002년 11월 대선에서는 2차 투표 끝에 다시 사회당 후보가 당선되었다. 1993년 유럽자유무역연합(EFTA) 경제협력 협정, 유럽연합 준가맹국협정에 조인했으며, 공산권 시장 붕괴, 자립 기반 미비, 높은 외채 비율, 주요 교역국에 대한 서방의 경제제재 등으로 인플레 3백 퍼센트 이상, 레프화 가치 하락 6백 퍼센트 이상의 경제위기를 맞았으나 1997년 플러스 성장으로 전환, 안정세를 보였다. 2002년 NATO 가입을 승인받았다.

루마니아, '공산주의=왕조'의 종말

2세기 초 로마제국에 정복되어 라틴문화를 받아들인 다키아인이 루마니아인의 선조다. 이들은 13세기 무렵 카르파티아 지방으로 남하, 1330년 무렵 몰다비아공국을 건설하는데, 발칸반도를 침공한 오스만튀르크가 1415년 왈라키아를 예속시켰다. 슈테판 3세(1457~1504)는 튀르크와 폴란드의 침입을 저지하고 영토를 늘렸으나 그가 사망한 후 16세기 초 몰다비아도 튀르크의 지배를 인정케 되고, 왈라키아의 미하이가 16세기 말 튀르크군을 몰아내고 몰다비아-트란실바니아-베사라비아를 통합한 '대루마니아'를 이루지만 그가 사망한 후 다시 튀르크의 지배가 부활하였다. 1821년 농민군이 독립전쟁을 일으켰으나 실패했고, 1848년 독립혁명이 발생, 왈라키아에 공화정권이 수립되지만 러시아-튀 르크 연합군에 의해 진압된다.

크림전쟁 후 1856년 파리강화회의가 두 공국의 대공을 민의로 뽑는다는 결정을 내렸는데 1859년 양국 의회 모두 같은 인물(쿠자)을 선출했으므로 두 공국은 1861년 통합, 단일 자치공국 루마니아가 되었으며, 1866년 프로이센 왕자를 카를 1세로 맞아들이고 1878년 완전 독립국으로 된다. 루마니아는 제2차 발칸전쟁으로 불가리아의 남도브루자를 빼앗고, 제1차 세계대전에서는 연합국 측에 참가하여 오스트리아-헝가리제국의 트란실바니아와 바나토 등을 얻었으며 러시아혁명 때는 베사라비아를 병합, '대루마니아' 재현에 성공하지만, 전인구의 4분의 1이 이민족인 불안정한 국가가 되었고, 1940년 소련에 베사라비아를, 헝가리에 트란실바니아 일부를, 불가리아에 남도브루자를 다시 빼앗기고 카를 2세 망명 후 안트네스쿠 정권이 독일 측에 가담하며, 소련군이 루마니아 국경을 넘은 1944년 8월 미하이 전국왕과 측근 및 공산주의자당을 포함한 4당연합이 궁정쿠데타를 감행, 연합국 측으로 방향을 전환했고, 1945년 3월 공산주의자당 주도 정권이 탄생했으며, 1947년 인민공화국 성립이 선언되고 1948년 공산주의자당이 사회민주당 좌파를 흡수하면서 노동자당으로 이름을 바꾸었고, 데지 당서기장 중심의 스탈린주의 정치가 펼쳐졌다. 1958년 소련군을 철수시키는 데 성공한 루마니아는 야심찬 공업화 계획을 입안하고 소련의 코메콘 통합계획에 반대했으며 1960년대 중소 대립에 중립적인 태도를 보이고 서양 및 미국과 관계를 긴밀히 하더니 1964년 탈소 자주노선을 선언한다. 1965년 당서기장으로 취임하며 국호를 인민공화국에서 사회주의공화국으로 바꾼 차우셰스쿠가 절대왕정 군주 못지않은 독재체제를 구축하고 호화스러운 생활을 하다가 1989년 민중봉기 때 즉결 처분되고, 1989년 12월 국호는 다시 루마니아로 바뀌었다. 1992년 EFTA와 무역협정, 1933년 유럽연합과 제휴 협정을 맺었으며 1995년 유럽연합에 정식 가입을 신청했고 2000년 유럽연합과 비자 면제협정을 체결하였다.

알바니아, '공산주의=가난'의 종말

알바니아인은 일리리아인의 자손이다. 14세기 중엽 스칸데르베크가 25년 동안 오스만튀르크군을 계속 격퇴시키다 죽자 다시 튀르크 세력에 굴복했고 주민들은 이슬람화했다. 1878년 알바니아국민연맹이 결성되어 튀르크군과 충돌한다. 1913년 알바니아를 열강의 후견 아래 독립시킬 것이 결정된다. 제1차 세계대전 중 알바니아는 오스트리아에, 다시 이탈리아에 점령되었으나 1920년 이탈리아군을 몰아내고 독립을 회복, 국제연맹에 가입하지만 쿠데타가 일어나고 1928년 왕정이 선포되고 1939년 다시 이탈리아에 무력으로 합병되고, 제2차 세계대전 중 이탈리아 항복 직후 다시 독일에게 점령되었다. 1941년 결성된 알바니아 공산주의자당이 반독 파르티잔투쟁을 개시하고 1944년 10월 수립된 임시정권이 11월 말까지 전국토를 장악하며, 1946년 인민공화국을 선포, 알바니아는 사회주의국가가 되었다. 1961년 중소분쟁 때 중국 맹방으로서 중국의 원조를 받다가 얼마 후 중국이 원조를 끊자 일체의 외국 원조를 거부하며 자력경제원칙을 고수했다. 1989년 말부터 민주화 열기가 전국적인 반정부 시위로 나타나자 알바니아 정부는 1990년 1월 민간경제 활성화, 복수후보제 총선 등 개혁을 표방하지만 7월 5천 명 이상의 알바니아인들이 서방대사관으로 피신하여 망명을 요청하고 12월 다당제를 허용하며 개혁파를 요직에 등용했는데도 4개 도시 반정부 시위가 폭동으로 확산되자 비상사태를 선포했으나 1991년 3만 명의 난민이 이탈리아로 탈출했다가 본국으로 강제 송환되고 1992년 여러 도시에서 식량 약탈과 폭동이 잇따랐다. 1991년 3월 첫 다당제 총선에서 승리한 후 당명을 사회당으로 바꾼 노동당이 1992년 3월 총선에서 크게 패하고, 대통령이 그 책임을 지고 사임한다. 정권은 공산주의 잔재 청산 및 외국 경제 원조 도입 등을 공약, 1백 석 중 92석을 차지한 민주당으로 넘어갔다. 그러나 1997년 피라미드식 투자회사 파산으로 돈을 날린 시민들의 시위가 반정부 봉기로 격화하면서 내전으로 발전했고, 내전을 끝내기 위한 타협안으로 6～7월 실시된 조기 총선에서 사회당이 압도적인 승리를 거두고 사회당 서기장 메이다니가 새 대통령에 취임했다. 철저한 중앙통제 및 폐쇄 경제 정책 때문에 알바니아는 동유럽 국가 중 가장 낙후된 상태다. 1990년 이후 인플레가 연간 3백 퍼센트 선을 웃돌고 실업률은 50～70퍼센트나 된다. 1990년 유럽안보협력회의에 가맹하고 유럽연합과 외교 관계를 수립했으며, 1991년 IMF와 세계은행에 가입, 차관 도입이 가능해졌고, 1992년 NATO 가입을 신청했다.

고르바초프를 이은 대통령 옐친은 러시아가 폴란드의 급진적인 시장경제 개혁 노선을 따를 것이라고 공언했지만 소련 해체 후 러시아 경제는 위기를 맞는다. 거의 모든 부동항, 소비재 생산 공장, 옛 소비에트 파이프라인, 그리고 원자력발전소를 비롯한 하이테크 기업 상당수가 러시아 바깥 신생 국가들 차지로 되고 러시아 국내 산업은 중공업과 군수산업 위주인 터에 인구는 옛 소련의 50퍼센트 정도인데도 소련의 빚 전부를 물려받은데다 석유, 금속 등 최대 규모 국가기업들이 고작 6억 달러 값으로 사유화되었다. 러시아 인민대표회의는 1993년 3월 26일 (마피아) 뇌물 수수 혐의로 옐친 탄핵안을 제출하고 6백 표 이상 표를 모았지만 72표가 모자랐고, 같은 해 9월 21일 옐친은 최초회의와 인민대표회의 해산령을 내렸는데, 불법이었고 항의 소요가 일었지만 군대를 동원 진압하였다. 1993년 12월 하원선거에서 공산주의자당이 의석 35퍼센트를 차지, 제1당으로 떠올랐으나 옐친은 1995년 미국 대통령 클린턴과 두 차례 정상회담을 갖고 1996년 재선에 성공한다. 1997년 3월 옐친은 폴란드-헝가리-체코의 NATO 참여를 용인하였고 6월 덴버회의(G7+러시아)에 정식 참가했다. 1999년 8월 옐친은 총리를 해임하고 내각을 해산, 블라디미르 푸틴을 후임 총리로 임명하였고 12월 총선에서 중도파가 약진하고 공산주의자당이 다시 제1당을 차지하지만, 2000년 대선에서는 푸틴이 당선되었다. 푸틴은 국가권력을 강화하는 여러 정책을 세우고 국내 언론 매체에 제동을 거는 한편 대외적으로 미국과 우호를 강조하면서도 미국이 막강한 영향력을 행사하는 것에 제동을 걸며 실리를 챙기는 한편 중동 유가 상승 및 긴장과 전쟁의 고조로 러시아 석유 생산 및 수출이 국가 재정과 경제 성장을 돕는 상황을 업고 국민 사이에서 높은 인기를 누리게 된다. 취임 직후 영국을 시작으로 미국, 중국과 북한 및 일본, 그리고 쿠바, 캐나다, 프랑스 등과 잇따라 정상회담을 가졌으며, 2001년 9월 동시다발 테러사건 이후 국제 테러리즘과 전쟁에 적극 참여할 것을 표명했고, 2002년 5월 테러와 전쟁에 미국이 동맹국임을 확인했으며, 2003년 6월 9일 이라크 문제가 미-러 관계에 악영향을 끼치지 않게 하겠다고 강조했다. 소련 해체 이후 러시아의 커다란 골칫거리 중 하나가 체첸 문제다. 체첸 분리주의자들이 1990년대 초 독립을 선언한 이래 러시아군과 체첸 유격대 사이 전쟁이 끊이지 않았으며 전쟁이 갈수록 이슬람화하면서 20만 명 이상이 사망한다. 2002년 10월 23일 체첸 반군의 모스크바 오페라극장 인질 사태는 체첸 문제의 심각성을 전 세계에 널리 알렸다. 푸틴은 2004년 70퍼센트 득표로 재선에 성공했다.

중남미 반독재 민주주의 투쟁 개입 및 중동 지역 불안으로 다시 발언권이 약화했던 미국은 1991년 소련(소비에트연방)이 극적으로 해체되면서 경쟁자 없이 세계무대에서 독주하게 되고 1992년 베이비붐 세대 클린턴이 대통령에 취임한 후로는 경제도 침체를 벗고 견실하게 성장하며, 미국경제의 첨단기술, 특히 컴퓨터 관련 기업이 세계경제를 역동적으로 이끌었다.

그리스, 정교 그후

AD 395년 로마제국이 동서로 분열되면서 그리스는 동로마제국(비잔틴제국)의 일부가 되지만, 비잔틴시대 그리스 모습은 상세하지 않다. '고전적'인 것이 차츰 희미해졌다. 393년 이후 올림픽경기가 중단되며 529년 플라톤학파의 '아카데미아'가 폐쇄된다. 반면, 그리스도교화가 특히 비잔틴시대로 들어서며 더욱 진전되었다. 아테네 서쪽 다프니수도원과 포키스의 오시오스 루카스수도원을 비롯한 수도원과 교회 들이 11~12세기 활발하게 세워졌다. 이 시기는 평온한 생활이 계속되고 농촌과 도시가 비교적 여유를 누렸다. 이민족 침입도 뜸했다. 3세기 후반 고트족, 헤르리족, 5세기 훈족, 6~8세기 슬라브족의 침입이 있었다. 숱한 슬라브인이 그리스에 정착하고 그리스도교화하고 그리스와 동화, 매우 큰 영향을 그리스에 끼쳤다. 9~10세기 아랍인과 불가리아인의 침입이 있었고 12세기 북유럽 바이킹이 시칠리아에서 쳐들어와 테살로니카를 점령한다. 십자군과 베니스인에게 콘스탄티노플이 점령되고 비잔틴제국이 한때 둘로 분열된 결과 그리스는 프랑크인과 이탈리아인의 지배를 받기도 했으며 1453년 비잔틴이 터키인에 의해 멸망한 후 그리스 역시 오스만튀르크의 지배를 400년 동안 받게 되지만, 터키인이 주도한 이슬람화 정책은 성공하지 못했다. 대부분의 그리스인이 정교를 버리지 않았고, 오스만튀르크 시대에도 비잔틴 양식의 교회가 세워지고 수리도 이루어졌다. 터키어가 그리스어에 영향을 끼쳤으나 그리스어가 근본적으로 변한 것은 아니다. 1821년 애국적 비밀결사 '헤타리아 필리케'가 루마니아에서 반란을 일으키고, 얼마 후 터키에 의해 진압되지만, 이에 자극 받아 그리스 각지로 반란이 확산되고, 메테르니히의 오스트리아가 '빈체제' 유지를 위해 반란을 누르려 했지만 러시아와 영국, 그리고 훗날 프랑스까지 힘을 합쳐 독립군을 도우므로 1829년 전쟁은 독립군의 승리로 끝나고 1832년 그리스 왕국이 성립, 바이에른 왕 루트비히 1세의 왕자 오토가 초대 국왕에 즉위하였다. 오토 1세는 수도를 아테네로 옮기고 서구제국을 모델로 한 국가 건설에 착수했으나 바이에른인 섭정의 영향 아래 복고주의적인 통치로 국민생활을 더욱 어렵게 만들었고 숱한 외채를 열강으로부터 받아들여 그 꼭두각시나 다름없었고 1843년 무혈쿠데타로 의회가 열렸으나 영국-프랑스-러시아의 조정으로 정당 간 정쟁이 끊이지 않더니 1861년 로마가톨릭의 국왕파와 그리스정교회파의 반목이 표면화하고, 1862년 이탈리아혁명에 자극받은 혁명이 그리스에서도 발발, 오토 1세를 추방하였다. 1863년 그리스는 영국정부 지명으로 덴마크 왕자 게오르기오스를 새로운 국왕으로 맞아들였는데, 영국이 영국령 이오니아제도를 그리스에 할양한다는 조건이었다. 그리스는 러시아-튀르크전쟁에서 중립을 유지, 테살리아와 이피로스 일부 병합도 인정받았으며 1913년 크레타섬도 그리스령이 되었다. 1909년 청년 사관들의 '군인동맹'이 일으킨 쿠데타로 총리에 오른 크레타섬 출신 베니제로스는 그리스 근대화와 '대그리스주의' 실현을 위해 힘쓰면서 두 차례 발칸전쟁을 틈타 이피로스 대부분과 마케도니아 남쪽 반, 그리고 트라키아 서부를 차지, 영토를 거의 배로 넓힌다. 1913년 게오르기오스 1세가 암살된 후 왕위를 계승한 '친독파' 아들 콘스탄티노스가 친영파 베니제로스와 대립하다 왕위에서 쫓겨나고 그리스는 1917년 독일에 선전포고를 했으며, 제1차 세계대전이 끝난 후 전승국으로 트라키아와 에게해 제도 일부를 얻고 아나톨리아 이즈미르 관리권을 약속받았다. 그러나 계속되는 이즈미르 출병은 터키 근대화의 아버지 케말 아타튀르크의 터키국민군을 자극, 그리스-튀르크전쟁(1919~1922)으로 발전했으며, 패전한 그리스는 이즈미르와 동트라키아를 잃었다. '대그리스주의'를 포기한 그리스가 터키와 대폭적인 주민 교환을 합의, 80만의 터키인이 그리스를 떠나고 2백 만의 그리스인이 본국으로 돌아오는데, 패전과 귀환자 보호로 국가 재정이 눈에 띄게 악화하고, 1925년까지 국제연맹과 미국으로 원조로 겨우 정부를 지탱한다. 1920년 선거에서 베니제로스가 실각하고 콘스탄티노스도 쫓겨나고 게오르기오스 2세가 즉위하지만 1924년 총선에서 공화파가 승리, 군주제가 폐지되고 전 해군장관이 초대 대통령에 취임하지만 왕당파와 공화파의 정쟁과 쿠데타가 되풀이되며, 진정한 공화제 실현은 그후 반세기 동안 투쟁을 통해 비로소 가능해진다. 세계공황으로 사회 불안이 심하던 1935년 정권을 잡은 콘딜레스 장군이 재빠른 국민투표로 왕정을 부활시키고 1936년 총리에 오른 메탁사스 장군은 왕정 반대 요구가 거세지자 계엄령을 선포, 파시스트 독재로 국회를 해산하고 공화파를 탄압하며 언론을 통제했다. 제2차 세계대전 중 중립을 지키다 1940년 10월 이탈리아군이 이피로스를 침입하므로 참전했다가 1941년 독일군에 의해 그리스 전역이 점령당하는 사태를 맞았고, 이때 눈에 띄게 세력을 넓힌 좌익세력이 그리스 해방 직후 우파와 함께 한때 연립정부를 세우지만 1946년 9월 국민투표 실시 결과 게오르기오스 2세가 귀국하면서 좌우 대립이 다시 첨예화, 내란 상태로 치달았다. 동유럽에서 유일하게 자유진영에 남은 그리스를 위해 미국이 엄청난 경제 원조와 군사사절단을 파견한 결과 1949년 10월 정부군한테 유리한 쪽으로 사태가 수습되고, 1950년 3월 총선은 중도파 진보동맹과 우파 자유당의 연립 정권을 탄생시킨다. 1911년 왕정헌법이 개정-재채택되고 1952년 2월 그리스가 NATO에 가입, 국제적으로도 안정을 되찾았다. 1952년 7월 공산주의자당 토벌로 악명 높은 파파고스 원수가 내각을 조직하고 1955년 그가 사망하자 우파 국민급진당 당수 카라만리스가 총리에 오르고, 1955년 1월 총선에서 다시 총리에 오르면서 내전 뒤 재건을 착실하게 실행, 1960년대 그리스는 소비 붐이 일 정도로 부흥하였다. 하지만 키프로스 문제가 발생, 터키 및 영국과 사이가 벌어지고 키프로스 독립으로 대영 관계가 호전되는 듯했으나 1963년 방영중이던 왕비 프레데리카 일행이 런던 군중들한테 봉변을 당하는 사건이 터지자 국왕의 영국 방문을 반대하며 카라만리스가 사임한다. 그것 아니라도 계속된 우파 정권은 사회적 불평등을 키워 민중의 불만을 샀고, 북부 농촌은 오스만튀르크 지배 당시 생겨난 대주지제가 잔존하고 외국자본과 결탁한 산업자본가와 선주 등 소수한테 부가 편중, 반실업과 잠재실업자 수가 엄청나게 늘어났다. 1963년 11월 및 1964년 2월 총선에서 중도좌파 중앙연합이 승리하여 태어난 파판드레우 내각은 약체였고, 정세는 여전히 불안하였다. 1965년 국왕이 파판드레우 총리를 해임한 후 사회 불안이 더욱 심해지고, 1967년 4월 좌익 진출 저지를 구실로 파파도폴로스가 쿠데타를 일으켜 군사독재 정권을 수립했다. 국왕이 망명하고 헌법과 정당 활동이 정지되고 의회가 해산된다. 파파도폴로스는 1968년 신헌법으로 왕권을 대폭 제한하더니 1973년 6월 정식으로 군주제를 폐지하고 스스로 공화제 대통령에 올랐다. 그의 장기 집권은 1974년 키프로스 침공 및 실패로 무너지고, 파리에 망명중이던 카라만리스가 귀국하여 문민내각을 부활시켰고, 정당 활동 재개와 공산주의자당 합법화, 계엄령 폐지 등 일련의 민주화 조치를 단행한 그는 10년 만의 총선에서 중도우파 신민주주의당 당수로 참가하여 대승, 총리가 되었다. 1975년 6월 신헌법에 따라 차초스가 대통령으로 선출되면서 그리스는 민주제로 복귀한다. 제2대 대통령으로 선출된 카라만리스의 뒤를 이은 라리스 정권은 1980년 NATO 복귀, 1981년 EC 정식 가입 등 2대 외교 현안을 해결하고 1981년 가을 총선에 임하였으나 파판드레우가 이끄는 좌파 범그리스사회주의당이 내정 면에서 여러 사회주의 정책을 주장하고 외교적으로 NATO-EC 탈퇴와 그리스 내 모든 미군 기지 철수를 주장하면서 대중의 지지를 확보해나갔고, '그리스인의 그리스'라는 옛 선거 슬로건에서 한 발 더 나아가 '변화'를 강조하며 장기보수정권에 싫증을 느끼는 유권자들을 사로잡더니 1981년 총선에서 예상을 뛰어넘고 과반수 의석을 확보하며 사회주의정권을 탄생시켰다. 파판드레우 내각은 여러 사회적 불평등을 시정하고 1983년 가족법을 개정하고, 1987년에는 그리스 정교회 소유 토지 접수법안을 통과시키는 등 여러 정책을 실천하지만 1982년 이래 실시된 일부 임금-물가 동결, 통화절하, 노동자 파업권 제한 등이 좌파계 노조의 대규모 파업을 부르고, 1987년 9월 내각 개편으로 좌파 거물 3인을 재기용했으나 11월 국가 경제장관이 사임, 경제 문제가 파판드레우 내각의 약한 고리라는 것을 새삼 드러냈다. 에게해 영해-영공-대륙붕 영유권을 둘러싼 터키와의 대립이 1987년 3월 무력충돌 직전에 이르고, 키프로스 문제는 그리스계와-터키계 주민의 직접 협상 추진을 독촉했으며, 1988년 7월 미국-그리스 방위 조약이 만료되면서 그리스 내 4개 미군기지 폐쇄를 발표, 1990년 6월까지 철거토록 했던 파판드레우 정권은 1989년 6월 총선에서 참패, 7월 우파 신민주주의당과 좌파 연합이 새 내각을 구성했고, 1990년 4월 총선에서 신민주주의당이 승리, 1992년 유럽연방조약을 비준한다. 그러나 1993년 총선에서는 범그리스사회주의당이 압승하고 재집권에 성공한 파판드레우가 그리스 북부 지명을 국명으로 사용하던 마케도니아와 1995년 관계 정상화에 부분 합의, 그리스는 경제 봉쇄를 해제하고 마케도니아는 국기 일부를 변경하였다. 알바니아 남주 거주 그리스계 주민 박해문제로 알바니아와 대립했고, 2000년 총선에서도 시미티스 총리가 이끄는 집권당 범그리스사회주의당이 승리하였다. 전인구의 95퍼센트를 차지하는 그리스인은 역사상 숱하게 되풀이된 타민족과 혼혈로 고대그리스인과 자연인류학적으로 다르지만 그리스의 여러 방언은 고대그리스어의 직계며, 언어의 공통성, 역사-문화유산, 그리고 그리스정교회가 '그리스민족'을 하나로 묶는 3대 요소다. 그리스정교회는 국교는 아니지만 사회생활 전반에 영향력을 행사하며 국민의 98.5퍼센트를 신자로 거느리고 있다.

제페리스는 1930년대 가장 두드러진 그리스 시인으로 프랑스 상징주의 영향을 받았다.

우리는 그날 아침 모두 행복했다
하느님 얼마나 행복했던가.
우선 돌들이 잎새들이 그리고 꽃들이 빛나고
그리고 나서 태양이
엄청난 태양 온통 가시투성이지만 하늘에 그리 높게 뜬 태양이.
요정 하나가 우리의 근심을 거두어 나무들에 걸었다
유다 나무들의 숲에.
큐피드들과 사티로스들이 노래 부르며 뛰놀고 있었다
그리고 장밋빛 팔다리가 언뜻 보였다 검은 월계수 사이로
어린아이들의 살.
우리는 모두 행복했다 그날 아침에;
심연은 닫힌 우물 그 안에서
어린 사티로스들의 발이 쿵쾅거렸다
그 웃음을 기억하는가: 우리는 얼마나 행복했던가!
그러고 나서 구름과 비 그리고 축축한 대지;
너는 웃음을 멈추었다 오두막에 몸을 기댔을 때,

그리고 커다란 네 눈을 뜨고 응시했다
불의 칼을 휘두는 대천사를

'설명할 수 없어.' 네가 말했다. '설명할 수 없다.'
사람들은 이해하지 못한다
색채를 갖고 아무리 많이 놓아도
그들은 모두 검다.
(「기쁨의 간격」 전문)

엘리티스는 엘뤼아르 영향을 크게 받은 그리스 시인이다.

한낮의 사춘기 기쁨의 최초 백합
옛 은매화 깃발 흔든다
종다리 가슴 빛에 활짝 열리리
그리고 노래가 공중을 맴돌며
불의 황금 보리씨를 뿌리리
다섯 방향 바람에게

천상의 아름다움을 풀어 놓으며
(「한낮의 사춘기」 전문)

키프로스, 그리스와 터키 사이

키프로스는 BC 15세기 무렵부터 미케네문명의 영향을 받으며 이집트와의 교류 지점으로 발전했고, BC 9세기 무렵부터 그리스-페니키아-아시리아-페르시아-프톨레마이오스 왕조 지배를 겪은 후 BC 57년 로마제국 지배를 받고 비잔틴 영토가 되었다가 7~10세기 아라비아인, 12세기 십자군 기사단에게 점령당했고, 1192년부터 3세기 동안 프랑스 뤼지냥가 통치 아래 번영을 누리다가 1489년 베니스아령이 되고 1571년 오스만제국령이 된 후 터키인이 이주해왔다. 러시아-터키 전쟁 후 영국이 키프로스 행정권을 빼앗고, 1925년 공식적 직할 식민지화한 후 그리스계 주민들 사이에 일어난, 키프로스를 그리스에 복귀시키려는 에노시스('통합')운동이 영국, 그리고 터키계 주민 및 터키 정부와 끊임없이 마찰을 일으키다가 1959년 영국 군사기지 주둔, 영국-그리스-터키 보장 조약 체결 및 그리스-터키 양국군 주둔을 주요 내용으로 하는 독립협정으로 1960년 8월 16일 키프로스가 독립하지만 그리스계와 터키계 주민 반목은 갈수록 심화, 1963~1964년 내란이 일어나고 1964년 국제연합 평화유지군이 파견된다. 1974년 쿠데타로 친그리스정부가 수립되자 터키군이 터키계 주민 보호를 이유로 침입, 북부를 점령하고 '키프로스연방 터키계 주민 공화국'을 발족시켰고, 1983년 유엔 총회가 터키군 철수 결의안을 채택하자 터키는 아예 '북키프로스-터키공화국'으로 분리 독립을 선포해버렸다. 주민은 80퍼센트가 그리스인 18퍼센트가 터키인이다.

아랍전쟁과 테러

2001년 9월 11일 미국에 의한 세계화를 반대하며 이슬람 기치를 내건 국제테러조직 알카에다가 뉴욕세계무역센터 빌딩을 여객기로 테러, 엄청난 사상자가 발생하자 부시 정권은 '테러와 전쟁'을 선포하고 알카에다 지도자 오사마 빈 라덴 및 그 추종 세력을 소탕한다는 명분으로 아프간의 탈레반 정권을 겨냥, 같은 해 10월 7일 전폭기와 미사일을 동원한 아프간 공습을 개시하고 12월에 탈레반 정권을 무너뜨렸다. 2002년에 들어서도 부시는 이라크가 불법 대량살상 무기를 생산-판매하면서 테러리스트를 지원한다고 비난, 북한 및 이란과 함께 3대 악의 축 중 하나로 규정하고 10월 의회에서 이라크 무력 사용 결의안을 통과시킨 후, 이듬해 3월 20일 미-영 연합군(미군 25만 명, 영국군 4만 5천 명)이 이라크를 공격, 3주 만에 바그다드를 함락하고 12월 14일 피신중이던 사담 후세인 이라크 대통령을 체포했으나 대량 살상 무기는 발견되지 않았다.

미국, 매스컴의 언어 3

산업혁명을 시작한 것은 영국이지만 미국은 영국보다 한 발 앞서 대중소비시대를 구축했고 미국인의 생활문화가 제2차 세계대전 후 군사력과 경제력을 바탕으로 전 세계에 확산된다. 코카콜라로 상징되는 미국인 생활양식은 자유분방한 중산계층을 확대시켜, 다른 여러 나라 국민들의 부러움을 샀으며 뉴욕 등 대도시를 중심으로 다채로운 문화가 전개되어 급기야 유럽을 압도했고 특히 영화-텔레비전-뮤지컬 등 대중문화 및 정보문화, 청년문화는 세계를 이끌게 된다. 1960년대 흑인 중심의 공민권운동이 세를 얻고 각종 소수그룹 발언권이 강해지면서 미국의 사회 및 문화가 더욱 다양화하고, 앵글로색슨계 백인 신교도(WASP) 가치관이 점차 기반을 잃고 WASP 모방이 아니라 각각의 특색을 발휘하는 것에 오히려 긍지와 의의를 느끼는 흑인과 소수민족이 갈수록 늘어나고, 1960년대 대학분쟁과 베트남반전운동, 여성해방운동, 공해반대운동, 그리고 히피 등의 카운터컬처 운동을 겪으며 이전의 자신감 넘치던 미국적 생활양식은 크게 변모하고, 1970년대 석유파동과 워터게이트 사건, 베트남 철수를 겪으며 미국인은 심한 좌절감을 맛보며, 특히 불명예스러운 베트남전쟁의 치욕스러운 패배는 미국인의 지성과 자존심을 가위누르는 악몽으로 자리잡게 된다. 2000년대 들어서면서 총기 난동과 마약, 인종 갈등, 이민자 급등에 따른 이질감 확산이 사회문제로 크게 부각되고, 정보화가 빠르게 진전되면서 사이버범죄가 기승을 부리고 사생활 노출 문제가 쟁점으로 떠올랐으며 2001년 9·11테러는 남북전쟁 이후 미국 본토가 겪은 최대 참화였으므로 미국인들은 불안에 떨고 있지만 미국인의 생활 및 문화 수준은 여전히 높으며, 미국은 여전히 세계 유일 강대국이다.

영국은 보수당 장기집권이 다시 경기침체를 불러온 결과 1997년 정권을 잡은 노동당의 블레어 총리가 좌우파를 넘어선 제3의 길을 주창, 경제-사회 전반에 걸쳐 개혁을 추진했으며, 2001년 총선에서도 노동당이 압승, 창당 백 년 만에 처음으로 연속 2기 집권하는 기록을 세웠다. 영국의 사회복지는 국민보건서비스, 사회보장제도, 개인적 사회서비스 세 가지 축을 갖고 있는데, 국민보건과 사회보장은 제2차 세계대전 중 작성된 '비버리지 보고서'에 기초하고 있다. 영국 거주자가 무료 혹은 적은 부담으로 의료혜택을 받게 하는 국민보건제도는 유아사망률을 반으로, 결핵-디프테리아-소아마비 사망률을 크게 줄였다. 저소득자와 어린이들은 안경, 치과 치료, 의약품 처방까지 무료며, 임산부의 치과 치료도 무료다. 1970년대 걸쳐 수입에 따른 국민연금제가 실시되었으며 실업 후 1년 동안 실업수당을 받을 수 있다. 지방자치단체 책임으로 시행되는 개인적 사회서비스는 대부분 노인이나 신체장애자, 그리고 고아와 정신착란자를 위한 보건혜택인데, 자발적으로 협력하는 봉사단체가 많다. '복지국가 영국'의 최근 심각한 문제점은 실업과 빈곤이다. 1960년대까지 완전 고용에 가까웠으나 1976년 실업자 133만 명(5.7퍼센트), 1977년 생활보조수당 지급자 6백만 명, 빈곤경계선 인구 4백만 명이 발생, 인구 5인당 1인이 빈곤 상태에 머물게 된다. 1980년대 실업률은 더욱 늘어나 1983년 1월 322만 명(13.8퍼센트)에 이르렀다가 2000년 2.1퍼센트로 떨어졌고, 2001년 다시 5.1퍼센트로 높아졌지만 지속적인 경제성장에 힘입어 점차 줄어들었다.

음악의, 일상 속으로; 현악 4중주, 기타

실내악은 형식과 내용을 아름답게 혼란시킨다. '실내'에서, 내실에서, 친밀하게 혹은 은밀하게, 그러나 가장 육감적인 청각의 육체를 섞으며, 음악은 무슨 짓을 하고 있는가? '짓'이라니, 아니, '짓'이다! 실내악은 내용과 형식을 아름답게 혼란시킨다. 그렇게 '아름다운 짓'과, '영혼보다 투명한 육체' 사이 음악의 장과 창이 동시에 열린다. 베토벤 〈'대공' 트리오〉는 피아노 3중주를 '열린 대화'의 장르로, 중년 현악 4중주들은 현악 4중주를 견실한 변증법의 장르로 만년 현악 4중주들은 '죽음을 철학하는' 장르로 승격시켰다. 피아노 5중주는 슈만에 이르러 '음(音)=광기'를 택한 예술의, 아름답고 눈물겨운, 그리고 치열한 대중 접촉 면적으로 화했다. 그때 형식은 균열했지만 거울은 깨지지 않고 다만 균열의 온기를 발했을 뿐이다. 모차르트에게 현악 5중주는 꽃잎 사이 공간을 천상의 공간으로 전화하는 매개였으나 슈베르트 현악 5중주는 다시 눈물의 무게를 머금고 아름다움의 인간적 중력을 닮아간다. 모차르트에게 클라리넷 5중주는 지상을 떠나는 천사가 지상에 고하는, '천사적으로 슬픈' 고별사였다면, 브람스에게는 모차르트를 배경으로, 그러나 역시 보다 더 인간적으로, 산 자가 누리는, 죽음에 대한 환영 혹은 아픈 행복감으로 충만한 공간이었다. 물론 이 모든 것의 근저는 음악에게 도리어 인간의 언어를 가르쳐준 하이든 소나타 형식이 있다. 말씀이 음악으로 되는 광경이 그 너머 광경으로 이어지는 광경이 오르간 음악이라면, 피아노 음악은 응축이 펼쳐지는 계단이다. 이곳은 너무 말짱해서 종교가 끼어들기 힘들다. 그러나 너무도 영롱한 이 말짱함이 인간의 두뇌 혹은 인터넷 연결망을 닮지 않고, 가장 섬세하고 깊은 심금을, 다만 울리는 게 아니라, 심금의 의미를 아름다움의 의미로 끝없이 육화하고 있지 않은가. 예술가곡은 고통과 흐느낌 사이 존재하며, 고통이 가혹할수록, 그리고 슬픔의 진할수록 더욱 예리해지고 그 예리함으로 인간의 생애를 조탁하는, 또다른 눈물의 생애 아닐 것인가. 악기가 있으므로 음악은 형상화하지만, 음악이 있으므로 악기들은 각각 아름다운 시간의 생애를 갖는다. 그 생애가 모여 교향곡은 세계 너머를 이룩한다. 대중은 흔들림의 계기만 주면 한없이 흔들린다. 프레슬리의, 비틀스의, 도어스의 경우가 그렇다. 그러나, 그러므로, 교향곡 자체의 '환희'라고 할 베토벤 교향곡 9번 〈합창〉 4악장 중 '환희의 송가'는, '오 친구여, 이 낡은 노래를 더이상 부르지 말자'는, '교향곡적'일 뿐 아니라 '음악사적'인 선언 바로 뒤에서, '도레미파솔라시도' 순서의 굳건한 계단을 바탕으로만 환희를 떨치고 스스로 만끽한다. 음악은 언제든지, '이제 돌아갈 때가 되었다'고 말해야 하고, 말할 수 있다는 듯이, 그렇게 '돌아감'이 복고를 낳지 않고 삶의 '환희=슬픔'과 죽음의 '슬픔=환희'를 일순, 중첩시킨다. 그리고, 그것이야말로 우리가 단지 들을 뿐 아니라 볼 수 있는, 영원의 모습에 다름아니다. 아니, 말보다, 무용보다, 음악이 더 먼저 존재했다는 말이 맞다면, 우리가 그런 '음악의 경험' 으로 영원의 개념과 형상을 유추해냈다고 해도 과언은 아니고, 이쯤 되면 우리는, 모일수록 불안한 성스러움이 아름다워지는 뜻이 바로 합창곡이라는 점을 심오한 동시에 격앙되는 존재감으로 느낄 수 있다. 그리고, 진혼곡은 이 모든 것의 의미다. 왜냐면, 음악은 궁극적으로, 우리가 상상할 수 있는 가장 아름다운 죽음의 모습을 닮았다. 아니, 이 경우도 거꾸론지 모른다. 우리는 음악의 모습에서 죽음의 아름다운 모습, 죽음도 아름다울 수 있다는 희망의 모습을 보았던 것인지 모른다. 현대음악 시대를 맞으면서 실내악 중 가장 끈질긴 생명력을 과시하는 것은 현악 4중주다. 현악 4중주는 12음열 작곡법을 창조-구사한 빈학파 3인(쇤베르크-베르크-베베른)이 모두 즐겨 활용했으므로 그후 12음열 작곡법 자체의 중요한 장르로 자리잡았고, 딱히 이 작곡법을 곧이곧대로 따르지 않았던 현대음악가 버르토크와 쇼스타코비치는 음악의 생애와 현악 4중주 작곡의 생애가 겹쳤다고 할 만큼 이 장르를 중시했고 이들이 남긴 현악 4중주 작품들(버르토크 6곡, 쇼스타코비치 15곡)은 음악장르 전체를 통틀어 20세기 최대 걸작 중 하나로 손꼽힌다. 반면 다른 실내악 장르들에서는 이렇다 할 걸작이, 차이콥스키 〈피아노 3중주〉 이래로, 나오지 않았다. 이 장르들은 현대음악의 흐름 속에 급속히 낡아갔고, 아예 처음부터 낡은 장르라고 취급되기 일쑤였다. 왜 그랬을까? 현악 4중주는 변증법을 닮은 음악 '내용이자 형식' 이다. 소나타는 이야기고, 이야기의 이론적 절정은 변증법이다. 쇤베르크는 수학적 이론과 현대적 균열 혹은 붕괴 혹은 불안감을 변증법적으로 조화시키려 했고, 성공했다. 버르토크는 민요-동요의 '끔찍함의 감성' 과 현대의 존재적 모순을 변증법적으로 음악화하려 했고, 성공했다. 쇼스타코비치는 교향곡 15개가 갖는 소비에트-관제성과, 현대적인 개인-내면 지향을 변증법적으로 음악-정치화하려 했고, 깊이 상처받거나 천박하게 정치화했지만, 끝내 '죽음=상처' 의 음악에 가닿을 수 있었다. 그리고 이들 현악 4중주의 배경을 이루는 세계는 희망과 좌절, 절망과 번영, 사회주의와 파시즘, 전쟁의 참혹과 물질-과학 문명의 광휘가, 언뜻 전쟁의 사회주의와 언뜻 평화의 자본주의가, 약소민족과 제국주의가, 모순되고 대립-길항하며 변증법을 요하는 시기였다. 현대 현악 4중주의 대가들은 그 시대상황을 음악으로 느꼈고, 음악으로 구현했고, 음악-예술적 모순 해결을 향해 나아갔다. 소비에트 체제가 현실적으로 해체되면서 사회주의-자본주의의 대립 또한 현실적으로 사라졌다. 진영간 대립이 사라지면 정치적 변증법이 사라지고 그것이 해체되면 문학의 이야기가 해체된다. 그리고 문학의 이야기는 음악의 소나타 '형식이자 내용이다. 그런데, 그러나, 소설에서 이야기는 언제 해체되었는가, 해체야말로 문학-예술의 한 구성요소 아니었던가, 무엇보다, 『일리아드』에서 『오디세이』로 이전이 벌써, 일종의 '이야기 해체' 아니었던가, 더 직접적으로, 음계의 모든 음을 차별하지 않고, 그렇게 '조성=계단' 을 없앴던 것이 '이야기 해체' 아니었던가, 그때 소나타의 '형식과 내용' 이 해체되었건만 '이야기의 이론적 절정' 인 '변증법=현악 4중주' 가 가장 끈질긴 생명력을 과시했다는 점은, '마지막 보루' 인 (인간의) 이성을, 가장 낡고 고루한 독재의 도구로 전락시킨 것과 일맥상통하지 않는가, 아니, 현악 4중주로 유추하건대, '현실' (에 부딪힌) 사회주의와 '가상현실' (의 날개를 단)자본주의의 대립은 혹시 가장 뒤늦은, 그러므로 이미 낡았던, 그래서 가장 야만적인 제1차 제2차 세계대전을 야기할 수밖에 없었던, '이야기' 가 아니었을까? 그러므로, 빈학파 3인의 현악 4중주들도, 버르토크와 쇼스타코비치의 현악 4중주들도, 베토벤 '만년' 현악 4중주들의 벽을 극복하지는 못했다. 열림과 만남이 없는 변증법은 자칫 이분법을 낳고, 외형적으로만 치열해질 뿐 곧바로 천박해지고, 결국 그 자체로 가장 근본적인 모순으로 된다. 자세히 보면, 현대음악에서 성악은 자신의 비명소리 속으로 찢어지는 방법을 통해 '현대음악적' 변증법을 예술화하고 있다. 그 곁에서 조성이 이전적으로 해체된 중세음악이 '정신주의 음악' 이라는 미명하에 '복고' 되고 있다. 자본주의의 수난곡인, 수난곡이었던 오페라는 스스로 모순을 포기, 자본주의의 총아라 할 대중적 뮤지컬 진영에 속속 합류하고 있다. 그것은 거꾸로, 현악 4중주의 '낡은' 변증법이 음악-예술의 음악-예술적 모순을 '양분=천박화' 하기 때문 아닐까, 제 목소리 속으로 비명을 지르는 성악이 오페라를, 그리고 음악 전체를 구원할 수 있을까? 이런 질문과 상황의 한복판에 서 있는 것이 크로노스 현악 4중주단이다. 이들에게 붙는 칭호는 요란하지만, 공통된 것은 현대음악의 첨단을 가면서도 가장 대중적 인기를 누린다는 내용이다. 사실 그렇다. 크로노스 현악 4중주단은 수십 장의 '베스트셀러' 음반을 냈고 그중 스티브 라이히, 아담스, 글래스 등 미니멀리스트 작곡가, 그리고 특히 크럼, 패르트 등 정신주의 계열 작곡가들의 작품을 연주한 음반은 평론가들의 찬사를 한 몸에 받은 명반에 속한다. 이 밖에 그들은 희귀한 중세음악, 피아졸라의 탱고, 고레츠키의 '대중적인' 고전음악 등을 연주, 폭넓은 레퍼토리를 과시하고 있다. 하지만 벌써, 이쯤만 얘기해도, 신기하지 않은가, 낡은 현악 4중주의 뒤집힌 대중화 아니겠는가. 그렇게 우리는, 베토벤보다 최소한 2백 년은 더 우월하게, '오 친구여, 이 낡은 노래를 더이상 부르지 말자'고 외치면서, 그러나 모종의 계단으로(그것이 설령 12음열 작곡법의, 심지어 옥타브의 그것이더라도), 베토벤의 만년 현악 4중주로, 가야 한다. 그것은 돌아가는 것이 아니라, 죽음을 향해 나아가는 것이다. 죽음으로써, 그리고 죽음으로서 거듭나기 위하여. 왜냐면, 음악은 아름다움으로 된 죽음의 모습을 닮았다. 왜 음악을 듣는가. 삶이 얼마나 아름다운가를, 의미의 아름다움을 느끼게 해주기 때문이다. 교양음악 목록을 구해 순서대로 음악을 듣는 것은 좋은 일이 아니다. 민족별 특성을 생각하며, 음악사를 생각하며 음악을 듣는 일은 좋은 일이고, 역경을 딛고 선 음악을 듣는 것은 더 좋은 일이고, 스스로 악기가 되어 음악을 듣는 것도 그만큼 좋은 일이다. '눈물에' '희망에' '혁명에' '만남에' '추억에' 이런 헌정구를 생각하며 듣는 것은 더더욱 좋은 일이다. 그러나 가장 좋은 것은 '만년작'을 들으며, 먹을수록 아름다워지는 예술의 나이의 의미를 생각하는 일이다. 그때 우리는 '음악에'라는 헌정구의 의미를 스스로 음악화할 수 있게 된다. 어느 날 숱하고 숱한, 그리고 쟁쟁한 슈베르트 예술가곡들 중 〈음악에〉라는 언뜻 평범한 노래를 들으며 문득, 인생 그 자체가 그윽해지는 것을 느끼듯이.

라디오, TV 방송드라마와 영화

'귀'의 상상력은 신비와 변형, 그리고 저질조차 일상으로 응축해내지만, '귀+눈'의 상상력은 아주 정성스럽게 재현한 현실조차 일상으로 인정하지 않는다. '귀+눈'의 상상력은 더 총체적인 것을 일상으로 요구할 수밖에 없다. 영화는 재현력이 가장 뛰어나지만, 영화 화면은 언제나 일상과 동떨어져 보인다. 영화의 박진감은, 화면-일상과 차원이 다른 곳에서 축적된다. '드라마'가 아니라 '방송' 자체의 (예술과 연관되므로, 매체를 넘어선) '장르' 성격과 연관된 이런 점들이, TV 방송드라마 '예술'을 발전시킬까, 아니면 족쇄로 작용할까는 전적으로, 일상을 예술-육화(肉化)하는가 못 하는가, 그럼으로써 일상의 (지지부진한) 의미와 의미의 (지지부진한) 일상을 특수로 심화한 보편의, '생애=아름다운 육체'의 등식으로 전화하는가 못 하는가에 전적으로 달려 있다. 그것이 TV 방송드라마가 가상현실 속 예술현실로 존재하는 궁극의 이유다. 소재와 영향력의 무한확대로 TV는 '외적으로' 돌아올 수 없는 강을 건넜다. 일일 연속극으로 TV는 '내적으로' 돌아올 수 없는 강을 건넜다. 발을 디딘 곳은 아직, 신의 천국보다는 악마의 지옥에 가깝다. 그리고, 최소한 'TV 방송드라마'의 희망은, '뒤늦은' 미학이 아니라 '뒤늦음의 미학'에 있는지 모른다.

TV 방송은 신의 편재능력(遍在能力)을 현실화하고, 얼핏 선택 사항처럼 보이지만 사실은 강제 사항으로 우리 눈과 귀를 점령한다. TV 방송드라마는 대중과 편재적 접점에서 시작하며, 신과 달리, 뉴스와도 달리, 그 접점에서 성패가 좌우되고 뉴스보다 더 강력한 영향력을 행사하며, 흔히 '대중을 빙자하며 대중을 저열화하는 바보상자의 무뇌아'로 지탄받지만, 현실주의 예술사상 가장 광활한 시험대를 스스로 펼친다. 방송드라마가 나날의 지루한 일상을 땜질하며 스스로 지루함의, '쾌락의 지옥'에 달할 것이냐 아니면 대중과의 변증법적인 만남을 매개로 대중에서 나왔으되 더 드높은 대중으로 대중에게 돌아가는, 그러므로 대중에게 감동적인, 편재의 대화에 달할 것이냐는 거의 전적으로 방송드라마 PD 및 작가들의 현실주의 예술능력에 달려 있다. 영화는 '작가주의' 영화 훨씬 전부터, 대체로 기술이 상상력을 자극-제한하는 단계에서 상상력이 기술을 자극-발전시키는 단계로 넘어가면서부터, TV 방송드라마의 거의 전 영역, 사조와 유행과 철학, 그리고 장르 유형, 조명-촬영-편집 등 기술 분야, 그리고 연출과 연기 등 예술 분야까지 선도했다. 영화용어가 선구적인 연극용어와 상당 부분 겹치는 것보다 더 본질적으로 또 과격하게 TV 방송드라마 용어가 영화용어가 겹친다. 그러나 영화는, 매우 일찍부터, 그리고 그후 언제나, TV 방송드라마가 갖는 '일상=미학' 의 힘에, 경악한다. TV 방송드라마의 화면 분위기는 이야기나 상황의 온갖 억지에도 불구하고, 우리들의 실제 주변과 흡사하다. 이것은 당연하지 않고, 놀라운 일이다. 영화예술의 화면 분위기는 스토리와 정황, 그리고 심리 묘사의 온갖 핍진성에도 불구하고, 우리들의 실제 주변과 다르다. 이것 또한, 당연하지 않고 놀라운 일이다. 영화와 TV 방송드라마 사이 예술 개성 격차는 그만큼, 당연하지 않고 놀랍다. 영화는 일상 속으로든 일상 바깥으로든 일상을 벗으려는 예술 욕망에서 자유롭지 못하다. TV 방송드라마는 일상 속으로든 일상 바깥으로든, 일상을 닮으려는 상업 욕망에서 자유롭지 못하다. 왜냐면, TV 방송드라마는 안방극장으로, 안방의 일부다. 영화의 경악은, 표면적으로 영화 '예술' 이, TV '매스미디어' 와 달리, '저질을 초래할 수밖에 없는' TV-매스컴 대중성을, 기피하기 마련이라는 뜻으로 보이지만, 사실 본질적으로, 어떤 영화도, 그것이 영화인 한, 더 많은 대중을 마다하지 않는다. '소극장 공연' 은 영화용어가 아니고, 영화는, 영원한 대규모 극장 상영을 희망하지만, 비디오테이프, CD, DVD 등을 통한 보급 및 상영을 마다하지 않고, TV를 통한 상영 또한 마다하지 않는다. 그리고, 원하든 원하지 않든, 가정극장(홈시어터) 붐이 보여주듯, TV 방식의, 즉 '무한대중과 안방' 혹은 '무한대중의 안방' 혹은 '무한대중=안방' 을 상정하는 방식의 영화 상영은 이제, 아니 벌써, 대세다. 그렇다면, 왜 경악하는가? 영화는 많은 이야기(영상-음악이야기든, 소설 이야기든)를 응축하는 반면, TV 방송드라마는, 일상 이야기를 대개 일상보다 더 느린 길이로 늘려가고, 그리하여 대부분, 시청률과 대중을 빙자한 지지부진에 빠지지만, 희귀하게, 일상의 예술성을 심화시키고, TV 및 일상의 속성, 그리고 '일상=TV' 의 등식은 그 희귀한 일상의 예술성을 삽시간에 대대적으로 일반-보편화하고, 원하든 원하지 않든 그것이 거의 모든 TV 방송드라마 제작의, 질과 의도의, 당연한 바탕으로 들어선다. 앉은 자리에서 천리를 보는 눈 천리안은 오래전부터, 인간이 '먼 곳'을 의식하고 '봄'을 자의식했을 때부터 인류의 소망이었으므로 TV의 역사는 만년이 넘고, 그동안 인간은 먼 곳을 보는 공간적 상상력의 눈을 시간에, 과거를 기억하고 미래를 상정하는 시간적 상상력의 눈을 생애에 응용, 탄생 이전과 이후의 죽음을 보는 눈을 소망하게 되며, 이 눈이야말로 신화 자체의 눈에 다름아니며, 이집트신화 '호루스의 눈'은 상처를 통해 오히려 시각을 포함한 감각 총체로 재생되어 건강 및 번영을 상징하게 되고, 그리스신화 예언자 티레시어스의 눈은, 눈멂을 통해 오히려 과거와 미래 및 죽음의 세계를 본다. 신화는 상처와 눈멂으로 천리안을 실현하지만, TV는 인간이 발명한 지 백 년도 채 안 되어 천리안을 완벽하게, 전면적으로 대중적으로 또한 가정-일상으로 실현했고, TV의 신화는 TV 완벽성과 전면성과 대중성, 그리고 TV 가정과 일상을 창조해냈다. 그런데, '텔레비전'은 빛을 전자신호로 바꾸어 멀리 전송한 후 다시 빛으로 전환하므로, 실제 사건과 화면 사건은 단 1천분의 1초일망정 엄정한 시간차가 있으며, '생방송'은 실제 현실과 동시일 수 없고, 그래서는 시간차 없는 천리안 소망을 완벽하게 실현할 수 없다. 그러므로, 생방송은 갈수록 실제 현실보다 더 긴박하고 더 생생하고 혹시 진실보다 더 중요하며, 심지어 현실보다 더 먼저인 것처럼 꾸며진다. 놀랍게도, 생방송 뉴스에서 그것은 더욱 그렇다. 그것이 TV의 가상현실이다. TV 방송국은 국가체제만큼이나 복잡한 천리안의 거대한 내부며, TV 수상기는 세포 분열보다 더 많은 천리안의 바깥눈들이다. 온갖 만연한 대중문화의 가상현실과 '대중문화=가상현실', 매스컴의 가상현실과 '매스컴=가상현실'을 '천리안'하는, 천리안 신화의 가상현실화, 그것이 TV 30년 역사고 가상현실이다. 영화에서 죽음은, 죽음의 이야기가 있든 없든, 영화미학의 주제거나 소재거나 존재 조건이거나 반영이고, 어쨌거나 길길이 뛰는, 튀는, 최소한 눈에 띄는 '이야기=영역'이다. 반면, TV 방송드라마에서 죽음은, 죽음의 이야기가 있든 없든, 삶의 '보이지 않는, 그러나 당연한' 일부다. 마치 현실의 삶에서 그렇듯이. 영화의 화면 분위기에는 죽음의 '보이지 않는, 그러나 당연한' 색(色) 혹은 감(感)이 스며들지 않고, 일상의 연속성이 죽음을 제 안의 자연스런 일부로 받아들이는 경로가, 애당초 차단되고, 하여, 영화예술은 전철(前轍)로 TV 방송드라마의 예술성을 선도하는 동시에, TV 방송드라마에 스며든, 일상의 자연색을 심화하는 '죽음의 흑백 톤'을, 경악으로 접한다. '죽음의 흑백 톤'은 TV 방송드라마를 탈(脫)가상현실화하는 색 혹은 감이지만 영화, 특히 무성영화 흑백 콘트라스트는, 영화의 극성(劇性)과 더불어 비(非)현실성까지 강조하는 한계를 갖고, '총천연색' 테크니컬러 영화는 사태를 오히려 더 '죽음=일상' 없는 화려함 쪽으로 악화시키며, 현재 TV 화면 분위기는 영화의 그것과 거의 돌이킬 수 없을 정도로 다른 차원에 있고, TV 방송드라마 연기는, 영화 연기가 연극 연기와 다른 것보다 더 본질적으로, 영화 연기와 다르다. TV 방송드라마의 '죽음=일상' 색을 영화 속으로 끌어들여 영화의 천연색을 자연색으로 심화하는 일은 얼핏 불가능해 보이지만, 사실은 영화예술이 당장 달려들어야 할 과제다. 그것은 영화장르 자체의 사활이 걸린, 그리고 가장 용감한, 판타지를 일상화하는 과제다. 일상에 밴 죽음의 결이 이렇게 전면적으로 가시화한 적은 없었다.

'도돌이표=결'

'도돌이표=결'

바빌론신화 중 지하세계에 살다가 '운명의 현판'을 신 엔릴로부터 훔쳐 우주를 지배하게 되었으나 끝내 패퇴, 물의 신 에아 앞에서 심판을 받는 새의 신을 새긴 원통형 석인은 메소포타미아에 새 이주민들이 유입되면서 옛 지하신들이 새 하늘신들로 대체되는 종교적 과정을 보여준다. BC 865~860년경. 티그리스강 님루돈 혹은 칼라 왕도 아시리아궁에서 발견된 일련의 부조가 그렇듯 아시리아 집단주거지 장식 부조 소벽들은 모두 왕의 치적을 나열하면서 그것을 명분으로 무적불패성을 기린다. 그러나 그것은 지금 모든 문명은 망한다는, 그렇게 역사는 매일매일 새로 시작된다는 아주 오래된 증거에 다름아니다.

부록— '하이퍼미디어=도(圖)=차례 색인'

하이퍼미디어 문학예술작품

하이퍼미디어 문학예술은 인터넷 공간을 쓰레기 정보의 바다에서 질 높은 삶의 장으로 전화시키는 중요한 매개고, 인터넷 문화의 총아인 게임이 신화적 상상력으로 숫자와 폭력, 그리고 섹스를 아우르는 혼돈의 장이라면 하이퍼미디어 문학예술의 장은 삶의 의미를 의미의 아름다움으로 전화시키면서 새로운 밀레니엄의 전망인 진선미의 보다 열린 통합을 구현하는 예술=게임의 장이다. 세상이 인터넷을 만들기도 하지만 인터넷이 세상을 변화시켜가기도 하므로, 하이퍼미디어 문학-예술이 웹 환경에서만 통한다고 미리 생각할 것은 없다. 여러가지 장르를 동원해서 텍스트를 풍부하게 하는 것도 중요하지만 아무래도 양적이고, 이런 양적인 방식은 참여하는 장르들의 고유한 표현 영역 혹은 능력을 오히려 평준화하기 십상이다. 중요한 것은 웹-멀티미디어가 아니고서는 표현할 수 없는 어떤 '감각=세계관'의 영역을, 이제까지 하이퍼미디어가 없었으므로 당연히 불가능하다고 여겨졌던 표현의 총체성을, 키워가는 일이다. Booktopia.com에서 시도해 보았던 몇 개 작품을 부록으로 싣는다.

작품 1, 태초와 현대, 음악과 시—서정주 시 「꽃밭의 독백」+고대 그리스 연극음악

꽃밭의 獨白 — 娑蘇* 斷章

노래가 낫기는 그중 나아도
구름까지 갔다간 되돌아오고,
네 발굽을 쳐 달려간 말은 바닷가에 가 멎어버렸다.
활로 잡은 산(山)돼지, 매(鷹)로 잡은 산(山)새들에도
이제는 벌써 입맛을 잃었다.

꽃아. 아침마다 개벽(開闢)하는 꽃아.
네가 좋기는 제일 좋아도,
물낯바닥에 얼굴이나 비취는
헤엄도 모르는 아이와 같이
나는 네 닫힌 문(門)에 기대 섰을 뿐이다.
문(門) 열어라 꽃아. 문(門) 열어라 꽃아.
벼락과 해일(海溢)만이 길일지라도 문(門) 열어라 꽃아.
문(門) 열어라 꽃아.
*사소 : 박혁거세의 어머니

원초와 현대를 넘나드는 서정주 시인의 대표작에 현존하는 가장 오래된 음악 중 하나인 고대 그리스음악(혹은 연극단편)들을 붙였다. 한 음악에 시 한 행을 맞추었으나 한 음악으로 시 전체를 읽어도 되고 다른 음악으로 다른 행을 들어도 된다. 그 모든 경험이 뒤섞이고 '기억 속 음악의 배경' 을 이루면 시의 의미는 훨씬 더 깊고 광대한 울림을 갖게 될 것이다.

음악은 Anonymes De Bellermann/Chanson De Seikilos/Eschyle-Plainte-De-Tecmesa/Euripide, Iphigenie A Aulis/Euripide, Oreste/Fragments Instrumentaux De Contrapollinopolis/Hymne Au Soleil/Hymne Chretienne D'oxyrhynchus/Hymne Delphique A Apollon No. 1/Hymne Delphique A Apollon No. 2/Prelude A Calliope Et A Apollon/Prelude A Une Muse.

작품 2, 시간의 지속성과 공간의 동시성—김수영 시 「꽃잎」 연작+헨델 〈합주협주곡 op. 6 no. 8 musette: larghetto〉

꽃잎 1
누구한테 머리를 숙일까

사람이 아닌 평범한 것에
많이는 아니고 조금
벼를 터는 마당에서 바람도 안 부는데
옥수수 잎이 흔들리듯 그렇게 조금
바람의 고개는 자기가 일어서는 줄
모르고 자기가 가닿는 언덕을
모르고 거룩한 산에 가닿기
전에는 즐거움을 모르고 조금
안 즐거움이 꽃으로 되어도
그저 조금 꺼졌다 깨어나고
언뜻 보기엔 임종의 생명 같고
바위를 뭉개고 떨어져내릴
한 잎의 꽃잎 같고 革命 같고
먼저 떨어져내린 큰 바위 같고
나중에 떨어진 작은 꽃잎 같고
나중에 떨어져내린 작은 꽃잎 같고

꽃잎 2

꽃을 주세요 우리의 苦惱를 위해서
꽃을 주세요 뜻밖의 일을 위해서
꽃을 주세요 아까와는 다른 時間을 위해서
노란 꽃을 주세요 금이 간 꽃을
노란 꽃을 주세요 하얘져가는 꽃을
노란 꽃을 주세요 넓어져가는 소란을
노란 꽃을 받으세요 원수를 지우기 위해서

노란 꽃을 받으세요 우리가 아닌 것을 위해서
노란 꽃을 받으세요 거룩한 偶然을 위해서
꽃을 찾기 전의 것을 잊어버리세요
꽃의 글자가 비뚤어지지 않게
꽃을 찾기 전의 것을 잊어버리세요
꽃의 소음이 바로 들어오게
꽃을 찾기 전의 것을 잊어버리세요
꽃의 글자가 다시 비뚤어지게
내 말을 믿으세요 노란 꽃을
못 보는 글자를 믿으세요 노란 꽃을
떨리는 글자를 믿으세요 노란 꽃을
영원히 떨리면서 빼먹은 모든 꽃잎을 믿으세요
보기 싫은 노란 꽃을

꽃잎 3

순자야 너는 꽃과 더워져가는 花園의
초록빛과 초록빛의 너무나 빠른 변화에
놀라 잠시 찾아오기를 그친 벌과 나비의
소식을 완성하고
宇宙의 완성을 건 한 字의 생명의
歸趨를 지연시키고
소녀가 무엇인지를
소녀는 나이를 초월한 것임을
너는 어린애가 아님을
너는 어른도 아님을 꽃도

장미도 어제 떨어진 꽃잎도
아니고
떨어져 물 위에서 썩은 꽃잎이라도 좋고
썩는 빛이 황금빛에 닮은 것이 순자야
너 때문이고 너는 내 웃음을 받지 않고
어린 너는 나의 全貌를 알고 있는 듯야
아 순자야 깜찍하고
나너 혼자서 깜찍하고
나네가 물리친 썩은 문명의 두께
멀고도 가까운 그 어마어마한 낭비
그 낭비에 대항한다고 소모한 그 몇 갑절의 공허한 投資
大韓民國의 全財産인 나의 온 정신을
너는 비웃는다 너는 열네살 우리집에 고용을 살러 온 지
三일이 되는지 五일이 되는지 그러나 너와 내가
정한 시간은 단 몇 분이 안 되지 그런데
어떻게 알았느냐 나의 방대한 낭비와 난센스와
허위를
나의 못 보는 눈을 나의 둔감한 영혼을
나의 애인 없는 더러운 고독을
나의 대대로 물려받은 음탕한 전통을
꽃과 더워져가는 花園의
꽃과 더러워져가는 花園의
초록빛과 초록빛의 너무나 빠른 변화에
놀라 오늘도 찾아오지 않는 벌과 나비의
소식을 더 완성하기까지
캄캄한 소식의 실낱같은 완성
실낱같은 여름날이여

너무 간단해서 어처구니없이 웃는
너무 어처구니없이 간단한 진리에 웃는
너무 진리가 어처구니없이 간단해서 웃는
실낱같은 여름바람의 아우성이여
실낱같은 여름풀의 아우성이여
너무 쉬운 하얀 풀의 아우성이여

김수영(1921~1968) 「꽃잎」 연작 1, 2, 3은 각각 1967년 5월 2일, 7일, 그리고 30일 씌어졌다. 즉 한 달 동안 집중적으로, 잇따라서, 아니 거의 동시적으로 씌어졌다. 이 시들은 '음악적 설명'을 요하며 각 21행, 24행, 그리고 51행의 세 작품을 하나의 '음악작품'으로, 「꽃잎 3」을 3~4악장(혹은 그 이상)으로 읽는다면 우리는 이 시를 웅장하고 정교한, 그리고 매우 '난해해서 아름다운' '꽃잎의 교향곡'으로 느낄 수 있다. 위 시에 대해 나는 이렇게 쓴 바 있다.

> 각각이 보여주는, 이미지와 이미지 바깥을 동시 포착하면서 말 그대로 새로운 언어를 구성하는 언어의 능력, 그리고 양자가 보여주는 대비의 경지는 정치에 상처받은 문학의 근본적 '음악-죽음=정치' 지향이 이룰 수 있는 최대치로서, 언어의 기적이라 부를 만한 것이다. '죽음의 벽을 뚫고 나가는 언어'가 실제로 창조되는 것이다. (…) 그리고 그의 육체적 죽음과 더불어 「풀」이 남는다.
> (「壁의 변증법 — 김수영론」 중)

즉 「꽃잎」 연작은 그가 누누이 강조한, 진정한 시가 담아야 할 '죽음의 음악' 그 자체의 시화(詩化)였다. 그리고, 음악은 문학보다, 시보다 훨씬 더 기억에 의존하는 예술이다. 무엇보다, 여러 번 들을수록 (음악의) 선율이 겹치며 자아내는 맛이, 여러 번 읽을수록 (시의) 행이 겹쳐지며 자아내는 맛보다 더 선명하다. 이 두 가지가 제대로 전달되지 못하는 점을 김수영은 아쉬워하지 않았을까? 만년의 김수영을 사로잡았던 고전음악 작곡가는 헨델이므로, 헨델 음악의 (정신적 혹은 종교적이 아니라) 음악적 정수를 대표하는 〈합주협주곡 op. 6 no. 8 musette: larghetto〉를 배경음으로 깔고, 연작 세 편을 동시에 읽게끔 하는 하이퍼텍스트를 마련했다. 1, 2, 3 순서대로 읽을 수도 있겠고, 작품 순서를 바꾸어서 읽을 수도 있지만 「꽃잎」 연작은 '음악적' 동시성으로 읽는 것이 가장 좋고, 돌림노래식으로 읽는 것도 꽤 좋고 다소 마구잡이 순서(random)로 읽는 것도 썩 좋다. 그것이 「꽃잎」 연작이 뜻하는 '죽음=음악' 성, 그리고 '창작방법론=만년작=연습곡=걸작' 등식, 그리고 시간-순서를 공간-동시성으로 전화하려는 의지를 더 잘 표출할 수 있다.

작품 3, 조각의 언어-로댕 조각과 릴케 시(본문)+가브리엘리 '음향=건축' 음악

한때 릴케(1875~1926) 시의 희망은 로댕(1840~1917)의 조각이었다. 릴케 시예술과 로댕 조각예술의 만남과 그후에 대해 나는 이렇게 쓴 바 있다.

> 언어는 비극적이다. 그리고 그 심화(深化)만이 희망적이다. 가령 위대한 시인과 위대한 조각가가 만난다. 시문학과 조각예술이 육체와 정신보다 더 먼 곳에서, 혹시 더 깊은 곳에서 살을 섞는다. 시는 조각을 3차원(三次元) 이상의 경지로 끌어올리고 조각은 시에 조각 이상의 형상성(形象性)을 부여한다. 섞음의, 섞임의, 육(肉)의 상상력이 묵중하고 진하며, 때론 아플 정도로 섬세하다. 어느새 육을 입은 상상력이 그 결합을 포괄하면서 언뜻언뜻 그 너머에 달한다. 조각은 헌신적이며 시는 날카로운 통찰로 그 몸을 관통한다. 시는 조각의 형상능력에 찬탄하는 형식, 그리고 조각은 그냥 침묵일 뿐 끝내 말이 없다. 우리들 중 누가 그렇게 사랑할 수 있는가. 더군다나 수천 수만 명을 학살하지도 않고? 그러나 감동은 위대하게 헤어지는 대목이 더 크다. 시는 시 이상(以上)이 되고자 시이기를 고집하고 조각은 조각 이상이 되고자 조각이기를 고집한다. 그렇

다. 만남은 처음부터 반동(反動)을 그 안에 품고 있다. 그리하여, 만남이 깊어질수록 헤어짐이 더 위대한 만남이라는 깨달음이 심각해진다. 초조(初潮)의 설렘이 있다. 가령, 릴케의 로댕. 천국은 가까우나 도달하지 못했고, 지옥도 가까워 잊혀지지 않았다. 두 육체가 접촉하고 또 여인이 제 자신과 접촉하는 데서 온갖 광휘가 발산된다. 지옥의 문에서 절정이 온다. 그는 자신의 손보다 조금 더 큰 형상들을 수백 개 만들어 온갖 열정들로 이루어진 삶을, 온갖 쾌락의 꽃과 악덕의 짐을 짊어지게 하였다. 서로를 물어뜯는 동물처럼 온몸을 서로 비비고 밀착하면서 하나의 사물로 엉켜 나락으로 추락하는 육체. 그러나, 문학의 언어여. 조각의 언어는 육체인가? 문학은 추상의 극치인 언어를 매개로 구체를 열망한다. 그러나 그 열망의 실현 과정으로써 구체 이상의 구체에 달한다. 조각의 언어는 돌과 침묵. 조각은 그것으로 육체를 열망한다. 그리고 그 도정에서 육체 이상의 것에 도달한다. 그것은 생각하기 때문이 아니고 언어의, 만남의 비극성 때문이다. 생각이 비극을 낳지 않고 비극이 생각을 낳는다. 그러므로 팔을 잘린 여인이 죽어가면서 연인을 마지막으로 '육체가 육체를 능가하' 는 경지로 포옹할 수 있다. 위대한 헤어짐의 순간, 조각과 시가 위대한 사물의 은총으로, 홀로인 자신에게로 되돌아오는 그 순간이 그렇게 깊고 깊게 닫히지 않고, 닫힘의 깊이로 그치지 않고, 비극적 낙관을 연다. 아니라면 조각이 어떻게 이야기를 침묵으로 품고 그 너머로 나아가겠는가. 수백 년 전 영국 왕 에드워드 3세. 그가 수백 년 동안 칼레시를 포위하고, 공포와 굶주림을 안기고 이제, 지금 말한다. 너희 중 신분과 인품이 고귀한 시민 여섯을 내놓으라. 그러면 포위를 풀겠다. 여섯 명의 시민이 그렇게 죽음의 길을 준비한다. 맨머리에 속옷만을 걸치고 목에는 밧줄을 걸었다. 그리고 손에는 도시와 요새의 열쇠 꾸러미를 들었다. 어쩌겠는가. 만남이 심오할수록 더 위대한 헤어짐 없이, 비극성으로 열린 언어 없이 어떻게 가슴에 새기겠는가? 그렇게, 조각 속으로 경이(驚異)로운.

(장편소설 『파경과 광경』 4장 '생각하는 사람' 중에서)

예술의 만남은 당연히 '만남 너머'를 지향한다. 그리고 가장 순정한 '만남 너머'는 '음악 너머'에 다름아니다. 릴케와 로댕의 만남 그 자체로 '음악 너머'를 구현할 수는 없을 것이다. 그러나 '음악 너머'의 광경을 구현할 매개로 아주 적절한 음악이 있다. 가브리엘리(1557~1612) 종교-음악 상송들. 가브리엘리는 베네치아 성마르코성당의 특수한 구조를 활용, 음악의 음향-음색 효과를 극대화하면서 '인성(人性)의 기악화'를 선도했던 인물이다. 그의 음악을 배경 삼아 이 책 본문에 수록된 릴케 시들을 읽으면 예술(만남)의 궁극을 느낄 수 있다. 음악은 Giovanni Gabrieli; Canzonas, Sonatas, Motets/Dulcis Jesu(a 20)/Sonata pian e forte(a 8)/Jubilate Deo(a 8)/Sonata(a 14)/O Jesu mi dulcissime(a 8)/Canzon(a 12)/Hic est filius Dei(a 18)/Sonata con tre violini/Audite principes(a 16)

작품 4, 기억과 언어, 음악, 그리고 의식의 흐름—조이스 문학의 생애상(生涯像)

19세기에 대대적인 신대륙-아메리카 이주 붐이 일어나면서 영국-아일랜드 민요가 '향수의' 지방색을 발한 것은 당연한 일이다. 아일랜드 민요 〈대니 보이〉는 미국으로 이민 온 아일랜드인들 사이에서 애국가로 애창되고 출판업자는 떼돈을 벌었다. 그리고 『금발 사이 백발』은 신대륙과 구대륙 양쪽에서 1873~1900년 물경 2백만 부가 팔렸다. 신대륙의 열정이 구대륙의 해묵은 감정에 인생의 유구한 빛을 부여했던 것. '민요 열풍'을 음반 영역으로 확산시킨 첫 주자는 매코맥(John McCormack, 1884~1945). 20세기 초 아일랜드 출신의 불세출 테너다. 역시 아일랜드 출신인 조이스는 젊은 날 성악가를 지망했었는데, 매코맥과 공연한 것을 두고두고 자랑삼았고 음악(의 기억)이 그의 문학예술에 끼친 영향은 크다. 그의 단편집 『더블린 사람들』(1914)보다 먼저 출간된, 조이스가 최초로 출간한 연애시집 제목이 '실내악'(1907)이고, 의식의 흐름 수법을 구사, 현대소설의 새 장을 연 장편 『율리시스』(1922)는 완성에 7년이 걸린 반면 장장 17년의 세월을 요했으며 그의 최후작 『피네건의 초상집 밤샘』(1939)은, 제목 자체를 민요에서 따온데다 언어 의미구조를 소리구조로, 더 나아가 음악구조로 해체하면서 가족의 무의식에 잠재한 신화를 재현해내려는 시도다. 텍스트로만 본다면 19세기 자연주의문학의 절정 『더블린 사람들』과 현대소설의 효시 『율리시스』 사이 '단절' 이 분명하지만, 하이퍼미디어 문학으로 보면 그 단절은 과정이며, 조이스 문학 전체가 기억과 '의식의 흐름' 을 매개하고 규제하는, 그리고 끝내는 자기화(自己化)하는 언어의 음악화 기능이 낮은 차원에서 높은 차원으로, 매우 다양한 형태로 상승하는 매우 총체적인 '과정=결과' 다. 그 총체상을 어떻게 '하이퍼미디어문학-예술' 로 구현할 수 없겠는가? 언어의 구조는 사고의 구조, 심지어 세계관의 구조를 규정짓는다. 독일어 구조를 안다면 마르크스주의 논법의 80퍼센트 이상을 마르크스와 관계없이 이해할 수 있고 러시아어를 안다면 '레닌적 단계' 의 80퍼센트 이상을 레닌과 관계없이 이해할 수 있다. 문학언어에서 이 문제는 당연히 보다 더 미묘하지만, 고대 그리스어의 구조를 안다면 언어가 태어나는 과정의 80퍼센트를 안다고 할 수 있고 말해야 할 (예술) 내용과 그 내용이 결과시키는 (예술) 형식(문장구조)의 관계가 최적일 때 '고전기' 가 온다는 점도 어느 정도 이해할 수 있다. 번역에서, 'I love you' 는 '나는 너를 사랑한다' 보다 '나는 사랑한다 너를' 에 언뜻 더 가깝지만, 거꾸로 원문의 내용이 매우 강하게 도치되는 약점이 있다. 하지만 'I love her whose father is rich' 와 'I love her, whose father is rich' 의 경우, 즉 관계 대명사 앞에 콤마가 있는 경우와 없는 경우, 단지 그 차이 때문에 앞의 문장을 '나는 아버지가 부자인 그녀를 사랑한다' 로 뒷문장을 '나는 그녀를 사랑한다, 그런데 그녀의 아버지는 부자다' 로 해석한다면 그야말로 일제 도식주의 교육의 잔재를 아직 벗지 못하고 있다는 증거다. 왜냐면, 콤마가 있든 없든, 우리에게 전달되는 이미지(의식)의 흐름은 나, 사랑, 그녀, 그녀 아버지, 부자이기 때문이다. 몇 년 전 『더블린 사람들』을 번역하면서 나는 그 '흐름의 순서' 를 재현하려 노력했지만 역시 쓸데없는 도치 효과를 품거나, 문장이 어이없이 해체되는 결과를 낳는 경우가 더 많아 대부분의 '흐름' 을 한국어법에 맞게 조정했고, 결국 '단절론' 에 일정 정도 기여하고 말았다. 하이퍼텍스트를 구현할 수 있는, 아니 특히 조이스 문학을 하이퍼텍스트로 구현할 수 있는 지금은 상황이 좀 다르다. 흐름을 가능한 한 재현하고 언어가 음악 속으로 재구성되는 과정을 분명하게 드러낼 수 있고, 그렇게 기억과 언어, 음악의 생애적 교호로서 '의식의 흐름' 문학을 제시할 수 있다면, 그것이야말로 조이스의 마음속에 있던 문학일지 모르고, 모든 형상화는 실패를 동반한다는 점을 명심한다면, 그것이야말로 최고의 '조이스 문학'이다. 셰익스피어 마음속에 있던 셰익스피어 문학이 '최고의 셰익스피어 공연'이었을 것처럼. 조이스 문학은 하이퍼텍스트 작업 유혹을 가장 강하게 불러일으키는 문학 중 하나고, 이미 많은 (문학 외적) 작업들이 이루어졌다. 우선 조이스 자신이 『피네건의 초상집 밤샘』 전편을 육성으로 녹음해서 남겼고, 페루의 한 사이트는 『실내악』 시편들 각각에 종종 동화상 처리된 누드 혹은 반(半)누드 차림의 패션모델을 병치시킨다. rogerhr@well.com라는 이메일 주소로만 알려진 사람은 『율리시스』 전편을 토대로 오페라 혹은 멀티미디어 작품을 만들고 있다. 다양한 연구 차원의 '하이퍼텍스트' 작업이 숱하게 또 다양하게 펼쳐지고 있음은 물론이고, '조이스 문학 하이퍼미디어 및 하이퍼텍스트 프로젝트'라는 항목이 있을 정도다. 존 케이지는 『피네건의 초상집 밤샘』에서 되는 대로 텍스트를 뽑아 그 낭송과 전통적인 아일랜드 음악, 그리고 『피네건의 초상집 밤샘』이 연상시키는 애매한 소리들을 종합, 한 시간이 넘는 작품 〈로어라토리오 Roaratorio〉 (1979, '함성'과 '오라토리오'를 합한 말)를 썼다. 하지만 아직 하이퍼텍스트는 예술에, 예술은 하이퍼텍스트에 이르지 못한다. 어떻게 하면 조이스 문학의 생애상을 만들 수 있을까라는 질문은, 어떻게 조이스 문학의 하이퍼텍스트 예술, 더 나아가 '하이퍼텍스트=예술'을 만들 수 있을까라는 질문과 동일하다. 나는 『더블린 사람들』, 특히 '죽은 자'의 텍스트를 '흐름 순'으로 (해체) 번역하고, 그 안에 조이스 문학과 관계된 음악들과 조이스의 『피네건의 초상집 밤샘』 낭송을 숨기고(텍스트 중 클릭 처리), 테두리에 조이스 생애와 연관된 사진 및 더블린 지도(더블린은 조이스 문학 전체를 규정짓는 마음의 지도다)를 영화 필름처럼 배치시켜 명멸케 하는 방법으로 기억과 언어, 음악을 아우르는 '의식의 흐름'을 공간-총체화하고자 했다. 텍스트에 숨겨진 음악 및 오디오는 매코맥이 부르는 민요 11곡/케이지 〈로어라토리오〉 3대목/아일랜드 민요 『피네건의 초상집 밤샘』 3버전/조이스 육성 낭독 『피네건의 초상집 밤샘』. 더블린 지도는 가상 여행지도/19세기 말 더블린 지도/보다 상세한 지도/도시계획된 현재의 지도. 사진은 19세기 아일랜드 정치가 찰스 스튜어트 파넬/파넬의 연인 케서린 오쉬아/샌디코브, 마르텔로 탑/더블린 중심부 오코널 다리, 1916년 부활제 봉기 직후/조이스 데드마스크/조이스 캐리커처/1934년 조이스 초상/1935년 조이스 초상/조이스 사진들 1, 2, 3, 4, 5/조이스의 처 노라 바나클/조이스 아버지 존 조이스 1, 2/ '해방자로' 불렸던 다니엘 오코널/조이스가 기숙사 생활을 했던 예수회 운영 클롱고웨 우드 칼리지/조이스가 다니던 예수교 재단의 벨데비어 칼리지/조이스가 다니던, 민족주의 기운이 강했던 유니버시티 칼리지/영국 수상 글래드스턴/아일랜드 시인 예이츠(그의 시 재능에 주눅들어 조이스가 소설을 택했는지도 모른다)/예이츠 희곡 「카틀린 백작 부인」 중 한 장면/아일랜드 문예부흥운동의 대모 그레고리부인/조이스의 유니버시티 칼리지 재학 시절 친구 조지 클랜시/조이스에게 아일랜드어를 가르친 시인 파드레이크 피어스(1916년 부활절 봉기 이후 피살)/조이스 친구였던 페미니스트 프란시스 스케핑턴/소설에 등장하는 친구 올리비에 세이튼 존 고거티/소설에 등장하는 대학 친구들, 존 바이언, 그레고리 클랜시, 그리고 조이스/마르텔로 탑에서 내려다 본 전망/UCD 학생들/아일랜드 문예부흥운동을 주도한 극작가 존 싱/조이스의 재능을 첫눈에 알아본 시인 에즈라 파운드/『율리시즈』 초판본 표지/포드 매독스 포드(『피네건의 초상집 밤샘』을 연재했다)/아일랜드 출신 극작가 사뮈엘 베케트(조이스 후원자였다)/조이스의 부인, 노라/『율리시즈』를 첫 출판한 파리 '셰익스피어 & 컴퍼니' 서점. 조이스와 서점 주인 실비아 비치/조이스 딸 루치아(사뮈엘 베케트에 대한 상사병 때문에 정신병원에 입원하고 훗날 자살).

작품 5, 미켈란젤로의 교황이 되다—시스티나성당 합창음악-천장화의 재현

『내 영혼의 음악』 중 30. 스스로 참혹의 흔적을 지우는 그 부활의 〈팔레스트리나(1525~1594), 알레그리(1582~1652), 모랄레스(1500~1553), 조스캥(1440~1521)의 시스티나성당 성가대 음악(1987 EMI CDC 7 47699 2, 테버너 콘소트/지휘 앤드루 패럿)의 글에다 음반 수록 음악과 시스티나 성당 미켈란젤로 천정화를 입혔다. 글은 이렇다.

시스티나성당은 바티칸 로마교황청 안에 있는 교황 전용 성당. 시스티나 성가대는 교황 전용 합창대다. 성당은 1278년 교황 니콜라오 3세의 제안으로 세워진 것을 교황 식스토 4세(재위 1471~1484) 때 전면적으로 개축, 현재의 모습을 갖게 되었다. 매일 장엄미사(missa solemnis, 음악으로 하는 고高미사)를 위한 시스티나 성가대가 완성된 꼴을 갖춘 것도 이때쯤. 정치적으로 혼란했으므로 성당은 성채 기능을 겸하는 구조였다. 아니 교황 전용 성가대 자체가 교황권이 세속 프랑스 정치권력에 밀려났던 아비뇽 시대(1차 1309~1423)의 산물이다. 그리고, 그러나, 르네상스 (조각-건축-미술)예술의 극치들이 성당내부를 장식한다. 마치 종교의 (쇠퇴해가는) 정치권력을 예술의 권력으로 전화시키고 그렇게 종교를 르네상스 예술의 미래전망(의 발현) 속으로 해방시키려는 듯이. 성당 개축을 총 지휘한 것은 조반니 데 돌치. 성당 내부 대리석 제단 부분 칸막이와 성가대석은 미노 다 피에졸레 작품이다. 1481~1483년 로셀리-보티첼리-기를란다요-페루지노 등이 벽화를 그린다. 제단을 향해 왼쪽은 〈모세의 생애〉, 오른쪽은 〈그리스도 생애〉(각 6면)다. 벽화 위 감실 속에 모두 24명의 교황상이 그려져 있는데, 기를란다요와 보티첼리에, 프라 디아만테도 제작에 참여했다. 이러한, 성당 안의, '하나님의 진정한 목소리인 고요' 속에서 진행되는, 역시 응축된 르네상스 종교 예술사는 '그후' 미켈란젤로가 그린 천장화 〈천지창조〉, 그리고 '다시 그 후'에 그린 제단화 〈최후의 심판〉에 의해 절정에 달한다.

〈천지창조〉는 율리오 2세의 명으로 1508년에 착수, 4년 만에 완성되었다. 중앙부를 세로로 연속하는 아홉 개의 직사각형 속에 창세기 이야기를, 그리고 그것을 열두 명의 남녀 예언자 좌상으로 둘러싸고, '창세기'와 '예언'이 그렇게 맞닿는 곳에 20체의 청년 나상(裸像)을 그렸다. 〈최후의 심판〉은 바오로 3세의 명으로 그렸는데, 단테 『신곡』 자체의 미술화라 할 만하다. 나상. 인간의 벗은 육체. 이것이 천지창조와 예언과 부활을 한데 아우르는, 급기야 종교의 성을 예술의 육으로 형상화하고 마침내 종교 자체를 형상화로써 부활시키는 매개? 아니 하나 더 있다. 음악. 음악은 벗은 몸에서 생겨나와 성(性)의 육인 그 나신을 성(聖)의 육으로 만들고 그 둘 사이를 흐르며 스스로 육화, 자신의 시간과 공간으로 천지창조와 예언, 그리고 부활 그 모든 것을, '그후'와 '다시, 그후' 그 모든 것을, 출렁이는 아름다움의 총체로 전화시킨다. 그리고, 그리하여……

스타바트 마테르 돌로로사 룩스타 크루쳄 라크리모사
Stabat Mater dolorosa luxta crucem lacrimosa
슬픔의 성모 서 있다 울며 십자가 곁에

팔레스트리나(1525~1594) 8성부 〈스타바트 마테르〉는 그 울음이 미켈란젤로의 육체의 '이성=아름다움'을 닮아간다(그는 1555년 이 성당 성가대원이었다). 그리고 이어지는 그의 5성부 음악은 그 눈물의 찬란함으로 하나님을 예찬한다. 두 번.

오 비에타 에트 베네디크타 에트 글로리오사 트리니타스, 파테르 에트 필리우스 에트 스피리투스 상크투스 알렐루야.

O beata et benedicta et gloriosa Trinitas, Pater et Filius et Spiritus Sanctus Alleluia.

오 축복받은, 성스러운 그리고 영광된 삼위일체, 성부, 성자, 그리고 성신 알렐루야.

그러나 음악의 절정은 그 다음 곡, 알레그리(1582~1652) 9성부 〈미제레레〉다.

미제레레 메이 데우스, 세쿤둠 마그남 미제리코르디암 투암.
Miserere mei Deus, secundum magnam misericordiam tuam.
우리를 불쌍히 여기소서, 오 하나님 당신 사랑의 친절함으로

'우리=세속'을 위한 기도가 그 모든 것을 역전시키고, 벌써 하나님의 은총이 그 모든 것의 액화로 내려앉고 그 아래 은총을 맞으며 웅성거리며 죄를 고하는 소리(남자들의 목소리), 다시 내리는 은총과 그 아래 웅성거리는 소리, 그렇게 대여섯 번 진행되면서 '은총=죄고함'의 합창이, 마치 아름다움을 예각화시키듯 치솟고,

왜냐면 보소서 당신은 진리를 사랑했나이다: 당신 지혜의 불확실하고 숨겨진 것들을 당신은 우리에게 알려주셨나이다……

음악은 다시 저류로 깔리고 음악이 된 말씀이 그림의 평면에게 무한 깊이와 생동감을 준다.

그렇게 음악은 세속의 비참을 지고지순의 아름다움으로 전화시킨다. 종교와 예술, 그리고 르네상스 정신 혹은 미래 전망의 합일의 열린 핵심이 정결한 음악의 육체로 흐르는 순간이다. 그리고 그렇게 음악은 르네상스 종교-예술사를 머금고 그 너머의 시간과 공간으로 흐른다. 성당 내부, 하나님의 진정한 말씀이 고요 속에, 고요 속의 음악으로.

알레그리는 1630년부터 성가대원으로 활동했다. 그의 〈미제레레〉는 시스티나 교황 성가대의 가장 유명한 레퍼토리였고 교회는 이의 악보 열람을 금지했다(심지어 모차르트에게도. 그래서 모차르트는 한 번 들은 기억을 살려 직접 채보했다고 한다).

위 음반에는 이 밖에도 팔레스트리나 8성부 〈주 안에서 기뻐하라Jubilate Deo〉와 6성부 〈5순절 날이… Dum complerentur dies Pentecostes…〉, 그리고 모랄레스(1500~53) 5성부 〈야곱의 탄식 Lamentabatur Jacob〉, 조스캥 6성부 〈우

리들의 하나님 Pater noster/아베마리아〉가 수록되어 있다. 모랄레스와 조스캥 둘 다 이탈리아 사람이 아니지만, 둘 다 시스티나성당 성가대 출신이다. 즉 위 음반 수록 작곡가 모두가 같은 성가대 출신이다. 아니, 그렇다. 위 음반은 이들이 성가대원이었을 당시를 각각 최대한도 재현한다. 당시라…… 그때라면, 이들 음악이 풍기는, 속세를 적시는 천상의 아름다움은, 뭔가 끔찍하고 참혹하지 않았을까, 아름다움이야말로 끔찍한 것이다라고 여겨질 만큼?

왜냐면 교회는 속세에서 숱한 참혹을 겪었고 또한 속세에 대해 저질렀다. 즉, 참혹에 젖어 있었다. 그리고, 음악 내적으로, 이 음악들의 아름다움을 좀더 고양시키기 위해 카스트라토(소년기 고음을 유지하기 위해 거세한 가수) 제도가 생겨난다. 16세기 말이면 가성(假聲)으로 부르던 소프라노 성부를 카스트라토들이 차지한다. 그리고 1614년의 한 기록은 카스트라토가 알토 성부까지 일부 맡고 있음을 보여주고 있다.

'당시'의 아름다움의 끔찍함을 어떻게 할 것인가? 패럿/테버너 콘소트의 연주는 그 참혹을 선명하게 드러내며 다스린다. 그래. 영국음악의 아름다움에는, 프랑스의 경우와 달리 질병 혹은 현기증, 혹은 '치명적인 여자'가 없다. 그런, 정말 순정하게 순정한 영국음악의 여과를 통해, 보인다, 십자가에 처형된 크리스트의 육체야말로 참혹이자 아름다움인 것이……

작품 6, 예술의 이성과 비이성, 음악과 미술—엘 그레코, 미켈란젤로, 팔레스트리나, 빅토리아

정치를 포괄-극복하는 '문화-예술적 상상력'이 새로운 세기, 새로운 밀레니엄의 가장 중요한 화두라면 이 화두의 현실적 논리화에 파시즘론이 가장 큰 장애로 등장할 것은 당연하다. 역사적으로 파시즘 최대-최악의 구현자가 바로 '3류 화가'였던 히틀러였다. 그뿐만이 아니다. 히틀러 파시즘의 프리즘으로 보면 '야만적' 바그너뿐 아니라 '독일 3B'(바흐, 베토벤, 브람스)로 집약되는, 고전음악의 한 핵심까지도 파시즘 미학의 순정한 완성으로 들린다. '히틀러의 독일' 을 떠나지 않고 견뎠던 거의 모든 예술가들은 그렇게 파시즘의 멍에를 졌다. 파시즘을 예술적으로 강요당했을 뿐 아니라, 스스로 파시즘을 예술-일상화해갔던 것. 그렇게 예술과 파시즘의 인과관계는, 민감하다. 그 관계는 일찍이 멀리 고대 그리스에서 이상국가를 이루려면 시인을 추방해야 한다고 주장한 철학자 플라톤이 감지했던 관계다. 그리고 최근 우리나라에서 뒤늦게, 더 복잡하게, 제3세계적으로, 목하 세 겹으로, 포착되고 있는 관계다. 한 겹은 평론가 김철이 제기한, 김지하 문학예술과 파시즘의 관계가 상징하고, 또 한 겹은 평생 대가로 추앙받던 시인 서정주의 사망 이후 문단의 한 흐름을 형성하게 된 '미당 시학 비판' 이 상징하는바, 크게 말해, 전자는 민주화운동의 '내적인 파시즘' 문제고 후자는 '외적인 파시즘' 문제다. 다른 하나는? 가수 전인권의 '대마초 자유 선언' 이 상징하는, 예술 내적 '국가와 자유' 의 문제다. 여기서 이 문제에 결론을 낼 수는 없고, 논의는 이제 시작되었을 뿐이고, 문제는 논의의 미래지향성이라는 점을 지적하는 게, 자리에 상관없이 더 중요하겠다. 예술과 정치는 무관하지 않지만 서로 영역이 다르다. 그리고 더 작게, 그러나 인간적으로, 예술 각 장르는 더더욱 무관하지 않지만, 서로 영역이 다르다. 예술의 이성과 정치의 이성은 다르다. 음악의 언어와 미술의 언어는 다르다. 파시즘의 온상은 서로 다른 그 영역을 (정치 혹은 예술) 일방으로 동일시하는데, 매개는 '평론적 논리언어' 를 '보편언어' 로 절대화하는 제도화다. 히틀러가 3류 미술적 상상력을 곧장 정치-제도화했다면, 그 이전에 플라톤은 제도화한 철학언어로 시적 상상력을 재단한 파시스트였다. 김지하의, 일류의 시적 상상력이 스스로 '사상언어화' 하는 포즈에서 파시즘의 냄새가 묻어날 것은 당연한 일이다. 시의 언어가 사상의 언어로 스스로 제도화하는 와중이기 때문이다. 그러나 그것을 정치의 언어로 일방 해석, 파시즘 그 자체로 몰아붙이는 것은, 플라톤 오류의 연장에 다름아니다. 예술언어를 정치언어로 제도화할 경우 파시즘 의혹에서 벗어날 예술 포즈는 희귀할 터. 서정주의 경우는, 좀더 지저분한 요소들이 뒤섞여 있지만 과거적으로 그렇고, 전인권의 경우는, 현행법 사항이 뒤얽혀 있지만, 미래적으로 그렇다. 어쨌거나, 요는, 논리언어에 국한된

왈가왈부가 아니라, 예술의 이성과 정치의 이성을 구분-결합하고 각 장르의 언어를 구분-결합, 논리언어를 극복하는, 진정한 '포괄-보편언어'를 창출해내는 '과정'이다. 그 과정 없이 새로운 밀레니엄의 희망은, 허사에 지나지 않는다. 팔레스트리나(1525~1594)는 마르틴 루터(1483~1546) 종교개혁 이후 로마가톨릭 종교음악의 최고봉에 달한 작곡가고, 빅토리아(1548~1594)는 스페인 반(反)종교개혁 흐름을 대표하는 종교음악가다. 흔히 팔레스트리나 '음악'은 그 찬란한 '합리의 조화'로 하여 같은 이탈리아 화가 미켈란젤로(1475~1564)의 '미술'에 비유되고, 빅토리아 '음악'은 그 '초월적 신비주의'로 하여, 같은 스페인 화가 그레코(1541~1614)에 비유되지만, 이 '대중적인' 대비와 비유는 과연 맞는 것일까? 정치와 예술의 영역을 동일시하고, 음악의 언어와 미술의 언어를 혼동한, 그리고 사실 모든 것을 이분한, 간편함의 오류 아닐까? '간편한 대중성'이라는 구호야말로, 파시즘의 온상 아닐까? 무엇보다, 팔레스트리나와 빅토리아는 서로 만났으며 배웠다. 진정한 '언어'를 창출해내는 과정의 연습으로 '두 음악'과 '두 미술'을 서로 끼워 맞추어보고 대비해보고 또 뒤섞어보고 하는 일은, 매우 유효할지 모른다. 물론 5백 년의 시차를 감안하면서.

작품 7, 바로크, 고전주의, 낭만주의, 예술의 세계관

예술사의 시기나 예술작품의 성향을 규정하는 대표적인 단어가 '바로크', '고전적' 혹은 '고전주의', '낭만적' 혹은 '낭만주의'다. 그리고, 거꾸로, 각 단어들을 설명하는 용어들은 무수히 많지만 예술사의 경우 바로크 시기를 대략 1600~1750년, 고전주의 시기는 1750~1820년, 그리고 낭만주의 시기는 1810~1910년으로 잡고, 그리고 그후를 단절과 혼돈, 그리고 난해성의 '현대'로 보는 것이 상례다. 누구에게나 당대는 정돈된 세계관보다 복잡하고 다양하며 격동적이다. 동시에 언제나, 세계는 발전-복잡화하므로 백 년 뒤 인간에게 백 년 전 세계는 백 년만큼 단순해 보인다. 그러므로 한 시대의 온갖 문화-사회 현상을 감히 한 단어로 규정지을 수 있는 것이고, 이 규정은 단순-범주화의 위험을 내포하는 바로 그만큼 유용성이 있기도 하다. 그러나, 그러므로 '고전적'과 '낭만적'을 서로 적대적인 것으로 생각해서는, 당연히, 안 된다. 고전주의를 거친 바로크가 낭만주의고, 낭만주의를 거친 고전주의가, 혹은 그 파탄이 '현대'다. 예술창작 방법론으로 볼 때 바로크는 성(聖)이 속(俗) 속으로 끊임없이 흔들리는 과정이고, 고전주의는 내용보다 우월한 아름다움의 형식 그 자체를 끊임없이 내용화하는 과정이며, 낭만주의는 육체가 육체인 채로 정신의 영혼을 지향하는, 그렇게 끝내 죽음과 아름다움을 등식화하는 과정이다. 이것은 모든 '걸작' 예술작품이 공유하는 요소들이다. 변하는 것은 그중 어떤 것이 어떤 방식으로, 내용 혹은 형식이 되어가는가, 혹은 그 둘의 관계로 되어가는가고, 발전하는 것은 그 관계의 치열함과 역동성이다. 사실 바로크, 혹은 고전주의, 혹은 낭만주의 예술의 걸작이란 말은 자체 모순이다. 모든 예술 걸작의 세계관이 당대의 온갖 범주와 주의들을 총합한 것보다 총체적이기 때문이다. 정치-경제-사회적인 세계관이 파경에 이른 지금, 바로크, 고전, 낭만주의 예술 세계관을 영원의 순간 속에 총체화하면서, 파경 이후 파경의 상처를 머금고 더 폭넓어질 세계관을 예감할 수는 없을까? 하여, 바로크, 고전주의, 낭만주의 예술작품을 음악, 시, 회화로 한데 묶어, 랜덤으로 27개(3×3×3)의 hypermedia 광경을 감상해본다. 각 예술가의 작품을 바꾸면 광경은 무한대로 늘어날 것이다.

	바로크	고전주의	낭만주의
음악	슈츠 1585~1672	페르골레시 1710~1736	슈베르트 1797~1828
시	셰익스피어 1564~1616	예이츠 1865~1939	미사통상문 (2세기 경)
회화	렘브란트 1606~1669	다비드 1744~1825	피카소 1881~1973

수록된 작품명은 SCHüTZ, Heinrich (1585~1672) Geistliche Chormusik - No. 10, Die mit Tränen säen (J. Pages)/Ride La Primavera (B. R. Stuart)/Cantate Domino canticum novum Organ continuo (D. Rayet)/Kleine Geistliche Konzerte - "Ein Kind ist uns geboren" SWV302 (M. M. E. F. Heemskerk)/Dialogo per la Pascua (Weib, was weinest du?) Swv443 (J.-M. Piel)

PERGOLESI, Giovanni Battista (1710~36) Concerto for violin in Bb - 1. Allegro (mandolin trans.) (45k) (S. Sanna)/Nina, Canzonetta- (F. Dupont)/Magnificat in Bb (61k) (J. Goldberg)/Allegretto in E (J.-C. Templeur) /La serva padrona (p. reduct.) (G. Ierolli)/Introd. Aspettare e non venire; Aria Sempre in contrasti; Aria Stizzoso, mio stizzoso; Duetto La conosco a quegli occhietti; Aria A Serpina penserete; Aria Son imbrogliato io gi?; Duetto Per te ho io nel core; Finale Contento tu sarai./Stabat Mater - No. 8 allegro "Fac ut ardeat..." -s, ct- (E. Dario)

SCHUBERT, Franz Peter (1797~1828) No.21 in Bb, D960 - 1. Molto moderato; 2. Andante sostenuto; 3. Scherzo; 4. Allegro ma non troppo (S.G.Yogore)

Rembrandt van Rijn(1606~1669) The raising of Lazarus(c. 1630)/The Feast of Belshazzar(c. 1635)/The company of Frans Banning Cock preparing to march out, known as the Nightwatch(1642)/The return of the prodigal son(c. 1662)/Self-Portrait (1669)

Jacques-Louis David(1744~1825) The Oath of the Horatii(1784)//Paris and Helen(1788)/Death of Marat(1793)/The Sabine Women(1796-99)/General Gerard(1816)

Pablo Picasso(1881~1973) Les Demoiselles d'vignon (1907) Girl with a Mandolin (Fanny Tellier) (1910) Deux femmes courant sur la plage (La course) (1922) Guernica (1939) Embrace (1971)

Yeats, william butler, 1865~1937) poem "Sailing to Byzantium"

Shakespeare, William(1564~1616) Hamlet 중

차례 색인

| ㄱ |

| ㄴ |

| ㄷ |

| ㄹ |

| ㅁ |

| ㅂ |

| ㅅ |

| ㅇ |

| ㅈ |

ㅊ

| ㅋ |

| ㅌ |

| ㅍ |

| ㅎ |

문학동네 교양선
음악의 세계사
전방위예술가 김정환의 세계사 오디세이

1판 1쇄 2011년 1월 12일
1판 3쇄 2018년 3월 26일

지은이 김정환
펴낸이 염현숙
책임편집 이연실 | 편집 서현아 | 독자 모니터 김은철
디자인 끄레 어소시에이츠
마케팅 정민호 이숙재 정현민 김도윤 오혜림 안남영 | 홍보 김희숙 김상만 이천희
제작 강신은 김동욱 임현식 | 제작처 상지사

펴낸곳 (주)문학동네
출판등록 1993년 10월 22일 제406-2003-000045호
주소 10881 경기도 파주시 회동길 210
전자우편 editor@munhak.com | 대표전화 031)955-8888 | 팩스 031)955-8855
문의전화 031)955-3578(마케팅) 031)955-2651(편집)
문학동네카페 http://cafe.naver.com/mhdn

ISBN 978-89-546-1371-2 03900

* 이 도서의 국립중앙도서관 출판시도서목록(CIP)은 e-CIP 홈페이지(http://www.nl.go.kr/ecip)에서 이용하실 수 있습니다.(CIP제어번호: CIP2010004677)

www.munhak.com